Peter M. Hermanns, Gert Filler (Hrsg.)

GOÄ 2017 Kommentar

IGeL-Abrechnung

Gebührenordnung für Ärzte – Ausschlüsse, Analoge Bewertungen, Anmerkungen und Beschlüsse der BÄK, Urteile, Abrechnungstipps, Zahlreiche IGeL-Abrechnungs-beispiele, Hinweise zur rechtssicheren Abrechnung von Selbstzahlerleistungen inkl. Informationen zur Umsatzsteuer bei IGeL-Leistungen

11. Auflage

W0332744

ELSEVIER

ELSEVIER
Hackerbrücke 6, 80335 München, Deutschland

ISBN 978-3-437-15212-2

Alle Rechte vorbehalten
1.–5. Auflage: ecomed Medizin
6.–9. Auflage: Springer-Verlag Berlin Heidelberg
11. Auflage 2017
© Elsevier GmbH, Deutschland

Wichtiger Hinweis für den Benutzer
Die Erkenntnisse in der Medizin unterliegen laufendem Wandel durch Forschung und klinische Erfahrungen. Herausgeber und Autoren dieses Werkes haben große Sorgfalt darauf verwendet, dass die in diesem Werk gemachten Angaben dem derzeitigen Wissensstand entsprechen. Das entbindet den Nutzer dieses Werkes aber nicht von der Verpflichtung, anhand weiterer schriftlicher Informationsquellen zu überprüfen, ob die dort gemachten Angaben von denen in diesem Werk abweichen, und seine Verordnung in eigener Verantwortung zu treffen.

Für die Vollständigkeit und Richtigkeit der im Werk gemachten Angaben übernimmt der Verlag keine Gewähr.
Geschützte Warennamen (Warenzeichen) werden in der Regel besonders kenntlich gemacht (®). Aus dem Fehlen eines solchen Hinweises kann jedoch nicht automatisch geschlossen werden, dass es sich um einen freien Warennamen handelt.

Bibliografische Information der Deutschen Nationalbibliothek
Die Deutsche Nationalbibliothek verzeichnet diese Publikation in der Deutschen Nationalbibliografie; detaillierte bibliografische Daten sind im Internet über http://www.d-nb.de/abrufbar.

17 18 19 20 21 5 4 3 2 1

Das Werk einschließlich aller seiner Teile ist urheberrechtlich geschützt. Jede Verwertung außerhalb der engen Grenzen des Urheberrechtsgesetzes ist ohne Zustimmung des Verlages unzulässig und strafbar. Das gilt insbesondere für Vervielfältigungen, Übersetzungen, Mikroverfilmungen und die Einspeicherung und Verarbeitung in elektronischen Systemen.
Um den Textfluss nicht zu stören, wurde bei Patienten und Berufsbezeichnungen die grammatikalisch maskuline Form gewählt. Selbstverständlich sind in diesen Fällen immer Frauen und Männer gemeint.

Planung: Dr. Andreas Dubitzky, München
Projektmanagement: Martha Kürzl-Harrison, München
Satz: FotoSatz Pfeifer GmbH, Krailling
Druck und Bindung: Dimograf, Bielsko-Biała, Polen
Umschlaggestaltung: SpieszDesign, Neu-Ulm

Aktuelle Informationen finden Sie im Internet unter **www.elsevier.de** und **www.elsevier.com**.

Inhalt

Informationen zur Beihilfe

Abrechnung IGeL Leistungen

Herausgeber und Mitarbeiter

Dr. med. Peter M. Hermanns (Hrsg.)
Geboren 1945 in Neumünster. Studium der Medizin in Hamburg. 1981 Niederlassung als Allgemeinmediziner in Hamburg. 1986/87 Lehrauftrag für Allgemeinmedizin an der Medizinischen Fakultät der Universität Marburg. Langjährige Tätigkeit als Medizinjournalist für Printmedien mit zahlreichen Buchveröffentlichungen. Mitarbeit bei Rundfunk-und Fernsehanstalten.
Seit 1985 Geschäftsführer der Agentur medical text Dr. Hermanns in München und des medizinischen Online-Dienstes www.medical-text.de, der sich mit speziellen Inhalten an Ärzte in Praxis und Klinik wendet.
Die Agentur medical text hat zahlreiche Bücher im Bereich Abrechnung, Praxis-Organisation, Diagnostik/Therapie, Praxis- und Klinik-Marketing für Verlage und Pharmafirmen geplant und herausgegeben. Zu zahlreichen medizinischen Themen wurden Kurzfilme gedreht. Technisch und inhaltlich setzt die Agentur Internetauftritte für einzelne Ärzte, Kliniken und Pharmakonzerne um.

Gert Filler (Hrsg.)
Geboren 1948. Jurastudium in Frankfurt und Hamburg. Seit 1976 bis 2013 als Jurist bei der Kassenärztlichen Vereinigung Hamburg (KVH) tätig, zunächst bis 1985 im Rahmen der Wirtschaftlichkeitsprüfung im Bereich der KVH; 1981–1998 Datenschutzbeauftragter der KVH; 1985–1998 stellvertretender Justitiar und stellvertretender Geschäftsführer der KVH; von 1998 bis 2013 Justitiar der KVH. Diverse Veröffentlichungen und Seminare zu den Themen „Vertragsarztrecht"; „Aufgabe der KVen"; „Wirtschaftlichkeitsprüfung, Honorarkürzung und Verordnungsregress"; „Heilmittelrichtlinien"; „Verwaltungsverfahren in den Kassenärztlichen Vereinigungen".

Dr. Hermanns und Gert Filler sind Herausgeber und Autoren zahlreicher Kommentarwerke zu ärtzlichen Abrechnung und Wirtschaftlichkeitsprüfung für Verlage und Pharmafirmen.

Godehard Diep
ist Rechtsanwalt und Partner der Kanzlei Diep Rechtsanwälte. Diese ist spezialisiert auf das Wirtschafts- und Medizinrecht. Nach dem Studium in München und nach einer längeren Zeit in einer anerkannten mittelständigen Münchener Kanzlei hat sich RA Diep selbständig gemacht. Seit Beginn seiner Tätigkeit ist er vertrauensvoller Ansprechpartner für Ärzte. Er berät und vertritt seit vielen Jahren erfolgreich Ärzte und berufsrechtliche Zusammenschlüsse von Ärzten. Dies umfasst auch die Prozessvertretung oder Begleitung von anderen Streitbeilegungsverfahren.

Prof. Dr. Dr. Heinz Kniha (Mitarbeit an unserer GOÄ 2015)
Studium der Zahnmedizin und Humanmedizin an den Universitäten Erlangen und Hamburg. Ausbildung zum Facharzt für Mund-, Kiefer- und Gesichtschirurgie bei Prof. Dr. mult. Dieter Schlegel, Universitätsklinik München – 1986 Ausbildung im Fachbereich Mikrochirurgie mit Forschungsprogramm über allogene und mikrovaskuläre Gewebetransplantatmodule – 1990 Habilitationsschrift – seit 1990 Gemeinschaftspraxis mit Dr. Gahlert mit Schwerpunkt Parodontologie und Implantologie in München.
1994 – 2003 einvernehmlich bestellter Gutachter für Implantologie, Mitglied im Gutachterrat der Bayerischen Landeszahnärztekammer, klinisch- wissenschaftliche Forschung im Bereich sofortbelastete Implantate und Sinuslifting.
1998 Privatdozent im Bereich Implantologie der Ludwig- Maximilians Universität München
2003 Lehrauftrag an der Donauuniversität Krems.
2005 Verleihung der Bezeichnung apl. Professor durch die medizinische Fakultät der Universität München. Zahlreiche Publikationen und internationale Vorträge.

Labor Enders – Prof. Dr. med. Gisela Enders und Kollegen – MVZ GbR, Stuttgart, gestalteten die Übernahme von Texten zu Laboruntersuchungen von Ihren Internetseiten.

Wilhelm Lippert
Geboren 1966 in Volkach. Studium des Finanzwesens an der Bayerischen Beamten Fachhochschule in Herrsching; Abschluß 1989 als Diplom Finanzwirt (FH). 1993 Steuerberaterexamen. 1986–2000 in Diensten der Bayerischen Finanzverwaltung, davon seit 1991 als Betriebsprüfer. Seit 2000 Steuerberater bei der STB Treuhand Steuerberatungsgesellschaft in München.

Med.-Rat Priv.-Doz. Dr. med. Wolfgang Mattig
Geboren 1944, 1964 – 1970 Studium an der Humboldt-Universität zu Berlin, 1970 – 1976 Weiterbildung zum Facharzt für Gerichtliche Medizin (Rechtsmedizin) in Berlin, 1983 – 1991 Direktor des Instituts für Gerichtliche Medizin Frankfurt (O), 1991 – 2009 Direktor des Brandenburgischen Landesinstituts für Rechtsmedizin, emeritiert 2009, z. Zt. freiberuflich als Gutachter tätig.

Dr. med. Thomas Rasenack
Facharzt für Transfusions- und Laboratoriumsmedizin – Ärztlicher Leiter: Institut für Medizinische Diagnostik Berlin – Potsdam MVZ GbR
Nicolaistraße 22, 12247 Berlin

Abkürzungen

Abs.	Absatz
AG	Amtsgericht
AGBG	Allgemeine Geschäftsbedingungen
Allg. Best.	Allgemeine Bestimmungen
ÄV	Vertrag Ärzte/Unfallversicherungsträger
AOP	Ambulante Operation
Art.	Artikel
ASiG	Gesetz über Betriebsärzte, Sicherheitsingenieure und andere Fachkräfte für Arbeitssicherheit
AU	Arbeitsunfähigkeit
AZ oder **Az.**	Aktenzeichen
BÄK	Bundesärztekammer
BAnz.	Bundesanzeiger
BÄO	Bundesärzteordnung
BK	Berufskrankheit
BeKV	Berufskrankheits-Verordnung
BG	Berufsgenossenschaften
BGBl.	Bundesgesetzblatt
BGH	Bundesgerichtshof
BMGS	Bundesministerium für Gesundheit u. Soziales
BMI	Bundesministerium des Inneren
BPfl V	Bundespflegesatzverordnung
BSG	Bundessozialgericht bzw. Entscheidungssammlung des BSG mit Angabe des Bandes und der Seite
BUB	Richtlinien über Berwertung ärztlicher Untersuchungs- und Behandlungsmethoden
CW-Doppler	continous wave doppler
DÄ	Deutsches Ärzteblatt, Deutscher Ärzteverlag, Köln
DAK	Deutsche Angestellten Krankenkasse
DGUV	Deutsche Gesetzliche Unfallversicherung – Spitzenverband der gewerblichen Berufsgenossenschaften und der Unfallversicherungsträger der öffentlichen Hand
EAP	Erweiterte Ambulante Physiotherapie
EBM	Einheitlicher Bewertungsmaßstab
EEG	Elektroenzephalographie
EKG	Elektrokardiogramm
ERCP	endoskopisch retrograde Cholangio-Pankreatikographie
ERG	Elektroretinographie
ESWT	extrakorporale Stoßwellentherapie
evtl.	eventuell
FeV	Fahrerlaubnisverordnung
gem.	gemäß
GKV	Gesetzliche Krankenversicherung
GOÄ-BÄK	Gebührenordnungsausschuss der Bundesärztekammer
GOÄ	Gebührenordnung für Ärzte (amtliche Gebührenordnung) gilt für Versicherte der PKV
GOP	Gebührenordnung für Psychotherapeuten
GOP	auch verwendet als: Gebührenordnungsposition
GOZ	Gebührenordnung für Zahnärzte (amtliche Gebührenordnung)
HB	Hepatitis
Hib	Haemophilus influzenzae Typ b
Hrsg.	Herausgeber
i.d.R.	in der Regel
IPD	intermittierende Peritonealdialyse
Kap.	Kapitel
KBV	Kassenärztliche Bundesvereinigung, Berlin
Komm.	Kommentar
KV	Kassenärztliche Vereinigung
LG	Landgericht
MMR-Impfung	Masern-Mumps-Röteln Imfpung
MRT	Magnetresonanztomographie
MVZ	Medizinisches Versorgungszentrum
n. n. Nr.	nicht neben Nummer, meistens bezogen auf Leistungsziffern einer Gebührenordnung
Nr. /Nrn.	Nummer/Nummern
OLG	Oberlandesgericht
OP	Operation
PEG	perkutane endoskopische Gastrotomie
PKV	Private Krankenversicherung
PTCA	perkutane transluminale coronare Angioplastie
RKI	Robert Koch Institut
s.	siehe
SGB	Sozialgesetzbuch
SGB V	Sozialgesetzbuch – Fünftes Buch (V), enthält das Krankenversicherungs- und auch das Kassenarztrecht
SG	Sozialgericht
SHT	Schädel-Hirntrauma
TEP	Total –Endo-Prothese
TUR	transurethrale Resektion
u. U.	unter Umständen
ÜV	Überweisungsvordruck
UK	Unfallkasse
UV-GOÄ	allgemeiner Ausdruck für das Leistungsverzeichnis und die Vergütung nach dem Vertrag Ärzte/Unfallversicherungsträger
UVTr	Unfallversicherungsträger
VG	Verwaltungsgericht
vgl.	vergleiche
z. B.	zum Beispiel
z. T.	zum Teil
ZuSeg	Gesetz über Enrschädigung von Zeugen und Sachverständigen

Vorwort

Diese 11. Auflage für Ärzte in Klinik und Praxis wurde um zahlreiche Kommentierungen, Abrechnungstipps und richterliche Entscheidungen zu den Paragraphen sowie zu einzelnen Leistungspositionen ergänzt.

Die seit Monaten für 2016 angekündigte neue GOÄ ist leider nicht in diesem Jahr erschienen und wird vermutlich auch noch auf sich warten lassen.

Neu: Aufnahme der IGeL-Abrechnung
Erstmals wurde in einen hinteren Teil dieses Buches unser bisher erschienenes Buch: **IGeL-Abrechnung** in gestraffter Form mit speziellen Hinweisen zur korrekten IGeL Abrechnung und zahlreichen Abrechnungsbeispielen aufgenommen und biete damit dem Arzt alles zum IGeL in einem Buch.
Im GOÄ-Teil des Buches sind schon unter dem Begriff: „IGeL" viele kurze GOÄ-Leistungspositionen möglicher IGeL-Leistungen aufgelistet.
Wegen der besseren Übersichtlichkeit bieten wir ein Stichwortverzeichnis zur GOÄ und ein weiteres zum IGeL am Ende des Buches an.

Darstellung der GOÄ Leistungen
Zu den einzelnen GOÄ-Leistungsziffern sind die gängigen Steigerungsfaktoren, die Ausschlüsse, Kommentare, Hinweise und Abrechnungstipps aufgeführt.

Im Bereich „Auf einen Blick" wurde die Abrechnung einzelner Spezialbereiche zusammengefasst dargestellt, so z. B. bei der Schmerztherapie, der Schlafmedizin, der Medizinischen Trainingstherapie, der Reproduktionsmedizin. und auch bei der Ärztliche Leichenschau mit Dokumentation und ICD-Kodierungen.

Abrechnungshinweise der Bundesärztekammer (BÄK) z. B. im Bereich „GOÄ-Ratgeber – Auslegungshinweis zum Thema Gebührenordnung" und „Abrechnungsempfehlungen und Analogbewertungen" wurden ergänzt und sind zitiert.

Analoge Bewertungen
Es wird hingewiesen auf unterschiedliche Quellen, wer die analogen Ziffern eingeführt oder empfohlen hat sowie auf die unterschiedliche Schreibweisen.

PKV-Liste mit Hinweisen auf falschen Analogabrechnungen
Diese umfangreiche – 2016 neu aktualisierte – Liste war nach Äußerungen des PKV –Verbandes erforderlich, weil die PKV-Kassen feststellen mussten, dass in der Praxis in zunehmendem Maße **Analogabrechnungen** missbräuchlich erfolgten.
Was für den Arzt eine Hilfe sein sollte, ist leider keine geworden, denn es finden sich zwar Kommentierungen der PKV, aber leider keine Beispiele, wie Ärzte bei neuen Leistungen, die nicht in der GOÄ abgebildet sind, richtig abrechnen können.

Rechtsprechung – Umsatzsteuer
Unter diesem Begriff sind aktuelle Urteile zu den Paragraphen und zu einzelnen Leistungspositionen aufgenommen und dies besonders im IGeL-Teil. Unter Angabe des Gerichts und des Aktenzeichens kann über eine Suchmaschine, der vollständige Text abgefragt werden. Das immer wieder diskutierte Thema „Wann ist ein Arzt umsatzsteuerpflichtig?" wurde u. a. auch durch Tabellen und aktuelle Urteile erweitert.

Ambulante spezialfachärztliche Versorgung (ASV) der GKV z.Zt. in Einzelfällen auch nach GOÄ abrechenbar
Seit April 2014 gibt es ein neues Behandlungsangebot für Patienten, die im Rahmen der GKV versichert sind und an einer schweren oder seltenen Erkrankung leiden: die ambulante spezialfachärztliche Versorgung – kurz ASV. Das Besondere ist z.Zt.: Dass neue Untersuchungs- und Behandlungsverfahren, die noch nicht Bestandteil des EBM sind, aber im Rahmen der ASV angewendet werden dürfen, mit bundeseinheitlichen Pseudoziffern gekennzeichnet werden und seit Januar 2015 unkompliziert mit der regulären Quartalsabrechnung an die jeweilige Kassenärztliche Vereinigung übermittelt werden können.

Die Vergütung dieser Leistungen erfolgt nach der Gebührenordnung für Ärzte (GOÄ) mit den für die ASV festgelegten Gebührensätzen (Laborleistungen 1-facher, technische Leistungen 1,2-facher und übrige ärztliche Leistungen 1,5-facher Gebührensatz). Diese Regelung gilt bis zur Aufnahme der Leistung in den EBM

München, im Dezember 2016
Dr. Peter M. Hermanns – Gert Filler

GOÄ mit Abrechnung IGeL und Selbstzahlerleistungen immer aktuell!

Mit diesem Buch erhalten Sie unter http://shop.elsevier.de/goae-2017 stets aktuelle Änderungen und Ergänzungen.

Unser kostenloser Service für Sie.

Kommentierung der PKV zur Gebührenordnung für Ärzte (GOÄ) zu praxisrelevanten Analognummern

PKV veröffentlicht Liste mit falschen Analogabrechnungen

Die erstmals 2014 vorgestellte Liste der PKV mit Negativbeispielen der Analogabrechnung ist neu aktualisiert (Stand 27.07.2016) unter https://www.pkv.de/w/files/goae-kommentierung/kommentierungen-praxisrelevanter-analogabrechnungen.pdf zu finden.

Medical Tribune schreibt zu dazu erläuternd u. a.

> ... „Viele Ärzte greifen hilfsweise auf **Analogabrechnungsziffern** zurück, weil moderne Therapien oder Untersuchungen in der seit Jahrzehnten nicht reformierten GOÄ nicht abgebildet sind. Da Interpretationsspielraum besteht, führen **Privatrechnungen** regelmäßig zu Ärger zwischen Arzt, Versicherung und nicht zuletzt dem Patienten.
>
> Wird eine Gebührenposition **analog** herangezogen, so sind bei der Rechnungsstellung formale Vorgaben zu beachten, warnt die Bundesärztekammer (BÄK) jüngst in ihrem GOÄ-Ratgeber. Auf der Rechnung muss die GOÄ-Ziffer sowie der **Legendentext** aufgeführt sein.
>
> In jedem Fall soll die **Analogabrechnungsnummer** auf der Rechnung so beschrieben werden, dass sie für den Patienten und die private Krankenversicherung bzw. die Beihilfestelle verständlich und nachvollziehbar ist.
>
> Dass Ärzte mitunter bei dem Hinzuziehen von **Analogabrechnungsziffern** sehr kreativ sind, will der PKV-Verband offensichtlich mit einer im Internet veröffentlichten Liste (Stand 17.8.2015) belegen. Die PKV vergleicht hier die Leistungsbeschreibung der originären GOÄ-Ziffer mit der Beschreibung der von Ärzten analog abgerechneten Nummer.
>
> Hilfreich in der Sache sind die Veröffentlichungen des PKV-Verbandes keineswegs, denn es finden sich zwar Kommentierungen der PKV, aber keine Beispiele, wie es Ärzte bei neuen **Leistungen**, die nicht in der GOÄ abgebildet sind, richtig machen können.
>
> Ärzte sollten ihre **Analogabrechnung** in jedem Fall sorgfältig ausstellen, um auch juristisch unangreifbar zu bleiben. Das ist angesichts der veralteten GOÄ, in der moderne Leistungen nicht aufgelistet sind, mitunter äußerst schwierig ..."

Ambulante spezialfachärztliche Versorgung (ASV) im GKV-Bereich – teilweise Abrechnung nach GOÄ

Wir geben hier nachfolgend die Informationen und Anweisungen der KBV wieder:

Die KBV informiert auf ihrer Seite zur Abrechnung und Vergütung
(http://www.kbv.de/html/8160.php)

So wird abgerechnet – Nur mit ASV-Berechtigung abrechnen

... „Ärzte dürfen ASV-Leistungen erst dann abrechnen, wenn sie die Berechtigung haben, in dem neuen Versorgungsbereich tätig zu sein. Da die Berechtigung immer nur für ein bestimmtes Krankheitsbild gilt, können nur Leistungen für dieses Krankheitsbild abgerechnet werden.

ASV-Ärzte, die solche Leistungen abrechnen, geben seit Januar 2015 die jeweilige Pseudoziffer in ihrer Abrechnung an und kennzeichnen sie mit ihrer ASV-Teamnummer.
Zusätzlich werden die

- GOÄ-Nummern im Feld „Sachkosten Bezeichnung“ (Feldkennung 5011)
- und die Preise im Feld „Sachkosten/Materialkosten in Cent“ (Feldkennung 5012)

im Praxisverwaltungssystem erfasst.

Die Vergütung der Leistungen erfolgt nach der Gebührenordnung für Ärzte (GOÄ) mit den für die ASV festgelegten Gebührensätzen

- Laborleistungen 1-facher Gebührensatz
- technische Leistungen 1,2-facher Gebührensatz
- und übrige ärztliche Leistungen 1,5-facher Gebührensatz

Ausgenommen von der Regelung sind ASV-Leistungen, die auch in der Onkologie-Vereinbarung – Anlage 7 zum Bundesmantelvertrag-Ärzte (http://www.kbv.de/media/sp/07_Onkologie.pdf) enthalten sind.
Sie werden bis zu ihrer Aufnahme in den EBM nach den regionalen Kostenpauschalen des Anhangs 2 der Onkologie-Vereinbarung vergütet...“

Diese Regelung gilt bis Aufnahme der Leistung in den EBM!
Mit dem Verfahren steht nunmehr fest, wie diese Leistungen in der ASV abgerechnet werden können. Die Regelung gilt dabei immer so lange, bis die Leistungen in das neue EBM-Kapitel 50 aufgenommen sind und eine eigene Gebührenordnungsposition erhalten. Dies muss innerhalb von sechs Monaten nach Inkrafttreten einer ASV-Indikation geschehen.

Die KBV informiert zu den Krankheiten:

Gynäkologische Tumore (http://www.kbv.de/html/13570.php)
Die Anlage zu den gynäkologischen Tumoren unterscheidet laut Gesetz zwischen Tumoren mit einem regelhaft schweren und einem im Einzelfall schweren Krankheitsverlauf.

- **Tumore mit regelhaft schwerem Verlauf sind zum Beispiel:**
  Bösartige Neubildungen der Vagina oder der Ovarien.

- **Tumore mit im Einzelfall schwerem Verlauf sind zum Beispiel:**
  Bösartige Neubildung der Brustdrüse, der Vulva, des Corpus oder der Cervix uteri.

Ärzte können diese Tumorerkrankungen in der ASV nur behandeln, wenn eines der folgenden Kriterien zutrifft (analog zu den Kriterien der gastrointestinalen Tumore): Tumorstadium mit Lymphknotenbefall, Fernmetastasen, High Grade oder R > 0, Rezidive oder Progression mit der Notwendigkeit einer multimodalen Therapie oder zytostatischen Systemtherapie sowie das Vorliegen schwerer Grunderkrankungen.

Weitere spezifische Kriterien wurden ergänzt:

- Für gynäkologische Tumore (ICD-10: C51, C53–56): Tumorstadien mit Tumorgröße & T2.
- Für das Mammakarzinom (ICD-10: C50): Alter < 35 Jahre oder Tumorstadien mit HER2-Positivität oder Östrogen- und Progesteronrezeptor-Negativität oder Tumorstadien mit Tumorgröße & T2...“

Gastrointestinale Tumore (http://www.kbv.de/html/8117.php)
Die Anlage zu den gastrointestinalen Tumoren und Tumoren der Bauchhöhle unterscheidet laut Gesetz zwischen Tumoren mit einem regelhaft schweren und einem im Einzelfall schweren Krankheitsverlauf.

- **Tumore mit regelhaft schwerem Verlauf sind zum Beispiel:**
  Bösartige Neubildung des Dünndarms, der Leber, der Gallenblase, des Pankreas, der Nebenniere, der peripheren Nerven und des autonomen Nervensystems, des Bindegewebes und anderer Weichteile.

- **Tumore mit im Einzelfall schwerem Verlauf sind zum Beispiel:**
  Bösartige Neubildungen des Ösophagus, des Magens und der Schilddrüse. Ärzte können diese Tumorerkrankungen in der ASV nur behandeln, wenn eines der folgenden Kriterien zutrifft:
- Tumorstadium mit Lymphknotenbefall, Fernmetastasen, High Grade oder R > 0
- Rezidiv oder Progression der Tumorerkrankung (einschließlich non-response)
- Schwere Grunderkrankung (z. B. Immunschwäche) oder Schwangerschaft Onkologische Diagnosen mit Prävalenz e 1:100.000... „

Seltene Erkrankungen (http://www.kbv.de/html/13552.php)
- **Pulmonale Hypertonie** (seit 1. Juni 2016) – http://www.kbv.de/html/21626.php

- **Tuberkulose** – (seit 1. April 2014) – http://www.kbv.de/html/8120.php
  Tuberkulose ist nach HIV/AIDS die häufigste Infektionskrankheit der Welt. In Deutschland gehört sie zu den seltenen Erkrankungen: Im Jahr 2012 traten bundesweit 4.238 Fälle auf.
- ... „**Marfan-Syndrom** – (seit 30. Juni 2015) – http://www.kbv.de/html/13552.php
  Das Marfan-Syndrom ist eine genetisch bedingte Bindegewebs-erkrankung. Es fällt in der ASV unter die Kategorie seltene Erkrankungen.
  Ausgedehnte Infos zu, Marfan Syndrom bietet die KBV unter:
  http://www.kbv.de/media/sp/2015_07_08_Praxisinformation_ASV_Marfan_Syndrom.pdf

Gebührenordnung für Ärzte § 1 bis § 12

§ 1 Anwendungsbereich

(1) Die Vergütung für die beruflichen Leistungen der Ärzte bestimmen sich nach dieser Verordnung, soweit nicht durch Bundesgesetz etwas anderes bestimmt ist.

(2) Vergütungen darf der Arzt nur für Leistungen berechnen, die nach den Regeln der ärztlichen Kunst für eine medizinisch notwendige ärztliche Versorgung erforderlich sind. Leistungen, die über das Maß einer medizinisch notwendigen ärztlichen Versorgung hinausgehen, darf er nur berechnen, wenn sie auf Verlangen des Zahlungspflichtigen erbracht worden sind.

Kommentar:

Geltungsbereich der GOÄ:

Die GOÄ gilt nur, soweit nicht bundesgesetzlich eine andere Gebührenregelung vorgeschrieben ist. Vorrangig sind gegenüber der Anwendung der GOÄ folgende Bestimmungen:

- **Einheitlicher Bewertungsmaßstab (EBM)**
- **Abkommen Ärzte-Unfallversicherungsträger (UV-GOÄ)**
- **sonstige Kostenträger, die nicht nach GOÄ abrechnen, geregelt im**
  - Sozialhilferecht in SGB XII
  - Schwerbehindertenrecht in SGB IX
  - Justizvergütungs- und -entschädigungsgesetz (JVEG).

(Auf den Internetseiten der KBV „Sonstige Kostenträger“ (www.kbv.de/rechtsquellen/132.html) finden sich Hinweise zu Verträgen mit Unfallversicherungsträgern, Bundesbahn-und Postbeamtenversicherung, Bundesgrenzschutz, Bundeswehr, Zivildienst, u. a.) Die GOÄ gilt für alle Ärzte, die in der Bundesrepublik Deutschland approbiert sind oder eine (auch zeitlich befristete) Erlaubnis zur Ausübung der ärztlichen Heilkunde besitzen. D.h. es kommt weder darauf an, ob der betroffene Arzt Deutscher oder Ausländer ist, noch ob er in freier Praxis oder als liquidationsberechtigter Arzt am Krankenhaus tätig ist. Bei der ärztlichen Gebührenordnung (GOÄ) handelt es sich um ein für alle Ärzte geltendes zwingenden Preisrecht. Das ist verfassungsrechtlich unbedenklich und verletzt nicht die Berufsfreiheit der Ärzte; so z. B. BGH, 23.03.2006, AZ: III ZR 223/05. So kann die GOÄ in ihrer Gesamtheit nicht durch Vereinbarung zwischen Arzt und Patient abbedungen werden; zulässig ist aber eine Honorarvereinbarung, vgl. hierzu § 2 GOÄ.

Keine Anwendung der GOÄ

Die GOÄ findet keine Anwendung für die Tätigkeit, die nicht typisch ärztlich sind, wie z. B. schriftstellerische Aktivitäten oder eine Tätigkeit in Forschung und Lehre. Generell ist die Anwendung der GOÄ auf den ärztlichen Berufsstand beschränkt. Deshalb kann sie nicht angewandt werden für Leistungen, die von nichtärztlichen Berufsgruppen erbracht werden (z. B. Masseure oder Krankengymnasten, Ergotherapeuten, Heilpraktiker – diese Berufsgruppe verfügt über eine eigene Gebührenordnung – u. ä.).

Werden solche nichtärztlichen Heilberufsangehörige allerdings als Angestellte einer Praxis oder eines Krankenhauses tätig und die Leistungen unter Aufsicht und/oder auf Anordnung eines Arztes erbracht, ist eine Abrechnung als „ärztliche“ Leistung in der Regel möglich. Näheres hierzu findet sich im § 4. Eine Sonderregelung gilt für psychologische Psychotherapeuten und Kinder- und Jugendlichenpsychotherapeuten. Deren Vergütung richtet sich ebenfalls nach der GOÄ (§ 1 Abs. 1 der Gebührenordnung für Psychologische Psychotherapeuten und Kinder- und Jugendlichenpsychotherapeuten (GOP) vom 8.6.2000).

Wird der Behandlungsvertrag mit einem Krankenhausträger oder einer größeren Arztpraxis abgeschlossen und werden die Leistungen durch solche Ärzte erbracht, die im Rahmen eines Beamten- oder Anstellungsverhältnisses in Erfüllung ihrer daraus erwachsenden Aufgaben tätig werden, findet die GOÄ im Verhältnis behandelnder Arzt und Patient grundsätzlich keine Anwendung, es sei denn, der Arbeitgeber räumt dem Arzt ein Liquidationsrecht ein. Krankenhäuser rechnen ihre Leistung nach dem Krankenhausentgelt-Gesetz (KEntG) ab.

Die GOÄ dient vorrangig dem Schutz des Patienten. Daher ist die GOÄ nicht zwingend anwendbar bei Vereinbarungen zwischen Krankenhaus und externen Ärzten (Konsiliararzt) zur Erbringung von Krankenhausleistungen (vgl. Hoffman-Kleinken, GOÄ. § 1 Anm. 25; BGH-Urteil 12.11.2009 in Rubrik „Rechtsprechung“).

Die GOÄ gilt weiterhin nicht, wenn z. B. ein Arzt nebenberuflich für ein Unternehmen als Betriebsarzt tätig ist. In diesem Fall kann der Arzt ein Stunden- oder auch Pauschalhonorar vereinbaren.

Behandlungsvertrag

Der Arzt- bzw. Behandlungsvertrag ist ein Dienstvertrag gemäß § 611 (BGB), nunmehr näher ausgestaltet in den §§ 630a bis 630h BGB (Patientenrechtegesetz). Ein Arzt schuldet daher dem Patienten nicht den Heilerfolg, sondern die Durchführung der ärztlichen Behandlung, die er mit der erforderlichen Sorgfalt nach dem aktuellen medizinischen Standard zu erbringen hat.
Außer in wenigen Ausnahmefällen (z. B. Notfall) hat der Arzt, der Patienten im Rahmen der GOÄ behandelt, grundsätzlich die Freiheit, einen Behandlungsvertrag abzuschließen, vgl. § 7 Musterberufsordnung.
Für den Vertragsarzt besteht dagegen bei gesetzlich versicherten Patienten grundsätzlich eine Behandlungspflicht.
Der Abschluss des Vertrages ist formfrei; eine Schriftform ist nur erforderlich bei einer Vereinbarung über wahlärztliche Leistungen oder der privatärztlichen Behandlung – auf Patientenwunsch – von Versicherten der GKV. So kommt der Behandlungsvertrag in der Regel allein durch schlüssiges Verhalten zustande; nämlich: der Patient begibt sich in ärztliche Behandlung, und der Arzt nimmt die notwendige Versorgung vor.

Gutachten

Die ärztliche Gutachter-Tätigkeit wird als typisch ärztlich angesehen, weshalb die GOÄ anzuwenden ist; vgl. dazu die Geb.Nrn. 80 ff. GOÄ.
Insbesondere bei ärztlichen Stellungnahmen im Rahmen von Versicherungsverträgen (z. B. Lebensversicherungs-Begutachtung) werden in zulässige Werte zwischen Versicherung und Arzt Honorarvereinbarungen getroffen. Hier wird vor Abgabe der ärztlichen Stellungnahme von der Versicherung eine Kostenzusage über ein bestimmtes Honorar (z. B. 70,– €) abgegeben. In jedem Fall ist darauf zu achten, dass die betroffene Versicherung etc. eine vom Patienten konkret für diesen Fall unterschriebene Erklärung über die Entbindung von der ärztlichen Schweigepflicht vorlegt.

Fachgebietsbeschränkung

Nach herrschender Meinung ist der liquidierende Arzt an seine Fachgebietsgrenzen nach der jeweils landesrechtlichen Weiterbildungsordnung grundsätzlich gebunden, die seiner Facharztprüfung zugrunde lag (d. h. Bestandsschutz bei zwischenzeitlichen Änderungen der Weiterbildungsordnung!) Dabei ist zu beachten, dass es für „Praktische Ärzte" bzw. Ärzte für Allgemeinmedizin keine allgemeine berufsrechtliche Fachgebietsbeschränkung gibt. So wurde in einem Urteil vom 17.11.2006 des LG Mannheim (1 S 227/05) einem Facharzt für Chirurgie und Unfallchirurgie, der jährlich viele hundert MRT-Untersuchungen des Kniegelenks durchführte, ein Honoraranspruch wegen Fachfremdheit nicht zugestanden. Der mit den Patienten geschlossene Behandlungsvertrag sei nichtig. Ein Honoraranspruch bestehe weder aus § 1 Abs. 2 GOÄ noch aus § 812 BGB (ungerechtfertige Bereicherung).

Die grundsätzliche Bindung an das Fachgebiet ist aber nicht absolut zu sehen; vielmehr sind Ausnahmen zulässig. So hat das Bundesverfassungsgericht (01.02.2011, AZ: 1 BvR 2383/10) entschieden:
Berufsrechtliche Sanktionierung einer in geringfügigem Umfang ausgeübten fachgebietsfremden Tätigkeit verletzen einen betroffenen Facharzt in seiner Berufsausübungsfreiheit <Art 12 Abs 1 GG – hier: geringfügiger Anteil fachgebietsfremder Operationen von jedenfalls weniger als 5 % –. Insbesondere wird ein an Ärzte gerichtetes Verbot der Betätigung außerhalb des Fachgebiets den verfassungsrechtlichen Anforderungen nur gerecht, wenn es lediglich als eine – Ausnahmen zugängliche – allgemeine Richtlinie gilt und keine allzu enge Auslegung stattfindet. Somit gilt: ein Arzt ist unabhängig von seiner Spezialisierung berechtigt, Patienten auf allen Gebieten, die von seiner Approbation umfasst sind, zu behandeln (vgl. auch Hoffmann/Kleinken, GOÄ § 1, Anm. 29).

Wirtschaftlichkeitsgebot

Bei der privatärztlichen Versorgung gilt nicht das Wirtschaftlichkeitsgebot des § 12 SGB V, das nur für Vertragsärzte bei der gesetzlichen KV zu beachten ist. Aber die Einschränkung, dass das Honorar nur für erforderliche ärztliche Leistungen vergütet wird, beinhaltet die Verpflichtung zur wirtschaftlichen Leistungserbringung. Aus dem Grundsatz von Treu und Glauben ergibt sich daher auch bei einer Privatbehandlung die Pflicht zu einer kostengünstigen Behandlung.

Medizinisch notwendige Leistungen (§ 1 Abs. 2 S. 1 GOÄ)
Der Arzt darf grundsätzlich nur für medizinisch notwendige Leistungen Honorar verlangen, die nach den Regeln der ärztlichen Kunst erbracht werden. Bei der Beurteilung der medizinischen Notwendigkeit ist ein objektiver Maßstab anzulegen, aber der Arzt hat nach allgemeiner Rechtssprechung einen Ermessungs- und Entscheidungsspielraum.
Die Beurteilung der medizinischen Notwendigkeit hängt allein von den objektiven medizinischen Befunden und Erkenntnissen zum Zeitpunkt der Behandlung ab. Bei der Beurteilung dieser Notwendigkeit haben zunächst Kostengesichtspunkte außer Betracht zu bleiben (s. BGH Urteil 12.03.2003, AZ IV ZR 278/01, Landgericht Dortmund 05.10.2005 AZ 2 S 17/05).
Die medizinische Notwendigkeit der ärztlichen Versorgung ist bei der PKV umfassender zu verstehen als bei der GKV; so ist die privatärztliche Behandlung nicht durch das Wirtschaftlichkeitsgebot des § 12 SGB V begrenzt. Der behandelnde Arzt hat somit im Rahmen der privatärztlichen Versorgung eine größere Therapiefreiheit.

Bei der Behandlung von Privatpatienten sind die Musterbedingungen MB/KK der Privatversicherungen von Bedeutung, die zum Vertragsinhalt des Vertrages zwischen Patient und Privatkasse gehören.

Die PKV leistet für Behandlungsmethoden und Arzneimittel, die von der Schulmedizin überwiegend anerkannt sind, sowie für Methoden und Arzneien, die sich in der Praxis ebenso erfolgversprechend bewährt haben oder angewandt werden, weil keine schulmedizinische Methoden zur Verfügung stehen; vgl. § 4 Abs.6 MB/KK 2009 – hier im Wortlaut:
„... Der Versicherer leistet im vertraglichen Umfang für Untersuchungs – oder Behandlungsmethoden und Arzneimittel, die von der Schulmedizin überwiegend anerkannt sind. Er leistet darüber hinaus für Methoden und Arzneimittel, die sich in der Praxis als ebenso erfolgversprechend bewährt haben oder die angewandt werden, weil keine schulmedizinischen Methoden oder Arzneimittel zur Verfügung stehen; der Versicherer kann jedoch seine Leistungen auf den Betrag herabsetzen, der bei der Anwendung vorhandener schulmedizinischer Methoden oder Arzneimittel angefallen wäre.“
Diese Leistungsklausel ist nach der Rechtsprechung des BGH wirksam, da der Versicherungsnehmer (Patient) nicht unangemessen benachteiligt wird (vgl. BGH, 20.10.2002, AZ: IV ZR 60/01).
Den **Inhalt der Leistungsklausel** kann man nach der Entscheidung des BGH und weiteren Urteilen, z. B. OLG Stuttgart, 26.10.2006, AZ: 7 U 91/06, OLG Stuttgart, 19.11.2009, AZ: 7 U 60/09 wie folgt zusammenfassen:

Die PKV hat die Kosten zu übernehmen für Behandlungsmethoden/Arzneimittel, die von der **Schulmedizin** überwiegend anerkannt sind.

Die PKV hat außerdem zu leisten für Methoden und Arzneimittel, die sich in der Praxis als ebenso Erfolg versprechend bewährt haben **(Methoden der alternativen Medizin)**. Im Grundsatz müssen Methoden der alternativen Medizin in ihrer Wirksamkeit – wenigstens im Großen und Ganzen – einer Methode der Schulmedizin gleichkommen. Das heißt allerdings nicht, dass sie über eine Erfolgsdokumentation, die der Schulmedizin vergleichbar ist, verfügen müssen. Eine Methode der (etablierten) Richtungen der alternativen Medizin ist dann als gleichwertig anzusehen, sofern sie sich nicht aufgrund neutraler, der Erfolgsdefinition dieser Richtung Rechnung tragender Tests als untauglich erwiesen hat.

Stehen weder Methoden der Schulmedizin noch einer etablierten Richtung der alternativen Medizin zur Verfügung, können auch **sog. Außenseitermethoden** erstattungsfähig sein. Für sie ist notwendig, dass sie zumindest in ihrem Ansatz medizinisch nachvollziehbar und begründbar sind. Dabei reicht es aus, wenn die Erreichung des Behandlungszieles mit einer nicht nur ganz geringen Erfolgsaussicht möglich erscheint. Das bedeutet, dass die Annahmen, auf denen die Methode beruht, für einen unvoreingenommenen Schulmediziner nicht jenseits jedweder Rationalität liegen dürfen, wobei vorausgesetzt ist, dass sich die Methode nicht ohnehin schon als untauglich erwiesen hat. Diese Grundsätze gelten insbesondere für lebensbedrohliche oder unheilbare Krankheiten.

Übermaßbehandlung
In dem bereits zitierten Urteil des Bundesgerichtshofes vom 12.3.2003 setzt sich das Gericht auch mit dem Verhältnis der medizinischen Notwendigkeit einer Behandlung, einer sog. Übermaßbehandlung, auseinander. Eine sog. Übermaßbehandlung liegt vor, wenn eine Heilbehandlung das medizinisch notwendige Maß übersteigt. In diesem Fall kann die PKV ihre Leistungen auf einen angemessenen Betrag herabsetzen; vgl. § 5 Abs. 2 MB/KK 2009. Zu erstatten sind daher Leistungen, bei de-

nen der Umfang der medizinischen Notwendigkeit gewahrt bleibt. Diese Möglichkeit zur Herabsetzung der Leistung gibt einer PKV aber nicht das Recht, eine hohe Vergütung für eine ärztliche Leistung ohne weiteres zu kürzen. Wenn die medizinische Notwendigkeit der Behandlung gegeben ist und eine vital lebensnotwendige Behandlung vorliegt, hat eine PKV auch hohe Arztkosten zu übernehmen (vgl. BGH, 12.03.2003, AZ: IV ZR 278/01). Andererseits gilt auch im Verhältnis Patient/PKV der Grundsatz von Treu und Glauben mit dem Gebot zur Rücksichtnahme, d. h. die Kosten einer Luxusbehandlung muss eine PKV nicht ohne weiteres übernehmen.

Alternative Verfahren / Außenseitermethoden
Von einem Arzt können alternative Behandlungsmethoden und auch Außenseitermethoden angewandt und auch gegenüber der PKV abgerechnet werden – zu den einzelnen Voraussetzungen vgl. die Ausführungen im Abschnitt „ „Medizinisch notwendige Leistungen“
Der BGH hatte bereits in einem Urteil vom 23.06.1993 (AZ: IV ZR 135/92) entschieden, dass die sog. „Wissenschaftlichkeitsklausel“ in den Bedingungen der privaten Krankenversicherer unwirksam sei .Nach dieser Klausel bestand keine Leistungspflicht für wissenschaftlich nicht allgemein anerkannte Untersuchungs- oder Behandlungsmethoden und entsprechende Arzneimittel. Die privaten Krankenversicherer haben daher seit längerer Zeit ihre MB/KK umgestellt. Die Grundsätze der neuen MB/KK werden in einem Urteil des OLG Stuttgart vom 26.10.2006 (AZ: 7 U 91/05) zusammengefasst:: für eine private Krankenversicherung besteht nicht nur eine Leistungspflicht für Behandlungsmethoden, die von der Schulmedizin anerkannt seien, sondern auch für Methoden und Arzneimittel, die sich nach der Praxis als ebenso erfolgsversprechend erwiesen haben. Wenn aber weder die Schulmedizin noch die Alternative Medizin eine Behandlung anbieten, die eine schwere Erkrankung heilen kann oder die Aussichten auf Heilung verbessert, sind auch sog. Außenseitermethoden als notwendige Heilbehandlung erstattungsfähig. Vorausgesetzt wird aber, dass sie zumindest im Ansatz auf nachvollziehbaren medizinischen Überlegungen beruhen.
Im Leistungsverzeichnis der GOÄ sollten diese Leistungen aufgenommen sein. Dass dies aber nicht der Fall ist und nicht sein kann, zeigen die analogen Bewertungen der Bundesärztekammer, die für einen Zeitraum bis zur Neuerstellung einer GOÄ das bestehende Verzeichnis ergänzen sollen um Leistungen, wie sie dem anerkannten Stand der medizinischen Wissenschaft entsprechen.
Angesichts der Vielfalt der ärztlichen Therapierichtungen ist davon auszugehen, dass nicht alle nach den Regeln der ärztlichen Kunst für eine medizinisch notwendige Versorgung erforderlichen Leistungen erfasst werden können. Insbesondere solche Verfahren, die lediglich von den Vertretern bestimmter Therapierichtungen anerkannt sind, werden durch das Leistungsverzeichnis GOÄ häufig nicht erfasst. In diesen Fällen ist der Arzt gemäß § 6 Abs. 2 GOÄ berechtigt, die Leistungen, die in das Gebührenverzeichnis nicht aufgenommen sind, entsprechend einer nach Art, Kosten- und Zeitaufwand gleichwertigen Leistung des Gebührenverzeichnisses – d. h. analog – zu berechnen. Hierzu gehören u. a.

- Colon Hydrotherapie
- Mikrobiologische Therapie (Symbioselenkung)
- Neuraltherapie
- Sauerstoff-Mehrschritt-Therapie (SMT)

Doch selbst wenn die wissenschaftliche Anerkennung oder medizinische Notwendigkeit einer bestimmten Leistung zu verneinen ist, so ist der Arzt dennoch berechtigt und sogar verpflichtet, diese Leistung auf der Grundlage der GOÄ zu berechnen, sofern sie auf Verlangen des Patienten erbracht wurde.

Kosmetische Eingriffe – Geltung der GOÄ
Nach einer Entscheidung des Bundesgerichtshofes ist die GOÄ auch auf die Abrechnung medizinisch nicht indizierter kosmetischer Operationen anzuwenden. Der Begriff der „beruflichen Leistungen der Ärzte“ im Sinne von § 1 GOÄ sei weit zu verstehen und gehe inhaltlich über den Bereich der medizinisch indizierten Heilbehandlung hinaus. Er umfasse auch Maßnahmen „am gesunden Menschen“, wenn „diese ihrer Methode nach der ärztlichen Krankenbehandlung gleichkommen und ärztliche Fachkenntnisse voraussetzen sowie gesundheitliche Schädigungen verursachen können“ (BGH, Urteil vom 23.3.2006 – III ZR 223/05, MedR 06, S. 424 ff.).

Leistungen auf Verlangen“, gemäß § 1 Abs. 2 S. 2 GOÄ.
Wenn eine Behandlung die Voraussetzung der medizinischen Notwendigkeit nicht erfüllt und die PKV daher in zulässiger Weise ihre Leistungspflicht verneint, gilt bei einer Privatbehandlung:
Der Begriff IGeL-Leistungen wird primär für die Behandlung von GKV-Patienten verwandt. Aber auch bei Privatpatienten sind Individuelle Gesundheitsleistungen möglich, die von der PKV des Pati-

enten nicht übernommen werden; dies sind die sog. „Leistungen auf Verlangen", gemäß § 1Abs.2 S. 2 GOÄ. Hierbei handelt es sich um Leistungen, die über das Maß einer medizinisch notwendigen Behandlung hinausgehen. **In § 1 Abs. 2 S. 2 GOÄ heißt es:**
Leistungen, die über das Maß einer medizinisch notwendigen ärztlichen Versorgung hinausgehen, darf er nur berechnen, wenn sie auf Verlangen des Zahlungspflichtigen erbracht worden sind.
Vorausgesetzt wird dabei, dass der Arzt den Patienten zuvor exakt darüber aufklärt, inwiefern die verlangte Leistung über die medizinische Notwendigkeit hinausgeht (OLG München, 20.03.2010, AZ: 1 U 4547/11).
Wenn eine Leistungspflicht der PKV mangels medizinischer Notwendigkeit nicht vorliegt, aber der-Patient die Leistung dennoch wünscht, muss der behandelnde Arzt beachten:

- Hinweis an den Patienten, dass seine PKV die Kosten der Behandlung nicht – auch nicht teilweise – übernehmen wird, und der Patient die Kosten daher selbst zu tragen hat
- Hinweis an den Patienten, dass der Arzt seine Leistung erst erbringt, wenn der Patient dies ausdrücklich verlangt
- medizinische Aufklärung über die Leistung nach den allgemein gültigen Regeln
- Aufklärung über die anfallenden Kosten für die Behandlung; d. h. GOÄ-Ziffern, Gebührensatz, Gesamtbetrag

Dabei ist nunmehr vom Arzt das neue Patientenrechtegesetz, insbesondere § 630 c Abs. 3 BGB (Bürgerliches Gesetzbuch) zu beachten. Das Patientenrechtegesetz umfasst im BGB die §§ 630 a bis 630h. – Das Gesetz ist seit 26. Februar 2013 in Kraft getreten.
Im Rahmen der Leistungen auf Verlangen nach § 1 Abs.2 S. 2. GOÄ hat der behandelnde Arzt nunmehr § 630 c zu beachten.

> **§ 630 c BGB: Mitwirkung der Vertragsparteien; Informationspflichten**
> (3) Weiß der Behandelnde, dass eine vollständige Übernahme der Behandlungskosten durch einen Dritten nicht gesichert ist oder ergeben sich nach den Umständen hierfür hinreichende Anhaltspunkte, muss er den Patienten vor Beginn der Behandlung über die voraussichtlichen Kosten der Behandlung in Textform informieren. Weitergehende Formanforderungen aus anderen Vorschriften bleiben unberührt.

Nach § 12 Abs. 3 GOÄ sind Leistungen, die auf Verlangen des Patienten erbracht wurden (§ 1 Abs. 2 Satz 2 GOÄ), in der Rechnung als solche zu bezeichnen. Geschieht dies nicht, ist insofern die Fälligkeit des ärztlichen Vergütungsanspruchs nicht gegeben.
Bei Leistungen auf Patientenverlangen ist nach GOÄ kein schriftlicher Vertrag zwischen Arzt und Patient erforderlich. Der Arzt sollte allerdings zu seiner Absicherung sich den Hinweis unterschreiben lassen, dass die vom Patienten geforderte Leistung nicht im Rahmen von PKV-Leistungen erbracht wird und der Patient die Leistung selber zu zahlen hat.

Beihilfevorschriften (siehe auch S. ••)
Nach den Beihilfevorschriften des Bundes, an denen sich auch die Länder-Beihilfestellen orientieren, kann der Bundesinnenminister die Beihilfefähigkeit von Aufwendungen für entsprechende Untersuchungen oder Behandlungen nach einer wissenschaftlich nicht allgemein anerkannten Methode begrenzen oder ausschließen.
Im Internet finden Sie bei der PKV die Beihilfevorschriften und Durchführungsbestimmungen http://www.pkv.de/recht/rechtsquellen/beihilfevorschriften_2009.pdf.
Die für den Arzt wissenswerten Texte für die Erbringung und Abrechnung von Leistungen bei beihilfefähigen Patienten finden sich in den § 5 und § 6 der Beihilfevorschriften des Bundes, die zur näheren Erläuterung und zur Abgrenzung spezieller Leistungen und Verordnungen durch Hinweise des Bundesministers des Inneren ergänzt sind. Im Kapitel „IGeL-Leistungen" finden Sie auf Seite 110 Hinweise des BMI zu § 6 Abs. 2 BhV Beihilfefähige Aufwendungen bei Krankheit.

Behandlung von Angehörigen des Arztes zu Lasten der PKV
Bei der Behandlung von Angehörigen, die in einer privaten Krankenkasse versichert sind, kann der Arzt bei einigen Versicherungen eine Rechnung erstellen. Einzelne Versicherungen haben in den vertraglichen Bestimmungen für den Versicherten allerdings eine sog. „Angehörigen- oder Verwandtenklausel", nach der der Arzt nur die Sachkosten erstattet bekommt. Siehe auch Berufsordnung für Ärzte § 12 Abs. 2, wonach ein Arzt bei der Behandlung u. a. von Angehörigen das Honorar ganz oder teilweise erlassen darf.
Werden nahe Angehörige eines Arztes in einer Gemeinschaftspraxis vom Praxispartner und nicht vom verwandten Arzt behandelt, so besteht ein Honorar- und Beihilfeanspruch ohne Abzug.

■ Rechtsprechung

Aufklärung über eine OP, die ein anderer Arzt empfohlen hat und durchführen will
Wenn ein Arzt gegenüber einem Patienten nur die Aufklärung über eine OP vornimmt, die ein anderer Arzt empfohlen hat und durchführen will, so kann er dennoch zur Haftung bei einer fehlerhaften Aufklärung herangezogen werden. Denn mit der Aufklärung übernimmt der Arzt einen Teil der ärztlichen Behandlung.
Die übernommene Aufklärungspflicht bezieht sich dann auch nicht nur auf die allgemeinen Risiken der OP, sondern auch auf die möglichen Behandlungsalternativen. Dies gilt erst recht, wenn die geplante OP mit hohem Risiko verbunden ist und die Indikation zweifelhaft erscheint.
Zu einer anderen Beurteilung kann es nur kommen, wenn der Patient nach den Umständen nur von einer allgemeinen Aufklärung des Arztes ausgehen konnte.
Aktenzeichen: BGH, 21.10.2014, AZ: VI ZR 14/14
Entscheidungsjahr: 2014

Ärztlicher Behandlungsvertrag: Umfang der Aufklärungspflicht eines Arztes bei medizinisch nicht indizierter Behandlung.
Unterlässt ein behandelnder Arzt gegenüber dem Patienten eine Aufklärung darüber, dass eine von ihm vorgesehene Behandlung über das Maß des medizinisch Notwendigen hinausgeht, so ist er seinem Patienten gegenüber zum Schadensersatz wegen vertraglicher Pflichtverletzung verpflichtet. Der Schaden umfasst dabei auch die Kosten dieser medizinisch nicht indizierten Behandlung. Dabei entsteht eine Aufklärungspflicht schon dann, wenn nicht gesichert ist, ob die Krankenversicherung des Patienten für die Behandlungskosten aufkommen wird. Denn es gehört zu den Pflichten eines Arztes, den Patienten vor unnötigen Kosten zu bewahren, soweit er über bessere Kenntnisse und Wissen verfügt (BGH-Rechtsprechung).
Aktenzeichen: OLG Köln, 18.09.2013, AZ: 5 U 40/13
Entscheidungsjahr: 2013

Abrechnung einer Behandlung, die über das Maß des medizinisch Notwendigen hinausgeht
Ein Arzt kann bei einem Patienten eine Behandlung, die medizinisch nicht notwendig ist, nur dann abrechnen, wenn er diese Behandlung auf Verlangen des Patienten erbracht hat; vgl. § 1 Abs.2 S. 2 GOÄ. Vorausgesetzt wird dann aber, dass der Arzt den Patienten vor der Behandlung deutlich über diesen Umstand aufgeklärt hat und der Patient seinen Wunsch zur Behandlung erklärt.
Aktenzeichen: OLG München, 20.03.2012, AZ: 1 U 4547/11
Entscheidungsjahr: 2012

Anwendbarkeit der GOÄ bei Konsiliararztverträgen
Krankenhäuser vergeben häufig Dienstleistungen, die sie mangels technischer Ausstattung nicht erbringen können, an externe Facharztpraxen. Es handelt sich dabei um einen Dienstvertrag gemäß § 611 I BGB, sog. Konsiliararztvertrag. Die Leistungen der externen Praxis werden nicht gegenüber dem Patienten erbracht und sie sind auch keine Erfüllung einer vertragsärztlichen Pflicht. Die externe Praxis erbringt nur Leistungen auf Grund des Dienstvertrages für das Krankenhaus, d.h. es werden allgemeine Krankenhausleistungen übernommen. Auf Verträge dieser Art ist die GOÄ nicht anwendbar. Bei der Vergütung können sich die Parteien an der GOÄ orientieren; es kann aber auch eine pauschale Vergütung vereinbart werden, die nach § 2 GOÄ unwirksam wäre. Zulässig ist auch eine Vergütung für den gesamten Behandlungsbereich, die unter dem Einfachsatz liegt.
Aktenzeichen: BGH, 12.11.2009, AZ: III ZR 110/09
Entscheidungsjahr: 2009

Beschlüsse der BÄK zur Abrechnung
Beschlüsse der Bundesärztekammer zur Auslegung der GOÄ sind für die gebührenrechtliche Auslegung einzelner Gebührenziffern durch die Gerichte nicht maßgeblich oder bindend. Dies gilt erst recht für Hinweise der BÄK zu Gebührenabrechnungen.
Aktenzeichen: LG Regensburg, 24.03.2009, AZ: 2 S 78/08
Entscheidungsjahr: 2009

Anwendung einer Außenseitermethode
Ein Patient war wegen eines Bandscheibenvorfalls mit dem sog. Racz – Katheter behandelt worden; d.h. minimal – invasive epidurale Wirbelsäulen-Kathetertechnik nach Prof. Racz. Im Jahre 2001 war diese Behandlungstechnik neuartig und wissenschaftlich umstritten. Die Anwendung einer nicht allgemein anerkannten Heilmethode ist grundsätzlich erlaubt und führt nicht ohne weitere Umstände

zu einer Haftung des behandelnden Arztes. Ein Arzt ist auch nicht bei der Behandlung auf den sichersten therapeutischen Weg festgelegt; ein höheres Risiko kann aber nur durch besondere Sachzwänge oder durch eine günstigere Heilungsprognose gerechtfertigt werden. Es ist daher der Sorgfaltsmaßstab eines vorsichtigen Arztes anzuwenden; denn bei einer Außenseitermethode ist im besonderen Maße mit bisher unbekannten Risiken zu rechnen. Diese Sorgfaltspflicht besteht auch nach der Behandlung durch stetige Kontrolluntersuchungen etc.
Aktenzeichen: BGH, 22.05.2007, AZ: VI ZR 35/06
Entscheidungsjahr: 2007

Medizinisch notwendige Heilbehandlung / Übermaßbehandlung – Übermaßvergütung
Ein Patient war beihilfeberechtigt und hatte ergänzend eine private Krankheitskostenversicherung. In dem Versicherungsvertrag waren die Musterbedingungen 1976 des Verbandes der privaten Krankenversicherung (MB/KK 76) einbezogen. Bei dem Versicherten wurden 3 Bandscheiben-OPs in einer sehr teuren Privatklinik vorgenommen. Hinsichtlich der Kostenübernahme durch die PKV kam es zur gerichtlichen Auseinandersetzung, in der der BGH als letzte Instanz in einem Urteil vom März 2003 festhielt: Eine Heilbehandlung ist medizinisch notwendig, wenn nach objektiven medizinischen Befunden und wissenschaftlichen Erkenntnissen eine anerkannte Behandlungsmethode zur Verfügung steht, die geeignet ist, die Krankheit zu heilen oder zu lindern. Nach bisheriger Rechtsprechung musste die Behandlung auch unter Kostenaspekten vertretbar sein; d.h. gab es zwei medizinisch gleichartige Behandlungsarten, die aber kostenmäßig erheblich auseinander lagen, so bestand für die PKV nur eine Leistungspflicht für die günstigere Behandlung. Diese Ansicht hat der BGH ausdrücklich verworfen. Die Notwendigkeit einer Heilbehandlung ist allein aus medizinischer Sicht zu beurteilen. Für einen verständigen Versicherten ist es nicht ersichtlich, dass die Versicherung ihre Leistung nur auf kostengünstigere Behandlungen beschränken will. Die Versicherung kann den Erstattungsanspruch auch nicht gemäß § 5 Abs. 2 MB/KK 76 kürzen. Mit dieser Regelung kann die PKV ihre Leistungen lediglich herabsetzen, wenn die Heilbehandlungen das medizinisch notwendige Maß (sog. Übermaßbehandlungen) übersteigen. Der durchschnittliche VN kann daraus aber nicht schließen, dass mit der Überschreitung des medizinisch notwendigen Maßes auch ein wirtschaftliches Übermaß gemeint ist.
Aktenzeichen: BGH, 12.03.2003, AZ: IV ZR 278/01
Entscheidungsjahr: 2003

Leistungen auf Verlangen des Patienten, § 1 Abs. 2 S.2 GOÄ
Die Entschließungsfreiheit eines Patienten ist unzumutbar beeinträchtigt, wenn ihm nach längerer Behandlung in einer Behandlungspause eine schriftliche Vereinbarung über Verlangensleistungen zur Unterschrift vorgelegt wird und der Arzt gleich danach mit der weiteren Behandlung beginnt. Eine solche Vergütungsvereinbarung ist unwirksam.
Aktenzeichen: OLG Celle, 11.09.2008, AZ: 11 U 88/08
Entscheidungsjahr: 2008

Kein Honoraranspruch eines Laborarztes gegenüber einem Patienten bei objektiv nicht erforderlicher Untersuchung
Ein behandelnder Arzt hatte einen externen Laborarzt mit einer humangenetischen Blutuntersuchung beauftragt. Der Laborarzt erbrachte seine Leistung; es stellte sich aber heraus, dass objektiv die Untersuchung medizinisch nicht notwendig war. Nach allgemeiner Meinung wird bei der Beauftragung eines externen Arztes der behandelnde Arzt als Stellvertreter des Patienten tätig. Es wird somit ein eigener Behandlungsvertrag zwischen dem Patienten und dem externen Arzt geschlossen. Bei der Zusammenarbeit eines behandelnden Arztes mit einem Laborarzt ist zu beachten, dass grundsätzlich jeder Arzt für seinen Aufgabenbereich verantwortlich ist. Ein Arzt darf sich darauf verlassen, dass der Kollege seine Aufgaben mit der nötigen Sorgfalt erledigt und die Indikation zu der erbetenen Leistung zutreffend gestellt hat. Eine gegenseitige Überwachungspflicht besteht nicht. Anderes gilt nur, wenn offensichtliche Fehlleistungen vorliegen (dazu BGH, 26.02.1991, AZ: VI ZR 344/89). Auch im Verhältnis Laborarzt – Patient gelten selbstverständlich die Regelungen der GOÄ, so auch § 1 Abs. 2 S. 1 GOÄ. Danach kann ein Arzt Vergütungen nur für Leistungen berechnen, die für eine medizinisch notwendige Versorgung notwendig sind. Unstreitig war die gentechnische Untersuchung medizinisch nicht notwendig. Dem Laborarzt steht daher ein Vergütungsanspruch gegenüber dem Patienten nicht zu; und zwar auch dann, wenn er den Auftrag des behandelnden Arztes fehlerfrei erfüllt hatte und er keinen Grund hatte, die Notwendigkeit der Untersuchung in Zweifel zu ziehen. Der Laborarzt kann daher nur Schadensersatz-

ansprüche gegenüber dem behandelnden Arzt geltend machen, da dieser die Untersuchung veranlasst hatte.
Aktenzeichen: BGH, 14.01.2010, AZ: III ZR 188/09
Entscheidungsjahr: 2010

Vergütung von Laborkosten – Innenvollmacht
Wenn ein behandelnder Arzt ein externes Labor mit Untersuchungen beauftragt, handelt er als Bevollmächtigter seines Patienten, so dass zwischen dem Labor und dem Patienten ein weiterer Behandlungsvertrag zustande kommt. Es ist dann davon auszugehen, dass der Patient seinem Arzt eine sog. Innenvollmacht erteilt hat.
Diese Innenvollmacht ist aber nicht unbegrenzt gültig. Wird z. B. ein Patient nicht ausdrücklich auf die außergewöhnlich hohen Kosten für eine Laboruntersuchung (hier: gentechnisches Gutachten zur Untersuchung auf Marfan-Syndrom; Kosten: Euro 21.000.–) hingewiesen, kann nicht davon ausgegangen werden, dass der Patient ohne explizite Aufklärung mit einer derartigen Untersuchung einverstanden ist und daher eine wirksame Innenvollmacht vorliegt.
Aktenzeichen: OLG Brandenburg, 12.01.2011, AZ: 4 U 111/08
Entscheidungsjahr: 2011

Honoraranspruch, wenn Arzt weitere Befunde nicht erhoben hat
Nach der Rechtsprechung kann ein Arzt für eine mangelhafte Leistung kein Honorar geltend machen; dies setzt aber voraus, dass die in Rechnung gestellte Leistung selbst fehlerhaft ist. Ist aber eine Befunderhebung selbst nicht fehlerhaft, sondern reklamiert ein Patient nur, dass weitere Befunde nicht erhoben wurden, kann der Arzt für die durchgeführte Befunderhebung das zustehende Honorar beanspruchen.
Aktenzeichen: OLG Naumburg, 11.12.2008, AZ: 1 U 12/08
Entscheidungsjahr: 2008

Honoraranspruch eines Arztes trotz unzureichender Aufklärung
Bei dem Behandlungsvertrag zwischen Arzt und Patient handelt es sich um einen Dienstvertrag. Der Arzt hat daher einen Vergütungsanspruch allein durch die Durchführung der Behandlung; er erlangt diesen Anspruch nicht erst, wenn er erfolgreich tätig war. Bei einer fehlerhaften Behandlung liegt eine vertragliche Pflichtverletzung des Arztes vor, so dass der Patient mit einem Schadensersatzanspruch gegen den Honoraranspruch des Arztes aufrechnen kann. Nur bei ganz groben Pflichtverletzungen bzw. Behandlungsfehlern entsteht ein Vergütungsanspruch des Arztes grundsätzlich nicht, weil dies ein Fall einer unzulässigen Rechtsausübung nach § 242 BGB wäre. Erfolgt vor einer Operation eine unzureichende Risikoaufklärung, ist die erklärte Einwilligung des Patienten unwirksam. Die Operation ist daher als rechtswidrige Körperverletzung anzusehen. Ein Patient könnte daher mit einem Schadensersatzanspruch aufrechnen. Wenn aber die Operation tatsächlich erfolgreich verlaufen ist, fehlt es aber bei dem Patienten an einem materiellen Schaden. Der Vergütungsanspruch des Arztes bleibt daher bestehen.
Aktenzeichen: OLG Nürnberg, 16.07.2004, AZ: 5 U 2383/03
Entscheidungsjahr: 2004

Hinweise auf GOÄ-Ratgeber der BÄK:

► **Aufklärungen im Rahmen der ärztlichen Liquidation I**
Dr. med. Beate Heck – Deutsches Ärzteblatt 108, Heft 18 (06.05.2011), S. A-1030 – http://www.bundesaerztekammer.de/page.asp?his=1.108.4144. 4145.9296
Die Autorin führt u. a. aus: Ein Behandlungsvertrag zwischen Arzt und Patient muss nicht schriftlich abgeschlossen werden. Sucht ein Patient eine Praxis auf und beginnt der Arzt mit der Behandlung, ist ein Vertragsverhältnis zustande gekommen. Allerdings: „Ein schriftlicher Behandlungsvertrag ist jedoch erforderlich für die Erbringung individueller Gesundheitsleistungen (IGeL) bei gesetzlich krankenversicherten Patienten, wenn die Leistung durch einen Vertragsarzt erbracht wird." Vergleiche hierzu im Einzelnen die §§ 3 Absatz 1 und 18 Absatz 8 Bundesmantelvertrag-Ärzte.
Weiter gibt Heck den Hinweis: „Werden vom Arzt Wunschleistungen oder „Leistungen auf Verlangen" gemäß § 1 Abs. 2 GOÄ bei einem Privatpatienten erbracht, ist nach der GOÄ eine schriftliche Vereinbarung über die Behandlung nicht vorgeschrieben. Der Patient ist aber darüber aufzuklären, dass seine Versicherung die Kosten nicht übernehmen wird. Zur Absicherung des Arztes sollte dies schriftlich erfolgen.
Wenn ein Arzt seine Rechnung über eine Verrechnungsstelle erstellen lässt, muss vorher das schriftliche Einverständnis des Patienten eingeholt werden. Der Patient muss erklären, dass er der Weitergabe der Patientendaten zustimmt. Fehlt diese Erklärung, verstößt der Arzt bei Weitergabe der Daten gegen die ärztliche Schweigepflicht." ◄

► Medizinisch nicht notwendig
www.baek.de/page.asp?his=1.108.4144.4159.4160
Dr. med. Regina Klakow-Franck – in: Deutsches Ärzteblatt 99, 39 (27.09.2002), Seite A-2571
In diesem Ratgeber wird auf einen wichtigen „Zeitpunkt" hingewiesen: Entscheidend für den Vergütungsanspruch ist, ob entsprechend dem aktuellen medizinisch-wissenschaftlichen Erkenntnisstand aus Sicht des behandelnden Arztes „im Zeitpunkt der Vornahme der ärztlichen Behandlung" die medizinische Notwendigkeit zu einer bestimmten Maßnahme bestand (vgl. BGH, 10. Juli 1996, Az.: IV ZR 133/95)." ◄

► IGeL = Verlangensleistungen
www.baek.de/page.asp?his=1.108.4144.4159.4163
Nach Dr. Klakow-Franck handelt es sich bei Individuellen Gesundheitsleistungen (IGeL) um privatärztliche Leistungen, die über das Maß einer medizinisch notwendigen ärztlichen Versorgung hinausgehen und nur dann berechnet werden können, wenn, sie auf Verlangen des Zahlungspflichtigen erbracht worden sind (§ 1 Abs. 2 GOÄ).
Ein Vertragsarzt ist aber grundsätzlich verpflichtet, einen Kassenpatienten nach den Regelungen des SGB V ausreichend und zweckmäßig zu versorgen; er darf daher eine privatärztliche Behandlung nicht vorziehen. Einem Kassenpatienten dürfen daher IGeL – Angebote nicht aufgedrängt werden. ◄

► Individuelle Gesundheitsleistungen nach GOÄ – Allgemeines
www.arzt.de/page.asp?his=1.108.4144.4159.6569
Dr. med. Anja Pieritz – in: Deutsches Ärzteblatt 105, Heft 26 (27.06.2008), S. A-1470
Dr. Pieritz gibt folgende Hinweise: „Individuelle Gesundheitsleistungen (IGeL) sind Leistungen, die über das Maß des medizinisch Erforderlichen hinausgehen, denen der Patient ausdrücklich zustimmen muss oder die er ausdrücklich wünschen muss. Die Leistung muss aus Sicht des Arztes medizinisch erforderlich, empfehlenswert oder zumindest vertretbar sein, und es muss sich um Leistungen handeln, bei denen die Kosten nicht von der gesetzlichen Krankenkasse übernommen werden."
Für gesetzlich Versicherte regelt der § 12 Absatz 1 des fünften Sozialgesetzbuches (SGB V), dass die Leistungen ausreichend, zweckmäßig und wirtschaftlich sein müssen und das Maß des Notwendigen nicht überschreiten dürfen. Leistungen, die nicht notwendig oder unwirtschaftlich sind, können Versicherte nicht beanspruchen, dürfen die Leistungserbringer nicht bewirken und die Krankenkassen nicht bewilligen. Nimmt ein Kassenpatient IGeL – Leistungen in Anspruch, ist es zwingend erforderlich, dass zwischen Arzt und Patient ein schriftlicher Behandlungsvertrag abgeschlossen wird. ◄

► Individuelle Gesundheitsleistungen – Vertragsgestaltung
www.arzt.de/page.asp?his=1.108.4144.4159.6570
Dr. med. Anja Pieritz – in: Deutsches Ärzteblatt 105, Heft 28-29 (14.07.2008), S. A-1574
Die Autorin ergänzt zum Vertrag bei IGeL-Leistungen: „ Damit eine Leistung dem gesetzlich versicherten Patienten nach der GOÄ in Rechnung gestellt werden kann, müssen die Voraussetzungen aus § 18 Absatz 8 BMV-Ä bzw. des gleichlautenden § 21 (EKV) erfüllt worden sein – § 18 Abs. 8 BMV-Ä: „Der Vertragsarzt darf vom Versicherten eine Vergütung nur fordern, wenn [...] für Leistungen, die nicht Bestandteil der vertragsärztlichen Versorgung sind, vorher die schriftliche Zustimmung des Versicherten eingeholt und dieser auf die Pflicht zur Übernahme der Kosten hingewiesen wurde."
Zusätzlich ist der Arzt verpflichtet, dem Patienten Auskunft über den Umfang der Leistungen zu geben, auf die er im Rahmen seiner gesetzlichen Versicherung bei der Krankenkasse Anspruch hat. Nur so besteht für den Patienten die Möglichkeit, sich frei zu entscheiden. Der Vertrag muss den Hinweis enthalten, dass die anfallenden Kosten weder ganz noch teilweise von der Krankenkasse erstattet werden und in vollem Umfang vom Patienten zu tragen sind. ◄

► Individuelle Gesundheitsleistungen – Rechnung nach GOÄ
www.arzt.de/page.asp?his=1.108.4144.4159.6614
Dr. med. Anja Pieritz – in: Deutsches Ärzteblatt 105, Heft 31-32 (04.08.2008), Seite A-1706
Zur Abrechnung von IGeL-Leistungen führt Pieritz aus: IGeL-Leistungen werden vom behandelnden Arzt nach der GOÄ abgerechnet. Bei der Abrechnung sind daher die Grundsätze der GOÄ beachtlich; zur Rechnungsstellung vgl. § 12 GOÄ. Eine Abrechnung nach Pauschalbeträgen ist daher unzulässig.
„Ergibt sich außerdem die Notwendigkeit, die erbrachte Leistung oberhalb des Schwellenwerts (2,3fach bei ärztlichen Leistungen) zu berechnen, müssen die Kriterien des § 5 Abs. 2 ff. GOÄ beachtet und eine für den Patienten nachvollziehbare Begründung auf der Rechnung aufgeführt werden...
...Die Darstellung der IGeL-Leistung auf der Rechnung regelt § 12 GOÄ. Eine schlichte Auflistung des zu zahlenden Betrags ist nicht zulässig."
Auch bei der Abrechnung von IGeL – Leistungen ist eine analoge Bewertung nach § 6 Abs. 2 GOÄ möglich, da die GOÄ im vollen Umfang gilt. Für die Fälligkeit der Leistung ist die korrekte Darstellung der Analogbewertung auf der Rechnung nach § 12 Abs. 4 GOÄ ausschlaggebend. ◄

► Individuelle Gesundheitsleistungen nach GOÄ – Einzelfragen
www.arzt.de/page.asp?his=1.108.4144.4159.6694
Dr. med. Anja Pieritz – in: Deutsches Ärzteblatt 105, Heft 37 (12.09.2008), S. A-1938
Zur Frage, ob ein Arzt bei einer IGeL-Leistung vom Patienten eine Vorauszahlung verlangen darf, legt Dr. Pieritz dar: Vorkasse kann der behandelnde Arzt nicht verlangen. Denn nach den Regelungen in der GOÄ ist eine Rechnung erst zu bezahlen, wenn nach erbrachter Leistung eine Rechnung nach § 12 GOÄ gestellt wird. Erst nach Vorlage dieser Rechnung ist die Vergütung des Arztes zur Zahlung fällig. ◄

§ 2 Abweichende Vereinbarung

(1) Durch Vereinbarung kann eine von dieser Verordnung abweichende Gebührenhöhe festgelegt werden. Für Leistungen nach § 5 a ist eine Vereinbarung nach Satz 1 ausgeschlossen. Die Vereinbarung einer abweichenden Punktzahl (§ 5 Abs. 1 Satz 2) oder eines abweichenden Punktwerts (§ 5 Abs. 1 Satz 3) ist nicht zulässig. Notfall- und akute Schmerzbehandlungen dürfen nicht von einer Vereinbarung nach Satz 1 abhängig gemacht werden.

(2) Eine Vereinbarung nach Absatz 1 Satz 1 ist nach persönlicher Absprache im Einzelfall zwischen Arzt und Zahlungspflichtigem vor Erbringung der Leistung des Arztes in einem Schriftstück zu treffen. Dieses muss neben der Nummer und der Bezeichnung der Leistung, dem Steigerungssatz und dem vereinbarten Betrag auch die Feststellung enthalten, dass eine Erstattung der Vergütung durch Erstattungsstellen möglicherweise nicht in vollem Umfang gewährleistet ist. Weitere Erklärungen darf die Vereinbarung nicht enthalten. Der Arzt hat dem Zahlungspflichtigen einen Abdruck der Vereinbarung auszuhändigen.

(3) Für Leistungen nach den Abschnitten A, E, M und O ist eine Vereinbarung nach Abs. 1 Satz 1 unzulässig. Im Übrigen ist bei vollstationären, teilstationären sowie vor- und nachstationären wahlärztlichen Leistungen eine Vereinbarung nach Abs. 1 Satz 1 nur für vom Wahlarzt höchstpersönlich erbrachte Leistungen zulässig.

Kommentar:
Die sog. „Abdingung“, d. h. die vertraglich vereinbarte Abweichung von den Bestimmungen der GOÄ, wurde gegenüber früheren Regelungen stark eingeschränkt. Die jetzige Regelung in § 2 Abs. 1 GOÄ hat „teildispositiven“ Charakter, das bedeutet, es gibt keine Möglichkeit mehr, die GOÄ insgesamt abzubedingen; lediglich über die Höhe der Vergütung kann eine abweichende Vereinbarung getroffen werden. Das, was früher anzutreffen war, dass nämlich ein Ordinarius nahezu regelmäßig Vereinbarungen mit seinen Privatpatienten darüber traf, wonach ein z. B. 6facher Satz anzusetzen sei, ist nunmehr nicht mehr zulässig.
Eine abweichende Vereinbarung des Honorars ist beschränkt auf den Steigerungssatz (Multiplikator) und den daraus folgenden Gebührenbetrag. Die Vereinbarung eines Pauschalhonorars ist unzulässig; vgl. BGH, 23.03.2006,AZ: III ZR 223/05. Die Höhe der Vergütung kann über den Höchstsatz des § 5 GOÄ hinausgehen; sie muss aber angemessen sein. Es ist auch unzulässig, eine Analog – Bewertung nach § 6 Abs.2 GOÄ zu umgehen, in dem eine Honorarvereinbarung über Inhalt und Vergütung einer Leistung abgeschlossen wird.
Eine abweichende Vereinbarung nach § 2 GOÄ muss in einem gesonderten Schriftstück festgehalten werden. Die Schriftform ist daher erforderlich. Eine mündlich getroffene Vereinbarung ist rechtsunwirksam. Die Vereinbarung muss von beiden Parteien auf derselben Urkunde unterzeichnet werden; die Unterschriften müssen eigenhändig geleistet werden.
Ist eine Vereinbarung unwirksam, hat der behandelnde Arzt nur einen Anspruch nach dem Gebührenrahmen des § 5 GOÄ.

Verboten:
- pauschale Honorarvereinbarung über eine bestimmte Summe. Eine Leistung muss nach GOÄ berechnet werden. Gibt es keine entsprechende GOÄ-Nr., muss eine analoge Berechnung gewählt werden
- Abdingung für alle Leistungen der Abschnitte A (Gebühren in besond. Fällen), E (physikal.-med.), M (Labor) und O (Radiologie)
- bei Notfällen und akuter Schmerzbehandlung
- bei einem nicht rechtswidrigen Schwangerschaftsabbruch (§ 5a GOÄ)
- abweichende Punktzahl oder Punktwert.

Erlaubt in den übrigen Fällen:
Vereinbarung eines höheren Multiplikators, wenn vor Erbringung der ärztlichen Leistungen schriftlich Folgendes vereinbart ist:
- Nummer und Bezeichnung jeder einzelnen Leistung
- Steigerungssatz für jede einzelne Leistung
- vereinbarter Betrag
- Feststellung, dass die Erstattung durch Erstattungsstellen möglicherweise nicht in vollem Umfang gewährleistet ist.

§ 2 GOÄ schreibt vor, welche Punkte eine Honorarvereinbarung enthalten muss
- **die einzelnen Leistungen, auf die sich die Vereinbarung bezieht,müssen genannt sein**
- **welche Steigerungsfaktoren gelten in diesem Fall**
- **welches konkrete (zu zahlende) Honorar ergibt sich daraus**
- **in der Vereinbarung die Formulierung ist enthalten, dass die Erstattung der anfallenden Kosten ggf. nicht durch den Kostenträger erfolgt**

Muster für eine Honorarvereinbarung

Nach persönlicher Erläuterung durch (Name des Arztes) **wird zwischen Frau/Herrn**

(Name und Anschrift des Arztes)

und Frau/Herrn

(Name und Anschrift des Patienten; bei Minderjährigen deren Erziehungsberechtigte)

wird gemäß § 2 GOÄ folgende von den Bestimmungen des § 5 GOÄ abweichende Honorarvereinbarung () getroffen:

Für die Erbringung der folgenden Leistungen(en) wird der .... -fache Steigerungssatz vereinbart.

GOÄ Nr.	Leistungsbeschreibung	Steigerungssatz	Betrag in Euro

Begründung:

***Hinweis der Autoren**: Über eine erforderliche Begründung bestehen unterschiedliche Auffassungen in der Literatur.*

Mit seiner Unterschrift bestätigt Frau/Herr (Name des Patienten)**, dass er/sie**

a) auf die möglicherweise nicht volle Erstattungsfähigkeit der Liquidation hingewiesen wurde,
b) ihr/ihm ein Abdruck dieser Vereinbarung ausgehändigt wurde.

....
Ort, Datum

....
Unterschrift: Arzt

....
Patient o. gesetzliche(r) Vertreter

Weitere Erklärungen dürfen nicht enthalten sein! Siehe hierzu aber das Urteil LG Paderborn 03.12.2009 zur zulässigen Zusatzerläuterung für den Patienten im Abschnitt Rechtsprechung. Insbesondere der Abs. 2 des § 2 der GOÄ ist eine Schutzvorschrift zu Gunsten des Patienten. Nach dem eindeutigen Wortlaut des Abs. 2 ist eine abweichende Honorarvereinbarung nur zulässig, wenn sie im Einzelfall nach einer persönlichen Absprache zwischen dem behandelnden Arzt und dem Zahlungspflichtigen (Patient) getroffen wird. Es kommt daher auf die persönliche Absprache an. Die – früher häufige – Praxis, dass eine bereits formulierte Vereinbarung dem Patienten von einem Mitarbeiter des Arztes lediglich zur Unterschrift übergeben wird, ist unzulässig. Eine Formular-Vereinbarung ist nur in engen Grenzen möglich (siehe unten). Der behandelnde Arzt muss auch selbst die Art der Behandlung und die gewünschte Vergütung erläutern. Eine Vertretung durch Assistenzarzt, Arzthelferin, Sekretärin ist nicht gestattet.
Das nach der Rechtsprechung des BGH erforderliche „Aushandeln" setzt voraus, dass der Patient eigene Interessen wahren können muss (s. hierzu Uleer, Miebach, Patt, § 2, Rdn. 24 ff.), und der Arzt den Abschluss und den Inhalt der Honorarvereinbarung ernstlich zur Disposition stellt. Welchen Umfang ein Aushandeln bzw. Verhandeln zwischen den Parteien haben muss, ist weiterhin umstritten. Der behandelnde Arzt muss aber zumindest gegenüber dem Patienten darlegen, dass er ein berechtigtes Interesse an einer Erhöhung der Gebühren hat, z. B. wegen der besonderen Qualität oder des außergewöhnlichen Aufwands der Behandlung.
Der Arzt ist darlegungs und beweispflichtig für die Tatsache, dass eine persönliche Absprache mit dem Patienten getroffen wurde.
Das Bundesverfassungsgericht hat in einem Beschluss vom 25.10.2004 (BVerfG, AZ: BVG 1437/02) darauf verwiesen, dass die Anforderungen an die persönliche Absprache bzw. Individualabrede nicht so streng ausgelegt werden dürfen, dass der Abschluss einer Honorarvereinbarung für den Arzt kaum noch beweisbar ist. Denn sonst müsste der Arzt zu jeder „persönlichen Absprache" mit einem Patienten einen Zeugen hinzuziehen. Das Gericht hat in seinem Beschluss darauf verwiesen: Ein Patient hat immerhin die Möglichkeit, das Angebot des Arztes zu der Gebührenhöhe abzulehnen und einen anderen Arzt aufzusuchen. Der Arzt sollte aber auf alle Fälle den Inhalt des Gespräche über eine Honorarvereinbarung in der Krankenakte schriftlich festhalten.
Die Vereinbarung muss vor Erbringung der Leistung getroffen werden. Daher ist der Abschluss einer Vereinbarung nach einer Behandlung unwirksam.
Der Arzt muss dem Zahlungspflichtigen einen Abdruck der Vereinbarung aushändigen. Auch eine Vereinbarung nach § 2 Abs. 1 muss den allgemeinen Erfordernissen des Vertragsrechts entsprechen.
Keine abweichenden Vereinbarungen sind für Entschädigungen wie

• Wegegeld • Reiseentschädigung • Auslagenersatz

zulässig, auch wenn hierzu in der Literatur gelegentlich noch abweichende Meinungen geäußert werden (zustimmend Uleer, Miebach, Patt, § 2, Rdn. 5). Fraglich ist die Zulässigkeit der Abdingung von „Zuschlägen". In der Literatur wird jedoch die Meinung vertreten, dass abweichende Vereinbarungen über Zuschläge nicht zulässig sind (s. z.B. Uleer, Miebach, Patt, § 2, Rdn. 6ff.). In Ärztezeitungen vertreten allerdings immer wieder Autoren die Meinung, dass eine Abdingung möglich ist, da die Zuschläge Bestandteil des Leistungsverzeichnisses sind und von keinen der Ausschlüsse im § 2 GOÄ betroffen sind.
Unter engen Voraussetzungen ist aber auch eine **vorformulierte Vereinbarung** zulässig. Hierzu wird das Deutsches Ärzteblatt 107, Heft 16 (23.04.2010) zitiert:
„Auf vorformulierte Honorarvereinbarungen, die nicht ausgehandelt werden, sind die Kontrollbestimmungen für allgemeine Geschäftsbedingungen anwendbar. Der Arzt muss ein berechtigtes Interesse an der Überschreitung des Gebührenrahmens darlegen können. Die Rechtsprechung nimmt dies an, wenn der Patient Leistungen von außergewöhnlicher Qualität oder mit einem besonderen Aufwand in Anspruch nimmt. Denn dann besteht kein schützenswertes Interesse daran, diese Leistungen nur in dem vom Normgeber vorgegebenen „üblichen" Rahmen, also dem einfachen bis 3,5-fachen Steigerungssatz vergütet zu bekommen. Eine herausragende akademische Qualifikation des Arztes allein stellt keinen Rechtfertigungsgrund für die Überschreitung des Gebührenrahmens dar".

Ist eine gesonderte Vereinbarung zulässig, muss dabei immer die Verpflichtung des allgemeinen Berufsrechts beachtet werden, wonach solche abweichenden Vereinbarungen weder zu unangemessen hohen Vergütungsansprüchen für eine Gesamtbehandlung führen noch die Mindestsätze der Amtlichen Gebührenordnung in unlauterer Weise unterschreiten dürfen. Natürlich ist ein Unterschreiten der Mindestsätze der Amtlichen Gebührenordnung oder gar ein Verzicht auf das Honorar bei humanitären Aktionen möglich. Ein typisches und häufig vorkommendes Beispiel ist die kosten-

lose Behandlung von schwerverletzten oder entstellten Kriegsverletzten, die von caritativen Organisationen zur Operation oder Rehabilitation in die Bundesrepublik eingeflogen werden. Der mit der kostenlosen Behandlung verbundene Effekt durch die Berichterstattung der Medien ist sicher ein Werbefaktor, gegen den die Ärztekammern nur ganz schwer etwas unternehmen können, wenn sich der Arzt selber mit Äußerungen und in Interviews bescheiden zurückhält. Auch wenn es hinsichtlich der Angemessenheit keine schematische Vorgabe gibt, müssen unangemessen hohe Honorarforderungen trotz abgeschlossener Vereinbarung berufsrechtlich beanstandet werden. Es kann aber durchaus möglich – und angezeigt – sein, für das Honorar für eine operative Leistung im Falle einer außergewöhnlich zeitaufwändigen, schwierigen und risikoreichen Operation einen relativ hohen Steigerungssatz zu vereinbaren, wenn die Honorierung der übrigen Leistungen (vorbeugende Maßnahmen und nachoperative Betreuung) innerhalb des Gebührenrahmens der GOÄ erfolgt. Auch Preisunterbietungen können gegen das Berufsrecht verstoßen, insbesondere z. B. dann, wenn sie mit dem Ziel vereinbart werden, Mitkonkurrenten aus dem Wettbewerb zu drängen. Bei jeder Vereinbarung nach § 2 Abs. 1 GOÄ sind immer die Umstände des Einzelfalls zu berücksichtigen.
So ist z. B. die Vereinbarung eines 7-fachen Satzes – also eine Verdoppelung des Höchstsatzes von 3,5 – pauschal nicht als „wucherisch" und damit nach § 138 BGB als sittenwidrig überhöht anzusehen. Vielmehr kommt es für die Ermittlung der zulässigen Höchstgrenze der Faktorsteigerung in einer Honorarvereinbarung auf die Marktüblichkeit der vereinbarten Vergütung an. So hat das LG Dortmund in einer Entscheidung im Jahre 2006 (AZ: 2 0 332/05) festgestellt, dass auch eine Vereinbarung über einen 12,5 fachen Satz nicht ohne weiteres als sittenwidrig und wucherisch anzusehen sei.
Bei einer Honorarvereinbarung müssen die erhöhten Steigerungssätze in der Arztrechnung nicht im Sinne des § 12 Abs. 3 begründet werden. Das AG München hat in seinem Urteil vom 23. Oktober 2007 (Az: 155 C 3717/05) dazu erklärt:

> „Das Gericht folgt der Ansicht des Arztes, wonach bei einer Honorarvereinbarung eine Begründung des Steigerungssatzes nicht erforderlich ist. Es ist gerade das Ziel einer Honorarvereinbarung, einen von der GOÄ abweichenden Honorarbetrag, also die Freistellung von § 5 Abs. 2 GOÄ, zu vereinbaren. Dementsprechend entfällt die Pflicht, gemäß Gebührenvereinbarung erhöhte Gebührensätze zu begründen."

§ 2 Abs. 3 S. 3 GOÄ: bei wahlärztlichen Krankenhausleistungen ist die Zulässigkeit einer Honorarvereinbarung auf den Fall beschränkt, dass der Wahlarzt seine Leistung höchstpersönlich erbringt. Der liquidationsberechtigte Wahlarzt muss zumindest den Kernbereich der Leistung selbst erbringen. Eine Vereinbarung über einen Stellvertreter, die schriftlich als Individualabrede abzuschließen ist, kann nur zulässig sein, wenn eine Verhinderung bei Abschluss der Verhinderung noch nicht bekannt ist. Der Stellvertreter muss namentlich benannt sein und muss fachlich die gleichen Kompetenzen haben wie der Wahlarzt.

■ Rechtsprechung

Unwirksame Honorarvereinbarung, § 2 GOÄ

Bezahlt ein Patient gemäß einer Honorarvereinbarung nach § 2 GOÄ die Vergütung für eine Behandlung, und stellt sich anschließend heraus, dass die Vereinbarung unwirksam ist, kann der Patient das gezahlte Arzthonorar zurückverlangen. Der Arzt ist ungerechtfertigt bereichert. Dem Arzt bleibt nur die Möglichkeit, für seine Behandlung eine neue Abrechnung nach den Regelungen der GOÄ zu stellen.
Aktenzeichen: OLG Köln, 21.12.2009, AZ: 5 U 52/09
Entscheidungsjahr: 2009

Honorarvereinbarung, § 2 GOÄ – Zusatzerläuterung

In § 2 Abs. 2 S. 3 GOÄ heißt es: „ Weitere Erklärungen darf die Vereinbarung nicht enthalten". Unzulässig sind daher Angaben, die vom eigentlichen Inhalt der Vereinbarung ablenken können. Nicht ausgeschlossen sind aber erläuternde Angaben zum vorgeschriebenen Inhalt einer Honorarvereinbarung, die zur Aufklärung des Patienten über Inhalt und Folgen angemessen beitragen, z. B. Hinweise zur abweichenden Vergütungshöhe.
Aktenzeichen: LG Paderborn, 03.12.2009, AZ: 5 S 101/09
Entscheidungsjahr: 2009

Keine Begründungspflicht für erhöhte Steigerungssätze bei Honorarvereinbarung

Gemäß § 2 GOÄ kann ein Arzt hinsichtlich seiner Gebühren mit dem Patienten eine abweichende Vereinbarung treffen. Wird eine Erhöhung des Steigerungssatzes vereinbart, so ist der Arzt nicht verpflichtet, diese Erhöhung im Einzelnen gegenüber dem Patienten zu begründen. Denn es ist ge-

rade das Ziel einer Honorarvereinbarung, eine von der GOÄ abweichende Vergütung festzulegen; insofern entfällt eine Begründungspflicht.
Aktenzeichen: AG München, 23.10.2007, AZ: 155 C 3717/05
Entscheidungsjahr: 2007

Honorarvereinbarung § 2 GOÄ
Eine Honorarvereinbarung nach § 2 GOÄ kann nicht an den Regelungen für Allg. Geschäftsbedingungen und deren Inhaltskontrolle gemessen werden, wenn eine Individualabsprache zwischen Arzt und Patienten getroffen wurde. Diese liegt insbesondere vor, wenn der Arzt seine Gebühren mit den Steigerungsfaktoren erläutert und erklärt, warum er im Einzelnen eine höhere Vergütung verlange. Auch wenn die Steigerungssätze erheblich über den Höchstsätzen der GOÄ liegen, führt dies nicht automatisch zu einer Sittenwidrigkeit der Vereinbarung. Denn ein Arzt kann seine höhere Vergütung damit begründen, dass er eine sehr kostenintensive Praxis führe und eine aufwendige medizinische Behandlung anbiete – und einem Patienten bleibt es unbenommen, sich an einen anderen Arzt zu wenden.
Aktenzeichen: OLG Düsseldorf, 14.04.2005, AZ: I – 8 U 33/04
Entscheidungsjahr: 2005

Ärztliche Honorarvereinbarung, § 2 GOÄ
Eine wirksame Honorarvereinbarung liegt nur vor, wenn der Arzt den Inhalt ernsthaft zur Disposition stellt und der Patient die Möglichkeit hat, den Inhalt zu beeinflussen. Ist in einem Formular des Arztes zu der Höhe des Honorars festgelegt, dass der Multiplikationsfaktor über dem in § 5 Abs. 1 S. 1 genannten Höchstsatz von 3,5 liegt, ist diese Regelung nichtig wegen einer unangemessenen Benachteiligung des Patienten.
Aktenzeichen: LG Hamburg, 16.10.1998, AZ: 313 S 87/98
Entscheidungsjahr: 1998

Ärztliche Honorarvereinbarung nach § 2 GOÄ
Eine formularmäßig abgeschlossene ärztliche Honorarvereinbarung ist rechtlich wirksam. Ein Patient wird aber unangemessen benachteiligt, wenn für durchschnittliche Leistungen der gleiche Steigerungssatz berechnet werden soll wie für besonders schwierige oder besonders zeitaufwendige Leistungen. Dies führt zur Unwirksamkeit der Vereinbarung. In Allg. Geschäftsbedingungen darf der in § 5 I1 GOÄ festgelegte Rahmen nicht überschritten werden.
Aktenzeichen: BGH, 30.10.1991, AZ: VIII ZR 51/91
Entscheidungsjahr: 1991

Hinweise auf GOÄ-Ratgeber der BÄK:

► **Aufklärungen im Rahmen der ärztlichen Liquidation II**
Deutsches Ärzteblatt 108, Heft 26 (01.07.2011), S. A1502 – http://www.bundesaerztekammer.de/page.asp?his=1.108.4144.4145.9633
Dr. Heck weist auf besondere Aufklärungspflichten hin: Nach § 2 Abs. 2 GOÄ kann durch eine schriftliche Vereinbarung eine von der GOÄ abweichende Gebühr festgelegt werden. Die Schriftform ist zwingend vorgeschrieben. Die Vereinbarung muss neben der Nummer und der Bezeichnung der Leistung den Steigerungssatz und vereinbarten Betrag sowie die Feststellung enthalten, dass eine Erstattung der Vergütung durch Erstattungsstellen möglicherweise nicht in vollem Umfang gewährleistet ist. Weitere Erklärungen darf diese Vereinbarung gemäß § 2 Abs. 2 GOÄ ausdrücklich nicht enthalten.
„Die Vereinbarung über einen erhöhten Steigerungsfaktor muss vor der Behandlung erfolgen und sollte mit dem Patienten je Gebührenposition ausgehandelt werden. Notfall- und akute Schmerzbehandlungen sowie Leistungen nach den Abschnitten A, E, M und O sind von der Möglichkeit einer abweichenden Honorarvereinbarung ausgenommen. Des Weiteren besteht eine Aufklärungspflicht bei Privatpatienten immer dann, wenn Leistungen in Auftrag gegeben werden, die dem Patienten durch Dritte gesondert in Rechnung gestellt werden. Diese Aufklärungspflicht ist in § 4 Abs. 5 GOÄ verankert, muss jedoch nicht schriftlich erfolgen..."
Im Unterschied zu Vertragsärzten ist ein rein privat niedergelassener Arzt nicht verpflichtet, eine schriftliche Aufklärung nach § 18 Bundesmantelvertrag zur Privatliquidation seiner Leistungen bei gesetzlich krankenversicherten Patienten vorzunehmen. Wird ein Kassenpatient privatärztlich behandelt, ist er vor der Behandlung auf die Erstattung durch seine gesetzliche Krankenkasse hinzuweisen, wenn die Leistung im GKV-Leistungskatalog enthalten ist. ◄

► **Honorarvereinbarungen**
Dr. jur. Regine Kiesecker – in: Deutsches Ärzteblatt 107, Heft 16 (23.04.2010), S. A-782 – http://www.bundesaerztekammer.de/page.asp?his=1.108.4144.4172.8192
Dr. Kiesecker führt u. a. aus: Im Rahmen einer Honorarvereinbarung kann nur der Steigerungsfaktor abweichend vereinbart werden. Die Festlegung eines Pauschalhonorars, einer abweichenden Punktzahl oder eines abweichenden Punktwerts ist unzulässig. Die Vereinbarung ist nach persönlicher Absprache im Einzelfall zwischen Arzt und Patient vor Erbringung der Leistung des Arztes schriftlich zu treffen. Persönliche Absprache bzw. Aushandeln bedeutet, dass der Abschluss der Honorarvereinbarung als solcher und deren Inhalt zur ernsthaften Disposition der vertragschließenden Parteien gestellt werden muss.

Die Absprache muss der Arzt treffen; es ist unzulässig, den Abschluss der Vereinbarung an Mitarbeiter zu übertragen.
Der Arzt muss ein berechtigtes Interesse an der Überschreitung des Gebührenrahmens darlegen können. Dies liegt nach allgemeiner Rechtsprechung dann vor, wenn der Patient Leistungen von außergewöhnlicher Qualität oder mit einem besonderen Aufwand in Anspruch nimmt.
„Die Honorarvereinbarung muss neben der Nummer und der Bezeichnung der Leistung, dem Steigerungssatz und dem vereinbarten Betrag auch die Feststellung enthalten, dass eine Erstattung der Vergütung durch Erstattungsstellen möglicherweise nicht in vollem Umfang gewährleistet ist. Weitere Erklärungen darf die Vereinbarung nicht enthalten. Der Arzt hat dem Patienten eine Kopie auszuhändigen...
...Der Abschluss einer Honorarvereinbarung ist kraft Gesetzes ausgeschlossen für Leistungen der Abschnitte A, E, M und O und für voll-/teilstationäre sowie vor-/nachstationäre wahlärztliche Leistungen, die der Chefarzt nicht höchstpersönlich erbracht hat (§ 2 Abs. 3 GOÄ). Das Gleiche gilt für Leistungen im Zusammenhang mit einem nicht rechtswidrigen Schwangerschaftsabbruch und bei akuter Notfall- oder Schmerzbehandlung (§ 2 Abs. 1 S. 2 und 4 GOÄ).“ ◄

►Abweichende Honorarvereinbarung
www.baek.de/page.asp?his=1.108.4144.4172.4173
Dr. med. R. Klakow-Franck – in: Dt. Ärzteblatt 99, Heft 45 (08.11.02), S. A-3043
Die Autorin erklärt zur Honorarvereinbarung : Eine vollständige Abdingung der Gebührenordnung, d. h. die Vereinbarung eines völlig vom Gebührenverzeichnis abgelösten Arzthonorars, ist unzulässig. Es ist daher rechtswidrig, wenn der Arzt für seine Leistung einfach ein Pauschalhonorar vereinbaren möchte.
Bei der Höhe des Honorars hat der Arzt auch die Vermögensverhältnisse des Patienten zu beachten. Dies ergibt sich aus dem Grundsatz der Angemessenheit der Vergütung, der im ärztlichen Berufsrecht vorgegeben ist. Die abweichende Honorarvereinbarung gilt ausschließlich für die vom Wahlarzt/Chefarzt höchstpersönlich erbrachten Leistungen (§ 2 Abs. 3 GOÄ); die Vereinbarung gilt nicht für Leistungen, die nachgeordnete Ärzte erbringen. ◄

► Abdingung der Gebührenordnung
www.baek.de/page.asp?his=1.108.4144.4172.4174
Dr. med. Regina Klakow-Franck – in: Deutsches Ärzteblatt 101, Heft 23 (04.06.2004), Seite A-1693
Ergänzend wird noch angeführt: „Die abweichende Honorarvereinbarung setzt ‚eine persönliche Absprache im Einzelfall‘ voraus. Das heißt: Der Patient muss in einem persönlichen Gespräch mit dem Arzt über die Modalitäten der Behandlung und der Vergütung informiert werden. Andernfalls, wenn zum Beispiel die Honorarvereinbarung ausschließlich durch eine im Vorzimmer geleistete Unterschrift unter einen Standardtext abgewickelt würde, kommt keine rechtswirksame Vereinbarung zustande.“ ◄

§ 3 Vergütungen

Als Vergütungen stehen dem Arzt Gebühren, Entschädigungen und Ersatz von Auslagen zu.

Kommentar:

- **Gebühren** sind die Vergütungen, die für die im Gebührenverzeichnis genannten ärztlichen Leistungen zu zahlen sind. Das Gebührenverzeichnis ist der Verordnung als Anlage beigefügt, hat aber keinen abschließenden Charakter. Nicht in das Gebührenverzeichnis aufgenommene ärztliche Leistungen können nach Maßgabe des § 6 berechnet werden.
- **Entschädigungen** (§ 7 GOÄ) werden gezahlt für Besuche, in Form von Wegegeld und Reiseentschädigung. Die hiermit verbundenen Zeitversäumnisse und besuchsbedingten Mehrkosten sind damit abgegolten.
- **Auslagen** werden erstattet für Arznei-, Verbandmittel und Materialien, Porto und Versand etc. Die Einzelheiten hierzu ergeben sich aus § 10 GOÄ (siehe dort).

Die Aufzählung in § 3 ist abschließend. Daneben sind nur noch Ansprüche auf Erstattung von Aufwendungen für andere als ärztliche Leistungen denkbar (z. B. im Rahmen eines Auftrags nach §§ 662 ff. BGB).
Der Anspruch auf eine Vergütung nach § 3 setzt das Vorliegen eines Behandlungsvertrages (§ 611 BGB) oder der Voraussetzungen der §§ 679 und 683 BGB (Geschäftsführung ohne Auftrag z. B. bei einem bewusstlosen Patienten) voraus.

■ Rechtsprechung

Dem Vergütungsanspruch eines Arztes steht nicht entgegen, dass er den Behandlungsvertrag mit der Patientin möglicherweise schuldhaft schlecht erfüllt hat (§§ 280 I 630 a BGB).
Auf den Behandlungsvertrag zwischen der Patientin und dem Beklagten ist Dienstvertragsrecht anzuwenden (§ 630 b BGB). Schuldhafte Pflichtverletzungen des Behandlers führen – anders als bei Werkverträgen – grundsätzlich nicht zu einer Minderung oder einem Wegfall des Vergütungsanspruchs. Ausnahmsweise entfällt der Vergütungsanspruch des Arztes dann, wenn seine Pflichtverletzung als besonders schwerwiegend anzusehen ist und/oder sich seine ärztliche Leistung für den Patienten als völlig unbrauchbar, einer Nichtleistung vergleichbar, darstellt.
Aktenzeichen: LG Regensburg, 27.05.2014, AZ: 4 0 910/11
Entscheidungsjahr: 2014

Behandlungsvertrag – hier Kündigung durch Patient
Das Gericht legt u. a. dar:
Bei dem gegenständlichen Vertrag handelt es sich um einen Behandlungsvertrag gem. §§ 630 a ff. BGB, der unzweifelhaft die Erbringung von Diensten höherer Art zum Gegenstand hat. Da die Inanspruchnahme einer Heilbehandlung ein gesteigertes persönliches Vertrauensverhältnis zwischen Behandler und Patient voraussetzt, ist allgemein anerkannt, dass Letzterer den Behandlungsvertrag jederzeit gemäß §§ 621 Nr. 5, 627 BGB fristlos kündigen kann, ohne hierfür sachliche (oder gar wichtige) Gründe angeben zu müssen (BGH, Urteil vom 29. März 2011 – VI ZR 133/10 -). In diesem Fall begründet die Kündigung grundsätzlich auch keine Schadensersatzpflicht des Patienten. Insbesondere scheiden Schadensersatzansprüche gem. § 628 Abs. 2 BGB aus, wenn eine Berechtigung besteht, sich gem. § 627 Abs. 1 BGB vom Vertrag zu lösen. Dies ergibt sich auch und gerade für den Fall des Behandlungsvertrages – insbesondere bei medizinisch nicht indizierten Behandlungen wie hier – aus der Regelung des § 630 d Abs. 3 BGB. Der Patient muss jederzeit die Möglichkeit haben, frei darüber zu entscheiden, ob er einen Eingriff in den Körper oder seine Gesundheit zulassen will. Gerade unmittelbar vor der Durchführung eines körperlichen Eingriffs wird sich der Patient erfahrungsgemäß nochmals eindringlich mit den Auswirkungen und Folgen einer Operation auseinandersetzen. Er muss demnach nicht nur jederzeit kündigen können sondern die Lösung vom Vertrag darf nicht durch finanzielle Nachteile erschwert werden, die den Patienten in seiner freien Willensentscheidung beeinträchtigen können (AG München, Urteil v. 04.08.2011, Az. 274 C 4869/11).
Soweit in der Literatur zum Teil anerkannt wird, dass „eine maßvolle Einschränkung“ des Kündigungsrechts des Patienten nach § 627 bei kurzfristigen Absagen zulässig sein soll, da auch ein Arzt ein schützenswertes Interesse habe, seine Arbeitszeit wirtschaftlich auszugestalten, kann dem nicht gefolgt werden. Das Gesetz sieht – wie ausgeführt – eine solche Einschränkung gerade nicht vor. Insbesondere sind auch Schadensersatzansprüche des Dienstberechtigten wegen einer etwaigen Kündigung zur Unzeit gem. § 627 Abs. 2 BGB schlicht nicht vorgesehen. Das wirtschaftliche Interesse des Behandlers muss gegenüber dem schützenswerteren Interesse des Patienten auf körperliche Unversehrtheit zurücktreten.
Aktenzeichen: AG München, 03.03,2016, AZ: 213 C 27099/15
Entscheidungsjahr: 2016

§ 4 Gebühren

(1) Gebühren sind Vergütungen für die im Gebührenverzeichnis genannten ärztlichen Leistungen.

(2) Der Arzt kann Gebühren nur für selbstständige ärztliche Leistungen berechnen, die er selbst erbracht hat oder die unter seiner Aufsicht nach fachlicher Weisung erbracht wurden (eigene Leistungen). Als eigene Leistungen gelten auch von ihm berechnete Laborleistungen des Abschnitts M II des Gebührenverzeichnisses (Basislabor), die nach fachlicher Weisung unter der Aufsicht eines anderen Arztes in Laborgemeinschaften oder in von Ärzten ohne eigene Liquidationsberechtigung geleiteten Krankenhauslabors erbracht werden.
Als eigene Leistungen im Rahmen einer wahlärztlichen stationären, teilstationären oder vor- und nachstationären Krankenhausbehandlung gelten nicht

1. **Leistungen nach den Nrn. 1 bis 62 des Gebührenverzeichnisses innerhalb von 24 Stunden nach der Aufnahme und innerhalb von 24 Stunden vor Entlassung,**
2. **Visiten nach den Nummern 45 und 46 des Gebührenverzeichnisses während der gesamten Dauer der stationären Behandlung sowie**
3. **Leistungen nach den Nrn. 56, 200, 250, 250 a, 252, 271 und 272 des Gebührenverzeichnisses während der gesamten Dauer der stationären Behandlung,**

wenn diese nicht durch den Wahlarzt oder dessen vor Abschluss des Wahlarztvertrages dem Patienten benannten ständigen ärztlichen Vertreter persönlich erbracht werden; der ständige ärztliche Vertreter muss Facharzt desselben Gebiets sein. Nicht persönlich durch den Wahlarzt oder dessen ständigen ärztlichen Vertreter erbrachte Leistungen nach Abschnitt E des Gebührenverzeichnisses gelten nur dann als eigene wahlärztliche Leistungen, wenn der Wahlarzt oder dessen ständiger ärztlicher Vertreter durch die Zusatzbezeichnung „Physikalische Therapie“ oder durch die Gebietsbezeichnung „Facharzt für Physikalische und Rehabilitative Medizin“ qualifiziert ist und die Leistungen nach fachlicher Weisung unter deren Aufsicht erbracht werden.

(2a) Für eine Leistung, die Bestandteil oder eine besondere Ausführung einer anderen Leistung nach dem Gebührenverzeichnis ist, kann der Arzt eine Gebühr nicht berechnen, wenn er für die andere Leistung eine

Gebühr berechnet. Dies gilt auch für die zur Erbringung der im Gebührenverzeichnis aufgeführten operativen Leistungen methodisch notwendigen Einzelschritte. Die Rufbereitschaft sowie das Bereitstehen eines Arztes oder Arztteams sind nicht berechnungsfähig.

(3) Mit den Gebühren sind die Praxiskosten einschließlich der Kosten für den Sprechstundenbedarf sowie die Kosten für die Anwendung von Instrumenten und Apparaten abgegolten, soweit nicht in dieser Verordnung etwas anderes bestimmt ist. Hat der Arzt ärztliche Leistungen unter Inanspruchnahme Dritter, die nach dieser Verordnung selbst nicht liquidationsberechtigt sind, erbracht, so sind die hierdurch entstandenen Kosten ebenfalls mit der Gebühr abgegolten.

(4) Kosten, die nach Absatz 3 mit den Gebühren abgegolten sind, dürfen nicht gesondert berechnet werden. Eine Abtretung des Vergütungsanspruchs in Höhe solcher Kosten ist gegenüber dem Zahlungspflichtigen unwirksam.

(5) Sollen Leistungen durch Dritte erbracht werden, die diese dem Zahlungspflichtigen unmittelbar berechnen, so hat der Arzt ihn darüber zu unterrichten.

Kommentar:
Entscheidende Voraussetzung bei privatversicherten Patienten für eine Kostenerstattung durch die PKV ist zunächst, dass überhaupt ein Vergütungsanspruch des liquidierenden Arztes besteht. Ist dann weiter im Tarif eine Beschränkung auf Leistungen der GOÄ vereinbart, sind zusätzliche Kosten, die der Arzt nicht nach GOÄ berechnen kann, von der Erstattungspflicht der Krankenversicherung ausgeschlossen (OLG Karlsruhe, Urteil vom 21.11.2006 – 12 U 38/06).
Gebühren sind Vergütungen für die in der GOÄ aufgeführten Leistungen, aber auch für solche Leistungen, die nicht in der GOÄ enthalten sind, aber nach § 6 Abs. 2 GOÄ als Analogziffer abgerechnet werden.

Selbständige Leistung
Gemäß § 4 Abs.2 S. 1 GOÄ kann ein Arzt Gebühren nur für selbstständige Leistungen abrechnen. Dieser Grundsatz wird ergänzt bzw. eingeschränkt durch die Regelung in § 4 Abs. 2a. Danach kann für eine Leistung, die Bestandteil oder eine besondere Ausführung einer anderen Leistung nach der GOÄ ist, eine Gebühr nicht berechnet werden, wenn für die andere Leistung eine Gebühr berechnet wird. Das gilt insbesondere auch für die methodisch notwendigen Einzelschritte der in der GOÄ aufgeführten operativen Leistungen. Dabei orientiert sich die Beantwortung der Frage, ob eine Leistung mit der Berechnung der Gebühr für eine komplexe Leistung als abgegolten gilt, an dem so genannten **„Zielleistungsprinzip“**, dessen Grundgedanke es ist, dass nur die selbstständigen Leistungen nebeneinander berechnet werden dürfen, die sich nicht gebührenwirksam inhaltlich überschneiden. Für operative Leistungen bedeutet das z. B., dass Einzelschritte, die zur Erbringung der in der GOÄ beschriebenen operativen Leistung methodisch notwendig sind, nicht gesondert berechnet werden dürfen. Sind einzelne Leistungsschritte jedoch methodisch verzichtbar und z. B. nur bei besonderen Indikationen als fakultative Maßnahmen anzusehen, so kann hierfür gesondert liquidiert werden.

Hinweis: es ist allgemein anerkannt, dass **Anästhesie- und Röntgenleistungen**, die in direktem Zusammenhang mit anderen Leistungen erbracht werden, nicht deren Bestandteil sind, weil sie eigenständig durchzuführen sind.
Nach der Rechtsprechung ist „methodisch notwendig“ bzw. „Bestandteil einer anderen Leistung“, und damit nicht selbstständig abrechenbar, ein (operativer) Einzelschritt nur dann, wenn er nicht immer oder jedenfalls nicht typischerweise in unmittelbarem Zusammenhang mit der umfassenderen Leistung erbracht wird (OVG Nordrhein-Westfalen, Urteil vom 15.11.2006–6 A 3029/04). In § 4 Abs. 2a spreche die GOÄ „gerade von ‚methodisch notwendigen‘ operativen Einzelschritten, gerade nicht von allen ‚medizinisch notwendigen‘ Schritten zur Herbeiführung des Operationserfolgs. Der Begriff der methodisch notwendigen Schritte ist enger. ... Durch das Abstellen auf die Methode gehören zu den Einzelschritten nur die standardmäßigen, routinemäßigen Teilschritte, wobei festzuhalten ist, dass die Diagnose das Leistungsziel bestimmt“ (LG Karlsruhe, Urteil vom 28.3.2003 – 1 S 106/02, zitiert im Urteil des VG Stuttgart vom 0.10.2006 – 17 K 1503/06). Eine aktuelle Entscheidung des BGH (Urt. v. 5.6.2008, III ZR 239/07, GesR 2008, S. 499) hat sowohl einer strengen Sicht des Zielleistungsprinzips, wie es vordringlich von der PKV vertreten wurde, als auch der gelegentlich vertretenen Auffassung, ein methodisch notwendiger Einzelschritt sei dem medizinisch Notwendigen gleichzusetzen, ein Ende bereitet. Für den BGH entscheidet sich die Frage, ob eine selbständige Leistung vorliegt, nach dem Ergebnis der Prüfung folgender Auffangkriterien: historischer Aspekt, medizinische Indika-

tion und Bewertung der Leistung. Diese differenzierte Betrachtung bestätigt grundsätzlich die bisher von der Ärzteschaft vertretene Auffassung (Riedel, GesR 2008, S. 580 ff.).

Eigene Leistung
In § 4 Abs. 2 GOÄ ist der Grundsatz der persönlichen Leistungserbringung festgelegt. Unstrittig muss ein Arzt persönlich erbringen: Anamnese, Untersuchung des Patienten, Diagnose, Aufklärung und Beratung des Patienten, Entscheidung über Therapie, Durchführung invasiver Therapien und Kernleistungen operativer Eingriffe. Gemäß § 4 Abs. 2 GOÄ kann ein Arzt Gebühren für selbstständige Leistungen abrechnen, die er selbst erbringt oder die er unter seiner Aufsicht nach fachlicher Weisung durch Dritte erbringen lässt. Hierunter sind in erster Linie die Leistungen der Arzthelferinnen und beim Arzt angestellten ärztlichen (Assistenten, angestellte Ärzte) und nichtärztlichen (med. Fachberufe) Mitarbeiter zu verstehen.
„Unter Aufsicht nach fachlicher Weisung" bedeutet, dass eine reine organisatorische Weisung nicht ausreichend ist; der Arzt muss je nach Leistungsart mehr oder weniger mitwirken. Zu der Möglichkeit der Delegation der Leistung an ärztliche Mitarbeiter und an nichtärztliche Mitarbeiter vgl. im Einzelnen die Anmerkungen in **Brück**, GOÄ, § 4 Anm. 9.
Ob ein Arzt die Behandlung persönlich erbringen muss, hängt von der Leistung und der möglichen Gefährdung des Patienten ab. Steht eine Leistung unter Arztvorbehalt bedeutet dies, dass die Leistung nach dem Facharztstandard erbracht werden muss. Die Delegation an einen anderen Arzt ist dann nur möglich, wenn der Arzt ebenfalls diese beruflichen Voraussetzungen erfüllt. Strenger sind die Anforderungen bei einer Leistung durch einen Chefarzt. So wird z. B. bei einer **Chefarztambulanz** gefordert, dass der Chefarzt an der Leistungserbringung eigenverantwortlich mitwirkt. Wird die Leistung an einen anderen Arzt delegiert, muss der Chefarzt erreichbar und in der Lage sein, bei Bedarf sofort persönlich eingreifen zu können. Allein die sorgfältige Auswahl eines erfahrenen Vertreters begründet noch kein Liquidationsrecht des Chefarztes. (OLG Frankfurt, 04.08.2011, AZ: 8 U 226/10)..

Wahlärztliche Leistungen
Bei einer stationären bzw. teilstationären Krankenhausbehandlung kann ein Patient zusätzlich zu den allgemeinen Krankenhausleistungen wahlärztliche Leistungen vereinbaren.
Zu den wahlärztlichen Leistungen zählen nicht: ambulante Sprechstundenbehandlung, ambulante operative Eingriffe, ambulante Notfallbehandlung – sowie auch die belegärztliche Behandlung, da diese keine Leistung des Krankenhauses ist.
Zu den Voraussetzungen für eine schriftliche Wahlleistungsvereinbarung vgl. die ausführliche Darstellung in Brück, GOÄ, § 4 Anm.13. § 4 Abs.2 S. 3u.4 stellt klar, dass der Wahlarzt zur persönlichen Leistungserbringung verpflichtet ist; d. h. die Leistung muss vom Wahlarzt oder dessen ständigen ärztlichen Vertreter persönlich erbracht werden. Dieser ärztliche Vertreter muss ein Facharzt desselben Gebietes sein und er muss vor dem Abschluss der Wahlleistungsvereinbarung persönlich/namentlich benannt sein. Eine Vertretungsklausel ist unzulässig, wenn die Verhinderung des Wahlarztes schon vor Abschluss der Vereinbarung bekannt war.
Insbesondere für die **Chefarztbehandlung** gilt: Bei einer wahlärztlichen Behandlung hat der Chefarzt bestimmte Kernleistungen der Behandlung höchstpersönlich zu erbringen, z. B. bei Operationen. Denn wegen der fachlichen Qualifikation kommt es dem Patienten gerade auf die Leistung des Chefarztes an.
Die immer noch gelegentlich anzutreffende Auffassung, dass im Falle einer Vertretung der Honoraranspruch bei wahlärztlicher Krankenhausbehandlung auch gesichert sei, wenn bei Abwesenheit des Chefarztes immer jemand einspringen könne, ist mit der GOÄ nicht vereinbar. Die Chefarztbehandlung beansprucht für sich eine Sonderrolle, die im Falle einer Vertretung nur dann wirksam aufrechterhalten bleibt, wenn der Patient vor Abschluss des Behandlungsvertrages über die Vertretungsmöglichkeit informiert und für diesen Fall ein ständiger Vertreter persönlich benannt wird, damit der Patient entscheiden kann, ob er unter diesen Voraussetzungen den Vertrag überhaupt abschließen will. Somit ist eine Vertretung des Chefarztes abwechselnd durch den gerade diensthabenden Oberarzt nicht zulässig. Eine dahingehende Vertretungsvereinbarung ohne namentliche Benennung eines ständigen Vertreters wäre unwirksam (ausführlich hierzu **Uleer, Miebach**, Patt, § 4, Rdn. 55 ff., Hoffmann, Kleinken § 4, Rdn. 5.4, Kommentar zur GOÄ § 4, 13.5.).
Nach § 17 Abs. 3 Satz 1 KHEntgG erstreckt sich eine Vereinbarung über wahlärztliche Leistungen auf alle an der Behandlung des Patienten beteiligten angestellten oder beamteten Ärzte des Krankenhauses, soweit diese zur gesonderten Berechnung ihrer Leistungen im Rahmen der vollstationären und teilstationären Behandlung (§ 115 a SGB V) berechtigt sind. Nach dem eindeutigen Wortlaut des § 17 Abs. 3 Satz 1 KHEntgG gilt eine Wahlleistung nicht für **niedergelassene Honorarärz-**

te, die auf Grund eines Kooperationsvertrags im Krankenhaus tätig werden, ohne dort angestellt zu sein; denn sie sind jedoch weder Beamte noch Angestellte des Krankenhauses. Hiervon kann auch nicht im Wege einer unmittelbar zwischen dem behandelnden (nicht liquidationsberechtigten) Honorararzt und dem Patienten zustande gekommenen individuellen Vergütungsabrede abgewichen werden. Eine individuell getroffene „Vereinbarung über Behandlung gegen Privatrechnung" ist gemäß § 134 BGB nichtig (vgl. BGH, 16.10.2014, AZ: III ZR 85/14).

Labor: Besondere Regelungen zur eigenen Leistung
Gem. § 4 Abs. 2 GOÄ kann ein Arzt Gebühren für selbstständige Leistungen berechnen, die er selbst erbracht hat oder die unter seiner Aufsicht nach fachlicher Weisung erbracht werden. Als eigene Leistung gelten auch von ihm berechnete Laborleistungen des Kapitels M II, die nach fachlicher Weisung unter der Aufsicht eines anderen Arztes in **Laborgemeinschaften** erbracht werden. Vorausgesetzt wird, dass der abrechnende Arzt Mitglied der Laborgemeinschaft ist.. Diese Regelung gilt nur für Leistungen des Basislabors (M II), nicht aber für Leistungen des Speziallabors (M III und M IV), denn diese Leistungen kann nur der Arzt abrechnen, der sie auch selbst erbracht hat.
Als Laborgemeinschaft versteht man eine Kooperation von zwei oder mehreren Ärzten zur Ausübung der ärztlichen Tätigkeit in gemeinsamen Praxisräumen mit gemeinsamen Personal.. Es ist lediglich eine Kostengemeinschaft; die ärztliche Tätigkeit wird nicht gemeinschaftlich ausgeübt. Im Behandlungsverhältnis zum Patienten tritt jeder Arzt selbständig auf und rechnet allein für sich ab.
Besondere Vorsicht ist geboten, da in der letzten Zeit nicht nur private Krankenkassen das Gebot der persönlichen Leistungserbringung genauer überprüfen. Auch Staatsanwaltschaften sind vermehrt dazu übergegangen, im Zuge von Ermittlungen bei Verdacht von Abrechnungsbetrug diesen Aspekt näher zu durchleuchten. Es ist also dringend anzuraten, Leistungen, die nicht selbst erbracht oder zulässigerweise von Dritten erbracht wurden, auch nicht zu liquidieren. Im Zweifel, z. B. bei Laborleistungen, sollte der die Leistung erbringende Arzt eine eigenständige Rechnung erstellen. Diese Problematik wird z. B. in der wichtigen Entscheidung des BGH zum Abrechnungsbetrug ausführlich dargestellt (BGH, 25.01.2012, AZ: 1 StR 45/11).

Leistungen durch Dritte
Wird ein weiterer Arzt auf Veranlassung des behandelnden Arztes tätig (z. B. ein Laborarzt, Pathologe), muss der Patient unterrichtet werden, dass er von diesem Arzt auch eine Rechnung erhält. Die Informationspflicht gilt sowohl für den ambulanten als auch für den stationären Bereich.

1. Beispiel: Ein stationärer Patient in der Chirurgie kann in der Regel auf Veranlassung des Chirurgen vor einer Operation von einem Laborarzt, einem Internisten, einem Radiologen und einem Anästhesisten behandelt werden. Darüber ist der Patient zu informieren!
2. Beispiel: Bei einer ambulanten Patientin wird vom Gynäkologen Blut zur Laborbestimmung abgenommen, ein Zervixabstrich zur Pathologie geschickt und ein Abstrich zur Bakteriologie. Die Patientin ist über die Beteiligung der drei weiteren Fachärzte zu informieren. Ein Vermerk in der Karteikarte oder im Computerkarteiblatt über diese Information ist empfehlenswert. Das LG Düsseldorf hat 1995 entschieden (AZ 20 S 58/95 3.11.95), dass ein Patient informiert werden muss, wenn zur Diagnose ein Laborarzt hinzugezogen werden muss.

■ Rechtsprechung

Unwirksame Einwilligungserklärung bei unangekündigter Operation durch Vertreter trotz vereinbarter Chefarztbehandlung
Vereinbart der Patient vor einem geplanten Heileingriff gegen zusätzliches Honorar die Behandlung durch den Chefarzt der Klinik, so ist seine Einwilligungsaufklärung auf die Durchführung der Operation durch den Chefarzt persönlich beschränkt (vgl. BGH, Urteil vom 11. Mai 2010, VI ZR 252/08).

Wird die Operation in einem solchen Fall durch einen, selbst vorher namentlich aufgelisteten Vertreter des Chefarztes durchgeführt, so ist der Eingriff mangels Einwilligungaufklärung gleichwohl rechtswidrig, wenn nicht der Patient zuvor von der – tatsächlich bestehenden und der Behandlungsseite nachzuweisenden – unvorhergesehen Verhinderung des Chefarztes informiert worden ist. Bezahlt ein Patient in einer solchen Situation die Honorarabrechnung, so liegt in einer Bezahlung der Arztrechnung keine konkludente nachträgliche Billigung der Behandlersubstitution (entgegen OLG Köln, Urteil vom 12. Oktober 1995, 5 U 234/94). Dem eine Chefarztrechnung bezahlenden Patienten fehlt regelmäßig das erforderliche Erklärungsbewusstsein, die Durchführung der Operation durch den Vertreter des Chefarztes nachträglich zu genehmigen.
Aktenzeichen: OLG Braunschweig, 25.09.2013, AZ: 1 U 24/12
Entscheidungsjahr: 2013

Zielleistungsprinzip, § 4 GOÄ
Das Gericht führt dazu aus: Es ist zu prüfen, ob es sich um jeweils selbständige Leistungen handelt oder ob eine oder mehrere von ihnen als Zielleistung und die anderen als deren methodisch notwendigen Bestandteile anzusehen sind. Nur dieser Grund rechtfertigt es, eine erbrachte Leistung, soweit sie selbständig ist, nicht zu honorieren (BGH, 05.06.2008, AZ: III ZR 239/07). Hierbei ist aber zu beachten, dass einem einheitlichen Behandlungsgeschehen auch mehrere Zielleistungen zugrunde liegen können. Deshalb ist aus dem Umstand, dass nach ärztlicher Kunst verschiedene Leistungen im zeitlichen Zusammenhang zu erbringen sind, nicht ohne weiteres zu schließen, es liege nur eine Zielleistung vor, im Verhältnis zu der sich die anderen Leistungen als unselbständige Hilfs- oder Begleitverrichtungen darstellten (BGH, 5.6.2008, AZ: III ZR 239/07). Geben die in Rede stehenden Gebührenpositionen keine näheren Hinweise über ihr Verhältnis zueinander, ist der Inhalt und systematische Zusammenhang der Gebührenpositionen zu beachten und zu prüfen, ob es sich um jeweils selbständige Leistungen handelt oder ob eine oder mehrere von ihnen als Zielleistung und die anderen als deren methodisch notwendige Bestandteile anzusehen sind. Dabei ist – wie auch sonst bei der Auslegung von Gesetzen – ein abstrakt-genereller Maßstab zugrunde zu legen (vgl. BGH, 5.6.2008, AZ: III ZR 239/07). Dementsprechend können Maßnahmen, die typischerweise (bzw. regelhaft) bei einem Eingriff erforderlich werden, nicht zusätzlich abgerechnet werden. Die Selbständigkeit einer ärztlichen Leistung ist danach zu beurteilen, ob für sie eine eigenständige medizinische Indikation besteht (st. Rspr. des BGH, vgl BGH, 21.1.2010 AZ: III ZR 147/09).
Aktenzeichen: Aktenzeichen: VerwG Regensburg, 22.07.2013, AZ: RN 8 K 13.12
Entscheidungsjahr: 2013

Abrechnung des Einsatzes der Navigationstechnik: § 4 Abs. 2, 2a – § 6 Abs. 2 GOÄ – GOÄ-Nrn. 2153, 2562 – Selbständige Leistung
Voraussetzung einer gesonderten Abrechnung des Einsatzes der Navigationstechnik ist, dass es sich um eine selbständige ärztliche Leistung handelt, § 4 Abs. 2 S. 1 GOÄ. Ob eine Selbständigkeit einer ärztlichen Leistung vorliegt, ist danach zu beurteilen, ob für die Leistung eine eigenständige medizinische Indikation besteht. Der Einsatz einer computerunterstützten Navigationstechnik bei Durchführung einer Totalendoprothese des Kniegelenks nach Nr. 2153 ist nicht nach Nr. 2562 analog abrechenbar.
Aktenzeichen: BGH, 21.01.2010, AZ: III ZR 147/09
Entscheidungsjahr: 2010

§ 4 Abs. 2a GOÄ – Zielleistungsprinzip; GOÄ Ziffer 2574 neben GOÄ Ziffer 2566
Einzelleistungen des Arztes können nicht gesondert berechnet werden, wenn sie methodisch notwendiger Bestandteil der so genannten Zielleistung sind. Zu beachten ist aber, dass einem einheitlichen Behandlungsablauf auch mehrere Zielleistungen zugrunde liegen können. Aus einem zeitlichen Zusammenhang einer Behandlung kann daher nicht der Schluss gezogen werden, es läge dann nur eine Zielleistung vor.
Eine ärztliche Leistung nach GOÄ Ziffer 2574 (Entfernung eines raumbeengenden extraduralen Prozesses im Wirbelkanal) kann daher neben der GOÄ Ziffer 2566 abgerechnet werden, da unterschiedliche Zielleistungen vorliegen.
Aktenzeichen: Bayer.VerwG, 23.09.2010, AZ: 14 B 09.207
Entscheidungsjahr: 2010

Zielleistungsprinzip gemäß § 4 Abs. 2a GOA – orthopädische Standardoperationen
Nach der Rechtsprechung des BGH ist bei der Auslegung des § 4 Abs. 2a GOÄ vorwiegend der Inhalt und der systematische Zusammenhang der fraglichen Gebührenposition zu beachten und deren Bewertung zu berücksichtigen.

> Auszug GOÄ § 4 Gebühren ... (2a) Für eine Leistung, die Bestandteil oder eine besondere Ausführung einer anderen Leistung nach dem Gebührenverzeichnis ist, kann der Arzt eine Gebühr nicht berechnen, wenn er für die andere Leistung eine Gebühr berechnet. Dies gilt auch für die zur Erbringung der im Gebührenverzeichnis aufgeführten operativen Leistungen methodisch notwendigen Einzelschritte. Die Rufbereitschaft sowie das Bereitstehen eines Arztes oder Arztteams sind nicht berechnungsfähig...

Alle operativen Leistungen, die bei einer endoprothetischen Versorgung von Hüft- oder Kniegelenk nicht typerscherweise anfallen, sind neben den Nrn. 2151 und 2153 GOÄ separat abrechenbar. Dies gilt insbesondere für die Nrn. 2103, 2113, 2258 und 2405 GOÄ. Die separate Berechenbarkeit die-

ser Leistungsziffern kann hinsichtlich der Nrn. 2103, 2113 und 2258 GOÄ auch mit deren Bewertung in der GOÄ im Verhältnis zur Nr. 2151 GOÄ begründet werden. Die Bundesärztekammer fasst regelmäßig Beschlüsse zur Auslegung der GOÄ und Abrechnung der einzelnen GOÄ-Ziffern; diese Beschlüsse sind für Gerichte nicht bindend oder maßgeblich.
Aktenzeichen: LG Regensburg, 24.03.2009, AZ: 2 S 78/08
Entscheidungsjahr: 2009

Zielleistungsprinzip § 4 Abs. 2a GOÄ; GOÄ Nr. 2975, 2997
Das Zielleistungsprinzip. § 4 Abs. 2a GOÄ, hat den vorrangigen Zweck eine doppelte Honorierung ärztlicher Leistungen zu vermeiden. Ob einzelne Leistungen methodisch notwendige Bestandteile der in der jeweiligen Leistungsbeschreibung genannten Zielleistung sind, ist nicht danach zu entscheiden, ob sie im konkreten Fall nach den Regeln der ärztlichen Kunst notwendig sind. Vielmehr ist vor allem der Inhalt und systematische Zusammenhang der Gebührenposition und deren Bewertung zu berücksichtigen. Eine Dekortikation der Lunge nach Nr. 2975 ist nicht Bestandteil der in der Nr. 2997 mit Lobektomie und Lungensegmentresektion beschriebenen Zielleistung.
Aktenzeichen: BGH, 05.06.2008, AZ: III ZR 239/07
Entscheidungsjahr: 2008

Arztleistung durch Dritte, § 4 Abs. 2 GOÄ
Eine selbständige ärztliche Leistung nach § 4 II GOÄ schließt nicht aus, dass ein Arzt einzelne Leistungen an Hilfspersonal delegieren kann. Die grundlegenden Entscheidungen über Eingriffe und Therapien muss aber der Arzt treffen, und er muss Leistungen selbst überwachen. Nicht ausreichend ist es bei physikalisch-medizinischen Leistungen, dass der Arzt nur die Therapieart und – dauer durch Verordnung festlegt und die Durchführung der Therapie Hilfskräften überlässt.
Aktenzeichen: LG Köln, 14.10.2009, AZ: 23 O 424/08
Entscheidungsjahr: 2009

Kein Honorar für Chefarzt bei kosmetischer Operation, der Behandlung durch einen Kollegen durchführen lässt
Eine Patientin hatte sich zu einer kosmetischen Operation (u.a. Bauchdeckenplastik) entschlossen. Die Klinik hatte in einer Internet-Werbung darauf hingewiesen, dass sich ein Patient nach den Beratungsgesprächen für den plastischen Chirurgen entscheiden sollte, zu dem er Vertrauen gefasst hatte. Die Beratungsgespräche fanden mit dem Chefarzt der Klinik statt. Die Operation wurde dann aber von einem angestellten Arzt vorgenommen. Dieser Fall ist anders zu beurteilen als bei einem Krankenhausvertrag, bei dem Patient meist davon ausgeht, dass die Erfüllung der ärztlichen Pflichten nicht an eine bestimmte Person gebunden ist. Aufgrund der Angaben in der Werbung und der Beratungsgespräche war ersichtlich, dass die Patientin sich nur vom Chefarzt operieren lassen wollte. Wenn der Chefarzt dies ändern wollte, hätte er die Patienten deutlich darauf hinweisen müssen. Der Eingriff durch den angestellten Arzt erfolgte daher vertragswidrig. Insofern schuldet die Patientin keine Vergütung, selbst wenn der Eingriff sachgemäß erfolgte. Dem Chefarzt steht auch kein Bereicherungsanspruch gegen die Patientin zu. Wurde die in dieser Form nicht geschuldete Operationsleistung gegen den Willen der Patientin erbracht, ist der Arzt nach der gesetzlichen Wertung der §§ 814, 613 BGB nicht schutzwürdig.
Aktenzeichen: OLG Koblenz, 21.02.2008, AZ: 5 U 1309/07
Entscheidungsjahr: 2008

Kein Honoraranspruch für Arzt, der Therapien, die er u.a. von Physiotherapeuten in seiner Praxis durchführen lässt, nur verordnet
Gemäß § 4 Abs. 2 GOÄ kann ein Arzt Gebühren für selbständige Leistungen berechnen, die er selbst erbracht hat oder die unter seiner Aufsicht nach fachlicher Weisung erbracht wurden. So können auch einzelne Leistungen an ein Hilfspersonal übertragen werden. Es ist aber nicht ausreichend, wenn der Arzt nur die Therapien verordnet und ab und zu den Trainingsraum aufsucht. Damit erfüllt er nicht seine Pflicht zur Aufsicht.
Aktenzeichen: LG Köln, 14.10.2009, AZ: 23 O 424/08
Entscheidungsjahr: 2009

Persönliche Leistungserbringung in Chefarztambulanz; § 4 Abs. 2 GOÄ
Das Gebot der persönlichen Leistungserbringung gemäß § 4 Abs. 2 S. 1 u.2 GOÄ gilt uneingeschränkt auch bei Behandlung in der Chefarztambulanz eines Krankenhauses.
Die sorgfältige Auswahl eines fachlich qualifizierten Vertreters begründet kein Liquidationsrecht. Der liquidierende Arzt (Chefarzt) muss eigenverantwortlich an der Leistungserbringung mitwirken.

Auch wenn der Patient mehrere Behandlungen durch einen Vertreter des Chefarztes erhalten hat, hat dies nicht zur Folge, dass die Erforderlichkeit der persönlichen Leistungserbringung zwischen den Parteien konkludent abbedungen wurde.
Aktenzeichen: OLG Frankfurt, 04.08.2011, AZ: 8 U 226/10
Entscheidungsjahr: 2011

BGH: Wahlleistungsvereinbarung im Krankenhaus
Liegt eine wirksame Wahlleistungsvereinbarung vor, steht es dem Patienten frei, daneben gesonderte Behandlungsverträge (Arztzusatzverträge) mit liquidationsberechtigten Ärzten im Sinne von § 17 Abs. 3 Satz 1 KHEntgG abzuschließen. Ob und inwieweit neben einer mit dem Krankenhaus getroffenen Wahlleistungsvereinbarung der jeweilige Wahlarzt in eine Vertragsbeziehung gegenüber dem Patienten eintritt, ist eine Frage der Vertragsgestaltung.
Beim **totalen Krankenhausaufnahmevertrag** verpflichtet sich der Krankenhausträger, alle für die stationäre Behandlung erforderlichen Leistungen einschließlich der gesamten (wahl-)ärztlichen Versorgung zu erbringen, wobei es zulässig ist, dass der Patient die im Rahmen der Behandlung erforderliche Einwilligung auf einen speziellen Arzt beschränkt (BGH, 11. Mai 2010 – AZ: VI ZR 252/08,). Ein Liquidationsrecht der an der Behandlung beteiligten Krankenhausärzte kann hier nicht entstehen.
Beim **gespaltenen Arzt-Krankenhaus-Vertrag** beschränkt sich der Vertrag mit dem Krankenhausträger auf die Unterbringung, Verpflegung und pflegerische Versorgung, während die ärztliche Versorgung nicht zu den Pflichten des Krankenhauses gehört und die ärztlichen Leistungen nur auf Grund eines besonderen Behandlungsvertrags mit dem Arzt erbracht werden. Zum Abschluss gespaltener Arzt-Krankenhaus-Verträge kommt es dann, wenn der Krankenhausträger im Rahmen der Aufnahmeverträge mit den Patienten gemäß § 17 Abs. 1 Satz 1 KHEntgG vereinbart, dass nicht er, sondern allein die Wahlärzte die wahlärztlichen Leistungen erbringen und gesondert berechnen. Auch in diesem Fall tritt der Krankenhausträger, nicht der einzelne Arzt, dem Patienten bei dessen Aufnahme als Vertragspartner entgegen und bietet ihm die „freie Arztwahl" als Wahlleistung an (BGH, 18. Juni 1985 – AZ: VI ZR 234/83,). Dementsprechend muss die gesonderte Berechnung wahlärztlicher Leistungen mit dem Krankenhausträger vor deren Erbringung schriftlich vereinbart werden (§ 17 Abs. 1 Satz 1, Abs. 2 Satz 1 KHEntgG). Daneben kommt es zum Abschluss eines gesonderten Behandlungsvertrags zwischen dem Patienten und dem Wahlarzt, wobei es konstruktiv möglich ist, dass der gesonderte Behandlungsvertrag bereits – im Wege des Vertretergeschäfts – zugleich Gegenstand der zwischen dem Krankenhausträger und dem Patienten abgeschlossenen Vereinbarung über die gesonderte Erbringung und Abrechnung wahlärztlicher Leistungen ist.
Beim **totalen Krankenhausvertrag mit Arztzusatzvertrag** verpflichtet sich das Krankenhaus zur umfassenden Leistungserbringung. Diese Verpflichtung bezieht sich sowohl auf die allgemeinen Krankenhausleistungen (§ 2 Abs. 2 KHEntgG) als auch auf die Wahlleistungen (§ 17 Abs. 1 KHEntgG). Zusätzlich zu dem Krankenhausaufnahmevertrag und der Wahlleistungsvereinbarung mit dem Krankenhaus schließt der Patient – ausdrücklich oder stillschweigend – einen weiteren Vertrag über die wahlärztlichen Leistungen mit dem behandelnden Arzt. Der hierfür gebräuchliche Begriff „Arztzusatzvertrag" bringt zum Ausdruck, dass der Patient diesen zusätzlich zum umfassenden Krankenhausbehandlungsvertrag mit dem Krankenhausträger abgeschlossen hat. Der Wahlarzt beziehungsweise die Wahlarztkette im Sinne von § 17 Abs. 3 Satz 1 KHEntgG ist dann vertraglicher Schuldner des Patienten für die Wahlleistung, während der Krankenhausträger zur umfassenden Leistungserbringung einschließlich der ärztlichen Leistungen verpflichtet ist. Es kommt mithin zu einer doppelten Verpflichtung hinsichtlich der Wahlleistung. Für ärztliche Behandlungsfehler haften sowohl der Krankenhausträger als auch der Arzt aus Vertrag, ohne dass deshalb der Patient eine über die mit dem Krankenhausträger getroffene Entgeltabrede hinausgehende (weitere) Vergütung schuldet. Denn der Vergütungsanspruch fällt nur einmal an, nämlich in der Person des Arztes.
Aktenzeichen: BGH, 14.01.2016, AZ: III ZR 107/15
Entscheidungsjahr: 2016

Persönliche Leistungserbringung durch Wahlarzt
Hat sich ein Chefarzt einer psychiatrischen Klinik in einer Wahlleistungsvereinbarung zur ärztlichen Behandlung verpflichtet, ist es erforderlich, dass der Chefarzt durch sein eigenes Tätigwerden die Behandlung persönlich prägt.

Es liegen keine eigenen Leistungen des Chefarztes vor, wenn er zu den Behandlungen in täglichen Teamsitzungen nur eine Supervision durchführt, die einzelnen Maßnahmen der Behandlungen aber durch Dritte eigenverantwortlich geleistet werden.
Aktenzeichen: OLG Oldenburg, 14.12.2011, AZ: 5 U 183/11
Entscheidungsjahr: 2011

Krankenhausvertrag: Wirksamkeit einer formularmäßigen Wahlleistungsvereinbarung
Eine formularmäßige Wahlleistungsvereinbarung, nach der dem Krankenhaus als Verwender die Möglichkeit offen steht, dem Patienten den „Wahlarzt" unter mehreren (hier: insgesamt sechs) aufgeführten Ärzten frei zuzuweisen, ist wegen Verstoßes gegen § 308 Nr. 4 BGB unwirksam.
Unwirksam wegen Gefährdung des wesentlichen Zwecks der Wahlleistungsvereinbarung (§ 307 Abs. 2 Nr. 2 BGB) ist weiterhin eine Formularklausel, nach welcher der Wahlarzt frei ist, jeden beliebigen Arzt innerhalb oder außerhalb des Krankenhauses an seiner Stelle die Leistung erbringen zu lassen.
Die §§ 307 (Inhaltskontrolle) und 308 BGB (Klauselverbote) betreffen die Unwirksamkeit von Bestimmungen in Allgemeinen Geschäftsbedingungen, zu denen auch formularmäßige Vereinbarungen gehören.
Aktenzeichen: LG Heidelberg, 21.12.2012, AZ: 3 S 16/12
Entscheidungsjahr: 2012

Krankenhausaufnahmevertrags mit Arztzusatzvertrag
Bei einer in einem Krankenhaus durchgeführten Operation mit einhergehendem stationären Aufenthalt handelt es sich um eine Krankenhausleistung, deren Vergütung grundsätzlich durch Pflegesätze erfolgt (§§ 2 Nr. 4, 17 KHEntgG). Von diesem Grundsatz abweichend besteht unter den Voraussetzungen des § 17 Abs. 3 KHEntgG die Möglichkeit der Vereinbarung wahlärztlicher Leistungen. Die in § 17 Abs. 3 KHEntgG getroffenen Regelungen sind abschließend und können nicht durch privatschriftliche Vereinbarungen erweitert werden (vgl. LG Düsseldorf, 6. März 2014, 21 S 187/12,)
Bei einem Krankenhausaufnahmevertrag mit Arztzusatzvertrag ist das Krankenhaus zur Durchführung der wesentlichen Behandlungsleistungen durch das dort beschäftigte Krankenhauspersonal verpflichtet. Die durch externe Ärzte, insbesondere sog. Honorarärzte, erbrachten Leistungen können allenfalls ergänzende Funktion haben.
Die Verantwortung für die Gesamtbehandlung darf nicht auf **dritte Ärzte** verlagert werden, da die drittärztliche Leistung dann nicht mehr nur ergänzende oder unterstützende Funktion hätte, sondern als Behandlungsübernahme zu werten wäre. Als Vertragspartner darf das Krankenhaus bzw. dessen Ärzte allenfalls einfache oder sonstige medizinische Leistungen delegieren, sofern nicht die Kernleistung betroffen ist, wie z. B. die Anästhesie (vgl. LG München I, 24. Februar 2014, AZ.: 9 S 9168/13).
Aktenzeichen: LG Regensburg, 05.08.2014, AZ:2 S 42/14
Entscheidungsjahr: 2014

Wahlleistungsvereinbarung
Ist in einer formularmäßigen Wahlleistungsvereinbarung festgelegt, dass die Leistung des Wahlarztes bei Verhinderung durch einen Vertreter erbracht werden kann, ist diese Klausel nur wirksam, wenn die Verhinderung im Zeitpunkt des Abschlusses der Vereinbarung noch nicht feststand; als Vertreter muss der ständige ärztliche Vertreter namentlich benannt sein. Wird dagegen eine Stellvertretervereinbarung als Individualabrede abgeschlossen, muss der Patient in dem Schriftstück wie folgt aufgeklärt werden: Der Patient muss unverzüglich über die Verhinderung des Wahlarztes informiert werden. Der Patient erhält das Angebot, dass ein bestimmter Vertreter die wahlärztliche Leistung vornimmt. Hinweis an den Patienten, dass er sich aber auch ohne Zuzahlung vom diensthabenden Arzt behandeln lassen kann. Hinweis an den Patienten, wenn Behandlung bis zum Ende der Abwesenheit des Wahlarztes verschiebbar ist. Auch eine Individualabrede bedarf der Schriftform.
Aktenzeichen: BGH, IIIZR 144/07, 20.12.2007
Entscheidungsjahr: 2007

Haftungsausschluss bei Wahlleistungen
Beim Abschluss einer Wahlleistungsvereinbarung über privatärztliche Behandlungen durch Ärzte der Klinik ist in der Regel von einem einheitlichen Krankenhausaufnahmevertrag auszugehen, bei dem die Klinik alleiniger Vertragspartner und Haftungsschuldner für den Patienten ist. Möchte daher der Patient zusätzlich Wahlleistungen in Anspruch nehmen, ist dies so zu verstehen, dass er besondere ärztliche Leistungen „hinzukaufen", nicht aber die Klinik aus der Verpflichtung entlassen will,

ihm diese Leistungen gleichfalls zu schulden. Ein sog. gespaltener Krankenhausvertrag ist jedoch zulässig, wenn der Ausschluss der Haftung der Klinik für Fehler der selbstliquidierenden Ärzte in einer klaren vertraglichen Vereinbarung festgelegt wird. In der Vereinbarung muss deutlich herausgestellt werden, dass nur der selbst liquidierende Arzt Schuldner der vereinbarten Leistung ist, und eine Mithaftung der Klinik – auch Falle eines ärztlichen Fehlers – ausgeschlossen ist.
Aktenzeichen: OLG Frankfurt a.M., 12.03.2009, AZ: 15 U 18/08
Entscheidungsjahr: 2009

Honorar bei unwirksamer Wahlleistungsvereinbarung
Gemäß § 22 Abs. 2 S. 1 Halbs. 1 BPflV müssen Wahlleistungen vor der Erbringung schriftlich vereinbart werden. Die schriftliche Form ist nur gewahrt, wenn alle Erklärungen zur Wahlleistung in derselben Urkunde vorhanden sind und von beiden Parteien unterzeichnet sind. Ist das Formular nur vom Patienten unterschrieben, so ist die gesamte Vereinbarung nach § 125 S. 1 BGB nichtig. Diese Nichtigkeit wirkt sich insgesamt aus: so kann der behandelnde liquidationsberechtigte Arzt auch kein Honorar fordern mit der Begründung, zwischen ihm und dem Patienten sei ein mündlicher Arztzusatzvertrag geschlossen worden. Auch ein Anspruch aus ungerechtfertigter Bereicherung besteht nicht. Die erbrachten ärztlichen Leistungen sind daher nur als Leistung des Krankenhauses im Rahmen des Krankenhausbehandlungsvertrages zwischen der Klinik und dem Patienten anzusehen.
Aktenzeichen: BGH, 17.10.2002, AZ: III ZR 58/02
Entscheidungsjahr: 2002

Schriftform bei Wahlleistungen
Eine Wahlleistungsvereinbarung ist nur wirksam, wenn sie von den Parteien schriftlich abgeschlossen wird. Die Schriftform ist nur gewahrt, wenn alle die Wahlleistung betreffenden Erklärungen in derselben Urkunde niedergelegt und von beiden Parteien unterschrieben sind.
Aktenzeichen: OLG Hamm, 22.11.1999, AZ: 3 U 90/99
Entscheidungsjahr: 1999

Wahlleistungsvereinbarung nichtig wegen Operationsverbot
Eine Patientin hatte wegen einer Operation mit dem Chefarzt einer Klinik eine Wahlleistungsvereinbarung abgeschlossen. Zu der Zeit war der Arzt aber wegen einer Infektion mit einem Operationsverbot belegt worden.Da es dem Arzt wegen des Verbotes unmöglich war, seine Leistung zu erbringen, war der Wahlarztvertrag nichtig, § 306 BGB. Die Nichtigkeit des Vertrages erfasst auch eine sog. Stellvertreterklausel; d. h. die Nichtigkeit gilt für den gesamten Inhalt der Vereinbarung. Auch wenn die Patienten dann eine Behandlung durch einen vertretenden Arzt ohne Widerspruch duldet, kann darin nicht eine individuelle Vereinbarung hinsichtlich der Vertretung gesehen werden.
Aktenzeichen: LG Aachen, 09.05.2001, AZ: 11 O 132/00
Entscheidungsjahr: 2001

Wahlleistungsvereinbarung – keine Gesamtunwirksamkeit bei fehlerhafter Vertreterregelung
Wenn in einer Wahlleistungsvereinbarung geregelt ist, dass im Falle der Verhinderung die Aufgaben des leitenden Arztes ganz pauschal von seinen Stellvertretern übernommen werden, so ist diese Vereinbarung unwirksam. Dies führt aber nicht ohne weiteres zur Gesamtunwirksamkeit der Wahlleistungsvereinbarung.
Sofern nämlich der Wahlarzt die ärztliche Behandlung selbst durchgeführt hat, ist es nicht ersichtlich, dass die Wahlleistungsvereinbarung ohne Vertretungsregelung für den Patienten eine unzumutbare Härte darstellen würde. Die Vereinbarung bleibt daher im Übrigen wirksam.
Aktenzeichen: LG München I, 28.06.2011, AZ: 13 S 6738/10
Entscheidungsjahr: 2011

Nicht-ärztliche Leistungen als wahlärztliche Leistungen
Fraglich ist die Abrechenbarkeit von „übenden Verfahren“ nach den Nrn. 846 und 847 GOÄ aus dem Bereich der Psychiartrie und Psychotherapie bei einer stationären Privatbehadlung als wahlärztliche Leistungen, wenn die Leistungen nicht vom Arzt, sondern von nicht-ärztlichen Mitarbeitern erbracht werden. Das OLG Köln hat entschieden, dass die Übertragung solcher Leistungen an nicht-ärztliches Personal zum Verlust der Abrechnungsmöglichkeit als wahlärztliche Leistung führt. Die Leistungen nach den Nrn. 846 und 847 (Morgenlauf, Beschäftigungstherapie, Gymnastik etc.) wurden nicht vom Arzt erbracht. Diagnostische und therapeutische Leistungen können nur dann gesondert berechnet werden, wenn sie vom Arzt geleistet werden. Die bloße Anordnung der Leistungen durch

den Arzt ist nicht ausreichend. Dem steht auch nicht § 4 Abs. 2 S. 1,3 GOÄ entgegen; denn danach sind nur selbständige ärztliche Leistungen berechenbar, die der Arzt selbst erbracht hat oder unter seiner Aufsicht nach fachlicher Weisung erbracht werden.
Aktenzeichen: OLG Köln, 25.08.2008, AZ: 5 U 243/07
Entscheidungsjahr: 2008

Geschäft zur Deckung des Lebensbedarfs: Mitverpflichtung des Ehegatten bei Inanspruchnahme von privatärztlichen Wahlleistungen in einem Krankenhaus
Danach ist bei nicht getrennt lebenden Ehegatten an die Einkommens- und Vermögensverhältnisse und die wirtschaftliche Leistungsfähigkeit der Familie im Rahmen der §§ 1360, 1360a BGB bei Vertragsschluss anzuknüpfen. Entscheidend hierbei ist der Lebenszuschnitt der Familie, wie er nach außen in Erscheinung tritt und wie er sich aus der Sicht eines objektiven Beobachters im Erscheinungsbild der Ehegatten darstellt. Vgl. auch BGH, 27.11.1991, AZ: XII ZR 226/90.
In dem zu entscheidenden Fall haftet eine Ehefrau nicht für die von ihrem (verstorbenen) Ehemann eingegangenen streitgegenständlichen Verbindlichkeiten. Es handelt sich bei den vom Ehemann getroffenen Vereinbarungen über Chefarztbehandlung sowie gesonderte Unterbringung in einem Zweibettzimmer mit Dusche und Fernsehen (Wahlleistungen) nicht um Geschäfte zur angemessenen Deckung des Lebensbedarfs der Familie.
Aktenzeichen: OLG Bremen, 27.11.2009, AZ: 2 U 37/09
Entscheidungsjahr: 2009

Hinweise auf GOÄ-Ratgeber der BÄK:

►Persönliche Leistungserbringung in der Chefarztambulanz
Dr. jur. Marlis Hübner – (in: Deutsches Ärzteblatt 109, Heft 29–30 (23.07.2012), S.A-1520)
Nach § 4 Abs. 2 GOÄ kann ein Arzt Gebühren nur für selbständige ärztliche Leistungen berechnen, die er selbst erbracht hat oder die unter seiner Aufsicht nach fachlicher Weisung erbracht wurden (eigene Leistungen).
Bei der persönlichen Leistungserbringung bzw. Aufsicht muss nach Dr. Hübner zumindest gesichert sein, dass der Arzt erreichbar und in der Lage ist, sofort persönlich einzuwirken, wenn dies notwendig ist. Unzureichend ist es dagegen, wenn der liquidierende Arzt nur einen Vertreter sorgfältig auswählt, selbst wenn dieser sehr qualifiziert ist. Hier fehlt es an der eigenverantwortlichen Leistungserbringung. ◄

► Mit der GOÄ am Krankenbett
Deutsches Ärzteblatt 100, Heft 21 (23.05.2003), Seite A-1464 – http://www.bundesaerztekammer.de/page.asp?his=1.108.4144.4176.4177&all=true
Grundsätzlich gilt: Der Patient ist vor Abschluss einer Wahlleistungsvereinbarung über die Entgelte der Wahlleistungen und deren Inhalt im Einzelnen zu unterrichten.
„Ein bloß formularmäßiger Hinweis am Ende der Wahlleistungsvereinbarung, dass dem Patienten die Möglichkeit gegeben worden sei, die Gebührenordnung für Ärzte einzusehen, kann aber nicht mehr als ausreichend betrachtet werden – auch dann nicht, wenn der Patient durch Unterschrift ein solches ‚Informationsangebot' bestätigt." ◄

► Fachfremdheit von Leistungen – auch in der GOÄ?
www.baek.de/page.asp?his=1.108.4144.4176.4178
Dr. med. R. Klakow-Franck – in: Dt. Ärzteblatt 100, Heft 25 (20.06.03), S. A-1765
Nach Dr. Klakow-Franck kann aus den Regelungen der GOÄ nicht gefolgert werden, dass eine generelle Begrenzung der Abrechnungsfähigkeit auf Leistungen des eigenen Fachgebiets besteht. Die Autorin führt als Beispiel an: „Widerspruch erregt beispielsweise die Durchführung und Abrechnung von Magnet-Resonanz-Tomographie-Untersuchungen (MRT) durch Orthopäden. Nach der geltenden Rechtsprechung verstößt dies jedoch nicht gegen die Berufsordnung, weil die Erkennung' von Funktionsstörungen der Bewegungsorgane Bestandteil der Weiterbildung im Gebiet der Orthopädie ist, ohne dass bestimmte Untersuchungsmethoden ausgegrenzt wären (siehe Schleswig-Holsteinisches Oberlandesgericht, Urteil vom 22. September 1998, Az.: 6 U 48/98). Außerdem schlagen, etwaige Beschränkungen aus dem Berufsrecht nicht auf das privatrechtliche Verhältnis zwischen Arzt und Patient durch' (siehe Amtsgericht München, Urteil vom 6. Dezember 2002, Az.: 274 C 18623/02)."
Eine Fachfremdheit von Leistungen liegt aber immer dann vor, wenn dem Arzt eine spezielle und erforderliche Qualifikation oder der Praxis eine besondere Ausstattung fehlen, die zur sachgerechten Durchführung der Leistung erforderlich sind. ◄

► Gebührenordnung für Ärzte: Zielleistungen kontra Analogbewertung
www.baek.de/page.asp?his=1.108.4144.4176.4179
Dr. med. Regina Klakow-Franck – in: Deutsches Ärzteblatt 99, Heft 6 (08.02.2002), Seite A-384
Hier erfolgt der Hinweis: „In § 4 Abs. 2 a GOÄ ist das „Zielleistungsprinzip" festgehalten, das aber nicht durch eine Analogbewertung umgangen werden darf. Lässt sich nämlich eine Leistung als Bestandteil oder Variante einer bereits in der GOÄ enthaltenen Leistungsnummer darstellen, entfällt der Anspruch auf eine eigenständige Analogbewertung. Nach § 6 Abs. 2 GOÄ können nämlich nur selbstständige Leistungen analog berechnet werden, die im Leistungsverzeichnis der GOÄ nicht aufgeführt sind." ◄

► Persönliche Leistungserbringung
www.baek.de/page.asp?his=1.108.4144.4176.4182
Dr. med. R. Klakow-Franck – in: Deutsches Ärzteblatt 99, Heft 26 (28.06.02), Seite A-1847
Zur persönlichen Leistungserbringung bei der „Chefarztbehandlung“ gibt die Autorin den Hinweis:“ Neben dem ‚ständigen ärztlichen Vertreter‘ wurde in § 4 Abs. 2 GOÄ ein Katalog von Grundleistungen (zum Beispiel Aufnahme- und Abschlussuntersuchungen oder Visiten) eingeführt, die wie die Hauptleistung, derentwegen der Patient die Chefarztbehandlung wählt, vom Chefarzt oder seinem ständigen Vertreter persönlich erbracht werden müssen, damit sie als ‚eigene Leistungen‘ entsprechend § 4 Abs. 2 GOÄ abgerechnet werden können.
Beim Wahlarztvertrag handelt es sich, um einen individuellen Behandlungsvertrag mit einem ganz bestimmten, zur Liquidation berechtigten Arzt. Der Chefarzt muss der Behandlung des Patienten sein „persönliches Gepräge“ verleihen. Im Vertretungsfall wird diese Voraussetzung dadurch erreicht, dass ein einziger ständiger Vertreter, der vorher benannt wird, die Behandlung übernimmt.
Will oder muss ein Chefarzt sich wegen vorhersehbarer Gründe, wie beispielsweise Lehrtätigkeit, Fortbildung oder Urlaub, vertreten lassen, muss er den Patienten hierüber vor Abschluss des Behandlungsvertrags informieren, einen ständigen Vertreter für diesen Fall konkret benennen und dem Patienten die Möglichkeit zur Entscheidung geben, ob er unter diesen Bedingungen noch in den Behandlungsvertrag einwilligen will.“
Wegen der persönlichen Absprache mit dem Patienten sind vorformulierte Vertretungsregelungen, in denen auf Vordrucken nur noch die Namen des Patienten und des jeweiligen ständigen Vertreters eingesetzt werden, problematisch; sie dürften in der Rechtsprechung keinen Bestand haben. ◄

► Laborleistungen: Persönliche Leistungserbringung – M III /M IV
www.baek.de/page.asp?his=1.108.4144.4176.4183
Dr. med. R. Klakow-Franck – in: Deutsches Ärzteblatt 100, Heft 48 (28.11.03), Seite A-3191
Die Angaben der Autorin werden in Ausschnitten dargestellt: „Im Fall des Speziallabors nach den Abschnitten M III/M IV der GOÄ ist die persönliche Anwesenheit und Überwachung der Arbeiten durch den liquidationsberechtigten Arzt unerlässlich. Im Fall des Praxislabors nach Abschnitt M I der GOÄ geht der Verordnungsgeber davon aus, dass diese Laborleistungen vom Praxisinhaber selbst beziehungsweise von seinen Mitarbeitern unter seiner Aufsicht erbracht werden.
Für die Leistungen des Basislabors nach Abschnitt M II der GOÄ wurde eine besondere Regelung geschaffen: Diese gelten auch dann als eigene Leistungen, wenn sie nicht in der eigenen Praxis, sondern in einer Laborgemeinschaft, in der der Arzt Mitglied ist, beziehungsweise im Labor des Krankenhauses erbracht werden, in der nicht liquidationsberechtigte Ärzte die Aufsicht führen.
Werden Leistungen des Basislabors von einem Fremdlabor bezogen, so handelt es sich nicht mehr um eigene Leistungen. Liquidationsberechtigt ist in diesen Fällen nicht der behandelnde Arzt, der die Laborleistungen angeordnet hat, sondern der beauftragte Laborarzt.“ ◄

► Labor – versenden und berechnen?
www.baek.de/page.asp?his=1.108.4144.4176.4185
Dr. med. Anja Pieritz – (in: Deutsches Ärzteblatt 102, Heft 10 (11.03.2005), Seite A-689
Die Autorin weist auf 11 Allgemeinen Bestimmungen zum Kapitel M Laboratoriumsuntersuchungen hin und führt weiter aus: „...wenn der niedergelassene Arzt das Material (Blut, Urin etc.) beim Patienten zwar entnimmt, aber dies zur Untersuchung weiterleitet. Dabei sind grundsätzlich zwei Fälle zu unterscheiden. Ist der niedergelassene Arzt Mitglied einer Laborgemeinschaft und schickt er beispielsweise Blut zur Untersuchung des Blutzuckers an die Laborgemeinschaft, dessen Mitglied er ist, kann er diese Leistung als eigene Leistung nach Nummer 3560 GOÄ in Rechnung stellen (vergleiche auch § 4 Absatz 2 GOÄ). Schickt der niedergelassene Arzt das Blut jedoch an ein (Fremd-)Labor, dessen Mitglied er nicht ist, oder handelt es sich um Leistungen aus dem Speziallabor (M III und M IV), welche er an seine Laborgemeinschaft sendet, so kann der niedergelassene Arzt diese Leistung nicht selbst in Rechnung stellen (vergleiche Ziffer 3). Die Rechnungsstellung erfolgt durch den Laborarzt, der diese Leistung erbracht hat, direkt an den Patienten. Der niedergelassene Arzt ist jedoch verpflichtet, den Patienten darüber zu informieren, dass Leistungen durch „Dritte“ erbracht werden.“ ◄

► Selbstständige Leistungen nebeneinander
www.baek.de/page.asp?his=1.108.4144.4176.4186
Dr. med. Regina Klakow-Franck – in: Deutsches Ärzteblatt 99, 31-32 (05.08.2002), Seite A-2131
Es wird ausgeführt: In § 4 Abs. 2a GOÄ ist das sog. Zielleistungsprinzip festgehalten, d. h. nur selbständige Leistungen, bei denen keine gebührenrechtliche Überschneidung besteht, können nebeneinander abgerechnet werden, Folge: „Für operative Einzelschritte, die ‚zur Erbringung der im Gebührenverzeichnis aufgeführten operativen Leistungen methodisch notwendig‘ sind, kann gemäß § 4 Absatz 2 a GOÄ keine Gebühr berechnet werden. Handelt es sich hingegen um methodisch verzichtbare, nur bei besonderen Indikationen durchgeführte Zusatzeingriffe, die als fakultative Maßnahmen nicht bereits in der Leistungsbeschreibung mitberücksichtigt sind, so müssen diese als selbstständige Leistungen anerkannt werden, auch wenn diese nicht als ‚alleinige Leistung‘, sondern vorwiegend im Zusammenhang mit einem anderen Haupteingriff durchgeführt werden.“ ◄

► Aufsichtspflicht bei Laborleistungen
www.arzt.de/page.asp?his=1.108.4144.4176.6751
Dr. med. Anja Pieritz – in: Deutsches Ärzteblatt 105, Nr. 41 (10.10.2008), S. A-2182
Nach Dr. Pieritz ist unter „Aufsicht und fachlicher Weisung“ des Arztes bei Leistungen des Speziallabors zu verstehen: die persönliche und nicht nur telefonische Erreichbarkeit des Arztes innerhalb kurzer Zeit zur Aufklärung von Problemfällen. ◄

§ 5 Bemessung der Gebühren für Leistungen des Gebührenverzeichnisses

(1) Die Höhe der einzelnen Gebühr bemisst sich, soweit in den Absätzen 3 bis 5 nichts anderes bestimmt ist, nach dem Einfachen bis Dreieinhalbfachen des Gebührensatzes. Gebührensatz ist der Betrag, der sich ergibt, wenn die Punktzahl der einzelnen Leistung des Gebührenverzeichnisses mit dem Punktwert vervielfacht wird. Der Punktwert beträgt 5,82873 Cent. Bei der Bemessung der Gebühren sind Bruchteile eines Cent unter 0,5 abzurunden und Bruchteile von 0,5 und mehr aufzurunden.

(2) Innerhalb des Gebührenrahmens sind die Gebühren unter Berücksichtigung der Schwierigkeit und des Zeitaufwandes der einzelnen Leistung sowie der Umstände bei der Ausführung nach billigem Ermessen zu bestimmen. Die Schwierigkeit der einzelnen Leistung kann auch durch die Schwierigkeit des Krankheitsfalles begründet sein; dies gilt nicht für die in Absatz 3 genannten Leistungen. Bemessungskriterien, die bereits in der Leistungsbeschreibung berücksichtigt worden sind, haben hierbei außer Betracht zu bleiben. In der Regel darf eine Gebühr nur zwischen dem Einfachen und dem 2,3fachen des Gebührensatzes bemessen werden; ein Überschreiten des 2,3fachen des Gebührensatzes ist nur zulässig, wenn Besonderheiten der in Satz 1 genannten Bemessungskriterien dies rechtfertigen.

(3) Gebühren für die in den Abschnitten A, E und O des Gebührenverzeichnisses genannten Leistungen bemessen sich nach dem Einfachen bis Zweieinhalbfachen des Gebührensatzes. Absatz 2 Satz 4 gilt mit der Maßgabe, dass an die Stelle des 2,3fachen des Gebührensatzes das 1,8fache des Gebührensatzes tritt.

(4) Gebühren für die Leistung nach Nummer 437 des Gebührenverzeichnisses sowie für die in Abschnitt M des Gebührenverzeichnisses genannten Leistungen bemessen sich nach dem Einfachen bis 1,3fachen des Gebührensatzes. Absatz 2 Satz 4 gilt mit der Maßgabe, dass an die Stelle des 2,3fachen des Gebührensatzes das 1,15fache des Gebührensatzes tritt.

(5) Bei wahlärztlichen Leistungen, die weder von dem Wahlarzt noch von dessen vor Abschluss des Wahlarztvertrages dem Patienten benannten ständigen ärztlichen Vertreter persönlich erbracht werden, tritt an die Stelle des Dreieinhalbfachen des Gebührensatzes nach § 5 Abs. 1 Satz 1 das 2,3fache des Gebührensatzes und an die Stelle des Zweieinhalbfachen des Gebührensatzes nach § 5 Abs. 3 Satz 1 das 1,8fache des Gebührensatzes.

Kommentar:

Im Paragraphen 5 der GOÄ wird die Bemessung der Gebühren für Leistungen des Gebührenverzeichnisses geregelt. Wenn man die 5 Absätze zusammenfasst, ergibt sich Folgendes:

1. Jede der einzelnen Gebühren bemisst sich nach dem 1fachen bis 3,5fachen Satz der Gebührenordnung. Ein Überschreiten des 2,3fachen Satzes der Gebührenordnung ist nur dann zulässig, wenn die Schwierigkeiten der Leistungserbringung und der Zeitaufwand der einzelnen Leistung eine Überschreitung des 2,3fachen Satzes sinnvoll und nötig machen. Dieser Gebührenrahmen vom 1- bis 3,5fachen ist – ohne dass dies im Text besonders erwähnt wird – für „persönlich-ärztliche“ Leistungen (im Gegensatz zu „medi-zinisch-technischen“ Leistungen) anzuwenden. Damit sollen die überwiegend durch den persönlichen Einsatz des Arztes geprägten Leistungen hervorgehoben werden.
2. Gebühren für die Abschnitte A (Gebühren in besonderen Fällen), E (physikalisch-medizinische Leistungen) und O (Strahlendiagnostik, Nuklearmedizin, Magnetresonanztomographie und Strahlentherapie) des Gebührenverzeichnisses bemessen sich nach dem 1fachen bis 2,5fachen Satz des Gebührensatzes. Wird hier eine Gebühr über den 1,8fachen Satz bis zum 2,3fachen des Gebührensatzes eingesetzt, so gelten dieselben Kriterien wie oben bei der Überschreitung des 2,3fachen bis 3,5fachen Satzes. Die Reduzierung des Gebührenrahmens ist dadurch begründet, dass diese (medizinisch-technischen) Leistungen einen überdurchschnittlich hohen Kostenanteil haben, so z. B. bei Röntgenleistungen bei ca. 70 % des Gebührensatzes, oder weil die Leistungen in erheblichem Umfange unter Zuhilfenahme von Hilfskräften oder Apparaturen erbringbar sind, der persönlich-ärztliche Anteil also deutlich reduziert ist (so auch die Amtliche Begründung zur GOÄ 82).
3. Gebühren für die Leistung nach Nr. 437 des Gebührenverzeichnisses sowie die in den Abschnitten M (Laborleistungen) der GOÄ bemessen sich nach dem 1fachen bis 1,3fachen des Gebührensatzes. Auch hier gilt, dass eine Überschreitung des 1,15fachen des Gebührensatzes mit Schwierigkeiten oder erhöhten Zeitaufwand verbunden sein muss. Die (noch weitergehende) Reduzierung des Gebührenrahmens für Laborleistungen ist nach der amtlichen Begründung da-

durch erklärbar, dass bei der Erbringung dieser Leistungen die Unterschiede hinsichtlich des jeweiligen leistungsspezifischen Schwierigkeitsgrades und Zeitaufwandes sowie der Umstände bei der Ausführung äußerst gering seien. Die Zuordnung der Nr. 437 zu diesem Komplex erfolgte deswegen, weil diese Leistung eine Pauschale für Laborleistungen umfasst, die im Rahmen einer intensivmedizinischen Behandlung erbracht werden. § 5 Abs. 2 Satz 4 schränkt das Ermessen bei der Ausübung der Gebührenbestimmung dadurch ein, dass als sog. „Regelspanne" ein kleinerer Gebührenrahmen für den Regelbehandlungsfall („in der Regel ...") definiert wird. Eine Überschreitung des Höchstsatzes dieser Regelspanne, des sog. „Schwellenwertes", ist nur dann gerechtfertigt, wenn Besonderheiten vorliegen, die sich von den sonst vorliegenden üblichen Umständen deutlich abheben.

Die Praxis hat relativ bald nach Inkrafttreten dieser Regelungen in der GOÄ 82 ein Verhalten herauskristallisiert, welches sich an den Schwellenwerten, also an der Obergrenze der Regelspanne, orientiert.

Eine aktuelle Entscheidung hierzu stellt das Urteil des **BGH** vom 8.11.2007 (III ZR 54/07) dar, dessen Leitsatz wie folgt lautet:

„Es stellt keinen Fehlgebrauch des Ermessens dar, wenn der Arzt persönlich-ärztliche und medizinisch-technische Leistungen durchschnittlicher Schwierigkeit mit dem jeweiligen Höchstsatz der Regelspanne, also dem 2,3fachen bzw. dem 1,8fachen des Gebührensatzes abrechnet."

Wegen der Unschärfe der GOÄ-Regelungen und da die Abrechnung der meisten ärztlichen Leistungen zu den Schwellenwerten der GOÄ vom Verordnungsgeber bereits über einen langen Zeitraum hingenommen wurde, sei nach Ansicht des BGH die Abrechnung der durchschnittlichen Ärztlichen Leistungen zu den Schwellenwerten nicht zu beanstanden.

Die verschiedenen Steigerungssätze

I. Die nachfolgenden Leistungen dürfen nur bis zum 2,5fachen des Vergütungssatzes bemessen werden. Der Höchstsatz der Regelspanne bzw. die Begründungsschwelle liegt bei 1,8.

Kapitel	Leistungsbereiche	GOÄ-Nrn.
B	Grundleistungen u. allgemeine Leistungen	**2 und 56**
C	Nichtgebietsbezogene Sonderleistungen	**250, 250a, 402, 403**
E	Physikalisch-medizinische Leistungen	**alle Leistungen dieses Abschnitts**
F	Innere Medizin / Kinderheilkunde Dermatologie	**602, 605–617, 620–624, 635–647, 650, 651, 653, 654, 657–661, 665–666, 725, 726, 759–761**
G	Neurologie / Psychiatrie u. Psychotherapie	**855–857**
H	Geburtshilfe und Gynäkologie	**1001 und 1002**
I	Augenheilkunde	**1255–1257, 1259, 1260, 1262, 1263, 1268–1270n**
J	Hals-, Nasen-, Ohrenheilkunde	**1401, 1403–1406, 1558–1560**
N	Histologie, Zytologie und Zytogenentik	**4850–4873**
O	Strahlendiagnostik, Nuklearmedizin, Magnetresonanztomografie u. Strahlentherapie	**alle Leistungen dieses Abschnitts**

II. Die nachfolgenden Leistungen dürfen nur bis zum 1,3fachen des Vergütungssatzes bemessen werden. Die Begründungsschwelle liegt bei 1,15.

Kapitel	Leistungsbereiche	GOÄ-Nrn.
M	Laboratoriumsuntersuchungen	**alle Leistungen dieses Abschnitts**
C	Nichtgebietsbezogene Sonderleistungen:	**nur Nr. 437**

III. Alle bisher nicht aufgeführten Leistungen dürfen nur bis zum 3,5fachen des Vergütungssatzes bemessen werden. Die Begründungsschwelle liegt bei 2,3.
Im Basistarif dürfen alle bisher nicht aufgeführten Leistungen nur bis zum 1,2fachen des Vergütungssatzes bemessen werden.
Wenn vom Schwellenwert abgewichen wird, kann dies mit der Schwierigkeit der Leistungserbringung, einem besonderen Zeitaufwand oder den Umständen begründet werden. Insbesondere Schwierigkeiten, mit denen in der Regel nicht zu rechnen ist, rechtfertigen die (volle) Ausschöpfung des Gebührenrahmens (so Verwaltungsgericht Frankfurt Urteil vom 07.07.1993 – IX/1 E 300/92). Zur Abweichung von den obigen Sätzen durch vorformulierte Honorarvereinbarungen siehe Kommentierung zu § 2 GOÄ.

Begründungen für die Überschreitung des Schwellenwertes (s. a. Kommentar zu § 12)
Der für die Überschreitung des Schwellenwertes erforderliche Ausnahmecharakter setzt nach ständiger Rechtsprechung voraus, dass die Besonderheiten gerade bei der Behandlung des betreffenden Patienten – deutlich abweichend von der Mehrzahl der Behandlungsfälle – aufgetreten sind.
Aber:
Besonders aufwendige Behandlungsmethoden rechtfertigen eine Überschreitung des Schwellenwertes auch dann nicht, wenn die Gebührenziffer der GOÄ den mit der Behandlung verbundenen Aufwand nicht hinreichend berücksichtigt (vgl. VerwG Saarland, 24.03.2015, AZ: 6 K 740/13).
Die Autoren haben mit mehreren Kollegen, Berufsverbänden und auch privatärztlichen Verrechnungsstellen über mögliche Begründungen für die Überschreitung gesprochen. Nachfolgend eine beispielhafte Liste:

Diagnostik (besonders für den IGeL interessante, häufige Bereiche sind mit einem Stern gekennzeichnet)

Besonderheiten bei Feststellung der Differential-Diagnose
- überlagernde und die Diagnostik erschwerende Begleiterkrankungen*
- Abgrenzung gegenüber anderen Erkrankungen mit ähnlicher Symptomatik
- Atypie von Anamnese/Befund*
- schwierige Diagnostik wegen atypischer Lokalisation des Krankheitsherdes
- schwierige Interpretation des Befundes*
- häufig wechselndes Beschwerdebild mit erheblicher differenzialdiagnostischer Problematik*

Besonderheiten der Gefäßverhältnisse
- Zustand nach Thrombose*
- Adipositas*
- komplizierte Venenverhältnisse*
- Zustand nach iv. /ia. Langzeitbehandlung

Besondere Verhältnisse bei dem Eingriff
- Kreislaufzwischenfall*
- Schockzustand*
- Risikofaktoren bei akuten Komplikationen*
- Inkooperativer Patient
- Kontrastmittelunverträglichkeit*
- vermehrter Zeitaufwand durch Blutstillung nach Biopsie*
- erhebliche Spastik bei der Untersuchung
- Unruhe des Patienten*
- krankheitsbedingte Organanomalien

Komplizierende Begleiterkrankungen
- siehe Diagnose ...
- Langzeitbehandlung mit Medikamenten

Erschwerte Leistungserbringung
- Abwehrhaltung des Säuglings bzw. Kleinkindes
- Einschränkung der verbalen Kommunikationsmöglichkeit
- Adipositas*
- atypische Gewebsstruktur
- Lebensalter des Patienten
- Kreislauflabilität*
- Polytraumatisierung
- Labor: sehr geringes Material*

Sprachliche Verständigungsschwierigkeiten*

Aus verständlichen Gründen nur langsam herbeizuführende Mitarbeit des Patienten
- zerebrale Funktionsstörung
- Lebensalter des Patienten

Notwendige langsame Injektion
- Kalzium u. a.
- Chemotherapeutika
- Unverträglichkeit der Medikamente untereinander

Komplizierte Beurteilung durch eingeschränkte Materialgewinnung

Besondere Präparataufbereitung/Sonderfärbung für mikroskopische Beurteilung Erschwerte Leistungserbringung bei cerebralen Entwicklungsstörungen

Besonderheiten der Akuterkrankung in Diagnose und Therapie
- überlagernde Begleiterkrankungen
- therapieresistente Verlaufsform

Therapie

Besonderheiten der Therapiekontrolle*
- überlagernde Begleiterkrankungen*
- Arzneimittelnebenwirkungen
- Interferenzwirkung mit anderen Medikamenten*
- präoperative Problematik der Differential- und Ausschlussdiagnose mit Beachtung von Zusatz- und Zweitdiagnosen
- operativ bedingte Veränderung
- Abgrenzung bei ergänzender Anamnese
- Normvariante Befunde*
- zusätzl. Untersuchungen bzw. Überlegungen wegen wichtiger Begleiterkrankungen
- Infektionsausdehnung
- häufig wechselndes Beschwerdebild mit unterschiedlicher Reaktion auf die jeweilige Therapie

Besonderheiten der Differential-Therapie
- überlagernde Begleiterkrankungen*
- therapeutisch mehrdeutige Situation durch Grundkrankheit
- besondere/atypische Therapiereaktion*
- aufwendige intraarterielle Therapie
- Interferenz mit der Behandlung der Begleiterkrankungen*
- erhebliche Nebenwirkungen wegen der Grundkrankheit
- Infektionsausdehnung
- Therapieresistente Verlaufsform
- Unverträglichkeit üblicher Basistherapeutika*

Komplizierte Indikationsstellung zur Therapie
- Lebensalter des Patienten*

Aufwändige Therapieplanung
- Wechselwirkungsproblematik bei notwendiger Mehrfachmedikation
- atypische Reaktionsbereitschaft auf Therapie/Medikation

Besonderheiten der gestörten Stoffwechselsituation
- schwierige Neueinstellung des Diabetes

Zur Beihilfe:
Routinemäßige Beanstandungen der Beihilfestellen bei Liquidationen oberhalb des Schwellenwertes sind nach einem Urteil des Oberverwaltungsgerichts Bremen vom 18.02.1986 (Az: 2 BA 40/85 und 7/86) rechtswidrig.
Danach dürfen die Beihilfestellen nicht standardmäßig eine weitere Erläuterung zu der bereits in der Rechnung abgegebenen Begründung fordern. Der Bundesinnenminister hatte bereits in einem Grundsatzerlass vom 16.08.1983 (Az: D III 5-213 103-2/1) auf diesen Sachverhalt hingewiesen und ausgeführt, dass eine zusätzliche Erläuterung nur bei erheblichen Zweifeln am Rechnungsinhalt ge-

fordert werden solle. Fälle, die ein Abweichen vom Schwellenwert wegen Schwierigkeit, Zeitaufwand oder Umständen der Leistungserbringung begründen, können sein

- Kombination mehrerer Erkrankungen mit der Folge erschwerter Leistungserbringung
- komplizierte Begleiterkrankung, unvorhergesehene Komplikationen bei einer Operation
- unvorhersehbare Störung der Vitalfunktion, Versorgung außerhalb der Praxis z. B. bei einem Verkehrsunfall, schwieriger Eingriff, der üblicherweise in der Klinik durchgeführt wird, Verständigungsschwierigkeiten (z. B. Ausländer, Taube, Stumme) usw.

Leistungen, die diese Kriterien bereits zum Inhalt der Legende haben (z. B. Zeitaufwand von über 5 Stunden bei Lumbalanästhesie nach Nr. 474 GOÄ) können mit derselben Begründung (hier: 5 Stunden Zeitaufwand) nicht mit einem höheren Steigerungsfaktor belegt werden.

Der Gebührenrahmen nach § 5 Abs. 5 bei wahlärztlichen Leistungen, der auf Betreiben des Bundesrates eingeführt wurde, beschränkt die Liquidation des Wahlarztes in den Fällen, in denen weder er noch sein ständiger Vertreter die Leistung erbracht hat. Dadurch soll die durch die „höchstpersönliche" Leistungserbringung des Wahlarztes gekennzeichnete besondere Situation hervorgehoben werden. Tritt diese in den Hintergrund, soll auch die Liquidationsmöglichkeit eingeschränkt werden. In Verbindung mit § 2 Abs. 3 ergibt sich für die Liquidation wahlärztlicher Leistungen somit folgendes Bild:

Person des Leistungserbringers	Rahmen für die Vergütung
Wahlarzt	nach § 5 Abs. 1 Satz 1 (= 1- bis 3,5fach);
„Höchstpersönliche Leistungserbringung"	nach § 5 Abs. 3 Satz 1 (= 1- bis 2,5fach); nach § 5 Abs. 4 Satz 1 (= 1- bis 1,3fach); Honorarvereinbarung gem. § 2
ständiger ärztlicher Vertreter des Wahlarztes (delegierte Leistungserbringung)	nach § 5 Abs. 1 Satz 1 (= 1- bis 3,5fach); nach § 5 Abs. 3 Satz 1 (= 1- bis 2,5fach); nach § 5 Abs. 4 Satz 1 (= 1- bis 1,3fach)
nachgeordneter Arzt des Krankenhauses (delegierte Leistungserbringung)	Regelspanne nach § 5 Abs. 2 Satz 4 (= 1- bis 2,3fach); Regelspanne nach § 5 Abs. 3 Satz 2 (= 1- bis 1,8fach); Gebührenrahmen nach § 5 Abs. 4 Satz 1 (= 1- bis 2,3fach bzw. 1- bis 1,8fach)

Sofern die berechnete Gebühr das 2,3fache des Gebührensatzes überschreitet, muss der Arzt nach § 12 Abs. 3 Satz 1 GOÄ eine schriftliche Begründung vorlegen, in welcher die Überschreitung – bezogen auf die einzelne Leistung – für den Zahlungspflichtigen verständlich und nachvollziehbar erläutert wird. Auf Verlangen ist die Begründung näher zu erläutern (§ 12 Abs. 3 Satz 2 GOÄ). Es sind zwar grundsätzlich keine ins Einzelne gehenden Anforderungen zu stellen, um von einer formell ausreichenden Begründung ausgehen zu können. Auf der anderen Seite muss die vom Arzt gegebene Begründung aber jedenfalls geeignet sein, das Vorliegen solcher Gründe nachvollziehbar zu machen, welche nach dem materiellen Gebührenrecht eine Überschreitung des Schwellenwertes rechtfertigen. (VG Arnsberg, 02.08.2010, AZ: 13 K 1612/09)
Haben Arzt und Patient eine abweichende Gebührenhöhe in einer Honorarvereinbarung nach § 2 GOÄ festgelegt, so kann der Arzt zur Begründung der Überschreitung auf diese Vereinbarung verweisen (vgl. Brück, GOÄ. § 5 Anm. 13)

Werbung eines Arztes mit Pauschalpreis kann wettbewerbswidrig sein!
Nach § 5 Abs.2 GOÄ hat ein Arzt innerhalb des Gebührenrahmens die Gebühren nach billigem Ermessen zu bestimmen. Dieser Grundsatz beinhaltet daher eine Marktverhaltensregelung im Sinne des § 4 Nr.11 UWG. § 5 Abs.2 S. 1 GOÄ ist auch dazu bestimmt, den Preiswettbewerb unter den Ärzten zu regeln; d. h. es soll ein Preiswettbewerb der Ärzte im Interesse eines funktionierenden Gesundheitswesens verhindert werden.
Macht daher z. B. ein Arzt für eine Behandlung Werbung mit der Angabe eines Pauschalpreises (Euro 999. – statt Euro 3.500,–) verstößt er gegen die Marktverhaltensregelung des § 5 Abs.2 GOÄ. Die Angabe des Pauschalpreises ist auch irreführend und damit wettbewerbswidrig; vgl. OLG Köln, 14,12,2012, AZ: 6 U 108/12.

■ Rechtsprechung

Abrechnung mit dem Höchstsatz der Regelspanne

Es liegt kein Ermessensfehler vor, wenn der Arzt persönlich-ärztliche und medizinisch-technische Leistungen durchschnittlicher Schwierigkeit mit dem jeweiligen Höchstsatz der Regelspanne abrechnet, also 2,3 fachen bzw. 1,8 fachen des Gebührensatzes.
Aktenzeichen: BGH, 08.11.2007, AZ: III ZR 54/07
Entscheidungsjahr: 2007

Überschreiten des Gebührenrahmens der GOÄ

Der in § 5 Abs. 1 S. 1 GOÄ festgelegte Gebührenrahmen vom 1fachen bis 3,5 fachen Steigerungssatz geht von einem mittleren Standard bei der Leistungsqualität aus. Die Festlegung eines höheren Gebührenrahmens ist grundsätzlich zulässig; dies kann aber nicht in Allgemeinen Geschäftsbedingungen erfolgen, vielmehr ist eine Individualvereinbarung erforderlich – vgl. § 2 GOÄ. Zu den Voraussetzungen einer Individualvereinbarung hat das Bundesverfassungsgericht in einem Beschluss vom Okt. 2004 angemerkt: die Ansicht, eine wirksame Vereinbarung liege nur dann vor, wenn dem Patienten ein echtes Mitspracherecht bei der Angemessenheit der Bezahlung eingeräumt werde, ist sehr zweifelhaft. Denn dann müsste der Arzt um die Gebührensätze regelrecht „ feilschen „ und hätte dafür auch noch die Beweispflicht. Der Vorgang des Aushandelns müsste daher vor Zeugen geschehen. Dies ist aber eine gravierende Einschränkung der Berufsausübungsfreiheit, Art. 12 GG. Es sind keine schutzwürdigen Belange der Patienten erkennbar, die eine Individualvereinbarung nur dann zuließen, wenn der Preis zur Verhandlungssache erklärt wird. Dem Patienten steht es ja frei, die Leistung eines anderen Arztes in Anspruch zu nehmen, wenn ihm der Gebührensatz zu hoch ist.
Aktenzeichen: BVerfG, 25.10.2004, AZ: 1 BvR 1437/02
Entscheidungsjahr: 2004

Schwellenwert, § 5 Abs. 2 GOÄ

Nach § 5 Abs. 2 S. 4 GOÄ darf bei der Abrechnung einer ärztlichen Leistung eine Gebühr nur zwischen dem einfachen und 2,3fachen Gebührensatz bemessen werden. Der 2,3fache Gebührensatz hat daher die Funktion eines Schwellenwertes.
Ein Überschreiten des Schwellenwertes ist nur zulässig, wenn die eng umschriebenen Besonderheiten vorliegen. Die ständige Rechtsprechung setzt voraus, dass die Besonderheiten (Schwierigkeit, Zeitaufwand, Umstände bei Ausführung) gerade bei der Behandlung des betreffenden Patienten aufgetreten sind und deutlich abweichen von der Mehrzahl der Behandlungsfälle.
Wichtig: überschreitet die berechnete Gebühr den 2,3fachen Satz, muss der Arzt gemäß § 12 Abs. 3 GOÄ eine schriftliche Begründung vorlegen, in welcher die Erhöhung der Gebühr für die einzelne Leistung verständlich und nachvollziehbar erläutert wird.
Aktenzeichen: VG Arnsberg, 02.06.2010, AZ: 13 K 1612/09
Entscheidungsjahr: 2010

Verhältnis § 5 GOÄ zur Analogberechnung

Der Arzt hat nach § 5 Abs. 2 GOÄ die Möglichkeit, die Gebühren innerhalb des Rahmens unter Berücksichtigung der Schwierigkeit und des Zeitaufwands der einzelnen Leistungen sowie der Umstände bei der Ausführung nach billigem Ermessen zu bestimmen. Danach besteht durchaus die Möglichkeit, in dem durch den Rahmen begrenzten Umfang auch Besonderheiten Rechnung zu tragen, die auf eine neue Behandlungsmethode und Entwicklungen der medizinischen Wissenschaft zurückgehen. Es ist aber nicht die Aufgabe der Vorschrift, für eine angemessene Honorierung solcher Leistungen zu sorgen, für die eine Analogberechnung in Betracht kommt
Aktenzeichen: BGH, 13.06.2004, AZ: III ZR 344/03
Entscheidungsjahr: 2004

Wettbewerbswidrige Werbung mit Pauschalpreis

Nach § 5 Abs.2 GOÄ hat ein Arzt innerhalb des Gebührenrahmens die Gebühren unter Berücksichtigung der Schwierigkeit und des Zeitaufwandes der einzelnen Leistungen sowie der Umstände bei der Ausführung nach billigem Ermessen zu bestimmen. Dieser Grundsatz beinhaltet daher eine Marktverhaltensregelung im Sinne des § 4 Nr.11 UWG. § 5 Abs.2 S. 1 GOÄ ist auch dazu bestimmt, den Preiswettbewerb unter den Ärzten zu regeln; d. h. es soll ein Preiswettbewerb der Ärzte im Interesse eines funktionierenden Gesundheitswesens verhindert werden.
Macht daher z. B. ein Augenarzt für Augen-Laserbehandlungen Werbung mit der Angabe: Euro 999.- statt Euro 3.500.- verstößt er gegen die Marktverhaltensregelung des § 5 Abs.2 GOÄ. Die Angabe des Pauschalpreises ist auch irreführend und damit wettbewerbswidrig.

Aktenzeichen: OLG Köln, 14,12,2012, AZ: 6 U 108/12
Entscheidungsjahr: 2012

Hinweise auf GOÄ-Ratgeber der BÄK:

► **Grundsätzliches zum Gebührenrahmen (1)**
www.baek.de/page.asp?his=1.108.4144.4188.5594
Dr. med. Anja Pieritz – in: Dt. Ärzteblatt 101, Heft 42 (15.10.2004), Seite A-2840
In § 5 GOÄ ist die Bemessung der ärztlichen Gebühren (Gebührenhöhe) geregelt; Dr. Pieritz fasst zusammen: „Die GOÄ enthält drei verschiedene Gebührenrahmen.
Der ärztliche Gebührenrahmen wird definiert in § 5 Absatz 2 der GOÄ und wird bemessen zwischen dem Einfachen bis 3,5fachen des Gebührensatzes. Mittelwert ist der 2,3fache Gebührensatz.
Der „technische" Gebührenrahmen ergibt sich aus § 5 Absatz 3 der GOÄ. Leistungen nach den Abschnitten A, E und O der GOÄ werden zwischen dem Einfachen bis 2,5fachen des Gebührensatzes bemessen. Mittelwert ist 1,8fach.
Der dritte Gebührenrahmen ergibt sich aus § 5 Absatz 4. Für Leistungen des Abschnittes M einschließlich der Nummer 437 GOÄ (Laboratoriumsuntersuchungen im Rahmen einer Intensivbehandlung) gilt der einfache bis 1,3fache Gebührensatz. Mittelwert ist der 1,15fache Satz." ◄

► **Spezielles zum Gebührenrahmen (2)**
www.baek.de/page.asp?his=1.108.4144.4188.5593
Dr. med. Anja Pieritz – in: Deutsches Ärzteblatt 101, Heft 44 (29.10.2004), Seite A-2980
In § 5 Absatz 2 der GOÄ ist festgelegt, nach welchen Kriterien ein Arzt seine Gebühren innerhalb des Gebührenrahmens bemessen kann. Diese Bemessungskriterien gelten für alle drei Gebührenrahmen. Außer bei den in § 5 Abs. 3 aufgeführten Leistungen kann ein Arzt die Schwierigkeit einer Leistung auch mit der Schwierigkeit des Erkrankung begründen.
Die Bemessung der Gebühren hat der Arzt nach billigem Ermessen vorzunehmen; er hat daher bei der Beurteilung einen Spielraum. Die Begründung der Abrechnung über dem Mittelwert muss nach § 5 Abs. 2 auf die einzelne Leistung bezogen sein. Hierzu ist auch § 12 Abs. 3 GOÄ (Rechnungsstellung) beachtlich: wird bei einer Gebühr der Mittelwert überschritten, ist dies – bezogen auf die einzelne Leistung – für den Patienten verständlich und nachvollziehbar schriftlich zu begründen. ◄

► **Gebührenrahmen im Krankenhaus (3)**
www.baek.de/page.asp?his=1.108.4144.4188.5592
Dr. med. Anja Pieritz – in: Deutsches Ärzteblatt 101, Heft 46 (12.11.2004), Seite A-3126
In § 5 Abs. 5 GOÄ sind Einschränkungen des Gebührenrahmens im stationären Bereich geregelt; und zwar für den Fall, dass bei Wahlarztleistungen diese weder von dem Wahlarzt noch von seinem ständigen ärztlichen Vertreter persönlich erbracht werden. Die Folge ist, dass diese Leistungen dann nur bis zum Mittelwert des Gebührenrahmens abgerechnet werden können. Diese Einschränkung gilt für den wahlärztlichen Bereich, aber nicht für den Belegarzt und für die ambulante (Chef-)Arztbehandung.
Dr. Pieritz führt als Beispiel an: „Wird ein Patient stationär in der Chirurgie behandelt und wird durch einen Facharzt, der nicht ständiger ärztlicher Vertreter des Chefarztes ist, eine (delegierbare) Sonographie der Abdominalorgane durchgeführt, so kann diese Untersuchung nur bis zum Mittelwert (hier 2,3fach) berechnet werden. Zeitaufwand, Schwierigkeit und Umstände bei der Ausführung können nur innerhalb der Regelspanne (1,0fach bis 2,3fach) berücksichtigt werden." ◄

► **Besondere Umstände, besondere Ausführung**
www.baek.de/page.asp?his=1.108.4144.4188.4190
Dr. med. Regina Klakow-Franck – in: Deutsches Ärzteblatt 100, Heft 36 (05.09.2003), Seite A-2323
Zu dem Thema führt Klakow-Franck aus: Besondere Umstände im Sinne von § 5 Abs. 2 GOÄ, die zu einer Steigerung des Gebührenrahmens führen können, sind nicht anzunehmen, wenn es sich um einen methodisch-technisch bedingten, der Leistung immanenten besonderen Aufwand handelt. Dies gilt auch dann, wenn die Leistung mit erhöhten Kosten verbunden ist. ◄

► **Bundesgerichtshof stützt Argumentation der Bundesärztekammer**
www.arzt.de/page.asp?his=1.108.4144.4188.5852
Dr. med. Anja Pieritz – Deutsches Ärzteblatt 104, Heft 50 (14.12.2007), Seite A-3504
Dr. Pieritz weist auf ein wichtiges Urteil des BGH hin: Die BÄK vertritt seit längerer Zeit die Ansicht, dass es dem Willen des Gesetzgebers entspreche, den Schwellenwert zum Richtwert zu machen, um bei einer ärztlichen Leistung den Fall des durchschnittlichen Schwierigkeitsgrads und Zeitaufwands, kurz den Normalfall, abzugelten.
Die Ansicht der BÄK ist durch eine Entscheidung des Bundesgerichtshofs (BGH, 08.11.2007, AZ: III ZR 54/07) bestätigt worden.
BGH entschied, dass der Arzt das ihm eingeräumte Ermessen nicht verletze, wenn er nach Schwierigkeit und Zeitaufwand durchschnittliche ärztliche Leistungen mit dem Höchstsatz der Regelspanne abrechne; vom Arzt werde auch im Bereich der Regelspanne keine Begründungspflicht auferlegt.
Die Forderung nach einer regelhafter Abrechnung von ärztlichen Leistungen zum sogenannten kleinen Mittelwert (1,8fach) wird somit vom BGH zurückgewiesen. ◄

§ 5a Bemessung der Gebühren in besonderen Fällen

Im Fall eines unter den Voraussetzungen des § 218a Abs. 1 des Strafgesetzbuches vorgenommenen Abbruchs einer Schwangerschaft dürfen Gebühren für die in § 24b Abs. 4 des Fünften Buches Sozialgesetzbuch genannten Leistungen nur bis zum 1,8fachen des Gebührensatzes nach § 5 Abs. 1 Satz 2 berechnet werden.

§ 24 b SGBV lautet:

§ 24 b Schwangerschaftsabbruch und Sterilisation

(1) Versicherte haben Anspruch auf Leistungen bei einer durch Krankheit erforderlichen Sterilisation und bei einem nicht rechtswidrigen Abbruch der Schwangerschaft durch einen Arzt. Der Anspruch auf Leistungen bei einem nicht rechtswidrigen Schwangerschaftsabbruch besteht nur, wenn dieser in einer Einrichtung im Sinne des § 13 Abs. 1 des Schwangerschaftskonfliktgesetzes vorgenommen wird.

(2) Es werden ärztliche Beratung über die Erhaltung und den Abbruch der Schwangerschaft, ärztliche Untersuchung und Begutachtung zur Feststellung der Voraussetzungen für eine durch Krankheit erforderliche Sterilisation oder für einen nicht rechtswidrigen Schwangerschaftsabbruch, ärztliche Behandlung, Versorgung mit Arznei-, Verbands- und Heilmitteln sowie Krankenhauspflege gewährt. Anspruch auf Krankengeld besteht, wenn Versicherte wegen einer durch Krankheit erforderlichen Sterilisation oder wegen eines nicht rechtswidrigen Abbruchs der Schwangerschaft durch einen Arzt arbeitsunfähig werden, es sei denn, es besteht ein Anspruch nach § 44 Abs. 1.

(3) Im Fall eines unter den Voraussetzungen des § 218 a Abs. 1 des Strafgesetzbuches vorgenommenen Abbruchs der Schwangerschaft haben Versicherte Anspruch auf die ärztliche Beratung über die Erhaltung und den Abbruch der Schwangerschaft, die ärztliche Behandlung mit Ausnahme der Vornahme des Abbruchs und der Nachbehandlung bei komplikationslosem Verlauf, die Versorgung mit Arznei-, Verband- und Heilmitteln sowie auf Krankenhausbehandlung, falls und soweit die Maßnahmen dazu dienen,

1. die Gesundheit des Ungeborenen zu schützen, falls es nicht zum Abbruch kommt,
2. die Gesundheit der Kinder aus weiteren Schwangerschaften zu schützen oder
3. die Gesundheit der Mutter zu schützen, insbesondere zu erwartenden Komplikationen aus dem Abbruch der Schwangerschaft vorzubeugen oder eingetretene Komplikationen zu beseitigen.

(4) Die nach Absatz 3 vom Anspruch auf Leistungen ausgenommene ärztliche Vornahme des Abbruchs umfasst

1. die Anästhesie,
2. den operativen Eingriff oder die Gabe einer den Schwangerschaftsabbruch herbeiführenden Medikation,
3. die vaginale Behandlung einschließlich der Einbringung von Arzneimitteln in die Gebärmutter,
4. die Injektion von Medikamenten,
5. die Gabe eines wehenauslösenden Medikamentes,
6. die Assistenz durch einen anderen Arzt,
7. die körperlichen Untersuchungen im Rahmen der unmittelbaren Operationsvorbereitung und der Überwachung im direkten Anschluß an die Operation.

Mit diesen ärztlichen Leistungen im Zusammenhang stehende Sachkosten, insbesondere für Narkosemittel, Verbandmittel, Abdecktücher, Desinfektionsmittel fallen ebenfalls nicht in die Leistungspflicht der Krankenkassen. Bei vollstationärer Vornahme des Abbruchs übernimmt die Krankenkasse nicht die mittleren Kosten der Leistungen nach den Sätzen 1 und 2 für den Tag, an dem der Abbruch vorgenommen wird. Das DRG-Institut ermittelt die Kosten nach Satz 3 gesondert und veröffentlicht das Ergebnis jährlich in Zusammenhang mit dem Entgeltsystem nach § 17 b des Krankenhausfinanzierungsgesetzes.

Kommentar:

Diese Vorschrift beschränkt den Gebührenrahmen auf das maximal 1,8fache des Einfachsatzes, sofern es sich um Leistungen handelt, die im Zusammenhang mit einem nicht rechtswidrigen Schwangerschaftsabbruch stehen. Diese Begrenzung geht wohl von der Vorstellung aus, dass in der Regel eine besondere persönliche Notlage („soziale Indikation") die Schwangere zum Abbruch zwingt und dieser sozialen Lage Rechnung getragen werden soll.

Rechtsprechung

Haftung bei verkannter Schwangerschaft

Wird ein Frauenarzt beschuldigt, eine Schwangerschaft fehlerhaft nicht erkannt zu haben, kann ein Haftungsanspruch nicht damit begründet werden, die Patientin hätte bei zutreffendem Befund eine Abtreibung nach § 218 a Abs.1 StGB vornehmen lassen. Denn diese Form der Abtreibung (Fristenlösung) ist zwar straflos, bleibt aber dennoch rechtswidrig.

Das Gericht führt dazu u. a. aus:

Die auf einem ärztlichen Fehler beruhende Vereitelung eines Schwangerschaftsabbruchs kann nur dann Grundlage eines Anspruchs auf Ersatz des Unterhaltsschadens für ein ungewolltes Kind sein, wenn der Abbruch rechtmäßig gewesen wäre, also der Rechtsordnung entsprochen hätte. § 218 a StGB lässt einen rechtmäßigen Schwangerschaftsabbruch grundsätzlich nur bei Vorliegen einer Beratungslösung (§ 218 a Abs. 1 StGB) beruhender Schwangerschaftsabbruch ist hingegen nicht rechtmäßig. § 218 a Abs. 1 StGB klammert zwar den Schwangerschaftsabbruch unter den dort genannten Voraussetzungen aus dem Tatbestand des § 218 StGB aus. Dies bedeutet aber nur, dass er nicht mit Strafe bedroht ist. Ein Rechtfertigungsgrund ist damit nicht gegeben. Die Beratungsregelung hat lediglich zur Folge, dass die Frau, die ihre Schwangerschaft nach einer Beratung abbricht, straflos eine von der Rechtsordnung nicht erlaubte Handlung vornimmt (st. Rspr. des BGH, vgl. nur Urteil vom 19. Februar 2002 zu VI ZR 190/01). Finanzielle Nachteile, deren Vermeidung das Gesetz nicht für gerechtfertigt erklärt, müssen nicht kompensiert werden. Sie sind Folge einer Entwicklung, deren Hinnahme der Gesetzgeber der betroffenen Person zumutet. (zitiert nach juris)

Aktenzeichen: OLG Oldenburg, 18.11.2014, AZ: 5 U 108/14

Entscheidungsjahr: 2014

§ 5b Bemessung der Gebühren bei Versicherten des Standardtarifes der privaten Krankenversicherung

Für Leistungen, die in einem brancheneinheitlichen Standardtarif nach § 257 Abs. 2a des Fünften Buches Sozialgesetzbuch (SGB V) versichert sind, dürfen Gebühren nur bis zum 1,7fachen des Gebührensatzes nach § 5 Abs. 1 Satz 2 berechnet werden. Bei Gebühren für die in den Abschnitten A, E und O des Gebührenverzeichnisses genannten Leistungen gilt Satz 1 mit der Maßgabe, dass an die Stelle des 1,7fachen des Gebührensatzes das 1,3fache des Gebührensatzes tritt. Bei Gebühren für die in Abschnitt M des Gebührenverzeichnisses genannten Leistungen gilt Satz 1 mit der Maßgabe, dass an die Stelle des 1,7fachen des Gebührensatzes das 1,1fache des Gebührensatzes tritt.

Kommentar:

Der Standardtarif wurde bereits am 1. Januar 1993 durch das Gesundheitsstrukturgesetz (§ 257, Abs. 2a, SGB V) eingeführt, um den aufgrund unzureichender Alterungsrückstellung der PKV bedingten Beitragssteigerungen älterer Privatversicherter entgegenzuwirken.

Der **Personenkreis mit Anspruch auf den Standardtarif** wurde 2007 erheblich erweitert und umfasst heute nach der oben wiedergegebenen Bestimmung:

- Personen, die das 65. Lebensjahr vollendet haben, mit einer Vorversicherungszeit von mindestens 10 Jahren in einem substitutiven Versicherungsschutz ohne Einkommensbegrenzung einschließlich der Ehegatten, sofern das jährliche Gesamteinkommen beider Ehepartner 150% der Jahresarbeitsentgeltgrenze (dies ist die Beitragsbemessungsgrenze) nicht übersteigt.
- Personen ab 55 mit einer Vorversicherungszeit von mind. 10 Jahren und jährlichem Gesamteinkommen bis zur Jahresarbeitsentgeltgrenze (Beitragsbemessungsgrenze) einschließlich Ehegatten, sofern das jährliche Gesamteinkommen beider Ehepartner 150% der Jahresarbeitsentgeltgrenze (= Beitragsbemessungsgrenze) nicht übersteigt.
- Rentner und Ruhestandsempfänger, auch wenn sie jünger als 55 Jahre sind, mit Vorversicherungszeit von 10 Jahren und einem jährlichen Gesamteinkommen bis zur Jahresarbeitsentgeltgrenze (Beitragsbemessungsgrenze) einschließlich Familienangehörige, wenn sie in der GKV vergleichbar familienmitversichert sind; ab 65 Jahren ohne Einkommensbeschränkung, es sei denn, der Ehegatte wird mitversichert. Hier gilt die Gesamtseinkommensgrenze.
- Personen mit Anspruch auf Beihilfe ab 55 Jahren sowie deren berücksichtigungspflichtige Angehörige mit einem jährlichen Gesamteinkommen bis zur Jahresarbeitsentgeltgrenze (Beitragsbemessungsgrenze) und 10-jähriger Vorversicherungszeit für beihilfeergänzendes Versicherungsrecht.
- Privatversicherte oder Beamte mit ungünstigem Risiko (z. B. Behinderung) ohne Altersgrenze, ohne Vorversicherungszeit und ohne Berücksichtigung des Gesamteinkommens.

Die im § 5b angegebenen Gebührensätze dürfen bei einer Behandlung zulasten des Standardtarifs nicht überschritten werden.

- **Ein Wirrwarr bei der Abrechnung**

Die unterschiedlichen Steigerungsfaktoren der Standardtarife (abhängig vom Abschlußdatum) und des Basistarifes verwirren immer wieder. Die folgende Übersicht bringt Honorar-Klarheit:

Steigerungsfaktoren für die Abrechnung von GOÄ Leistungen

Tarife	Kapitel A, E,O Kapitel	Kapitel M und Nr. 437	alle übrigen Kapitel
Gebührenrahmen nach § 5 GOÄ – „Regelsatz"	1,0 – 1,8fach	1,0 – 1,13fach	1,0- 2,3fach
Höchstsatz mit Begründung	1,0 – 2,5fach	1,0 – 1,3fach	1,0 – 3,5 fach
Standardtarif nach § 5 b	1,3fach	1,1fach	1,7fach
Allgemeine Versicherungsbedingungen 2009 für den Standardtarif	1,38fach	1,16fach	1,8fach
Basistarif gemäß Vereinbarung 1.4.2010	1,0fach	0,9fach	1,2fach

Die Erläuterungen der KV Berlin in „Informationen für die Praxis" (http://www.kvberlin.de/20praxis/70themen/pkv_tarife/infoblatt_pkv_tarife.pdf) vom Februar 2010 helfen die verschiedenen Tarife zu verstehen:

...„**Der Standardtarif**
Der Standardtarif der PKV war ein brancheneinheitlicher Tarif mit einem gesetzlich begrenzten Höchstbeitrag (2009: € 570,-), dessen Versicherungsschutz vergleichbar ist mit dem der gesetzlichen Krankenversicherung (GKV). Er wurde 1993 eingeführt und diente insbesondere zur Beitragsreduzierung im Alter. Dieser Tarif ist seit seiner Einführung nur für bestimmte, vom Gesetzgeber definierte Personengruppen geöffnet. Seine Zugangsbeschränkungen sind sehr restriktiv.
Der Standardtarif konnte bis Ende 2008 bei jedem privaten Versicherer abgeschlossen werden. Er wurde dann vom sogenannten Basistarif abgelöst, d. h. PKV-Neukunden können den Standardtarif seit 1. Januar 2009 nicht mehr abschließen.
PKV-Versicherte im Standardtarif genießen Bestandsschutz. Nur Versicherte, die sich bis zum 31. Dezember 2008 privat krankenversichert hatten, können auch künftig noch unter den heutigen Bedingungen in den Standardtarif wechseln.

Der Basistarif
Seit 1. Januar 2009 besteht eine gesetzliche Versicherungspflicht. Der Basistarif muss seitdem von allen privaten Krankenversicherungen angeboten werden und umfasst eine nach Art und Umfang mit den Leistungen der GKV vergleichbare ärztliche Versorgung..."

§ 6 Gebühren für andere Leistungen

(1) Erbringen Mund-Kiefer-Gesichtschirurgen, Hals-Nasen-Ohrenärzte oder Chirurgen Leistungen, die im Gebührenverzeichnis für zahnärztliche Leistungen – Anlage zur Gebührenordnung für Zahnärzte vom 22. Okt. 1987 (BGBl. I S. 2316) – aufgeführt sind, sind die Vergütungen für diese Leistungen nach den Vorschriften der Gebührenordnung für Zahnärzte in der jeweils geltenden Fassung zu berechnen.

(2) Selbstständige ärztliche Leistungen, die in das Gebührenverzeichnis nicht aufgenommen sind, können entsprechend einer nach Art, Kosten- und Zeitaufwand gleichwertigen Leistung des Gebührenverzeichnisses berechnet werden.

Kommentar:
Absatz 1 wendet auf zahnärztliche Leistungen, die von Mund-Kiefer-Gesichtschirurgen, HNO-Ärzten oder Chirurgen erbracht werden, die Gebührenordnung für Zahnärzte (GOZ) an. Dieser Verweis für die drei genannten Fachgruppen wird in der Amtlichen Begründung zur 3. Änderungsverordnung damit begründet, dass es notwendig gewesen sei, klarzustellen, dass Ärzte dieser Fachgruppen, deren Leistungsspektrum, wenn auch zum Teil nur in geringem Umfange, auch Leistungen aus der Gebührenordnung für Zahnärzte (GOZ) umfassen kann, Vergütungen für diese Leistungen nur nach der GOZ berechnen dürfen.

In **Absatz 2** verbirgt sich eine der wichtigsten Regelungen des Paragraphenteils der GOÄ, nämlich die **Möglichkeit der Analogbewertung** ärztlicher Leistungen, die nicht in die GOÄ aufgenommen sind. Dabei kommt es nicht auf den Grund an, aus dem eine Leistung nicht aufgenommen wurde (**Uleer, Miebach, Patt**, § 6, Rdn. 9, **Hoffmann, Kleinken** § 6, Rdn. 3, Kommentar zur GOÄ § 6, 2). Soweit die Vorschriften der GOÄ bestimmte Leistungen als Bestandteil bestehender Abrechnungspositionen ansehen oder eine Abrechnung ausdrücklich ausschließen (vgl. § 10 Abs. 2 GOÄ), kann hierfür eine Analogbewertung nicht vorgenommen werden! Für eine Analogie ist nur dort Raum, wo die Gebührenordnung eine Abrechnungslücke gelassen hat. Dabei ist zu beachten, dass eine Gleichwertigkeit und nicht eine Gleichartigkeit der Leistung vorliegen muss. In diesen Fällen kann der Arzt eine (ggf. mehrere in Kombination!) nach Art, Kosten- und Zeitaufwand vergleichbare Leistung der GOÄ ansetzen.
Eine Analogbewertung kann nur bei selbständigen ärztlichen Leistungen (vgl. dazu § 4 GOÄ) vorgenommen werden; dies trifft dann nicht zu, wenn nur eine besondere Ausführung einer anderen Leistung vorliegt.
Wichtiger Grundsatz: Eine analoge Abrechnungsziffer „erbt" die besonderen Voraussetzungen der Original- Leistungsposition (z. B. Punkte, Preis, Zeitaufwand, Ausschlüsse).
Umstritten war früher die Frage, ob nicht das Problem einer analogen Bewertung mit einer Honorarvereinbarung gemäß § 2 GOÄ umgangen werden kann. Es hat sich die einhellige Meinung herausgebildet, dass es unzulässig ist, eine Vereinbarung über Inhalt und Höhe der Vergütung zu treffen. Auf diese Art kann die Regelung des § 6 Abs. 2 GOÄ nicht umgangen werden.
Umstritten ist, ob eine analoge Bewertung auch dann möglich ist, wenn eine Leistung zwar in der Vergangenheit nur als Teil eine anderen Leistung erbracht werden konnte, aufgrund eines methodischen Fortschritts nunmehr jedoch auch selbständig möglich und sinnvoll ist. Den Befürwortern (Hoffmann, Kleinken § 6, Rdn. 3 mit weiteren Nachweisen, Kommentar zur GOÄ § 6, 2.) ist zuzustimmen, da die rasante Entwicklung des medizinischen Fortschritts sonst nicht sachgerecht abgebildet werden könnte.

Liste der Analogziffern der BÄK
Die **Bundesärztekammer** gibt regelmäßig ein **Verzeichnis der Analogen Bewertungen (GOÄ) der BÄK und des Zentralen Konsultationsausschusses für Gebührenordnungsfragen** heraus, insbesondere um damit der Weiterentwicklung der Medizin und dem Versorgungsbedarf, aber auch der Rechtssicherheit der betroffenen Ärzte bis zur nächsten Änderung der Amtlichen Gebührenordnung (langwieriges Verfahren bis zum Erlass als Rechtsverordnung) gerecht zu werden (letzter Stand Januar 2013). Hierfür hat sich die BÄK bereits im Jahre 1984 Richtlinien gegeben (s. DÄ 1984, S. 485), die die Grundlage für die bislang erstellte Liste der Analogpositionen darstellt. Die bis dahin von der BÄK in die Liste der Analogpositionen aufgenommenen Leistungen wurden durch die 3. und die 4. Änderungsverordnung weitgehend in das Gebührenverzeichnis aufgenommen. In der Vergangenheit gab es wegen der von der BÄK ausgeübten Praxis bei der Definition von Analogziffern gelegentlich Differenzen mit den Kostenträgern (PKV und Beihilfe), zumal den Aussagen der BÄK ein nicht unerhebliches Gewicht zukam. Dem wird seit einiger Zeit dadurch entgegengewirkt, dass die BÄK zu den von ihrem Gebührenordnungsausschuss erarbeiteten „Abrechnungsempfehlungen" Stellungnahmen des Bundesgesundheitsministeriums, des Bundesinnenministeriums sowie des Verbandes der privaten Krankenversicherung erbittet. So wurden seit der 4. Änderungsverordnung nur noch solche analoge Bewertungen in die Liste der Bundesärztekammer aufgenommen, über die vorher mit diesen Institutionen Einvernehmen erzielt werden konnte. Diese gemeinsam festgelegten Leistungen sind mit dem Buchstaben „A" vor der GOÄ-Ziffer gekennzeichnet, z. B.:

Analoge GOÄ-Nr.	**Leistungslegende**	**Pkt.**	**1facher Satz**
A36	Strukturierte Schulung einer Einzelperson mit einer Mindestdauer von 20 Min. Bei Asthma bronchiale, Hypertonie einschl. Evaluation zur Qualitätssicherung zum Erlernen und Umsetzen des Behandlungsmanagements, einschl. Auswertung standardisierter Fragebögen, je Sitzung (**analog Nr. 33**)	300	17,49
A72	Vorläufiger Entlassungsbericht im Krankenhaus (**analog Nr. 70**)	40	2,33
A409	A-Bild-Sonographie (**analog Nr. 410**)	200	11,66

Abrechnungsempfehlungen der Bundesärztekammer
Neben diesen Analogen Bewertungen, die im Konsens abgesprochen wurden, gibt es Abrechnungsempfehlungen der Bundesärztekammer. Bei diesen konnte die völlige Übereinstimmung mit Bundesgesundheitsministerium, Bundesinnenministerium und/oder dem Verband der Privaten Krankenversicherungen nicht hergestellt werden, der verbleibende Dissens ist nach Angaben der BÄK im Internet jedoch gering. Erstmalig in der Ausgabe des Deutschen Ärzteblattes vom 10. September 1999 (Heft 36) veröffentlicht die Bundesärztekammer „Beschlüsse des Gebührenordnungsausschusses der Bundes-ärztekammer". Es handelt sich um Empfehlungen zur GOÄ-Anwendung, die nicht in das übliche Abstimmungsverfahren eingebracht wurden.
„Die Gründe liegen darin, dass es sich entweder nicht um Fragen Analoger Bewertungen handelt oder, wo Empfehlungen zur Analogberechnung von Leistungen ausgesprochen werden, die Frage der klinischen Wertigkeit der Verfahren noch nicht abschließend beurteilt werden kann ..." (BÄK im DÄ, Heft 36, 1999, S. A-2240)
Bei den Abrechnungsempfehlungen der BÄK wird von Ärzten und einigen Abrechnungsstellen in der Liquidaation häufig der Buchstabe „A" hinter der GOÄ-Nr. aufgeführt:

Analoge GOÄ-Nr.	Leistungslegende	Pkt.	1facher Satz
302 A	Radiale Stoßwellentherapie bei orthopädischen, chirurgischen oder schmerztherapeutischen Indikationen – analog **Nr. 302 GOÄ– entsprechend GOÄ § 6 (2) – es folgt der Text (auch Kurztext möglich) der originären GOÄ-Ziffer**	250	14,57
612 A	Videosystem-gestützte Untersuchung und Bilddokumentation von Muttermalen, einschließlich digitaler Bildweiterverarbeitung und -auswertung (z. B. Vergrößerung und Vermessung) **– analog Nr. 612 GOÄ entsprechend GOÄ § 6 (2) – es folgt der Text (auch Kurztext möglich) der originären GOÄ-Ziffer**	757	44,12

Auch wenn diese Kennzeichnung für eine analoge Leistung verwendet wird, ist nach § 12 (Abs. 4) grundsätzlich zu beachten: Der Patient muss in der Liquidation erkennen können, welche erbrachte Leistung nicht in der GOÄ erhalten ist, worin sie besteht und mit welcher GOÄ Nr. eine Analogbewertung vorgenommen wird. Diese Aufschlüsselung kann durch eine Zusatzbezeichnung wie z.B: A, nicht ersetzt werden.
Einige Gebührenpositionen, die hinter der Ziffer mit einem kleinen „a" gekennzeichnet sind, z. B. GOÄ Nrn. 265a, 269a, 305a und 605a sind originäre Gebührenordnungspositionen.
Bezüglich der „Rechtsrelevanz" dieser Beschlüsse teilt die Bundesärztekammer mit:
„Die ‚Beschlüsse des Gebührenordnungsausschusses der Bundesärztekammer' sind nicht rechtsverbindlich. Rechtsverbindlich ist nur der Text der GOÄ selber. Die Beschlüsse sind aber rechtsrelevant. Durch den hinter den Beschlüssen stehenden Sachverstand des Gebührenordnungsausschusses – gepaart mit Beratungen durch Fachvertreter, Berücksichtigung vorliegender Rechtsprechung und nicht zuletzt der gebotenen Neutralität – werden Beschlüsse des Gebührenordnungsausschusses der Bundesärztekammer häufig in Rechtsstreiten von Gerichten entscheidend berücksichtigt.
Für den Arzt sind die Beschlüsse zusätzlich rechtsrelevant dadurch, dass sie einen Aspekt der Tätigkeit der Ärztekammern hinsichtlich des Wahrens der Berufsordnung darstellen." (BÄK in DÄ, Heft 36, 1999, S. A-2240).
In diesem Zusammenhang ist darauf hinzuweisen, dass formal betrachtet zwar nur Leistungen analog berechnet werden dürfen, „die in das Gebührenverzeichnis nicht aufgenommen sind" (§ 6 Abs. 2). Die zivilrechtliche Rechtsprechung hat jedoch schon vor etlichen Jahren klargestellt, dass eine „ausfüllungsbedürftige Regelungslücke" in der GOÄ auch dann besteht, wenn das Leistungsverzeichnis zwar eine Gebührenordnungsposition enthält, diese aber „wegen einer wesentlichen Änderung der Verhältnisse so wenig sachgerecht ist, dass der Regelungscharakter verlorengegangen ist". Angesichts der mangelnden Aktualisierung der derzeit gültigen GOÄ und der seit langem ausstehenden Anpassung der Bewertungen an die wirtschaftliche Entwicklung kann nahezu die gesamte GOÄ als „nur noch wenig sachgerecht" beurteilt werden.
Trotzdem kann die Aussage der Rechtsprechung nicht dahin missverstanden werden, dass nunmehr ein „Freibrief" für individuell angemessene Höherbewertungen bestehe. Andererseits ist aber auch dem Ansinnen vieler privater Krankenversicherungen unter Hinweis auf diese Rechtsprechung

entgegen zu treten, die durch extensive Auslegung des „Zielleistungsprinzips“ (s. o. zu § 4 Abs. 2) versuchen, Weiterentwicklungen der Medizin grundsätzlich auf dem Niveau veralteter Leistungsbeschreibungen zu halten, ohne moderne therapeutische oder differenziertere diagnostische Möglichkeiten zu würdigen.

Hinweis der Autoren zur Kennzeichnung analoger Bewertungen in diesem Buch:
In diesem Buch wird bei vielen GOÄ Leistungspositionen neben den Begriffen: Kommentar, Ausschluss, Tipp und IGeL auch das Schlagwort „analog“ verwendet. Im Anschluss daran werden ganz kurze Hinweise für mögliche analoge Bewertungen gemäß GOÄ § 6 (2) gegeben. Die Feststellung der Urheberschaft der hier genannten analogen Bewertungen ist nicht immer eindeutig möglich.
Aufgenommen, und unter den Gebührenpositionen auch eingegliedert, wurden die analogen Bewertungen aus

- dem Verzeichnis **Analoge Bewertungen der BÄK** und **des Zentralen Konsultationsausschusses für Gebührenordnungsfragen bei der BÄK**. Diese werden fortlaufend (in der offiziellen Gebührenorknung für Ärzte (GOÄ), zuletzt erschienen im Deutschen Ärzte Verlag, 2008) aufgenommen.

In diesem Verzeichnis ist jede Analogbewertung mit einem großen **„A“** und einer künstlichen GOÄ-Nr. (sogenannte Platzhalternr.) versehen, z.B. A72 „Vorläufiger Entlassungsbericht im Krankenhaus – analog Nr. 70 GOÄ“. In einer Liquidation kann diese Nr. verwendet werden. Dazu müssen aber in jedem Fall der Inhalt der Analogbewertung und die Gebührenposition der in der GOÄ analog übernommenen Position aufgeführt werden. Diese Schreibweise mit **„A“** und der entsprechenden Platzhalternr. wurden im Buch und Internet übernommen. Außerdem ist die offizielle Analoge Liste in ihrer Gesamtheit zusätzlich abgedruckt auf Seite 699.
Weitere ausführlich dargestellte analoge Bewertungen wurden mit dem Begriff **„analog“** hinter der Gebührennummer versehen. In den Leistungslegenden werden die Quellen – soweit verhanden – angegeben, d. h. wer die analogen Ziffern (mutmaßlich) eingeführt oder empfohlen hat z.B.

- die **Abrechnungsempfehlungen der BÄK**, die nicht im Verzeichnis Analoger Bewertungen der BÄK aufgeführt sind
- die **Broschüre „Analog-Bewertung in Ihrer Praxis“ der Privatärztliche Verrechnungsstelle (PVS), 2008**. Diese Empfehlungen von Analogen Bewertungen wurden mit freundlicher Genehmigung der Privatärztlichen Verrechnungsstellen im PVS Verband (Berlin) übernommen.

Einige Bespiele aus diesem Buch:

Analoge GOÄ Nr.	Leistungslegende	Punkte
427 analog	**Kontrolle der Beatmung unter nCPAP oder BiPAP** (s.Leistungskomplex Schlaflabor) (analog Nr. 427 GOÄ) – n. Beschluss des Gebührenordnungsauschusses der BÄK	**150**
661 analog	**Programmierung Herzschrittmacher** – (analog Nr. 661 GOÄ) – n. Empfehlung von Analog Ziffern der PVS	**530**
829 analog	**Isolierte Bestimmung der mot. Nervenleitgeschwin-digkeit** – (analog Nr. 829 GOÄ) – n. Empfehlung von Analog Ziffern der PVS	**160**
1366 analog	**Photodynamische Therapie am Augenhintergrund (Laserbehandlung einschl. Infusion des Photosensibilisators)** – (analog Nr. 1366 GOÄ) – n. Beschluss des Gebührenordnungsauschusses der BÄK	**1110**

■ Rechtsprechung

Abrechnung ärztlicher Leistungen aufgrund analoger Anwendung der Gebührenziffern

Erfolgte eine Abrechnung für ärztliche Leistungen mit einem Steigerungsfaktor von 3,5 aufgrund einer analogen Anwendung einer Gebührenziffer der GoÄ, obwohl eine analoge Anwendung dieser Ziffer auf die durchgeführte Behandlung dem Grunde nach nicht möglich ist und auch bei einer zulässigen Analogie der in Ansatz gebrachte Steigerungsfaktor nicht möglich ist, so besteht regelmäßig gegenüber dem Arzt ein Rückzahlungsanspruch des Patienten bzw. seiner privaten Krankenversicherung.
Durch eine abweichende Vereinbarung im Sinne des § 2 GOÄ kann grundsätzlich weder eine anzuwendende Ziffer der GoÄ noch ein Gesamtbetrag vereinbart werden.

Ist die Abrechnung einer Behandlung anhand der Ziffern der GoÄ nicht möglich, so hat die Abrechnung entsprechend einer nach Art, Kosten- und Zeitaufwand gleichwertigen Leistung des Gebührenverzeichnisses zu erfolgen. Bei einer solchen analogen Anwendung kann höchstens der dort vorgesehene Steigerungsfaktor abgerechnet werden. Eine Überschreitung ist regelmäßig nicht möglich; denn die analoge Bewertung erbt die Rahmenbedingungen der zur Analogie herangezogenen Gebührennummer.
Aktenzeichen: AG Rosenheim, 06.02,2012, AZ: 15 C 144/10
Entscheidungsjahr: 2012

§ 6 Abs.2 GOÄ (Analogabrechnung) – unzulässige Umgehung durch Honorarabrede
Es ist unzulässig, bei einer Arztleistung, die nicht in der GOÄ enthalten ist, die Bedingungen des § 6 Abs. 2 GOÄ zu umgehen, in dem eine Honorarvereinbarung mit entsprechender Vergütung aufgesetzt wird. Eine Analogabrechnung nach § 6 Abs.2 GOÄ ist nur zulässig, wenn eine selbständige Leistung vorliegt.
Aktenzeichen: LG Gießen, 03.07.2002, AZ: 1 S 164/02
Entscheidungsjahr: 2002

Hinweise auf GOÄ-Ratgeber der BÄK:

► Gleichartig oder gleichwertig
www.baek.de/page.asp?his=1.108.4144.4193.4201
Dr. med. Regina Klakow-Franck – in: Deutsches Ärzteblatt 100, Heft 42 (17.10.2003), Seite A-2747
Die Autorin weist auf zwei Grundregeln hin: „Die Bildung einer Analogbewertung (§ 6 Abs. 2 GOÄ) ist nur zulässig, wenn die Leistung nicht bereits im Gebührenverzeichnis der GOÄ vorhanden ist (Grundregel Nr. 1). Liegen die Voraussetzungen zur Bildung einer Analogbewertung vor, muss sich die Suche nach einer adäquaten analog abzugreifenden Leistung nach dem Leitkriterium der ‚Gleichwertigkeit' der Leistung ausrichten (Grundregel Nr. 2)." ◄

► Analoge Bewertung: Gleichartig oder gleichwertig?
www.baek.de/page.asp?his=1.108.4144.4193.4209
Dr. med. Regina Klakow-Franck – in: Deutsches Ärzteblatt 100, Heft 38 (19.09.2003), Seite A-2465
Die Autorin ergänzt noch die bisherigen Angaben zur Analoge Bewertung: Die Abrechnungsempfehlungen der Bundesärztekammer, einschließlich ihrer Empfehlungen zu Analogbewertungen, sind **nicht** rechtsverbindlich. Nach § 6 Abs. 2 GOÄ muss eine Leistung, die im Gebührenverzeichnis nicht enthalten ist, entsprechend einer gleichwertigen Leistung berechnet werden. Die Gleichwertigkeit der Leistungen ist am ehesten gegeben, wenn Leistungen desselben Fachgebiets miteinander verglichen werden. Es sollte deshalb die gleichwertige Leistung aus demselben Abschnitt der GOÄ entnommen werden, dem die analog zu bewertende Leistung zuzurechnen ist. ◄

► Problematische Analogbewertungen – Rahmenbedingungen
www.baek.de/page.asp?his=1.108.4144.4193.4211
Dr. med. Regina Klakow-Franck – in: Deutsches Ärzteblatt 100, Heft 11 (14.03.2003), Seite A-726
Dr. Klakow-Frank macht weitere Ausführungen zur Analogbewertung: Zwingend erforderlich ist es, vorab zu prüfen, ob die analoge Leistung nicht doch im Gebührenverzeichnis enthalten ist und ob es sich gemäß § 4 Abs. 2 a GOÄ (‚Zielleistungsprinzip') nur um eine besondere Ausführung einer bereits vorhandenen Gebührenposition handelt. Es ist fehlerhaft, unterschiedliche Leistungen nach dem Behandlungsziel zu vergleichen. § 6 Abs. 2 GOÄ schreibt vielmehr vor, die Gleichwertigkeit nach Art, Kosten und Zeitaufwand zu bestimmen. Häufig wird auch übersehen, dass eine Analogbewertung die Rahmenbedingungen der originären, analog abgegriffenen Gebührenposition ‚erbt'. ◄

► Korrekte Darstellung einer Analogen Bewertung
www.arzt.de/page.asp?his=1.108.4144.4193.5661
Dr. med. Anja Pieritz – in: Deutsches Ärzteblatt 104, Heft 36 (07.09.2007), Seite A-2456
Dr. Pieritz gibt folgende Hinweise: In § 12 Abs. 4 GOÄ heißt es zur Rechnungsstellung einer analogen Bewertung: Wird eine Leistung nach § 6 Abs. 2 berechnet, ist die entsprechend bewertete Leistung für den Zahlungspflichtigen verständlich zu beschreiben und mit dem Hinweis entsprechend sowie der Nummer und der Bezeichnung der gleichwertig erbrachten Leistung zu versehen. Die Analoge Bewertung sollte verdeutlicht werden, indem zu dem Wort „entsprechend" der Hinweis auf den § 6 Absatz 2 GOÄ beigefügt wird. Eigene Zusätze des Arztes, wie beispielsweise „A 558", „AA0038" oder „2381a", sind unzulässig. Die einzige nach § 12 GOÄ zulässige Kennzeichnung mit dem Buchstaben „A" kommt im Abschnitt Laboratoriumsuntersuchungen vor. Analoge Laborleistungen müssen durch ein vorangestelltes „A" gekennzeichnet werden. Andererseits sollten die offiziellen Analogen Bewertungen der Bundesärztekammer und des Zentralen Konsultationsausschusses bei der Bundesärztekammer, die durch ein vorangestelltes „A", wie „A36", gekennzeichnet werden, genutzt werden. Dadurch werden die im Konsens getroffenen analogen Bewertungen erkannt. Die aktuelle Fassung der Bewertungen kann auf der Internetseite der Bundesärztekammer eingesehen werden. ◄

► Analoge Bewertung – künstliche Gebührennummer?
www.arzt.de/page.asp?his=1.108.4144.4193.6085
Dr. med. Anja Pieritz – in: Deutsches Ärzteblatt 105, Heft 12 (21.03.2008), S. A-652
Dr. Pieritz ergänzt zu ihren früheren Beiträgen noch: Da die analoge Leistung die Bedingungen der originären Leistung erbt, dürfen im Originaltext vorhandene Angaben zur Mindestdauer nicht weggelassen werden; genau so verhält es sich mit Einschränkungen der Personenzahl etc. ◄

► **Analoge Bewertung(en): vornehmen – wer darf das?**
www.arzt.de/page.asp?his=1.108.4144.4193.6176
Dr. med. Anja Pieritz – in: Deutsches Ärzteblatt 105, Heft 18 (02.05.2008), S. A-970
Die Autorin weist auf einen wichtigen Punkt hin: Offizielle analoge Bewertungen der Bundesärztekammer (BÄK) sind nicht rechtsverbindlich.
Die Empfehlungen und analogen Bewertungen der BÄK und ihrer Gremien werden jedoch bei strittigen Fragen zur Abrechnung der Gebühren als „sachverständiger Rat" akzeptiert und herangezogen, so auch von Beihilfestellen und auch von Gerichten. ◄

§ 6a Gebühren bei stationärer Behandlung

(1) Bei stationären, teilstationären sowie vor- und nachstationären privatärztlichen Leistungen sind die nach dieser Verordnung berechneten Gebühren einschließlich der darauf entfallenden Zuschläge um 25 vom Hundert zu mindern. Abweichend davon beträgt die Minderung für Leistungen und Zuschläge nach Satz 1 von Belegärzten und anderen niedergelassenen Ärzten 15 vom Hundert. Ausgenommen von der Minderungspflicht ist der Zuschlag nach Buchstabe J in Abschnitt B V des Gebührenverzeichnisses.

(2) Neben den nach Abs. 1 geminderten Gebühren darf der Arzt Kosten nicht berechnen; die §§ 7 bis 10 bleiben unberührt.

Kommentar:

Mit Ausnahme der Entschädigungen

- Wegegeld
- Reiseentschädigung
- dem Ersatz von Auslagen (§§ 7 bis 10 GOÄ)
- sowie dem Zuschlag nach Buchstabe J

unterliegen alle übrigen Leistungen der GOÄ einer Minderungspflicht, sofern sie voll- oder teilstationär (auch belegärztlich) sowie vor- und nachstationär erbracht wurden. Eine Minderungspflicht besteht nicht bei ambulanten Leistungen, die ein leitender Krankenhausarzt in seiner Sprechstunde aufgrund einer Nebentätigkeitsgenehmigung erbringt. Dies gilt auch für die Durchführung von ambulanten Operationen. Soweit ein Patient privatärztliche Leistungen (Wahlleistungen) in Anspruch nimmt, sind insoweit Krankenhausleistungen nicht erforderlich. Trotzdem stellen die Krankenhäuser den privatärztlich behandelten Patienten die Entgelte für ihre Leistungen ohne Abschlag in Rechnung. Das bedeutet aber, dass privat behandelte Patienten für das gleiche Geld, das auch nicht privatärztlich behandelte Patienten zu zahlen haben, eine erheblich verringerte Krankenhausleistung erhalten. Das macht es erforderlich, zum Schutz der Patienten vor mehrfacher Vergütung ärztlicher Leistungen und der damit zusammenhängenden Kosten einen Ausgleich herbeizuführen. Dieser soll durch die Regelung in § 6a geschaffen werden. Durch den Abschlag soll der Zahlungspflichtige vor einer Doppelbelastung geschützt werden, die entstehen würde, wenn er diese Sach- und Personal-Kostenanteile der (voll-/teil-) stationären Leistungen einmal zu 100% über den Pflegesatz und einmal zu 100% über die Arztrechnung begleichen müsste.
Leistungen in der **stationären Einrichtung** unterliegen grundsätzlich einer **Minderung um 25%**. Ausgenommen hiervon sind Leistungen von **Belegärzten** oder **anderen niedergelassenen Ärzten**, die **um 15% gemindert** werden. Für den Begriff „Belegarzt" kann auf die in § 23 Bundespflegesatzverordnung (BPflV) enthaltene Definition zurückgegriffen werden. Danach ist ein Belegarzt ein Arzt, der berechtigt ist, seine Patienten im Krankenhaus unter Inanspruchnahme der hierfür bereitgestellten Dienste, Einrichtungen und Mittel stationär oder teilstationär zu behandeln, ohne hierfür vom Krankenhaus eine Vergütung zu erhalten. Ärzte sind „niedergelassen", wenn sie ihre ärztliche Tätigkeit in selbständiger ambulanter Praxis ausüben. Belegärzte, die zugleich gesellschaftsrechtlich an dem Krankenhausträgere beteiligt sind, müssen ihre Leistungen nach § 6 a Abs. 1 GOÄ um 15% und nicht um 25% mindern (OLG München, 7.3.2001, AZ: 3 U 4869/00)
Voraussetzung für eine Minderung nach § 6a ist ein wirksamer Behandlungsvertrag zwischen dem Patienten und einem Arzt (Wahlarzt, Belegarzt) und die in der GOÄ und der Bundespflegesatzverordnung (BPflV) enthaltenen zusätzlichen Voraussetzungen für eine Abrechenbarkeit.
Die einzelnen Regelungen des § 6 a sind zwingendes Recht und damit unabdingbar. Vereinbarungen, die diese Regelungen abändern oder ausschließen wollen, verstoßen gegen § 2 Abs. 1 S. 1 GOÄ, der nur eine abweichende Absprache der Gebührenhöhe zulässt. Ein entsprechender Verstoß führt zur Nichtigkeit der Vereinbarung. Lange umstritten war die Frage, ob die Minderungspflicht nach § 6a auch dann zu bejahen ist, wenn die infrage stehende privatärztliche Leistung nicht unmit-

telbar mit Mitteln des Krankenhauses oder im Krankenhaus erbracht wird, sondern das Krankenhaus Leistungen im Rahmen der Krankenhausbehandlung aus dem Krankenhaus herausverlagert. Angesichts des sich immer mehr verstärkenden Umstandes, wonach Krankenhausleistungen nach außen verlagert werden (sog. outsourcing) – z. B. von Labor, Radiologie, Nuklearmedizin, Rehabilitationsmedizin und ganze Fachrichtungen wie Augen- und/oder HNO-Heilkunde – wurde diese Frage immer heftiger diskutiert.
Mit einer **Entscheidung vom 13. Juni 2002** hat der **BGH** diesen Streit dahin entschieden, dass auch extern erbrachte Leistungen niedergelassener Ärzte der Minderungspflicht nach § 6a GOÄ unterliegen (III ZR 186/01, NJW 2002, S. 2948 ff.). Eine hiergegen eingelegte Verfassungsbeschwerde hatte keinen Erfolg (Beschl. d. BverfG vom 19.3.04 – 1 BvR 1319/02).

■ Rechtsprechung

Honorarminderung des bei stationärer belegärztlicher Behandlung hinzugezogenen niedergelassenen Arztes
Auch der bei belegärztlicher stationärer Behandlung vom Belegarzt hinzugezogene externe Arzt (hier: Anästhesist), der in die stationäre Behandlung eingebettete ärztliche Leistungen erbringt, unterliegt der Honorarminderung in Höhe von 15 % nach § 6 a GOÄ.
Aktenzeichen: LG Heidelberg, 24.06.2013, AZ: 5 S 02713
Entscheidungsjahr: 2013

Minderung des ärztlichen Anspruches auf Honorar bei stationärer Behandlung
Werden während einer stationären Behandlung in einer Rehabilitationseinrichtung neben dem Tagessatz,der nur die Kosten für Unterkunft und Verpflegung erfasst. die Aufwendungen für ärztliche Leistungen von der Klinik gesondert nach der Gebührenordnung für Ärzte abgerechnet, so unterliegt der Honoraranspruch der Gebührenminderung nach § 6 a GOÄ um 25 %.
Bei der Anwendung von § 6 a GOÄ ist es unbeachtlich, dass die Klinik nicht dem Anwendungsbereich der Bundespflegesatzverordnung unterliegt.

Aktenteichen: VGH Baden-Württemberg, 28.01.2010, AZ: 10 S 1770/08

Entscheidungsjahr: 2010

Gebührenminderung nach § 6a GOÄ
Die Regelung in § 6a GOÄ hat den Sinn, durch die Minderung der Gebühren die Doppelbelastung auszugleichen, die sich ergibt, dass die Vergütung für privatärztliche Leistungen auch Sach- und Personalkosten umfasst, die schon im Pflegesatz des Krankenhauses enthalten sind. Honorare für erforderliche Leistungen im Rahmen einer stationären Behandlung sind daher gemäß § 6a GOÄ zu mindern, auch wenn sie extern erbracht werden müssen.
Aktenzeichen: 1. OLG Hamm, 21.03.2001, AZ: 3 U 149/00 –
2. OLG Düsseldorf, 07.06.2001, AZ: 8 U 161/00
Entscheidungsjahr: 2001

Honorarminderung nach § 6 a GOÄ bei externem Arzt
Die hier strittige Frage, ob die von Belegärzten oder anderen niedergelassenen Ärzten berechneten Gebühren für Leistungen, die außerhalb des Krankenhauses erbracht worden sind, nach § 6 a GOÄ um 15 v.H. zu mindern sind, ist in der Zivilrechtsprechung abschließend geklärt. Mit Urteil vom 13. Juni 2002 – III ZR 186/01 – hat der Bundesgerichtshof entschieden, dass der Honoraranspruch eines niedergelassenen anderen Arztes, der auf Veranlassung eines Krankenhausarztes für einen im Krankenhaus behandelten Patienten, der wahlärztliche Leistungen mit dem Krankenhaus vereinbart hat, im Zusammenhang mit der stationären Behandlung stehende ärztliche Leistungen erbringt, auch dann nach § 6 a GOÄ der Gebührenminderung unterliegt, wenn er diese Leistungen in seiner eigenen Praxis und ohne Inanspruchnahme von Einrichtungen, Mitteln und Diensten des Krankenhauses erbracht hat. .
Aktenzeichen: BVerwG, 28.10.2004, AZ: 2 C 34/03
Entscheidungsjahr: 2004

Hinweise auf GOÄ-Ratgeber der BÄK:

► Liquidationskette
www.baek.de/page.asp?his=1.108.4144.4176.4181
Dr. med. R. Klakow-Franck – in: Deutsches Ärzteblatt 101, Heft 16 (16.04.04), Seite A-1116
Eine Wahlleistung setzt voraus, dass mit dem Patienten vor Beginn der Behandlung eine entsprechende schriftliche Vereinbarung getroffen wird. Gemäß § 22 Absatz 3 der Bundespflegesatzverordnung erstreckt sich eine Vereinbarung über wahlärzt-

liche Leistungen auf alle liquidationsberechtigten Ärzte des Krankenhauses, die an der Behandlung des Patienten beteiligt sind.
Dr. Klakow-Franck führt weiter aus: „Die Honorarminderungspflicht nach § 6 a GOÄ bezieht sich auf alle an der Liquidationskette beteiligten Ärzte: daher müssen die Gebühren für die Leistungen der Wahlärzte pauschal um 25 Prozent, die Gebühren für Leistungen von externen Ärzten, die in den stationären Behandlungsfall einbezogen werden, um 15 Prozent gemindert werden.
Die 15 Prozent Minderung sind nach der jüngsten Rechtsprechung des Bundesgerichtshofs auch dann abzuziehen, wenn der im Rahmen der Liquidationskette beteiligte externe Arzt die Einrichtung des Krankenhauses zur Erbringung seiner Leistung überhaupt nicht in Anspruch nimmt, das heißt dem Krankenhaus faktisch gar keine Personal- und Sachkosten verursacht werden (BGH, Urteil vom 13. Juni 2002, Az.: III ZR 186/01).“ ◄

► **Ein erneuter Schlag ins Kontor – Bundesgerichtshof erweitert Honorarminderungspflicht auch auf externe konsiliarärztliche Leistungen**
www.baek.de/page.asp?his=1.108.4144.6625.6626 Renate Hess – in: Deutsches Ärzteblatt 99, 30 (26.07.2002), S. A-2005
Hinweis auf ein wichtiges Urteil des BGH: Der Bundesgerichtshof (BGH) verkündete ein Urteil zur strittigen Frage der Honorarminderungspflicht bei externer konsiliarärztlicher Leistungserbringung (BGH, 13. Juni 2002, AZ: III ZR 186/01).
Mit dem Urteil erweiterte nunmehr BGH die Verpflichtung zur Honorarminderung auf alle externen konsiliarärztlichen Leistungen, die auf Veranlassung eines Krankenhausarztes für einen in stationärer Behandlung befindlichen Patienten, der wahlärztliche Behandlung vereinbart hat, erbracht werden. ◄

§ 7 Entschädigungen

Als Entschädigungen für Besuche erhält der Arzt Wegegeld und Reiseentschädigung; hierdurch sind Zeitversäumnisse und die durch den Besuch bedingten Mehrkosten abgegolten.

Kommentar:

Wegegeld (§ 8 GOÄ) und Reiseentschädigung (§ 9 GOÄ) werden **nur im Zusammenhang mit Besuchen** gezahlt! Die Differenzierung ist an der Entfernung zwischen Praxisstelle (bzw. Wohnung) des Arztes und der Besuchstelle zu orientieren. Bei einer Entfernung bis zu 25 km kann Wegegeld berechnet werden. Bei einer Entfernung von mehr als 25 km tritt die Reiseentschädigung an dessen Stelle. Das Aufsuchen der Praxis bzw. Belegarzt-Stelle zur Versorgung dortiger Patienten ist **kein** Besuch! Bei Besuchen durch das **Praxispersonal** nach Nr. 52 GOÄ kann kein Wegegeld berechnet werden!

§ 8 Wegegeld

(1) Der Arzt kann für jeden Besuch ein Wegegeld berechnen. Das Wegegeld beträgt für einen Besuch innerhalb eines Radius um die Praxisstelle des Arztes von
1. bis zu zwei Kilometern 3,58 € bei Nacht (zwischen 20 und 8 Uhr) 7,16 €
2. mehr als zwei Kilometern bis zu fünf Kilometern 6,65 € bei Nacht 10,23 €
3. mehr als fünf Kilometern bis zu zehn Kilometern 10,23 € bei Nacht 15,34 €
4. mehr als zehn Kilometern bis zu 25 Kilometern 15,34 € bei Nacht 25,56 €

(2) Erfolgt der Besuch von der Wohnung des Arztes aus, so tritt bei der Berechnung des Radius die Wohnung des Arztes an die Stelle der Praxisstelle.

(3) Werden mehrere Patienten in derselben häuslichen Gemeinschaft oder in einem Heim, insbesondere in einem Alten- oder Pflegeheim besucht, darf der Arzt das Wegegeld unabhängig von der Anzahl der besuchten Patienten und deren Versichertenstatus insgesamt nur einmal und nur anteilig berechnen.

Kommentar:

Voraussetzung der Berechnung des Wegegeldes ist die Durchführung eines Besuches nach den entsprechenden Nummern der GOÄ. Auch wenn der Begriff „Nacht“ nur in Abs. 1 Nr. 1 durch den Klammerzusatz erläutert wird, gilt diese Definition (= zwischen 20.00 Uhr und 8.00 Uhr) natürlich für alle „bei Nacht“ erhöhten Wegegelder. Da das Wegegeld eine Pauschale ist, spielen die tatsächlich entstandenen Kosten – im Gegensatz zur Reiseentschädigung – keine Rolle. So ist es unerheblich, welches Verkehrsmittel benutzt wird, oder ob der Arzt gar zu Fuß geht bzw. sich abholen lässt.
Werden auf der Besuchsfahrt Privat- und GKV-Patienten besucht, ist eine anteilige Berechnung unter Berücksichtigung der GKV-Versicherten vorzunehmen. Der Begriff „häusliche Gemeinschaft“ meint zwar in erster Linie die Familie, aber auch andere Personen können eine häusliche Gemeinschaft bilden, wenn ein auf Dauer angelegter Haushalt vorliegt (z. B. nichteheliche Lebensgemeinschaft, Wohngemeinschaft). Zu einem „Heim“ gehören alle Gebäude, die zusammengenommen die Einrichtung bilden. Wegegeldberechnung bei einem Besuch in einem Heim setzt aber voraus, dass

der Arzt von einem oder mehreren Heimbewohnern gerufen worden ist. Ein lediglich routinemäßiges Aufsuchen des Heimes berechtigt nicht zur Abrechnung von Wegegeld.
Brück *merkt allerdings an zu GOÄ § 8 Anm. 4: Besuch mehrerer Patienten auf einen Weg. Die Wegepauschale fällt für jeden Besuch gesondert an, auch wenn auf einer Fahrt mehrere Patienten aufgesucht werden.*

§ 9 Reiseentschädigung

(1) Bei Besuchen über eine Entfernung von mehr als 25 Kilometern zwischen Praxisstelle des Arztes und Besuchsstelle tritt an die Stelle des Wegegeldes eine Reiseentschädigung.

(2) Als Reiseentschädigung erhält der Arzt
1. **26 Cent für jeden zurückgelegten Kilometer, wenn er einen eigenen Kraftwagen benutzt, bei Benutzung anderer Verkehrsmittel die tatsächlichen Aufwendungen,**
2. **bei Abwesenheit bis zu 8 Stunden 51,13 €, bei Abwesenheit von mehr als 8 Stunden 102,26 €je Tag,**
3. **Ersatz der Kosten für notwendige Übernachtungen.**

(3) § 8 Abs. 2 und 3 gilt entsprechend.

Kommentar:
Bei einer „Reise“ (mehr als 25 Kilometer) zum Patienten steht es dem Arzt grundsätzlich frei, das Verkehrsmittel zu benutzen, welches er möchte. Allerdings sollte er im Rahmen des Zumutbaren – als Nebenpflicht aus dem Behandlungsvertrag – den Zahlungspflichtigen durch die Wahl des Verkehrsmittels nicht unangemessen belasten. Bei der Berechnung des Kilometergeldes bei Benutzung eines PKW können sowohl die Hin- als auch die Rückfahrt berechnet werden. Auch bei Reisekosten gilt die oben bei der Berechnung des Wegegeldes dargestellte anteilige Berechnung (§ 8) bei Besuch mehrerer Patienten in derselben häuslichen Lebensgemeinschaft oder im Heim.

Hinweise auf GOÄ-Ratgeber der BÄK:

► **Reiseentschädigung gilt nur für den Arzt**
www.arzt.de/page.asp?his=1.108.4144.4214.5997
Dr. med. Anja Pieritz – in: Deutsches Ärzteblatt 105; Heft 6(08.02.2008), Seite A-296
Es wird ausgeführt: „Krankenhaus- und Belegärzte können weder Besuch (Nr. 50 GOÄ) noch Wegegeld oder Reiseentschädigung berechnen, wenn sie den eigenen Patienten in ihrem Krankenhaus (Arbeitsstätte) aufsuchen. Wird ein Krankenhausarzt- oder Belegarzt jedoch ausnahmsweise als Konsiliarius zu einem Patienten in ein anderes Krankenhaus gerufen, so sind die Kosten nach §§ 8 oder 9 GOÄ berechnungsfähig. Dies gilt nicht, wenn dieses Krankenhaus regelmäßige Arbeitsstätte des Konsiliararztes ist.“

§ 10 Ersatz von Auslagen

(1) Neben den für die einzelnen ärztlichen Leistungen vorgesehenen Gebühren können als Auslagen nur berechnet werden
1. **die Kosten für diejenigen Arzneimittel, Verbandmittel und sonstigen Materialien, die der Patient zur weiteren Verwendung behält oder die mit einer einmaligen Anwendung verbraucht sind, soweit in Absatz 2 nichts anderes bestimmt ist,**
2. **Versand- und Portokosten, soweit deren Berechnung nach Absatz 3 nicht ausgeschlossen ist,**
3. **die im Zusammenhang mit Leistungen nach Abschnitt O bei der Anwendung radioaktiver Stoffe durch deren Verbrauch entstandenen Kosten sowie**
4. **die nach den Vorschriften des Gebührenverzeichnisses als gesondert berechnungsfähig ausgewiesenen Kosten.**

Die Berechnung von Pauschalen ist nicht zulässig.

(2) Nicht berechnet werden können die Kosten für
1. **Kleinmaterialien wie Zellstoff, Mulltupfer, Schnellverbandmaterial, Verbandsspray, Gewebeklebstoff auf Histoacrylbasis, Mullkompressen, Holzspatel, Holzstäbchen, Wattestäbchen, Gummifingerlinge,**
2. **Reagenzien und Narkosemittel zur Oberflächenanästhesie,**
3. **Desinfektions- und Reinigungsmittel,**
4. **Augen-, Ohren-, Nasentropfen, Puder, Salben und geringwertige Arzneimittel zur sofortigen Anwendung sowie für**
5. **folgende Einmalartikel: Einmal-Spritzen, -Kanülen, -Handschuhe, -Harnblasenkatheter, -Skalpelle, -Proktoskope, -Darmrohre, -Spekula.**

(3) Versand- und Portokosten können nur von dem Arzt berechnet werden, dem die gesamten Kosten für Versandmaterial, Versandgefäße sowie für den Versand oder Transport entstanden sind. Kosten für Versandmaterial, für den Versand des Untersuchungsmaterials und die Übermittlung des Untersuchungsergebnisses innerhalb einer Laborgemeinschaft oder innerhalb eines Krankenhausgeländes sind nicht berechnungsfähig; dies gilt auch, wenn Material oder ein Teil davon unter Nutzung der Transportmittel oder des Versandweges oder der Versandgefäße einer Laborgemeinschaft zur Untersuchung einem zur Erbringung von Leistungen beauftragten Arzt zugeleitet wird. Werden aus demselben Körpermaterial sowohl in einer Laborgemeinschaft als auch von einem Laborarzt Leistungen aus den Abschnitten M oder N ausgeführt, so kann der Laborarzt bei Benutzung desselben Transportweges Versandkosten nicht berechnen; dies gilt auch dann, wenn ein Arzt eines anderen Gebietes Auftragsleistungen aus den Abschnitten M oder N erbringt. Für die Versendung der Arztrechnung dürfen Versand- und Portokosten nicht berechnet werden.

Kommentar:

Der Arzt kann nur die in § 10 sowie die nach den Abrechnungspositionen der GOÄ aufgeführten Auslagen und Kosten ansetzen. Ansonsten sind die Kosten **Bestandteil** der jeweiligen Leistung (z. B. bei Testungen nach Nrn. 380 ff GOÄ).
Der Begriff „Auslagen“ in § 10 meint Kosten, die im Zusammenhang mit der Erbringung der ärztlichen Leistung entstehen. Das sind nicht die Praxiskosten im Sinne von § 4 Abs. 3 GOÄ. Ersetzt werden die **tatsächlich entstandenen Kosten**.
Zu den ersetzungsfähigen Auslagen gehören z. B. Arznei-, Verbandmittel und sonstige Materialien, die mit einer einmaligen Anwendung verbraucht sind. Grundsätzlich ist es dem Arzt nicht gestattet, Arzneimittel in der Praxis abzugeben und damit in den „Verkehr“ zu bringen; dies ist allein dem Apotheker vorbehalten, § 43 Gesetz über den Verkehr mit Arzneimitteln (Arzneimittelgesetz – AMG).
Ein Auslagenersatz nach § 10 GOÄ liegt aber z. B. bei Mitteln vor, die im direkten Zusammenhang mit einem ärztlichen Eingriff verbraucht werden.
Dazu gehören jedoch nicht Instrumente oder Teile von solchen, die nur noch bei einem Patienten verwendet werden, da sie wegen der normalen gebrauchsbedingten Abnutzung nicht weiter verwendet werden können. Auch Instrumente, die wegen eines Materialfehlers nur einmal verwendet werden können, gehören nicht dazu.

Es ist sinnvoll, dass der Arzt sich in Zusammenarbeit mit seinem Apotheker eine Liste der häufig verwendeten Arznei-, Verbandmitteln und sonstigen Materialien und ihren Preisen macht, um keine Auslagen zu vergessen, aber diese dann auch korrekt abzurechnen. Die Regelung über die Berechnungsfähigkeit von Versand- und Portokosten wurde im Rahmen der 4. Änderungsverordnung neu gefasst. Abgesehen von den in Abs. 3 normierten Ausnahmen bietet sie jetzt eine uneingeschränkte Möglichkeit zur gesonderten Berechnung von Porto- und Versandkosten. Allerdings dürfen für die Versendung von Arztrechnungen keine Versand- und Portokosten berechnet werden. Ebenfalls gesondert als Auslagen in Rechnung gestellt werden können die nach den Bestimmungen der GOÄ als gesondert berechnungsfähig ausgewiesenen Kosten (z. B. Kosten für ausgegebene Testmaterialien – Nrn. 3500 und 3650 GOÄ; Ureterverweil-schiene bzw. Ureterkatheter – Nr. 1812 GOÄ). Auch die Allgemeinen Bestimmungen zu den Abschnitten O II und O IV 3 enthalten entsprechende Regelungen über gesondert berechnungsfähige Kosten.
Hingegen können die Kosten, die für die Benutzung eines Operationssaales entstehen (z. B. wenn ein niedergelassener Arzt den OP-Saal eines Krankenhauses benutzt), nicht gesondert berechnet werden, da es sich insoweit um Praxiskosten nach § 4 Abs. 3 Satz 1 handelt. Auch gegebenenfalls entstandene Dolmetscherkosten können nicht gesondert berechnet werden. Sie sind weder Praxiskosten noch Auslagen im Sinne des § 10 und müssen vom Dolmetscher direkt mit dem Patienten abgerechnet werden. Durch den Katalog der nicht berechnungsfähigen Arzneimittel, Verbandmittel und sonstigen Materialien in § 10 Abs. 2 wird die in § 4 Abs. 3 Satz 1 normierte Regelung ergänzt. Die mit den Gebühren abgegoltenen Kosten für „Sprechstundenbedarfsartikel“ werden insoweit präzisiert. Die Aufzählung in Abs. 2 Nr. 1 ist allerdings nicht abschließend, wie die Formulierung „Kleinmaterialien wie ...“ deutlich macht. Dabei wird der Begriff Kleinmaterialien nicht betragsmäßig definiert. In der Literatur werden allerdings Beträge zwischen 1,– bis 2,50 €. genannt (Uleer, Miebach, Patt, § 10, Rdn. 21).
Der in Abs. 2 Nr. 5 genannte Katalog von Einmalartikeln ist aber nach Auffassung des Kommentars von **Brück** zur GOÄ § 10, Anmerkung 6. abschließend, d. h. nicht genannte Einmalartikel können gesondert berechnet werden, z. B. Einmal-Infusionsbestecke, Einmal-Infusionsnadeln, Einmal-Biopsienadeln.

§ 10 Abs. 3 S. 2 – Nichtberechnung für Versandkosten innerhalb Laborgemeinschaft etc. – gilt auch für andere Gemeinschaftseinrichtungen, zB. Medizinisches Versorgungszentrum (vgl. DÄ, 110, Heft 46 (15.11.2013), S. A-2238).
Bei der Rechnungsstellung hat der Arzt § 12 Abs.2 Nr.5 GOÄ zu beachten, d. h. Angabe der Art und Betrag der Auslage und Übergabe eines Belegs/Nachweises, wenn der Betrag von Euro 25,56 überstiegen wird. Preisnachlässe wie Boni, Rabatte etc. sind an den Patienten weiterzureichen (BVerwG, 23.05.2009, AZ: 8 C 1.09). Auch hier gilt: wenn bei der Rechnungsstellung vom Arzt die Vorschrift des § 12 Abs.2 Nr.5 GOÄ nicht eingehalten wird, ist die ärztliche Liquidation nicht fällig.

■ Rechtsprechung

Auslagen für externen Arzt bei Wahlleistungen

Eine PKV hat auch Auslagen nach § 10 GOÄ zu erstatten, die einem externen Arzt eines stationär behandelten Wahlleistungspatienten entstehen, denn die von ihm erbrachten Leistungen sind keine allgemeinen Krankenhausleistungen.
Aktenzeichen: BGH, 04.11.2010, AZ: III ZR 323/09
Entscheidungsjahr: 2010

Sachkosten in der Wahlarztkette, §§ 6a Abs. 2, 10 Abs. 3 GOÄ

Bei der Vergütung ausgelagerter Krankenhausabteilungen (z.B. Radiologie, Labor) ist es strittig, wie angefallene Sachkosten zu vergüten sind. Im Rahmen der Fallpauschalen werden die Sachkosten dem Krankenhaus erstattet, die aber tatsächlich bei dem beauftragten Arzt entstehen. Der Arzt könnte daher seine Sachkosten gemäß §§ 6a Abs. 2, 10 Abs. 3 GOÄ beim Patienten geltend machen. Das LG Wuppertal hat nunmehr entschieden: Sachkosten eines im Rahmen der Wahlarztkette beauftragten Arztes können einem Patienten nur dann in Rechnung gestellt werden, wenn sie nicht bereits dem Krankenhaus erstattet worden sind.
Aktenzeichen: LG Wuppertal, 26.11.2009, AZ: 9 S 320/08
Entscheidungsjahr: 2009

§ 10 GOÄ – Sachleistungen

Wird ein Patient bei einer stationären Krankenhausbehandlung auf Veranlassung der Ärzte von einer Gemeinschaftspraxis zusätzlich fachärztlich behandelt, kann die Gemeinschaftspraxis anfallende Sachkosten nach § 10 GOÄ nicht in Rechnung stellen.
§ 10 GOÄ ist nämlich dahingehend auszulegen, dass Sachkosten, die bereits in dem pauschalen Krankenhaussatz enthalten sind, nicht gesondert abgerechnet werden dürfen.
Aktenzeichen: LG Wuppertal, 26.11.2009, AZ: 9 S 320/08
Entscheidungsjahr: 2009

Hinweise auf GOÄ-Ratgeber der BÄK:

Versandkosten in Gemeinschaftseinrichtungen
Dr. med. Stefan Gorlas (in: Deutsches Ärzteblatt 110, Heft 46 (15.11.2013), S. A-2238)
Der Autor erläutert, dass ein Krankenhauslabor, das von einer Gemeinschaftspraxis für Labormedizin mitbetrieben wird, den Versand zwischen der Praxis in dem vom Krankenhaus betriebenen Labor zum Hauptlabor der Praxis, dem Patienten nicht berechnen kann.

► Auslagenersatz: Wann ist ein Beleg erforderlich?
Deutsches Ärzteblatt 108, Heft 8 (25.02.2011), S. A-422 – http://www.bundesaerztekammer.de/page.asp?his=1.108.4144.4215.9142
Die Auslagen nach § 10 GOÄ sind für den niedergelassenen Arzt durchlaufende Posten, d. h. der ausgelegte Betrag wird an den Patienten durchgereicht. Rabatte, Boni, etc. sind an den Patienten weiterzugeben. Es ist der Selbstkostenpreis anzusetzen. Im Gegensatz zur UV-GOÄ (hier werden die Sachkosten pauschaliert als „Besondere Kosten" angegeben) nach § 10 GOÄ ist der Ansatz von Pauschalen unzulässig.
In diesem Zusammenhang ist § 12 Abs. 2 Nr.5 zu beachten:

> **(2) Die Rechnung muss insbesondere enthalten:**
> **5. bei Ersatz von Auslagen nach § 10 den Betrag und die Art der Auslage; übersteigt der Betrag der einzelnen Auslage 25,56 A, ist der Beleg oder ein sonstiger Nachweis beizufügen. ◄**

► Leistung gestrichen – Auslagen trotzdem berechnen?
Dr. med. Anja Pieritz – in: Deutsches Ärzteblatt 107, Heft 10 (12.03.2010), S. A-460
Deutsches Ärzteblatt 107, Heft 10 (12.03.2010), S. A-460
http://www.bundesaerztekammer.de/page.asp?his=1.108.4144.4215.8122
Dr. Pieritz führt folgendes Beispiel auf: „Ein Patient kommt mehrfach in einem Monat wegen derselben Erkrankung zum Arzt. Dann dürfen die Nrn. 1 und/oder 5 GOÄ nur einmal neben Sonderleistungen ab der Nummer (Nr.) 200 GOÄ in Rechnung gestellt werden, weil es sich um einen Behandlungsfall handelt. Ab dem zweiten Termin kann dann der Verband (beispielsweise nach Nr. 200 oder 204 GOÄ) nicht mehr in Rechnung gestellt werden. Die Auslagen für den Verband sind jedoch trotzdem berech-

nungsfähig. In § 12 Abs. 2 Nr. 5 GOÄ ist geregelt, dass die Art der Auslage und der Betrag genannt werden müssen. Zusammenfassungen und/oder Vereinfachungen wie „Verbandmaterial" für Baumwollschlauch, Wattepolsterung und Gips sind denkbar." ◄

► **Praxiskosten, Sprechstundenbedarf, Auslagenersatz**
www.baek.de/page.asp?his=1.108.4144.4215.4216
Dr. med. R. Klakow-Franck – in: Dt. Ärzteblatt 100, Heft 33 (15.08.03), S. A-2176
Die Autorin erläutert, dass Kleinmaterialien (z. B. Verbandmittel und Holzspatel), sowie eine abschließende Liste von Einmalartikeln (z. B. Einmalspritzen, Einmalskalpelle) nach § 10 Abs. 2 GOÄ nicht gesondert berechnungsfähig sind. „Einmalinstrumente, wie zum Beispiel Cutter und Bergesäcke für minimalinvasive Eingriffe sind wie Einmal-Abdeck-Sets als Auslagenersatz berechnungsfähig". ◄

► **Auslagen – Allgemeines – Berechnung nach DKG-NT – Liste Einmalartikel**
www.baek.de/page.asp?his=1.108.4144.4215.4217
Dr. med. Anja Pieritz – in: Deutsches Ärzteblatt 102, Heft 34-35 (29.08.2005), Seite A-2332
„Strittig ist ... häufig die Berechnung von Sachkosten nach Spalte 4 des Nebenkostentarifs der Deutschen Krankenhausgesellschaft e. V. (DKG-NT) als Auslage bei der ambulanten privatärztlichen Behandlung durch den Chefarzt. Viele Chefärzte haben Verträge, die ihnen die Abgabe von Kosten nach Spalte 4 DKG-NT vorschreiben. Die Bundesärztekammer ist daher der Auffassung, dass der Chefarzt auch in diesem Fall dem Patienten GOÄ-konform die Kosten berechnet, die ihm tatsächlich – durch seinen Vertrag mit dem Krankenhaus – entstehen."
Einmalartikel, die in § 10Absatz 2 GOÄ nicht aufgeführt sind, können in der Regel berechnet werden, wie z. B. Einmalpunktionsnadeln, Einmalshaver, inmalinfusionsbestecke etc.
„Die so genannten Praxiskosten, einschließlich der Kosten für den Sprechstundenbedarf sowie der Kosten für die Anwendung von Apparaten und Instrumenten (§ 4 Absatz 3 GOÄ), können nicht separat berechnet werden, sondern sind mit der Gebühr für die ärztliche Leistung abgegolten." ◄

► **Labor – Auslagen berechnen?**
www.baek.de/page.asp?his=1.108.4144.4215.4218
Dr. med. Anja Pieritz – in: Deutsches Ärzteblatt 102, Heft 12 (25.03.05), S. A-848
Im diesem Ratgeber wird ausgeführt, dass mit der Gebühr für die Laboruntersuchung die Kosten für die Reagenzien (einschließlich radioaktiven Materials) abgegolten sind. „Diese Regel, die für alle Abschnitte des Labors gilt und auch von Großlabors nicht umgangen werden darf, korrespondiert mit § 10 Absatz 2 Ziffer 2 GOÄ,
Von dieser Regelung ausgenommen sind nur Kosten für Arzneimittel im Zusammenhang mit Funktionstests."

► **Berechnungsfähige Auslagen – strittige Punkte**
www.baek.de/page.asp?his=1.108.4144.4215.4219
Dr. med. Anja Pieritz – in: Deutsches Ärzteblatt 103, Heft 38 (22.09.2006), Seite A-2496
Als strittig können nach Dr. Pieritz auch ... „Instrumententeile verstanden werden, die tatsächlich mit der einmaligen Anwendung verbraucht sind und als Einmalartikel nicht ausgeschlossen sind. Nicht berechnungsfähig sind anteilige Kosten beispielsweise für eine Laserfaser, die nach jeder Behandlung gekürzt werden muss. Diese Kosten sind nach § 4 Abs. 3 GOÄ abgegolten. Ebenfalls nicht berechnungsfähig sind Auslagen für fehlerhaftes Material und der endgültige Verbrauch eines Materials..."

§ 11 Zahlung durch öffentliche Leistungsträger

(1) Wenn ein Leistungsträger im Sinne des § 12 des Ersten Buches des Sozialgesetzbuches oder ein sonstiger öffentlich-rechtlicher Kostenträger die Zahlung leistet, sind die ärztlichen Leistungen nach den Gebührensätzen des Gebührenverzeichnisses (§ 5 Abs. 1 Satz 2) zu berechnen.

(2) Absatz 1 findet nur Anwendung, wenn dem Arzt vor der Inanspruchnahme eine von dem die Zahlung Leistenden ausgestellte Bescheinigung vorgelegt wird. In dringenden Fällen kann die Bescheinigung auch nachgereicht werden.

Kommentar:

Diese Bestimmung findet zunächst einmal nur für die Leistungs- und Kostenträger Anwendung, für die die Höhe der Vergütung nicht bereits durch eine bundesgesetzliche Regelung bestimmt wird (s. § 1 Abs. 1). Solche der GOÄ vorgehenden bundesgesetzlichen Bestimmungen finden sich u. a. im Bundessozialhilferecht, im Bundesversorgungsgesetz (BVG), im SGB V und im Justizvergütungs- und -entschädigungsgesetz (JVEG). Damit ist die praktische Bedeutung des § 11 eher gering. Anwendung findet sie z. B. bei Jugendarbeitsschutzuntersuchungen oder für die Durchführung von Blutalkoholuntersuchungen auf Anordnung einer Staatsanwaltschaft.
Der Arzt ist in den Fällen des § 11 nur dann auf die Gebührensätze des § 5 Abs. 1 Satz 2 GOÄ, d. h. auf den Einfachsatz, gegenüber dem Leistungsträger beschränkt, wenn der Patient dem Arzt vor der Leistungserbringung eine entsprechende Bescheinigung des Leistungsträgers vorlegt, in dem sich dieser zur Kostenübernahme bereit erklärt. Nur in dringenden Fällen kann diese nachgereicht werden. Dabei kann dann von Dringlichkeit ausgegangen werden, wenn der mit der Beschaffung der Bescheinigung verbundene Zeitaufwand wegen der Besonderheit des Behandlungsfalles nicht in Kauf genommen werden kann. Dies kann beispielsweise bei Unglücksfällen oder plötzlich auftreten-

den starken Schmerzen der Fall sein, aber auch wenn aus anderen Gründen die Beschaffung einer Bescheinigung bei erforderlicher ärztlicher Hilfe nicht zeitgerecht möglich ist, z. B. an Sonn- und Feiertagen, Abend- oder Nachtstunden (Uleer, Miebach, Patt, § 11, Rdn. 11, Hoffmann, Kleinken § 11, Rdn. 6, Kommentar zur GOÄ § 11, 5.).
Dabei gibt es in der GOÄ keine Frist für das Nachreichen. Es ist jedoch zu fordern, dass die Bescheinigung nach Wegfall des Hinderungsgrundes in angemessener Zeit nachgereicht wird. Gelegentlich finden sich Fristen, die vertraglich oder in Satzungen des Kostenträgers festgelegt sind. Diese betragen häufig 10 Tage (Uleer, Miebach, Patt, § 11, Rdn. 12, Hoffmann, Kleinken § 11, Rdn. 6, Kommentar zur GOÄ § 11, 6.)
Wird die Bescheinigung nicht vorgelegt oder wirksam nachgereicht, ist der Arzt nicht auf die Gebührensätze des § 5 Abs. 1 Satz 2 verwiesen, sondern kann frei liquidieren.

§ 12 Fälligkeit und Abrechnung der Vergütung; Rechnung

(1) Die Vergütung wird fällig, wenn dem Zahlungspflichtigen eine dieser Verordnung entsprechende Rechnung erteilt worden ist.

(2) Die Rechnung muss insbesondere enthalten:
1. **das Datum der Erbringung der Leistung,**
2. **bei Gebühren die Nummer und die Bezeichnung der einzelnen berechneten Leistung einschließlich einer in der Leistungsbeschreibung gegebenenfalls genannten Mindestdauer sowie den jeweiligen Betrag und den Steigerungssatz,**
3. **bei Gebühren für vollstationäre, teilstationäre sowie vor- und nachstationäre privatärztliche Leistungen zusätzlich den Minderungsbetrag nach § 6 a,**
4. **bei Entschädigungen nach den §§ 7 bis 9 den Betrag, die Art der Entschädigung und die Berechnung,**
5. **bei Ersatz von Auslagen nach § 10 den Betrag und die Art der Auslage; übersteigt der Betrag der einzelnen Auslage 25,56 €, ist der Beleg oder ein sonstiger Nachweis beizufügen.**

(3) Überschreitet die berechnete Gebühr nach Absatz 2 Nr. 2 das 2,3fache des Gebührensatzes, ist dies auf die einzelne Leistung bezogen für den Zahlungspflichtigen verständlich und nachvollziehbar schriftlich zu begründen; das gleiche gilt bei den in § 5 Abs. 3 genannten Leistungen, wenn das 1,8fache des Gebührensatzes überschritten wird, sowie bei den in § 5 Abs. 4 genannten Leistungen, wenn das 1,15fache des Gebührensatzes überschritten wird. Auf Verlangen ist die Begründung näher zu erläutern. Soweit im Falle einer abweichenden Vereinbarung nach § 2 auch ohne die getroffene Vereinbarung ein Überschreiten der in Satz 1 genannten Steigerungssätze gerechtfertigt gewesen wäre, ist das Überschreiten auf Verlangen des Zahlungspflichtigen zu begründen; die Sätze 1 und 2 gelten entsprechend. Die Bezeichnung der Leistung nach Absatz 2 Nummer 2 kann entfallen, wenn der Rechnung eine Zusammenstellung beigefügt wird, der die Bezeichnung für die abgerechnete Leistungsnummer entnommen werden kann. Leistungen, die auf Verlangen erbracht worden sind (§ 1 Abs. 2 Satz 2), sind als solche zu bezeichnen.

(4) Wird eine Leistung nach § 6 Abs. 2 berechnet, ist die entsprechend bewertete Leistung für den Zahlungspflichtigen verständlich zu beschreiben und mit dem Hinweis entsprechend sowie der Nummer und der Bezeichnung der gleichwertig erachteten Leistung zu versehen.

(5) Durch Vereinbarung mit den in § 11 Abs. 1 genannten Leistungs- und Kostenträgern kann eine von den Vorschriften der Absätze 1 bis 4 abweichende Regelung getroffen werden.

Kommentar:

Inhalt der Rechnung

In § 12 Abs.2 sind die Angaben aufgezählt, die eine Arztrechnung zumindest enthalten muss. Danach ist die **Angabe einer Diagnose** nicht zwingend erforderlich, obwohl in der Regel nur mit der Diagnose nachgeprüft werden kann, ob die in Ansatz gebrachten Leistungen gerechtfertigt sind. Einige Erstattungsstellen, aber auch Patienten, bestehen daher auf die Angabe. Der Arzt kann dann aber die Diagnose nachreichen. Eine fehlende Diagnose gibt dem Patienten nicht das Recht, die Zahlung der Rechnung zu verweigern (vgl. **Brück**, GOÄ, § 12 Anm. 2.4).

Fälligkeit

Die Fälligkeit der Vergütung tritt erst ein, wenn eine den Bestimmungen des § 12 GOÄ Rechnung tragende Liquidation erteilt worden ist. Nach Uleer setzt das neben den formalen Anforderungen, die in § 12 genannt sind, auch voraus, dass die Liquidation materiellrechtlich der GOÄ entspricht, also inhaltlich richtig ist (Uleer, Miebach, Patt, § 12, Rdn. 4) Dem wird von anderen Kommentatoren wi-

dersprochen. Danach kommt es auf die inhaltliche Richtigkeit der berechneten Gebühr und deren Höhe für die Ordnungsgemäßheit der Rechnungsstellung nach § 12 GOÄ nicht an (z. B. Hoffmann, Kleinken § 12, Rdn. 1, Kommentar zur GOÄ § 12, 1.1).
In einem klarstellenden Urteil des BGH vom 21.12.2006 (III ZR 117/06) hat dieser sich der Auffassung angeschlossen, dass für die Fälligkeit einer ärztlichen Vergütung nur die Erfüllung der formellen Voraussetzungen in § 12 Abs. 2 bis 4 GOÄ erforderlich ist. Die Fälligkeit werde nicht davon berührt, dass die Rechnung mit dem materiellen Gebührenrecht nicht übereinstimme.
Wenn also ein Patient in berechtigter Weise den Einwand erhebt, bei einer Honorar-Rechnung seien z. B. die Gebührenpositionen oder die Gebührenhöhe fehlerhaft, muss er die Rechnung nicht begleichen.
Der Streit um die inhaltliche Richtigkeit einer Arztrechnung darf auf den Fälligkeitszeitpunkt keine Auswirkungen haben, da sonst, wenn der Streit dann irgendwann, etwa nach einem Jahr zugunsten des Arztes erledigt ist, dieser für die zurückliegende Zeit keine Zinsen vom Patienten verlangen könnte.
Der Eintritt der Fälligkeit ist u. a. Voraussetzung für einen Schuldnerverzug, der wiederum Rechtsgrund für weitere Maßnahmen wie z. B. Verzugszinsen ist. Auch für die Verjährung kommt es maßgeblich auf den Eintritt der Fälligkeit an.

Verjährung
Gemäß § 195 BGB beträgt die Verjährungsfrist für ärztliche Honorarforderungen 3 Jahre. Entscheidend für den Beginn der Verjährungsfrist ist nicht der Zeitpunkt der Behandlung bzw. der Abschluss der Behandlung, sondern der Zeitpunkt der Rechnungsstellung. Gemäß § 199 BGB beginnt die 3jährige Frist ab dem Ende des Jahres, in welchem eine fällige Honorarrechnung erstellt wurde und somit der Anspruch entstanden ist.
Nach Eintritt der Verjährung – also Ablauf der Verjährungsfrist – ist der Patient berechtigt, die Zahlung der Rechnung zu verweigern; vgl. § 214 BGB.
Die Verjährungsfrist eines Honoraranspruches nach GOÄ beginnt erst mit der Erteilung der Gebührenrechnung. Wenn aber ein Patient den behandelnden Arzt nach der Behandlung auffordert, die Rechnung zu erteilen, so kann dies nach einem Urteil des Landgerichts München (Urteil 18.11.2002, AZ 9 S 12869/01) zur Folge haben: Die Aufforderung zur Rechnungserteilung führt hinsichtlich der Verjährung des Gebührenanspruches in der Regel dazu, dass sich der Arzt so behandeln lassen muss, als sei die Rechnung innerhalb einer angemessenen Frist erteilt worden.
Mit dieser Aufforderung zu einer zeitnahen Rechnungsstellung nach der Behandlung erreicht der Patient, dass die Verjährungsfrist nicht unendlich hinausgezögert werden kann.

Hemmung der Verjährung
In den §§ 203 bis 213 BGB ist die Hemmung der Verjährung geregelt.
Wenn z. B. Arzt und Patient über den ärztlichen Honoraranspruch verhandeln, ist die Verjährung gehemmt nach § 203 BGB.
Daneben kann die Verjährung gehemmt sein durch Rechtsverfolgung, § 204 BGB; d. h. unter anderem durch Erhebung einer Zahlungsklage durch den Arzt,
Zustellung eines Mahnbescheides, Durchführung eines selbständigen Beweisverfahrens, Beginn eines schiedsrichterlichen Verfahrens.
Der Zeitraum der Hemmung wird in die Verjährungsfrist nicht eingerechnet.
Wenn der Patient den Honoraranspruch des Arztes anerkennt z. B. durch eine Abschlagszahlung, Sicherheitsleistung oder in anderer Weise, beginnt die Verjährung erneut.

Verwirkung
Nicht ohne Problematik ist eine **Verwirkung** der Forderung.
Eine Forderung kann verwirkt sein, wenn sie über einen längeren Zeitraum nicht gelten gemacht wurde und der Verpflichtete sich darauf einrichten durfte, dass der Rechnungsbetrag auch in Zukunft nicht mehr gefordert wird.
In einem Urteil des Amtsgerichts Frankfurt vom 23.5.1996 (30 C 2697/95) wurde festgestellt, dass eine mehr als zwei Jahre nach der Behandlung ausgestellte Arztrechnung verwirkt ist, also vom **Zahlungspflichtigen nicht mehr beglichen werden muss**. Zum Zeitpunkt des Urteils betrug die Verjährungsfrist zwei Jahre. Eine Entscheidung des OLG Nürnberg (Urteil vom 18.9.2000, 5 U 1991/00; s. Hoffmann, Kleinken § 12, Rdn. 1) hat nach einer Zeitdauer von zwei Jahren und acht Monaten noch keine Verwirkung angenommen. Zu dem Argument der nach so langer Zeit u. U. auftretenden Beweisschwierigkeiten wies das Gericht darauf hin, daß solche in erster Linie den rechnungslegenden Arzt treffen. Im übrigen stehe einem Patienten jederzeit das Recht zu, eine Abrechnung zu verlangen. Dadurch sei ein an der Abrechnung interessierter Patient gegen ein unzumutbares Hinauszögern des Verjährungsbeginns in der Regel ausreichend geschützt.

In einem aktuellen Beschluss des OLG Nürnberg vom 9.1.2008 (5 W 2508/07) knüpfte das Gericht an die jetzt geltende Verjährungsfrist an. Danach „kommt Verwirkung in Betracht, wenn seit dem Zeitpunkt, in dem die Rechnung hätte erteilt werden können, die regelmäßige Verjährungsfrist vergangen ist ..." (MedR 2008, S. 616, 617). So auch Urteil des LG Nürnberg-Fürth vom 25.11.2008, 13 O 1808/06. Somit liegt es bereits im dringenden eigenen Interesse eines Arztes, seine Privatrechnung möglichst zeitnah zu erstellen.
Andererseits muss auch ein Patient Einwendungen gegen eine Rechnung in angemessener Zeit erheben. So wurde vom LG Memmingen 1 in einem Beschluß vom 28.2.2007, 1 S 1592/06 (zu recherchieren über juris) die erstmalige Erhebung eines Einwandes der Nichtfälligkeit einer ärztlichen Abrechnung wegen derer mangelnder Überprüfbarkeit als gegen Treu und Glauben verstoßend abgewiesen, da der Einwand erst drei Jahre nach Übersendung der Rechnung erhoben wurde. Nach Ansicht des LG darf ein Arzt davon ausgehen, dass Einwände gegen die Prüfbarkeit einer Rechnung alsbald vorgebracht werden. Geschehe dies nicht, dürfe er das dahin verstehen, daß die Rechnung als geeignete Grundlage für die Abrechnung akzeptiert und nicht mehr in Frage gestellt werde.

Rechnung durch Verrechnungsstelle

Beauftragt der Arzt zur Erstellung seiner Liquidation eine Verrechnungsstelle, muss er Unterlagen über die Diagnostik und Therapie übergeben. Hierzu ist die ausdrückliche Zustimmung des Patienten erforderlich; von einer stillschweigenden Zustimmung kann in der Regel nicht ausgegangen werden. Schon aus Gründen der Beweissicherung sollte der Arzt die Zustimmung schriftlich dokumentieren oder sich vom Patienten das schriftliche Einverständnis geben lassen. Ein Aushang in einem Wartezimmer des Arztes mit dem Hinweis an die Patienten, dass ärztliche Honorare nach Abtretung durch eine Verrechnungsstelle geltend gemacht werden, wird als nicht ausreichend angesehen.
Die formularmäßig vorformulierte Einverständniserklärung zur Abtretung an eine Verrechnungsstelle ist wirksam, da ein(e) Patient(in) dadurch nicht unangemessen benachteiligt ist (OLG Köln, 19.12.2011, AZ 5 U 2/11).
Nach dem BGH muss die schriftliche Zustimmung des Patienten so formuliert sein, dass für ihn eindeutig ersichtlich ist, mit welchem Ziel er die Entbindung von der Schweigepflicht erklärt und in welchem Umfang ein Dritter mit den entsprechenden Rechtsfolgen eingeschaltet wird (BGH, 10.10.2013, AZ: III ZR 325/12).
Fehlt die vorherige Zustimmung bzw. Einwilligung des Patienten, ist die Abtretung nach § 134 BGB (Verstoß gegen ärztl. Schweigepflicht) nichtig. Bei minderjährigen Patienten ist die Zustimmung beider Elternteile erforderlich, da es um die Weitergabe personenbezogener Gesundheitsdaten geht (LG Mannheim, 20.11.2014, AZ: 10 S 44/14).
Schaltet der Arzt zur Eintreibung einer offenen Patientenrechnung ein Inkassounternehme/Verrechnungsstelle ein, stellen die nach Verzugseintritt entstehenden Kosten einen ersatzfähigen Verzugsschaden dar und begründen einen entsprechenden Erstattungsanspruch. Die Ersatzfähigkeit der Inkassokosten ist allerdings der Höhe nach auf die Kosten beschränkt, die entstanden wären, hätte der Arzt vorgerichtlich einen Rechtsanwalt eingeschaltet (LG Berlin. 07.04.2015, AZ: 57 S 107/14).

Bezahlung der Arztrechnung – Anerkenntnis?

Wenn ein Patient eine ärztliche Honorarrechnung bezahlt, bedeutet dies nicht ohne weiteres, dass damit die Richtigkeit der Rechnung anerkannt wird. Denn nach der Rechtsprechung des BGH gilt.
Ein deklaratorisches Schuldanerkenntnis ist ein vertragliches kausales Anerkenntnis. Ein solches Schuldanerkenntnis setzt aber voraus, dass die Vertragsparteien das Schuldverhältnis ganz oder teilweise dem Streit oder der Ungewissheit der Parteien entziehen wollen und sich dahingehend einigen. Die erforderliche Einigung kann nur angenommen werden, wenn sich ein entsprechendes Angebot sowie dessen Annahme feststellen lassen. Die Prüfung einer Rechnung, die Bezahlung einer Rechnung oder auch die Bezahlung nach Prüfung erlauben für sich genommen nicht, ein deklaratorisches Schuldanerkenntnis anzunehmen (vgl. dazu z. B. BGH, 11.01.2007, AZ: VII ZR 165/05).

Vorschuss

In der GOÄ ist die Zahlung eines Vorschusses für ärztliche Leistungen im Gegensatz zu den Gebührenordnungen für Rechtsanwälte und Steuerberater nicht geregelt. Daher wird allgemein angenommen, dass eine Forderung einer Vorschusszahlung unzulässig sei. Hat aber der Patient eine frühere Behandlung noch nicht bezahlt, kann der Arzt die neue Behandlung des Patienten von der Zahlung der alten Rechnung abhängig machen, es sei denn, es liegt ein Notfall vor.
Hat ein Arzt bei länfgerfristiger Behandlung erhebliche Fremdkosten aufzuwenden, so kann er vom Patienten, diese Kosten als Vorauszahlung verlangen, so OLG München, 11.05.1995, AZ: 1 U 5547/94.

Umsatzsteuerpflicht (siehe dazu das spezielle Kapitel „Umsatzsteuerpflicht für Ärzte" Seite ••)
In den meisten Fällen sind ärztliche Leistungen umsatzsteuerfrei. Wenn aber eine Leistung erbracht wird, die der Umsatzsteuerpflicht unterliegt, z. B. eine kosmetische Nasenkorrektur ohne medizinische Indikation, sind die Vorschriften zum Umsatzsteuergesetz zu beachten, insbesondere § 14 Abs. 4 UStG:
Umsatzsteuergesetz (Vierter Abschnitt – Steuer und Vorsteuer (§§ 12–15a)

§ 14 UStG Ausstellung von Rechnungen

(4) Eine Rechnung muss folgende Angaben enthalten:

1. den vollständigen Namen und die vollständige Anschrift des leistenden Unternehmers und des Leistungsempfängers,
2. die dem leistenden Unternehmer vom Finanzamt erteilte Steuernummer oder die ihm vom Bundeszentralamt für Steuern erteilte Umsatzsteuer-Identifikationsnummer,
3. das Ausstellungsdatum,
4. eine fortlaufende Nummer mit einer oder mehreren Zahlenreihen, die zur Identifizierung der Rechnung vom Rechnungsaussteller einmalig vergeben wird (Rechnungsnummer),
5. die Menge und die Art (handelsübliche Bezeichnung) der gelieferten Gegenstände oder den Umfang und die Art der sonstigen Leistung,
6. den Zeitpunkt der Lieferung oder sonstigen Leistung; in den Fällen des Absatzes 5 Satz 1 den Zeitpunkt der Vereinnahmung des Entgelts oder eines Teils des Entgelts, sofern der Zeitpunkt der Vereinnahmung feststeht und nicht mit dem Ausstellungsdatum der Rechnung übereinstimmt,
7. das nach Steuersätzen und einzelnen Steuerbefreiungen aufgeschlüsselte Entgelt für die Lieferung oder sonstige Leistung (§ 10) sowie jede im Voraus vereinbarte Minderung des Entgelts, sofern sie nicht bereits im Entgelt berücksichtigt ist,
8. den anzuwendenden Steuersatz sowie den auf das Entgelt entfallenden Steuerbetrag oder im Fall einer Steuerbefreiung einen Hinweis darauf, dass für die Lieferung oder sonstige Leistung eine Steuerbefreiung gilt, und
9. in den Fällen des § 14 b Abs. 1 Satz 5 einen Hinweis auf die Aufbewahrungspflicht des Leistungsempfängers.

Korrekte Rechnung nach GOÄ § 12 (siehe S. 53)
Eine Rechnung muss nach GOÄ § 12 folgende Informationen für den Zahlungsempfänger enthalten:
① **Datum der Erbringung der Leistung**
② GOÄ-Ziffer/Nummer und ③ die Bezeichnung der Leistung
④ ggf. die **Mindestdauer einer Leistung, wenn dies in der Leistungslegende angegeben** ist den **Steigerungsfaktor**
- **bei Ersatz von Auslagen nach § 10 den Betrag und die Art der Auslage**
- **übersteigt der Betrag der einzelnen Auslage 25,56 Euro,** ist ein **Beleg** oder sonstiger Nachweis beizufügen

⑤ **überschreitet** eine berechnete Gebühr den **2,3fachen/ *1,8fachen/1,15fachen Gebührensatz, ist dies auf die einzelne Leistung bezogen** für den Zahlungspflichtigen **verständlich und nachvollziehbar schriftlich zu begründen nach § 12 Abs. 3**
- Wird eine Leistung nach **§ 6 Abs. 2 (analoger Ansatz)** berechnet, so ist dies für den Zahlungspflichtigen verständlich zu beschreiben und mit dem **Hinweis „entsprechend" sowie der Nummer und Bezeichnung der als gleichwertig erachteten Leistung zu versehen.**

⑥ Die **Kontrolle der Leber-OP** und der **Ausschluss einer Erkrankung,** die Sport nicht zulässt, sind **nicht umsatzsteuerpflichtig**.
- Leistungen, die auf **Verlangen des Patienten** erbracht wurden, sind als solche zu kennzeichnen.
- Nach den Vorschriften der GOÄ wäre eine **Diagnoseangabe** zwar nicht zwingend, die Erstattungsstellen bestehen aber auf der Angabe; auch ist es dem Patienten nicht zuzumuten, eine Liquidation ohne Diagnoseangabe zu begleichen.
- Eine **ICD-Codierungspflicht** besteht für den PKV-Bereich nicht
- Die Überschreitung der Schwellenwerte ist gesondert zu **begründen** (siehe zu § 12 Abs. 3 GOÄ). Auf Verlangen ist die Begründung näher zu erläutern.

So sollte Ihre Liquidation nicht aussehen:
Eine Gemeinschaftspraxis, deren Schwerpunkt u. a. die Chinesische Medizin ist, verschickte diese nicht korrekte Rechnung:

[redacted]

Allgemeinmedizin • Innere Medizin • Gynäkologie
Naturheilverfahren • Augenheilkunde • Chinesische Medizin
Psychosomatische Grundversorgung
Telefon [redacted]

Praxis [redacted]

[redacted]

Liquidationsnr.: [redacted]

Für ambulante fachärztliche Bemühungen bei [redacted], geboren am [redacted] erlaube ich mir folgenden Liquidationsbetrag zu berechnen:

Diagnose(n):

Ischialgie
Protrusio disci
klimakter.Syndrom

Liquidationsbetrag: 913,79 €

Datum	GNR	Faktor
29.11.2005	255, 1, 831, 252, 268	2.3
01.12.2005	252, 268, 806, 3306	2.3
02.12.2005	831, 268, 255, 252, 7	2.3
05.12.2005	268, 831, 3306, 1, 252, 255	2.3
06.12.2005	806, 268, 252	2.3
12.12.2005	831, 268, 7, 252, 255	2.3
13.12.2005	3306, 831, 268, 255, 252, 1	2.3
15.12.2005	268, 252, 806	2.3
19.12.2005	831, 3306, 7, 252, 255, 268, 515, 523	2.3
20.12.2005	831, 268, 255, 252, 1	2.3
29.12.2005	268, 831, 3306, 7, 252, 255	2.3
05.01.2006	3306, 831, 268, 1, 252, 255	2.3
28.12.2055	806, 268, 252	2.3

Leistungsbetrag Arzt	913,79 €
Materialkosten	0,00 €

Muster einer korrekten Rechnung (s. Anmerkungen zur Rechnung S. 51):

Dr. med Otto Genau **Herzweg 3, 80800 München**
Facharzt für Innere Medizin, Kardiologie **Tel. 089/17 66 66**

Herrn Georg Sportlich München, 03.09.2006
Sandplatz 3, 89899 München

Sportmedizinische Untersuchung und Sonographie des Oberbauches auf Ihren Wunsch gemäß unserem Vertrag vom 25.08.2006.

Diagnose: Zustd. nach Leberteilresektion, ärztlicherseits spricht nichts gegen Leistungsport im Bereich Leichtathletik

Für meine Leistungen in der Zeit vom 28.08.06 bis zum 31.08.06 darf ich Ihnen berechnen:

Datum ①	GOÄ-Nr. ②	Leistung ③	1facher Satz	Steigerungsfaktor ⑤	Betrag in Euro
28.08.06	3	Sportmedizinische Beratung	8,74	2,3	20,11
28.08.06	8	Ganzkörperstatus	15,16	2,3	34,86
29.08.06	651*	EKG in Ruhe	14,75	1,8	26,55
29.08.06	250*	Blutentnahme	2,33	1,8	5,36
29.08.06	3511*	Untersuchung eines Körpermaterials – Urinteststreifen	2,91	1,15	3,35
29.08.06	3550*	Blutbild	3,50	1,15	4,02
29.08.06	3560*	Glukose	2,33	1,15	2,68
29.08.06	3562.H1*	Cholesterin	2,33	1,15	2,68
29.08.06	3585.H1*	Kreatinin	2,33	1,15	2,68
29.08.06	3592.H1*	Gamma GT	2,33	1,15	2,68
29.08.06	3781*	Lactatbestimmung	12,82	1,15	14,75
29.08.06	410	Sonographie der Leber – Erschwernis der Untersuchung wegen Zustand nach Leber-Teilresektion ⑦	11,66	3,0	34,98
29.08.06	420	Sonographie Galle, Gallenwege und Pankres, je Organ	3x4,66	2,3	32,16
31.08.06	652	Belastungs-EKG	25,94	2,3	59,66
31.08.06	605*	Lungenfunktion	14,11	1,8	32,45
31.08.06	605a*	Flussvolumenkurve	8,16	1,8	14,69
31.08.06	606*	Spiroergometrische Untersuchung	22,09	1,8	39,76
31.08.06	34	Erörterung (Dauer mind. 20 min) ④	17,49	2,3	40,22
Summe					373,64
19% MwSt. ⑦				–	–
Endbetrag					373,64

ggf. ⑥
Der Endbetrag von 373,64 € ist auf mein Konto bei der Ärztebank Kto. Nr. 666970, BLZ 30030000 zu überweisen.

Mit freundlichem Gruß
Ihr Dr. med Otto Genau

Sprechzeiten: Mo-Fr 9-12 Uhr und Mo, Di, Do, Fr 15-18 Uhr · Mittwochs nach Vereinarung
Spezialsprechstunden für: • Gesundheitsuntersuchung • Reisemedizinische Beratung
• Ernährungsberatung mit Diätplänen • Anti-Aging Medizin

- Bei analogen Bewertungen sind die Hinweise der Bundesärztekammer zur korrekten Darstellung zu beachten (s. unten bei § 6).

Bei Anwendung von höheren Steigerungsfaktoren

1. In der Rechnung muss der Grund für die Wahl eines erhöhten Faktors differenziert und verständlich bei der jeweiligen Leistung stehen
2. Der Patient muss die Begründung nachvollziehen können. Allgemeine Begründungen wie: hoher Zeitaufwand oder schwierige Untersuchung sind zu vermeiden. Die wörtliche Wiederholung der Bemessungskriterien des § 5 Abs. 2 ist zur Begründung der Überschreitung nicht ausreichend.
3. Werden innerhalb einer Liquidation mehrere höhere Faktoren angesetzt, so hilft eine Differenzierung der Faktoren und eine individuelle Begründung, Schwierigkeiten bei der Erstattung zu vermeiden.
4. Wird zwischen Arzt und Patient in einer Honorarvereinbarung gemäß § 2 GOÄ ein erhöhter Gebührensatz festgelegt, reicht nach überwiegender Ansicht zur Begründung der Hinweis auf die Honorarvereinbarung aus.

Abrechnung von Analogbewertungen

Nach § 12 Abs. 4 ist bei Ansatz einer analogen Leistung nach § 6 Abs. die Leistung in der Honorarrechnung verständlich zu beschreiben mit dem Hinweis „entsprechend" sowie die GOÄ Leistungsposition und Leistungslegende der GOÄ Nr. der gleichwertig erachteten Leistung . Durch diese Angabe hat der Patient die Möglichkeit, die Gleichwertigkeit der Leistung zu prüfen. (Im folgenden Beispiel sind die Autorenhinweise kursiv gesetzt)

Analoge GOÄ-Nr.	Leistungslegende	Pkt. 1facher Satz
A 36	***Angabe der erbrachten analogen Leistung:*** Strukturierte Schulung einer Einzelperson mit einer Mindestdauer von 20 Min. bei Asthma bronchiale, je Sitzung **analog Nr. 33 GOÄ entsprechend GOÄ § 6 (2)** ***Text – ggf. auch Kurztext möglich- der originären GOÄ-Nr. 33:*** Strukturierte Schulung einer Einzelperson mit Mindestdauer von 20 Min. bei Diabtes...	**300 Pkt.** **17,49 Euro**

Pauschal-Honorare nicht statthaft!

Pauschale Honorar-Vereinbarungen, die nur die Leistung und den Pauschalbetrag angeben z.B.

Kurze ärztliche Bescheinigung = 5,- Euro Akupunktur = 27,- Euro

sind nach ärztlichem Berufsrecht und nach GOÄ nicht statthaft, auch wenn Sie diese auf fast allen Internetseiten von Praxen, die IGEL-Leistungen anbieten, und auch in Ärztezeitschriften finden. Pauschale Honorarvereinbarungen sind nur mit Versicherungen gestattet.

„Runde" Honorarbeträge

Einige Ärzte wählen, um auf einen „runden" Euro-Honorarbetrag zu kommen, entsprechend ungerade Multiplikatoren, die dann in der Liquidation auch anzugeben sind, z.B.:

GOÄ Nr	Kurzlegende	1fach €	Multiplikator	„Runder" Preis in €
1	Beratung	4,66	2,14	10,–
3	Eingehende Beratung	8,74	2,29	20,–
70	Bescheinigung, kurze ärztliche	2,33	2,14	5,–
75	Krankheits- und Befundbericht, schriftlicher	7,58	2,11	16,–

Die **Überschreitung der Schwellenwerte ist gesondert zu begründen** (siehe zu § 12 Abs. 3 GOÄ). Auf Verlangen ist die Begründung näher zu erläutern. In Vereinbarungen mit **Leistungsträgern** im Sinne des § 11 GOÄ kann von den Anforderungen des § 12 abgewichen werden.

■ Rechtsprechung

Honorarabrechnung § 12 Abs.2 GOÄ

In § 12 Abs.2 GOÄ ist lediglich in formeller Hinsicht festgehalten, welchen Mindestinhalt eine ärztliche Gebührenrechnung haben muss, um die Fälligkeit der Forderung zu begründen.

Aus § 12 Abs.2 GOÄ lässt sich aber nicht eine materiell – rechtliche Ausschlussregelung entnehmen. So kann z. B. vom Arzt grundsätzlich die Diagnose nachgereicht bzw. korrigiert werden.

Nur wenn die GOÄ – wie z. B. bei Ziffer 410 – bestimmte Angaben in der Rechnung verlangt, kommt eine Nachholung nicht in Betracht.
Aktenzeichen: VGH Baden-Württemberg, 09.11.2012, AZ: 2 S 701/12
Entscheidungsjahr: 2012

Formularmäßige Abtretung einer Honorarforderung
Eine formularmäßig vorformulierte Einverständniserklärung eines Patienten hinsichtlich einer Abtretung des ärztlichen Honorars an eine Firma ist dann zulässig, wenn sich aus der Erklärung klar und eindeutig ergibt, dass der Patient sein Einverständnis mit der Abtretung, der Weitergabe der Behandlungsdaten und dem Einzug der Forderung auf Rechnung der Firma erklärt. In dem Fall ist die Erklärung weder intransparent noch unangemessen oder überraschend..
Aktenzeichen: OLG Naumburg, 20.12.2012, AZ: 1 U 120/11
Entscheidungsjahr: 2012

Grundsätzliches zum ärztlichen Honoraranspruch
Nach einer ärztlichen Behandlung besteht ein Vergütungsanspruch des Arztes nur, wenn dem Patienten eine Abrechnung nach den Vorschriften der GOÄ erteilt worden ist. Bei der GOÄ handelt es sich um ein für alle Ärzte geltendes zwingendes Preisrecht; dies ist verfassungsrechtlich nicht zu beanstanden, insbesondere wird die Berufsfreiheit der Ärzte nicht verletzt. Die ärztlichen Leistungen sind in dem Gebührenverzeichnis erfasst (vgl. § 4 Abs. 1 GOÄ) und innerhalb des durch § 5 GOÄ festgelegten Gebührenrahmens zu bewerten. Ärztliche Leistungen, die in der GOÄ nicht enthalten sind, können nach § 6 Abs. 2 GOÄ entsprechend einer nach Art, Kosten und Zeitaufwand gleichwertigen Leistung der GOÄ berechnet werden. Erst mit der Erteilung einer der GOÄ entsprechenden Rechnung wird die Vergütung fällig, § 12 Abs. 1 GOÄ. Vorher trifft den Patienten keine Zahlungsverpflichtung. Nach § 2 Abs. 1 GOÄ kann durch Vereinbarung eine abweichende Gebührenhöhe festgelegt werden. Die Vereinbarung einer abweichenden Punktzahl oder eines abweichenden Punktwertes ist nicht zulässig. Benennt eine Rechnung lediglich einen umfassenden Pauschalpreis, so ist diese Rechnung unbeachtlich. Es ist unzulässig, anstelle der Vergütung von Einzelleistungen ein Pauschalhonorar ohne Bezugnahme auf das Leistungsverzeichnis der GOÄ in Rechnung zu stellen und den Auslagenersatz zu pauschalieren.
Aktenzeichen: BSG, 27.03.2007, AZ: B 1 KR 25/06 R
Entscheidungsjahr: 2007

Fälligkeit der Honorarrechnung
Jeder Arzt kennt noch den früheren Streit mit den PKVs um die Honorarabrechnungen. Sehr häufig lehnten die PKVs die Begleichung einer Abrechnung ab, auch wenn nur vereinzelte Gebührenpositionen bestritten wurden.
Die Versicherer stützen sich dabei auf den Wortlaut des § 12 GOÄ, nach dem das ärztliche Honorar fällig wird, wenn dem Zahlungspflichtigen eine der GOÄ entsprechende Rechnung erteilt worden ist. Nach Ansicht der Krankenversicherungen bedeutet diese Formulierung, dass die gesamte Rechnung nicht fällig werde, wenn auch nur eine Position in der Rechnung angeblich nicht hätte angesetzt dürfen.
Dieser Auffassung der Versicherer hat der Bundesgerichtshof (BGH) deutlich widersprochen: Wenn die Rechnung den formellen Anforderungen der GOÄ entspricht, werde sie fällig. Mit einer solchen ordnungsgemäßen Rechnung versetze der Arzt seinen Patienten in die Lage, die Rechnung zu überprüfen. Daher bestehe kein Anlass, dem Arzt die Geltendmachung seiner Ansprüche aus der Rechnung weiter zu erschweren und eine Zahlungspflicht des Patienten zu verneinen. Sofern ein Patient bzw. seine Krankenversicherung nur die Berechtigung einzelner Gebührenansätze oder Steigerungsfaktoren bestreitet, sei der unstreitige Teil der Rechnung dennoch zu begleichen, da diese Vergütungsansprüche fällig seien.
Nach Vorlage einer formell korrekten Rechnung seines Arztes ist der Patient nunmehr grundsätzlich zur Zahlung verpflichtet. Der Patient kann jetzt nicht mehr die Begleichung der gesamten Rechnung mit der Begründung verweigern, der eine oder andere Gebührentatbestand hätte nicht abgerechnet werden dürfen. Der unstreitige Rechnungsteil muss in jedem Fall bezahlt werden, wenn die Rechnung formell der GOÄ entspricht.
Aktenzeichen: BGH, 21.12.2006, AZ: III ZR 117/06
Entscheidungsjahr: 2006

Verjährung einer Arztrechnung nach GOÄ
Grundsätzlich verjährt die Forderung aus einem Behandlungsvertrag innerhalb von 3 Jahren. Die Verjährungsfrist beginnt mit dem Ende des Jahres zu laufen, in dem der Anspruch entstanden und

fällig ist. Entstehen und Fälligkeit können aber – wie bei der GOÄ – auseinanderfallen. Denn nach § 12 GOÄ ist die Erteilung einer ordnungsgemäßen Gebührenrechnung Vorraussetzung für die Fälligkeit des Honoraranspruches. Für den Beginn der Verjährung ist daher auf das Datum der Rechnung abzustellen.
Aktenzeichen: AG München, 28.10.2010, AZ: 213 C 18634/10
Entscheidungsjahr: 2010

Verjährungsbeginn bei Arztrechnung, § 12 GOÄ – Verwirkung
Nach den §§ 195,199 I BGB verjähren Ansprüche auf Zahlung von Arzthonorar in 3 Jahren mit dem Schluss des Jahres, in dem der Anspruch entstanden ist. Bei Honoraransprüchen von Ärzten ist der Anspruch mit dem Eintritt der Fälligkeit entstanden; gemäß § 12 GOÄ wird ein Honorar fällig, wenn dem Patienten eine der GOÄ entsprechende Rechnung erteilt wird. Nach dem BGH muss eine Rechnung vorliegen, die die formellen Voraussetzungen des § 12 Abs. 2–4 GOÄ erfüllt. Dazu gehört aber nicht die Angabe, dass auf der Grundlage der GOÄ abgerechnet wurde; zumal wenn die Abrechnungsziffern des Leistungskatalogs der GOÄ angeben sind. Dann ist nämlich der Zweck des § 12 GOÄ, dem Patienten eine Möglichkeit zur Prüfung der in Rechnung gestellten Leistungen (Rechtsprechung BGH) zu geben, erfüllt. Eine Verwirkung des Honoraranspruches kann dann eintreten, wenn zwischen Behandlung und Rechnungsstellung ein erheblicher Zeitraum vergangen ist, und der Patient Anhaltspunkte dafür hat, der Arzt werde seine Leistungen nicht mehr geltend machen. Diesen Umstand muss aber der Patient – zumindest im Prozess – konkret nachweisen.
Aktenzeichen: LG Krefeld, 25.10.2007, AZ: 3 S 23/07
Entscheidungsjahr: 2007

Verjährung von Honorar bei unwirksamer Abtretung
Wenn ein Arzt an einen Dritten zur Rechnungsstellung eine Honorarforderung ohne Einwilligung des Patienten abtritt, ist diese Abtretung unwirksam. Eine Rechnung des Dritten kann daher nicht die Fälligkeit des Honorars nach § 12 GOÄ auslösen; somit kann aber auch die Verjährungsfrist nicht beginnen. Erst wenn der behandelnde Arzt selbst die Rechnung stellt, beginnt in diesem Fall die Verjährung zu laufen.
Aktenzeichen: OLG Karlsruhe, 05.09.2002, AZ: 12 U 83/01
Entscheidungsjahr: 2002

Verwirkung
Gemäß § 12 II GOÄ ist die Fälligkeit einer Forderung eines Arztes erst gegeben, wenn eine prüfbare Honorarrechnung erteilt worden ist. Da der Beginn einer möglichen Verjährung voraussetzt, dass der Arzt eine Honorarrechnung erteilt, muss eine Rechnung innerhalb angemessener Frist erteilt werden. Wenn eine Rechnung erst drei Jahre nach Abschluss der Behandlung erteilt wird, ist der Anspruch des Arztes verwirkt; es sei denn, aus den Umständen ergibt sich, dass der Patient immer noch eine Rechnung erwarten musste.
Aktenzeichen: OLG Nürnberg, 09.01.2008, AZ: 5 W 2508/07
Entscheidungsjahr: 2008

Honorar bei Nichterscheinen des Patienten zu einem festen Termin
Für eine ambulante Operation war mit einem Patienten ein fester Behandlungstermin vereinbart worden Der Patient hatte den schriftlichen Hinweis erhalten, dass eine Terminabsage mindestens 24 Stunden vorher mitzuteilen wäre. Die Absage erfolgte aber erst 2 Stunden vor der OP. Im Falle dieses deutlichen Hinweises kann ein Arzt bei Nichterscheinen das volle Behandlungshonorar verlangen, ohne zur Nachleistung verpflichtet zu sein, da der Patient zum Schadensersatz verpflichtet ist. Der Arzt muss dann aber darlegen, dass ihm durch die verspätete Absage überhaupt ein Verdienstausfall entstanden ist. Dies ist nur dann der Fall, wenn der Arzt bei einer rechtzeitigen Absage die Möglichkeit gehabt hätte, einen anderen Patienten in der Zeit zu behandeln, den er tatsächlich nicht – auch nicht später – behandeln konnte.
Aktenzeichen: OLG Stuttgart, 27.03.2007, AZ: 1 U 154/06
Entscheidungsjahr: 2007

Vereinbarung eines Ausfallhonorars, wenn Patient einen Termin nicht einhält
Es ist für einen Arzt grundsätzlich zulässig, mit einem Privatpatienten schriftlich in einem Formular ein Ausfallhonorar für den Fall zu vereinbaren, wenn der Patient zu einem fest vereinbarten Behandlungstermin nicht erscheint. Es handelt sich dann um eine sog. Formularvereinbarung. Die Formulierung: Termine sind frühzeitig, spätestens aber 24 Stunden vorher abzusagen; nicht rechtzeitig abgesagte

Termin werden mit Euro 35.- pro halbe Stunde in Rechnung gestellt, wird aber als unzulässig angesehen. Diese Klausel benachteiligt den Patienten in unangemessener Weise und ist damit rechtsmissbräuchlich, da sich der Patient bei einem unverschuldeten Fernbleiben nicht entlasten kann.
Aktenzeichen: LG Berlin, 15.04.2005, AZ: 55 S 310/04
Entscheidungsjahr: 2005

Abtretung einer Honorarvergütung an Inkassostelle

Erklärt ein Patient in schriftlicher Form die Einwilligung zur Abtretung einer ärztlichen Vergütung an eine Inkassostelle ist zu beachten: Erteilt der Patient die Einwilligung zur Abtretung und zur Weitergabe der notwendigen Informationen, ist diese Erklärung schriftlich festzuhalten. Mit diesem Einverständnis erklärt der Patient zumindest konkludent die Entbindung von der ärztlichen Schweigepflicht. Ist diese Einwilligung aber ein Teil von weiteren Erklärungen des Patienten, sollte der Arzt § 4a I 3 BDSG beachten, wonach dann die Einwilligung des Patienten gesondert hervorzuheben ist. Zweck dieser Regelung ist es, ein Überlesen der Einwilligung zu vermeiden.
Aktenzeichen: OLG Celle, 11.09.2008, AZ: 11 U 88/08
Entscheidungsjahr: 2008

Hinweise auf GOÄ-Ratgeber der BÄK:

► **Pflichtangaben auf einer Arztrechnung**
Dr. jur. Marlis Hübner – in: Deutsches Ärzteblatt 107, Heft 28-29 (19.07.2010), S. A 1424
http://www.bundesaerztekammer.de/page.asp?his=1.108.4144.4222.8692&all=true
Die Autorin fasst wesentliche Punkte einer Arztrechnungzusammen:“ Das Datum der Erbringung der Leistung; bei Gebühren die Nummer und die Bezeichnung der einzelnen berechneten Leistungen einschließlich einer in der Leistungsbeschreibung gegebenenfalls genannten Mindestdauer sowie den jeweiligen Betrag und den Steigerungssatz; bei Gebühren für vollstationäre, teilstationäre sowie vor- und nachstationäre privatärztliche Leistungen zusätzlich den Minderungsbetrag nach § 6 a; bei Entschädigungen nach den §§ 4 bis 9 den Betrag, die Art der Entschädigung und die Berechnung; bei Ersatz von Auslagen nach § 10 den Betrag und die Art der Auslage; übersteigt der Betrag der einzelnen Auslage 25,56 Euro, ist der Beleg oder ein sonstiger Nachweis beizufügen...
...Darüber hinaus sind Leistungen, die auf Verlangen des Zahlungspflichtigen erbracht worden sind (§ 1 Abs. 2 GOÄ), zu kennzeichnen Die Bezeichnung der Leistungen nach § 12 Abs. 2 Nr. 2 GOÄ kann entfallen, wenn der Rechnung eine Zusammenstellung beigefügt wird, der die Bezeichnung für die abgerechnete Leistungsnummer entnommen werden kann.“
Erbringt ein Arzt Leistungen, die der Umsatzsteuerpflicht unterliegen (zum Beispiel Lieferung von Kontaktlinsen oder Schuheinlagen; kosmetische Operation), dann sind bei der Rechnung die umsatzsteuerrechtlichen Regelungen und Richtlinien zu beachten. Vgl. dazu insbesondere § 14 Abs. 4 UStG. ◄

► **Korrekte Rechnungslegung (2) – Begründung bei Überschreiten der Schwellenwerte**
www.baek.de/page.asp?his=1.108.4144.4222.5595
Dr. med. Anja Pieritz – in: Dt. Ärzteblatt 102, Heft 8 (25.02.2005), Seite A-526
Es wird dazu ausgeführt: Nach § 5 GOÄ hat der Arzt das Recht, eine aufwendige Leistung oberhalb des Schwellenwertes abzurechnen. Gemäß § 12 Abs. 3 GOÄ muss dann die einzelne Leistung in der Rechnung verständlich und nachvollziehbar schriftlich begründet werden. Wichtig dabei: die Wiederholung der Bemessungskriterien nach § 5 Absatz 2 reichen nicht aus, um die Gründe für die Überschreitung des Schwellenwertes einzeln zu rechtfertigen.
Die Begründung für das Überschreiten des Schwellenwertes muss für jede einzelne Leistung erfolgen. Eine durchgängige pauschale Begründung ist unzulässig.
„In Verbindung mit § 5 Absatz 2 ergibt sich, dass als Begründung nur Bemessungskriterien aufgeführt werden dürfen, die nicht durch die Leistungslegende der Gebührenposition abgedeckt sind. Gemäß § 12 Absatz 3 hat der Arzt auf Verlangen des Patienten die Begründung näher zu erläutern.“

► **Fälligkeit der Rechnung – BGH klärt Bedingungen**
www.arzt.de/page.asp?his=1.108.4144.4222.5155
Dr. med. Anja Pieritz – in: Deutsches Ärzteblatt 104, Heft 18 (04.05.2007), Seite A-1264, korrigiert 24.07.2007
Dr. Pieritz weist auf ein wichtiges Urteil hin: Private Krankenversicherungen hatten früher vorgetragen, eine Arztrechnung sei nach § 12 Abs. 1 GOÄ schon dann nicht fällig, wenn nur eine einzige Position der Rechnung unrichtig sei. Dazu hat der Bundesgerichtshof nunmehr ein klärendes Urteil gefällt:
„Nach Auffassung des Senats hängt die Fälligkeit der Vergütung davon ab, dass die Rechnung die formellen Voraussetzungen in § 12 Abs. 2 bis 4 GOÄ erfüllt.“ „Die Fälligkeit [...] setzt deswegen nicht voraus, dass die Rechnung (in dem fraglichen) Punkt mit dem materiellen Gebührenrecht übereinstimmt.“ Der Senat sieht den Zweck der Regelung nach § 12 GOÄ darin, dass der Zahlungspflichtige in die Lage versetzt werde, ohne besondere medizinische oder gebührenrechtliche Vorkenntnisse, die Rechnung zu überprüfen. Da bei § 12 GOÄ die „Prüffähigkeit“ der Rechnung im Vordergrund stehe, sei es für die Fälligkeit der Rechnung nicht entscheidend, ob sich der vom Arzt geltend gemachte Anspruch als berechtigt erweise oder nicht. Die Fälligkeit, die auch für den Beginn der Verjährungsfrist für den Honoraranspruch des Arztes entscheidend sei, setze nicht voraus, dass die Rechnung (bei dem umstrittenen Gebührentatbestand) mit dem materiellen Gebührenrecht übereinstimme (BGH, Az.: III ZR 117/06).“

Inkrafttreten dieser Verordnung

Art. 3, 4. Vierte Änderungsverordnung vom 23.12.1995
Für vor Inkrafttreten dieser Verordnung erbrachte Leistungen gilt die Gebührenordnung für Ärzte in der bis zum Inkrafttreten dieser Verordnung geltenden Fassung weiter. Diese Verordnung tritt am 1. Januar 1996 in Kraft.

Kommentar:
Diese Bestimmung der Vierten Änderungsverordnung ist mittlerweile durch Zeitablauf überholt. Sie macht aber die Systematik deutlich, wie der Verordnungsgeber sich den Übergang bei wesentlichen Änderungen der GOÄ vorstellt. Dies kann auch für zukünftige Änderungen bedeutsam sein.

Informationen zur Beihilfe

Hinweise des BMI zu § 6 Beihilfefähige Aufwendungen bei Krankheit
Wie im Bereich der GKV kennt auch die Beihilfe Ausschlüsse von Untersuchungen und Behandlungen. Diese besonders in den Anlagen zum § 6 BBhV geregelten Ausschlüsse oder Teilausschlüsse sollten dem Arzt bekannt sein.
Es sei daraufhin gewiesen, dass in den einzelnen Bundesländern für die Landesbeamten regionale Beihilfeverordnungen mit geringen Abweichungen zur BBhV des Bundes existieren.

§ 6 Beihilfefähigkeit von Aufwendungen (Bundesbeihilfeverordnung – BBhV)
(http://www.buzer.de/gesetz/8634/a159937.htm**)**

(1) Beihilfefähig sind grundsätzlich nur notwendige und wirtschaftlich angemessene Aufwendungen. Andere Aufwendungen sind ausnahmsweise beihilfefähig, soweit diese Verordnung die Beihilfefähigkeit vorsieht.

(2) Die Notwendigkeit von Aufwendungen für Untersuchungen und Behandlungen setzt grundsätzlich voraus, dass diese nach einer wissenschaftlich anerkannten Methode vorgenommen werden. Als nicht notwendig gelten in der Regel Untersuchungen und Behandlungen, soweit sie in der Anlage 1 ausgeschlossen werden.

(3) Wirtschaftlich angemessen sind grundsätzlich Aufwendungen für ärztliche, zahnärztliche und psychotherapeutische Leistungen, wenn sie dem Gebührenrahmen der Gebührenordnungen für Ärzte, Zahnärzte sowie für Psychologische Psychotherapeuten und Kinder- und Jugendlichenpsychotherapeuten entsprechen. Als nicht wirtschaftlich angemessen gelten Aufwendungen aufgrund einer Vereinbarung nach § 2 Abs. 2 der Gebührenordnung für Ärzte, nach § 2 Abs. 3 der Gebührenordnung für Zahnärzte oder nach den Sätzen 2 bis 4 der allgemeinen Bestimmungen des Abschnitts G der Anlage zur Gebührenordnung für Zahnärzte. Wirtschaftlich angemessen sind auch Leistungen, die auf Grund von Vereinbarungen gesetzlicher Krankenkassen nach dem Fünften Buch Sozialgesetzbuch oder auf Grund von Verträgen von Unternehmen der privaten Krankenversicherung mit Leistungserbringerinnen oder Leistungserbringern erbracht worden sind, wenn dadurch Kosten eingespart werden. Die Aufwendungen für Leistungen von Heilpraktikerinnen und Heilpraktikern sind angemessen, wenn sie die zwischen dem Bundesministerium des Innern und den Heilpraktikerverbänden vereinbarten Höchstbeträge nach Anlage 2 nicht übersteigen.

Grundsätze für die Erstattungen von Aufwendungen im Krankheitsfall
Ein Beamter hat Anspruch auf Beihilfeleistungen für Aufwendungen im Krankheitsfall. Beihilfeleistungen zu Aufwendungen im Krankheitsfall werden erbracht, wenn diese dem Grunde nach medizinisch notwendig und der Höhe nach angemessen sind und die Beihilfefähigkeit nicht ausdrücklich ausgeschlossen ist. Die Vorschriften über die Begrenzung der Beihilfe konkretisieren den Begriff der Angemessenheit, der seinerseits an die medizinische Notwendigkeit der Aufwendungen anknüpft. Die Erstattungsfähigkeit der Aufwendungen ist danach auf die preisgünstigste von mehreren medizinisch gleichermaßen geeigneten Behandlungen begrenzt. Für die Beurteilung dieser Frage ist auf die Sach- und Rechtslage im Zeitpunkt des Entstehens der Aufwendungen abzustellen (BayVGH, Urt. v. 13. Dezember 2010, Az. 14 BV 08.1982).
Die Angemessenheit der Aufwendungen für ärztliche Leistungen bemisst sich ausschließlich nach dem Gebührenrahmen der GOÄ. Die auf der Grundlage eines Behandlungsvertrags mit dem Arzt sich ergebenden Aufwendungen sind danach grundsätzlich nur bis zur Höhe des Schwellenwerts des Gebührensrahmens der GOÄ (2,3-facher Satz) beihilfefähig, es sei denn, dass begründete besondere Umstände vorliegen. Leistungen, die der Arzt auf Verlangen des Patienten über das Maß einer medizinisch notwendigen ärztlichen Versorgung hinaus erbracht hat, sind nicht beihilfefähig (VerwG Bayreuth, 24.06.2014, AZ: B 5 K 11.371).
Gemäß § 5 Abs. 1 Satz 1 BhV sind Aufwendungen beihilfefähig, wenn sie dem Grunde nach notwendig und soweit sie der Höhe nach angemessen sind. Gemäß Satz 2 der Vorschrift beurteilt sich die Angemessenheit der Aufwendungen für ärztliche Leistungen ausschließlich nach dem Gebührenrahmen der Gebührenordnung für Ärzte; soweit keine begründeten besonderen Umstände vorliegen, kann nur eine Gebühr, die den Schwellenwert des Gebührenrahmens nicht überschreitet, als angemessen angesehen werden. Danach verzichten die Beihilfevorschriften auf eine eigenständige

Konkretisierung des Begriffs „angemessen“ und begrenzen die Kostenerstattung grundsätzlich auf die Gebühren, die den Schwellenwert des Gebührenrahmens nicht überschreiten. Somit knüpft die Beihilfefähigkeit von Aufwendungen für ärztliche Leistungen grundsätzlich an den Leistungsanspruch des Arztes an und setzt voraus, dass dieser seine Leistungen bei zutreffender Auslegung der Gebührenordnung in Rechnung gestellt hat. (siehe BVerwG, 28.10.2004, AZ: 2 C 34/03)

Verordnung über Beihilfe in Krankheits-, Pflege- und Geburtsfällen (Bundesbeihilfeverordnung – BBhV) – Vom 13. Februar 2009 (BGBl. S. 326) zuletzt geändert durch die dritte Verordnung zur Änderung der Bundesbeihilfeverordnung vom 8. September 2012 (BGBl. S. 1935) – Im Internet unter: http://www.bmi.bund.de/cae/servlet/contentblob/368016/publicationFile/17666/bbhv.pdf

Anlage 1 (zu § 6 Absatz 2)
Ausgeschlossene und teilweise ausgeschlossene Untersuchungen und Behandlungen

Abschnitt 1: Völliger Ausschluss

1.1 Anwendung tonmodulierter Verfahren, Audio-Psycho-Phonologie-Therapie (zum Beispiel nach Tomatis, Hörtraining nach Volf, audiovokale Integration und Therapie, Psychophonie-Verfahren zur Behandlung einer Migräne)
1.2 Atlastherapie nach Arlen
1.3 autohomologe Immuntherapien
1.4 autologe-Target-Cytokine-Therapie nach Klehr
1.5 ayurvedische Behandlungen, zum Beispiel nach Maharishi
2.1 Behandlung mit nicht beschleunigten Elektronen nach Nuhr
2.2 Biophotonen-Therapie
2.3 Bioresonatorentests
2.4 Blutkristallisationstests zur Erkennung von Krebserkrankungen
2.5 Bogomoletz-Serum
2.6 brechkraftverändernde Operation der Hornhaut des Auges (Keratomileusis) nach Barraquer
2.7 Bruchheilung ohne Operation
3.1 Chelat-Therapie
3.2 Colon-Hydro-Therapie und ihre Modifikationen
3.3 computergestütztes Gesichtsfeldtraining zur Behandlung nach einer neurologischbedingten Erkrankung oder Schädigung
3.4 cytotoxologische Lebensmitteltests
4.1 DermoDyne-Therapie (DermoDyne-Lichtimpfung)
5.1 Elektroneuralbehandlungen nach Croon
5.2 Elektronneuraldiagnostik
5.3 epidurale Wirbelsäulenkathetertechnik nach Racz
6.1 Frischzellentherapie
7.1 Ganzheitsbehandlungen auf bioelektrisch-heilmagnetischer Grundlage (zum Beispiel Bioresonanztherapie, Decoderdermographie, Elektroakupunktur nach Voll, elektronische Systemdiagnostik, Medikamententests nach der Bioelektrischen Funktionsdiagnostik, Mora-Therapie)
7.2 gezielte vegetative Umstimmungsbehandlung oder gezielte vegetative Gesamtumschaltung durch negative statische Elektrizität
8.1 Heileurhythmie
8.2 Höhenflüge zur Asthma- oder Keuchhustenbehandlung
8.3 Hyperthermiebehandlung
9.1 immunoaugmentative Therapie
9.2 Immunseren (Serocytol-Präparate)
9.3 isobare oder hyperbare Inhalationstherapien mit ionisiertem oder nichtionisiertem Sauerstoff oder Ozon einschließlich der oralen, parenteralen oder perkutanen Aufnahme (zum Beispiel hämatogene Oxidationstherapie, Sauerstoff-Darmsanierung, Sauerstoff-Mehrschritt-Therapie nach von Ardenne)
10.1 (frei)
11.1 Kariesdetektor-Behandlung
11.2 kinesiologische Behandlung
11.3 Kirlian-Fotografie
11.4 kombinierte Serumtherapie (zum Beispiel Wiedemann-Kur)

11.5 konduktive Förderung nach Petö
12.1 Laser-Behandlung im Bereich der physikalischen Therapie
13.1 modifizierte Eigenblutbehandlung (zum Beispiel nach Garthe, Blut-Kristall-Analyse unter Einsatz der Präparate Autohaemin, Antihaemin und Anhaemin) und sonstige Verfahren, bei denen aus körpereigenen Substanzen der Patientin oder des Patienten individuelle Präparate gefertigt werden (zum Beispiel Gegensensibilisierung nach Theurer, Clustermedizin)
14.1 neurotopische Diagnostik und Therapie
14.2 niedrig dosierter, gepulster Ultraschall
15.1 osmotische Entwässerungstherapie
16.1 Psycotron-Therapie
16.2 pulsierende Signaltherapie
16.3 Pyramidenenergiebestrahlung
17.1 (frei)
18.1 radiale Stoßwellentherapie – 50 –
18.2 Regeneresen-Therapie
18.3 Reinigungsprogramm mit Megavitaminen und Ausschwitzen
18.4 Rolfing-Behandlung
19.1 Schwingfeld-Therapie
20.1 Thermoregulationsdiagnostik
20.2 Trockenzellentherapie
21.1 (frei)
22.1 Vaduril-Injektionen gegen Parodontose
22.2 Vibrationsmassage des Kreuzbeins
23.1 (frei)
24.1 (frei)
25.1 (frei)
26.1 Zellmilieu-Therapie

Abschnitt 2: Teilweiser Ausschluss

1. Chirurgische Hornhautkorrektur durch Laserbehandlung
Aufwendungen sind nur beihilfefähig, wenn eine Korrektur durch Brillen oder Kontaktlinsen nach augenärztlicher Feststellung nicht möglich ist. Vor Aufnahme der Behandlung ist die Zustimmung der Festsetzungsstelle einzuholen.

2. Extrakorporale Stoßwellentherapie (ESWT) im orthopädischen und schmerztherapeutischen Bereich
Aufwendungen sind nur beihilfefähig bei Behandlung verkalkender Sehnenerkrankung (Tendinosis calcarea), nicht heilender Knochenbrüche (Pseudarthrose), des Fersensporns (Fasziitis plantaris) oder der therapieresistenten Achillessehnenentzündung (therapiefraktäre Achillodynie). Auf der Grundlage des Beschlusses der Bundesärztekammer zur Analogbewertung der ESWT sind Gebühren nach Nummer 1800 der Anlage zur Gebührenordnung für Ärzte beihilfefähig. Daneben sind keine Zuschläge beihilfefähig.

3. Hyperbare Sauerstofftherapie (Überdruckbehandlung)
Aufwendungen sind nur beihilfefähig bei Behandlung von Kohlenmonoxidvergiftung, Gasgangrän, chronischen Knocheninfektionen, Septikämien, schweren Verbrennungen, Gasembolien, peripherer Ischämie oder von Tinnitusleiden, die mit Perzeptionsstörungen des Innenohres verbunden sind.

4. Klimakammerbehandlung
Aufwendungen sind nur beihilfefähig, wenn andere übliche Behandlungsmethoden nicht zum Erfolg geführt haben und die Festsetzungsstelle auf Grund des Gutachtens von einer Ärztin oder einem Arzt, die oder den sie bestimmt, vor Beginn der Behandlung zugestimmt hat.

5. Lanthasol-Aerosol-Inhalationskur
Aufwendungen sind nur beihilfefähig, wenn die Aerosol-Inhalationskuren mit hochwirksamen Medikamenten, zum Beispiel Aludrin, durchgeführt werden.

6. Magnetfeldtherapie
Aufwendungen sind nur beihilfefähig bei Behandlung von atrophen Pseudarthrosen, bei Endoprothesenlockerung, idiopathischer Hüftnekrose und verzögerter Knochenbruchheilung, wenn die

Magnetfeldtherapie in Verbindung mit einer sachgerechten chirurgischen Therapie durchgeführt wird, sowie bei psychiatrischen Erkrankungen.

7. Ozontherapie
Aufwendungen sind nur beihilfefähig bei Gasinsufflationen, wenn damit arterielle Verschlusserkrankungen behandelt werden. Vor Aufnahme der Behandlung ist die Zustimmung der Festsetzungsstelle einzuholen.

8. Therapeutisches Reiten (Hippotherapie)
Aufwendungen sind nur beihilfefähig bei ausgeprägten cerebralen Bewegungsstörungen (Spastik) oder schwerer geistiger Behinderung, sofern die ärztlich verordnete Behandlung von Angehörigen der Gesundheits- oder Medizinalfachberufe (zum Beispiel Krankengymnastin oder Krankengymnast) mit entsprechender Zusatzausbildung durchgeführt wird. Die Aufwendungen sind nach den Nummern 4 bis 6 der Anlage 9 beihilfefähig.

9. Thymustherapie und Behandlung mit Thymuspräparaten
Aufwendungen sind nur beihilfefähig bei Krebsbehandlungen, wenn andere übliche Behandlungsmethoden nicht zum Erfolg geführt haben.

■ Rechtsprechung

Beihilfe bei einer ganzheitlichen Krebstherapie
Das Verwaltungsgericht legt u. a. dar:
Somit ist eine Behandlungsmethode dann „wissenschaftlich nicht allgemein anerkannt“, wenn eine Einschätzung ihrer Wirksamkeit und Geeignetheit durch die in der jeweiligen medizinischen Fachrichtung tätigen Wissenschaftler nicht vorliegt oder wenn die überwiegende Mehrheit der mit der Methode befassten Wissenschaftler ihre Erfolgsaussichten als ausgeschlossen oder jedenfalls gering beurteilt (vgl. OVG des Saarlandes, Urteil vom 01.12.2015 – AZ: 1 A . 96/15. Daher ist die ganzheitliche **immunbiologische Behandlung** nicht als wissenschaftlich allgemein anerkannte Methode anzusehen. Es fehlt an einer ausreichend verbreiteten fachlichen Bejahung ihrer Geeignetheit und Wirksamkeit. Der Sachverständige hatte in dem Verfahren ausgeführt *Sowohl über die Qualität und die Wirksamkeit der angewendeten ganzheitlichen immunbiologischen Therapie als auch über die einzelnen Bestandteile wie die GcMAF-Infusionstherapie, die pulsierende Signalfeldtherapie, eine Eigenbluttherapie und die angewendete orthomolekulare Medizin können keine zuverlässigen wissenschaftlichen Aussagen gemacht werden, da hierzu keine einzige einwandfrei durchgeführten Studie, welche den oben angeführten Ansprüchen genügt vorliegt.*
Dem Argument, die Beihilfe sei auch zu den Aufwendungen für eine Außenseitermethode zu gewähren, bleibt der Erfolg versagt. Nach der Rechtsprechung gibt es Ausnahmefälle , in denen vor dem Hintergrund der Fürsorgepflicht des Dienstherrn aus Art. 33 Abs. 5 GG bzw. nach allgemeinen verfassungsrechtlichen Grundsätzen (Art. 2 Abs. 1 GG und Sozialstaatsprinzip) sowohl im Beihilferecht als auch im Rahmen der Krankenversicherung Leistungen auch zu Methoden zu gewähren sind, denen die allgemeine wissenschaftliche Anerkennung fehlt. Das ist namentlich dann der Fall, wenn für eine lebensbedrohliche oder regelmäßig tödliche Erkrankung eine allgemein anerkannte, medizinischem Standard entsprechende Behandlung nicht zur Verfügung steht, ein anerkanntes Heilverfahren nicht anwendet werden kann oder bereits ohne Erfolg eingesetzt worden ist. In einem solchen Fall können auch Aufwendungen für **sog. Außenseitermethoden** notwendig und angemessen und damit beihilfefähig sein, wenn die Aussicht besteht, dass eine solche Behandlungsmethode nach einer medizinischen Erprobungsphase entsprechend dem gegenwärtigen Stand der Wissenschaft noch wissenschaftlich allgemein anerkannt werden kann und eine nicht ganz entfernt liegende Aussicht auf Heilung oder auf eine spürbare positive Entwicklung auf den Krankheitsverlauf besteht (vgl. BVerwG, Urteil vom 29.06.1995 – 2 C 15/94). Diese Rechtsprechung ist auf das Beamtenbeihilferecht übertragbar.
In diesem Fall fehlte es aber an der Voraussetzung, dass für diese Erkrankung eine allgemein anerkannte, medizinischem Standard entsprechende Behandlung nicht zur Verfügung steht. Der SV hat hierzu aus die bestehenden Leitlinien verwiesen.
Aktenzeichen: VerwG Saarland, 12.05.2016, AZ: 6 K 2135/13
Entscheidungsjahr: 2016

Nicht verschreibungspflichtige Arzneimittel nicht beihilfefähig
Gemäß § 22 Abs. 2 Nr. 2 BBhV sind Aufwendungen für nicht verschreibungspflichtige Arzneimittel nicht beihilfefähig. Das gilt nach § 22 Abs. 2 Nr. 2 Buchstabe d) Satz 1 BBhV nicht, wenn diese Arz-

neimittel bei der Behandlung schwerwiegender Erkrankungen als Therapiestandard gelten und mit dieser Begründung von der Ärztin oder dem Arzt ausnahmsweise verordnet werden. Gemäß § 22 Abs. 2 Nr. 2 Buchstabe d) Satz 2 BBhV hat das Bundesministerium des Innern in Verwaltungsvorschriften die entsprechenden Arzneimittel zu bestimmen. Die Ausnahmen lehnen sich an Abschnitt F der Arzneimittelrichtlinien des Gemeinsamen Bundesausschusses an und sind abschließend im Anhang 4 aufgeführt. Weitere Möglichkeiten von Ausnahmen sind nicht zugelassen.
Präparate wie z. B. Linola Fett N Ölbad Badezusatz, Adeps Lanae anhyd. 25,0 mit Paraffin subliquid ad 50,0 oder Artelac Advanced EDO Tränenflüssigkeit sind in Anhang 4 unstreitig nicht genannt und damit nicht beihilfefähig
Aktenzeichen: VG Oldenburg, 11.05.2012, AZ: 6 A 1832/10
Entscheidungsjahr: 2012

Arzneimittel bei erheblichem Haarausfall bei Frauen beihilfefähig
Die androgenetische Alopecie und der androgenetische Haarausfall stellen eine behandlungsbedürftige Krankheit dar. Bei einer Frau stellt ein totaler Haarverlust eine Behinderung (§ 33 I 1 SGB V, § 2 I SGB IX) dar (vgl. BSG, Urt. v. 23.07.2002 – B 3 KR 66/01). Erheblicher Haarausfall bei Frauen ist damit nicht nur eine kosmetische Frage oder ein Problem der Lebensqualität, sondern bedarf ärztlicher Behandlung.
Aktenzeichen: OVG Sachsen, 02.07.2012, AZ: 2 A 202/10
Entscheidungsjahr: 2012

Beihilfeanspruch bei Beinverlängerung
Eine junge Frau hatte sich durch einen operativen Eingriff beide Beine verlängern lassen. Die dafür aufgewandten Kosten können im Rahmen der Beihilfe nicht geltend gemacht werden, so das Bundesverwaltungsgericht:
Bei einer geringen Körpergröße handelt es sich objektiv nicht um eine Krankheit; auf das subjektive Empfinden der Betroffenen kommt es nicht an.
Aufwendungen für eine OP an einem gesunden Körper sind auch dann nicht notwendig im Sinne des Beihilferechts, wenn die subjektive Belastung für die Betroffene das Ausmaß einer psychischen Erkrankung angenommen haben kann.
Aktenzeichen: 1. BVerwG, 30.09.2011, AZ: 2 B 66.11
2. OVG Nordrhein-Westfalen, 24.01.2011, AZ: 1 A 527/08
Entscheidungsjahr: 2011

Abspielgerät für Hörbücher
Sogenannte DAISY – Abspielgeräte sind speziell für blinde oder sehbehinderte Personen entwickelt worden. Die Geräte dienen daher nicht vorrangig der allgemeinen Lebenshaltung, sondern sind beihilfefähige Hilfsmittel.
Die Kosten für ein DAISY – Abspielgerät sind daher von der Beihilfe zu ersetzen.
Aktenzeichen: VGH Baden-Württemberg, 26.09.2011, AZ: 2 S 825/11
Entscheidungsjahr: 2011

Hyperthermiebehandlung bei Mammakarzinom
Die Hyperthermiebehandlung eines Mammakarzinoms erfüllt nicht die Voraussetzungen einer wissenschaftlich allgemein anerkannten Behandlungsmethode; zumindest dann, wenn sie nicht zusammen mit anderen schulmedizinischen Methoden erfolgt. Wenn daher die Therapie mit herkömmlichen Behandlungsmethoden möglich ist, sind die Aufwendungen für eine Hyperthermiebehandlung nicht beihilfefähig.
Aktenzeichen: VG Karlsruhe, 20.10.2011, AZ: 9 K 1098/10
Entscheidungsjahr: 2011

Galvanotherapie
Die Beihilfefähigkeit von Kosten für eine Galvanotherapie zur Behandlung eines metastasierenden Mammakarzinoms wird verneint, da die Methode nicht allgemein wissenschaftlich anerkannt und daher nicht medizinisch notwendig ist.
Nach der Rechtsprechung des Bundesverwaltungsgerichts ist bei der Prüfung der medizinischen Notwendigkeit einer Behandlung in der Regel die Beurteilung des behandelnden Arztes maßgeblich; ausgenommen davon sind jedoch wissenschaftlich nicht anerkannte Heilmethoden.
Auch im Rahmen der Beihilfe ist die Behandlung mit einer alternativen Heilmethode nicht grundsätzlich ausgeschlossen, wenn eine ernst zu nehmende Aussicht auf Erfolg besteht.

Dazu die Grundsätze des Bundesverwaltungsgerichts: eine wissenschaftlich allgemein anerkannte Methode hat sich noch nicht gebildet oder kann beim Patienten nicht angewendet werden; oder sie ist bisher ohne Erfolg eingesetzt worden. Daneben besteht die Aussicht, dass die neue Heilmethode bald wissenschaftlich anerkannt wird.
Diese Voraussetzungen liegen bei einer Galvanotherapie nicht vor.
Aktenzeichen: VG Regensburg, 11.04.2011, AZ: RO 8 K 11.403
Entscheidungsjahr: 2011

Beihilfe für Abmagerungsmittel Xenical
Bei einer behandlungsbedürftiger Adipositas besteht ein Anspruch auf Beihilfe für das Abmagerungsmittel Xenical.
Der Anspruch wäre nicht gegeben, wenn das Arzneimittel nur zur Verbesserung der Lebensqualität verschrieben wird oder dies auch bei einem medizinischen Hintergrund im Vordergrund steht. Wenn es sich aber zuvorderst um eine medizinisch notwendige und krankheitsbedingte Behandlung handelt, die nebenbei auch die Lebensqualität steigert, sind die Aufwendungen für das Arzneimittel beihilfefähig.
Aktenzeichen: VerwG Potsdam, 30.09.2011, AZ: 2 K 883/08
Entscheidungsjahr: 2011

Elektromobil
Ein Elektromobil – hier: Cityliner 412 – ist kein beihilfefähiges Hilfsmittel.
Aktenzeichen: VGH Baden-Württemberg, 10.10.2011, AZ: 2 S 1369/11
Entscheidungsjahr: 2011

Analogabrechnung nach § 6 GOÄ und Anwendung des Schwellenwertes nach § 5 GOÄ bei beihilfeberechtigten Patienten
Wenn ein Arzt eine Leistung gemäß § 6 Abs. 2 GOÄ analog abrechnen kann, ist die Höhe des Gebührensatzes innerhalb des durch § 5 Abs. 2 GOÄ gegebenen Rahmens nach billigem Ermessen vorzunehmen. Innerhalb der Regelspanne des 1 fachen bis 2,3fachen Satzes hat der Arzt die Gebühr zu bestimmen; in der Praxis orientiert sich die Mehrzahl der Fälle am 2,3 fachen Satz. Dies wird von der Rechtsprechung grundsätzlich akzeptiert; vgl. BGH, 08.11.2007, AZ: III ZR 54/07.
Diese ärztlichen Leistungen sind nach der Beihilfeverordnung beihilfefähig. Wenn eine analoge Berechnung vorgenommen wird und der 2,3 fache Gebührensatz abgerechnet wird, besteht für den Arzt auch bei beihilfeberechtigten Patienten keine Begründungspflicht. Diese Verpflichtung besteht nur dann, wenn dies in der GOÄ vorgesehen ist, § 12 Abs. 3 GOÄ.
Aktenzeichen: VerwGer.Hof Baden-Württemberg, 28.01.2010, AZ: 10 S 2582/08
Entscheidungsjahr: 2010

Abrechnungsprobleme bei der Beihilfe – z. B. BayBhV
Nach § 7 Abs. 1 S. 1 BayBhV sind beihilfefähig Aufwendungen, wenn die dem Grunde nach medizinisch notwendig, sie der Höhe nach angemessen sind und die Beihilfefähigkeit nicht ausdrücklich ausgeschlossen ist.
Die Angemessenheit der Aufwendungen für ärztliche Leistungen beurteilt sich ausschließlich nach dem Gebührenrahmen der GOÄ.
Aktenzeichen: VG Ansbach, 30.06.2010, AZ: AN 15 K 09.01745
Entscheidungsjahr: 2010

Beihilfe bei Analog – Abrechnung durch Arzt
In § 6 Abs. 2 GOÄ ist die Zulässigkeit einer sog. Analog – Abrechnung aufgeführt. Analogleistungen sind von der Beihilfefähigkeit nicht grundsätzlich ausgeschlossen.
Die BÄK gibt regelmäßig ein Analogverzeichnis heraus. Für Leistungen, die in diesem Verzeichnis aufgeführt sind, besteht eine Regelvermutung in der Art, dass diese angemessen im Sinne der Beihilfevorschriften sind. Eine Festsetzungsstelle hat daher die Angemessenheit idR nicht mehr gesondert zu prüfen.
Wenn aber die ärztliche Leistung nicht in dem Verzeichnis der BÄK enthalten ist, hat die Festsetzungsstelle zu prüfen, ob die Voraussetzungen des § 6 Abs. 2 GOÄ vorliegen.
Aktenzeichen: OVG Sachsen-Anhalt, 24.11.2010, AZ: 1 L 146/10
Entscheidungsjahr: 2010

Beihilfefähigkeit – Analogabrechnung eines psychiatrischen Gesprächs
Wenn ein psychiatrisches Gespräch nach GOÄ-Nr. 886 analog („ spezifisches psychiatrisches Gespräch, länger als 40 Minuten") abgerechnet wird, ist es für die Beihilfestelle grundsätzlich zulässig,

eine Umwandlung in die GOÄ-Nr. 806 vorzunehmen, denn die Analogbewertung ist nicht im Verzeichnis der BÄK aufgenommen. Für einen erheblichen Zeitaufwand kann dann ein erhöhter Steigerungssatz (3,5fach) angesetzt werden.
Ist eine Analogabrechnung nicht im Verzeichnis der BÄK aufgenommen, ist die Beihilfestelle verpflichtet, bei der BÄK nach der Vertretbarkeit der Abrechnung nachzufragen. Eine Ablehnung der Beihilfe ohne diese Nachfrage widerspricht der Fürsorgepflicht des Dienstherrn.
Aktenzeichen: VG Arnsberg, 28.12.2010, AZ: 13 K 3055/09
Entscheidungsjahr: 2010

Vom Arzt nachgereichte Begründung für Überschreiten des Schwellenwertes
Der Arzt kann die Begründung für das Überschreiten des 2,3fachen Gebührensatzes (Schwellenwert) ergänzen, nachholen oder korrigieren. Dies kann auch noch im Verlaufe eines verwaltungsgerichtlichen Verfahrens geschehen. Für den Beihilfeanspruch ist allein maßgeblich, ob das Überschreiten des Schwellenwertes sachlich gerechtfertigt ist. An die schriftliche Begründung, die der Arzt bei dem Überschreiten des Schwellenwertes zu fertigen hat, sind keine überzogenen Anforderungen zu stellen. Es genügt in der Regel, stichwortartig das Vorliegen von Umständen, die das Überschreiten des Schwellenwertes rechtfertigen, darzustellen.
Aktenzeichen: OVG Lüneburg, 12.08.2009, AZ: 5 LA 368/08
Entscheidungsjahr: 2009

Behandlung mit Außenseitermethoden
Eine Beihilfegewährung zu wissenschaftlich nicht allgemein anerkannten Methoden ist nach der Rechtsprechung in Einzelfällen ausnahmsweise dann geboten, wenn es keine anerkannten Therapieansätze gibt oder anerkannte Verfahren ohne Erfolg angewandt wurden und Aussicht auf eine allgemeine Anerkennung der konkret angewandten Methode besteht (vgl. nur BVerwG v. 29.6.1995 a.a.O.; Mildenberger, Beihilferecht, Band 4, Anm. 19 (6) zum inhaltlich entsprechenden § 6 Abs. 2 BhV m.w.N.). Dabei genügt nicht die bloße Möglichkeit einer solchen Anerkennung; vielmehr muss nach dem Stand der Wissenschaft die begründete Erwartung auf wissenschaftliche Anerkennung bestehen. Für eine solche Annahme ist zumindest erforderlich, dass bereits wissenschaftliche, nicht auf Einzelfälle beschränkte Erkenntnisse vorliegen, die attestieren, dass die Behandlungsmethode zur Heilung der Krankheit oder zur Linderung von Leidensfolgen geeignet ist und wirksam eingesetzt werden kann (BayVGH, 13.12.2010, AZ: 14 BV 08.1982). Dagegen kommt es nicht darauf an, ob die wissenschaftlich nicht allgemein anerkannte Behandlungsmethode im konkreten Einzelfall zu einem therapeutischen Erfolg geführt hat.
Aktenzeichen: VerwG München, 03.03.2011, AZ: M 17 K 09.712
Entscheidungsjahr: 2011

Beihilfe bei fehlerhafter Arztrechnung
Nach § 5 Abs.1 S. 1 BhV sind Aufwendungen für ärztliche Behandlungen beihilfefähig, wenn sie dem Grunde nach notwendig und die Höhe der Arztkosten angemessen sind. Angemessen und daher beihilfefähig sind die Aufwendungen, die dem Arzt für die Behandlung nach der GOÄ zustehen. Es muss daher eine ordnungsgemäße Liquidation des Arztes nach der GOÄ vorliegen.
Eine fehlerhafte Abrechnung des Arztes ist aber dann für den Anspruch auf Beihilfe folgenlos, wenn bis zum Verwaltungsgerichtsverfahren die Notwendigkeit und Angemessenheit der ärztlichen Leistung festgestellt wird. Der behandelnde Arzt kann daher z. B. seine Diagnose noch nachreichen oder sogar korrigieren.
Aktenzeichen: BverwG, 20.03.2008, AZ: 2 C 19/06
Entscheidungsjahr: 2008

Honorarminderung nach § 6 a GOÄ bei externem Arzt
Die hier strittige Frage, ob die von Belegärzten oder anderen niedergelassenen Ärzten berechneten Gebühren für Leistungen, die außerhalb des Krankenhauses erbracht worden sind, nach § 6 a GOÄ um 15 v.H. zu mindern sind, ist in der Zivilrechtsprechung abschließend geklärt. Mit Urteil vom 13. Juni 2002 – III ZR 186/01 – hat der Bundesgerichtshof entschieden, dass der Honoraranspruch eines niedergelassenen anderen Arztes, der auf Veranlassung eines Krankenhausarztes für einen im Krankenhaus behandelten Patienten, der wahlärztliche Leistungen mit dem Krankenhaus vereinbart hat, im Zusammenhang mit der stationären Behandlung stehende ärztliche Leistungen erbringt, auch dann nach § 6 a GOÄ der Gebührenminderung unterliegt, wenn er diese Leistungen in seiner eigenen Praxis und ohne Inanspruchnahme von Einrichtungen, Mitteln und Diensten des Krankenhauses erbracht hat.
Aktenzeichen: BVerwG, 28.10.2004, AZ: 2 C 34/03
Entscheidungsjahr: 2004

Umsatzsteuerpflicht für Ärzte

Zu diesem Thema baten wir den Steuerberater bei der STB-TREUHAND STEUERBERATUNGS-GESELLSCHAFT IN MÜNCHEN, Wilhelm Lippert, um eine ausführliche Stellungnahme.
Das Thema Umsatzsteuer (umgangssprachlich auch: Mehrwertsteuer) betrifft alle, die im Sinne des Umsatzsteuergesetzes („UStG") als **Unternehmer** anzusehen sind.
Da dies gemäß Legaldefinition für den Unternehmerbegriff auch für eine selbständige ärztliche Tätigkeit zutrifft, unterliegt jeder selbständig tätige Arzt oder auch jede ärztliche Tätigkeit einer Personen- oder Kapitalgesellschaft grundsätzlich dem Umsatzsteuersystem.
Die Nicht-Belastung mit Umsatzsteuer für weite Bereiche der Mediziner-Tätigkeiten resultiert aus einer **spezifischen Steuerbefreiung, die in § 4 Nr. 14 UStG geregelt ist.**

Dort ist festgelegt, dass für die Steuerbefreiung 2 Kriterien kumulativ erfüllt sein müssen:

1. Es muss sich um eine „Heilbehandlungen im Bereich der Humanmedizin" handeln
+ die darüber hinaus erbracht werden muss
2. „im Rahmen der Ausübung der Tätigkeit als Arzt, Zahnarzt, Heilpraktiker, Physiotherapeut, Hebamme oder einer ähnlichen heilberuflichen Tätigkeit"

Wenn man unter die vorgenannten Katalogberufe fällt, d. h. Arzt, Zahnarzt, Heilpraktiker, Physiotherapeut, oder Hebamme ist, hat man ein Einstiegskriterium für die Steuerbefreiung schon kraft beruflicher Zulassung erfüllt. Für Leistungen aus der Tätigkeit von nichtärztlichen Heil- und Gesundheitsfachberufen (Physiotherapeuten etc.) fordert die Verwaltung darüber hinaus ein Tätigwerden auf Basis einer ärztlichen Verordnung.
Schwierig wird es bei der „**ähnlichen heilberuflichen Tätigkeit**". Hier entwickelt sich die Trennlinie anhand der Verwaltungsmeinung einerseits, sowie gerichtlichen Feststellungen andererseits. Für alle im heilberuflichen Umfeld Tätigen, die demnach nicht per se in „ähnlicher heilberuflichen Tätigkeit" aktiv werden, kommt eine Umsatzsteuerbefreiung damit zumeist – soweit nicht eine andere Befreiungsvorschrift greift – nicht in Betracht. **Zur Abgrenzung „ähnlicher heilberuflicher Tätigkeit" gemäß Verwaltungsmeinung siehe Umsatzsteuer-Anwendungserlass (USt-AE 4.14.4 Absätze 6 – 13) sowie OFD Frankfurt (Verfügung vom 10.04.2014).**

Erbracht werden muss eine „Heilbehandlungen im Bereich der Humanmedizin".

Heilbehandlungen im Bereich der Humanmedizin sind im Anwendungserlass zum Umsatzsteuergesetz definiert als „Tätigkeiten, die zum Zweck der Vorbeugung, Diagnose, Behandlung und, soweit möglich, der Heilung von Krankheiten oder Gesundheitsstörungen bei Menschen vorgenommen werden. Die befreiten Leistungen müssen dem Schutz der Gesundheit des Betroffenen dienen Dies gilt unabhängig davon, um welche konkrete heilberufliche Leistung es sich handelt (Untersuchung, Attest, Gutachten usw.), für wen sie erbracht wird (Patient, Gericht, Sozialversicherung o. a.) und wer sie erbringt (freiberuflicher oder angestellter Arzt, Heilpraktiker, Physiotherapeut oder Unternehmer, der ähnliche heilberufliche Tätigkeiten ausübt, bzw. Krankenhäuser, Kliniken usw.). **Heilberufliche Leistungen sind daher nur steuerfrei, wenn bei der Tätigkeit ein therapeutisches Ziel im Vordergrund steht.** Nicht unter die Befreiung fallen Tätigkeiten, die nicht Teil eines konkreten, individuellen, der Diagnose, Behandlung, Vorbeugung und Heilung von Krankheiten oder Gesundheitsstörungen dienenden Leistungskonzeptes sind."

Alle Leistungen bei denen kein therapeutisches Ziel im Vordergrund steht, sind damit umsatzsteuerpflichtig. Hiervon insbesondere betroffen sind z. B. „Schönheits-OPs", „Wellness-Anwendungen" und Gutachten für außermedizinische Zwecke.
Im Rahmen der Vorsorge begünstigt sind insbesondere die klassischen Vorsorgeuntersuchungen. Die freiwillige – ohne bestehende Gesundheitsstörung – Teilnahme an einer Ernährungsberatung, Diättherapie, einem Entspannungstraining, Rückenschule, an Bewegungsangeboten, einer Raucherentwöhnung etc. gilt nicht als mit einem therapeutischen Ziel verbunden und ist damit steuerpflichtig.

Nicht maßgeblich für die Beurteilung ob ein therapeutisches Ziel im Vordergrund steht ist, ob die Kosten von gesetzlichen Krankenkassen getragen oder erstattet werden (auch IGEL-Leistungen können damit steuerfrei sein).

Formale Vorgaben:

Besteht Umsatzsteuerpflicht für erbrachte Leistungen müssen in der ärztlichen Honorarrechnung (neben den Anforderungen an eine Honorarrechnung gemäß GOÄ) folgende Angaben aufgeführt werden (vollständige Liste siehe § 14 Abs. 4 UStG):

- Name und Anschrift des leistenden Unternehmers (die Praxis)
- Name und Anschrift des Leistungsempfängers (i. d. Regel der Patient)
- die Steuernummer des Arztes
- Rechnungsdatum und Rechnungsnummer
  (die Rechnungsnummer muss einmalig und fortlaufend sein)
- der Leistungszeitraum (i. d. Regel das Behandlungsdatum)
- das nach Steuersätzen und einzelnen Steuerbefreiungen aufgeschlüsselte Honorar
- der anzuwendende Steuersatz sowie der auf das Honorar entfallenden Steuerbetrag oder im Fall einer Steuerbefreiung ein Hinweis auf die Befreiung

Die Oberfinanzdirektion Karlsruhe stellt mit Verfügung vom 15.01.2013 u. a.fest (teilweise wurden nur Ausschnitte gewählt):

1. Steuerpflichtige Umsätze

1.1. Gutachten für rechtliche Verfahren

- Alkohol- und Drogen-Gutachten zur Untersuchung der Fahrtüchtigkeit;
- Blutalkoholuntersuchungen für gerichtliche Zwecke in Einrichtungen ärztlicher Befunderhebung....
- Medizinisch-psychologische Gutachten über die Fahrtauglichkeit;
- Blutgruppenuntersuchungen und DNA-Analysen z. B. im Rahmen der Vaterschaftsfeststellung oder zur Spurenauswertung;
- Gutachten, die im Rahmen von Strafverfahren erstattet werden;
- Gutachten in Unterbringungssachen nach § 321 Abs. 1 FamFG;
- forensische Gutachten, sowohl zur Frage der Schuldfähigkeit (§§ 20, 21 StGB) als auch zur Frage der Unterbringung in einem psychiatrischen Krankenhaus oder einer Entziehungsanstalt (§§ 63, 64 StGB);
- Untersuchung und Begutachtung durch Vertragsärzte zur Feststellung von Beschädigungen, wenn diese Leistungen nicht der (weiteren) medizinischen Betreuung dienen sollen, sondern z. B. als Grundlage für eine Entschädigungsleistung;
- Gutachten über die Minderung der Erwerbsfähigkeit in Schadensersatzprozessen;
- Gutachten, Berichte und Bescheinigungen, die der schriftlichen Kommunikation unter Ärzten dienen, z. B. bei Fragen der Schadensersatzleistung, auch bei öffentlich-rechtlicher Berichtspflicht;
- Gutachten im Bereich der Kinder- und Jugendpsychiatrie und Physiotherapie in straf-, zivil- oder familienrechtlichen Verfahren;

1.2. Gutachten für Verfahren der Sozialversicherungen

- Gutachten über die Minderung der Erwerbsfähigkeit in Sozialversicherungsangelegenheiten, ...
- gutachterliche Feststellungen zum voraussichtlichen Erfolg von Rehabilitationsleistungen im Rahmen eines Rentenverfahrens, ...
- Gutachten nach § 12 Abs. 1 der Psychotherapie-Vereinbarung zur Klärung, ob die Therapiekosten von den gesetzlichen Krankenkassen getragen werden;
- externe Gutachten für den Medizinischen Dienst der Krankenversicherung;
- Gutachten zur Feststellung der Voraussetzungen von Pflegebedürftigkeit oder zur Feststellung, welche Stufe der Pflegebedürftigkeit vorliegt (§ 18 Abs. 1 SGB XI)....
- Gutachten eines Dritten zur vorgeschlagenen ärztlichen Behandlung, zahnärztlichen Behandlung, der Verordnung von Arzneimitteln und zur vorgeschlagenen kieferorthopädischen Behandlung und der Versorgung mit Zahnersatz (zahnprothetische Behandlungen) zum Zwecke der Kostenübernahme durch die Krankenkasse (§ 12 SGB V);
- Gutachten im Bereich der Kinder- und Jugendpsychiatrie und -psychotherapie, wenn nicht der Schutz einschließlich der Aufrechterhaltung oder Wiederherstellung der Gesundheit der untersuchten Person im Vordergrund steht;
- Gutachten für Berufsgenossenschaften oder Versicherungen zur Frage des Kausalzusammenhangs von bestimmten Vorerkrankungen und dem Todeseintritt des Versicherten.

1.3. Sonstige Gutachten für private Zwecke

- Sportmedizinische Untersuchungs- und Beratungsleistungen, die der Feststellung von Trainingsfortschritten oder der Optimierung der Trainingsgestaltung dienen;
- reisemedizinische Untersuchungs- und Beratungsleistungen, wenn hierüber eine Bescheinigung ausgestellt wird, die Grundlage für eine Entscheidungsfindung eines Dritten ist;
- Gutachten über den Gesundheitszustand als Grundlage für Versicherungsabschlüsse
- Untersuchungen; zur Ausstellung bzw. Verlängerung von Schwerbehindertenausweisen.

1.4. Gutachten im Todesfall

- Gutachten über die Tatsache oder Ursache des Todes...
- Genehmigung zur Feuerbestattung (sog. 2. Leichenschau)

1.5. Berufstauglichkeitsuntersuchungen

- „Musterungs-, Tauglichkeits- und Verwendungsfähigkeitsuntersuchungen und -gutachten, da diese dem Anlass der Beurteilung für den (künftigen) Dienstherrn dienen, ob der Bewerber für eine bestimmte Verwendung geeignet ist. Die Umsatzsteuerpflicht besteht selbst dann, wenn durch eine derartige Untersuchung die Verschlimmerung einer bestehenden Erkrankung vermieden werden soll, da ein therapeutisches Ziel nicht im Vordergrund steht.
- Untersuchungen, bei denen die Frage der Tauglichkeit des Untersuchten für eine bestimmte Tätigkeit im Vordergrund steht, z. B. bei Flugtauglichkeitsuntersuchungen. Hierbei handelt es sich nicht um Vorsorgeuntersuchungen.
- Zeugnissen oder Gutachten über das Seh- und Hörvermögen;
- Röntgenaufnahmen, die für steuerpflichtige Gutachten, z. B. des TÜV zur Berufstauglichkeit, erstellt werden;
- psychologische Tauglichkeitstests, die sich ausschließlich auf die Berufsfindung erstrecken.

1.6. Sonstige Untersuchungen

- Gutachten über die Freiheit des Trinkwassers von Krankheitserregern und über die chemische Zusammensetzung des Wassers;
- dermatologischen Untersuchungen von kosmetischen Stoffen;
- Gutachten über die pharmakologische Wirkung eines Medikaments beim Menschen.

1.7. Sonstige ärztliche Leistungen

- ärztliche Leistungen der Schönheitschirurgen, wenn kein therapeutisches Ziel im Vordergrund steht (vgl. Abschn. 4.14.1 Abs. 5 Nr. 8 UStAE). Gleiches gilt für vergleichbare Leistungen der Dermatologen oder Anästhesisten...
- Entnahme; Beförderung und Analyse von Nabelschnurblut sowie die Lagerung der in diesem Blut enthaltenen Stammzellen, sofern eine damit zusammenhängende ärztliche Heilbehandlung weder stattgefunden hat noch begonnen wurde oder geplant ist (EuGH-Urteil vom 10.06.2010, C-262/08, UR 2010, 526);
- ärztliche Anzeigen über eine Berufskrankheit als Entscheidungsgrundlage für die Kostenübernahme des Unfallversicherungsträgers, soweit nicht nach Nr. 2 steuerfrei;
- Medizinisch nicht indizierte Eingriffe, z. B. Beschneidungen aus religiösen Gründen, stellen keine umsatzsteuerfreie Heilbehandlungen im Bereich der Humanmedizin dar. Die Prüfung einer medizinischen Notwendigkeit der Beschneidung ist hierbei in jedem Einzelfall vorzunehmen.

2. Steuerfreie Umsätze Die folgenden Leistungen sind steuerfrei:

2.1. Gutachten für rechtliche Verfahren

- Körperliche Untersuchung von Personen im Polizeigewahrsam zur Überprüfung der Verwahrfähigkeit in der Zelle (alternativ erforderliche Krankenhauseinweisung).

2.2. Gutachten für Verfahren der Sozialversicherungen

- Gutachten zu medizinischen Vorsorge- und Rehabilitationsleistungen (Aussagen zu Rehabilitationsbedürftigkeit, -fähigkeit, -prognose und Therapieempfehlung), auch wenn der Arzt zu dem Ergebnis gelangt, dass der Patient nicht rehabilitierbar ist, sondern eine dauerhafte Erwerbs- oder Berufsunfähigkeit gegeben ist;
- Gutachten zur Hilfsmittelversorgung und zur häuslichen Krankenpflege, da in diesen genannten Aufgabenfeldern ein therapeutisches Ziel bzw. eine therapeutische Entscheidung im Mittelpunkt steht;
- die Erstellung einer ärztlichen Anzeige über eine Berufskrankheit als Entscheidungsgrundlage für die Kostenübernahme des Unfallversicherungsträgers, sofern diese im Rahmen einer Untersu-

chungs- und Behandlungsleistung bei der insgesamt ein therapeutisches Ziel im Vordergrund steht, erbracht wird (vgl. Nr. 1.2).

2.3. Sonstige Gutachten für private Zwecke
- sport- und reisemedizinische Untersuchungs- und Beratungsleistungen, soweit nicht nach Nr. 1.3 steuerpflichtig sind.

2.4. Gutachten im Todesfall
- Obduktionen, die im Falle des Seuchenverdachts für Kontaktpersonen von therapeutischer Bedeutung sind;
- die Durchführung der äußeren Leichenschau und Ausstellen der Todesbescheinigung als letzte Maßnahme im Rahmen der Heilbehandlung.

2.5. Sonstige ärztliche Leistungen
- Vorsorgeuntersuchungen, bei denen Krankheiten möglichst frühzeitig festgestellt werden sollen, wie z. B. Krebsfrüherkennung oder Glaukomfrüherkennung;
- Mammographien einschließlich der von Radiologen erstellten Mammographien im Rahmen des Mammographie-Screenings (Zweitbefund);
- Individuelle Gesundheitsleistungen (IGeL-Leistungen), wenn ein therapeutisches Ziel im Vordergrund steht;
- Leistungen zur Kontrolle von gespendetem Blut einschließlich der Blutgruppenbestimmung;
- Alkohol- und Drogengutachten zum Zwecke einer anschließenden Heilbehandlung;
- sonstige Leistungen eines Arztes im Zusammenhang mit einer künstlichen Befruchtung;
- die im Zusammenhang mit einem Schwangerschaftsabbruch nach § 218 a StGB stehenden ärztlichen Leistungen einschließlich der nach den §§ 218 b, 219 StGB vorgesehenen Sozialberatung durch einen Arzt;
- sonstige Leistungen eines Arztes im Zusammenhang mit Empfängnisverhütungsmaßnahmen, einschließlich der Sterilisation bei Mann und Frau;
- betriebsärztliche Leistungen nach § 3 Abs. 1 Nr. 2 ASiG, unabhängig davon, ob sie im Vertrag einzeln aufgeschlüsselt und abgerechnet werden (BMF-Schreiben vom 04.05.2007, BStBl. I, 481);
- Gutachten, Berichte und Bescheinigungen, die der schriftlichen Kommunikation unter Ärzten dienen, wenn die medizinische Betreuung im Vordergrund steht;
- kurze Bescheinigungen und Zeugnisse, die nach Nr. 70 GOÄ berechnet werden. Sie sind Nebenleistung zu einer Untersuchungs- und Behandlungsleistung. Dies gilt insbesondere für Arbeitsunfähigkeitsbescheinigungen.
- weitere Leistungen des Kapitels B VI der GOÄ (z. B. Berichte und Briefe), soweit ein enger Zusammenhang mit einer im Vordergrund stehenden Untersuchungs- und Behandlungsleistung gegeben ist;
- Durchführung von Schuleingangsuntersuchungen.

Erläutern Sie Ihrem Steuerberater Ihr Leistungsspektrum in der Praxis (besonders wichtig sind z. B. die Bereiche
– IGeL-Leistungen
– Kosmetische Operationen ohne medizinische Indikation
– Blutgruppenuntersuchungen ohne medizinische Indikation)
und lassen Sie sich von Ihrem Berater umsatzsteuerpflichtige Leistungen auflisten!

■ Rechtsprechung

Umsatzsteuer für Entgelte bei Überlassung von OP-Räumen
Nach § 4 Nr.14 UStG sind Heilbehandlungen im Bereich der Humanmedizin, die im Rahmen der Ausübung der Tätigkeit als Arzt durchgeführt werden, von der Umsatzsteuer befreit. Überlässt aber ein Arzt eigene OP-Räume entgeltlich an andere Ärzte zur Durchführung von Operationen, ist diese Leistung umsatz steuerpflichtig. Denn bei der eigentlichen Überlassung handelt es sich nicht um eine Heilbehandlung; die Überlassung dient lediglich dazu. Auch kann § 4 Nr.14 S. 2 UStG nicht analog angewandt werden, wonach Leistungen von Laborgemeinschaften an die ihnen angehörigen Ärzte steuerfrei sind. Denn in diesem Fall liegt keine Leistung einer Gemeinschaft vor; es handelt sich um eine Leistung eines Arztes an Kollegen.
Aktenzeichen: FG Rheinland-Pfalz, 12.05.2011, AZ: 6 K 1128/09
Entscheidungsjahr: 2011

Keine Umsatzsteuer bei Vermehrung von Knorpelzellen
Nach § 4 Nr.14 S. 1 UStG sind Umsätze aus der Tätigkeit von Ärzten oder aus ähnlichen heilberuflichen Tätigkeiten von der Umsatzsteuer befreit.
Umsätze aus dem Herauslösen von Gelenkknorpelzellen aus entnommenen Knorpelmaterial und ihre folgende Vermehrung zur Reimplantation zu therapeutischen Zwecken sind von der Umsatzsteuer befreit, wenn diese Tätigkeiten von Ärzten oder arztähnlichen Berufen ausgeübt werden.
Aktenzeichen: BFH, 29.06.2011, AZ: XI R 52/07
Entscheidungsjahr: 2011

Umsatzsteuerpflicht bei reiner Schönheits-OP
Reine Schönheitsoperationen, bei denen keine medizinische Indikation vorliegt, sind nicht von der Umsatzsteuer befreit, denn es liegt kein Eingriff vor, der dem Schutz der menschlichen Gesundheit dient.
Diese Rechtsprechung hat der BFH in einer neueren Entscheidung bestätigt.
Aktenzeichen: BFH, 07.10.2010, AZ: V R 17/09
Entscheidungsjahr: 2011

Ärztliche Leistungen zur Krankenhaushygiene – Umsatzsteuerfrei
Erbringt ein externer Arzt für Krankenhäuser infektionshygienische Leistungen, so sind die daraus erzielten Umsätze von der Umsatzsteuer befreit. Denn die Leistungen des Arztes gehören zur gesamten Heilbehandlung von Patienten in Krankenhäusern, da diese zur Infektionshygiene verpflichtet sind.
Für die Befreiung von der Umsatzsteuer ist es nicht erforderlich, dass die ärztlichen Leistungen unmittelbar gegenüber dem Patienten erbracht werden.
Aktenzeichen: BFH, 18.08.2011, AZ: V R 27/10
Entscheidungsjahr: 2011

Narkose bei medizinisch nicht indizierter Schönheits – OP Umsatzsteuerpflichtig
Narkoseleistungen, die im Zusammenhang mit einer medizinisch nicht indizierten Schönheitsoperation erbracht werden, sind nicht von der Umsatzsteuer befreit.
Der Anästhesist heilt mit der Narkose bei einer reinen Schönheits – OP keine Gesundheitsstörung und betreibt auch keine Gesundheitsvorsorge. Die vorgenommen Narkose ist somit keine Heilbehandlung.
Aktenzeichen: FG. Köln, 26.05.2011, AZ: 12 K 1316/10
Entscheidungsjahr: 2011

Anästhesistische Leistungen bei Schönheits – OP
Eine anästhesistische Leistung ist gemäß § 4 Nr.14 UStG nur dann umsatzsteuerfrei, wenn sie bei einer Behandlung erbracht wird, die dem Schutz der Gesundheit dient. Dies trifft aber gerade bei einer Schönheitsoperation nicht zu, bei der eine medizinische Indikation nicht vorliegt.
Aktenzeichen: BFH, 06.09.2011, AZ: V B 64/11
Entscheidungsjahr: 2011

Allgemeine ärztl. Präventionsleistungen – Umsatzsteuerpflichtig
Allgemeine Präventionsleistungen wie Gesundheitssport oder Training unter ärztlicher Leitung sind keine umsatzsteuerfreie Heilbehandlung, weil es sich um Leistungen zur Stabilisierung des allgemeinen Gesundheitszustandes handelt ohne Bezug zu einem konkreten Krankheitsbild.
Aktenzeichen: BFH, 10.03.2005, AZ: V R 54/09
Entscheidungsjahr: 2005

Keine Befreiung von der Umsatzsteuer (§ 4 UStG) bei Überlassung von Praxisräumen
Wenn ein Arzt einen Teil seiner Praxisräume und seiner Einrichtung einem anderen Arzt zur Nutzung überlässt und dafür ein vorher vereinbartes Entgelt erhält, so sind diese Beträge nicht von der Umsatzsteuer befreit.
Aktenzeichen: BFH, 24.09.2004, AZ: V B 177/02
Entscheidungsjahr: 2004

Gebührenverzeichnis für ärztliche Leistungen

Übersicht der Kostenträger, die nach GOÄ abrechnen mit Faktoren

Kostenträger	Schwellenwert Faktor für entsprechende Leistungen	Besonderheiten
Privatpatient/Selbstzahler	**Ärztlich 2,3** ***Technisch 1,8** **Labor 1,15**	§ 2 GOÄ Abdingung § 5 GOÄ Gebührenrahmen § 6 GOÄ Analogbewertung
Bundesbahnbeamte Kl. I II III	**Ärztlich 2,2** ***Technisch 1,8** **Labor 1,15**	Ambulant: Steigerung nur bis Regelfall möglich
Bundesbahnbeamte Kl. IV	**Wie Privatpatient**	Ambulant: Steigerung nur bis Regelfall möglich
Bundespolizei Rechnung an Kostenträger	**Ärztlich 2,2** ***Technisch 1,3** **Labor 1,0**	Steigerung nur bis Regelfall möglich
Postbeamte B	**Ärztlich 1,9** ***Technisch 1,5** **Labor 1,15**	Steigerung nach § 5 GOÄ möglich, aber Erstattung nur bis Schwellenwert
Private Studenten-Krankenversicherung	**Ärztlich 1,7** ***Technisch 1,3** **Labor 1,15**	Direktabrechnung mit der PSKV möglich
Standardtarif	**Ärztlich 1,8** ***Technisch 1,38** **Labor 1,16**	Festgelegter Steigerungssatz, durch GOÄ vorgeschrieben, siehe § 75 Abs. 3a, 3b SGBV Verpflichtung von Einhaltung der Steigerungssätze
Basistarif ab 01.04.2010	**Ärztlich 1 ,2** ***Technisch 1,0** **Labor 0,9!!**	

* **Leistungen mit reduziertem Vergütungssatz sind mit einen Stern * gekennzeichnet.**

** **Der Basistarif s**eit 01.01.2009 in der PKV und muss in seinem Leistungsumfang dem Leistungskatalog der GKV vergleichbar sein und darf den Höchstbetrag der GKV nicht überschreiten. Die Beiträge des Basistarifs richten sich nur nach dem Eintrittsalter. Der Gesundheitsstatus bleibt dabei unberücksichtigt.

A Gebühren in besonderen Fällen

Für die nachfolgend genannten Leistungen dürfen Gebühren nach Maßgabe des § 5 nur bis zum Zweieinhalbfachen des Vergütungssatzes (Höchstsatz) bemessen werden (Der Regelsatz liegt beim 1,0–1,8fachen Satz):

Kapitel	Leistungsbereiche	GOÄ-Nrn.
B	Grundleistungen u. allgemeine Leistungen	2* und 56*
C	Nichtgebietsbezogene Sonderleistungen	250*, 250a*, 402*, 403*
E	Physikalisch-medizinische Leistungen	alle Leistungen dieses Abschnittes
F	Innere Medizin / Kinderheilkunde Dermatologie	602*, 605*–617*, 620*–624*, 635*–647*, 650*, 651*, 653*, 654*, 657*–661*, 665*–666*, 725*, 726*, 759*–761*

Kapitel	Leistungsbereiche	GOÄ-Nrn.
G	Neurologie / Psychiatrie u. Psychotherapie	855*–857*
H	Geburtshilfe und Gynäkologie	1001* und 1002*
I	Augenheilkunde	1255*–1257*, 1259*, 1260*, 1262*, 1263*, 1268*–1270*
J	Hals-, Nasen-, Ohrenheilkunde	1401*, 1403*–1406*, 1558*–1560*
N	Histologie, Zytologie und Zytogenentik	4850*–4873*
O	Strahlendiagnostik, Nuklearmedizin, Magnet resonanztomographie u. Strahlentherapie	alle Leistungen dieses Abschnittes

Für die nachfolgenden GOPs des Kapitels M und aus Kapitel C die GOÄ-Nr. 437* gilt gemäß § 5 Abs. 4 nur eine Steigerung bis zum 1,3fachen Satz (Höchstsatz). Der Regelsatz liegt beim 1,0–1,15-fachen Satz.

Kapitel	Leistungsbereiche	GOÄ-Nrn.
M	Laboratoriumsuntersuchungen	alle Leistungen des Kapitels
C	Nichtgebietsbezogene Sonderleistungen	nur Nr. 437*

Leistungen mit reduziertem Vergütungssatz sind im Buch mit einem Stern * gekennzeichnet. Zu beachten: nach § 2 Abs. 3 GOÄ ist eine Vereinbarung über die Gebührenhöhe für Leistungen nach den Abschnitten A, E, M und O unzulässig.

Hinweis auf GOÄ-Ratgeber der BÄK:

► **„Gebühren in besonderen Fällen" - Abschnitt A übersehen?**

Dr. med. Anja Pieritz – in: Deutsches Ärzteblatt 104, Heft 38 (21.09.2007), Seite A-2608 oder im GOÄ Ratgeber www.baek.de/page.asp?his=1.108.4144

Im Abschnitt A der GOÄ unter der Überschrift „Gebühren in besonderen Fällen" sind alle Leistungen aufgeführt, die nach § 5 GOÄ nur bis zum Zweieinhalbfachen des Vergütungssatzes berechnet werden dürfen. Dr. Pieritz erklärt dazu, dass diese ... „Einschränkung des Gebührenrahmens zu begründen sei mit einem überdurchschnittlich hohen Sachkostenanteil der Leistungen und der Möglichkeit, diese mithilfe von Hilfskräften oder Apparaten erbringen zu lassen..."

B Grundleistungen und allgemeine Leistungen

Allgemeine Bestimmungen

1. Als Behandlungsfall gilt für die Behandlung derselben Erkrankung der Zeitraum eines Monats nach der jeweils ersten Inanspruchnahme des Arztes.

Hinweis auf GOÄ-Ratgeber der BÄK:

► **Der Behandlungsfall (2): Schwierige Definition**
Dr. med. Anja Pieritz – (in: Deutsches Ärzteblatt 103, Heft 15 (14.04.2006), Seite A-1027) – www.baek.de/page.asp?his=1.108.4144.4228.4234
Die Autorin erläutert den Begriff **Behandlung derselben Erkrankung** an einem Beispiel;
...„Tritt etwa bei der Behandlung einer verschmutzten Schnittwunde eine Infektion auf, die antibiotisch behandelt werden muss, so ist dies als derselbe „Behandlungsfall" zu werten. Tritt jedoch bei einem Grundleiden eine deutliche Verschlechterung ein, erleidet etwa ein Patient mit einer bekannten Arteriosklerose eine transitorisch ischämische Attacke, so handelt es sich um einen neuen „Behandlungsfall", da erneut eine Aufklärung und Beratung medizinisch notwendig werden. Ein ähnlicher Fall liegt vor, wenn bei einem Patienten mit bekanntem Diabetes mellitus eine Polyneuropathie neu festgestellt wird..."

Beschluss BÄK:

Beschluss des Gebührenausschusses der BÄK (5. Sitzung vom 13. März 1996): Definition des Behandlungsfalles
Der Behandlungsfall ist (in Bezug auf eine Erkrankung) dann verstrichen, wenn sich der Monatsname geändert und das Datum um mindestens eins erhöht hat.
Mit jeder **neuen** Diagnose beginnt ein **neuer** Behandlungsfall.

Kommentar:

Für den Behandlungsfall ist der Zeitraum „eines Monats" zu verstehen, damit ist der Kalendermonat gemeint. Im Bürgerlichen Gesetzbuch (BGB) wird die Monatsfrist in § 188 Abs. 2 so definiert, dass der Tag des Behandlungsbeginns bei der Berechnungsfrist nicht mitzählt. Der Behandlungsfall bezieht sich auf die Inanspruchnahme desselben Arztes. Dies liegt auch vor, wenn in einer Gemeinschaftspraxis der Patient durch einen anderen Praxispartner gleicher Fachrichtung weiterbehandelt wird; es entsteht dann kein weiterer Behandlungsfall.

§ 188 BGB Fristende

(2) Eine Frist, die nach Wochen, nach Monaten oder nach einem mehrere Monate umfassenden Zeitraum - Jahr, halbes Jahr, Vierteljahr - bestimmt ist, endigt im Falle des § 187 Abs. 1 mit dem Ablauf desjenigen Tages der letzten Woche oder des letzten Monats, welcher durch seine Benennung oder seine Zahl dem Tage entspricht, in den das Ereignis oder der Zeitpunkt fällt, im Falle des § 187 Abs. 2 mit dem Ablauf desjenigen Tages der letzten Woche oder des letzten Monats, welcher dem Tage vorhergeht, der durch seine Benennung oder seine Zahl dem Anfangstag der Frist entspricht.

Wird ein Patient wegen einer z. B. ersten oder einer weiteren Erkrankung erstmalig am 17. Juli 2012 behandelt, so beginnt bei der Fortführung dieser Behandlung gebührenrechtlich ein neuer „Behandlungsfall" am 18. August 2012, der nächste Behandlungsfall am am 18. September 2012 usw.
Bei mehreren „Behandlungsfällen" ist es sinnvoll in der Rechnung hinter die jeweils neue Diagnose in Klammern (neuer Behandlungsfall) am ersten Behandlungstag zu setzen.

2. Die Leistungen nach den Nummern 1 und/oder 5 sind neben Leistungen nach den Abschnitten C bis O im Behandlungsfall nur einmal berechnungsfähig.

Kommentar:

Die GOÄ versteht unter dem „Behandlungsfall" den einzelnen Krankheitsfall, der – wenn es keine Überlagerung mit einer weiteren neuen Erkrankung gibt – einzeln zu liquidieren ist.
So kann z.B. als erste Krankheit eine Bronchitis Anfang Dezember diagnostiziert werden, und gegen Ende Dezember wird als zweite Krankheit und damit als zweiter Behandlungsfall eine Gastroenteritis behandelt. In beiden Fällen ist die Nr. 1 neben anderen GOÄ-Nrn. abrechenbar.
Es gelten die Einschränkungen, die sich aus den Ausschlüssen ergeben.

3. Die Leistungen nach den Nummern 1, 3, 5, 6, 7 und/oder 8 können an demselben Tag nur dann mehr als einmal berechnet werden, wenn dies durch die Beschaffenheit des Krankheitsfalls geboten war. Bei

mehrmaliger Berechnung ist die jeweilige Uhrzeit der Leistungserbringung in der Rechnung anzugeben. Bei den Leistungen nach den Nummern 1, 5, 6, 7 und/oder 8 ist eine mehrmalige Berechnung an demselben Tag auf Verlangen, bei der Leistung nach Nummer 3 generell zu begründen.

Kommentar:

Bei mehrfachem Ansatz der Nrn. 1, 5, 6, 7 und/oder 8 müssen zwar die Uhrzeiten angegeben werden, aber im Gegensatz zum mehrfachen Ansatz der Nr. 3 ist nicht generell eine Begründung erforderlich, sondern diese ist nur auf Verlangen zu geben, d.h. in der Regel bei Beanstandung der Rechnung durch die private Krankenversicherung.

4. **Die Leistungen nach den Nummern 1, 3, 22, 30 und/oder 34 sind neben den Leistungen nach den Nummern 804 bis 812, 817, 835, 849, 861 bis 864, 870, 871, 886 sowie 887 nicht berechnungsfähig.**
5. **Mehr als zwei Visiten an demselben Tag können nur berechnet werden, wenn sie durch die Beschaffenheit des Krankheitsfalls geboten waren. Bei der Berechnung von mehr als zwei Visiten an demselben Tag ist die jeweilige Uhrzeit der Visiten in der Rechnung anzugeben. Auf Verlangen ist die mehr als zweimalige Berechnung einer Visite an demselben Tag zu begründen. Anstelle oder neben der Visite im Krankenhaus sind die Leistungen nach den Nummern 1, 3, 4, 5, 6, 7, 8 und/oder 15 nicht berechnungsfähig.**
6. **Besuchsgebühren nach den Nummern 48, 50 und/oder 51 sind für Besuche von Krankenhaus- und Belegärzten im Krankenhaus nicht berechnungsfähig.**
7. **Terminvereinbarungen sind nicht berechnungsfähig.**
8. **Neben einer Leistung nach den Nummern 5, 6, 7 oder 8 sind die Leistungen nach den Nummern 600, 601, 1203, 1204, 1228, 1240, 1400, 1401 und 1414 nicht berechnungsfähig.**

Hinweise auf GOÄ-Ratgeber der BÄK:

Der Begriff des „Krankheitsfalls" in der GOÄ

Dr. iur. Lysann Hennig, Deutsches Ärzteblatt 111, Heft 35–36 (01.09.2014), S. A-1482 – http://www.bundesaerztekammer.de/page.asp?his=1.108.4144.4188.12329

Der Autor stellt fest, dass im Gegensatz zum Begriff „Behandlungsfalls" der Begriff „Krankheitsfalls" in der GOÄ an keiner Stelle definiert wird, obwohl er häufig in der GOÄ erwähnt wird und auch in den Legenden z. B. der GOÄ Nrn. 30, 46, 56 auf ihn besonders Bezug genommen wird.

Nach Hennig ist der Begriff „Krankheitsfall"..." insgesamt weiter gefasst als der Behandlungsfall und umfasst einen sehr viel größeren Zeitraum. Möglich ist daher eine Untergliederung des Krankheitsfalls in mehrere, zeitlich jeweils an einen Behandlungsmonat gebundene Behandlungsfälle (siehe hierzu auch Brück/Klakow-Franck, Kommentar zur GOÄ, Nr. 1 der Allgemeinen Bestimmungen zu Abschnitt C V., Stand: 12/2013)...

Der Krankheitsfalls der GOÄ ist nicht identisch mit dem Krankheitsfall des EBMs.

Im EBM ... „ist der Krankheitsfall das aktuelle sowie die drei nachfolgenden Kalendervierteljahre umfasst, die der Berechnung der krankheitsfallbezogenen Gebührenordnungsposition folgen..."

Hennig fasst zusammen:... „Die Tatsache, dass der Krankheitsfall in § 5 GOÄ als Kriterium für die Bemessung des Steigerungsfaktors genannt ist, zeigt, dass hierbei nicht auf einen Zeitbezug, sondern vielmehr auf die Ausprägung der Erkrankung im individuellen Fall abgestellt wird (vgl. hierzu auch Hoffmann/Kleinken, GOÄ Kommentar, Nrn. 1–3 GOÄ, Rn. 3, Stand: 08/2013)..."

► Terminvereinbarung

Dr. med. Anja Pieritz – Deutsches Ärzteblatt 110, Heft 40 (04.10.2013), S. A-1882
http://www.bundesaerztekammer.de/page.asp?his=1.108.4144.4228.11706

Dr Pieritz führt zur Terminvereinbarung folgende 5 Beispiele auf und erläutert (*die Autoren dieses Buches haben die Erläuterungen nah zu den Beispielen plaziert):*

... „Beispiel 1: Der Patient ruft in der Praxis an und bekommt von einer Mitarbeiterin des Arztes ausschließlich einen Termin genannt, an dem er kommen kann.

Beispiel 2: Ein Mitarbeiter der Praxis vereinbart für den Patienten in einer anderen Praxis oder Klinik einen ambulanten oder stationären Termin für den Patienten.

Beispiel 4: Der Patient ruft in der Praxis an und bekommt von dem Arzt ausschließlich einen Termin genannt, an dem er kommen kann.

> **Erläuterung**
> Terminvereinbarungen sind nicht berechnungsfähig." Bei den Beispielen 1, 2 und 4 wird an diesem Tag ein Termin in der eigenen Praxis/Klinik oder einer fremden Praxis/Klinik vereinbart, und diese Leistung ist gemäß der oben genannten Allgemeinen Bestimmungen der GOÄ nicht berechnungsfähig. Dies gilt unabhängig davon, welche Person diesen Termin für den Patienten vereinbart hat.

Beispiel 3: Der Patient ruft in der Praxis an oder wird von einer Mitarbeiterin angerufen, um seine Laborwerte zu erfragen/zu erhalten. Wegen auffälliger Laborwerte wird im selben Gespräch ein Termin in der Praxis vereinbart. Der Termin findet jedoch nicht am Tag der Terminvereinbarung statt.

> **Erläuterung:** In Beispiel 3 erbringt die Mitarbeiterin des Arztes eine Leistung im Sinne der Nr. 2 GOÄ (Ausstellung von Wiederholungsrezepten und/oder Überweisungen und/oder Übermittlung von Befunden oder ärztlichen Anordnungen – auch mittels Fernsprecher –durch die Arzthelferin und/oder Messung von Körperzuständen [z. B. Blutdruck, Temperatur]

ohne Beratung, bei einer Inanspruchnahme des Arztes). Für die Auskunft der Mitarbeiterin zu den Laborwerten ist die Nr. 2 GOÄ berechnungsfähig.

Beispiel 5: Der Patient ruft in der Praxis/Klinik an, schildert seine Beschwerden dem Arzt und möchte beispielsweise wissen, ob er sich in der Praxis vorstellen soll und/oder wie er sich weiter verhalten soll. Diese Frage/n wird/werden vom Arzt telefonisch beantwortet und ggf. wird dabei auch ein Termin vereinbart..."

Erläuterung: In Beispiel 5 erfolgt eine telefonische Beratung des Patienten durch den Arzt, so dass hier die Nr. 1 GOÄ (Beratung – auch telefonisch) oder Nr. 3 GOÄ (Eingehende Beratung – auch telefonisch –; Dauer länger als zehn Minuten) angesetzt werden könnte...

...Die Berechnung der Terminvergabe/Terminvereinbarung ist gemäß der Amtlichen Gebührenordnung eindeutig ausgeschlossen. Eine Berechnung als individuelle Gesundheitsleistung auf privatärztlicher Basis scheidet hiermit ebenfalls aus.

►Abrechnung von Untersuchungsleistungen

Dipl.-Verw.-Wiss. Martin Ulmer – Deutsches Ärztblatt 107, Heft 45 (12.11.2010), S. A-2256 – http://www.bundesaerztekammer.de/page.asp?his=1.108. 4144.4228.8863

Ulmer führt zu den „körperlichen Untersuchungen" nach den Geb.Ziffern 5 bis 8 aus:

Die Gesundheitsuntersuchung zur Früherkennung von Krankheiten bei einem Erwachsenen nach der Nr. 29 GOÄ können nur von den Arztgruppen abgerechnet werden, die auch zur Erhebung des Ganzkörperstatus nach GOÄ Nr. 8 berechtigt sind; dazu gehören praktische Ärzte, Allgemeinärzte, Internisten, Kinderärzte und Chirurgen. Die Leistungen nach GOÄ Nrn. 6 und 7 sind speziellen Fachgebieten zugeordnet.

Ulmer führt weiter aus: ...„Da eine Kombination oder ein Mehrfachansatz der Nummern 5 bis 8 GOÄ ausgeschlossen ist, kann die medizinisch erforderliche Untersuchung mehrerer Organsysteme bei der Anwendung des Steigerungsfaktors, gegebenenfalls auch oberhalb des Schwellenwerts, berücksichtigt werden..."

► Palliativmedizinische Versorgung I

Dr. med. Anja Pieritz – Deutsches Ärzteblatt 108, Heft 14 (08.04.2011), S. A-808 – http://www.bundesaerztekammer.de/page.asp? his=1.108.4144. 4228.9214

► Palliativmedizinische Leistungen II

Dr. med. Anja Pieritz – Deutsches Ärzteblatt 108, Heft 16 (22.04.2011), S. A-920 – http://www.bundesaerztekammer.de/page.asp?his=1.108.4144. 4228.9215

Während in der GKV Leistungenpositionen bei der palliative Versorgung vorhanden sind, ist dies in der GOÄ nicht der Fall.

Da neben einem Hausbesuch die Leistung nach Nr. 3 ausgeschlossen ist, kann eine zeitaufwendige Beratung beim Hausbesuch nur – mit entsprechender Begründung – mit einem gesteigerten Abrechnungsfaktor der Besuchsleistung nach Nr. 50 GOÄ abgerechnet werden. Die Leistung nach Nr. 34 ist nicht ausgeschlossen; aber die vorgeschriebene Mindestdauer von 20 Min. ist zu beachten **und** in der Liquidation anzugeben.

Eine medizinisch erforderliche „Erhebung der Fremdanamnese" nach GOÄ Nr. 4 ist ansetzbar.

Dr. Pieritz weist daraufhin: „Beratungsleistungen, mit Ausnahme der Nr. 4 GOÄ, sind grundsätzlich nicht nebeneinander berechnungsfähig. Sollten bei diesen besonderen Patienten zwei Gespräche (wie eine telefonische und eine Beratung im Rahmen eines Hausbesuchs oder in einer Praxis) an einem Tag notwendig sein, so können durch die Angabe der Uhrzeiten zu den Leistungen auf der Rechnung Missverständnisse und Rückfragen vermieden werden..."

Im Rahmen einer palliativmedizinischen Versorgung sind psychotherapeutische Behandlungen nach GOÄ Nr. 849 (Dauer mindestens 20 Minuten) durch den behandelnden Hausarzt oder Facharzt ggf. erforderlich. Eine Diagnose ist anzugeben.

Die GOÄ Nr. 60 kann für die konsiliarische Erörterung zwischen zwei oder mehr liquidationsberechtigten Ärzten, von jedem beteiligten Arzt (...„Gespräche des Haus- oder Facharztes mit dem behandelnden Krankenhausarzt, dem Palliativarzt und anderen Fachärzten...") abgerechnet werden. Nicht abrechenbar ist die Leistung für Ärzte ...„einer Gemeinschaftspraxis oder Praxisgemeinschaft mit ähnlichen Fachrichtungen (wie Allgemeinmedizin und Innere Medizin) nach den ergänzenden Bestimmungen zur Nr. 60 GOÄ..."

Dr. Pieritz stellt fest. „..Die Nr. 60 GOÄ kann neben der Nr. 50 GOÄ angesetzt werden, wenn der Patient im Krankenhaus vom Haus- oder Facharzt besucht wird. Dieser Besuch kann im Rahmen der palliativmedizinischen Versorgung durch Haus- und Fachärzte notwendig und sinnvoll sein, damit die reibungslose Überleitung des Patienten vom Krankenhaus in die häusliche Umgebung oder in ein Hospiz gelingt..."

Die Nr. 15 GOÄ ist nach der Legende nur einmal je Kalenderjahr abrechenbar. Dies bedeutet aber nach Dr. Pieritz nicht, ...„dass diese Leistung erst nach Ablauf eines Jahres angesetzt werden kann, sondern die Berechnung kann sinnvollerweise zu Beginn der Betreuung und Einleitung der entsprechenden Maßnahmen im Rahmen der palliativmedizinischen Versorgung angesetzt werden..."

Der Ansatz der GOÄ Nr. 78 GOÄ (Behandlungsplan für die Chemotherapie und/oder schriftlicher Nachsorgeplan für einen tumorkranken Patienten, individuell für den einzelnen Patienten aufgestellt) ist bei der Versorgung tumorkranker Patienten ggf. erforderlich.

Dr. Pieritz verweist auf den Kommentar von **Brück**: „Eine Analogabrechnung der Nr. 78 kommt nur in Betracht, wenn die Schwierigkeit der Erstellung eines solchen Behandlungsplans mit den in der Leistungslegende zu Nr. 78 genannten Anlässen vergleichbar wäre (zum Beispiel schwerer rheumatischer Systemerkrankung)."

Ein ausführlicher individueller, schriftlicher Behandlungsplan ...„der dem Inhalt der GOÄ Nr. 78 gleichwertig ist und damit die Kriterien für einen analogen Ansatz der Nr. 78 GOÄ erfüllt..." kann auch bei nicht tumorbedingten Erkrankungen nötig sein.

GOÄ-Nr. Punktzahl 1fach 2,3 / *1,8 3,5 / *2,5

I Allgemeine Beratungen und Untersuchungen

Kommentar:
Zu den Beratungs-/Untersuchungsleistungen nach den GOÄ **Nrn. 1, 3, 4, 5, 6, 7, 8** sind in bestimmten Fällen, so für Unzeiten und am Wochenende, die Zuschläge nach A bis D berechnungsfähig. Diese Zuschläge sind **nur mit dem einfachen Gebührensatz** und einmal je Inanspruchnahme des Arztes berechnungsfähig.
Die „Unzeit" für die Zuschläge A, B und C oder D **darf nicht durch die Praxisorganisation** (z. B. lange Wartezeiten) oder durch eine festgeschriebene Sprechstunde (auf Arztschild) , die regelmäßig zur Unzeit stattfindet, **verursacht sein**,
A bis D und K1 sind **nicht** während einer Inanspruchnahme des Arztes neben E bis J sowie K2 berechenbar.

1 Beratung – auch mittels Fernsprecher

80 4,66 10,72 16,32

Ausschluss: Neben Nr. 1 sind folgende Nrn. nicht abrechnungsfähig: 2, 3, 20, 21 – 34, 45, 46, 48, 50, 51, 376 – 378, 435, 448, 449, 804, 806 – 808, 812, 817, 835, 849, 861 – 864, 870, 871, 886, 887, K1

Beschluss BÄK: **Beschluss des Gebührenausschusses der Bundesärztekammer Berechenbarkeit der GOÄ Nr. 4 neben Nr. 1 GOÄ (6. Sitzung vom 21. Mai 1997)**
Die Nrn. 4 und 1 der GOÄ sind nicht nebeneinander berechenbar, wenn sich sämtliche Bestandteile der Legenden zu den Nrn. 1 und 4 (Anamnese, Beratung, Fremdanamnese, Unterweisung) an ein und dieselbe Person richten, wie dies zum Beispiel der Fall ist bei Mutter und Kleinkind oder Betreuer und schwerst kommunikationsgestörten Patienten. In allen anderen Fällen ist die Nebeneinanderberechenbarkeit möglich.

Hinweis LÄK: **Anmerkung der Bayerischen Landesärztekammer vom 30.9.2003 (Quelle: GOÄ-Datenbank www.blaek.de) – Behandlung neben Sonderleistungen –**
Als Behandlungsfall gilt für die Behandlung derselben Erkrankung der Zeitraum eines Monats nach der jeweils ersten Inanspruchnahme des Arztes (Faustregel: der Behandlungsfall ist dann verstrichen, wenn sich der Monatsname geändert und das Datum um mindestens 1 erhöht hat).

Kommentar: Zur Beratung gehört zumindest die Aufnahme der Beschwerden und eine Mitteilung bzw. Erklärung der Therapie. Eine alleinige Befundmitteilung ist keine Beratung.
Bei einer Inanspruchnahme des Arztes kann eine Beratung nur einmal abgerechnet werden, auch wenn mehrere Krankheiten vorliegen (siehe **Brück**, GOÄ. Geb.Nr.1, Anm.4) – sog. Unteilbarkeit der Beratung.
Die Beratung ist eine der wichtigsten ärztlichen Leistungen und muss daher **vom Arzt höchstpersönlich** vorgenommen werden.
Neben der Leistung nach Nr. 1 sind im Behandlungsfall z.B. die Leistungen nach den Nrn. 5, 6, 7, 8, 11, 70, 75, 76, 80, zu Unzeiten Zuschläge A-D unbegrenzt abrechenbar – so oft dies med. notwendig ist und keine weiteren Sonderleistungen zusätzlich erfolgen.
Die Nr. 1 kann neben Leistungen aus den Abschnitten C bis O nur einmal im Behandlungsfall berechnet werden. Bei Neuerkrankungen – nicht beim Rezidiv einer vorbestehenden Erkrankung – ist die Beratungsgebühr jederzeit zusätzlich zu den Leistungen der Abschnitte C bis O berechnungsfähig.
Wird die Beratung nach Nr. 1 außerhalb der Sprechstunde, zwischen 20 und 22 Uhr oder zwischen 6 und 8 Uhr, in der Nacht zwischen 22 und 6 Uhr oder an Sonn- und Feiertagen erbracht, so sind die entsprechenden Zuschläge A, B, C oder D abzurechnen.
Die Nr. 1 darf nicht neben oder anstelle einer Visite oder Zweitvisite nach Nrn. 45, 46 berechnet werden.
Die Nr. 1 kann, wenn erforderlich, mehrmals am Tage abgerechnet werden – Uhrzeitangabe erforderlich.
Es ist nicht empfehlenswert, eine Beratung oder Untersuchung analog abzurechnen, da es unerheblich ist, ob z.B. eine Beratung oder Untersuchung nach „homöopathischen", „neuraltherapeutischen" oder „chinesischen" Grundsätzen erfolgt.
Wenn eine Beratung mind. 10 Minuten dauert und aus Abrechnungsgründen nicht nach der Nr. 3 abgerechnet werden kann, so ist nach Kommentar von **Brück** ein höherer Steigerungsfaktor möglich (Begründung für die Überschreitung des Schwellenwertes ist die Zeitdauer).

IGeL: Nr. 1 ist eine typische Beratungsleistung, die im Rahmen fast aller IGeL-Leistungen erbracht wird. Siehe auch ausgedehnte Hinweise bei GOÄ-Nr. 3.

Rechtsprechung: **Abrechnung der GOÄ Nrn. 1 und 4**

1. Eine Abrechnung der GOÄ Nrn 1 und 4 nebeneinander ist dann nicht möglich, wenn sich bei der Behandlung von Kleinkindern und Säuglingen sämtliche Leistungsbestandteile der Nrn 1 und 4 (Erhebung der Anamnese, Beratung und Unterweisung) allein auf die Bezugsperson beziehen.

2. Allein die Häufigkeit der Patientenkontakte im Zusammenhang mit Alltagserkrankungen ist keine ausreichende Begründung dafür, dass in Einzelfällen die Abrechnung nach GOÄ Nr 4 gerechtfertigt ist.

Aktenzeichen: LG Karlsruhe, 14.03.2001, AZ: 1 S 90/99

Entscheidungsjahr: 2001

2* Ausstellung von Wiederholungsrezepten und/oder Überweisungen und/oder Übermittlung von Befunden oder ärztlichen Anordnungen – auch mittels Fernsprecher – durch die Arzthelferin und/oder Messung von Körperzuständen (z.B. Blutdruck, Temperatur) ohne Beratung, bei einer Inanspruchnahme des Arztes

Punktzahl	2,3 / *1,8
30	3,15
1,75	4,37

Die Leistung nach Nummer 2 darf anlässlich einer Inanspruchnahme des Arztes nicht zusammen mit anderen Gebühren berechnet werden.

Ausschluss: Neben Nr. 2 sind keine weiteren Nrn. abrechnungsfähig.

Beschluss BÄK: **Beschluss des Gebührenausschusses der Bundesärztekammer: Berechnung bei ambulanter Behandlung (7. Sitzung vom 12. September 1996)**

Die „Inanspruchnahme des Arztes“ in der Legende der Nr. 2 ist zu verstehen als „Inanspruchnahme der Praxis“, da die Helferin auf Anweisung des Arztes tätig wird. Nr. 2 GOÄ ist deshalb nur als alleinige Leistung berechenbar.

Berechnung im stationären Bereich (12. Sitzung vom 4. November 1997)

Die Leistung nach Nr. 2 GOÄ-Gebührenordnungsverzeichnis ist im Rahmen der wahlärztlichen Behandlung im stationären Bereich in der Regel nicht berechenbar.

Dadurch, dass die Legende der Nr. 2 auf eine „Inanspruchnahme des Arztes“ abgestellt ist und die Berechenbarkeit der Nr. 2 anlässlich einer Inanspruchnahme des Arztes nicht zusammen mit anderen Gebühren berechnet werden darf (Anmerkung zu Nr. 2 GOÄ), sieht der Ausschuss die Messung von Körperzuständen als persönlich zu erbringende Leistung des Wahlarztes oder des ständigen ärztlichen Vertreters und hält eine Delegation dieser Leistung im Krankenhaus für ausgeschlossen.

GOÄ-Ratgeber der BÄK: ► **Wiederholungsrezepte: Auch ohne ärztliche Beratung berechnungsfähig**

Dr. Martin Ulmer – Deutsches Ärzteblatt 109, Heft 49 (07.12.2012), S. A-2488
http://www.bundesaerztekammer.de/page.asp?his=1.108.4144.4228.11006

Nach Ulmer: ...“Im Rahmen einer laufenden Therapie bei bekanntem Krankheitsbild können jedoch oft Wiederholungsrezepte ausgestellt werden, ohne dass hierfür ein direkter Kontakt zwischen Arzt und Patient erforderlich ist. Auch in diesem Fall muss jedoch der Arzt bei jedem einzelnen Arzneimittel die Indikation für die erneute Verschreibung überprüfen. Vor diesem Hintergrund enthält die GOÄ für die Ausstellung von Wiederholungsrezepten ohne direkten Arzt-Patienten-Kontakt mit der Nummer 2 eine eigenständige Gebührenposition. Diese kann ebenfalls für die Ausstellung von Überweisungen, die Übermittlung von Befunden oder ärztlichen Anordnungen durch die Arzthelferin sowie die Messung von Körperzuständen (Gewicht, Größe oder Blutdruck) abgerechnet werden. Allerdings ist die Nummer 2 GOÄ je Sitzung nur einmal berechnungsfähig, auch wenn mehrere der genannten Leistungen erbracht werden.

Darüber hinaus darf diese Gebührenposition im Rahmen einer Inanspruchnahme des Arztes nicht zusammen mit anderen Gebühren berechnet werden. Sobald in derselben Sitzung ein direkter Arzt-Patienten-Kontakt erfolgt und dabei gesondert berechnungsfähige ärztliche Beratungs- oder Untersuchungsleistungen erbracht werden, sind die in der Leistungsbeschreibung zu der Nummer 2 GOÄ enthaltenen Leistungen damit abgegolten, so dass die Nummer 2 GOÄ hierfür nicht zusätzlich angesetzt werden kann...

Kommentar: Die Übermittlung von Befunden oder ärztlichen Behandlungsanweisungen z.B. durch die Arzthelferin darf auch telefonisch erfolgen und ist dann mit der Nr. 2 abrechnungsfähig. Ist der Arzt für die Übermittlung erforderlich, so ist die Nr. 1 abrechnungsfähig.

Die Übermittlung von Befunden oder Anweisungen durch den Arzt ist auch dann abrechnungsfähig, wenn sie an eine Bezugsperson, die den Patienten betreut oder pflegt, erfolgt. Werden Kontrollen der Körperzustände – z.B. Blutdruck, Pulsmessung, Temperaturmessung, Gewichtskontrolle – durch die Arzthelferin durchgeführt, so kann die Nr. 2 angesetzt werden. Nach dem Kommentar von Wezel/Liebold genügt schon die Messung eines Zustandes zum Ansatz der Nr. 2.

GOÄ-Nr.		Punktzahl 1fach	2,3 / *1,8 3,5 / *2,5
3	**Eingehende, das gewöhnliche Maß übersteigende Beratung – auch mittels Fernsprecher**	**150** 8,74	20,11 30,60

Die Leistung nach Nummer 3 (Dauer mindestens 10 Minuten) ist nur berechnungsfähig als einzige Leistung oder im Zusammenhang mit einer Untersuchung nach den Nummern 5, 6, 7, 8, 800 oder 801. Eine mehr als einmalige Berechnung im Behandlungsfall bedarf einer besonderen Begründung.

Ausschluss: Neben Nr. 3 sind außer Nrn. 5, 6, 7, 8, 800 oder 801 keine weiteren Nrn. abrechnungsfähig.

Beschluss BÄK: **Beschluss des Gebührenausschusses der Bundesärztekammer – Abrechnungsbestimmung (9. Sitzung vom 13. März 1997)**

Der Ausschuss sieht keine Grundlage dafür, der mancherorts vertretenen Auslegung zu folgen, neben der Nr. 3 außer Leistungen nach Nrn. 5 bis 8, 800, 801 weitere Leistungen (zum Beispiel Sonderleistungen) berechnen zu können. Somit wird die bisherige Auffassung der Bundesärztekammer, wonach Nr. 3 entweder nur alleine oder nur und ausschließlich neben den in der Anmerkung genannten Nummern berechnet werden kann, bestätigt. Damit ist auch klargestellt, dass Nr 3 nicht neben Nr. 50 (Besuch) abrechenbar ist. Dass die Nr. 3 in der Anmerkung zur Nr. 50 fehlt, beruht einzig darauf, dass die Anmerkung zur Nr. 3 erst apät im Verordnungsverfahren (durch den Bundesrat) eingebracht wurde und deshalb redaktionell in der Anmerkung zu Nr. 50 „vergessen“ wurde.

GOÄ-Ratgeber der BÄK: ►Siehe unter Nr. 849 – Kein Geld für eingehende Beratung – Dr. med. Regina Klakow-Franck in: Deutsches Ärzteblatt 99, Heft 37 (13.09.2002), Seite A-2437) – http://www.baek.de/page.asp?his=1.108.4144.4228.4241&all=true

Kommentar: Die mehr als einmalige Berechnung der Nr. 3 im Behandlungsfall bedarf einer besonderen Begründung. Mögliche Begründungen könnten sein:

- Symptome unklarer Genese
- Symptomvielfalt
- Kontrollbedürftiger Befund/Befunde
- Aufklärung vor OP
- Aufklärung zur OP-Indikation
- Schwierige differentialdiagnostische-diagnostische-therapeutische Überlegung
- Medikamentöse Umstellung bei Therapieversagen oder Therapieressistenz
- Non-compliance
- Arzneimittelinteraktionen
- Akute Verschlechterung
- Zusätzliche, telefonische Inanspruchnahme, ausgelöst durch den Patienten/Patientin oder deren Bezugsperson
- Nach dem Kommentar von **Brück** ist die Nr. 3 auch während stationärer Behandlung bei einem Aufklärungsgespräch vor der Durchführung eines operativen Eingriffs abrechenbar, wenn das Gespräch außerhalb der Visite erfolgt.

Tipp: Die Einschränkung nach der Legende auf den Ansatz der Nr. 3 in einer Sitzung **ausschließlich** neben Untersuchungsleistungen nach den Nrn. nach den Nummern 5, 6, 7, 8, 800 oder 801 erfordert besondere Aufmerksamkeit bei der Abrechnung, sofern noch weitere ärztliche Leistungen erbracht worden sind.

Es sollte immer wieder geprüft werden – um Honorarverluste zu vermeiden, ob die Beratungsgebühr nach Nr. 3 – u. U. mit den vorgegebenen Kombinationsmöglichkeiten – oder die sonst noch erbrachten diagnostischen Leistungen (Ultraschall, Doppler, EKG etc.) höher bewertet sind.

Auf einen Blick: **Beratungen zu Unzeiten**

Alle Zuschläge (A, B, C, D) dürfen nach GOÄ nur mit dem 1fachen Satz berechnet werden

1) Nr. 3 nicht neben Sonderleistungen gestattet

Beratung – auch telefonisch			
GOÄ Nr.	Kurzlegende	1fach €	1-/2,3fach €[1)]
1+A	außerhalb der Sprechstunde	4,66 + 4,08	**10,73 + 4,08**
1+B+D	telefonisch am Samstag 20.30 Uhr	4,66 + 10,49 + 12,82	**10,73 + 10,49 + 12,82**
1+b+D	nachts 20 – 22 Uhr, 6 – 8 Uhr am Wochenende oder Feiertag	4,66 + 10,49 + 12,82	**10,73 + 10,49 + 12,82**
1+B	in der Nacht 20 – 22 Uhr, 6 – 8 Uhr	4,66 + 10,49	**10,73 + 10,49**
1+C	in tiefer Nacht 22 – 6 Uhr	4,66 + 18,65	**10,73 + 18,65**

Beratung – auch telefonisch			
GOÄ Nr.	Kurzlegende	1fach €	1-/2,3fach €[1]
1+C+D	in tiefer Nacht 22 – 6 Uhr am Wochenende o. Feiertag	4,66 + 18,65 + 12,82	**10,73 + 18,65 + 12,82**
1+D	tagsüber am Wochenende	4,66 + 12,82	**10,93 + 12,82**
Eingehende Beratungen – auch telefonisch			
3[1]+A	außerhalb der Sprechstunde	8,74 + 4,08	**20,11 + 4,08**
3[1]+B+D	am Samstag 20.30	8,74 + 10,49 + 12,82	**20,11 + 10,49 + 12,82**
3[1]+B	in der Nacht 20 – 22 Uhr, 6 – 8 Uhr	8,74 + 10,49	**20,11 + 10,49**
3[1]+B+D	nachts 20 – 22 Uhr, 6 – 8 Uhr am Wochenende	8,74 + 10,49 + 12,82	**20,11 + 10,49 + 12,82**
3[1]+C	in tiefer Nacht 22 – 6 Uhr	8,74 + 18,65	**20,11 + 18,65**
3[1]+C+D	in tiefer Nacht 22 – 6 Uhr am Wochenende o. Feiertag	8,74 + 18,65 + 12,82	**20,11 + 18,65 + 12,82**
3[1]+D	am Wochenende	8,74 + 12,82	**20,11 + 12,82**
Beratungen in regelmäßiger Samstagssprechstunde			
1+1/2 D	Beratung in regelmäßiger Samstagssprechstunde	4,66 + 6,41	**10,73 + 6,41**
3[1]+1/2 D	Eingehende Beratung in regelmäßiger Samstagssprechstunde	8,74 + 6,41	**20,11 + 6,41**

Tipp:

- Neben der eingehenden Beratung nach Nr. 3 gibt es weitere Beratungsleistungen z.B. Nr. 34 und die psychiatrischen Gespräche 804, 806, 812, 849. Allerdings setzen die psychiatrischen Gespräche eine psychiatrische/psychosomatische Diagnose voraus; ein analoger Ansatz dieser Nrn. für ein nur ausführliches Beratungsgespräch scheidet aus.
- Wird die Beratung nach Nr. 3 außerhalb der Sprechstunde, zwischen 20 und 22 Uhr oder zwischen 6 und 8 Uhr, in der Nacht zwischen 22 und 6 Uhr oder an Sonn- und Feiertagen erbracht, so sind die entsprechenden Zuschläge A, B, C oder D abzurechnen.
- Wird die eingehende Beratung bei einem Kind bis zum vollendetem 4. Lebensjahr zusätzlich zu den Nrn. 5, 6, 7 oder 8 erbracht, so ist der Zuschlag nach K1 abzurechnen.
- Die Nr. 3 darf nicht anstelle einer Visite (Nr. 45) oder Zweitvisite (Nr. 46) berechnet werden.
- Abrechnung der Nr. 3 oder Abrechnung anderer Leistungen?
  Die Entscheidung wird der Arzt nach der Punktzahl der erbrachten Leistungen treffen: **Nr. 3 mit 150 Punkten** und der Punktzahl der weiteren Leistung(en).
  Beispiele:
  1. Leistungen: GOÄ **Nr. 3** = **150 Pkte.** + GOÄ **Nr. 252** (Injektion) = **40Pkte**.
  Ohne Zweifel bietet sich hier die Abrechnung nur der Nr. 3 an
  2. Leistungen: GOÄ **Nr. 3** = **150 Pkte.** + GOÄ **Nr. 651** (EKG) = **253 Pkte.**
  Ohne Zweifel bietet sich hier die Abrechnung nur der Nr. 651 an.

IGeL: Die Nr. 3 ist – wie auch die GOÄ-Nr. 1 – eine typische Beratungsleistung, die im Rahmen vieler IGeL-Leistungen erbracht wird.

Rechtsprechung:

GOÄ Nr 3 nur neben Nrn. 5, 6, 7, 8, 800 oder 801
Nach dem Wortlaut der Nummer 3 GOÄ ist die darin beschriebene Leistung (eingehende, das gewöhnliche Maß übersteigende Beratung – auch mittels Fernsprecher) nur berechnungsfähig als einzige Leistung oder im Zusammenhang mit einer Untersuchung nach Nummer 5, 6, 7, 8, 800 oder 801. Nach allgemeiner Meinung bedeutet dies, dass Nr. 3 GOÄ dann nicht berechnungsfähig ist, wenn gleichzeitig Leistungen erbracht werden, die über die explizit benannten Leistungen in den Nrn. 5, 6, 7, 8, 800 oder 801 GOÄ hinausgehen.
Aktenzeichen: OVG Nordrhein-Westfalen, 25.06.2012, AZ: 1 A 125/11
Entscheidungsjahr: 2012

GOÄ-Nr.		Punktzahl 1fach	2,3 / *1,8 3,5 / *2,5
4	**Erhebung der Fremdanamnese über einen Kranken und/oder Unterweisung und Führung der Bezugsperson(en) – im Zusammenhang mit der Behandlung eines Kranken.**	**220** 12,82	29,49 44,88

Die Leistung nach Nummer 4 ist im Behandlungsfall nur einmal berechnungsfähig.
Die Leistung nach Nummer 4 ist neben den Leistungen nach den Nummern 30, 34, 801, 806, 807, 816, 817 und/oder 835 nicht berechnungsfähig.

Ausschluss: Neben Nr. 4 sind folgende Nrn. nicht abrechnungsfähig: 3, 15, 20, 21, 25, 26, 30, 31, 34, 45, 46, 70, 435, 448, 449, 801, 806, 807, 816, 817, 835

Beschluss BÄK: **Beschluss des Gebührenausschusses der Bundesärztekammer Berechenbarkeit der GOÄ Nr. 4 neben Nr. 1 GOÄ (6. Sitzung vom 21. Mai 1996)**
Die Nrn. 4 und 1 der GOÄ sind nicht nebeneinander berechenbar, wenn sich sämtliche Bestandteile der Legenden zu den Nrn. 1 und 4 (Anamnese, Beratung, Fremdanamnese, Unterweisung) an ein und dieselbe Person richten, wie dies zum Beispiel der Fall ist bei Mutter und Kleinkind oder Betreuer und schwerstkommunikationsgestörten Patienten. In allen anderen Fällen ist die Nebeneinanderberechenbarkeit möglich.

GOÄ-Ratgeber der BÄK: ► **Zur Einbeziehung der Bezugsperson „aus einem außergewöhnlichen Grund“**
Dipl.-Verw.-Wiss. Martin Ulmer in: Deutsches Ärzteblatt 106, Heft 25 (19.06.2009), S. A1328 – www.bundesaerztekammer.de/page.asp?his=1.108.4144.4228.7580
Über die GOÄ Nr. 4 kann die häufig schwierige und aufwendige Unterstützung von Angehörigen/Bezugspersonen bei der Anamnese abgerechnet werden, wenn der Patient selber nicht zu einer sinnvollen Kommunikation in der Lage ist.
Ulmer führt aus: „...Der Ansicht, dass bei der Behandlung von Kindern generell der Ansatz von Nr. 4 unzulässig sei, ist aber zu widersprechen. Das Landgericht Karlsruhe hat nach Ulmer in einem Urteil vom 14. März 2001 (Az.: 1 S 90/99) ausgeführt:
...„Bei der Behandlung eines Säuglings oder Kleinkindes könne die Nr. 4 statt der Nr. 1 GOÄ nicht regelhaft abgerechnet werden, da die Anamneseerhebung über eine Bezugsperson bei normalem Gesundheitszustand den Regelfall darstelle und deshalb mit der Nr. 1 abgegolten sei. Nr. 4 sei jedoch berechnungsfähig, wenn der zweite Leistungsbestandteil, nämlich die Unterweisung und Führung der Bezugsperson(en), vom Arzt erbracht werde...
Bei der Fremdanamnese finde Nr. 4 GOÄ Anwendung, wenn bei komplexen Krankheitsbildern eine aufwendige Fremdanamnese bei den Eltern des Patienten durchgeführt werden müsse, die vom Zeitaufwand her eine deutliche Abgrenzung zu den allgemeinen Beratungen erlaube.

Kommentar: Siehe auch unter GOÄ Nr. 1 Rechtsprechung! Die Leistung nach Nr. 4 kann auch telefonisch erbracht werden. Es findet sich in der Gebührenordnung an keiner Stelle ein Ausschluss.
Die Leistung nach Nr. 4 wird häufig im Rahmen der Geriatrie und Palliativen Medizin erforderlich
Die Nr. 4 ist im Behandlungsfall nur 1 x abrechenbar. Der Behandlungsfall für die Behandlung **derselben** Erkrankung ist nach GOÄ (B. Allgemeine Bestimmungen) der Zeitraum eines Monats. Nach einem Kalendermonat ist die Nr. 4 erneut abrechenbar, aber auch wenn 2 verschiedene Erkrankungen in einem Monat auftreten, kann Nr. 4 entsprechend 2 x abgerechnet werden.
Die Nr. 4 darf nicht neben oder anstelle einer Visite oder Zweitvisite berechnet werden.

1. Beispiel:

Datum	GOÄ Nrn.	Diagnose
03.02.06	800 – **4**	Apoplex
04.03.06	800 – **4**	Apoplex (Kontrolluntersuchung)
Nach 4 Wochen beginnt am 3.3.02 ein neuer Behandlungsfall!		

2. Beispiel:

03.02.06	800 – **4**	TIA
15.02.06	7 + **4**	Herzinsuff, Alkoholabusus
Bei **neuer Erkrankung** beginnt ein **neuer Behandlungsfall**!		

Tipp:
- Neben der Leistung nach Nr. 4 sind z.B. die Leistungen nach den Nrn. 5 – 8, 11 und die Zuschläge A-D abrechenbar.
- Neben Nr. 4 sind möglich z.B. Nrn. 5, 6, 7, 8, Hausbesuche, 800, 801, 804, 806, 812, 816, 849!!

- Typisch sind folgende Situationen zur indirekten Beratung über dritte Personen:
  - Hausbesuch (Familienmitglieder, Freunde, Nachbarn)
  - Krankenhaus (Familienmitglieder, Freunde, Nachbarn
  - Pflegeheim (Familienmitglieder, Pfleger, Schwester)
  - Nach ambulanter Operation (Familienmitglieder, Freunde)
  - Gynäkologie (Lebenspartner)
- Wird die Leistung zu besonderen Zeiten erbracht, sind Zuschläge nach den Buchstaben A, B, C, D abrechenbar.

5 Symptombezogene Untersuchung **80** 10,72 4,66 16,32

Die Leistung nach Nummer 5 ist neben den Leistungen nach den Nummern 6 bis 8 nicht berechnungsfähig.

Ausschluss: Neben Nr. 5 sind folgende Nrn. nicht abrechnungsfähig: 6 – 8, 23 – 29, 45, 46, 50, 51, 61, 435, 448, 449, 600, 601, 1203, 1204, 1210 – 1213, 1217, 1228, 1240, 1400, 1401, 1414

Beschluss BÄK: **Beschlüsse des Gebührenausschusses der Bundesärztekammer – Zuschlag A im Zusammenhang mit Besuchsleistungen (Sitzung 13.3.96)**

Wenn neben der Leistung nach Nr. 50 GOÄ (Hausbesuch) eine berechenbare Untersuchungsleistung (z.B. nach Nr. 7) im Rahmen eines Hausbesuches „außerhalb der Sprechstunde" (z. B. am Mittwochnachmittag) erbracht wird, ist zur Nr. 7 damit auch der Zuschlag nach Buchstabe A berechenbar.

Mehrfachberechnung (7. Sitzung vom 12. September 1996)

Auch wenn sich die symptombezogene Untersuchung auf unterschiedliche Organsysteme beziehungsweise unterschiedliche Erkrankungen bezieht, ist Nr. 5 nur einmal im Rahmen desselben Arzt-Patienten-Kontaktes berechnungsfähig. Die Leistungslegende zu Nr. 5 unterscheidet nicht, ob sie sich auf die Untersuchung eines oder mehrere Organsysteme beziehungsweise Erkrankungen bezieht. Seinen formalen Niederschlag findet dies in der GOÄ auch durch die Allgemeine Bestimmung Nr. 3 zu Abschnitt B I, wonach bei Mehrfachansatz der Nr. 5 an demselben Tag die **„jeweilige Uhrzeit"** anzugeben ist. Auch kann es nicht als sachgerecht angesehen werden, dass bei Mehrfachansatz der Nr. 5 eine höhere Bewertung als zum Beispiel für den Ganzkörperstatus nach Nr. 8 resultiert. Ist die vom Arzt durchgeführte symptombezogene Untersuchung besonders aufwendiger Art dadurch, dass im Bereich mehrere Organsysteme untersucht wird, so ist gegebenenfalls eine Abrechnung unter Überschreitung des Schwellenwertes angemessen.

Leitung der postnarkotischen Überwachungsphase (13. Sitzung vom 3. Februar 1998)

Der Ausschuss sieht keine klare Abgrenzungsmöglichkeit von der (nicht berechenbaren) postoperativen Leistungstätigkeit beispielsweise des Chirurgen und keine klare inhaltliche Beschreibung des Leistungsgeschehens. Hinzu kommt, dass in dem Falle, dass der Anästhesist postnarkotisch beim Patienten verweilt, ohne dass währenddessen andere berechnungsfähige Leistungen anfallen, die Verweilgebühr nach Nr. 56 GOÖ abrechenbar ist. **In dem Falle, dass der Anästhesist beispielsweise Herz/Kreislauf, Atmung und Ausscheidung des Patienten kontrollieren muss, sind diese Leistungen mit GOÄ-Positionen erfassbar (zum Beispiel Untersuchungsleistungen).** Somit ist die Voraussetzung des § 6 Abs. 2 GOÄ „nicht in der GOÄ enthalten" nicht gegeben. Zu berücksichtigen ist auch, dass in der GOÄ Patientenübergaben (vgl. Anmerkung nach Nr. 60 GOÄ) und eine Rufbereitschaft sowie das Bereitstehen eines Arztes ausdrücklich nicht berechnungsfähig sind (vgl. § 4 Abs. 2a GOÄ). Der Ausschuss sieht deshalb diese Leistung als nicht eigenständig – auch nicht analog – berechenbar an.

Hinweis LÄK: **Anmerkung der Bayerischen Landesärztekammer** vom 30.9.2003 (Quelle: GOÄ-Datenbank www.blaek. de)

Aufgrund der Allgemeinen Bestimmungen B- 1. – der GOÄ, sind die Leistungen nach den Nummern 1 und/ oder 5 neben Leistungen aus den Abschnitten C bis O im Behandlungsfall nur einmal berechnungsfähig. Dies ist keine Interpretation, sondern „Text" der Amtlichen Gebührenordnung! Diese Bestimmung betrifft sowohl die Nr. 1 als auch Nr. 5!

Beratung neben Sonderleistungen

Als Behandlungsfall gilt für die Behandlung derselben Erkrankung der Zeitraum eines Monats nach der jeweils ersten Inanspruchnahme des Arztes (Faustregel: der Behandlungsfall ist dann verstrichen, wenn sich der Monatsname geändert und das Datum um mindestens 1 erhöht hat).

GOÄ-Ratgeber der BÄK: ► **Siehe: Körperliche Untersuchung(en) I und II unter GOÄ Nr. 7.**

Kommentar: Die Nr. 5 kann neben Leistungen aus den Abschnitten C bis O nur einmal im Behandlungsfall berechnet werden. Bei Neuerkrankungen – nicht beim Rezidiv einer vorbestehenden Erkrankung – ist die Untersuchungsgebühr jederzeit zusätzlich zu den Leistungen der Abschnitte C bis O berechnungsfähig.

Wird die Untersuchung nach Nr. 5 außerhalb der Sprechstunde, zwischen 20 und 22 Uhr oder zwischen 6 und 8 Uhr, in der Nacht zwischen 22 und 6 Uhr oder an Sonn- und Feiertagen erbracht, so sind die entsprechenden Zuschläge A, B, C oder D abzurechnen.

GOÄ-Nr.		Punktzahl 1fach	2,3 / *1,8 3,5 / *2,5

Wird die Beratung bei einem Kind bis zum vollendeten 4. Lebensjahr zusätzlich zu den Nrn. 5, 6, 7 oder 8 erbracht, so ist der Zuschlag nach K1 abzurechnen.
Wird die symptombezogene Untersuchung im Zusammenhang mit einem Hausbesuch erbracht und dieser z.B. durchgeführt

- unverzüglich oder
- zu speziellen Zeiten wie in der Legende der Zuschläge F, G und H angegeben oder
- bei einem Kind bis zum 4. Lebensjahr,

so sind die entsprechenden Zuschläge nach den Buchstaben E bis H, J, K2 zusätzlich abrechenbar. **Ein Zuschlag nach dem Buchstaben A kann im Zusammenhang mit einem Hausbesuch abgerechnet werden.** (Siehe unter Nr. 5, Beschluss der BÄK)
Die Nr. 5 darf nicht neben oder anstelle einer Visite (Nr. 45) oder Zweitvisite (Nr. 46) berechnet werden.

Tipp:

- Die Leistung nach Nr. 5 ist z.B. kombinierbar mit Leistungen nach den Nrn. 1, 3, 4, 11, 800, 801 und den Zuschlägen A – K1.
- Wird die Leistung zu besonderen Zeiten oder bei Kindern bis zum vollendeten 4. Lebensjahr erbracht, sind Zuschläge nach den Buchstaben A, B, C, D, K1 abrechenbar.

Der Chefarztbrief (Ausgabe 7/2011) rät bei der Untersuchung beider Mammae und ggf. der regionären Lymphknoten die GOÄ Nr. 5 mit einem erhöhten Faktor anzusetzen. Die Nr. 7 kann nach ihrem Legendentext nicht für diese Untersuchung abgerechnet werden.

IGeL: Abklärungsdiagnostik auf Wunsch des Patienten zur Beweissicherung nach Schädigung durch Dritte z.B. nach

- Schlägerei
- HWS-Schleudertrauma
- Unfall z.B. Ausgerutscht auf Schnee, weil nicht gestreut oder freigeschaufelt

6 Vollständige körperliche Untersuchung mindestens eines der folgenden Organsysteme: alle Augenabschnitte, der gesamte HNO-Bereich, das stomatognathe System, die Nieren und ableitenden Harnwege (bei Männern auch gegebenenfalls einschließlich der männlichen Geschlechtsorgane) oder Untersuchung zur Erhebung eines vollständigen Gefäßstatus – gegebenenfalls einschließlich Dokumentation.

Punktzahl	2,3 / *1,8
100	13,41
5,83	20,40

Die vollständige körperliche Untersuchung eines Organsystems nach der Leistung nach Nr 6 beinhaltet insbesondere:

- bei den **Augen:** beidseitige Inspektion des äußeren Auges,beidseitige Untersuchung der vorderen und mittleren Augenabschnitte sowie des Augenhintergrunds;
- bei dem **HNO-Bereich**: Inspektion der Nase, des Naseninnern, des Rachens, beider Ohren, beider äußerer Gehörgänge und beider Trommelfelle, Spiegelung des Kehlkopfs;
- bei dem **stomatognathen System**: Inspektion der Mundhöhle, Inspektion und Palpation der Zunge und beider Kiefergelenke sowie vollständiger Zahnstatus;
- bei den **Nieren und ableitenden Harnwegen**: Palpation der Nierenlager und des Unterbauchs, Inspektion des äußeren Genitale sowie Digitaluntersuchung des Enddarms, bei Männern zusätzlich Digitaluntersuchung der Prostata, Prüfung der Bruchpforten sowie Inspektion und Palpation der Hoden und Nebenhoden;
- bei dem **Gefäßstatus**: Palpation und gegebenenfalls Auskultation der Arterien an beiden Handgelenken, Ellenbeugen, Achseln, Fußrücken, Sprunggelenken, Kniekehlen, Leisten sowie der tastbaren Arterien an Hals und Kopf, Inspektion und gegebenenfalls Palpation der oberflächlichen Bein- und Halsvenen.

Die Leistung nach Nummer 6 ist neben den Leistungen nach den Nummern 5, 7 und/oder 8 nicht berechnungsfähig.

Ausschluss: Neben Nr. 6 sind folgende Nrn. nicht abrechnungsfähig: 5, 7, 8, 11 eventuell, s. Kommentar, 25 – 29, 45, 46, 61, 435, 448, 449, 600, 601, 1203, 1204, 1210 – 1213, 1217, 1228, 1240, 1400, 1401, 1414

Beschluss BÄK:

Beschluss des Gebührenausschusses der Bundesärztekammer
Leitung der postnarkotischen Überwachungsphase (13. Sitzung vom 3. Februar 1998)
Der Ausschuss sieht keine klare Abgrenzungsmöglichkeit von der (nicht berechenbaren) postoperativen Leistungstätigkeit beispielsweise des Chirurgen und keine klare inhaltliche Beschreibung des Leistungsgeschehens.

Hinzu kommt, dass in dem Falle, dass der Anästhesist postnarkotisch beim Patienten verweilt, ohne dass währenddessen andere berechnungsfähige Leistungen anfallen, die Verweilgebühr nach Nr. 56 GOÄ abrechenbar ist.
In dem Falle, dass der Anästhesist beispielsweise Herz/Kreislauf, Atmung und Ausscheidung des Patienten kontrollieren muss, sind diese Leistungen mit GOÄ-Positionen erfassbar (zum Beispiel Untersuchungsleistungen). Somit ist die Voraussetzung des § 6 Abs. 2 GOÄ „nicht in der GOÄ enthalten" nicht gegeben.
Zu berücksichtigen ist auch, dass in der GOÄ Patientenübergaben (vgl. Anmerkung nach Nr. 60 GOÄ) und eine Rufbereitschaft sowie das Bereitstehen eines Arztes ausdrücklich nicht berechnungsfähig sind (vgl. § 4 Abs. 2a GOÄ).
Der Ausschuss sieht deshalb diese Leistung als nicht eigenständig – auch nicht analog – berechenbar an.

GOÄ-Ratgeber der BÄK: ► **Die korrekte Abrechnung einer HNO-Untersuchung**
Tina Wiesener (in: Deutsches Ärzteblatt 107, Heft 41 (15.10.2010), S. A2012) – http://www.bundesaerztekammer.de/page.asp?his=1.108.4144.4285.8790
Der Autorin stellt fest: „Neben der Nr. 6 GOÄ kann die Nr. 1415 GOÄ „Binokularmikroskopische Untersuchung des Trommelfells und/oder der Paukenhöhle zwecks diagnostischer Abklärung, als selbstständige Leistung" bei entsprechender Leistungserbringung als weiterführende Untersuchung in Ansatz gebracht werden. Durch die mittels Ohrmikroskop erreichte Vergrößerung (sechs- bis zwölffach) wird eine erheblich sicherere Beurteilung und somit Diagnosestellung im Bereich des Gehörgangs, des Trommelfells und – bei Trommelfelldefekt – der Paukenhöhle erreicht..."
Bei einer beidseitigen binokularmikroskopischer Untersuchung des Trommelfells kann die GOÄ Nr. 1415 zweimal berechnet werden.
Neben der GOÄ Nr. 6 können die Leistungen nach GOÄ Nrn. 1418 und 1530 als weiterführende Diagnostik berechnet werden.

► **Siehe: Körperliche Untersuchung(en) I**
Dr. med. Anja Pieritz – Deutsches Ärzteblatt 110, Heft 13 (08.07.2013), S. A-1398
http://www.bundesaerztekammer.de/page.asp?his=1.108.4144.4228.11426
„Bei allen Untersuchungen des Abschnittes B der GOÄ (Nrn. 5, 6, 7, und 8 GOÄ) handelt es sich um Leistungen, die von einem Arzt erbracht werden müssen, um berechnungsfähig zu sein.... Dabei löst bereits die vollständige Untersuchung eines der benannten Organsysteme die Berechnung der GOÄ Nr. 6 aus."

Kommentar: Die im Text aufgeführten körperlichen Untersuchungen sind als Mindestanforderung zu verstehen! Die Nr. 11 kann nicht neben Nr. 6 berechnet werden, wenn die Nieren und harnableitenden Wege bei einem Mann untersucht wurden, da die digitale Untersuchung dazugehört.
Wird die Untersuchung nach Nr. 6 bei einem Kind bis zum vollendeten 4. Lebensjahr erbracht, so ist der Zuschlag nach K1 abzurechnen.
Wird die Untersuchung im Zusammenhang mit einem Hausbesuch erbracht und dieser z.B.
– unverzüglich durchgeführt oder
– zu speziellen Zeiten, wie in der Legende der Zuschläge F, G und H angegeben, oder
– bei einem Kind bis zum 4. Lebensjahr,
so sind die entsprechenden Zuschläge nach den Buchstaben E bis H, J, K2 zusätzlich abrechenbar.
Die Nr. 6 darf nicht neben oder anstelle einer Visite (Nr. 45) oder Zweitvisite (Nr. 46) berechnet werden.
Ein **Zuschlag nach** dem Buchstaben A kann im Zusammenhang mit einem Hausbesuch abgerechnet werden. (Siehe unter Nrn. 5 und 7: Beschluss der BÄK)
Siehe auch Kommentar unter „II. Zuschläge zu Beratungen und Untersuchungen nach den Nrn. 1, 3, 4, 5, 6, 7 oder 8".

Tipp:
- Die Leistung nach Nr. 6 ist z.B. kombinierbar mit Leistungen nach den Nrn. 1, 3, 4, 11, 800, 801 und den Zuschlägen A-K1.
- Wird die Leistung zu besonderen Zeiten oder bei Kindern bis zum vollendeten 4. Lebensjahr erbracht, sind Zuschläge nach den Buchstaben A, B, C, D, K1 abrechenbar

IGeL: Alle Untersuchungen auf Patientenwunsch, z.B.
- zusätzlicher Organ-Check-up, z.B. Niere, Leber, Haut
- Facharzt-Check-up, z.B. Augen, Haut, HNO etc.
- Abklärungsdiagnostik bei Schädigung durch Dritte, ggf mit Labor- und apparativer Diagnostik

GOÄ-Nr.		Punktzahl 1fach	2,3 / *1,8 3,5 / *2,5
7	**Vollständige körperliche Untersuchung mindestens eines der folgenden Organsysteme: das gesamte Hautorgan, die Stütz- und Bewegungsorgane, alle Brustorgane, alle Bauchorgane, der gesamte weibliche Genitaltrakt (gegebenenfalls einschließlich Nieren und ableitende Harnwege) – gegebenenfalls einschließlich Dokumentation**	**160** 9,33	21,45 32,64

Die vollständige körperliche Untersuchung eines Organsystems nach der Leistung nach Nummer 7 beinhaltet insbesondere:

- bei dem Hautorgan: Inspektion der gesamten Haut, Hautanhangsgebilde und sichtbaren Schleimhäuten, gegebenenfalls einschließlich Prüfung des Demographismus und Untersuchung mittels Glasspatel;
- bei den Stütz- und Bewegungsorganen: Inspektion, Palpation und orientierende Funktionsprüfung der Gelenke und der Wirbelsäule einschließlich Prüfung der Reflexe;
- bei den Brustorganen: Palpation, Perkussion von Herz und Lunge sowie Blutdruckmessung;
- bei den Bauchorganen: Palpation, Perkussion und Auskultation der Bauchorgane einschließlich palpatorischer Prüfung der Bruchpforten und der Nierenlager;
- bei dem weiblichen Genitaltrakt: bimanuelle Untersuchung der Gebärmutter und der Adnexe, Inspektion des äußeren Genitale, der Vagina und der Portio uteri, Digitaluntersuchung des Enddarms, gegebenenfalls Palpation der Nierenlager und des Unterbauchs.Die Leistung nach Nummer 7 ist neben den Leistungen nach den Nummern 5, 6 und/oder 8 nicht berechnungsfähig.

Ausschluss: Neben Nr. 7 sind folgende Nrn. nicht abrechnungsfähig: 5, 6, 8, 23 – 29, 45, 46, 61, 435, 448, 449, 600, 601, 1203, 1204, 1228, 1240, 1400, 1401, 1414, 1730

Beschluss BÄK: **Beschlüsse des Gebührenausschusses der Bundesärztekammer**

Zuschlag A im Zusammenhang mit Besuchsleistungen (Sitzung vom 13. März)

Wenn neben der Leistung nach Nr. 50 GOÄ (Hausbesuch) eine berechenbare Untersuchungsleistung (z.B. nach Nr. 7) im Rahmen eines Hausbesuches „außerhalb der Sprechstunde“ (z. B. am Mittwochnachmittag) erbracht wird, ist zur Nr. 7 damit auch der Zuschlag nach Buchstabe A berechenbar.

Zuschlag F bei späterem Besuchsantritt (5. Sitzung vom 13. März 1996)

In Fällen, in denen ein Besuch vor 20.00 Uhr bestellt, aber erst nach 20.00 Uhr ausgeführt wird, ist der Zuschlag „F“ berechenbar. Die Verzögerung muss jedoch sachlich begründet sein und darf nicht im Ermessen des Arztes liegen.

Leitung der postnarkotischen Überwachungsphase (13. Sitzung vom 3. Februar 1998)

Der Ausschuss sieht keine klare Abgrenzungsmöglichkeit von der (nicht berechenbaren) postoperativen Leistungstätigkeit beispielsweise des Chirurgen und keine klare inhaltliche Beschreibung des Leistungsgeschehens.

Hinzu kommt, dass in dem Falle, dass der Anästhesist postnarkotisch beim Patienten verweilt, ohne dass währenddessen andere berechnungsfähige Leistungen anfallen, die Verweilgebühr nach Nr. 56 GOÄ abrechenbar ist.

In dem Falle, dass der Anästhesist beispielsweise Herz/Kreislauf, Atmung und Ausscheidung des Patienten kontrollieren muss, sind diese Leistungen mit GOÄ-Positionen erfassbar (zum Beispiel Untersuchungsleistungen). Somit ist die Voraussetzung des § 6 Abs. 2 GOÄ „nicht in der GOÄ enthalten“ nicht gegeben.

Zu berücksichtigen ist auch, dass in der GOÄ Patientenübergaben (vgl. Anmerkung nach Nr. 60 GOÄ) und eine Rufbereitschaft sowie das Bereitstehen eines Arztes ausdrücklich nicht berechnungsfähig sind (vgl. § 4 Abs. 2a GOÄ.

Der Ausschuss sieht deshalb diese Leistung als nicht eigenständig – auch nicht analog – berechenbar an.

GOÄ-Ratgeber der BÄK: ► **Siehe: Körperliche Untersuchung(en) I**

Dr. med. Anja Pieritz – Deutsches Ärzteblatt 110, Heft 13 (08.07.2013), S. A-1398
http://www.bundesaerztekammer.de/page.asp?his=1.108.4144.4228.11426

► **Körperliche Untersuchung(en) II**

Pieritz, Anja – Dtsch Arztebl 2013; 110(48): A-2338/B-2058/C-1990 – http://www.aerzteblatt.de/archiv/150536

In der Leistungslegende zur Nr. 7 ist der Umfang der Untersuchung an den verschiedenen genannten Organsystemen genau beschrieben und auf die erforderliche Dokumentation wird hingewiesen.

Im 2 Teil gibt Frau Dr. Pieritz wichtige Informationen zur Untersuchung nach Nr. 7.

... „Die Prüfung des Dermographismus und die Untersuchung mittels Glasspatel sind fakultative Bestandteile der Nr. 7 GOÄ für das Organsystem Haut.

... Der Untersuchungsumfang des „gesamten weiblichen Genitaltraktes“ gemäß Nr. 7 GOÄ umfasst obligat die bimanuelle Untersuchung der Gebärmutter und der Adnexe, Inspektion des äußeren Genitales, der Vagina und der Portio uteri sowie die Digitaluntersuchung des Enddarms. Fakultativer Bestandteil ist die Palpation der Nierenlager und des Unterbauchs ...

... Fehlen obligate Bestandteile der Untersuchung eines Organsystems, kann nur die Nr. 5 GOÄ angesetzt werden. Überschreitet die durchgeführte Untersuchung den Umfang der Nr. 7 GOÄ, beispielsweise durch vollständige Untersuchung von zwei Organsystemen, so kann der erhöhte Aufwand über eine angemessene Anhebung des Gebührensatzes berücksichtigt werden. Bei der Berechnung oberhalb des Schwellenwertes (hier 2,3-fach) muss dies nachvollziehbar für den Zahlungspflichtigen auf der Rechnung begründet werden ...

Kommentar: Wird die Untersuchung nach Nr. 7 bei einem Kind bis zum vollendeten 4. Lebensjahr erbracht, so ist zusätzlich der Zuschlag nach K1 abzurechnen. Wird die Untersuchung im Zusammenhang mit einem Hausbesuch erbracht und dieser z.B.

- unverzüglich durchgeführt oder
- zu speziellen Zeiten, wie in der Legende der Zuschläge F, G und H angegeben, oder
- bei einem Kind bis zum 4. Lebensjahr,

so sind die entsprechenden Zuschläge nach den Buchstaben E bis H, J, K2 zusätzlich abrechenbar.

Die Nr. 7 darf nicht neben oder anstelle einer Visite (Nr. 45) oder Zweitvisite (Nr. 46) berechnet werden.

Ein Zuschlag nach Buchstabe A kann im Zusammenhang mit einem Hausbesuch abgerechnet werden. (Siehe unter Nr. 7: Beschluss der BÄK)

Siehe auch Kommentar unter „II. Zuschläge zu Beratungen und Untersuchungen nach den Nrn. 1, 3, 4, 5, 6, 7 oder 8 „.

Tipp:

- Die Leistung nach Nr. 7 ist kombinierbar z.B. mit Leistungen nach den Nrn. 1, 3, 4, 11, 252, 253, 548, 551, 800, 801, Sonographie, EKG, Belastungs EKG, Allergologie, Lungenfunktion etc. und Labor und mit den Zuschlägen A-K1.
- Wird die Leistung zu besonderen Zeiten oder bei Kindern bis zum vollendeten 4. Lebensjahr erbracht, sind Zuschläge nach den Buchstaben A, B, C, D, K1 abrechenbar

IGeL: Untersuchungen auf Patientenwunsch (außerhalb der GKV- und PKV-Erstattungspflicht), z.B.

- Facharzt-Check-up, z.B. Früherkennung von Hautkrebs, Osteoporose, Kontrolle bei starkem Raucher
- Sportmedizinischer Check-up (Herz/Kreislauf)
- Anti-Aging-Check-up vor Behandlungen
- IUP-LagekontrolleGgf. erforderliche Labor- und/oder apparative Diagnostik ist abrechenbar.

Siehe auch unter GOÄ Nr. 8.

8 Untersuchung zur Erhebung des Ganzkörperstatus, gegebenenfalls einschließlich Dokumentation

260	34,86
15,15	53,04

Der Ganzkörperstatus beinhaltet die Untersuchung der Haut, der sichtbaren Schleimhäute, der Brust- und Bauchorgane, der Stütz- und Bewegungsorgane, sowie eine orientierende neurologische Untersuchung.

Die Leistung nach Nummer 8 ist neben den Leistungen nach den Nummern 5, 6, 7 und/oder 800 nicht berechnungsfähig.

Ausschluss: Neben Nr. 8 sind folgende Nrn. nicht abrechnungsfähig: 5 – 7, 25, 26 – 29, 45, 46, 61, 435, 448, 449, 600, 601, 715, 800, 801, 1203, 1204, 1228, 1240, 1400, 1401, 1414

GOÄ-Ratgeber der BÄK: ► **Siehe: Körperliche Untersuchung(en) I**
Dr. med. Anja Pieritz – Deutsches Ärzteblatt 110, Heft 13 (08.07.2013), S. A-1398
http://www.bundesaerztekammer.de/page.asp?his=1.108.4144.4228.11426

Kommentar: Wird die Untersuchung nach Nr. 8 bei einem Kind bis zum vollendeten 4. Lebensjahr erbracht, so ist zusätzlich der Zuschlag nach K1 abzurechnen. Wird die Untersuchung im Zusammenhang mit einem Hausbesuch erbracht und dieser z.B.

- unverzüglich durchgeführt oder
- zu speziellen Zeiten, wie in der Legende der Zuschläge F, G und H angegeben, oder
- bei einem Kind bis zum 4. Lebensjahr,

so sind die entsprechenden Zuschläge nach den Buchstaben E bis H, J, K2 zusätzlich abrechenbar.

Die Nr. 8 darf nicht neben oder anstelle einer Visite (Nr. 45) oder Zweitvisite (Nr. 46) berechnet werden.

Ein Zuschlag nach Buchstabe A kann im Zusammenhang mit einem Hausbesuch abgerechnet werden. (Siehe unter Nr. 7: Beschluss der BÄK)

Tipp:
- Wird im Rahmen eines Ganzkörperstatus auch die digitale Untersuchung des Mastdarmes und/oder der Prostata durchgeführt, so kann zusätzlich die Nr. 11 abgerechnet werden. Es ist nicht empfehlenswert, eine Beratung oder Untersuchung analog abzurechnen, da es unerheblich ist, ob z.B. eine Beratung oder Untersuchung nach 'homöopathischen', 'neuraltherapeutischen' oder 'chinesischen' Grundsätzen erfolgt.
- Wird die Leistung zu besonderen Zeiten oder bei Kindern bis zum vollendeten 4. Lebensjahr erbracht, sind Zuschläge nach den Buchstaben A, B, C, D, K1 abrechenbar.

IGeL:
- z.B. General Check-up
- vollständiger sportmedizinischer Check-up (z.B. Flug-, Tauchtauglichkeit)
- Berufseignungsuntersuchungen
- Untersuchung vor großen Reisen

11 Digitaluntersuchung des Mastdarms und/oder der Prostata

60 8,04
3,50 12,24

Ausschluss: Neben Nr. 11 sind folgende Nrn. nicht abrechnungsfähig: 23, 24, 27, 28, 435, 770, 3230

Tipp: Die Leistung nach Nr. 11 ist kombinierbar z.B. mit den Leistungen 1, 5, 6, 7, 8, 264, 316, 319, 690, 698, 699, 705, 763 – 766 und 768, wenn die digitale Untersuchung nicht schon Bestandteil der Organuntersuchung ist (z.B. Nr. 6 = Urologie, Nr. 7 = Gynäkologie) und nicht zur Früherkennungsuntersuchung nach Nr. 28 angewendet wird..

15 Einleitung und Koordination flankierender therapeutischer und sozialer Maßnahmen während der kontinuierlichen ambulanten Betreuung eines chronisch Kranken

300 40,22
17,49 61,20

Die Leistung nach Nummer 15 darf nur einmal im Kalenderjahr berechnet werden.
Neben der Leistung nach der Nummer 15 ist die Leistung nach Nummer 4 im Behandlungsfall nicht berechnungsfähig.

Ausschluss: Neben Nr. 15 sind folgende Nrn. nicht abrechnungsfähig: 4, 20, 33, 34, 45, 46, 60, 435

GOÄ-Ratgeber der BÄK: ► **Grundsätzliches zur Nummer 15 GOÄ**
Dr. med. Anja Pieritz – in: Deutsches Ärzteblatt 106, Heft 13 (27.03.2009), S. A-626 – www.bundesaerztekammer.de/page.asp?his=1.108.4144.4228.7064

► **Spezielles zur Nummer 15 GOÄ**
Dr. med. Anja Pieritz – in: Deutsches Ärzteblatt 106, Heft 15 (10.04.2009), S. A-732 – www.bundesaerztekammer.de/page.asp?his=1.108.4144.4228.7112

Mit der Nr. 15 GOÄ werden die Koordinationsaufgaben des Arztes bei der Begleitung chronisch Kranker honoriert, z. B. Gespräche mit anderen behandelnden Ärzten, Vor- und Nachbereitung von Krankenhausaufenthalten, Überprüfung der Medikation, Kontakte zu sozialen Einrichtungen (z. B. Pflegeheim, Sozialarbeiter, Kureinrichtungen, Krankenversicherungen etc.). Nr. 15 GOÄ kann einmal pro Kalenderjahr angesetzt werden. Leistungsvoraussetzung ist eine kontinuierliche ambulante Betreuung des Patienten. Eine kontinuierliche Betreuung erfordert eine fortlaufende Information des Arztes über den Stand der therapeutischen und sozialen Maßnahmen. Nicht von Bedeutung ist es, ob der Schwerpunkt der Koordinationstätigkeit bei den therapeutischen oder den sozialen Maßnahmen liegt.

Eine chronische Erkrankung dürfte dann vorliegen, wenn eine kontinuierliche ärztliche Koordination von therapeutischen und sozialen Maßnahmen über den Zeitraum von einem Jahr erforderlich ist.

Dr. Pieritz hebt hervor, dass die Koordinationsleistungen von sozialen/therapeutischen Maßnahmen im Ausnahmefall auch von mehreren Ärzten parallel wahrgenommen werden können. Die Autorin führt als Beispiel die Koordinationsleistung für ein schwer geistig behindertes Kind an, die beim Kinderarzt und mit anderem Schwerpunkt beim z,B. betreuenden Neurologen liegen. Beide Ärzte können GOÄ Nr. 15 GOÄ abrechnen.

In ihrem 2. Ratgeber-Artikel **Spezielles zur Nummer 15 GOÄ** ergänzt die Autorin noch: „An dem Tag, an dem die Nr. 15 GOÄ angesetzt wurde, muss nicht zwingend ein Arzt-Patienten-Kontakt stattgefunden haben. Häufige Arzt-Patienten-Kontakte sind demnach keine Voraussetzung, um den Leistungsinhalt der Nr. 15 GOÄ erfüllen zu können..."

Kommentar: Die Nummer 15 darf nicht im Krankenhaus berechnet werden.
Die Leistung kann nur 1x im Kalenderjahr abgerechnet werden.
Nach der Leistungslegende ist eine kontinuierliche ambulante Betreuung des chronisch kranken Patienten erforderlich (kontinuierlich = 1 Behandlungsfall = 1 Monat).
Wir gehen davon aus, dass auch bei Patientenwechsel der neue Arzt nach kurzer Zeit die Nr. 15 abrechnen kann, wenn er flankierende therapeutische und soziale Maßnah-

men bei dem neuen Patienten mit einer chronischen Erkrankung durchführen muss. Typische chronische Erkrankungen sind z.B.:

- Diabetes mellitus
- Rheumatische Erkrankungen
- Z.n. Apoplex (Verordnung Physiotherapie)
- KHK
- Hypertonie
- M. Parkinson
- Malignome
- Multiple Sklerose

Die Organisation eines Pflegedienstes, ggf. auch behördliche Maßnahmen fallen unter „soziale Maßnahmen".

Die Leistung nach Nr. 15 ist nicht an einen Arzt-/Patientenkontakt gebunden, da zur Einleitung und Koordination von Maßnahmen sicher zahlreiche Telefonate mit Behörden, Pflegestationen, Angehörigen erforderlich sind, die nicht im Rahmen eines Arzt-/ Patientenkontaktes geführt werden.

Wezel / Liebold kommentiert „...die Gebühr soll die laufenden Gespräche mit Erziehungsberechtigten, mit Pflegeperson und ggf. mit Lebenspartnern, Angehörigen der Heilberufe, die an der medizinischen Versorgung mitwirken (Krankengymnastinnen, Masseure, Logopäden etc.) sowie mit Betriebs- und Amtsärzten, Sozialbetreuern abgelten. Außerdem ist damit der Aufwand für die Erstellung von Anträgen, Ausfüllung von Fragebögen etc. im Zusammenhang mit der Einleitung solcher Maßnahmen in soweit mit abgegolten, als es hier für nicht expressis verbis eigene Abrechnungspositionen gibt ..."

Tipp:

- Die Leistung nach Nr. 15 ist kombinierbar z.B. mit Leistungen nach den Nrn. 5, 6, 7, 8, 252, 253, 800 und 801.
- Vermerken Sie das Datum, an dem Sie die Nr. 15 erbracht haben, deutlich! Wird z.B. am 30.12.05 die Leistung nach Nr. 15 erbracht, kann sie am 2.1.06 erneut erbracht und abgerechnet werden.

II Zuschläge zu Beratungen und Untersuchungen nach den Nummern 1, 3, 4, 5, 6, 7 oder 8

Allgemeine Bestimmungen

Die Zuschläge nach den Buchstaben A bis D sowie K1 sind nur mit dem einfachen Gebührensatz berechnungsfähig. Sie dürfen unabhängig von der Anzahl und Kombination der erbrachten Leistungen je Inanspruchnahme des Arztes nur einmal berechnet werden. Neben den Zuschlägen nach den Buchstaben A bis D sowie K1 dürfen die Zuschläge nach den Buchstaben E bis J sowie K2 nicht berechnet werden. Die Zuschläge nach den Buchstaben B bis D dürfen von Krankenhausärzten nicht berechnet werden, es sei denn, die Leistungen werden durch den liquidationsberechtigten Arzt oder seinen Vertreter nach § 4 Abs. 2 Satz 3 erbracht.
Die Zuschläge sind in der Rechnung unmittelbar im Anschluss an die zugrunde liegende Leistung aufzuführen.

Hinweise auf GOÄ-Ratgeber der BÄK:

► **Beratung/Untersuchung:** Zuschläge A-D für „Unzeiten"
www.baek.de/page.asp?his=1.108.4144.4228.4236

Zu den Beratungs- und Untersuchungsleistungen der Nummern (Nrn.) 1, 3, 5, 6, 7, 8 der Amtlichen Gebührenordnung für Ärzte (GOÄ) sind in bestimmten Fällen, so beispielsweise für „Unzeiten" (ab 20Uhr), die Zuschläge nach A bis K1 berechnungsfähig. Diese Zuschläge sind, so ist es in den Allgemeinen Bestimmungen des Abschnitts B II GOÄ bestimmt, immer nur mit dem einfachen Gebührensatz undjeweils nur einmal je Inanspruchnahme berechnungsfähig. Der unterschiedlichen Schwierigkeit wird beiden Zuschlägen durch die jeweilige Höhe der Punktzahl Rechnung getragen – auch wenn einige dieser Zuschläge in ihrer Höhe dringend angehoben werden müssten. Manche der Zuschläge können kombiniertwerden, andere auf keinen Fall.
Der Zuschlag A „außerhalb der Sprechstunde erbrachte Leistungen" ist gedacht für Leistungen, die außerhalbder Sprechstunde, aber eben noch nicht zu „Unzeiten" erbracht werden. Die Bundesärztekammer hatnoch ein weiteres Beispiel hinzugefügt: „Wenn neben der Leistung nach Nummer (Nr.) 50 GOÄ (Hausbesuch)eine berechenbare Untersuchungsleistung (zum Beispiel nach Nr. 7 GOÄ) im Rahmen eines Hausbesuchesaußerhalb der Sprechstunde (zum Beispiel am Mittwoch nachmittag) erbracht wird, ist zur Nr. 7[GOÄ] damit auch der Zuschlag nach Buchstabe A berechenbar." Der Zuschlag A ist neben den Zuschlägen B, C und D nicht berechnungsfähig.

Der Zuschlag B „Zuschlag für in der Zeit zwischen 20 und 22 Uhr oder 6 und 8 Uhr außerhalb der Sprechstundeerbrachte Leistungen“ ist für Beratungs-/Untersuchungsleistungen außerhalb der Sprechstundenzeitengedacht. Dies kann der Fall sein, wenn ein Patient um 7 Uhr in der Praxis erscheint, die Sprechstundeerst um 9 Uhr beginnt, der Arzt aber bereits anwesend ist.
Der Zuschlag C „Zuschlag für in der Zeit zwischen 22 und 6 Uhr“ kann zusätzlich zu Beratungs-/Untersuchungsleistungenangesetzt werden, wenn die Beratung des Patienten etwa um 23 Uhr stattfindet; dabeikann es sich auch um eine telefonische Beratung handeln.
Der Zuschlag D „Zuschlag für an Sams-, Sonn- oder Feiertagen erbrachte Leistungen“ ist, je nach Uhrzeit,mit den Zuschlägen B oder C kombinierbar. Für die Zuschläge A bis C gilt, dass, wenn der Arzt seine Sprechstunde beispielsweise regelmäßig „zu Unzeiten“ abhält (etwa „Donnerstags bis 21 Uhr“ oder „Montags ab 7 Uhr“), er diese Zuschläge für die festen Sprechstundenzeiten nicht berechnen kann. Andersist es beim Zuschlag D, der in der halben Höhe berechnet werden kann, wenn am Samstag eine Sprechstunde

► **Zuschläge A bis D: Besonderheiten, Beleg- und Krankenhausärzte**
Dr. med. Anja Pieritz – (in: Dt. Ärzteblatt 103, Heft 21 (26.05.2006), Seite A-1477) – www.baek.de/page.asp?his=1.108.4144.4228.4237

► **Wann ist Zuschlag A berechnungsfähig?**
Deutsches Ärzteblatt 108, Heft 28–29 (18.07.2011), S. A-1598 – http://www.bundesaerztekammer.de/page.asp?his=1.108.4144.4228.9682

► **Visiten/Besuche: Zuschläge E bis H zu Unzeiten**
Dr. med. Anja Pieritz – (in: Dt.Ärzteblatt 103, Heft 23 (09.06.2006), Seite A-1627) – www.baek.de/page.asp?his=1.108.4144.4228.4238

► **Zuschläge für Kinder**
Dr. med. Anja Pieritz – (in: Dt.Ärzteblatt 103, Heft 27 (07.07.2006), Seite A-1919) – www.baek.de/page.asp?his=1.108.4144.4228.4239

► **Zuschläge kombinieren**
Dr. med. Anja Pieritz – (in: Dt.Ärzteblatt 103, Heft 30 (28.07.2006), Seite A-2057) – www.baek.de/page.asp?his=1.108.4144.4228.4240

Die ausführlichen Aussagen von Dr. Pieritz in den verschiedenen Veröffentlichungen sind von den Autoren schon innerhalb ihrer Kommentare umgesetzt gewesen.

Kommentar:

Brück gibt in seinem Kommentar einen Sonderfall des Besuches außerhalb der Sprechstunde an: „...Die Zuschläge nach Abschnitt B II wurden nicht für die Berechnung neben Besuchsleistungen konzipiert. Dies geht aus der Formulierung eines gesonderten Abschnittes B V hervor. Der auf die Zuschläge der Abschnitte B II und B V bezogene Abrechnungsausschluss in Satz 3 der Allgemeinen Bestimmungen zu Abschnitt B II lässt allerdings auch den Schluss zu, dass bei Abrechnung von Grundleistungen aus den Abschnitten B I und B IV nebeneinander dem Arzt ein Wahlrecht für die Abrechnung des Zuschlags zusteht. Aus diesem Grund gibt es den (vom Verordnungsgeber möglicherweise nicht vorgesehenen) Sonderfall des „Besuchs außerhalb der Sprechstunde“, der gekennzeichnet ist durch die Abrechnung der Besuchsleistung einerseits sowie der Untersuchungsleistung nebst Buchstabe A als Zuschlag andererseits (z.B. Abrechnung der Nrn. [7, A, 50).
Diese Kombination kann abgerechnet werden, wenn der Besuch außerhalb der üblichen Sprechstunde, jedoch nicht zu den in den Zuschlägen nach den Buchstaben B, C und D aufgeführten Zeiten stattfindet (z.B. Besuch am Mittwochnachmittag oder an einem Wochentag zwischen 19 und 20 Uhr, wenn der Arzt zu dieser Zeit üblicherweise keine Sprechstunde abhält). Handelt es sich hingegen in den genannten Zeiten um einen dringend abgeforderten und unverzüglich erfolgten Besuch, so wird ohnehin anstelle des Zuschlages A zur Beratungs- oder Untersuchungsleistung der deutlich höher bewertete Zuschlag E zur Besuchsleistung abgerechnet...“. Einen weiteren Sonderfall kommentiert Brück: „...Ein weiterer Sonderfall liegt vor, wenn die Beratungs- bzw. Untersuchungsleistung nach den Nrn. 1 bzw. 5 aufgrund der Nr. 2 der Allgemeinen Bestimmungen zu Abschnitte B entfällt. Hat der Arzt also etwa neben einem EKG nach Nr. 651 eine Beratung und eine symptombezogene Untersuchung nach den Nrn. 1 und 5 vorgenommen und ist bereits einmal zuvor im Behandlungsfall eine der Nrn. 1 oder 5 neben einer Leistung nach den Abschnitten C bis O zur Abrechnung gelangt, so entfällt neben der Abrechnung der Nr. 651 der Ansatz der (niedriger als die Nr. 651 bewerteten) Nrn. 1 und 5. Wurden die betreffenden Leistungen jedoch zu den in den Zuschlägen nach den Buchstaben A bis D genannten Zeiten erbracht, so kann der betreffende Zuschlag neben der Sonderleistung abgerechnet werden, ohne dass die zugrundeliegende Beratungs- oder Untersuchungsleistung gleichfalls angesetzt wird (im genannten Beispiel also z.B.: „B, 651“). Dies ist deswegen gerechtfertigt, weil es sich bei Nr. 2 der Allgemeinen Bestimmungen zu Abschnitt B um eine rein

honorarbegrenzende, keine medizinisch-sachlich gerechtfertigte Regelung handelt. Dieser honorarbegrenzende Berechnungsausschluss für tatsächlich erbrachte Leistungen bezieht sich jedoch nicht auf die Zuschläge, so dass hier der Sonderfall der Berechnung eines Zuschlages ohne gleichzeitige Berechnung der ebenfalls erbrachten „Grundleistung" vorliegt. In der Rechnung sollte in diesen Fällen vermerkt werden, dass die zugrundeliegende Beratungs- oder Untersuchungsleistung erbracht, jedoch nicht abgerechnet wurde..."

Zuschläge	**Niedergelassener Arzt + Belegarzt**	**Krankenhausarzt**
A (außerhalb der Sprechstunde erbrachte Leistungen) – nicht neben B, C und D berechenbar auch für eine telefonische Beratung	**ja**	**nein**
B (in der Zeit zwischen 20 und 22 Uhr oder 6 und 8 Uhr außerhalb der Sprechstunde erbrachte Leistungen)	**ja**	**nein, aber** nur wenn die Leistung vom liquidations-berechtigten Wahlarzt o. seinem Vertreter (gemäß § 4 Absatz 2 Satz 3 GOÄ) erbracht wurde. Leistungen anderer KH-Ärzte, die zu Unzeiten erbracht wurden, sind nicht zuschlagsfähig.
C (in der Zeit zwischen 22 und 6 Uhr) auch bei nur tel. Beratung auch für eine telefonische Beratung	**ja**	**nein**
D (an Sams-, Sonn- oder Feiertagen) mit den Zuschlägen B oder C kombinierbar – Bei regelmäßigen Sprechstunden o.Telefonsprechstunden an Samstagen sind nur 50% der Höhe von D abrechenbar	**ja**	**nein**
K1 auch für eine telefonische Beratung	**ja**	**nein**

A Zuschlag für außerhalb der Sprechstunde erbrachte Leistungen **70** –
4,08 –

Der Zuschlag nach dem Buchstaben A ist neben den Zuschlägen nach den Buchstaben B, C, D, E bis J sowie K2 nicht berechnungsfähig.
Der Zuschlag ist nicht für Krankenhausärzte abrechenbar

Beschluss BÄK: **Beschluss des Gebührenausschusses der Bundesärztekammer Zuschlag A im Zusammenhang mit Besuchsleistungen (5. Sitzung vom 13. März 1996)**
Wenn neben der Leistung nach Nr. 50 GOÄ (Hausbesuch) eine berechenbare Untersuchungsleistung (z.B. nach Nr. 7) im Rahmen eines Hausbesuches „außerhalb der Sprechstunde" (z.B. am Mittwochnachmittag) erbracht wird, ist zur Nr. 7 damit auch der Zuschlag nach Buchstabe A berechenbar.

Kommentar: Auch bei telefonischer Erbringung der Beratungen nach den Nrn. 1 und 3 können die Zuschläge nach A – D berechnet werden. Für liquidationsberechtigte Ärzte oder ihre Vertreter gilt dies auch für Zuschläge B, C und D.
Nach **Brück** steht die Abrechnungsbestimmung im Anschluss an die Nr. 3 („...ist nur berechnungsfähig als einzige Leistung oder im Zusammenhang mit einer Untersuchung nach den Nrn. 5, 6, 7, 8, 800, 801...") der Berechnung eines Zuschlages nicht entgegen!
Da die Abrechnung der Nr. 2 in den Allgemeinen Bestimmungen unter B II. zu den Zuschlägen zu Beratungen und Untersuchungen nicht genannt ist, ist sie auch nicht neben den Zuschlägen A – D ansetzbar.
Auch im geregelten Notdienst können zu den zuschlagsberechtigten Leistungen die Zuschläge nach A – D berechnet werden.

Tipp: Neben dem Buchstaben A sind die Nrn. 1, 3 bis 8 und ggf. der Zuschlag K1 abrechenbar.

GOÄ-Nr.		Punktzahl / 1fach	2,3 / *1,8 / 3,5 / *2,5
B	**Zuschlag für in der Zeit zwischen 20 und 22 Uhr oder 6 und 8 Uhr außerhalb der Sprechstunde erbrachte Leistungen**	**180** / 10,49	– / –

Ausschluss: Der Zuschlag nach dem Buchstaben B ist neben den Zuschlägen nach den Buchstaben A, C oder E bis J sowie K2 nicht berechnungsfähig.

Kommentar: Auch bei telefonischer Erbringung der Beratungen nach den Nrn. 1 und 3 können die Zuschläge nach A – D berechnet werden.
Für liquidationsberechtigte Ärzte oder ihre Vertreter gilt dies auch für Zuschläge B, C und D.
Nach **Brück** steht die Abrechnungsbestimmung im Anschluss an die Nr. 3 („...ist nur berechnungsfähig als einzige Leistung oder im Zusammenhang mit einer Untersuchung nach den Nrn. 5, 6, 7, 8, 800, 801...") der Berechnung eines Zuschlages nicht entgegen!
Da die Abrechnung der Nr. 2 in den Allgemeinen Bestimmungen unter B II. zu den Zuschlägen zu Beratungen und Untersuchungen nicht genannt ist, ist sie auch nicht neben den Zuschlägen A – D ansetzbar.
Auch im geregelten Notdienst können zu den zuschlagsberechtigten Leistungen die Zuschläge nach A – D berechnet werden.

Tipp: Neben dem Buchstaben B sind die Nrn. 1, 3 bis 8, Zuschläge D und K1 abrechenbar.

C	**Zuschlag für in der Zeit zwischen 22 und 6 Uhr erbrachte Leistungen**	**320** / 18,65	– / –

Neben dem Zuschlag nach Buchstabe C ist der Zuschlag nach Buchstabe B nicht berechnungsfähig.

Ausschluss: Der Zuschlag nach dem Buchstaben C ist neben den Zuschlägen nach den Buchstaben A, B, E bis J sowie K2 nicht berechnungsfähig.

Kommentar: Auch bei telefonischer Erbringung der Beratungen nach den Nrn. 1 und 3 können die Zuschläge nach A – D berechnet werden.
Für liquidationsberechtigte Ärzte oder ihre Vertreter gilt dies auch für Zuschläge B, C und D.
Nach **Brück** steht die Abrechnungsbestimmung im Anschluss an die Nr. 3 (..."ist nur berechnungsfähig als einzige Leistung oder im Zusammenhang mit einer Untersuchung nach den Nrn. 5, 6, 7, 8, 800, 801...") der Berechnung eines Zuschlages nicht entgegen!Da die Abrechnung der Nr. 2 in den Allgemeinen Bestimmungen unter B II. zu den Zuschlägen zu Beratungen und Untersuchungen nicht genannt ist, ist sie auch nicht neben den Zuschlägen A – D ansetzbar.
Auch im geregelten Notdienst können zu den zuschlagsberechtigten Leistungen die Zuschläge nach A – D berechnet werden.

Tipp: Neben dem Buchstaben C sind die Nrn. 1, 3 bis 8, Zuschläge D und K1 abrechenbar.

D	**Zuschlag für an Samstagen, Sonn- oder Feiertagen erbrachte Leistungen**	**220** / 12,82	– / –

Werden Leistungen innerhalb einer Sprechstunde an Samstagen erbracht, so ist der Zuschlag nach Buchstabe D nur mit dem halben Gebührensatz berechnungsfähig.
Werden Leistungen an Samstagen, Sonn- oder Feiertagen zwischen 20 und 8 Uhr erbracht, ist neben dem Zuschlag nach Buchstabe D ein Zuschlag nach Buchstabe B oder C berechnungsfähig.
Der Zuschlag nach Buchstabe D ist für Krankenhausärzte im Zusammenhang mit zwischen 8 und 20 Uhr erbrachten Leistungen nicht berechnungsfähig.

Ausschluss: Der Zuschlag nach dem Buchstaben D ist neben den Zuschlägen nach den Buchstaben A oder E bis J sowie K2 nicht berechnungsfähig.

Kommentar: Auch bei telefonischer Erbringung der Beratungen nach den Nrn. 1 und 3 können die Zuschläge nach A – D berechnet werden.
Für liquidationsberechtigte Ärzte oder ihre Vertreter gilt dies auch für Zuschläge B, C und D.

Nach **Brück** steht die Abrechnungsbestimmung im Anschluss an die Nr. 3 (..“ist nur berechnungsfähig als einzige Leistung oder im Zusammenhang mit einer Untersuchung nach den Nrn. 5, 6, 7, 8, 800, 801...“) der Berechnung eines Zuschlages nicht entgegen! Da die Abrechnung der Nr. 2 in den Allgemeinen Bestimmungen unter B II. zu den Zuschlägen zu Beratungen und Untersuchungen nicht genannt ist, ist sie auch nicht neben den Zuschlägen A – D ansetzbar.
Auch im geregelten Notdienst können zu den zuschlagsberechtigten Leistungen die Zuschläge nach A – D berechnet werden.

Tipp: Neben dem Buchstaben D sind die Nrn. 1, 3 bis 8, Zuschläge B, C und K1 abrechenbar.

K1 **Zuschlag zu den Untersuchungen nach den Nummern 5, 6, 7 und 8 bei Kindern bis zum vollendeten 4. Lebensjahr** **120** – 6,99 –

Ausschluss: Der Zuschlag nach dem Buchstaben K1 ist neben den Zuschlägen nach den Buchstaben E, F, G, H, J und K2 sowie nach den Nrn. 435, 790, 791, 792, 793 nicht berechnungsfähig.

III Spezielle Beratungen und Untersuchungen

20 **Beratungsgespräch in Gruppen von 4 bis 12 Teilnehmern im Rahmen der Behandlung von chronischen Krankheiten, je Teilnehmer und Sitzung (Dauer mindestens 50 Minuten)** **120** 16,09 6,99 24,48

Neben der Leistung nach Nummer 20 sind die Leistungen nach den Nummern 847, 862, 864, 871 und/oder 887 nicht berechnungsfähig.

Ausschluss: Neben Nr. 20 sind folgende Nrn. nicht abrechnungsfähig: 1, 3, 4, 15, 30, 33, 34, 435, 847, 862, 864, 871, 887

Hinweis LÄK: **Auszug aus einer Anmerkung der Bayerischen Landesärztekammer vom** 30.9.2003 (Quelle: GOÄ-Datenbank www.blaek.de) – **Diabetikerschulung** Die Nr. 20 (...) kann für eine Diabetikerschulung berechnet werden.
Auch bei einer erheblich längeren Dauer als 50 Minuten ist die Nr. 20 im Rahmen einer Sitzung nicht mehrfach berechnungsfähig. Ein außergewöhnlicher Zeitaufwand kann nur über den Gebührenrahmen abgerechnet werden.

Kommentar: Die Beratungsgespräche in Gruppen müssen ärztlich geleitet sein. Dies schließt allerdings nach **Brück** „...nicht aus, dass Teile insbesondere von Schulungsprogrammen von entsprechend ausgebildeten Hilfspersonen (in der Regel Sprechstundenhelferinnen, aber auch z.B. Diätassistentinnen) unter Aufsicht des Arztes übernommen werden...“. Kosten für Untersuchungsmaterial: Auslagen-Ersatz nach § 10 GOÄ.

IGeL: Im Rahmen von IGeL-Leistungen sind nicht nur Einzel-, sondern auch Gruppenberatungen bei zahlreichen Krankheitsbildern sinnvoll. Bilden Sie Patientengruppen z.B. für

- Adipositas
- Asthma bronchiale im Kindesalter
- Diabetes
- Hypercholesterinämie
- Hypertonie
- Parkinson
- Multiple Sklerose
- Schlafstörungen

Die individuellen Schulungen von Einzelpersonen sind nach Nr. 33 abrechenbar.

21 **Eingehende humangenetische Beratung, je angefangene halbe Stunde und Sitzung** **360** 48,26 20,98 73,44

Die Leistung nach Nummer 21 darf nur berechnet werden, wenn die Beratung in der Sitzung mindestens eine halbe Stunde dauert.
Die Leistung nach Nummer 21 ist innerhalb eines halben Jahres nach Beginn des Beratungsfalls nicht mehr als viermal berechnungsfähig.

Neben der Leistung nach Nummer 21 sind die Leistungen nach den Nummern 1, 3, 4, 22 und 34 nicht berechnungsfähig.

Ausschluss: Neben Nr. 21 sind folgende Nrn. nicht abrechnungsfähig: 1, 3, 4, 22, 34, 435

Kommentar: Nach einer humangenetischen Beratung des Patienten von 30 Minuten kann die Nr. 21 abgerechnet werden. Von der 31. Minute an beginnt die zweite angefangene halbe Stunde und die Nr. 21 kann 2x abgerechnet werden.
Die Formulierung, dass die Leistung nach Nr. 21 innerhalb eines halben Jahres nach Beginn des Beratungsfalles nicht mehr als viermal berechnungsfähig ist, muss so gedeutet werden, dass die humangenetische Beratung nach Nr. 21 bei 4 Arzt- und Patienten-Kontakten erbracht werden kann, dass aber in den Fällen, in denen die Beratung z.B. eine Stunde dauert, natürlich der zweifache Ansatz möglich ist pro Arzt – Patientenkontakt.
Werden z.B. an drei verschiedenen Tagen humangenetische Beratungen durchgeführt, die jeweils eine Stunde dauern, so kann an jedem der 3 Tage die Nr. 21 zweimal abgerechnet. Eine ähnliche Kommentierung findet sich im **Wezel / Liebold** „...Wenn die Leistung innerhalb eines halben Jahres seit Beginn des Beratungsfalles auf viermal begrenzt ist, so heißt das nicht, dass Nr. 21 nur viermal berechnet werden darf. Hat z.B. jede Sitzung 40 Minuten gedauert, kann viermal je zweimal Nr. 21 berechnet werden ...“

Tipp: Neben Nr. 21 ist die Nr. 85 abrechenbar.

22 Eingehende Beratung einer Schwangeren im Konfliktfall über die Erhaltung oder den Abbruch der Schwangerschaft – auch einschließlich Beratung über soziale Hilfen, gegebenenfalls auch einschließlich Beurteilung über das Vorliegen einer Indikation für einen nicht rechtswidrigen Schwangerschaftsabbruch

300 40,22
17,49 61,20

Neben der Leistung nach Nummer 22 sind die Leistungen nach den Nummern 1, 3, 21 oder 34 nicht berechnungsfähig.

Ausschluss: Neben Nr. 22 sind folgende Nrn. nicht abrechnungsfähig: 1, 3, 4, 21, 34, 435, 804, 806, 807 – 808, 812, 817, 835, 849, 861 – 864, 870, 871, 886, 887

Kommentar: Eine schriftliche Feststellung, ob eine Indikation zu einem Schwangerschaftsabbruch vorliegt oder nicht vorliegt, ist nach Nr. 90 abrechenbar.
Nach § 219 Abs. 1 StGB dürfen die Leistungen nach den Nrn. 22 und 90 nicht von dem Arzt erbracht und abgerechnet werden, der bei der Patientin den Schwangerschaftsabbruch durchführen wird.

Tipp: Neben Nr. 22 ist sind die Nrn. 5, 7, 90, 415, 3528, 3529, 4081, 4082 abrechenbar.

23 Erste Vorsorgeuntersuchung in der Schwangerschaft mit Bestimmung des Geburtstermins – einschließlich Erhebung der Anamnese und Anlegen des Mutterpasses sowie Beratung der Schwangeren über die Mutterschaftsvorsorge, einschließlich Hämoglobinbestimmung

300 40,22
17,49 61,20

Neben der Leistung nach Nummer 23 sind die Leistungen nach den Nummern 1, 3, 5, 7 und/oder 3550 nicht berechnungsfähig.

Ausschluss: Neben Nr. 23 sind folgende Nrn. nicht abrechnungsfähig: 1, 3, 5, 7, 11, 435, 3550

Kommentar: Die in der Leistungslegende angegebenen Leistungen sollen möglichst an einem Tag erbracht werden. Ist dies nicht möglich, so müssen die Leistungen an unterschiedlichen Tagen erbracht werden, kann trotzdem nur insgesamt einmal die Nr. 23 berechnet werden und keinesfalls die jeweilige Einzelleistung.

Tipp: Neben Nr. 23 sind die Nrn. 415, 3528, 3529, 4081, 4082 abrechenbar.
Allgemeinmediziner und Praktische Ärzte können neben der Nr. 23 auch die Untersuchungsleistungen nach den Nrn. 6 und 8 abrechnen.
Für Gynäkologen sind diese Untersuchungsleistungen (nur mit Ausnahme der Untersuchung von Nieren und harnableitenden Wegen) fachfremde Leistungen. Die Untersu-

chung der Nieren und harnableitenden Wege überschneidet sich aber nach Kommentierung von **Brück** mit der Vorsorgeleistung nach Nr. 23 „...in einem Maße", so dass ein Nebeneinanderabrechnen gemäß GOÄ § 4 Abs. 2a nicht möglich ist.

24	**Untersuchung im Schwangerschaftsverlauf – einschließlich Beratung und Bewertung der Befunde, gegebenenfalls auch im Hinblick auf Schwangerschaftsrisiken**	**200** 11,66	26,81 40,80

Neben der Leistung nach Nummer 24 sind die Leistungen nach den Nummern 1, 3, 5 und/oder 7 nicht berechnungsfähig.

Ausschluss: Neben Nr. 24 sind folgende Nrn. nicht abrechnungsfähig: 1, 3, 5, 7, 11, 435

Kommentar: Da im Rahmen der GOÄ keine Mutterschaftsrichtlinien zum zeitlichen Ablauf der Kontrollen bestehen, ist es sinnvoll, sich an den entsprechenden Richtlinien des Bundesausschusses für Ärzte und Krankenkassen der GKV zu orientieren, da fast alle privaten Krankenkassen und die entsprechenden Beihilfeträger des Bundes und der Länder die Bestimmungen zu den Vorsorgeuntersuchungen der Schwangeren von der GKV übernommen haben. Die Mutterschaftsrichtlinien sehen

- in den ersten 32 Schwangerschaftswochen Kontrollen des Schwangerschaftsablaufes im Abstand von 4 Wochen vor und
- in den letzten 8 Schwangerschaftswochen Kontrollen im Abstand von 2 Wochen.

Natürlich sind bei Risikoschwangerschaften Kontrollen in kürzeren Zeitabständen erforderlich und abrechenbar. Nach der Entbindung sollte

- eine Untersuchung innerhalb der ersten Woche
- und eine Abschlussuntersuchung 6 bis 8 Wochen nach der Entbindung

durchgeführt werden.

In den Mutterschaftsrichtlinien des Bundesausschusses der Ärzte und Krankenkassen sind während des Schwangerschaftsverlaufes auch 3 Ultraschalluntersuchungen vorgesehen. Diese Untersuchung kann jeweils mit der Nr. 415 zusätzlich zu den Untersuchungen nach Nr. 23 oder 24 abgerechnet werden.

Bei einer Risikoschwangerschaft sind ggf. mehrere Sonographien erforderlich.

Nicht zu vergessen ist, dass auch die Eintragung der Untersuchungsergebnisse im Mutterpass ein Bestandteil der Leistung nach Nr. 24 ist.

Schwangerschaftsvorsorge

Im Internet (http://www.labor-enders.de/65.html) veröffentlicht das **Labor Enders** -Prof. Dr. med. Gisela Enders & Kollegen, MVZ GbR – eine übersichtliche Informationsschrift für Patientinnen über „Empfohlene Untersuchungen in der Schwangerschaft" .Wir haben die Aufstellung in Tabellenform, die vom Labor auch für Patientinnen abgebildet ist, hier nachfolgend übernommen:

Übersicht der Untersuchungen und Vorsorgemaßnahmen – in einer Schwangerschaft

In Spalte A der Tabelle sind die Routine-Untersuchungen aufgeführt, die bei jeder Schwangeren durchgeführt werden. Sie sind in den Mutterschaftsrichtlinien vorgeschrieben (obligatorisch) und werden von den gesetzlichen Krankenkassen bezahlt (**Kassenleistung**).

In **Spalte B** (hellgrauer Raster) finden Sie weitere Untersuchungen und Maßnahmen, die nur auf Ihren Wunsch hin durchgeführt werden und die Sie selbst bezahlen müssen (**Individuelle Gesundheitsleistung/IGeL**).

Sind Sie privat versichert, werden diese Leistungen von Ihrer Krankenkasse erstattet.

Lassen Sie sich beraten, welche dieser Untersuchungen für Ihre individuelle Vorsorge sinnvoll sind.

Zeitpunkt im Verlauf der Schwangerschaft	A. Obligatorische Mutterschaftsvorsorge (Kassenleistung)	B. IGeL/Individuelle Gesundheitleistung (Selbstzahler)
möglichst früh in der Schwangerschaft (Erstuntersuchung bei Frauenarzt/-ärztin)	**Allgemeinuntersuchung** – gynäkologisch – Gewichtskontrolle – Blutdruckmessung **Mittelstrahlurin:** – Eiweiß, Zucker, Sediment **Blut:** – Hämoglobin – Blutgruppe, Rh-Faktor – 1. Antikörpersuchtest – ggf. Röteln – Syphilis – HIV (nur mit Einverständnis) **Morgenurin:** Chlamydien	**Antikörper(Ak)-Status Blut:** – Zytomegalie – Toxoplasmose – **Ringelröteln** – **Windpocken** **Folsäure-Prophylaxe** so früh wie möglich beginnen (bis mindest. 12. SSW) **Jod-Prophylaxe** **TSH-Bestimmung**
bis 32. SSW alle 4 Wo. danach alle 2 Wo. bis zur Geburt	**Allgemeinuntersuchung** – Gewichtskontrolle – Blutdruckmessung – Kontrolle Gebärmutterstand, kindliche Herztöne, Lage des Kindes **Mittelstrahlurin:** – Eiweiß, Zucker, Sediment **Blut (ab 6.Monat):** – Hämoglobin	**Zusätzliche Ultraschall (US)-Untersuchungen oder 3D-Ultraschall** sind zu verschiedenen Zeitpunkten in der Schwangerschaft möglich
9.–12. SSW	**1. Ultraschall-Screening**	evtl. kombiniert mit:
12.–14. SSW		Screening auf Trisomie 21 („Ersttrimester-Screening"/ Harmony-Test) und/oder Screening auf Präeklampsie
16.–20. SSW		Screening auf **offenen Rücken**
9.–22. SSW	**2. Ultraschall-Screening**	
20.–24. SSW		**US-Feindiagnostik + Farbdoppler**
24.–27. SSW	**Blut:** – 2. Antikörpersuchtest – Screening auf **Schwangerschaftsdiabetes**: „einfacher" oraler Glukosetoleranztest („50 g-oGTT")	**Blut:** – Screening auf **Schwangerschaftsdiabetes**: „großer" roraler Glukosetoleranztest („75 g-oGTT")
29.–32. SSW	**3. Ultraschall-Screening**	
ab 32. SSW	**Blut:** Hepatitis B	
35.–37. SSW		vaginaler und rektaler Abstrich: B-Streptokokken
36. SSW		zusätzlicher US vor Entbindung

SSW = Schwangerschaftswoche; Ak = Antikörper

Hinweis: zu den in Spalte B unterstrichenen Erkrankungen gibt das Labor weitere Patienten-Informationen heraus.

Recht-sprechung: Siehe Rechtsprechung unter Nr. 415.

Tipp: Neben Nr. 24 ist die Nr. 415 abrechenbar.

IGeL: Alle zusätzlichen Untersuchungen auf Wunsch der Patientin außerhalb von GKV- und PKV-Erstattungspflicht, z.B.
- Triple Test (Risikoabschätzung M. Down)
- Toxoplasmose
- AFP bei Verdacht auf Fehlbildungen
- Ggf zusätzliche Sonographie

25 Neugeborenen-Erstuntersuchung – gegebenenfalls einschließlich Beratung der Bezugsperson(en)

200 26,81
11,66 40,80

Neben der Leistung nach Nummer 25 sind die Leistungen nach den Nummern 1, 3, 4, 5, 6, 7 und/ oder 8 nicht berechnungsfähig.

Ausschluss: Neben Nr. 25 sind folgende Nrn. nicht abrechnungsfähig: 1, 3, 4, 5 – 7, 8, 435, Zuschläge K1, K2

Beschluss BÄK:

Privatliquidation von Früherkennungsleistungen bei Neugeborenen
Beschlüsse des Ausschusses 'Gebührenordnung' der Bundesärztekammer
10. Sitzung vom 18. Juli 1997 – veröffentlicht in: Deutsches Ärzteblatt 96, Heft 36 (10.09.1999), Seite A-2242 – A-2244

Bei der Geburt ist die Behandlung des Kindes nicht von der Behandlung der Mutter zu trennen. Damit gilt, daß das Kind grundsätzlich wie die Mutter versichert ist, es sei denn, Anderslautendes wird vorher ausdrücklich geäußert. In den Fällen, in denen die Mutter privatversichert, das Kind jedoch später gesetzlich krankenversichert ist, ist diese Auffassung im Widerspruchsfall jedoch rechtlich umstritten. Deshalb sollte nach Möglichkeit dieser Punkt mit der Mutter oder dem Vater vorher geklärt werden, zum Beispiel durch Aufnahme eines entsprechenden Passus in den Wahlarztvertrag und ausdrücklichen Hinweis auf diesen Passus.

Kommentar: Nach **Wezel/Liebold** kann ein Kinderarzt, der nicht regelmäßig an der Klinik tätig ist und von extern zur Untersuchung gebeten wird, zusätzlich zur Nr. 25 den Besuch nach Nr. 50 abrechnen.

26 Untersuchung zur Früherkennung von Krankheiten bei einem Kind bis zum vollendeten 14. Lebensjahr (Erhebung der Anamnese, Feststellung der Körpermaße, Untersuchung von Nervensystem, Sinnesorganen, Skelettsystem, Haut, Brust, Bauch- und Geschlechtsorganen) gegebenenfalls einschließlich Beratung der Bezugsperson(en)

450 60,33
26,23 91,80

Die Leistung nach Nummer 26 ist ab dem vollendeten 2. Lebensjahr je Kaldenderjahr höchstens einmal berechnungsfähig. Neben der Leistung nach Nummer 26 sind die Leistungen nach den Nummern 1, 3, 4, 5, 6, 7 und/oder 8 nicht berechnungsfähig.

Ausschluss: Neben Nr. 26 sind nicht abrechnungsfähig: 1, 3 – 8, 435, 715, 800, 801, Zuschläge K1, K2

Auf einen Blick: Früherkennungsuntersuchungen bei Kindern und Jugendlichen

Vorsorge	GOÄ Nrn.	Leistungen und Abrechnung Untersuchungszeitraum/Toleranz
U1	25	(Neugeborenen-Erstuntersuchung) **Zeitraum:** Unmittelbar nach der Geburt
U2	26	**250** (Guthrie) **413** (Sono der Hüftgelenke) **714** (Voita) ggf. **50** (Hausbesuch) **K2** (Zuschlag Kind) – ggf. Zuschläge E – H (Wegegeld) **Besondere Maßnahmen:** TSH-Screening **Zeitraum:** 3. – 10. Lebenstag **Toleranzgrenze:** 3. – 14. Lebenstag

Vorsorge	GOÄ Nrn.	Leistungen und Abrechnung Untersuchungszeitraum/Toleranz
U3	**26**	**714** (Voita) **716 (x4)** (Entwicklungsprüfung) bzw. **718** (Höchstwert; Untersuchungen angeben) **413** (Hüftsono) **Zeitraum:** 4. – 5. Lebenswoche **Toleranzgrenze:** 3. – 8. Lebenswoche
U4	**26**	**714** (Voita) **716 (x4)** (Entwicklungsprüfung) bzw. **718** (Höchstwert; Untersuchungen angeben) **1216** (Strabismusuntersuchung) evtl. **413** (Hüftsono) **Zeitraum:** 3. – 4. Lebensmonat **Toleranzgrenze:** 2. – 4 1/2 Lebensmonat
U5	**26**	**714** (Voita) **716 (x4)** (Entwicklungsprüfung) bzw. **718** (Höchstwert; Untersuchungen angeben) **1216** (Strabismusuntersuchung) evtl. **413** (Hüftsono) **Zeitraum:** 6. – 7. Lebensmonat **Toleranzgrenze:** 5. – 8. Lebensmonat
U6	**26**	**714** (Voita) **716 (x4)** (Entwicklungsprüfung) bzw. **718** (Höchstwert; Untersuchungen angeben) **1216** (Strabismusuntersuchung) **Zeitraum:** 10. – 12. Lebensmonat **Toleranzgrenze:** 9. – 13. Lebensmonat
U7	**26**	**714** (Voita) **716 (x4)** (Entwicklungsprüfung) bzw. **718** (Höchstwert; Untersuchungen angeben) **717 (x2)** Prüfung der funkt. Entwicklung
		1216 (Strabismusuntersuchung) **1400** (Hörprüfung) **Zeitraum:** 21. – 24. Lebensmonat **Toleranzgrenze:** 20. – 27. Lebensmonat
U7a **3. LJ**	**26**	**714** (Voita) **716 (x4)** (Entwicklungsprüfung) bzw. **718** (Höchstwert; Untersuchungen angeben) **717 (x2)** Prüfung der funkt. Entwicklung **1216** (Strabismusuntersuchung) **1400** (Hörprüfung) **Besondere Maßnahmen:** Allergien?, Verhaltensstörungen? ,Übergewicht?, Sprachstörungen?, ZMK-Anomalien? **Zeitraum:** 34. – 36. Lebensmonat **Toleranzgrenze:** 33. – 38. Lebensmonat

Vorsorge	GOÄ Nrn.	Leistungen und Abrechnung Untersuchungszeitraum/Toleranz
U8	**26**	**1406** (Kinderaudiometrie) **1217** (Sehtest, apparativ) **1228** (Farbsinnprüfung) **1555** (Untersuchung d. Sprache) **3511** (Untersuchung Urin auf Eiweiß, Nitrit, ph-Wert) **384** (Tuberkulinstempeltest) **410** (Sonographie 1 Organ) **420 (x3)** (Sono Abdomen) **857** (Test: Haus-Baum-Mensch) **Zeitraum:** 43. – 46. Lebensmonat **Toleranzgrenze:** 43. – 50. Lebensmonat
U9	**26**	**1406** (Kinderaudiometrie) **1217** (Sehtest, apparativ) **1228** (Farbsinnprüfung) **1555** (Untersuchung d. Sprache) **3511** (Untersuchung Urin auf Eiweiß, Nitrit, ph-Wert) **384** (Tuberkulinstempeltest) **410** (Sonographie 1 Organ) **420 (x3)** (Sono Abdomen) **857** (Test: Haus-Baum-Mensch) **Zeitraum:** 60. – 64. Lebensmonat **Toleranzgrenze:** 58. – 66. Lebensmonat
U10	**26**	**857** (Test: Haus-Baum-Mensch) **Besondere Maßnahmen:** Entwicklungsstörungen (z. B. Lesen-Rechtschreiben-Rechnen), Störungen der motor. Entwicklung u. Verhaltensstörungen (z. B. ADHS) **Zeitraum:** 7. – 8. Lebensjahr
U11	**26**	**Besondere Maßnahmen:** Schulleistungs-u./o. Verhaltensstörungen?, Suchtmitteln?, Ernährungs-, Bewegungs-, Stress-, Sucht- u. Medienberatung **Zeitraum:** 9. – 10. Lebensjahr
J1[1]	**26**	**Besondere Maßnahmen:** • Pubertätsstörungen • Haltungsstörungen • Strumen • Risiko-Typ 2 Diabetes • Metabolisches Syndrom • Sozialisations- und Verhaltensstörungen **Zeitraum:** 12. – 14. Lebensjahr
J2[1]	**26 analog**	**Besondere Maßnahmen:** • Pubertätsstörungen • Haltungsstörungen • Strumen • Risiko-Typ 2 Diabetes • Metabolisches Syndrom • Sozialisations- und Verhaltensstörungen **Zeitraum:** 16. – 18. Lebensjahr

[1] GOÄ: Untersuchungen von Kindern nach dem vollendeten 14. Lebensjahr sind nach GOÄ Nr. 26 analog (Empfehlung nach Kommentar von **Brück** et. alii) abzurechnen.

Kommentar: Für die gesetzlichen Krankenkassen endet die Früherkennung von Krankheiten bei Kindern nach dem 64. Lebensmonat.
Im Bereich der GOÄ hingegen können Früherkennungsuntersuchungen bei Kindern bis zum vollendetem 14. Lebensjahr durchgeführt werden. Für das 1. Lebensjahr gelten dabei keine Einschränkungen der Untersuchungszahl. Ab dem 2. Lebensjahr bis zum vollendeten 14. Lebensjahr dürfen diese Untersuchungen allerdings nur einmal je Kalenderjahr berechnet werden.
Die Abrechnung zusätzlicher „kurativer Leistungen" – z.B. Labor, Ultraschall, EKG etc. – ist möglich, wenn im Rahmen der Leistung nach Nr. 26 Auffälligkeiten oder Verdacht auf eine Erkrankung festgestellt wird. Die Diagnosen/Verdachtsdiagnosen sind dann zu nennen!
Siehe auch Abrechnungsbeispiele unter Nr. 25. Die Diagnosen/Verdachtsdiagnosen sind dann zu nennen.

GOÄ-Ratgeber der BÄK: Früherkennungsuntersuchungen für Kinder und Jugendliche
Dipl.-Verw. Wiss. Martin Ulmer in Deutsches Ärzteblatt 111, Heft 22 (30.05.2014), S. A-1028 – http://www.bundesaerztekammer.de/page.asp?his=1.108.4144.4228.12156
Der Autor führt aus: Die vom G-BA im Bereich der gesetzlichen Krankenversicherung Früherkennungsuntersuchungen für Kinder und Jugendliche vorgesehenen Untersuchungen gehören auch zum Leistungsumfang von privaten Krankenversicherungen und Beihilfestellen.
In der Amtlichen Gebührenordnung für Ärzte (GOÄ) ist hierfür die Nummer 26 vorgesehen. Neben den nach Nummer 26 vorgesehenen Leistungen ... „können weitere „kurative" Leistungen durchgeführt und abgerechnet werden, wenn sich im Rahmen der Früherkennungsuntersuchung ein Krankheitsverdacht ergeben hat oder wenn unabhängig von der Durchführung der Früherkennungsuntersuchung aufgrund von berichteten Auffälligkeiten eine weitergehende Diagnostik oder Behandlung medizinisch erforderlich ist..."
Da sich die Leistungslegende der Nr. 26 ausdrücklich auf die Untersuchung zur Früherkennung von Krankheiten bei einem Kind bis zum vollendeten 14. Lebensjahr festgelegt ist,...."empfiehlt der Ausschuss „Gebührenordnung" der Bundesärztekammer für Früherkennungsuntersuchungen zwischen dem 14. und 18. Lebensjahr die analoge Abrechnung der GOÄ-Nummer 26 (DÄ, Heft 19/2012). Diese analoge Gebührenposition kann auch angesetzt werden für die Jugendgesundheitsuntersuchung 1 (J1), die bis zur Vollendung des 15. Lebensjahres durchgeführt werden kann, sowie für die nicht in die Richtlinien des G-BA aufgenommene Jugendgesundheitsuntersuchung 2 (J2) für Jugendliche im Alter von 16 bis 17 Jahren..."
Der Autor rät:... „Die Frage der Kostenerstattung für die J2 wird von privaten Versicherungen und gesetzlichen Krankenkassen unterschiedlich gehandhabt. Insoweit besteht die Möglichkeit, diese Leistung nach entsprechender schriftlicher Information und – bei gesetzlich versicherten Patienten – dem Abschluss eines schriftlichen Behandlungsvertrags als individuelle Gesundheitsleistung durchzuführen und abzurechnen. Teilweise kann diese Leistung auch aufgrund von Sondervereinbarungen direkt über die Krankenkasse oder die Kassenärztliche Vereinigung abgerechnet werden..."

IGeL:
- Als „Kinder-Intervall-Check" bei GKV-Patienten außerhalb der festgelegten Früherkennungsuntersuchungen, d.h. als „zusätzliche" Früherkennungsuntersuchung.

26 analog **Abrechnung von Früherkennungsuntersuchungen zwischen dem 15. und 18. Lebensjahr (analog Nr. 26) – Legende zu Nr. 26:** **450** 26,23 60,33 91,80
Untersuchung zur Früherkennung von Krankheiten bei einem Kind bis zum vollendeten 14. Lebensjahr (Erhebung der Anamnese, Feststellung der Körpermaße, Untersuchung von Nervensystem, Sinnesorganen, Skelettsystem, Haut, Brust, Bauch- und Geschlechtsorganen) gegebenenfalls einschließlich Beratung der Bezugsperson(en)

Ausschluss: Neben Nr. 26 analog sind folgende Nrn. nicht abrechnungsfähig: 1, 3–8, 435, 715, 800, 801, Zuschläge K1, K2

Kommentar: Für die Untersuchung eines Kindes nach dem vollendeten 14. Lebensjahr wird die GOÄ Nr. 26 analog angesetzt gemäß Beschluss des Gebührenordnungsausschusses der BÄK in seiner 4. Sitzung (Amtsperiode 2011/2015) am 19. März 2012 – Dtsch. Arztebl 2012; 109(19): A-987/B-851/C-843:
Für die gesetzlichen Krankenkassen endet die Früherkennung von Krankheiten bei Kindern nach dem 64. Lebensmonat. Im Bereich der GOÄ hingegen können Früherkennungsuntersuchungen bei Kindern bis zum vollendetem 14. Lebensjahr durchgeführt werden.
Die Abrechnung zusätzlicher „kurativer Leistungen" – z. B. Labor, Ultraschall, EKG etc. – ist möglich, wenn im Rahmen der Leistung nach Nr. 26 Auffälligkeiten oder Verdacht auf eine Erkrankung festgestellt wird. Siehe auch GOÄ Nr. 26.

GOÄ-Nr.		Punktzahl 1fach	2,3 / *1,8 3,5 / *2,5

27 **Untersuchung einer Frau zur Früherkennung von Krebserkrankungen der Brust, des Genitales, des Rektums und der Haut – einschließlich Erhebung der Anamnese, Abstrichentnahme zur zytologischen Untersuchung, Untersuchung auf Blut im Stuhl und Urinuntersuchung auf Eiweiß, Zucker und Erythrozyten, einschließlich Beratung –** **320** / 18,65 — 42,90 / 65,28

Mit der Gebühr sind die Kosten für Untersuchungsmaterialien abgegolten.
Neben der Leistung nach Nummer 27 sind die Leistungen nach den Nummern 1, 3, 5, 6, 7, 8, 297, 3500, 3511, 3650 und/oder 3652 nicht berechnungsfähig.

Ausschluss: Neben Nr. 27 sind folgende Nrn. nicht abrechnungsfähig: 1, 3, 5 – 8, 11, 297, 435, 3500, 3511, 3650, 3652

GOÄ-Ratgeber der BÄK: **Siehe unter GOÄ Nr. 29**

Kommentar: Im Rahmen der GOÄ gibt es keine Krebsfrüherkennungs-Richtlinien wie sie der Bundesausschuss (G – BA) der Ärzte und Krankenkassen für GKV-Patienten aufgestellt hat. Immer mehr private Krankenkassen und auch die Beihilfen orientieren sich aber an den Bestimmungen und vorgeschriebenen Leistungen der gesetzlichen Krankenversicherungen. Hier gelten für die präventiven Untersuchungen folgende Daten:

- Frauen ab 20. Lebensjahr = Früherkennungsuntersuchung Genitalkrebs
- Frauen ab 30. Lebensjahr = Früherkennungsuntersuchung Genitalkrebs und Brustkrebs und Krebserkrankung der Haut
- Frauen ab 45. Lebensjahr = Früherkennungsuntersuchung Genital-, Brust-, Haut-, Rektum- und Dickdarmkrebs.

Tipp: Ergeben sich bei der Untersuchung Auffälligkeiten oder der Verdacht auf eine Erkrankung, so können alle erforderlichen Leistungen – z.B. Ultraschall, EKG, Lungenfunktion etc. – neben der Früherkennungsuntersuchung abgerechnet werden. Die Diagnosen/ Verdachtsdiagnosen sind zu nennen!

28 **Untersuchung eines Mannes zur Früherkennung des Rektums, der Prostata, des äußeren Genitales und der Haut – einschließlich Erhebung der Anamnese, Urinuntersuchung auf Eisweiß, Zucker und Erythrozyten sowie Untersuchung auf Blut im Stuhl, einschließlich Beratung** **280** / 16,32 — 37,54 / 57,12

Mit der Gebühr sind die Kosten für die Untersuchungsmaterialien abgegolten.
Neben der Leistung nach Nummer 28 sind die Leistungen nach den Nummern 1, 3, 5, 6, 7, 8, 11, 3500, 3511, 3650 und/oder 3652 nicht berechnungsfähig.

Ausschluss: Neben Nr. 28 sind nicht abrechnungsfähig: 1, 3, 5 – 8, 11, 435, 3500, 3511, 3650, 3652

GOÄ-Ratgeber der BÄK: **Siehe unter GOÄ Nr. 29**

Kommentar: Wie schon im Kommentar zur Krebsvorsorge der Frau ausgeführt, richten sich die privaten Krankenversicherungen und Beihilfestellen immer mehr nach den Richtlinien und Leistungsumfängen der Krebsfrüherkennungsrichtlinien des Bundesausschusses der Ärzte und Krankenkassen für GKV-Versicherte. Hier gilt als Leistungsumfang und Altersangabe für Männer: Männer ab dem 45. Lebensjahr = Kolon-, Prostata-, äußeres Genitale- und Hautkrebs.

Tipp: Ergeben sich bei der Untersuchung Auffälligkeiten oder der Verdacht auf eine Erkrankung, so können alle erforderlichen Leistungen – z.B. Ultraschall, EKG, Lungenfunktion etc. – neben der Früherkennungsuntersuchung abgerechnet werden. Die Diagnosen/ Verdachtsdiagnosen sind zu nennen!

IGeL: Untersuchung zusätzlich zum GKV- oder PKV-Früherkennungsangebot, ggf mit PSA-Bestimmung (Nr. 3908.H3) und transrektaler Sonographie (Nrn 403 + 410).

GOÄ-Nr.		Punktzahl 1fach	2,3 / *1,8 3,5 / *2,5
29	**Gesundheitsuntersuchung zur Früherkennung von Krankheiten bei Erwachsenen – einschließlich Untersuchung zur Erhebung des vollständigen Status (Ganzkörperstatus), Erörterung des individuellen Risikoprofils und verhaltensmedizinisch orientierter Beratung –**	**440** 25,65	58,99 89,76

Neben der Leistung nach Nummer 29 sind die Leistungen nach den Nummern 1, 3, 5, 6, 7 und/oder 8 nicht berechnungsfähig.

Ausschluss: Neben Nr. 29 sind folgende Nrn. nicht abrechnungsfähig: 1, 3, 5 – 8, 11, 27, 28, 33, 34, 435

Hinweis LÄK: **Anmerkung der Bayerischen Landesärztekammer vom 25.11.2003** (Quelle: GOÄ-Datenbank www.blaek.de) – **Abrechnung durch Dermatologen**

Die Nr. 29 ist nur dann abrechenbar, wenn der volle Leistungsinhalt – Untersuchung zur Früherkennung von Krankheiten, Ganzkörperstatus, Erörterung des individuellen Risikoprofils und verhaltensmedizinische Beratung – erfüllt ist. Eine Zusatzqualifikation zur Erbringung dieser Leistung ist nicht gefordert.

Ein Ganzkörperstatus beinhaltet die Untersuchung der Haut, der sichtbaren Schleimhäute, der Brust- und Bauchorgane, der Stütz- und Bewegungsorgane sowie eine orientierende neurologische Untersuchung. Die Untersuchung durch den Dermatologen wird sich aber nur auf die Untersuchung der Haut bzw. Schleimhäute beziehen, so dass der Ganzkörperstatus nicht vollständig erbracht wird. Die Gesundheitsuntersuchung nach Nr. 29 gehört damit nicht in das Spektrum des Dermatologen. Die Bayerische Landesärztekammer steht der Abrechnung deshalb kritisch gegenüber.

Hinweis BÄK: ► **Abrechnung des Hautkrebsscreenings in Kombination mit einer Gesundheitsuntersuchung zur Früherkennung von Krankheiten in einer Sitzung**

Beschluss des Ausschusses „Gebührenordnung" der Bundesärztekammer

Stand: 19.03.2012 – veröffentlicht in: Deutsches Ärzteblatt 109, Heft 19 (11.05.2012), Seite A-987 – http://www.bundesaerztekammer.de/page.asp?his=1.108.4689.4871.4899.10668

Die Beratung einer Gesundheitsuntersuchung zur Früherkennung von Krankheiten wird nach Nr. 29 GOÄ abgerechnet, auch wenn gleichzeitig eine Beratung zum Hautkrebsscreening erfolgt.

Der zeitliche Mehraufwand aufgrund der kombinierten Beratungsleistung kann über einen erhöhten Gebührensatz berücksichtigt werden. Neben der Beratungsleistung ist im Rahmen des Hautkrebsscreenings die Nr. 750 GOÄ (Auflichtmikroskopie der Haut) oder die Nr. 612 GOÄ analog (soweit eine videogestützte Untersuchung und Dokumentation erfolgt) zusätzlich abrechenbar.

Beschluss BÄK: Siehe unter GOÄ Nr. 612 analog.

GOÄ-Ratgeber der BÄK: ►**Früherkennungsuntersuchungen und Hautkrebs-Screening**

Dipl.-Verw. Wiss. Martin Ulmer – Deutsches Ärzteblatt 110, Heft 44(01.11.2013), S. A-2098

http://www.bundesaerztekammer.de/page.asp?his=1.108.4144.4228.11727

...„Die Früherkennungsuntersuchung auf Hautkrebs, das sogenannte Hautkrebs-Screening, kann regelmäßig den Nrn. 1 oder 3 für die Beratung und 7 für die vollständige körperliche Untersuchung des Hautorgans zugeordnet werden (DÄ, Heft 40/2009). Beratung und vollständige körperliche Untersuchung sind als Teilleistungen jedoch in den weitergehenden Früherkennungsuntersuchungen nach den Nrn. 27 bis 29 GOÄ bereits enthalten, so dass für das Hautkrebsscreening keine weiteren Gebührenpositionen mehr angesetzt werden können, wenn diese Leistungen in einer Sitzung erbracht werden.

Um den zusätzlichen Aufwand für das Hautkrebs-Screening adäquat berücksichtigen zu können, hat der Ausschuss „Gebührenordnung" der Bundesärztekammer deshalb eine Abrechnungsempfehlung beschlossen und im Deutschen Ärzteblatt, Heft 19/2012, veröffentlicht. Danach kann der zeitliche Mehraufwand aufgrund der kombinierten Beratungsleistung über einen erhöhten Gebührensatz berücksichtigt werden. Sofern im Rahmen des Hautkrebs-Screenings eine Auflichtmikroskopie der Haut oder eine videogestützte Untersuchung und Dokumentation von Muttermalen durchgeführt werden muss, kann hierfür die Nr. 750 GOÄ beziehungsweise die Nr. 612 GOÄ analog zusätzlich abgerechnet werden..."

Kommentar: Nach der GKV kann ab dem 35. Lebensjahr die Gesundheitsuntersuchung jedes 2. Jahr in Anspruch genommen werden. Diese zeitlich einschränkende Bestimmung wurde im Rahmen der GOÄ nur von der Beihilfe übernommen. **Brück** hält in seinem Kommentar die Gesundheitsuntersuchung allerdings für ..." sinnvoll ab dem vollendeten 18. Lebensjahr und dann jährlich..."

IGeL: Brück formuliert weiter zur Frage medizinisch nicht zwingend erforderlicher Gesundheitsleistungen: ...":

- ein – ohne entsprechende Krankheitszeichen durchgeführter – sonographischer Check-up der Abdominalorgane nach den Nr. 410 und 420
- ein – ohne entsprechende Krankheitszeichen – zur Früherkennung durchgeführtes Belastungs-EKG nach Nr. 652
- die Duplex-Sonographie der hirnversorgenden Gefäße (Schlaganfall-Vorsorge) nach Nr. 645

- die Ösophagus-Gastroskopie zur Früherkennung von Speiseröhren- und Magenkrebs (z.B. Nr. 685)
- die Glaukom-Früherkennung mittels Tonometrie, Ophthalmoskopie und Perimetrie (Erblindungsvorsorge)
- die sportmedizinische Untersuchung und Beratung, ggf. einschl. Belastungs-EKG und Lungenfunktionsdiagnostik
- die Bestimmung der Blutkörperchen-Senkungsgeschwindigkeit (Nrn. 3501 oder 3711), z.B.im Zusammenhang mit den Früherkennungsuntersuchungen nach den Nrn. 27, 28 oder 29
- die TSH-Untersuchung bei Frauen über 45 Jahren (Schilddrüsenvorsorge)
- die Bestimmung des Prostata-spezifischen Antigens (PSA) zur Früherkennung des Prostata-Karzinoms

Tipp: Überall dort, wo erschwerte Untersuchungen oder besondere Untersuchungsverhältnisse vorliegen, ist eine Erhöhung vom Schwellenwert 2,3fach auf den 3,5fachen Satz möglich und bei Leistungen mit reduziertem Gebührenrahmen (mit * gekennzeichnet) ist eine Erhöhung. vom Schwellenwert 1,8*fach auf den 2,5fachen Satz möglich.
Zusätzlich zur Nr. 29 können die unter „Auf einem Blick" angegebenen Leistungen abgerechnet werden.

Auf einen Blick: **General-Check-up: Die „große" Gesundheitsuntersuchung**

Die nachfolgende Tabelle zeigt die häufigsten Leistungen, die bei der „großen Gesundheitsuntersuchung" von Patienten nachgefragt werden.
Diese Übersicht beruht auf einer Befragung zahlreicher Allgemeinmedizinern und fachärztlich tätiger Internisten.

GOÄ-Nr.	Kurz-Legende	1-fach	2,3-fach
29	Gesundheitsuntersuchung eines Erwachsenen	25,65	**59,00**
651	EKG	14,75	**26,54**
652	Belastungs-EKG	25,94	**59,66**
605*	Lungenfunktionüberprüfung	14,11	**25,39**
423	Echokardiographie (B-Mode)	29,14	**67,03**
424	Echokardiographie, Duplex-Verfahren	40,80	**93,84**
410	Ultraschalluntersuchung eines Organs	11,66	**26,81**
420	Ultraschalluntersuchung von bis zu 3 weiteren Organen, je Organ	4,66	**10,72**
705	Proktoskopie	8,86	**20,37**
690	Rektoskopie	20,40	**46,92**
250*	Blutabnahme Vene	2,33	**4,20**
Laboruntersuchungen			
3501*	BKS	**3,50**	4,03
3741*	CRP (Ligandenassay)	**11,66**	**13,41**
3531*	Urinsediment	**4,08**	4,69
3563.H1*	Cholesterin	**2,33**	2,68
3565.H1*	Triglyceride	**2,33**	2,68
3583.H1*	Harnsäure	**2,33**	2,68
3585.H1*	Kreatinin	**2,33**	2,68
3587.H1*	Alkalische Phosphatase	**2,33**	2,68
3592.H1*	Gamma-GT	**2,33**	2,68
3595.H1*	GPT	**2,33**	2,68
3555*	Kalzium	**2,33**	2,68
3557*	Kalium	**1,75**	2,01
3550*	Blutbild	**3,50**	4,03
3551*	Differentialblutbild	**1,17**	1,35

Vergleich von Inhalt/Umfang verschiedener umfassender Vorsorge-Untersuchungen – auch als General-Check-up bezeichnet

Wichtig: Nicht alle aufgeführten Untersuchungen sind bei einem Arzt-/Patientenkon-takt abrechenbar.

General-Check-up

Ärztliche Leistungen	General-Check (IGeL)	DKD**	Mayo-Clinic	GOÄ-Nrn.	*1,8/2,3-fach €
1. Klinische Untersuchungen					
Eingehende Anamnese und Internistische Ganzkörperuntersuchung		V	V	**29** **alternativ 8**	**58,99** **15,15**
Überprüfung des Impfstatus	√	?	?	**3**	**20,11**
Hörprüfung	fakultativ	√	fakultativ	**1400**	**10,19**
Augenuntersuchung	fakultativ	√	fakultativ		
Gynäkologische Vorsorge-Untersuchung	fakultativ	√	fakultativ	**27**	**42,90**
2. Apparative-diagnostische Untersuchungen					
EKG und Belastungs-EKG	√	√	ab 40 J. Ruhe-EKG	**651*** **652**	**26,55** **59,66**
Langzeit-EKG				**659***	**41,97**
Langzeit-Blutdruckmessung				**654***	**15,74**
Lungenfunktionsprüfung	√	√	bei Rauchern	**605*** **605a**	**25,39** **14,69**
3. Endoskopische Untersuchungen					
– Rektoskopie	fakultativ	ab 50 J.	fakultativ	**690**	**46,92**
– Sigmoidoskopie				**689**	**93,83**
– Gastroskopie	fakultativ	–	–	**682**	**113,95**
– Coloskopie				**687**	**201,09**
4. Ultraschall-Untersuchungen/Doppler					
Sono Innere Organe – ein Organ	√	√	fakultativ	**410**	**26,81**
– weitere bis zu 3 Organe, je Organ	√	√	fakultativ	**420**	**10,73**
– Schilddrüse				**417**	**28,15**
– Gynäkologische Sonographie				**410**	**26,81**
weitere bis zu 3 Organe, je Organ				**420**	**10,73**
– Transvaginale Sonographie				**410**	**26,81**
– Transrektale Sonographie Prostata	fakultativ	–	–	**410**	**26,81**
– Zuschlag bei transkavitärer Sono	fakultativ	–	–	**403***	**15,74***
– Doppler-Sonographie (Hirngefäße)	fakultativ	√	√	**645***	**68,20**
– Duplex-Sonographie (Hirngefäße) GOÄ Nrn. 645+410+420 (420 bis zu 3x)				**645*** **+410** **+420**	**68,20** **26,81** **10,73**
5. Röntgenuntersuchungen					
Brustorgane (Thorax)	fakultativ	√	√	**5137***	**47,21**
Ärztliche Leistungen	GeneralCheck (IGeL)	DKD**	Mayo-Clinic	GOÄ-Nrn.	*1,8/2,3-fach €

General-Check-up

Arztliche Leistungen	General-Check (IGeL)	DKD**	Mayo-Clinic	GOA-Nrn.	*1,8/2,3-fach €
Mammographie	fakultativ	fakultativ	ab 40 J. alle 2 J./ab 50 J. jährlich	**5265*** **5266*** **5267***	**31,48** **47,21** **15,74**
Mammasonographie				**418** **420**	**28,15** **10,72**
Osteodensitometrie mit quant. CT oder digitaler Röntgentechnik	fakultativ	–	–	**5380***	**31,48**
Osteodensitometrie mittels Dual-Photonen-Absorptionstechnik				**5475***	**31,48**
6. Laboruntersuchungen					**1,15fach (L)**
Blutentnahme		√	√	**250***	**5,36 (L)**
BSG		√	–	**3501***	**4,02 (L)**
CRP				**3741***	**13,41 (L)**
Differenzialblutbild	√	√	√	**3551***	**1,345 (L)**
Glukose	√	√	√	**3560***	**2,68 (L)**
HbA1c				**3561***	**13,41 (L)**
Elektrolyte	√	√	√		
– Natrium				**3558***	**2,01 (L)**
– Kalium				**3557***	**2,01 (L)**
Blutfette	√	√	√		
– Cholesterin				**3562.H1***	**2,68 (L)**
– Triglyceride				**3565.H1***	**2,68 (L)**
– HDL-Cholesterin				**3563.H1***	**2,68 (L)**
– LDL-Cholesterin				**3564.H1***	**2,68 (L)**
Leberwerte	√	√	√		
– Alkalische Phosphatase				**3587.H1***	**2,68 (L)**
– Bilirubin gesamt				**3581.H1***	**2,68 (L)**
– Serumelektrophorese				**3574***	**13,41 (L)**
– Gesamteiweiss				**3573.H1***	**2,01 (L)**
– Gamma – GT				**3592.H1***	**2,68 (L)**
– GLDH				**3593.H1***	**3,35 (L)**
– GOT				**3594.H1***	**2,68 (L)**
– GPT				**3595.H1***	**2,68 (L)**
Nierenwerte	√	√	√		
– Kreatinin				**3585.H1***	**2,68 (L)**
Harnsäure	√	√	√	**3583.H1**	**2,68 (L)**
Schilddrüsenfunktion					
– T3	√	?	√	**4022.H4***	**16,76 (L)**
– T4	√	?	√	**4023.H4***	**16,76 (L)**

GOÄ-Nr. Punktzahl 2,3 / *1,8
1fach 3,5 / *2,5

General-Check-up

Ärztliche Leistungen	General-Check (IGeL)	DKD**	Mayo-Clinic	GOÄ-Nrn.	1,15fach € (L)
– TSH	√	?	√	**4030.H4***	**16,76 (L)**
Prostata-spezifisches Antigen (Männer)	fakultativ	√	-	**3908***	**20,11 (L)**
Teststreifen zur Feststellung: Blut im Stuhl	√	√	√	**3500***	**6,03 (L)**
Urinteststreifen	√	√	√	**3511***	**3,35 (L)**
Atemtest auf H. pylori	fakultativ	-	-	**4234***	**6,03 (L)**
7. Abschließende Maßnahmen					
Ausführliche Erörterung der Untersuchungsergebnisse	√	√	√	**34**	**78,66**
Beratung-Angebote, z. B. mehr Bewegung, Gewichtsreduktion, Alkoholreduktion, Nikotinabstinenz				**3**	**20,11**
– Abschlussbericht	√	√	√	**80**	**40,22**
Kosten in Euro ca.	**180,– bis 360,–**	**895,– 1.500,–**	**ca. 1.530,–**		

(Kursiv sind die zusätzlichen Vorschläge der Autoren gekennzeichet)

* 1,8facher Satz (L) = Labor 1,15facher Satz

** Manager-Check- DKD (Deutsche Klinik für Diagnostik, Wiesbaden)

*** Executive Health Programm (Mayo-Klinik, Rochester, Minnesota, USA)

Tipp: Überall dort, wo erschwerte Untersuchungen oder besondere Untersuchungsverhältnisse vorliegen, ist eine Erhöhung vom Schwellenwert 2,3fach auf den 3,5fachen Satz möglich und bei Leistungen mit reduziertem Gebührenrahmen (mit * gekennzeichnet) ist eine Erhöhung vom Schwellenwert 1,8*fach auf den 2,5fachen Satz möglich.

30 **Erhebung der homöopathischen Erstanamnese mit einer Mindestdauer von einer Stunde nach biographischen und homöopathisch-individuellen Gesichtspunkten mit schriftlicher Aufzeichnung zur Einleitung einer homöopathischen Behandlung – einschließlich homöopathischer Repertorisation und Gewichtung der charakteristischen psychischen, allgenmeinen und lokalen Zeichen und Symptome des jeweiligen Krankheitsfalles, unter Berücksichtigung der Modalitäten, Alternanzen. Kausal- und Begleitsymptome, zur Auffindung des homöopathischen Einzelmittels, einschließlich Anwendung und Auswertung standardisierter Fragebogen –** **900** 120,65
52,46 183,60

Dauert die Erhebung einer homöopathischen Erstanamnese bei einem Kind bis zum vollendeten 14. Lebensjahr weniger als eine Stunde, mindestens aber eine halbe Stunde, kann die Leistung nach Nummer 30 bis entsprechender Begründung mit der Hälfte der Gebühr berechnet werden.
Die Leistung nach Nummer 30 ist innerhalb von einem Jahr nur einmal berechnungsfähig.
Neben der Leistung nach Nummer 30 sind die Leistungen nach den Nummern 1, 3 und/oder 34 nicht berechnungsfähig.

Ausschluss: Neben Nr. 30 sind folgende Nrn. nicht abrechnungsfähig: 1, 3, 4, 20, 31, 34, 435, 804, 806 – 808, 812, 817, 835, 849, 861 – 864, 870, 871, 886, 887

Hinweis LÄK: **Anmerkung der Bayerischen Landesärztekammer vom 30.9.2003** (Quelle: GOÄ-Datenbank www.blaek.de) – **Keine Zusatzbezeichnung notwendig**
Die Abrechnung der Nr. 30 GOÄ setzt entsprechende Kenntnisse und Erfahrungen in der Homöopathischen Behandlung voraus. Diese sind jedoch nicht zwingend über die Zusatzbezeichnung „Homöopathie" oder „Naturheilverfahrenn" nachzuweisen.
Private Krankenversicherungen bzw. Beihilfestellen sind nicht berechtigt, die Durchführung der Leistung vom Führen der oben genannten Zusatzbezeichnungen abhängig zu machen.

Kommentar: Im Zusatz zur Leistungslegende wird erläutert, dass die Leistung nach Nr. 30 **innerhalb eines Jahres nur einmal** abgerechnet werden darf. Hier ist nicht das Kalenderjahr gemeint, sondern der Zeitraum von 12 Monaten. Also darf die Leistung am 4.7.06 und dann wieder am 5.7.07 erbracht werden.
Nach § 6 Abs. 2 kann jede Leistung der GOÄ zur Analogberechnung einer anderen nach „Art, Kosten und Zeitaufwand" gleichwertigen Leistung herangezogen werden. **Brück** et alii sehen aber kaum eine andere vergleichbare Anamneseleistung – insbesondere kann nicht jede (nicht-homöopathische) einstündige Anamnese nach Nr. 30 abgerechnet werden. Eine Ausnahme sehen sie allerdings bei der **Erstanamnese bei chronischen Schmerzkranken im Rahmen einer Behandlung durch entsprechend qualifizierte Ärzte** – Mindestdauer 1 Stunde. Hier ist eine analoge Abrechnung der Nr. 30 einsetzbar (vgl. Kommentar **Brück** zur Nr. 30, Anmerkung 2 – siehe auch AG Kiel, 12.03.2015, Az.: 115 C 469/14). Inzwischen findet aber allgemein der analoge Ansatz der Nr. 30 bei den nachfolgend aufgezählten IGEL-Leistungen verstärkt Anwendung.

Hinweis: Der Arzt hat in der Rechnung die Mindestdauer anzugeben, da sonst die Rechnung nicht fällig ist!

Tipp: Die Leistung nach Nr. 30 ist z.B. mit den Leistungen nach Nrn. 5, 6, 7, 8 kombinierbar.

IGeL: Analoger Ansatz z.B. für Erstanamnese
- bei Umweltmedizinischer Untersuchung
- vor Ayurveda-Therapie
- vor Bachblüten-Therapie
- vor TCM (Traditionelle Chinesische Medizin)

31

Homöopathische Folgeanamnese mit einer Mindestdauer von 30 Minuten unter laufender Behandlung nach den Regeln der Einzelmittelhomöopathie zur Beurteilung des Verlaufs und Feststellung des weiteren Vorgehens – einschließlich schriftlicher Aufzeichnungen – — **450** / 26,23 — 60,33 / 91,80

Die Leistungen nach Nummer 31 ist innerhalb von sechs Monaten höchstens dreimal berechnungsfähig.
Neben der Leistung nach Nummer 31 sind die Leistungen nach den Nummern 1, 3, 4, 30 und/oder 34 nicht berechnungsfähig.

Ausschluss: Neben Nr. 31 sind folgende Nrn. nicht abrechnungsfähig: 1, 3, 4, 30, 34, 435

Tipp: Die Leistung nach Nr. 31 ist z.B. mit den Leistungen nach Nrn. 5, 6, 7, 8 kombinierbar.

32

Untersuchung nach § 32 bis § 35 und § 42 des Jugendarbeitsschutzgesetzes (eingehende, das gewöhnliche Maß übersteigende Untersuchung – einschließlich einfacher Seh-, Hör- und Farbsinnprüfung –; Urinuntersuchung auf Eiweiß, Zucker und Erythrozyten; Beratung des Jugendlichen; schriftliche gutachtliche Äußerung; Mitteilung für die Personensorgeberechtigten; Bescheinigung für den Arbeitgeber) — **400** / 23,31 — 53,62 / 81,60

Bei Leistungserbringung für öffentliche Kostenträger gilt § 11 (Einfachsatz)

Ausschluss: Neben Nr. 32 sind folgende Nrn. nicht abrechnungsfähig: 1, 5 – 7, 70, 75, 80, 95, 435, 3504, 3511, 3652

Kommentar: Unter den in Nr. 3 genannten Ausschlüssen (eingehende Beratung) ist die Nr. 32 nicht enthalten und kann also erbracht werden.
Wird die Leistung nach Nr. 32 für öffentliche Kostenträger erbracht, so ist gemäß § 11 der GOÄ nur der 1fache Gebührensatz berechnungsfähig.
Stellt sich bei der Untersuchung nach Nr. 32 wegen einer bestehenden Symptomatik oder Erkrankung ein weiterer Untersuchungs- oder Beratungsbedarf durch den Arzt dar, so sind die entsprechend zu erbringenden Leistungen abrechnungsfähig. Nach Kommentierung von **Wezel/Liebold** können diese zusätzlichen Leistungen im Zusam-

menhang mit der Jugendschutzuntersuchung bei öffentlichen Kostenträgern (z. B. Gewerbeaufsichtsamt) nur mit dem einfachen Satz abgerechnet werden.
Wir gehen allerdings davon aus, dass diese Leistungen im Rahmen der kurativen Behandlung abrechenbar sind.

IGeL: Analoger Ansatz für Berufseignungsuntersuchungen, einschl. Berufseignungsberatung, bei Leistung auf Wunsch des Patienten.

GOÄ-Nr.	Leistung	Punktzahl / 1fach	2,3 / *1,8 / 3,5 / *2,5
33	**Strukturierte Schulung einer Einzelperson mit einer Mindestdauer von 20 Minuten (bei Diabetes, Gestationsdiabetes oder Zustand nach Pankreatektomie) – einschließlich Evaluation zur Qualitätssicherung unter diabetologischen Gesichtspunkten zum Erlernen und Umsetzen des Behandlungsmanagements, einschließlich der Auswertung eines standardisierten Fragebogens –**	**300** / 17,49	40,22 / 61,20

Die Leistung nach Nummer 33 ist innerhalb von einem Jahr höchstens dreimal berechnungsfähig.
Neben der Leistung nach Nummer 33 sind die Leistungen nach den Nummern 1, 3, 15, 20, 847, 862, 864, 871 und/ oder 887 nicht berechnungsfähig.

Ausschluss: Neben Nr. 33 sind folgende Nrn. nicht abrechnungsfähig: 1, 3, 15, 20, 34, 435, 847, 862, 864, 871, 887

Kommentar: Die Leistung nach Nr. 33 kann innerhalb **eines Jahres – d.h. in 365 Tagen** - bis zu **3x erbracht und abgerechnet werden**.
Im Gegensatz zu anderen Leistungslegenden ist hier nicht das Kalenderjahr von 1.1. – 31.12. gemeint.
Siehe Nr. A 36 mit der Aufzählung weiterer Krankheitsbilder .

Analog: Die Nr. 33 kann nach Meinung der BÄK auch für evaluierte Schulungsprogramme bei
- chron. rheumatischen Erkrankungen
- Osteoporose
- Fibromyalgiesyndrom
- chron. Antikoagulanzientherapie

analog angesetzt werden.

IGeL: Analoger Ansatz der Nr. 33 GOÄ z.B. bei chron. rheumatischen Erkrankungen, bei Fibromyalgie-Syndrom

GOÄ-Nr.	Leistung	Punktzahl / 1fach	2,3 / *1,8 / 3,5 / *2,5
34	**Erörterung (Dauer mindestens 20 Minuten) der Auswirkungen einer Krankheit auf die Lebensgestaltung in unmittelbarem Zusammenhang mit der Feststellung oder erheblichen Verschlimmerung einer nachhaltig lebensverändernden oder lebensbedrohenden Erkrankung – gegebenenfalls einschließlich Planung eines operativen Eingriffs und Abwägung seiner Konsequenzen und Risiken; einschließlich Beratung – gegebenenfalls unter Einbeziehung von Bezugspersonen –**	**300** / 17,49	40,22 / 61,20

Die Leistungen nach Nummer 34 ist innerhalb von 6 Monaten höchstens zweimal berechnungsfähig.
Neben der Leistung nach Nummer 34 sind die Leistungen nach den Nummern 1, 3, 4, 15, und/ oder 30 nicht berechnungsfähig.

Ausschluss: Neben Nr. 34 sind folgende Nrn. nicht abrechnungsfähig: 1, 3, 4, 15, 20, 21, 22, 30, 31, 33, 435, 804, 806, 807 – 808, 812, 817, 835, 849, 861 – 864, 870, 871, 886, 887

GOÄ-Ratgeber der BÄK: ► **Nachhaltig lebensverändernde Erkrankungen**
Dipl.-Verw. Wiss. Martin Ulmer – (in: Deutsches Ärzteblatt 106, Heft 50 (11.12.2009), S. A-2828) – http://www.bundesaerztekammer.de/page.asp?his=1.108.4144.4228.7941
Ulmer führt zu Nr. 34 an:
„Der GOÄ-Kommentar von Brück führt als nachhaltig lebensverändernde Erkrankungen beispielhaft alle Erkrankungen des rheumatischen Formenkreises und die Lebensgestaltung berührende Erkrankungen wie Diabetes mellitus oder Asthma bronchiale auf. Auch kann von einer mindestens nachhaltig lebensverändernden Erkrankung ausgegangen werden, wenn Risikofaktoren festgestellt werden, die erfahrungsgemäß mit einer deutlichen Lebensverkürzung einhergehen. Dies trifft beispielsweise sowohl auf eine HIV-Infektion als auch auf eine schwere arterielle Hypertonie zu. Entscheidend ist jeweils, dass mit der Erkrankung gravierendere gesundheitliche Einschränkungen verbunden sind, die sich erheblich auf die Lebensgestaltung auswirken und eine entsprechende Erörterung im Sinne der Leistungslegende erforderlich machen."

Fraglich ist immer wieder die Abrechnung der Nr. 34 für ausführliche Aufklärungsgespräche vor größeren Operationen im Krankenhaus. Dies wird damit begründet, dass ein unmittelbarer Zusammenhang mit der Feststellung der Erkrankung nicht gegeben sei, da die Erkrankung regelmäßig vom einweisenden Arzt, nicht jedoch vom Operateur diagnostiziert werde.
Diese Ansicht ist aber nicht zutreffend. So haben die Amtsgerichte Radolfzell (Az.: 2 C 447/06 und 3 C 1/07) und Wetzlar (Az.: 30 C 127/05) sowie das Landgericht Frankfurt/M. (Az.: 2 – 16 S 170/06) die Nr. 34 für präoperative Aufklärungsgespräche im Zusammenhang mit der Implantation von Knie- beziehungsweise Hüftgelenkendoprothesen sowie der Dekompression von Nervenwurzeln an der Wirbelsäule ausdrücklich anerkannt.
Siehe weitere ausführliche Ratgeber Hinweise unter B Grundleistungen, Allgemeine Bestimmungen

Kommentar: Nach Nr 34 kann eine Beratung nur abgerechnet werden, wenn sie im Zusammenhang mit einer gravierenden Erkrankung erfolgt. Daher ist die Nr. 34 auch für eine ausführliche Beratung/Erörterung bei einer palliativmedizinischen Versorgung in Ansatz zu bringen.

Siehe auch: _

- **Palliativmedizinische Versorgung I Seite 85**
  Dr. med. Anja Pieritz
- **Palliativmedizinische Leistungen II Seite 85**
  Dr. med. Anja Pieritz

Wichtig: wenn – wie bei Nr. 34 – Leistungslegende eine Angabe der Mindestdauer enthält, muss die Mindestdauer unbedingt auf der Rechnung angegeben werden (§ 12 Abs. 2 Ziffer 2 GOÄ) damit die Rechnung fällig wird.

Als **lebensverändernde** Erkrankungen sind z.B. anzusehen:

- Allergien
- Demenz
- M. Alzheimer
- Diabetes mellitus
- Rheumatische Erkrankungen
- Asthma bronchiale
- Malignome
- AIDS
- Amputationen
- Hepatitis B, Hepatitis C
- Herzinfarkt
- Rheumatische Erkrankungen
- Hypertonie
- schwere Hypercholesterinämie etc.
- Z.n. Herzinfarkt
- Z.n. Apoplex

Als **lebensbedrohlich** werden angesehen:

- Malignome
- schwere Unfallverletzungen
- Pneunomia (nach Brück)
- AIDS
- schwere arterielle Hypertonie
- Hepatitis B, Hepatitis C
- Niereninsuffizienz
- Herzinfarkt
- Autoimmunerkrankungen
- Palliativ medizinische Versorgung

Nr. 34 findet auch Anwendung bei der Planung eines operativen Eingriffs, z.B.

- Bypass-Operation
- Endoprothesesn
- Malignom-Operation
- Hirn-Operation
- Magen-Darm-Operation
- Amputationen

Die Nr. 34 kann vom Operateur, aber auch vom einweisenden Arzt für die ausführliche Aufklärung vor der Operation abgerechnet werden. Während der Zeit der Erörterung evtl. erbrachte Leistungen können nicht abgerechnet werden
Nach der Leistungslegende kann die Nr. 34 innerhalb von 6 Monaten nur 2x erbracht und abgerechnet werden. Ist diese Frist abgelaufen, dann schließt sich nach **Brück** ein weiterer 6-monatiger-Zeitraum an, in dem die Leistung erneut zweimal erbracht werden kann.

Rechtsprechung: **GOÄ Nr. 34 – Überschreiten des Schwellenwertes (2,3fach) nur möglich, wenn Besonderheiten vorliegen**
Bei der Abrechnung ist ein Überschreiten des Schwellenwertes (2,3 fach) nur möglich, wenn Besonderheiten vorliegen, die speziell bei der Behandlung des Patienten aufgetreten sind. Die Begründung des Arztes muss dann das Vorliegen solcher Umstände deutlich machen.
Eine bei Nr. 34 abgegebene Begründung: „OP. – Aufklärung" ist dafür nicht ausreichend, da sie zu pauschal ist.
Aktenzeichen: VerwG Stuttgart, 28.10.2013, AZ: 12 K 63/13
Entscheidungsjahr: 2013

Tipp: Die Leistung nach Nr. 34 ist z.B. kombinierbar mit den Untersuhungsleistungen nach Nrn. 5, 6, 7, 8, und Hausbesuchen und Visiten.

A 36 Strukturierte Schulung einer Einzelperson mit einer Mindestdauer von 20 Min. bei Asthma bronchiale, Hypertonie, einschl. Evaluation zur Qualitätssicherung zum Erlernen und Umsetzen des Behandlungsmanagements, einschl. Auswertung standardisierter Fragebögen, je Sitzung (analog Nr. 33 GOÄ) – n. Verzeichnis analoger Bewertungen der Bundesärztekammer

300 40,22
17,49 61,20

Kommentar: Weitere Schulungen z.B.
Chron. rheumat. Erkrankungen
Osteoporose
Chron. Antikoagulantientherapie

Ausschluss: Neben Nr. A 36 sind folgende Nrn. nicht abrechnungsfähig: 1, 3, 15, 20, 34, 435, 847, 862, 864, 871, 887

IV Visiten, Konsiliartätigkeit, Besuche, Assistenz

45 Visite im Krankenhaus

70 9,38
4,08 14,28

Die Leistung nach Nummer 45 ist neben anderen Leistungen des Abschnitts B nicht berechnungsfähig.
Werden zu einem anderen Zeitpunkt an demselben Tag andere Leistungen des Abschnitts B erbracht, so können diese mit Angabe der Uhrzeit für die Visite und die anderen Leistungen aus Abschnitt B berechnet werden.
Anstelle oder neben der Visite im Krankenhaus sind die Leistungen nach den Nummern 1, 3, 4, 5, 6, 7, 8, 15, 48, 50 und/oder oder 51 nicht berechnungsfähig.
Wird mehr als eine Visite an demselben Tag erbracht, kann für die über die erste Visite hinausgehenden Visiten nur die Leistung nach Nummer 46 berechnet werden.
Die Leistung nach Nummer 45 ist nur berechnungsfähig, wenn diese durch einen liquidationsberechtigten Arzt des Krankenhauses oder dessen ständigen ärztlichen Vertreter persönlich erbracht wird.

Ausschluss: Neben Nr. 45 sind folgende Nrn. nicht abrechnungsfähig: Der gesamte Abschnitt B Nrn 1-107. Für Visiten gibt es kein Wegegeld.

Kommentar: Die Nr. 45 ist nur für die erste regelmäßige tägliche Visite durch einen Krankenhausarzt oder einen Belegarzt abrechnungsfähig. Eine zweite Visite am selben Tag muss nach Nr. 46 berechnet werden. Die Zuschläge nach den Buchstaben E, F, G und H sind für

Krankenhausärzte nicht ansetzbar. Der Zuschlag E ist allerdings ansetzbar bei der Visite durch einen Belegarzt.
Brück weist in seiner Kommentierung darauf hin, dass nicht jeder Besuch am Krankenbett als Visite anzusehen ist. Werden z. B. nur Laborbefunde mitgeteilt, so hält Brück den Ansatz der Nrn. 45 oder 46 für nicht statthaft. Der Kommentar von Lang, Schäfer, Stiel und Vogt führt aus, was nach Meinung dieser Autoren mit einer Visite verbunden ist...

- Weg zum Krankenbett
- Beratung
- Ggf. Untersuchung
- Prüfung aktueller Befunde
- Feststellung und Überwachung des Krankheitszustandes
- Beratung mit ärztlichem und nichtärztlichem Assistenzpersonal
- Anordnungen zu weiteren diagnostischen oder therapeutischen Maßnahmen..."

Tipp:

- Neben den Visiten nach Nrn. 45 oder 46 sind zwar keine Beratungen und Untersuchungen nach den Nrn. 1, 3 – 8 abrechenbar, dafür aber z.B. Leistungen der Praevention, der Diagnostik, neurologische und psychiatrische Untersuchungen, psychiatrische oder psychosomatische Therapie, Laboruntersuchungen, Röntgen.
- Erbringt allerdings ein **Belegarzt** die Visite entsprechend der Leistungslegende der Nr. E, d.h. die Visite ist dringend angefordert und erfolgt unverzüglich, dann ist die Abrechnung des Zuschlages nach Nr. E möglich.
- Die Zuschläge nach den Buchstaben F bis H sind nicht einsetzbar. Allerdings ist bei Kindern bis zum vollendetem 4. Lebensjahr ein Zuschlag nach K2 möglich.
- Wird ein vom Belegarzt bezahlter Bereitschaftsdienst vorgehalten, so kann der Zuschlag nach dem Buchstaben **J einmal am Tag** zusätzlich abgerechnet werden.
- Wird eine zweite Visite am Tag durchgeführt, so ist diese nach der Nr. 46 zu berechnen; dies gilt auch für weitere am selben Tag erforderliche Zweitvisiten. Mehr als zwei Visiten pro Tag dürfen nur berechnet werden, wenn sie durch die Beschaffenheit des Krankheitsfalles erforderlich waren oder verlangt wurden. Wurde eine Visite verlangt, so ist dies auf der Liquidation anzugeben. Begründungen könnten z.B. sein: Starke Schmerzen, Fieber, akute Verschlechterung, Verdacht Nachblutung. Medikamenten – Unverträglichkeit etc.

46 Zweitvisite im Krankenhaus

50 6,70
2,91 10,20

Die Leistung nach Nummer 46 ist neben anderen Leistungen des Abschnitts B nicht berechnungsfähig.
Werden zu einem anderen Zeitpunkt an demselben Tag andere Leistungen des Abschnitts B erbracht, so können diese mit Angabe der Uhrzeit für die Visite und die anderen Leistungen aus Abschnitt B berechnet werden. Anstelle oder neben der Zweitvisite im Krankenhaus sind die Leistungen nach den Nummern 1, 3, 4, 5, 6, 7, 8, 15, 45, 48, 50 und/oder 51 nicht berechnungsfähig.
Mehr als zwei Visiten dürfen nur berechnet werden, wenn sie durch die Beschaffenheit des Krankheitsfalls geboten waren oder verlangt wurden. Wurde die Visite verlangt, muss dies in der Rechnung angegeben werden.
Die Leistung nach Nummer 46 ist nur berechnungsfähig, wenn diese durch einen liquidationsberechtigten Arzt des Krankenhauses oder dessen ständigen ärztlichen Vertreter persönlich erbracht wird.

Ausschluss: Neben Nr. 46 sind folgende Nrn. nicht abrechnungsfähig: 1, 3 – 8, 15, 45, 48, 50, 51, 435, A, B, C, D, E (für Belegarzt u.U. erlaubt, siehe Kommentar), F, G, H. Für Visiten gibt es kein Wegegeld!

Kommentar: Siehe auch Kommentar zu GOÄ Nr. 45.
Die Zuschläge nach den Buchstaben E, F, G und H sind für Krankenhausärzte nicht ansetzbar. Der Zuschlag E ist allerdings ansetzbar bei der Visite durch einen **Belegarzt,** wenn sie entsprechend der Leistungslegende der Nr. E erfolgt, nämlich dringend angefordert wird und unverzüglich erfolgt.
Werden an einem Tag mehrere Visiten durchgeführt und damit für die 2. und die weiteren Visiten jeweils die Nr. **46** angesetzt, so sollten ab der 3. Visite kurze Begründungen in der Rechnung angegeben werden, um Probleme bei der Zahlung durch den Krankenversicherungsträger auszuschließen.

Tipp:
- Wird die Leistung bei Kindern bis zum vollendeten 4. Lebensjahr erbracht, ist K2 zusätzlich abrechenbar.
- Erbringt allerdings ein Belegarzt die Visite entsprechend der Leistungslegende der Nr. E, d.h. die Visite ist dringend angefordert und erfolgt unverzüglich, dann ist die Abrechnung des Zuschlages nach Nr. E möglich.
- Neben den Visiten nach Nrn. 45 und 46 sind zwar keine Beratungen und Untersuchungen nach den Nrn. 1, 3 – 8 möglich, dafür aber z.B. Leistungen der Prävention, der Diagnostik, neurologische und psychiatrische Untersuchungen, Laborleistungen, Röntgen etc. und auch die Nr. 849.

48 Besuch eines Patienten auf einer Pflegestation (z.B. in Alten- oder Pflegeheimen) – bei regelmäßiger Tätigkeit des Arztes auf der Pflegestation zu vorher vereinbarten Zeiten

120 16,09
6,99 24,48

Die Leistung nach Nummer 48 ist neben den Leistungen nach den Nummern 1, 50, 51 und/oder 52 nicht berechnungsfähig.

Ausschluss: Neben Nr. 48 sind folgende Nrn. nicht abrechnungsfähig: 1, 3, 45, 46, 50, 51, 52, 61, 435, F, H.

Kommentar: Zur Abrechnung der Nr. 48 muss in dem Alten- oder Pflegeheim eine entsprechende Pflegestation vorhanden sein, die sich räumlich abgetrennt vom übrigen Heimbereich befindet.
Die Leistung nach Nr. 48 ist im Vergleich zur Leistung nach Nr. 50 geringer bewertet, weil der Gesetzgeber davon ausgegangen ist, dass der Arzt in der Regel bei einem Besuch mehrere Patienten auf der Pflegestation besucht und entsprechendes Pflegepersonal vorhanden ist.
Wird nach dem Besuch auf der Pflegestation z.B. ein Besuch bei einem Patienten durchgeführt, der in einer abgeschlossenen Wohnung im Altersheim wohnt, so ist die Nr. 50 für diesen Besuch abrechnungsfähig.
Wenn mehrere Patienten im Altersheim besucht werden, die in einer häuslichen Gemeinschaft wohnen, ist ggf. auch die Nr. 51 anzusetzen. Dies nur, wenn es als Anzeichen einer „häuslichen Gemeinschaft" zentrale Bereiche – z.B. den Küchenbereich oder den Essbereich – gibt, in denen sich Mitbewohner treffen. Zur häuslichen Gemeinschaft siehe weitere Kommentierung bei Nr. 51

50 Besuch, einschließlich Beratung und symptombezogene Untersuchung

320 42,90
18,65 65,28

Die Leistung nach Nummer 50 darf anstelle oder neben einer Leistung nach den Nummern 45 oder 46 nicht berechnet werden.
Neben der Leistung nach Nummer 50 sind die Leistungen nach den Nummern 1, 5, 48 und/oder 52 nicht berechnungsfähig.

Ausschluss: Neben Nr. 50 sind folgende Nrn. nicht abrechnungsfähig: 1, 3, 5, 45, 46, 48, 51, 52, 61, 435, A, B, C, D, E K1.

Kommentar: Ein „Besuch" liegt vor, wenn der Arzt einen Patienten außerhalb seiner Praxisräume in dessen Wohnung oder an einem anderen Ort, z. B. bei einem Notfall, aufsucht. Der Besuch schließt nach der Legende der Nr. 50 Beratung und symptombezogene Untersuchung mit ein. Psychiatrische oder psychotherapeutischen Behandlungen z. B. nach den Nrn. 804, 806 oder 849 sind von dem Ausschluss der Abrechnung neben Nr. 50 nicht betroffen.
Für einen niedergelassenen Arzt ist somit das Aufsuchen seiner regelmässigen Arbeitsstelle (Praxis) kein Besuch im Sinne der GOÄ Nr. 50. Für den Belegarzt ist das Belegkrankenhaus seine regelmässige Arbeitsstelle.
Nach Kommentar von **Brück** kann ein Arzt, der von dem von ihm betreuten Patienten, um einen Besuch im Krankenhaus gebeten wird, diesen Besuch abrechnen und zwar dies auch, wenn nicht medizinische sondern persönliche oder soziale Gründe Grund der Anforderung waren.
Anästhesisten, die regelmäßig ihre Tätigkeit bei ambulanten Operationen in unterschiedlichen Praxen oder OP-Zentren ausführen, gelten diese Räumlichkeiten als re-

gelmässige Arbeitsstelle. Einem behandelten Patienten können weder Besuchsgebühr noch Wegegeld der Reiseentschädigung berechnet werden (s.a.
Der Arzt kann einen angeforderten Hausbesuch auch dann abrechnen, wenn bei seinem Eintreffen ein anderer Arzt bereits behandelt oder der Patient nicht anwesend ist oder schon verstorben.
Wenn ein Verweilen des Arztes – ohne berechnungsfähige Leistungen – erforderlich ist, kann eine Verweilgebühr nach Nr. 56 berechnet werden.
Besuche auf Wunsch des Patienten oder seiner Angehörigen – ohne medizinische Indikationen – z. B. nur zur Kontrolle „ob noch alles mit dem älteren Angehörigen in Ordnung ist" sind keine Krankenkassenleistungen sondern fallen unter den Begriff IGeL-Leistungen.

Hinweis LÄK: **Anmerkung der Bayerischen Landesärztekammer vom 7.10.2003** (Quelle: GOÄ-Datenbank http://www.blaek.de/) – **Notarzt-/Blaulichteinsätze – Überschreitung des Regelsatzes**
Nach eingehender Überlegung kommt die Bayerische Landesärztekammer in Bezug auf die Rechnungslegung bei Notarzt-/Blaulichteinsätzen zu folgendem Schluss:
Die Überschreitung des Regelsatzes bei der Besuchsgebühr ist bei Notarzt-/ Blaulichteinsätzen u.E. gerechtfertigt und begründet. „Als Besuch gilt der Weggang des Arztes zum Zwecke des Aufsuchens des Kranken in dessen Wohnung bzw. an dessen Aufenthaltsort (Unfallort)."
Unstrittig werden Besuche bei Notarzt-/ Blaulichteinsätzen unter erschwerten Bedingungen durchgeführt, so dass nach Auffassung der Bayerischen Landesärztekammer hier das Bemessungskriterium „besondere Umstände bei der Leistungserbringung" ein Überschreiten des Regelsatzes bei der Besuchsgebühr rechtfertigt.
Diese besonderen Umstände enden gewöhnlich mit dem Eintreffen des Arztes beim Patienten. Natürlich können wiederum **neue** Kriterien vorliegen, die **aus anderen Gründen** ebenfalls ein Anheben der Gebührenspanne rechtfertigen würden. Diese neuen Gründe sind dann bei der entsprechenden „Sonderleistung" anzugeben.
In keinem Fall ist es u.E. vertretbar, bei Notarzt-/ Blaulichteinsätzen bei allen Leistungen – unter Hinweis auf den Notarzt-/ Blaulichteinsatz – den jeweiligen Regelsatz zu überschreiten.

Tipp:
- Wird die Leistung (Besuch) sofort oder zu besonderen Zeiten erbracht, sind Zuschläge nach den Buchstaben E, F, G, H abrechenbar.
- Wird die Leistung bei Kindern bis zum vollendeten 4. Lebensjahr erbracht, ist K2 zusätzlich abrechenbar.
- Neben Nr. 50 z.B. möglich: 6, 7, 8, 4 oder 34 oder 15, Wegegeld, Zuschläge nach E-H, K2, 800, 801, 849 und alle Sonderleistungen.

IGeL:
- Bei Wohnraumbegehung im Rahmen umweltmedizinischer Untersuchungen: Wegegeld nicht vergessen.

51 Besuch eines weiteren Kranken in derselben häuslichen Gemeinschaft in unmittelbarem zeitlichen Zusammenhang mit der Leistung nach Nummer 50 – einschließlich Beratung und symptombezogener Untersuchung

Punktzahl	2,3 / *1,8
250	33,52
14,57	51,00

Die Leistung nach Nummer 51 darf anstelle oder neben einer Leistung nach den Nummern 45 oder 46 nicht berechnet werden.
Neben der Leistung nach Nummer 51 sind die Leistungen nach den Nummern 1, 5, 48 und/oder 52 nicht berechnungsfähig.

Ausschluss: Neben Nr. 51 sind folgende Nrn. nicht abrechnungsfähig: 1, 3, 5, 45, 46, 48, 50, 52, 61, 435, A, B, C, D], E, K1.

Kommentar:
- Gemeinsamer Eingang, gemeinsame Post, gemeinsames Essen, gemeinsames Zimmer, kein eigener Haushalt bedeutet: **dieselbe soziale Gemeinschaft.**
- Dieselbe ‚häusliche Gemeinschaft' liegt nicht vor, wenn ein Patient beispielsweise in seiner abgeschlossenen, eigenen Wohnung im Seniorenheim besucht wird. Also: Eigener Schlüssel, eigener Briefkasten, eigene Klingel, eigener Eingang – **nicht dieselbe soziale Gemeinschaft!** Das gilt auch, wenn dieser Patient sein Essen über eine Zentralküche erhält.

Tipp: Wird die Leistung (Besuch/Visite) sofort oder zu besonderen Zeiten erbracht, sind Zuschläge nach den Buchstaben E, F, G, H zum 1/2 Satz abrechenbar.Wird die Leistung bei Kindern bis zum vollendeten 4. Lebensjahr erbracht, ist K2 zusätzlich abrechenbar.

Auf einen Blick: **Wegegelder**

Radius	tagsüber EURO	nachts EURO
bis 2,0 km	3,58	7,16
2-5 km	6,64	10,23
5-10 km	10,23	15,34
10-25 km	15,34	25,56
Bei mehr als 25 km erhält der Arzt eine Reiserentschädigung entsprechend § 9 GOÄ		

52 **Aufsuchen eines Patienten außerhalb der Praxisräume oder des Krankenhauses durch nicht ärztliches Personal im Auftrag des niedergelassenen Arztes (z.B. zur Durchführung von kapillaren oder venösen Blutentnahmen, Wundbehandlungen, Verbandwechsel, Katheterwechsel)** **100** 5,83 –

Die Pauschalgebühr nach Nummer 52 ist nur mit dem einfachen Gebührensatz berechnungsfähig. Sie ist nicht berechnungsfähig, wenn das nicht ärztliche Personal den Arzt begleitet. Wegegeld ist daneben nicht berechnungsfähig.

Ausschluss: Neben Nr. 52 sind folgende Nrn. nicht abrechnungsfähig: 48, 50, 51, 435, A, B, C, D, E, F, G, H, K1, K2

Kommentar: Sucht ein nichtärztlicher Mitarbeiter im Auftrage des Arztes auf einer Hausbesuchsfahrt mehrere Patienten auf, so kann für jeden dieser Patientenbesuche die Nr. 52 angesetzt werden.

Der mehrfache Ansatz der Nr. 52 ist auch möglich, wenn in derselben häuslichen Gemeinschaft mehrere Patienten aufgesucht werden müssen.

Wezel/Liebold ergänzt seinen Kommentar „...Neben der Nummer 52 können keine Leistungen berechnet werden, die durch den Arzt selbst auszuführen sind oder dessen Anwesenheit voraussetzt ...“.

Dazu muss gesagt werden, dass in der GOÄ dem Arzt ein breites Spektrum von Möglichkeiten der Delegation an nicht ärzliches Personal gegeben ist.

Tipp: Neben dem Besuch der Helferin sind z.B. abrechenbar:
- Blutabnahmen
- Spritzen
- Verbandswechsel, z.B. Kompressionsverband
- Wundverbände
- EKG

55 **Begleitung eines Patienten durch den behandelnden Arzt zur unmittelbar notwendigen stationären Behandlung – gegebenenfalls einschließlich organisatorischer Vorbereitung der Krankenhausaufnahme** **500** 29,14 67,03 102,00

Neben der Leistung nach Nummer 55 sind die Leistungen nach den Nummern 56, 60 und/oder 833 nicht berechnungsfähig.

Ausschluss: Neben Nr. 55 sind folgende Nrn. nicht abrechnungsfähig: 3, 56, 60, 61, 435, 833

Kommentar: Wird bei einem Besuch in der Wohnung des Patienten festgelegt, dass eine Krankenhauseinweisung unter ärztlicher Transportbegleitung erforderlich ist, und sind ggf. zu dem Hausbesuch schon die Zuschläge nach den Buchstaben E bis H oder K2 abgerechnet, dann können diese Zuschläge nicht ein zweites Mal für die Transportbegleitung berechnet werden.

Geht der Transport allerdings von der ärztlichen Praxis zum Krankenhaus, so können diese Zuschläge nach E – H und /oder K2 ebenfalls einmal neben Nr. 55 berechnet werden.

Der Gebührenordnungstext legt fest, dass neben Nummer 55 die Leistungen des Verweils nach Nr. 56 und der konsularischen Erörterung nach Nr. 60 nicht abrechnungsfähig sind.

Wird aber ein Konzil nach Nr. 60 eindeutig von der Begleitung des Patienten in eine Klinik zeitlich getrennt durchgeführt, so kann die Nr. 60 entsprechend abgerechnet werden. Es erscheint dabei hilfreich, wenn der abrechnende Arzt hinter der Nr. 60 die entsprechende Uhrzeit angibt, um damit deutlich zu machen, dass das Konzil zu einem anderen Zeitpunkt als die Transportbegleitung des Patienten durchgeführt wurde.

Tipp:
- Wird die Leistung (Besuch/Visite) sofort oder zu besonderen Zeiten erbracht, sind Zuschläge nach den Buchstaben E, F, G, H, abrechenbar.
- Wird die Leistung bei Kindern bis zum vollendeten 4. Lebensjahr erbracht, ist K2 zusätzlich abrechenbar.
- Zusätzlich sind die weiteren erbrachten Leistungen, z.B. Untersuchungen, Injektionen, Verbände, EKG etc., abrechenbar.

56* **Verweilen, ohne Unterbrechung und ohne Erbringung anderer ärztlicher Leistungen – wegen Erkrankung erforderlich –, je angefangene halbe Stunde** **180** 18,89 / 10,49 26,23

Die Verweilgebühr darf nur berechnet werden, wenn der Arzt nach der Beschaffenheit des Krankheitsfalls mindestens eine halbe Stunde verweilen muss und während dieser Zeit keine ärztliche(n) Leistung(en) erbringt. Im Zusammenhang mit dem Beistand bei einer Geburt darf die Verweilgebühr nur für ein nach Ablauf von zwei Stunden notwendiges weiteres Verweilen berechnet werden.

Ausschluss: Neben Nr. 56 sind folgende Nrn. nicht abrechnungsfähig: 3, 55, 61, 435, 448, 449

Beschluss BÄK: **Beschluss des Gebührenausschusses der Bundesärztekammer Leitung der postnarkotischen Überwachungsphase (13. Sitzung vom 3. Februar 1998)**

Der Ausschuss sieht keine klare Abgrenzungsmöglichkeit von der (nicht berechenbaren) postoperativen Leistungstätigkeit beispielsweise eines Chirurgen und keine klare inhaltliche Beschreibung der Leistungsgeschehens. Hinzu kommt, dass in dem Falle, dass der Anästhesist postnarkotisch beim Patienten verweilt, ohne dass währenddessen andere berechnungsfähige Leistungen anfallen, die Verweilgebühr nach Nr. 56 GOÄ abrechenbar ist.

In dem Falle, dass der Anästhesist beispielsweise Herz/Kreislauf, Atmung und Ausscheidung des Patienten kontrollieren muss, sind diese Leistungen mit GOÄ-Positionen erfassbar (z.B. Untersuchungsleistungen). Somit ist die Voraussetzung des § 6 Abs. 2 GOÄ „nicht in der GOÄ enthalten" nicht gegeben.

Zu berücksichtigen ist auch, dass in der GOÄ Patientenübergaben (vgl. Anmerkung nach Nr. 60 GOÄ) und eine Rufbereitschaft sowie das Bereitstehen eines Arztes ausdrücklich nicht berechnungsfähig sind (vgl. § 4 Abs. 2a GOÄ). Der Ausschuss sieht deshalb diese Leistung als nicht eigenständig – auch nicht analog – berechenbar an.

Kommentar: Nach den Ausführungen im Kapitel **A. Gebühren im besonderen Fällen** kann diese Leistung nur bis zum 2,5fachen Satz bemessen werden.

Nr. 56 kann nur für eine Verweildauer berechnet werden, die nicht durch andere abrechenbare Leistungen unterbrochen wird.

Ist eine Transportbegleitung des Patienten erforderlich, so kann eine Verweilgebühr dann abgerechnet werden, wenn keine ärztlichen Leistungen in dieser Zeit erbracht werden.

Nach einem Verweilen von 30,5 Min. kann die Nr. 56 gleich 2x abgerechnet werden.

Einige Kommentare halten die Verweilgebühr auch für die Rückfahrt zu Einsatzort oder zur Praxis ansetzbar.

Nach **Brück** ist die Leistung der Nr. 56 **nicht abrechenbar**
- „... für die **Dauer der Ausführung** einer berechnungsfähigen, aber im Einzelfall länger dauernden Leistung (z.B. Infusion, Operation)
- für **Ausbleiben des bestellten Kranken** (Hess. LSG 28.2.73 – L7 Ka 375 u. 308/71; BSG 18.2.1970 – 6 RKa 29/68)
- für die Betreuung während der postnarkotischen Aufwachphase (Nrn. 448 und 449)
- für die Überwachung einer Regionalanästhesie
- für die Zeit der Vorbereitung für einen Eingriff
- für die Zeit des Wartens auf eine beauftragte Leistung, z.B. Labor, Röntgen, Assistenz, Schnellschnitt-Untersuchung
- im Zusammenhang mit Beistand bei einer Geburt vor Ablauf von 2 Stunden (vgl. Nr. 1021)
- für die „Dienstbereitschaft" (z.B. Geburtshilfe)
- für das immanente Verweilen, das – durch Beratung, Untersuchung etc – mit dem Besuch verbunden ist

- für die Beobachtung eines Kranken lediglich zwischen den Behandlungen anderer Kranker (kurzfristiges Hinsehen)
- neben Nr. 790 – 793
- im Rahmen intensivmedizinischer Behandlung durch den die Nr. 435 abrechnenden Arzt..."

Tipp:
- Wird die Leistung sofort oder zu besonderen Zeiten erbracht, sind Zuschläge nach den Buchstaben E, F, G, H abrechenbar.
- Wird die Leistung bei Kindern bis zum vollendeten 4. Lebensjahr erbracht, ist K2 zusätzlich abrechenbar.
- Neben Nr. 56 sind Zuschläge nach E-H, K2 abrechenbar. Ferner sind neben Nr. 56 die Nrn. 833 und 1022 abrechenbar.

60 Konsiliarische Erörterung zwischen zwei oder mehr liquidationsberechtigten Ärzten, für jeden Arzt **120** 16,09
6,99 24,48

Die Leistung nach Nummer 60 darf nur berechnet werden, wenn sich der liquidirende Arzt zuvor oder in unmittelbarem zeitlichen Zusammenhang mit der konsiliarischen Erörterung persönlich mit dem Patienten und dessen Erkrankung befasst hat.

Die Leistung nach Nummer 60 darf auch dann berechnet werden, wenn die Erörterung zwischen einem liquidationsberechtigten Arzt und dem ständigen persönlichen ärztlichen Vertreter eines anderen liquidationsberechtigten Arztes erfolgt.

Die Leistung nach Nummer 60 ist nicht berechnungsfähig, wenn die Ärzte Mitglieder derselben Krankenhausabteilung oder derselben Gemeinschaftspraxis oder einer Praxisgemeinschaft von Ärzten gleicher oder ähnlicher Fachrichtung (z.B. praktischer Arzt und Allgemeinarzt, Internist und praktischer Arzt) sind. Sie ist nicht berechnungsfähig für routinemäßige Besprechungen (z.B. Röntgenbesprechung, Klinik- oder Abteilungskonferenz, Team- oder Mitarbeiterbesprechung, Patientenübergabe).

Ausschluss: Neben Nr. 60 ist folgende Nr. nicht abrechnungsfähig: 3, 55, 61

Beschluss BÄK: **Beschlüsse des Gebührenausschusses der Bundesärztekammer Berechnung für den ausgefüllten Konsilschein (10. Sitzung vom 18. Juli 1997)**

Durch die Fassung der Legende zu Nr. 60 GOÄ „konsiliarische Erörterung ..." ist dem Wesen des Konsils entsprechend der Befund- und Meinungsaustausch zwischen den Ärzten in der Konsiliarleistung enthalten.

Nicht festgelegt ist in der GOÄ, in welcher Form dies erfolgt, zum Beispiel mündlich oder schriftlich. In jedem Fall ist aber auch die schriftliche Befunddarstellung und Erörterung Bestandteil der Leistung nach Nr. 60 GOÄ und kann deshalb nicht eigenständig – zum Beispiel mit Nr. 75 GOÄ – neben dem Konsil nach Nr. 60 GOÄ berechnet werden.

Allerdings steht dem Arzt eine Wahlfreiheit zu, ob er in Fällen, in denen der ausgefüllte Konsilschein die Voraussetzungen der Nr. 75 GOÄ in allen Inhalten erfüllt, diese oder Nr. 60 GOÄ berechnet.

Leitung der postnarkotischen Überwachungsphase (13. Sitzung vom 3. Februar 1998)

Der Ausschuss sieht keine klare Abgrenzungsmöglichkeit von der (nicht berechenbaren) postoperativen Leistungstätigkeit beispielsweise des Chirurgen und keine klare inhaltliche Beschreibung des Leistungsgeschehens.

Hinzu kommt, dass in dem Falle, dass der Anästhesist postnarkotisch beim Patienten verweilt, ohne dass währenddessen andere berechnungsfähige Leistungen anfallen, die Verweilgebühr nach Nr. 56 GOÖ abrechenbar ist.

In dem Falle, dass der Anästhesist beispielsweise Herz/Kreislauf, Atmung und Ausscheidung des Patienten kontrollieren muss, sind diese Leistungen mit GOÄ-Positionen erfassbar (zum Beispiel Untersuchungsleistungen). Somit ist die Voraussetzung des § 6 Abs. 2 GOÄ „nicht in der GOÄ enthalten" nicht gegeben.

Zu berücksichtigen ist auch, dass in der GOÄ Patientenübergaben (vgl. Anmerkung nach Nr. 60 GOÄ) und eine Rufbereitschaft sowie das Bereitstehen eines Arztes ausdrücklich nicht berechnungsfähig sind (vgl. § 4 Abs. 2a GOÄ).

Der Ausschuss sieht deshalb diese Leistung als nicht eigenständig – auch nicht analog – berechenbar an.

Hinweis LÄK: **Anmerkung der Bayerischen Landesärztekammer vom 4.12.2003** (Quelle: GOÄ-Datenbank www.blaek.de) – **Konsil**

Unter einem Konsil ist die Beratung zweier oder mehrerer Ärzte zu verstehen, die der Abklärung einer Diagnose und/oder Behandlung dient.

Nicht unter den Begriff des Konsils fällt jedoch eine Besprechung des Anästhesisten mit dem Operateur über die Planung und Durchführung eines operativen Eingriffes.

Davon zu unterscheiden ist jedoch die konsiliarische Abklärung aufgrund vorliegender Grunderkrankungen und dazu evtl. erforderlicher Vorbehandlungen, um überhaupt die Narkosefähigkeit herzustellen. Entsprechendes sollte bereits mit Rechnungslegung deutlich gemacht werden.

Kommentar: Für die konsiliarische Erörterung ist keine Mindestzeit vorgeschrieben. Das Konsilium kann auch telefonisch durchgeführt werden. Die Bestimmungen legen keinen Ort für das Konsil fest.
Jeder der am Konsil beteiligten Ärzte muss den Patienten entweder vor dem Konsil oder „...in unmittelbarem in zeitlichem Zusammenhang" mit dem Konsil untersucht haben. Ein Konsil allein nach Krankenaktenlage ist nicht statthaft.
Die am Konsil teilnehmenden Ärzte müssen liquidationsberechtigt sein oder es muss sich um den ständigen persönlichen ärztlichen Vertreter handeln.
Es sind in der Legende nicht nur Krankenhausärzte, sondern auch niedergelassene Ärzte mit Liquidationsberechtigung gemeint.

Ausgeschlossen vom Konsil sind aber z.B. Amtsärzte, Ärzte des medizinischen Dienstes der Krankenkassen und Betriebsärzte.
Nicht berechnet werden kann ein Konsil, wenn es stattfindet zwischen Ärzten derselben Krankenhausabteilung, derselben Gemeinschaftspraxis – dabei ist es gleich, ob es sich um Ärzte gleicher oder unterschiedlicher Fachrichtungen handelt .

Tipp:
- Wird die Leistung sofort oder zu besonderen Zeiten erbracht, sind Zuschläge nach den Buchstaben E, F, G, H abrechenbar.
- Die Nr. 60 kann telefonisch erbracht werden
- Zum Konsil erforderliche Hausbesuche, Wegegeld, Untersuchungen und Sonderleistungen kann jeder am Konsil beteiligte Arzt für sich abrechnen.
- Muss ein Arzt zum Konsil in die Praxis eines anderen Arztes fahren, so kann er den Besuch und Wegegeld abrechnen.
- Zusätzlich abrechenbar sind z.B. Zuschläge nach E, F, G, H.
- Behandlung auf Intensivstation: Neben Nr. 435 kann Nr. 60 nicht abgerechnet werden.

61 Beistand bei ärztlicher Leistung eines anderen Arztes (Assistenz), je angefangene halbe Stunde

130 17,43
7,58 26,52

Die Leistung nach Nummer 61 ist neben anderen Leistungen nicht berechnungsfähig.
Die Nummer 61 gilt nicht für Ärzte, die zur Ausführung einer Narkose hinzugezogen werden.
Die Leistung nach Nummer 61 darf nicht berechnet werden, wenn die Assistenz durch nicht liquidationsberechtigte Ärzte erfolgt.

Ausschluss: Neben Nr. 61 dürfen keine weiteren Leistungen berechnet werden.

Kommentar: Mit der Nr. 61 ist die gesamte ärztliche Tätigkeit eines zum Beistand hinzugezogenen Arztes abgegolten, dies gilt auch für Visiten und Besuchsgebühren, die nicht berechnet werden können. Ein Wegegeld ist für den Arzt allerdings berechnungsfähig.
Welcher Art die Assistenzleistung nach Nr. 61 ist, ist nicht genannt – ob operativ oder auch nicht operativ (z.B. sonographische, gastroenterologische oder kardiologische Spezialuntersuchungen).

Muss der zum Beistand geholte Arzt allerdings diagnostische und therapeutische Maßnahmen ausführen, so kann er unter Verzicht auf die Abrechnung Nr. 61 die einzelnen Leistungen natürlich berechnen. Die Leistungen nach Nrn. 61 und 62 sind auch abrechenbar, wenn eine Assistenz weniger als eine halbe Stunde gedauert hat.

Wird der Beistand länger als eine halbe Stunde geleistet, so kann für jede weitere angefangene halbe Stunde die Nr. 61 abgerechnet werden. Es empfiehlt sich allerdings, in der Liquidation die entsprechenden Zeiten anzugeben. **Wezel/Liebold** formuliert in seinem Kommentar „...Zeiten für die Vorbereitungen auf diese Operation (unmittelbare Rüstzeit) können mitberechnet werden, nicht jedoch Zeiten für die An- und Abfahrt und für einleitende Beratungen mit dem behandelnden/operierenden Arzt ...".

Tipp:
- Wird die Leistung sofort oder zu besonderen Zeiten erbracht, sind Zuschläge nach den Buchstaben E, F, G, H abrechenbar.
- Neben Nrn. 61 sind Zuschläge nach E-H abrechenbar.

GOÄ-Nr.		Punktzahl 1fach	2,3 / *1,8 3,5 / *2,5
62	**Zuziehung eines Assistenten bei operativen belegärztlichen Leistungen oder bei ambulanter Operation durch niedergelassene Ärzte, je angefangene halbe Stunde**	**150** 8,74	20,11 30,60

Wird die Leistung nach Nummer 62 berechnet, kann der assistierende Arzt die Leistung nach Nummer 61 nicht berechnen.

Ausschluss: Neben Nr. 62 sind folgende Nrn. nicht abrechnungsfähig: 61, 435

Kommentar: Im Gegensatz zur Nr. 61 ist hier in der Leistungslegende nicht formuliert, dass der Assistent selbständige, diagnostische und therapeutische Leistungen nicht abrechnen kann. Erforderliche Leistungen sind also neben der Nr. 62 berechnungsfähig.
Wird eine Assistenz über längere Zeiten erforderlich, so kann der Assistent für jede angefangene halbe Stunde die Nr. 62 abrechnen. Es erscheint sinnvoll, dass die Uhrzeiten der Assistenz in der Liquidation mit aufgeführt werden.

Tipp:
- Wird die Leistung sofort oder zu besonderen Zeiten erbracht, sind Zuschläge nach den Buchstaben E, F, G, H abrechenbar.
- Neben Nr. 62 sind Zuschläge nach E, F, G, H abrechenbar.
- Anders als bei Nr. 61 kann der Assistent selbständig erbrachte Leistungen neben Nr. 62 berechnen.

62 analog	**Anästhesiologisches Stand-By (analog Nr. 62 GOÄ) – n. Beschluss des Ausschusses „Gebührenordnung“ d. BÄK Stand: 04.11.1999**	**150** 8,74	20,11 30,60

Wird die Leistung nach Nummer 62 berechnet, kann der assistierende Arzt die Leistung nach Nummer 61 nicht berechnen.

Ausschluss: Neben Nr. 62 analog sind folgende Nrn. nicht abrechnungsfähig: 61, 435

Beschluss BÄK:
Beschluss des Gebührenordnungsausschusses der BK (4. Nov. 1999)
Anästhesiologisches Stand-by
Das anästhesiologische Stand-by definiert als „Kontinuierliche Überwachung der Vitalfunktionen durch den Arzt für Anästhesiologie während eines diagnostischen und/oder therapeutischen Eingriffs eines anderen Arztes, ohne Narkose, einschl. Bereitstellung der Ausrüstung zur Behandlung von Zwischenfällen“, kann je angefangene 30 Minuten analog der **Nr. 62** GO berechnet werden.
Wird im Verlauf der Überwachung eine Narkose/Ansthesie nach den Nrn. **450 – 474 oder 476 – 479** GOÄ erforderlich, so kann dies im Anschluss an die Überwachung berechnet werden.
Die Notwendigkeit beider Verfahren ist zu begründen, und die jeweiligen Zeiten sind in der Rechnung anzugeben. Beide Verfahren sind nach anästhesiologischen Standards zu dokumentieren.

Kommentar: Im Gegensatz zur Nr. 61 ist hier in der Leistungslegende nicht formuliert, dass der Assistent selbständige, diagnostische und therapeutische Leistungen nicht abrechnen kann. Erforderliche Leistungen sind also neben der Nr. 62 berechnungsfähig.
Wird eine Assistenz über lngere Zeiten erforderlich, so kann der Assistent für jede angefangene halbe Stunde die Nr. 62 abrechnen. Es erscheint sinnvoll, dass die Uhrzeiten der Assistenz in der Liquidation mit aufgeführt werden.
Zum Leistungsinhalt der GOÄ Nr. 62 analog gehört die Überwachung der Vitalfunktionen eines Patienten durch einen Anästhesisten bei diagnostischen und/oder therapeutischen Eingriffen, je angefangene 30 Minuten, ab.
Ein Vorgespräch zwischen Patient und Arzt vor einem Eingriff kann getrennt – z. B. nach GOÄ Nrn. 1, 3 (Begrenzungen der Abrechnungsfähigkeit beachten!) oder 34 – abgerechnet werden
Nach Dr. Heck (Stand-by“-Leistung des Anästhesisten – in: Deutsches Ärzteblatt 106, Heft 21 (22.05.2009), S. A-1074 – www.bundesaerztekammer.de/page.asp?his=1.108.4144.4257.7246) sind ...„auch weitere Maßnahmen während des Stand-by, wie beispielsweise Injektionen zur Analgosedierung und/oder Maßnahmen zur Behandlung von Komplikationen, ...zusätzlich berechenbar...“
Auch ggf. erforderliche weitere Massnahmen während des „Stand-by“ wie z.B:
- die Einleitung einer Kurznarkose oder Intubationsnarkose (Eingriff nicht anderes medizinisch sinnvoll zu beenden)

sind zusätzlich berechenbar.
Heck weist auch daraufhin, dass wenn zwei Anästhesieverfahren in der Arztrechnung an den Patienten aufgelistet sind, es sinnvoll erscheint, die Uhrzeiten der eingesetzten Anästhesien und eine Begründung für die Notwendigkeit anzugeben.

Tipp:
- Wird die Leistung sofort oder zu besonderen Zeiten erbracht, sind Zuschlge nach den Buchstaben E, F, G, H abrechenbar.
- Neben Nr. 62 analog sind Zuschlge nach E, F, G, H abrechenbar.
- Anders als bei Nr. 61 kann der Assistent selbständig erbrachte Leistungen neben Nr. 62 berechnen.

V Zuschläge zu den Leistungen nach den Nummern 45 bis 62

Allgemeine Bestimmungen

Die Zuschläge nach den Buchstaben E bis J sowie K2 sind nur mit dem einfachen Gefährensatz berechnungsfähig. Abweichend hiervon sind die Zuschläge nach den Buchstaben E bis H neben der Leistung nach Nummer 51 nur mit dem halben Gebührensatz berechnungsfähig.
Im Zusammenhang mit Leistungen nach den Nummern 45 bis 55 und 60 dürfen die Zuschläge unabhängig von der Anzahl und Kombination der erbrachten Leistungen je Inanspruchnahme des Artes nur einmal berechnet werden. Neben den Zuschlägen nach den Buchstaben E bis J sowie [K 2] dürfen die Zuschläge nach den Buchstaben A bis D sowie [K 1] nicht berechnet werden.
Die Zuschläge sind in der Rechnung unmittelbar im Anschluss an die zugrundeliegende Leistung aufzuführen.

E **Zuschlag für dringend angeforderte und unverzüglich erfolgte Ausführung** **160** 9,33 –

Der Zuschlag nach Buchstabe E ist neben Leistungen nach den Nummern 45 und/oder 46 nicht berechnungsfähig, es sei denn, die Visite wird durch einen Belegarzt durchgeführt.
Der Zuschlag nach Buchstabe E ist neben Zuschlägen nach den Buchstaben F, G und/oder H nicht berechnungsfähig.

Ausschluss: Neben dem Zuschlag nach den Buchstaben E sind die Nrn. 45, 46 (Ausnahme: Visite durch den Belegarzt) sowie die Zuschläge nach den Buchstaben A-D, K1, F, G und H nicht abrechnungsfähig.

Tipp: Neben dem Buchstaben E sind die Nrn. 48 – 60, Zuschlag K2, 45, 46 (bei Visite durch Belegarzt) abrechenbar. Neben Nr. 51 kann nur der halbe Gebührensatz berechnet werden.

F **Zuschlag für in der Zeit von 20 bis 22 Uhr oder 6 bis 8 Uhr erbrachte Leistungen** **260** 15,15 –

Der Zuschlag nach Buchstabe F ist neben den Leistungen nach den Nummern 45, 46, 48 und 52 nicht berechnungsfähig.

Ausschluss: Neben dem Zuschlag nach dem Buchstaben F sind die Nrn. 45, 46, 48, 52 sowie die Zuschläge nach den Buchstaben A bis D, F, G, und K1 nicht berechnungsfähig.

Beschluss BÄK: Zuschlag F bei späterem Besuchsantritt (5. Sitzung vom 13. März 1996) In Fällen, in denen ein Besuch vor 20.00 Uhr bestellt, aber erst nach 20.00 Uhr ausgeführt wird, ist der Zuschlag F berechtigt. Die Verzögerung muss jedoch sachlich begründet sein und darf nicht im Ermessen des Arztes liegen.

Tipp: Neben dem Buchstaben F sind die Nrn. 50 – 60 sowie die Zuschläge nach den Buchstaben H und K2 abrechenbar.

G **Zuschlag für in der Zeit zwischen 22 und 6 Uhr erbrachte Leistungen** **450** 26,23 –

Der Zuschlag nach Buchstabe G ist neben den Leistungen nach den Nummern 45, 46, 48 und 52 nicht berechnungsfähig. Neben dem Zuschlag nach Buchstabe G ist der Zuschlag nach Buchstabe F nicht berechnungsfähig.

Ausschluss: Neben dem Zuschlag nach dem Buchstaben G sind die Nrn. 45, 46, 48, 52 sowie die Zuschläge nach den Buchstaben A bis D, E, F und K1 nicht berechnungsfähig

Tipp: Neben dem Buchstaben G sind die Nrn. 50, 55 – 60 sowie die Zuschläge nach den Buchstaben H und K2 abrechenbar.

GOÄ-Nr. | Punktzahl 1fach | 2,3 / *1,8 3,5 / *2,5

H **Zuschlag für an Samstagen, Sonn- oder Feiertagen erbrachte Leistungen** 340 19,82 –

Werden Leistungen an Samstagen, Sonn- oder Feiertagen zwischen 20 und 8 Uhr erbracht, darf neben dem Zuschlag nach Buchstabe H ein Zuschlag nach Buchstabe F oder G berechnet werden.
Der Zuschlag nach Buchstabe H ist neben den Leistungen nach den Nummern 45, 46, 48 und 52 nicht berechnungsfähig.

Ausschluss: Neben dem Zuschlag nach dem Buchstaben H sind die Nrn. 45, 46, 48, 52 sowie die Zuschläge nach den Buchstaben A bis D, E und K1 nicht berechnungsfähig

Kommentar: Im Gegensatz zum EBM sind in der GOÄ der 24. und der 31. Dezember nicht mit als Feiertage aufgenommen. Daraus folgert, dass ein Zuschlag nach dem Buchstaben H nicht abrechnungsfähig ist, wenn der 24. und 31. auf einen ganz normalen Wochentag und nicht auf einen Samstag oder Sonntag fallen. Neben Nr. 51 kann nur der halbe Gebührensatz berechnet werden.

Tipp: Neben dem Buchstaben H sind die Nrn. 50, 55, 56, 60 – 62 sowie die Zuschläge nach den Buchstaben F, G und K2 abrechenbar.

J **Zuschlag zur Visite bei Vorhalten eines vom Belegarzt zu vergütenden ärztlichen Bereitschaftsdienstes, je Tag** 80 4,66 –

Ausschluss: Neben dem Zuschlag nach dem Buchstaben J sind die Zuschläge nach den Buchstaben A bis D, E und K1 nicht berechnungsfähig

Tipp: Neben dem Buchstaben J ist die Nr. 45 (bei Durchführung der Visite durch einen Belegarzt) abrechenbar.

K2 **Zuschlag zu den Leistungen nach den Nummern 45, 46, 48, 50, 51, 55 und 56 bei Kindern bis zum vollendeten 4. Lebensjahr** 120 6,99 –

Ausschluss: Der Zuschlag nach dem Buchstaben K2 ist neben den Zuschlägen nach den Buchstaben A, B, C, D und K1 sowie den Nrn. 790 – 793 nicht berechnungsfähig.

VI Berichte, Briefe

Kommentar:
Berichte, Arztbriefe und Gutachten sind oft mit intensiven Patienten-Beratungen verbunden. Es stehen die Nrn. 1, 3, 4, 15 und 34 zur Verfügung.

Auf einen Blick:
Atteste und Gutachten

GOÄ-Nr.	Leistungslegende	€ 1-facher Satz	€ 2,3facher Satz
70	Arbeitsunfähigkeitsbescheinigung	2,33	5,36
70	Kurze ärztliche Bescheinigung	2,33	5,36
76	Schriftlicher, individueller Diätplan	4,08	9,38
78	Behandlungsplan für Chemotherapie und/oder Nachsorge bei tumorkranken Patienten	10,49	24,13
75	Schriftlicher Krankheits- und Befundbereicht	7,58	17,43
80	Schriftliche gutachterliche Äußerung	17,49	40,22
85	Schriftliche gutachterliche Äußerung bei höherem Aufwand mit wissenschaftlicher Begründung! Je angefangene Stunde Arbeitszeit	29,14	67,03
90	Schriftliche Feststellung über das Vorliegen und Nichtvorliegen einer Indikation für einen Schwangerschaftsabbruch	7,00	16,09

Weitere Beispiele für Bescheinigungen und Atteste siehe im IGeL-Teil

GOÄ-Nr.	Leistungslegende	€ 1-facher Satz	€ 2,3facher Satz
95	Schreibgebühren, je angefangene DIN-A4-Seite . Nur berechnungsfähig neben den Nummern 80, 85 und 90	3,50	–
96	Kopiergebühr, je Kopie. Nur berechnungsfähig neben den Nummern 80, 85 und 90	0,18	–
100	Untersuchung eines Toten, einschl. Leichenschauschein	14,57	33,52

Abrechnungsbeispiele:

- Anfrage einer privaten Krankenversicherung. Eine Untersuchung des Patienten wird nicht gewünscht. Äußerung auf zwei Seiten Vordruck mit Kopie. In diesem Falle sollte zuerst eine Honorarabsprache mit schriftlicher Zusage der Versicherung geführt werden, dann wäre abzurechnen: 80 + 2 x 95 + 2 x 96 + Porto. Porto- und Versandkosten sind gemäß §10 berechnungsfähig.
- Gutachterliche Äußerung nach Studium der Krankenakte für eine Unfallversicherung. Auch hier sollte zuerst eine Honorarabsprache mit der Versicherung geführt werden und dann nach schriftlicher Zusage abgerechnet werden: 85 + 4 x 95 + 4 x 96 + Porto. Porto- und Versandkosten sind gemäß §10 berechnungsfähig.
- Gefordert ist ein Gutachten für eine Lebensversicherung mit körperlicher Untersuchung. Eventuelle Laboruntersuchungen, HIV-Test und EKG sind zusätzlich zu berechnen: 8 + 85 + 4 x 95 + 4 x 96 + Porto. Porto- und Versandkosten sind gemäß § 10 berechnungsfähig.

70 Kurze Bescheinigung oder kurzes Zeugnis, Arbeitsunfähigkeitsbescheinigung

40 5,36
2,33 8,16

Ausschluss: Neben Nr. 70 sind folgende Nrn. nicht abrechnungsfähig: 95, 96, 435

GOÄ-Ratgeber der BÄK: Siehe Ratgeber GOÄ Nr. 80

Hinweis LÄK: **Anmerkung der Bayerischen Landesärztekammer** vom 30.9.2003 (Quelle: GOÄ-Datenbank http://www.blaek.de/) – **Arbeitsunfähigkeitsbescheinigung**

Die Nr. 70 ist für eine Arbeitsunfähigkeitsbescheinigung berechnungsfähig. Die private Krankenversicherung bzw. Beihilfe erstatten dem Versicherten diese Leistung nicht (ergibt sich aus dem Versicherungsvertrag), so dass eine Zahlungsverpflichtung seitens des Patienten besteht, unabhängig von der Erstattung des Kostenträgers.

Leistungskürzungen von Patienten unter dem Hinweis, die Krankenversicherung habe die Nr. 70 nicht erstattet, müssen deshalb nicht hingenommen werden. Die Berechnung der Nr. 70 für eine Arbeitsunfähigkeitsbescheinigung ist gebührenrechtlich nicht zu beanstanden!

Kommentar: Nach Kommentar von **Brück** kann die Nr. 70 neben der Nr. 3 berechnet werden. **Hach** formuliert in seinem Kommentar zur Frage der Abrechnung der Nr. 70 neben der Nr. 3 „...Der Ausschluss neben Leistung nach Nr. 3 (einzige Leistung) kann nicht die notwendige Bescheinigung und Attestierung erfassen. Wird dies zukünftig doch so gesehen, so muss die zusätzliche Leistung in ihrem besonderen Umfang und Schwierigkeitsgrad in die Faktorerhöhung bei der Steigerung (z.B. x 3,35) der Grundleistung (z.B. 3 + 8) einfließen, dies wird den Ausfall mehr als nur kompensieren ...“.

Die Befundmitteilung, die Übermittlungen von erhobenen Befunden z.B. EKG, Lungenfunktion, Laborparametern entspricht, kann nicht abgerechnet werden. Sie ist Bestandteil der durchgeführten diagnostischen Leistungen. Wird allerdings ein Befundbericht erwartet, der sich zur Anamnese und zum Verlauf der Krankheit äußert und sozialdiagnostische Erwägungen diskutiert und Therapieansätze, so handelt es sich nicht mehr um einen einfachen Befundbericht, sondern um einen ausführlichen Befundbericht, der nach der Nr. 75 berechnungsfähig ist. Zusätzlich können Porto- und Versandkosten gemäß §10 in Rechnung gestellt werden.

Tipp:

- Entlassungsbericht aus dem Krankenhaus siehe Nr. A 72.
- Mit Nr. 70 können auch berechnet werden:
  - Eintragungen in Allergiepass – Ausstellung Allergiepass – Bescheinigungen zur Sportbefreiung für die Schule – Leichenschauschein für Feuerbestattung – sonstige Schulbescheinigungen – Ausstellung eines neuen Impfausweises (die Eintragung von Impfungen allerdings ist mit der Impfgebühr nach Nrn. 375 – 378 abgegolten)

GOÄ-Nr.		Punktzahl / 1fach	2,3 / *1,8 / 3,5 / *2,5

IGeL: Bescheinigung außerhalb der GKV-Erstattungspflicht z.B. für
- Flug- und Tauchtauglichkeit
- Schulunfähigkeit
- Reiseimpfungen
- Sportvereine
- Reiserücktritt aus Krankheitsgründen

A 72 Vorläufiger Entlassungsbericht im Krankenhaus (analog Nr. 70 GOÄ) – n. Verzeichnis analoger Bewertungen d. Bundesärztekammer

40	5,36
2,33	8,16

Kommentar: Bisher gab es keine berechnungsfähige Befundmitteilung, sondern nur den ausführlichen Befundbericht nach Nr. 75.
Der vorläufige Entlassungsbericht wird kurz Diagnose, wichtige Diagnostik, durchgeführte Therapie und weitere Therapie auflisten.

75 Ausführlicher schriftlicher Krankheits- und Befundbericht (einschließlich Angaben zur Anamnese, zu dem(n) Befund(en), zur epikritischen Bewertung und gegebenenfalls zur Therapie

130	17,43
7,58	26,52

Die Befundmitteilung oder der einfache Befundbericht ist mit der Gebühr für die zugrundeliegende Leistung abgegolten.

Ausschluss: Neben Nr. 75 sind folgende Nrn. nicht abrechnungsfähig: 60, 95, 96, 435

Beschluss BÄK: Siehe unter Beschluss zu Kapitel O III Magnetresonanztomographie:
Beschluss des Gebührenausschusses der Bundesärztekammer:
Berechnung für den ausgefüllten Konsilschein (10. Sitzung vom 18. Juli 1997)
Durch die Fassung der Legende zu Nr. 60 GOÄ „konsiliarische Erörterung ...“ ist dem Wesen des Konsils entsprechend der Befund- und Meinungsaustausch zwischen den Ärzten in der Konsiliarleistung enthalten. Nicht festgelegt ist in der GOÄ, in welcher Form dies erfolgt, zum Beispiel mündlich oder schriftlich.
In jedem Fall ist aber auch die schriftliche Befunddarstellung und Erörterung Bestandteil der Leistung nach Nr. 60 GOÄ und kann deshalb nicht eigenständig – zum Beispiel mit Nr. 75 GOÄ – neben dem Konsil nach Nr. 60 GOÄ berechnet werden. Allerdings steht dem Arzt eine Wahlfreiheit zu, ob er in Fällen, in denen der ausgefüllte Konsilschein die Voraussetzungen der Nr. 75 GOÄ in allen Inhalten erfüllt, diese oder Nr. 60 GOÄ berechnet.

Kommentar: Nach **Brück** kann die Nr. 75 neben der Nr. 3 abgerechnet werden. Die Nr. 75 kann allerdings nur abgerechnet werden, wenn ein Arzt-Patientenkontakt stattgefunden hat.

Rechtsprechung: **Voraussetzungen für ausführlichen schriftlichen Krankheits- und Befundbericht (Nr. 75 GOÄ)**
Ein Arztbrief erfüllt nicht die Anforderungen, die nach Ziff. **75 GOÄ** vorausgesetzt werden, wenn er keine Angaben zur **Anamnese** und keine **epikritische Bewertung** des Befunds enthält. Unter Epikrise bzw. epikritischer Bewertung wird ein zusammenfassender kritischer Bericht über den Ablauf einer Krankheit nach Abschluss des Falles oder nach endgültiger Diagnosestellung verstanden. Eine einfache Mitteilung eines Untersuchungsergebnisses reicht regelmäßig nicht aus, wie sich bereits aus dem Wortlaut der Ziff. 75 GOÄ ergibt. Erforderlich ist vielmehr ein „Längsschnitt durch den Krankheitsverlauf“, bei dem umfassend der bisherige Krankheitsverlauf einschließlich erfolgter Behandlungen dargestellt und bewertet wird (vgl. VG Düsseldorf, 24.03.2003, AZ: 26 K 3900/02 –).
Wenn der behandelnde Arzt seinerzeit die fachlich begründete Auffassung vertreten hat, mehr sei an Information nicht erforderlich, so ist dies nicht zu beanstanden. Als Konsequenz hieraus kann dann aber nicht eine zusätzliche Gebühr berechnet werden.
Allgemeine – kurz gefasste – Befundberichte sind mit der Gebühr für die zugrunde liegende Leistung abgegolten.
Aktenzeichen: VG Kassel, 16.05.2012, AZ: 1 K 648/11
Entscheidungsjahr: 2012

Tipp: Statt der Nr. 60 könnte der Arzt auch die höher bewertete Nr. 75 berechnen, wenn der Inhalt der Legende erfüllt ist. Ein Abrechnen der Nr. 60 neben der Nr. 75 ist nicht möglich!

IGeL: Siehe auch unter Nr. 70. Auf Patientenwunsch Leistungen nach Nr. 75 z.B. für
- Kindergarten
- Sportvereine
- Schule
- Reiserücktrittsversicherung

GOÄ-Nr.		Punktzahl 1fach	2,3 / *1,8 3,5 / *2,5
76	**Schriftlicher Diätplan, individuell für den einzelnen Patienten aufgestellt**	**70** 4,08	9,38 14,28

Ausschluss: Neben Nr. 76 sind folgende Nrn. nicht abrechnungsfähig: 3, 95, 96, 435

Kommentar: Mit Hilfe der Praxis EDV/Textverarbeitung erstellte Diätpläne aus vorgefertigten Textkomponenten dürfen abgerechnet werden, wenn eine individuelle Vervollständigung erfolgt.

Tipp:
- Neben der Nr. 76 können auch weitere Beratungsgespräche z.B. nach Nr. 20 oder eine strukturierte Schulung nach Nr. 33 abgerechnet werden.
- Nr. 76 ist auch neben Nr. 77 ansatzfähig.
- Porto- und Versandkosten können gemäß §10 berechnet werden.

IGeL: Diätplan auf Patientenwunsch. Ggf. zusätzliche Beratungsleistungen nach Nrn. 1, 3, 20 und 33.

77	**Schriftliche, individuelle Planung und Leitung einer Kur mit diätetischen, balneologischen und/oder klimatherapeutischen Maßnahmen unter Einbeziehung gesundheitserzieherischer Aspekte**	**150** 8,74	20,11 30,60

Die Leistung nach Nummer 77 ist für eine im zeitlichen Zusammenhang durchgeführte Kur unabhängig von deren Dauer nur einmal berechnungsfähig.

Ausschluss: Neben Nr. 77 sind folgende Nrn. nicht abrechnungsfähig: 3, 95, 96, 435

Kommentar: Nur der die Kur eines Patienten leitende Arzt kann Nr. 77 abrechnen.
Nicht abrechnungsfähig ist die Leistung für den Arzt, der für den Patienten/Patientin die Kur beantragt hat und Ort und entsprechende Kurmaßnahmen empfohlen hat.

Tipp: Porto- und Versandgebühren können gemäß §10 berechnet werden.

IGeL: Analoger Ansatz bei Maßnahmen/Behandlungen im Rahmen der Umweltmedizin, bei antiallergischen Therapien, Anti-Stresstherapie etc.

78	**Behandlungsplan für die Chemotherapie und/oder schriftlicher Nachsorgeplan für einen tumorkranken Patienten, individuell für den einzelnen Patienten aufgestellt**	**180** 10,49	24,13 36,72

Ausschluss: Neben Nr. 78 sind folgende Nrn. nicht abrechnungsfähig: 3, 95, 96, 435

Kommentar: Ist im Rahmen einer Chemotherapie oder eines Nachsorgeplanes eine Änderung erforderlich, so kann die Nr. 78 entsprechend mehrmals abgerechnet werden. Wird der Plan für die Chemotherapie von einem liquidationsberechtigten Arzt und der schriftliche Nachsorgeplan von einem anderen liquidationsberechtigten Arzt ausgeführt, so kann nach **Brück** jeder dieser Ärzte die Leistung nach Nr. 78 berechnen.
Stellt ein behandelnder Arzt sowohl den Plan für die Chemotherapie als auch den Nachsorgeplan auf, so kann für dieselbe Tumorerkrankung die Nr. 78 nur einmal berechnet werden, auch wenn die Pläne zu unterschiedlichen Zeiten erstellt werden.

Analog: Nach **Brück** kommt ein analoger Ansatz der Nr. 78 z.B. bei der Behandlungsplanung einer schweren rheumatischen systemischen Erkrankung in Betracht.

80	**Schriftliche gutachtliche Äußerung**	**300** 17,49	40,22 61,20

Ausschluss: Neben Nr. 80 sind folgende Nrn. nicht abrechnungsfähig: 3, 435

GOÄ-Ratgeber der BÄK: ► **Anfragen von privaten Versicherungen: Befundbericht oder Gutachten?**
Dipl.-Verw.-Wiss. Martin Ulmer (in: Deutsches Ärzteblatt 109, Heft 19 (11.12.2012), S. A-992) – http://www.bundesaerztekammer.de/page.asp?his=1.108.4144.4228.10304
Ulmer gibt dazu an: Abgesehen von Einzelfällen, in denen eine kurze Bescheinigung oder ein kurzes Zeugnis im Sinne der Nr. 70 GOÄ ausreichend ist, werden zumeist Fragebogen zur Beantwortung vorgelegt, die den Leistungsinhalt eines Krankheits- und Befundberichts nach der Nr. 75 GOÄ oder einer schriftlichen gutachtlichen Äußerung nach den Nrn. 80 und 85 GOÄ erfüllen. Dabei gilt, dass sich ein Krankheits- und Befundbericht nach der Nr. 75 GOÄ auf die Beschreibung einer zurückliegenden Behandlung mit Wiedergabe der in den Behand-

lungsunterlagen enthaltenen Daten beschränkt. Eine weitergehende Beurteilung ist – mit Ausnahme der in der Leistungslegende zur Nr. 75 GOÄ ausdrücklich genannten epikritischen Bewertung – nicht vorgesehen. Werden vom Arzt jedoch medizinische Bewertungen erwartet, die über die Darstellung des bisherigen Behandlungsverlaufs hinausgehen, liegt in der Regel eine gutachtliche Äußerung vor. Z.B bei Fragen nach der mittel- bis langfristigen Prognose einer Erkrankung oder ob die aktuell vorliegenden Beschwerden auf ein Unfallgeschehen zurückzuführen sind oder eher auf zum Unfallzeitpunkt bereits bestehenden Vorerkrankungen beruhen, nur im Rahmen einer gutachtlichen Stellungnahme zu beantworten. Sofern die schriftliche gutachtliche Äußerung einen das gewöhnliche Maß übersteigenden Aufwand erfordert, kann für diese Leistung anstelle der Nr. 80 GOÄ die höher bewertete Nr. 85 GOÄ angesetzt werden. Die Nr. 85 ist dabei je angefangene Stunde Arbeitszeit berechnungsfähig. Von einem das gewöhnliche Maß übersteigenden Aufwand kann im Hinblick auf die Bewertungsrelation zwischen der Nr. 80 und der Nr. 85 dann ausgegangen werden, wenn der Zeitaufwand für das Gutachten mehr als 30 Minuten betragen hat (vgl. Kommentierung nach Brück, Deutscher Ärzte-Verlag).
Neben den Nrn. 80 und 85 GOÄ können zusätzlich Schreibgebühren nach der Nr. 95 GOÄ angesetzt werden.
Ist der Aufwand sehr groß die Versicherungsanfrage zu beantworten, kann der Arzt im Rahmen einer Honorarvereinbarung (nach Rücksprache) nach § 2 GOÄ einen höheren Steigerungsfaktor festzulegen.

Hinweis LÄK: **Anmerkung der Bayerischen Landesärztekammer** vom 30.09.2003 (Quelle: GOÄ-Datenbank http://www.blaek.de/) –
Beurteilung von Fremdaufnahmen – analoge Bewertung
Ein Ansatz der Nr. 80 GOÄ ist nicht möglich – auch nicht in Analogie (dies betrifft auch jede andere hierfür analog herangezogene Gebührenordnungsposition).
Zu Abschnitt O der Amtlichen Gebührenordnung heißt es ausdrücklich: „Die Beurteilung von Röntgenaufnahmen oder von Szintigrammen, auch Fremdaufnahmen, als selbständige Leistung ist nicht gesondert berechnungsfähig." Für die Auswertung der übermittelten Befunde, die mit Bezug auf den Patienten bzw. seinen Zustand durch den behandelnden Arzt erfolgt, kann kein Honorar erhoben werden. Die Beurteilung von mitgebrachten Kernspintomogrammen oder Computertomogrammen kann deshalb nicht zusätzlich in Rechnung gestellt werden – auch nicht über eine Analogiebewertung.

Kommentar: Neben den Leistungen nach den Nrn. 80 oder 85 können die medizinisch erforderlichen Leistungen – wie z. B. klinische Untersuchung, apparative Diagnostik, Sonographie, EKG etc. und Laboratoriumsleistungen – zusätzlich berechnet werden.
Ein Gutachten liegt nur dann vor, wenn der Arzt Auskünfte über med. Bewertungen vornimmt, die über die Darstellung des bisherigen Krankheitsverlaufes hinaushinausgehen.
Bei einem Gutachten für eine private Versicherung ist die Vereinbarung eines Pauschalhonorars zulässig, da in diesem Fall die GOÄ nicht zwingend anzuwenden ist.

Tipp: Erforderliche Schreibgebühren können nach den Nrn. 95 und 96 berechnet werden, aber nur mit dem einfachen Satz.
Porto- und Versandkosten sind gemäß §10 berechnungsfähig.

IGeL: Für eine vom Patienten gewünschte schriftliche gutachterliche Äußerung. Eine schriftliche Vereinbarung mit Unterschrift des Patienten sollte vorliegen. Bei kurzen Bescheinigungen siehe auch Nr. 70, Nrn. 80 oder 85 sind für die ärztliche Begutachtung der Wehrtauglichkeit – je nach Aufwand – ansetzbar. Erforderliche Beratungs- oder Untersuchungsleistungen, Labor- und/oder apparative Diagnostik sind zusätzlich berechenbar.

85 Schriftliche gutachtliche Äußerung mit einem das gewöhnliche Maß übersteigenden Aufwand – gegebenenfalls mit wissenschaftlicher Begründung, je angefangene Stunde Arbeitszeit

Punktzahl	**500**	67,03
1fach	29,14	102,00

Ausschluss: Neben Nr. 85 sind folgende Nrn. nicht abrechnungsfähig: 3, 435

Hinweis LÄK: **Anmerkung der Bayerischen Landesärztekammer** vom 07.10.2003 (Quelle: GOÄ-Datenbank http://www.blaek.de/) – **Gutachten gegenüber Versicherungsgesellschaften**
Der Arzt ist aus seinem Behandlungsvertrag mit seinem Patienten verpflichtet, durch Ausstellen ärztlicher Bescheinigungen dem Patienten bei der Durchsetzung von Schadensersatzansprüchen behilflich zu sein. Diese Nebenverpflichtung besteht insbesondere dann, wenn die Haftpflichtversicherung des Schädigers ihrerseits die Erfüllung von Schadensersatzansprüchen von einer ärztlichen Bescheinigung abhängig macht. Hier besteht eine Verpflichtung unabhängig davon, ob es sich bei dem Patienten um einen Kassenpatienten oder um einen Privatpatienten handelt. In beiden Fällen ist die Abrechnungsgrundlage die Amtliche Gebührenordnung (GOÄ), da auch bei Kassenpatienten das Ausstellen solcher Bescheinigungen nicht Bestandteil der kassenärztlichen Versorgung ist.
Gemäß § 1 der Amtlichen Gebührenordnung bestimmt die GOÄ die Vergütungen für die beruflichen Leistungen der Ärzte, soweit nicht durch Bundesgesetz etwas anderes bestimmt ist. Die Bindung an das Leistungsverzeichnis der GOÄ geht damit über die Voraussetzung der Leistungserbringung gegenüber eine Patienten

hinaus. Zwar ist die unmittelbare Arzt-Patienten-Begegnung der Normalfall, der die Abrechnung nach GOÄ auslöst – soweit die Vergütungen nicht durch ein anderes Bundesgesetz bestimmt sind –, es kann nach dieser Formulierung jedoch nicht davon ausgegangen werden, dass Leistungen gegenüber Versicherungen nicht unter den Anwendungsbereich der GOÄ fallen; diese hat mit der Reform aus dem Jahre 1982 ihren subsidiären Charakter verloren und ist seitdem verbindliches Leistungsverzeichnis für die beruflichen Leistungen des Arztes. Dass es sich bei gutachtlichen Stellungnahmen von Ärzten gegenüber Versicherungsgesellschaften um berufliche Leistungen des Arztes handelt, steht u.E. außer Frage. Insofern löst das Tätigwerden gegenüber einer Versicherungsgesellschaft die Anwendung der GOÄ aus.

Voraussetzung für die Ausstellung ärztllicher Bescheinigungen und ärztlicher Gutachten gegenüber einer privaten Versicherungsgesellschaft ist selbstverständlich eine wirksame Entbindung des Arztes von seiner ärztlichen Schweigepflicht und ein ausdrückliches oder zumindest konkludent erklärtes Verlangen des Patienten auf Auskunftserteilung gegenüber der Versicherungsgesellschaft (und nicht gegenüber dem Patienten selbst).

Das Ausfüllen von Formulargutachten mit Hilfe von Musterformularen rechtfertigt normalerweise den Ansatz der Nr. 80 GOÄ – schriftliche gutachterliche Äußerung. Fordert das Ausfüllen des Musterformulars durch offene Rubriken eine eingehende Begründung des Gutachters, so kann auch der Ansatz der Nr. 85 GOÄ gerechtfertigt sein.

Der Ansatz der Gebührendordnungspositionen Nrn. 80 und 85 GOÄ ist selbstverständlich mit einem Steigerungsfaktor im Rahmen des § 5 GOÄ möglich. Eine entsprechende Begründung muss dann allerdings auch hier angegeben werden. Ein besonderer Zeitaufwand kann bei Ansatz der Nr. 85 nicht als Begründung angegeben werden, da diese Leistung „je angefangene Stunde Arbeitszeit" berechnet wird und der Zeitaufwand folglich über den Mehrfachansatz dieser Leistung berücksichtigt wird.

Die Bayerische Landesärztekammer ist ferner der Auffassung, dass von Seiten einer privaten Versicherungsgesellschaft nicht von vorne herein festgelegt werden kann, nach welcher Gebührenposition die Vergütung für entsprechende Gutachten zu erfolgen hat.

Kommentar: Zur Arbeitszeit – die häufig nicht in einem Stück, sondern zu getrennten Zeiten erbracht und damit addiert werden muss – zählt neben der Zeit zur Abfassung des Gutachtens auch die Zeit für entsprechende Recherchen des Aktenmaterials, die Prüfung relevanter medizinischer Sachverhalte und das ggf. erforderliche Literaturstudium.
Siehe auch Kommentierung zur Nr. 80.

Tipp: Erforderliche Schreibgebühren sind neben Nr. 85 nach den Nrn. 95 und 96 berechnungsfähig, leider aber nur nach dem einfachen Satz.

IGeL: Siehe auch Hinweise bei Nrn. 70 und 80.

90 Schriftliche Feststellung über das Vorliegen oder Nichtvorliegen einer Indikation für einen Schwangerschaftsabbruch

120 16,09
6,99 24,48

Ausschluss: Neben Nr. 90 sind folgende Nrn. nicht abrechnungsfähig: 3, 435

Kommentar: Der schriftlichen Feststellung nach Nr. 90 sollte eine eingehende Beratung nach Nr. 22 sicher voraus gehen.
Die für den Abbruch einer Schwangerschaft erforderlichen Leistungen dürfen entsprechend dem Hinweis im § 5a nur bis zum 1,8fachen des Gebührensatzes berechnet werden.
Zu den aufgezählten Leistungen im § 24b SGB V mit reduziertem Gebührensatz zählt Feststellung nach Nr. 90 nicht (siehe § 5a). Diese Leistung kann also entsprechend mit dem 2,3fachen Satz und mit Begründung bis zum 3,5fachen Satz berechnet werden.

Tipp:
- Neben Nr. 90 sind die Nrn. 22, 95 und 96 abrechenbar.
- Porto- und Versandkosten sind gemäß § 10 berechnungsfähig.

95 Schreibgebühr, je angefangene DIN A 4-Seite

60
3,50 –

Kommentar: Wünscht der Patient Befundkopien kann der Arzt Ersatz seiner Aufwendungen verlangen – in der Regel 50 Cent je kopierte Seite (IVEG). Siehe auch Text zu Nr. 96.

Tipp: Neben Nr. 95 sind die Nrn. 80, 85 und 90 abrechenbar.

96 Schreibgebühr, je Kopie

3
0,17 –

Die Schreibgebühren nach den Nummern 95 und 96 sind nur neben den Leistungen nach den Nummern 80, 85 und 90 und nur mit dem einfachen Gebührensatz berechnungsfähig.

Tipp: Porto- und Versandkosten sind gemäß §10 berechnungsfähig.

GOÄ-Nr.		Punktzahl 1fach	2,3 / *1,8 3,5 / *2,5

VII Todesfeststellung

Allgemeine Bestimmungen

Begibt sich der Arzt zur Erbringung einer oder mehrerer Leistungen nach den Nummern 100 bis 107 außerhalb seiner Arbeitsstätte (Praxis oder Krankenhaus) oder seiner Wohnung, kann er für die zurückgelegte Wegstrecke Wegegeld nach § 8 berechnen.

100	**Untersuchung eines Toten – einschließlich Feststellung des Todes und Ausstellung des Leichenschauscheines**	**250** 14,57	33,52 51,00

Ausschluss: Neben Nr. 100 sind folgende Nrn. nicht abrechnungsfähig: 1 – 8. Siehe aber zusätzlich Ausnahme unter Kommentar.

Hinweis LÄK: **Anmerkung der Bayerischen Landesärztekammer** vom 30.09.2003 (Quelle: GOÄ-Datenbank http://www.blaek.de/) – **Leichenschau**

Die Kosten für eine Leichenschau werden weder durch die gesetzliche Krankenversicherung, noch durch eine private Krankenversicherung oder Beihilfestelle erstattet. Die Rechnungslegung erfolgt nach der Amtlichen Gebührenordnung für Ärzte (GOÄ).

Die Leichenschau wird über die Nr. 100 GOÄ abgerechnet. Zusätzlich kann gemäß § 8 GOÄ ein Wegegeld berechnet werden. Ein Besuch (Nr. 50) kann neben der Leichenschau nicht berechnet werden, wenn zum Zeitpunkt des Anrufes schon mit Sicherheit feststand, dass der Patient bereits verstorben war. Ein Besuch ist also nur in den Fällen abrechenbar, in denen bei Anforderung der Patient noch als 'lebend' eingestuft werden kann; bei gesetzlich krankenversicherten Patienten geht der Besuch dabei zu Laten der gesetzlichen Krankenversicherung.

Kommentar: Nr. 100 ist eine sog. Komplexgebühr, so dass die Ausstellung des Leichenschauscheins – evtl. nach Nr. 70 oder Nr.80 – nicht gesondert abrechnungsfähig ist.

Die BÄK erklärt im Deutschen Ärzteblatt 06 / 01. „Im Rahmen des öffentlichen Rettungsdienstes wird wegen der im Regelfall unvollständigen Leichenschau der Ansatz der Nr. 100 GOÄ nicht für sachgerecht gehalten. Die ärztlichen Teilleistungen sind in diesem Fall gesondert berechnungsfähig, z.B. mit den Nrn. 7 für die Untersuchung und 70 analog für die ‚Ausstellung eines vorläufigen Leichenscheins'. Die Schaffung einer angemessenen Bewertung der Leichenschau wird bei einer Weiterentwicklung der GOÄ als notwendig vermerkt..."

Im Deutschen Ärzteblatt 12/01 erklärt Dr.med. Klakow-Franck: „....Wer sich – wie in ‚Medical Tribune' empfohlen – dazu verleiten lässt, weiterhin regelhaft die Nr. 50 neben der Nr. 100 anzusetzen, weil ‚der kleine Betrag des Arztes im großen Grundrauschen der Bestattungskosten untergeht', läuft Gefahr, sich mit dem Vorwurf des Abrechnungsbetruges auseinander setzen zu müssen. Nach Rechtsprechung des Bundesarbeitsgerichtes wird die Ausstellung eines Leichenscheins im Rahmen der stationären Behandlung nicht als ärztliches Gutachten, sondern nur als Bescheinigung gewertet. Der angestellte Krankenhausarzt ist nach seinem Arbeitsvertrag zur Ausstellung des Leichenscheins verpflichtet. Eine Liquidation der Nr. 100 gegenüber den Angehörigen des Verstorbenen kann ein angestellter Krankenhausarzt dann durchführen, wenn ihm die Zustimmung des Krankenhausträgers dazu vorliegt."

Die Rechnung nach GOÄ Nr. 100 ist an die Erben des Verstorbenen zu richten.

Rechtsprechung: **Aushändigung Leichenschauschein gegen Barzahlung**

Die Leichenschau ist eine vom Arzt durchzuführende Untersuchung der verstorbenen Person zum Zwecke der Feststellung des Todes, des Todeszeitpunktes und der Todesursache. Nach § 10 FBG muss diese Untersuchung vor der Bestattung durchgeführt werden.

Verlangt ein Arzt, dass vor der Aushändigung des Leichenschauscheins und vor Rechnungsstellung ein Barbetrag, z. B. Euro 200.–, zu entrichten ist, liegt ein eindeutiger Verstoß gegen das Gebührenrecht vor. Denn: fällig wird ein Betrag erst, wenn eine Rechnung nach § 12 GOÄ erteilt worden ist; gemäß § 12 Abs. 2 GOÄ ist eine Pauschalforderung auch unzulässig. Die Abrechnung der Gebühren hat auf der Grundlage der GOÄ- Geb.Nr. 100 zu erfolgen.

Bei diesem Sachverhalt liegt auch ein vorsätzlicher Verstoß gegen die berufsrechtlichen Pflichten eines Arztes vor.
Ferner verstößt nach der Rechtsprechung der Berufsgerichte ein Arzt gegen die Pflicht zur gewissenhaften Berufsausübung, wenn er Anschreiben der Standesvertretung, wie.z. B. Ärztekammer, nicht zeitnah und sachlich beantwortet.
Aktenzeichen: VG Gießen, 15.02.2010, AZ: 21 K 1466/09. GI. B
Entscheidungsjahr: 2010

Tipp:
- Wird ein 2. Leichenschauschein z.B. für eine Feuerbestattung ausgestellt, kann Nr. 70 berechnet werden.
- Ein Besuch nach GOÄ Nr. 50 ist nur abrechenbar, wenn ein Patient zum Zeitpunkt der Anforderung des Hausbesuches noch lebte.
- Wegegeld berechnen.

102 Entnahme einer Körperflüssigkeit bei einem Toten

150 20,11
8,74 30,60

Ausschluss: Neben Nr. 102 sind folgende Nrn. nicht abrechnungsfähig: 250, 251, Leistungen des Abschnitts C.III. (Punktionen).

Tipp:
- Neben Nr. 102 ist die Nr. 100 abrechenbar.
- Die Nr. 102 kann für jede entnommene Flüssigkeit einzeln berechnet werden, z.B. 102 (2x) – Blut und Urin

104 Bulbusentnahme bei einem Toten

250 33,52
14,57 51,00

Ausschluss: Neben Nr. 104 sind folgende Nrn. nicht abrechnungsfähig: 105, 1339, 1346 oder Kapitel L

Tipp: Neben Nr. 104 ist die Nr. 100 abrechenbar.

105 Hornhautentnahme aus einem Auge bei einem Toten

230 30,83
13,41 46,92

Ausschluss: Neben Nr. 105 sind folgende Nrn. nicht abrechnungsfähig: 104, 1339, 1346.

Tipp: Neben Nr. 105 ist die Nr. 100 abrechenbar.

107 Entnahme eines Herzschrittmachers bei einem Toten

220 29,49
12,82 44,88

Ausschluss: Neben Nr. 107 sind folgende Nrn. nicht abrechnungsfähig: 3096, 3097

Tipp: Neben Nr. 107 ist die Nr. 100 abrechenbar.

Die ärztliche Leichenschau und ihre Dokumentation

Die ärztliche Leichenschau nimmt eine öffentlich-rechtliche Schlüsselstellung bei der Aufdeckung von Straftaten und in der Todesursachenstatistik ein. Ihre Qualität ist unzureichend; es besteht dringender Abhilfebedarf. Der Gerichtsmediziner Doz. Dr. Wolfgang Mattig gibt eine kurze Zusammenfassung von Leichenschau und korrekter Dokumentation:

Hauptprobleme

- Rechtlich unübersichtlich wegen Länderhoheit
  Vereinheitlichung trotz mehrfacher Ansätze bisher nicht gelungen.
- Fachlich unsicher wegen methodischer Insuffizienz
  Wir wissen heute, dass selbst unter optimalen Bedingungen (erfahrener rechtsmedizinischer Spezialist, genügend Raum, Licht, Zeit, Hilfskraft) die Hälfte der dem Notarzt vorgestellten und dem Rechtsmediziner zur endgültigen Leichenschau weitergeleiteten Todesfälle nicht und weitere 22% nur verdachtsweise (Fehlerquote 1/3) diagnostizierbar sind. In den restlichen 28% dieser Fälle ist bei Ausschluss vermeidbarer Mängel eine praktisch fehlerfreie Leichenschaudiagnose möglich.

  Fazit: Die ambulante äußere Leichenschau ist eine äußerst unpräzise Diagnostikmethode. Ohne innere Leichenschau ist dem Dilemma nicht abzuhelfen (ein Verbesserungsvorschlag sieht den routinemäßigen Einsatz eines CT vor).
  Sofern man alle nicht diagnostizierbaren Fälle obduzierte, läge die Fehlerquote bei 5,5%. Soll sie sich gegen Null bewegen, müssen zusätzlich auch die nur als Verdachtsdiagnose feststellbaren Todesfälle obduziert werden.

Da die folgenden Ausführungen die objektiven Mängel nicht zu beseitigen vermögen, zielen sie lediglich auf die Minimierung zusätzlicher subjektiver Mängel beim entsprechend motivierten Leichenschauarzt ab, der damit Selbstzweifeln und Nachlässigkeitsvorwürfen (z. B. mangelnde Qualifikation, fehlende Fortbildung, Beeinflussung durch Angehörige des Verstorbenen oder die Polizei, Beschönigung von Behandlungskomplikationen) wegen Falschdiagnose entgegentreten möchte.

Für die praktische Arbeit wird auf die jeweilige Ländergesetzgebung verwiesen. Hier werden die Empfehlungen unter medizinisch-wissenschaftlichen Gesichtspunkten gewichtet.

Die Kriterien zur **Definition** der menschlichen Leiche:

- Körper eines Verstorbenen im geweblichen Zusammenhang (also nicht allein das Skelett)
- Leblose Teile eines Menschen, wenn ohne sie ein Weiterleben des Individuums nicht möglich ist
- Jedes verstorbene Lebendgeborene und eine Totgeburt ab 500 Gramm

In diesen Fällen ist eine Leichenschau durchzuführen und ein Totenschein/Leichenschauschein auszufüllen.

Leichenschau wo?

- Am Leichenfundort (Leichenschauarzt ist jederzeit zum Betreten des Ortes berechtigt)
- Sofern hier eine ordnungsgemäße Leichenschau nicht möglich ist, hier nur die Todesfeststellung (Leichenschau umgehend an einem geeigneten Ort organisieren)

Beachte: Bei nicht-natürlichem Tod die Aspekte der Spurensicherung.

Todesfeststellung

Es besteht die ärztliche Pflicht zur Feststellung von:

Personalien
▼
Tod
▼
Todeszeit
▼
Todesursache
▼
Todesart

Unbekannt Tote müssen der Polizei gemeldet werden. Eintragung im Formular unter „Name": *unbekannt*

Die Feststellung des Todes trägt übergeordneten Charakter, weil bis zu deren Sicherung Hilfeleistungspflicht (z. B. Reanimationsmaßnahmen) besteht.

Daher: Unverzügliche Durchführung (wichtige Arbeiten dürfen abgeschlossen werden). Bei Pflichtenkollision benachbarte Kollegen bitten oder Notarzt alarmieren. Unverzügliche Übernahme zusichern lassen. Grundsätzlich ist jeder Arzt zur Leichenschau verpflichtet. Aber in einigen Bundesländern, z. B. NRW, sind Notärzte davon befreit. In anderen Bundesländern, z. B. HH, BRB, müssen sie als vorläufige Information nur Tod und Todeszeit, nicht jedoch Todesursache und Todesart bescheinigen.

Nachweis mindestens eines sicheren Todeszeichens:

Totenflecke
▼
Totenstarre
▼
Leichendekomposition
▼
Mit dem Leben unvereinbare Verletzung

Liegen diese Zeichen nicht vor: Reanimation und Krankenhauseinweisung.

Erfolglosen Wiederbelebungsversuch nicht vor 30 Minuten abbrechen, sofern sich keine Totenflecke ausgebildet haben. Längere Reanimationszeit insbesondere nach Unterkühlung, Vergiftung und Beinahe-Ertrinken sowie bei klinischer Effektivität der Maßnahmen.

Todeszeit

Schätzung durch
- Eigene Beobachtung letzter Lebenszeichen
- Fremdanamnese
- Kriminalistische Ermittlungsergebnisse
- Entwicklung von Körperkerntemperatur, Totenflecken, Totenstarre

Bei Unklarheiten empfiehlt sich die Angabe eines Sterbezeitbereichs, hilfsweise des Auffindungszeitpunkts. **Beachte** die Anforderungen der regionalen Standesämter.

Totenflecke: Erstes Auftreten 15–30 min p. m., Beginn der Konfluktion 1–2 h p. m., volle Ausprägung 6–8 h p. m., Wegdrückbarkeit mit dem Finger bis 20 h, mittels Pinzette bis 36 h p. m.

Totenstarre: In kleinen und großen Gelenken prüfen: Beginn 2–4 h, volle Ausprägung 6–8 h p. m., Lösung ab 2 d

Beachte: Individuelle Unterschiede und erhebliche Temperaturabhängigkeit.

Todesursache

Zur **Todesursachendiagnostik** Untersuchungssorgfalt wie bei lebenden Patienten:
- Feststellung zur Leichenauffindungssituation
- Anamnese von Angehörigen, Nachbarn u. anderen Zeugen
- Auskunftspflicht des Hausarztes nutzen
- Vor Untersuchung vollständige Entkleidung, Verbände entfernen, für ausreichende Beleuchtung sorgen
- Inspektion aller Körperregionen einschl. der Körperöffnungen nach pathologischen Befunden, Flüssigkeitsentleerungen, Fremdkörpern, Schaumpilz, Waschhaut
- Geruch (z. B. aromatisch, stechend, bittermandelartig)
- Palpation nach Impressionen, abnormer Beweglichkeit
- Hautemphysem, Narben
- Wahrnehmungen im Leichenumfeld
- Hinweise auf Alkohol
  - Drogen

- Medikamente
- Krankheitsdokumente
- Abschiedsbrief
- Testament
- Spuren eines vorausgegangenen Kampfes od. Einbruchs
- Zustand der Bekleidung

Todesursächliche Diagnosen pyramidal in die Kausalkette einordnen:

I. a) Das unmittelbar zum Tode führende, jüngste Leiden steht an der Spitze

Merke: Todeseintrittszeichen, wie Herz- oder Kreislaufversagen, Atemlähmung, Verblutung **nicht als Todesursache** eintragen, sondern ggf. im Formular zusätzlich ankreuzen.

b) Folgezustände wie Brückensymptome bzw. -krankheiten stehen in der Mitte
c) Das Grundleiden (die Ausgangskrankheit oder -schädigung) steht an der Basis

Merke: Nicht selbstständige Leiden, wie Lungenembolie, hypostatische Bronchopneumonie, Aspiration u. a. können **nicht als Grundleiden** fungieren.

II. Nicht in die Kausalkette gehörige Begleitleiden summarisch getrennt aufführen

Beachte: Meldepflicht nach Infektionsschutzgesetz. Kennzeichnung der Leiche und des Totenscheins bei Verdacht auf von der Leiche ausgehende Gefahren.

Fazit: Vermutungen ohne Diagnostik gehören nicht auf die Todesbescheinigung und können ärztlich nicht verantwortet werden.

Todesart

Die Todesursachendiagnostik ist Voraussetzung für die Feststellung der Alternativentscheidung zur Todesart.

Der nicht-natürliche Tod

Der „nicht-natürliche Tod" ist kasuistisch legal definiert:

Suizid
▼
Homizid
▼
Unfall
▼
Tod durch Unterlassung erforderlicher Gefahrenabwehr

Der „nicht-natürliche Tod" wird manchmal fälschlich als „unnatürlicher Tod" bezeichnet. Das trifft nicht zu, denn auch der auf nicht-natürliche Art (also nicht durch innere Erkrankung) eingetretene Tod ist naturwissenschaftlich eindeutig erklärbar.

Voraussetzungen zur Klassifikation nicht-natürlicher Tod:

- Unmittelbares äußeres Ereignis
- Mittelbares äußeres Ereignis
  - Zeitabstand unerheblich
- Kausalkette zwischen Ereignis und Tod
  - Auch Teilursache
- Maßgeblich ist das erste Glied der Kausalkette
  - Grundleiden (steht bei „Todesursache" unter I. c)
- Eine Unterlassung kann auch „Einwirkung von außen" sein

In komplizierten Fällen, z. B. bei fraglichem ärztlichem Behandlungsfehler, wird der Leichenschauarzt mit den ihm zur Verfügung stehenden Mitteln diese Antwort nicht geben können. Wir empfehlen in solchen Fällen die rein naturwissenschaftliche Einstufung. Beispiel: Ein Tod durch akute Appendi-zitis ist ein natürlicher Tod, kann aber durch ärztlichen Eingriff verhindert werden. Die Entscheidung, ob der Eingriff pflichtwidrig unterlassen wurde und wenn ja, todesursächlich war, kann der Leichenschauarzt nicht treffen. Aus Gewissensgründen kann er im Feld „nähere Angaben zur Todesursache" beispielsweise eintragen: „War vor 2 Tagen beim Hausarzt".

Indikatoren zur Einstufung als nicht-natürlicher Tod:
- Blutungen, Hämatome, Verletzungen, Schwellungen
- Ungewöhnliche Totenflecke (Farbe, Lage)
- Punktblutungen
- Strommarken
- Verbrennungen, Verätzungen
- Tod in der Badewanne
- Mees'sche Nagelbänder (weiße Querstreifung der Nagelplatte nach Schwermetallvergiftungen oder Säureverätzung. DD: Schädel-Hirn-Trauma, Manikürschaden)
- Holzer'sche Blasen (Hautblasen bei Barbituratvergiftung)
- Abnorme Pupillen
- Auffälliger Geruch

Merke:

1. Der Verdacht reicht aus. Beweisfragen werden später geklärt.
2. Anlass und Begleitumstände spielen keine Rolle: Auch der gemütskranke Suizident starb eines nicht-natürlichen Todes; auch das Ertrinken im epileptischen Anfall ist nicht natürlich.
3. Nach Verschulden ist nicht gefragt. Auch der selbst verschuldete Unfalltod ist nicht natürlich.
4. Todesfälle infolge medizinischer Behandlung sind von außen verursacht und damit nicht natürlich. Sofern der Totenschein/Leichenschauschein die Rubrik „unerwartet im Rahmen medizinischer Maßnahmen verstorben" enthält, ist diese als die speziellere anzukreuzen. – In der Regel wird der Leichenschauarzt die Differenzierung, ob das Ausgangsleiden (natürlicher Tod) oder der iatrogene Schaden ursächlich für den Todeseintritt war (nicht-natürlicher Tod) nicht zuverlässig treffen können. Dann muss die Todesart-Rubrik „nicht aufgeklärt"/"ungewiss" angekreuzt werden.
5. Lange Krankheitsverläufe setzen den Kausalzusammenhang nicht außer Kraft: Der Tod im Status epilepticus nach Jahre zurückliegendem Unfall mit Schädel-Hirn-Trauma begründet Verdacht auf nicht-natürlichen Tod.
6. Tödliche Komplikationen werden auf das Grundleiden zurückgeführt: Bronchopneumonie nach traumatischer Schenkelhalsfraktur → nicht natürlich.

Hinweis: Der Leichenschauarzt muss sich nicht selbst belasten. Sollte diese Gefahr bei wahrheitsgemäßer Todesursachenbekundung bestehen, darf er die Leichenschau ablehnen.

Der natürliche Tod

Der natürliche Tod ist das Komplement zum nicht natürlichen Tod. Er darf nur bescheinigt werden,
- wenn der Tod zeitnah zu einer gravierenden, ärztlich behandelten, lebensbedrohlichen Krankheit eingetreten ist
- daher zu diesem Zeitpunkt zu erwarten war
- und keinerlei Hinweise auf ein möglicherweise intervenierendes nicht natürliches Ereignis festzustellen sind.

Die gedankliche Möglichkeit oder überwiegende Wahrscheinlichkeit reichen nicht aus. Die Sicherheit der Einstufung muss hinterfragt werden. Hochgradige Plausibilität muss gegeben sein.

Cave

1. Reine Verdachtsdiagnosen (z. B. außer Herz-Kreislauf-Anamnese nichts bekannt),
2. fortgeschrittenes Alter,
3. Fehlen äußerer Verletzungen

berechtigen allein nicht zur Klassifikation natürlicher Tod. Der Ausschluss des nicht-natürlichen Todes muss zumindest plausibel nachvollziehbar sein.

Merke: Die Todesartklassifikation ist sehr häufig fehlerhaft. Bei Unsicherheit lieber den Zweifel dokumentieren. Ohne eindeutige Todesursache ist die Todesart stets unklar. Nie zur Falschbeurkundung drängen lassen, weil die Verantwortung nicht delegierbar ist.

Die nicht aufgeklärte Todesart

Beispiele für Klassifikation als **nicht aufgeklärte Todesart/Todesart ungewiss:**
- plötzlicher oder unerwarteter Tod
- fortgeschrittene Dekomposition der Leiche
- undefinierbare Wechselwirkung zwischen Krankheit und ärztlicher Behandlung
- Mors in tabula
- Tod im unmittelbaren Zusammenhang mit einer Injektion, Infusion, Transfusion

Weitere Rechtspflichten

Meldepflicht (Polizei oder Staatsanwaltschaft) besteht bei nicht-natürlicher und bei unklarer Todesart. Information über Notruf zulässig.

Bei nicht-natürlichem Tod bis zum Eintreffen der Polizei Veränderungen an der Leiche verhindern.

Darüber hinaus Infektionsschutzgesetz beachten.

Unabhängig von der Todesart besteht bei Nachfrage Auskunftspflicht gegenüber dem Krematoriumsarzt.

Todesursachenkodierung nach ICD-10-WHO

Wenn der Arzt die Kausalkette vorschriftsgemäß eingetragen hat, ergibt sich die Kodierung folgerichtig aus Band I ICD-10-WHO. Ungeübten bietet das alphabetische Verzeichnis in Band III wertvolle Hilfe, muss aber stets gemäß Band I präzisiert werden, wobei die genannten Ein- und Ausschlusskriterien zu beachten sind.

Verschlüsselungsbeispiele für häufige Todesursachen:

1. Krebserkrankungen

s. Bd. I ICD-10-WHO, Kap. II Bösartige Neubildungen C00 bis C97. Das Ordnungsprinzip folgt anatomischer Gliederung (C00 -C75) und hängt ungenaue bzw. mehrfache Lokalisationen (C76 – C80, C97) sowie lymphatisches und blutbildendes Gewebe (C81 – C 96) an. Der histologische Typ muss nicht, kann aber nach der gesonderten Nomenklatur „Morphologie der Neubildungen" angegeben werden. Grundsätzlich empfiehlt es sich, bei der Verschlüsselung von Neubildungen das alphabetische Verzeichnis (Bd. III ICD-10-WHO) zu Hilfe zu nehmen.

2. Herz-Kreislauf-Erkrankungen

– wenn nicht näher spezifiziert	
Allgemeine Arteriosklerose	I70.9
Periphere arterielle Verschlusskrankheit	I73.9
Chronisch-ischämische (koronare) Herzkrankheit	I25.9
Zerebrovaskuläre Krankheit unklarer Genese	I67.9
– bei definiertem Krankheitsbild:	
Rupturiertes Aneurysma dissecans der Bauchaorta	I71.3
Apoplexie bei intrazerebraler Blutung	I61.9
Apoplexia cerebri unklarer Genese	I64

3. Krankheiten des Atemsystems

Status asthmaticus	J46
– wenn nicht näher spezifiziert	
Chronisch-obstruktive Lungenkrankheit mit akuter Exazerbation	J44.1
Chronisch-obstruktive Lungenkrankheit	J44.9

4. Krankheiten des Verdauungssystems

Kolondivertikulitis mit Peritonitis	K57.2
Alkoholische Leberzirrhose	K70.3
Akute Pankreatitis	K85.9

Alkoholinduzierte chronische Pankreatitis	K86.0
Nicht-traumatische Magen-Darm-Blutung	K92.2
Perforiertes Ulcus ventriculi	K25.5

5. Endokrine Erkrankungen

Diabetische Gangrän	E14.5
Diabetische Nephropathie	E14.2

- wenn nicht näher spezifiziert, besser jedoch mit Angabe des Diabetes-Typs: Typ 1: E10.5bzw. E10.2, Typ 2: E11.5 bzw. E11.2

6. Krankheiten des Urogenitalsystems

Chronische Nephritis unklarer Genese	N03.9

7. Krankheiten des Nervensystems

Meningoenzephalitis	G04.9
Bei den folgenden Grundkrankheiten (zu kodieren unter I c)	
Multiple Sklerose	G35
Morbus Parkinson	G20
Amyotrophische Lateralsklerose	G12.2
Alzheimer-Krankheit	G30.9

ist stets die unmittelbar zum Tode führende Krankheit zusätzlich anzugeben, z. B.

I a) Aspirationspneumonie	J69.0
I b) Schluckstörung	R13

C Nichtgebietsbezogene Sonderleistungen

I Anlegen von Verbänden

Allgemeine Bestimmungen

Wundverbände nach Nummer 200, die im Zusammenhang mit einer operativen Leistung (auch Ätzung, Fremdkörperentfernung), Punktion, Infusion, Transfusion oder Injektion durchgeführt werden, sind Bestandteil dieser Leistung.

Kommentar:

Wundverbände nach Nr. 200 können im Zusammenhang mit den in den Allgemeinen Bestimmungen genannten operativen Leistungen, Ätzungen, Punktionen, Infusionen, Transfusionen und Injektionen nicht berechnet werden, denn sie sind nach Brück nur „Teilleistungen" der oben beschriebenen Leistungen.
Erforderliche Kompressionsverbände nach Nr. 204 sind neben operativen Leistungen berechnungsfähig.
Nach Beschluss des Gebührenausschusses der Bundesärztekammer sind neben den Leistungen nach den Nrn. 2000 bis 2005 Wundverbände nach Nr. 200 nicht abrechnungsfähig. Siehe hierzu den Beschluss der BÄK unter Nr. 200.

200	**Verband – ausgenommen Schnell- und Sprühverbände, Augen-, Ohrenklappen oder Dreiecktücher**	**45** 2,62	6,03 9,18

Ausschluss: Neben Nr. 200 sind folgende Nrn. nicht abrechnungsfähig: 435, alle operativen Leistungen (auch Ätzung, Fremdkörperentfernung), Punktionen, Infusionen, Transfusionen oder Injektionen). Der Ausschluss der Nr. 200 gilt nur für den Zeitpunkt der erbrachten Leistung (Erstversorgung) und nicht für die folgenden erforderlichen Verbandswechsel.

Beschluss BÄK:

Beschlüsse des Gebührenausschusses der Bundesärztekammer

Keine Berechnung neben Nrn. 2000 bis 2005 (7. Sitzung vom 12. September 1996)

Die Leistungen nach den Nrn. 2001, 2002, 2004 und 2005 stellen operative Leistungen dar, da in den Legenden auf „Naht" und/oder „Umschneidung" abgestellt ist. Die Leistungen nach den Nrn. 2000 und 2003 beinhalten im Leistungsumfang („Erstversorgung") im wesentlichen den Verband. Eine Berechnung der Nr. 200 neben den Nrn. 2001 oder 2003 würde deshalb den Leistungsinhalt doppelt berücksichtigen.

(1. Sitzung vom 30. August 1991) Anders dagegen bei der Nr. 2006, daneben ist Nr. 200 berechenbar

Photodynamische Therapie (PDT) von Hautläsionen

Bei topischer Applikation des Photosensibilisators berechnungsfähig: Nr. 209 GOÄ für das Auftragen des Photosensibilisators sowie **Nr. 200 GOÄ** (Okklusionsverband) und Nr. 530 GOÄ (Kaltpackung) – siehe auch unter Nrn. 5800 bis 5803.

Kommentar: Der Wundverband ist eine delegierbare ärztliche Leistung und ist somit auch vom Praxispersonal erbringbar.
Es können mehrere Verbände nebeneinander berechnet werden. Jede medizinisch notwendige Bedeckung einer Körperstelle zu therapeutischen Zwecken (z.B. auch Salicylpflasterverbände) ist dann ein abrechnungsfähiger Verband, wenn er einzeln angelegt wird. Die Körperstelle kann relativ klein sein (Zehe, Finger).

Tipp:

- Die Leistung nach Nr. 200 ist kombinierbar z.B. mit den Leistungen nach den Nrn. 201, 204, 206, 207, 208, 209, 210, 211, 212, 213ff.
- Die Nr. 200 kann mehrmals abgerechnet werden bei einem Patientenkontakt, wenn an mehreren Körperstellen ein Verband erforderlich ist.
- Auch für Salbenverband abrechenbar.

Beispiele:

Wird bei einer Verletzung von vier Fingern am 2. Tag jeder Finger einzeln verbunden, so wäre 4 x die Nr. 200 (bei Sekundärheilung 4x die Nr. 2006) anzusetzen.

- Wird bei einer Sprunggelenksdistorsion wegen des Hämatoms ein Salbenverband angelegt und zusätzlich wegen der Instabilität des Bandapparates ein Stützverband, so sind beide Verbände nebeneinander abrechnungsfähig. Das gleiche gilt bei Salben- und Gipsverband und bei Salben- und Schienenverband.

- Verschiedenartige Verbände können bei unterschiedlichen therapeutischen Zielen nebeneinander erforderlich sein und somit abgerechnet werden. Wundverbände als Bestandteil einer operativen Leistung sind nicht abrechenbar.
- Müssen postoperativ am gleichen Tag mehrere Verbandswechsel durchgeführt werden, so sind diese mit Angabe von Begründung und Uhrzeit abrechnungsfähig. Dies gilt auch in der Praxis für den Zustand nach einer Wundversorgung, wenn z.B. durchblutende Verbände Stunden später einer Erneuerung bedürfen. Auch hier ist die mehrfache Abrechnung mit Uhrzeit und Begründungsangaben nötig.

201 Redressierender Klebeverband des Brustkorbs oder dachziegelförmiger Klebeverband – ausgenommen Nabelverband

65 8,71
3,79 13,26

Ausschluss: Neben Nr. 201 ist folgende Nr. nicht abrechnungsfähig: 435

Kommentar: Ein Dachziegelverband bei Zehenfraktur ist nach Nr. 201 abrechnungsfähig.
Werden Tape-Verbände über Gelenken angelegt, so sind sie nach den Nrn. 206 (kleines Gelenk) oder 207 (großes Gelenk) zu berechnen.
Umfasst ein Tape-Verband allerdings **kein** Gelenk, so kann die Nr. 201 berechnet werden.

Tipp: Neben der Nr. 201 ist die Nr. 208 abrechenbar.

204 Zirkulärer Verband des Kopfes oder des Rumpfes (aus als Wundverband); stabilisierender Verband des Halses, des Schulter- oder Hüftgelenks oder einer Extremität über mindestens zwei große Gelenke; Schanz'scher Halskrawattenverband; Kompressionsverband

95 12,74
5,54 19,38

Ausschluss: Neben Nr. 204 ist folgende Nr. nicht abrechnungsfähig: 435

Kommentar: Die genannten Verbände können entweder im Rahmen der Wundversorgung als Wundverbände oder zur Ruhigstellung angelegt werden. Nach **Wezel/Liebold** fallen unter die Kompressionsverbände z. B. Schaumgummikompressionsverband, Bisgaard, Braun-Falco, Fischer, Gibney, Pütter, Sigg.
Wezel/Liebold hält die Leistungsbeschreibung auch für erfüllt, wenn bei Kompressionsverbänden keine Gelenke einbezogen sind.
Rucksack-, Désault- oder Gilchristverbände sind ebenfalls nach Nr. 204 berechnungsfähig.
Der Gebührenausschuss der Bundesärztekammer hat 1998 entschieden, dass es sich beim Anmessen von Kompressionsstrümpfen um keine selbstständig abrechnungsfähige Leistung handelt.

Tipp:
- Ein Kompressionsverband kann zusätzlich zu einem Salbenverband und zusätzlich zu Punktionen und Operationen abgerechnet werden: z.B. 301 + 204 oder 2000 – 2006 + 204.
- Ferner ist Nr. 204 neben den Nrn. 208, 209 abrechenbar.
- Auch für entstauende Kompressionsverbände bei Thromboseprophylaxe sowie Gilchrist- und Desault-Verband an der Schulter; ggf. höherer Steigerungsfaktor beim Desault Verband. Begründung: Schwierige Bindenführung.

206 Tape-Verband eines kleinen Gelenks

70 9,38
4,08 14,28

Ausschluss: Neben Nr. 206 sind folgende Nrn. nicht abrechnungsfähig: 201, 435

Kommentar:
- Als kleine Gelenke werden alle Gelenke bezeichnet, die nicht in den nachfolgenden Nrn. 212 oder 213 als große Gelenke genannt werden, z.B. Zehen und Finger.
- Auch für entstauende Kompressionsverbände bei Thromboseprophylaxe sowie Gilchrist- und Desault-Verband an der Schulter; ggf. höherer Steigerungsfaktor beim Desault-Verband. Begründung: schwierige Bindenführung.

GOÄ-Nr.		Punktzahl 1fach	2,3 / *1,8 3,5 / *2,5
207	**Tape-Verband eines großen Gelenks oder Zinkleimverband**	**100** 5,83	13,41 20,40

Ausschluss: Neben Nr. 207 sind folgende Nrn. nicht abrechnungsfähig: 201, 204, 435.

Kommentar: Zu großen Gelenken zählen Schulter-, Ellenbogen-, Hand-, Knie- und Fußgelenk. Siehe dazu Leistungslegende Nr. 212.

Tipp: Bei Zinkleimverbänden ggf. zusätzlich Nrn. 200 bzw 204 abrechenbar.

208	**Stärke- oder Gipsfixation, zusätzlich zu einem Verband**	**30** 1,75	4,02 6,12

Ausschluss: Neben Nr. 208 sind folgende Nrn. nicht abrechnungsfähig: 210 – 240, 435.

Kommentar: Die Leistungslegende schreibt nur Verstärkung eines bestehenden Verbandes mit Stärke- oder Gipsbinden vor. Es wird keine Herstellung eines Gipsverbandes gefordert. Ein Gipsverband wäre nach den Nrn. 225ff abzurechnen.

Tipp:
- Neben Nr. 208 sind die Nrn. 200, 201, 204 abrechenbar.
- Auch die Verstärkung eines Gipsverbandes durch weitere Gipsbinden oder die Reparatur kann nach Nr. 208 berechnet werden.

209	**Großflächiges Auftragen von Externa (z.B. Salben, Cremes, Puder, Lotionen, Lösungen) zur Behandlung von Hautkrankheiten mindestens einer Körperregion (Extremität, Kopf, Brust, Bauch, Rücken), je Sitzung**	**150** 8,74	20,11 30,60

Ausschluss: Neben Nr. 209 ist folgende Nr. nicht abrechnungsfähig: 435

Beschluss BÄK: **Beschluss des Gebührenordnungsausschusses der BÄK - Photodynamische Therapie (PDT) von Hautläsionen**
Bei topischer Applikation des Photosensibilisators berechnungsfähig: **Nr. 209 GOÄ** für das Auftragen des Photosensibilisators sowie Nr. 200 GOÄ (Okklusionsverband) und Nr. 530 GOÄ (Kaltpackung) – siehe auch unter Nrn. 5800 bis 5803

Kommentar: Auch wenn in einer Sitzung, d. h. in einem Arzt-Patienten-Kontakt, mehrere großflächige Körperregionen therapiert werden, so ist Nr. 209 nur einmal abrechnungsfähig. Nach der Leistungslegende muss es sich um die Behandlung von Hautkrankheiten handeln, und daraus folgert, dass Entzündungen oder Wundheilungsstörungen nicht nach Nr. 209 abgerechnet werden können.
Brück geht davon aus, dass bei großflächigen Brandverletzungen die Nr. 209 zumindest analog angesetzt werden kann. Daraus ist ihrer Meinung nach auch zu folgern, dass die Nr. 209 nicht nur für Hautärzte, Allgemeinärzte, Kinderärzte und praktische Ärzte abrechnungsfähig ist, sondern – auf Ausnahmefälle begrenzt – auch für andere Fachgruppen.

Tipp:
- Neben Nr. 209 sind die Nrn. 200, 204 abrechenbar.
- Abrechenbar ist Nr. 209 z.B. bei
  - Dekubitus
  - Ulcus cruris
  - Thrombophlebitis
  - Lymphangitis

210	**Kleiner Schienenverband – auch als Notverband bei Frakturen**	**75** 4,37	10,05 15,30

Ausschluss: Neben Nr. 210 sind folgende Nrn. nicht abrechnungsfähig: 200, 208, 228, 229, 237, 238, 435

Kommentar: Schienenverbände und auch Kompressionsverbände dürfen natürlich neben jeder am selben Tage durchgeführten chirurgischen Leistung berechnet werden. Sie sind auch zusätzlich zu jedem anderen Verband berechnungsfähig. Nr. 210 ist abrechenbar für:
- Cramer-Schiene (modellierbares Material),
- Stacksche Schiene

- Pneumatische Unfallschiene
- ‚Kleiner Schienenverband' = Schienenverband über ein Gelenk (oder mehrere kleiner Gelenke, z. B. Finger, Zehe).

211 Kleiner Schienenverband – bei Wiederanlegung derselben, gegebenenfalls auch veränderten Schiene –

60 8,04
3,50 12,24

Ausschluss: Neben Nr. 211 sind folgende Nrn. nicht abrechnungsfähig: 200, 208, 228, 229, 237, 238, 435

Kommentar: Wird der Schienenverband z. B. zu einer erforderlichen Wundversorgung entfernt und nach der Versorgung erneut angelegt, ohne dass Veränderungen am Schienenmaterial durchgeführt werden sollen, so ist nur die Nr. 211 berechnungsfähig.
Wird allerdings die Schiene nicht wieder verwendet und eine neue Schiene erforderlich, so ist die Nr. 210 abrechenbar.
Kleinere Auspolsterungen wie z. B. wegen Druckstellen oder geringe Korrekturen an der Schienenform sind nicht nach Nr. 211 berechnungsfähig, sondern fallen unter die Nr. 210.

212 Schienenverband mit Einschluss von mindestens zwei großen Gelenken (Schulter-, Ellenbogen-, Hand-, Knie-, Fußgelenk) – auch als Notverband bei Frakturen –

160 21,45
9,33 32,64

Ausschluss: Neben Nr. 212 sind folgende Nrn. nicht abrechnungsfähig: 200, 208, 228, 229, 237, 238

Kommentar: Die Leistung nach Nr. 212 ist nicht für den Wundverband berechenbar.

213 Schienenverband mit Einschluss von mindestens zwei großen Gelenken (Schulter-, Ellenbogen-, Hand-, Knie-, Fußgelenk) – bei Wiederanlegung derselben, gegebenenfalls auch veränderten Schiene –

100 13,41
5,83 20,40

Ausschluss: Neben Nr. 213 sind folgende Nrn. nicht abrechnungsfähig: 200, 208, 228, 229, 237, 238

Kommentar: Stellt sich beim Wiederanlegen des Schienenverbandes nach Nr. 213 heraus, dass die Modellierung einer neuen Schiene medizinisch erforderlich ist, so kann statt der Nr. 213 die Nr. 212 angesetzt werden.

214 Abduktionsschienenverband – auch mit Stärke- oder Gipsfixation –

240 32,17
13,99 48,96

Ausschluss: Neben Nr. 214 sind folgende Nrn. nicht abrechnungsfähig: 200, 208, 228, 229, 237, 238

Kommentar: Nr. 214 beinhaltet Schienenverbände in Abduktionsstellung zur Ruhigstellung, z.B.
- des Schultergelenks
- des Oberarms
- Spreizvorrichtung im Bereich der Hüftgelenke (nach Hoffmann-Daimler), jedoch nicht sog. Aktivspreizhöschen

Die Leistung nach Nr. 214 kann nicht als Wundverband abgerechnet werden.

217 Streckverband

230 30,83
13,41 46,92

Ausschluss: Neben Nr. 217 sind folgende Nrn. nicht abrechnungsfähig: 200, 208

Kommentar: Streckverbände sind als selbständige, eine Frakturbehandlung begleitende Leistung zu betrachten und daneben abrechenbar. (Oberschenkelfraktur bei Kindern, Heftpflasterstreckverbände).
Die Leistung nach Nr. 217 kann nicht als Wundverband abgerechnet werden

GOÄ-Nr.		Punktzahl 1fach	2,3 / *1,8 3,5 / *2,5

218 Streckverband mit Nagel- oder Drahtextension

660 | 88,48
38,47 | 134,64

Ausschluss: Neben Nr. 218 sind folgende Nrn. nicht abrechnungsfähig: 200, 208, 217, 2356

Kommentar: Die perkutane Einbringung von Nagel oder Draht ist Teil der Leistung nach Nr. 218. Für deren Entfernung ist die Nr. 2063 analog abrechenbar.

Analog: Nr. 2063 analog für Entfernung eines Nagels oder Drahtes bei Beendigung der Extensionsbehandlung. – Empfehlung nach Kommentar **Brück**

225 Gipsfingerling

70 | 9,38
4,08 | 14,28

Ausschluss: Neben Nr. 225 sind folgende Nrn. nicht abrechnungsfähig: 200, 208, 247

Kommentar: Die Leistung nach Nr. 225 kann nicht als Wundverband abgerechnet werden. Eine ggf. vor dem Gipsverband erforderliche Abdeckung der Haut (Mullbinden, Trikotschlauch) oder Polsterung kann nicht gesondert berechnet werden

Tipp: Für alle Gipsverbände gilt – wie auch für Verbandsmaterialien und Schienen –, dass das Material entweder über Privatrezept rezeptiert werden kann oder nach GOÄ § 10 Abs. 1 als Auslagen in Rechnung gestellt werden darf.

227 Gipshülse mit Gelenkschienen

300 | 40,22
17,49 | 61,20

Ausschluss: Neben Nr. 227 sind folgende Nrn. nicht abrechnungsfähig: 200, 208, 226, 230 – 236, 247

Kommentar: Die Leistung nach Nr. 227 kann nicht als Wundverband abgerechnet werden.
An demselben Tag sind neben der Leistung nach Nr. 227 erforderliche Veränderungen des Gipsverbandes, wie Fensterung, Spaltung, Gehbügel, Abrollsohle nicht berechnungsfähig.
Eine ggf. vor dem Gipsverband erforderliche Abdeckung der Haut (Mullbinden, Trikotschlauch) oder Polsterung kann nicht gesondert berechnet werden.

228 Gipsschienenverband oder Gipspantoffel

190 | 25,47
11,07 | 38,76

Ausschluss: Neben Nr. 228 sind folgende Nrn. nicht abrechnungsfähig: 200, 208, 210 – 214, 237, 238

Kommentar: Nach der Nr. 228 werden Gipsschienen des Unterarmes, des Unterschenkels oder einzelner Finger abgerechnet. Eine Vorschrift, wieviele Gelenke ein Schienenverband einbeziehen muss, ist in der Legende nicht formuliert. Die Leistung nach Nr. 228 kann nicht als Wundverband abgerechnet werden.
An demselben Tag sind neben der Leistung nach Nr. 228 erforderliche Veränderungen des Gipsverbandes, wie Fensterung, Spaltung, Gehbügel, Abrollsohle nicht berechnungsfähig.
Eine ggf. vor dem Gipsverband erforderliche Abdeckung der Haut (Mullbinden, Trikotschlauch) oder Polsterung kann nicht gesondert berechnet werden.

229 Gipsschienenverband – bei Wiederanlegung derselben, gegebenenfalls auch veränderten Schiene

130 | 17,43
7,58 | 26,52

Ausschluss: Neben Nr. 229 sind folgende Nrn. nicht abrechnungsfähig: 200, 208, 210 – 214, 237, 238

Kommentar: Die Leistung nach Nr. 229 kann nicht als Wundverband abgerechnet werden.
Eine ggf. vor dem Gipsverband erforderliche Abdeckung der Haut (Mullbinden, Trikotschlauch) oder Polsterung kann nicht gesondert berechnet werden.
Siehe Kommentierung zur Nr. 211, die gleichwertig für Nr. 229 anzusetzen ist.

GOÄ-Nr.		Punktzahl 1fach	2,3 / *1,8 3,5 / *2,5
230	**Zirkulärer Gipsverband – gegebenenfalls als Gipstutor –**	**300** 17,49	40,22 61,20

Ausschluss: Neben Nr. 230 sind folgende Nrn. nicht abrechnungsfähig: 200, 208, 231 – 236, 247

Kommentar: Die Leistung nach Nr. 230 kann nicht als Wundverband abgerechnet werden.
An demselben Tag sind neben der Leistung nach Nr. 230 erforderliche Veränderungen des Gipsverbandes, wie Fensterung, Spaltung, Gehbügel, Abrollsohle nicht berechnungsfähig.
Eine ggf. vor dem Gipsverband erforderliche Abdeckung der Haut (Mullbinden, Trikotschlauch) oder Polsterung kann nicht gesondert berechnet werden.

231	**Zirkulärer Gipsverband des Unterschenkels**	**360** 20,98	48,26 73,44

Ausschluss: Neben Nr. 231 sind folgende Nrn. nicht abrechnungsfähig: 200, 208, 212, 213, 230, 247

Kommentar: Siehe Kommentar GOÄ Nr. 230

232	**Zirkulärer Gipsverband mit Einschluss von mindestens zwei großen Gelenken (Schulter-, Ellenbogen-, Hand-, Knie-, Sprunggelenk)**	**430** 25,06	57,65 87,72

Ausschluss: Neben Nr. 232 sind folgende Nrn. nicht abrechnungsfähig: 200, 208, 212, 213, 230, 231, 239, 247

Kommentar: Siehe Kommentar GOÄ Nr. 230

235	**Zirkulärer Gipsverband des Halses einschließlich Kopfstütze – auch mit Schultergürtel –**	**750** 43,72	100,55 153,00

Ausschluss: Neben Nr. 235 sind folgende Nrn. nicht abrechnungsfähig: 200, 208, 230, 247

Kommentar: Siehe Kommentar GOÄ Nr. 230

236	**Zirkulärer Gipsverband des Rumpfes**	**940** 54,79	126,02 191,77

Ausschluss: Neben Nr. 236 sind folgende Nrn. nicht abrechnungsfähig: 200, 208, 230, 240, 247, 3316

Kommentar: Die Leistung nach Nr. 236 kann nicht als Wundverband abgerechnet werden.
An demselben Tag sind neben der Leistung nach Nr. 236 erforderliche Veränderungen des Gipsverbandes, wie Fensterung, Spaltung, Gehbügel, Abrollsohle nicht berechnungsfähig.
Eine ggf. vor dem Gipsverband erforderliche Abdeckung der Haut (Mullbinden, Trikotschlauch) oder Polsterung kann nicht gesondert berechnet werden.
Ist ein Gipsbett oder eine Nachtschale für den Rumpf anzufertigen, so ist dies nach Nr. 240 abzurechnen. Der ggf. erforderliche Gipsabdruck für den Rumpf kann nach Nr. 3316 berechnet werden.

237	**Gips- oder Gipsschienenverband mit Einschluss von mindestens zwei großen Gelenken (Schulter-, Ellenbogen-, Hand-, Knie-, Fußgelenk)**	**370** 21,57	49,60 75,48

Ausschluss: Neben Nr. 237 sind folgende Nrn. nicht abrechnungsfähig: 200, 208, 210 – 214, 228, 229

Kommentar: Die Leistung nach Nr. 237 kann nicht als Wundverband abgerechnet werden.
An demselben Tag sind neben der Leistung nach Nr. 237 erforderliche Veränderungen des Gipsverbandes, wie Fensterung, Spaltung, Gehbügel, Abrollsohle nicht berechnungsfähig.
Eine ggf. vor dem Gipsverband erforderliche Abdeckung der Haut (Mullbinden, Trikotschlauch) oder Polsterung kann nicht gesondert berechnet werden.

238 **Gipsschienenverband mit Einschluss von mindestens zwei großen Gelenken (Schulter-, Ellenbogen-, Hand-, Knie-, Fußgelenk) – bei Wiederanlegung derselben, gegebenenfalls auch veränderten Schiene –** **200** 11,66 26,81 40,80

Ausschluss: Neben Nr. 238 sind folgende Nrn. nicht abrechnungsfähig: 200, 208, 210 – 214, 228, 229

239 **Gipsverband für Arm mit Schulter oder Bein mit Beckengürtel** **750** 43,72 100,55 153,00

Ausschluss: Neben Nr. 239 sind folgende Nrn. nicht abrechnungsfähig: 200, 208, 213, 230, 231, 232, 247, 3314, 3315

Kommentar: Die Leistung nach Nr. 239 kann nicht als Wundverband abgerechnet werden.
An demselben Tag sind neben der Leistung nach Nr. 239 erforderliche Veränderungen des Gipsverbandes, wie Fensterung, Spaltung, Gehbügel, Abrollsohle nicht berechnungsfähig.
Eine ggf. vor dem Gipsverband erforderliche Abdeckung der Haut (Mullbinden, Trikotschlauch) oder Polsterung kann nicht gesondert berechnet werden.

240 **Gipsbett oder Nachtschale für den Rumpf** **940** 54,79 126,02 191,77

Ausschluss: Neben Nr. 240 sind folgende Nrn. nicht abrechnungsfähig: 200, 208, 230, 236, 247, 3316, 3317

Kommentar: Die Leistung nach Nr. 240 kann nicht als Wundverband abgerechnet werden.
Eine ggf. vor dem Gipsverband erforderliche Abdeckung der Haut (Mullbinden, Trikotschlauch) oder Polsterung kann nicht gesondert berechnet werden.
An demselben Tag sind neben der Leistung nach Nr. 240 erforderliche Veränderungen des Gipsverbandes, wie Fensterung, Spaltung, Gehbügel, Abrollsohle nicht berechnungsfähig.

245 **Quengelverband zusätzlich zum jeweiligen Gipsverband** **110** 6,41 14,75 22,44

Tipp: Neben Nr. 245 sind die Nrn. 225 – 236, 239, 240 abrechenbar.

246 **Abnahme des zirkulären Gipsverbandes** **150** 8,74 20,11 30,60

Kommentar: Es handelt sich bei Nr. 246 ausschließlich um zirkuläre Gipsverbände. Die Abnahme von Abduktionsverbänden, Gipsschienenverbänden u. ä. ist nicht berechnungsfähig.

Tipp: Neben Nr. 246 sind die Nrn. 225 – 236, 239, 240 abrechenbar.

247 **Fensterung, Spaltung, Schieneneinsetzung, Anlegung eines Gehbügels oder einer Abrollsohle bei einem nicht an demselben Tag angelegten Gipsverband** **110** 6,41 14,75 22,44

Ausschluss: Neben Nr. 274 sind folgende Nrn. nicht abrechnungsfähig: 224- 240, 435.

Kommentar: Mit dem Kommentar nach **Hach** sind wir der Meinung, daß z.B. die Nr. 247 bei Änderungen am Gips und zusätzlichem Anbringen einer Abrollsohle 2 x berechnet werden kann.
Dieser Meinung hat sich inzwischen auch der Kommentar zur GOÄ von **Brück** et alii angeschlossen und schreibt, dass bei mehreren verschiedenen Änderungen, z. B. Fensterung und Anlegen eines Gehbügels oder Fensterung an zwei verschiedenen Stellen bei derselben Inanspruchnahme, die Nr. 247 entsprechend mehrfach abrechenbar ist.

II Blutentnahmen, Injektionen, Infiltrationen, Infusionen, Transfusionen, Implantation, Abstrichentnahmen

Allgemeine Bestimmungen:

Die Leistungen nach den Nummern 252 bis 258 und 261 sind nicht mehrfach berechnungsfähig, wenn anstelle einer Mischung mehrere Arzneimittel bei liegender Kanüle im zeitlichen Zusammenhang nacheinander verabreicht werden.

Die Leistungen nach den Nummern 270, 273 bis 281, 283, 286 sowie 287 können jeweils nur einmal je Behandlungstag berechnet werden.

Die Leistungen nach den Nummern 271 oder 272 sind je Gefäßzugang einmal, insgesamt jedoch nicht mehr als zweimal je Behandlungstag berechnungsfähig.

Die zweimalige Berechnung der Leistungen nach den Nummern 271 oder 272 setzt gesonderte Punktionen verschiedener Blutgefäße voraus.

Gegebenenfalls erforderliche Gefäßpunktionen sind Bestandteil der Leistungen nach den Nummern 270 bis 287 und mit den Gebühren abgegolten.

Die Leistungen nach den Nummern 271 bis 276 sind nicht nebeneinander berechnungsfähig.

Kommentar:
Zur Abrechnung der Leistungen nach Nr. 252 bis 261 ist es gleichgültig, ob die Injektionen manuell oder z. B. durch Injektionspumpen durchgeführt werden. Wird allerdings bei mittels mechanischem Druck erfolgten Injektionen eine Spritzdauer von 5 Minuten überschritten oder eine mehr als 30 ml umfassende Injektionsmenge injiziert, so handelt es sich nicht mehr um eine Injektion, sondern um eine Infusion, und diese wird nach den Leistungen nach den Nrn. 270 bis 284 abgerechnet.
Laboruntersuchungen sind an dem Tag abzurechnen, an dem auch die Blutentnahme durchgeführt wurde, und nicht an dem Tag, an dem der Laborbefund in der Praxis eingeht.

Tipp:
- Bei schlechten Venenverhältnissen ist mit entsprechender Begründung der Ansatz eines höheren Multiplikators gerechtfertigt.
- Ist nach einer Blutentnahme wegen starker Nachblutung ein Kompressionsverband erforderlich, so kann dieser mit der Nr. 204 zusätzlich abgerechnet werden.

250* **Blutentnahme mittels Spritze, Kanüle oder Katheter aus der Vene** **40** 4,20
2,33 5,83

Ausschluss: Neben Nr. 250 sind folgende Nrn. nicht abrechnungsfähig: 200, 204, 250a, 262, 284, 285, 288, 289, 435, 451, 452, 478, 479, 1012 – 1014, 2029

Kommentar: Die Nr. 250 ist auch nur dann einmal abrechenbar, wenn bei derselben Entnahmesitzung eine weitere, erneute Punktion zur Blutgewinnung erforderlich ist. Sind allerdings am selben Tag zu unterschiedlichen Zeiten Blutentnahmen erforderlich, so können diese auch einzeln abgerechnet werden. Es erscheint sinnvoll bei Ansetzung der Leistungsziffer, die Uhrzeit und den Grund z. B. Funktionsprüfung, mit anzugeben.
Werden Blutentnahmen aus forensischen Gründen für Gerichtsgutachten oder Polizei durchgeführt, kann die Blutentnahme nicht nach GOÄ abgerechnet werden, sondern nach den Vergütungen, die das Gesetz für die Entschädigung von Zeugen und Sachverständigen festlegt.

Tipp: Neben Nr. 250 ist die Nr. 2800 abrechenbar.

IGeL: Bei z.B. Sauerstoff- und Eigenbluttherapien etc.

250* analog **Legen einer Verweilkanüle (analog Nr. 250 GOÄ) – n. Empfehlung von Analog-Ziffern der PVS** **40** 4,20
2,33 5,83

Ausschluss: Neben Nr. 250*analog sind folgende Nrn. nicht abrechnungsfähig: 200, 250, 262, 285, 288, 289, 435, 1012 – 1014, 2029

GOÄ-Nr.		Punktzahl / 1fach	2,3 / *1,8 / 3,5 / *2,5

250a* **Kapillarblutentnahme bei Kindern bis zum vollendeten 8. Lebensjahr** — **40** / 2,33 — 4,20 / 5,83

Ausschluss: Neben Nr. 250a sind folgende Nrn. nicht abrechnungsfähig: 200, 250, 262, 285, 288, 289, 435, 1012 – 1014, 2029

Hinweis LÄK: **Anmerkung der Bayerischen Landesärztekammer** vom 30.09.2003 (Quelle: GOÄ-Datenbank http://www.blaek.de/) – **Kapillarblutentnahme beim Erwachsenen – nicht berechnungsfähig**
Für die Kapillarblutentnahme bei einem Erwachsenen kann die Nr. 250 nicht berechnet werden – auch nicht in Analogie.

251 **Blutentnahme mittels Spritze oder Kanüle aus der Arterie** — **60** / 3,50 — 8,04 / 12,24

Ausschluss: Neben Nr. 251 sind folgende Nrn. nicht abrechnungsfähig: 200, 204, 284, 285, 288, 289, 435, 1012 – 1014, 2029

Kommentar: Der Aderlass von mindestens 200 ml wird nach Nr. 285 abgerechnet. Präoperative Blutentnahmen werden entsprechend nach Nr. 288 oder Nr. 289 abgerechnet.

Tipp:
- Ist nach einer arteriellen Blutentnahme ein Kompressions- oder Druckverband erforderlich, so kann dieser entsprechend nach Nr. 204 zusätzlich berechnet werden.
- Ein normaler Pflaster- oder Bindenverband nach Nr. 200 kann bei den Nrn. 250, 250a und 251 nicht zusätzlich abgerechnet werden, da er fakultativer Bestandteil der Blutentnahme ist.
- Müssen bei demselben Arzt-Patienten-Kontakt venöse und kapilläre und/oder arterielle Blutentnahmen durchgeführt werden, so sind die entsprechenden Nummern dieser Leistungen zusätzlich abrechenbar.

252 **Injektion, subkutan, submukös, intrakutan oder intramuskulär** — **40** / 2,33 — 5,36 / 8,16

Ausschluss: Neben Nr. 252 sind folgende Nrn. nicht abrechnungsfähig: 200, 270, 303, 375 – 378, 383 – 391, 435, 490 – 495

Kommentar: Mit der neuen GOÄ 1996 müssen Impfungen endlich nicht mehr mit der Nr. 252 abgerechnet werden, sondern können mit den Impf-Nrn. 375, 377 oder 378 abgerechnet werden.

Tipp:
- Werden mehr i.m./i.c./s.c. Injektionen durchgeführt mit verschiedenen Medikamenten, so ist die Nr. 252 mehrmals abrechenbar.
- Die intrakutane Reiztherapie (Quaddelbehandlung) ist nach der höher bewerteten Nr. 266 abzurechnen, die Hyposensibilisierungsbehandlung nach der höher bewerteten Nr. 263.

IGeL: Injektionen auf Patientenwunsch (z.B. Vitamin-, Mineralientherapie) zuzüglich Medikamentenkosten.

253 **Injektion, intravenös** — **70** / 4,08 — 9,38 / 14,28

Ausschluss: Neben Nr. 253 sind folgende Nrn. nicht abrechnungsfähig: 200, 204, 271 – 274, 345 – 247, 435, 451, 452, 478, 479, 2029

Kommentar: Die Nr. 253 kann nur einmal berechnet werden, wenn über eine gelegte Kanüle mehrere Medikamente injiziert werden.

Tipp:
- Ist aus medizinischen Gründen – z.B. Notfallbehandlung, starke Schmerzzustände, Bewegungseinschränkung – die Rezeptierung des Medikamentes zu Lasten des Patienten nicht möglich und muss das Medikament aus dem Bestand der Praxis genommen werden, so sind die Kosten für das Arzneimittel entsprechend § 10 Abs. 1.(1.) den Patienten gesondert in Rechnung zu stellen.
- Neben Nr. 253 ist die Nr. 2800 abrechenbar.

IGeL: Injektionen auf Patientenwunsch (z.B. Vitamin-, Mineralientherapie) zuzüglich Medikamentenkosten.

GOÄ-Nr.		Punktzahl / 1fach	2,3 / *1,8 / 3,5 / *2,5
254	**Injektion, intraarteriell**	**80** / 4,66	10,72 / 16,32

Ausschluss: Neben Nr. 254 sind folgende Nrn. nicht abrechnungsfähig: 200, 204, 258, 277, 278, 350 – 361, 435, 2029

Tipp: Ist nach der intraarteriellen Injektion ein Kompressionsverband nötig, so kann dieser nach Nr. 204 zusätzlich berechnet werden.

255	**Injektion, intraartikulär oder perineural**	**95** / 5,54	12,74 / 19,38

Ausschluss: Neben Nr. 255 sind folgende Nrn. nicht abrechnungsfähig: 200, 204, 267 – 268, 300 – 303, 305, 305a, 372, 373, 435, 493

Kommentar: Wird nur eine Injektion in das Gelenk durchgeführt, so ist auch nur die Abrechnung der Nr. 255 möglich. Handelt es sich allerdings um eine Injektion, die im Zusammenhang mit einer zuvor durchgeführten Punktion, z. B. eines Ergusses, erfolgt, so kann die höher bewertete Nummer nach den Nrn. 300 – 302 berechnet werden. Eine Abrechnung der Nr. 255 ist dann nicht neben der Punktionsnummer möglich.

Tipp:
- Vergessen Sie nicht die Infiltrationsanästhesie nach Nr. 490 oder 491.
- Neben Nr. 255 sind die Nrn. 204, 490 abrechenbar.
- Ist ein Kompressionsverband erforderlich, so kann dieser zusätzlich nach Nr. 204 abgerechnet werden.

256	**Injektion in den Periduralraum**	**185** / 10,78	24,80 / 37,74

Ausschluss: Neben Nr. 256 sind folgende Nrn. nicht abrechnungsfähig: 200, 305, 305a, 435, 469 – 475

Kommentar: Wird bei der Injektion in den Periduralraum ein Lokalanästhetikum injiziert, so ist statt der Nr. 256 die Nrn. 470ff abzurechnen, da es sich um eine Periduralanästhesie handelt.

Tipp: Neben Nr. 256 sind die Nrn. 204, 490 abrechenbar.

257	**Injektion in den Subarachnoidalraum**	**400** / 23,31	53,62 / 81,60

Ausschluss: Neben Nr. 257 sind folgende Nrn. nicht abrechnungsfähig: 200, 305, 305a, 340, 370, 435, 470 – 475

Kommentar: Wird in den Subarachnoidalraum ein Lokalanästhetikum injiziert, so sind die Nr. 472 ff abzurechnen, da es sich um eine subarachnoidale Spinalanästhesie handelt.

Tipp: Neben Nr. 257 sind die Nrn. 204, 490 abrechenbar

258	**Injektion, intraaortal oder intrakardial – ausgenommen bei liegendem Aorten- oder Herzkatheter –**	**180** / 10,49	24,13 / 36,72

Ausschluss: Neben Nr. 258 sind folgende Nrn. nicht abrechnungsfähig: 200, 254, 350, 355 – 361, 435, 2029

Tipp: Neben Nr. 258 ist die Nr. 204 abrechenbar.

259	**Legen eines Periduralkatheters – in Verbindung mit der Anlage eines subkutanen Medikamentenreservoirs –**	**600** / 34,97	80,44 / 122,40

Ausschluss: Neben Nr. 259 sind folgende Nrn. nicht abrechnungsfähig: 200, 435, 470 – 475.

GOÄ-Nr.		Punktzahl 1fach	2,3 / *1,8 3,5 / *2,5
260	**Legen eines arteriellen Katheters oder eines zentralen Venenkatheters – einschließlich Fixation –**	**200** 11,66	26,81 40,80

Die Leistung nach Nummer 260 ist neben Leistungen nach den Nummern 355 bis 361, 626 bis 632 und/oder 648 nicht berechnungsfähig.

Ausschluss: Neben Nr. 260 sind folgende Nrn. nicht abrechnungsfähig: 200, 355 -358, 360, 361, 435, 626 – 632, 648

Kommentar: Nach der Leistungslegende ist nur das Legen des Katheters beschrieben. Wird über diesen zentralen Venenkatheter infundiert, so sind neben der Nr. 260 die Nrn. der Infusion nach 271 oder 272 je nach Dauer abrechnungsfähig.

Tipp: Die Kosten für den zentralen Venenkatheter (Einmalkatheter) sind als Auslagen nach §10 GOÄ gesondert abrechnungsfähig.

261	**Einbringung von Arzneimitteln in einem parenteralen Katheter**	**30** 1,75	4,02 6,12

Die Leistung nach den Nummern 261 ist im Zusammenhang mit einer Anästhesie/Narkose nicht berechnungsfähig für die Einbringung von Anästhetika, Anästhesieadjuvantien und Anästhesieantidoten. Wird die Leistung nach Nummer 261 im Zusammenhang mit einer Anästhesie/Narkose berechnet, ist das Medikament in der Rechnung anzugeben.

Ausschluss: Neben Nr. 261 sind folgende Nrn. nicht abrechnungsfähig: 200, 250 – 254, 256, 258, 345 – 361, 435, 473 – 475

Kommentar: Nach dem Kommentar zur GOÄ von **Brück et alii** zählen hierzu sowohl die nur wenige Zentimeter in das Blutgefäß eingebrachten flexiblen Venen-Verweilkanülen (z. B. vom Typ Braunüle) als auch die deutlich längeren Zentral-Venenkatheter.
Werden im zeitlichen Zusammenhang mehrere unterschiedliche Medikamente in den Katheter eingebracht, so sind diese Leistungen nicht mehrfach abrechenbar. Nur wenn über einen längeren Zeitraum verteilt und daher nicht zum selben Zeitpunkt Arzneimitteleinbringungen erforderlich sind, so können diese entsprechend auch mehrfach abgerechnet werden. Werden Arzneimittel in einen Infusionsschlauch injiziert und nicht in die Infusionslösung gegeben, so ist diese Einbringung nach Nr. 261 abrechenbar. Während der Zeit der Einbringung ist es erforderlich, dass der Infusionsfluss unterbrochen wird.

262	**Transfemorale venöse Blutentnahme mittels Katheter aus dem Bereich der Nierenvene(n)**	**450** 26,23	60,33 91,80

Ausschluss: Neben Nr. 262 sind folgende Nrn. nicht abrechnungsfähig: 200, 260, 345 – 347, 355 – 361, 435, 626 – 630

263	**Subkutane Hyposensibilisierungsbehandlung (Desensibilisierung), je Sitzung**	**90** 5,25	12,07 18,36

Ausschluss: Neben Nr. 263 sind folgende Nrn. nicht abrechnungsfähig: 56, 200, 435

Kommentar: Für die in der Regel nach einer Hyposensibilisierungsbehandlung angesetzte Wartezeit des Patienten in der Praxis kann keine Verweilgebühr berechnet werden. Verweilgebühr kann nur dann berechnet werden, wenn sich eine allergische Reaktion beim Patienten einstellt und somit der Arzt in einem Zeitraum von mehr als 30 Minuten beim Patienten verweilt, um ihn vor evtl. erforderlichen therapeutischen Eingriffen zu beobachten.
Werden therapeutische Eingriffe, z.B. Injektionen oder Infusionen, erforderlich, so ist eine Verweildauer nicht anzusetzen.

Tipp: Bei jeder Hyposensibilisierung nach Nr. 263 könnte eine Beratung sowie eine Kurzuntersuchung zum Ausschluss eines relevanten Infektes sinnvoll sein. Damit wäre also die Kombination der Nrn. 1 + 5 bei Neubeginn eines Behandlungsfalles möglich.

264	**Injektions- und/oder Infiltrationsbehandlung der Prostata, je Sitzung**	**120** 6,99	16,09 24,48

Ausschluss: Neben Nr. 264 sind folgende Nrn. nicht abrechnungsfähig: 267, 319, 435

GOÄ-Nr. Punktzahl 2,3 / *1,8
1fach 3,5 / *2,5

265 Auffüllung eines subkutanen Medikamentenreservoirs oder Spülung eines Ports, je Sitzung

60 8,04
3,50 12,24

Ausschluss: Neben Nr. 265 sind folgende Nrn. nicht abrechnungsfähig: 200, 252, 253, 303, 435

GOÄ-Ratgeber der BÄK: ► **Auffüllen eines implantierten Medikamentenreservoirs**
Dr. med. Beate Heck – in Deutsches Ärzteblatt 111 (17.10.2014), S. A-1825
http://www.bundesaerztekammer.de/aerzte/gebuehrenordnung/goae-ratgeber/abschnitt-c-nichtgebietsbezogene-sonderleistungen/medikamentenreservoir/
Die Autorin weist hier auf das subkutane Medikamentenreservoir in Abgrenzung von einem „externen" Medikamentenreservoir hin. z. B. die externen Medikamentenpumpen (PCA-Pumpe oder PCEA-Pumpe, PCRA).
... „Die Auffüllung der „externen" Pumpen ist nicht mit dem Auffüllen eines implantierten Medikamentenreservoirs vergleichbar. Für die Auffüllung der Pumpen ist Nr. 265 GOÄ nicht anzuwenden.
Das Reservoir der subkutan implantierten Medikamentenpumpe wird über die Haut punktiert und aufgefüllt und diese Leistung ist nicht mit Nr. 252 GOÄ abrechenbar, sondern mit der Nr. 265 GOÄ, die höher bewertet ist.
Abzugrenzen ist der Port vom subkutan implantierten Medikamentenpumpen.
Beim Port handelt es sich um einen unter die Haut implantierten sicheren Zugang z. B. zu einem venösen Blutgefäß. ..
Die Spülung eines Ports ist ebenfalls über die Nr. 265 GOÄ abzurechnen. Es ist somit möglich, dass in einer Sitzung Nr. 265 GOÄ zweimal in Ansatz gebracht werden kann, wenn sowohl bei dem Patienten ein Port gespült und eine oben beschriebene subkutane Medikamentenpumpe aufgefüllt wird..."

Tipp: Abrechenbar sind
- Implantation eines Medikamentenreservoirs nach Nr. 2421
- Implantation eines Ports nach Nr. 2801

265a Auffüllung eines Hautexpanders, je Sitzung

90 12,07
5,25 18,36

Ausschluss: Neben Nr. 265a sind folgende Nrn. nicht abrechnungsfähig: 200, 252, 253, 303, 435

266 Intrakutane Reiztherapie (Quaddelbehandlung), je Sitzung

60 8,04
3,50 12,24

Ausschluss: Neben Nr. 266 sind folgende Nrn. nicht abrechnungsfähig: 200, 390, 391, 435, 490, 491

Kommentar: Die **Quaddelbehandlung** kann mit Lokalanästhesie auch im Rahmen einer Schmerztherapie angewendet werden. Ist die Quaddelung eher an zahlreichen verschiedenen Stellen nötig, so kann der besondere Aufwand durch einen entsprechend höher gewählten Multiplikator bei der Abrechnung ausgeglichen werden.

IGeL: Neuraltherapie

267 Medikamentöse Infiltrationsbehandlung im Bereich einer Körperregion – auch paravertebrale oder perineurale oder perikapsuläre oder retrobulbäre Injektion und/oder Infiltration, je Sitzung

80 10,72
4,66 16,32

Ausschluss: Neben Nr. 267 sind folgende Nrn. nicht abrechnungsfähig: 200, 268, 390, 391, 435, 490, 491, 493 – 495

Analog: Analoger Ansatz der Nr. 267 für die Injektion in den Glaskörper.

Kommentar: Nach **Lang, Schäfer, Stiel** und **Vogt** ist die Nr. 267 neben den Nrn. 252 und 266 ausgeschlossen. **Brück** und wir sind der Meinung, dass bei erbrachter Leistung kein Ausschluss in der GOÄ ersichtlich ist.

Auf einen Blick: **Medikamentöse Infiltrationsbehandlung**

Kurzlegende	GOÄ-Nr.	mehrfache Infiltration GOÄ-Nr.
Prostata Infiltration	267	268
Quaddelbehandlung	266	
Infiltration einer Körperregion	267	268
Paravertebrale Infiltration		
Perineurale Infiltration		

Kurzlegende	GOÄ-Nr.	mehrfache Infiltration GOÄ-Nr.
Perikapsuläre Infiltration	267	268
Retrobulbäre Infiltration		
Epidurale Infiltration		
Peridurale Infiltration		
Gewebeerhärtende Infiltration	290[1]	

[1] Nr. 290 mehrfach ansetzbar!

268 **Medikamentöse Infiltrationsbehandlung im Bereich mehrerer Körperregionen (auch eine Körperregion beidseitig), je Sitzung** **130** 7,58 17,43 26,52

Ausschluss: Neben Nr. 268 sind folgende Nrn. nicht abrechnungsfähig: 200, 267, 390, 391, 435, 491, 493 – 495

Kommentar: Ein Ausschluss der Nrn. 267 / 268 zur Nr. 490 ist in der GOÄ nicht formuliert. Zu berücksichtigen ist lediglich, dass es sich nicht um die gleiche Leistung handeln darf. Dies wäre der Fall, wenn in beiden Fällen mit einem Lokalanästhetikum behandelt wurde. In diesem Fall könnte aber, wenn mehrere kleine Bezirke behandelt wurden, die Nr. 490 mehrfach berechnet werden. Wird kein Lokalanästhetikum, sondern ein anderes Medikament infiltriert, ist bei mehrfacher Applikation an verschiedenen Stellen die Nr. 267 nicht mehrfach, sondern einmalig Nr. 268 berechnungsfähig.

IGeL: Neuraltherapie auf Patientenwunsch zuzüglich Medikamentenkosten.

269 **Akupunktur (Nadelstich-Technik) zur Behandlung von Schmerzen, je Sitzung** **200** 11,66 26,81 40,80

Ausschluss: Neben Nr. 269 ist folgende Nr. nicht abrechnungsfähig: 269a

Kommentar: Nach der Leistungslegende der Nr. 269 und Nr. 269a ist nur die Nadelstich-Technik abrechnungsfähig. Andere Formen der Akupunktur wie z. B. Moxibustion (Moxa) und Laserakupunktur sind analog gemäß § 6 Abs. 2 nach den Nrn. 269 oder 269a abrechenbar. Die Kosten für die Akupunkturnadeln sind zusätzlich gesondert abrechnungsfähig. Immer häufiger werden von den Kassen entsprechende Qualifikationsnachweise des Arztes gefordert.

Die deutschsprachigen Akupunkturgesellschaften fordern eine stufenweise Ausbildung über mehrere Kurse mit einer Gesamtdauer von mindestens 140 Stunden (Grundqualifikation) und weitere Abschnitte zur Zusatzbezeichnung „Akupunktur" (200 Stunden) und dann zur Vollqualifikation (350 Stunden).

Die Elektroakupunktur nach Voll fällt nicht unter die Leistungen nach den Nrn. 269 und 269a, sondern ist analog nach der Nr. 832 berechnungsfähig. Interessanterweise führen die Autoren Brück et alii in ihrem Kommentar zur GOÄ aus: „...Der Analogabgriff in der GOÄ muss unabhängig davon möglich sein, dass die Elektroakupunktur nach Voll keine wissenschaftlich allgemein anerkannte Leistung darstellt. ..."

Eine durchgehende Anwesenheit des Arztes während der Akupunktur ist nicht erforderlich. Das Setzen der Nadeln allerdings ist eine höchstpersönliche ärztliche Leistung, die betrifft auch evtl. durchgeführte Stimulationen. Auch die kurze Beobachtung des Patienten während einer Akupunktur gilt als ärztliche Leistung. Nach der festgelegten Akupunkturdauer allerdings kann die Entfernung von ausgebildeten und angeleiteten Helferinnen gemacht werden.

Da eine dauernde Anwesenheit des Arztes nicht erforderlich ist, ist es nur natürlich, dass eine Verweildauer keineswegs angesetzt werden kann.

Tipp: Die Kosten für die Akupunkturnadeln können gemäß § 10 Abs. 1 berechnet werden.

IGeL: Einsatz auf Patientenwunsch z.B. zur Schmerz- bzw. Allergiebehandlung. Analoger Ansatz der Nummern 269, 269a bei Moxibustion und Laserakupunktur. Nr. 832 analog für die Elektroakupunktur nach Voll abrechenbar.

269 analog	**Allergie Akupunktur (analog Nr.269 GOÄ) – n. Empfehlung von Analog-Ziffern der PVS**	**200** 11,66	26,81 40,80

269a	**Akupunktur (Nadelstich-Technik) mit einer Mindestdauer von 20 Minuten zur Behandlung von Schmerzen, je Sitzung**	**350** 20,40	46,92 71,40

Neben der Leistung nach Nummer 269a ist die Leistung nach Nummer 269 nicht berechnungsfähig.

Ausschluss: Neben Nr. 269a ist folgende Nr. nicht abrechnungsfähig: 269

Kommentar: Siehe Kommentar zu Nr. 269. Mit den angegebenen 20 Minuten ist der Zeitraum vom Setzen bis zur Entfernung der Nadeln gemeint; die folgende Ruhephase zählt nicht dazu.

IGeL: Siehe Hinweise unter Nr. 269.

269a analog	**Allergie Akupunktur, mind. 20 Min. (analog Nr. 269a GOÄ) – n. Empfehlung der BÄK**	**350** 20,40	46,92 71,40

Kommentar: Siehe Kommentar zu Nr. 269.

270	**Infusion, subkutan**	**80** 4,66	10,72 16,32

Ausschluss: Neben Nr. 270 sind folgende Nrn. nicht abrechnungsfähig: 200, 204, 252, 263, 303, 435, 435

Kommentar: Der Leistungsinhalt definiert, dass es sich um eine Infusion ins Unterhautfettgewebe handelt. Diese Art von Infusionen ist heute kaum noch, auch nicht bei schwer kranken Patienten, gebräuchlich.

Tipp: Die Kosten für die Infusionslösung mit Infusionsbesteck können nach GOÄ § 10 als Auslagen berechnet werden.

IGeL: Infusionen auf Wunsch des Patienten, sogen. „Aufbaukuren“ mit Vitaminen und Spurenelemente und anderen z.B. nicht zu Lasten der GKV oder PKV verordnungsfähigen Medikamenten.

271	**Infusion, intravenös, bis zu 30 Minuten Dauer**	**120** 6,99	16,09 24,48

Ausschluss: Neben Nr. 271 sind folgende Nrn. nicht abrechnungsfähig: 200, 204, 253, 272, 273, 274, 275, 276, 345 – 347, 435, 451, 452, 478, 479, 2029

Hinweis LÄK: **Anmerkung der Bayerischen Landesärztekammer** vom 07.10.2003 (Quelle: GOÄ-Datenbank http://www.blaek.de/) – **Infusion – Mehrfachberechnung**

Aufgrund der Allgemeinen Bestimmungen zu Abschnitt C II. Blutentnahmen, Injektionen, Infiltrationen, Infusionen, Transfusionen, Implantation, Abstrichentnahmen der GOÄ kann die Leistung nach Nummer 272 je Gefäßzugang einmal, insgesamt jedoch nicht mehr als zweimal je Behandlungstag berechnet werden (die Bestimmung gilt ebenso für Nr. 271).

Bei nur einem Gefäßzugang kann die Nr. 272 also insgesamt nur einmal am selben Behandlungstag abgerechnet werden, unabhängig davon wie viele Infusionen nach Nr. 272 tatsächlich erfolgt sind – der besondere Aufwand könnte nur über den Gebührenrahmen geltend gemacht werden.

Kommentar: Wird in den parenteralen Katheter ein Arzneimittel eingebracht und während dieser Zeit der Fluss der Infusion unterbrochen, so kann zusätzlich die Nr. 261 abgerechnet werden. Wichtig ist, dass das Arzneimittel unmittelbar in die Vene gegeben wird und nicht durch Verdünnung in der Infusionslösung langsam in die Vene fließt.

Neu wurde mit der zum Januar 1996 veröffentlichten GOÄ der Begriff des Behandlungstages eingeführt. Bei der bisher bekannten Begrenzung der Abrechnung auf einen Tag wurde jeweils von „je Tag“ gesprochen. Nach dem Kommentar zur GOÄ von **Brück** et alii sollte aus Gründen der Vereinfachung auch beim Behandlungstag „vom Zeitraum zwischen 0 bis 24 Uhr ausgegangen werden“.

Die Regelungen zur Nr. 271 und Nr. 272 sehen vor, dass am selben Behandlungstag Infusionen zu unterschiedlichen Zeiten die Nrn. 271 und 272 jeweils zweimal berechnet werden. Voraussetzung dieser Abrechnungsweise ist aber, dass gesonderte Punktionen verschiedener Blutgefäße durchgeführt werden. Erforderliche Gefäßpunktionen können nicht zusätzlich abgerechnet werden, da sie Bestandteil der Leistungen nach den Nrn. 270 bis 287 sind.

Tipp:
- Die Kosten für die Infusionslösung mit Infusionsbesteck können nach GOÄ § 10 als Auslagen berechnet werden oder durch Verordnung zu Lasten des Patienten.
- Neben Nr. 271 ist die Nr. 2800 abrechenbar.

IGeL: Siehe Hinweise unter Nr. 270.

272 Infusion, intravenös, von mehr als 30 Minuten Dauer

180 24,13
10,49 36,72

Ausschluss: Neben Nr. 272 sind folgende Nrn. nicht abrechnungsfähig: 200, 204, 253, 271, 273, 274, 275, 276, 345 – 347, 435, 451, 452, 478, 479, 2029

Hinweis LÄK: **Anmerkung der Bayerischen Landesärztekammer** vom 30.09.2003 (Quelle: GOÄ-Datenbank http://www.blaek.de/) – **Infusion – Mehrfachberechnung**
Aufgrund der Allgemeinen Bestimmungen zu Abschnitt C II. Blutentnahmen, Injektionen, Infiltrationen, Infusionen, Transfusionen, Implantation, Abstrichentnahmen, der GOÄ kann die Leistung nach Nummer 272 je Gefäßzugang einmal, insgesamt jedoch nicht mehr als zweimal je Behandlungstag berechnet werden (die Bestimmung gilt ebenso für Nr.271).
Bei nur einem Gefäßzugang kann die Nr. 272 also insgesamt nur einmal am selben Behandlungstag abgerechnet werden, unabhängig davon wie viele Infusionen nach Nr. 272 tatsächlich erfolgt sind – der besondere Aufwand könnte nur über den Gebührenrahmen geltend gemacht werden.

Kommentar: Neu wurde mit der zum Januar 1996 veröffentlichten GOÄ der Begriff des Behandlungstages eingeführt. Bei der bisher bekannten Begrenzung der Abrechnung auf einen Tag wurde jeweils von „je Tag" gesprochen. Nach dem Kommentar zur GOÄ von **Brück** et alii sollte aus Gründen der Vereinfachung auch beim Behandlungstag „vom Zeitraum zwischen 0 bis 24 Uhr ausgegangen werden".
Die Regelungen zur Nr. 271 und Nr. 272 sehen vor, dass am selben Behandlungstag Infusionen zu unterschiedlichen Zeiten die Nrn. 271 und 272 jeweils zweimal berechnet werden. Voraussetzung dieser Abrechnungsweise ist aber, dass gesonderte Punktionen verschiedener Blutgefäße durchgeführt werden.
Erforderliche Gefäßpunktionen können nicht zusätzlich abgerechnet werden, da sie Bestandteil der Leistungen nach den Nrn. 270 bis 287 sind.

Tipp:
- Neben Nr. 272 ist die Nr. 2800 abrechenbar.
- Die Kosten für die Infusionslösung mit Infusionsbesteck können nach GOÄ § 10 als Auslagen berechnet werden oder durch Verordnung zu Lasten des Patienten.

IGeL: Siehe Hinweise unter Nr. 270.

273 Infusion, intravenös – gegebenenfalls mittels Nabelvenenkatheter oder in die Kopfvene-, bei einem Kind bis zum vollendeten 4. Lebensjahr

180 24,13
10,49 36,72

Die Leistungen nach den Nummern 271, 272 und 273 sind im Zusammenhang mit einer Anästhesie/Narkose nicht berechnungsfähig für die Einbringung von Anästhetika, Anästhesieadjuvantien und Anästhesieantidoten.
Werden die Leistungen nach Nummern 271, 272 oder 273 im Zusammenhang mit einer Anästhesie/Narkose berechnet, ist das Medikament in der Rechnung anzugeben.

Ausschluss: Neben Nr. 273 sind folgende Nrn. nicht abrechnungsfähig: 200, 204, 253, 271, 272, 274, 275, 276, 345 – 347, 435, 451, 452

Kommentar:
- Erforderliche Gefäßpunktionen können nicht zusätzlich abgerechnet werden, da sie Bestandteil der Leistungen nach den Nrn. 270 bis 287 sind.
- Die Leistung nach Nr. 273 ist nur einmal je Behandlungstag berechnungsfähig

Tipp:
- Neben Nr. 273 ist die Nr. 2800 abrechenbar.
- Die Kosten für die Infusionslösung mit Infusionsbesteck können nach GOÄ § 10 als Auslagen berechnet werden

GOÄ-Nr.		Punktzahl / 1fach	2,3 / *1,8 / 3,5 / *2,5

274 **Dauertropfinfusion, intravenös, von mehr als 6 Stunden Dauer – gegebenenfalls einschließlich Infusionsplan und Bilanzierung –** **320** 42,90 / 18,65 65,28

Neben der Leistung nach Nummer 274 sind die Leistungen nach den Nummern 271 bis 273, 275 und/oder 276 nicht berechnungsfähig.

Ausschluss: Neben Nr. 274 sind folgende Nrn. nicht abrechnungsfähig: 200, 204, 253, 271, 272, 273, 275, 276, 345 – 347, 435, 451, 452, 478, 479, 2029

Kommentar: Erforderliche Gefäßpunktionen können nicht zusätzlich abgerechnet werden, da sie Bestandteil der Leistungen nach den Nrn. 270 bis 287 sind.
Die Leistung nach Nr. 274 ist nur einmal je Behandlungstag berechnungsfähig

Tipp:
- Neben Nr. 274 ist die Nr. 2800 abrechenbar.
- Die Kosten für die Infusionslösung mit Infusionsbesteck können nach GOÄ § 10 als Auslagen berechnet werden oder durch Verordnung zu Lasten des Patienten..

275 **Dauertropfinfusion von Zystostatika, von mehr als 90 Minuten Dauer** **360** 48,26 / 20,98 73,44

Ausschluss: Neben Nr. 275 sind folgende Nrn. nicht abrechnungsfähig: 200, 204, 253, 271, 272, 273, 274, 276, 435, 2029

Kommentar: Erforderliche Gefäßpunktionen können nicht zusätzlich abgerechnet werden, da sie Bestandteil der Leistungen nach den Nrn. 270 bis 287 sind.
Die Leistung nach Nr. 275 ist nur einmal je Behandlungstag berechnungsfähig

Tipp:
- Neben Nr. 275 ist die Nr. 2800 abrechenbar.
- Die Kosten für die Infusionslösung mit Infusionsbesteck können nach GOÄ § 10 als Auslagen berechnet werden.

276 **Dauertropfinfusion von Zystostatika, von mehr als 6 Stunden Dauer** **540** 72,39 / 31,48 110,16

Ausschluss: Neben Nr. 276 sind folgende Nrn. nicht abrechnungsfähig: 200, 204, 253, 271, 272, 273, 274, 275, 435, 2029

Kommentar: Erforderliche Gefäßpunktionen können nicht zusätzlich abgerechnet werden, da sie Bestandteil der Leistungen nach den Nrn. 270 bis 287 sind.
Die Leistung nach Nr. 276 ist nur einmal je Behandlungstag berechnungsfähig

Tipp:
- Neben Nr. 276 ist die Nr. 2800 abrechenbar.
- Die Kosten für die Infusionslösung mit Infusionsbesteck können nach GOÄ § 10 als Auslagen berechnet werden.

277 **Infusion, intraarteriell, bis zu 30 Minuten Dauer** **180** 24,13 / 10,49 36,72

Ausschluss: Neben Nr. 277 sind folgende Nrn. nicht abrechnungsfähig: 200, 204, 254, 258, 278, 350 – 361, 435, 2029

Kommentar: Erforderliche Gefäßpunktionen können nicht zusätzlich abgerechnet werden, da sie Bestandteil der Leistungen nach den Nrn. 270 bis 287 sind.
Die Leistung nach Nr. 277 ist nur einmal je Behandlungstag berechnungsfähig.

Tipp: Die Kosten für die Infusionslösung mit Infusionsbesteck können nach GOÄ § 10 als Auslagen berechnet werden.

278 **Infusion, intraarteriell, von mehr als 30 Minuten Dauer** **240** 32,17 / 13,99 48,96

Ausschluss: Neben Nr. 278 sind folgende Nrn. nicht abrechnungsfähig: 200, 204, 254, 258, 277, 350 – 361, 435, 2029

Kommentar: Erforderliche Gefäßpunktionen können nicht zusätzlich abgerechnet werden, da sie Bestandteil der Leistungen nach den Nrn. 270 bis 287 sind.

GOÄ-Nr.		Punktzahl 1fach	2,3 / *1,8 3,5 / *2,5

Die Leistung nach Nr. 278 ist nur einmal je Behandlungstag berechnungsfähig. Dies gilt auch, wenn die Infusionen über unterschiedliche Gefäßzugänge zugeführt werden.

Tipp: Die Kosten für die Infusionslösung mit Infusionsbesteck können nach GOÄ § 10 als Auslagen berechnet werden.

279 **Infusion in das Knochenmark** **180** 10,49 24,13 36,72

Ausschluss: Neben Nr. 279 sind folgende Nrn. nicht abrechnungsfähig: 200, 204, 311, 312, 435

Kommentar: Erforderliche Gefäßpunktionen können nicht zusätzlich abgerechnet werden, da sie Bestandteil der Leistungen nach den Nrn. 270 bis 287 sind.

280 **Transfusion der ersten Blutkonserve (auch Frischblut) oder des ersten Blutbestandteilpräparats – einschließlich Identitätssicherung im ABO-System (bedside-test) und Dokumentation der Konserven- bzw. Chargen-Nummer –** **330** 19,23 44,24 67,32

Die Infusion von Albumin oder von Präparaten, die als einzigen Blutbestandteil Albumin enthalten, ist nicht nach der Leistung nach Nummer 280 berechnungsfähig.

Ausschluss: Neben Nr. 280 sind folgende Nrn. nicht abrechnungsfähig: 200, 204, 253, 271 – 273, 281, 286 – 287, 435, 2029

Kommentar: Erforderliche Gefäßpunktionen können nicht zusätzlich abgerechnet werden, da sie Bestandteil der Leistungen nach den Nrn. 270 bis 287 sind.

Tipp: Neben Nr. 280 ist die Nr. 282 abrechenbar.

281 **Transfusion der ersten Blutkonserve (auch Frischblut) oder ersten Blutbestandteilpräparats bei einem Neugeborenen – einschließlich Nabelvenenkatheterismus, Identitätssicherung im ABO-System (bedside-test) und Dokumentation der Konserven- bzw. Chargen-Nummer** **450** 26,23 60,33 91,80

Die Infusion von Albumin oder von Präparaten, die als einzigen Blutbestandteil Albumin enthalten, ist nicht nach der Leistung nach Nummer 281 berechnungsfähig.

Ausschluss: Neben Nr. 281 sind folgende Nrn. nicht abrechnungsfähig: 200, 204, 253, 271 – 273, 280, 286 – 287, 435, 2029

Kommentar:
- Neugeborenes: Säugling bis zum vollendeten 28. Lebenstag.
- Erforderliche Gefäßpunktionen können nicht zusätzlich abgerechnet werden, da sie Bestandteil der Leistungen nach den Nrn. 270 bis 287 sind.

Tipp: Neben Nr. 281 ist die Nr. 282 abrechenbar.

282 **Transfusion jeder weiteren Blutkonserve (auch Frischblut) oder jedes weiteren Blutbestandteilpräparats im Anschluss an die Leistungen nach den Nummern 280 und 281 – einschließlich Identitätssicherung im ABO-System(bedside-test) und Dokumentation der Konserven- bzw. Chargen-Nummer –** **150** 8,74 20,11 30,60

Die Infusion von Albumin oder von Präparaten, die als einzigen Blutbestandteil Albumin enthalten, ist nicht nach der Leistung nach Nummer 282 berechnungsfähig.

Ausschluss: Neben Nr. 282 sind folgende Nrn. nicht abrechnungsfähig: 200, 204, 253, 271 – 273, 286 – 287, 435, 2029

Kommentar: Nach der Allgemeinen Bestimmung zur Nr. 282 kann auch eine zweite oder dritte Transfusion im großen zeitlichen Abstand zur ersten am selben Behandlungstag leider nur nach der Nr. 282 abgerechnet werden.
Ist allerdings eine neue Venenpunktion oder das Legen eines zentralen Venenkatheters nach der ersten Transfusion erforderlich für eine zweite Transfusion, so kann dies unserer Meinung nach neu nach Nr. 282 abgerechnet werden. Alle weiteren jetzt über den Zugang gelegten Transfusionen sind allerdings nach der Nr. 282 abzurechnen.

Erforderliche Gefäßpunktionen können nicht zusätzlich abgerechnet werden, da sie Bestandteil der Leistungen nach den Nrn. 270 bis 287 sind.

Tipp: Neben Nr. 282 sind die Nrn. 280, 281 abrechenbar.

283	**Infusion in die Aorta bei einem Neugeborenen mittels transumbilikalem Aortenkatheter – einschließlich der Anlage des Katheters –**	**500** 29,14	67,03 102,00

Ausschluss: Neben Nr. 283 sind folgende Nrn. nicht abrechnungsfähig: 200, 254, 261, 273, 277, 278, 350 – 361, 435

Kommentar: Erforderliche Gefäßpunktionen können nicht zusätzlich abgerechnet werden, da sie Bestandteil der Leistungen nach den Nrn. 270 bis 287 sind.
Die Leistung nach Nr. 283 ist nur einmal je Behandlungstag berechnungsfähig.

284	**Eigenbluteinspritzung – einschließlich Blutentnahme –**	**90** 5,25	12,07 18,36

Ausschluss: Neben Nr. 284 sind folgende Nrn. nicht abrechnungsfähig: 200, 250, 251, 252, 253, 285 – 289, 435

Kommentar: Erforderliche Gefäßpunktionen können nicht zusätzlich abgerechnet werden, da sie Bestandteil der Leistungen nach den Nrn. 270 bis 287 sind.
Mit der Gebühr nach der Leistung Nr. 284 sind sowohl die Blutentnahme als auch Manipulationen am Blut vor der Rückinjektion wie z. B. Medikamentengaben, homöopathische Potenzierung und die Leistung der Einspritzung abgegolten. **Brück** bemerkt in seinem Kommentar, dass „...mögliche Erschwernisse bei der Leistungserbringung über den Gebührenrahmen abgegolten werden können...“, d. h. durch einen höheren Multiplikator.

IGeL: Eigenblutbehandlung auf Patientenwunsch , z.B. bei
- Immunsystemstimulation
- Allergien

285	**Aderlass aus der Vene oder Arterie mit Entnahme von mindestens 200 Milliliter Blut – gegebenenfalls einschließlich Verband –**	**110** 6,41	14,75 22,44

Ausschluss: Neben Nr. 285 sind folgende Nrn. nicht abrechnungsfähig: 200, 204, 250, 251, 262, 284, 288, 289, 435, 2029

Kommentar: Wird bei einem Aderlass ein geringeres Volumen als 200 ml Blut entnommen, ist die Abrechnung nach 285 nicht möglich, es bleibt nur die Abrechnung nach Nr. 250.
Erforderliche Gefäßpunktionen können nicht zusätzlich abgerechnet werden, da sie Bestandteil der Leistungen nach den Nrn. 270 bis 287 sind.

Tipp: Neben Nr. 285 ist die Nr. 2800 (Venae sectio) abrechenbar.

IGeL: Bei
- Hämatogener Oxidationstherapie (HOT)
- Ozon-Therapie
- Sauerstoff-Therapien

mit entsprechenden weiteren Leistungen .

286	**Reinfusion der ersten Einheit (mindestens 200 Milliliter) Eigenblut oder Eigenplasma – einschließlich Identitätssicherung im ABO-System (bedside-test)**	**220** 12,82	29,49 44,88

Ausschluss: Neben Nr. 286 sind folgende Nrn. nicht abrechnungsfähig: 200, 204, 253, 271 – 273, 280, 282, 435, 2029

Kommentar: Die Nrn. 286, 286a und 288 sind analog berechnungsfähig für die Ozon-Therapie (nach Brück auch als ‚große Blutwäsche‘ bezeichnet) und für die HOT, z.B. Nr. 288 analog für Blutentnahme.
Erforderliche Gefäßpunktionen können nicht zusätzlich abgerechnet werden, da sie Bestandteil der Leistungen nach den Nrn. 270 bis 287 sind.

GOÄ-Nr.		Punktzahl 1fach	2,3 / *1,8 3,5 / *2,5

Tipp: Neben Nr. 286 sind die Nrn. 286a, 288, 289 abrechenbar.

IGeL: Nr. 286 analog für HOT abrechenbar.

286a	**Reinfusion jeder weiteren Einheit (mindestens 200 Milliliter) Eigenblut oder Eigenplasma im Anschluss an die Leistung nach der Nummer 286 – einschießlich Identitätssicherung im ABO-System (bedside-test) –**	**100** 5,83	13,41 20,40

Ausschluss: Neben Nr. 286a sind folgende Nrn. nicht abrechnungsfähig: 200, 204, 253, 271, 273, 280, 282, 435, 2029

Kommentar: Siehe Kommentar Nr. 286

287	**Blutaustauschtransfusion (z.B. bei schwerster Intoxikation)**	**800** 46,63	107,25 163,20

Ausschluss: Neben Nr. 287 sind folgende Nrn. nicht abrechnungsfähig: 200, 204, 250, 251, 285, 286, 286a, 288, 289, 2029

Kommentar: Erforderliche Gefäßpunktionen können nicht zusätzlich abgerechnet werden, da sie Bestandteil der Leistungen nach den Nrn. 270 bis 287 sind.
Die Leistung nach Nr. 287 ist nur einmal je Behandlungstag berechnungsfähig.

Tipp: Neben Nr. 287 ist die Nr. 2800 abrechenbar.

288	**Präoperation Entnahme einer Einheit Eigenblut (mindestens 400 Milliliter) zur späteren Retransfusion bei Aufbewahrung als Vollblutkonserve – gegebenenfalls einschließlich Konservierung –**	**230** 13,41	30,83 46,92

Ausschluss: Neben Nr. 288 sind folgende Nrn. nicht abrechnungsfähig: 200, 204, 250, 251, 289, 435, 2029

Kommentar: Die Nrn. 286, 286a und 288 sind analog berechnungsfähig für die Ozon-Therapie (nach Brück auch als ‚große Blutwäsche' bezeichnet) und für die HOT, z.B. Nr. 288 analog für Blutentnahme für HOT.

Tipp: Neben Nr. 288 ist die Nr. 2800 abrechenbar.

289	**Präoperative Entnahme einer Einheit Eigenblut (mindestens 400 Milliliter) zur späteren Retransfusion – einschließlich Auftrennung des Patientenblutes in ein Erythrozytenkonzentrat und eine Frischplasmakonserve, Versetzen des Erythrozytenkonzentrats mit additiver Lösung und anschließender Aufbewahrung bei + 2 °C bis + 6 °C sowie Schockgefrieren des Frischplasmas und anschließender Aufbewahrung bei – 30 °C oder darunter –**	**350** 20,40	46,92 71,40

Ausschluss: Neben Nr. 289 sind folgende Nrn. nicht abrechnungsfähig: 200, 204, 250, 251, 288, 435, 2029

Tipp: Neben Nr. 289 ist die Nr. 2800 abrechenbar.

290	**Infiltration gewebehärtender Mittel**	**120** 6,99	16,09 24,48

Ausschluss: Neben Nr. 290 sind folgende Nrn. nicht abrechnungsfähig: 200, 252, 264, 266, 390, 391, 435, 764

Kommentar: Werden Infiltrationen gewebehärtender Mittel an mehreren Stellen durchgeführt, so ist die Nr. 290 auch mehrfach berechnungsfähig.

291	**Implantation von Hormonpresslingen**	**70** 4,08	9,38 14,28

Ausschluss: Neben Nr. 291 sind folgende Nrn. nicht abrechnungsfähig: 200, 252, 265, 435, 2421

Analog: Nr. 291 analog für die Implantation von Antibiotikaketten abrechnen.

GOÄ-Nr.		Punktzahl / 1fach	2,3 / *1,8 / 3,5 / *2,5
297	**Entnahme und Aufbereitung von Abstrichmaterial zur zytologischen Untersuchung – gegebenenfalls einschließlich Fixierung**	**45** / 2,62	6,03 / 9,18

Mit der Gebühr sind die Kosten abgegolten.

Ausschluss: Neben Nr. 297 sind folgende Nrn. nicht abrechnungsfähig: 27, 298, 435, 4850, 4870 – 4873

Beschluss BÄK: **Beschluss des Gebührenausschusses der Bundesärztekammer**

Nrn 297 und 298 nebeneinander bzw. Mehrfachberechnung (10. Sitzung vom 18. Juli 1997)

Die Nrn. 297 und 298 GOÄ stellen auf die jeweilige Abstrichentnahme eines Materials aus derselben Körperregion ab. Die Einschränkung, dass es sich um Abstriche „eines Materials" handelt, ergibt sich aus dem Leistungsziel und der Art der Durchführung (die jeweils getrennte Entnahme, Aufbereitung und weitere Untersuchung). Bei unterschiedlichen Materialien (Abstrichentnahme aus verschiedenen Körperregionen) können die Nrn. 297 und 298 auch jeweils mehrfach zur Abrechnung kommen.

Die in GOÄ-Kommentaren vertretene Auffassung, dass dann, wenn aus derselben Körperregion Abstriche sowohl zur zytologischen als auch zur mikrobiologischen Untersuchung entnommen werden, die mikrobiologische Abstrichentnahme eine „unselbständige Teilleistung" der Nr. 297 im Sinne des § 4 Abs. 2a Satz 1 GOÄ wäre, wird vom Ausschuss abgelehnt.

Die Abstriche werden getrennt entnommen und aufbereitet. Geringfügige Leistungsüberschneidungen (hinsichtlich Lagerung des Patienten und Einstellung des Abstrichsgebietes) sind durch die unterschiedlichen Bewertungen der Nrn. 297 und 298 GOÄ berücksichtigt.

Tipp: Neben Nr. 297 sind die Nrn. 7, 4851, 4852 abrechenbar.

298	**Entnahme und gegebenenfalls Aufbereitung von Abstrichmaterial zur mikrobiologischen Untersuchung – gegebenenfalls einschließlich Fixierung –**	**40** / 2,33	5,36 / 8,16

Mit der Gebühr sind die Kosten abgegolten.

Ausschluss: Neben Nr. 298 sind folgende Nrn. nicht abrechnungsfähig: 297, 435

Beschluss BÄK: **Beschluss des Gebührenausschusses der Bundesärztekammer**

Nrn. 297 und 298 nebeneinander bzw. Mehrfachberechnung (10. Sitzung vom 18. Juli 1997)

Die Nrn. 297 und 298 GOÄ stellen auf die jeweilige Abstrichentnahme eines Materials aus derselben Körperregion ab. Die Einschränkung, dass es sich um Abstriche „eines Materials" handelt, ergibt sich aus dem Leistungsziel und der Art der Durchführung (die jeweils getrennte Entnahme, Aufbereitung und weitere Untersuchung). Bei unterschiedlichen Materialien (Abstrichentnahme aus verschiedenen Körperregionen) können die Nrn. 297 und 298 auch jeweils mehrfach zur Abrechnung kommen.

Die in GOÄ-Kommentaren vertretene Auffassung, dass dann, wenn aus derselben Körperregion Abstriche sowohl zur zytologischen als auch zur mikrobiologischen Untersuchung entnommen werden, die mikrobiologische Abstrichentnahme eine „unselbständige Teilleistung" der Nr. 297 im Sinne des § 4 Abs. 2a Satz 1 GOÄ wäre, wird vom Ausschuss abgelehnt.

Die Abstriche werden getrennt entnommen und aufbereitet. Geringfügige Leistungsüberschneidungen (hinsichtlich Lagerung des Patienten und Einstellung des Abstrichsgebietes) sind durch die unterschiedlichen Bewertungen der Nrn. 297 und 298 GOÄ berücksichtigt.

III Punktionen

Allgemeine Bestimmungen:

Zum Inhalt der Leistungen für Punktionen gehören die damit im Zusammenhang stehenden Injektionen, Instillationen, Spülungen sowie Entnahme z.B. von Blut, Liquor, Gewebe.

Auf einen Blick:

Alle Punktionen

Punktion	GOÄ-Nr.
Abszess	**303**
Adnextumor (einschl. Douglaspunktion)	**317**
Augenhöhle	**304**
Bauchhöhle	**307**
Douglasraum	**316**
Drüse	**303**

Punktion	GOÄ-Nr.
Ellenbogengelenk	**301**
Fingergelenk	**300**
Ganglion	**303**
Gehirn bei vorhandener Trepanationsöffnung	**306**
Hämatom	**303**
Handgelenk	**300**
Harnblase	**318**
Herzbeutel	**310**
Hoden	**315**
Hüftgelenk	**302**
Hygrom	**303**
Kniegelenk	**301**
Knochenmark	**311**
Knochenstanze	**312**
Körperteile, -oberflächliche	**303**
Leber	**315**
Liquorräume	**305**
Liquorräume durch die Fontanelle	**305A**
Lunge	**306**
Lymphknoten	**314**
Mamma	**314**
Milz	**315**
Niere	**315**
Organ, z.B. Leber, Milz, Nieren, Hoden	**315**
Pleura	**308**
Pleuraraum	**307**
Prostata	**319**
Schilddrüse	**319**
Schleimbeutel	**303**
Schultergelenk	**302**
Serom	**303**
Sprunggelenk	**300**
Sternalpunktion	**311**
Wasserbruch	**318**
Wirbelgelenk	**301**
Zehengelenk	**300**

300 **Punktion eines Gelenks** **120** 16,09
6,99 24,48

Ausschluss: Neben Nr. 300 sind folgende Nrn. nicht abrechnungsfähig: 200, 301 – 303, 373, 2189 – 2196, 5050, 5060, 5070

Kommentar: Die Punktion nach Nr. 300 betrifft Finger-, Zehengelenke, Handgelenk und Sprunggelenk. Andere Gelenkpunktionen sind in den folgenden Nrn. 301 und 302 beschrieben. Nach der Kommentierung von **Brück** zur Punktion eines Schultergelenkes nach Nr. 302 sind Punktionen im Bereich des inneren Schlüsselbeingelenkes (Sterno-Claido-Claviculargelenk) und des äußeren Schlüsselbeingelenkes (Arcromyoclavikulargelenk) ebenfalls nach den Nrn. 300 zu berechnen und nicht nach Nr. 302.

GOÄ-Nr.		Punktzahl / 1fach	2,3 / *1,8 / 3,5 / *2,5

301 Punktion eines Ellenbogen-, Knie- oder Wirbelgelenks

160 21,45
9,33 32,64

Ausschluss: Neben Nr. 301 sind folgende Nrn. nicht abrechnungsfähig: 200, 373, 2189 – 2196, 5050, 5070

Tipp:
- Vergessen Sie nicht die Infiltrationsanästhesie nach Nrn. 490 oder 491.
- Wenn erforderlich, zusätzlich Kompressionsverband nach Nr. 204.

302 Punktion eines Schulter- oder Hüftgelenks

250 33,52
14,57 51,00

Ausschluss: Neben Nr. 302 sind folgende Nrn. nicht abrechnungsfähig: 200, 373, 2189 – 2196, 5050, 5060, 5070

Kommentar: Siehe Kommentierung zu den Schlüsselbeingelenken unter Nr. 300.

IGeL: Anwendung für die Stoßwellentherapie bei orthopädischen Erkrankungen, z.B. Pseudarthrosen, Tendinosis calcarea, Epicondylitis (therapieresistent), Fersensporn (therapieresistent).

302 analog Radiale Stoßwellentherapie bei orthopädischen, chirurgischen und schmerztherapeutischen Indikationen (analog Nr. 302 GOÄ) – n. Empfehlung der BÄK

250 33,52
14,57 51,00

Bei Behandlung verschiedener Körperareale in einer Sitzung ist die Nr. 302A pro Sitzung nur einmal berechnungsfähig. Der Ausschuss „Gebührenordnung" geht von einer durchschnittlichen Anzahl von zwei bis drei, maximal vier Sitzungen pro Behandlungsfall aus.

Ausschluss: Neben Nr. 302analog sind folgende Nrn. nicht abrechnungsfähig: 200, 373, 2189 – 2196, 5050, 5060, 5070

Beschluss BÄK:
Beschluss des Gebührenausschusses der BÄK – veröffentlicht in DÄ, Heft 7, 15.2.02
Radiale Stoßwellentherapie bei orthopädischen Indikationen
Radiale Stoßwellentherapie bei orthopädischen, chirurgischen und schmerztherapeutischen Indikationen analog Nr 302 GOÄ (250 Punkte).

303 Punktion einer Drüse, eines Schleimbeutels, Ganglions, Seroms, Hygroms, Hämatoms oder Abzesses oder oberflächiger Körperteile

80 10,72
4,66 16,32

Ausschluss: Neben Nr. 303 sind folgende Nrn. nicht abrechnungsfähig: 200, 321, 370

Beschluss BÄK:
Beschluss des Gebührenausschusses der Bundesärztekammer: Berechnung der Blutgasanalyse (5. Sitzung vom 13. März 1996)
Die Berechnung auf Grundlage der Nr. 3710 GOÄ (Speziallabor) ist zwingend. Die Berechnung daneben der Nr. **303** GOÄ (Punktion oberflächiger Körperteile) sowie der Nr. 3715 (Bikarbonatbestimmung) ist nicht zulässig, da die Leistung nach Nr. **303** nicht vorliegt und die Bikarbonatbestimmung einzig rechnerisch erfolgt, demnach gemäß der Allgemeinen Bestimmung Nr. 5 vor Abschnitt M nicht berechenbar ist.
Die Messung und Berechnung nach Nr. 602 GOÄ (Oxymetrie) ist möglich, da diese zwar grundsätzlich aus der Blutgasanalyse unter Einbezug des Hb-Wertes berechenbar ist, dieser aber aktuell nicht vorliegt. Die Messung ist sachlich allerdings nur bei bestimmten Indikationen sinnvoll, zum Beispiel Anämie. In diesen Fällen ist Nr. 602 neben Nr. 3710 berechenbar. Die Leistung nach Nr. 614 (transcutane Messung(en) des Sauerstoffpartialdrucks) ist zeitgleich mit der Blutgasanalyse nicht berechenbar, da der Sauerstoffpartialdruck bereits mit der Blutgasanalyse gemessen wird. Möglich ist jedoch die Berechnung der Nrn. 614 und 3710 in den Fällen, in denen die Leistungen zeitgleich getrennt erbracht werden müssen.

Tipp:
- Infiltrationsanästhesie nach Nrn. 490 oder 491.
- Ggf. zusätzlich Kompressionsverband nach Nr. 204.

304 Punktion der Augenhöhle

160 21,45
9,33 32,64

Ausschluss: Neben Nr. 304 sind folgende Nrn. nicht abrechnungsfähig: 200, 267, 495

Tipp: Siehe Tipp GOÄ Nr. 303.

305 Punktion der Liquorräume (Subokzipital- oder Lumbalpunktion)

350 46,92
20,40 71,40

Ausschluss: Neben Nr. 305 sind folgende Nrn. nicht abrechnungsfähig: 200, 256, 257, 259, 268, 305a, 340

GOÄ-Nr.		Punktzahl 1fach	2,3 / *1,8 3,5 / *2,5

Kommentar: Für die Punktion von endokrinen Drüsen sind die Leistungen nach den Nrn. 315 und 319 zu berechnen. Die verschiedenen Speicheldrüsen fallen unter den Begriff „Drüse" in der Leistungslegende der Nr. 303.
Werden nebeneinander Subokzipital- und Lumbalpunktionen erbracht, ist die Leistung nach Nr. 305 entsprechend zweimal abrechenbar.

Tipp: Siehe Tipp GOÄ Nr. 303.

305a	**Punktion der Liquorräume durch die Fontanelle**	**250** 14,57	33,52 51,00

Ausschluss: Neben Nr. 305a sind folgende Nrn. nicht abrechnungsfähig: 200, 256, 257, 259, 268, 305, 340

Tipp:
- Infiltrationsanästhesie nach Nrn. 490 oder 491.
- Ggf. zusätzlich Kompressionsverband nach Nr. 204.

306	**Punktion der Lunge – auch Abszess- oder Kavernenpunktion in der Lunge – oder Punktiom des Gehirns bei vorhandener Trepanationsöffnung**	**500** 29,14	67,03 102,00

Ausschluss: Neben Nr. 306 sind folgende Nrn. nicht abrechnungsfähig: 200, 303, 370, 2972, 2992, 2993

Kommentar: Punktionen des Pleuraraumes sind nach Nr. 307 abzurechnen und Gewebeentnahmen aus der Pleura, ggf. einschl. Punktion, nach Nr. 308.

Tipp: Siehe Tipp GOÄ Nr. 303.

307	**Punktion des Pleuraraums oder der Bauchhöhle**	**250** 14,57	33,52 51,00

Ausschluss: Neben Nr. 307 sind folgende Nrn. nicht abrechnungsfähig: 200, 306, 308, 370

Kommentar: Die spezielle Punktion des Douglasraumes kann sowohl nach Nr. 307 als auch nach Nr. 316 abgerechnet werden. Beide Leistungen sind gleich bewertet.

Tipp:
- Infiltrationsanästhesie nach Nrn. 490 oder 491.
- Ggf. zusätzlich Kompressionsverband nach Nr. 204.

308	**Gewebeentnahme aus der Pleura – gegebenenfalls einschließlich Punktion –**	**350** 20,40	46,92 71,40

Ausschluss: Neben Nr. 308 sind folgende Nrn. nicht abrechnungsfähig: 200, 307, 370, 2992, 2993

Tipp: Siehe Tipp GOÄ Nr. 303.

310	**Punktion des Herzbeutels**	**350** 20,40	46,92 71,40

Ausschluss: Neben Nr. 310 sind folgende Nrn. nicht abrechnungsfähig: 200, 258

Tipp: Siehe Tipp GOÄ Nr. 303.

311	**Punktion des Knochenmarks – auch Sternalpunktion –**	**200** 11,66	26,81 40,80

Ausschluss: Neben Nr. 311 sind folgende Nrn. nicht abrechnungsfähig: 200, 279, 312

Kommentar: Werden mehrere Punktionen an unterschiedlichen Körperstellen durchgeführt, so sind diese einzeln berechnungsfähig.

Tipp: Siehe Tipp GOÄ Nr. 303.

312	**Knochenstanze – gegebenenfalls einschließlich Entnahme von Knochenmark –**	**300** 17,49	40,22 61,20

Ausschluss: Neben Nr. 312 sind folgende Nrn. nicht abrechnungsfähig: 200, 279, 311

Tipp: Siehe Tipp GOÄ Nr. 303.

GOÄ-Nr.		Punktzahl / 1fach	2,3 / *1,8 / 3,5 / *2,5

314 Punktion der Mamma oder Punktion eines Lymphknotens

120 · 16,09
6,99 · 24,48

Ausschluss: Neben Nr. 314 ist folgende Nr. nicht abrechnungsfähig: 200

Kommentar: Die Leistungslegende beschreibt hinsichtlich der Mamma keine besondere Struktur, so dass nicht nur die Punktion von Mammagewebe, sondern auch die Punktion einer Mammazyste nach Nr. 314 zu berechnen ist.

Tipp: Siehe Tipp GOÄ Nr. 303.

315 Punktion eines Organs (z.B. Leber, Milz, Niere, Hoden)

250 · 33,52
14,57 · 51,00

Ausschluss: Neben Nr. 315 sind folgende Nrn. nicht abrechnungsfähig: 200, 1767, 1830

Hinweis LÄK: **Anmerkung der Bayerischen Landesärztekammer** vom 09.02.2004 (Quelle: GOÄ-Datenbank http://www.blaek.de/) –
Follikelentnahme (In-vitro-Fertilisation)
Die Nr. 315 ist je Ovar einmal für die Follikelentnahme berechnungsfähig, auch wenn je Ovar mehr als en Follikel entnommen wird. Die Berechnung der Nr. 297 für die Entnahme des einzelnen Follikels neben Nr. 315 für die Punktion des Ovars ist nicht zulässig (§ 4 Abs. 2a GOÄ).
Empfehlung des Ausschusses „Gebührenordnung" der Bundesärztekammer – die mit dem Verband der privaten Krankenversicherung, dem BMG, BMI abgestimmt wurde.

Tipp: Siehe Tipp GOÄ Nr. 303.

316 Punktion des Douglasraums

250 · 33,52
14,57 · 51,00

Ausschluss: Neben Nr. 316 sind folgende Nrn. nicht abrechnungsfähig: 200, 307, 317

Hinweis LÄK: **Anmerkung der Bayerischen Landesärztekammer** vom 09.03.2004 (Quelle: GOÄ-Datenbank http://www.blaek.de/) –
Punktion des Douglasraums zwecks Asservation ggf.weiterer Follikel (In-vitro-Fertilisation)
Die Punktion des Douglasraums zwecks Asservation ggf. weiterer Follikel ist nach Nr. 316 ansatzfähig. Die Nr. 316 ist im Behandlungsfall nur einmal berechnungsfähig.

Kommentar: Die spezielle Punktion des Douglasraumes kann sowohl nach Nr. 307 als auch nach Nr. 316 abgerechnet werden. Beide Leistungen sind gleich bewertet.

Tipp: Siehe Tipp GOÄ Nr. 303.

317 Punktion eines Adnextumors – auch einschließlich Douglaspunktion –

350 · 46,92
20,40 · 71,40

Ausschluss: Neben Nr. 317 sind folgende Nrn. nicht abrechnungsfähig: 200, 307, 316

Tipp: Siehe Tipp GOÄ Nr. 303.

318 Punktion der Harnblase oder eines Wasserbruchs

120 · 16,09
6,99 · 24,48

Ausschluss: Neben Nr. 318 sind folgende Nrn. nicht abrechnungsfähig: 200, 1795

Tipp: Siehe Tipp GOÄ Nr. 303.

319 Punktion der Prostata oder Punktion der Schilddrüse

200 · 26,81
11,66 · 40,80

Ausschluss: Neben Nr. 319 sind folgende Nrn. nicht abrechnungsfähig: 200, 264

Hinweis BÄK: **Prostatabiopsie mittels Stanzbiopsie oder Punktion**
Beschluss des Ausschusses „Gebührenordnung" der Bundesärztekammer – Stand: 01.03.2011 veröffentlicht in: Deutsches Ärzteblatt 108, Heft 17 (29.04.2011), Seite A 974
Werden im Rahmen der Prostatakarzinom-Erkennung mehrere Gewebsproben durch Punktion aus der Prostata entnommen, so ist die Gebührenposition Nr. 319 GOÄ (Punktion der Prostata oder Punktion der Schilddrüse, 200 Punkte) mehrfach ansatzfähig.
Nach den Allgemeinen Bestimmungen zum Abschnitt C III (Punktionen) GOÄ gehören „zum Inhalt der Leistungen für Punktionen die damit im Zusammenhang stehenden Injektionen, Instillationen, Spülungen sowie Entnahmen z. B. von Blut, Liquor, Gewebe". Hiermit ist eindeutig geregelt, dass es sich bei der Prostatabiopsie mittels Stanzbiopsie oder Punktion um eine Leistung nach der Nr. 319 GOÄ handelt und nicht um eine Leistung nach der Nr. 2402 GOÄ.
Die aus wissenschaftlicher Sicht aufgrund neuerer Studien notwendige Anzahl der zu entnehmenden Biopsien ergibt sich aus Publikationen bzw. Leitlinien der (inter-)nationalen wissenschaftlichen Fachgesellschaften. Aus den derzeit vorliegenden Studien ergibt sich eine Mindestanzahl von zehn Biopsien.

Abrechnungsempfehlung des Ausschuss Gebührenordnung der Bundesärztekammer in seiner 20. Sitzung (Wahlperiode 2007/2011) am 1. März 2011
Werden im Rahmen der Prostatakarzinom-Erkennung mehrere Gewebsproben durch Punktion aus der Prostata entnommen, so ist die Gebührenposition Nr. 319 GOÄ (Punktion der Prostata oder Punktion der Schilddrüse, 200 Punkte) mehrfach ansatzfähig.
Nach den Allgemeinen Bestimmungen zum Abschnitt C III (Punktionen) GOÄ gehören „zum Inhalt der Leistungen für Punktionen die damit im Zusammenhang stehenden Injektionen, Instillationen, Spülungen sowie Entnahmen z. B. von Blut, Liquor, Gewebe".
Hiermit ist eindeutig geregelt, dass es sich bei der Prostatabiopsie mittels Stanzbiopsie oder Punktion um eine Leistung nach der Nr. 319 GOÄ handelt und nicht um eine Leistung nach der Nr. 2402 GOÄ.
Die aus wissenschaftlicher Sicht aufgrund neuerer Studien notwendige Anzahl der zu entnehmenden Biopsien ergibt sich aus Publikationen bzw. Leitlinien der (inter-)nationalen wissenschaftlichen Fachgesellschaften. Aus den derzeit vorliegenden Studien ergibt sich eine Mindestanzahl von zehn Biopsien.

Abrechnungsempfehlung des Ausschusses „Gebührenordnung der Bundesärztekammer" Veröffentlicht: Dt. Ärzteblatt, Heft 39, 30.09.2005
Punktion der Prostata mit Platzierung der Hohlnadel/n zur Seed Ablage.
Die Nr. 319 kann im Rahmen der Prostata-Seed-Implantation (PSI) einmal je Hohlnadel angesetzt werden. Eine parallel durchgeführte Sonographie nach den Nrn. 410 und ggf. 420 GOÄ ist unter Beachtung der Allgemeinen Bestimmungen zu C VI. neben der Nr. 319 GOÄ für die PSI ansatzfähig. Sowohl die durchgeführte Zystographie nach Nr. 5230 GOÄ als auch die Zystourethroskopie nach Nr. 1787 GOÄ sind neben der Nr. 319 für die PSI ansatzfähig. Die Lokalanästhesie der Harnröhre und/oder Blase nach Nr. 488 GOÄ und das Einlegen eines Harnblasenverweilkatheters oder Spülen der Harnblase über einen (liegenden) Harnblasenkatheter nach den Nrn. 1732, 1729 und 1733 GOÄ sind neben der Nr. 319 GOÄ für die PSI nicht ansatzfähig.

Hinweis LÄK: **Anmerkung der Bayerischen Landesärztekammer** vom 27.01.2004 (Quelle: GOÄ-Datenbank http://www.blaek.de/)
Abrechnung von Stanzbiopsien im Rahmen der Prostatakarzinom-Früherkennung
Werden im Rahmen einer Prostatakarzinom-Früherkennung mehrere Stanzbiopsien aus der Prostata entnommen, so ist die Gebührenordnungsposition Nr. 319 (Punktion der Prostata) je Behandlungsfall maximal bis zu sechsmal ansatzfähig.
(Ausschuss „Gebührenordnung" der Bundesärztekammer, Mai 2003)
Werden über die Sextantenbiopsie hinaus weitere Proben entnommen, so ist der gesteigerte Aufwand über die Wahl eines adäquaten Steigerungsfaktors abzubilden.

GOÄ-Ratgeber der BÄK: ► **Stanzbiopsien der Prostata**
Dr. med. Hermann Wetzel M. Sc. – (in: Deutsches Ärzteblatt 107, Heft 22 (04.06.2010), S. A 1132) – http://www.bundesaerztekammer.de/page.asp?his=1.108.4144.4245.8613
Dr. Wetzel erläutert, dass für die Gewebsentnahme bei Verdacht auf Prostatakarzinom die GOÄ Nr. 319, **Punktion der Prostata oder Punktion der Schilddrüse**, angesetzt werden kann.
„... Als maßgeblich für die Häufigkeit der Gewebeproben kann die „Interdisziplinäre Leitlinie der Qualität S3 zur Früherkennung, Diagnose und Therapie der verschiedenen Stadien des Prostatakarzinoms", Version 1.0 vom September 2009, herausgegeben von der Deutschen Gesellschaft für Urologie, angesehen werden. In dieser Leitlinie findet man auch zur Stanzbiopsie der Prostata eine Reihe evidenzbasierter Empfehlungen. Hinsichtlich der zur Diagnostik notwendigen Anzahl der Gewebeproben wird konstatiert, dass bei der Stanzbiopsie der Prostata in der Regel zehn bis zwölf Gewebezylinder entnommen werden sollten (www.urologenportal.de).
Zusammenfassend erscheint eine fixe zahlenmäßige Beschränkung der Berechnung von Prostatabiopsien durch private Krankenversicherungen und Beihilfestellen nach der GOÄ nicht gerechtfertigt. Vor dem Hintergrund eines nachgewiesenen diagnostischen Zusatznutzens einer auf die lateralen peripheren Zonen erweiterten Prostatabiopsie sollte die tatsächliche Anzahl der durchgeführten Prostatagewebeproben erstattet werden...."

Tipp:
- Infiltrationsanästhesie nach Nrn. 490 oder 491.
- Ggf. zusätzlich Kompressionsverband nach Nr. 204.

321 Untersuchung von natürlichen Gängen oder Fisteln mittels Sonde oder Einführung eines Fistelkatheters – einschließlich anschließender Injektion oder Instillation

50	6,70
2,91	10,20

Ausschluss: Neben Nr. 321 sind folgende Nrn. nicht abrechnungsfähig: 200, 370

Kommentar: Für die Sondierung einer Fistel mittels Sonde und die spätere Einführung eines Fistelkatheters kann die Leistung nach der Nr. 321 zweimal berechnet werden.
Wird Kontrastmittel eingebracht, so ist nur die Nr. 370 berechnungsfähig.
Die Einbringung eines Fistelkatheters kann nicht gesondert berechnet werden. Wird allerdings zuerst eine Sondierung einer Fistel mittels Sonde durchgeführt und dann erst Kontrastmittel gespritzt, so handelt es sich um zwei selbstständige Leistungen und die Abrechnung der Nrn. 321 und 370 nebeneinander ist nach **Brück** möglich.

IV Kontrastmitteleinbringungen

Allgemeine Bestimmungen

Die zur Einbringung des Kontrastmittels erforderlichen Maßnahmen wie Sondierungen, Injektionen, Punktionen, Gefäßkatheterismus oder Probeinjektionen und gegebenenfalls anschließende Wundnähte und Entfernung(en) des Kontrastmittels sind Bestandteile der Leistungen und nicht gesondert berechnungsfähig. Dies gilt auch für gegebenenfalls notwendige Durchleuchtungen zur Kontrolle der Lage eines Katheters oder einer Punktionsnadel.

Tipp:
Wenn erforderlich, sind neben den Leistungen der Kontrastmitteleinbringung (Nrn. 340 – 374) Anästhesieleistungen nach den Nrn. 469 bis 479 und 483 bis 495 berechnungsfähig.
Die Kosten für das Kontrastmittel sind nach § 10 GOÄ als Auslagen berechnungsfähig.

Auf einen Blick:

Kontrastmitteleinbringung (KM) und entsprechende radiologischen Leistung (ohne CT und NMR)

Ort der KM-Einbringung/Art der Untersuchung	GOÄ Nr. der KM-Einbringung	GOÄ Nr. und Kurzlegende der Röntgenleistung
Arterien	**350, A353, 351**	**5300*f.** Serienangiographie: Schädel, Brust und Bauchraum **5306* f.** Serienangiographie: Becken u. beide Beine
Arthrographie	**373**	**5050*** KM Untersuchung: Hüftgelenk, Kniegelenk, Schultergelenk **5060*** KM Untersuchung: Kiefergelenk, **5070** KM Untersuchung der übrigen Gelenke
Bauchraum, Venographie	**344-347**	**5329 f.** Venographie: Brust- und Bauchraum
Bronchographie	**368**	**5285*** Bronchographie
Brustraum, Venographie	**344-347**	**5329 f.** Venographie: Brust- und Bauchraum
Diskographie	**372**	**5260*** RÖ-Untersuchung natürlicher, künstlicher oder krankhaft entstandener Gänge, Gangsysteme, Hohlräume oder Fisteln
Dünndarm	**374**	**5163*** Dünndarm-Kontrast-Untersuchung
Galaktographie	**370**	**5260*** RÖ-Untersuchung natürlicher, künstlicher oder krankhafter entstandener Gänge, Gangsysteme, Hohlräume oder Fisteln
Gallenblase, Gallenwege	**344-347**	**5170*** KM-Untersuchung: Gallenblase, Gallenwege, Pankreasgänge
Gehirnarterien	**351**	**5300* f.** Serienangeiographie: Schädel, Brust und Bauchraum
Gehirn u. Rückenmark	**340**	**5280*** Myelographie
Harntrakt	**344-347**	**5200* f.** Harntrakt-Kontrastuntersuchung
Herz und Aorta, Herzkatheter	**355-357 360, 361**	**5303* f.** Serienangeiographie im Bereich von Schädel, Brust- und Bauchraum im zeitlichen Zusammenhang Leistungen nach Nrn. 5315* bis 5327*5315* f. Angiographie beider Herzhälften
Kavernographie	**370**	**5303*** RÖ-Untersuchung natürlicher, künstlicher oder krankhaft entstandener Gänge, Gangsysteme, Hohlräume oder Fisteln
Koronararterien	**360, 361**	**5324* f.** Selektive Koronarangiographie
Lymphographie	**365**	**5338* f.** Lymphographie, Extremität
Myelographie	**340**	**5280*** Myelographie

Kontrastmitteleinbringungen

Ort der KM-Einbringung/Art der Untersuchung	GOÄ Nr. der KM-Einbringung	GOÄ Nr. und Kurzlegende der Röntgenleistung
Pankreasgänge	**344-347**	**5170*** KM-Untersuchung: Gallenblase, Gallenwege, Pankreasgänge
Refluxzystographie	**370**	**5235*** Refluxzystographie, einschl. retrograder KM-Verabreichung
Sialographie	**370**	**5260*** RÖ-Untersuchung natürlicher, künstlicher oder krankhaft entstendener Gänge, Gangsysteme, Hohlräume oder Fisteln
Urethrozystographie	**370**	**5230*** Harnröhren-, Harnblasen-KM-Untersuchung (Urethrozystographie), einschl. retrograder KM-Verabreichung
Uterus-, Tuben-KM-Untersuchung	**370**	**5250*** Gebärmutter-, Eileiter-KM-Untersuchung
Venographie Brust- und Bauchraum	**344-347**	**5329 f.** Venographie: Brust- und Bauchraum
Venographie	**344-347**	**5330* f.** Venographie einer Extremität
Vesikulographie	**370**	**5260*** RÖ-Untersuchung natürlicher, künstlicher oder krankhaft entstandener Gänge, Gangsysteme, Hohlräume oder Fisteln
Zystokopie m. Harnleitersondierung	**1790**	**5220*** Harntrakt-Kontrastuntersuchung, einschl. retrograder KM-Verabreichung

340 Einbringung des Kontrastmittels in die zerebralen und spinalen Liquorräume

400 | 53,62
23,31 | 81,60

Ausschluss: siehe Allg. Bestimmungen zu IV. Kontrastmitteleinbringungen

Tipp: Neben Nr. 340 ggf. Nrn. 5090, 5370, 5410, 5411, 5430 abrechnen.
siehe Allg. Bestimmungen zu IV. Kontrastmitteleinbringungen

344 Intravenöse Einbringung des Kontrastmittels mittels Injektion oder Infusion, bis zu 10 Minuten Dauer

100 | 13,41
5,83 | 20,40

Ausschluss: Neben Nr. 344 sind folgende Nrn. nicht abrechnungsfähig: 5353 – 5355, 5359, 5360
Siehe Allg. Bestimmungen zu IV. Kontrastmitteleinbringungen

Tipp: Neben Nr. 344 ggf. Nrn. 5300 – 5313, 5329, 5330,. 5370 bis 5375 abrechnen.
siehe Allg. Bestimmungen zu IV. Kontrastmitteleinbringungen

345 Intravenöse Einbringung des Kontrastmittels mittels Injektion oder Infusion, von mehr als 10 Minuten Dauer

130 | 17,43
7,58 | 26,52

Ausschluss: Neben Nr. 345 sind folgende Nrn. nicht abrechnungsfähig: 5353 – 5355, 5359, 5360
siehe Allg. Bestimmungen zu IV. Kontrastmitteleinbringungen

Tipp:
- Neben Nr. 345 ggf. Nrn. 5300 – 5313, 5329, 5330,. 5370 bis 5375 abrechnen.
- siehe Allg. Bestimmungen zu IV. Kontrastmitteleinbringungen

346 Intravenöse Einbringung des Kontrastmittels mittels Hochdruckinjektion

300 | 40,22
17,49 | 61,20

Ausschluss: Neben Nr. 346 sind folgende Nrn. nicht abrechnungsfähig: 5353 – 5355, 5359, 5360
siehe Allg. Bestimmungen zu IV. Kontrastmitteleinbringungen

Tipp:
- Neben Nr. 346 ggf. Nrn. 347, 5300 – 5313, 5329, 5330,. 5370 bis 5375.
- siehe Allg. Bestimmungen zu IV. Kontrastmitteleinbringungen

GOÄ-Nr.		Punktzahl / 1fach	2,3 / *1,8 / 3,5 / *2,5
347	**Ergänzung für jede weitere intravenöse Kontrastmitteleinbringung mittels Hochdruckinjektion bei bestehendem Zugang – im Zusammenhang mit der Leistung nach Nummer 346 –**	**150** / 8,74	20,11 / 30,60
Ausschluss:	• Neben Nr. 347 sind folgende Nrn. nicht abrechnungsfähig: 5353 – 5355, 5359, 5360 • siehe Allg. Bestimmungen zu IV. Kontrastmitteleinbringungen		
Tipp:	Neben Nr. 347 ggf. Nr. 346. Siehe Allg. Bestimmungen zu IV. Kontrastmitteleinbringungen		
350	**Intraarterielle Einbringung des Kontrastmittels**	**150** / 8,74	20,11 / 30,60
Ausschluss:	Neben Nr. 350 sind folgende Nrn. nicht abrechnungsfähig: 5345, 5346, 5348, 5349, 5355 – 5358 siehe Allg. Bestimmungen zu IV. Kontrastmitteleinbringungen		
Tipp:	• Neben Nr. 350 ggf. Nrn. 5300 – 5313. • siehe Allg. Bestimmungen zu IV. Kontrastmitteleinbringungen		
351	**Einbringung des Kontrastmittels zur Angiographie von Gehirnarterien, je Halsschlagader** Die Leistung nach Nummer 351 ist je Sitzung nicht mehr als zweimal berechnungsfähig.	**500** / 29,14	67,03 / 102,00
Tipp:	• Neben Nr. 351 ggf. Nrn. 5300 – 5305, 5358, 5460. • siehe Allg. Bestimmungen zu IV. Kontrastmitteleinbringungen		
A 353	**Einbringung eines Kontrastmittels mittels intraarterieller Hochdruckinjektion zur selektiven Arteriographie (z.B. Nierenarterie) einschl. Röntgenkontrolle und ggf. einschl. fortlaufender EKG-Kontrolle, je Arterie (analog Nr. 351 GOÄ) – n. Verzeichnis analoger Bewertungen d. Bundesärztekammer**	**500** / 29,14	67,03 / 102,00
355	**Herzkatheter-Einbringung(en) und anschließende intrakardiale bzw. intraarterielle Einbringung(en) des Kontrastmittels mittels Hochdruckinjektion zur Darstellung des Herzens und der herznahen Gefäße (Aorta ascendens, Arteria pulmonalis) – einschließlich Röntgenkontrolle und fortlaufender EKG-Kontrolle –, je Sitzung** Die Leistung nach Nummer 355 ist neben den Leistungen nach den Nummern 626 und/oder 627 nicht berechnungsfähig. Wird die Leistung nach Nummer 355 im zeitlichen Zusammenhang mit der Leistung nach Nummer 360 erbracht, ist die Leistung nach Nummer 355 mit dem einfachen Gebührensatz berechnungsfähig.	**600** / 34,97	80,44 / 122,40
Ausschluss:	Neben Nr. 355 sind folgende Nrn. nicht abrechnungsfähig: 260, 626, 627, 629, 630, 632, 5345, 5346, 5348, 5349, 5355 – 5357 Siehe auch Allg. Bestimmungen zu IV. Kontrastmitteleinbringungen		
Tipp:	• Neben Nr. 355 ggf. Nrn. 356, 357, 360, 628, 5315 – 5317, 5327, 5420, 5421 • Siehe auch Allg. Bestimmungen zu IV. Kontrastmitteleinbringungen		
356	**Zuschlag zu der Leistung nach Nummer 355 bei Herzkatheter-Einbringung(en) zur Untersuchung sowohl des linken als auch des rechten Herzens über jeweils gesonderte Gefäßzugänge während einer Sitzung** Die Leistung nach Nummer 356 ist neben den Leistungen nach den Nummern 626 und/oder 627 nicht berechnungsfähig. Wird die Leistung nach Nummer 356 im zeitlichen Zusammenhang mit der Leistung nach Nummer 360 erbracht, ist die Leistung nach Nummer 356 nur mit dem einfachen Gebührensatz berechnungsfähig.	**400** / 23,31	53,62 / 81,60

Ausschluss: Neben Nr. 356 sind folgende Nrn. nicht abrechnungsfähig: 626, 627, 629, 630, 632, 5345, 5346, 5348, 5349, 5355 – 5357
Siehe auch Allg. Bestimmungen zu IV. Kontrastmitteleinbringungen.

Tipp:
- Neben Nr. 356 ggf. Nrn. 355, 360
- Siehe auch Allg. Bestimmungen zu IV. Kontrastmitteleinbringungen.

GOÄ-Nr.	Leistung	Punktzahl / 1fach	2,3 / 3,5
357	**Intraarterielle Einbringung(en) des Kontrastmittels über einen Katheter mittels Hochdruckinjektion zur Übersichtsangiographie der Brust- und/oder Bauchaorta – einschließlich Röntgenkontrolle und gegebenenfalls einschließlich fortlaufender EKG-Kontrolle-, je Sitzung**	**500** / 29,14	67,03 / 102,00

Wird die Leistung nach Nummer 357 im Zusammenhang mit der Leistung nach Nummer 351 erbracht, ist die Leistung nach Nummer 357 nur mit dem einfachen Gebührensatz berechnungsfähig.

Ausschluss: Neben Nr. 357 sind folgende Nrn. nicht abrechnungsfähig: 5345, 5346, 5348, 5349, 5355 – 5357
Siehe auch Allg. Bestimmungen zu IV. Kontrastmitteleinbringungen.

Tipp: Neben Nr. 357 ggf. Nrn. 355, 360, 5300 – 5305. Siehe auch Allg. Bestimmungen zu IV. Kontrastmitteleinbringungen

GOÄ-Nr.	Leistung	Punktzahl / 1fach	2,3 / 3,5
360	**Herzkatheter-Einbringung(en) und anschließende intraarterielle Einbringung(en) des Kontrastmittels nach selektiver arterieller Katheterplazierung zur selektiven Koronarangiographie – einschließlich Röntgenkontrolle und fortlaufender EKG- Kontrolle –, je Sitzung**	**1000** / 58,29	134,06 / 204,01

Die Leistung nach Nummer 360 kann je Sitzung nur einmal berechnet werden.
Die Leistung nach Nummer 360 ist neben den Leistungen nach den Nummern 626 und/oder 627 nicht berechnungsfähig.

Ausschluss: Neben Nr. 360 sind folgende Nrn. nicht abrechnungsfähig: 626, 627, 630, 632, 5345, 5346, 5348, 5349, 5355 – 5357
Siehe auch Allg. Bestimmungen zu IV. Kontrastmitteleinbringungen

Tipp:
- Neben Nr. 360 ggf. Nrn. 355, 361, 628, 5324 – 5326.
- Siehe auch Allg. Bestimmungen zu IV. Kontrastmitteleinbringungen

GOÄ-Nr.	Leistung	Punktzahl / 1fach	2,3 / 3,5
361	**Intraarterille Einbringung(en) des Kontrastmittels nach erneuter Einbringung eines Herzkatheters zur Sondierung eines weiteren Gefäßes – im Anschluß an die Leistung nach Nummer 360 –**	**600** / 34,97	80,44 / 122,40

Die Leistung nach Nummer 361 ist je Sitzung nicht mehr als zweimal berechnungsfähig.

Ausschluss: Neben Nr. 361 sind folgende Nrn. nicht abrechnungsfähig: 260, 626, 627, 630, 632, 5345, 5346, 5348, 5349, 5355 – 5357
Siehe auch Allg. Bestimmungen zu IV. Kontrastmitteleinbringungen

Tipp: Neben Nr. 361 ggf. Nrn. 355, 360, 5325, 5326. Siehe auch Allg. Bestimmungen zu IV. Kontrastmitteleinbringungen

GOÄ-Nr.	Leistung	Punktzahl / 1fach	2,3 / 3,5
365	**Einbringung des Kontrastmittels zur Lymphographie, je Extremität**	**400** / 23,31	53,62 / 81,60

Tipp: Neben Nr. 365 ggf. Nrn. 5338, 5339. Siehe auch Allg. Bestimmungen zu IV. Kontrastmitteleinbringungen

GOÄ-Nr.	Leistung	Punktzahl / 1fach	2,3 / 3,5
368	**Einbringung des Kontrastmittels zur Bronchographie**	**400** / 23,31	53,62 / 81,60

Tipp:
- Neben Nr. 368 ggf. Nr. 5285.
- Siehe auch Allg. Bestimmungen zu IV. Kontrastmitteleinbringungen

GOÄ-Nr.		Punktzahl / 1fach	2,3 / *1,8 / 3,5 / *2,5
370	**Einbringung des Kontrastmittels zur Darstellung natürlicher, künstlicher oder krankhaft entstandener Gänge, Gangsysteme, Hohlräume oder Fisteln – gegebenenfalls intraoperativ –**	**200** / 11,66	26,81 / 40,80

Ausschluss: Neben Nr. 370 ist folgende Nr. nicht abrechnungsfähig: 5361
Siehe auch Allg. Bestimmungen zu IV. Kontrastmitteleinbringungen

Tipp: Neben Nr. 370 ggf. Nrn. 5230, 5235, 5250, 5260. Siehe auch Allg. Bestimmungen zu IV. Kontrastmitteleinbringungen

372	**Einbringung des Kontrastmittels in einen Zwischenwirbelraum**	**280** / 16,32	37,54 / 57,12

Ausschluss: Neben Nr. 372 sind folgende Nrn. nicht abrechnungsfähig: 5050, 5060, 5070
Siehe auch Allg. Bestimmungen zu IV. Kontrastmitteleinbringungen

Kommentar: Wird Kontrastmittel in mehrere Zwischenräume gespritzt, kann die Nr. 372 mehrmals berechnet werden.
Neben Nr. 372 ggf. Nrn. 5100, 5105, 5374. Siehe auch Allg. Bestimmungen zu IV. Kontrastmitteleinbringungen

373	**Einbringung des Kontrastmittels in ein Gelenk**	**250** / 14,57	33,52 / 51,00

Ausschluss: Neben Nr. 373 sind folgende Nrn. nicht abrechnungsfähig: 5050, 5060, 5070
Siehe auch Allg. Bestimmungen zu IV. Kontrastmitteleinbringungen.

Tipp: Neben Nr. 373 ggf. Nr. 5373. Siehe auch Allg. Bestimmungen zu IV. Kontrastmitteleinbringungen.

374	**Einbringung des Kontrastmittels in den Dünndarm mittels im Dünndarm endender Sonde**	**150** / 8,74	20,11 / 30,60

Tipp: Neben Nr. 374 ggf. Nr. 5163. Siehe auch Allg. Bestimmungen zu IV. Kontrastmitteleinbringungen.

V Impfungen und Testungen

Allgemeine Bestimmungen

1. Als Behandlungsfall gilt für die Behandlung derselben Erkrankung der Zeitraum eines Monats nach der jeweils ersten Inanspruchnahme des Arztes.

2. Erforderliche Nachbeobachtungen am Tag der Impfung oder Testung sind in den Leistungsansätzen enthalten und nicht gesondert berechnungsfähig.

3. Neben den Leistungen nach den Nummern 376 bis 378 sind die Leistungen nach den Nummern 1 und 2 und die gegebenenfalls erforderliche Eintragung in den Impfpass nicht berechnungsfähig.

4. Mit den Gebühren für die Leistungen nach den Nummern 380 bis 382, 385 bis 391 sowie 395 und 396 sind die Kosten abgegolten.

5. Mit den Gebühren für die Leistungen nach den Nummern 393, 394, 397 und 398 sind die Kosten für serienmäßig lieferbare Testmittel abgegolten.

Kommentar:
Die Bestimmung legt fest, dass die zur Testung erforderlichen Pflaster, Salben, Lösungen, aber auch Lanzetten und Pricknadeln sowie Mulltupfer, Pflaster und ggf. weitere im Rahmen der Testung verwendete Materialien nicht berechnungsfähig sind. Besonderheiten zur Berechnungsfähigkeit siehe aber unter Kommentar zu Nr. 384.

Tipp:
Die Neu-Ausstellung eines Impfpasses kann mit Nr. 70 berechnet werden.

Unter der Internet-Adresse des Robert-Koch-Institutes http://www.rki.de veröffentlicht die Ständige Impfkommission (Stiko) die jeweils aktuellen Impfempfehlungen. Diese Empfehlungen gelten auch für Reisen in außereuropäische Länder und bieten daher ein schnelles Nachschlagewerk im Praxisalltag.

375 **Schutzimpfung (intramuskulär, subkutan) – gegebenenfalls einschließlich Eintragung in den Impfpaß** **80** 10,72
4,66 16,32

Ausschluss: Neben Nr. 375 ist folgenden Nr. nicht abrechnungsfähig: 2

Beschluss BÄK: **Beschluss des Gebührenausschusses der Bundesärztekammer zu Nrn. 375, 376, 377**
Subkutane neben oraler Impfung (7. Sitzung vom 12. September 1996)
Dadurch, dass es in der Nr. 377 heißt „Zusatzinjektion“, ist eine erste Injektion vorausgesetzt. Die Impfleistung Polio/D/T ist demnach mit der Kombination der Nrn. 375 und 376 berechenbar.

Tipp:
- Die Nr. 375 kann mit einer Beratung nach Nr. 1 kombiniert werden.
- Muss vor einer Impfung eine Untersuchung zur Feststellung der Impffähigkeit durchgeführt werden, so ist diese abrechnungsfähig.
- Mit der Impfung beginnt ein neuer eigener Behandlungsfall.
- Die Kosten für die Impfstoffe können entweder gemäß § 10 entsprechend berechnet oder aber zu Lasten des Patienten rezeptiert werden.

IGeL: Reise-Impf-Prophylaxe

376 **Schutzimpfung (oral) – einschließlich beratendem Gespräch –** **80** 10,72
4,66 16,32

Ausschluss: Neben Nr. 376 ist folgenden Nr. nicht abrechnungsfähig: 1, 2.

Beschluss BÄK: **Beschluss des Gebührenausschusses der Bundesärztekammer zu Nrn. 375, 376, 377**
Subkutane neben oraler Impfung (7. Sitzung vom 12. September 1996)
Dadurch, dass es in der Nr. 377 heißt „Zusatzinjektion“, ist eine erste Injektion vorausgesetzt. Die Impfleistung Polio/D/T ist demnach mit der Kombination der Nrn. 375 und 376 berechenbar.

Analog: Die Nr. 376 kann nach Auffassung der BÄK analog im Rahmen der oralen Methadon-Substitution berechnet werden.

Tipp:
- Muss vor einer Impfung eine Untersuchung zur Feststellung der Impffähigkeit durchgeführt werden, so ist diese abrechnungsfähig.
- Mit der Impfung beginnt ein neuer eigener Behandlungsfall.
- Auch die Rachitis-Prophylaxe kann nach Nr. 376 abgerechnet werden.
- Die Kosten für die Impfstoffe können entweder gemäß § 10 entsprechend berechnet oder aber zu Lasten des Patienten rezeptiert werden.

IGeL: Reise-Impf-Prophylaxe

376 analog **Methadongabe (analog Nr. 376 GOÄ) – n. Empfehlung von Analog Ziffern der PVS** **80** 10,72
4,66 16,32

377 **Zusatzinjektion bei Parallelimpfung** **50** 6,70
2,91 10,20

Ausschluss: Neben Nr. 377 sind folgende Nrn. nicht abrechnungsfähig: 1, 2.

Hinweis BÄK: **Beschluss des Gebührenausschusses der Bundesärztekammer zu Nrn. 375, 376, 377**
Subkutane neben oraler Impfung (7. Sitzung vom 12. September 1996)
Dadurch, dass es in der Nr. 377 heißt „Zusatzinjektion“, ist eine erste Injektion vorausgesetzt. Die Impfleistung Polio/D/T ist demnach mit der Kombination der Nrn. 375 und 376 berechenbar.

Tipp:
- Muss vor einer Impfung eine Untersuchung zur Feststellung der Impffähigkeit durchgeführt werden, so ist diese abrechnungsfähig.
- Mit der Impfung beginnt ein neuer eigener Behandlungsfall.
- Die Kosten für die Impfstoffe können entweder gemäß § 10 entsprechend berechnet oder aber zu Lasten des Patienten rezeptiert werden.

IGeL: Reise-Impf-Prophylaxe

GOÄ-Nr.		Punktzahl / 1fach	2,3 / *1,8 / 3,5 / *2,5

378 Simultanimpfung (gleichzeitige passive und aktive Impfung gegen Wundstarrkrampf)

120 16,09
6,99 24,48

Ausschluss: Neben Nr. 378 sind folgende Nrn. nicht abrechnungsfähig: 1, 2, 375, 377

Tipp:
- Muss vor einer Impfung eine Untersuchung zur Feststellung der Impffähigkeit durchgeführt werden, so ist diese abrechnungsfähig.
- Mit der Impfung beginnt ein neuer eigener Behandlungsfall.
- Die Kosten für die Impfstoffe können entweder gemäß § 10 entsprechend berechnet oder aber zu Lasten des Patienten rezeptiert werden.

380 Epikutantest, je Test (1. bis 30. Test je Behandlungsfall)

30 4,02
1,75 6,12

Kommentar: Gemäß den Allgemeinen Bestimmungen zu **V. Impfungen und Testungen** sind Kosten für Testsubstanzen nur dann berechnungsfähig, wenn sie für den entsprechenden Patienten individuell hergestellt wurden. Die Kosten für serienmäßig lieferbare Testmittel sind mit den Gebühren abgegolten.
Nach allen relevanten Kommentierungen sind die Testungen sogenannter „Kontrollen oder Leerwerte“ (z. B. Vaseline) berechnungsfähig.

Tipp: Weitere Tests (31 bis 50) nach Nr. 381, (51 bis 100) nach Nr. 382 zusätzlich neben Nr. 380 abrechenbar.

IGeL:
- Testung zur Verträglichkeit von Kosmetika, Testung zum Ausschluss von Metall-Allergien (z.B. Amalgam), ohne dass anamestische oder klinische Hinweise auf eine Krankheit vorliegen.
- Siehe ggf. auch Nrn. 381, 382, 383.

381 Epikutantest, je Test (31. bis 50. Test je Behandlungsfall)

20 2,68
1,17 4,08

Kommentar: Gemäß den Allgemeinen Bestimmungen zu **V. Impfungen und Testungen** sind Kosten für Testsubstanzen nur dann berechnungsfähig, wenn sie für den entsprechenden Patienten individuell hergestellt wurden. Die Kosten für serienmäßig lieferbare Testmittel sind mit den Gebühren abgegolten.
Nach allen relevanten Kommentierungen sind die Testungen sogenannter „Kontrollen oder Leerwerte“ (z. B. Vaseline) berechnungsfähig.

Tipp: Weitere Tests (51 bis 100) nach Nr. 382 zusätzlich neben Nr. 381 abrechenbar.

382 Epikutantest, je Test (51.bis 100. Test je Behandlungsfall)

15 2,01
0,87 3,06

Mehr als 100 Epikutantests sind je Behandlungsfall nicht berechnungsfähig.

Kommentar: Gemäß den Allgemeinen Bestimmungen zu **V. Impfungen und Testungen** sind Kosten für Testsubstanzen nur dann berechnungsfähig, wenn sie für den entsprechenden Patienten individuell hergestellt wurden. Die Kosten für serienmäßig lieferbare Testmittel sind mit den Gebühren abgegolten.
Nach allen relevanten Kommentierungen sind die Testungen sogenannter „Kontrollen oder Leerwerte“ (z. B. Vaseline) berechnungsfähig.

383 Kutane Testung (z. B. von Pirquet, Moro)

30 4,02
1,75 6,12

Kommentar: Da die Leistungslegende nur von einer kutanen Testung, aber nicht von einer späteren Beratung spricht, kann zu einem späteren Zeitpunkt die Beratungsleistung abgerechnet werden.

GOÄ-Nr.		Punktzahl / 1fach	2,3 / *1,8 / 3,5 / *2,5
384	**Tuberkulinstempeltest, Mendel-Mantoux-Test oder Stempeltest mit mehreren Antigenen (sog. Batterietests)**	**40** / 2,33	5,36 / 8,16

Kommentar: Die im Rahmen der Leistungserbringung nach Nr. 384 erforderlichen Testsubstanzen können gesondert berechnet oder auf Rezept zu Lasten des Patienten rezeptiert werden.

385	**Pricktest, je Test (1. bis 20. Test je Behandlungsfall)**	**45** / 2,62	6,03 / 9,18

Ausschluss: Neben Nr. 385 ist folgende Nr. nicht abrechnungsfähig: 56

Tipp:
- Weitere Tests (21 bis 40) nach Nr. 386, (41 bis 80) nach Nr. 387 zusätzlich neben Nr. 385 abrechenbar.
- Die Testungen sogenannter „Kontrollen oder Leerwerte“ (z. B. Histamin, NaCl-Lösung) sind berechnungsfähig

386	**Pricktest, je Test (21. bis 40. Test je Behandlungsfall)**	**30** / 1,75	4,02 / 6,12

Ausschluss: Neben Nr. 386 ist folgende Nr. nicht abrechnungsfähig: 56

Tipp:
- Neben Nr. 386 sind die Nrn. 385, 387 abrechenbar.
- Die Testungen sogenannter „Kontrollen oder Leerwerte“ (z. B. Histamin, NaCl-Lösung) sind berechnungsfähig

387	**Pricktest, je Test (41. bis 80. Test je Behandlungsfall)**	**20** / 1,17	2,68 / 4,08

Mehr als 80 Pricktests sind je Behandlungsfall nicht berechnungsfähig.

Ausschluss: Neben Nr. 387 ist folgende Nr. nicht abrechnungsfähig: 56

Tipp:
- Neben Nr. 387 sind die Nrn. 385, 386 abrechenbar.
- Die Testungen sogenannter „Kontrollen oder Leerwerte“ (z. B. Histamin, NaCl-Lösung) sind berechnungsfähig

388	**Reib-, Scratch- oder Skarifikationstest, je Test (bis zu 10 Tests je Behandungsfall)**	**35** / 2,04	4,69 / 7,14

Ausschluss: Neben Nr. 388 ist folgende Nr. nicht abrechnungsfähig: 56

Tipp:
- Neben Nr. 388 sind die Nrn. 1, 389 abrechenbar.
- Die Testungen sogenannter „Kontrollen oder Leerwerte“ (z. B. Histamin, NaCl-Lösung) sind berechnungsfähig

389	**Reib-, Scratch- oder Skarifikationstest, jeder weitere Test**	**25** / 1,46	3,35 / 5,10

Ausschluss: Neben Nr. 389 ist folgende Nr. nicht abrechnungsfähig: 56

Tipp:
- Neben Nr. 389 ist die Nr. 388 abrechenbar.
- Die Testungen sogenannter „Kontrollen oder Leerwerte“ (z. B. Histamin, NaCl-Lösung) sind berechnungsfähig

390	**Intrakutantest, je Test (1. bis 20. Test je Behandlungsfall)**	**60** / 3,50	8,04 / 12,24

Ausschluss: Neben Nr. 390 ist folgende Nr. nicht abrechnungsfähig: 56

Tipp:
- Neben Nr. 390 sind die Nrn. 1 und 391 abrechenbar.
- Die Nr. 390 ist analog abrechenbar für die Austestung von Medikamenten.

Die Testungen sogenannter „Kontrollen oder Leerwerte“ (z. B. Histamin, NaCl-Lösung) sind berechnungsfähig

GOÄ-Nr.		Punktzahl / 1fach	2,3 / *1,8 / 3,5 / *2,5
391	**Intrakutantest, jeder weitere Test**	**40** / 2,33	5,36 / 8,16

Mehr als 80 Intrakutantests sind je Behandlungsfall nicht berechnungsfähig.

Ausschluss: Neben Nr. 391 ist folgende Nr. nicht abrechnungsfähig: 56

Tipp:
- Neben Nr. 391 ist die Nr. 390 abrechenbar.
- Die Testungen sogenannter „Kontrollen oder Leerwerte“ (z. B. Histamin, NaCl-Lösung) sind berechnungsfähig

393	**Beidseitiger nasaler oder konjunkivaler Provokationstest zur Ermittlung eines oder mehrerer auslösender Allergene mit Einzel- oder Gruppenextrakt, je Test**	**100** / 5,83	13,41 / 20,40

Ausschluss: Neben Nr. 393 sind folgende Nrn. nicht abrechnungsfähig: 394, 1417

Tipp:
- Neben Nr. 393 ist die Nr. 1 abrechenbar.
- Die Testungen sogenannter „Kontrollen oder Leerwerte“ (z. B. Histamin, NaCl-Lösung) sind berechnungsfähig

394	**Höchstwert für Leistungen nach Nummer 393, je Tag**	**300** / 17,49	40,22 / 61,20

Ausschluss: Neben Nr. 394 sind folgende Nrn. nicht abrechnungsfähig: 56, 393, 1417

Tipp: Neben Nr. 394 ist die Nr. 1 abrechenbar.

395	**Nasaler Schleimhautprovokationstest (auch beidseitig) mit mindestens dreimaliger apparativer Registrierung zur Ermittlung eines oder mehrerer auslösender Allergene mit Einzel- oder Gruppenextrakt, je Test**	**280** / 16,32	37,54 / 57,12

Ausschluss: Neben Nr. 395 sind folgende Nrn. nicht abrechnungsfähig: 56, 396, 1417

Tipp: Neben Nr. 395 ist die Nr. 1 abrechenbar.

IGeL: Bioresonanztherapie (BRT) – jetzt meist als Biophysikalische Informationstherapie (BIT) bezeichnet.

396	**Höchstwert für Leistungen nach Nummer 395, je Tag**	**560** / 32,64	75,07 / 114,24

Ausschluss: Neben Nr. 396 sind folgende Nrn. nicht abrechnungsfähig: 56, 395, 1417

Tipp: Neben Nr. 396 ist die Nr. 1 abrechenbar.

397	**Bronchialer Provokationstest zur Ermittlung eines oder mehrerer auslösender Allergene mit Einzel- oder Gruppenextrakt mit apparativer Registrierung, je Test**	**380** / 22,15	50,94 / 77,52

Ausschluss: Neben Nr. 397 sind folgende Nrn. nicht abrechnungsfähig: 56, 398, 603 – 609

Tipp:
- Neben Nr. 397 ist die Nr. 1 abrechenbar.
- Die Testungen sogenannter „Kontrollwerte“, z. B. Histamin, Acetylcholin, Aludrin, NaCl-Lösun sind berechnungsfähig..

398	**Höchstwert für Leistungen nach Nummer 397, je Tag**	**760** / 44,30	101,89 / 155,04

Ausschluss: Neben Nr. 398 sind folgende Nrn. nicht abrechnungsfähig: 56, 397, 603 – 609

Tipp: Neben Nr. 398 ist die Nr. 1 abrechenbar.

399 **Oraler Provokationstest, auch Expositionstest bei Nahrungsmittel- oder Medikamentenallergien – einschließlich Überwachung zur Erkennung von Schockreaktionen** **200** 26,81
11,66 40,80

Ausschluss: Neben Nr. 399 ist folgende Nr. nicht abrechnungsfähig: 56

Tipp: Neben Nr. 399 sind die Nrn. 1, 272, 5163 abrechenbar.

VI Sonographische Leistungen

Allgemeine Bestimmungen

1. Die Zuschläge nach den Nummern 401, sowie 404 bis 406 sind nur mit dem einfachen Gebührensatz berechnungsfähig.

Auf einen Blick:

Zuschläge zu sonographischen Untersuchungen

GOÄ-Nr.	Zuschlag zu	1fach €	*1,8fach €
401	Sonographien nach Nrn. 410 bis 418 bei zusätzlicher Anwendung des Duplex-Verfahrens – ggf. einschl. Farbkodierung	23,81	–
402*	Sonographien bei transösophagealer Untersuchung	14,57	26,23
403*	Sonographien bei transkavitärer Untersuchung	8,74	15,74
404	Doppler-sonographischen Leistungen bei zusätzlicher Frequenzspektrumanalyse – einschl. graphischer oder Bilddokumentation	14,57	–
405	Leistung nach Nr. 415 oder 424 – bei zusätzlicher Untersuchung mit cw-Doppler	11,66	–
406	Leistung nach Nr. 424 – bei zusätzlicher Farbkodierung	11,66	-

2. Die Zuschläge bzw. Leistungen nach den Nummern 401 bis 418 sowie 422 bis 424 sind je Sitzung jeweils nur einmal berechnungsfähig.

Kommentar:
Werden mehrere Organe untersucht, so können die höher bewerteten Leistungen nach den Nrn. 410 ? 418 mit der Leistung nach Nr. 420, die für die Untersuchung weiterer Organe vorgesehen ist, nebeneinander berechnet werden.
Dies bedeutet z. B. dass die Untersuchung **einer** Mamma nach Nr. 418 abzurechnen ist, die Untersuchung **der zweiten** Mamma aber nach Nr. 420.

3. Die Zuschläge bzw. Leistungen nach den Nummern 410 bis 418 sind nicht nebeneinander berechnungsfähig.

4. Die Leistungen nach den Nummern 422 bis 424 sind nicht nebeneinander berechnungsfähig.

5. Mit den Gebühren für die Zuschläge bzw. Leistungen nach den Nummern 401 bis 424 ist die erforderliche Bilddokumentation abgegolten.

6. Als Organe im Sinne der Leistungen nach den Nummern 410 und 420 gelten neben den anatomisch definierten Organen auch der Darm, Gelenke als Funktionseinheiten sowie Muskelgruppen, Lymphknoten und/oder Gefäße einer Körperregion. Als Organ gilt die jeweils untersuchte Körperregion unabhängig davon, ob nur Gefäße oder nur Lymphknoten bzw. Weichteile untersucht werden. Die Darstellung des Darms gilt als eine Organuntersuchung unabhängig davon, ob der gesamte Darm, mehrere Darmabschnitte oder nur ein einziger Darmabschnitt untersucht werden.

Kommentar:
Nach Kommentierung von **Lang, Schäfer, Stiel** und **Vogt** kann auch eine Untersuchung von Organen, die aus anatomischen Gründen, z. B. durch Überlagerung von Fettgewebe schlecht darstellbar sind, abgerechnet werden. Ähnliches muss für die schlechte Darstellbarkeit bei erheblicher Luftüberlagerung gelten.

7. Die sonographische Untersuchung eines Organs erfordert die Differenzierung der Organstrukturen in mindestens zwei Ebenen und schließt gegebenenfalls die Untersuchung unterschiedlicher Funktionszustände und die mit der gezielten Organuntersuchung verbunde Darstellung von Nachbarorganen mit ein.

Kommentar:

Nach Kommentar von **Lang, Schäfer, Stiel** und **Voigt** kann bei einer Restharnuntersuchung die Leistung nach Nr. 410 nur einmal angesetzt werden und die zusätzliche Leistung nach Nr. 420 nicht angesetzt werden, obwohl **eine Untersuchung** jeweils **vor** und **eine Untersuchung nach Blasenentleerung** durchgeführt wurde.

Hinweise auf GOÄ-Ratgeber der BÄK:

► **Ultraschall: Begriff der Sitzung**

Dr. med. Anja Pieritz – (in: Dt. Ärzteblatt 102, Heft 47 (25.11.2005), Seite A-3282) – www.baek.de/page.asp?his=1.108.4144.4245.4246

Dr. Pieritz gibt an: Der Begriff „Je Sitzung" bedeutet: vom Eintreten des Patienten in die Praxis bis zum Verlassen der Praxis. Der Begriff „je Sitzung" kann als gleichbedeutend mit dem Begriff „Arzt-Patienten-Kontakt" und „Inanspruchnahme" gesehen werden – so auch der Kommentar von Brück.

Bei der Inanspruchnahme/Sitzung muss immer das Untersuchungsziel berücksichtigt werden. So gilt auch als eine Sitzung/Inanspruchnahme, wenn der Patient aus praxisorganisatorischen oder medizinischen Gründen zwischen den einzelnen Untersuchungen den Raum verlässt, im Wartezimmer wartet oder sogar die Praxis verlässt. Diese Regel soll eine Stückelung der „Sitzung" oder Inanspruchnahme verhindern.

► **Ultraschalluntersuchung – Allgemeines**

Dr. med. Anja Pieritz – (in: Dt. Ärzteblatt 102, Heft 14 (08.04.2005), Seite A-1000) – www.baek.de/page.asp?his=1.108.4144.4245.4246.4247

Die Autorin gibt ein Beispiel: „...Werden beispielsweise Leber, Milz, Niere rechts, Niere links, Harnblase, Pankreas und Gallenblase geschallt, so kann einmal die Nummer 410 GOÄ und dreimal die Nummer 420 GOÄ angesetzt werden. Die dargestellten Organe müssen in der Rechnung angegeben werden. In dem genannten Fall wurden sieben Organe dargestellt. Dies geht über den normalen Zeitaufwand hinaus. Der erhöhte Zeitbedarf kann über den Gebührenrahmen (§ 5 Absatz 2) mit der Wahl eines höheren Steigerungsfaktors berücksichtigt werden. Die Begründung sollte sich auf den Zeitbedarf für die drei zusätzlich mittels Ultraschall dargestellten Organe beziehen."

► **Unendliche Geschichte: „Gynäkologischer Raum"**

Dr. med. Anja Pieritz – (in: Dt. Ärzteblatt 101, Heft 36 (03.09.2004), Seite A-2410) – www.baek.de/page.asp?his=1.108.4144.4245.4256

Dr. Pieritz gibt folgende Erläuterung: „... Bei der Durchführung der Sonographie im kleinen Becken der Frau werden je nach Indikation unterschiedliche Organe geschallt." Anatomisch definierte Organe im kleinen Becken der Frau sind laut gängigem Anatomiebuch:

- Harnblase
- Eierstock rechts
- Eierstock links
- Eileiter rechts
- Eileiter links
- Gebärmutter
- Enddarm.

Werden beispielsweise folgende Organe des kleinen Beckens sonographiert:

- Uterus
- Blase
- Eierstock rechts
- Eierstock links ...,

so können die Nummer 410 GOÄ und dreimal die Nummer 420 GOÄ in Rechnung gestellt werden.... „

► **Doppler-Duplex-Verfahren (1)**

Dr. med. Anja Pieritz – (in: Deutsches Ärzteblatt 102, Heft 16 (22.04.2005), Seite A-1155)

Zu diesem Thema gibt die Autorin eine Übersicht der Ultraschall-Doppler-Untersuchungen nach den GOÄ Legenden:

- **GOÄ Nr. 643: Periphere Arterien- beziehungsweise Venendruck- und/oder Strömungsmessung** [Dr. Pieritz fügt hinzu: „für die nicht oder undirektionale Doppler-Sonographie..."]
- **GOÄ Nr. 644: Untersuchung der Strömungsverhältnisse in den Extremitätenarterien beziehungsweise -venen mit direktionaler Ultraschall-Doppler-Technik – einschließlich graphischer Registrierung –**
- **GOÄ Nr. 645: Untersuchung der Strömungsverhältnisse in den hirnversorgenden Arterien und den Periorbitalarterien mit direktionaler Ultraschall-Doppler-Technik – einschließlich graphischer Registrierung –**
- **GOÄ Nr. 649: Transkranielle, Doppler-sonographische Untersuchung – einschließlich graphischer Registrierung –**
- **GOÄ Nr. 1754: Direktionale Doppler-sonographische Untersuchung der Strömungsverhältnisse in den Penisgefäßen und/oder Skrotalfächern – einschließlich graphischer Registrierung –**

Die Autorin weist auf mögliche Zuschläge hin:

„...Bei Verwendung eines Continuous-wave-Dopplers gibt es einen Zuschlag:

Nummer 405: Zuschlag zu den Leistungen nach Nummer 415 oder 424 – bei zusätzlicher Untersuchung mit cw-Doppler

Die Kombination von zweidimensionalem Ultraschallbild (B-Mode) und Doppler ergibt das Duplex-Verfahren. In der GOÄ ist nur eine eigene Gebührenposition zum Duplex-Verfahren enthalten:

- Nummer 424: Zweidimensionale Doppler-echokardiographische Untersuchung mit Bilddokumentation – einschließlich der Leistung nach Nummer 423 – (Duplex-Verfahren)

Für alle anderen per Duplex-Verfahren durchgeführten Ultraschalluntersuchungen gibt es (theoretisch) einen Zuschlag:

- Nummer 401: Zuschlag zu den sonographischen Leistungen nach den Nummern 410 bis 418 bei zusätzlicher Anwendung des Duplex-Verfahrens – gegebenenfalls einschließlich Farbkodierung –

Zur Nummer 401 GOÄ sind direkt zahlreiche (medizinisch unsinnige) Ausschlüsse vermerkt. Eine Berechnung des Zuschlages ist für die Nummern 406 (Zuschlag Farbkodierung), 422 (eindimensionales Herzecho) bis 424 (zweidimensionales Herzecho mit Doppler), 644 (Doppler Extremitäten), 645 (Doppler extrakranialer Hirnarterien), 649 (transkranieller Doppler) und/oder 1754 GOÄ (Penisgefäße) ausgeschlossen..."

► Die Bundesärztekammer informiert: GOÄ-Abrechnung von Duplex-Sonographien

Dt. Ärzteblatt 1996, 93 (28–29) A-1923/B-1655/C-1537

...„Die Duplex-Sonographie ist in der neuen GOÄ in Form eines Zuschlags nach Nr. 401 enthalten. Bei der Sonographie abdomineller Gefäße (Nrn. 410 und 420) ist der Zuschlag berechenbar, in der Anmerkung zum Zuschlag ist aber die Berechnung neben den doppler-sonographischen Leistungen nach den Nrn. 644 (Doppler-Sonographie der Extremitätengefäße), 645 (Doppler-Sonographie der Hirngefäße) und 649 (transkranielle Doppler-Sonographie mit Registrierung) ausgeschlossen. Diese Ausschlüsse des Zuschlages nach Nr. 401 – gleiches trifft für Nr. 404 (Zuschlag bei Frequenzspektrumanalyse) zu – sind n nicht sachgerecht. Der Ausschuss „Gebührenordnung" der Bundesärztekammer hat deshalb in seiner 6. Sitzung am 21.5.1996 die GOÄ-Abrechung der Duplex-Sonographie von Gefäßen beraten und ist zu folgendem Ergebnis gekommen:
Ein analoger Abgriff einer anderen Position des Gebührenverzeichnisses (zum Beispiel nach der Nr. 424, Echokardiographie) ist nicht möglich, da die Duplex-Sonographie durch den Zuschlag nach Nr. 401 in der GOÄ enthalten ist. Die Voraussetzung für eine analoge Abrechnung nach § 6 Abs. 2 GOÄ – das Fehlen der Leistung in der GOÄ – ist damit nicht erfüllt.
Nach der Allgemeinen Bestimmung Nr. 6 zum Abschnitt C.VI. – Sonographische Leistungen gelten als Organe im Sinne der Leistungen nach den Nrn. 410 und 420 GOÄ auch die Gefäße einer Körperregion. **Unter Berücksichtigung dieser Definition läßt die GOÄ für die Duplex-Sonographie der Gefäße folgende Abrechung zu: Doppler-Sonographie nach den Nrn. 644 oder 645 oder 649 plus B-Bild-Untersuchungen nach Nr. 410 oder Nr. 420.** Damit ergeben sich die in den Tabellen 1 bis 4 dargestellten Abrechnungsmöglichkeiten. Durch die Verwendung der Frequenzanalysetechnik in Duplex-Geräten entsteht dem Arzt aufgrund der hiermit verbundenen erschwerten Kurvenableitung und -auswertung ein gravierender zeitlicher Mehraufwand. Demzufolge ist bei Verwendung dieser Technik ein Überschreiten der Begründungsschwelle ebenso gerechtfertigt wie zum Beispiel bei einem erforderlichen erhöhten Zeitaufwand infolge multipler Stenosen..."

Tabelle 1
1. Duplex-sonographische Untersuchungen abdomineller Venen oder Arterien

GOÄ-Nr.	Kurztext	Punkte	1-facher Satz
410	Ultraschalluntersuchung eines Organs	200	11,66
420	Ultraschalluntersuchung von bis zu drei weiteren Organen	3 x 80	3 x 4,66
401	Zuschlag Duplex	400	23,32
404	Zuschlag Frequenzspektrumanalyse	250	14,57

Tabelle 2
2. Ultraschalluntersuchung von Extremitätenarterien bzw.- venen

GOÄ-Nr.	Kurztext	Punkte	1-facher Satz
410	Ultraschalluntersuchung eines Organs	200	11,66
420	Ultraschalluntersuchung von bis zu drei weiteren Organen	3 x 80	3 x 4,66
644	Extremitätendoppler	180	10,49

Tabelle 3
3. Duplex-Sonographie hirnversorgender Gefäße

GOÄ- Nr.	Kurztext	Punkte	1-facher Satz
410	Ultraschalluntersuchung eines Organs	200	11,66
420	Ultraschalluntersuchung von bis zu drei weiteren Organen	3 x 80	3 x 4,66
645	Doppler hirnversorgender Arterien	650	37,89

GOÄ-Nr. Punktzahl 2,3 / *1,8
1fach 3,5 / *2,5

Tabelle 4
4. Transkranielle Duplex-Sonographie

GOÄ-Nr.	Kurztext	Punkte	1-facher Satz
410	Ultraschalluntersuchung eines Organs	200	11,66
420	Ultraschalluntersuchung von bis zu drei weiteren Organen	3 x 80	3 x 4,66
649	Transkranieller Doppler	650	37,89

401 **Zuschlag zu den sonographischen Leistungen nach den Nummern 410 bis 418 bei zusätzlicher Anwendung des Duplex-Verfahrens – gegebenenfalls einschließlich Farbkodierung** **400** 23,31 –

Der Zuschlag nach Nummern 401 ist neben den Leistungen nach den Nummern 406, 422 bis 424, 644, 645, 649 und/oder 1754 nicht berechnungsfähig.

Ausschluss: Neben Nr. 401 sind folgende Nrn. nicht abrechnungsfähig: 406, 422, 423, 424, 435, 644, 645, 649, 1754

Kommentar: Siehe Hinweise VI. Sonographische Leistungen

402* **Zuschlag zu den sonographischen Leistungen bei transösophagealer Untersuchung** **250** 14,57 26,23 36,43

Der Zuschlag nach Nummer 402 ist neben den Leistungen nach den Nummern 403 sowie 676 bis 692 nicht berechnungsfähig.

Ausschluss: Neben Nr. 402 sind folgende Nrn. nicht abrechnungsfähig: 403, 435, 676 – 692

Kommentar: **Aus den Beschlüsse des Zentralen Konsultationsausschusses für Gebührenordnungsfragen bei der Bundesärztekammer zur Privatliquidation herzchirurgischer Leistungen Nr. 679 oder 680 GOÄ neben Nr. 402 GOÄ**

Neben Nr. 402 GOÄ (Zuschlag zu sonographischen Leistungen bei transösophagealer Untersuchung) kann für die Einführung einer transösophagealen Echokardiographie-Sonde nicht nochmals Nr. 679 (Mediastinoskopie) oder Nr. 680 (Ösophagoskopie) GOÄ analog neben Nr. 402 berechnet werden. Mit Nr. 402 ist nicht nur der erhöhte Schwierigkeitsgrad bei der Beschallung berücksichtigt, sondern auch die Einführung der Sonde.

Tipp:
- Der Zuschlag nach Nr. 402 kann mit dem 1,8–2,5fachen Satz berechnet werden. Neben Nr. 402 sind die Nrn. 410, 417, 422–424 abrechenbar.

403* **Zuschlag zu den sonographischen Leistungen bei transkavitärer Untersuchung** **150** 8,74 15,74 21,86

Der Zuschlag nach Nummer 403 ist neben den Leistungen nach den Nummern 402 sowie 676 bis 692 nicht berechnungsfähig.

Ausschluss: Neben Nr. 403 sind folgende Nrn. nicht abrechnungsfähig: 402, 435, 676–692

Kommentar: Der Zuschlag nach Nr. 403 kann mit dem 1,8–2,5fachen Satz berechnet werden. Neben Nr. 403 sind die Nrn. 410, 415, 417 abrechenbar.

Tipp: **Abrechnungsbeispiel** einer gynäkologischen Untersuchung:
410 (Ut) + 420 (Ov-r) + 420 (Ov-l) + 420 (Hbl) + 403* (Zuschlag transkavitäre Untersuchung) (Sonographie 2,3fach; Zuschlag nur 1,8fach)

404 **Zuschlag zu Doppler-sonographischen Leistungen bei zusätzlicher Frequenzspektrumanalyse – einschließlich graphischer oder Bilddokumentation** **250** 14,57 –

Der Zuschlag nach Nummer 404 ist neben den Leistungen nach den Nummern 422, 423, 644, 645, 649 und/oder 1754 nicht berechnungsfähig.

Ausschluss: Neben Nr. 404 sind folgende Nrn. nicht abrechnungsfähig: 422, 423, 435, 644, 645, 649, 1754

GOÄ-Ratgeber der BÄK: ► **Problematischer Zuschlag**
Dr. med. Beate Heck – (in: Deutsches Ärzteblatt 107, Heft 31–32, (09.08.2010), S. A 1544)
http://www.bundesaerztekammer.de/page.asp?his=1.108.4144.4245.8693
Dr. Heck gibt folgenden Hinweis: Problematisch ist im Zusammenhang mit der Berechnung der Nr. 404 GOÄ die gleichzeitige Erbringung einer Echokardiographie nach Nr. 424 GOÄ und einer Duplex-Sonographie der hirnversorgenden Gefäße im Rahmen eines Arzt-Patienten-Kontaktes. Zusammenfassend wird festgestellt: ..." Der Ansatz der Nr. 404 GOÄ erfolgte nicht „neben" der Gebührenposition 645 GOÄ (dies wäre nach den Ausschlussbestimmungen der Nr. 404 GOÄ nicht zulässig), sondern „neben" und mit Bezug auf die Leistung nach Nr. 424 GOÄ..."

Kommentar: Siehe Hinweise VI. Sonographische Leistungen

Tipp: Der Zuschlag nach Nr. 404 ist neben Nr. 424 abrechenbar.

405 Zuschlag zu der Leistung nach Nummer 415 oder 424 – bei zusätzlicher Untersuchung mit cw-Doppler –

200 | 11,66 | –

Ausschluss: Neben Nr. 405 sind folgende Nrn. nicht abrechnungsfähig: 410, 422, 423, 435, 644, 645, 649, 1754

Tipp: Neben Nr. 405 sind die Nrn. 415, 424 abrechenbar.

406 Zuschlag zu der Leistung nach Nummer 424 – bei zusätzlicher Farbkodierung

200 | 11,66 | –

Ausschluss: Neben Nr. 406 sind folgende Nrn. nicht abrechnungsfähig: 401, 410, 422, 423, 435, 644, 645, 649, 1754

Analog: Neben Nr. 406 darf Ihr Arzt die Nr. 424 abrechnen.

Tipp: Neben Nr. 406 ist die Nr. 424 abrechenbar.

408 Transluminale Sonographie von einem oder mehreren Blutgefäße(en) nach Einbringung eines Gefäßkatheters, je Sitzung

200 | 26,81
11,66 | 40,80

Ausschluss: Neben Nr. 408 sind folgende Nrn. nicht abrechnungsfähig: 355 – 361, 435

A 409 A-Bild-Sonographie (analog Nr. 410 GOÄ) – n. Verzeichnis analoger Bewertungen der Bundesärztekammer

200 | 26,81
11,66 | 40,80

410 Ultraschalluntersuchung eines Organs

200 | 26,81
11,66 | 40,80

Das untersuchte Organ ist in der Rechnung anzugeben.

Ausschluss: Neben Nr. 410 sind folgende Nrn. nicht abrechnungsfähig: 405, 406, 412, 413, 415, 417, 418, 435

GOÄ-Ratgeber der BÄK: ► **Ultraschall der Nasennebenhöhlen**
Dr. med. Tina Wiesener – Deutsches Ärzteblatt 108, Heft 30 (29.07.2011), S. A-1656 – http://www.bundesaerztekammer.de/page.asp? his=1.108.4144.4285.9701
Dr. Wiesener führt aus: „.... Paarige Organe (zum Beispiel Nieren etc.) gelten bei der Ultraschalluntersuchung als zwei jeweils eigenständige Organe. Daher ist es durchaus vertretbar, die linke und die rechte Kieferhöhle jeweils als ein Organ im Sinne der Nrn. 410 und 420 GOÄ aufzufassen. Wenn zum Beispiel sowohl die Kieferhöhlen beidseits und zusätzlich eine nicht paarig angelegte Stirnhöhle in einer Sitzung geschallt werden, so sind diese Leistungen..." mit den Nrn. 410 und 420 GOÄ (2 ×) abzurechnen.
...„Bei Durchführung der Nasennebenhöhlen-Sonographie im A-Scan-Verfahren ist der Ansatz der Nr. A 409 (analog nach Nr. 410 GOÄ) für die Untersuchung des ersten Organs heranzuziehen. Falls weitere Ultraschalluntersuchungen notwendig werden, wäre hierfür wiederum der zusätzliche Ansatz der Nr. 420 GOÄ (im Regelfall 2 ×) analog zutreffend..."

Auf einen Blick: **Abrechnung von Ultraschalluntersuchungen (Real-time), mögliche Zuschläge und ggf. weitere Abrechnungsmöglichkeiten**

GOÄ-Nr. Punktzahl 2,3 / *1,8
1fach 3,5 / *2,5

Bereich	GOÄ-Nr. der Grundleistung und Bereich	Zuschläge zu den Grundleistungen und ggf. weitere Abrechnungsmöglichkeiten
Organ	**410** – ein Organ **413** – Hüftgelenk beim Kind **417** – Schilddrüse **418** – eine Brustdrüse	• bis zu 3 weitere Organe: Nr. 420 • transkavitär: Nrn. 402, 403 • Duplex-Verfahren: Nr. 401
Herz	**423** – Zweidimensionale Echokardiographie	• 1 Organ: Nr. 410 • Nr. 420 bis zu 3 weiteren Organen • transösophageal: Nr. 402 • cw-Doppler: Nr 405 • Duplex-Verfahren: Nr. 424 • Duplex farbcodiert: Nr. 406
Fetus	**415**	• Untersuchung bis zu 3 weiteren Organen der Mutter: Nr. 420 • transkavitär: Nr. 403 • cw-Doppler: Nr. 405 • Duplex-Verfahren: Nr. 401

Tipp:
- Die Leistung nach Nr. 410 ist z.B. kombinierbar mit Nr. 1011 und natürlich auch mit dem Check-up nach Nr. 29 etc.
- Ferner ist Nr. 410 neben Nrn. 400, 402, 403, 420 abrechenbar.
- Bei einer gynäkologischen Untersuchung von Uterus, Aduexen und Harnblase ergeben sich: 410, 420 (3 x uterus re + li, Harnblase), 403.

IGeL: Sono-Check von Organen auf Wunsch des Patienten – außerhalb der GKV- und PKV-Erstattungspflicht auch z.B. zusätzliche IUP-Lagekontrolle erfolgt häufig. Abrechnungsempfehlung: Nrn. 1, 3 (Ausschlüsse beachten), 5, 410, 420 ggf. 3x.

410 analog

Knochendichte Messung mittels Ultraschall-Osteodensitometrie (DEXA) – analog Nr. 410 GOÄ entsprechend GOÄ § 6 (2) — **200** 11,66 — 5,044 6,99

Ausschluss: Neben Nr. 410 sind folgende Nrn. nicht abrechnungsfähig: 405, 406, 412, 413, 415, 417, 418, 435.

412

Ultraschalluntersuchung des Schädels bei einem Säugling oder Kleinkind bis zum vollendeten 2. Lebensjahr — **280** 16,32 — 37,54 57,12

Ausschluss: Neben Nr. 412 sind folgende Nrn. nicht abrechnungsfähig: 405, 406, 410, 413, 415, 417, 418, 435, 669

Tipp: Neben Nr. 412 sind die Nrn. 401, 420 abrechenbar.

413

Ultraschalluntersuchung der Hüftgelenke bei einem Säugling oder Kleinkind bis zum vollendeten 2. Lebensjahr — **280** 16,32 — 37,54 57,12

Ausschluss: Neben Nr. 413 sind folgende Nrn. nicht abrechnungsfähig: 404 – 406, 410, 412, 415, 417, 418, 435

Kommentar: Bei Kindern nach dem vollendeten 2. Lebensjahr ist wie bei Erwachsenen für die Untersuchung beider Hüftgelenke die **Nr. 410 für das erste** und zusätzlich die **Nr. 420 für das zweite Hüftgelenk** abzurechen.

Tipp: Neben Nr. 413 sind die Nrn. 401, 420 abrechenbar.

415

Ultraschalluntersuchung im Rahmen der Mutterschaftsvorsorge – gegebenenfalls einschließlich Biometrie und Beurteilung der Organentwicklung – — **300** 17,49 — 40,22 61,20

Ausschluss: Neben Nr. 415 sind folgende Nr. nicht abrechnungsfähig: 406, 410, 412, 413, 417, 418, 435

Kommentar: Die vom Gebührenausschuss der BÄK beschlossenen weiterführenden Untersuchungen zur Fetaldiagnostik A 1006, A 1007 und A 1008 ergänzen das Leistungsspektrum

im Rahmen der Mutterschaftsvorsorge. Sie finden unter den angegebenen Nrn weitere Informationen.
Neben Nr. 415 sind die Nrn. 401, 403, 420 abrechenbar.

Rechtsprechung: **Ultraschalluntersuchung bei Schwangerenvorsorge**
Ultraschalluntersuchungen bei der Schwangerenvorsorge sind in erster Linie orientierender Art; ein Ultraschall – Screening ist daher keine Fehlbildungsdiagnostik. Wenn sich aber Hinweise auf Entwicklungsstörungen oder Fehlbildungen bei einem Screening ergeben, besteht eine Indikation für eine Ultraschalldiagnostik.
Wenn bei einem zweiten Screening die erzielten Messergebnisse im normalen Bereich liegen, ist keine Indikation für eine spezielle Pränataldiagnostik gegeben.
Aktenzeichen: OLG Hamm, 28.04.2010, AZ: I-3 U 84/09
Entscheidungsjahr: 2010

IGeL: Patientinnen lieben **Baby-Bilder (und Pauschalhonorare)**
Nummer 415 GOÄ sog. „Baby-Fernsehen: Ultraschalluntersuchung im Rahmen der Mutterschaftsvorsorge" (300 Punkte = 1facher Satz: 17,49 €).
Multipliziert man den Einfachsatz mit dem Faktor 2,28705, ergibt dies den Betrag von 40,00 €.
So wird **kein nach GOÄ verbotenes „Pauschalhonorar"** berechnet, sondern ein legales GOÄ Honorar mit frei gewähltem Steigerungsfaktor!
Es wäre auch nicht korrekt, den 2,3fachen Satz in Rechnung zu stellen (ergibt 40,22 €) und bei der Zahlung auf 22 Cent zu verzichten.
Klingt kompliziert, lässt sich aber für die IGeL-Leistungen, die eine Praxis anbietet, problemlos errechnen.

417 Ultraschalluntersuchung der Schilddrüse

210 28,15
12,24 42,84

Ausschluss: Neben Nr. 417 sind folgende Nrn. nicht abrechnungsfähig: 405, 406, 410, 412, 413, 415, 418, 435

Tipp: Neben Nr. 417 sind die Nrn. 401, 402, 403, 420 abrechenbar.

418 Ultraschalluntersuchung einer Brustdrüse – gegebenenfalls einschließlich der regionalen Lymphknoten

210 28,15
12,24 42,84

Ausschluss: Neben Nr. 418 sind folgende Nrn. nicht abrechnungsfähig: 404 – 406, 410, 412, 413, 415, 417, 435

Tipp: Neben Nr. 418 sind die Nrn. 401, 420 abrechenbar.

420 Ultraschalluntersuchung von bis zu drei weiteren Organen im Anschluss an eine der Leistung nach den Nummern 410 bis 418, je Organ

80 10,72
4,66 16,32

Die untersuchten Organe sind in der Rechnung anzugeben.
Die Leistung nach Nummer 420 kann je Sitzung höchstens dreimal berechnet werden.

Ausschluss: Neben Nr. 420 sind folgende Nrn. nicht abrechnungsfähig: 402 – 406, 435

Beschluss BÄK: **Beschluss des Gebührenausschusses der Bundesärztekammer**
Höchstens dreimalige Berechnung in einer Sitzung (7. Sitzung vom 12. September 1996):
Nr. 420 GOÄ ist maximal dreimal auf je ein Organ bezogen mit je 80 Punkten, höchstens also mit 240 Punkten berechenbar.

Kommentar: Siehe Allgemeine Bestimmungen VI. Sonographische Leistungen

Tipp: Es soll der gesamte Oberbauch untersucht werden:
13.5. 410 (L) + 420 (Gbl) + 420 (Aor) + 420 (Vec)
14.5. 410 (N-re) + 420 (Pan) + 420 (N-li) + 420 (Mll)
Da nur 4 Organe bei einer Untersuchung bezahlt werden, wurde der Oberbauch an 2 Tagen untersucht.
Dies ist aber im Rahmen der Patienten-Einbestellung sicher nur selten möglich.
- Neben Nr. 420 sind die Nrn. 410 – 418 abrechenbar

GOÄ-Nr.		Punktzahl 1fach	2,3 / *1,8 3,5 / *2,5
422	**Eindimensionale echokardiographische Untersuchung mittels Timo-Motion-Diagramm, mit Bilddokumentation – gegebenenfalls einschließlich gleichzeitiger EKG-Kontrolle –**	**200** 11,66	26,81 40,80

Ausschluss: Neben Nr. 422 sind folgende Nrn. nicht abrechnungsfähig: 401, 404 – 406, 423, 424, 435, 650 – 655

Kommentar: Neben Ultraschalluntersuchung des Herzens nach den Nrn. 422 – 424 sind Untersuchungen übriger Organe abrechenbar.

Tipp: Neben Nr. 422 sind die Nrn. 402, 410 abrechenbar.

423	**Zweidimensionale echokardiographische Untersuchung mittels Real-Time-Verfahren (B-Mode), mit Bilddokumentation – einschließlich der Leistung nach Nummer 422**	**500** 29,14	67,03 102,00

Ausschluss: Neben Nr. 423 sind folgende Nrn. nicht abrechnungsfähig: 401, 404, 422, 424, 435, 650 – 655

Tipp: Neben Nr. 423 sind die Nrn. 402, 410 abrechenbar.

424	**Zweidimensionale Doppler-echokardiographische Untersuchung mit Bilddokumentation – einschließlich der Leistung nach Nummer 423 – (Duplex-Verfahren)**	**700** 40,80	93,84 142,80

Ausschluss: Neben Nr. 424 sind folgende Nrn. nicht abrechnungsfähig: 401, 422, 423, 435, 650 – 655

GOÄ-Ratgeber der BÄK: ► **Abrechnung von Elektrokardiographie und Herzechokardiographie**

Dr. med. Tina Wiesener – Deutsches Ärzteblatt 110, Heft 22 (31.05.2013), S. A-1124
http://www.bundesaerztekammer.de/page.asp?his=1.108.4144.4245.11390

Dr. Wisener erläutert:

...“ Der Leistungsinhalt der Nr. 424 GOÄ „Zweidimensionale Doppler-echokardiographische Untersuchung mit Bilddokumentation – einschließlich der Leistung nach Nummer 423 – (Duplex-Verfahren)“ schließt obligat die Leistung nach Nr. 423 GOÄ „Zweidimensionale echokardiographische Untersuchung mittels Real-Time-Verfahren (B-Mode), mit Bilddokumentation – einschließlich der Leistung nach Nummer 422“ ein. Damit ist auch die Leistung nach Nr. 422 GOÄ „Eindimensionale echokardiographische Untersuchung mittels Time-Motion-Diagramm, mit Bilddokumentation – ggf.einschließlich gleichzeitiger EKG-Kontrolle“ von der Leistung nach Nr. 424 GOÄ umfasst. Die in der Leistungslegende der Nr. 422 GOÄ genannte „gleichzeitige EKG-Kontrolle“ bezieht sich jedoch nur auf die im Rahmen der Herzechokardiographie (gleichzeitig) eingeblendete EKG-Kurve der Patientin/des Patienten, die unter anderem eine genaue zeitliche Zuordnung des jeweiligen Ultraschallbildes ermöglicht. Diese EKG-Ableitung ist gemäß der Systematik der GOÄ nicht gesondert neben Nrn. 422 bis 424 GOÄ berechnungsfähig...

...Ist hingegen, zum Beispiel im Vorfeld der Echokardiographie im Rahmen einer Stufendiagnostik – neben der Ultraschalluntersuchung des Herzens – eine eigenständige elektrokardiographische Untersuchung (Nrn. 650 ff. GOÄ) erforderlich, so ist diese bei vollständiger Ableitung, Dokumentation (Vorliegen des EKG-Streifens als Ausdruck) und Auswertung gesondert abrechnungsfähig. ..“

Für die Abrechnung:

- Nrn. 650 ff. Schwellenwert: 1,8-fach, Höchstwert: 2,5-fach
- Nr. 424 GOÄ Schwellenwert: 2,3-fach, Höchstwert: 3,5-fach).
- Ausschluss: Nr. 650 ff. und Nrn. 650 bis 653 GOÄ nicht nebeneinander berechnungsfähig

Eine korrekte Dokumentation hilft bei Nachfragen und Regress.

Kommentar: Neben Ultraschalluntersuchung des Herzens nach den Nrn. 422 – 424 sind Untersuchungen übriger Organe abrechenbar.

Analog: Die Nr. 424 wird analog verwendet für die Untersuchung der Strömungsverhältnisse mit Ultraschall-Doppler-Technik (Duplex Verfahren).

Tipp: Neben Nr. 424 z.B. möglich: 5, 6, 7, 8, 402, 404, 406, 410, 420

VII Intensivmedizinische und sonstige Leistungen

Tipp:
Der **Berufsverband Deutscher Anästhesisten e.V. (BDA)** gibt im Internet z. Zt. noch: **Hinweise zur Abrechnung von anästhesiologischen GOÄ-Nummern** – Stand Oktober 2006 – Erstellt unter Mitwirkung von Dr. A. Schleppers – Referat für Gebührenfragen im Berufsverband Deutscher Anästhesisten e.V. und der Versicherungskammer Bayern: www.bda.de/downloads/21_0Leitlinie-Anaesthesieabrechnungen-Okt-2006.pdf

ferner stellt der BDA im Internet zur Verfügung:
Anästhesiekommentar zur GOÄ
A. Schleppers – W. Weißauer
Hrsg. Berufsverband Deutscher Anästhesisten e.V
1. Auflage 2. Ergänzungslieferung, 2003
www.bda.de/21_1kommentar_goae.htm#anker1
Gerade in diesem Werk werden zahlreiche fachspezifische Abrechnungshinweise und analoge Bewertungen vorgestellt.

427 **Assistierte und/oder kontrollierte apparative Beatmung durch Saug-Druck-Verfahren bei vitaler Indikation, bis zu 12 Stunden Dauer** — **150** / 8,74 — 20,11 / 30,60

Ausschluss: Neben Nr. 427 sind folgende Nrn. nicht abrechnungsfähig: 428, 429, 435, 462, 463, 501

Hinweis LÄK: **Anmerkung der Bayerischen Landesärztekammer** vom 09.02.2004 (Quelle: GOÄ-Datenbank http://www.blaek.de/) –
Anpassung von nCPAP- oder BiPAP-Beatmungsmasken (Schlafmedizinische Leistungen)
Die Anpassung von nCPAP- oder BiPAP-Beatmungsmasken kann über die Nr. 427 analog berechnet werden.

GOÄ-Ratgeber der BÄK: ► **Abrechnung der Beatmung während des Transports auf die Intensivstation**
Dr. med. Tina Wiesener – Deutsches Ärzteblatt 110, Heft 25 (21.06.2013), S. A-1288
http://www.bundesaerztekammer.de/page.asp?his=1.108.4144.4245.11389
Dr.Wiesener verweist auf einen Hinweis des Berufsverbandes Deutscher Anästhesisten von A. Schleppers und W. Weißauer) zur Nr. 427 GOÄ:
„Wird nach einer Intubationsnarkose ein Patient intubiert und beatmet unter ärztlicher Aufsicht auf eine Intensivstation verlegt oder wird der Patient von der Intensivstation intubiert und beatmet in den Operationssaal transportiert, so kann für die Beatmung während des Transportes Nr. 427 berechnet werden."
Empfehlung des Ausschusses „Gebührenordnung" der Bundesärztekammer – die mit dem Verband der privaten Krankenversicherung, dem BMG, BMI abgestimmt wurde.

Tipp: Neben Nr. 427 ist die Nr. 1529 abrechenbar.

427 analog **Kontrolle der Beatmung unter nCPAP oder BiPAP (s. Leistungskomplex Schlaflabor) (analog Nr. 427 GOÄ) – n. Beschluss des Gebührenordnungsauschusses der BÄK** — **150** / 8,74 — 20,11 / 30,60

Ausschluss: Neben Nr. 427analog sind folgende Nrn. nicht abrechnungsfähig: 428, 429, 435, 462, 463, 501.

428 **Assistierte und/oder kontrollierte apparative Beatmung durch Saug-Druck-Verfahren bei vitaler Indikation bei mehr als 12 Stunden Dauer, je Tag** — **220** / 12,82 — 29,49 / 44,88

Neben den Leistungen nach den Nummern 427 und 428 sind die Leistungen nach Nummern 462, 463 und/oder 501 nicht berechnungsfähig.

Ausschluss: Neben Nr. 428 sind folgende Nrn. nicht abrechnungsfähig: 427, 435, 462, 463, 501

Tipp: Neben Nr. 428 ist die Nr. 1529 abrechenbar.

429 **Wiederbelebungsversuch – einschließlich künstlicher Beatmung und extrathorakaler indirekter Herzmassage, gegebenenfalls einschließlich Intubation –** — **400** / 23,31 — 53,62 / 81,60

Ausschluss: Neben Nr. 429 sind folgende Nrn. nicht abrechnungsfähig: 427, 435, 1040, 1529

Tipp:
- Die Leistung nach Nr. 429 ist kombinierbar z.B. mit den Leistungen nach den Nrn. 7, 8, 50, 55, 56, Wegegeld, Visiten.
- Ferner ist Nr. 429 neben Nrn. 253, 254, 258, 271, 272, 430, 431, 433, 650 abrechenbar.

430 Extra- oder intrathorakale Elektro-Defibrillation und/oder Stimulation des Herzens

400 53,62
23,31 81,60

Die Leistung nach Nummer 430 ist auch bei mehrfacher Verabfolgung von Stromstößen in engem zeitlichen Zusammenhang zur Erreichung der Defibrillation nur einmal berechnungsfähig.

Ausschluss: Neben Nr. 430 ist folgende Nr. nicht abrechnungsfähig: 435

Beschluss BÄK: **Aus den Beschlüsse des Zentralen Konsultationsausschusses für Gebührenordnungsfragen bei der Bundesärztekammer zur Privatliquidation herzchirurgischer Leistungen**
Nr. 430 analog für das elektrisch induzierte Kammerflimmern neben Nr. 3089
Für die Kardioplegie ist Nr. 3052 GOÄ (Perfusion der Koronararterien, zusätzlich zu Nr. 3050) eigenständig berechenbar, wird der Herzstillstand durch elektrische Induktion herbeigeführt, trifft Nr. 430 GOÄ zu.
Muss zusätzlich zur Kardioplegie ein Kammerflimmern induziert werden (nicht routinemäßig erforderlich), ist Nr. 430 GOÄ (extra- oder intrathorakale Elektro-Defibrillation und/oder Stimulation des Herzens) nicht eigenständig berechenbar. Die Berücksichtigung des erweiterten Leistungsumfangs ist im Rahmen des § 5 GOÄ (Steigerungsfaktor) möglich. Für die Wiederherstellung des normalen Herzrhythmus am Ende der Herzoperation ist Nr. 430 GOÄ berechenbar.
Nur in den Fällen, in denen die Induktion des Herzstillstandes (ohne Kardioplegie) und die Wiederherstellung des normalen Herzrythmus durch Defibrillation und/oder Stimulation erreicht wird, ist Nr. 430 insgesamt zweimal berechnungsfähig.

Tipp: Neben Nr. 430 sind die Nrn. 429, 431, 650 abrechenbar.

430 analog Elektrisch induziertes Kammerflimmern (neben Nr. 3089) (analog Nr. 430 GOÄ) – n. Beschluss des Gebührenordnungsauschusses der BÄK

400 53,62
23,31 81,60

Ausschluss: Neben Nr. 430 analog ist folgende Nr. nicht abrechnungsfähig: 435.

431 Elektrokardioskopie im Notfall

100 13,41
5,83 20,40

Ausschluss: Neben Nr. 431 sind folgende Nrn. nicht abrechnungsfähig: 435, 650 – 655.
Siehe unter Nrn. 650 und 651: mögliche Ausnahmen in den Kommentaren.

Kommentar: Ist auch eine graphische Darstellung des Monitorbildes möglich, ohne dass neue Elektroden angelegt werden müssen, so kann die höher bewertete Leistung nach Nr. 650 statt der Nr. 431 abgerechnet werden.
Neben der Nr. 431 könnnen die Nrn. 650, 651 nicht berechnet werden.
Würde sich allerdings beim Schreiben eines EKGs nach den Nrn. 650 und 651 eine Situation einstellen, die eine Elektrokardioskopie erforderlich macht, ist eine Abrechnung der Leistungen nach den Nrn. 650 und 651 neben Nr. 431 mit entsprechender Begründung möglich. **Brück** formuliert für diesen Fall „...allerdings erfordert die Nebeneinanderberechnnung eine im Zeitablauf jeweils indizierte und eigenständig über unterschiedliche Elektroden erfolgte Untersuchung...“

Tipp:
- Die Leistung nach Nr. 431 ist kombinierbar z.B. mit den Leistungen nach den Nrn. 7, 8, 50, 55, 429, Wegegeld, Visiten
- Ferner ist Nr. 431 neben Nrn. 429, 430 abrechenbar.

433 Aussspülung des Magens – auch mit Sondierung der Speiseröhre und des Magens und/oder Spülung des Duodenums

140 18,77
8,16 28,56

Ausschluss: Neben Nr. 433 sind folgende Nrn. nicht abrechnungsfähig: 435, 670, 682 – 684, 691, 692

Kommentar: Werden mehrere Spülungen zu einem Zeitpunkt hintereinander durchgeführt, so kann die Leistung nach Nr. 433 nur einmal abgerechnet werden. Sind allerdings mehrere Magenspülungen zu unterschiedlichen Zeiten erforderlich, so können diese auch entsprechend einzeln ebgerechnet werden.

Die Nr. 433 ist nicht abrechenbar für Spülungen im Rahmen endoskopischer Untersuchungen des oberen Gastrointestinaltraktes und auch nicht für das routinemäßige Legen einer Magensonde, wie es im Rahmen von Anästhesievorbereitungen geschieht.

Tipp: Neben Nr. 433 ist die Nr. 429 abrechenbar.

435 Stationäre intensivmedizinische Überwachung und Behandlung eines Patienten auf einer dafür eingerichteten gesonderten Betteneinheit eines Krankenhauses mit spezieller Personal- und Geräteausstattung – einschließlich aller im Rahmen der Intensivbehandlung erbrachten Leistungen, soweit deren Berechnungsfähigkeit nachfolgend ausgeschlossen ist –, bis zu 24 Stunden Dauer **900** 120,65 52,46 183,60

Neben der Leistung nach Nummer 435 sind für die Dauer der stationären intensivmedizinischen Überwachung und Behandlung Leistungen nach den Abschnitten C III und M, sowie die Leistungen nach den Nummern 1 bis 56, 61 bis 96, 200 bis 211, 247, 250 bis 268, 270 bis 286 a, 288 bis 298, 401 bis 424, 427 bis 433, 483 bis 485, 488 bis 490, 500, 501, 505, 600 bis 609, 634 bis 648, 650 bis 657, 659 bis 661, 665 bis 672, 1529 bis 1532, 1728 bis 1733 und 3055 nicht berechnungsfähig.

Diese Leistungen dürfen auch nicht anstelle der Leistung nach Nummer 435 berechnet werden.

Teilleistungen sind auch dann mit der Gebühr abgegolten, wenn sie von verschiedenen Ärzten erbracht werden. Die Leistung nach Nummer 60 kann nur von dem Arzt berechnet werden, der die Leistung nach Nummer 435 nicht berechnet.

Mit der Gebühr für die Leistung nach Nummer 435 sind die Leistungen zur Untersuchung und/oder Behandlung von Störungen der Vitalfunktionen, der zugrundeliegenden Erkrankung und/oder sonstiger Erkrankungen abgegolten.

Ausschluss: Neben Nr. 435 sind folgende Nrn. nicht abrechnungsfähig: C III-Abschnitt, M-Abschnitt, 1 – 8, 11, 15, 20 – 34, 45, 46, 48, 50 – 52, 55, 56, 61, 62, 70, 75 – 78, 80, 85, 90, 95, 96, 200, 201, 204, 206 – 211, 247, 250, 250a, 251, 252, 254 – 268, 270 -286a, 288 – 291, 297, 298, 401 – 408, 410, 412, 413, 415, 417, 418, 420, 422 – 424, 427 – 431, 433, 483 – 485, 488 – 501, 505, 600 – 609, 634 – 648, 650 – 657, 659 – 661, 665, 666, 669 – 672, 1529, 1530, 1532, 1728 – 1733, 3055, 3500 – 3971, 4020 – 4469

GOÄ-Ratgeber der BÄK:

► **Stationäre intensivmedizinische Überwachung und Behandlung (I)**
Dr. Tina Wiesener – Deutsches Ärzteblatt 110, Heft 38 (20.09.2013), S. A-1762
http://www.bundesaerztekammer.de/page.asp?his=1.108.4144.4245.11685

► **Stationäre intensivmedizinische Überwachung und Behandlung (II)**
Dr. Tina Wiesener – Deutsches Ärzteblatt 110, Heft 42 (18.10.2013), S. A-1990
http://www.bundesaerztekammer.de/page.asp?his=1.108.4144.4245.11711

Frau Dr. Wiesener führt zusammenfassend in beiden Texten aus:
...Zum Leistungsinhalt der Komplexgebühren zählt neben der Behandlung von Störungen der Vitalfunktion auch die Behandlung der hierfür ursächlichen Grunderkrankung. ..“

Im offiziellen Text zu Nr. 435 GO sind die Abschnitte und Gebührenziffern aufgelistet, die nicht neben Nr 435 berechnungsfähig sind.
..."Dies gilt auch für den Fall, wenn ein Analogabgriff (gemäß § 6 Absatz 2 GOÄ) auf einzelne Gebührennummern der vorstehenden Aufzählung und Ansatz neben Nr. 435 GOÄ erfolgt, da eine Analogbewertung die Rahmenbedingungen der originären, analog abgegriffenen Gebührenposition „erbt“ ...

...So ist zum Beispiel eine Inrechnungstellung der Nr. 3055 GOÄ „Überwachung einer assistierenden Zirkulation, je angefangene Stunde“ mit der ergänzenden Bestimmung „Die Leistung nach Nummer 3055 ist nur während einer Operation berechnungsfähig“ im Analogabgriff zur Abbildung einer im Rahmen der Behandlung auf der Intensivstation gesondert durchgeführten Extrakorporalen- Membran-Oxygenierung (ECMO) neben Nr. 435 GOÄ nicht möglich..."

Kommentar: Die Leistung nach Nr. 435 kann nur von dem für stationäre intensivmedizinische Überwachung und Behandlung verantwortlichen Arzt abgerechnet werden. Nach Kommentierung von **Wezel/Liebold** sind mit der Komplexgebühr nach Nr. 435 auch einzelne von Konsiliarärzten erbrachte Leistungen aus diesem Komplex abgegolten. Ein Ausgleich kann hier nur durch Verrechnung der an der Leistung beteiligten Ärzte im Innenverhältnis erfolgen.

Der mit 24 Stunden angegebene Zeitraum bezieht sich nicht auf den Kalendertag, sondern auf den Zeitraum zwischen Aufnahme des Patienten auf der Intensivstation und Entlassung bzw. Verlegung.
Beispiel: Aufnahme des Patienten am Montag um 15 Uhr auf der Intensivstation und Entlassung, d.h. Verlegung auf normale Station, am Mittwoch um 9 Uhr. Daraus ergibt sich eine Aufenthaltsdauer von 42 Stunden und damit die zweimalige Abrechnungsfähigkeit der Nr. 435.
Sinnvoll ist es, in der Liquidation die entsprechenden Zeiten für Aufnahme und Entlassung bzw. Verlegung anzugeben.

Rechtsprechung: **Laborleistungen im Rahmen einer Intensivbehandlung, GOÄ Nrn. 435,437 GOÄ**
Die Komplexgebühr der Geb. Ziffer 437 GOÄ für Laborleistungen im Rahmen einer Intensivbehandlung nach Geb. Ziffer 435 GOÄ rechtfertigt auch für externe Ärzte keine Einzelabrechnung der von ihnen erbrachten Leistungen, soweit es sich nicht um Leistungen nach den Abschnitten M III 13 und M IV des Gebührenverzeichnisses handelt.
Aktenzeichen: BGH, 10.05.2007, AZ: III ZR 291/06
Entscheidungsjahr: 2007

437* **Laboratoriumsuntersuchungen im Rahmen einer Intensivbehandlung nach Nummer 435, bis zu 24 Stunden Dauer** — **500** — 29,14 — 33,52[1)] — 37,89[2)]

Neben der Leistung nach Nummer 437* sind die Leistungen nach Abschnitt M – mit Ausnahme von Leistungen nach den Abschnitten M III 13 (Blutgruppemmerkmale, HLA-System) und M IV (Untersuchungen zum Nachweis und zur Charakterisierung von Krankheitserregern) – nicht berechnungsfähig.
[1)] 1,15fach
[2)] 1,3fach

Ausschluss: Neben Nr. 437* sind folgende Nrn. nicht abrechnungsfähig: 3500 – 3971, 4020 – 4468

Kommentar: Da Leistungen aus dem Kapitel M nicht einzeln abgerechnet werden können, ist dafür die Komplexgebühr nach Nr. 437* anzusetzen. Nach Nr. 437* sind auch Laborleistungen abgegolten (nach **Lang, Schäfer, Stiel und Vogt**), die für die Vorbereitung eines operativen Eingriffes erforderlich sind
Brück, Geb.Nr. 437, Anm.6: Werden Laboruntersuchungen, die nicht im Krankenhaus erbracht werden können, an andere Ärzte als Auftragsleistung vergeben, muss dafür nicht die Laborpauschale angesetzt werden; vielmehr ist die Einzelleistung berechnungsfähig.

Rechtsprechung: Siehe auch Rechtsprechung zur Nr. 435

Tipp: Neben Nr. 437* sind die Nrn. 435, 3980 – 4014, 4500 – 4787 abrechenbar.

VIII Zuschläge zu ambulanten Operations- und Anästhesieleistungen

Allgemeine Bestimmungen

1. **Bei ambulanter Durchführung von Operations- und Anästhesieleistungen in der Praxis niedergelassener Ärzte oder in Krankenhäusern können für die erforderliche Bereitstellung von Operationseinrichtungen und Einrichtungen zur Vor- und Nachsorge (z.B. Kosten für Operations- oder Aufwachräume oder Gebühren bzw. Kosten für wiederverwendbare Operationsmaterialien bzw. -geräte) Zuschläge berechnet werden. Für die Anwendung eines Operationsmikroskops oder eines Lasers im Zusammenhang mit einer ambulanten operativen Leistung können Zuschläge berechnet werden, wenn die Anwendung eines Operationsmikroskops oder eines Lasers in der Leistungsbeschreibung der Gebührennummer für die operative Leistung nicht beinhaltet ist.**
2. **Die Zuschläge nach den Nummern 440 bis 449 sind nur mit dem einfachen Gebührensatz berechnungsfähig.**
3. **Die Zuschläge nach den Nummern 440, 441, 442, 443, 444 und 445 sind operative Leistungen nach den Nummer 679, 695, 700, 701, 765 in Abschnitt F,**

GOÄ-Nr. Punktzahl 2,3 / *1,8
1fach 3,5 / *2,5

- nach den Nummern 1011, 1014, 1041, 1043 bis 1045, 1048 1052, 1055, 1056, 1060, 1085, 1086, 1089, 1097 bis 1099, 1104, 1111 bis 1113, 1120 bis 1122, 1125, 1126, 1129, 1131, 1135 bis 1137, 1140, 1141, 1145, 1155, 1156, 1159, 1160 in Abschnitt]
- nach den Nummern 1283 bis 1285, 1292, 1299, 1301, 1302, 1304 bis 1306, 1310, 1311, 1321, 1326, 1330 bis 1333, 1341, 1345, 1346, 1348 bis 1361, 1365, 1366, 1367, 1369 bis 1371, 1374, 1375, 1377, 1382, 1384, 1386 in Abschnitt I,
- nach den Nummern 1428, 1438, 1441, 1445 bis 1448, 1455, 1457, 1467 bis 1472, 1485, 1486, 1493, 1497, 1513, 1519, 1520, 1527, 1528, 1534, 1535, 1576, 1586, 1588, 1595, 1597, 1598, 1601, 1610 bis 1614, 1622, 1628, 1635 bis 1637 in Abschnitt J,
- nach den Nummern 1713, 1738, 1740, 1741, 1753, 1755, 1756, 1760, 1761, 1763 bis 1769, 1782, 1797, 1800, 1802, 1815, 1816, 1827, 1851 in Abschnitt K
- oder nach den Nummern 2010, 2040, 2041, 2042 bis 2045, 2050 bis 2052, 2062, 2064 bis 2067, 2070, 2072 bis 2076, 2080 bis 2084, 2087 bis 2089, 2091, 2092, 2100 bis 2102, 2105, 2106, 2110 bis 2112, 2117 bis 2122, 2130; 2131, 2133 bis 2137, 2140, 2141, 2156 bis 2158, 2170 bis 2172, 2189 bis 2191, 2193, 2210, 2113, 2216, 2219, 2220, 2223 bis 2225, 2230, 2235, 2250, 2253, 2254, 2256, 2257, 2260, 2263, 2268, 2269, 2273, 2279, 2281 bis 2283, 2291, 2293 bis 2297, 2325, 2339, 2340, 2344, 2345, 2347 bis 2350, 2354 bis 2356, 2380 bis 2386, 2390, 2392 bis 2394, 2396, 2397, 2402, 2404, 2405, 2407, 2408, 2410 bis 2412, 2414 bis 2421, 2427, 2430 bis 2432, 2440 bis 2442, 2454, 2540, 2541, 2570, 2580, 2581, 2583, 2584, 2586 bis 2589, 2597, 2598, 2620, 2621, 2625, 2627, 2640, 2642, 2650, 2651, 2655 bis 2658, 2660, 2670, 2671, 2675 bis 2677, 2682, 2687, 2688, 2690, 2692 bis 2695, 2698, 2699, 2701, 2705, 2706, 2710, 2711, 2730, 2732, 2751 bis 2754, 2800, 2801, 2803, 2809, 2823, 2881 bis 2883, 2887, 2890, 2891, 2895 bis 2897, 2950 bis 2952, 2970, 2990 bis 2993, 3095 bis 3097, 3120, 3156, 3173, 3200, 3208, 3219 bis 3224, 3237, 3240, 3241, 3283 bis 3286, 3300 in Abschnitt L zuzuordnen.

4. Die Zuschläge nach den Nummern 446 und 447 sind anästhesiologischen Leistungen des Abschnitts D zuzuordnen. Die Zuschlage nach den Nummern 448 und 449 dürfen nur im Zusammenhang mit einer an einen Zuschlag nach den Nummern 442 bis 445 gebundenen ambulanten Operation und mit einer an einen Zuschlag nach den Nummern 446 bis 447 gebundenen Anästhesie bzw. Narkose berechnet werden. Die Zuschläge sind in der Rechnung unmittelbar im Anschluss an die zugeordnete operative bzw. anästhesiologische Leistung aufzuführen.
5. Maßgeblich für den Ansatz eines Zuschlages nach den Nummern 442 bis 445 sowie 446 oder 447 ist die erbrachte Operations- bzw. Anästhesieleistung mit der höchsten Punktzahl. Eine Zuordnung des Zuschlags nach den Nummer 442 bis 445 sowie 446 bis 447 zu der Summe der jeweils ambulant erbrachten einzelnen Operations- bzw. Anästhesieleistung ist nicht möglich.
6. Die Leistungen nach den Nummern 448 und 449 sind im Zusammenhang mit derselben Operation nur von einem der an dem Eingriff beteiligten Ärzte und nur entweder neben den Leistungen nach den Nummern 442 bis 445 oder den Leistungen nach den Nummern 446 bis 447 berechnungsfähig. Neben den Leistungen nach den Nummern 448 oder 449 darf die Leistung nach Nummer 56 nicht berechnet werden.
7. Die Zuschläge nach den Nummern 442 bis 449 sind nicht berechnungsfähig, wenn der Patient an demselben Tag wegen derselben Erkrankung in stationäre Krankenhausbehandlung aufgenommen wird; das gilt nicht, wenn die stationäre Behandlung wegen unvorhersehbarer Komplikationen während oder nach der ambulanten Operation notwendig und entsprechend begründet wird.

Kommentar:

Die Anwendung eines höheren Multiplikators bei den Zuschlägen Nrn. 440–447 ist nach den Allgemeinen Bestimmungen zu Abschnitt C nicht möglich. Die Möglichkeit einer Abdingung allerdings erscheint zulässig, da die Zuschläge von keinem der Ausschlüsse im GOÄ § 2 Abs. 1 betroffen sind.

440 Zuschlag für die Anwendung eines Operationsmikroskops bei ambulanten operativen Leistungen

400 | 23,31 | –

Der Zuschlag nach Nummer 440 ist je Behandlungstag nur einmal berechnungsfähig.

441 Zuschlag für die Anwendung eines Lasers bei ambulanten operativen Leistungen, je Sitzung

0 | 0,00 | 0,00 | 0,00

Der Zuschlag nach Nummer 441 beträgt 100 v.H. des einfachen Gebührensatzes der betreffenden Leistung, jedoch nicht mehr als 67,49 Euro.

Der Zuschlag nach Nummer 441 ist je Behandlungstag nur einmal berechnungsfähig.

IGeL:
- Laserbehandlungen auf Patientenwunsch – außerhalb der GKV- und PKV-Erstattungspflicht.
- Siehe auch unter Nrn 745, 755, 764, 2403, 2404, 2440.

442 **Zuschlag bei ambulanter Durchführung von operativen Leistungen, die mit Punktzahlen von 250 bis 449 Punkten bewertet sind** **400** 23,31 –

Der Zuschlag nach Nummer 442 ist je Behandlungstag nur einmal berechnungsfähig.
Der Zuschlag nach Nummer 442 ist neben den Zuschlägen nach den Nummern 443 bis 445 nicht berechnungsfähig.

Ausschluss: Neben Nr. 442 sind folgende Nrn. nicht abrechnungsfähig: 443 – 445

Tipp: Neben Nr. 442 sind folgende Nrn. abrechenbar: 695, 765, 1011, 1014, 1044, 1085, 1086, 1089, 1097, 1098, 1112, 1113, 1131, 1136, 1140, 1292, 1301, 1321, 1341, 1356, 1357, 1377, 1428, 1438, 1441, 1445, 1457, 1467, 1468, 1472, 1493, 1513, 1527, 1534, 1576, 1586, 1713, 1740, 1741, 1755, 1764, 1767, 1797, 1816, 2010, 2062, 2065, 2066, 2072, 2080, 2223, 2250, 2256, 2293, 2295, 2339, 2347, 2354, 2380, 2381, 2402, 2405, 2427, 2430, 2431, 2432, 2441, 2660, 2671, 2694, 2800, 2801, 2890, 3120, 3156, 3219, 3220, 3221, 3237

443 **Zuschlag bei ambulanter Durchführung von operativen Leistungen, die mit Punktzahlen von 500 bis 799 Punkten bewertet sind** **750** 43,72 –

Der Zuschlag nach Nummer 443 ist je Behandlungstag nur einmal berechnungsfähig.
Der Zuschlag nach Nummer 443 ist neben den Zuschlägen nach den Nummern 442, 444 und/oder 445 nicht berechnungsfähig.

Ausschluss: Neben Nr. 443 sind folgende Nrn. nicht abrechnungsfähig: 442, 444, 445

Tipp: Neben Nr. 443 sind folgende Nrn. abrechenbar: 1043, 1052, 1099, 1104, 1111, 1120, 1122, 1129, 1135, 1141, 1283, 1299, 1305, 1330, 1331, 1333, 1359, 1446, 1455, 1469, 1470, 1519, 1528, 1535, 1588, 1622, 1628, 1635, 1738, 1753, 1761, 1763, 1765, 1802, 2040, 2041, 2045, 2051, 2052, 2073, 2092, 2101, 2105, 2110, 2120, 2130, 2253, 2254, 2279, 2294, 2325, 2340, 2348, 2382, 2384, 2386, 2393, 2397, 2404, 2410, 2421, 2580, 2597, 2620, 2650, 2651, 2656, 2657, 2658, 2670, 2677, 2688, 2711, 2730, 2751, 2809, 2950, 2970, 3222, 3240, 3300

444 **Zuschlag bei ambulanter Durchführung von operativen Leistungen, die mit Punktzahlen von 800 bis 1199 Punkten bewertet sind** **1300** 75,77 –

Der Zuschlag nach Nummer 444 ist je Behandlungstag nur einmal berechnungsfähig.
Der Zuschlag nach Nummer 444 ist neben den Zuschlägen nach den Nummern 442, 443 und/oder 445 nicht berechnungsfähig.

Ausschluss: Neben Nr. 444 sind folgende Nrn. nicht abrechnungsfähig: 442, 443, 445

Tipp: Neben Nr. 442 sind folgende Nrn. abrechenbar: 679, 700, 701, 1041, 1045, 1055, 1060, 1125, 1155, 1156, 1284, 1302, 1304, 1306, 1311, 1326, 1332, 1348, 1353, 1355, 1358, 1360, 1365, 1366, 1370, 1384, 1353, 1355, 1358, 1360, 1365, 1366, 1370, 1384, 1485, 1486, 1520, 1597, 1612, 1636, 1756, 1782, 1815, 2042, 2064, 2074, 2075, 2076, 2081, 2087, 2088, 2091, 2102, 2106, 2111, 2134, 2140, 2157, 2171, 2172, 2213, 2224, 2225, 2230, 2257, 2273, 2291, 2296, 2297, 2344, 2345, 2349, 2355, 2383, 2392, 2392a, 2396, 2408, 2411, 2417, 2418, 2420, 2440, 2442, 2454, 2581, 2583, 2655, 2675, 2690, 2710, 2881, 2951, 2952, 2990, 3096, 3223, 3224, 3241, 3283

445 **Zuschlag bei ambulanter Durchführung von operativen Leistungen, die mit Punktzahlen von 1200 und mehr Punkten bewertet sind** **2200** 128,23 –

Der Zuschlag nach Nummer 445 ist je Behandlungstag nur einmal berechnungsfähig.
Der Zuschlag nach Nummer 445 ist neben den Zuschlägen nach den Nummmern 442 bis 444 nicht berechnungsfähig.

Ausschluss: Neben Nr. 445 sind folgende Nrn. nicht abrechnungsfähig: 442 – 444

Tipp: Neben Nr. 442 sind folgende Nrn. abrechenbar: 1048, 1056, 1121, 1126, 1137, 1145, 1159, 1160, 1285, 1310, 1345, 1346, 1349, 1350, 1351, 1352, 1354, 1361, 1367, 1369, 1371, 1374, 1375, 1382, 1386, 1447, 1448, 1471, 1497, 1595, 1598, 1601, 1610, 1611, 1613, 1614, 1637, 1760, 1766, 1768, 1769, 1800, 1827, 1851, 2043, 2044, 2050, 2067, 2070, 2082, 2083, 2089, 2112, 2117, 2119, 2121, 2131, 2133, 2135, 2136, 2137, 2141, 2189, 2190, 2191, 2193, 2216, 2219, 2220, 2235, 2260, 2263, 2268, 2269, 2281, 2282, 2283, 2350, 2356, 2385, 2390, 2394, 2407, 2412, 2414, 2415, 2416, 2419, 2540, 2541, 2570, 2584, 2586, 2587, 2588, 2589, 2598, 2621, 2625, 2627, 2640, 2642, 2676, 2682, 2687, 2692, 2693, 2695, 2698, 2699, 2701, 2705, 2706, 2732, 2752, 2753, 2754, 2803, 2823, 2882, 2883, 2887, 2891, 2895, 2896, 2897, 2991, 2992, 2993, 3095, 3097, 3173, 3200, 3208, 3284, 3285, 3286

446 **Zuschlag bei ambulanter Durchführung von Anästhesieleistungen, die mit Punktzahlen von 200 bis 399 Punkten bewertet sind** **300** 17,49 –

Der Zuschlag nach Nummer 446 ist je Behandlungstag nur einmal berechnungsfähig.
Der Zuschlag nach Nummer 446 ist neben dem Zuschlag nach Nummer 447 nicht berechnungsfähig.

Ausschluss: Neben Nr. 446 ist folgende Nr. nicht abrechnungsfähig: 447

447 **Zuschlag bei ambulanter Durchführung von Anästhesieleistungen, die mit 400 und mehr Punkten bewertet sind** **650** 37,89 –

Der Zuschlag nach Nummer 447 ist je Behandlungstag nur einmal berechnungsfähig.
Der Zuschlag nach Nummer 447 ist neben dem Zuschlag nach Nummer 446 nicht berechnungsfähig.

Ausschluss: Neben Nr. 447 ist folgende Nr. nicht abrechnungsfähig: 446

Tipp: Neben Nr. 446 sind folgende Nrn. abrechenbar: 460, 462, 470, 471, 472, 473, 474, 475, 481

448 **Beobachtung und Betreuung eines Kranken über mehr als zwei Stunden während der Aufwach- und/oder Erholungszeit bis zum Eintritt der Transportfähigkeit nach zuschlagsberechtigten ambulanten operativen Leistungen bei Durchführung unter zuschlagsberechtigten ambulanten Anästhesien bzw. Narkosen** **600** 34,97 –

Der Zuschlag nach Nummer 448 ist je Behandlungstag nur einmal berechnungsfähig. Der Zuschlag nach Nummer 448 ist neben dem Zuschlag nach den Nummern 1 bis 8 und 56 sowie dem Zuschlag nach Nummer 449 nicht berechnungsfähig.

Ausschluss: Neben Nr. 448 sind folgende Nrn. nicht abrechnungsfähig: 1 – 8, 56, 449

449 **Beobachtung und Betreuung eines Kranken über mehr als vier Stunden während der Aufwach- und/oder Erholungszeit bis zum Eintritt der Transportfähigkeit nach zuschlagsberechtigten ambulanten operativen Leistungen bei Durchführung unter zuschlagsberechtigten ambulanten Anästhesien bzw. Narkosen** **900** 52,46 –

Der Zuschlag nach Nummer 449 ist je Behandlungstag nur einmal berechnungsfähig.
Der Zuschlag nach Nummer 449 ist neben den Leistungen nach den Nummern 1 – 8 und 56 sowie dem Zuschlag nach Nummer 448 nicht berechnungsfähig.

Ausschluss: Neben Nr. 449 sind folgende Nrn. nicht abrechnungsfähig: 1 – 8, 56, 448

Auf einen Blick
Abrechnung von Spezialbereichen: Schmerztherapie

Schmerztherapie wird von zahlreichen Ärzten in unterschiedlicher Intensität betrieben z. B. von Hausärzten, Fachärzten für Anästhesiologie, für Innere Medizin, Kinder- und Jugendmedizin, Chirurgie und Orthopädie, Neurologie und Psychiatrie, Neurochirurgie und für Physikalische und Rehabilitative Medizin. Neben den Leistungen der Schmerztherapie sind in der Regel zuvor entsprechende beratende, diagnostische und/oder therapeutische Maßnahmen erforderlich.

Die folgende Aufstellung zeigt die in der Regel angewendeten Leistungen. Natürlich sind die Abrechnungsbestimmungen der jeweiligen Leistungen (meist in den Legenden ausgewiesen) zur Abrechnung zu beachten.

GOÄ Nr.	Kurzegende	*1,8/ 2,3-fach in Euro
B. I. Beratungen und Untersuchungen		
1	**Beratung – auch tel.**	10,72
3	**Eingehende Beratung – auch tel.**, Dauer mind. 10 Min. Ausschlüsse beachten!	20,11
4	**Erhebung der Fremdanamnese** und/oder **Unterweisung der Bezugsperson(en)** Ausschlüsse beachten!	29,49
5	**Symptombezogene Untersuchung**	10,72
6	Untersuchung mind. eines der folgenden Organsysteme: **Augen, HNO-Bereich, stomatognathe System, Nieren u. ableitenden Harnwege oder vollständiger Gefäßstatus**	13,41
7	Untersuchung mind. eines der folgenden Organsysteme: **Haut, die Stütz- u. Bewegungsorgane, Brustorgane, Bauchorgane, weibliche Genitaltrakt**	21,45
8	**Untersuchung zur Erhebung des Ganzkörperstatus**	34,86
15	**Einleitung und Koordination flankierender Maßnahmen während Betreuung eines chron. Kranken** 1x im Kalenderjahr	40,22

B. II. Zuschläge zu den Nrn. 1, 3, 4, 5, 6, 7 oder 8		
A	**Zuschlag für außerhalb der Sprechstunde**	4,08
B	**Zuschlag für in der Zeit zwischen 20 und 22 Uhr oder 6 und 8 Uhr**	10,49
C	Zuschlag für in der Zeit zwischen 22 und 6 Uhr	18,65
D	Zuschlag für an Samstagen, Sonn- oder Feiertagen erbrachte Leistungen	12,82

B. III. Spezielle Beratungen und Untersuchungen		
30	**Erhebung einer Schmerzanamnese bei chronischen Schmerzen –** Analoger Ansatz entsprechend § 6 (2): **GOÄ Nr. 30:** *Erhebung der homöopathischen Erstanamnese – Mindestdauer 1 Stunde –* 1 x im Jahr	120,65
31	**Erhebung einer Folgeanamnese bei chronischen Schmerzen –** Analoger Ansatz entsprechend § 6 (2): **GOÄ Nr. 31:** *Homöopathische Folgeanamnese – Mindestdauer 30 Minuten* – innerhalb von 6 Monaten 3x berechnungsfähig	120,65
34	**Erörterung (Dauer mind. 20 Min.) der Auswirkungen einer nachhaltig lebensverändernden/-bedrohenden Erkrankung auf die Lebensgestaltung** innerhalb von 6 Monaten 2 x berechnungsfähig	40,22

GOÄ Nr.	Kurzegende	*1,8/ 2,3-fach in Euro
C. II. Injektionen, Infiltrationen, Akupunktur, Infusionen		
252	**Injektion, s. c., submukös, intrakutan oder i.m.** **Tipp:** Die intrakutane Reiztherapie (Quaddelbehandlung) ist nach der höher bewerteten Nr. 266 abzurechnen.	5,36
253	**Injektion, intravenös** Nr. 253 kann nur einmal berechnet werden, wenn über eine gelegte Kanüle mehrere Medikamente injiziert werden.	9,38
254	**Injektion, intraarteriell**	10,72
255	**Injektion, intraartikulär oder perineural** **Tipp:** Ggf. Infiltrationsanästhesie nach Nr. 490 oder 491 nicht vergessen.	12,74
256	**Injektion in den Periduralraum** Wird ein Lokalanästhetikum gespritzt, ist eine der Nrn. der Periduralanästhesie 470 ff. abzurechnen.	24,80
257	**Injektion in den Subarachnoidalraum** Wird ein Lokalanästhetikum gespritz, ist, ist eine der Nrn. 472 ff. (subarachnoidalwe Spinalanästhesie) abzurechnen.	53,62
259	**Legen eines Periduralkatheters** – in Verbindung mit der Anlage eines subkutanen Medikamentenreservoirs	80,44
261	**Einbringung von Arzneimitteln in parenteralen Katheter**	4,02
265	**Auffüllung eines subkutanen Medikamentenreservoirs oder Spülung eines Ports**, je Sitzung – Abrechenbar sind Implantation eines Medikamentenreservoirs nach Nr. 2421 und Implantation eines Ports nach Nr. 2801.	8,04
265a	**Auffüllung eines Hautexpanders**, je Sitzung	12,07
266	**Intrakutane Reiztherapie (Quaddelbehandlung)**, je Sitzung	8,04
267	**Medikamentöse Infiltrationsbehandlung im Bereich einer Körperregion** – auch paravertebrale oder perineural oder perikapsuläre oder retrobulbäre Injektion und/oder Infiltration, je Sitzung	10,72
268	**Medikamentöse Infiltrationsbehandlung im Bereich mehrerer Körperregionen** (auch eine Körperregion beidseitig), je Sitzung Ein Ausschluss der Nrn. 267/268 zur Nr. 490 ist in der GOÄ nicht formuliert. Zu berücksichtigen ist lediglich, dass es sich nicht um die gleiche Leistung handeln darf, z. B. wenn in beiden Fällen mit einem Lokalanästhetikum behandelt wurde. In diesem Fall könnte aber, wenn mehrere kleine Bezirke behandelt wurden, die Nr. 490 mehrfach berechnet werden. Wird kein Lokalanästhetikum, sondern ein anderes Medikament infiltriert, ist bei mehrfacher Applikation an verschiedenen Stellen die Nr. 267 nicht mehrfach, sondern einmalig nur Nr. 268 berechnungsfähig.	17,43
269	**Akupunktur** (Nadelstich-Technik) zur Behandlung von Schmerzen, je Sitzung Bei Moxibustion und Laserakupunktur analoger Ansatz der Nrn. 269 oder 269a.	26,81
269a	**Akupunktur** (Nadelstich-Technik) mit einer Mindestdauer von 20 Min. zur Behandlung von Schmerzen, je Sitzung – Nach der Leistungslegende der Nr. 269 und Nr. 269a ist nur die Nadelstich-Technik abrechnungsfähig. Andere Formen der Akupunktur wie z. B. Moxibustion (Moxa) und Laserakupunktur sind analog gemäß § 6 Abs. 2 nach den Nrn. 269 oder 269a abrechenbar. Die Elektroakupunktur nach **Voll** fällt nicht unter die Leistungen nach Nrn. 269 und 269a, sondern ist analog nach der Nr. 832 berechnungsfähig.	46,92
270	**Infusion, subkutan**	10,72
271	**Infusion, intravenös**, bis zu 30 Minuten Dauer	16,09
272	**Infusion, intravenös**, mehr als 30 Minuten Dauer	24,13
274	**Dauertropfinfusion, intravenös**, mehr als 6 Std.	42,90
277	**Infusion, intraarteriell**, bis zu 30 Minuten Dauer	24,13

GOÄ Nr.	Kurzlegende	*1,8/ 2,3-fach in Euro
278	**Infusion, intraarteriell**, mehr als 30 Minuten Dauer	32,17
D. Anästhesieleistungen		
469	**Kaudalanästhesie** Bei ambulanter Anästhesie oder Schmerztherapie den Zuschlag nach Nr. 446 nicht vergessen.	33,52
470	**Einleitung und Überwachung einer einzeitigen subarachnoidalen Spinalanästhesie (Lumbalanästhesie) oder einzeitigen periduralen (epiduralen) Anästhesie**, bis zu einer Stunde	53,62
471	**Einleitung und Überwachung einer einzeitigen subarachnoidalen Spinalanästhesie (Lumbalanästhesie) oder einzeitigen periduralen (epiduralen) Anästhesie**, bis zu zwei Stunden	80,44
472	**Einleitung und Überwachung einer einzeitigen subarachnoidalen Spinalanästhesie (Lumbalanästhesie) oder einzeitigen periduralen (epiduralen) Anästhesie**, bei mehr als zwei Stunden	107,25
473	**Einleitung/Überwachung einer kontinuierlichen subarachnoidalen Spinalanästhesie (Lumbalanästhesie) oder periduralen (epiduralen) Anästhesie mit Katheter**, bis zu fünf Stunden	80,44
474	**Einleitung und Überwachung einer kontinuierlichen subarachnoidalen Spinalanästhesie (Lumbalanästhesie) oder periduralen (epiduralen) Anästhesie mit Katheter**, bei mehr als fünf Stunden **Tipp:** Bei ambulanter Anästhesie oder Schmerztherapie Zuschlag Nr. 447 nicht vergessen. Die Wirbelsäulenkathetertechnik nach Ratz ist nach Nrn. 474 und 475 abzurechnen	120,65
475	**Überwachung einer kontinuierlichen subarachnoidalen Spinalanästhesie (Lumbalanästhesie) oder periduralen epiduralen) Anästhesie mit Katheter**, zusätzlich zur Leistung nach Nr. 474 für den zweiten und jeden weiteren Tag, je Tag **Tipp zu Nrn. 471–475:** Bei ambulanter Anästhesie oder Schmerztherapie den Zuschlag nach Nr. 447 nicht vergessen.	60,33
476	**Einleitung und Überwachung einer supraklavikulären oder axillären Armplexus- oder Paravertebralanästhesie**, 1 Stunde Dauer **Tipp:** Bei ambulanter Anästhesie oder Schmerztherapie den Zuschlag nach Nr. 446 nicht vergessen.	50,94
477	**Überwachung einer supraklavikulären oder axillären Armplexus- oder Paravertebralanästhesie**, jede weitere angefangene Stunde	25,47
490	**Infiltrationsanästhesie kleiner Bezirke**	8,18
491	**Infiltrationsanästhesie großer Bezirke** analoge Anwendung für die Schmerzbehandlung.	16,22
497	**Blockade des Trucus sympatikus (lumbaler Grenzstrang oder Ganglion stellatum) mittels Anästhetika –** analoge Berechnung für die Analgesie eines oder mehrerer Spinalnerven	29,49
498	**Blockade des Trucus sympatikus (thorakaler Grenzstrang oder Plexus solaris) mittels Anästhetika** Bei ambulanter Anästhesie oder Schmerztherapie den Zuschlag nach Nr. 446 nicht vergessen.	40,22

E. Physikalisch-medizinische Leistungen		
506*	**Krankengymnastische Übungen**	12,59
551* analog	**TENS**	5,04
558* analog	**Geräte-Sequenztraining** analog Nr. 558* *Apparative Muskelfunktionsdiagnostik*- entsprechend § 6 (2) GOÄ – nach Beschluss der BÄK – 1)	12,59

GOÄ Nr.	Kurzegende	*1,8/ 2,3-fach in Euro
G. Neurologie und Psychiatrie		
800	**Eingehende neurologische Untersuchung** (Ausschlüsse beachten)	26,14
801	**Eingehende psychiatrische Untersuchung**	33,52
804	**Psychiatrische Behandlung durch eingehendes therapeutisches Gespräch**	20,11
806	**Psychiatrische Behandlung durch gezielte Exploration und eingehendes therapeutisches Gespräch** Mindestdauer 20 Minuten	33,52
842 analog	**Eingangsuntersuchung zur medizinischen Trainingstherapie**, einschl.biomechanischer Funktionsanalyse der Wirbelsäule, spezieller Schmerzanamnese u. ggf. anderer funktionsbezogener Messverfahren, Dokumentation – analog Nr. 842 *Apparative isokinetische Muskelfunktionsdiagnostik*- ensprechend § 6 (2) GOÄ – nach Beschluss der BÄK Einmal pro Sitzung berechnungsfähig, max. 25 Sitzungen – 1)	67,03
846 analog	**Medizinische Traningstherapie** analog Nr. 846 *Übende Verfahren z. B. Autogenes Training-oparative Muskelfunktionsdiagnostik*- ensprechend § 6 (2) GOÄ – nach Beschluss der BÄK – 1)	
849	**Psychotherapeutische Behandlung bei psychoreaktiven, psychosomatischen oder neurotischen Störungen**, Dauer mind. 20 Minuten	30,83

1) Analogbewertung der medizinischen Trainingstherapie
Beschluss des Ausschusses „Gebührenordnung" der Bundesärztekammer
Stand: 18.01.2002 – veröffentlicht in: Deutsches Ärzteblatt 99, Heft 3 (18.01.2002), Seite A-144–145

GOÄ Nr. 15
Ansetzbar ist bei einem chron. Schmerzpatienten auch die GOÄ Nr. 15, allerdings ist diese Leistung nur 1x im Kalenderjahr ansetzbar.

Beschluss BÄK:

Beschluss des Gebührenordnungsausschusses der BÄK in seiner 4. Sitzung (Amtsperiode 2011/2015) am 19. März 2012 – Dtsch. Arztebl 2012; 109(19): A-987/B-851/C-843:
Keine Abrechnung der Nr. 784 GOÄ analog für die Nutzung einer Medikamentenpumpe (Verabreichung von Narkoseunabhängigen Medikamenten, z. B. Arterenol®) während einer Anästhesie
Die Verabreichung von narkosenunabhängigen Medikamenten, z. B. Arterenol®, während einer Anästhesie mittels einer Medikamentenpumpe ist nicht nach Nr. 784 GOÄ analog („Erstanlegen einer externen Medikamentenpumpe – einschließlich Einstellung sowie Beratung und Schulung des Patienten – gegebenenfalls in mehreren Sitzungen", 275 Punkte) berechnungsfähig, insbesondere weil wesentliche Leistungsinhalte (Beratung und Schulung des Patienten) dieser Gebührenposition bei einem narkotisierten Patienten naturgemäß nicht erbracht werden können. Dieser Mangel kann auch durch den Ansatz eines niedrigen Gebührensatzes nicht geheilt werden.
Die Abrechnung hat über die Nr. 261 GOÄ („Einbringung von Arzneimitteln in einen parenteralen Katheter") zu erfolgen. Beachte auch Satz 2 der Abrechnungsbestimmung zu Nr. 261 GOÄ: *„Wird die Leistung nach Nummer 261 im Zusammenhang mit einer Anästhesie/Narkose berechnet, ist das Medikament in der Rechnung anzugeben."*

GOÄ-Ratgeber der BÄK:

► **Schmerztherapieleistungen neben Anästhesieleistungen, PCA-Pumpe**
Dr. med. Beate Heck in: Deutsches Ärzteblatt 106, Heft 9 (27.02.2009), S. A-428 – www.bundesaerztekammer.de/page.asp?his=1.108.4144.4257.7022
Dr. Heck führt aus: Bei länger andauernden Operation ist eine Intubationsnarkose bei nachlassender Wirkung einer Regionalanästhesie berechnungsfähig, da beide Anästhesieleistungen sich nicht auf denselben Zeitraum beziehen, sodass eine Nebeneinanderberechnung möglich ist. Die Zeiten der eingesetzten Verfahren
Sollten in der Liquidation angegeben werden. Ähnlich zu beurteilen ist die Anlage eines Periduralkatheters zur postoperativen Schmerztherapie vor einer Intubationsnarkose.
„...Wird der Patient für die postoperative Schmerztherapie mit einer patientenkontrollierten Infusionspumpe (PCA-Pumpe) versorgt, kann die Anlage mit der Nr. 784 GOÄ abgegolten werden...."

D Anästhesieleistungen

Allgemeine Bestimmungen

Bei der Anwendung mehrerer Narkose- oder Anästhesieverfahren nebeneinander ist nur die jeweils höchstbewertete dieser Leistungen berechnungsfähig; eine erforderliche Prämedikation ist Bestandteil dieser Leistung. Als Narkosedauer gilt die Dauer von zehn Minuten vor Operationsbeginn bis zehn Minuten nach Operationsende.

Beschluss BÄK:

Beschluss des Gebührenordnungsausschusses der BÄK (4. Nov. 1999)

Anästhesiologisches Stand-by

Das anästhesiologische Stand-by, definiert als „Kontinuierliche Überwachung der Vitalfunktionen durch den Arzt für Anästhesiologie während eines diagnostischen und/oder therapeutischen Eingriffs eines anderen Arztes, ohne Narkose, einschl. Bereitstellung der Ausrüstung zur Behandlung von Zwischenfällen“, kann **je angefangene 30 Minuten analog der Nr. 62 GOÄ berechnet werden**.

Wird im Verlauf der Überwachung eine Narkose/Anästhesie nach den Nrn. **450 – 474 oder 476 – 479** GOÄ erforderlich, so kann dies im Anschluss an die Überwachung berechnet werden.

Die Notwendigkeit beider Verfahren ist zu begründen, und die jeweiligen Zeiten sind in der Rechnung anzugeben. Beide Verfahren sind nach anästhetologischen Standards zu dokumentieren.

Beschluss des Gebührenordnungsausschusses der Bundesärztekammer (17.12.98)

Die Aufrechterhaltung der normalen Körpertemperatur bei einer Narkose ist nicht als selbstständige Leistung (auch nicht analog) berechenbar. Die besondere Schwierigkeit bei der Durchführung der Narkose und der erhöhte Zeitaufwand sind durch die Anwendung eines Steigerungsfaktors oberhalb des Schwellenwertes erfassbar.

Hinweis auf GOÄ-Ratgeber der BÄK:

Abrechnung der Überwachung nach ambulanten Operationen

Dr. med. Beate Heck (in: Deutsches Ärzteblatt 109; Heft 45(09.11.2012), S. A-2270) – http://www.bundesaerztekammer.de/page.asp?his=1.108.4144.4257.10951

Dr. Heck führt aus, dass abhängig vom gewählten Anästhesieverfahren, dem operativem Eingriff und ggf. bestehender Vorerkrankungen die Länge einer Überwachungsphase – bis zur Verlegung auf eine Station – erheblich variieren kann.

Eine mind. zweistündige Überwachung kann nach GOÄ Nr. 448 abgerechnet werden und eine mind. vierstündige Überwachung mit der GOÄ Nr. 449. (s. zur Abrechenbarkeit der GOÄ Nrn. 448 und 449 die Allgemeinen Bestimmungen des Kapitels C VIII „Zuschläge zu ambulanten Operations- und Anästhesieleistungen“) und siehe auch die Ausschlüsse zu den Nrn. 448 und 449.

...„Muss der Patient aufgrund während oder nach der Operation aufgetretener Komplikationen im Krankenhaus bleiben, sind die Nrn. 448 oder 449 GOÄ berechnungsfähig. Bei dieser Konstellation ist jedoch eine Begründung zum Ansatz der Nrn. 442–449 erforderlich (siehe Nr. 6 der Allgemeinen Bestimmungen zu Kapitel C VIII. „Zuschläge zu ambulanten Operations- und Anästhesieleistungen [GOÄ]“)...“

Zur Frage der Abrechnung einer kürzeren postoperativen Überwachung als 2 Stunden nach ambulanten Operationen führt Dr. Heck aus: ...„Besteht die Notwendigkeit, dass der Anästhesist nach der Narkosedauer mindestens 30 Minuten bei dem Patienten verweilt, ohne dass währenddessen weitere honorarfähige Leistungen erbracht werden, ist Nr. 56 GOÄ anzuwenden. Werden während der Überwachung weitere honorarfähige Leistungen erbracht, ist eine Berechnung mit Nr. 56 GOÄ aufgrund der Formulierung in der Leistungslegende nicht möglich. Die während der Überwachungsphase erbrachten Einzelleistungen, zum Beispiel das Beratungsgespräch vor der Entlassung, die körperliche Untersuchung, Injektionen zur Schmerztherapie oder Maßnahmen zur Behebung von Komplikationen, können mit den entsprechenden Gebührenpositionen abgegolten werden...“

Kommentar:

Die Leistungen nach den Nrn. 469 bis 477 und 490 bis 494 dieses Kapitels beziehen sich auch auf die Schmerztherapie. Dies wird in den Leistungslegenden beschrieben.

Der **Berufsverband Deutscher Anästhesisten e.V. (BDA)** gibt im Internet z. Zt. noch:
Hinweise zur Abrechnung von anästhesiologischen GOÄ-Nummern – Stand Oktober 2006 – Erstellt unter Mitwirkung von Dr. A. Schleppers – Referat für Gebührenfragen im Berufsverband Deutscher Anästhesisten e.V. und der Versicherungskammer Bayern:
www.bda.de/downloads/21_0Leitlinie-Anaesthesieabrechnungen-Okt-2006.pdf

ferner stellt der BDA im Internet zur Verfügung:

> **Anästhesiekommentar zur GOÄ**
> **A. Schleppers – W. Weißauer**
> **Hrsg. Berufsverband Deutscher Anästhesisten e.V**
> 1. Auflage 2. Ergänzungslieferung, 2003
> www.bda.de/21_1kommentar_goae.htm#anker1

GOÄ-Nr.		Punktzahl 1fach	2,3 / *1,8 3,5 / *2,5

Gerade in diesem Werk werden zahlreiche fachspezifische Abrechnungshinweise und analoge Bewertungen vorgestellt.

450 **Rauschnarkose – auch mit Lachgas –** **76** 10,19 4,43 15,50

Kommentar: Siehe Beschluss der BÄK unter D. Anästhesieleistungen „Allgemeine Bestimmungen".

451 **Intravenöse Kurznarkose** **121** 16,22 7,05 24,68

Kommentar: Siehe Beschluss der BÄK unter D. Anästhesieleistungen „Allgemeine Bestimmungen".

452 **Intravenöse Narkose (mehrmalige Verabreichung des Narkotikums)** **190** 25,47 11,07 38,76

Kommentar: Siehe Beschluss der BÄK unter D. Anästhesieleistungen „Allgemeine Bestimmungen".

453 **Vollnarkose** **210** 28,15 12,24 42,84

Kommentar: Siehe Beschluss der BÄK unter D. Anästhesieleistungen „Allgemeine Bestimmungen".

Tipp: Bei ambulanter Anästhesie den Zuschlag nach Nr. 446 nicht vergessen.

460 **Kombinationsnarkose mit Maske, Gerät – auch Insufflationsnarkose –, bis zu einer Stunde** **404** 54,16 23,55 82,42

Kommentar: Mit den Leistungen nach den Nrn. 460 – 463 sind die in Verbindung mit der Narkose zu erbringenden Leistungen abgegolten. Die Behandlung eingetretener Komplikationen ist demgegenüber gesondert berechnungsfähig. Allerdings empfehlen wir, dies in der Liquidation entsprechend zu dokumentieren. Eine Nebeneinanderberechnung ist nur dann möglich, wenn mehrere auch unterschiedliche Anästhesie-Verfahren nacheinander durchgeführt werden müssen.

Nach den Allg. Bestimmungen des Kapitels D gilt als Narkosedauer die Dauer von 10 Minuten vor Operationsbeginn bis 10 Minuten nach Operationsende. Daraus folgt für die Leistung nach Nr. 461, dass bei einem Überschreiten der Operationsdauer von

- 40 Minuten (d.h. z.B. 10 Min. vor OP-Beginn + **45 Min. Operation** + 10 Min. nach OP-Ende = 65 Min.)
- oder 70 Min. (d.h. z.B. 10 Min. vor OP-Beginn + **72 Min. Operation** + 10 Min. nach OP-Ende = 92 Min.)
- oder 100 Min. usw. die Leistung nach Nr. 461 mehrfach anzusetzen ist.

Tipp: Bei ambulanter Anästhesie den Zuschlag nach Nr. 447 nicht vergessen.

461 **Kombinationsnarkose mit Maske, Gerät – auch Insufflationsnarkose-, jede weitere angefangene halbe Stunde** **202** 27,08 11,77 41,21

Kommentar: Siehe Kommentar zu Nr. 460

Tipp: Bei ambulanter Anästhesie den Zuschlag nach Nr. 446 nicht vergessen.

462 **Kombinationsnarkose mit endotrachealer Intubation, bis zu einer Stunde** **510** 68,37 29,73 104,04

Ausschluss: Neben Nr. 462 sind folgende Nrn. nicht abrechnungsfähig: 270 – 274, 279, 427, 428, 1529, 1532

Kommentar: Siehe Kommentar zu Nr. 460

Tipp:
- Bei ambulanter Anästhesie den Zuschlag nach Nr. 447 nicht vergessen.
- Die Messung des Cuffdrucks ist unter Berücksichtigung des zusätzlichen Aufwandes bei einer Intubation mit einem erhöhten Steigerungssatz abzurechnen.

GOÄ-Nr.		Punktzahl 1fach	2,3 / *1,8 3,5 / *2,5
462 analog	**Kombinationsnarkose mit Larynxmaske bis zu einer Stunde (analog Nr. 462 GOÄ) – n. Empfehlung der BÄK**	**510** 29,73	68,37 104,04
463	**Kombinationsnarkose mit endotrachealer Intubation, jede weitere angefangene halbe Stunde**	**348** 20,28	46,65 70,99
Ausschluss:	Neben Nr. 463 sind folgende Nrn. nicht abrechnungsfähig: 270 – 274, 279, 427, 428, 1532		
Kommentar:	Siehe Kommentar zu Nr. 460		
Tipp:	Bei ambulanter Anästhesie den Zuschlag nach Nr. 446 nicht vergessen.		
463 analog	**Kombinationsnarkose mit Larynxmaske, jede weitere angefangene halbe Stunde – n. Empfehlung der BÄK**	**348** 20,28	46,65 70,99
469	**Kaudalanästhesie**	**250** 14,57	33,52 51,00
Ausschluss:	Neben Nr. 469 sind folgende Nrn. nicht abrechnungsfähig: 266 – 268		
Tipp:	Bei ambulanter Anästhesie den Zuschlag nach Nr. 446 nicht vergessen.		
470	**Einleitung und Überwachung einer einzeitigen subarachnoidalen Spinalanästhesie (Lumbalanästhesie) oder einzeitigen periduralen (epiduralen) Anästhesie, bis zu einer Stunde Dauer**	**400** 23,31	53,62 81,60
Ausschluss:	Neben Nr. 470 sind folgende Nrn. nicht abrechnungsfähig: 256, 257, 471 – 474		
Kommentar:	Anders als bei Narkoseleistungen nach den Nrn. 460 bis 463 gilt bei den ab Nr. 470 ff. Anästhesieleistungen die **Zeit von der Einleitung der Anästhesie bis zum Ende der Überwachung** . Wenn diese Zeit allerdings die in den Legenden Nr. 470 bis Nr. 479 angegebenen Zeiträume überschreitet, so sind z.B. statt Nr. 470 die Nr. 471 oder entsprechende folgende Nrn. anzusetzen. Gilt auch für Schmerztherapie		
Tipp:	Bei ambulanter Anästhesie den Zuschlag nach Nr. 447 nicht vergessen.		
471	**Einleitung und Überwachung einer einzeitigen subarachnoidalen Spinalanästhesie (Lumbalanästhesie) oder einzeitigen periduralen (epiduralen) Anästhesie, bis zu zwei Stunden Dauer**	**600** 34,97	80,44 122,40
Ausschluss:	Neben Nr. 471 sind folgende Nrn. nicht abrechnungsfähig: 256, 257, 470, 472 – 474.		
Kommentar:	Siehe Kommentar zu Nr. 470		
Tipp:	Bei ambulanter Anästhesie den Zuschlag nach Nr. 447 nicht vergessen.		
472	**Einleitung und Überwachung einer einzeitigen subarachnoidalen Spinalanästhesie (Lumbalanästhesie) oder einzeitigen periduralen (epiduralen) Anästhesie, bei mehr als zwei Stunden Dauer**	**800** 46,63	107,25 163,20
Ausschluss:	Neben Nr. 472 sind folgende Nrn. nicht abrechnungsfähig: 256, 257, 470, 471, 473, 474		
Kommentar:	Siehe Kommentar zu Nr. 470		
Tipp:	Bei ambulanter Anästhesie den Zuschlag nach Nr. 447 nicht vergessen.		
473	**Einleitung und Überwachung einer kontinuierlichen subarachnoidalen Spinalanästhesie (Lumbalanästhesie) oder periduralen (epiduralen) Anästhesie mit Katheter, bis zu fünf Stunden Dauer**	**600** 34,97	80,44 122,40
Ausschluss:	Neben Nr. 473 sind folgende Nrn. nicht abrechnungsfähig: 256, 257, 261, 470 – 472, 474		
Kommentar:	Siehe Kommentar zu Nr. 470		

GOÄ-Nr.		Punktzahl 1fach	2,3 / *1,8 3,5 / *2,5
474	**Einleitung und Überwachung einer kontinuierlichen subarachnoidalen Spinalanästhesie (Lumbalanästhesie) oder periduralen (epiduralen) Anästhesie mit Katheter, bei mehr als fünf Stunden Dauer**	**900** 52,46	120,65 183,60

Ausschluss: Neben Nr. 474 sind folgende Nrn. nicht abrechnungsfähig: 256, 257, 261, 470 – 473

Kommentar: Siehe Kommentar zu Nr. 470
Im Deutschen Ärzteblatt Jg 100/Heft 42 wird im GOÄ-Ratgeber ausgeführt, dass die Wirbelsäulenkathetertechnik nach Racz auf der Basis der Nrn. 474 und 475 abzurechnen ist.

Tipp: Bei ambulanter Anästhesie den Zuschlag nach Nr. 447 nicht vergessen.

475	**Überwachung einer kontinuierlichen subarachnoidalen Spinalanästhesie (Lumbalanästhesie) oder periduralen (epiduralen) Anästhesie mit Katheter, zusätzlich zur Leistung nach Nummer 474 für den zweiten und jeden weiteren Tag, je Tag**	**450** 26,23	60,33 91,80

Ausschluss: Neben Nr. 475 ist folgende Nr. nicht abrechnungsfähig: 261

Kommentar: Siehe Kommentar zu Nr. 470
Im Deutschen Ärzteblatt Jg 100/Heft 42 wird im GOÄ-Ratgeber ausgeführt, dass die Wirbelsäulenkathetertechnik nach Racz auf der Basis der Nrn. 474 und 475 abzurechnen ist.

Tipp: Bei ambulanter Anästhesie den Zuschlag nach Nr. 447 nicht vergessen.

476	**Einleitung und Überwachung einer supraklavikulären oder axillären Armplexus- oder Paravertebralanästhesie, bis zu einer Stunde Dauer**	**380** 22,15	50,94 77,52

GOÄ-Ratgeber der BÄK:

► **Supraklavikulärer Plexuskatheter**

Dr. Beate Heck – Deutsches Ärzteblatt 107, Heft 47 (26.11.2010), S. A2360 – http://www.bundesaerztekammer.de/page.asp? his=1.108.4144.4257.8866

Die Autorin weist darauf hin, dass für die postoperative supraklavikuläre Plexusanästhesie (z. B. Lokalanästhetikum + Opioid) in der GOÄ keine Leistungsposition aufgeführt ist. Im GOÄ – Ratgeber wird zur Abrechnung auf die GOÄ Nr. 476 verwiesen.

Weiter wird darauf hingewiesen, dass wenn das Lokalanästhetikum über eine Medikamentenpumpe fortlaufend gegeben wird, dann für die Anlage der Medikamentenpumpe die Gebührenposition 784 GOÄ in Ansatz gebracht werden.

Die weiteren Abrechnungstipps im Ratgeber: erhöhter Steigerungssatz für Einleitung und Überwachung der Plexusanästhesie; analoge Abrechnung der Nr. 476 bei laufender Plexusanästhesie über mehrere Tage.

► **Regionalanästhesien – Berechnung nach GOÄ**

Dr. med. Beate Heck – Deutsches Ärzteblatt 110, Heft 15 (12.04.2013), S. A-742
http://www.bundesaerztekammer.de/page.asp?his=1.108.4144.4257.11232

Frau Dr. Heck erläutert: ..."Der Zentrale Konsultationsausschuss für Gebührenordnungsfragen bei der Bundesärztekammer (BÄK) hat beschlossen, dass der Drei-in-eins-Block, der Knie- oder Fußblock analog der Nr. 476 GOÄ zu berechnen sind.

Für diese Leistungen wurde in das BÄK-Verzeichnis der Analogen Bewertungen die Nr. A 496 GOÄ aufgenommen. In der Liquidation ist die erbrachte Leistung mit der Nr. A 496 GOÄ aufzuführen.

Die Leistungslegende lautet dann zum Beispiel „Drei-in-eins-Block analog nach Nr. 476 GOÄ". Das vorangestellte A kennzeichnet die bereits konsentierten analogen Bewertungen.

...Wird bei der Drei-in-eins-Blockade ein Katheter eingeführt (zum Beispiel bei Kniegelenksoperationen), um die Anästhesie länger fortzuführen, kann der Mehraufwand durch die Wahl eines erhöhten Steigerungssatzes der Nr. A 496 GOÄ nach § 5 Absatz 2 GOÄ abgegolten werden.

Peniswurzelblockade: Bei der Peniswurzelblockade handelt es sich um eine Regionalanästhesie, die zum Beispiel etwa bei Zirkumzisionen eingesetzt wird, um postoperativ eine langanhaltende Schmerztherapie zu erreichen. In der Regel wird die Blockade erst nach Einleitung der Allgemeinanästhesie vorgenommen. Es erfolgt die Blockade der beiden sensiblen Nervi dorsalis penis, die durch die Injektion eines Lokalanästhetikums beidseits der Mittellinie unterhalb der Symphyse erreicht wird. Bei den Nervi dorsalis penis handelt es sich um Endäste der Nervi pudendi.

Diese Blockade ist ebenfalls in der GOÄ nicht als Komplexleistung enthalten, so dass für die Berechnung einer Peniswurzelblockade zwei Gebührenpositionen infrage kommen. Da es sich um zwei Leitungsanästhe-

GOÄ-Nr.		Punktzahl 1fach	2,3 / *1,8 3,5 / *2,5

sien handelt, könnte die Peniswurzelblockade zum einen mit dem zweimaligen Ansatz der Nr. 493 GOÄ (originär) in Ansatz gebracht werden. Es wäre jedoch auch denkbar, da es sich um die Endäste der Nervi pudendi handelt, die Nr. 494 GOÄ analog in Ansatz zu bringen. Die Pudendusanästhesie wurde in der GOÄ der Nr. 494 GOÄ zugeordnet, obschon es sich um eine perineurale Leitungsanästhesie handelt.
Diese Zuordnung ist wohl mit Blick darauf erfolgt, dass die Pudendusanästhesie bei der Frau transvaginal erfolgt und somit als schwieriger eingestuft wird. Sollte die Nr. 494 GOÄ analog Anwendung finden, sollte diese aufgrund der einfacheren Durchführung einer Peniswurzelblockade als Komplexleistung nur einmal in Ansatz gebracht werden. Beide Varianten der Berechnung unterscheiden sich in der Gebührenhöhe jedoch kaum. Da es sich um eine sehr sinnvolle Ergänzung zur Allgemeinanästhesie handelt, um eine langanhaltende postoperative Schmerztherapie zu erhalten, ist die Berechnung der Blockade auch neben einer Allgemeinanästhesie möglich, weil die Zielrichtung dieser Anästhesie hauptsächlich in der postoperativen Schmerztherapie zu sehen ist..."

Kommentar: Siehe Kommentar zu Nr. 470

Tipp: Bei ambulanter Anästhesie den Zuschlag nach Nr. 446 nicht vergessen.

477 **Überwachung einer supraklavikulären oder axillären Armplexus- oder Paravertebralanästhesie, jede weitere angefangene Stunde** — **190** / 11,07 — 25,47 / 38,76

Kommentar: Siehe Kommentar zu Nr. 470

478 **Intravenöse Anästhesie einer Extremität, bis zu einer Stunde Dauer** — **230** / 13,41 — 30,83 / 46,92

Ausschluss: Neben Nr. 478 sind folgende Nrn. nicht abrechnungsfähig: 253, 261, 271 – 274, 2029

Tipp: Bei ambulanter Anästhesie den Zuschlag nach Nr. 446 nicht vergessen.

479 **Intravenöse Anästhesie einer Extremität, jede weitere angefangene Stunde** — **115** / 6,70 — 15,42 / 23,46

Ausschluss: Neben Nr. 479 sind folgende Nrn. nicht abrechnungsfähig: 253, 261, 271 – 274, 2029

480 **Kontrollierte Blutdrucksenkung während der Narkose** — **222** / 12,94 — 29,76 / 45,29

481 **Kontrollierte Hypothermie während der Narkose** — **475** / 27,69 — 63,68 / 96,90

A 482 **Relaxometrie während und/oder nach einer Allgemeinanästhesie bei Vorliegen von der Wirkungsdauer von Muskelrelaxatien verändernden Vorerkrankungen (z.B. AChE-Hemmer-Mangel) oder gravierenden pathophysiologischen Zuständen z.B. Unterkühlung (analog Nr. 832 GOÄ) – n. Verzeichnis analoger Bewertungen der Bundesärztekammer** — **158** / 9,21 — 21,18 / 32,23

483 **Lokalanästhesie der tieferen Nasenabschnitte – gegebenenfalls einschließlich des Rachens –, auch beidseitig** — **46** / 2,68 — 6,17 / 9,38

Ausschluss: Neben Nr. 483 ist folgende Nr. nicht abrechnungsfähig: 435

Kommentar: Die Oberflächenanästhesie des Rachens zur nachfolgenden endoskopischen Untersuchung des Ösophagus, Magens oder des Herzens ist nach Nr. 483 berechnungsfähig.

484 **Lokalanästhesie des Kehlkopfes** — **46** / 2,68 — 6,17 / 9,38

Ausschluss: Neben Nr. 484 ist folgende Nr. nicht abrechnungsfähig: 435

GOÄ-Nr.		Punktzahl / 1fach	2,3 / *1,8 / 3,5 / *2,5
485	**Lokalanästhesie des Trommelfells und/oder der Paukenhöhle**	**46** / 2,68	6,17 / 9,38

Ausschluss: Neben Nr. 485 ist folgende Nr. nicht abrechnungsfähig: 435

488	**Lokalanästhesie der Harnröhre und/oder Harnblase**	**46** / 2,68	6,17 / 9,38

Ausschluss: Neben Nr. 488 sind folgende Nrn. nicht abrechnungsfähig: 435, 1700, 1728, 1729, 1730 – 1733

489	**Lokalanästhesie des Bronchialgebietes – gegebenenfalls einschließlich des Kehlkopfes und des Rachens –**	**145** / 8,45	19,44 / 29,58

Ausschluss: Neben Nr. 489 ist folgende Nr. nicht abrechnungsfähig: 435, 483, 484

490	**Infiltrationsanästhesie kleiner Bezirke**	**61** / 3,56	8,18 / 12,44

Ausschluss: Neben Nr. 490 sind folgende Nrn. nicht abrechnungsfähig: 252, 266, 267, 268, 435, 5050, 5060, 5070

Kommentar: Die Leistungen nach Nrn. 490 und 491 werden sowohl als Lokalanästhesie zu erforderlichen kleinen operativen Eingriffen verwendet als auch zur Schmerzbehandlung. Die mehrfache Infiltrationsanäthesie mehrerer kleiner Bezirke ist entsprechend mehrfach abrechnungsfähig.

Dies wird auch im Kommentar von **Brück** erläutert: „...Die gegenteilige Auffassung, die der Pluralformulierung ‚kleiner Bezirke‘ den Status eines einzuhaltenden Leistungserfordernisses zuweist, ist bereits deshalb unhaltbar, weil auf diese Weise eine in der Regel medizinisch sinnlose Leistungsanforderung festgeschrieben und die Infiltrationsanästhesie lediglich eines kleinen Bezirkes von Berechnung ausgeschlossen sein würde...“

Die Begriffe ‚kleiner Bezirk‘ und in der Nr. 491 ‚großer Bezirk‘ sind ungenau und daher der subjektiven Meinung des Arztes überlassen. Nach **Brück** können als Infiltrationsanästhesien kleiner Bezirke gelten „...die Lokalanästhesien vor einer Punktion des Kniegelenkes, vor dem Anlegen eines venösen Zuganges oder vor Versorgung einer kleinen Wunde...“

491	**Infiltrationsanästhesie großer Bezirke – auch Parazervikalanästhesie**	**121** / 7,05	16,22 / 24,68

Ausschluss: Neben Nr. 491 sind folgende Nrn. nicht abrechnungsfähig: 252, 266, 267, 268, 435, 5050, 5060, 5070

Tipp: Die Nr. 491 findet auch analog Anwendung für die Schmerzbehandlung.

493	**Leitungsanästhesie, perineural – auch nach Oberst –**	**61** / 3,56	8,18 / 12,44

Kommentar: **Brück** führt zu dieser Leistung in seinem Kommentar (vgl. Brück Nr. 493, Anm. 2) aus:“...Die Nr. 493 ist je Leitungsanästhesie einmal berechnungsfähig. Dies gilt hier grundsätzlich auch für die oberstsche Anästhesie im Bereich eines Fingers oder einer Zehe, sodass die in diesem Zusammenhang erforderlichen Leitungsanästhesien von bis zu vier Nerven eines Fingers oder einer Zehe aufgrund des expliziten Hinweises in der Leistungslegende („auch nach Oberst“) je einzelner perineuraler Leitungsanästhesie – im Bereich eines Fingers oder einer Zehe, also bis zu viermal – berechnungsfähig sein müssten. Allerdings handelt es sich vom praktischen Ablauf her, je Finger oder Zehe, um lediglich zwei getrennte Injektionen, wobei auf jeder Seite zwei Depots in unmittelbarer Nähe für die beiden Nerven einer Seite appliziert werden. Aus diesem Grund ist die Abrechnung der Nummer 493 auf einer Seite eines Fingers oder einer Zehe – höchstens also zweimal je Finger oder Zehe – zu begrenzen...“

Tipp: Die Nr. 493 findet nach **Brück** auch analog Anwendung für die Intercostalnervenblockade.

494	**Leitungsanästhesie, endoneural – auch Pudendusanästhesie –**	**121** 7,05	16,22 24,68

Tipp: Die Nr. 494 kann Ihr Arzt auch analog für die transkutane elektrische Nervenstimulation (TENS) anwenden.

495	**Leitungsanästhesie, retrobulbär**	**121** 7,05	16,22 24,68

Ausschluss: Neben Nr. 495 sind folgende Nrn. nicht abrechnungsfähig: 490, 491, 493, 494

A 496	**Drei-in-eins-Block, Knie- oder Fußblock (analog Nr. 476 GOÄ) – n. Verzeichnis analoger Bewertungen der Bundesärztekammer**	**380** 22,15	50,94 77,52

Tipp: Bei ambulanter Anästhesie einen Zuschlag nach Nr. 446 berechnen.

497	**Blockade des Trucus sympatikus (lumbaler Grenzstrang oder Ganglion stellatum) mittels Anästhetika**	**220** 12,82	29,49 44,88

Ausschluss: Neben Nr. 497 sind folgende Nrn. nicht abrechnungsfähig: 266 – 268, 490 – 494

Kommentar: Für die Analgesie eines oder mehrerer Spinalnerven ist die analoge Berechnung der Nr. 497 anwendbar.

498	**Blockade des Trucus sympatikus (thorakaler Grenzstrang oder Plexus solaris) mittels Anästhetika**	**300** 17,49	40,22 61,20

Ausschluss: Neben Nr. 498 sind folgende Nrn. nicht abrechnungsfähig: 266 – 268, 490 – 494

E Physikalisch-medizinische Leistungen

Allgemeine Bestimmungen

In den Leistungen des Abschnitts E sind alle Kosten enthalten mit Ausnahme der für Inhalationen sowie für die Photochemotherapie erforderlichen Arzneimittel.

I Inhalationen

500* **Inhalationstherapie – auch mittels Ultraschallvernebelung –** **38** 3,99
2,21 5,54

Ausschluss: Neben Nr. 500* sind folgende Nrn. nicht abrechnungsfähig: 427, 428, 429, 435, 501, 1560

Kommentar: Die Autoren **Brück et alii** weisen darauf hin „...im Rahmen der Pflegeleistung sind es solche Verrichtungen, die auch postoperativ ausschließlich das Pflegepersonal erbringt, weshalb sie der Arzt nicht in Rechnung stellen kann. ..."
Die Nrn. 500* bis 501* sind nicht im Rahmen einer Narkose berechnungsfähig.

Tipp:
- Die für die Inhalation erforderlichen Medikamente können per Rezept zu Lasten des Patienten verordnet werden oder dem Patienten als Auslagen mit der Liquidation berechnet werden.
- Die Nr. 500* findet Anwendung bei der Aromatherapie.

IGeL: Aromatherapie

501* **Inhalationstherapie mit intermittierender Überdruckbeatmung (z.B. Bird-Respirator)** **86** 9,02
5,01 12,53

Neben der Leistung nach Nummer 501 sind die Leistungen nach den Nummern 500 und 505 nicht berechnungsfähig.

Ausschluss: Neben Nr. 501 sind folgende Nrn. nicht abrechnungsfähig: 427, 428, 435, 500, 505, 1040, 1559, 1560

Kommentar: Nicht nach der Nr. 501 abrechenbar sind:
Siehe auch Kommentierung zu Nr. 500.

Tipp: Die für die Inhalation erforderlichen Medikamente können per Rezept zu Lasten des Patienten verordnet werden oder dem Patienten als Auslagen mit der Liquidation berechnet werden

II Krankengymnastik und Übungsbehandlungen

505* **Atmungsbehandlung – einschließlich aller unterstützenden Maßnahmen –** **85** 8,92
4,95 12,39

Ausschluss: Neben Nr. 505 sind folgende Nrn. nicht abrechnungsfähig: 427, 428, 435, 500, 501, 725, 1559, 1560

IGeL: Die Nr. 505* findet auch analog Anwendung bei:
- Atemtherapie
- Sauerstofftherapie nach Ardenne + 508, 602, 643 (analog)
- Sauerstoff-Inhalation
- Sauerstoffzelt
- Qi Gong-Atmungsbehandlung

GOÄ-Nr.		Punktzahl / 1fach	2,3 / *1,8 / 3,5 / *2,5
506*	**Krankengymnastische Ganzbehandlung als Einzelbehandlung – einschließlich der erforderlichen Massage(n) –**	**120** / 6,99	12,59 / 17,49

Ausschluss: Neben Nr. 506 ist folgende Nr. nicht abrechnungsfähig: 507, 508, 509, 520, 521, 523, 725

Kommentar: Siehe **Beschluss** unter Kapitel G. Nr. 842 Medizinische Trainingstherap.).

507*	**Krankengymnastische Teilbehandlung als Einzelbehandlung – einschließlich der erforderlichen Massage(n) –**	**80** / 4,66	8,39 / 11,66

Ausschluss: Neben Nr. 507 sind folgende Nrn. nicht abrechnungsfähig: 506, 508, 509, 520, 521, 523, 725

IGeL: Für Shiatsu Nr. 507 analog abrechnen.

508*	**Krankengymnastische Ganzbehandlung als Einzelbehandlung im Bewegungsbad**	**110** / 6,41	11,54 / 16,03

Ausschluss: Neben Nr. 508 sind folgende Nrn. nicht abrechnungsfähig: 506, 507, 509, 725

509*	**Krankengymnastik in Gruppen (Orthopädisches Turnen) – auch im Bewegungsbad –, bei mehr als drei bis acht Teilnehmern, je Teilnehmer**	**38** / 2,21	3,99 / 5,54

Ausschluss: Neben Nr. 509 sind folgende Nrn. nicht abrechnungsfähig: 506, 507, 508, 725

510*	**Übungsbehandlung, auch mit Anwendung medikomechanischer Apparate, je Sitzung**	**70** / 4,08	7,34 / 10,20

Neben der Leistung nach Nummer 510 ist die Leistung nach Nummer 521 nicht berechnungsfähig.

Ausschluss: Neben Nr. 510 sind folgende Nrn. nicht abrechnungsfähig: 521, 642, 652, 725

IGeL: Apparative isotonische Muskelfunktionsdiagnostik und -therapie

514*	**Extensionsbehandlung kombiniert mit Wärmetherapie und Massage mittels Gerät**	**105** / 6,12	11,02 / 15,30

Ausschluss: Neben Nr. 514 sind folgende Nrn. nicht abrechnungsfähig: 515, 516, 520, 521, 522, 530, 535, 536, 538, 725

Tipp: Die Nr. 514 findet auch analog Anwendung für die Wärmetherapie.

515*	**Extensionsbehandlung (z.B. Glissonschlinge)**	**38** / 2,21	3,99 / 5,54

Ausschluss: Neben Nr. 515 sind folgende Nrn. nicht abrechnungsfähig: 514, 516, 714, 725

516*	**Extensionsbehandlung mit Schrägbett, Extensionstisch, Perlgerät**	**65** / 3,79	6,82 / 9,47

Ausschluss: Neben Nr. 516 sind folgende Nrn. nicht abrechnungsfähig: 514, 515, 725

Tipp: Die Nr. 516* findet analog Anwendung für die Übungsbehandlung und Entspannungsübungen.

518*	**Prothesengebrauchsschulung des Patienten – gegebenenfalls einschließlich seiner Betreuungsperson –, auch Fremdkraftprothesenschulung, Mindestdauer 20 Minuten, je Sitzung**	**120** / 6,99	12,59 / 17,49

Ausschluss: Neben Nr. 518 ist folgende Nr. nicht abrechnungsfähig: 725

Hinweis LÄK: **Anmerkung der Bayerischen Landesärztekammer** vom 09.02.2004 (Quelle: GOÄ-Datenbank http://www.blaek.de/) – **Anpassung von Beatmungsmasken und Schulung des Patienten im Gebrauch der nCPAP- oder BiPAP-Beatmungsmaske (Schlafmedizinische Leistungen)**

Für die Anpassung von Beatmungsmasken und Schulung des Patienten im Gebrauch der nCPAP- oder BiPAP-Beatmungsmaske kann analog die Nr. 518berechnet werden. Die Leistung ist je Sitzung nur einmal berechnungsfähig.

Empfehlung des Ausschusses „Gebührenordnung“ der Bundesärztekammer – die mit dem Verband der privaten Krankenversicherung, dem BMG, BMI abgestimmt wurde.

Analog: Nr. 518 für eine Anus-praeter-Schulung ansetzen.

A 518* **Anpassung von Beatmungsmasken u. Schulung des Pat. (s. Leistungskomplex Schlaflabor) (analog Nr. 518) – n. Beschluss des Gebührenordnungsauschusses der BÄK** — **120** / 6,99 — 12,59 / 17,49

Ausschluss: Neben Nr. A518* ist folgende Nr. nicht abrechnungsfähig: 725.

III Massagen

520* **Teilmassage (Massage einzelner Körperteile)** — **45** / 2,62 — 4,72 / 6,56

Ausschluss: Neben Nr. 520 sind folgende Nrn. nicht abrechnungsfähig: 505, 506, 507, 514, 521, 523, 527, 725

521* **Großmassage (z.B. Massage beider Beine, beider Arme, einer Körperseite, des Schultergürtels, eines Armes und eines Beines, des Rückens und eines Beines, des Rückens und eines Armes, beider Füße, beider Hände, beider Knie, beider Schultergelenke und ähnliche Massagen mehrerer Körperteile), je Sitzung** — **65** / 3,79 — 6,82 / 9,47

Ausschluss: Neben Nr. 521 sind folgende Nrn. nicht abrechnungsfähig: 506, 507, 510, 514, 520, 523, 725.

523* **Massage im extramuskulären Bereich (z.B. Bindegewebsmassage, Periostmassage, manuelle Lymphdrainage)** — **65** / 3,79 — 6,82 / 9,47

Ausschluss: Neben Nr. 523 sind folgende Nrn. nicht abrechnungsfähig: 506, 507, 544, 725

IGeL: Die Reflexzonenmassage kann mit Nr. 523 abgerechnet werden. Die Nr. 523 ist analog abrechenbar bei:

- Akupressur Tsubo
- Bindegewebsmassage
- Bürstenmassage
- Darmmassage (Empfehlung der BÄK)
- Fingerdruckbehandlung
- Lymphdrainage, manuelle
- Nervenpunkttherapie
- Reflexzonenmassage
- Schröpfkopfmassage
- Tuina-Therapie (Empfehlung der BÄK)

525* **Intermittierende apparative Kompressionstherapie an einer Extremität, je Sitzung** — **35** / 2,04 — 3,67 / 5,10

Ausschluss: Neben Nr. 525 ist folgende Nr. nicht abrechnungsfähig: 725

526* **Intermittierende apparative Kompressionstherapie an mehreren Extremitäten, je Sitzung** — **55** / 3,21 — 5,77 / 8,01

Ausschluss: Neben Nr. 526 ist folgende Nr. nicht abrechnungsfähig: 725

527* **Unterwasserdruckstrahlmassage (Wanneninhalt mindestens 400 Liter, Leistung der Apparatur mindestens 4 bar)** — **94** / 5,48 — 9,86 / 13,70

Ausschluss: Neben Nr. 527* ist folgende Nr. nicht abrechnungsfähig: 725

IV Hydrotherapie und Packungen

530* **Kalt- oder Heißpackung(en) oder heiße Rolle, je Sitzung** **35** 3,67
2,04 5,10

Kommentar: Mit der Nr. 530* werden Packungen aller Art abgerechnet, z.B. die lokale Eisbehandlung.

531* **Leitung eines ansteigenden Teilbades** **46** 4,83
2,68 6,70

Ausschluss: Neben Nr. 531 sind folgende Nrn. nicht abrechnungsfähig: 532, 553, 554

532* **Leitung eines ansteigenden Vollbades (Überwärmungsbad)** **76** 7,97
4,43 11,07

Ausschluss: Neben Nr. 532 sind folgende Nrn. nicht abrechnungsfähig: 553, 554

Tipp: Die Nr. 532* findet analog Anwendung für das Moorbad.

533* **Subaquales Darmbad** **150** 15,74
8,74 21,86

IGeL: Für Colon-Hydro-Therapie und Fasteneinlauf Nr. 533* analog ansetzen.

V Wärmebehandlung

535* **Heißluftbehandlung eines Körperteils (z.B. Kopf oder Arm)** **33** 3,46
1,92 4,81

Ausschluss: Neben Nr. 535 sind folgende Nrn. nicht abrechnungsfähig: 514, 535, 536, 538, 539, 548, 551, 552, 725

Kommentar: Obwohl der nachfolgende Beschluss sich auf die Nr. 551 bezieht, fügen wir die Definition der „Körperteile" auch hier für Sie ein.
Beschluss des Gebührenausschusses der Bundesärztekammer: Definition der „Körperteile" im Zusammenhang mit der Leistung nach Nr. 551 (Reizstromtherapie) (15. Sitzung vom 21. Juli 1998)
Als Körperteile sind anzusehen:
- Schultergürtel mit Hals,
- Übrige dorsale Rumpfseite,
- Übrige ventrale Rumpfseite,
- Rechte oder linke Schulter mit Oberarm, rechter oder linker Ellenbogen mit Oberarm und Unterarm,
- Rechte oder linke Hand mit Unterarm,
- Rechte oder linke Hüfte mit Oberschenkel,
- Rechtes oder linkes Knie mit Oberschenkel und Unterschenkel,
- Rechter oder linker Fuß mit Unterschenkel.

536* **Heißluftbehandlung mehrerer Körperteile (z.B. Rumpf oder Beine)** **51** 5,35
2,97 7,43

Ausschluss: Neben Nr. 536 sind folgende Nrn. nicht abrechnungsfähig: 514, 535, 725

Kommentar: Siehe Kommentar zu Nr. 535

GOÄ-Nr.		Punktzahl 1fach	2,3 / *1,8 3,5 / *2,5
538*	**Infrarotbehandlung, je Sitzung**	**40** 2,33	4,20 5,83

Ausschluss: Neben Nr. 538 sind folgende Nrn. nicht abrechnungsfähig: 514, 560 – 562, 725

Kommentar: Siehe Kommentar zu Nr. 535

539*	**Ultraschallbehandlung**	**44** 2,56	4,62 6,41

Ausschluss: Neben Nr. 539 ist folgende Nr. nicht abrechnungsfähig: 725

Kommentar: Siehe Kommentar zu Nr. 535

VI Elektrotherapie

548*	**Kurzwellen-, Mikrowellenbehandlung (Anwendung hochfrequenter Ströme)**	**37** 2,16	3,88 5,39

Ausschluss: Neben Nr. 548* sind folgende Nrn. nicht abrechnungsfähig: 549, 551, 725

Kommentar: Siehe Kommentar zu Nr. 535

IGeL: Für Elektrotherapie Nr. 548* analog ansetzen.

549*	**Kurzwellen-, Mikrowellenbehandlung (Anwendung hochfrequenter Ströme) bei Behandlung verschiedener Körperregionen in einer Sitzung**	**55** 3,21	5,77 8,01

Ausschluss: Neben Nr. 549 sind folgende Nrn. nicht abrechnungsfähig: 548, 551, 725

Kommentar: Siehe Kommentar zu Nr. 535

551*	**Reizstrombehandlung (Anwendung niederfrequenter Ströme) – auch bei wechselweiser Anwendung verschiedener Impuls- oder Stromformen und gegebenenfalls unter Anwendung von Saugelektroden –**	**48** 2,80	5,04 6,99

Wird Reizstrombehandlung nach Nummer 551 gleichzeitig neben einer Leistung nach den Nummern 535, 536, 538, 539, 548, 549, 552 oder 747 an demselben Körperteil oder an denselben Körperteilen verabreicht, so ist nur die höherbewertete Leistung berechnungsfähig; dies gilt auch bei Verwendung eines Apparatesystems an mehreren Körperteilen.

Ausschluss: Neben Nr. 551 ist folgende Nr. nicht abrechnungsfähig: 725

Kommentar: Siehe Kommentar zu Nr. 535

Die transkutane elektrische Nervenstimulation (TENS) wird häufig in der Schmerztherapie zur Behandlung chronischer oder akuter Schmerzen angewandt.

Für die Anwendung des TENS-Geräts in der Praxis ist die Nr. 551 anzusetzen. Ein Gebrauch zu Hause durch den Patienten kann nicht berechnet werden.

Zur Einweisung des Patienten können abhängig von der Beratungsdauer die GOÄ Nrn. 1 oder 3 angesetzt werden. Die Leistung nach Nr. 3 darf allerdings nicht berechnet werden, wenn in derselben Sitzung eine TENS-Behandlung nach GOÄ Nr. 551 GOÄ durchgeführt wird.

Es könnte aber bei einer ausgedehnten Beratung die Nr. 1 mit erhöhtem Steigerungsfaktor in Ansatz gebracht werden.

551* analog	**Transkutane Reizstrombehandlung (Triggerpunktbehandlung mit Hochfrequenz-Stimulation)** – analog Nr. 551 GOÄ entsprechend GOÄ § 6 (2)	**48** 2,80	5,04 6,99

Wird Reizstrombehandlung nach Nummer 551* gleichzeitig neben einer Leistung nach den Nummern 535*, 536*, 538*, 539*, 548*, 549*, 552* oder 747 an demselben Körperteil oder an denselben Körperteilen verabreicht, so ist nur die höherbewertete Leistung berechnungsfähig; dies gilt auch bei Verwendung eines Apparatesystems an mehreren Körperteilen.

Ausschluss: Neben Nr. 551* ist folgende Nr. nicht abrechnungsfähig: 725

552* Iontophorese

44 4,62
2,56 6,41

Ausschluss: Neben Nr. 552 sind folgende Nrn. nicht abrechnungsfähig: 413, 725

Kommentar: Die für die Iontophorese erforderlichen Arzneimittel können entsprechend der Allgemeinen Bestimmungen zum Kapitel E nicht extra berechnet werden. Siehe auch Kommentar zu Nr. 535.

553* Vierzellenbad

46 4,83
2,68 6,70

Ausschluss: Neben Nr. 553 sind folgende Nrn. nicht abrechnungsfähig: 554, 725

554* Hydroelektrisches Vollbad (Kataphoretisches Bad, Stanger-Bad)

91 9,55
5,30 13,26

Ausschluss: Neben Nr. 554 sind folgende Nrn. nicht abrechnungsfähig: 553, 725

IGeL: Die Nr. 554* findet analog Anwendung für die Moxibustionsbehandlung und auch für die Hochton-Therapie

555* Gezielte Niederfrequenzbehandlung bei spastischen und/oder schlaffen Lähmungen, je Sitzung

120 12,59
6,99 17,49

Ausschluss: Neben Nr. 555 ist folgende Nr. nicht abrechnungsfähig: 725

Kommentar: Ansetzbar bei Therapie mit Spasmotrin-Gerät.

555* analog **Pulsierende Signaltherapie (PST)** – analog Nr. 555* GOÄ entsprechend GOÄ § 6 (2)

120 12,59
6,88 17,49

Ausschluss: Neben Nr. 555* ist folgende Nr. nicht abrechnungsfähig: 725

Hinweis BÄK: **Pulsierende Signaltherapie (PST) 14.01.2009 –**
www.blaek.de/beruf_recht/goae/goae_datenbank_details.cfm?id_daten=112

Stellungnahme der Bundesärztekammer vom 24.08.2005:

Magnetfeldtherapien ohne implantierten Überträger haben laut Bericht des Arbeitsausschusses Ärzte und Krankenkassen vom 02.02.2000 in die vertragsärztliche Versorgung in Deutschland keinen Eingang gefunden, mit der Begründung, dass nicht genügend erprobte und qualitätsgesicherte Methoden die Versichertengemeinschaft nicht belasten sollten. Aus diesem Grund wird die PST häufig als IGeL-Leistung angeboten und sowohl auf Grund der häufigen subjektiven Besserung der Beschwerden als auch wegen ihrer Nebenwirkungs- und Schmerzfreiheit und dem Fehlen von Infektionsrisiken (da kein Eingriff notwendig ist) in Anspruch genommen.

Im Rahmen einer privatärztlichen Behandlung bei einem Privatversicherten oder als IGeL-Leistung auf Verlangen eines GKV-Versicherten muss eine Abrechnung auf Grundlage der GOÄ erfolgen und – da die Leistung im Gebührenverzeichnis nicht enthalten ist – eine analoge Berechnung vorgenommen werden.

Die in früheren Stellungnahmen der Bundesärztekammer aus den Jahren 1997/98 vorgenommene Zuordnung zu neurologischen Untersuchungs-Leistungen nach Nr. 832 (Befunderhebung am Nervensystem durch Faradisation und/oder Galvanisation; 158 Punkte) bzw. Nr. 838 (Elektromyographische Untersuchung zur Feststellung peripherer Funktionsstörungen der Nerven und Muskeln; 550 Punkte) halten wir im Hinblick auf die bei der Bildung einer Analogbewertung zu berücksichtigenden Kriterien der Gleichwertigkeit für nicht mehr vertretbar, da die zur Diskussion stehenden Leistungen keine diagnostische, sondern therapeutische Leistungen darstellen und die Zuordnung zu Kapitel G (Neurologie, Psychiatrie und Psychotherapie) nicht nachvollziehbar ist.

Die zur Diskussion stehenden Leistungen stellen vollständig an medizinisches Assistenzpersonal delegierbare physikalisch-medizinische Leistungen dar und sind daher den mit einem „kleinen Gebührenrahmen" ausgestatteten Leistungen des Kapitels E der GOÄ zuzuordnen.

Die analoge Abrechnung von ärztlichen Leistungen bei der Therapie mit pulsierenden elektromagnetischen Feldern sollte auf Grund des oben Dargestellten analog GOÄ-Nr. 558 (apparative, isokinetische Muskelfunktionstherapie, je Sitzung; 120 Punkte) oder analog Nr. 555 (Gezielte Niederfrequenzbehandlung bei spastischen und/oder schlaffen Lähmungen, je Sitzung; 120 Punkte) berechnet werden

GOÄ-Nr. | Punktzahl 1fach | 2,3 / *1,8 3,5 / *2,5

558* **Apparative isokinetische Muskelfunktionstherapie, je Sitzung** — **120** 6,99 — 12,59 17,49

Hinweis BÄK: Siehe Text zu Nr. 555* analog

Kommentar: Siehe auch **Beschluss der BÄK** in Kapitel G. Nr. 842 (Trainingstherapie) – Siehe auch Nr. 846 analog.

IGeL: Die Nr. 558* analog ansetzen für
- Apparative isotontische Muskelfunktionsdiagnostik und -therapie
- Elektrotherapie

558* analog **Zuzüglich zusätzliches Geräte-Sequenztraining (analog Nr. 558 GOÄ) (je Sitzung) – n. Beschluss des Gebührenordnungsausschusses der BÄK** — **120** 6,99 — 12,59 17,49

Kommentar: Siehe Nrn. 842 analog und 846 analog.

VII Lichttherapie

560* **Behandlung mit Ultraviolettlicht in einer Sitzung** — **31** 1,81 — 3,25 4,52

Werden mehrere Kranke gleichzeitig mit Ultraviolettlicht behandelt, so darf die Nummer 560 nur einmal berechnet werden.

Ausschluss: Neben Nr. 560* sind folgende Nrn. nicht abrechnungsfähig: 538, 561, 562, 761

IGeL:
- Lichttherapie und UV-Bestrahlung aus kosmetischen Gründen
- UV-Bestrahlung zur Anregung des Vitamin-D-Stoffwechsels (Osteoporose-Prophylaxe)

561* **Reizbehandlung eines umschriebenen Hautbezirkes mit Ultraviolettlicht** — **31** 1,81 — 3,25 4,52

Ausschluss: Neben Nr. 561 sind folgende Nrn. nicht abrechnungsfähig: 538, 560, 562, 761

562* **Reizbehandlung mehrerer umschriebener Hautbezirke mit Ultraviolettlicht in einer Sitzung** — **46** 2,68 — 4,83 6,70

Die Leistungen nach den Nummern 538, 560, 561 und 562 sind nicht nebeneinander berechnungsfähig.

Ausschluss: Neben Nr. 562 sind folgende Nrn. nicht abrechnungsfähig: 538, 560, 561, 761

563 **Quarzlampendruckbestrahlung eines Feldes** — **46** 2,68 — 4,83 6,70

Ausschluss: Neben Nr. 563 ist folgende Nr. nicht abrechnungsfähig: 564

564* **Quarzlampendruckbestrahlung mehrerer Felder in einer Sitzung** — **91** 5,30 — 9,55 13,26

Tipp: Die Nr. 564* findet analog Anwendung für Moxibustionsbehandlung.

IGeL: Mora-Therapie nach Nr. 564* analog berechnen.

565* **Photochemotherapie, je Sitzung** — **120** 6,99 — 12,59 17,49

Analog: Analog abrechenbar für die Farblichtbehandlung.

Tipp: Die Kosten für die Medikamente, die zur Photochemotherapie erforderlich sind, sind in der Gebühr für die Leistung nicht enthalten. Sie sind zu Lasten des Patienten per Rezept zu verordnen.

GOÄ-Nr.		Punktzahl / 1fach	2,3 / *1,8 / 3,5 / *2,5
566*	**Phototherapie eines Neugeborenen, je Tag**	**500** / 29,14	52,46 / 72,86

Beschluss BÄK: **Beschluss des Gebührenordnungsausschusses der BÄK**
Photodynamische Therapie (PDT) von Hautläsionen
Photodynamische Lichtbestrahlung von Hautläsionen analog Nr. 566 GOÄ (500 Punkte) bis zu zweimal im Behandlungsfall, zuzüglich Ersatz von Auslagen für die pro Patient verbrauchte photosensibilisierende Substanz nach § 10 GOÄ.

Hinweis LÄK: **Anmerkung der Bayerischen Landesärztekammer** vom 30.09.2003 (Quelle: GOÄ-Datenbank http://www.blaek.de/) – **Synchrone Balneo-Phototherapie**
Für die synchrone Balneo-Phototherapie ist nach Auffassung der Bayerischen Landesärztekammer der analoge Ansatz der Nr. 566 GOÄ sachgerecht. Auch die Berechnung „je Tag" wird dabei als übertragbar angesehen, da in der Regel drei bis fünf Behandlungen pro Woche erfolgen.

GOÄ-Ratgeber der BÄK: ▶ **Phototherapie im Krankenhaus**
Dr. med. Anja Pieritz – in: Dt. Ärzteblatt 101, Heft 48 (26.11.2004), Seite A-3287 – www.baek.de/page.asp?his=1.108.4144.4258.4260
Dr. Pieritz merkt an: „... Die Phototherapie von Neugeborenen (Nummer 566 GOÄ) ist Bestandteil der Weiterbildung des Facharztes für Kinder- und Jugendmedizin, aber nicht des Facharztes für Physikalische und Rehabilitative Medizin. Die Photochemotherapie (Nummer 565 GOÄ), die Balneophototherapie (Nummern 565 beziehungsweise 567 GOÄ), die photodynamische Therapie und der Photo-Patch-Test (Nummer 569 GOÄ) der Haut sind Bestandteil der Weiterbildung des Facharztes für Haut- und Geschlechtskrankheiten..."

IGeL: Die Bright-light-Therapie der saisonalen Depression nach Nr. 566* analog berechnen

566* analog	**Photodynamische Lichtbestrahlung von Hautläsionen, bis zu zweimal im Behandlungsfall (analog Nr. 566 GOÄ) – n. Beschluss des Gebührenordnungsauschusses der BÄK – und ferner auch für Balneo-Foto-Therapie (synchron) (analog Nr. 566 GOÄ) – n. Empfehlung von Analog Ziffern der PVS**	**500** / 29,14	52,46 / 72,86
567*	**Phototherapie mit selektivem UV-Spektrum, je Sitzung**	**91** / 5,30	9,55 / 13,26

Hinweis LÄK: **Anmerkung der Bayerischen Landesärztekammer** vom 30.09.2003 (Quelle: GOÄ-Datenbank http://www.blaek.de/) – **Asynchrone Balneo-Phototherapie**
Die asynchrone Balneo-Phototherapie kann über die Nr. 567 analog abgerechnet werden.

IGeL: Die Nr. 567 findet analog Anwendung für
- Laser-Flächenbestrahlung
- Sauerstofftherapie

569*	**Photo-Patch-Test (belichteter Läppchentest), bis zu drei Tests je Sitzung, je Test**	**30** / 1,75	3,15 / 4,37

F Innere Medizin, Kinderheilkunde, Dermatologie

Auf einen Blick
Abrechnung von Spezialbereichen: Schlafmedizin

Die Schlafapnoe-Diagnostik führen in der Regel Ärzte durch, die zum Führen der Gebietsbezeichnung
- Allgemeinmedizin
- Hals-Nasen-Ohren-Heilkunde
- Innere Medizin
- der Facharzt- und Schwerpunktbezeichnung Innere Medizin und Pneumologie
- Kinder- und Jugendmedizin
- Neurologie
- Psychiatrie und Psychotherapie

berechtigt sind oder entsprechende Krankenhaus-Abteilungen.
Für die Vertragsärzte, die Diagnostik und Therapie schlafbezogener Atmungsstörungen durchführen, besteht eine **Qualitätssicherungsvereinbarung gemäß § 135 Abs. 2 SGB V zur Diagnostik und Therapie schlafbezogener Atmungsstörungen** (http://www.kbv.de/rechtsquellen/2492.html), die auch ein Nicht-Vertragsarzt, der diese Leistungen erbringt, kennen sollte. Der Ablauf einer Stufendiagnostik ist in der Richtlinien des Gemeinsamen Bundesausschusses gemäß § 135 Abs. 1 SGB V definiert.

Indikationen
- bei Verdacht auf das Vorliegen eines Schlafapnoesyndroms (Atemausetzer, starkes Schnarchen, Müdigkeit)
- bei schwer einstellbaren arteriellen Hypertonie
- bei ständiger Müdigkeit
- Einschlafzwang am Tag
- Konzentrationsschwäche

Die BÄK informiert u. a. in ihrem **GOÄ-Ratgeber: Einigung beim Schlaflabor**
Deutsches Ärzteblatt 101, Heft 6 (06.02.2004), Seite A-363 – Dr. med. Regina Klakow-Franck
... „Schnarchen – ein Massenphänomen? Der Krankheitswert schlafbezogener Atemstörungen (zum Beispiel obstruktive Schlafapnoe) wurde lange Zeit infrage gestellt...
...Bei der Abrechnung nach GOÄ war lange strittig, welche Gebührenpositionen für den Leistungskomplex des „Kleinen Schlaflabors" (Kardiorespiratorische Polygraphie) beziehungsweise des „Großen Schlaflabors" (Polysomnographie) anzusetzen sind. Unklar war zum Beispiel, wie die Registrierung des EKG, das bei Schlaflaboruntersuchungen über mindestens sechs Stunden aufgezeichnet werden muss, oder des EMG, das im Rahmen der „Großen Polysomnographienacht" ebenfalls über mindestens sechs Stunden aufgezeichnet wird, abgerechnet werden soll, weil die GOÄ diesbezüglich entweder nur Gebührenpositionen für punktuelle Untersuchungen (zum Beispiel Notfall-EKG nach Nr. 650) oder Langzeitregistrierungen (zum Beispiel Langzeit-EKG von mindestens 18 Stunden Dauer nach Nr. 659) enthält..."
Der Ausschuss „Gebührenordnung" der Bundesärztekammer (http://www.bundesaerztekammer.de/page.asp?his=1.108.4689.4871.4934) gibt mit dem Verband der privaten Krankenversicherung e.V., dem Bundesministerium für Gesundheit und Soziale Sicherung sowie dem Bundesministerium des Innern nachfolgend abgestimmte Empfehlungen zur Abrechnung diagnostischer Leistungen in der Schlafmedizin nach GOÄ bekannt.

Hinweis der Autoren:
Vor einer speziellen Diagnostik zum „Kleinen oder Großen Schlaflabor" werden in der Regel Untersuchungs- und ggf. Beratungsleistungen erbracht:

GOÄ Nr.	Kurzegende	*1,8/2,3-fach in Euro
	B. I. Beratungen und Untersuchungen	
1	**Beratung – auch tel.**	**10,72**
3	**Eingehende Beratung – auch tel.**, Dauer mind. 10 Min. ***Nur neben den Nrn. 5, 6, 7, 8, 800, 801 abrechnungsfähig.***	**20,11**

GOÄ Nr.	Kurzegende	*1,8/2,3-fach in Euro
4	**Erhebung der Fremdanamnese** und/oder **Unterweisung der Bezugsperson(en)** Ausschlüsse beachten!	29,49
5	**Symptombezogene Untersuchung**	10,72
6	Untersuchung mind. eines der folgenden Organsysteme: **Augen, HNO-Bereich, stomatognathe System, Nieren u. ableitenden Harnwege oder vollständiger Gefäßstatus**	13,41
7	Untersuchung mind. eines der folgenden Organsysteme: **Haut, die Stütz- u. Bewegungsorgane, Brustorgane, Bauchorgane, weibliche Genitaltrakt**	21,45
8	**Untersuchung zur Erhebung des Ganzkörperstatus**	34,86

	B. II. Zuschläge zu den Nrn. 1, 3, 4, 5, 6, 7 oder 8	
A	**Zuschlag für außerhalb der Sprechstunde**	4,08
B	**Zuschlag für in der Zeit zwischen 20 und 22 Uhr oder 6 und 8 Uhr**	10,49
C	**Zuschlag für in der Zeit zwischen 22 und 6 Uhr**	18,65
D	**Zuschlag für an Samstagen, Sonn-oder Feiertagen erbrachte Leistungen**	12,82

I. Kleines Schlaflabor
Abrechnung: Kardiorespiratorische Polygraphie
Nach Beschlüsse des Ausschusses Gebührenordnung der Bundesärztekammer umfasst der Leistungskomplex der kardiorespiratorischen Polygraphie **(„Kleines Schlaflabor“)** die folgenden Leistungen:

GOÄ Nr.	Kurzegende	*1,8/2,3-fach in Euro
653 analog	**EKG über mind. 6 Std. (s. Leistungskomplex Schlaflabor) – (analog Nr. 653 GOÄ)** – n. Beschluss des Gebührenordnungssauschusses der BÄK	26,54
602*	**Oxymetrische Untersuchung(en) (Bestimmung der prozentualen Sauerstoffsättigung im Blut) – ggf. einschl. Bestimmung(en) n. Belastung**	15,95
605*	Ruhespirographische Untersuchung – Kontinuierliche Atemflussmessung an Mund und Nase über mind. sechs Stunden,	25,39
714 analog	**Kontinuierliche Registrierung der Körperlage mittels Lagesensoren über mind. 6 Stunden**	24,13
5295* analog	**Videokontrolle der Korrelation von elektro.physiol. Aufzeichnung u. Verhaltensbefund (analog 5295* GOÄ)** – n. Beschlüssen des Ausschusses „Gebührenordnung“ der BÄK	25,18
427 analog	**Fakultativ:** **Kontrolle der Beatmung unter nCPAP oder BiPAP – (analog Nr. 427 GOÄ)** – n. Beschluss des Gebührenordnungsauschusses der BÄK	20,11

Die BÄK informiert: ... „Die Voraussetzungen zur Anerkennung der einzelnen Leistungen im Rahmen der kardiorespiratorischen Polygraphie sind dann erfüllt, wenn jeweils eine kontinuierliche Registrierung beziehungsweise Überwachung über eine mindestens sechsstündige Schlafphase erfolgt. Die jeweilige Dokumentation der einzelnen elektrophysiologischen Messdaten sowie der einfache Befundbericht sind mit den in Ansatz gebrachten Gebührenpositionen abgegolten...“

II. Grosses Schlaflabor

Abrechnung: Polysomnographie
Der Leistungskomplex der Polysomnographie (so genanntes „Großes Schlaflabor“) setzt sich aus folgenden Leistungen zusammen:

GOÄ Nr.	Kurzegende	*1,8/2,3-fach in Euro
827	**Elektroenzephalographische Untersuchung – auch mit Standardprovokationen** – *mind. 6 Stunden*	81,11
1237	**Elektrookulographische Untersuchung (EOG**) – *Registrierung über mind. 6 Stunden*	80,44
653 analog	**EKG über** *mind. 6 Std.* **(s. Leistungskomplex Schlaflabor) – (analog Nr. 653 GOÄ)** – n. Beschluss des Gebührenordnungssauschusses der BÄK	26,54
602*	**Oxymetrische Untersuchung(en) (Bestimmung der prozentualen Sauerstoffsättigung im Blut) – ggf. einschl. Bestimmung(en) n. Belastung**	15,95
605*	Ruhespirographische Untersuchung – Kontinuierliche Atemflussmessung an Mund und Nase – *über mind. sechs Stunden,*	25,39
839	**Elektromyographische Untersuchung zur Feststellung peripherer Funktionsstörungen** der Nerven und Muskeln mit Untersuchung der Nervenleitungsgeschwindigkeit	93,84
5295* analog	**Videokontrolle der Korrelation von elektro.physiol. Aufzeichnung u. Verhaltensbefund (analog 5295* GOÄ**) – n. Beschlüssen des Ausschusses „Gebührenordnung" der BÄK	25,18
427 analog	**Fakultativ:** **Kontrolle der Beatmung unter nCPAP oder BiPAP – (analog Nr. 427 GOÄ)** – n. Beschluss des Gebührenordnungsauschusses der BÄK	20,11
518* analog	**Anpassung von Beatmungsmasken u. Schulung des Pat.** (s. Leistungskomplex Schlaflabor) (analog Nr. 518) – n. Beschluss des Gebührenordnungsauschusses der BÄK	12,59

III. Abrechnung: Polygraphische Vigilanzmessung – Beschlüsse des Ausschusses Gebührenordnung der Bundesärztekammer: Die Messung der Hirn- und Muskelaktivitäten durch EEG, EOG und EMG über jeweils mindestens 20 Minuten müssen an einem Untersuchungstag mindestens viermal in jeweils zweistündigem Abstand gemessen werden.

GOÄ Nr.	Kurzegende	*1,8/2,3-fach in Euro
827	**Elektroenzephalographische Untersuchung – auch mit Standardprovokationen – mind. 6 Stunden**	81,11
1237	**Elektroretinographische Untersuchung (ERG) u./o. elektrookulographische Untersuchung (EOG)**	80,44
653 analog	**EKG über mind. 6 Std. (s. Leistungskomplex Schlaflabor) – (analog Nr. 653 GOÄ)** – n. Beschluss des Gebührenordnungssauschusses der BÄK	26,54
602*	**Oxymetrische Untersuchung(en) (Bestimmung der prozentualen Sauerstoffsättigung im Blut) – ggf. einschl. Bestimmung(en) n. Belastung**	15,95
605*	Ruhespirographische Untersuchung – Kontinuierliche Atemflussmessung an Mund und Nase über mind. sechs Stunden,	25,39
839	**Elektromyographische Untersuchung zur Feststellung peripherer Funktionsstörungen** der Nerven und Muskeln mit Untersuchung der Nervenleitungsgeschwindigkeit	93,84

IV. Einsatz neuropsychologischer Testverfahren zur schlafmedizinischen Diagnostik
Beschluss des Ausschusses „Gebührenordnung" der Bundesärztekammer
Stand: 20.02.2004 – veröffentlicht in: Deutsches Ärzteblatt 101, Heft 8 (20.02.2004), Seite A-526 – A-527

GOÄ Nr.	Kurzegende	*1,8-fach in Euro
856* analog	**Einsatz neurophysiologischer Testverfahren zur Schlafdiagnostik (s. Leistungskomplex Schlaflabor) – n. Beschluss des Gebührenordnungsauschusses der BÄK –**, analog Nr. 856* GOÄ– entsprechend GOÄ § 6 (2):	**37,88**

Die Anerkennung der Leistung setzt voraus, dass mindestens zwei neuropsychologische Testverfahren, gegebenenfalls einschließlich psychometrischer und projektiver Verfahren, eingesetzt werden.

---

600 Herzfunktionsprüfung nach Schellong einschließlich graphischer Darstellung

73 9,79
4,25 14,89

Ausschluss: Neben Nr. 600* sind folgende Nrn. nicht abrechnungsfähig: 5 – 8, 650 – 652, 435

Kommentar: Wird mit Fahrrad- oder Laufbandergometer eine ergometrische Funktionsprüfung durchgeführt, so ist diese nach den Empfehlungen der Bundesärztekammer analog der Nr. 650 mit der GOÄ-Nr. A 796 abrechenbar.

601 Hyperventilationsprüfung

44 5,90
2,56 8,98

Ausschluss: Neben Nr. 601 sind folgende Nrn. nicht abrechnungsfähig: 5 – 8, 435, 827, 827 a

Kommentar: Bei der Hyperventilationsprüfung handelt es sich nach unserer Meinung, aber auch nach Meinung des Kommentars zur Gebührenordnung für Ärzte von **Brück** um eine absolut obsolete Leistung.

602* Oxymetrische Untersuchung(en) (Bestimmung der prozentualen Sauerstoffsättigung im Blut) – gegebenenfalls einschließlich Bestimmung(en) nach Belastung

152 15,95
8,86 22,15

Ausschluss: Neben Nr. 602 sind folgende Nrn. nicht abrechnungsfähig: 435, 606, 626 – 630, 632

Beschluss BÄK:
Beschluss des Gebührenausschusses der Bundesärztekammer
Berechnung der Blutgasanalyse (5. Sitzung vom 13. März 1996)
Die Berechnung auf Grundlage der Nr. 3710 GOÄ (Speziallabor) ist zwingend. Die Berechnung daneben der Nr. 303 GOÄ (Punktion oberflächiger Körperteile) sowie der Nr. 3715 (Bikarbonatbestimmung) ist nicht zulässig, da die Leistung nach Nr. 303 nicht vorliegt und die Bikarbonatbestimmung einzig rechnerisch erfolgt, demnach gemäß der Allgemeinen Bestimmung Nr. 5 vor Abschnitt M nicht berechenbar ist.
Die Messung und Berechnung nach Nr. **602** GOÄ (Oxymetrie) ist möglich, da diese zwar grundsätzlich aus der Blutgasanalyse unter Einbezug des Hb-Wertes berechenbar ist, dieser aber aktuell nicht vorliegt. Die Messung ist sachlich allerdings nur bei bestimmten Indikationen sinnvoll, zum Beispiel Anämie. In diesen Fällen ist Nr. **602** neben Nr. 3710 berechenbar.
Die Leistung nach Nr. 614 (transcutane Messung(en) des Sauerstoffpartialdrucks) ist zeitgleich mit der Blutgasanalyse nicht berechenbar, da der Sauerstoffpartialdruck bereits mit der Blutgasanalyse gemessen wird. Möglich ist jedoch die Berechnung der Nrn. 614 und 3710 in den Fällen, in denen die Leistungen zeitgleich getrennt erbracht werden müssen.

Kommentar: Aus dem Wortlaut der Legende ergibt sich, dass die Leistung nach Nr. 602 innerhalb desselben Arzt – Patienten – Kontakts nur einmal abgerechnet werden kann (siehe auch VG Ansbach, 22.10.2013, AZ: 1 K 13.00010).

Analog: Die Nr. 602 findet analog Anwendung für die Sauerstofftherapie nach Ardenne.

Tipp: Neben Nr. 602 ist die Abrechnung der Nr. 614 möglich.

603 Bestimmung des Atemwegswiderstandes (Resistance) nach der Oszillationsmethode oder der Verschlussdruckmethode – gegebenenfalls einschließlich fortlaufender Registrierung –

90 12,07
5,25 18,36

Neben der Leistung nach Nummer 603 ist die Leistung nach Nummer 608 nicht berechnungsfähig.

Ausschluss: Neben Nr. 603 sind folgende Nrn. nicht abrechnungsfähig: 435, 604, 608

GOÄ-Nr.		Punktzahl 1fach	2,3 / *1,8 3,5 / *2,5
604	**Bestimmung des Atemwegswiderstandes (Resistance) nach der Oszillationsmethode oder der Verschlussdruckmethode vor oder nach Applikation pharmakodynamisch wirkender Substanzen – gegebenenfalls einschließlich Phasenwinkelbestimmung und gegebenenfalls einschließlich fortlaufender Registrierung –** Mit der Gebühr sind die Kosten abgegolten. Neben der Leistung nach Nummer 604 sind die Leistungen nach den Nummern 603 und 608 nicht berechnungsfähig.	**160** 9,33	21,45 32,64

Ausschluss: Neben Nr. 604 sind folgende Nrn. nicht abrechnungsfähig: 435, 603, 608

Kommentar: Zur Untersuchung der Auswirkung pharmako-dynamischer Substanzen mit bronchokonstriktorischer oder broncholytischer Wirkung können zusätzlich die Sekundenkapazität nach Nr. 609 und die ganzkörperplethysmographische Bestimmung der Sekundenkapazität und des Atemwegswiderstandes nach Nr. 612 berechnet werden. Neben der Leistung nach Nr. 612 kann allerdings die Leistung nach Nr. 609 nicht berechnet werden.

605*	**Ruhespirographische Untersuchung (im geschlossenen oder offenen System) mit fortlaufend registrierenden Methoden**	**242** 14,11	25,39 35,26

Ausschluss: Neben Nr. 605 sind folgende Nrn. nicht abrechnungsfähig: 435, 606, 608, 610, 612, 629

Kommentar: Werden nach Broncholyse Kontrolluntersuchungen durchgeführt, sind diese nicht durch einen weiteren Ansatz der Nrn. 605 und 605a berechnungsfähig. Der bei der Untersuchung entstandene besondere Aufwand kann nur über einen erhöhten Multiplikator der Leistungen nach Nr. 605 oder Nr. 605a berechnet werden. Die Darstellung der Flussvolumenkurve ist zusätzlich abrechnungsfähig.

IGeL: Bei General Check-up zur Früherkennung pulmonaler Erkrankungen, bei entspr. sportmedizinischen Untersuchungen und bei Sauerstofftherapien (hier: analoger Ansatz)

605a*	**Darstellung der Flussvolumenkurve bei spirographischen Untersuchungen – einschließlich graphischer Registrierung und Dokumentation**	**140** 8,16	14,69 20,40

Ausschluss: Neben Nr. 605a ist folgende Nr. nicht abrechnungsfähig: 435

Kommentar: Siehe unter Nrn. 605 und 612. Die Darstellung der Flussvolumenkurve ist als weiterführende spirographische Untersuchung neben den Nrn. 605, 606 und 608 abrechenbar.

Tipp: Neben Nr. 605 sind die Nrn. 605, 606, 608 abrechenbar.

606*	**Spiroergometrische Untersuchung – einschließlich vorausgegangener Ruhespirographie und gegebenenfalls einschließlich Oxymetrie –**	**379** 22,09	39,76 55,23

Ausschluss: Neben Nr. 606 sind folgende Nrn. nicht abrechnungsfähig: 435, 602, 605, 608

Kommentar: Die Darstellung der Flussvolumenkurve ist zusätzlich abrechnungsfähig.

IGeL: Bei General Check-up zur Früherkennung pulmonaler Erkrankungen, bei entsprechenden sportmedizinischen Untersuchungen.

607*	**Residualvolumenbestimmung (Fremdgasmethode)**	**242** 14,11	25,39 35,26

Ausschluss: Neben Nr. 607* ist folgende Nr. nicht abrechnungsfähig: 435

Kommentar: Gezielte Bestimmung des Residualvolumens.

608*	**Ruhespirographische Teiluntersuchung (z.B. Bestimmung des Atemgrenzwertes, Atemstoßtest), insgesamt**	**76** 4,43	7,97 11,07

Ausschluss: Neben Nr. 608 sind folgende Nrn. nicht abrechnungsfähig: 435, 603, 604, 605, 606, 610, 612

GOÄ-Nr. Punktzahl 2,3 / *1,8
1fach 3,5 / *2,5

Kommentar: In der Regel führt der Patient die Peak-Flow-Messung selbst durch und daher ist die Abrechnung nur im Ausnahmefall möglich – siehe Tipp.
Die Unterrichtung des Patienten über den Umgang mit dem Peak-Flowmeter kann nach der Beratungsleistung nach Nr. 1 berechnet werden. Müssen entsprechende Kontrollmessungen und weitere Patienteninformationen durchgeführt werden, ist ggf. die Nr. 2 ansetzbar. Die Darstellung der Flussvolumenkurve ist zusätzlich abrechnungsfähig.

Tipp: Die Peak-Flowmeter-Messung ist – nach **Wezel/Liebold** nur, wenn im Ausnahmefall als ärztliche Leistung erforderlich – mit Nr. 608 abrechenbar.

609*

Bestimmung der absoluten und relativen Sekundenkapazität vor und nach Inhalation pharmakodynamisch wirksamer Substanzen — **182** / 10,61 — 19,09 / 26,52

Mit der Gebühr sind die Kosten abgegolten.

Ausschluss: Neben Nr. 609 sind folgende Nrn. nicht abrechnungsfähig: 397, 398, 435, 608, 610, 612

Kommentar: Die Leistung nach Nr. 609 ist für eine getestete Substanz nur einmal abrechenbar. Werden allerdings im Rahmen einer Untersuchung mehrere Substanzen getestet, so ist die Leistung nach Nr. 609 entsprechend der Zahl der getesteten Substanzen mehrfach abrechenbar.

610*

Ganzkörperplethysmographische Untersuchung (Bestimmung des intrathorakalen Gasvolumens und des Atemwegwiderstandes) – gegebenenfalls mit Bestimmung der Lungendurchblutung – — **605** / 35,26 — 63,47 / 88,16

Neben der Leistung nach Nummer 610 sind die Leistungen nach den Nummern 605 und 608 nicht berechnungsfähig.

Ausschluss: Neben Nr. 610 sind folgende Nrn. nicht abrechnungsfähig: 605, 608, 612

Tipp:

- Neben der Nr. 610 ist die Abrechnung der Nr. 611 möglich.
- Die Leistungen der Nrn. 609 + 610 entsprechen der Leistung nach Nr. 612, sie bringen bei **getrennter Berechnung** aber mehr als die Nr. 612.

611*

Bestimmung der Lungendehnbarkeit (Compliance) – einschließlich Einführung des Ösophaguskatheters – — **605** / 35,26 — 63,47 / 88,16

Ausschluss: Neben Nr. 611 sind folgende Nrn. nicht abrechnungsfähig: 680, 681

Tipp: Die Leistungen nach Nrn. 610 und 611 sind nebeneinander berechnungsfähig.

612*

Ganzkörperplethysmographische Bestimmung der absoluten und relativen Sekundenkapazität und des Atemwegwiderstandes vor und nach Applikation pharmakodynamisch wirksamer Substanzen — **757** / 44,12 — 79,42 / 110,31

Mit der Gebühr sind die Kosten abgegolten.
Neben der Leistung nach Nummer 612 sind die Leistungen nach den Nummern 605, 608, 609 und 610 nichtberechnungsfähig.

Ausschluss: Neben Nr. 612 sind folgende Nrn. nicht abrechnungsfähig: 605, 608 – 610

Hinweis BÄK: Die **BÄK** antwortet auf die Anfrage eines Berufsverbandes:

„...Die Testung der unspezifischen bronchialen Hyperreagibilität stellt eine weiterführende, umfassende Lungenfunktionsdiagnostik dar, die bei besonderen Indikationen (u.a. Husten unklarer Genese nach Ausschluss anderer Ursachen oder Atemnot ohne klinisches oder lungenfunktionsanalytisches Korrelat) sowie im Zusammenhang mit arbeitsmedizinischen und anderen gutachterlichen Fragestellungen durchgeführt wird. Allgemein empfohlen wird die so genannte Reservoirmethode, als Testsubstanzen werden wahlweise Metacholin oder Carbachol in maximal fünf Stufen verabreicht. Der Untersuchungsablauf setzt sich zusammen aus einer Body-Plethysmographie, stufenweiser Darstellung der Flussvolumenkurve sowie abschließender Body-Plethysmographie bei Erreichen der letzten Stufe. Eine stufenweise Wiederholung der kompletten Body-Plethysmographie ist medizinisch nicht erforderlich.

Der Leistungsumfang der Testung der unspezifischen bronchialen Hyperreagibilität übersteigt den Leistungsumfang der Untersuchung nach **Nr. 612** GOÄ. Auch in der – wenn auch nur mit Einschränkungen – formal vergleichbaren Gebührenposition des EBM (Nr. 357 EBM, bronchialer Provokationstest zum Nachweis von Allergenen, allerdings mit weiterem Leistungsumfang als der bronchiale Provokationstest zur Ermittlung von Allergenen nach Nr. 397 GOÄ) ist in der Leistungsbeschreibung eine mindestens zweimalige Durchführung einer Ganzkörper-plethysmographischen Lungenfunktionsdiagnostik gefordert. Orientiert am Untersuchungsschema ist aus Sicht der Bundesärztekammer ein **zweimaliger Ansatz der Nr. 612** sowie der ggf. **mehrfache Ansatz der Nr. 605a** entsprechend der Anzahl der pro Stufe dargestellten Flussvolumenkurven sachgerecht und aufwandsentsprechend. Ein mehr als zweimaliger Ansatz der **Nr. 612** ist nicht zulässig, auch wenn je Stufe über die Flussvolumenkurve hinaus weitere Lungenfunktionsparameter mit den Möglichkeiten der Body-Plethysmographie bestimmt werden, da diese für die Erfüllung des Leistungsziels des unspezifischen bronchialen Provokationstests unverzichtbar sind. Die für **Nr. 612** GOÄ geltenden Bestimmungen (neben der Leistung nach Nr. 612 sind die Leistungen nach den Nrn. 605, 609 und 610 nicht berechnungsfähig) sind zwingend auch bei der Berechnung des unspezifischen bronchialen Provokationstests nach Nr. 612 zu beachten. Auch sind mit der Gebühr nach Nr. 612 die Kosten, d.h. auch die Kosten für die Testsubstanzen abgegolten...".

612* analog

Videosystem-gestützte Untersuchung und Bilddokumentation von Muttermalen, einschließlich digitaler Bildweiterverarbeitung und -auswertung (z.B. Vergrößerung und Vermessung), (analog Nr. 612 GOÄ) – n. Empfehlung der BÄK

757	79,42
44,12	110,31

Beschluss BÄK: ► **Abrechnung des Hautkrebsscreenings in Kombination mit einer Gesundheitsuntersuchung zur Früherkennung von Krankheiten in einer Sitzung**

Beschluss des Ausschusses „Gebührenordnung" der Bundesärztekammer

Stand: 19.03.2012 – veröffentlicht in: Deutsches Ärzteblatt 109, Heft 19 (11.05.2012), Seite A-987 – http://www.bundesaerztekammer.de/page.asp?his=1.108.4689.4871.4899.10668&all=true

Die Gesundheitsuntersuchung (einschl. Erörterung) zur Früherkennung von Krankheiten wird nach GOÄ Nr. 29 abgerechnet. Auch wenn gleichzeitig eine Beratung zum Hautkrebsscreening erfolgt, kann diese nicht extra abgerechnet werden.

Der zeitliche Mehraufwand aufgrund der kombinierten Beratungsleistung kann über einen erhöhten Gebührensatz berücksichtigt werden.

Neben der Beratungsleistung ist im Rahmen des Hautkrebsscreenings die Nr. 750 GOÄ (Auflichtmikroskopie der Haut) oder die Nr. 612 GOÄ analog (soweit eine videogestützte Untersuchungund Dokumentation erfolgt) zusätzlich abrechenbar.

Beschluss des Gebührenausschusses der Bundesärztekammer:
Videodokumentation von Muttermalen (16. Sitzung vom 29. September 1998)

Die analoge Berechnung mit der Nr. 612 GOÄ (Ganzkörperplethysmographie, 757 Punkte, Kleiner Gebührenrahmen) ist als angemessen anzusehen.

Die Berechnung erfolgt dabei im Sinne der Mischkalkulation. Eine Berechnung der Untersuchung jedes einzelnen Muttermales (z.B. mit Nr. 1415 GOÄ analog) würde in Fällen vieler Muttermale zu unangemessenhohen Beträgen führen. Die Berechnung ist einmal je Sitzung möglich. Eine Abdingung verbietet sich aus dem Text des § 2 GOÄ (Nr. 612 GOÄ ist im Abschnitt A enthalten).

Ein neuer Beschluss der BÄK (Januar 2002) zur Videodokumentation von Muttermalen lautet:

Videosystem-gestützte Untersuchung und Bilddokumentation von Muttermalen, einschl. digitaler Bildweiterverarbeitung und -auswertung (z.B. Vergrößerung und Vermessung), analog Nr. 612 GOÄ 757 Punkte). Die Analogempfehlung zur Videodokumentation von Muttermalen bedurfte einer Klarstellung, da sowohl seitens der Leistungserbringer als auch aufseiten der privaten Krankenversicherungen Unsicherheit darüber bestand, um welche spezielle Untersuchungstechnik im Gegensatz zur konventionellen Dermatoskopie es sich hier handelt.

Hinweis BÄK: ► **Abrechnung des Hautkrebsscreenings in Kombination mit einer Gesundheitsuntersuchung zur Früherkennung von Krankheiten in einer Sitzung**

Beschluss des Ausschusses „Gebührenordnung" der Bundesärztekammer

Stand: 19.03.2012 – veröffentlicht in: Deutsches Ärzteblatt 109, Heft 19 (11.05.2012), Seite A-987 – http://www.bundesaerztekammer.de/page.asp?his=1.108.4689.4871.4899.10668

Die Beratung einer Gesundheitsuntersuchung zur Früherkennung von Krankheiten wird nach Nr. 29 GOÄ abgerechnet, auch wenn gleichzeitig eine Beratung zum Hautkrebsscreening erfolgt.

Der zeitliche Mehraufwand aufgrund der kombinierten Beratungsleistung kann über einen erhöhten Gebührensatz berücksichtigt werden. Neben der Beratungsleistung ist im Rahmen des Hautkrebsscreenings die Nr. 750 GOÄ (Auflichtmikroskopie der Haut) oder die Nr. 612 GOÄ analog (soweit eine videogestützte Untersuchung und Dokumentation erfolgt) zusätzlich abrechenbar.

GOÄ-Ratgeber der BÄK: ► **Digitale Diagnostik: Neue Leistungen auf dem Weg zur Analogbewertung (Ausschnitt 1. Teil)**

Dr. med. Regina Klakow-Franck in: Deutsches Ärzteblatt 98, Heft 50 (14.12.2001), Seite A-3391) – http://www.baek.de /page.asp?his=1.108.4144.4261.4262

Die Autorin stellt fest: „...Die Empfehlung der Nr. 612 analog ist ausschließlich auf hochauflösende digitale Systeme zugeschnitten, und auch wenn die gesamte Körperoberfläche untersucht wird, ist die empfohlene Analognummer nur einmal ansatzfähig. Die Untersuchung besonders vieler Naevi muss über den Steigerungssatz abgebildet werden, beispielsweise, wie vom Berufsverband der Deutschen Dermatologen e. V. vorgeschlagen, mit dem 1,2fachen Multiplikator bei drei Naevi, mit dem 1,5fachen Steigerungssatz bei bis zu sechs Muttermalen und bei einer noch größeren Anzahl von Naevi mit dem 1,8fachen Schwellenwert."

Tipp: Bei Problematik der Differentialdiagnostik wegen Mimikry ggf. erhöhten Steigerungssatz ansetzen.

GOÄ-Nr.		Punktzahl / 1fach	2,3 / *1,8 / 3,5 / *2,5
614*	**Transkutane Messung(en) des Sauerstoffpartialdrucks**	**150** / 8,74	15,74 / 21,86

Beschluss BÄK:

Beschluss des Gebührenausschusses der Bundesärztekammer
Berechnung der Blutgasanalyse (5. Sitzung vom 13. März 1996)
Die Berechnung auf Grundlage der Nr. 3710 GOÄ (Speziallabor) ist zwingend. Die Berechnung daneben der Nr. 303 GOÄ (Punktion oberflächiger Körperteile) sowie der Nr. 3715 (Bikarbonatbestimmung) ist nicht zulässig, da die Leistung nach Nr. 303 nicht vorliegt und die Bikarbonatbestimmung einzig rechnerisch erfolgt, demnach gemäß der Allgemeinen Bestimmung Nr. 5 vor Abschnitt M nicht berechenbar ist.
Die Messung und Berechnung nach Nr. 602 GOÄ (Oxymetrie) ist möglich, da diese zwar grundsätzlich aus der Blutgasanalyse unter Einbezug des Hb-Wertes berechenbar ist, dieser aber aktuell nicht vorliegt. Die Messung ist sachlich allerdings nur bei bestimmten Indikationen sinnvoll, zum Beispiel Anämie. In diesen Fällen ist Nr. 602 neben Nr. 3710 berechenbar.
Die Leistung nach Nr. 614 (transcutane Messung(en) des Sauerstoffpartialdrucks) ist zeitgleich mit der Blutgasanalyse nicht berechenbar, da der Sauerstoffpartialdruck bereits mit der Blutgasanalyse gemessen wird. Möglich ist jedoch die Berechnung der Nrn. **614** und 3710 in den Fällen, in denen die Leistungen zeitgleich getrennt erbracht werden müssen.

IGeL: Sauerstofftherapien

615*	**Untersuchung der CO-Diffusionskapazität mittels Ein-Atemzugmethode (single-breath)**	**227** / 13,23	23,82 / 33,08

Ausschluss: Neben Nr. 615 ist folgende Nr. nicht abrechnungsfähig: 616

616*	**Untersuchung der CO-Diffusionskapazität als fortlaufende Bestimmung (steady state) in Ruhe oder unter Belastung**	**303** / 17,66	31,79 / 44,15

Neben der Leistung nach Nummer 616 ist die Leistung nach Nummer 615 nicht berechnungsfähig.

Ausschluss: Neben Nr. 616 sind folgende Nrn. nicht abrechnungsfähig: 615, 617 – 624

Tipp: Wird eine Bestimmung der Diffusionskapazität in Ruhe und zusätzlich auch unter Belastung durchgeführt, so ist die Nr. 616 zweimal abrechenbar.

IGeL: Sauerstofftherapien

617*	**Gasanalyse in der Exspirationsluft mittels kontinuierlicher Bestimmung mehrerer Gase**	**341** / 19,88	35,78 / 49,69

Kommentar: Nr. 617 ist dann abrechnungsfähig, wenn eine kontinuierliche Messung der Konzentration von mindestens zwei Gasen in der Exspiration erforderlich ist. Dabei ist es unerheblich, wenn z.B. während einer Narkose diese lfd. Messung durch das laufende Narkosegerät erfolgt, in das diese Funktion mit integriert ist.

IGeL: Sauerstofftherapien

A 618*	**H2 Atemtest (z.B. Laktosetoleranztest), einschl. Verabreichung der Testsubstanz, Probeentnahmen und Messungen der H2-Konzentration, einschl. Kosten (analog Nr. 617 GOÄ) – n. Verzeichnis analoger Bewertungen der Bundesärztekammer**	**341** / 19,88	35,78 / 49,69
A 619*	**Durchführung des 13C-Harnstoff-Atemtests, einschl. Verabreichung der Testsubstanz und Probeentnahmen (analog Nr. 615 GOÄ) – n. Verzeichnis analoger Bewertungen der Bundesärztekammer**	**227** / 13,23	23,82 / 33,08

Kommentar: Die Kosten für die Testsubstanz können nach § 10 gesondert berechnet werden. Die Auswertung einer oder mehrerer Atemproben eines 13-C-Harnstoff-Atemtests nach Nr.614 sind nach Empfehlung der Bundesärztekammer analog nach der Nr.3783 zu berechnen

GOÄ-Nr.		Punktzahl / 1fach	2,3 / *1,8 / 3,5 / *2,5
620*	**Rheographische Untersuchung der Extremitäten** Mit der Gebühr sind die Kosten abgegolten.	**152** 8,86	15,95 22,15

Kommentar: Unabhängig vom Umfang (z.B. Rheographie in Ruhe und nach Belastung) der rheographischen Untersuchung zur Diagnostik von peripheren Gefäßprozessen kann Nr. 620 nur 1x je Patientenbegegnung zum Ansatz gebracht werden. Hier ist evtl. ein Leistungsausgleich mit dem Ansatz eines höheren Multiplikators möglich.

IGeL: Sauerstofftherapien

621*	**Mechanisch-oszillographische Untersuchung (Gesenius- Keller)**	**127** 7,40	13,32 18,51

Kommentar: Unabhängig vom Umfang der durchgeführten Leistung ist Nr. 621 nur 1x je Arzt/Patientenbegegnung ansatzfähig (siehe Nr. 620 und 622). Dies trifft auch dann zu, wenn die Leistung unter Einschluss von Belastungsuntersuchungen durchgeführt wird. Die Nr. 621 kann – ebenso wie die Nrn. 620 und 622 – dann mit einem höheren Multiplikator abgerechnet werden.

622*	**Akrale infraton-oszillographische Untersuchung**	**182** 10,61	19,09 26,52

Kommentar: Siehe Kommentar Nr. 621*

623*	**Temperaturmessung(en) an der Hautoberfläche (z.B. der Brustdrüse) mittels Flüssig-Kristall-Thermographie (Plattenthermographie) einschließlich der notwendigen Aufnahmen** Die Leistung nach Nummer 623 zur Temperaturmessung an der Hautoberfläche der Brustdrüse ist nur bei Vorliegen eines abklärungsbedürftigen mammographischen Röntgenbefundes berechnungsfähig.	**140** 8,16	14,69 20,40

Ausschluss: Neben Nr. 623 ist folgende Nr. nicht abrechnungsfähig: 624

Analog: Nr. 623 analog für plattenthermographische Untersuchungen anderer Hautbereiche ansetzen.

Tipp: Wird die Temperaturmessung an beiden Brustdrüsen durchgeführt, so ist die Nr. 623 auch 2x abrechenbar.

624*	**Thermographische Untersuchung mittels elektronischer Infrarotmessung mit Schwarzweiß-Wiedergabe und Farbthermogramm einschließlich der notwendigen Aufnahmen, je Sitzung** Neben der Leistung nach Nummer 624 ist die Leistung nach Nummer 623 nicht berechnungsfähig.	**330** 19,23	34,62 48,09

Ausschluss: Neben Nr. 624 ist folgende Nr. nicht abrechnungsfähig: 623

626	**Rechtsherzkatheterismus einschließlich Druckmessungen und oxymetrischer Untersuchungen sowie fortlaufender EKG und Röntgenkontrolle** Die Leistung nach Nummer 626 ist je Sitzung nur einmal berechnungsfähig. Neben der Leistung nach Nummer 626 sind die Leistungen nach den Nummern 355, 356, 360, 361, 602, 648, 650, 651, 3710 und 5295 nicht berechnungsfähig.	**1000** 58,29	134,06 204,01

Ausschluss: Neben Nr. 626 sind folgende Nrn. nicht abrechnungsfähig: 260, 355, 356, 360, 361, 602, 648, 650, 651, 3710, 5295

627	**Linksherzkatheterismus – einschließlich Druckmessungen und oxymetrischer Untersuchungen sowie fortlaufender EKG- und Röntgenkontrolle** Die Leistung nach Nummer 627 ist je Sitzung nur einmal berechnungsfähig.	**1500** 87,43	201,09 306,01

GOÄ-Nr.		Punktzahl / 1fach	2,3 / *1,8 / 3,5 / *2,5

Neben der Leistung nach Nummer 627 sind die Leistungen nach den Nummern 355, 356, 360, 361, 602, 648, 650, 651, 3710 und 5295 nicht berechnungsfähig.

Ausschluss: Neben Nr. 627 sind folgende Nrn. nicht abrechnungsfähig: 260, 355, 356, 360, 361, 602, 648, 650, 651, 3710, 5295

Beschluss BÄK: **Aus den Beschlüssen des Zentralen Konsultationsausschusses für Gebührenordnungsfragen bei der Bundesärztekammer zur Privatliquidation herzchirurgischer Leistungen**

Nr. 627 GOÄ (Linksherzkatheterismus) intraoperativ

Nr. 627 GOÄ (Linksherzkatheterismus) – gleiches gilt für die Nr. 628 GOÄ – ist intraoperativ nicht für intraoperative Funktionsmessungen berechenbar.

Zutreffend ist hier Nr. 3060 GOÄ (intraoperative Funktionsmessungen am und/oder im Herzen).

Nr. 627 oder Nr. 629 neben Nr. 3060

Wird beim Abschluss der Operation ein Linksherzkatheter zur Druckmessung und fortlaufender Registrierung und oxymetrischen Untersuchungen eingebracht, so ist hierfür Nr. 627, gegebenenfalls Nr. 629 GOÄ berechenbar. Noch intraoperativ erfolgte Messungen sind aber mit der Nr. 3060 GOÄ abgegolten und nicht zusätzlich berechenbar. (Vergleiche auch zu 10.) Der gegenüber der vollständigen perkutanen Erbringung der Leistung (Nrn. 627 / 629) geminderte Aufwand muß sich gebührenmindernd auswirken.

Die Berechnung mit dem 1,8fachen Gebührensatz wird als sachgerecht angesehen.

628 Herzkatheterismus mit Druckmessungen und oxymetrischen Untersuchungen – einschließlich fortlaufender EKG- und Röntgenkontrolle – im zeitlichen Zusammenhang mit Leistungen nach den Nummern 355 und/oder 360

800 | 46,63 | 107,25 | 163,20

Die Leistung nach Nummer 628 ist je Sitzung nur einmal berechnungsfähig.

Neben der Leistung nach Nummer 628 sind die Leistungen nach den Nummern 602, 648, 650, 651, 3710 und 5295 nicht berechnungsfähig.

Ausschluss: Neben Nr. 628 sind folgende Nrn. nicht abrechnungsfähig: 260, 602, 648, 650, 651, 3710, 5295

Kommentar: Werden die Herzkammern und großen Gefäße im Rahmen einer Angiokardiographie dargestellt, kann zusätzlich für die Gefäßdarstellung die Nr. 355 und für die Darstellung der beiden Herzkammern auch die Nr. 356 berechnet werden.

Schließt sich an die Untersuchung nach Nr. 628 zusätzlich eine Koronarangiographie nach erneutem Einbringen eines Herzkatheters an, so wird diese nach den Nrn. 360 oder 361 berechnet.

628 analog Endokardiales Kathermapping bei supraventrik. Tachykardien (s. Leistungskomplex Schlaflabor) – (analog Nr. 628 GOÄ) – n. Abrechnungsempfehlung der BÄK

800 | 46,63 | 107,25 | 163,20

Ausschluss: Neben Nr. 628 analog sind folgende Nrn. nicht abrechnungsfähig: 260, 602, 648, 650, 651, 3710, 5295

629 Transseptaler Linksherzkatheterismus – einschließlich Druckmessungen und oxymetrischer Untersuchungen sowie fortlaufender EKG- und Röntgenkontrolle

2000 | 116,57 | 268,12 | 408,01

Die Leistungen nach Nummer 629 ist je Sitzung nur einmal berechnungsfähig.

Neben der Leistung nach Nummer 629 sin die Leistungen nach den Nummern 355, 356, 602, 648, 650, 651, 3710 und 5295 nicht berechnungsfähig.

Ausschluss: Neben Nr. 629 sind folgende Nrn. nicht abrechnungsfähig: 260, 355, 356, 602, 648, 650, 651, 3710, 5295

Kommentar: Wird ggf. vor der Erbringung der Leistung Nr. 629 ein Rechtsherzkatheterismus nach Nr. 626 durchgeführt, so kann die Nr. 626 ebenfalls berechnet werden.

Analog: Nr. 629 analog für die Stress-Echokardiographie einsetzen.

Beschluss BÄK: Interventionelle Verfahren bei Vorhofflimmern – Vorhofverschluss mittels ACP und Pulmonalvenenisolation

Abrechnung eines Vorhofverschlusses mittels ACP (Amplatzer Cardiac Plug) **analog Nr. 629 GOÄ** plus analog Nr. 5348 GOÄ

Abrechnung der Ablation der Pulmonalvenen (Pulmonalvenenisolation) **analog Nr. 3091 GOÄ.** Einmalig für alle Pulmonalvenen (also keine Abrechnung pro Pulmonalvene)

Abrechnung der transseptalen Punktion plus Schleusenanlage zusätzlich **analog Nr. 629 GOÄ** je Punktion und Schleuse.

GOÄ-Nr.		Punktzahl 1fach	2,3 / *1,8 3,5 / *2,5
629 analog	**Stressechokardiographie – (analog Nr. 629 GOÄ) – n. Abrechnungsempfehlung der BÄK**	**2000** 116,57	268,12 408,01

GOÄ-Ratgeber der BÄK: **► Stressechokardiografie – analoge Empfehlung noch gültig**

Dr. med. Anja Pieritz in: Deutsches Ärzteblatt 105, Heft 22 (30.05.2008), S. A-1250 – www.bundesaerztekammer.de/page.asp?his=1.108.4144.4261.6403

Dr. Pieritz weist auf eine frühere Empfehlung der BÄK hin: „...Der Ausschuss „Gebührenordnung" der BÄK hat in seiner 12. Sitzung vom 4. November 1997 die analoge Bewertung der Stressechokardiografie nach Nummer 629 GOÄ „Transseptaler Linksherzkatheterismus (...)" empfohlen.

„Hin und wieder tauchen andere analoge Bewertungen für die Stressechokardiografie auf. Die Empfehlung der Bundesärztekammer hat jedoch den Vorteil, dass sie in der Mehrzahl der Fälle Anerkennung bei den erstattenden Stellen findet, auch wenn damals keine Einigung erzielt werden konnte..."

630	**Mikro-Herzkatheterismus unter Verwendung eines Einschwemmkatheters – einschließlich Druckmessungen nebst fortlaufender EKG-Kontrolle –**	**908** 52,92	121,73 185,24

Die Kosten für den Einschwemmkatheter sind mit der Gebühr abgegolten.

Neben der Leistung nach Nummer 630 sind die Leistungen nach den Nummern 355, 356, 360, 361, 602, 648, 650, 651, 3710 und 5295 nicht berechnungsfähig.

Ausschluss: Neben Nr. 630 sind folgende Nrn. nicht abrechnungsfähig: 260, 355, 356, 360, 361, 602, 626, 628, 632, 648, 650, 651, 3710, 5295

Beschluss BÄK: **Aus den Beschlüsse des Zentralen Konsultationsausschusses für Gebührenordnungsfragen bei der Bundesärztekammer zur Privatliquidation herzchirurgischer Leistungen**

Nrn. 630 oder 631 für die intraoperative Elektrodenversorgung, gegebenenfalls mit Testung und Probestimulation

Nur dann, wenn die Elektroden tatsächlich zur Stimulation des Herzens benutzt werden, ist Nr. 631 GOÄ (transvenöser Schrittmacher, 1100 Punkte) analog zum Einfachsatz – unabhängig von der Zahl der verwendeten Elektroden einmal im Rahmen einer Operation – anwendbar. Die prophylaktische, temporäre intraoperative Elektrodenversorgung ist nicht gesondert berechenbar.

Tipp: Wird zusätzlich zu der Untersuchung eine Oxymetrie durchgeführt, so ist statt der Nr. 630 die höher bewertete Nr. 632 abzurechnen.

631	**Anlegung eines transvenösen temporären Schrittmachers – einschließlich Venenpunktion, Elektrodeneinführung, Röntgendurchleuchtung des Brustkorbes und fortlaufender EKG- Kontrolle –**	**1110** 64,70	148,81 226,45

Ausschluss: Neben Nr. 631 sind folgende Nrn. nicht abrechnungsfähig: 260, 650, 651, 652, 5295

Beschluss BÄK: **Aus den Beschlüssen des Zentralen Konsultationsausschusses für Gebührenordnungsfragen bei der Bundesärztekammer zur Privatliquidation herzchirurgischer Leistungen:**

Nrn. 630 oder 631 für die intraoperative Elektrodenversorgung, gegebenenfalls mit Testung und Probestimulation

Nur dann, wenn die Elektroden tatsächlich zur Stimulation des Herzens benutzt werden, ist Nr. 631 GOÄ (transvenöser Schrittmacher, 1100 Punkte) analog zum Einfachsatz – unabhängig von der Zahl der verwendeten Elektroden einmal im Rahmen einer Operation – anwendbar. Die prophylaktische, temporäre intraoperative Elektrodenversorgung ist nichtgesondert berechenbar.

Mehrkammersysteme:

Der Ansatz der Nr. 631 GOÄ ist nur einmal möglich, auch bei Mehrkammersystemen. Siehe auch Text unter Nrn. 630

Kommentar: Implantation und Schrittmacher: Nrn. 3095 bis 3097.

631 analog	**Intraoperative Elektrodenversorgung – (analog Nr. 631 GOÄ) – n. Beschlüssen d. Zentralen Konsultationsausschusses bei d. BÄK**	**1110** 64,70	148,81 226,45

Kommentar: Der Beschluss enthält die folgende Anmerkung:

... „Nur dann, wenn die Elektroden tatsächlich zur Stimulation des Herzens benutzt werden, ist die Nr. 631 GOÄ (transvenöser Schrittmacher, 1110 Punkte) analog zum Einfachsatz (Anmerkung: entsprechend einem Betrag von 64,20 Euro) – unabhängig von der Zahl der verwendeten Elektroden einmal im Rahmen einer Operation – anwendbar. Die prophylaktische temporäre intraoperative Elektrodenversorgung ist nicht gesondert berechnungsfähig..."

Der Analogansatz der Nr. 631 GOÄ ist nach Dr. St. Gorlas (siehe in GOÄ Ratgeber der BÄK in Deutsches Ärzteblatt 111, Heft 46, vom 14.11.2014 – S.A-2031 – (http://www.

bundesaerztekammer.de/aerzte/gebuehrenordnung/goae-ratgeber/abschnitt-f-innere-medizin-kinderheilkunde-dermatologie/analoger-ansatz-nr-631/) nur bei einer therapeutischen Stimulation des Herzens möglich, zum Beispiel bei der Unterstützung der Entwöhnung des Patienten von der Herz-Lungen-Maschine.

632 **Mikro-Herzkatheterismus unter Verwendung eines Einschwemmkatheters – einschließlich Druckmessungen und oxymetrischer Untersuchungen nebst fortlaufender EKG- Kontrolle, gegebenenfalls auch unter Röntgen-Kontrolle –** **1210** 162,21 70,53 246,85

Die Kosten für den Einschwemmkatheter sind mit der Gebühr abgegolten.
Neben der Leistung nach Nummer 632 sind die Leistungen nach den Nummern 355, 356, 360, 361, 602, 648, 650, 651, 3710 und 5295 nicht berechnungsfähig.

Ausschluss: Neben Nr. 632 sind folgende Nrn. nicht abrechnungsfähig: 260, 355, 356, 360, 361, 602, 630, 648, 650, 651, 3710, 5295

634 **Lichtreflex-Rheographie** **120** 16,09 6,99 24,48

Ausschluss: Neben Nr. 634 ist folgende Nr. nicht abrechnungsfähig: 435

Kommentar: Nur 1x abrechenbar pro Arzt/Patientenkontakt auch bei zeitaufwendigem Untersuchungsumfang (z.B. mehrere Extremitäten).

635* **Photoelektrische Volumenpulsschreibung an mindestens vier Punkten** **227** 23,82 13,23 33,08

Ausschluss: Neben Nr. 635 sind folgende Nrn. nicht abrechnungsfähig: 435, 636

636* **Photoelektrische Volumenpulsschreibung mit Kontrolle des reaktiven Verhaltens der peripheren Arterien nach Belastung (z.B. mit Temperaturreizen)** **379** 39,76 22,09 55,23

Ausschluss: Neben Nr. 636 sind folgende Nrn. nicht abrechnungsfähig: 435, 635

Analog: Nr. 636 analog für die computerisierte Kniebandmessung einsetzen, analog auch für die Frequenzvariabilitätsanalyse (eigenständig indiziert, neben Langzeit-EKG nach Nr. 659*).

636* analog **Frequenzvariabilitätsanalyse – (analog Nr. 636 GOÄ) – n. Empfehlung von Analog Ziffern der PVS** **379** 39,76 22,09 55,23

637* **Pulswellenlaufzeitbestimmung – gegebenenfalls einschließlich einer elektrokardiographischen Kontrollableitung –** **227** 23,82 13,23 33,08

Ausschluss: Neben Nr. 637 ist folgende Nr. nicht abrechnungsfähig: 435

638* **Punktuelle Arterien- und/oder Venenpulsschreibung** **121** 12,69 7,05 17,63

Ausschluss: Neben Nr. 638 ist folgende Nr. nicht abrechnungsfähig: 435

Kommentar: Die Leistung nach Nr. 638 ergibt sich zum Beispiel aus Carotispulskurve und Jugularispulskurve, d. h. aus der Gesamtheit aller im zeitlichen Zusammenhang erfolgten Pulsmessungen.

639* **Prüfung der spontanen und reaktiven Vasomotorik (photoplethysmographische Registrierung der Blutfüllung und photoplethysmographische Simultanregistrierung der Füllungsschwankungen peripherer Arterien an mindestens vier peripheren Gefäßabschnitten sowie gleichzeitige Registrierung des Volumenpulsbandes)** **454** 47,63 26,46 66,16

Ausschluss: Neben Nr. 639 ist folgende Nr. nicht abrechnungsfähig: 435

GOÄ-Nr.		Punktzahl 1fach	2,3 / *1,8 3,5 / *2,5
640*	**Phlebodynamometrie**	**650** 37,89	68,20 94,72

Ausschluss: Neben Nr. 640 ist folgende Nr. nicht abrechnungsfähig: 435

641*	**Venenverschluß-plethysmographische Untersuchung**	**413** 24,07	43,33 60,18

Ausschluss: Neben Nr. 641 sind folgende Nrn. nicht abrechnungsfähig: 435, 642

GOÄ-Ratgeber der BÄK: ► **Zur Abrechnung der Venenverschlussplethysmographie**
Dr. med. Stefan Gorlas (in: Deutsches Ärzteblatt 109, Heft 15 (13.04.2012), S. A-780) – http://www.bundesaerztekammer.de/page.asp?his=1.108.4144.4261.10246
Dr. Gorlas fasst seine Anmerkungen in einem Punkt zusammen:
Der Ansatz der Nummern 641 und 642 GOÄ pro Extremität ist bei einer Venenverschlussplethysmographie nicht möglich.
Ergänzend gibt der Autor an, dass auch bei den GOÄ Nrn. 643* und 644* eine Abrechnung pro Extremität nicht möglich ist.

642*	**Venenverschluss-plethysmographische Untersuchung mit reaktiver Hyperämiebelastung**	**554** 32,29	58,12 80,73

Ausschluss: Neben Nr. 642 sind folgende Nrn. nicht abrechnungsfähig: 435, 641

Analog: Die Nr. 642 ist die analoge Ziffer für die Extremitätenverschluss-plethysmographische Untersuchung ohne und mit reaktiver Hyperämie (§ 6 Abs. 2 GOÄ).

GOÄ-Ratgeber der BÄK: Siehe GOÄ Ratgeber zu Nr. 641.

643*	**Periphere Arterien- bzw. Venendruck- und/oder Strömungsmessung**	**120** 6,99	12,59 17,49

Ausschluss: Neben Nr. 643 sind folgende Nrn. nicht abrechnungsfähig: 401, 435, 644

GOÄ-Ratgeber der BÄK: Siehe GOÄ Ratgeber zu Nr. 641.

Kommentar: Unter peripherer Druck-/Strömungsmessung ist die nicht-direktionale Doppler-sonographische Untersuchung der peripheren Gefäße, hauptsächlich der Extremitätengefäße, zu verstehen.
Wird während eines Arzt-/Patientenkontaktes die nicht-direktionale Untersuchung sowohl im Bereich der peripheren Arterien als auch im Bereich der peripheren Venen durchgeführt, so ist die Nr. 643 auch 2x abrechenbar. (siehe Tipp zu Nr. 644*) Die Nr. 643 kann in Ruhe und nach Belastung – also 2x – abgerechnet werden.
Nicht direktionale Untersuchungen der Penisgefäße u./o. Skrotalfächer werden analog nach Nr. 643 berechnet. Direktionale Doppler-sonographische Untersuchungen der Strömungsverhältnisse in den Penisgefäßen u./o. Skrotalfächern werden nach Nr. 1754 berechnet.
Eine Nebeneinanderabrechnung beider Leistungen ist dann möglich, wenn zusätzlich zur direktionalen Doppler-sonographischen Untersuchung der Strömungsfverhältnisse eine nicht direktionale Druckmessung der Gefäße erfolgt. Die Bestimmung des systolischen Druckes an definierten Punkten mittels Doppler-Technik ist mit Nr. 643 nicht abrechnungsfähig. Diese Leistung zählt zu den Blutdruckmeßmethdoen und ist somit lediglich auf der Grund der Allgemeinen Bestimmungen Kapitel B Bestandteil einer Beratungsleistung.

Tipp: Der Chefarztbrief (Ausgabe 7/2011) empfiehlt zur Abrechnung von intraoperativen Blut-Durchflussmessung mit nicht-endovasculaeren Verfahren (z.B. Transonic TM) den analogen Ansatz der GOÄ Nr. 644 , wenn eine graphische Auswertung erfolgt. Ohne graphische Auswertung ist der analoge Ansatz der Nr. 643 zu wählen.

644*	**Untersuchung der Strömungsverhältnisse in den Extremitätenarterien bzw. -venen mit direktionaler Ultraschall-Doppler-Technik – einschließlich graphischer Registrierung –**	**180** 10,49	18,89 26,23

Ausschluss: Neben Nr. 644 sind folgende Nrn. nicht abrechnungsfähig: 401, 404, 435, 643

GOÄ-Nr. Punktzahl 2,3 / *1,8
1fach 3,5 / *2,5

GOÄ-Ratgeber der BÄK: Siehe GOÄ Ratgeber zu Nr. 641.

Hinweis LÄK: **Anmerkung der Bayerischen Landesärztekammer** vom 30.09.2003 (Quelle: GOÄ-Datenbank http://www.blaek.de/) – **Mehrfachberechnung**
Der Plural „Arterien bzw. Venen" begründet, dass bei Messung an mehreren Punkten die Berechnungsfähigkeit je Gefäßsystem nur einmal möglich ist. Ebenso begründet der Plural den nur einmaligen Ansatz bei Messung an mehreren Extremitäten.
Bei Messung an Venen und Arterien ist die Nr. 644 demzufolge zweimal berechnungsfähig; Messungen an mehreren Messpunkten und Extremitäten sind über den Steigerungsfaktor zu berücksichtigen.
Die Messung an den Arterien des rechten und linken Beines rechtfertigt nicht den mehrfachen Ansatz der Nr. 644!

Tipp:
- Die Nr. 644 ist 2x abrechnungsfähig bei Untersuchungen sowohl der Extremitätenarterien als auch der Extremitätenvenen, d.h. bei Untersuchungen von Venen + Arterien in Ruhe und Belastung insgesamt 4x abrechenbar.
- Siehe Hinweise C VI. Sonographische Leistungen

645*

Untersuchung der Strömungsverhältnisse in den hirnversorgenden Arterien und den Periorbitalarterien mit direktionaler Ultraschall-Doppler-Technik – einschließlich graphischer Registrierung

650	68,20
37,89	94,72

Ausschluss: Neben Nr. 645 sind folgende Nrn. nicht abrechnungsfähig: 401, 404, 435, 643

Kommentar: Siehe Hinweise VI. Sonographische Leistungen. Der Leistungsumfang umfasst folgende hirnversorgende Arterien: – Carotis communis, bds. – Carotis externa, bds. – Carotis interna, bds. – Arteria vertebralis, bds. – Periorbitalarterien (ausschl. Darstellung der Strömungsrichtung)
Für eine nicht-direktionale Doppler-sonographische Untersuchung der hirnversorgenden Arterien gibt es keine Abrechnungsziffer. Eine transkranielle Doppler-sonographische Untersuchung der intrakraniellen Arterien wird nach Nr. 649 abgerechnet. Nach **Brück** ist eine mehrfache Berechnung pro Sitzung auch bei beidseitiger Untersuchung nicht möglich.

IGeL: Auf Patientenwunsch, wenn es anamnestisch und klinisch kein Hinweis oder Verdacht auf eine Erkrankung gibt.

646*

Hypoxietest (Simultanregistrierung des Atemvolumens und des Gasaustausches, der Arterialisation sowie der peripheren Vasomotorik mit gasanalytischen und photoelektrischen Verfahren)

605	63,47
35,26	88,16

Ausschluss: Neben Nr. 646 ist folgende Nr. nicht abrechnungsfähig: 435

Kommentar: Dieser Test findet heute kaum noch Anwendung.

647*

Kardiologische und/oder hepatologische Kreislaufzeitmessung(en) mittels Indikatorverdünnungsmethoden – einschließlich Kurvenschreibung an verschiedenen Körperstellen mit Auswertung und einschließlich Applikation der Testsubstanz –

220	23,08
12,82	32,06

Ausschluss: Neben Nr. 647 ist folgende Nr. nicht abrechnungsfähig: 435

Kommentar: Die Leistung nach Nr. 647 ist je Sitzung nur 1x berechnungsfähig, gleichgültig wie viele Messungen erfolgt sind. Ggf. kann mit Begründung bei schwieriger Untersuchungstechnik der 2,5fache Satz berechnet werden.

Tipp: Der Chefarztbrief empfiehlt zur Überwachung von Dialyseshunts mit Einsatz einer Indikatorverduennungsmethode den analogen Ansatz der Nr. 647.

647* analog

Bestimmung des Herzzeitvolumens mittels Thermodilutionsmethode – (analog Nr. 647 GOÄ) – n. Empfehlung von Analog-Ziffern der PVS

200	20,98
11,66	29,14

GOÄ-Nr.		Punktzahl 1fach	2,3 / *1,8 3,5 / *2,5
648	**Messung(en) des zentralen Venen- oder Arteriendrucks, auch unter Belastung – einschließlich Venen- oder Arterienpunktion, Kathetereinführung(en) und gegebenenfalls Röntgenkontrolle –**	**605** 35,26	81,11 123,42

Ausschluss: Neben Nr. 648 sind folgende Nrn. nicht abrechnungsfähig: 260, 435, 626 – 630, 632, 5135 – 5140, 5295

Tipp: Werden sowohl zentraler Venen- als auch zentraler Arteriendruck gemessen, ist die Nr. 648 zweimal berechnungsfähig.

649	**Transkranielle, Doppler-sonographische Untersuchung – einschließlich graphischer Registrierung**	**650** 37,89	87,14 132,60

Ausschluss: Neben Nr. 649 sind folgende Nrn. nicht abrechnungsfähig: 401, 404

Kommentar: Siehe Hinweise VI. Sonographische Leistungen Abschnitt C

650*	**Elektrokardiographische Untersuchung zur Feststellung einer Rhythmusstörung und/oder zur Verlaufskontrolle – gegebenenfalls als Notfall-EKG –**	**152** 8,86	15,95 22,15

Ausschluss: Neben Nr. 650 sind folgende Nrn. nicht abrechnungsfähig: 435, 600, 626 – 630, 632, 651 – 653, 655, 656, 659, 661

Beschluss BÄK: **Diagnostische Leistungen in der Schlafmedizin nach GOÄ**
http://www.baek.de/page.asp?his=1.108.4689.4871.4934 – weitere Beschlüsse:

Polygraphische Vigilanzmessung am Tag
Beschluss des Ausschusses „Gebührenordnung" der Bundesärztekammer
Stand: 20.02.2004 -veröffentlicht in: Deutsches Ärzteblatt 101, Heft 8 (20.02.2004), Seite A-526 – A-527 Der Leistungskomplex der polygraphischen Vigilanzmessung am Tag setzt sich aus folgenden Leistungen zusammen:
- EEG nach Nr. 827, einmal pro Untersuchungstag.
- EOG nach Nr. 1237, einmal pro Untersuchungstag.
- EMG nach Nr. 838, einmal pro Untersuchungstag.

Die Messung der Hirn- und Muskelaktivitäten durch EEG, EOG und EMG über jeweils mindestens 20 Minuten müssen an einem Untersuchungstag mindestens viermal in jeweils zweistündigem Abstand gemessen werden.

Anpassung von nCPAP- oder BiPAP-Beatmungsmasken
Beschluss des Ausschusses „Gebührenordnung" der Bundesärztekammer
Stand: 20.02.2004 -veröffentlicht in: Deutsches Ärzteblatt 101, Heft 8 (20.02.2004), Seite A-526 – A-527 analog Nr. 427.

Anpassung von Beatmungsmasken und Schulung des Patienten im Gebrauch der nCPAP- oder BiPAP-Beatmungsmaske
Beschluss des Ausschusses „Gebührenordnung" der Bundesärztekammer
Stand: 20.02.2004 eröffentlicht in: Deutsches Ärzteblatt 101, Heft 8 (20.02.2004), Seite A-526 – A-527

analog Nr. 518 je Sitzung.

Einsatz neuropsychologischer Testverfahren zur schlafmedizinischen Diagnostik
Beschluss des Ausschusses „Gebührenordnung" der BundesärztekammerStand: 20.02.2004 veröffentlicht in: Deutsches Ärzteblatt 101, Heft 8 (20.02.2004), Seite A-526 – A-527

analog Nr. 856.
Die Anerkennung der Leistung setzt voraus, dass mindestens zwei neuropsychologische Testverfahren, gegebenenfalls einschließlich psychometrischer und projektiver Verfahren, eingesetzt werden.

Beschluss BÄK: **Aus den Beschlüssen des Zentralen Konsultationsausschusses für Gebührenordnungsfragen bei der Bundesärztekammer zur Privatliquidation herzchirurgischer Leistungen**
Berechnung Nr. 650 GOÄ (EKG) intraoperativ durch den Operateur
Die Berechnung der Nr. 650 (EKG) ist intraoperativ weder vom Chirurgen noch vom Anästhesisten für die reine Monitorüberwachung möglich. Nr. 650 GOÄ setzt eine entsprechende Indikation, Ausdrucke des EKGs und deren Auswertung voraus.

Hinweis LÄK: **2 Anmerkungen der Bayerischen Landesärztekammer vom 04.12.2003**
(Quelle: GOÄ-Datenbank http://www.blaek.de/) – **Carotisdruckversuch**
Der Carotisdruckversuch stellt eine Modifikation der elektrokardiografischen Untersuchung dar, die je nach

Ausführung mit den Nrn. 650 bzw. 651 in Rechnung gestellt werden kann. Ein besonderer Aufwand kann dabei über den Gebührenrahmen der genannten Gebührenordnungspositionen geltend gemacht werden. Eine analoge Bewertung ist nach Auffassung der Bayerischen Landesärztekammer – wie auch der Bundesärztekammer – nicht gerechtfertigt, da entsprechend § 6 Abs. 2 GOÄ analoge Bewertungen nur für Leistungen gebildet werden können, die nicht in der GOÄ enthalten sind.
vom 09.02.2004 (Quelle: GOÄ-Datenbank http://www.blaek.de/) – **Polysomnographie („Großes Schlaflabor")** Empfehlung des Ausschusses „Gebührenordnung" der Bundesärztekammer – die mit dem Verband der privaten Kranenversicherung, dem BMG, BMI abgestimmt wurde.

Der Leistungskomplex der Polysomnographie (‚großes Schlaflabor') setzt sich aus den nachfolgenden Leistungen zusammen:

- EEG-Aufzeichnung über mindestens 6 Stunden, Zuordnung zu Nr. 827
- EOG-Registrierung über mindestens 6 Stunden, Zuordnung zu Nr. 1237
- EKG-Registrierung über mindestens 6 Stunden, analog Nr. 653
- Kontinuierliche Messung der Sauerstoffsättigung über mindestens 6 Stunden, Zuordnung zu Nr. 602
- Kontinuierliche Atemflussmessung an Mund und Nase über mindestens 6 Stunden; Zuordnung zu Nr. 605
- Kontinuierliche EMG-Registrierung an wenigstens zwei Muskelgruppen über mindestens 6 Stunden, analog Nr. 839
- Kontinuierliche Körperlagebestimmung mittels Lagesensoren über mindestens 6 Stunden, analog Nr. 714
- Kontinuierliche Videokontrolle der Korrelation von elektrophysiologischen Messdaten und Verhaltensbefund über mindestens 6 Stunden, analog Nr. 5295
- Fakultativ: Kontrolle der Beatmung unter nCPAP-/BiPAP-Bedingungen, analog Nr. 427
- Fakultativ: Schulung und Training des Patienten im Gebrauch einer nCPAP-/oder BiPAP-Beatmungsmaske, analog Nr. 518.

Kommentar: Nach Kommentierung von **Brück** ist die Leistung nach Nr. 650 trotz der in der Leistungslegende festgelegten Indikation „Feststellung einer Rhythmusstörung" für alle Fälle berechnungsfähig, in denen ein EKG mit weniger als neun Ableitungen erforderlich ist und durchgeführt wird. Die alleinige Betrachtung der EKGs auf einem Monitor ohne graphische Darstellung ist nur im Notfall nach der Nr. 431 (Elektrokardioskopie im Notfall) abrechenbar.
Ist auch eine graphische Darstellung des Monitorbildes möglich, ohne dass neue Elektroden angelegt werden müssen, so kann die höher bewertete Leistung nach Nr. 650 statt der Nr. 431 abgerechnet werden.
Neben Nr. 431 können die Nrn. 650, 651 nicht berechnet werden.
Würde sich allerdings beim Schreiben eines EKGs nach den Nrn. 650 und 651 eine Situation einstellen, die eine Elektrokardioskopie erforderlich macht, ist eine Abrechnung der Leistungen nach Nrn. 650 oder 651 neben Nr. 431 mit entsprechender Begründung möglich. Brück formuliert für diesen Fall: „...allerdings erfordert die Nebeneinanderberechnung eine im Zeitablauf jeweils indizierte und eigenständig über unterschiedliche Elektroden erfolgte Untersuchung..."

650* analog

Event-Recorder-EKG – (analog Nr. 650* GOÄ) – n. Empfehlung von Analog Ziffern der PVS — **152** / 8,86 — 15,95 / 22,15

651*

Elektrokardiographische Untersuchung in Ruhe – auch gegebenenfalls nach Belastung – mit Extremitäten- und Brustwandableitungen (mindestens neun Ableitungen) — **253** / 14,75 — 26,54 / 36,87

Ausschluss: Neben Nr. 651 sind folgende Nrn. nicht abrechnungsfähig: 435, 600, 626 – 630, 632, 650, 652, 653, 656, 659, 661

Kommentar: Werden im Rahmen der Leistung nach Nr. 651 zusätzliche Leistungen erbracht, die nicht in der Legende genannt werden wie z.B. Schreiben eines Rhythmusstreifens, EKG nach Injektion eines Medikamentes und/oder Carotis-Sinus-Druckversuch, kann die Leistung nach Nr. 651 nicht mehrmals abgerechnet werden, sondern die Mehrleistung kann nur durch die Wahl eines höheren Multiplikators ausgeglichen werden. Eine Begründung für die Wahl des höheren Multiplikators ist anzugeben.
Brück et al. formulieren: Wenn „... – z.B. im Rahmen der Diagnostik zum Ausschluss, zur Bestätigung oder zur Verlaufskontrolle eines Herzinfarktes – mehrfach im zeitlichen Zusammenhang eine jeweils eigenständig indizierte und in sich abgeschlossene elektrographische Untersuchung erforderlich ist, ist eine Mehrfachberechnung der Nr. 651 möglich.

GOÄ-Nr.		Punktzahl / 1fach	2,3 / *1,8 / 3,5 / *2,5
	Siehe auch Kommentar zu Nr. 650.		
IGeL:	Im Rahmen eines General Check-up. Bei sportmedizinischen Untersuchungen. Bei Wunsch des Patienten zur Überprüfung der Leistungsfähigkeit		
652	**Elektrokardiographische Untersuchung unter fortschreibender Registrierung (mindestens 9 Ableitungen) in Ruhe und bei physikalisch definierter und reproduzierbarer Belastung (Ergometrie) – gegebenenfalls auch Belastungsänderung**	**445** / 25,94	59,66 / 90,78
Ausschluss:	Neben Nr. 652 sind folgende Nrn. nicht abrechnungsfähig: 435, 600, 650, 651, 653, 656, 659, 661		
Tipp:	Im Gegensatz zu Nr. 651 muß die Nr. 652 nicht mit einem reduzierten Gebührenrahmen (1,8/2,5fach) abgerechnet werden. Hier kann bis zum 2,3fachen und nach Begründung bis zum 3,5fachen Satz liquidiert werden.		
IGeL:	Siehe Hinweis bei Nr. 651*.		
652 analog	**Pedographische Druckverteilungsmessung (analog Nr. 652 GOÄ) – n. Beschluss des Gebührenausschusses der BÄK**	**445** / 25,94	59,66 / 90,78

Hinweis LÄK: **Anmerkung der Bayerischen Landesärztekammer** vom 07.10.2003 (Quelle: GOÄ-Datenbank http://www.blaek.de/) – **Berechnung der pedographischen Druckverteilung – analog**

Die Berechnung der pedografischen Druckverteilung kann analog über die Nummer 652 berechnet werden (Beschluss des GOÄ-Ausschusses der Bundesärztekammer vom 30.01.97).

Der Beschluss bezieht sich auf das Verfahren der Abnahme sehr vieler (ca.1000) Messpunkte während des Laufens über Druckmessfolien sowie die rechnerische Aufarbeitung zum einfach codierten Druckbild zur Herstellung eines optimal druckentlastenden Schuhs.

Die Leistung ist insgesamt nur einmal berechnungsfähig, auch bei Untersuchung beider Füße.

653*	**Elektrokardiographische Untersuchung auf telemetrischem Wege**	**253** / 14,75	26,54 / 36,87
	Die Leistungen nach den Nummern 650 bis 653 sind nicht nebeneinander berechnungsfähig.		
Ausschluss:	Neben Nr. 653 sind folgende Nrn. nicht abrechnungsfähig: 435, 650, 651, 652		

Hinweis LÄK: **Anmerkung der Bayerischen Landesärztekammer** vom 09.02.2004 (Quelle: GOÄ-Datenbank http://www.blaek.de/) – **Kardiorespiratorische Polygraphie („Kleines Schlaflabor")**

Empfehlung des Ausschusses „Gebührenordnung" der Bundesärztekammer – die mit dem Verband der privaten Krankenversicherung, dem BMG, BMI abgestimmt wurde.

Der Leistungskomplex der kardiorespiratorischen Polygraphie (‚kleines Schlaflabor') setzt sich aus den nachfolgenden Leistungen zusammen:

- EKG über mindestens 6 Stunden Dauer, **analog Nr. 653 GOÄ**
- Messung der Sauerstoffsättigung über mindestens 6 Stunden Dauer, Zuordnung zu Nr. 602 GOÄ
- Kontinuierliche Atemflussmessung an Mund und Nase über mindestens 6 Stunden, Zuordnung zu Nr. 605 GOÄ
- Kontinuierliche Registrierung der Körperlage mittels Lagesensoren über mindestens 6 Stunden, analog Nr. 714 GOÄ
- Fakultativ: Kontinuierliche Videokontrolle der Korrelation von elektrophysiologischer Aufzeichnung und Verhaltensbefund über mindestens 6 Stunden, analog Nr. 5295 GOÄ
- Fakultativ: Kontrolle der Beatmung unter nCPAP- oder BiPAP-Bedingungen, analog Nr. 427 GOÄ

Die Voraussetzungen zur Anerkennung der einzelnen Leistungen im Rahmen der kardiorespiratorischen Polygraphie sind dann erfüllt, wenn jeweils eine kontinuierliche Registrierung bzw. Überwachung über eine mindestens 6-stündige Schlafphase erfolgt. Die jeweilige Dokumentation der einzelnen elektrophysiologischen Messdaten sowie der einfache Befundbericht sind mit den in Ansatz gebrachten Gebührenpositionen abgegolten.

654*	**Langzeitblutdruckmessung von mindestens 18 Stunden Dauer – einschließlich Aufzeichnung und Auswertung**	**150** / 8,74	15,74 / 21,86
Ausschluss:	Neben Nr. 654 ist folgende Nr. nicht abrechnungsfähig: 435		

GOÄ-Nr.		Punktzahl / 1fach	2,3 / *1,8 / 3,5 / *2,5
655	**Elektrokardiographische Untersuchung mittels Ösophagusableitung – einschließlich Einführen der Elektrode – zusätzlich zu den Nummern 651 oder 652**	**152** / 8,86	20,38 / 31,01

Ausschluss: Neben Nr. 655 sind folgende Nrn. nicht abrechnungsfähig: 435, 680, 681

Tipp: Im Gegensatz zu Nr. 651 muss die Nr. 655 nicht mit einem reduzierten Gebührenrahmen (1,8/2,5fach) abgerechnet werden. Hier kann bis zum 2,3fachen und nach Begründung bis zum 3,5fachen Satz liquidiert werden.

656	**Elektrokardiographische Untersuchung mittels intrakavitärer Ableitung am Hisschen Bündel einschließlich Röntgenkontrolle**	**1820** / 106,08	243,99 / 371,29

Ausschluss: Neben Nr. 656 ist folgende Nr. nicht abrechnungsfähig: 435

Kommentar: Die Nr. 656 ist z.B. zur Kontrolle des Stimulationsortes (neben den Anlegen eines temporären Schrittmachers nach Nr. 631 oder nach Nr. 3095 (Anlegen eines permanenten Schrittmachers) nicht abrechenbar, da diese Leistung Teil der Schrittmacherimplantation ist.

656 analog	**Einbringung eines Elektrodenkatheters bei EPU, je Katheter– (analog Nr. 656 GOÄ) – n. Abrechnungsempfehlung der BÄK**	**1820** / 106,08	243,99 / 371,29
657*	**Vektorkardiographische Untersuchung**	**253** / 14,75	26,54 / 36,87

Ausschluss: Neben Nr. 657 ist folgende Nr. nicht abrechnungsfähig: 435

658 analog	**Hochverstärktes Oberflächen-EKG aus drei orthogonalen Ableitungen mit Signalermittlung zur Analyse ventrikulärer Spätpotentiale im Frequenz- und Zeitbereich (Spätpotenzial-EKG) (analog Nr. 652 GOÄ) – n. Verzeichnis analoger Bewertungen der Bundesärztekammer)**	**445** / 25,94	46,69 / 64,84
659*	**Elektrokardiographische Untersuchung über mindestens 18 Stunden (Langzeit-EKG) – gegebenenfalls einschließlich gleichzeitiger Registrierung von Puls und Atmung –, mit Auswertung**	**400** / 23,31	41,97 / 58,29

Ausschluss: Neben Nr. 659 ist folgende Nr. nicht abrechnungsfähig: 435

Kommentar: Wird ein Langzeit-EKG über einen längeren Zeitraum als 18 Stunden geschrieben, so kann die Abrechnungsnr. 659 trotzdem nur einmal berechnet werden. Den besonderen Schwierigkeiten, dem Aufwand und den Kosten kann aber durch eine Erhöhung des Steigerungssatzes Rechnung getragen werden.

1. Die Leistung nach Nr. 659 bezieht sich ausschließlich auf die Langzeit-EKG-Diagnostik und schließt ein:
   - optimales Anlegen der Elektroden, möglichst unter Sicht des abgeleiteten EKG's
   - technische Vorbereitung und Anschließen des Aufnahmerecorders an den Patienten
   - ausführliche und verständliche Instruktion des Patienten im Sinne der Indikation sowie im praktischen Umgang mit dem Gerät
   - Abnahme des Aufnahmegerätes
   - computergestützte Auswertung
   - Beurteilung des Befundes, patientenbezogen.

2. Die Nr. 659 ist sowohl für kontinuierliche als auch für diskontinuierliche Registrierungen abrechenbar. Die Berechnung der Nr. 659 setzt jedoch voraus, dass mindestens 18 Stunden auswertbare Registrierung vorliegen; d. h. sind von einer genau 24-Stunden-Registrierung durch Elektrodenabfall z.B. in der Nacht 3 Stunden nicht auswertbar, dann sind 19-Stunden-Aufzeichnung und damit die Nr. 659 abrechenbar. Nicht abrechenbar ist diese Leistung immer dann, wenn die 18-Stunden-Grenze einer auswertbaren Aufzeichnung unterschritten wird.

3. Nr. 659 beinhaltet die Kosten für eine evtl. Auswertung in einem Fremdinstitut. Die Vergütung: interne private Verrechnung!

659* analog **Die Nr. 659* ist nach Empfehlung der Bundesärztekammer gemäß § 6 Abs. 2 analog ansetzbar für** **400** 41,97 | 23,31 58,29

1. Polysomnographische Schlafüberwachung im Rahmen der Schlaf-Apnoe-Diagnostik eine mindestens 8-stündliche kontinuierliche Registrierung relevanter Parameter wie z.B. Atemfrequenz, 02-Partialdruck arteriell, usw.

2. Signalgemittelte Hochfrequenz-Elektrokardiographie zur Darstellung von Spätpotentialen über mindestens 18 Stunden-Dauer. Werden Langzeit-EKG-Registrierung und signalgemittelte Hochfrequenz-Elektrokardiographische Registrierung – z.B. zur Risikoeinschätzung bei abgelaufenen Herzinfarkt – parallel angelegt (2 Geräte) über mindestens 18 Stunden, dann ist Nr. 659 auch 2x abzurechnen. Wird diese Methode zur Erfassung der Spätpotentiale zeitlich begrenzt angewandt (weniger als 18 Stunden), dann ist dafür analog Nr. 652 ansetzbar.

3. Kontinuierliche Blutzuckermessung über min. 18 Stunden, mit Auswertung

Ausschluss: Neben Nr. 659 ist folgende Nr. nicht abrechnungsfähig: 435*

GOÄ-Ratgeber der BÄK: ► **Abrechnung der kontinuierlichen Blutzuckermessung**

Dr. med. Stefan Gorlas in: Deutsches Ärzteblatt 107, Heft 27(09.07.2010), S. A1374) http://www.bundesaerztekammer.de/page.asp?his=1.108.4144.4261.8660

Der Autor verweist auf den Beschluss des Ausschusses „Gebührenordnung" der Bundesärztekammer Stand: 27.04.2010 veröffentlicht in: Deutsches Ärzteblatt 107, Heft 27 (09.07.2010), Seite A-1372: **Kontinuierliche Blutzuckermessung:**

Kontinuierliche Blutzuckermessung über mindestens 18 Stunden, mit Auswertung analog Nr. 659 GOÄ.

Da die kontinuierliche Blutzuckermessung bislang in der GOÄ nicht enthalten ist, wurde ein Analogabgriff erarbeitet.

„...Die vom Patienten bei der kontinuierlichen Blutzuckermessung mit den vorgenannten Messsystemen verbrauchte Einmal(Nadel-)elektrode kann als Auslage gemäß § 10 in Rechnung gestellt werden. Hierbei ist zu berücksichtigen, dass bei einem Betrag von über 25,56 Euro pro Auslage der Rechnung gemäß § 12 Abs. 2 Nr. 5 GOÄ ein Beleg oder ein sonstiger Nachweis beizufügen ist..."

660* **Phonokardiographische Untersuchung mit mindestens zwei verschiedenen Ableitpunkten in mehreren Frequenzbereichen – einschließlich einer elektrokardiographischen Kontrollableitung sowie gegebenenfalls mit Karotispulskurve und/oder apexkardiographischer Untersuchung –** **303** 31,79 | 17,66 44,15

Ausschluss: Neben Nr. 660 ist folgende Nr. nicht abrechnungsfähig: 435

Kommentar: Carotispuls- oder Apexpulskurven als selbständige Leistungen sind nach Nr. 638 abzurechnen.

Tipp: Die Leistung nach Nr. 660 ist neben den Leistungen nach den Nrn. 650 – 659 abrechenbar.

661* **Impulsanalyse und EKG zur Überwachung eines implantierten Schrittmachers – gegebenenfalls mit Magnettest –** **530** 55,61 | 30,89 77,23

Ausschluss: Neben Nr. 661 sind folgende Nrn. nicht abrechnungsfähig: 435, 631, 650, 651, 652, 653

661 analog **Programmierung Herzschrittmacher – (analog Nr. 661 GOÄ) – n. Empfehlung von Analog Ziffern der PVS** **530** 55,61 | 30,89 77,23

665* **Grundumsatzbestimmung mittels Stoffwechselapparatur ohne Kohlensäurebestimmung** **121** 12,69 | 7,05 17,63

Ausschluss: Neben Nr. 665 ist folgende Nr. nicht abrechnungsfähig: 435

GOÄ-Nr.		Punktzahl / 1fach	2,3 / *1,8 / 3,5 / *2,5
666*	**Grundumsatzbestimmung mittels Stoffwechselapparatur mit Kohlensäurebestimmung**	**227** / 13,23	23,82 / 33,08
Ausschluss:	Neben Nr. 666 ist folgende Nr. nicht abrechnungsfähig: 435		
669	**Ultraschallechographie des Gehirns (Echoenzephalographie)**	**212** / 12,36	28,42 / 43,25
Ausschluss:	Neben Nr. 669 ist folgende Nr. nicht abrechnungsfähig: 435		
670 analog	**Nasobiläre Sonde i. Zusammenhang mit ERCP – (analog Nr. 670 GOÄ) – n. Empfehlung von Analog Ziffern der PVS**	**120** / 6,99	16,09 / 24,48
670	**Einführung einer Magenverweilsonde zur enteralen Ernährung oder zur Druckentlastung**	**120** / 6,99	16,09 / 24,48
Ausschluss:	Neben Nr. 670 ist folgende Nr. nicht abrechnungsfähig: 435		
671	**Fraktionierte Ausheberung des Magensaftes – auch nach Probefrühstück oder Probemahlzeit**	**120** / 6,99	16,09 / 24,48
Ausschluss:	Neben Nr. 671 ist folgende Nr. nicht abrechnungsfähig: 435		
672	**Ausheberung des Duodenalsaftes – auch mit Gallenreflex oder Duodenalspülung, gegebenenfalls fraktioniert –**	**120** / 6,99	16,09 / 24,48
Ausschluss:	Neben Nr. 672 ist folgende Nr. nicht abrechnungsfähig: 435		
674	**Anlage Pneumothorax – gegebenenfalls einschließlich Röntgendurchleuchtungen vor und nach der Füllung –**	**370** / 21,57	49,60 / 75,48
675	**Pneumothoraxfüllung – gegebenenfalls einschließlich Röntgendurchleuchtungen vor und nach der Füllung –**	**275** / 16,03	36,87 / 56,10
Ausschluss:	Neben Nr. 675 ist die folgende Nr. nicht abrechnungsfähig: 674		
676	**Magenuntersuchung unter Sichtkontrolle (Gastroskopie) mittels endogastral anzuwendender Kamera einschließlich Aufnahmen** Mit der Gebühr sind die Kosten abgegolten.	**800** / 46,63	107,25 / 163,20
Ausschluss:	Neben Nr. 676 sind folgende Nrn. nicht abrechnungsfähig: 402, 403		
677	**Bronchoskopie oder Thorakoskopie**	**600** / 34,97	80,44 / 122,40
Ausschluss:	Neben Nr. 677 sind folgende Nrn. nicht abrechnungsfähig: 402, 403		
678	**Bronchoskopie mit zusätzlichem operativem Eingriff (z.B. Probeexzision, Katheterbiopsie, periphere Lungenbiopsie, Segmentsondierungen) – gegebenenfalls einschließlich Lavage –**	**900** / 52,46	120,65 / 183,60
Ausschluss:	Neben Nr. 678 sind folgende Nrn. nicht abrechnungsfähig: 306, 315, 402, 403		

Beschluss BÄK:

Beschluss des Gebührenordnungsausschusses der BÄK in seiner 4. Sitzung (Amtsperiode 2011/2015) am 19. März 2012 – Dtsch. Arztebl 2012; 109(19): A-987/B-851/C-843:
Keine (Mehrfach)Abrechnung der Nr. 678 GOÄ analog für eine endoskopisch gesteuerte segmentale Lavage der einzelnen Kolonabschnitte zur Allergiediagnostik bei Nahrungsmittelunverträglichkeit
Je nach Umfang der Leistungserbringung Abrechnung einmalig nach Nr. 687 GOÄ („Hohe Koloskopie bis zum Coecum – gegebenenfalls einschließlich Probeexzision und/oder Probepunktion") oder einmalig nach Nr. 688 GOÄ („Partielle Koloskopie – gegebenenfalls einschließlich Rektoskopie, Probeexzision und/oder Probepunktion").
Berücksichtigung eines erhöhten Zeitbedarfs bei multiplen Sondierungssegmenten über den Gebührenrahmen. Eine (Mehrfach)Abrechnung nach Nr. 678 GOÄ („Bronchoskopie mit zusätzlichem operativen Eingriff . . .")

analog ist nicht möglich, da mit den Nrn. 687 und 688 GOÄ Gebührenpositionen bestehen, die die Kolonuntersuchung abbilden.

Tipp: Bei mehrfachen bronchoskopischen Maßnahmen kann mit Begründung ein höherer Multiplikator angesetzt werden.

679 **Mediastinoskopie – gegebenenfalls einschließlich Skalenoskopie und/oder Probeexzision und/oder Probepunktion –** **1100** 64,12 147,47 224,41

Ausschluss: Neben Nr. 679 sind folgende Nrn. nicht abrechnungsfähig: 303, 306 – 310, 314, 315, 402 – 403

Beschluss BÄK: **Aus den Beschlüsse des Zentralen Konsultationsausschusses für Gebührenordnungsfragen bei der Bundesärztekammer zur Privatliquidation herzchirurgischer Leistungen**
Nr. 679 oder 680 GOÄ neben Nr. 402 GOÄ
Neben Nr. 402 GOÄ (Zuschlag zu sonographischen Leistungen bei transösophagealer Untersuchung) kann für die Einführung einer transösophagealen Echokardiographie-Sonde nicht nochmals Nr. 679 (Mediastinoskopie) oder Nr. 680 (Ösophagoskopie) GOÄ analog neben Nr. 402 berechnet werden. Mit Nr. 402 ist nicht nur der erhöhte Schwierigkeitsgrad bei der Beschallung berücksichtigt, sondern auch die Einführung der Sonde.

Tipp: Bei ambulanter OP: Zuschlag nach Nr. 444 nicht vergessen!

680 **Ösophagoskopie – gegebenenfalls einschließlich Probeexzision und/oder Probepunktion –** **550** 32,06 73,73 112,20

Ausschluss: Neben Nr. 680 sind folgende Nrn. nicht abrechnungsfähig: 315, 402 – 403, 655, 681, 682, 683, 684, 685, 691

Beschluss BÄK: Siehe unter Nr. 679

681 **Ösophagoskopie mit zusätzlichem operativem Eingriff (z.B. Fremdkörperentfernung) – gegebenenfalls einschließlich Probeexzision und/oder Probepunktion –** **825** 48,09 110,60 168,30

Ausschluss: Neben Nr. 681 sind folgende Nrn. nicht abrechnungsfähig: 315, 402 – 403, 655, 680, 682, 683, 684, 685, 691

Kommentar: Die Sklerosierung von Ösophagusvarizen ist nach Nr. 681 berechnungsfähig.

682 **Gastroskopie unter Einsatz vollflexibler optischer Instrumente – gegebenenfalls einschließlich Probeexzision und/oder Probepunktion –** **850** 49,54 113,95 173,40

Ausschluss: Neben Nr. 682 sind folgende Nrn. nicht abrechnungsfähig: 315, 402 – 403, 680, 681, 683, 684, 685, 691

Beschluss BÄK: **Bestätigung des Beschlusses des Gebührenausschusses der BÄK zur Analogbewertung bzw. Abrechnung der GOÄ Nr. 5298 durch den Vorstand der BÄK (Wahlperiode 1999/2003) – Videoendoskopie in der Gastroenterologie**
Videoendoskopie-Zuschlag zu den Leistungen Nrn. **682 bis 689 GOÄ** bei der Verwendung eines flexiblen digitalen Viodeoendoskops anstelle eines Glasfaser-Endoskops, ggf. einschl. digitaler Bildweiterverarbeitung (z.B. Vergrößerung) und Aufzeichnung, analog Nr. 5298 GOÄ (*der Zuschlag nach Nr. 5298 beträgt 25 v.H. des Gebührensatzes für die jeweilige Basisleistung*)
Der Zuschlag analog Nr. 5298 ist ausschließlich dann neben Nrn. 682 bis 689 berechnungsfähig, wenn statt eines flexiblen Glasfiber-Endoskops ein digitales Bilderzeugungs- bzw. Verarbeitungssystem eingesetzt wird, das anstelle der konventionellen Lichtoptik einen Videochip verwendet. Der Aufsatz einer Videokamera auf ein konventionelles Glasfiber-Endoskop zur Bildübertragung auf einen Monitor bzw. Videoaufzeichnung ist dagegen nicht zuschlagsfähig.

Tipp: Eventuell zusätzlich Leistung nach Nr. 695 abrechnen.

683 **Gastroskopie einschließlich Ösophagoskopie unter Einsatz vollflexibler optischer Instrumente – gegebenenfalls einschließlich Probeexzision und/oder Probepunktion –** **1000** 58,29 134,06 204,01

Ausschluss: Neben Nr. 683 sind folgende Nrn. nicht abrechnungsfähig: 315, 402 – 403, 680, 681, 682, 684, 685, 691

GOÄ-Nr.		Punktzahl / 1fach	2,3 / *1,8 / 3,5 / *2,5

Beschluss BÄK: Siehe unter Nr. 682

Tipp: Eventuell zusätzlich Leistung nach Nr. 695 abrechnen.

684	**Bulboskopie – gegebenenfalls einschließlich Ösophago- und Gastroskopie, Probeexzision und/oder Probepunktion –**	**1200** 69,94	160,87 244,81

Ausschluss: Neben Nr. 684 sind folgende Nrn. nicht abrechnungsfähig: 315, 402 – 403, 680, 681, 682, 683, 685, 691

Beschluss BÄK: Siehe unter Nr. 682

Tipp: Eventuell zusätzlich Leistung nach Nr. 695 abrechnen.

685	**Duodeno-/Jejunoskopie – gegebenenfalls einschließlich einer vorausgegangenen Ösophago-/Gastro-/Bulboskopie, Probeexzision und/oder Probepunktion –**	**1350** 78,69	180,98 275,41

Ausschluss: Neben Nr. 685 sind folgende Nrn. nicht abrechnungsfähig: 315, 402 – 403, 680, 681, 682, 683, 684, 691

Beschluss BÄK: Siehe unter Nr. 682

Tipp: Eventuell zusätzlich Leistung nach Nr. 695 abrechnen.

686	**Duodenoskopie mit Sondierung der Papilla Vateri zwecks Einbringung von Kontrastmittel und/oder Entnahme von Sekret – gegebenenfalls einschließlich Probeexzision und/oder Probepunktion –**	**1500** 87,43	201,09 306,01

Ausschluss: Neben Nr. 686 sind folgende Nrn. nicht abrechnungsfähig: 315, 370, 402 – 403, 684, 685, 692

Beschluss BÄK: Siehe unter Nr. 682

Kommentar: Die Gesamtleistung aus endoskopischer Sondierung, Kontrastmitteleinbringung und Röntgenuntersuchung wird als ERCP bezeichnet (endoskopisch-retrogarde Cholangio-Pankreatikographie) und ist mit Nr. 692 abzurechnen.

Tipp: Neben Nr 686 sind die Nrn. 5170, 695 abrechenbar.

687	**Hohe Koloskopie bis zum Coecum – gegebenenfalls einschließlich Probeexzision und/oder Probepunktion**	**1500** 87,43	201,09 306,01

Ausschluss: Neben Nr. 687 sind folgende Nrn. nicht abrechnungsfähig: 315, 402 – 403, 688 – 690

Beschluss BÄK: Siehe unter Nr. 682

Tipp: Eventuell zusätzlich Leistung nach Nr. 695 abrechnen.

688	**Partielle Koloskopie – gegebenenfalls einschließlich Rektoskopie, Probeexzision und/oder Probepunktion –**	**900** 52,46	120,65 183,60

Ausschluss: Neben Nr. 688 sind folgende Nrn. nicht abrechnungsfähig: 315, 402 – 403, 687, 689, 690

Beschluss BÄK: Siehe unter Nr. 682

689	**Sigmoidoskopie unter Einsatz vollflexibler optischer Instrumente – einschließlich Rektoskopie sowie gegebenenfalls einschließlich Probeexzision und/oder Probepunktion –**	**700** 40,80	93,84 142,80

Ausschluss: Neben Nr. 689 sind folgende Nrn. nicht abrechnungsfähig: 315, 402 – 403, 687, 688, 690, 691

Beschluss BÄK: Siehe unter Nr. 682

Tipp: Eventuell zusätzlich Leistung nach Nr. 695 abrechnen.

GOÄ-Nr.	Leistung	Punktzahl / 1fach	2,3 / *1,8 / 3,5 / *2,5
690	**Rektoskopie – gegebenenfalls einschließlich Probeexzision und/oder Probepunktion –**	**350** 20,40	46,92 71,40

Ausschluss: Neben Nr. 690 sind die folgenden Nrn. nicht abrechnungsfähig: 315, 402 – 403, 687, 688, 689

Tipp: Die Leistung nach Nr. 690 ist kombinierbar z.B. mit den Leistungen nach den Nrn. 696, 698 oder 705.

GOÄ-Nr.	Leistung	Punktzahl / 1fach	2,3 / *1,8 / 3,5 / *2,5
691	**Ösophago-/Gastro-/Bulboskopie mit nachfolgender Sklerosierung von Ösophagusvarizen – gegebenenfalls einschließlich Probeexzision und/oder Probepunktion**	**1400** 81,60	187,69 285,61

Ausschluss: Neben Nr. 691 sind folgende Nrn. nicht abrechnungsfähig: 315, 402 – 403, 680 – 686

GOÄ-Nr.	Leistung	Punktzahl / 1fach	2,3 / *1,8 / 3,5 / *2,5
692	**Duodenoskopie mit Sondierung der Papilla Vateri zwecks Einbringung von Kontrastmittel und/oder Entnahme von Sekret – gegebenenfalls einschließlich Probeexzision und/oder Probepunktion – mit Papillotomie (Hochfrequenzelektroschlinge) und Steinentfernung**	**1900** 110,75	254,72 387,61

Ausschluss: Neben der Nr. 692 sind folgende Nrn. nicht abrechnungsfähig: 315, 370, 402 – 403, 672, 680 – 686

GOÄ-Nr.	Leistung	Punktzahl / 1fach	2,3 / *1,8 / 3,5 / *2,5
692a	**Plazierung einer Drainage in den Gallen- oder Pankreasgang – zusätzlich zu einer Leistung nach den Nummern 685, 686 oder 692**	**400** 23,31	53,62 81,60

Tipp: Die pH-Messsonden sind nach § 10 GOÄ als Auslagen berechnungsfähig.

GOÄ-Nr.	Leistung	Punktzahl / 1fach	2,3 / *1,8 / 3,5 / *2,5
693	**Langzeit-pH-metrie des Ösophagus – einschließlich Sondeneinführung**	**300** 17,49	40,22 61,20

Ausschluss: Neben Nr. 693 sind folgende Nrn. nicht abrechnungsfähig: 670 – 672, 680, 681

Tipp: Die pH-Messsonden sind nach § 10 GOÄ als Auslagen berechnungsfähig.

GOÄ-Nr.	Leistung	Punktzahl / 1fach	2,3 / *1,8 / 3,5 / *2,5
694	**Manometrische Untersuchung des Ösophagus**	**500** 29,14	67,03 102,00

Ausschluss: Neben Nr. 694 sind folgende Nrn. nicht abrechnungsfähig: 670 – 672, 680, 681

GOÄ-Nr.	Leistung	Punktzahl / 1fach	2,3 / *1,8 / 3,5 / *2,5
695	**Entfernung eines oder mehrerer Polypen oder Schlingenbiopsie mittels Hochfrequenzelektroschlinge – gegebenenfalls einschließlich Probeexzision und/oder Probepunktion – zusätzlich zu den Nummern 682 bis 685 und 687 bis 689 –**	**400** 23,31	53,62 81,60

Kommentar: Die Entfernung mehrerer Polypen kann nur einmal abgerechnet werden Wird allerdings mehrmals eine Schlingenbiopsie durchgeführt, kann die Nr. 695 mehrmals angesetzt werden.

Wezel-Liebold rät: für den Fall, dass Polypen entfernt und auch Schlingenbiopsien entnommen werden, „...beträgt die Zahl der angesetzten Nrn. 695 = Anzahl der Schlingenbiopsien + 1...“.

Nach **Brück** ist die Leistung je Sitzung nur 1x berechnungsfähig.

Tipp: Bei ambulanter OP: Zuschlag nach Nr. 442 nicht vergessen.

GOÄ-Nr.		Punktzahl 1fach	2,3 / *1,8 3,5 / *2,5
696	**Entfernung eines oder mehrerer Polypen oder Schlingenbiopsie mittels Hochfrequenzelektroschlinge – gegebenenfalls einschließlich Probeexzision und/oder Probepunktion – zusätzlich zu Nummer 690 –**	**200** 11,66	26,81 40,80
697	**Saugbiopsie des Dünndarms – gegebenenfalls einschließlich Röntgenkontrolle, Probeexzision und/oder Probepunktion –**	**400** 23,31	53,62 81,60
698	**Kryochirurgischer Eingriff im Enddarmbereich**	**200** 11,66	26,81 40,80
699	**Infrarotkoagulation im Enddarmbereich, je Sitzung**	**120** 6,99	16,09 24,48
700	**Laparoskopie (mit Anlegung eines Pneumoperitoneums) oder Nephroskopie – gegebenenfalls einschließlich Probeexzision und/ oder Probepunktion –**	**800** 46,63	107,25 163,20

Ausschluss: Neben Nr. 700 sind folgende Nrn. nicht abrechnungsfähig: 307, 315, 701, 1155, 1156, 1852

Tipp: Bei ambulanter OP: Zuschlag nach Nr. 444 nicht vergessen.

701	**Laparaskopie (mit Anlegung eines Pneumoperitoneums) mit intraabdominalem Eingriff – gegebenenfalls einschließlich Probe-exzision und/oder Probepunktion**	**1050** 61,20	140,76 214,21

Ausschluss: Neben Nr. 701 ist folgende Nr. nicht abrechnungsfähig: 700

Tipp: Bei ambulanter OP: Zuschlag nach Nr. 444 nicht vergessen.

703	**Ballonsondentamponade bei blutenden Ösophagus- und/oder Fundusvarizen**	**500** 29,14	67,03 102,00
A 704	**Analtonometrie (analog Nr. 1791 GOÄ) – n. Verzeichnis analoger Bewertungen der Bundesärztekammer**	**148** 8,63	19,84 30,19
705	**Proktoskopie**	**152** 8,86	20,38 31,01

Ausschluss: Neben Nr. 705 ist folgende Nr. nicht abrechnungsfähig: 766

Kommentar: Wird im Rahmen der Proktoskopie eine Licht- oder Laserkoagulation zur Beseitigung von Stenosen oder zur Blutstillung durchgeführt, so kann die Nr. 706 zusätzlich abgerechnet werden.
Zu der Frage, ob die GOÄ Nr. 705 neben Nr. 764 berechnet werden kann, äußert sich **Brück** (GOÄ Nr. 764. Anm. 2)**:** „...Neben der Leistung nach Nr. 764 können...und die proktoskopische Untersuchung nach Nr. 705 abgerechnet werden, wenn die Leistung aufgrund eigenständiger diagnostischer Indikationen neben der Verödungsleistung erforderlich waren. Dagegen ist die Proktoskopie als reine Hilfsleistung bei der Durchführung der Sklerosierungsbehandlung nich berechnungsfähig..."

Tipp: Neben Nr. 705 ist die Nr. 690 (bei Erstuntersuchung) abrechenbar. Ggf. auch Nr. 11 berechnen.

706	**Licht- oder Laserkoagulation(en) zur Beseitigung von Stenosen oder zur Blutstillung bei endoskopischen Eingriffen, je Sitzung**	**600** 34,97	80,44 122,40

Kommentar: Je Sitzung nur 1x berechnungsfähig. Je Sitzung mehrere Koagulationen/verschiedene Orte mit höherem Multiplikator abrechnen.

GOÄ-Nr.		Punktzahl 1fach	2,3 / *1,8 3,5 / *2,5
Recht-sprechung:	Siehe Urteil unter GOÄ Nr. 1778		
Analog:	Nr. 706 kann analog für alle endoskopisch geführten Lasereinsätze berechnet werden.		
706 analog	**Ballondilatation einer Pankreasgangstenose – (analog Nr. 706 GOÄ) – n. Empfehlung von Analog Ziffern der PVS**	**600** 34,97	80,44 122,40
A 707	**Untersuchung des Dünndarms mittels Kapselendoskopie und Auswertung des Bildmaterials bei unklarer gastrointestinaler Blutung, nach vorausgegangener Endoskopie des oberen und unteren Gastrointestinaltraktes**		
	analog Nr. 684	**1200** 69,94	160,87 244,81
	plus 687	**1200** 69,94	160,87 244,81

Beschluss BÄK: Voraussetzung für das Erbringen der Kapselendoskopie ist die Gebietsbezeichnung Facharzt/Fachärztin für Innere Medizin mit Schwerpunkt Gastroenterologie (zukünftig Facharzt/Fachärztin für Innere Medizin und Schwerpunkt Gastroenterologie).

Ein Arzt oder eine Ärztin, der/die im Rahmen ihrer bisherigen Tätigkeit Kapselendoskopien durchgeführt hat, darf diese Leistungen auch weiterhin erbringen und abrechnen, sofern die für das Erbringen der Kapselendoskopie notwendige fachliche Qualifikation nach der jeweils geltenden Weiterbildungsordnung nachgewiesen wird.

Der Zeitaufwand für die Auswertung der Videodokumentation beträgt durchschnittlich zwei Stunden. Ist er im konkreten Fall deutlich niedriger oder deutlich höher, ist dies beim Ansatz des Steigerungsfaktors zu berücksichtigen.

Fachliche Qualifikation zur Erbringung des Kapselendoskopie (A 707)

Voraussetzung für das Erbringen der Kapselendoskopie ist die Gebietsbezeichung Facharzt/Fachärztin für Innere Medizin mit Schwerpunkt Gastroenterologie (zukünftig Facharzt/Fachärztin für Innere Medizin und Schwerpunkt Gastroenterologie). Ein Arzt oder eine Ärztin, der/die im Rahmen ihrer bisherigen Tätigkeit Kapselendoskopien durchgeführt hat, darf diese Leistungen auch weiterhin erbringen und abrechnen, sofern die für das Erbringen der Kapselendoskopie notwendige fachliche Qualifikation nach der jeweils geltenden Weiterbildungsordnung, insbesondere eingehende Kenntnisse und Erfahrungen mit endoskopischen Verfahren des Gastrointestinaltraktes nachgewiesen wird.

Kommentar: Die Empfehlungen des Zentralen Konsultationsauschusses der BÄK lassen sich wie folgt zusammenfassen:

Zur Bewertung der A 707 wurden in Analogie die Nummern 684 GOÄ plus 687 GOÄ (insgesamt 2 700 Punkte) herangezogen. Neben diesen sind keine weiteren Gebührenpositionen für die technische Ausstattung ansetzbar. Sowohl die Ausstattung als auch die digitale Dokumentation und eine eventuelle Archivierung sind mit der Gebührenposition A 707 abgegolten und können nicht zusätzlich berechnet werden. Die Auslagen für die Kapsel (Einmalartikel) können nach § 10 GOÄ zusätzlich in Rechnung gestellt werden.

714	**Neurokinesiologische Diagnostik nach Vojta (Lagereflexe) sowie Prüfung des zerebellaren Gleichgewichtes und der Statomotorik**	**180** 10,49	24,13 36,72

Kommentar: Vojta-Diagnostik beinhaltet

- Lagereaktionen im Säuglingsalter und darüber hinaus zur Verlaufskontrolle bei pathologischer Entwicklung
- Traktionsversuch
- Kopfabhangversuch nach Peiper-Isbert
- Kopfabhangversuch nach Collis
- Horizontalabhangversuch nach Collis
- Landau-Reaktion
- Axillarhängeversuch

714 analog	**kontinuierliche Körperlagebestimmung mittels Lagesensoren (s. Leistungskomplex Schlaflabor) – n. Beschluss des Gebührenordnungsauschusses der BÄK**	**180** 10,49	24,13 36,72

GOÄ-Nr.		Punktzahl 1fach	2,3 / *1,8 3,5 / *2,5
715	**Prüfung der kindlichen Entwicklung bezüglich der Grobmotorik, der Feinmotorik, der Sprache und des sozialen Verhaltens nach standardisierten Skalen mit Dokumentation des entsprechenden Entwicklungsstandes** Neben der Leistung nach Nummer 715 sind die Leistungen nach den Nummern 8 und 26 nicht berechnungsfähig.	**220** 12,82	29,49 44,88
Ausschluss:	Neben Nr. 715 sind folgende Nrn. nicht abrechnungsfähig: 8, 26, 800, 801, 856, 1555		
716	**Prüfung der funktionellen Entwicklung bei einem Säugling oder Kleinkind (z.B. Bewegungs- und Wahrnehmungsvermögen) nach standardisierten Methoden mit Dokumentation des entsprechenden Entwicklungsstandes, je Untersuchungsgang**	**69** 4,02	9,25 14,08
Ausschluss:	Neben Nr. 716 sind folgende Nrn. nicht abrechnungsfähig: 718, 725, 800, 801, 856, 857		
Kommentar:	Siehe Höchstwert-Bestimmung nach 718. Nach der Nr. 716 können drei Untersuchungen jeweils einzeln abgerechnet werden. Kommt es zu einer vierten Prüfung, so muss statt des mehrmaligen Ansatzes der Nr. 716 die Nr. 718 abgerechnet werden.		
717	**Prüfung der funktionellen Entwicklung bei einem Kleinkind (z.B. Sprechvermögen, Sprachverständnis, Sozialverhalten) nach standardisierten Methoden mit Dokumentation des entsprechenden Entwicklungsstandes, je Untersuchungsgang**	**110** 6,41	14,75 22,44
Ausschluss:	Neben Nr. 717 sind folgende Nrn. nicht abrechnungsfähig: 718, 800, 801, 856, 857, 1555		
Kommentar:	Siehe Höchstwert-Bestimmung nach 718. Nach der Nr. 717 können nur zwei Prüfungen einzeln abgerechnet werden. Kommt eine dritte Prüfung hinzu, so muß statt des zweimaligen Ansatzes der Nr. 717 der Höchstwert nach Nr. 718 abgerechnet werden.		
718	**Höchstwert für die Untersuchungen nach den Nummern 716 und 717, auch bei deren Nebeneinanderberechnung** Bei Berechnung des Höchstwertes sind die Arten der Untersuchungen anzugeben.	**251** 14,63	33,65 51,21
Ausschluss:	Neben Nr. 718 sind folgende Nrn. nicht abrechnungsfähig: 716, 717, 800, 801, 856		
Kommentar:	Nach der Nr. 716 können drei Untersuchungen jeweils einzeln abgerechnet werden. Kommt es zu einer vierten Prüfung, so muß statt des mehrmaligen Ansatzes der Nr. 716 die Nr. 718 abgerechnet werden. Nach der Nr. 717 können nur zwei Prüfungen einzeln abgerechnet werden. Kommt eine dritte Prüfung hinzu, so muß statt des zweimaligen Ansatzes der Nr. 717 der Höchstwert nach Nr. 718 abgerechnet werden.		
719	**Funktionelle Entwicklungstherapie bei Ausfallerscheinungen in der Motorik, im Sprachbereich und/oder Sozialverhalten, als Einzelbehandlung, Dauer mindestens 45 Minuten**	**251** 14,63	33,65 51,21
Ausschluss:	Neben Nr. 719 sind folgende Nrn. nicht abrechnungsfähig: 725, 726		
725*	**Systematische sensomotorische Entwicklungs- und Übungsbehandlung von Ausfallerscheinungen am Zentralnervensystem als zeitaufwendige Einzelbehandlung – gegebenenfalls einschließlich individueller Beratung der Betreuungsperson –, Dauer mindestens 45 Minuten** Neben der Leistung nach Nummer 725 sind die Leistungen nach den Nummern 505 bis 527, 535 bis 555, 719, 806, 846, 847, 849, 1559 und 1560 nicht berechnungsfähig.	**300** 17,49	31,48 43,72
Ausschluss:	Neben Nr. 725 sind folgende Nrn. nicht abrechnungsfähig: 505 – 510, 514 – 516, 518, 520, 521, 523, 525 – 527, 535, 536, 538, 539, 548, 549, 551 – 555, 719, 806, 846, 847, 849, 1559, 1560		

IGeL: Analoger Ansatz für die Heileurythmie.

726* Systematische sensomotorische Behandlung von zentralbedingten Sprachstörungen – einschließlich aller dazugehörender psychotherapeutischer, atemgymnastischer, physikalischer und sedierender Maßnahmen sowie gegebenenfalls auch Dämmerschlaf – als zeitaufwendige Einzelbehandlung, Dauer mindestens 45 Minuten

300 | 31,48
17,49 | 43,72

Neben der Leistung nach Nummer 726 sind die Leistungen nach den Nummern 719, 849, 1559 und 1560 nicht berechnungsfähig.
Die Leistung nach Nummer 726 ist neben der Leistung nach Nummer 725 an demselben Tage nur berechnungsfähig, wenn beide Behandlungen zeitlich getrennt voneinander mit einer Dauer von jeweils mindestens 45 Minuten erbracht werden.

Ausschluss: Neben Nr. 726 sind folgende Nrn. nicht abrechnungsfähig: 719, 849, 1559, 1560

Analog: Die Nr. 726* findet analog Anwendung für Bobath.

GOÄ-Ratgeber der BÄK: ► **Die DermoDyne-Lichttherapie ist nicht beihilfefähig**
Dr. jur. Marlis Hübner – Deutsches Ärzteblatt 109, Heft 35–36 (03.09.2012), S. A-1787 – http://www.bundesaerztekammer.de/page.asp?his=1.108.4144.4261.10758

Dr. Hübner stellt fest, dass DermoDyne-Lichttherapie keine wissenschaftlich anerkannte Behandlungsmethode dar ist und daher nicht beihilfefähig.
Sie führt weiter dazu aus: ..."Hintergrund dieser Entscheidung des Verwaltungsgerichts Neustadt an der Weinstraße (Az.: 1 K 1004/11.NW) war ein Antrag eines Beamten auf Gewährung von Beihilfe für eine Dermo-Dyne-Lichttherapie zur Behandlung seines Sohnes, der unter anderem an Neurodermitis, atopischen Ekzemen, Asthma, Rhinitis und Adipositas litt. Da nach diversen anderen Behandlungsansätzen nur eine vorübergehende Linderung der Beschwerden erreicht werden konnte, beantragte er Beihilfe für 15 Behandlungssitzungen. Dieser Antrag wurde durch die zuständige Oberfinanzdirektion des Landes abgelehnt. Die nach dem Widerspruchsverfahren eingereichte Klage blieb ohne Erfolg...

Aus diesen Gründen wurde von der Beihilfe die Honorierung DermoDyne-Lichttherapie abgelehnt und diese Methode wurde in der Anlage zur Bundesbeihilfenverordnung sowie in der entsprechenden Landesbeihilfenverordnung von der Beihilfefähigkeit ausdrücklich ausgenommen.

740 Kryotherapie der Haut, je Sitzung

71 | 9,52
4,14 | 14,48

GOÄ-Ratgeber der BÄK: ► **Kryotherapie und Lokalanästhesie der Haut mittels Kälteapplikation**
Dr. med. Stefan Gorlas – (in: Deutsches Ärzteblatt 109, Heft 5 (03.02.2012), S. A-230) – http://www.bundesaerztekammer.de/page.asp?his=1.108.4144.4257.10047
Dr. Gorlas führt aus: „„...Die Oberflächenanästhesie der Haut ist auch als Kälteanästhesie („Vereisung") – ebenso wie das Auftropfen eines Lokalanästhetikums auf die Bindehaut und Hornhaut – nicht gesondert berechnungsfähig, sondern in der Berechnung der Hauptleistung enthalten...."

Kommentar: Die Bundesärztekammer führt in ihren Auslegungen der GOÄ zu dieser Leistung aus: „...Für die ‚kryochirurgische Behandlung von Präkanzerosen der Haut' ist aus unserer Sicht die Nr. 740 mit der nur einmaligen Berechenbarkeit ‚je Sitzung' dann anzuwenden, wenn die Therapie durch Applikation von flüssigem Stickstoff erfolgt.
Die Beseitigung einzelner Präkanzerosen der Haut durch Anästhesie und mit den Voraussetzungen der apparativen Kryochirurgie ist dagegen nach Nr. 757 pro Präkanzerose, bei mehreren Sitzungen allerdings auch nur einmal pro Präkanzerose berechenbar..."

Tipp: Kosten für Flüssiggas gemäß § 10 GOÄ berechenbar.

741 Verschorfung mit heißer Luft oder heißen Dämpfen, je Sitzung

76 | 10,19
4,43 | 15,50

IGeL: Kosmetische Epilation, siehe auch Nrn. 742, 1323.

GOÄ-Nr.		Punktzahl / 1fach	2,3 / *1,8 / 3,5 / *2,5
742	**Epilation von Haaren im Gesicht durch Elektrokoagulation bei generalisiertem krankhaften Haarwuchs infolge Endokrinopathie (z.B. Hirsutismus), je Sitzung**	**165** / 9,62	22,12 / 33,66

Kommentar: Die Leistung der Nr. 742 ist nur erfüllt bei generalisiertem krankhaften Haarwuchs und Durchführung der Epilation mittels Elektrokoagulation,

- Epilation außerhalb des Gesichtes (z.B. an Beinen, Armen einer Frau) analog nach Nr. 742
- Epilation elektrolytisch von Wimpern Nr. 1323
- Epilation mechanisch, nicht berechnungsfähig

742 analog	**Epilation von Haaren – (analog Nr. 742 GOÄ) – n. Empfehlung von Analog Ziffern der PVS**	**165** / 9,62	22,12 / 33,66
743	**Schleifen und Schmirgeln und/oder Fräsen von Bezirken der Haut oder der Nägel, je Sitzung**	**75** / 4,37	10,05 / 15,30

Kommentar: Bei Leistungen an Haut **und** Nägeln kann die Leistung nach Nr. 743 insgesamt 2x berechnet werden.

IGeL: Analog abrechenbar für oberflächliches chemisches Peeling aus rein kosmetischen Gründen.

744	**Stanzen der Haut, je Sitzung**	**80** / 4,66	10,72 / 16,32
745	**Auskratzen von Wundgranulationen oder Entfernung von jeweils bis zu drei Warzen mit dem scharfen Löffel**	**46** / 2,68	6,17 / 9,38

Ausschluss: Neben Nr. 745 ist folgende Nr. nicht abrechnungsfähig: 200

Analog: Nr. 745 für die Warzenentfernung durch Kauterisation oder durch chemische Verfahren analog ansetzen

Tipp: Operative Warzenentfernung nach Nr. 2403 berechnen.

745 analog	**chemisch oder kaustische Warzenentfernung – (analog Nr. 745 GOÄ) – n. Empfehlung von Analog Ziffern der PVS**	**46** / 2,68	6,17 / 9,38
746	**Elektrolyse oder Kauterisation, als selbstständige Leistung**	**46** / 2,68	6,17 / 9,38

Kommentar: Der Begriff „als selbstständige Leistung“ in der Legende weist darauf hin, dass diese Leistung nur abrechnungsfähig ist, wenn sie als primäre selbstständige Leistung, z.B. zur Entfernung von Fibromen, Naevi oder Warzen angewendet wird.
Werden allerdings im Rahmen von anderen Eingriffen die in der Legende beschriebenen Leistungen erbracht, so können sie, da sie dann eine unselbstständige Teilleistung sind, nicht abgerechnet werden.

Auf einen Blick: **Spezielle Kauterisationen**

Kauterisation an Portio u./o. Zerix	Nr. 1083
Kauterisation der Tränenwege	Nr. 1293
Kauterisation im Naseninneren	Nr. 1429
Kauterisation Kehlkopf	Nr. 1527
Kauterisation Gehörgang oder Paukenhöhle	Nr. 1580

GOÄ-Nr.		Punktzahl / 1fach	2,3 / *1,8 / 3,5 / *2,5
747	**Setzen von Schröpfköpfen, Blutegeln oder Anwendung von Saugapparaten, je Sitzung**	**44** / 2,56	5,90 / 8,98

Ausschluss: Neben Nr. 747 ist folgende Nr. nicht abrechnungsfähig: 551

748	**Hautdrainage**	**76** / 4,43	10,19 / 15,50

Kommentar: Mit der Legende sind Drainagen von Ödemen im Subkutan-Gewebe, nicht aber die nach OP angelegten Wund-(Redon-)Drainagen gemeint.

750	**Auflichtmikroskopie der Haut (Dermatoskopie), je Sitzung**	**120** / 6,99	16,09 / 24,48

GOÄ-Ratgeber der BÄK: ► **Liquidation des Hautkrebs-Screenings – und Digitale Diagnostik: Neue Leistungen auf dem Weg zur Analogbewertung – siehe bei Nr. 612* analog**

Beschluss BÄK: Siehe auch Beschluss der BÄK bei Nr. 612 analog.

Hinweis BÄK: ► **Abrechnung des Hautkrebsscreenings in Kombination mit einer Gesundheitsuntersuchung zur Früherkennung von Krankheiten in einer Sitzung**
Beschluss des Ausschusses „Gebührenordnung" der Bundesärztekammer
Stand: 19.03.2012 – veröffentlicht in: Deutsches Ärzteblatt 109, Heft 19 (11.05.2012), Seite A-987 – http://www.bundesaerztekammer.de/page.asp?his=1.108.4689.4871.4899.10668
Die Beratung einer Gesundheitsuntersuchung zur Früherkennung von Krankheiten wird nach Nr. 29 GOÄ abgerechnet, auch wenn gleichzeitig eine Beratung zum Hautkrebsscreening erfolgt.
Der zeitliche Mehraufwand aufgrund der kombinierten Beratungsleistung kann über einen erhöhten Gebührensatz berücksichtigt werden. Neben der Beratungsleistung ist im Rahmen des Hautkrebsscreenings die Nr. 750 GOÄ (Auflichtmikroskopie der Haut) oder die Nr. 612 GOÄ analog (soweit eine videogestützte Untersuchung und Dokumentation erfolgt) zusätzlich abrechenbar.

GOÄ-Ratgeber der BÄK: ► **Abrechnung der Dermatoskopie mit dem Smartphone**
Dr. med. Stefan Gorlas – Deutsches Ärzteblatt 109, Heft 47 (23.11.2012), S. A-2384
http://www.bundesaerztekammer.de/page.asp?his=1.108.4144.4261.10986
Nach gebührenrechtlicher Beurteilung der Bundesärztekammer kann die Aufnahme und Untersuchung von Muttermalen mittels eines Smartphones und speziellem Aufsatz mit der Nr. 750 GOÄ berechnet werden.

Kommentar: Gemäß Beschluss der Bundesärztekammer (BÄK) ist die Videodokumentation von Muttermalen je Sitzung nach Nr. 612 analog zu berechnen.
Die Abrechnung der Nrn. 750 und 612 analog ist nebeneinander allerdings nicht möglich.

IGeL: Betrachtung von Hautveränderungen jeglicher Art zum Ausschluß path. Veränderungen.

752	**Bestimmung des Elektrolytgehalts im Schweiß durch Widerstandsmessung – einschließlich Stimulation der Schweißsekretion –**	**150** / 8,74	20,11 / 30,60

Kommentar: Diese Leistung wird zur Diagnostik der Muskoviszidose angewandt.

755	**Hochtouriges Schleifen von Bezirken der Haut bei schweren Entstellungen durch Naevi, narbigen Restzuständen nach Akne vulgaris und ähnlichen Indikationen, je Sitzung**	**240** / 13,99	32,17 / 48,96

Kommentar: Unter ‚ähnliche Indikationen' fällt auch die Entfernung von sog. Schmucktätowierungen bei medizinisch-psychologischer Indikationsstellung.
Nur bei medizinisch-psychologischer Indikationsstellung sind diese Leistungen den Kassen gegenüber berechenbar.
Nr. 755 analog für timomechanische Schleifbehandlung.

755 analog	**Chemisches Peeling – (analog Nr. 755 GOÄ) – n. Empfehlung von Analog Ziffern der PVS**	**240** / 13,99	32,17 / 48,96

GOÄ-Nr.		Punktzahl / 1fach	2,3 / *1,8 / 3,5 / *2,5

756 Chemochirurgische Behandlung spitzer Kondylome, auch in mehreren Sitzungen

Punktzahl	2,3 / *1,8
121	16,22
7,05	24,68

Ausschluss: Neben Nr. 756 sind folgende Nrn. nicht abrechnungsfähig: 200, 745

Kommentar: Der Leistungsumfang der Nr. 756 umfasst Somit ist Nr. 745 neben Nr. 756 nicht zusätzlich abrechenbar.
Nr. 756 ist erst abrechnungsfähig nach Beendigung der Behandlung. Bei Auftreten eines Rezidivs ist Nr. 756 wieder ansetzbar.
Nach dem Kommentar von **Hach** wird auch die Kryotherapie spitzer Kondylome bisher einvernehmlich mit Nr. 756 abgerechnet.
- Ätzung der spitzen Kondylome
- Entfernung, mechanisch

757 Chemochirurgische Behandlung maligner Hauttumoren oder einer Präkanzerose

Punktzahl	2,3 / *1,8
150	20,11
8,74	30,60

Kommentar: Die **Bundesärztekammer** führt in ihren Auslegungen der GOÄ zu dieser Leistung aus: „...Für die ‚kryochirurgische Behandlung von Präkanzerosen der Haut' ist aus unserer Sicht die Nr. 740 mit der nur einmaligen Berechenbarkeit ‚je Sitzung' dann anzuwenden, wenn die Therapie durch Applikation von flüssigem Stickstoff erfolgt.
Die Beseitigung einzelner Präkanzerosen der Haut durch Anästhesie und mit den Voraussetzungen der apparativen Kryochirurgie ist dagegen nach Nr. 757 pro Präkanzerose, bei mehreren Sitzungen allerdings auch nur einmal pro Präkanzerose berechenbar..."
Die Mehrfachberechnung der Nr. 757 kann unzweifelhaft gegeben sein, wenn histologisch unterschiedliche Präkanzerosen behandelt werden.
Der Passus ‚einer Präkanzerose' kann auch nicht dahingehend ausgelegt werden, dass bei Auftreten einer histologisch gleichen Präkanzerose an mehreren Lokalisationen die Nr. 757 mehrfach abgerechnet werden kann.
Die Behandlung an mehreren Orten oder bei besonderer Ausdehnung wäre mit einem erhöhten Steigerungsfaktor zu berücksichtigen.

758 Sticheln oder Öffnen und Ausquetschen von Aknepusteln, je Sitzung

Punktzahl	2,3 / *1,8
75	10,05
4,37	15,30

Ausschluss: Neben Nr. 758 ist folgende Nr. nicht abrechnungsfähig: 200

Kommentar: Die Leistung nach Nr. 758 ist je Sitzung immer nur 1x berechenbar.
Die Leistungslegende zeigt 2 Methoden auf, die zum gleichen Ziel führen. Eine Kombination beider Methoden berechtigt nicht zur zweimaligen Berechnung.
Eine mechanische Behandlung der Akne durch Einreiben mit Cremes oder Sandpasten, Massieren und Abrubbeln der Pusteln ist keine berechnungsfähige Leistung.

Tipp: Zur Behandlung der Akne stehen an Leistungen zur Verfügung: Nrn. 741, 758, 523, 567, 209 und ggf. Nrn. 743 und 530. Mehrere dieser Leistungen sind auch nebeneinander abrechenbar.

759* Bestimmung der Alkalineutralisationszeit

Punktzahl	2,3 / *1,8
76	7,97
4,43	11,07

760* Alkaliresistenzbestimmung (Tropfmethode)

Punktzahl	2,3 / *1,8
121	12,69
7,05	17,63

Kommentar: Weitere Funktionstests:
- Bestimmung des Elektrolytgehalts
- Schweißtest im Rahmen der Mukoviszidose-Diagnostik Nr. 752
- Vegetative Funktionsdiagnostik Ninhydrin-Schweißtest Nr. 831

IGeL: Analog nach Nr. 760 z.B. Nirazingelb-Test, Nikotinsäure-Benzylester-Test oder Milchsäure-Stinging-Test abrechnen.

GOÄ-Nr.		Punktzahl 1fach	2,3 / *1,8 3,5 / *2,5
761*	**UV-Erythemschwellenwertbestimmung – einschließlich Nachschau –**	**76** 4,43	7,97 11,07
762	**Entleerung des Lymphödems an Arm oder Bein durch Abwicklung mit Gummischlauch**	**130** 7,58	17,43 26,52

Kommentar: Die Leistung nach Nr. 762 ist eine manuelle Behandlung von Ödemen an einer Extremität. Werden mehrere Extremitäten behandelt, ist Nr. 762 entsprechend mehrfach abrechenbar.
Eine intermittierende apparative Kompressionstherapie an einer Extremität ist mit Nr. 525, an mehreren Extremitäten mit Nr. 526 abzurechnen.
Eine Kompression zur Herstellung einer Blutleere an einer Extremität während OP an dieser Extremität ist Bestandteil der entsprechenden OP-Leistung.

763	**Spaltung oberflächlich gelegener Venen an einer Extremität oder von Hämorrhoidalknoten mit Thrombus-Expressionen – gegebenenfalls einschließlich Naht –**	**148** 8,63	19,84 30,19

GOÄ-Ratgeber der BÄK: ► Siehe auch bei GOÄ Nr. 764.

Tipp: Ggf. eine notwendige Lokalanästhesie nach Nrn. 490, 491 abrechnen.

764	**Verödung (Sklerosierung) von Krampfadern oder Hämorrhoidalknoten, je Sitzung**	**190** 11,07	25,47 38,76

GOÄ-Ratgeber der BÄK: ► **Hämorrhoidalchirurgie in der gültigen GOÄ** – Dr. med. Dipl.-Ök. Ursula Hofer (in: Deutsches Ärzteblatt 107, Heft 12 (26. März 2010), S. A-572)
Tabellarische Umsetzung des Beitrags von Dr. Hofer:

Operationsverfahren	GOÄ Nr.
Spaltung von Hämorrhoidalknoten mit Thrombusexpressionen	**763**
Hämorrhoiden ersten Grades durch Sklerosierung nach Blond oder Blanchard	**764**
Hämorrhoiden zweien Grades Ligatur nach Barron	**766**
Die Verfahren nach Nr. 764 und 766 können nebeneinander berechnet werden. Bei zusätzlicher Abtragung hypertropher zirkumanaler Hautfalten (Marisken) kann Nr. 765 GOÄ zusätzlich berechnet wedent	**765**
Exzisionen von Hämorrhoidalknoten – auch wiederholt – oder mit Eingriffen bei Hämorrhoiden ersten (Nr. 764) und zweiten Grades (Nr. 766) kombiniert	**3240**
Analprolaps-Operation nach Longo mit dem Zircularstapler techn. modifiziert nache Koblandin – Stapler können bei ambulanter Operation nach § 10 in Rechnung gestellt werden.	**3241**
plastische Rekonstruktion des Analkanals nach Fansler-Arnold oder Parks	**3241**
operative Vorgehen bei prolabierenden Hämorrhoiden mit und ohne Analprolaps – Segmentale Resektionen nach Milligan-Morgan oder Ferguson	**3241**

Die noch in Kommentaren erwähnte Operation nach Langenbeck ist schon lange obsolet.

Kommentar: Bei der Verödung von Hämorrhoidalknoten sind die erforderliche rektale digitale Austastung nach Nr. 11 vor dem Eingriff und die ggf. erforderliche Proktoskopie nach Nr. 705 zusätzlich berechnungsfähig.

Tipp:
- Mehrfach ist die Nr. 764 nur dann berechnungsfähig, wenn in einer Sitzung sowohl Krampfadern als auch Hämorrhoiden verödet werden.
- Wenn weiter Leistungen erforderlich sind, können diese GOÄ Nrn. **zusätzlich abgerechnet** werden z.B.:

Lokalanästhesie + weitere Leistungen	Nrn. 490, 491
Digitale Untersuchung	Nr. 11

Rektoskopie	**Nr. 690**
Proktoskopie	**Nr. 705**
Ligaturbehandlung	**Nr. 766**
Spaltung von Hämorrhoidalknoten	**Nr. 763**
Kryochirurgischer Eingriff im Enddarmbereich	**Nr. 698**
Infrarotkoagulation im Enddarmbereich	**Nr. 699**
OP der Hämorrhoidalknoten	**Nr. 3240**
Peranale Operative Entfernung einer Mastdarmgeschwulst	**Nr. 3226**
Hohe intraanale Exzision von Hämorrhoidalknoten	**Nr. 3241**

IGeL: Entfernung von Besenreiser-Varizen

765 **Operative Entfernung hypertropher zirkumanaler Hautfalten (Marisquen)** **280** 37,54
16,32 57,12

GOÄ-Ratgeber der BÄK: ▶ Siehe unter GOÄ Nr. 764.

Kommentar: Wenn weitere Leistungen erforderlich sind, können diese abgerechnet werden z.B.
- Exzision perianale Thrombose (operative Entfernung) Nr. 765
- Inzision (Spaltung) perianale Thrombose Nr. 763
- OP von Hämorrhoidalknoten Nr. 3240
- Hohe intraanale Exzision nach Milligan-Morgan von Hämorrhoidalknoten Nr. 3241

Tipp: Bei ambulanter OP: Zuschlag nach Nr. 442 nicht vergessen!

766 **Ligaturbehandlung von Hämorrhoiden einschließlich Proktoskopie, je Sitzung** **225** 30,16
13,11 45,90

GOÄ-Ratgeber der BÄK: ▶ Siehe unter GOÄ Nr. 764.

Kommentar: Neben Nr. 766 ist eine Proktoskopie nach Nr. 705 nicht abrechnungsfähig, da in der Leistungslegende von „einschließlich Proktoskopie" gesprochen wird.

Tipp: Eine Digital-Untersuchung nach Nr. 411 als auch eine Rektoskopie nach Nr. 690 sind, wenn diagnostisch indiziert, neben Nr. 766 zusätzlich abrechenbar.
Werden in einer Sitzung Hämorrhoiden teils ligiert, teils verödet so sind beide Leistungen nebeneinander berechnungsfähig.

768 **Ätzung im Enddarmbereich, als selbständige Leistung** **50** 6,70
2,91 10,20

770 **Ausräumung des Mastdarms mit der Hand** **140** 18,77
8,16 28,56

Ausschluss: Neben Nr. 770 ist folgende Nr. nicht abrechnungsfähig: 11

780 **Apparative Dehnung (Sprengung) eines Kardiospasmus** **242** 32,44
14,11 49,37

Ausschluss: Neben Nr. 780 sind die folgenden Nrn. nicht abrechnungsfähig: 680, 681, 691, 781

780 analog **Dilatation Anastomosenstenose i. Verbindung mit Endoskopie – (analog Nr. 780 GOÄ) – n. Empfehlung von Analog Ziffern der PVS** **242** 32,44
14,11 49,37

GOÄ-Nr.		Punktzahl 1fach	2,3 / *1,8 3,5 / *2,5
781	**Bougierung der Speiseröhre, je Sitzung**	**76** 4,43	10,19 15,50

Ausschluss: Neben Nr. 781 sind die folgenden Nrn. nicht abrechnungsfähig: 680, 681, 691, 780

784	**Erstanlegen einer externen Medikamentenpumpe – einschließlich Einstellung sowie Beratung und Schulung des Patienten – gegebenenfalls in mehreren Sitzungen –**	**275** 16,03	36,87 56,10

Beschluss BÄK: **Beschluss des Gebührenordnungsausschusses der BÄK in seiner 4. Sitzung (Amtsperiode 2011/2015) am 19. März 2012 – Dtsch. Arztebl 2012; 109(19): A-987/B-851/C-843:**

Keine Abrechnung der Nr. 784 GOÄ analog für die Nutzung einer Medikamentenpumpe (Verabreichung von Narkose-unabhängigen Medikamenten, z. B. Arterenol®) während einer Anästhesie

Die Verabreichung von narkosenunabhängigen Medikamenten, z. B. Arterenol®, während einer Anästhesie mittels einer Medikamentenpumpe ist nicht nach Nr. 784 GOÄ analog („Erstanlegen einer externen Medikamentenpumpe – einschließlich Einstellung sowie Beratung und Schulung des Patienten – gegebenenfalls in mehreren Sitzungen", 275 Punkte) berechnungsfähig, insbesondere weil wesentliche Leistungsinhalte (Beratung und Schulung des Patienten) dieser Gebührenposition bei einem narkotisierten Patienten naturgemäß nicht erbracht werden können. Dieser Mangel kann auch durch den Ansatz eines niedrigen Gebührensatzes nicht geheilt werden.

Die Abrechnung hat über die Nr. 261 GOÄ („Einbringung von Arzneimitteln in einen parenteralen Katheter") zu erfolgen. Beachte auch Satz 2 der Abrechnungsbestimmung zu Nr. 261 GOÄ: *„Wird die Leistung nach Nummer 261 im Zusammenhang mit einer Anästhesie/Narkose berechnet, ist das Medikament in der Rechnung anzugeben."*

GOÄ-Ratgeber der BÄK: ► **Schmerztherapieleistungen neben Anästhesieleistungen, PCA-Pumpe**

Dr. med. Beate Heck in: Deutsches Ärzteblatt 106, Heft 9 (27.02.2009), S. A-428 – www.bundesaerztekammer.de/page.asp?his=1.108.4144.4257.7022

Dr. Heck führt aus: Bei länger andauernden Operation ist eine Intubationsnarkose bei nachlassender Wirkung einer Regionalanästhesie berechnungsfähig, da beide Anästhesieleistungen sich nicht auf denselben Zeitraum beziehen, sodass eine Nebeneinanderberechnung möglich ist. Die Zeiten der eingesetzten Verfahren Sollten in der Liquidation angegeben werden. Ähnlich zu beurteilen ist die Anlage eines Periduralkatheters zur postoperativen Schmerztherapie vor einer Intubationsnarkose.

„...Wird der Patient für die postoperative Schmerztherapie mit einer patientenkontrollierten Infusionspumpe (PCA-Pumpe) versorgt, kann die Anlage mit der Nr. 784 GOÄ abgegolten werden...."

Kommentar:

- Implantation eines subkutanen Medikamentenreservoirs Nr. 2421
- Auffüllen eines subkutanen Medikamentenreservoirs Nr. A 259
- subkutane Infusion Nr. 280
- Einbringen von Arzneimitteln in einen parenteralen Katheter Nr. 257

Eine externe Medikamentenpumpe ist indiziert bei Insulin-Behandlung, Hormonsubstitutionen oder Opiatanalgesie-Therapie.

785	**Anlage und Überwachung einer Peritonealdialyse einschließlich der ersten Sitzung**	**330** 19,23	44,24 67,32

Kommentar: Die Spülflüssigkeit kann per Rezept zu Lasten des Patienten verordnet werden.

786	**Peritonealdialyse bei liegendem Katheter einschließlich Überwachung, jede (weitere) Sitzung**	**55** 3,21	7,37 11,22
790	**Ärztliche Betreuung bei Hämodialyse als Training des Patienten und gegebenenfalls seines Dialysepartners zur Vorbereitung auf Heim- oder Limited-Care-Dialysen (auch als Hämofiltration), je Dialyse**	**500** 29,14	67,03 102,00

Ausschluss: Neben Nr. 790 sind die folgenden Nrn. nicht abrechnungsfähig: 791 – 793, Leistungen nach den Abschnitten B und C (mit Ausnahme der Leistungen nach Nr. 50 in Verbindung mit einem Zuschlag nach E, F, G und/oder H), 3550, 3555, 3557, 3558, 3562.H1, 3565.H1, 3574, 3580.H1, 3584.H1, 3585.H1, 3587.H1, 3592.H1, 3594.H1, 3595.H1, 3620, 3680, 3761, 4381

Kommentar: Sonographische Untersuchungen des Dialyseshunts während der Dialyse nach den GOÄ Nrn. 790 bis 792 sind nicht abrechenbar – siehe offizielle Anmerkung zur Nr. 793.

GOÄ-Nr.		Punktzahl / 1fach	2,3 / *1,8 / 3,5 / *2,5
790 analog	**stat. Vorbereitung CAPD – (analog Nr. 790 GOÄ) – n. Empfehlung von Analog Ziffern der PVS**	**500** / 29,14	67,03 / 102,00

791 **Ärztliche Betreuung eines Patienten bei Hämodialyse als Heimdialyse oder Limited-Care-Dialyse, auch als Hämofiltration, je Dialyse** — **320** / 18,65 — 42,90 / 65,28

Ausschluss: Neben Nr. 791 sind die folgende Nrn. nicht abrechnungsfähig: 790, 792, 793, Leistungen nach den Abschnitten B und C (mit Ausnahme der Leistungen nach Nr. 50 in Verbindung mit einem Zuschlag nach E, F, G und/oder H), 3550, 3555, 3557, 3558, 3562.H1, 3565.H1, 3574, 3580.H1, 3584.H1, 3585.H1, 3587.H1, 3592.H1, 3594.H1, 3595.H1, 3620, 3680, 3761, 4381.

Analog: Nr. 781 analog für die Anwendung des Cell-Savers (Beschluss des Zentralen Konsultationsausschusses der BÄK)

791 analog **Cell-Saver – (analog Nr. 791 GOÄ) – Beschluss des Zentralen Konsultationsausschusses f. Gebührenordnungsauschusses bei der BÄK** — **320** / 18,65 — 42,90 / 65,28

Beschluss BÄK: **Beschluss des Zentralen Konsultationsausschusses für Gebührenordnungsfragen bei der Bundesärztekammer**, veröffentlicht im DA, Heft 40 vom 8.10.1999; redaktionelle Korrektur Heft 3 vom 16.01.2004 – (Quelle: GOÄ-Datenbank http://www. blaek.de/)

Anwendung des Cell-Savers

Die Eigenständigkeit der ärztlichen Leistung bei der Anwendung des Cell-Savers wird übereinstimmend gesehen. Nr. 289 der alten GOÄ (Blutautotransfusion) fehlt in der neuen GOÄ.

Als angemessen wird die analoge Berechnung mit Nr. 791 GOÄ (Ärztliche Betreuung eines Patienten bei Heimdialyse) angesehen. Diese ist nur einmal je Sitzung, unabhängig von der Menge des zurückgewonnenen und retransfundierten Blutes, berechenbar.

Bei (seltenen) postoperativen Anwendungen ist die Berechnung einmal – unabhängig von der Dauer der postoperativen Anwendung – möglich.

792 **Ärztliche Betreuung eines Patienten bei Hämodialyse als Zentrums- oder Praxisdialyse (auch als Feriendialyse) – auch als Hämofiltration auch als Hämofiltration oder bei Plasmapherese, je Dialyse bzw. Sitzung** — **440** / 25,65 — 58,99 / 89,76

Ausschluss: Neben Nr. 792 sind die folgende Nrn. nicht abrechnungsfähig: 790, 791, 793, Leistungen nach den Abschnitten B und C (mit Ausnahme der Leistungen nach Nr. 50 in Verbindung mit einem Zuschlag nach E, F, G und/oder H), 3550, 3555, 3557, 3558, 3562.H1, 3565.H1, 3574, 3580.H1, 3584.H1, 3585.H1, 3587.H1, 3592.H1, 3594.H1, 3595.H1, 3620, 3680, 3761, 4381

Beschluss BÄK: **Beschluss des Zentralen Konsultationsausschusses für Gebührenordnungsfragen bei der Bundesärztekammer zur Privatliquidation herzchirurgischer Leistungen**

Nr. 792 analog für die Anwendung des Cell-Savers

Die Eigenständigkeit der ärztlichen Leistung bei der Anwendung des Cell-Savers wird übereinstimmend gesehen.

Nr. 289 der alten GOÄ (Blutautotransfusion) fehlt in der neuen GOÄ.

Als angemessen wird die analoge Berechnung mit Nr. 791 GOÄ (Ärztliche Betreuung eines Patienten bei Heimdialyse) angesehen.

Diese ist nur einmal je Sitzung, unabhängig von der Menge des zurückgewonnenen und retransfundierten Blutes, berechenbar.

Bei (seltenen) postoperativen Anwendungen ist die Berechnung einmal – unabhängig von der Dauer der postoperativen Anwendung – möglich.

Kommentar: Neben Nr. 792 sind folgende Leistungen nicht berechnungsfähig, wenn sie im Zusammenhang mit der Dialyse erbracht werden:

Leistung nach den Abschnitten

- B (Grundleistungen und Allgemeine Leistungen) – Wichtige Ausnahme ist die Leistung nach Nr. 50 mit einem Zuschlag nach E, F, G und/oder H
- C (Nicht gebietsbezogene Sonderleistungen)

und folgende Laborleistungen:

3550* Blutbild und Blutbildbestandteile
3555* Calcium

3558* Natrium
3562.H1* Cholesterin
3565.H1* Triglyzeride
3574.H1* Proteinelektrophorese im Serum
3580.H1* Anorganisches Phosphat
3584.H1* Harnstoff (Harnstoff-N, BUN)
3585.H1* Kreatinin
3587.H1* Alkalische Phosphatase
3592.H1* Gamma-GT
3594.H1* GOT
3595.H1* GPT
3620* Eisen im Serum oder Plasma
3680* Differenzierung des Blutausstrichs, mikroskopisch
3761* Proteinelektrophorese im Urin
4381* HBs-Antigen

GOÄ-Nr.	Leistung	Punktzahl / 1fach	2,3 / *1,8 / 3,5 / *2,5
792 analog	**postoperat. Kontrolle von Herzunterstützungssystemen – (analog Nr. 792 GOÄ) – Beschluss des Zentralen Konsultationsausschusses f. Gebührenordnungsauschusses bei der BÄK**	**440** 25,65	58,99 89,76
793	**Ärztliche Betreuung eines Patienten bei kontinuierlicher ambulanter Peritonealdialyse (CAPD), je Tag**	**115** 6,70	15,42 23,46

Der Leistungsinhalt der Nummern 790 bis 793 umfasst insbesondere die ständige Bereitschaft von Arzt und gegebenenfalls Dialysehilfspersonal, die regelmäßigen Beratungen und Untersuchungen des Patienten, die Anfertigung und Auswertung der Dialyseprotokolle sowie die regelmäßigen Besuche bei Heimdialyse-Patienten mit Gerätekontrollen im Abstand von mindestens drei Monaten.
Bei der Zentrums- und Praxisdialyse ist darüber hinaus die ständige Anwesenheit des Arztes während der Dialyse erforderlich.
Leistungen nach den Abschnitten B und C (mit Ausnahme der Leistung nach Nummer 50 in Verbindung mit einem Zuschlag nach den Buchstaben E, F, G und/oder H) sowie die Leistungen nach den Nummern 3550, 3555, 3557, 3558, 3562.H1, 3565.H1, 3574, 3580.H1, 3584.H1, 3585.H1, 3587.H1, 3592.H1, 3594.H1, 3595.H1, 3620, 3680, 3761 und 4381, die in ursächlichem Zusammenhang mit der Dialysebehandlung erbracht werden, sind nicht gesondert berechnungsfähig. Dies gilt auch für Auftragsleistungen.

Kommentar: Die Leistung kann je Tag berechnet werden und ist nicht abhängig von einem festgelegten, besonderen Betreuungsaufwand. In der Leistungslegende sind regelmäßige Besuche aufgeführt und Bestandteil der Leistung und damit gilt , dass „normale" Besuche nach Nr. 50 nicht zusätzlich abrechenbar, ausgenommen sind aber dringende Besuche und Besuche am Wochenende und an Feiertagen, sowie zur Nacht.
Siehe auch Kommentar zu Nr. 792

GOÄ-Nr.	Leistung	Punktzahl / 1fach	2,3 / *1,8 / 3,5 / *2,5
A 795	**Kipptisch-Untersuchung mit kontinuierlicher EKG- und Blutdruckregistrierung (analog Nr. 648 GOÄ) – n. Verzeichnis analoger Bewertungen der Bundesärztekammer**	**605** 35,26	81,11 123,42
A 796	**Ergometrische Funktionsprüfung mittels Fahrrad-/oder Laufbandergometer (physikalisch definierte und reproduzierbare Belastungsstufen), einschl. Dokumentation (analog Nr. 650*)**	**152** 8,86	15,95 22,15

G Neurologie, Psychiatrie und Psychotherapie

■ Rechtsprechung

Wahlarztvertrag: Abrechnungsfähigkeit von delegierten Leistungen im Bereich der Psychiatrie und Psychotherapie

Im Rahmen einer Wahlleistungsvereinbarung muss der Wahlarzt lediglich die seine Disziplin prägende Kernleistung persönlich und eigenhändig erbringen. Bei einer **psychiatrischen und psychotherapeutischen Behandlung** ist es daher erforderlich und ausreichend, dass der Wahlarzt das Behandlungskonzept entwickelt und überwacht, selbst regelmäßig Therapiemaßnahmen durchführt und die Behandlung ansonsten koordiniert und steuert.

Im Bereich der nichtoperativen Fächer wird die Regie über die Gesamtdiagnostik und die Therapie als nicht delegationsfähige Hauptleistung anzusehen sein, während Einzelschritte delegationsfähig sind. Dass der Chefarzt bei einer psychiatrischen und psychotherapeutischen Behandlung lediglich im Sinne einer Oberaufsicht die grundlegenden Entscheidungen einer Behandlung von Wahlleistungspatienten selbst trifft, deren Vollzug überwacht und entsprechende Weisungen erteilen kann, ist allerdings nicht ausreichend (so aber OLG Hamm, 26. April 1995, 3 U 97/94,. Denn der weisungsberechtigte Chefarzt ist ohnehin für Diagnostik und Therapie bei allen Patienten seines Bereichs verantwortlich. Es kann nicht angenommen werden, dass ein Patient eine Wahlleistungsvereinbarung schließt, um ärztliche Leistungen nochmals zu vereinbaren und zu bezahlen, die bereits im Rahmen der allgemeinen Krankenhausleistungen geschuldet sind. Zur Erfüllung seiner Verpflichtung aus dem Wahlarztvertrag ist es vielmehr erforderlich, dass der Chefarzt der wahlärztlichen Behandlung durch persönliches Befassen mit dem Patienten zu Beginn, während und zum Abschluss der Behandlung sein persönliches Gepräge gibt (OLG Oldenburg, 14. Dezember 2011, 5 U 183/11,. Dazu ist erforderlich und ausreichend, dass sie als Chefärztin einer Klinik für psychosomatische Medizin das Behandlungskonzept ihrer Wahlleistungspatientin entwickelt und überwacht, selbst regelmäßig Therapiemaßnahmen durchführt und die Behandlung im Übrigen durch Supervisionen, Nachbesprechungen und Übergabegespräche koordiniert und steuert.

Aktenzeichen: OLG Celle, 15.06.2015, AZ: 1 U 98/14
Entscheidungsjahr: 2015

800 **Eingehende neurologische Untersuchung – gegebenenfalls einschließlich der Untersuchung des Augenhintergrundes –** **195** 26,14 / 11,37 39,78

Neben der Leistung nach Nummer 800 sind die Leistungen nach den Nummern 8, 26, 825, 826, 830, 835 und 1400 nicht berechnungsfähig.

Ausschluss: Neben Nr. 800 sind folgende Nrn. nicht abrechnungsfähig: 8, 26, 825, 826, 830, 835, 1400.

GOÄ-Ratgeber der BÄK: ► **Siehe: Körperliche Untersuchung(en) I**
Dr. med. Anja Pieritz – Deutsches Ärzteblatt 110, Heft 13 (08.07.2013), S. A-1398
http://www.bundesaerztekammer.de/page.asp?his=1.108.4144.4228.11426

► **Eingehende neurologische Untersuchung (Auszug)**
Dr. med. Anja Pieritz – in: Deutsches Ärzteblatt 104, Heft 42 (19.10.2007), Seite A-2904 oder im GOÄ Ratgeber – www.baek.de/page.asp?his=1.108.4144
Eine eingehende neurologischen Untersuchung beinhaltet nach Dr. Pieritz in der Regel: die Untersuchung der Hirnnerven, Reflexe, Motorik, Sensibilität, Koordination, hirnversorgender Gefäße und des Vegetativums.
Der Ansicht einiger Erstattungsstellen (PKV, Beihilfe etc.), die Gebührenziffer 800 könne nur bei vollständiger Erbringung aller aufgeführten Untersuchungen abgerechnet werden, wird von Dr. Pieritz widersprochen. Die Leistung nach Nr. 800 kann nach ihrer Meinung – ebenso formuliert **Brück** – schon dann berechnet werden, wenn mind. 3 der oben aufgelisteten Bereiche untersucht worden sind.

Kommentar: Für die spezielle symptombezogene neurologische Untersuchung kann die GOÄ Nr. Nr. 5 berechnet werden. Nach **Brück** ist der Leistungsinhalt der Nr. 5 schon bei der Untersuchung auch nur eines der Teile des Spektrums des neurologischen Status erfüllt.
Wir halten Ansicht „... die Leistung nach Nr. 800 ist auf das Fachgebiet Neurologie beschränkt ...“ für falsch, da mehrere verschiedene Fachgebiete zur Diagnostik der Patienten – schon aus forensischen Gründen – eine neurologische Untersuchung durchführen müssen.

Tipp: Im Gegensatz zum EBM, der von der ‘Erhebung des vollständigen neurologischen Status’ spricht, wird hier nur von der eingehenden neurologischen Untersuchung gespro-

chen. Damit ist klar, dass auch eine „teilneurologische Untersuchung" mit der GOÄ Nr. 800 abgerechnet werden kann. Ein vollständig erbrachter neurologischer Status im Sinne des EBM ist unserer Meinung nach mit einem höheren Abrechnungsfaktor und mit einer Überschreitung des Schwellenwertes zu versehen.
Wir finden uns hier im Einklang mit: „...Der vollständige neurologische Status des EBM entspricht daher einer besonders aufwendigen eingehenden neurologischen Untersuchung in der GOÄ, für die gemäß § 5 Abs. 2 die Anwendung des Gebührenrahmens, ggf. mit Überschreitung des Schwellenwertes, vorgesehen ist. ...".
Neben der Nr. 800 ist die Nr. 801 am selben Tag abrechnungsfähig, wenn sowohl eine neurologische als auch eine psychiatrische Untersuchung durchgeführt wurde.

801 **Eingehende psychiatrische Untersuchung – gegebenenfalls unter Einschaltung der Bezugs- und/oder Kontaktperson –** **250** 33,52 14,57 51,00

Neben der Leistung nach Nummer 801 sind die Leistungen nach den Nummern 4, 8, 715 bis 718, 825, 826, 830 und 1400 nicht berechnungsfähig.

Ausschluss: Neben Nr. 801 sind folgende Nrn. nicht abrechnungsfähig: 4, 8, 715 – 718, 807, 825, 826, 830, 1400

GOÄ-Ratgeber der BÄK: ► **Eingehende psychiatrische Untersuchung** Dr. med. Anja Pieritz – in: Deutsches Ärzteblatt 104, Heft 44 (02.11.2007), Seite A-3056 – www.bundesaerztekammer.de/page.asp?his=1.108.4144.4275.5755
Es wird im Ratgeber darauf verwiesen, dass wie bei der neurologischen Untersuchung nach Nr. 800 GOÄ auch bei der psychiatrischen Untersuchung nach Nr. 801 nicht alle, aber die meisten, vorgegebenenTeilbereiche untersucht werden.
Hinsichtlich der Einbeziehung von Bezugs- und/oder Kontaktpersonen sind die Nrn. 4 GOÄ und Nr. 835 GOÄ neben Nr. 801 nicht abrechenbar.
Anamnese und Beratung des Patienten sind ggf. nach GOÄ Nrn. 1 oder 3 GOÄ zu berechnen. Allerdings ist Nr. 3 nur als einzige Leistung neben den Untersuchungsleistungen nach GOÄ Nrn. 5, 6, 7, 8, 800 oder 801 ansetzbar.
Wenn bei Erwachsenen die „Erhebung der biografischen Anamnese unter neurosenpsychologischen Gesichtspunkten ..." notwendig ist, kann GOÄ Nr. 860 neben GOÄ Nr. 801 berechnet werden. Bei Kindern und Jugendlichen könnte nach Dr. Pieritz auch zu Beginn einer Behandlung die Nr. 807 GOÄ „Erhebung einer biografisch psychiatrischen Anamnese ..." angesetzt werden.
Die Kombination der GOÄ Nr. 801 mit der Nr. 804 oder der GOÄ Nr. 806 ist nach Dr. Pieritz außer zu Beginn einer Behandlung, nicht automatisch medizinisch notwendig. Ein erneuter Ansatz der Nr. 801 kann aber im Verlauf der Behandlung gerechtfertigt sein, wenn gravierende Änderungen im Krankheitsbild auftreten oder eine neue Erkrankung vorliegt.

Kommentar: Die eingehende **psychiatrische Untersuchung** muss nicht unbedingt alle Aspekte des vollständigen psychiatrischen Status (Bewusstsein, Orientierung, Affekt, Antrieb, Wahrnehmung, Denkablauf, Gedächtnisfunktionen) umfassen; es genügt, wenn einige der Teilaspekte zum Gegenstand einer eingehenden und damit gründlichen Untersuchung gemacht werden. Beschränkt sich die psychiatrische Untersuchung nur auf einen kleinen Teilbereich, ist dies lediglich als symptombezogene Untersuchung nach Nr. 5 berechenbar (vgl. Brück, Komm. z. GOÄ, Nr. 801, RdNr. 1).
Eine psychiatrische Untersuchung , die sich nur auf einen umschriebenen Teilbereich beschränkt und damit nicht die Forderung der Leistungslegende erbringt, ist als symtombezogene Untersuchung nach Nr. 5 abzurechnen.

Tipp:
- Neben der Nr. 801 ist z.B. die Abrechnung der Nrn. 3, 5, 6, 7 möglich.
- Ein vollständiger psychiatrischer Status kann mit einem höheren Multiplikator abgerechnet werden.
- Obwohl in der offiziellen Erläuterung nach der Leistungslegende von Nr. 801 nicht aufgeführt, kann die Nr. 801 nicht neben der Nr. 835 abgerechnet werden, denn im Text der Leistungslegende der Nr. 835 wird davon gesprochen, dass die Fremdanamnese nicht ... in einem zeitlichen Zusammenhang mit einer eingehenden Untersuchung ... durchgeführt werden darf. Dies gilt nur für den zeitlichen Zusammenhang bei ein und demselben Arzt-Patienten-Kontakt und Kontakt der Begleitperson.
- Wird am Vormittag die Diagnostik nach Nr. 801 durchgeführt und am Nachmittag die Fremdanamnese nach Nr. 4, so sind beide Nrn. (mit Zeitangabe) berechnungsfähig. Um Schwierigkeiten zu entgehen, ist aber hinter jeder Abrechnungsnummer der Zeitpunkt, an dem die Leistung erbracht wurde, anzugeben.

GOÄ-Nr.		Punktzahl 1fach	2,3 / *1,8 3,5 / *2,5
804	**Psychiatrische Behandlung durch eingehendes therapeutisches Gespräch – auch mit gezielter Exploration –**	**150** 8,74	20,11 30,60

Ausschluss: Neben Nr. 804 sind folgende Nrn. nicht abrechnungsfähig: 1, 3, 22, 30, 34, 806, 886.

GOÄ-Ratgeber der BÄK: ► **Psychiatrische Gesprächsleistungen: Die medizinische Notwendigkeit zählt** Ulrich Langenberg – in: Deutsches Ärzteblatt 106, Heft 7 (13.02.2009), S. A-312 – www.bundesaerztekammer.de/page.asp?his=1.108.4144.4275.6988

Zur Frage der Nebeneinanderberechnung der GOÄ Nrn. 801 und 804, 806 führt der Autor ein Urteil des Landgerichts Berlin, AZ 7 S 47/07 an, in dem das Gericht den mehrfachen Ansatz der Kombination der Nrn. 801 und 806 bei einer Patientin (chron. bipolare affektive Störung) für statthaft erklärt hat. Das Gericht betonte ausdrücklich, dass für den mehrfachen Ansatz dieser Kombination eine medizinische Notwendigkeit nachgewiesen werden muss.

Langenberg führt weiterhin aus, dass ein Ansatz der GOÄ Nrn. 804 und 806 nebeneinander (für denselben Arzt-Patienten-Kontakt) nicht möglich ist, da die Leistungslegende der Nr. 806 GOÄ die der Nr. 804 GOÄ vollständig einschließt. ...“Auch ein Ansatz neben Gebührennummern für psychotherapeutische Gesprächsleistungen, zum Beispiel nach den Nrn. 849 und 860 bis 871 GOÄ, ist aus inhaltlichen Gründen nicht möglich...“

Nach Langenberg ist die ...“Voraussetzung für den Ansatz der GOÄ Nrn. 804 oder 806 die Erbringung einer psychiatrischen Behandlung; ein anderes „therapeutisches“ oder beratendes Gespräch erfüllt nicht den Leis-[redacted]6 GOÄ...“

[redacted]ur Nr. 801 die Informationen der BÄK.

Ko[redacted]und ggf. auch unter Einschluss mit Angehörigen ist fakultativer [redacted]Die Leistung nach Nr. 804 ist nach unserer Meinung für alle Arzt-[redacted]ig. **Brück** kommentiert: „...Nach Auffassung der Bundesärzte-[redacted]tungen nach den Nr. 804 bis 817 der GOÄ unter berufsrechtlichen Aspekten (Weiterbildungsordnung) nur von Neurologen, Nervenärzten, Psychiatern, Kinder- und Jugendpsychiatern, Allgemeinärzten, Praktischen Ärzten und Kinderärzten abgerechnet werden. Insofern ist die Zuordnung psychiatrischer Leistungen zur Arztgruppe der Internisten problematisch. Während eine solche Zuordnung nach dem Weiterbildungsrecht nicht begründet werden kann, sind zumindest die hausärztlich tätigen Internisten faktisch in die psychiatrische Versorgung der von ihnen betreuten Patienten in nicht unerheblichem Maße eingebunden. Da zudem im Rahmen der mindestens 6-jährigen Weiterbildung zum Internisten in wesentlichem Umfang auch Kenntnisse und Erfahrungen auf dem Gebiet der Psychiatrie erworben werden, sollte gegen die Abrechnung psychiatrischer Leistungsansätze durch Internisten nichts eingewendet werden...“.

Brück merkt ferner an: „...Für die Entscheidung ob (entweder) die Nr. 804 zutreffend ist, sind die Aspekte zu beachten, in denen die Legende der Nr. 806 über die der Legeende Nr. 804 hinausgeht...“

Wezel/Liebold weist in seiner Kommentierung darauf hin, dass die Nrn. 804 und 806 nicht für „präoperative Aufklärungsgespräche oder sonstige zeitaufwendige Beratungsgespräche bei Erkrankungen“ abgerechnet werden dürfen, wenn kein psychischer Hintergrund die Leistung erforderlich macht.

Die **Bayerische Landesärztekammer (BLÄK) informiert** zu den Nummern 804 und 806 im Bayerischen Ärzteblatt 9/2001:

„...Der BLÄK ist bekannt, dass in einigen Seminaren zur GOÄ der analoge Ansatz von psychiatrischen Leistungen für „Therapieerörterungen, länger dauernde Gespräche und dergleichen“ empfohlen wird. Es muss nochmals darauf hingewiesen werden, dass diese Rechnungslegung unzulässig ist.

Es gilt der Grundsatz, dass eventuell abrechnungstechnische Ausschlüsse bei Beratungsleistungen, welche im Abschnitt B der GOÄ enthalten sind, nicht durch einen Abgriff auf psychiatrische oder psychotherapeutische Leistungsziffern umgangen werden können. Eine „Beratung bleibt eine Beratung“, auch wenn diese erheblich vom sonst Üblichen abweicht. Besondere Umstände bei der Ausführung sind lediglich über den Steigerungsfaktor bei der Beratungsleistung erfassbar.

Auch die **Bundesärztekammer** hat dazu bereits eindeutig Stellung bezogen:

„...Der Arzt kann dann Nummern aus dem 800er-Bereich analog heranziehen, wenn er nachvollziehbar begründet, dass die von ihm erbrachte Leistung sich von einer Beratungsleistung nach dem Abschnitt ‚B‘ der GOÄ derart unterscheidet, dass es sich nicht nur um eine besondere Ausführung der Beratung handelt. Dies dürfte im Einzelfall schwierig sein, da der Begriff der ‚Beratung‘ sehr umfassend ist. So ist z.B. auch nur nach den Beratungspositionen aus dem Grundleistungskapitel der GOÄ berechenbar. Werden

GOÄ-Nr.		Punktzahl 1fach	2,3 / *1,8 3,5 / *2,5

Leistungsnummern nach den 800er-Nummern der GOÄ bei entspechender Diagnose, fachgerechter und vollständiger Leistungslegende erbracht, so sind diese von Ärzten aller Fachrichtungen berechnungsfähig. Dann muss aber auch tatsächlich die ‚800er-Leistung' erbracht worden sein und nicht, wie oben ausgeführt, eine Beratungsleistung."
Zur psychotherapeutischen Behandlung vgl. die GOÄ-Nrn. 849 und 861.

Tipp: Die Nr. 804 kann neben den Nrn. 800 und 801 berechnet werden.

806

Psychiatrische Behandlung durch gezielte Exploration und eingehendes therapeutisches Gespräch, auch in akuter Konfliktsituation – gegebenenfalls unter Einschluss eines eingehenden situationsregulierenden Kontaktgesprächs mit Dritten –, Mindestdauer 20 Minuten

Punktzahl **250** – 14,57 – 33,52 – 51,00

Ausschluss: Neben Nr. 806 sind nicht abrechnungsfähig: 1, 3, 4, 22, 30, 34, 725, 804, 812, 817, 835, 885

Kommentar: Die psychiatrische Behandlung nach Nr. 806 schließt nach der Legende ein:
1. die gezielte Exploration ist – im Gegensatz zu Nr. 804 – obligater Bestandteil der Leistung
2. erforderlich ist eine Mindestzeit von 20 Minuten, bezogen auf den einzelnen Arzt-Patienten-Kontakt
3. das Kontaktgespräch mit Dritten ist fakultativer Bestandteil der Leistung
Die GOÄ hat für die Diagnostik psychosomatischer Erkrankungen keine spezielle Abrechnungsnummer.
Brück merkt an: ...„Für die Entscheidung ob (entweder) die Nr. 804 oder die Nr. 806 zutreffend ist, sind die Aspekte zu beachten, in denen die Legende der Nr. 806 über die der Nr. 804 hinausgeht..."
Siehe auch Kommentar zu Nr. 804.

807

Erhebung einer biographischen psychiatrischen Anamnese bei Kindern oder Jugendlichen unter Einschaltung der Bezugs- und Kontaktpersonen mit schriftlicher Aufzeichnung, auch in mehreren Sitzungen

Punktzahl **400** – 23,31 – 53,62 – 81,60

Die Leistung nach Nummer 807 ist im Behandlungsfall nur einmal berechnungsfähig.

Ausschluss: Neben Nr. 807 sind folgende Nrn. nicht abrechnungsfähig: 1, 3, 4, 22, 30, 34, 801, 817, 835, 860, 885

Kommentar: Die Einschaltung der Bezugs/Kontaktpersonen ist notwendiger Bestandteil der Leistung nach Nr. 807. Die Leistung nach Nr. 807 ist nur einmal im Behandlungsfall berechnungsfähig. Als Behandlungsfall der GOÄ gilt bei der gleichen Diagnose der Zeitraum eines Monats.
Weitere ggf. erforderliche Leistungen
- Beratung und Behandlung der Bezugsperson — GOÄ Nr.817
- Kinder- und jugendpsychiatrische Untersuchung — GOÄ Nr. 885
- Kinder- und jugendpsychiatrische Behandlung — GOÄ Nr. 886 und 887

Eine psychiatrische Anamnese bei Erwachsenen ist nicht gesondert berechenbar, sondern ggf. Bestandteil der Nr. 801.

807 analog

Kunsttherapeutische Anamnese und Diagnostik – analog Nr. 807 GOÄ – entsprechend GOÄ § 6 (2)

Punktzahl **400** – 23,31 – 53,62 – 81,60

808

Einleitung oder Verlängerung der tiefenpsychologisch fundierten oder der analytischen Psychotherapie – einschließlich Antrag auf Feststellung der Leistungspflicht im Rahmen des Gutachterverfahrens, gegebenenfalls einschließlich Besprechung mit dem nichtärztlichen Psychotherapeuten –

Punktzahl **400** – 23,31 – 53,62 – 81,60

Ausschluss: Neben Nr. 808 sind folgende Nrn. nicht abrechnungsfähig: 1, 3, 22, 30, 34

Kommentar: Nr. 808 ist nur abrechenbar, wenn die Antragstellung im Rahmen eines Gutachterverfahrens erfolgt. Eine zusätzliche Berechnung der Nrn. 80 oder 85 ist dann ausgeschlossen.

Rechtsprechung: **Antrag nach Nr. 808 GOÄ nicht gesondert abrechenbar nach Nr. 85 GOÄ**
Die in der Geb.Nr. 808 aufgeführte Antragstellung hat nicht nur das Ausfüllen des For-

mulars zum Inhalt, sondern auch die Erstellung des erforderlichen Berichts. Eine gesonderte Geltendmachung der Geb.Nr. 85 GOÄ (ausführliches Gutachten) ist somit ausgeschlossen. Dies gilt dann auch für eine Schreibgebühr nach Geb.Nr. 95 GOÄ (vgl. dazu auch OVG Nordrhein-Westfalen, 18.09.2012, AZ: 1 A 2836/10)
Aktenzeichen: VerwG München, 24.10.2013, AZ: M 17 K 13.3243
Entscheidungsjahr: 2013

808 analog **Einleitung oder Verlängerung der Verhaltenstherapie** **400** 23,31 53,62 81,60
Häufigkeit Erhebung: Zur Antragsstellung oder zum Verlängerungsantrag

812 **Psychiatrische Notfallbehandlung bei Suizidversuch auch anderer psychischer Dekompensation durch sofortige Intervention und eingehendes therapeutisches Gespräch** **500** 29,14 67,03 102,00

Ausschluss: Neben Nr. 812 sind folgende Nrn. nicht abrechnungsfähig: 1, 3, 22, 30, 34, 804, 806, 886

Kommentar: Die Akut- oder Sofortintervention ist im Gegensatz zur psychiatrischen Behandlung nach Nr. 806 mit keinerlei Zeitvorgabe versehen. Werden in der Folge weitere Behandlungen durchgeführt, so sind diese nach den entsprechenden Nrn. 804, 806 oder 849 abzurechnen. Dies bedeutet nicht, dass, wenn erneut eine psychiatrische Notfallbehandlung notwendig ist, diese auch mehrmals durchgeführt werden kann. Muss eine Notfallbehandlung mehrmals an einem Tag durchgeführt werden, dann ist es sinnvoll, die Uhrzeit anzugeben.

816 **Neuropsychiatrische Behandlung eines Anfallkranken mit Kontrolle der Anfallaufzeichnung – gegebenenfalls mit medikamentöser Ein- oder Umstellung und auch mit Einschaltung von Kontaktpersonen –** **180** 10,49 24,13 36,72

Ausschluss: Neben Nr. 817 sind folgende Nrn. nicht abrechnungsfähig: 1, 3, 4, 34, 804.

Kommentar: Die Abrechnung der psychiatrischen Beratung der Bezugsperson eines psychisch gestörten Kindes oder Jugendlichen erfolgt immer zu Lasten des Kindes oder Jugendlichen. Dies ist auch dann der Fall, wenn es sich um therapeutische Maßnahmen innerhalb einer Familie handelt, wie z.B. Beratung der Eltern, im Hinblick auf die Erläuterung geplanter therapeutischer Maßnahmen. Die Leistung kann mehrmals abgerechnet werden, wenn auch mehrmals die Beratung einer Bezugsperson oder Bezugspersonen erforderlich ist.

817 **Eingehende psychiatrische Beratung der Bezugsperson psychisch gestörter Kinder oder Jugendlicher anhand erhobener Befunde und Erläuterung geplanter therapeutischer Maßnahmen** **180** 10,49 24,13 36,72

Ausschluss: Neben Nr. 816 sind folgende Nrn. nicht abrechnungsfähig: 1, 3, 4, 34, 804.

825 **Genaue Geruchs- und/oder Geschmacksprüfung zur Differenzierung von Störungen der Hirnnerven, als selbständige Leistung** **83** 4,84 11,13 16,93

Ausschluss: Neben Nr. 825 sind folgende Nrn. nicht abrechnungsfähig: 800, 801.

826 **Gezielte neurologische Gleichgewichts- und Koordinationsprüfung – gegebenenfalls einschließlich kalorisch-otologischer Prüfung –** **99** 5,77 13,27 20,20
Neben der Leistung nach Nummer 826 ist die Leistung nach Nummer 1412 nicht berechnungsfähig.

Ausschluss: Neben Nr. 826 sind folgende Nrn. nicht abrechnungsfähig: 800, 801, 1412

827 **Elektroenzephalographische Untersuchung – auch mit Standardprovokationen –** **605** 35,26 81,11 123,42

Ausschluss: Neben Nr. 827 sind folgende Nrn. nicht abrechnungsfähig: 827a, 1409

Beschluss BÄK: ► **„Kleines Schlaflabor" – Kardiorespiratorische Polygraphie** Ausschnitt aus Beschluss des Ausschusses „Gebührenordnung" der Bundesärztekammer zum „Kleinen Schlaflabor und Großen Schlaflabor" – Stand: 20.02.2004 veröffentlicht in: Deutsches Ärzteblatt 101, Heft 8 (20.02.2004), Seite A-526–A-527 – www.baek.de/page.asp?his=1.108.4144.4261.4263.4264

GOÄ-Nr. Punktzahl 2,3 / *1,8
1fach 3,5 / *2,5

„Der Leistungskomplex der kardiorespiratorischen Polygraphie (so genanntes „Kleines Schlaflabor") setzt sich aus folgenden Leistungen zusammen:
- EKG über mindestens sechs Stunden Dauer, analog Nr. 653 GOÄ.
- Messung der Sauerstoffsättigung übermindestens sechs Stunden Dauer, Zuordnung zu Nr. 602 GOÄ.
- Kontinuierliche Atemflussmessung an Mund und Nase über mindestens sechs Stunden, Zuordnung zu Nr. 605 GOÄ.
- Kontinuierliche Registrierung der Körperlage mittels Lagesensoren über mindestens sechs Stunden, analog Nr. 714 GOÄ.
- Fakultativ: Kontinuierliche Videokontrolle der Korrelation von elektrophysiologischer Aufzeichnung und Verhaltensbefund über mindestens sechs Stunden, analog Nr. 5295 GOÄ.
- Fakultativ: Kontrolle der Beatmung unter nCPAP oder BiPAP-Bedingungen, analog Nr. 427.

Die Voraussetzungen zur Anerkennung der einzelnen Leistungen im Rahmen der kardiorespiratorischen Polygraphie sind dann erfüllt, wenn jeweils eine kontinuierliche Registrierung beziehungsweise Überwachung über eine mindestens sechsstündige Schlafphase erfolgt. Die jeweilige Dokumentation der einzelnen elektrophysiologischen Messdaten sowie der einfache Befundbericht sind mit den in Ansatz gebrachten Gebührenpositionen abgegolten.

► **Großes Schlaflabor – Polysomnographie –** www.baek.de/page.asp?his=1.108.4144.4261.4263.4265
Der Leistungskomplex der Polysomnographie (so genanntes „Großes Schlaflabor") setzt sich aus folgenden Leistungen zusammen:
- EEG-Aufzeichnung übermindestens sechs Stunden, Zuordnung zu Nr. 827.
- EOG-Registrierung übermindestens sechs Stunden, Zuordnung zu Nr. 1237.
- EKG-Registrierung über mindestens sechs Stunden, analog Nr. 653.
- Kontinuierliche Messung der Sauerstoffsättigung über mindestens sechs Stunden, Zuordnung zu Nr. 602.
- Kontinuierliche Atemflussmessung an Mund und Nase über mindestens sechs Stunden, Zuordnung zu Nr. 605.
- Kontinuierliche EMG-Registrierung an wenigstens zwei Muskelgruppen über mindestens sechs Stunden, analog Nr. 839.
- Kontinuierliche Körperlagebestimmung mittels Lagesensoren über mindestens sechs Stunden, analog Nr. 714.
- Kontinuierliche Videokontrolle der Korrelation von elektrophysiologischen Messdaten und Verhaltensbefund über mindestens sechs Stunden, analog Nr. 5295.
- Fakultativ: Kontrolle der Beatmung unter nCPAP-/BiPAP-Bedingungen, analog Nr. 427.
- Fakultativ: Schulung und Training des Patienten im Gebrauch einer n-CPAP-/oder BiPAP-Beatmungsmaske, analog Nr. 518.

► **Polygraphische Vigilanzmessung am Tag (Schlafmedizinische Leistungen)**
Empfehlung des Ausschusses „Gebührenordnung" der Bundesärztekammer – die mit dem Verband der privaten Krankenversicherung, dem BMG, BMI abgestimmt wurde:
Der Leistungskomplex der polygraphischen Vigilanzmessung am Tag setzt sich aus den nachfolgenden Leistungen zusammen:
- EEG nach Nr. 827, einmal pro Untersuchungstag
- EOG nach Nr. 1237, einmal pro Untersuchungstag
- EMG nach Nr. 838, einmal pro Untersuchungstag.

Die Messung der Hirn- und Muskelaktivitäten durch EEG, EOG und EMG über jeweils mindestens 20 Minuten muss an einem Untersuchungstag mindestens viermal in jeweils 2-stündigem Abstand gemessen werden.

GOÄ-Ratgeber der BÄK: ► **Videoüberwachung bei idiopathischem Parkinsonsyndrom**
Dipl.-Oek. Dr. med. Ursula Hofer in Deutsches Ärzteblatt 105, Heft 47 (21.11.2008), S. A-2546 – www.bundesaerztekammer.de/page.asp?his=1.108.4144.4275.6833
Dr. Hofer erklärt: ...„Das Videomonitoring bei Patienten mit Parkinsonsyndrom ist einmal pro Tag, maximal 30-mal im einem Kalenderjahr berechnungsfähig und sollte grundsätzlich nicht länger als zwei Tage unterbrochen werden. Pro Sitzung ist die Nr. 827a analog nach § 6 Absatz 2 GOÄ anzusetzen.
Dem variablen Zeitaufwand für anfängliche Patientenschulungen oder bei auftretenden Problemen wird der Gebührenrahmen nach § 5 Absatz 2 GOÄ mit der Wahl des jeweiligen Steigerungsfaktors gerecht..."

Kommentar: Werden bei **einem** Arzt-Patienten-Kontakt sowohl ein EEG als auch eine Messung der Hirnpotentiale durchgeführt, sind die Leistungen nach den Nrn. 827 und 828 nebeneinander berechnungsfähig.

827a **Langzeit-elektroenzephalographische Untersuchung von mindestens 18 Stunden Dauer – einschließlich Aufzeichnung und Auswertung** **950** 127,36 55,37 193,81

Ausschluss: Neben Nr. 827a sind folgende Nrn. nicht abrechnungsfähig: 827, 1409

GOÄ-Ratgeber der BÄK: Siehe unter Nr. 827

GOÄ-Nr. | Punktzahl 1fach | 2,3 / *1,8 3,5 / *2,5

Beschluss BÄK: **Beschluss des Gebührenordnungsausschusses der BÄK – Dt. Ärzteblatt, Heft 7, 15.2.02**
Prächirurgische Epilepsiediagnostik
Prächirurgische epilepsiediagnostische Langzeitaufzeichnung mittels kontinuierlichem, iktuale und interiktuale Ereignisse registrierenden Vielkanal-Video-EEG-Monitoring und simultaner Doppelbildaufzeichnung unter Benutzung von Oberflächen- und/oder Sphenoidalelektroden einschl. Provokationstests, von mindestens 24 Stunden Dauer, analog Nr. 827a GOÄ (950 Punkte) + analog Nr. 838 GOÄ (550 Punkte) + analog Nr. 860 GOÄ (920 Punkte), bis zu sechsmal im Behandlungsfall.
Prächirurgische Intensivüberwachung eines Epilepsie-Patienten durch den Neurologen im Zusammenhang mit der Durchführung eines iktualen SPECT, einschl. aller diesbezüglich erforderlichen ärztlichen Interventionen, von mindestens 24 Stunden Dauer, **analog Nr. 827a** GOÄ (50 Punkte) bis zu sechsmal im Behandlungsfall.
Prächirurgische epilepsiediagnostische kortikale Elektrostimulation, einschl. Aufzeichnung und Auswertung **analog Nr. 839** GOÄ (700 Punkte).
Unabdingbare Voraussetzung einer operativen Behandlung der Epilepsie ist eine exakte prächirurgische Diagnostik, die sich, abgesehen von der Langzeitbeobachtung unter Intensivüberwachungsbedingungen, aus einem Bündel von ärztlichen Interventionen zusammen setzt. Für die besonderen Maßnahmen, die im Zusammenhang mit der Durchführung eines iktualen SPECT durch den Neurologen erbracht werden müssen, hält der Ausschuss „Gebührenordnung" eine **Analogbewertung nach** Leistungsnummer **827a** GOÄ für sachgerecht. Bei der Messung intracranieller kognitiver Potenziale und der kortikalen Elektrostimulation handelt es sich um fakultative invasive Maßnahmen.

Kommentar: Beim Video-EEG und beim -Brain-mapping erscheint ein Überschreiten des Schwellenwertes nach § 5 Abs. 2GOÄ wegen der Schwierigkeiten gerechtfertigt..

827a analog | **Prächirurgische epilepsiediagnostische Langzeitaufzeichnung mittels kontinuierlichem, iktuale und interiktuale Ereignisse registrierenden Vielkanal-Video-EEG-Monitoring und simultaner Doppelbildaufzeichnung unter Benutzung von Oberflächen- und/ oder Sphenoidalelektroden einschl. Provokationstests, von mindestens 24 Stunden Dauer, analog Nr. 827a GOÄ (950 Punkte) + analog Nr. 838 GOÄ (550 Punkte) + analog Nr. 860 GOÄ (920 Punkte), bis zu sechsmal im Behandlungsfall.**
Prächirurgische Intensivüberwachung eines Epilepsie-Patienten durch den Neurologen im Zusammenhang mit der Durchführung eines iktualen SPECT, einschl. aller diesbezüglich erforderlichen ärztlichen Interventionen, von mindestens 24 Stunden Dauer, analog Nr. 827a GOÄ (950 Punkte) bis zu sechsmal im Behandlungsfall. – n. Beschlüssen des Ausschusses „Gebührenordnung" der BÄK | **2420** 141,05 | 328,43 493,70

Addition der einzelnenLeistungen

GOÄ Nr.	Pkte.	1fach €	2,3fach €	3,5fach €
827a	950	55,37	127,36	193,81
838	550	32,06	77,73	112,20
860	920	53,62	123,34	187,69
Endsummen	2420	141,05	328,43	493,70

828 | **Messung visuell, akustisch oder sensosensorisch evozierter Hirnpotentiale (VEP, AEP, SSP)** | **605** 35,26 | 81,11 123,42

Ausschluss: Neben Nr. 828 sind folgende Nrn. nicht abrechnungsfähig: 1409

828 analog | **Elektrophysiologische Stimulation zur Bestimmung der Leitungs- u. Refraktärzeitbestimmung zur Beurteilung der Automatie und/ oder Auslösbarkeit von Tachyarrhythmien jeweils pro eingeführtem Elektrokatheter (s. Leistungskomplex – (analog Nr. 828 GOÄ) Elektrophysiologische Untersuchung am Herzen (s Elektrophysiologische Untersuchung am Herzen – (analog Nr. 828 GOÄ) – n. Empfehlung der BÄK Ziffern der PVS** | **605** 35,26 | 81,11 123,42

Kommentar: Werden Messungen unterschiedlicher evozierter Hirnpotentialen (VEP, AEP, SSP) durchgeführt, ist die Nr. 828 (unter Angabe der Untersuchung) mehrfach berechenbar. Neben Nr. 828 ist Nr. 827 abrechenbar.

GOÄ-Nr.	Leistung	Punktzahl / 1fach	2,3 / 3,5
829	**Sensible Elektroneurographie mit Oberflächenelektroden – gegebenenfalls einschließlich Bestimmung der Rheobase und der Chronaxie –**	**160** 9,33	21,45 32,64

Ausschluss: Neben Nr. 829 sind folgende Nrn. nicht abrechnungsfähig: 838 – 840, 1409

GOÄ-Nr.	Leistung	Punktzahl / 1fach	2,3 / 3,5
829 analog	**Isolierte Bestimmung der mot. Nervenleitgeschwindigkeit – (analog Nr. 829 GOÄ) – n. Empfehlung von Analog Ziffern der PVS**	**160** 9,33	21,45 32,64
830	**Eingehende Prüfung auf Aphasie, Apraxie, Alexie, Agraphie, Agnosie und Körperschemastörungen**	**80** 4,66	10,72 16,32

Ausschluss: Neben Nr. 830 sind folgende Nrn. nicht abrechnungsfähig: 800, 801

GOÄ-Nr.	Leistung	Punktzahl / 1fach	2,3 / 3,5
831	**Vegetative Funktionsdiagnostik – auch unter Anwendung pharmakologischer Testmethoden (z.B. Minor) einschließlich Wärmeanwendung und/oder Injektionen –**	**80** 4,66	10,72 16,32
832	**Befunderhebung am Nervensystem durch Faradisation und/oder Galvanisation**	**158** 9,21	21,18 32,23

Kommentar: Die **Bundesärztekammer** stellt fest: die bioelektrische Funktionsdiagnostik wird häufig mit Vega-Test oder ähnlichen Geräten durchgeführt. Sie damit verbundenen Umstände sind u.E. am ehesten durch eine analoge Anwendung der GOÄ-Nr. 832 (Befunderhebung am Nervensystem durch Faradisation und/oder Galvanisation) erfassbar.

Analog: Nr. 832 analog für Elektroakupunktur nach Voll (EAV) ansetzen.

GOÄ-Nr.	Leistung	Punktzahl / 1fach	2,3 / 3,5
832 analog	**Elektroakupunktur nach Voll (EAV) – (analog Nr. 832 GOÄ) – n. Empfehlung von Analog Ziffern der PVS**	**158** 9,21	21,18 32,23

Kommentar: Die Elektroakupunktur nach Voll fällt nicht unter die Leistungen nach den Nrn. 269 und 269a, sondern ist analog nach der Nr. 832 berechnungsfähig. Interessanterweise führen die Autoren Brück et alii in ihrem Kommentar zur GOÄ aus: „...Der Analogabgriff in der GOÄ muss unabhängig davon möglich sein, dass die Elektroakupunktur nach Voll keine wissenschaftlich allgemein anerkannte Leistung darstellt. ..."

Rechtsprechung: **Keine Leistungspflicht einer PKV bei Elektro-Akupunktur nach Voll**
Bei einer EAV handelt es sich nicht um eine nach objektiven medizinischen Erkenntnissen als notwendig anzusehende Heilbehandlung. Für eine PKV besteht daher bei einer Behandlung keine Verpflichtung zur Übernahme der Kosten
Aktenzeichen: OLG Frankfurt, 25.09.2002, AZ: 7 U 120/97
Entscheidungsjahr: 2002

GOÄ-Nr.	Leistung	Punktzahl / 1fach	2,3 / 3,5
833	**Begleitung eines psychisch Kranken bei Überführung in die Klinik – einschließlich Ausstellung der notwendigen Bescheinigungen –** Verweilgebühren sind nach Ablauf einer halben Stunde zusätzlich berechnungsfähig.	**285** 16,61	38,21 58,14

Ausschluss: Neben Nr. 833 ist folgende Nr. nicht abrechnungsfähig: 55

Kommentar: Die Verweilgebühr nach Nr. 56 dürfte auch für die Dauer der Rückfahrt anzusetzen sein.

GOÄ-Nr.	Leistung	Punktzahl / 1fach	2,3 / 3,5
835	**Einmalige, nicht in zeitlichem Zusammenhang mit einer eingehenden Untersuchung durchgeführte Erhebung der Fremdanamnese über einen psychisch Kranken oder über ein verhaltensgestörtes Kind**	**64** 3,73	8,58 13,06

Ausschluss: Neben Nr. 835 sind folgende Nrn. nicht abrechnungsfähig: 1, 3, 4, 22, 30, 34, 806, 807, 817, 860

GOÄ-Nr.		Punktzahl / 1fach	2,3 / *1,8 / 3,5 / *2,5
836	**Intravenöse Konvulsionstherapie**	**190** / 11,07	25,47 / 38,76
837	**Elektrische Konvulsionstherapie**	**273** / 15,91	36,60 / 55,69
838	**Elektromyographische Untersuchung zur Feststellung peripherer Funktionsstörungen der Nerven und Muskeln**	**550** / 32,06	73,73 / 112,20

Kommentar: Die Abrechnung der Nrn. 838 und 839 nebeneinander ist bei verschiedenen Untersuchungen möglich, die an verschiedenen Bereichen gemacht werden. **Brück** zählt dazu z.B. auf: Nr. 838 Untersuchung der Unterschenkelmuskulatur + Nr. 839 für Untersuchung der Fußmuskulatur und der Nervi tibialis und peronei.

838 analog	**pulsierende Signaltherapie (PST) – (analog Nr. 838 GOÄ) – n. Empfehlung von Analog Ziffern der PVS**	**550** / 32,06	73,73 / 112,20
839	**Elektromyographische Untersuchung zur Feststellung peripherer Funktionsstörungen der Nerven und Muskeln mit Untersuchung der Nervenleitungsgeschwindigkeit**	**700** / 40,80	93,84 / 142,80

Beschluss BÄK: **Beschluss des Gebührenordnungsausschusses der BÄK – Dt. Ärzteblatt, Heft 7, 15.2.02**
Siehe auch unter Nr. 827a

Kommentar: Siehe Kommentar zu Nr. 838.

839 analog	**1. Prächirurgische epilepsiediagnostische kortikale Elektrostimulation, einschl. Aufzeichnung und Auswertung (analog Nr. 839 GOÄ) – n. Abrechnungsempfehlung der BÄK –**	**700** / 40,80	93,84 / 142,80

Unabdingbare Voraussetzung einer operativen Behandlung der Epilepsie ist eine exakte prächirurgische Diagnostik, die sich, abgesehen von der Langzeitbeobachtung unter Intensivüberwachungsbedingungen, aus einem Bündel von ärztlichen Interventionen zusammen setzt. Für die besonderen Maßnahmen, die im Zusammenhang mit der Durchführung eines iktualen SPECT durch den Neurologen erbracht werden müssen, hält der Ausschuss „Gebührenordnung" eine Analogbewertung nach Leistungsnummer 827a GOÄ für sachgerecht. Bei der Messung intracranieller kognitiver Potenziale und der kortikalen Elektrostimulation handelt es sich um fakultative invasive Maßnahmen.

2. kontinuierl. EMG-Registrierung an mind. zwei Muskelgruppen) (analog Nr. 839 GOÄ) – n. Beschluss des Gebührenordnungsauschusses der BÄK –

3. transkranielle Magnetstimulation (analog Nr. 839 GOÄ) – n. Empfehlung von Analog Ziffern der PVS

GOÄ-Ratgeber der BÄK: **Abrechnung der tiefen Hirnstimulation**
Dr. med. Hermann Wetzel, M. Sc in Deutsches Ärzteblatt 111, Heft 4 (24.01.2014), S. A-138 - http://www.bundesaerztekammer.de/aerzte/gebuehrenordnung/goae-ratgeber/abschnitt-g-neurologie-psychiatrie-und-psychotherapie/tiefe-hirnstimulation/

Der Autor führt u. a. aus: ..."Die tiefe Hirnstimulation stellt eine wirksame Behandlungsmaßnahme bei Erkrankungen der Basalganglien wie Tremor, Parkinson-Syndromen oder Dystonien dar, wenn diese anders nicht hinreichend therapierbar sind. ..

... Vor dem Eingriff sind bildgebende Untersuchungen als Grundlage für die optimale Zielpunktbestimmung und Implantation der Elektroden essenziell. Für das präoperative Anlegen des Stereotaxierahmens und die nachfolgende Computertomographie des Schädels zur Planung und Navigation können die GOÄ-Nrn. 5378 und 5377 angesetzt werden.

Die Fusion dieser Bilddaten mit präoperativ angefertigten MRT-Bildern zur Festlegung der Zielpunkte wird gemäß der GOÄ-Nr. 2562 berechnet, wobei ein gegebenenfalls erhöhter Aufwand durch Wahl eines höheren Steigerungsfaktors berücksichtigt werden kann. ...

... Die elektrophysiologischen Untersuchungen, welche bei der Implantation von Stimulationselektroden zur Festlegung des optimalen Stimulationsortes durchgeführt werden, fallen nicht unter das Zielleistungsprinzip, sondern sind als eigenständige Untersuchungstechniken separat abrechenbar. Je definitiv implantierter Elekt-

rode und Sitzung kann für die Ableitung(en) aus dem Kerngebiet der analoge Ansatz der GOÄ-Nr. 828 gewählt werden, für die Stimulation(en) wäre jeweils die GOÄ-Nr. 839 analog berechnungsfähig. Auch hier sollte ein erhöhter Aufwand durch Wahl eines höheren Steigerungsfaktors berücksichtigt werden...
... Für die Durchführung der Bohrlochtrepanation sowie die Implantation der Reizelektroden ist die Nr. 2561 GOÄ anzusetzen. Die Leistungslegende der Nr. 2561 GOÄ beschreibt zwar die Implantation von Reizelektroden im Plural, ist jedoch hinsichtlich des Zugangs in Form einer Trepanation auf den Singular abgestellt. Bei einer bilateralen, beide Hirnhemisphären betreffenden Implantation von Stimulationselektroden ist gebührenrechtlich von zwei getrennten Prozeduren auszugehen. Bei beidseitigen Eingriffen mit zwei getrennten Operationszugängen ist folglich eine Abrechnung der Leistungen nach GOÄ-Nrn. 2561 und 2562 jeweils pro Seite sachgerecht..."

840	**Sensible Elektroneurographie mit Nadelelektroden – gegebenenfalls einschließlich Bestimmung der Rheobase und der Chronaxie**	**700** 40,80	93,84 142,80
842	**Apparative isokinetische Muskelfunktionsdiagnostik**	**500** 29,14	67,03 102,00
	Die Leistung nach Nummer 842 ist im Behandlungsfall nur einmal berechnungsfähig.		
842 analog	**1. Eingangsuntersuchung zur medizinischen Trainingstherapie, einschl. biomechanischer Funktionsanalyse der Wirbelsäule, spezieller Schmerzanamnese und ggf. anderer funktionsbezogener Messverfahren sowie Dokumentation (analog Nr. 842) – n. Abrechnungsempfehlung der BÄK** **2. Sensible Elektroneurographie – analog Nr. 840 GOÄ – entsprechend GOÄ § 6 (2)** **3. Bioresonanzdiagnostik analog Nr. 840 – entsprechend GOÄ § 6 (2)**	**500** 29,14	67,03 102,00

Beschluss BÄK:

Beschluss des Gebührenordnungsausschusses der BÄK (Dt. Ärzteblatt, Heft 3, 18.2.02)
Analogbewertung der medizinischen Trainingstherapie
Eingangsuntersuchung zur medizinischen Trainingstherapie, einschl. biomechanischer Funktionsanalyse der Wirbelsäule, spezieller Schmerzanamnese und ggf. anderer funktionsbezogener Messverfahren sowie Dokumentation **analog Nr. 842** GOÄ (500 Punkte).
Die Berechnung einer Kontrolluntersuchung **analog Nr. 842** ist nicht vor Abschluss der Behandlungsserie möglich.
Medizinische Trainingstherapie mit Sequenztraining einschl. progressiv-dynamischem Muskeltraining mit speziellen Therapiemaschinen (z.B. MedX-Ce-/ und/oder LE-Therapiemaschinen) **analog Nr. 846** (150 Punkte), zuzüglich zusätzliches Geräte-Sequenztraining **analog Nr. 558** GOÄ (je Sitzung, 120 Punkte), zuzüglich begleitende krankengymnastische Übungen nach **Nr. 506** GOÄ (120 Punkte).
Die Nrn. 846 analog, 558 analog und 506 analog sind **pro Sitzung jeweils einmal berechnungsfähig.**
Eine Behandlungsserie kann maximal bis zu 25 Sitzungen umfassen. Die Durchführung jeder einzelnen Trainingssitzung muss unter ärztlicher Aufsicht erfolgen. Unter dem Begriff „Medizinische Trainingstherapie mit Sequenztrainingsgeräten" fallen beispielsweise spporttherapeutische Trainingskonzepte wie die MedX-Therapie, die medizinische Kräftigungstherapie der Gesellschaft für Medizinische Kräftigungstherapie (GMKT) sowie das Trainingskonzept des Forschungs- und Präventionszentrums (FPZ) Köln. Wie bei allen Methoden der physikalischen und rehabilitativen Medizin ist die Durchführung therapeutischer, aber auch diagnostischer Leistungsbestandteile teilweise delegationsfähig an speziell geschultes medizinisches Personal. Allerdings müssen Therapieplanung und Ergebniskontrolle zwinged durch einen Arzt erfolgen; während der therapeutischen Sitzung ist eine ärztliche Aufsicht zu gewährleisten. Fitness- und Krafttrainingsmethoden, die, auch wenn sie an identischen Trainingsgeräten (z.B. MedX-Therapiemaschinen) mit gesundheitsfördernder Zielsetzung durchgeführt werden, nicht den Anforderungen der ärztlich geleiteten medizinischen Trainingstherapie entsprechen, sind nicht als nach GOÄ abrechnungsfähige ärztlichen Leistung anzuerkennen.
Im Deutschen Ärzteblatt (Heft 8, 22.2.02) informiert Dr. R. Klakow-Franck:
„... Die Anerkennung eines Muskeltrainingsprogramms als ärztliche Leistung im Sinne der GOÄ setzt voraus, dass es sich hierbei um eine auf den individuellen Krankheitsfall abgestimmte therapeutische Maßnahme unter ärztlicher Anleitung handelt. In diesem Fall ist die Abrechnung der GOÄ-Nr. 842 analog für die Diagnostik vor Beginn der Behandlungsserie (zwischen 10 und 25 Sitzungen) und der Nr. 846 analog plus Nr. 558 analog plus Nr. 506 für jeweils eine Sitzung der medizinischen Trainingstherapie berechtigt. Dies schließt nicht aus, dass die Überwachung des Trainings teilweise an speziell geschulte Physiotherapeuten delegiert werden kann..."

Auf einen Blick
Abrechnung von Spezialbereichen: Medizinische Trainingstherapie

GOÄ Nr.	Legende	2,3/1,8*
842 analog	**Eingangsuntersuchung zur med.Trainingstherapie, einschl. biomechanischer Funktionsanalyse der Wirbelsäule, spezieller Schmerzanamnese u. ggf. anderer funktionsbezogener Messverfahren sowie Dokumentation** (analog Nr. 842) – n. Abrechnungsempfehlung der BÄK	67,03
846 Analog	**Med. Trainingtherapie mit Sequenztraining einschl. progressiv-dynamischem Muskeltraining m. Therapiemaschinen-** analog Nr. 846 GOÄ – entsprechend GOÄ § 6 (2) ***– zzgl. Geräte – Sequenztraining nach 558* analog***	20,11
558* analog	**Geräte –Sequenztraining** – analog Nr. 558*– entsprechend GOÄ § 6 (2)	12,59
506*	**Krankengymnastische Ganzbehandlung als Einzelbehandlung – einschließlich der erforderlichen Massage(n) –**	12,59
842 analog	**Kontrolluntersuchung am Ende der Behandlungsserie –** (analog Nr. 842) – n. Abrechnungsempfehlung der BÄK	67,03

Beschluss des Ausschusses „Gebührenordnung“ der Bundesärztekammer
Stand: 18.01.2002 – veröffentlicht in: Deutsches Ärzteblatt 99, Heft 3 (18.01.2002), Seite A-144–145:
... „Die Nrn. 846 analog, 558 analog und 506 sind pro Sitzung jeweils einmal berechnungsfähig...
... Eine Behandlungsserie kann maximal bis zu 25 Sitzungen umfassen. Die Durchführung jeder einzelnen Trainingssitzung muss unter ärztlicher Aufsicht erfolgen. Unter den Begriff „Medizinische Trainingstherapie mit Sequenztrainingsgeräten“ fallen beispielsweise sporttherapeutische Trainingskonzepte wie die MedX-Therapie, die medizinische Kräftigungstherapie der Gesellschaft für Medizinische Kräftigungstherapie (GMKT) sowie das Trainingskonzept des Forschungs- und Präventionszentrums (FPZ)/Köln. ..
... Wie bei allen Methoden der physikalischen und rehabilitativen Medizin ist die Durchführung therapeutischer, aber auch diagnostischer Leistungsbestandteile teilweise delegationsfähig an speziell geschultes medizinisches Personal. Allerdings müssen Therapieplanung und Ergebniskontrolle zwingend durch einen Arzt erfolgen; während der therapeutischen Sitzung ist eine ärztliche Aufsicht zu gewährleisten. Fitness- und Krafttrainingsmethoden, die, auch wenn sie an identischen Trainingsgeräten (z. B. MedX-Therapiemaschinen) mit gesundheitsfördernder Zielsetzung durchgeführt werden, nicht den Anforderungen der ärztlich geleiteten medizinischen Trainingstherapie entsprechen, sind nicht als nach GOÄ abrechnungsfähige ärztliche Leistung anzuerkennen...“

Medizinische Trainingstherapie mit Sequenztraining einschließlich progressiv-dynamischem Muskeltraining mit speziellen Therapiemaschinen (z. B. MedX-CE-/und/oder LE-Therapiemaschinen)

Abrechnung

GOÄ Nr.	Legende	2,3/1,8*
846 analog	**Med. Trainingtherapie mit Sequenztraining einschl. progressiv-dynamischem Muskeltraining m. Therapiemaschinen-** analog Nr. 846 GOÄ – entsprechend GOÄ § 6 (2) ***– zzgl. Geräte – Sequenztraining nach 558* analog***	20,11
558* analog	**Geräte-Sequenztraining** – analog Nr. 558* – entsprechend GOÄ § 6 (2)	12,59
506*	**Krankengymnastische Ganzbehandlung als Einzelbehandlung – einschließlich der erforderlichen Massage(n) –**	12,59

Die Nrn. 846 analog, 558 analog und 506 sind pro Sitzung jeweils einmal berechnungsfähig.

845 **Behandlung einer Einzelperson durch Hypnose** **150** 8,74 20,11 30,60

Ausschluss: Neben Nr. 845 ist folgende Nr. nicht abrechnungsfähig: 849

GOÄ-Nr.		Punktzahl / 1fach	2,3 / *1,8 / 3,5 / *2,5
846	**Übende Verfahren (z.B. autogenes Training) in Einzelbehandlung, Dauer mindestens 20 Minuten**	**150** / 8,74	20,11 / 30,60

Ausschluss: Ausschlußnummer: Neben Nr. 846 sind folgende Nrn. nicht abrechnungsfähig: 725, 849

Kommentar:
- Die Bio-Feedback-Behandlung kann nach Nr. 846 abgerechnet werden.
- Siehe auch **Beschluss** unter Nr. 842.

Recht-sprechung: **Nicht-ärztliche Leistungen als wahlärztliche Leistungen**

Fraglich ist die Abrechenbarkeit von „übenden Verfahren" nach den Nrn. 846 und 847 GOÄ aus dem Bereich der Psychiatrie und Psychotherapie bei einer stationären Privatbehadlung als wahlärztliche Leistungen, wenn die Leistungen nicht vom Arzt, sondern von nicht-ärztlichen Mitarbeitern erbracht werden. Das OLG Köln hat entschieden, dass die Übertragung solcher Leistungen an nicht-ärztliches Personal zum Verlust der Abrechnungsmöglichkeit als wahlärztliche Leistung führt. Die Leistungen nach den Nrn. 846 und 847 wurden nicht vom Arzt erbracht. Diagnostische und therapeutische Leistungen können nur dann gesondert berechnet werden, wenn sie vom Arzt geleistet werden. Die bloße Anordnung der Leistungen durch den Arzt ist nicht ausreichend. Dem steht auch nicht § 4 Abs. 2 S. 1,3 GOÄ entgegen; denn danach sind nur selbständige ärztliche Leistungen berechenbar, die der Arzt selbst erbracht hat oder unter seiner Aufsicht nach fachlicher Weisung erbracht werden.

Aktenzeichen: OLG Köln, 25.08.2008, AZ: 5 U 243/07

Entscheidungsjahr: 2008

IGeL: Entspannungstechniken, Biofeedback-Therapie, Farbtherapie (analog), Musiktherapie, Quigong. Analog für Feldenkrais-Methode

846 analog	**Analog Nr. 846 GOÄ – entsprechend GOÄ § 6 (2) ansetzbar für: 1. Kohlensäure-Körperbegasung 2. Kunst-und Körpertherapien auch als ergänzende Therapieverfahren – Einzeltherapie 3. Yoga-Asana-Therapie, Einzelbehandlung 4. Rezeptive Musiktherapie, Einzelbehandlung 5. Medizinische Trainingstherapie mit Sequenztraining einschl. progressi-dynamischem Muskeltraining mit spez. Therapiemaschinen (z.B. MedX-CE- und/oder LE-Therapiemaschinen) – analog Nr. 846 GOÄ (150 Pkt.) zzgl. zusätzliches Gerätesequenztraining analog Nr. 558 GOÄ (120 Pkt.) – je Sitzung), zzgl.begleitende krankengymnastische Übungen nach Nr. 506 GOÄ (120 Pkt.)**	**390** / 22,72	45,29 / 65,58

Addition der einzelnen Leistungen der Medizinischen Trainingstherapie

GOÄ Nr.	Pkte.	1fach	2,3f/*1,8ach	3,5/* 2,5fach
846 analog	150	8,74	20,11	30,60
558* analog	120	6,99	12,59	17,49
506* analog	120	6,99	12,59	17,49
Endsummen	390	22,72	45,29	65,58

847	**Übende Verfahren (z.B. autogenes Training) in Gruppenbehandlung, mit höchstens zwölf Teilnehmern, Dauer mindestens 20 Minuten, je Teilnehmer**	**45** / 2,62	6,03 / 9,18

Ausschluss: Neben Nr. 847 sind folgende Nrn. nicht abrechnungsfähig: 20, 33, 725

Kommentar: Wenn in der Leistungslegende von 12 Teilnehmern gesprochen wird, so sind damit alle Patienten unabhängig von ihrem Versicherungsstatus gemeint, die an diesem übenden Verfahren teilnehmen.

Recht-sprechung: Siehe unter Nr. 846

Analog: Die Nr. 847 findet analog Anwendung für die Feldenkrais-Methode.

IGeL: Siehe Hinweise unter Nr. 846.

GOÄ-Nr.		Punktzahl 1fach	2,3 / *1,8 3,5 / *2,5
849	**Psychotherapeutische Behandlung bei psychoreaktiven, psychosomatischen oder neurotischen Störungen, Dauer mindestens 20 Minuten**	**230** 13,41	30,83 46,92

Ausschluss: Neben Nr. 849 sind folgende Nrn. nicht abrechnungsfähig: 1, 3, 22, 30, 34, 725, 726, 804, 806, 812

Hinweis LÄK: **Anmerkung der Bayerischen Landesärztekammer** vom 30.9.2003 (Quelle: GOÄ:Datenbank www.blaek.de) – **Verbale Intervention**
Aufwendungen für eine verbale Intervention (Nr. 849) sind abrechnungsfähig, wenn die Behandlung von einem Arzt mit der Berechtigung zur Führung der Gebietsbezeichnungen Allgemeinmedizin (auch praktischer Arzt), Augenheilkunde, Frauenheilkunde und Geburtshilfe, Haut-und Geschlechtskrankheiten, Innere Medizin, Kinderheilkunde, Kinder-und Jugendpychiatrie, Neurologie, Psychiatrie und Urologie durchgeführt wird. Es muss kein Qualifikationsnachweis gegenüber der Krankenversicherung vorgelegt werden.

Kommentar: Im Gegensatz zum EBM, bei dem für die Abrechnung der „Verbalen Intervention bei psychosomatischen Krankheitszuständen“ (EBM Nr. 35110) eine besondere Genehmigung von der KV erforderlich ist, ist dies in der GOÄ nicht erforderlich.
Brück listet in seinem Kommentar Krankheitsbilder auf, die einer **psychosomatischen Grundversorgung** besonders bedürfen:

- seelische Krankheiten mit psychischer Symptomatik unterschiedlicher Ätiologie (z.B. psychoreaktive Depression, larvierte Depression)
- neurotische Erkrankungen mit Angst- und Zwangssymptomatik (in diesen Fällen kann die psychosomatische Intervention ggf. in die Einleitung einer Psychotherapie münden)
- seelische Krankheiten mit funktioneller Symptomatik und Organbeschwerden, bei denen eine organische Ursache ausgeschlossen werden konnte (z.B. Oberbauchbeschwerden, Herzbeschwerden)
- psychosomatische Erkrankungen, bei denen eine psychische Verursachung bereits nach allgemeiner ärztlicher Erfahrung wahrscheinlich ist (z.B. Anorexia nervosa, Asthma bronchiale)...

Nach den Beihilfe-Vorschriften ist die Abrechnung nach Nr. 849 nur dann beihilfefähig, wenn die Leistung von einem Arzt erbracht wird, der eine der Gebietsbezeichnungen führen darf. die oben im Hinweis der LÄK aufgeführt sind.
Brück kommentiert zu dieser Liste: „...Diese Zusammenstellung berücksichtigt offensichtlich Kriterien der Weiterbildungsordnung; sie ist jedoch unter berufsrechtlichen Gesichtspunkten keineswegs verbindlich. So kann die Nr. 849 auch von Ärzten aus anderen Gebieten erbracht werden, auch wenn die Beihilfestellen in diesen Fällen eine Kostenübernahme ablehnen sollten. Die aus den Beihilfevorschriften des Bundes sich ergebende Auslassung ist jedoch auch aus medizinischen Gründen zweifelhaft, denkt man z.B. nur an die enorme Bedeutung der psychosomatischen Zusammenhänge für Beschwerden des Bewegungsapparates und damit für die orthopädische Behandlung...“.

855*	**Anwendung und Auswertung projektiver Testverfahren (z.B. Rorschach-Test, TAT) mit schriftlicher Aufzeichnung, insgesamt**	**722** 42,08	75,75 105,21

Kommentar: Ebenso wie der Rorschach-Test sind unter der Nr. 855 abzurechnen z.B. : Baumtest, Familie-in-Tieren, Kinder-Apperzeptions-Test (CAT), Mann-Zeichen-Test (MTZ), Rosenzweig P-F, Sceno-Test, Schul-Angst-Test (SAT), Thematischer Apperzeptionstest (TAT), Wartegg-Zeichen-Test (WZT). Testmaterial gemäß GOÄ § 10 berechenbar

856*	**Anwendung und Auswertung standardisierter Intelligenz- und Entwicklungstests (Staffeltests oder HAWIE(K), IST/Amthauer, Bühler-Hetzer, Binet-Simon, Kramer) mit schriftlicher Aufzeichnung, insgesamt**	**361** 21,04	37,88 52,60

Neben der Leistung nach Nummer 856 sind die Leistungen nach den Nummern 715 bis 718 nicht berechnungsfähig.

Ausschluss: Neben Nr. 856 sind folgende Nrn. nicht abrechnungsfähig: 715 – 718

GOÄ-Nr.	Punktzahl 1fach	2,3 / *1,8 3,5 / *2,5

Kommentar:

- Wird ein Intelligenz- und Entwicklungstest nach den Nrn. 856 und 857 zur Klärung einer sozial-psychologischen oder schulischen Fragestellung (nach Brück) durchgeführt, so ist nicht damit zu rechnen, dass die private Krankenversicherung bzw. die Beihilfestellen die Kosten hierfür übernehmen.

Dies sollte dem Patienten bzw. seinen Eltern mitgeteilt werden, denn die haben die Kosten zu zahlen.

- Die Nr. 856* findet analog Anwendung für andere vergleichbare Testverfahren.
- Auch wenn mehrere Tests in einer Sitzung durchgeführt werden, ist die Abrechnung der Nr. 856 nur einmal möglich, da in der Legende der Begriff „insgesamt" dies verdeutlicht.

Weitere Testverfahren nach GOÄ Nr. 856 sind u.a. nach „GOÄ Auszüge und Anregung" des Berufsverbands Deutscher Neurologen (bis vor kurzem zugänglich im Internet) und nach Kommentarwerken zur GOÄ von **Brück** und **Hoffmann/Kleinken** z.B.:

Aachener-Aphasie-Test (AAT)
Adaptives IntelligenzDiagnostikum (AID 2)
Begabungs-Test-System (BTS)
Benton
Bilder-Test (BT)
Bochumer Matrizen-Test (BOMAT)
Bonner Postkorb-Module (BPM)
Diagnosticum für Cerebralgeschädigte (DCS)
Diagnostischer Rechtschreibtest (DRT)
Entwicklungs-Test 6-Monate – 6 Jahre (ET6-6)
Fragebogen zum hyperkinetischen Syndrom und Therapieleitfaden (HKS)
Frostigs Entwicklungstest der visuellen Wahrnehmung (FEW)
Göttinger Formreproduktions-Test (GFT)
Griffiths Entwicklungs-Skalen (GES)
Grundintelligenztest (CFT)
Hamburg-Wechsler-Intelligenztest für Erwachsene (HAWIE)
Hamburg-Wechsler-Intelligenztest für Kinder (HAWIK)
Intelligenz-Struktur-Test (IST)
Leipziger Lerntest (LLT-BAK)
Leistungsprüfsystem (LPS)
Leistungsprüfsystem (LPS)
Lincoln-Oseretzky-Skala Kurzform 18 (LOS KF 18)
Kaufmann-Assessment-Battery for Children (K-ABC)
Konzentrations-Leistungs-Test (KLT)
Konzentrations-Verlauf-Test (KVT)
Körper-Koordinationstest für Kinder (KTK)
Kramer-Intelligenztest (KIT)
Mannheimer Intelligenztest (MIT)
Mannheimer Sprachverständnis-Test für Kinder (MSVK)
Osnabrücker Test zur Zahlbegriffsentwicklung (OTZ)
Prüfsystem für die Schul- und Bildungsberatung (PSB)
Schulreifetest (z.B. Hetzer oder Binet-Henry-Simon)
Wiener-Entwicklungs-Test (WET).
Testmaterial gemäß GOÄ § 10 berechenbar.

IGeL: Prüfung des intellektuellen und psychosozialen Leistungsniveaus eines Kindes zur Planung der Schulkarriere (Hauptschule, Realschule, Gymnasium) auf Wunsch der Eltern.

856 analog	**Einsatz neurophysiologischer Testverfahren zur Schlafdiagnostik (s. Leistungskomplex Schlaflabor) – (analog Nr. 856 GOÄ) – n. Beschluss des Gebührenordnungsauschusses der BÄK**	**361** 21,04	37,88 52,60

GOÄ-Nr.		Punktzahl 1fach	2,3 / *1,8 3,5 / *2,5
857*	**Anwendung und Auswertung orientierender Testuntersuchungen (z.B. Fragebogentest nach Eysenck, MPQ oder MPI, Raven-Test, Sceno-Test, Wartegg-Zeichentest, Haus-Baum-Mensch, mit Ausnahme des sogenannten Lüscher-Tests), insgesamt**	**116** 6,76	12,17 16,90

Neben der Leistung nach Nummer 857 sind die Leistungen nach den Nummern 716 und 717 nicht berechnungsfähig.

Ausschluss: Neben Nr. 857 sind folgende Nrn. nicht abrechnungsfähig: 716, 717

Kommentar: Auch wenn mehrere Tests in einer Sitzung durchgeführt werden, ist die Abrechnung der Nr. 857 nur einmal möglich, da in der Legende der Begriff „insgesamt" dies verdeutlicht.
Die Nr. 857 reiht zahlreiche Verfahren aneinander, für deren Bearbeitung ein oft erheblich unterschiedlicher Aufwand erforderlich ist.
Wie **Brück et alii** meinen wir, dass eine Hilfestellung für den Arzt, der im Rahmen der GOÄ Testuntersuchungen abrechnet, die Aufstellungen des EBM seit 1987 zu den Testkriterien sein kann.
Testverfahren nach GOÄ Nr. 857 sind u.a. nach „GOÄ Auszüge und Anregung" des Berufsverbands Deutscher Neurologen (bis vor kurzem zugänglich im Internet) und nach Kommentarwerken zur GOÄ von **Hoffmann/Kleinken** und **Brück** z.B.:

- 16-Persönlichkeits-Faktoren-Test (16 PF)
- Aufmerksamkeits-Belastungs-Test (d2)
- Beck-Angst-Inventar (BAI)
- Beck-Depressions-Inventar (BDI)
- Beeinträchtigungs-Schwere-Score (BSS)
- Beschwerdenliste (BL)
- Borderline-Persönlichkeits-Inventar (BPI)
- c.i.-Test
- c.i.-Fragebogen
- Diagnostischer Elternfragebogen (DEF)
- Diagnostisches Interview bei psychischen Störungen (DIPS)
- Eppendorfer Schizophrenie-Inventar (ESI)
- Eyssenk Personality Profiler
- Fragebogen zur Erfassung von gressionsfaktoren (FAF)
- Freiburger Persönlichkeitsinventar (FPI)
- Gießen-Test (GT)
- Hamburger Neurotizismus und Extraversionsskala für Kinder und Jugendliche (HANES)
- Hamburger Zwangs-Inventar (HZI)
- Hamilton-Skala
- Kinder-Angst-Test (KAT)
- Leistungsmotivationsinventar (LMI)
- Lübecker Alkoholabhängigkeits- und Missbrauch-Screening (LAST)
- Miller Forensik-Assessment (M-Fast)
- Mini-Mental-Status (MMST)
- Raven-Test (CPM und SPM)
- Reisberg-Skalen
- III-R (SKID)
- Strukturiertes Tinnitus-Interview (STI)
- Syndrom-Kurztest (SKT)
- Symptom-Check-Liste (SCL-90)
- Uhrentest.
- Testmaterial gemäß GOÄ § 10 berechenbar.

Siehe auch unter Kommentar zu Nr. 856.

IGeL: Hirnleistungscheck (sog. Brain Check) zur Früherkennung von Demenzen. Psychometrische Tests

GOÄ-Nr.		Punktzahl / 1fach	2,3 / *1,8 / 3,5 / *2,5
860	**Erhebung einer biographischen Anamnese unter neurosenpsychologischen Gesichtspunkten mit schriftlicher Aufzeichnung zur Einleitung und Indikationsstellung bei tiefenpsychologisch fundierter und analytischer Psychotherapie, auch in mehreren Sitzungen**	**920** / 53,62	123,34 / 187,69

Die Nummer 860 ist im Behandlungsfall nur einmal berechnungsfähig.
Neben der Leistung nach Nummer 860 sind die Leistungen nach Nummern 807 und 835 nicht berechnungsfähig.

Ausschluss: Neben Nr. 860 sind folgende Nrn. nicht abrechnungsfähig: 807, 835

GOÄ-Ratgeber der BÄK: ► **Biografische Anamnese**

Dr. med. Hermann Wetzel M. Sc. in: Deutsches Ärzteblatt 106, Heft 48 (27.11.2009), S._A-2432 – http://www.baek.de/page.asp?his=1.108.4144.4275.7909

Dr. Wetzel erkärt: ...„Der Text der Leistungslegende bezieht sich zwar auf die Einleitung und Indikationsstellung zu einer tiefenpsychologisch fundierten und analytischen Psychotherapie, doch kann die Nr. 860 GOÄ auch für die Erhebung der biografischen Anamnese und Lerngeschichte im Rahmen einer verhaltenstherapeutischen Behandlung in analoger Weise angesetzt werden.
Der Begriff des Behandlungsfalls bezieht sich hier nicht – wie in Abschnitt B I – auf den Zeitraum eines Monats, sondern auf die jeweils vorliegende Erkrankung oder Krankheitsepisode. Der Ausdruck Behandlungsfall ist daher mit Bezug auf Nr. 860 GOÄ als Krankheitsfall zu verstehen...“

Kommentar: Wenn hier in der Anmerkung von der Berechnungsfähigkeit nur einmal im Behandlungsfall gesprochen wird, so ist hier sicher nicht – wie in den Allgemeinen Bestimmungen B. I ausgeführt – der „Monatsfall“ gemeint, sondern der Zeitraum, den die psychosomatische Behandlung in Anspruch nimmt.
Dies sieht **Wezel/Liebold** in seiner Kommentierung auch so und führt dann weiter aus „...erst nach einer längeren behandlungsfreien Zeit ist die erneute Notwendigkeit einer solchen ausführlichen Anamnese denkbar...“.

Analog: Analoger Ansatz der Nr. 860 für die Erhebung einer biographischen Anamnese zur Einleitung einer verhaltenstherapeutischen Behandlung.

IGeL: Analoger Ansatz für Kunst- und Körpertherapie.

861	**Tiefenpsychologisch fundierte Psychotherapie, Einzelbehandlung, Dauer mindestens 50 Minuten**	**690** / 40,22	92,50 / 140,76

Ausschluss: Neben Nr. 861 sind folgende Nrn. nicht abrechnungsfähig: 1, 3, 22, 30, 34, 862, 863, 864

IGeL: Auch analoger Ansatz der Nr. 861 bei Kunst- und Körpertherapie.

862	**Tiefenpsychologisch fundierte Psychotherapie, Gruppenbehandlung mit einer Teilnehmerzahl von höchstens acht Personen, Dauer mindestens 100 Minuten, je Teilnehmer**	**345** / 20,11	46,25 / 70,38

Ausschluss: Neben Nr. 862 sind folgende Nrn. nicht abrechnungsfähig: 1, 3, 20, 22, 30, 33, 34, 861, 863, 864

863	**Analytische Psychotherapie, Einzelbehandlung, Dauer mindestens 50 Minuten**	**690** / 40,22	92,50 / 140,76

Ausschluss: Neben Nr. 863 sind folgende Nrn. nicht abrechnungsfähig: 1, 3, 22, 30, 34, 861, 862, 864

864	**Analytische Psychotherapie, Gruppenbehandlung mit einer Teilnehmerzahl von höchstens acht Personen, Dauer mindestens 100 Minuten, je Teilnehmer**	**345** / 20,11	46,25 / 70,38

Ausschluss: Neben Nr. 864 sind folgende Nrn. nicht abrechnungsfähig: 1, 3, 20, 22, 30, 33, 34, 861, 862, 863

865	**Besprechung mit dem nichtärztlichen Psychotherapeuten über die Fortsetzung der Behandlung**	**345** / 20,11	46,25 / 70,38

GOÄ-Nr.		Punktzahl 1fach	2,3 / *1,8 3,5 / *2,5

870 **Verhaltenstherapie, Einzelbehandlung, Dauer mindestens 50 Minuten – gegebenenfalls Unterteilung in zwei Einheiten von jeweils mindestens 25 Minuten –** **750** 43,72 | 100,55 153,00

Ausschluss: Neben Nr. 870 sind folgende Nrn. nicht abrechnungsfähig: 1, 3, 22, 30, 34, 871

IGeL: Training zur Stressbewältigung oder Selbstbehauptung. Verhaltenstherapie bei Flugangst.

Kommentar: Verhaltenstherapie beinhaltet Therapieformen, die auf der Basis der Lern- und Sozialpsychologie wurden. Neben der Nr. 870 kann u. a. abgerechnet werden:

Erhebung biografischer Anamnese – Nr. 860 analog
Einleitung/Verlängerung der Verhaltenstherapie – Nr. 808 analog
Die neuropsychologische Therapie, die inzwischen in die vertragsärztliche Versorgung vgl.dazu EBM Kap.IV, Abschnitt 30.11, Nrn. 30932, 30933) aufgenommen wurde, kann nach Nr.870 analog berechnet werden.

Rechtsprechung: **Verhaltenstherapeutische Einzelbehandlungen; Steigerungsfaktor**
Die für verhaltenstherapeutische Einzelbehandlungen mit einer Dauer von mindestens 50 Minuten geltende GOÄ Ziffer 870 gestattet keinen mehrfachen Ansatz der Gebühr bei Behandlungen, die diese Mindestdauer überschreiten. Erhebliche Überschreitungen der Mindestzeit können deshalb lediglich zum Ansatz eines höheren Steigerungsfaktors führen. zitiert nach juris
Aktenzeichen: VGH Baden-Württemberg, 03.12.2012, AZ: 2 S 2266/12
Entscheidungsjahr: 2012

871 **Verhaltenstherapie, Gruppenbehandlung mit einer Teilnehmerzahl von höchstens 8 Personen, Dauer mindestens 50 Minuten, je Teilnehmer** **150** 8,74 | 20,11 30,60

Bei einer Sitzungsdauer von mindestens 100 Minuten kann die Leistung nach Nummer 871 zweimal berechnet werden.

Ausschluss: Neben Nr. 871 sind folgende Nrn. nicht abrechnungsfähig: 1, 3, 20, 22, 30, 33, 34, 870

Kommentar: Wenn in der Leistungslegende von 8 Teilnehmern gesprochen wird, so sind damit alle Patienten – unabhängig von ihrem Versicherungsstatus – gemeint, die an dieser Verhaltenstherapie teilnehmen.

IGeL: Siehe Hinweis unter Nr. 870.

885 **Eingehende psychiatrische Untersuchung bei Kindern oder Jugendlichen unter auch mehrfacher Einschaltung der Bezugs- und/oder Kontaktperson(en) unter Berücksichtigung familienmedizinischer und entwicklungspsychologischer Bezüge** **500** 29,14 | 67,03 102,00

Ausschluss: Neben Nr. 885 sind folgende Nrn. nicht abrechnungsfähig: 1, 3, 4, 806, 807, 817

886 **Psychiatrische Behandlung bei Kindern und/oder Jugendlichen unter Einschaltung der Bezugs- und/oder Kontaktperson(en) unter Berücksichtigung familienmedizinischer und entwicklungspsychologischer Bezüge, Dauer mindestens 40 Minuten** **700** 40,80 | 93,84 142,80

Kommentar: Ein Gespräch mit Eltern oder Betreuern ist neben der Nr. 886 nicht berechenbar, da die Legend schon auf Bezugs- oder Kontaktpersonen hinweist.

Ausschluss: Neben Nr. 886 sind folgende Nrn. nicht abrechnungsfähig: 1, 3, 22, 30, 34, 804, 806, 812, 817, 887

887 **Psychiatrische Behandlung in Gruppen bei Kindern und/oder Jugendlichen, Dauer mindestens 60 Minuten, bei einer Teilnehmerzahl von höchstens zehn Personen, je Teilnehmer** **200** 11,66 | 26,81 40,80

Ausschluss: Neben Nr. 887 sind folgende Nrn. nicht abrechnungsfähig: 1, 3, 20, 22, 30, 33, 34, 804, 806, 812, 817, 887

GOÄ-Nr.		Punktzahl / 1fach	2,3 / *1,8 / 3,5 / *2,5
A 888	**Psychiatrische Behandlung zur Reintegration eines Erwachsenen mit psychopathologisch definiertem Krankheitsbild als Gruppenbehandlung (in Gruppen von 3 bis 8 Teilnehmern) durch syndrombezogene verbale Intervention als therapeutische Konsequenz aus den dokumentierten Ergebnissen der selbsterbrachten Leistung nach Nr. 801, Dauer mindestens 50 Minuten, je Teilnehmern und Sitzung (analog Nr. 887 GOÄ) – n. Verzeichnis analoger Bewertungen der Bundesärztekammer**	**200** 11,66	26,81 40,80

H Geburtshilfe und Gynäkologie

Allgemeine Bestimmungen

Werden mehrere Eingriffe in der Bauchhöhle in zeitlichem Zusammenhang durchgeführt, die jeweils in der Leistung die Eröffnung der Bauchhöhle enthalten, so darf diese nur einmal berechnet werden; die Vergütungssätze der weiteren Eingriffe sind deshalb um den Vergütungssatz nach Nr. 3135 zu kürzen.

Auf einen Blick
Abrechnung von Spezialbereichen: Reproduktionsmedizinische Leistungen

Abrechnung der In-vitro-Fertilisation

GOÄ Nr.	Legende	2,3/1,8*
315	**Follikelentnahme** – Punktion eines Organs	33,52
316	**Punktion des Douglasraums** zwecks Asservation ggf. weiterer Follikel – im Behandlungsfall nur einmal berechnungsfähig	33,52
4852* analog	**Mikroskopisch-zytologische Untersuchung der aus dem Ovar entnommenen Follikel** – je entnommenem Follikel – (analog Nr. 4852*) n. Beschluss des Gebührenausschusses der BÄK	18,26
4715* analog	**Präparation der Oozyten vor Anlegen der Eizellkulturen**, im Behandlungsfall nur einmal berechnungsfähig. – (analog Nr. 4715*) n. Beschluss des Gebührenausschusses der BÄK	6,70
4873* analog	**Anlegen der Eizell-Spermien-Kulturen** – nur einmal berechnungsfähig, auch wenn mehr als eine Kultur angelegt wird – (analog Nr. 4715*) n. Beschluss des Gebührenausschusses der BÄK	317,90
4852* analog	**Beurteilung des Pronukleus-Stadiums** – je Eizelle berechnungsfähig – (analog Nr. 4852*) n. Beschluss des Gebührenausschusses der BÄK	18,26
4873* analog	**Ansetzen der Prä-Embryonenkulturen** (analog Nr. 4873*) n. Beschluss des Gebührenausschusses der BÄK – Die Leistung ist nur einmal berechnungsfähig, auch wenn mehr als eine Prä-Embryonenkultur angesetzt wird.	317,90
4852* analog	**Mikroskopische Untersuchung der Prä-Embryonen vor Embryotransfer** (analog Nr. 4852*) – n. Beschluss des Gebührenausschusses der BÄK – Die Leistung ist je Prä-Embryo berechnungsfähig u. schließt alle methodisch damit in Zusammenhang stehenden Maßnahmen ein	18,26
1114	**Insemination – auch einschl. Konservierung und Aufbereitung des Samens**	49,60
1114 analog	**Embryotransfer, einschl. Einführen eines speziellen Doppelkatheters**, nur einmal berechnungsfähig, auch wenn mehr als ein Embryo übertragen wird (analog nach Nr. 1114). n. Beschluss des Gebührenausschusses der BÄK –	49,60

Abrechnung der intrazytoplasmatischen Spermieninjektion

Beschlüsse des Ausschusses 'Gebührenordnung' der Bundesärztekammer

Wird zusätzlich zu der oben beschriebenen In-vitro-Fertilisation (IVF) eine intrazytoplasmatische Spermieninjektion (ICSI) durchgeführt, so sind hierzu weitere, spezielle Maßnahmen an Eizellen und Spermien erforderlich. Im Zusammenhang mit den dabei anfallenden Einzelleistungen hat der Ausschuss „Gebührenordnung" folgende Abrechnungsempfehlungen beschlossen:

GOÄ Nr.	Legende	2,3/1,8*
4873* analog	**Mikroskopisch durchgeführte Isolierung und Aufnahme eines einzelnen Spermiums sowie Punktion einer Metaphase II-Oozyte unter Mikrokulturbedingungen, einschl. Vorbehandlung des Follikelpunktats u. Entfernung des Eizellkumulus**, je punktierte Oozyte berechnungsfähig – (analog nach Nr. 4873*). n. Beschluss des Gebührenausschusses der BÄK –	317,90
1114 analog	**Insemination der Oozyte durch Injektion des Spermatozoons durch das Oolemm**, je behandelte Eizelle berechnungsfähig – (analog nach Nr. 1114). n. Beschluss des Gebührenausschusses der BÄK –	49,60
4003*	**Dichtegradientenisolierung der Spermien**, je Sitzung nur einmal berechnungsfähig	26,81

Abrechnung von Leistungen bei Verwendung von kryokonservierten Hodengewebsproben
Beschlüsse des Ausschusses 'Gebührenordnung' der Bundesärztekammer
Werden zur Durchführung einer IVF oder einer mit ICSI kombinierten IVF Spermien verwendet, die aus operativ entnommenen kryokonservierten Hodengewebsproben entstammen, so sind hierfür nach Auftauen des Materials spezielle Leistungen zur Spermiengewinnung erforderlich. Der Ausschuss „Gebührenordnung“ hat hierzu folgende Abrechnungsempfehlungen beschlossen:

GOÄ Nr.	Legende	2,3/1,8*
4872* analog	**Biochemisch-mechanische Gewebspräparation zur Spermiengewinnung, einschließlich Untersuchung der Hodengewebsproben nach dem Auftauen**, im Behandlungsfall nur einmal berechnungsfähig – (analog nach Nr. 4872*). n. Beschluss des Gebührenausschusses der BÄK –	204,59

Beschluss BÄK:

Abrechnung der In-vitro-Fertilisation

Beschluss des Ausschusses „Gebührenordnung“ der Bundesärztekammer
Stand: 20.02.2004 veröffentlicht in: Deutsches Ärzteblatt 101, Heft 8 (20.02.2004), Seite A-526 – A-527 – Internet: http://www.bundesaerztekammer.de/page.asp?his=1.108.4689.4871.4910.4912.4913&all=true

Follikelentnahme nach Nr. 315 GOÄ. Nr. 315 ist je Ovar einmal für die Follikelentnahme berechnungsfähig, auch wenn je Ovar mehr als ein Follikel entnommen wird. Die Berechnung der Nr. 297 für die Entnahme des einzelnen Follikels neben Nr. 315 für die Punktion des Ovars ist nicht zulässig (§ 4 Abs. 2 a GOÄ).

Punktion des Douglasraums zwecks Asservation ggf. weiterer Follikel nach Nr. 316. Nr. 316 ist im Behandlungsfall nur einmal berechnungsfähig.

Mikroskopisch-zytologische Untersuchung der aus dem Ovar entnommenen Follikel analog Nr. 4852. Die Untersuchung analog nach Nr. 4852 ist je entnommenem Follikel berechnungsfähig.

Präparation der Oozyten vor Anlegen der Eizellkulturen analog Nr. 4751. Nr. 4751 analog für die Oozytenpräparation ist im Behandlungsfall nur einmal berechnungsfähig.

Anlegen der Eizell-Spermien-Kulturen analog Nr. 4873. Nr. 4873 analog für die In-vitro-Eizell-Spermien-Kulturen ist nur einmal berechnungsfähig, auch wenn mehr als eine Kultur angelegt wird. Die Analogbewertung nach Nr. 4873 für die Eizell-Spermien-Kultur schließt sämtliche, damit methodisch in Zusammenhang stehende, Maßnahmen ein (unter anderem Umsetzen der gewonnenen Eizellen in vorbereitete Kulturschalen, mikroskopische Kontrolle der Vorkulturen, Ansetzen der eigentlichen Eizell-Spermien-Kulturen, Dokumentation der Entwicklung am folgenden Tag, Putzen der Eizellkumuluskomplexe unter mikroskopischer Kontrolle nach Beendigung der Eizell-Spermien-Kulturen).

Beurteilung des Pronukleus-Stadiums analog Nr. 4852. Nr. 4852 analog für die Beurteilung des PN-Stadiums ist je Eizelle berechnungsfähig und schließt jeweils die Beurteilung, ob ein PN-Stadium erreicht wurde, die Beurteilung etwaiger Auffälligkeiten an der Eizelle sowie die Dokumentation ein.

Ansetzen der Prä-Embryonenkulturen analog Nr. 4873. Die Analogposition ist nur einmal berechnungsfähig, auch wenn mehr als eine Prä-Embryonenkultur angesetzt wird. Die Analogbewertung nach Nr. 4873 für das Anlegen der Prä-Embryonenkulturen schließt alle methodisch damit in Zusammenhang stehenden Maßnahmen ein (unter anderem Ansetzen der Kulturen, Umsetzen der Embryonen in neue Kulturplatten zur Vorbereitung für den Transfer und jeweilige Dokumentation).

Mikroskopische Untersuchung der Prä-Embryonen vor Embryotransfer analog Nr. 4852. Die Analogposition ist je Prä-Embryo berechnungsfähig und schließt alle methodisch damit in Zusammenhang stehenden Maßnahmen ein (unter anderem mikroskopisch-zytologische Untersuchung der Prä-Embryonenkulturen, Grading der Embryonenqualität, Schrift- und Fotodokumentation).

Embryotransfer, einschließlich Einführen eines speziellen Doppelkatheters, analog nach Nr. 1114. Nr. 1114 ist nur einmal berechnungsfähig, auch wenn mehr als ein Embryo übertragen wird.

Über die in diesem Beschluss genannten Leistungen hinaus sind umfangreiche weitere Leistungen bei der Durchführung einer In-vitro-Fertilisation erforderlich. Eine Zusammenstellung der im Rahmen eines IVF-Zyklus in der Regel medizinisch erforderlichen Einzelleistungen (gynäkologische Untersuchungen, Ultraschalluntersuchungen, Hormonlaborbestimmungen, künstliche ovarielle Stimulation, Eizellentnahme, so genanntes spezielles IVF-Labor und Embryotransfer, klinische, sonographische und laborchemische Befundkontrollen nach Embryotransfer) ist auf Anforderung bei der Bundesärztekammer/Dezernat IV erhältlich.

Hinweis auf GOÄ-Ratgeber der BÄK:

► **Gynäkologische Zytologie: Neue Verfahren**

Dr. med. Anja Pieritz – Deutsches Ärzteblatt 103, Heft 33 (18.08.2006), Seite A-2194 – http://www.bundesaerztekammer.de/page.asp?his=1.108.4144.4277.4278

Dr. Pieritz führt aus: „...Die flüssigkeitsgestützte Zytologie (Liquid based Cytology) ist ein Verfahren zum zytologischen Screening des Zervixkarzinoms. ... Es handelt sich um eine selbstständige ärztliche Leistung, die nicht im Gebührenverzeichnis enthalten und daher nach § 6 Abs. 2 GOÄ analog zu bewerten ist. Die Bundesärztekammer empfiehlt eine Abrechnung analog nach der Nummer (Nr.) 4815 GOÄ, da diese nach Art, Kosten und Zeitaufwand gleichwertig ist. Neben der Nr. 4815 GOÄ analog für dieses Verfahren sind die Nrn. 4851 und 4852 GOÄ nicht berechnungsfähig.

Die Nr. 1105 „Gewinnung von Zellmaterial aus der Gebärmutterhöhle und Aufbereitung zur zytologischen Untersuchung – einschließlich Kosten" ist nur dann anzuwenden, wenn Material aus der Gebärmutterhöhle gewonnen wird. Die gezielte zytologische Abstrichentnahme unter Spiegeleinstellung von der Portiooberfläche sowie aus dem Zervikalkanal ist mit der Nr. 297 GOÄ zu bewerten..."

Tipp:

Impfkontrolle

Der Gynäkologe ist bei vielen Frauen gleichzeitig auch der Hausarzt. Er sollte sich daher um den Impfstatus seiner Patientinnen kümmern und die nötigen Impfungen durchführen und auf alle Vorsorge-Untersuchungen, die die Krankenkassen für Patientinnen anbieten, aufmerksam machen.

1001* Tokographische Untersuchung — 120 / 12,59 / 6,99 / 17,49

Ausschluss: Neben Nr. 1001 sind folgende Nrn. nicht abrechnungsfähig: 1002, 1003

Kommentar: Ergeben sich bei der Untersuchung Befunde, die weitere tokographische Untersuchungen erforderlich machen, so kann die Leistung nach Nr. 1001 auch mehrmals an einem Tag berechnet werden.

1002* Externe kardiotokographische Untersuchung — 200 / 20,98 / 11,66 / 29,14

Ausschluss: Neben Nr. 1002 ist folgende Nr. nicht abrechnungsfähig: 1001, 1003

Kommentar: Auch wenn eine Dauerüberwachung mit CTG erforderlich ist, kann die Leistung nach Nr. 1002 trotzdem nur einmal am Tage berechnet werden, ggf. kann die zeitliche Belastung durch eine Erhöhung des Schwellenwertes ausgeglichen werden.

1003 Interne kardiotokographische Untersuchung – gegebenenfalls einschließlich einer im zeitlichen Zusammenhang des Geburtsvorganges vorausgegangenen externen Kardiotokographie — 379 / 50,81 / 22,09 / 77,32

Neben den Leistungen nach den Nummern 1002 und 1003 ist die Leistung nach 1001 nicht berechnungsfähig.

Ausschluss: Neben Nr. 1003 ist folgende Nr. nicht abrechnungsfähig: 1001, 1002

A 1006* Gezielte weiterführende differentialdiagnostische sonographische Abklärung bei auf Grund einer Untersuchung nach Nr. 415 erhobenem Verdacht auf Schädigung eines Fetus durch Fehlbildung oder Erkrankung oder ausgewiesener besonderer Risikosituation (Genetik, Anamnese, exogene Noxe) unter Verwendung eines Ultraschalluntersuchungsgerätes, das mindestens über 64 Kanäle im Sende- und Empfangsbereich, eine variable Tiefenfokussierung, mindestens 64 Graustufen und eine aktive Vergrößerungsmöglichkeit für Detaildarstellungen verfügt, gegebenenfalls mehrfach, zur gezielten Ausschlussdiagnostik bis — 1900 / 199,34 / 110,75 / 276,86

zu dreimal im gesamten Schwangerschaftsverlauf, im Positivfall einer fetalen Fehlbildung oder Erkrankung auch häufiger, Anlage Ic zu Abschnitt B. Nr. 4 oder Mutterschafts-Richtlinien in der jeweils geltenden Fassung gilt entsprechend (analog Nr. 5373* GOÄ) je Sitzung – n. Verzeichnis analoger Bewertungen der Bundesärztekammer GOÄ

Die Indikationen ergeben sich aus der Anlage 1c II.2 der Mutterschafts-Richtlinien in der jeweils geltenden Fassung. Die weiterführende sonographische Diagnostik kann gegebenenfalls mehrfach, zur gezielten Ausschlussdiagnostik bis zu dreimal im gesamten Schwangerschaftsverlauf berechnet werden. Im Positivfall einer fetalen Fehlbildung oder Erkrankung ist die Berechnung auch häufiger möglich. Das zur Untersuchung genutzte Ultraschallgerät muss mindestens über 64 Kanäle im Sende- und Empfangsbereich, eine variable Tiefenfokussierung, mindestens 64 Graustufen und eine aktive Vergrößerungsmöglichkeit für Detaildarstellungen verfügen.

GOÄ-Ratgeber der BÄK: ► **Sonographische Fetaldiagnostik: Neue Empfehlungen**

Dr. med. Anja Pieritz – in: Deutsches Ärzteblatt 103, Heft 3 (20.01.2006), Seite A-140 – www.bundesaerztekammer.de/page.asp?his=1.108.4144.4277.4279

Dr. Pieritz gibt an: ...„Die Leistungslegenden der analogen Bewertungen A 1006 bis A 1008 beziehen sich auf unterschiedliche Gebiete und Techniken (Fehlbildung des Fetus per Sonographie = A 1006; Echokardiographie des Fetus = A 1007; Duplex des fetomaternalen Gefäßsystems = A 1008), so dass es keine Überschneidungen gibt. Deshalb wurde der Ausschluss der Nummer A 1007 neben der A 1008 aufgehoben...“

Kommentar: Werden die Leistungen nach den Nrn. A 1006, A 1007 und A 1008 bei Mehrlingen erbracht, so ist entsprechend der Zahl der Feten die jeweilige Leistung auch mehrmals abrechenbar.

Der Nachweis der Fachkunde „Sonographie des Fetus in der Frauenheilkunde“ oder die Weiterbildung „Spezielle Geburtshilfe und Perinatalmedizin“ oder aber einer anderen gleichwertigen Qualifikation sind die Voraussetzung dafür, dass die Leistungen nach den Nrn. 1006 bis 1008 erbracht und abgerechnet werden können.

A 1007

Farbkodierte Doppler-echokardiographische Untersuchung eines Fetus einschl. Bilddokumentation, einschl. eindimensionaler Dopplerechokardiographischer Untersuchung, gegebenenfalls einschl. Untersuchung mit cw-Doppler und Frequenzspektrumanalyse, gegebenenfalls einschl. zweidimensionaler echokardiographischer Untersuchung mittels Time-Motion-Verfahren (M-Mode), gegebenenfalls zusätzlich zur Leistung nach Nr. A 1006 und A 1008, Anlage 1d zu Abschnitt B. Nr. 4 der Mutterschafts-Richtlinien in der jeweils geltenden Fassung gilt entsprechend. analog Nrn. 424 (700 Pkt.) + 404 (250 Pkt.) + 406 (200Pkt) — **1150** 120,07 / 67,03 234,61

Die Indikationen ergeben sich aus der Anlage 1d der Mutterschafts-Richtlinien in der jeweils geltenden Fassung. Die Dopplerechokardiographie kann gegebenenfalls neben den Leistungen nach den Nrn. A 1006 und A 1008 berechnet werden.

Addition der einzelnen Leistungen

GOÄ Nr.	Pkte.	1fach	2,3fach	Gesamt (Regelsatz)
424	700	40,80	93,84	
404	250	14,57	–	
406	200	11,66	–	
Endsummen	1150	67,03	93,84	120,07

Die GOÄ Nrn. **404 und 406** sind Zuschläge und nur mit dem 1fachen Satz abrechenbar.

Hinweis LÄK: **Anmerkung der Bayerischen Landesärztekammer** vom 28.01.2004 (Quelle: GOÄ-Datenbank http://www.blaek.de/) – **Fetalsonographie – Weiterführende sonographische Diagnostik**

Gezielte weiterführende sonographische Untersuchung zur differenzialdiagnostischen Abklärung und/oder der Überwachung bei aufgrund einer Untersuchung nach Nr. 415 GOÄ erhobenem Verdacht auf pathologische Befunde (Schädigung eines Fetus durch Fehlbildung oder Erkrankung oder ausgewiesener besonderer Risikosituation aufgrund der Genetik, Anamnese oder einer exogenen Noxe.
-> analog Nr. 5373 GOÄ je Sitzung (1900 Punkte).

Die Indikationen ergeben sich aus der Anlage 1c II.2 der Mutterschaftsrichtlinien in der jeweils geltenden Fassung. Die weiterführende sonographische Diagnostik kann gegebenenfalls mehrfach, zur gezielten Ausschlussdiagnostik bis zu dreimal im gesamten Schwangerschaftsverlauf berechnet werden. Im Positivfall einer fetalen Fehlbildung oder Erkrankung ist die Berechnung auch häufiger möglich. Das zur Untersuchung genutzte Ultraschallgerät muss mindestens über 64 Kanäle im Sende und Empfangsbereich, eine variable Tiefenfokussierung, mindestens 64 Graustufen und eine aktive Vergrößerungsmöglichkeit für Detaildarstellungen verfügen.
Bei Mehrlingen sind die Leistungen nach den Nrn. A 1006, A 1007 und A 1008 entsprechend der Zahl der Mehrlinge mehrfach berechnungsfähig.
Voraussetzung für das Erbringen der Leistungen nach Nrn. A 1006, A 1007 und A 1008 ist das Vorliegen der Qualifikation zur Durchführung des fetalen Ultraschalls im Rahmen der Erkennung von Entwicklungsstörungen, Fehlbildungen und Erkrankungen des Fetus nach der jeweils für die Ärztin/den Arzt geltenden Weiterbildungsordnung.
Es ist zu beachten, dass der analoge Abgriff – also die Nr. 5373 – dem Abschnitt O der Gebührenordnung entstammt. Das bedeutet, dass hiernur der 'kleine Gebührenrahmen' zur Anwendung kommen kann (1,8fach). Auch bei einer analogen Bewertung bleiben nämlich die Rahmenbedingungen der GOÄ erhalten !

Kommentar: Werden die Leistungen nach den Nrn. A 1006, A 1007 und A 1008 bei Mehrlingen erbracht, so ist entsprechend der Zahl der Feten die jeweilige Leistung auch mehrmals abrechenbar.
Der Nachweis der Fachkunde „Sonographie des Fetus in der Frauenheilkunde“ oder die Weiterbildung „Spezielle Geburtshilfe und Perinatalmedizin“ oder aber einer anderen gleichwertigen Qualifikation sind die Voraussetzung dafür, dass die Leistungen nach den Nrn. 1006 bis 1008 erbracht und abgerechnet werden können.

A 1008 Weiterführende differentialdiagnostische sonographische Abklärung des fetomaternalen Gefäßsystems mittels Duplexverfahren, gegebenenfalls farbkodiert und/oder direktionale Dopplersonographische Untersuchung im fetomaternalen Gefäßsystem, einschl. Frequenzspektrumanalyse, gegebenenfalls zusätzlich zu den Untersuchungen nach den Nrn. 415 oder A 1006, Anlage 1d zu Abschnitt B. Nr. 4 der Mutterschafts-Richtlinien in der jeweils geltenden Fassung gilt entsprechend (analog Nr. 689 GOÄ)

700 93,84
40,80 142,80

Die Indikationen ergeben sich aus der Anlage 1d der Mutterschafts-Richtlinien in der jeweils geltenden Fassung. Die Duplex-sonographische Untersuchung nach A 1008 kann gegebenenfalls neben den Leistungen nach den Nrn. 415, A 1006 und A 1007 berechnet werden. Bei Mehrlingen sind die Leistungen nach den Nrn. A 1006, A 1007 und A 1008 entsprechend der Zahl der Mehrlinge mehrfach berechnungsfähig. Voraussetzung für das Erbringen der Leistungen nach Nr. A 1006, A 1007 und A 1008 ist das Vorliegen der Qualifikation zur Durchführung des fetalen Ultraschalls im Rahmen der Erkennung von Entwicklungsstörungen, Fehlbildungen und Erkrankungen des Fetus nach der jeweils für die Ärztin/den Arzt geltenden Weiterbildungsordnung.
Bei Mehrlingen sind die Leistungen nach den Nrn. A 1006, A 1007 und A 1008 entsprechend der Zahl der Mehrlinge mehrfach berechnungsfähig.

Hinweis LÄK: Siehe unter Nr. 1007

Kommentar: Werden die Leistungen nach den Nrn. A 1006, A 1007 und A 1008 bei Mehrlingen erbracht, so ist entsprechend der Zahl der Feten die jeweilige Leistung auch mehrmals abrechenbar.
Der Nachweis der Fachkunde „Sonographie des Fetus in der Frauenheilkunde“ oder die Weiterbildung „Spezielle Geburtshilfe und Perinatalmedizin“ oder aber einer anderen gleichwertigen Qualifikation sind die Voraussetzung dafür, dass die Leistungen nach den Nrn. 1006 bis 1008 erbracht und abgerechnet werden können.

1010 Amnioskopie

148 19,84
8,63 30,19

Ausschluss: Neben Nr. 1010 ist die folgende Nr. nicht abrechnungsfähig: 1014

GOÄ-Nr.		Punktzahl 1fach	2,3 / *1,8 3,5 / *2,5

1011 **Amniozentese – einschließlich Fruchtwasserentnahme** **266** 35,66 / 15,50 54,27

Ausschluss: Neben Nr. 1011 sind folgende Nrn. nicht abrechnungsfähig: 307, 315, 410, 415

Tipp:
- Bei ambulanter OP: Zuschlag nach Nr. 442 nicht vergessen.
- Für die unter Ultraschall durchgeführte Amniozentese kann die entsprechende Ultraschallabrechnungsnr. 410 abgerechnet werden.
- Ist aus einem medizinischem Grund die Darstellung mütterlicher Organe (z.B. der Blase) erforderlich, so kann die Nr. 410 (ggf. auch Nr. 420) abgerechnet werden.
- Wird die transabdominelle Blutentnahme unter Ultraschallkontrolle durchgeführt, ist die entsprechende Ultraschallleistung nach Nr. 410 abrechnungsfähig.
- Bei zusätzlicher Abrechnung der Nr. 420 sollte begründet werden, warum weitere Organe zur Darstellung kommen.

1012 **Blutentnahme beim Fetus** **74** 9,92 / 4,31 15,10

Ausschluss: Neben Nr. 1012 sind folgende Nrn. nicht abrechnungsfähig: 250, 251, 307, 315, 410, 415

1013 **Blutentnahme beim Fetus – einschließlich pH-Messung(en) im Blut –** **178** 23,86 / 10,38 36,31

Ausschluss: Neben Nr. 1013 sind folgende Nrn. nicht abrechnungsfähig: 250, 251, 307, 315, 410, 415, 3710

1014 **Blutentnahme beim Fetus mittels Amnisokopie – einschließlich pH-Messung(en) im Blut** **296** 39,68 / 17,25 60,39

Ausschluss: Neben Nr. 1014 sind die folgenden Nrn. nicht abrechnungsfähig: 250, 251, 307, 315, 410, 415, 1010, 1011, 1012, 1013, 3710

Tipp: Bei ambulanter OP: Zuschlag nach Nr. 442 nicht vergessen!

1014 analog **Transabdominelle Blutentnahme aus der Nabelschnur (unter Ultraschallsicht) Nabelschnurpunktion- (analog Nr. 1014 GOÄ) – n. Empfehlung von Analog Ziffern der PVS** **296** 39,68 / 17,25 60,39

1020 **Erweiterung des Gebärmutterhalses durch Dehnung im Zusammenhang mit einer Geburt – gegebenenfalls einschließlich Eipollösung –** **148** 19,84 / 8,63 30,19

Ausschluss: Neben Nr. 1020 sind folgende Nrn. nicht berechnungsfähig: 1050, 1052, 1055, 1056, 1060

1021 **Beistand von mindestens zwei Stunden Dauer bei einer Geburt, die auf natürlichem Wege nicht beendet werden kann, ausschließlich Kunsthilfe** **266** 35,66 / 15,50 54,27

Ausschluss: Neben Nr. 1021 ist die folgende Nr. nicht abrechnungsfähig: 1022

Kommentar: Als Beistand gilt die dauernde tätige Bereitschaft ohne Ausübung einer abrechnungsfähigen Leistung.
Als Geburt wird in den Gebührenordnungen ein Vorgang von Wehenbeginn bis zum Ende der Nachgeburt bezeichnet.
Neben der Gebühr für den Beistand ist eine Verweilgebühr abrechenbar, wenn nach Ablauf von 2 Stunden ein weiteres Verweilen medizinisch erforderlich ist – Nr. 56 für jede weitere halbe Stunde.
Muss die Plazenta durch einen inneren Eingriff entfernt werden, so können neben der Nr. 1021 die entsprechenden Nrn. 1025 bis 1030 und zusätzlich die Nr. 1041 abgerechnet werden.

GOÄ-Nr.		Punktzahl 1fach	2,3 / *1,8 3,5 / *2,5
1022	**Beistand bei einer Geburt, auch Risikogeburt, regelwidriger Kindslage, Mehrlingsgeburt, ausschließlich Kunsthilfe, sofern der Arzt die Geburt auf natürlichem Wege bis zur Beendigung geleitet hat**	**1300** 75,77	174,28 265,21

Ausschluss: Neben Nr. 1022 sind folgende Nrn. nicht abrechnungsfähig: 1021, 1032.

Kommentar: Als Beistand gilt die dauernde tätige Bereitschaft ohne Ausübung einer abrechnungsfähigen Leistung.
Als Geburt wird in den Gebührenordnungen ein Vorgang von Wehenbeginn bis zum Ende der Nachgeburt bezeichnet.
Neben der Gebühr für den Beistand ist eine Verweilgebühr abrechenbar, wenn nach Ablauf von 2 Stunden ein weiteres Verweilen medizinisch erforderlich ist – Nr. 56 für jede weitere halbe Stunde.
Muss die Plazenta durch einen inneren Eingriff entfernt werden, so können neben der Nr. 1021 die entsprechenden Nrn. 1025 bis 1030 und zusätzlich die Nr. 1041 abgerechnet werden.
Wenn nach einer natürlich beendeten Geburt (Spontanlösung der Plazenta) die Nachtastung beendet ist und dann plötzlich der Verdacht besteht, dass die Plazentalösung unvollständig war, kann die Nr. 1041 berechnet werden.

1025	**Entbindung durch Manualextraktion am Beckenende**	**554** 32,29	74,27 113,02

Ausschluss: Neben Nr. 1025 sind folgende Nrn. nicht abrechnungsfähig: 1026, 1027

1026	**Entbindung durch Vakuumextraktion**	**832** 48,50	111,54 169,73

Ausschluss: Neben Nr. 1026 sind folgende Nrn. nicht abrechnungsfähig: 1025, 1027

Tipp: Neben der Leistung nach Nr. 1026 kann jeweils eine Leistung nach der Nr. 1021 oder 1022 einmal zusätzlich abgerechnet werden.

1027	**Entbindung durch Zange**	**832** 48,50	111,54 169,73

Ausschluss: Neben Nr. 1027 sind folgende Nrn. nicht abrechnungsfähig: 1025, 1026

Tipp: Neben der Leistung nach Nr. 1027 kann jeweils eine Leistung nach der Nr. 1021 oder 1022 zusätzlich abgerechnet werden.

1028	**Äußere Wendung**	**370** 21,57	49,60 75,48

Ausschluss: Neben Nr. 1028 ist folgende Nr. nicht abrechnungsfähig: 1029

Tipp: Neben der Leistung nach Nr. 1028 kann jeweils eine Leistung nach der Nr. 1021 oder 1022 zusätzlich abgerechnet werden.

1029	**Innere oder kombinierte Wendung – auch mit Extraktion –**	**1110** 64,70	148,81 226,45

Ausschluss: Neben Nr. 1029 ist folgende Nr. nicht abrechnungsfähig: 1028

Tipp: Neben der Leistung nach Nr. 1029 kann jeweils eine Leistung nach der Nr. 1021 oder 1022 zusätzlich abgerechnet werden.

1030	**Entbindung bei vorliegendem Mutterkuchen, zusätzlich**	**370** 21,57	49,60 75,48

Neben den Leistungen nach den Nummern 1025 bis 1030 kann jeweils eine Leistung nach der Nummer 1021 oder 1022 zusätzlich berechnet werden.

Ausschluss: Neben Nr. 1030 ist folgende Nr. nicht abrechnungsfähig: 1032

GOÄ-Nr.		Punktzahl 1fach	2,3 / *1,8 3,5 / *2,5

1031 **Entbindung durch Perforation oder Embryotomie, mit Extraktion** **1950** 113,66 261,42 397,81

1032 **Schnittentbindung von der Scheide oder von den Bauchdecken aus** **2310** 134,64 309,68 471,25

Ausschluss: Neben Nr. 1032 sind folgende Nrn. nicht abrechnungsfähig: 1022, 1030

Kommentar: In den **Auslegungen der Bundesärztekammer** zur im Legendentext unveränderten Nr. 1032 der 'alten' GOÄ 1982 heißt es: „Die normale Entfernung der Plazenta durch Ziehen an der Nabelschnur oder Entfernung mit der Hand ist u. E. Bestandteil der Leistung nach Nr. 1032 und somit nach den Vorgaben des § 4 Abs. 2 der GOÄ nicht gesondert mit der Nr. 1041 berechenbar.
Anders stellt sich die Situation bei unvollständiger Plazenta dar, dies liegt bei etwa ein Viertel bis ein Drittel der Schnittentbindungen vor. Die Entfernung der Plazentareste hat hier eine eigenständige Indikation, und somit ist in diesem Fall die Nr. 1041 neben der Nr. 1032 berechenbar.
Wir sind uns bewusst, dass die Überprüfung, ob eine unvollständige Plazenta vorgelegen hat, sehr schwierig ist.
Dies ändert aber nichts an der sachlichen Richtigkeit des oben Ausgeführten. Ggf. wäre es Aufgabe der Kostenträger, auffällige Häufigkeiten der Berechnung der Nr. 1041 neben der Nr. 1032 zu hinterfragen."

1035 **Operation der Uterusruptur ohne Uterusexstirpation** **2030** 118,32 272,14 414,13

Kommentar: Wenn die Leistung erforderlich ist, kann sie zusätzlich zu geburtshilflichen Leistungen berechnet werden.

1036 **Operation der Uterusruptur mit Uterusexstirpation** **2770** 161,46 371,35 565,10

Kommentar: Wenn die Leistung erforderlich ist, kann sie zusätzlich zu geburtshilflichen Leistungen berechnet werden.

1040 **Reanimation eines asphyktischen Neugeborenen durch apparative Beatmung – auch mit Intubation und gegebenenfalls einschließlich extrathorakaler indirekter Herzmassage** **350** 20,40 46,92 71,40

Ausschluss: Neben Nr. 1040 sind folgende Nrn. nicht abrechnungsfähig: 427, 427, 429, 501, 1529

Kommentar: Statt der Nr. 1040 kann im Rahmen einer Reanimation die höher bewertete Nr. 429 angesetzt werden (Brück).
Ein Ansatz beider Nrn. nebeneinander ist nicht möglich.
Der Leistungsinhalt der Nr. 1040 ist nicht so umfassend wie der von Nr. 429 und schon erfüllt, wenn eine Maskenbeatmung des Neugeborenen durchgeführt wird.

Tipp: Zusätzlich abrechnungsfähig sind Injektionen, Nabelbindenkatheter, Infusionen.

1041 **Entfernung der Nachgeburt oder von Resten durch inneren Eingriff mit oder ohne Kürettement** **824** 48,03 110,47 168,10

Kommentar: Siehe unter Nr. 1032

Analog: Analog für die intrauterine Nachpastung im Anschluss an eine Spontangeburtbei Zustand nach Schnittentbindung – Empfehlung nach Kommentar Brück.

Tipp:
- Bei unvollständiger Plazenta hat die Entfernung der Plazentareste eine eigenständige Indikation, und somit ist in diesem Falle eine Berechnung der Nr. 1041 neben der Nr. 1032 gerechtfertigt.
- Bei ambulanter OP: Zuschlag nach Nr. 444 nicht vergessen.

GOÄ-Nr.		Punktzahl 1fach	2,3 / *1,8 3,5 / *2,5
1042	**Behandlung einer Blutung nach der Geburt durch innere Eingriffe**	**554** 32,29	74,27 113,02

Ausschluss: Neben Nr. 1042 sind folgende Nrn. nicht abrechnungsfähig: 1075, 1081, 1082

1043	**Naht des Gebärmutterhalses – einschließlich der vorangegangenen Erweiterung durch Schnitt oder Naht eines frischen Mutterhalsrisses**	**620** 36,14	83,12 126,48

Ausschluss: Neben Nr. 1042 sind folgende Nrn. nicht abrechnungsfähig: 1032, 1097, 1122

Tipp:
- Die Naht eines alten Gebärmutterhalsrisses ist mit Nr. 1122 abrechenbar.
- Bei ambulanter OP: Zuschlag nach Nr. 443 nicht vergessen.

1044	**Naht der weichen Geburtswege – auch nach vorangegangener künstlicher Erweiterung – und/oder Naht eines Dammrisses I. oder II. Grades und/oder Naht eines Scheidenrisses**	**420** 24,48	56,31 85,68

Neben der Leistung nach Nummer 1044 ist die Leistung nach Nummer 1096 nicht berechnungsfähig.

Ausschluss: Neben Nr. 1044 sind folgende Nrn. nicht abrechnungsfähig: 1032, 1045, 1096, 1120, 1121, 1125 – 1128

Tipp:
- Die Naht eines alten Dammrisses ist mit den Nrn. 1120 oder 1121 abrechenbar.
- Bei ambulanter OP: Zuschlag nach Nr. 442 nicht vergessen.

1045	**Naht eines vollkommenen Dammrisses (III. Grades)**	**924** 53,86	123,87 188,50

Neben der Leistung nach Nummer 1045 ist die Leistung nach Nummer 1044 nicht berechnungsfähig.

Ausschluss: Neben Nr. 1045 ist folgende Nr. nicht abrechnungsfähig: 1044, 1121, 3219

Tipp: Bei ambulanter OP: Zuschlag nach Nr. 444 nicht vergessen.

1048	**Operation einer Extrauterinschwangerschaft**	**2310** 134,64	309,68 471,25

Kommentar: Nach **Wezel-Liebold** rechtfertigt die mikrochirurgische Re-Anastomosierung einer Tube einen höheren Multiplikator als den 2,3fachen.

Tipp: Bei ambulanter OP: Zuschlag nach Nr. 445 nicht vergessen.

1049	**Aufrichtung der eingeklemmten Gebärmutter einer Schwangeren – auch mit Einlage eines Ringes –**	**296** 17,25	39,68 60,39
1050	**Instrumentale Einleitung einer Geburt oder Fehlgeburt, als selbständige Leistung**	**296** 17,25	39,68 60,39

Ausschluss: Neben Nr. 1050 sind folgende Nrn. nicht abrechnungsfähig: 1020, 1025 – 1027, 1052, 1055, 1056, 1060, 1096

1051	**Beistand bei einer Fehlgeburt ohne operative Hilfe**	**185** 10,78	24,80 37,74

Tipp: Die Leistung nach Nr. 1051 ist kombinierbar z.B. mit den Leistungen nach den Nrn. 1, 5, 6, 7, 8, 252, 253, 34

GOÄ-Nr.		Punktzahl / 1fach	2,3 / *1,8 / 3,5 / *2,5
1052	**Beistand bei einer Fehlgeburt und deren Beendigung durch inneren Eingriff**	**739** / 43,07	99,07 / 150,76

Ausschluss: Neben Nr. 1052 sind folgende Nrn. nicht abrechnungsfähig: 1020, 1021, 1022, 1032, 1051, 1060, 1096

Tipp: Bei ambulanter OP: Zuschlag nach Nr. 443 nicht vergessen.

1055	**Abbruch einer Schwangerschaft bis einschließlich 12. Schwangerschaftswoche – gegebenenfalls einschließlich Erweiterung des Gebärmutterhalskanals –**	**800** / 46,63	107,25 / 163,20

Ausschluss: Neben Nr. 1055 sind folgende Nrn. nicht abrechnungsfähig: 1020 – 1032, 1041, 1050, 1060, 1096, 1097.

Hinweis BÄK: **Leistungen und Abrechnung eines Schwangerschaftsabbruchs nach GÖÄ**
Die Bundesärztekammer informiert (Dtsch Arztebl 2001; 98(8): A-488 / B-392 / C-370 – www.aerzteblatt.de/v4/archiv/artikel.asp?id=26170) unter dem Titel: Gebührenordnung für Ärzte/Abtreibung: Was die Krankenversicherung bezahlt zur Privatliquidation ärztlicher Leistungen im Zusammenhang mit medikamentös durchgeführtem Schwangerschaftsabbruch:

Nur unter medizinischer oder kriminologischer Indikation ist der Schwangerschaftsabbruch eine Leistung der Gesetzlichen Krankenversicherung (GKV). Dies betrifft etwa ein Prozent der Fälle. In den anderen Fällen des rechtswidrigen, aber straffreien („tatbestandslosen oder indikationslosen") Schwangerschaftsabbruchs muss ein Teil der Leistungen von der Schwangeren selbst bezahlt werden bzw. wird bei „besonderen Fällen" von anderen Kostenträgern (Sozialamt, Landesstellen usw.) übernommen. Lediglich die Leistungen, die sich auf den Abbruch der Schwangerschaft unmittelbar beziehen und zu seiner Durchführung notwendig sind, fallen bei gesetzlich Versicherten nicht in die Leistungspflicht der GKV. Grundlage der vom Arzt zu erstellenden Privatrechnung ist die Amtliche Gebührenordnung für Ärzte (GOÄ).

Für diese Fälle gilt § 5 a GOÄ, mit welchem die Höhe der Gebühren für ärztliche Leistungen im Zusammenhang mit einem „indikationslosen" Schwangerschaftsabbruch auf das 1,8fache des jeweiligen Gebührensatzes begrenzt ist. Die Vergütungsbegrenzung auf das 1,8fache gilt gleichermaßen für gesetzlich und privat versicherte Schwangere und betrifft sowohl den operativen als auch den medikamentösen Abbruch.

Zur Abgrenzung von Inhalt und Umfang der selbst zu tragenden Kosten für Leistungen bei „indikationslosem" Schwangerschaftsabbruch sind in § 24 b Abs. 4 SGB V die Leistungen abschließend aufgeführt, die aus der Leistungspflicht der Gesetzlichen Krankenversicherung entfallen und damit auf der Grundlage des § 5 a GOÄ privat zu liquidieren sind. Diese sind, bezogen auf den operativen Abbruch, die Anästhesie, der operative Eingriff, die vaginale Behandlung einschließlich der Einbringung von Arzneimitteln in die Gebärmutter, die Injektion von Medikamenten, die Gabe eines wehenauslösenden Medikamentes, die Assistenz durch einen anderen Arzt, die körperliche Untersuchung im Rahmen einer unmittelbaren Operationsvorbereitung und der Überwachung unmittelbar nach der Operation. Die mit diesen Leistungen im Zusammenhang stehenden Sachkosten, insbesondere für Narkosemittel, Verbandsmittel, Abdecktücher und Injektionsmittel fallen ebenfalls nicht in die Leistungspflicht der Krankenkassen. Bezogen auf den medikamentösen Abbruch, fallen folgende Leistungen aus der Leistungspflicht der GKV:

- Beratungs- beziehungsweise Untersuchungsleistungen im unmittelbaren Zusammenhang
- mit dem Abbruch,
- der Abbruch einschließlich der Betreuungsphase,
- gegebenenfalls die Applikation eines wehenfördernden Mittels,
- die notwendigen Folgeuntersuchungen einschließlich Ultraschallkontrolle
- sowie die Auslagen für Mifegyne und Prostaglandin.

Eine Härtefallregelung gilt für diejenigen Frauen, denen die Aufbringung der finanziellen Mittel für den Abbruch einer Schwangerschaft nicht möglich ist (Unterschreiten bestimmter Einkommensgrenzen). In diesen Fällen erfolgt die Abrechnung auf der Grundlage des Einheitlichen Bewertungsmaßstabes (EBM) gegenüber den Krankenkassen und wird in der Regel vonseiten der Sozialämter erstattet („besondere Fälle"). Die nicht in § 24 b Abs. 4 SGB V aufgelisteten Leistungen im Zusammenhang mit einem „indikationslosen" Schwangerschaftsabbruch werden bei sozialversicherten Frauen über die Krankenkassen abgerechnet. In den „Sonstige-Hilfe-Richtlinien" des Bundesausschusses der Ärzte und Krankenkassen sind die Leistungen festgelegt, die im Rahmen der in der vertragärztlichen Versorgung geltenden Bestimmungen und den dazu vereinbarten Vordrucken abzurechnen sind. Die bestehende alternative Möglichkeit des medikamentösen Schwangerschaftsabbruchs zum bisher üblichen operativen Schwangerschaftsabbruch erfordert eine Abrechnungsempfehlung.

Die Bundesärztekammer hat nach Abstimmung mit dem Berufsverband Deutscher Frauenärzte e.V. und in Absprache mit dem Bundesministerium für Gesundheit die Berechnung des medikamentösen Schwangerschaftsabbruchs der Gebührenordnungs-Nummer 1055 (Abbruch einer Schwangerschaft ...) zugeordnet. Der Ansatz der Nummer 1055 GOÄ ist somit für beide Abbrucharten heranzuziehen, weil deren Leistungslegende, obwohl von ihrer Entstehungsgeschichte auf den operativen Abbruch bezogen, den medikamentösen Schwangerschaftsabbruch einschließt. Der nach Nummer 1055 berechnungsfähige medikamentöse Schwangerschaftsab-

bruch umfasst die Durchführung sowie die Überwachung und Betreuung in der Austreibungsphase. Soweit erforderlich, ist die Erweiterung des Gebärmutterhalskanals ebenfalls mit dieser Position abgegolten.
Den Leistungserschwernissen des „operativen Abbruchs" entspricht beim medikamentösen Abbruch die in der Regel zeitaufwendige Betreuungsleistung des Arztes. Deswegen ist die Überwachung und Betreuung in der Austreibungsphase nicht gesondert berechnungsfähig. Auch das Bundesministerium für Gesundheit hält eine weitgehende vergütungsrechtliche Gleichbehandlung des operativen mit dem medikamentösen Schwangerschaftsabbruch für sachgerecht.

Diesem Anliegen kommt die Abrechnungsempfehlung – basierend auf der Nummer 1055 – für den medikamentösen Schwangerschaftsabbruch nahe. Eine gleich hohe Vergütung für beide Arten des Abbruchs ist zurzeit über die geltende GOÄ allerdings nicht möglich, da der OP-Zuschlag Nummer 444 und daraus folgernd der Zuschlag Nummer 448 nur für die Beobachtung und Betreuung bei operativen Eingriffen bei ambulanter Durchführung gewährt werden. Die Aufnahme einer eigenständigen Gebührenposition für den medikamentösen Abbruch ist nur durch eine Weiterentwicklung der GOÄ erreichbar. Aus der Übersicht (Tabelle) sind die Abrechnungsmodalitäten des operativen und medikamentösen Schwangerschaftsabbruchs zu entnehmen.
Die Übersicht ist insofern nicht abschließend, als sie nicht auf alle in diesem Zusammenhang möglichen Fragestellungen eingeht (zum Beispiel Kostenerstattung in Sozialhilfefällen, besonders gelagerte Einzelfälle, in denen weitere Leistungen notwendig sein können, zum Beispiel vor Durchführung der Narkose beim operativen Schwangerschaftsabbruch ein Elektrokardiogramm).

Auf einen Blick:

Leistungen und Abrechnung eines Schwangerschaftsabruchs nach GOÄ § 5a gemäß §24b Abs. 4 SGB V
Der für die Leistungen nach § 5 a der GOÄ zulässige Gebührenrahmen ist auf das 1,8fache (bei Laborleistungen des 1,3fache) beschränkt. Ein Überschreiten ist durch den Text des § 5 a „nur bis zum 1,8fachen" und den Verzicht der Berücksichtigung im § 5 Abs. 2 Satz 4 bzw. § 5 Abs. 3 sowie dem Verbot der Abdingung in § 2 Abs. 1 Satz 2 GOÄ ausgeschlossen. Bei den aufgeführten Laborleistungen wird von der Inanspruchnahme einer Laborgemeinschaft (Basislabor) ausgegangen.

Leistungen und Abrechnung eines Schwangerschaftsabruchs

Kurzlegende der Leistung	GOÄ Nr.	Schwangerschaftsabbruch		Anmerkungen	
		operativ	medikamentös	operativ	medikamentös
		Honorar in Euro			
Beratung nur 1 x im GOÄ-Behandlungsfall (Zeitraum eines Monats nach der ersten Inanspruchnahme des Arztes in der selben Angelegenheit) abrechenbar.	**1**	**8,39**	8,39	Erstuntersuchung. Gyn. + Narkoseuntersuchung Anästhesie	Erstuntersuchung. Gynäkologe
Untersuchung Genitaltrakt	**7**	**16,79**	16,79		
Ganzkörperstatus durch Anästhesisten(in)	**8**	**27,28**	–		
Ultraschall, ein Organ	**410**	**–**	20,99		
Maskennarkose	**460**	**42,39**	–		
Spinalanästhesie	**470**	**41,96**	–		
kleines Blutbild	**3550***	**4,02**	4,02		
Hämatokrit	**3503***	**4,69**	–	nur bei Spinalanästhesie	
Kalium	**3557***	**2,01**	–		
partielle Thromboplastinzeit	**3605**	**3,35**	–		
Thromboplastinzeit n. Quick	**3607**	**3,35**	–		
Schwangerschaftsabbruch	**1055**	**83,93**	83,93		
vaginale Behandlung	**1075**	**4,72**	–		
i.v. Injektion	**253**	**7,34**	–		
Infusion	**272**	**18,88**	–		
Applikation wehenfördernden Medikaments	**1075**	**–**	4,72		
ggf. Assistenz	**62**	**15,73**	–		
Ultraschall, ein Organ – bis zu 3 Organen, je Organ – Zuschlag b-transkavitärer Sono	**410** **420** **ggf. 403**	**–**	20,99 8,39 15,73	Folgeuntersuchung Gynäkologie	
ggf. Beratung	**1**	**8,39**	–		

GOÄ-Nr. Punktzahl 2,3 / *1,8
1fach 3,5 / *2,5

Kurzlegende der Leistung	GOÄ Nr.	Schwangerschafts-abbruch		Anmerkungen	
		operativ	medika-mentös	operativ	medika-mentös
		Honorar in Euro			
Untersuchung, symptombez.	**5**	**8,39**	8,39		
Sachkosten				Material nach § 10 GOÄ	Mifegyne + Prostaglandin
Zuschlag amb. OP	444	**75,77**	–		
Zuschlag amb. Narkose	447	**37,89**	–		
postop. Überwachung*	448	**34,97**	–		
Summe: Die als resultierende Summe ausgewiesenen Beträge können je nach den Umständen des Einzelfalls abweichen und zu einer anderen Rechnungssumme führen.					

Die Tabelle zum Artikel aus 2001 (Dtsch Arztebl 2001; 98(8): A-488 / B-392 / C-370 – www.aerzteblatt.de/v4/archiv/artikel.asp?id=26170) wurde wie oben modifiziert und die Bewertungen der einzelnen GOPs – statt wie 2001 in DM- jetzt in Euro angegeben.

* Auch wenn beim medikamentösen Schwangerschaftsabbruch ggf. eine Liegezeit der Patientin in der Praxis erforderlich ist, ist die Nr.444 wegen des Nichterfüllens der Anforderung der Gebührenordnung, dass eine operative Leistung unter Narkose vorangegangen sein muss, nicht abrechenbar.

Kommentar: Entsprechend den Anmerkungen im § 5a darf bei einem Abbruch nach § 218a StGB nur der 1,8fache Satz angesetzt werden.

Tipp: Bei ambulanter OP: Zuschlag nach Nr. 444 nicht vergessen.

1056 Abbruch einer Schwangerschaft ab der 13. Schwangerschaftswoche – gegebenenfalls einschließlich Erweiterung des Gebärmutterhalskanals –

1200 160,87
69,94 244,81

Neben der Leistung nach den Nummern 1055 und 1056 ist die intravaginale oder intrazervikale Applikation von Prostaglandin-Gel nicht gesondert berechnungsfähig.

Ausschluss: Neben Nr. 1056 sind folgende Nrn. nicht abrechnungsfähig: 1020 – 1032, 1041, 1050, 1060, 1096, 1097.

Tipp: Bei ambulanter OP: Zuschlag nach Nr. 445 nicht vergessen!

1060 Ausräumung einer Blasenmole oder einer missed abortion

924 123,87
53,86 188,50

Ausschluss: Neben Nr. 1060 sind folgende Nrn. nicht abrechnungsfähig: 1020, 1050, 1052, 1055, 1056, 1096

Tipp: Bei ambulanter OP: Zuschlag nach Nr. 444 nicht vergessen!

1061 Abtragung des Hymens oder Eröffnung eines Hämatokolpos

185 24,80
10,78 37,74

1062 Vaginoskopie bei einer Virgo

178 23,86
10,38 36,31

Ausschluss: Neben Nr. 1062 ist folgende Nr. nicht abrechnungsfähig: 1063

Analog: Nach Kommentierung Wezel/Liebold kann für die Vaginoskopie einer Nicht-Virgo die Nr. 1062 als analoge Leistung abgerechnet werden.

1063 Vaginoskopie bei einem Kind bis zum vollendeten 10. Lebensjahr

240 32,17
13,99 48,96

Ausschluss: Neben Nr. 1063 ist folgende Nr. nicht abrechnungsfähig: 1062

1070 Kolposkopie

73 9,79
4,25 14,89

GOÄ-Nr.		Punktzahl / 1fach	2,3 / *1,8 / 3,5 / *2,5
1075	**Vaginale Behandlung – auch einschließlich Einbringung von Arzneimitteln in die Gebärmutter, Ätzung des Gebärmutterhalses und/oder Behandlung von Portioerosionen –**	**45** 2,62	6,03 9,18

Ausschluss: Neben Nr. 1075 sind folgende Nrn. nicht abrechnungsfähig: 1042, 1081, 1082

Kommentar: Werden definierte Leistungen durchgeführt, so ist
- für die Kauterisation die Nr. 1083
- für die Hitzekoagulation die Nr. 1084
- und für die Kryochirurgie die Nr. 1085

abrechenbar.

Tipp: Die Leistung nach Nr. 1075 ist kombinierbar z.B. mit Leistungen nach den Nrn. 1, 5, 6, 7, 8, 1070, 1087, 1088 und Vorsorge-Untersuchungen.

1080	**Entfernung eines Fremdkörpers aus der Scheide eines Kindes**	**106** 6,18	14,21 21,62

1081	**Ausstopfung der Scheide zur Blutstillung, als selbständige Leistung**	**59** 3,44	7,91 12,04

Ausschluss: Neben Nr. 1081 sind folgende Nrn. nicht abrechnungsfähig: 1042, 1075, 1082

Tipp: Die Leistung nach Nr. 1081 ist kombinierbar z.B. mit Leistungen nach den Nrn. 1, 5, 6, 7, 8, 1070, 1075 und Vorsorge-Untersuchungen.

1082	**Ausstopfung der Gebärmutter – gegebenenfalls einschließlich Scheide – zur Blutstillung, als selbständige Leistung –**	**178** 10,38	23,86 36,31

Ausschluss: Neben Nr. 1082 sind folgende Nrn. nicht abrechnungsfähig: 1042, 1075, 1081

1083	**Kauterisation an der Portio und/oder der Zervix, als selbständige Leistung**	**70** 4,08	9,38 14,28

Ausschluss: Neben Nr. 1083 sind folgende Nrn. nicht abrechnungsfähig: 1084, 1086, 1102, 1103

1084	**Thermokoagulation an der Portio und/oder der Zervix, als selbständige Leistung**	**118** 6,88	15,82 24,07

Ausschluss: Neben Nr. 1084 sind folgende Nrn. nicht abrechnungsfähig: 1083, 1086, 1102, 1103

1085	**Kryochirurgischer Eingriff im Vaginalbereich, als selbständige Leistung**	**296** 17,25	39,68 60,39

Kommentar: Nr. 1085 analog für die Kryokoagulation der Portio.

Tipp: Bei ambulanter OP: Zuschlag nach Nr. 442 nicht vergessen!

1085 analog	**Kryokoagulation der Portio – (analog Nr. 1085 GOÄ) – n. Empfehlung von Analog Ziffern der PVS**	**296** 17,25	39,68 60,39

1086	**Konisation der Portio**	**296** 17,25	39,68 60,39

Ausschluss: Neben Nr. 1086 sind folgende Nrn. nicht abrechnungsfähig: 1083, 1084, 1103

Tipp: Bei ambulanter OP: Zuschlag nach Nr. 442 nicht vergessen!

GOÄ-Nr.		Punktzahl / 1fach	2,3 / *1,8 / 3,5 / *2,5
1087	**Einlegung oder Wechseln eines Ringes oder Anlegen eines Portio-Adapters**	**55** / 3,21	7,37 / 11,22

Ausschluss: Neben Nr. 1087 sind folgende Nrn. nicht abrechnungsfähig: 1155, 1156

Tipp: Die Leistung ist kombinierbar z.B. mit Leistungen nach den Nrn. 1, 5, 6, 7, 8, 1070, 1075 und Vorsorge-Untersuchungen.

1088	**Lageverbesserung der Gebärmutter mit Einlegen eines Ringes**	**93** / 5,42	12,47 / 18,97

Tipp: Die Leistung ist kombinierbar z.B. mit Leistungen nach den Nrn. 1, 5, 6, 7, 8, 1070, 1075 und Vorsorge-Untersuchungen.

1089	**Operative Entfernung eines eingewachsenen Ringes aus der Scheide**	**463** / 26,99	62,07 / 94,45

Tipp: Bei ambulanter OP: Zuschlag nach Nr. 442 nicht vergessen!

1090	**Einlegen oder Wechseln eines Okklusivpessars**	**52** / 3,03	6,97 / 10,61

Kommentar: In der Regel kann die Leistung zweimal pro Zyklus erbracht und abgerechnet werden. Bei Zwischenblutungen und bei Fluor kann auch ein häufigeres Wechseln medizinisch erforderlich sein und damit auch abgerechnet werden. Abrechnungsfähig ist die Leistung nur, wenn es gilt, eine gesundheitliche Gefährdung der Patientin durch eine Schwangerschaft zu vermeiden.
In allen anderen Fällen, wenn ein Pessar nur zur allgemeinen Schwangerschaftsverhütung benutzt wird, zahlt die private Krankenversicherung und auch die Beihilfestelle nicht.

1091	**Einlegen oder Wechseln eines Intrauterinpessars**	**106** / 6,18	14,21 / 21,62

Kommentar: Ähnlich wie die Leistung nach Nr. 1090 kann auch die Leistung nach Nr. 1091 mehrmals abgerechnet werden.
Sie wird nur von der privaten Krankenversicherung oder Beihilfe erstattet, wenn es gilt, wegen einer gesundheitlichen Gefährdung der Patientin eine Schwangerschaft zu vermeiden. In allen anderen Fällen muss die Patientin die entsprechenden Kosten selbst tragen.

1092	**Entfernung eines Intrauterinpessars**	**52** / 3,03	6,97 / 10,61

Kommentar: Ähnlich wie die Leistung nach Nr. 1091 kann auch die Leistung nach Nr. 1092 mehrmals abgerechnet werden. Siehe auch Kommentar zu Nr. 1091.

1095	**Operative Reposition der umgestülpten Gebärmutter**	**2310** / 134,64	309,68 / 471,25
1096	**Erweiterung des Gebärmutterhalses durch Dehnung**	**148** / 8,63	19,84 / 30,19

Ausschluss: Neben Nr. 1096 sind folgende Nrn. nicht abrechnungsfähig: 1020, 1044, 1050, 1052, 1055, 1056, 1060, 1091, 1092, 1097, 1099 – 1104

GOÄ-Nr.		Punktzahl 1fach	2,3 / *1,8 3,5 / *2,5
1097	**Erweiterung des Gebärmutterhalses durch Schnitt – gegebenenfalls einschließlich Naht –**	**296** 17,25	39,68 60,39
Ausschluss:	Neben Nr. 1097 sind folgende Nrn. nicht abrechnungsfähig: 1043, 1096, 1099 – 1104		
Tipp:	Bei ambulanter OP: Zuschlag nach Nr. 442 nicht vergessen!		
1098	**Durchtrennung oder Sprengung eines stenosierenden Narbenstranges der Scheide**	**296** 17,25	39,68 60,39
Tipp:	Bei ambulanter OP: Zuschlag nach Nr. 442 nicht vergessen!		
1099	**Operative Behandlung der Hämato- oder Pyometra**	**647** 37,71	86,74 131,99
Ausschluss:	Neben Nr. 1099 sind folgende Nrn. nicht abrechnungsfähig: 1096, 1097		
Tipp:	Bei ambulanter OP: Zuschlag nach Nr. 443 nicht vergessen!		
1102	**Entfernung eines oder mehrerer Polypen und/oder Abrasio aus dem Gebärmutterhals oder dem Muttermund**	**148** 8,63	19,84 30,19
Ausschluss:	Neben Nr. 1102 sind folgende Nrn. nicht abrechnungsfähig: 1096, 1103		
1103	**Probeexzision aus dem Gebärmutterhals und/oder dem Muttermund und/oder der Vaginalwand – gegebenenfalls einschließlich Abrasio und auch einschließlich Entfernung eines oder mehrerer Polypen –**	**185** 10,78	24,80 37,74
Ausschluss:	Neben Nr. 1103 sind folgende Nrn. nicht abrechnungsfähig: 1083, 1084, 1086, 1096, 1102, 1104		
1104	**Ausschabung und/oder Absaugung der Gebärmutterhöhle einschließlich Ausschabung des Gebärmutterhalses – gegebenenfalls auch mit Probeexzision aus Gebärmutterhals und/oder Muttermund und/oder Vaginalwand sowie gegebenenfalls einschließlich Entfernung eines oder mehrerer Polypen –**	**647** 37,71	86,74 131,99
Ausschluss:	Neben Nr. 1104 sind folgende Nrn. nicht abrechnungsfähig: 1096, 1097, 1102, 1103		
Tipp:	Bei ambulanter OP: Zuschlag nach Nr. 443 nicht vergessen!		
1105	**Gewinnung von Zellmaterial aus der Gebärmutterhöhle und Aufbereitung zur zytologischen Untersuchung – einschließlich Kosten –**	**180** 10,49	24,13 36,72
Ausschluss:	Ausschlußnummer: Neben Nr. 1105 ist folgende Nr. nicht abrechnungsfähig: 297		

Beschluss BÄK:

Beschluss des Gebührenausschusses der Bundesärztekammer

Mehrfachberechnung der 4851. bzw. Nebeneinanderberechnung der Nrn. 4850, 4851, 4852, 1105 GOÄ (10. Sitzung vom 18. Juli 1997)

Eine Mehrfachberechnung der Nr. 4851 GOÄ (z.B. wenn der gynäkologischen Krebsvorsorge Material sowohl aus der Portio als auch aus der Gebärmutterhöhle (nach Nr. 1105 GOÄ) untersucht wird), ist nicht möglich, weil in der Legende zu Nr. 4851 sowohl auf den zeitlichen Zusammenhang als auch auf den Plural „Präparate“ abgestellt ist und zusätzlich noch klargestellt ist, „zum Beispiel aus dem Genitale der Frau“.

Damit fallen Untersuchungen beider Abstrichentnahmen unter die nur einmalige Berechenbarkeit der Nr. 4851. Aus denselben Gründen ist auch der eigenständige Ansatz der Nr. 4852 neben der Nr. 4851 für die Untersuchung des Materials nach Nr. 1105 GOÄ nicht möglich, zumal hier auf andere Materialien als diejenigen nach Nr. 4851 abgestellt ist.

Hinsichtlich der Nebeneinanderberechnung der Nrn. 4850 und 4851 sieht der Ausschuss diese als möglich an, da Nr. 4851 nur auf die Krebsdiagnostik abgestellt ist und die Leistung nach Nr. 4850 nicht unter die „gegebenenfalls“ in Nr. 4851 eingeschlossene „Beurteilung nicht zytologischer mikroskopischer Befunde“ fällt. Zu beachten ist hier aber der Ausschluss der Nr. 297 neben Nr. 4850 aus der Anmerkung nach Nr. 4850. Dies berücksichtigt bereits die partielle Leistungsüberschneidung bei Nebeneinandererbringung der Leistungen nach Nr. 4851 und Nr. 4850.

GOÄ-Nr.		Punktzahl 1fach	2,3 / *1,8 3,5 / *2,5
1110	**Hysteroskopie**	**444** 25,88	59,52 90,58

1111 **Hysteroskopie mit zusätzlichem(n) operativem(n) Eingriff(en)** **739** 43,07 99,07 150,76

Ausschluss: Neben Nr. 1111 ist folgende Nr. nicht abrechnungsfähig: 1110

Tipp: Bei ambulanter OP: Zuschlag nach Nr. 443 nicht vergessen, zusätzlich bei Verwendung eines OP-Mikroskopes Zuschlag nach Nr. 440 und bei Anwendung eines Lasers Zuschlag nach Nr. 441 abrechenbar!

1112 **Tubendurchblasung** **296** 17,25 39,68 60,39

Ausschluss: Neben Nr. 1112 ist folgende Nr. nicht abrechnungsfähig: 1113

Tipp: Bei ambulanter OP: Zuschlag nach Nr. 442 nicht vergessen!

1113 **Tubendurchblasung mit Druckschreibung** **420** 24,48 56,31 85,68

Ausschluss: Neben Nr. 1113 sind folgende Nrn. nicht abrechnungsfähig: 1087, 1112

Tipp: Bei ambulanter OP: Zuschlag nach Nr. 442 nicht vergessen!

1114 **Insemination – auch einschließlich Konservierung und Aufbereitung des Samens –** **370** 21,57 49,60 75,48

Rechtsprechung: Siehe auch Rechtsprechung zur Nr. 315

Hinweis LÄK: **Anmerkung der Bayerischen Landesärztekammer** vom 09.02.2004 (Quelle: GOÄ-Datenbank http://www.blaek.de/) **– Insemination der Oozyte durch Injektion des Spermatozoons durch das Oolemm (ICSI)**
Empfehlung des Ausschusses „Gebührenordnung“ der Bundesärztekammer – die mit dem Verband der privaten Krankenversicherung, dem BMG, BMI abgestimmt wurde.
Die Insemination der Oozyte durch Injektion des Spermatozoons durch das Oolemm ist nach Nr. 1114 berechnungsfähig. Die Leistung ist je Eizelle berechnungsfähig.
Anmerkung der Bayerischen Landesärztekammer vom 09.02.2004 (Quelle: GOÄ-Datenbank http://www.blaek.de/) **– Embryotransfer, einschließlich Einführen eines speziellen Doppelkatheters (In-vitro-Fertilisation)**
Empfehlung des Ausschusses „Gebührenordnung“ der Bundesärztekammer – die mit dem Verband der privaten Krankenversicherung, dem BMG, BMI abgestimmt wurde
Der Embryonentransfer, einschließlich Einführen eines speziellen Doppelkatheters, ist mit der Nr. 1114 analog berechnungsfähig. Die Nr. 1114 analog kann nur einmal angesetzt werden, auch wenn mehr als ein Embryo übertragen wird.

Kommentar: Monologe und heterologe Inseminationen sind nach Nr. 1114 abrechenbar.

1114 analog **Embryotransfer, einschl. Einführen eines spez. Doppelkatheters – (analog Nr. 1114 GOÄ) – n. Beschluss des Gebührenordnungsausschusses der BÄK** **370** 21,57 49,60 75,48

Rechtsprechung: Eine IVF/ICSI – Behandlung ist in analoger Anwendung über die GOÄ – Nrn. 4873 und 1114 abzurechnen. Die Ansicht, dass die Erstattung auf 6 Einzelbehandlungen (Mikroinjektion) zu begrenzen sei, wurde vom Gericht abgelehnt. Das Gericht führt u. a. aus: ... „Sämtliche 21 Einzelbehandlungen waren medizinisch notwendig. Eine Beschränkung der Mikroinjektion auf 6 reife Eizellen verringere nach den Angaben eines Sachverständigen die Chancen auf die Herbeiführung einer Schwangerschaft. Es entspricht nationaler und internationaler Übereinkunft der Reproduktionsmediziner bei einer IVF/ICSI – Therapie alle verfügbaren und reifen Eizellen (hier: 21) zu behandeln....“
Aktenzeichen: OLG Köln, 25.02.2011, AZ: 20 U 76/09
Entscheidungsjahr: 2011

GOÄ-Nr.		Punktzahl 1fach	2,3 / *1,8 3,5 / *2,5
1120	**Operation eines alten unvollkommenen Dammrisses – auch einschließlich Naht von Einrissen der Vulva und/oder Vagina –**	**647** 37,71	86,74 131,99
Ausschluss:	Neben Nr. 1120 sind folgende Nrn. nicht abrechnungsfähig: 1044, 1121, 1126, 1128		
Tipp:	Bei ambulanter OP: Zuschlag nach Nr. 443 nicht vergessen!		
1121	**Operation eines alten vollkommenen Dammrisses**	**1660** 96,76	222,54 338,65
	Neben der Leistung nach Nummer 1121 ist die Leistung nach Nummer 1126 nicht berechnungsfähig.		
Ausschluss:	Neben Nr. 1121 sind folgende Nrn. nicht abrechnungsfähig: 1044, 1045, 1126, 1127, 1128.		
Tipp:	Bei ambulanter OP: Zuschlag nach Nr. 445 nicht vergessen!		
1122	**Operation eines alten Gebärmutterhalsrisses**	**739** 43,07	99,07 150,76
Ausschluss:	Neben Nr. 1122 sind folgende Nrn. nicht abrechnungsfähig: 1128, 1129.		
Tipp:	Bei ambulanter OP: Zuschlag nach Nr. 442 nicht vergessen!		
1123	**Plastische Operation bei teilweisem Verschluss der Scheide**	**2770** 161,46	371,35 565,10
Ausschluss:	Neben Nr. 1123 sind folgende Nrn. nicht abrechnungsfähig: 1061, 1124, 1128, 2400.		
1123a	**Plastische Operation zur Öffnung der Scheide bei anogenitaler Fehlbildung im Kindesalter**	**2270** 132,31	304,32 463,09
Ausschluss:	Neben Nr. 1123a ist folgende Nr. nicht abrechnungsfähig: 2400.		
1124	**Plastische Operation bei gänzlichem Fehlen der Scheide**	**3700** 215,66	496,02 754,82
Ausschluss:	Neben Nr. 1124 sind folgende Nrn. nicht abrechnungsfähig: 1123, 1123a.		
1125	**Vordere Scheidenplastik**	**924** 53,86	123,87 188,50
Ausschluss:	Neben Nr. 1125 sind folgende Nrn. nicht abrechnungsfähig: 1126, 1127, 1128, 1165, 1780		
Tipp:	Bei ambulanter OP: Zuschlag nach Nr. 444 nicht vergessen!		
1126	**Hintere Scheidenplastik mit Beckenbodenplastik**	**1290** 75,19	172,94 263,17
Ausschluss:	Neben Nr. 1126 sind folgende Nrn. nicht abrechnungsfähig: 1121, 1125, 1127, 1128, 1163, 1165, 1780.		
Tipp:	Bei ambulanter OP: Zuschlag nach Nr. 445 nicht vergessen!		
1127	**Vordere und hintere Scheidenplastik mit Beckenbodenplastik**	**1660** 96,76	222,54 338,65
Ausschluss:	Neben Nr. 1127 sind folgende Nrn. nicht abrechnungsfähig: 1121, 1125, 1126, 1128, 1163, 1780.		
1128	**Scheiden- und Portioplastik – gegebenenfalls auch mit Zervixamputation mit Elevation des Uterus auf vaginalem Wege (z.B. Manchester-Fothergill, Interposition), auch mit Beckenbodenplastik –**	**2220** 129,40	297,61 452,89
Ausschluss:	Neben Nr. 1128 sind folgende Nrn. nicht abrechnungsfähig: 1121, 1122, 1125 – 1127, 1129, 1135, 1780.		

GOÄ-Nr.		Punktzahl 1fach	2,3 / *1,8 3,5 / *2,5
1129	**Plastische Operation am Gebärmutterhals und/oder operative Korrektur einer Isthmusinsuffizienz des Uterus (z.B. nach Shirodkar)**	**739** 43,07	99,07 150,76

Ausschluss: Neben Nr. 1129 sind folgende Nrn. nicht abrechnungsfähig: 1122, 1128, 1135.

Auf einen Blick: **Abrechnung von Uterusoperationen**

Kurzlegende	OP vaginal	OP abdominal
Antefixierende OP des Uterus	–	**1147**
Exenteration, Radikaloperation	–	**1168**
Korrektur einer **Isthmusinsuffizienz** (z.B. n. Shirodkar)	**1129**	–
Operative Entfernung eines Stützbandes oder Metallnaht nach Isthmusinsuffizienz-OP	**1131**	–
Myomenukleation	**1137**	**1162**
Scheiden- u. Portioplastik ggf. mit **Zervixamputation**	**1128**	
Uterus Totalextirpation mit Adnexentfernung	**1139**	
Uterus Totalextirpation ohne Adnexentferung	**1138**	
Uterusamputation, supravaginal	–	**1161**
Uterusmissbildungen, Beseitigung	–	**1160**
Zervix Plastische OP am Gebärmutterhals	**1129**	–
Zervixamputation	**1135**	
Radikaloperation des Zervixkrebses mit Entfernung regionärer LK	–	**1166**
Radikaloperation des Zervixkrebses mit Entfernung der Lymphstromgebiete	–	**1167**

Tipp: Bei ambulanter OP: Zuschlag nach Nr. 443 nicht vergessen!

1131	**Operative Entfernung eines Stützbandes oder einer Metallnaht nach Isthmusinsuffizienzoperation**	**379** 22,09	50,81 77,32

Tipp: Bei ambulanter OP: Zuschlag nach Nr. 442 nicht vergessen!

1135	**Zervixamputation**	**554** 32,29	74,27 113,02

Ausschluss: Neben Nr. 1135 sind folgende Nrn. nicht abrechnungsfähig: 1128, 1129, 1166. 1167, 1780.

Tipp: Bei ambulanter OP: Zuschlag nach Nr. 443 nicht vergessen!

1136	**Vordere und/oder hintere Kolpozöliotomie – auch Eröffnung eines Douglas-Abszesses –, als selbständige Leistung**	**379** 22,09	50,81 77,32

Ausschluss: Neben Nr. 1136 sind folgende Nrn. nicht abrechnungsfähig: 307, 316, 317, 1158, 3137.

Tipp: Bei ambulanter OP: Zuschlag nach Nr. 442 nicht vergessen!

1137	**Vaginale Myomenukleation**	**1290** 75,19	172,94 263,17

Ausschluss: Neben Nr. 1137 sind folgende Nrn. nicht abrechnungsfähig: 1138, 1139, 1162.

Tipp: Bei ambulanter OP: Zuschlag nach Nr. 445 nicht vergessen!

GOÄ-Nr.		Punktzahl 1fach	2,3 / *1,8 3,5 / *2,5
1138	**Vaginale oder abdominale Totalexstirpation des Uterus ohne Adnexentfernung**	**2770** 161,46	371,35 565,10
Ausschluss:	Neben Nr. 1138 ist folgende Nr. nicht abrechnungsfähig: 1139		
1139	**Vaginale oder abdominale Totalexstirpation des Uterus mit Adnexentfernung**	**3330** 194,10	446,42 679,34
Ausschluss:	Neben Nr. 1139 sind folgende Nrn. nicht abrechnungsfähig: 1129, 1138.		
Auf einen Blick:	**Eingriffe an den Adnexen**		

Leistung	GOÄ Nr.
Pelviskopie ggf. Probeexzision oder -punktion	**1555**
Pelviskopie mit abdominellem Eingriff z.B. an Tuben, Ovar (z.B. Tubensterilisation, Inzision, Punktion)	**1156**
Eingriff (abdominal, vaginal, laparoskopisch) **Adnexentfernung einseitig** **Adnexentfernung beidseitig** **Adnexentfernung** mit Hysterektomie	**1145** **1146** **1139**
OP einer Eileiterschwangerschaft	**1048**

1140	**Operative Behandlung einer konservativ unstillbaren Nachblutung nach vaginaler Uterusoperation**	**333** 19,41	44,64 67,93
Tipp:	Bei ambulanter OP: Zuschlag nach Nr. 442 nicht vergessen!		
1141	**Operation im Vaginal- oder Vulvabereich (z.B. Exstirpation von Vaginalzysten oder Bartholinischen Zysten oder eines Scheidenseptums)**	**554** 32,29	74,27 113,02
Tipp:	Bei ambulanter OP: Zuschlag nach Nr. 443 nicht vergessen!		
1145	**Ovarektomie, Ovariotomie, Salpingektomie, Salpingotomie, Salpingolyse und/oder Neoostomie durch vaginale oder abdominale Eröffnung der Bauchhöhle, einseitig**	**1660** 96,76	222,54 338,65
Ausschluss:	Neben Nr. 1145 sind folgende Nrn. nicht abrechnungsfähig: 1146, 1148, 1149.		
Tipp:	Bei ambulanter OP: Zuschlag nach Nr. 445 nicht vergessen!		
1146	**Ovarektomie, Ovariotomie, Salpingektomie, Salpingotomie, Salpingolyseund/oder Neoostomie durch vaginale oder abdominale Eröffnung der Bauchhöhle, beidseitig**	**2220** 129,40	297,61 452,89
Ausschluss:	Neben Nr. 1146 sind folgende Nrn. nicht abrechnungsfähig: 1145, 1148, 1149.		
1147	**Antefixierende Operation des Uterus mit Eröffnung der Bauchhöhle**	**1480** 86,27	198,41 301,93
1148	**Plastische Operation bei Tubensterilität (z.B. Implantation, Anastomose), einseitig**	**2500** 145,72	335,15 510,01
Ausschluss:	Neben Nr. 1148 sind folgende Nrn. nicht abrechnungsfähig: 1145, 1146, 1149.		
1149	**Plastische Operation bei Tubensterilität (z.B. Implantation, Anastomose), beidseitig**	**3500** 204,01	469,21 714,02
Ausschluss:	Neben Nr. 1149 sind folgende Nrn. nicht abrechnungsfähig: 1145, 1146, 1148.		

GOÄ-Nr.		Punktzahl 1fach	2,3 / *1,8 3,5 / *2,5
1155	**Pelviskopie mit Anlegen eines druckkontrollierten Pneumoperitoneums und Anlegen eines Portioadapters – gegebenenfalls einschließlich Probeexzision und/oder Probepunktion –**	**800** 46,63	107,25 163,20

Ausschluss: Neben der Nr. 1155 sind die nachfolgenden Nrn. nicht abrechnungsfähig: 307, 315, 316, 317, 700, 701, 1087, 1156, 2401, 2402.

Analog: Analoger Ansatz für die transabdominelle Blutentnahme aus der Nabelschnur.

Tipp:
- Bei ambulanter OP: Zuschlag nach der Nr. 444 nicht vergessen.
- Die Kosten für gebrauchte Füllgase (CO2) sind gesondert berechnungsfähig.

1156	**Pelviskopie mit Anlegen eines druckkontrollierten Pneumoperitoneums und Anlegen eines Portioadapters einschließlich Durchführung intraabdominaler Eingriffe – gegebenenfalls einschließlich Probeexzision und/oder Probepunktion –**	**1050** 61,20	140,76 214,21

Ausschluss: Neben Nr. 1156 sind folgende Nrn. nicht abrechnungsfähig: 307, 315, 316, 317, 700, 701, 1155, 2401, 2402.

Kommentar: Nr. 1156 ist analog für die transabdominelle Chorionzottenbiopsie ansetzbar.

Rechtsprechung: **Aufklärung über Versagerquote bei Sterilisation**

Ein behandelnder Arzt haftet dann nicht für eine nach einer Sterilisation eingetretene, ungewollte Schwangerschaft, wenn die behandelte Patientin über eine verbleibende Versagerquote zutreffend informiert worden ist.

In der Schwangerschaft könne sich die auch bei einer fachgerechten Sterilisation verbleibende Versagerquote schicksalhaft realisiert haben. Nach der Vernehmung des behandelnden Arztes stehe fest, dass er die Klägerin mündlich zutreffend auf eine Versagerquote von 4 in 1.000 Fällen hingewiesen habe. Für die gebotene therapeutische Aufklärung sei das ausreichend. Die Patientin wisse dann, dass das Risiko einer Schwangerschaft in dem genannten Promillebereich fortbestehe und sie weitere Verhütungsmaßnahmen ergreifen müsse, wenn sie einen einhundertprozentigen Sicherheitsstandard anstrebe.

Oberlandesgericht Hamm, 17.06.2014 – AZ: 26 U 112/13 – Entscheidungsjahr: 2014

Tipp:
- Bei ambulanter OP: Zuschlag nach Nr. 444 nicht vergessen! dazu ggf. 441.
- Die Kosten für gebrauchte Füllgase (CO2) sind gesondert berechnungsfähig.

IGeL: Refertilisationsmaßnahmen auf Patientinnenwunsch nach operativer Sterilisation

A 1157	**Chorionzottenbiopsie, transvaginal oder transabdominal unter Ultraschallicht (analog Nr. 1158 GOÄ) 739 Pkt. – n. Verzeichnis analoger Bewertungen d. Bundesärztekammer**	**739** 43,07	99,07 150,76
1158	**Kuldoskopie – auch mit operativen Eingriffen –**	**739** 43,07	99,07 150,76

Ausschluss: Neben Nr. 1158 sind folgende Nrn. nicht abrechnungsfähig: 307, 316, 317.

Kommentar: Analog für die transzervikale Chorionzottenbiospie.

1159	**Abtragung großer Geschwülste der äußeren Geschlechtsteile – auch Vulvektomie –**	**1660** 96,76	222,54 338,65

Kommentar: Analog für die Abtragung von Schürzenbildung oder für die Vulvektomie bei Kraurosis vulvae ansetzbar.

Analog: Nr. 1159 analog für Denervierung der Vulva bei Pruritus oder bei Abtragung einer Schürzenbildung – Empfehlung nach Kommentar Brück

Tipp: Bei ambulanter OP: Zuschlag nach Nr. 445 nicht vergessen!

GOÄ-Nr.		Punktzahl 1fach	2,3 / *1,8 3,5 / *2,5
1160	**Operative Beseitigung von Uterusmißbildungen (z.B. Uterus bicornis, Uterus subseptus)**	**2770** 161,46	371,35 565,10
Tipp:	Bei ambulanter OP: Zuschlag nach Nr. 445 nicht vergessen!		
1161	**Uterusamputation, supravaginal**	**1480** 86,27	198,41 301,93
Ausschluss:	Neben Nr. 1161 sind folgende Nrn. nicht abrechnungsfähig: 1138, 1139.		
1162	**Abdominale Myomenukleation**	**1850** 107,83	248,01 377,41
Ausschluss:	Neben Nr. 1162 ist folgende Nr. nicht abrechnungsfähig: 1137.		
1163	**Fisteloperation an den Geschlechtsteilen – gegebenenfalls einschließlich der Harnblase und/oder Operation einer Darmscheiden- oder Darmharnröhrenfistel auch mit hinterer Scheidenplastik und Beckenbodenplastik –**	**2770** 161,46	371,35 565,10
Ausschluss:	Neben Nr. 1163 sind folgende Nrn. nicht abrechnungsfähig: 1126, 1127, 1721, 1722, 3220 – 3223.		
1165	**Radikaloperation des Scheiden- und Vulvakrebses**	**3140** 183,02	420,95 640,58
Ausschluss:	Neben Nr. 1165 sind folgende Nrn. nicht abrechnungsfähig: 1125, 1126, 1127, 1159.		
1166	**Radikaloperation des Zervixkrebses, vaginal oder abdominal, mit Entfernung der regionären Lymphknoten**	**4620** 269,29	619,36 942,51
Ausschluss:	Neben Nr. 1166 sind folgende Nrn. nicht abrechnungsfähig: 1135, 1167, 1168, 1809.		
1167	**Radikaloperation des Zervixkrebses, abdominal, mit Entfernung der Lymphostromgebiete, auch paraaortal**	**4900** 285,61	656,90 999,63
Ausschluss:	Neben Nr. 1167 sind folgende Nrn. nicht abrechnungsfähig: 1135, 1166, 1168, 1809.		
1168	**Exenteration des kleinen Beckens**	**5900** 343,90	790,96 1203,63
Ausschluss:	Neben Nr. 1168 sind folgende Nrn. nicht abrechnungsfähig: 1138, 1139, 1161, 1166, 1167.		

I Augenheilkunde

Anmerkungen der Autoren

Für die 5. Auflage der GOÄ hatten die Herausgeber Hermanns, Filler und Roscher unter Mitarbeit des in München niedergelassenen Augenarztes Dr. med. A. Zarth, die Ausschlussziffern zu den einzelnen GOÄ-Leistungspositionen der Augenheilkunde in verschiedenen Kommentarwerken zur GOÄ überprüft. Dabei fiel auf, dass sich die Ausschlüsse in den einzelnen Kommentaren erheblich unterscheiden.
Die Allgemeinen Abrechnungsbestimmungen im Paragraphenteil der offiziellen GOÄ und die – wenn auch nur vereinzelten – Ausschlüsse bei den einzelnen Gebührenpositionen sind nicht immer einfach zu durchschauen.
Hinzu kommt, dass die einzelnen Kommentar-Autoren in ihren Werken noch weitere Ausschlüsse aufführen. Häufig werden aus den oft sehr schwer verständlichen Texten unterschiedliche Schlüsse gezogen.
Dies kann bei der Honorarabrechnung zur Aufführung einander ausschliessender Leistungen (GOÄ Nrn.) oder zum Weglassen zulässiger Leistungen führen. Insofern kommt es bei Auslegung der Gebührenpositionen immer wieder zu strittigen Auseinandersetzungen.
Auch zwischen den Ausschlüssen z.B. in der GOÄ und der UV-GOÄ bestehen Unterschiede.

Wichtig erscheint nach unserer Überprüfung nochmals der Hinweis: NUR der offizielle Text der GOÄ ist rechtsverbindlich. Die Beschlüsse bzw. Empfehlungen der BÄK zu Abrechnungsfragen sind allenfalls rechtsrelevant, da sie für die Auslegung der GOÄ als gewichtig angesehen werden. Ein Gericht kann im Streitfall ein Sachverständigen-Gutachten anfordern, um eine fragliche Auslegung zu klären.

Kommentar:

Alle im Kapitel I. Augenheilkunde angegebenen diagnostischen Leistungen beziehen sich – soweit in der Leistungslegende nicht etwas anderes beschrieben ist – auf die Untersuchung beider Augen. Die Untersuchungen sind daher nur einmal abrechenbar.
Diese Einschränkung gilt nicht für therapeutische Leistungen; hier kann „je Auge“ abgerechnet werden.

Hinweis: Wenn bei diagnostischen Leistungen eine Untersuchung beider Augen erforderlich ist, ist damit nicht automatisch ein erhöhter Steigerungssatz begründet.

1200 Subjektive Refraktionsbestimmung mit sphärischen Gläsern

59 7,91
3,44 12,04

Ausschluss: Neben Nr. 1200 sind folgende Nrn. nicht abrechnungsfähig: 1201 – siehe dazu den Kommentar.

Kommentar: Die Leistungen nach Nr. 1200 und 1201 sind nach **Brück** nebeneinander abrechenbar, wenn nur ein Auge Astigmatismus aufweist, dann beim anderen Auge Nr. 1201 abrechnen.

Analog: siehe Nr. A 7002 Qualitative Aniseikonieprüfung mittels einfacher Trennerverfahren analog Nr. 1200

IGeL: Zur Früherkennung von Amblyopie und Strabismus sind u.a. die Leistungen nach den Nrn. 1200 oder 1201, 1202, 1216 und die Untersuchungen nach Nr. 6 abrechenbar.

1201 Subjektive Refraktionsbestimmung mit sphärisch-zylindrischen Gläsern

89 11,93
5,19 18,16

Ausschluss: Neben Nr. 1201 sind folgende Nrn. nicht abrechnungsfähig: 1200 – s. Kommentar zu Nr. 1200

Kommentar: Siehe Nrn. 1216, 1217.

IGeL: Zur Früherkennung von Amblyopie und Strabismus sind u.a. die Leistungen nach den Nrn. 1200 oder 1201, 1202, 1216 und die Untersuchungen nach Nr. 6 abrechenbar.

1202 Objektive Refraktionsbestimmung mittels Skiaskopie oder Anwendung eines Refraktometers

74 9,92
4,31 15,10

Ausschluss: Neben Nr. 1202 sind folgende Nrn. nicht abrechnungsfähig: 1210 – 1213

Tipp: Neben Nr. 1202 können die Nrn. 1200 oder 1201 abgerechnet werden.

IGeL: Zur Früherkennung von Amblyopie und Strabismus sind die Leistungen u.a. nach den Nrn. 1200 oder 1201, 1202, 1216 und die Untersuchungen nach Nr. 6 abrechenbar.

1203 **Messung der Maximal- oder Gebrauchsakkommodation mittels Akkommodometer oder Optometer** **60** 8,04 3,50 12,24

Ausschluss: Neben Nr. 1203 sind folgende Nrn. nicht abrechnungsfähig: 5 – 8

Kommentar: Nach **Hoffman und Kleinken** ist der Leistungsinhalt der Nr. 1203 *„...auch nit der dynamischen Nahbrillenbestimmung nach Reiner erfüllt...“*

IGeL: Zur Früherkennung von Amblyopie und Strabismus sind die Leistungen u.a. nach den Nrn. 1200, 1201, 1202, 1203, 1216 und die Untersuchungen nach Nr. 6 abrechenbar.

1204 **Messung der Hornhautkrümmungsradien** **45** 6,03 2,62 9,18

Ausschluss: Neben Nr. 1204 sind folgende Nrn. nicht abrechnungsfähig: 5 – 8, 1210 – 1213.

Kommentar: Nach **Brück** ist bei irregulärem Astigmatismus eine mehrmalige Untersuchung und Abrechnung möglich. Leistung nach Nr. 1204 gerade in der Kontaktlinsenanpassung – aber auch bei unklaren Visusminderungen – sinnvoll, besser aber die Untersuchung mit dem Keratographen – Abrechnung nach A 7009 analog Nr. 415.

1207 **Prüfung von Mehrstärken- oder Prismenbrillen mit Bestimmung der Fern- und Nahpunkte bei subjektiver Brillenunverträglichkeit** **70** 9,38 4,08 14,28

Kommentar: Die Leistung ist auch bei der Messungen von Einstärkenbrillen nach Empfehlung des Zentralen Konsultationsausschuss für Gebührenordnungsfragen bei der Bundesärztekammer – laut Kommentar **Wezel/Liebold** – ansetzbar. Bei Messung mehrerer Brillen mehrfach ansetzbar.

1209 **Nachweis der Tränensekretionsmenge (z.B. Schirmer-Test)** **20** 2,68 1,17 4,08

Mit der Gebühr sind die Kosten abgegolten.

Analog: Nr. 1209 analog für break-up-time ansetzen.

1210 **Erstanpassung und Auswahl der Kontaktlinse (Haftschale) für ein Auge zum Zwecke der Verordnung – einschließlich objektiver Refraktionsbestimmung, Messung der Hornhautradien und der Spaltlampenmikroskopie –** **228** 30,57 13,29 46,51

Ausschluss: Neben Nr. 1210 sind folgende Nrn. nicht abrechnungsfähig: 5, 6, 1202, 1211, 1213, 1240

Kommentar: Die GOÄ enthält keine Indikationsliste. Augenärzte und PKV-Kassen halten sich aber meist an die Indikationsliste im entsprechenden Paragraphen der Richtlinie des Gemeinsamen Bundesausschusses über die Verordnung von Hilfsmitteln in der vertragsärztlichen Versorgung (Hilfsmittel-Richtlinie/HilfsM-RL) in der Neufassung vom 21.12.2011/15. März 2012 veröffentlicht im Bundesanzeiger am 10. April 2012 – in Kraft getreten am 1. April 2012 (http://www.g-ba.de/downloads/62-492-599/HilfsM-RL_Neufassung_2011-12-21_2012-03-15.pdf).

Hilfsmittel-Richtlinie § 15 Kontaktlinsen zur Verbesserung der Sehschärfe
(1) Bei erfüllter Kontaktlinsenindikation zur Verbesserung der Sehschärfe (Abs. 3) ist primär eine beidäugige Versorgung anzustreben, sofern medizinisch zweckmäßig. Verordnungsfähig sind ausschließlich Ein-stärken-Kontaktlinsen. Formstabile Kontaktlinsen stellen die Regelversorgung dar.

(2) Die Verordnung weicher Kontaktlinsen zur Verbesserung der Sehschärfe bedarf einer besonderen Begründung. Ein ausreichender Trageversuch mit formstabilen Linsen muss erfolglos durchgeführt worden sein.

(3) Kontaktlinsen zur Verbesserung der Sehschärfe können nur bei nachstehend aufgeführten Indikationen verordnet werden:

1. Myopie = 8,0 dpt,
2. Hyperopie = 8,0 dpt,
3. irregulärer Astigmatismus, wenn damit eine um mindestens 20 Prozent-punkte verbesserte Sehstärke gegenüber Brillengläsern erreicht wird,
4. Astigmatismus rectus und inversus = 3,0 dpt,
5. Astigmatismus obliquus (Achslage 45°+/- 30°, bzw. 135° +/- 30°) = 2 dpt,
6. Keratokonus,
7. Aphakie,
8. Aniseikonie > 7 % (die Aniseikoniemessung ist nach einer allgemein anerkannten reproduzierbaren Bestimmungsmethode durchzuführen u. zu dokumentieren),
9. Anisometropie = 2,0 dpt.

(4) Weichlinsen als Austauschsysteme zur Verbesserung der Sehschärfe für die begrenzte unterbrochene – im Einzelfall bei Handhabungsproblemen auch ununterbrochene – (7 bis 30-tägige) Tragedauer sind nur dann verordnungsfähig, wenn formstabile Linsen nicht getragen werden können und wenn konventionelle Weichlinsen trotz sachgerechter Pflege mit konventionellen Reinigungsverfahren aufgrund nicht entfernbarer Eiweißab-lagerungen in hoher Frequenz verworfen werden müssen.

(5) Da Kontaktlinsen aus medizinischen Gründen nicht regelhaft ununterbrochen getragen werden sollen, ist bei nach Absatz 3 und Absatz 4 verordneten Kontaktlinsen die zusätzliche Verordnung von Brillengläsern möglich. Bei Alterssichtigkeit sind zusätzlich zu Kontaktlinsen Einstärkenbrillengläser für den Nahbereich verordnungsfähig.

(6) Nicht verordnungsfähig sind:

1. Kontaktlinsen als postoperative Versorgung (auch als Verbandlinse/Verbandschale) nach nicht zu Lasten der GKV erbringbaren Eingriffen,
2. Kontaktlinsen in farbiger Ausführung zur Veränderung oder Verstärkung der körpereigenen Farbe der Iris (Ausnahme Irislinse gemäß § 17 Absatz 1 Nr. 11 und § 17 Absatz 2),
3. so genannte One-Day-Linsen,
4. multifokale/Mehrstärken-Kontaktlinsen,
5. Kontaktlinsen mit Lichtschutz und sonstigen Kantenfiltern,
6. Reinigungs- und Pflegemittel.

Brück erweiterte in seinem Kommentar die Liste noch um folgende Indikationen

- „... als Verbandslinse bei schwerer Erkrankung der Hornhaut, bei durchbohrenden Hornhautverletzungen oder bei Einsatz als Medikamententräger
- als Occlussionslinse in der Schielbehandlung, sofern andere Maßnahmen nicht durchführbar sind
- als Irislinse bei Substanzverlust der Regenbogenhaut..."

Müssen wegen Unverträglichkeit von harten Kontaktlinsen (Haftschalen) weiche Kontaktlinsen angepasst werden, sind dafür nur die Leistungen nach den GOÄ Nrn. 1212 oder 1213 abrechnungsfähig.

Beihilfe: Die Beihilfe übernimmt ähnlich wie die GKV nur die Kosten für Kontaktlinsen, wenn eine Sehbehinderung Grad I nach WHO vorliegt, d. h. der Visus am besseren Auge mit Brille korrigiert unter 0,3 liegt.

IGeL: Anpassung von Kontaktlinsen und entsprechende Kontrolluntersuchungen bei Kontaktlinsen-Verordnung auf Patientenwunsch ohne Indikation nach GKV- oder PKV-Richtlinien. Dies gilt auch für die Nrn. 1211 – 1213, 1215.

1211 **Erstanpassung und Auswahl der Kontaktlinsen (Haftschalen) für beide Augen zum Zwecke der Verordnung – einschließlich objektiver Refraktionsbestimmung, Messung der Hornhautradien und der Spaltlampenmikroskopie** **300** 40,22 17,49 61,20

Ausschluss: Neben Nr. 1211 sind folgende Nrn. nicht abrechnungsfähig: 5, 6, 1202, 1204, 1210, 1212, 1213, 1240

Kommentar: Müssen wegen Unverträglichkeit von Kontaktlinsen (Haftschalen) weiche Kontaktlinsen angepasst werden, sind dafür nur die Leistungen nach den GOÄ Nrn. 1212 oder 1213 abrechnungsfähig. Siehe Kommentar zu Nr. 1210 hinsichtlich der Beihilfe.

IGeL: Anpassung von Kontaktlinsen und/oder entsprechende Kontrolluntersuchungen bei Kontaktlinsen-Verordnung auf Patientenwunsch ohne Indikation nach GKV- oder PKV-Richtlinien.

1212 **Prüfung auf Sitz und Funktion der verordneten Kontaktlinse (Haftschale) für ein Auge und gegebenenfalls Anpassung einer anderen Kontaktlinse (Haftschale) – einschließlich objektiver Refraktionsbestimmung, Messung der Hornhautradien und der Spaltlampenmikroskopie –** **132** 17,70 / 7,69 26,93

Ausschluss: Neben Nr. 1212 sind folgende Nrn. nicht abrechnungsfähig: 5, 6, 1202, 1204, 1210, 1211, 1213, 1240

Kommentar: Siehe Kommentierung Nr. 1210.

IGeL: Anpassung von Kontaktlinsen und/oder entsprechende Kontrolluntersuchungen bei Kontaktlinsen-Verordnung auf Patientenwunsch ohne Indikation nach GKV- oder PKV-Richtlinien.

1213 **Prüfung auf Sitz und Funktion der verordneten Kontaktlinsen (Haftschalen) für beide Augen und gegebenenfalls Anpassung anderer Kontaktlinsen (Haftschalen), einschließlich objektiver Refraktionsbestimmung, Messung der Hornhautradien und der Spaltlampenmikroskopie –** **198** 26,54 / 11,54 40,39

Neben den Leistungen nach den Nummern 1210 bis 1213 sind die Leistungen nach den Nummern 5 und/oder 6 nicht berechnungsfähig.

Wurden harte Kontaktlinsen (Haftschalen) nicht vertragen und müssen deshalb weiche Kontaktlinsen angepaßt werden, sind die Leistungen nach der Nummer 1210 oder 1211 nicht erneut, sondern lediglich die Leistungen nach der Nummer 1212 oder 1213 berechnungsfähig.

Ausschluss: Neben Nr. 1213 sind folgende Nrn. nicht abrechnungsfähig: 5, 6, 1202, 1204, 1210, 1211, 1212, 1240

Kommentar: Siehe Kommentierung Nr. 1210.

IGeL: Anpassung von Kontaktlinsen und/oder entsprechende Kontrolluntersuchungen auf Patientenwunsch ohne Indikation nach GKV- oder PKV-Richtlinien.

1215 **Bestimmung von Fernrohrbrillen oder Lupenbrillen, je Sitzung** **121** 16,22 / 7,05 24,68

Analog: Nr. 1215 analog für die differenzierte Farbsinnprüfung ansetzen.

1216 **Untersuchung auf Heterophorie bzw. Strabismus – gegebenenfalls einschließlich qualitativer Untersuchung des binokularen Sehaktes –** **91** 12,20 / 5,30 18,56

Hinweis BÄK: Siehe Hinweis bei GOÄ Nr. 1217.

IGeL: Zur Früherkennung von Amblyopie und Strabismus sind die Leistungen nach den Nrn. 1200, 1201, 1202, 1216 und ggf. Nrn. 1203 und 1217 abrechenbar.

1217 **Qualitative und quantitative Untersuchung des binokularen Sehaktes** **242** 32,44 / 14,11 49,37

Neben der Leistung nach Nummer 1217 sind die Leistungen nach den Nummern 5 und/oder 6 nicht berechnungsfähig.

Ausschluss: Neben Nr. 1217 sind folgende Nrn. nicht abrechnungsfähig: 5, 6

Hinweis BÄK: **Die BÄK erklärt am 6.1.1997 zur Überprüfung der Angemessenheit verschiedener augenärztlicher Liquidationen zu Nrn. 1240 / 1242 und 1216/ 1217**
Durch die Textfassung der Nr. 1242 „ggf. einschl. Spaltlampenmikroskopie der vorderen und hinteren Augenabschnitte" und die in Nr. 1240 „ggf."enthaltene Untersuchung des hinteren Poles ist Nr. 1240 nicht neben Nr. 1242 berechenbar. Zwar ist die Fassung der Nr. 1242 GOÄ fachlichunverständlich, da hier unterschiedliche Untersuchungsvorgänge mit unterschiedlichen Geräten und unterschiedlichen Zielsetzungen zusammengefasstsind, an der Textfassung kommt man jedoch nicht vorbei.
Die Leistung nach **Nr. 1216** ist eine mehr orientierende Untersuchung des beidäugigen Sehaktes ohne genauere quantitative Untersuchung (vgl. **Nr.1217** „qualitative und quantitative Untersuchung"). Die Leistung nach **Nr. 1217** kommt erst in Frage, wenn bei der Untersuchung nach **Nr. 1216** ein krankhafter Befund erhoben wurde. Dies wird im Wesentlichen durch die Diagnose begründet. Der von der Bundesärztekammer vertretene „Indikationskatalog"

- Parese
- Doppelbilder
- Schwankender Schielwinkel
- Kongenitales Schielsyndrom
- Kopfzwangshaltungen
- Vor- und Nachuntersuchzungen im Zusammenhang mit einer Schieloperation

wird vom Berufsverband der Augenärzte als überholt eingestuft. Nähere Ausführungen hierzu enthält jedoch der „augenärztliche Gebührenkommentar" von Freigang nicht. Enthalten ist aber „nicht gerechtfertigt ist die Nebeneinanderberechnung (der Nrn 1216 und 1217) jedoch bei reinen Verdachtsdiagnosen, bei Zum-Beispiel-Begründungen und ähnlichen, eine Indikation nicht erkennbar machenden Situationen. Nur wenn die Untersuchung nach Nr. 1216 die Diagnosen 'Strabismus' oder 'Heterophorie' ergibt, ist die **Nr. 1217** ansetzbar, um das Ausmaß der motorischen Fehlstellung und das Ausmaß der Veränderungen bei den sensorischen Parametern festzustellen und zu quantifizieren." Da im vorliegenden Fall die Diagnose 'Heterophorie' vorliegt, erscheint uns in diesem Fall die Nebeneinanderberechnung der Nrn 1216 und 1217 GOÄ gerechtfertigt.

Kommentar: Bei komplizierten unklaren Bewegungsstörungen der Augen z.B., Augenmuskelparesen, frühkindlichem Innenschielen (Eso- und Exophorie), komplizierter nichtparetischer Kopfzwangshaltung ist eine Abrechnung der Nrn. 1216 und 1217 nebeneinander möglich.

1218 Differenzierende Analyse und graphische Darstellung des Bewegungsablaufs beider Augen bei Augenmuskelstörungen, mindestens 36 Blickrichtungen pro Auge

700	93,84
40,80	142,80

Ausschluss: Neben Nr. 1218 sind folgende Nrn. nicht abrechnungsfähig: 1268 – 1270

Kommentar: Die Leistungslegende der GOÄ Nr. 1218 fordert die Motilitätsdiagnostik (in mind. 36 Blickrichtungen), während die Legende der GOÄ Nr. A 7024 nur 9 Blickrichtungen fordert: **A 7024** Differenzierende Analyse der Augenstellung beider Augen mittels Messung von Horizontal-, Vertikal- und Zyklo-Deviation an Tangentenskalen in 9 Blickrichtungen, einschließlich Kopfneige-Test, analog Nr. 1217.

1225 Kampimetrie (z.B. Bjerrum) – auch Perimetrie nach Förster –

121	16,22
7,05	24,68

Kommentar: Neben Nr. 1225 sind nach Kommentar von Brück folgende Nrn. nicht abrechnungsfähig: 1226, 1227. Nach Vorstellungen des Berufsverbandes der Augenärzte (BVA) allerdings ist die GOÄ Nr. 1225 neben Nr. 1226 oder 1227 abrechenbar. Nach Wezel/Liebold ist nach Nr. 1225 auch die Prüfung des zentralen Sehens mit Amsler-Gitter berechnungsfähig.

1226 Projektionsperimetrie mit Marken verschiedener Reizwerte

182	24,40
10,61	37,13

Ausschluss: Neben Nr. 1226 sind folgende Nrn. nicht abrechnungsfähig: 1227

Kommentar: Siehe unter GOÄ-Nr. 1225

GOÄ-Nr.		Punktzahl / 1fach	2,3 / *1,8 / 3,5 / *2,5
1227	**Quantitativ abgestufte (statische) Profilperimetrie**	**248** / 14,46	33,25 / 50,59

Ausschluss: Neben Nr. 1227 sind folgende Nrn. nicht abrechnungsfähig: 1226

Kommentar: Siehe unter GOÄ-Nr. 1225

IGeL: Glaukomfrüherkennung (Perimetrie, Ophtalmoskopie u/o Tonometrie) – siehe auch Nrn. 1242, 1256

1228 **Farbsinnprüfung mit Pigmentproben (z.B. Farbtafeln)** **61** 8,18 / 3,56 12,44

Ausschluss: Neben Nr. 1228 sind folgende Nrn. nicht abrechnungsfähig: 5 – 8

Kommentar: Nr. 1228 ist wichtig auch für Allgemeinärzte, Internisten und Kinderärzte zur Diagnostik von Neuropathien, Hypovitaminosen, Intoxikationsschäden, Diagnostik von Berufsfähigkeit, bei Untersuchungen für Kfz-Führung, bei Sportuntersuchungen (Segelschein, Motorbootführerschein, Flugschein).

1229 **Farbsinnprüfung mit Anomaloskop** **182** 24,40 / 10,61 37,13

1233 **Vollständige Untersuchung des zeitlichen Ablaufs der Adaptation** **484** 64,89 / 28,21 98,74

Neben der Leistung nach Nummer 1233 ist die Leistung nach Nummer 1234 nicht berechnungsfähig.

Ausschluss: Neben Nr. 1233 sind Leistungen nach den Nrn. 1234-1236 nicht abrechnungsfähig.

1234 **Untersuchung des Dämmerungssehens ohne Blendung** **91** 12,20 / 5,30 18,56

Ausschluss: Neben Nr. 1234 ist folgende Nr. nicht abrechnungsfähig: 1233.

1235 **Untersuchung des Dämmerungssehens während der Blendung** **91** 12,20 / 5,30 18,56

Ausschluss: Neben Nr. 1235 ist folgende Nr. nicht abrechnungsfähig: 1233.

1236 **Untersuchung des Dämmerungssehens nach der Blendung (Readaptation)** **91** 12,20 / 5,30 18,56

Ausschluss: Neben Nr. 1236 ist folgende Nr. nicht abrechnungsfähig: 1233.

1237 **Elektroretinographische Untersuchung (ERG) und/oder elektrookulographische Untersuchung (EOG)** **600** 80,44 / 34,97 122,40

1240 **Spaltlampenmikroskopie der vorderen und mittleren Augenabschnitte – gegebenenfalls einschließlich der binokularen Untersuchung des hinteren Poles (z.B. Hruby- Linse) –** **74** 9,92 / 4,31 15,10

Ausschluss: Neben Nr. 1240 sind folgende Nrn. nicht abrechnungsfähig: 5 – 8, 1210 – 1213, 1242

Hinweis BÄK: Die BÄK erklärt am 6.1.1997 zur Überprüfung der Angemessenheit verschiedener augenärztlicher Liquidationen zu Nrn. 1240 / 1242 und 1216/1217....
Durch die Textfassung der Nr. 1242 „ggf. einschl. Spaltlampenmikroskopie der vorderen und hinteren Augenabschnitte" und die in Nr. 1240 „ggf." enthaltene Untersuchung des hinteren Poles ist Nr. 1240 nicht neben

Nr. 1242 berechenbar. Zwar ist die Fassung der Nr. 1242 GOÄ fachlich unverständlich, da hier unterschiedliche Untersuchungsvorgänge mit unterschiedlichen Geräten und unterschiedlichen Zielsetzungen zusammengefasst sind, an der Textfassung kommt man jedoch nicht vorbei.

1241 **Gonioskopie** **152** 20,38
8,86 31,01

1242 **Binokulare Untersuchung des Augenhintergrundes einschließlich der äußeren Peripherie (z.B. Dreispiegelkontaktglas, Schaepens) – gegebenenfalls einschließlich der Spaltlampenmikroskopie der vorderen und mittleren Augenabschnitte und/oder diasklerale Durchleuchtung –** **152** 20,38
8,86 31,01

Ausschluss: Neben Nr. 1242 sind folgende Nrn. nicht abrechnungsfähig: 1240.

Hinweis BÄK: Siehe bei GOÄ Nr. 1240.

IGeL: Glaukomfrüherkennung (Perimetrie, Ophtalmoskopie u/o Tonometrie) – siehe auch Nrn. 1227.

1243 **Diasklerale Durchleuchtung** **61** 8,18
3,56 12,44

1244 **Exophthalmometrie** **50** 6,70
2,91 10,20

1248 **Fluoreszenzuntersuchung der terminalen Strombahn am Augenhintergrund – einschließlich Applikation des Teststoffes –** **242** 32,44
14,11 49,37

Ausschluss: Neben Nr. 1248 sind folgende Nrn. nicht abrechnungsfähig: 253, 1249

1249 **Fluoreszenzangiographische Untersuchung der terminalen Strombahn am Augenhintergrund – einschließlich Aufnahmen und Applikation des Teststoffes –** **484** 64,89
28,21 98,74

Mit den Gebühren für die Leistungen nach den Nummern 1248 und 1249 sind die Kosten abgegolten.

Ausschluss: Neben Nr. 1249 sind folgende Nrn. nicht abrechnungsfähig: 253, 1248

1250 **Lokalisation eines Fremdkörpers nach Comberg oder Vogt** **273** 36,60
15,91 55,69

1251 **Lokalisation einer Netzhautveränderung als Voraussetzung für einen gezielten intraokularen Eingriff** **273** 36,60
15,91 55,69

Kommentar: Die Leistung nach GOÄ Nr. 1251 ist sowohl vom Operateur wie auch vom Zuweiser präoperativ abrechenbar. Der pathologische Befund muss sich in den hinteren Augenabschnitten befinden. Ein Ansatz der Leistung bei einer nachfolgenden Cataract-Op ist nicht möglich.

1252 **Fotographische Verlaufskontrolle intraokularer Veränderungen mittels Spaltlampenphotographie** **100** 13,41
5,83 20,40

Kommentar: Die Leistung kann nach Kommentar von **Lang, Schäfer** et al. je Sitzung nur einmal berechnet werden.

GOÄ-Nr.		Punktzahl / 1fach	2,3 / *1,8 / 3,5 / *2,5

1253 **Fotographische Verlaufskontrolle von Veränderungen des Augenhintergrunds mittels Fundusfotographie** — **150** / 8,74 — 20,11 / 30,60

Kommentar: Die Leistung kann nach dem Kommentar von **Lang, Schäfer** et al. je Sitzung nur einmal berechnet werden, obwohl „Augenhintergrund" im Singular steht.

1255* **Tonometrische Untersuchung mit Anwendung des Impressionstonometers** — **70** / 4,08 — 7,34 / 10,20

Ausschluss: Neben Nr. 1255 sind folgende Nrn. nicht abrechnungsfähig: 1256, 1257, 1262, 1263

Kommentar: Die Nrn. 1255 und 1256 dürfen bis zu 3x erbracht werden. z.B. bei Tensions-Tagesprofil oder bei Provokationstest. Wenn mehr als 3 Messungen gemacht werden, ist die Nr. 1257 abrechenbar.

1256* **Tonometrische Untersuchung mit Anwendung des Applanationstonometers** — **100** / 5,83 — 10,49 / 14,57

Ausschluss: Neben Nr. 1256 sind folgende Nrn. nicht abrechnungsfähig: 1255, 1257, 1262, 1263

Kommentar: Die Nrn. 1255 und 1256 dürfen bis zu 3x erbracht werden. z.B. bei Tensions-Tagesprofil oder bei Provokationstest. Wenn mehr als 3 Messungen gemacht werden, ist die Nr. 1257 abrechenbar. Sinnvoll neben der Leistung nach GOÄ Nr. 1256* die Hornhautpachymetrie nach GOÄ Nr. 410 analog oder 420 analog mit Angabe des Korrekturkoeffizienten.

IGeL: Glaukomfrüherkennung (Perimetrie, Ophtalmoskopie u/o Tonometrie) – siehe auch Nrn. 1227, 1242

1257* **Tonometrische Untersuchung (mehrfach in zeitlichem Zusammenhang zur Anfertigung tonometrischer Kurven, mindestens vier Messungen) – auch fortlaufende Tonometrie zur Ermittlung des Abflußwiderstandes –** — **242** / 14,11 — 25,39 / 35,26

Ausschluss: Neben Nr. 1257 sind folgende Nrn. nicht abrechnungsfähig: 1255, 1256, 1262, 1263

Tipp:
- Die Nrn. 1255 und 1256 dürfen bis zu 3x erbracht und berechnet werden, z.B. bei Tensions-Tagesprofil oder bei Provokationstest.
- Wenn mehr als 3 Messungen gemacht werden, ist die Nr. 1257 abrechenbar.

1259* **Pupillographie** — **242** / 14,11 — 25,39 / 35,26

1260* **Elektromyographie der äußeren Augenmuskeln** — **560** / 32,64 — 58,75 / 81,60

1262* **Ophthalmodynamometrie – gegebenenfalls einschließlich Tonometrie –, erste Messung** — **242** / 14,11 — 25,39 / 35,26

Ausschluss: Neben Nr. 1262 sind folgende Nrn. nicht abrechnungsfähig: 1255 – 1257

Analog: Nrn. 1262 und/oder 1263 analog für Ophtalmodynamographie ansetzen.

1263* **Ophthalmodynamometrie – gegebenenfalls einschließlich Tonometrie –, jede weitere Messung** — **152** / 8,86 — 15,95 / 22,15

Ausschluss: Neben Nr. 1263 sind folgende Nrn. nicht abrechnungsfähig: 1255, 1256, 1257

Analog: Nrn. 1262 und/oder 1263 analog für Ophtalmodynamographie ansetzen.

GOÄ-Nr.		Punktzahl / 1fach	2,3 / *1,8 / 3,5 / *2,5
1268*	**Aktive Behandlung der Schwachsichtigkeit (Pleoptik) mittels Spezial-Ophthalmoskop, Mindestdauer 20 Minuten**	**152** / 8,86	15,95 / 22,15

Kommentar: In der Rechnung für den Patienten ist die Mindestdauer der Leistung (hier 20 Minuten) anzugeben.

1269*	**Behandlung der gestörten Binokularfunktion (Orthoptik) mit Geräten nach dem Prinzip des Haploskops (z.B. Synoptophor, Amblyoskop), Mindestdauer 20 Minuten**	**152** / 8,86	15,95 / 22,15

Kommentar: In der Rechnung für den Patienten ist die Mindestdauer der Leistung (hier 20 Minuten) anzugeben.

1270*	**Unterstützende oder ergänzende pleoptische oder orthoptische Behandlung an optischen Zusatz- oder Übungsgeräten, Mindestdauer 20 Minuten**	**54** / 3,15	5,67 / 7,87

Kommentar: In der Rechnung für den Patienten ist die Mindestdauer der Leistung (hier 20 Minuten) anzugeben.

1271	**Auswahl und Einprobieren eines künstlichen Auges**	**46** / 2,68	6,17 / 9,38

1275	**Entfernung von oberflächlichen Fremdkörpern von der Bindehaut und/oder Hornhaut**	**37** / 2,16	4,96 / 7,55

Ausschluss: Neben Nr. 1275 sind folgende Nrn. i.d.R. nicht abrechnungsfähig: 200, 1276, 1277, 1278

Kommentar: An einem Auge ist die Entfernung von Fremdkörpern, auch wenn es sich um mehrere einzelne, gleichartige Fremdkörper handelt, nur einmal abrechnungsfähig, sofern die weitere Entfernung nach der gleichen Position abgerechnet würde. Die Nebeneinanderabrechnung der Nrn. 1275, 1276, 1277 und auch 1278 ist aber theoretisch möglich, wie es bei manchen Übersplitterungen (unterschiedliche Lokalisation und Material der Fremdkörper) der Fall ist.
Neben der Fremdkörperentfernung kann die Nr. 200 für den Verband nicht angesetzt werden. Die Nr. 204 ist in der Augenheilkunde fast nur nach Blepharoplastiken und Lidoperationen möglich, nicht aber nach üblichen Augenoperationen (zum Beispiel ppV/Cataract-OP oder ähnliches). Betrifft es Fremdkörper in beiden Augen, so ist natürlich ein 2x-Ansatz möglich.

Auf einen Blick: **Fremdkörperentfernung in der Augenheilkunde**

	GOÄ-Nr.					
Fremdkörper	**Lid**	**Bindehaut**	**Hornhaut**	**Lederhaut**	**Augen-inneres**	**Augen-höhle**
oberflächlich	–	**1275**	**1276**	**1276**	–	–
Kalkinfarkt	**1282**	**1282**	–	–	–	–
eingebrannt	–	**1276**	**1276**	–	–	–
eisenhaltig, eingebrannt	–	–	**1277**	–	–	–
eingespießt	–	–	**1278**	–	–	–
eisenhaltig, Entfernung mit Magnet	–	–	–	–	**1280**	–
nicht magnetisch	–	–	–	–	**1281**	**1283**
mit Muskelablösung	–	–	–	–	–	**1284**
mit Orbitalwandresektion	–	–	–	–	–	**1285**

Tipp: Bei intraocularem Fremdkörper oft die ppV Position berechnen.

GOÄ-Nr.		Punktzahl / 1fach	2,3 / *1,8 / 3,5 / *2,5
1276	**Instrumentelle Entfernung von Fremdkörpern von der Hornhautoberfläche, aus der Lederhaut und/oder von einbgebrannten Fremdkörpern aus der Bindehaut oder der Hornhaut**	**74** 4,31	9,92 15,10
Ausschluss:	Neben Nr. 1276 sind folgende Nrn. nicht abrechnungsfähig: 200, 1275, 1277, 1278		
1277	**Entfernung von eisenhaltigen eingebrannten Fremdkörpern aus der Hornhaut mit Ausfräsen des Rostringes**	**152** 8,86	20,38 31,01
Ausschluss:	Neben Nr. 1277 sind folgende Nrn. nicht abrechnungsfähig: 200, 1275, 1276, 1278		
1278	**Entfernung von eingespießten Fremdkörpern aus der Hornhaut mittels Präparation**	**278** 16,20	37,27 56,71
Ausschluss:	Neben Nr. 1278 sind folgende Nrn. nicht abrechnungsfähig: 200, 1275, 1276, 1277		
1279	**Entfernung von Korneoskleralfäden**	**100** 5,83	13,41 20,40
Kommentar:	Bei der Entfernung mehrerer Fäden in einer Sitzung kann die Leistung nach Nr. 1279 nur einmal abgerechnet werden.		
1280	**Entfernung von eisenhaltigen Fremdkörpern aus dem Augeninnern mit Hilfe des Magneten – einschließlich Eröffnung des Augapfels –**	**1290** 75,19	172,94 263,17
Ausschluss:	Neben Nr. 1280 ist folgende Nr. nicht abrechnungsfähig: 1281		
1281	**Entfernung von nichtmagnetischen Fremdkörpern oder einer Geschwulst aus dem Augeninnern**	**2220** 129,40	297,61 452,89
1282	**Entfernung einer Geschwulst oder von Kalkinfarkten aus den Lidern eines Auges oder aus der Augapfelbindehaut**	**152** 8,86	20,38 31,01
Kommentar:	Mit der Leistung nach Nr. 1282 ist auch die Entfernung eines Hordeolums/Chalaziosis berechenbar. Die Nr. 200 ist dann neben der Nr. 1282 anzusetzen, wenn der Verband nicht in unmittelbarem Zusammenhang mit der Operation steht, z.B. Behandlung einer Erosio. Ähnliches gilt bei anderen OP-Leistungen, bei denen die Nr. 200 im Ausschluss aufgeführt ist.		
Analog:	Nr. 1282 analog für die Entfernung einer Silikon- oder Plastikplombe ansetzen.		
1283	**Entfernung von Fremdkörpern oder einer Geschwulst aus der Augenhöhle ohne Resektion der Orbitalwand und ohne Muskelablösung**	**554** 32,29	74,27 113,02
Ausschluss:	Neben Nr. 1283 sind folgende Nrn. nicht abrechnungsfähig: 1284, 1285		
Analog:	Nr. 1283 analog für die Entfernung einer episkeralen Plombe ansetzen.		
Tipp:	Bei ambulanter OP: Zuschlag nach Nr. 443 nicht vergessen, zusätzlich ggf. Nr. 440 und Nr. 441 abrechenbar!		
1284	**Entfernung von Fremdkörpern oder einer Geschwulst aus der Augenhöhle ohne Resektion der Orbitalwand mit Muskelablösung**	**924** 53,86	123,87 188,50
Ausschluss:	Neben Nr. 1284 sind folgende Nrn. nicht abrechnungsfähig: 1283, 1285		

GOÄ-Nr.		Punktzahl / 1fach	2,3 / *1,8 / 3,5 / *2,5

Tipp: Bei ambulanter OP: Zuschlag nach Nr. 444 nicht vergessen, zusätzlich ggf. Nr. 440 und Nr. 441 abrechenbar!

1285 **Entfernung von Fremdkörpern oder einer Geschwulst aus der Augenhöhle mit Resektion der Orbitalwand** — **1480** / 86,27 — 198,41 / 301,93

Ausschluss: Neben Nr. 1285 sind folgende Nrn. nicht abrechnungsfähig: 1283, 1284

Tipp: Bei ambulanter OP Zuschlag nach Nr. 445 nicht vergessen, und ggf. zusätzlich Nr. 440 und Nr. 441 abrechnen.

1290 **Vorbereitende operative Maßnahmen zur Rekonstruktion einer Orbita unter Verwendung örtlichen Materials, ausgenommen das knöcherne Gerüst** — **1500** / 87,43 — 201,09 / 306,01

1291 **Wiederherstellungsoperation an der knöchernen Augenhöhle (z.B. nach Fraktur)** — **1850** / 107,83 — 248,01 / 377,41

Kommentar: Die Leistung nach Nr. 1291 kann meist erst dann erbracht werden, wenn die „vorbereitende" Leistung nach Nr. 1290 erbracht wurde. Daher sind die Leistungen nach Nr. 1290 und Nr. 1291 nebeneinander abrechnungsfähig. Erforderliche plastische Operationen im Gesicht können zusätzlich berechnet werden.

1292 **Operation der Augenhöhlen- oder Tränensackphlegmone** — **278** / 16,20 — 37,27 / 56,71

Ausschluss: Neben Nr. 1292 ist folgende Nr. nicht abrechnungsfähig: 2432

Tipp: Bei ambulanter OP: Zuschlag nach Nr. 442 nicht vergessen.

1293 **Dehnung, Durchspülung, Sondierung, Salbenfüllungen oder Kaustik der Tränenwege, auch beidseitig** — **74** / 4,31 — 9,92 / 15,10

Ausschluss: Neben Nr. 1293 sind folgende Nrn. nicht abrechnungsfähig: 1294, 1297

Kommentar: Erforderliche plastische Operationen im Gesicht können zusätzlich berechnet werden.

1294 **Sondierung des Tränennasengangs bei Säuglingen und Kleinkindern, auch beidseitig** — **130** / 7,58 — 17,43 / 26,52

Kommentar: Abrechnung der Leistung pro Auge möglich. Bei Dehnung und Durchspülung Ansatz auch mehrfach am gleichen Auge möglich, ebenso zusätzlich zur GOÄ Nr. 1298.

1297 **Operation des evertierten Tränenpünktchens** — **152** / 8,86 — 20,38 / 31,01

Kommentar: Die Leistung ist je behandeltem Auge abrechenbar.

1298 **Spaltung von Strikturen des Tränennasenkanals** — **132** / 7,69 — 17,70 / 26,93

Kommentar: Der Zentrale Konsultationsausschuss für Gebührenordnungsfragen empfiehlt für das **Einlegen eines Plastikröhrchens in die ableitenden Tränenwege bis in die Nasenhöhle, ggf. einschließlich Nahtfixation, je Auge**, die Abrechnung der Nr. A 7018 **analog Nr. 1298**

GOÄ-Nr.		Punktzahl 1fach	2,3 / *1,8 3,5 / *2,5

1299 **Tränensackexstirpation** **554** 74,27 / 32,29 113,02

Tipp: Bei ambulanter OP: Zuschlag nach Nr. 443 nicht vergessen, zusätzlich ggf. Zuschlag nach Nr. 440 und nach Nr. 441 abrechenbar!

1300 **Tränensackoperation zur Wiederherstellung des Tränenabflusses zur Nase mit Knochenfensterung** **1220** 163,55 / 71,11 248,89

Kommentar: Die Leistung ist je behandeltem Auge abrechenbar.

1301 **Exstirpation oder Verödung der Tränendrüse** **463** 62,07 / 26,99 94,45

Tipp: Bei ambulanter OP: Zuschlag nach Nr. 442 nicht vergessen, zusätzlich ggf. Nr. 440 und Nr. 441 abrechenbar!

1302 **Plastische Korrektur der verengten oder erweiterten Lidspalte oder des Epikanthus** **924** 123,87 / 53,86 188,50

Tipp: Bei ambulanter OP: Zuschlag nach Nr. 444 nicht vergessen, zusätzlich ggf. Zuschlag nach Nr. 440 und nach Nr. 441 abrechenbar!

1303 **Vorübergehende Spaltung der verengten Lidspalte** **230** 30,83 / 13,41 46,92

Ausschluss: Neben Nr. 1303 sind folgende Nrn. nicht abrechnungsfähig: 1302

Kommentar: Die GOÄ formuliert in Nr. 1303 den Leistungsinhalt einer temporären Lidspaltenerweiterung. Aus medizinischer Sicht gibt es keine Grunderkrankung des Lides, die eine NUR temporäre Erweiterung indiziert erscheinen ließe. Der Verordnungsgeber kann bei der Verabschiedung dieser Leistungsziffer also lediglich an eine vorrübergehende Erweiterung der Lidspalte zum Zwecke eines besseren Zuganges zum Augapfel im Rahmen eines anderen operativen Eingriffes gedacht haben. Die Berechnung der Leistung nach Nr. 1303 kann daher nicht mit dem Argument des „Zielleistungsprinzips" versagt werden. Wichtig in der sicher nicht ausbleibenden Diskussion mit der privaten Krankenkasse zur Abrechnung dieser Leistungsziffer ist, dass diese Leistung nicht regelhaft bei Catarct-Operationen angesetzt wird, sondern nur in seltenen Fällen.

1304 **Plastische Korrektur des Ektropiums oder Entropiums, der Trichiasis oder Distichiasis** **924** 123,87 / 53,86 188,50

Kommentar: Als Erläuterung für den analogen Ansatz der Nr. 1304 wird von Augenärzten angegeben: Würde im Rahmen der Korrektur nur eine Naht der Haut erfolgen, würde in Folge das Lid assymetrisch absinken können und damit der OP-Erfolg in Frage stehen. Daher wird im Rahmen dieser Teiloperation (die aber auch für sich durchgeführt und im Rahmen von Nachkorrekturen, bzw. Revisionsoperationen notwendig sein kann) der Levatorkomplex freigelegt und die Lidfurche mittels spezieller Nahttechnik rekonstruiert.

Analog: Nr. 1304 analog für die Operation des Symblepharons ansetzen.

Tipp: Bei ambulanter OP: Zuschlag nach Nr. 444 nicht vergessen, zusätzlich ggf. Zuschlag nach Nr. 440 und Nr. 441 abrechenbar!

IGeL: Im Rahmen ästhetischer OPs zur Lidkorrektur aus kosmetischen Gründen.

GOÄ-Nr.		Punktzahl 1fach	2,3 / *1,8 3,5 / *2,5

1305 **Operation der Lidsenkung (Ptosis)** — **739** / 43,07 — 99,07 / 150,76

Ausschluss: Neben Nr. 1305 ist folgende Nr. nicht abrechnungsfähig: 1306

Tipp: Bei ambulanter OP: Zuschlag nach Nr. 443 nicht vergessen, zusätzlich ggf. Nr. 440 und Nr. 441 abrechenbar!

IGeL: Im Rahmen ästhetischer OPs zur Lidkorrektur, Schlupflider bzw. Tränensäcke aus kosmetischen Gründen.

1306 **Operation der Lidsenkung (Ptosis) mit direkter Lidheberverkürzung** — **1110** / 64,70 — 148,81 / 226,45

Ausschluss: Neben Nr. 1306 ist folgende Nr. nicht abrechnungsfähig: 1305

Tipp: Bei ambulanter OP: Zuschlag nach Nr. 444 nicht vergessen, zusätzlich ggf. Nr. 440 und Nr. 441 abrechenbar!

1306 analog **Oberlidretraktion (analog GOÄ Nr. 1306)** — **1110** / 64,70 — 148,81 / 226,45

Kommentar: Als Erläuterung für den analogen Ansatz der Nr. 1306 wird von Augenärzten angegeben:
1) Nr. 1311 zur Berechnung der Korrektur der Augenbrauenptose durch Naht nach Resektion von Haut und Anlegen eines einfachen Hautverschiebelappens.
2) Durchführung eines Nachlassen des Lidhebermuskels bei Oberlidretraktion, wobei Zugangsweg und medizinisch chirurgischer Aufwand entsprechen einer einfachen Ptosis-Korrektur ohne Verkürzung ist

1310 **Augenlidplastik mittels freien Hauttransplantates** — **1480** / 86,27 — 198,41 / 301,93

Ausschluss: Neben Nr. 1310 sind folgende Nrn. nicht abrechnungsfähig: 1311, 1312

Tipp: Bei ambulanter OP: Zuschlag nach Nr. 445 nicht vergessen, zusätzlich ggf. Nr. 440 und Nr. 441 abrechenbar!

IGeL: Ästhetische OP zur Lidkorrektur aus kosmetischen Gründen.

1311 **Augenlidplastik mittels Hautlappenverschiebung aus der Umgebung** — **1110** / 64,70 — 148,81 / 226,45

Ausschluss: Neben Nr. 1311 sind folgende Nrn. nicht abrechnungsfähig: 1310, 1312

Kommentar: Die Leistung nach Nr. 1311 kann neben der Leistung nach Nr. 1282 bei entsprechender Indikation abgerechnet werden.

Tipp: Bei ambulanter OP: Zuschlag nach Nr. 444 nicht vergessen, zusätzlich ggf. Nr. 440 und Nr. 441 abrechenbar!

IGeL: Ästhetische OP zur Lidkorrektur aus kosmetischen Gründen.

1312 **Augenlidplastik mittels Hautlappenverschiebung aus der Umgebung und freier Transplantation** — **1850** / 107,83 — 248,01 / 377,41

Ausschluss: Neben Nr. 1312 sind folgende Nrn. nicht abrechnungsfähig: 1310, 1311

1313 **Abreiben, Skarifizieren oder chemische Ätzung der Bindehaut, auch beidseitig** — **30** / 1,75 — 4,02 / 6,12

Kommentar: Nach den Allgemeinen Bestimmungen zum Kapitel „C I Anlegen von Verbänden“ ist neben Nr. 1313 kein Verband abrechenbar.

GOÄ-Nr.		Punktzahl 1fach	2,3 / *1,8 3,5 / *2,5
1318	**Ausrollen oder Ausquetschen der Übergangsfalte**	**74** 4,31	9,92 15,10
1319	**Plastische Wiederherstellung des Bindehautsackes durch Transplantation von Lippenschleimhaut und/oder Bindehaut bei erhaltenem Augapfel – einschließlich Entnahme des Transplantates und gegebenenfalls einschließlich Maßnahmen am Lidknorpel –**	**1850** 107,83	248,01 377,41
1320	**Einspritzung unter die Bindehaut**	**52** 3,03	6,97 10,61
Ausschluss:	Neben Nr. 1320 sind folgende Nrn. nicht abrechnungsfähig: 200, 252		
1321	**Operation des Flügelfells**	**296** 17,25	39,68 60,39
Tipp:	Bei ambulanter OP: Zuschlag nach Nr. 442 nicht vergessen, zusätzlich ggf. Nr. 440 und Nr. 441 abrechenbar!		
1322	**Operation des Flügelfells mit lamellierender Keratoplastik**	**1660** 96,76	222,54 338,65
1323	**Elektrolytische Epilation von Wimpernhaaren, je Sitzung**	**67** 3,91	8,98 13,67
Ausschluss:	Neben Nr. 1323 ist folgende Nr. nicht abrechnungsfähig: 742		
Kommentar:	Siehe Epilation von Haaren im Gesicht Nr. 742.		
IGeL:	Epilation (außer bei krankhaftem oder entstellendem Haarwuchs an Händen oder im Gesicht) und analog bei mechanischer Entfernung. Siehe auch Nrn. 741, 742.		
1325	**Naht einer Bindehaut- oder nicht perforierenden Hornhaut- oder nicht perforierenden Lederhautwunde**	**230** 13,41	30,83 46,92
Ausschluss:	Neben Nr. 1325 sind folgende Nrn. nicht abrechnungsfähig: 1326, 1327, 1328 – nicht im Rahmen von Operationen (Cataract, Pars-plana-Vitrektomie (PPV) etc.)		
1326	**Direkte Naht einer perforierenden Hornhaut- oder Lederhautwunde – auch mit Reposition oder Abtragung der Regenbogenhaut und gegebenenfalls mit Bindehautdeckung –**	**1110** 64,70	148,81 226,45
Ausschluss:	Neben Nr. 1326 sind folgende Nrn. nicht abrechnungsfähig: 1325, 1327, 1328		
1327	**Wiederherstellungsoperation bei perforierender Hornhaut- oder Lederhautverletzung mit Versorgung von Regenbogenhaut und Linse**	**1850** 107,83	248,01 377,41
Ausschluss:	Neben Nr. 1327 sind folgende Nrn. nicht abrechnungsfähig: 1325, 1326, 1328		
1328	**Wiederherstellungsoperation bei schwerverletztem Augapfel, Zerschneidung von Hornhaut und Lederhaut, Beteiligung der Iris, der Linse, des Glaskörpers und der Netzhaut**	**3230** 188,27	433,02 658,94
Ausschluss:	Neben Nr. 1328 sind folgende Nrn. nicht abrechnungsfähig: 1325, 1326, 1327		

GOÄ-Nr.		Punktzahl 1fach	2,3 / *1,8 3,5 / *2,5
1330	**Korrektur einer Schielstellung durch Eingriff an einem geraden Augenmuskel**	**739** 43,07	99,07 150,76

Auf einen Blick: **Eingriffe zur Korrektur einer Schielstellung**

an einem geraden Augenmuskel	**Nr. 1330**
an jedem weiteren geraden Augenmuskel, zusätzlich zu **Nr 1330**	**Nr. 1331**
an einem schrägen Augenmuskel	**Nr. 1332**
an jedem weiteren schrägen Augenmuskel, zusätzlich zu **Nr 1332**	**Nr. 1333**

Tipp: Bei ambulanter OP: Zuschlag nach Nr. 443 nicht vergessen, zusätzlich ggf. Nr. 440 und Nr. 441 abrechenbar!

1331	**Korrektur einer Schielstellung durch Eingriff an jedem weiteren geraden Augenmuskel, zusätzlich zu Nummer 1330**	**554** 32,29	74,27 113,02

Tipp: Bei ambulanter OP: Zuschlag nach Nr. 443 nicht vergessen, zusätzlich ggf. Nr. 440 und Nr. 441 abrechenbar!

1332	**Korrektur einer Schielstellung durch Eingriff an einem schrägen Augenmuskel**	**1110** 64,70	148,81 226,45

Tipp: Bei ambulanter OP: Zuschlag nach Nr. 444 nicht vergessen, zusätzlich ggf. Nr. 440 und Nr. 441 abrechenbar!

1333	**Korrektur einer Schielstellung durch Eingriff an jedem weiteren schrägen Augenmuskel, zusätzlich zu Nummer 1332.**	**739** 43,07	99,07 150,76

Tipp: Bei ambulanter OP: Zuschlag nach Nr. 443 nicht vergessen, zusätzlich ggf. Nr. 440 und Nr. 441 abrechenbar!

1338	**Chemische Ätzung der Hornhaut**	**56** 3,26	7,51 11,42

Ausschluss: Neben Nr. 1338 sind folgende Nrn. nicht abrechnungsfähig: 200, 1339, 1340

1339	**Abschabung der Hornhaut**	**148** 8,63	19,84 30,19

Ausschluss: Neben Nr. 1339 sind folgende Nrn. nicht abrechnungsfähig: 200, 1338, 1340

1340	**Thermo- oder Kryotherapie von Hornhauterkankungen (z.B. Herpes ulcus) mit Epithelentfernung**	**185** 10,78	24,80 37,74

Ausschluss: Neben Nr. 1340 ist die Nr. 1339 nicht berechnungsfähig.

1341	**Tätowierung der Hornhaut**	**333** 19,41	44,64 67,93

Analog: Nr. 1345 analog für Keratomileusis ansetzen.

Tipp: Bei ambulanter OP: Zuschlag nach Nr. 442 nicht vergessen, ggf. zusätzlich Nr. 440 und Nr.441 abrechenbar.

IGeL: Laser in situ-Keratomileusis (Lasik)), ebenso photorefraktive Keratektomie (PRK) mit Excimer-Laseranwendung analog Nr. 1345 GOÄ (1660 Punkte) + analog Nr. 5855 GOÄ (6900 Punkte). Photorefraktäre Keratektomie (PRK) mit Excimer-Laseranwendung analog Nr. 5855 GOÄ (6900 Punkte).

1345 **Hornhautplastik** **1660** 222,54
96,76 338,65

Kommentar: Nach einem früheren Kommentar **Hachs** gehören dazu: Lamelläre Keratektomie, Peritonie, Übernähung einer Hornhautulkus mit Bindehaut u.a. – In der Regel reicht diese Abrechnungsnr. für die refraktäre Chirurgie und ein Ansatz der Nr. 1345 analog ist nicht erforderlich.
Ein Ausschluss der Leistung Nr. 1345 neben den Leistungen nach Nrn. 1374 oder 1375, wie ihn einige Kommentare vertreten, ist unserer Meinung nach nicht haltbar. Hier liegen nämlich zwei unterschiedliche Zielleistungen vor, einmal die intraoculare OP eines grauen Stars nach den Nrn. 1374 oder 1375, zum anderen die oberflächliche Behandlung z.B. eines astigmatischen Refraktionsdefizits nach Nr. 1345. Beide Operationen haben mit einander nichts zu tun. In gleicher Weise äußert sich auch der Kommentar von **Brück**.

Tipp: Bei ambulanter OP: Zuschlag nach Nr. 445 nicht vergessen, zusätzlich ggf. Nr. 440 abrechenbar!

1345 analog **Laser in situ-Keratomileusis (Lasik) mit Excimer-Laseranwendung – (analog Nr. 1345 GOÄ (1660 Pkt.) + analog Nr. 5855 GOÄ (6900 Pkt.) – n. Beschluss des Gebührenordnungsauschusses der BÄK** **8560** s. Addition

Addition der einzelnen Leistungen

GOÄ Nr.	Pkte.	1fach €	2,3f/*1,8ach €
1345	1660	96,76	222,54
5855*	6900	401,18	723,93
Endsummen	8560	479,94	946,47

Kommentar: Medizinisch indiziert bei: Lamelläre Keratektomie, phototherapeutische Keratektomie (PTA), Peritonie, Übernähung einer Hornhautulkus mit Bindehaut u.a. Keratoplastik mit Excimerlaser: Anwendbar sind zwei Verfahren: einmal das LASIK Verfahren oder die photorefraktive Keratektomie (PRK).
Abrechnung: LASIK mit Excimer analog Nr. 1345 plus analog Nr. 5855 – PRK mit Excimer nur analog Nr. 5855.
Bei LASIK Zuschlag für ambulante OP nach Abschnitt C VIII möglich.
Bei der Excimer-Lasik bzw. PRK handelt es sich – von wenigen medizinischen Indikationen abgesehen (beispielsweise extreme Kurzsichtigkeit oder rezidivierende Hornhauterosionen) – überwiegend um eine Leistung auf Verlangen des Patienten. Diese Ansicht ist aber umstritten, wie die sich teilweise widersprechende Rechtsprechung zeigt.

Rechtsprechung:

LASIK-Verfahren: keine Kostenübernahme durch PKV
Eine medizinische Notwendigkeit einer LASIK-OP ist nicht gegeben, da ein vollständiges und dauerhaftes Ausgleichen der Fehlsichtigkeit nicht sicher erwartet werden kann. Dagegen ist mit dem Einsatz einer Brille eine Behandlungsmöglichkeit gegeben, die eine Fehlsichtigkeit gleichermaßen, jedoch ohne jedes Risiko ausgleichen kann.
Aktenzeichen: AG München, 09.01.2009, AZ: 112 C 25016/08
Entscheidungsjahr: 2009

LASIK-OP: Kostenübernahme durch PKV
Bei einer LASIK-OP ist eine medizinische Notwendigkeit zu bejahen. Nicht entscheidend ist, ob der Erfolg einer Behandlung sicher vorhersehbar ist. Es genügt, wenn die medizinischen Erkenntnisse es vertretbar erscheinen lassen, die Behandlung als notwendig anzusehen. Aufgrund der Angaben eines Sachverständigen ist eine LASIK – Operation als wissenschaftlich anerkanntes Verfahren einzustufen. Ein Patient muss sich nicht auf die Benutzung einer Brille verweisen lassen.
Aktenzeichen: LD Dortmund, 05.10.2006, AZ: 2 S 17/05
Entscheidungsjahr: 2006

LASIK-OP: Kostenübernahme durch PKV
Die medizinische Notwendigkeit einer LASIK-OP ist zu bejahen. Das Gericht zieht die Bewertung der Kommission für Refraktive Chirurgie (KRC) heran, deren Richtlinien aus 05/2011 eine LASIK-OP als wissenschaftlich anerkanntes Verfahren anerkennen. Die Ansicht, eine LASIK sei nur dann medizinisch indiziert, wenn eine Brillen- oder Kontaktlinsenunverträglichkeit vorlege, ist abzulehnen. Eine Nachrangigkeit der LASIK-OP besteht nicht. Die medizinische Notwendigkeit entfällt nicht, wenn die Behandlung auch kosmetische Ziele hat; dies wäre nur dann der Fall, wenn die OP allein kosmetischen Zwecken dient.
Aktenzeichen: LG Frankfurt, 02.10.2012, AZ: 6a S 198/11
Entscheidungsjahr: 2012

Abrechnung LASIK-Verfahren bei Fehlsichtigkeit
Eine LASIK-OP kann analog nach den Geb.Ziffern 1345 und 5855 abgerechnet werden. Die Ziffer 5855 analog ist dabei nicht nur als Zuschlagsposition, sondern als eigenständige Leistung abzurechnen.
Aktenzeichen: LG Köln, 19.10.2005, AZ: 25 S 19/04
Entscheidungsjahr: 2005

Tipp: Bei ambulanter OP: Zuschlag nach Nr. 445 nicht vergessen, zusätzlich ggf. Nr. 440 und Nr. 441 abrechenbar!

1346 Hornhauttransplantation **2770** 371,35
161,46 565,10

Tipp: Bei ambulanter OP: Zuschlag nach Nr. 445 nicht vergessen, zusätzlich ggf. Nr. 440 und Nr. 441 abrechenbar!

1347 Einpflanzung einer optischen Kunststoffprothese in die Hornhaut (Keratoprothesis) **3030** 406,20
176,61 618,14

Kommentar: Ein Ausschluss der Leistung Nr. 1347 neben der Leistung nach Nr. 1349, wie ihn einige Kommentare vertreten, ist unserer Meinung nach nicht haltbar. Es sind doch vollkommen verschiedene Indikationen (Zielleistungen) nebeneinander vorstellbar.

1348 Diszision der klaren oder getrübten Linse oder des Nachtstars **832** 111,54
48,50 169,73

Ausschluss: Neben Nr. 1348 sind folgende Nrn. nicht abrechnungsfähig: 1354, 1355

Kommentar: Nach **Wezel/Liebold** kann Nr. 1348 auch für die Beseitigung von Ablagerungen auf Kunstlinsenm mittels Laser angesetzt werden.

Tipp: Bei ambulanter OP: Zuschlag nach Nr. 444 nicht vergessen, zusätzlich ggf. Nr. 440 und Nr. 441 abrechenbar!

1349 Operation des weichen Stars (Saug-Spül-Vorgang) – gegebenenfalls mit Extraktion zurückgebliebener Linsenteile – **1850** 248,01
107,83 377,41

Ausschluss: Neben Nr. 1349 sind folgende Nrn. nicht abrechnungsfähig: 1350, 1351, 1362

Tipp: Bei ambulanter OP: Zuschlag nach Nr. 445 nicht vergessen, zusätzlich ggf. Nr. 440 und Nr. 441 abrechenbar!

1350 Staroperation – gegebenenfalls mit Iridektomie – einschließlich Nahttechnik **2370** 317,72
138,14 483,49

Ausschluss: Neben Nr. 1350 sind folgende Nrn. nicht abrechnungsfähig: 1348, 1349, 1351, 1358

Tipp: Bei ambulanter OP: Zuschlag nach Nr. 445 nicht vergessen, zusätzlich ggf. Nr. 440 und Nr. 441 abrechenbar!

GOÄ-Nr.		Punktzahl / 1fach	2,3 / *1,8 / 3,5 / *2,5
1351	**Staroperation mit Iridektomie und Einpflanzung einer intraokularen Kunststofflinse**	**2770** / 161,46	371,35 / 565,10
Ausschluss:	Die Nr. 1351 kann nicht neben Nr. 1350 berechnet werden.		
Tipp:	Bei ambulanter OP: Zuschlag nach Nr. 445 nicht vergessen, zusätzlich ggf. Nr. 440 und Nr. 441 abrechenbar!		
1352	**Einpflanzung einer intraokularen Linse, als selbständige Leistung**	**1800** / 104,92	241,31 / 367,21
Kommentar:	Neben der Nr. 1352 kann auch ein anderer operativer Eingriff an den Augen erfolgen, z.B. eine pars-plana Vitrektomie (PPV) oder eine Lidkorrektur.		
Tipp:	Bei ambulanter OP: Zuschlag nach Nr. 445 nicht vergessen, zusätzlich ggf. Nr. 440 und Nr. 441 abrechenbar!		
1353	**Extraktion einer eingepflanzten Linse**	**832** / 48,50	111,54 / 169,73
Tipp:	Bei ambulanter OP: Zuschlag nach Nr. 444 nicht vergessen, zusätzlich ggf. Nr. 440 und Nr. 441 abrechenbar!		
1354	**Extraktion der luxierten Linse**	**2220** / 129,40	297,61 / 452,89
Tipp:	Bei ambulanter OP: Zuschlag nach Nr. 445 nicht vergessen, zusätzlich ggf. Nr. 440 und Nr. 441 abrechenbar!		
1355	**Partielle oder totale Extraktion des Nachtstars**	**1110** / 64,70	148,81 / 226,45
Tipp:	Bei ambulanter OP: Zuschlag nach Nr. 444 nicht vergessen, zusätzlich ggf. Nr. 440 und Nr. 441 abrechenbar!		
1356	**Eröffnung (Parazentese), Spülung oder Wiederherstellung der Augenvorderkammer, als selbständige Leistung**	**370** / 21,57	49,60 / 75,48
Tipp:	Bei ambulanter OP: Zuschlag nach Nr. 442 nicht vergessen, zusätzlich ggf. Nr. 440 und Nr. 441 abrechenbar! Nicht im Rahmen von Cataract-OPs.		
1357	**Hintere Sklerotomie**	**370** / 21,57	49,60 / 75,48
Ausschluss:	Neben Nr. 1357 sind folgende Nrn. nicht abrechnungsfähig: 1358 – 1362		
Tipp:	Bei ambulanter OP: Zuschlag nach Nr. 442 nicht vergessen, zusätzlich ggf. Nr. 440 und Nr. 441 abrechenbar! Nicht im Rahmen von Cataract-OPs.		
1358	**Zyklodialyse, Iridektomie**	**1000** / 58,29	134,06 / 204,01
Ausschluss:	Neben Nr. 1358 sind folgende Nrn. nicht abrechnungsfähig: 1350, 1351, 1359 – 1362, 1380, 1381		
Tipp:	Bei ambulanter OP: Zuschlag nach Nr. 444 nicht vergessen, zusätzlich ggf. Nr. 440 und Nr. 441 abrechenbar!		
1359	**Zyklodiathermie-Operation oder Kryozyklothermie- Operation**	**500** / 29,14	67,03 / 102,00
Tipp:	Bei ambulanter OP: Zuschlag nach Nr. 443 nicht vergessen, zusätzlich ggf. Nr. 440 und Nr. 441 abrechenbar!		

GOÄ-Nr.		Punktzahl 1fach	2,3 / *1,8 3,5 / *2,5
1360	**Laseroperation am Trabekelwerk des Auges bei Glaukom (Lasertrabekuloplastik)**	**1000** 58,29	134,06 204,01

Ausschluss: Neben Nr. 1360 sind folgende Nrn. nicht abrechnungsfähig: 1357 – 1359, 1361, 1362

Tipp: Bei ambulanter OP: Zuschlag nach Nr. 444 nicht vergessen, zusätzlich ggf. Nr. 440.

1361	**Fistelbildende Operation und Eingriff an den kammerwasserabführenden Wegen bei Glaukom**	**1850** 107,83	248,01 377,41

Ausschluss: Neben Nr. 1361 sind folgende Nrn. nicht abrechnungsfähig: 1357 – 1360, 1362, 1382

Tipp: Bei ambulanter OP: Zuschlag nach Nr. 445 nicht vergessen, zusätzlich ggf. Nr. 440 und Nr. 441 abrechenbar!

1362	**Kombinierte Operation des Grauen Stars und bei Glaukom**	**3030** 176,61	406,20 618,14

Ausschluss: Neben Nr. 1362 sind folgende Nrn. nicht abrechnungsfähig: 1349 – 1352, 1357 – 1361

Tipp: Bei ambulanter OP: Zuschlag nach Nr. 445 nicht vergessen; dazu ggf. 440, 441.

1365	**Lichtkoagulation zur Verhinderung einer Netzhautablösung und/oder Netzhautblutung, je Sitzung**	**924** 53,86	123,87 188,50

Ausschluss: Neben Nr. 1365 sind folgende Nrn. nicht abrechnungsfähig: 1361, 1366, 1367, 1368, 1369

Kommentar: Nach Kommentar von **Brück** kann die Nr. 1365 auch für die Lichtkoagulation bei Retinopathia diabetica angesetzt werden.

Tipp: Bei ambulanter OP: Zuschlag nach Nr. 444 nicht vergessen, zusätzlich ggf. Nr. 440 und Nr. 441 abrechenbar!

1366	**Vorbeugende Operation zur Verhinderung einer Netzhautablösung oder operativer Eingriff bei vaskulären Netzhauterkrankungen**	**1110** 64,70	148,81 226,45

Ausschluss: Neben Nr. 1366 sind folgende Nrn. nicht abrechnungsfähig: 1365, 1367, 1368, 1369

Tipp: Bei ambulanter OP: Zuschlag nach Nr. 444 nicht vergessen, zusätzlich ggf. Nr. 440.

1366 analog	**Photodynamische Therapie am Augenhintergrund (Laserbehandlung einschl. Infusion des Photosensibilisators) – (analog Nr. 1366 GOÄ) – n. Beschluss des Gebührenordnungsausschusses der BÄK**	**1110** 64,70	148,81 226,45

Beschluss BÄK:

Photodynamische Therapie am Augenhintergrund

des Ausschusses „Gebührenordnung" der Bundesärztekammer – Stand: 04.04.2003 veröffentlicht in: Deutsches Ärzteblatt 100, Heft 14 (04.04.2003), Seite A-946 – A-497

Analogbewertung der photodynamischen Therapie am Augenhintergrund nach § 6 Abs. 2 GOÄ:

Computergestützte Bestrahlungsplanung (einschließlich Berechnung der individuellen Dosis und Einstellung des Bestrahlungsareals) analog Nr. 5800 (Erstellung eines Bestrahlungsplans für die Strahlenbehandlung, 250 Punkte);

Photodynamische Therapie am Augenhintergrund (Laserbehandlung einschließlich Infusion des Photosensibilisators) analog Nr. 1366 (Vorbeugende Operation zur Verhinderung einer Netzhautablösung oder operativer Eingriff bei vaskulären Netzhauterkrankungen, 1110 Punkte).

Neben Nr. 1366 GOÄ analog für die photodynamische Therapie am Augenhintergrund sind bei ambulanter Leistungserbringung berechnungsfähig die Zuschläge nach den Nrn. 440, 441, 444 gemäß Allgemeine Bestimmungen nach §3 Abs. C VIII GOÄ.

Die Analogbewertung der PDT am Augenhintergrund nach den Nrn. 5800 beziehungsweise Nr. 1366 bilden die computergestützte Bestrahlungsplanung im Zusammenhang mit der PDT sowie die Laserbehandlung einschließlich Infusion des Photosensibilisators ab.

Gegebenenfalls weitere, in gleicher Sitzung medizinisch erforderliche Leistungen, wie zum Beispiel die Fluoreszenzangiographie oder eine Refraktionsbestimmung, sind als selbstständige Leistungen gesondert berechnungsfähig. Die Sachkosten für das pro Behandlung verbrauchte Verteporfin sind gemäß § 10 Abs. 1 Satz 1 GOÄ als Auslagenersatz geltend zu machen.

1367 **Operation einer Netzhautablösung mit eindellenden Maßnahmen** **2220** 297,61
129,40 452,89

Ausschluss: Neben Nr. 1367 sind folgende Nrn. nicht abrechnungsfähig: 1365, 1366, 1368, 1369

Tipp: Bei ambulanter OP: Zuschlag nach Nr. 445 nicht vergessen, zusätzlich ggf. Nr. 440 und Nr. 441 abrechenbar!

1368 **Operation einer Netzhautablösung mit eindellenden Maßnahmen und Glaskörperchirurgie** **3030** 406,20
176,61 618,14

Ausschluss: Neben Nr. 1368 sind folgende Nrn. nicht abrechnungsfähig: 1365, 1366, 1367, 1369

1369 **Koagulation oder Lichtkaustik eines Netz- oder Aderhauttumors** **1850** 248,01
107,83 377,41

Ausschluss: Neben Nr. 1369 sind folgende Nrn. nicht abrechnungsfähig: 1365, 1366, 1367, 1368

Tipp: Bei ambulanter OP: Zuschlag nach Nr. 445 nicht vergessen, zusätzlich ggf. Nr. 440, 441 abrechenbar!

1370 **Operative Entfernung des Augapfels** **924** 123,87
53,86 188,50

Ausschluss: Neben Nr. 1370 sind folgende Nrn. nicht abrechnungsfähig: 1371, 1373

Tipp: Bei ambulanter OP: Zuschlag nach Nr. 444 nicht vergessen, zusätzlich ggf. Nr. 440 und Nr. 441 abrechenbar!

1371 **Operative Entfernung des Augapfels mit Einsetzung einer Plombe** **1290** 172,94
75,19 263,17

Ausschluss: Neben Nr. 1371 sind folgende Nrn. nicht abrechnungsfähig: 1370, 1373

Tipp: Bei ambulanter OP: Zuschlag nach Nr. 445 nicht vergessen, zusätzlich ggf. Nr. 440 und Nr. 441 abrechenbar!

1372 **Wiederherstellung eines prothesenfähigen Bindehautsackes mittels Transplantation** **1850** 248,01
107,83 377,41

1373 **Operative Ausräumung der Augenhöhle** **1110** 148,81
64,70 226,45

Ausschluss: Neben Nr. 1373 sind folgende Nrn. nicht abrechnungsfähig: 1370, 1371

1374 **Extrakapsuläre Operation des Grauen Stars mittels gesteuerten Saug-Spül-Verfahrens oder Linsenverflüssigung (Phakoemulsifikation) – gegebenenfalls einschließlich Iridektomie –** **3050** 408,89
177,78 622,22

Ausschluss: Neben Nr. 1374 sind folgende Nrn. nicht abrechnungsfähig: 1349, 1350, 1351, 1352

GOÄ-Ratgeber der BÄK: ► **Operation des grauen Stars**

Dr. med. Anja Pieritz (in: Deutsches Ärzteblatt 109, Heft 7 (17.02.2012), S. A-340) – http://www.bundesaerztekammer.de/page.asp?his=1.108.4144.4282.10095

Dr. Pieritz erklärt dazu: Die Operation des grauen Stars (Katarakt) durch Entfernung der Linse wird nach der GOÄ mit der Nr. 1374 (3 050 Punkte) oder 1375 (3 500 Punkte) vergütet.

Eine Auflistung der Leistungen, die in jedem Fall als Teilleistungen der „Extrakapsulären Operation des Grauen Stars" nach den Nrn. 1374 und 1375 GOÄ anzusehen sind, findet man beispielsweise im Augenärztlichen Gebührenkommentar (Begründet von Freigang, Fortgeführt von Schneider, Dr. Winzer Pharma GmbH): z. B. vorübergehende Erweiterung der Lidspalte für einen leichteren Zugang, Zügelnaht, Bindehauteröffnung, Tunnelschnitt, gegebenenfalls zusätzliche Zugänge zur Vorderkammer, Kapseleröffnung (wie Kapsulorhexis), gegebenenfalls Polieren der Kapsel, Wundverschluss (Bindehautnaht etc.). Diese Leistungen sind nicht gesondert abrechenbar...

„... Anders ist die Situation, wenn zusätzlich zur Katarakt ein operationswürdiger (höhergradiger) Astigmatismus vorliegt. Heute werden bei einem Astigmatismus eher torische Intraokularlinsen eingesetzt, deren Positionierung deutlich schwieriger und zeitaufwendiger ist als die einer herkömmlichen Linse. Nr. 1375 GOÄ kann in diesem Fall mit einem erhöhten Steigerungssatz und entsprechender Begründung auf der Rechnung angesetzt werden. ...“

Zusätzlich berechnungsfähig wären auch die Zuschläge für die ambulante Operation selbst nach Nr. 445 GOÄ und gegebenenfalls die Zuschläge für das Operationsmikroskop nach Nr. 440 GOÄ und den Laser nach Nr. 441 GOÄ.

Tipp: Bei ambulanter OP: Zuschlag nach Nr. 445 nicht vergessen, zusätzlich ggf. Nr. 440 und Nr. 441 abrechenbar!

1375 Extrakapsuläre Operation des Grauen Stars mittels gesteuerten Saug-Spül-Verfahrens oder Linsenverflüssigung (Phakoemulsifikation) – gegebenenfalls einschließlich Iridektomie –, mit Implantation einer intraokularen Linse

3500 469,21
204,01 714,02

Ausschluss: Neben Nr. 1375 sind folgende Nrn. nicht abrechnungsfähig: 1320, 1349, 1350, 1351, 1352, 1356

Kommentar: Nach **Hoffmann und Kleinken** ist bei *„...schwierigen Manipulationen am Kapselsack...“* ggf. eine Überschreitung des Schwellenwertes nötig.

Tipp: Bei ambulanter OP: Zuschlag nach Nr. 445 nicht vergessen, zusätzlich ggf. Nr. 440 und Nr. 441 abrechenbar!

1376 Rekonstruktion eines abgerissenen Tränenröhrchens

1480 198,41
86,27 301,93

1377 Entfernung einer Silikon-/Silastik-/Rutheniumplombe

280 37,54
16,32 57,12

Tipp: Bei ambulanter OP: Zuschlag nach Nr. 442 nicht vergessen, zusätzlich ggf. Nr. 440 und Nr. 441 abrechenbar!

1380 Operative Entfernung eines Iristumors

2000 268,12
116,57 408,01

Ausschluss: Neben Nr. 1380 ist folgende Nr. nicht abrechnungsfähig: 1358

1381 Operative Entfernung eines Iris-Ziliar-Aderhauttumors (Zyklektomie)

2770 371,35
161,46 565,10

Ausschluss: Neben Nr. 1381 ist folgende Nr. nicht abrechnungsfähig: 1358

1382 Goniotrepanation oder Trabekulektomie oder Trabekulotomie bei Glaukom

2500 335,15
145,72 510,01

Ausschluss: Neben Nr. 1382 ist folgende Nr. nicht abrechnungsfähig: 1361

Tipp: Bei ambulanter OP: Zuschlag nach Nr. 445 nicht vergessen, zusätzlich ggf. Nr. 440 und Nr. 441 abrechenbar!

1382 analog Viskokanobplasie – analog Nr. 1382

2500 335,15
145,72 510,01

GOÄ-Nr.		Punktzahl / 1fach	2,3 / *1,8 / 3,5 / *2,5
1383	**Vitrektomie, Glaskörperstrangdurchtrennung, als selbständige Leistung**	**2500** / 145,72	335,15 / 510,01

1383 analog	**Intravitreale Injektion (IVI) /intravitreal operative Medikamenteneingabe (IVOM) analog Nr. 1383 GOÄ – Abrechnungsempfehlung n. Ausschuss „Gebührenordnung der BÄK“**	**2500** / 145,72	335,15 / 510,01

Ausschluss: Neben Nr. 1383 analog sind folgende Nrn. nicht abrechnungsfähig: 440, 445.

GOÄ-Ratgeber der BÄK:

► **Intravitreale Injektion (1)**

Dr. med. Anja Pieritz in: Deutsches Ärzteblatt 109, Heft 39 (28.09.2012), S. A-1952 – http://www.bundesaerztekammer.de/page.asp?his=1.108.4144.4282.10862

Die intravitreale Injektion – auch als intravitreale operative Medikamentengabe bezeichnet – (IVI) ist in der GOÄ nicht aufgeführt.

Die Verwendung eines Operationsmikroskops wird für die IVI empfohlen.

Dr. Pieritz verweist auf die Empfehlung des Ausschusses „Gebührenordnung“ der Bundesärztekammer in seiner 34. Sitzung am 25. Juni 2010 (DÄ, Heft 27/2010): „Intravitreale Injektion (IVI)/intravitreale operative Medikamenteneinbringung (IVOM), analog Nr. 1383 GOÄ“.

Als ergänzende Bestimmung wurde festgelegt: „Neben der Nr. 1383 GOÄ sind die Zuschläge nach den Nrn. 440 und 445 GOÄ nicht berechnungsfähig“.

► **Intravitreale Injektion (2)**

Dr. med. Anja Pieritz in: Deutsches Ärzteblatt 109, Heft 41(12.10.2012), S. A-2056 – http://www.bundesaerztekammer.de/page.asp?his=1.108.4144.4282.10886

Die Autorin ergänzt ihren ersten Bericht: „...Der Vorstand der Bundesärztekammer konnte daher für die befürwortete Bewertung der intravitrealen Injektion analog der Nr. 1383 GOÄ keine Begrenzung des Gebührenrahmens vornehmen, so dass der übliche Gebührenrahmen für ärztliche Leistungen (1,0- bis 2,3-fach, mit Begründung bis 3,5-fach) gilt (vergleiche Urteil des Amtsgerichts Fürth vom 13. Juli 2009, Az.: 370 C 471/09).

Da die Nr. 1383 GOÄ kein Bestandteil des Katalogs C VIII 3. GOÄ ist, in dem die ambulanten Operationen, die zuschlagsfähig sind, abschließend aufgelistet werden, können neben dem Ansatz der Nr. 1383 GOÄ aus gebührenrechtlichen Gründen keine Zuschläge nach den Nummern (Nrn.) 440 (OP-Mikroskop) und 444 (ambulanter OP-Zuschlag) berechnet werden, auch wenn diese Leistungsinhalte in der Regel erbracht werden. Dies gilt aus den oben genannten Gründen auch für den analogen Abgriff dieser als gleichwertig erachteten Leistung. ...“

Rechtsprechung:

Intravitreale operative Medikamenteneingabe (IVOM)

Aus der Bestimmung des § 6 Abs. 2 GOÄ ist zu entnehmen, dass bei einer Analogberechnung die Abrechnungsbestimmungen der GOÄ vollumfänglich auf die analogen Positionen „vererbt“ werden. Wenn z. B. die heranzuziehende Abrechnungsziffer keine Zuschläge zulässt, gilt dies auch für die Analogberechnung.

Die IVOM ist analog der GOÄ – Ziffer 1383 mit entsprechender Wahl des Faktors abzurechnen, da sie einen Eingriff in den hinteren Augenabschnitt darstellt.

Aktenzeichen: VG Ansbach, 26.01.2011, AZ: AN 15K 08.02057

Entscheidungsjahr: 2011

1384	**Vordere Vitrektomie (Glaskörperentfernung aus der Augenvorderkammer), als selbständige Leistung**	**830** / 48,38	111,27 / 169,32

Kommentar: Der Ausschluss der Leistungsziffern Nr. 1350, 1351, 1374 und 1375 – wie er sich im Kommentar von z.B. **Hoffman u. Kleinken** findet – ist nur dann korrekt, wenn es im Rahmen einer Catarct-OP zu einer Kasulotomie mit Glaskörpervorfall und vorderer Vitrektomie kommt. Ist aber präoperativ bereits ein Glaskörpervorfall (z.B. traumatisch) vorhanden, dann kann neben der Beseitigung des grauen Stars nach Nr. 1375 auch ohne vordere Vitrektomie nach Nr. 1384 abgerechnet werden.

Tipp: Bei ambulanter OP: Zuschlag nach Nr. 444 nicht vergessen, zusätzlich ggf. Nr. 440 und Nr. 441 abrechenbar!

1386	**Aufnähen einer Rutheniumplombe auf die Lederhaut**	**1290** / 75,19	172,94 / 263,17

Tipp: Bei ambulanter OP: Zuschlag nach Nr. 445 nicht vergessen, zusätzlich ggf. Nr. 440 und Nr. 441 abrechenbar!

GOÄ-Nr.		Punktzahl 1fach	2,3 / *1,8 3,5 / *2,5
A 1387	**Netzhaut-Glaskörper-chirurgischer Eingriff bei anliegender oder abgelöster Netzhaut ohne netzhautablösende Membranen, einschl. Pars-plana-Vitrektomie, Retinopexie, ggf. einschl. Glaskörper-Tamponade, ggf. einschl. Membran Peeling (analog Nr. 2551 GOÄ) – n. Verzeichnis analoger Bewertungen d. Bundesärztekammer**	**7500** 437,15	1005,46 1530,04

Neben Nr. A 1387 sind keine zusätzlichen Eingriffe an Netzhaut oder Glaskörper berechnungsfähig.

Kommentar: Siehe ergänzende Abrechnungsempfehlungen zu Nr. A 1387.1.

A 1387.1	**Netzhaut-Glaskörper-chirurgischer Eingriff bei anliegender oder abgelöster Netzhaut mit netzhautablösenden Membranen, und/oder therapierefraktärem Glaukom und/oder sumakulärer Chirurgie, einschl. Pars-plana-Vitrektomie, Buckelchirurgie. Retinopexie, Glaskörper-Tamponade, Membran Peeling, ggf. einschl. Rekonstruktion eines Iris-Diaphragmas, ggf. einschl. Daunomycin-Spülung, ggf. einschl. Zell-Transplantation, ggf. einschl. Versiegelung eines Netzhautlochs mit Thrombozytenkonzentraten, ggf. einschl. weiterer mikrochirurgischer Eingriffe an Netzhaut oder Glaskörper (z.B. Pigmentgewinnung und -implantation) (analog Nr. 2551 GOÄ (7.500 Pkt.) + Nr. 2531 GOÄ (7.500 Pkt.))** – n. Verzeichnis analoger Bewertungen d. Bundesärztekammer	**15.000**	2010,92 s. Addition

Dies ergibt:

analog Nr. 2551 GOÄ (7.500 Pkt.) =	1.005,46 Euro (2,3fach)
+ analog Nr. 2531 GOÄ (7.500 Pkt.) =	1.005,46 Euro (2,3fach)
Addiert man dies: 15.000 Pkt.	2.010,92 Euro

Neben Nr. A 1387.1 sind keine zusätzlichen Gebührenpositionen für weitere Eingriffe an Netzhaut oder Glaskörper berechnungsfähig.

Ergänzende Abrechnungsempfehlung zu den Nrn. A 1387 und A 1387. 1

Die Abschlussbestimmungen bei den Nrn. A 1387 und A 1387. 1, wonach keine zusätzlichen Gebührenpositionen für weitere Eingriffe an Netzhaut oder Glaskörper berechnungsfähig sind, gelten nicht für Netzhaut-Glaskörper-chirurgische Eingriffe bei Ruptur des Augapfels mit oder ohne Gewebeverlust oder bei Resektion uveater Tumoren und/oder Durchführung einer Macula-Rotation. Neben Leistungen nach den Nrn. A 1387 und A 1387. 1 können in diesen Ausnahmefällen – je nach Indikation – die genannten Maßnahmen als zusätzliche Leistungen berechnet werden, wie z.B. die Nr. A 1387. 2 für die Macula-Rotation.

A 1387.2	**Macula-Rotation (analog Nr. 1375) – n. Verzeichnis analoger Bewertungen d. Bundesärztekammer**	**3500** 204,01	469,21 714,02

Analogiebewertung augenheilkundlicher Leistungen gemäß Beschlüssen des Zentralen Konsultationsausschusses bei der Bundesärztekammer

A 7001 **Untersuchung der alters- oder erkrankungsbedingten Visusäquivalenz, zum Beispiel bei Amblyopie, Medientrübung oder fehlender Mitarbeit (analog Nr. 1225 GOÄ) – n. Verzeichnis analoger Bewertungen d. Bundesärztekammer** **121** 16,22 7,05 24,68

Zu diesen Untersuchungen zählen beispielsweise Sehschärfenprüfungen mittels Preferential Looking, die Untersuchung des Interferenzvisus und die Untersuchung des Crowding-Phänomens.

Kommentar: Oft zusätzlich zur Refraktionsbestimmung ansetzbar.

A 7002 **Qualitative Aniseikonieprüfung mittels einfacher Trennverfahren, (analog Nr. 1200 GOÄ) – n. Verzeichnis analoger Bewertungen d. Bundesärztekammer** **59** 7,91 3,44 12,04

Kommentar: Die Untersuchung der Nr. A 7002 kann nur bei besonderer Begründung (nach **Brück** bei z.B. Katarakt-Chirurgie, bzw. Implantation einer intraocularen Linse), und dann auch zusätzlich zur Kernleistung nach Nr. 1200 berechnet werden.

A 7003 **Quantitative Aniseikoniemessung, gegebenenfalls einschließlich qualitativer Aniseiprüfung, (analog Nr. 1226 GOÄ) – n. Verzeichnis analoger Bewertungen d. Bundesärztekammer** **182** 24,40 10,61 37,13

A 7006 **Bestimmung elektronisch vergrößernder Sehhilfen, je Sitzung, (analog Nr. 1227 GOÄ) – n. Verzeichnis analoger Bewertungen d. Bundesärztekammer** **248** 33,25 14,46 50,59

A 7007 **Quantitative Untersuchung der Hornhautsensibilität, (analog Nr. 825 GOÄ) – n. Verzeichnis analoger Bewertungen d. Bundesärztekammer** **83** 11,13 4,84 16,93

Ausschluss: Nr. A 7007 ist nicht berechnungsfähig neben Nr. 6.

A 7008 **Konfokale Scanning-Mikroskopie der vorderen Augenabschnitte, einschließlich quantitativer Beurteilung des Hornhautdothels und Messung von Hornhautdicke und Streulicht, ggf. einschließlich Bilddokumentation, je Auge, (analog Nr. 1249 GOÄ) – n. Verzeichnis analoger Bewertungen d. Bundesärztekammer** **484** 64,89 28,21 98,74

A 7009 **Quantitative topographische Untersuchung der Hornhautbrechkraft mittels computergestützter Videokeratoskopie, ggf. an beiden Augen, (analog Nr.415 GOÄ) – n. Verzeichnis analoger Bewertungen d. Bundesärztekammer** **300** 40,22 17,49 61,20

Kommentar: Werden beide Augen in einer Sitzung untersucht, ist die Nr. A 7009 auch nur einmal berechnungsfähig.

GOÄ-Nr.		Punktzahl / 1fach	2,3 / *1,8 / 3,5 / *2,5
A 7010	**Laserscanning-Ophthalmoskopie, (analog Nr. 1249 GOÄ) – n. Verzeichnis analoger Bewertungen d. Bundesärztekammer**	**484** 28,21	64,89 98,74
A 7011 analog	**Optische Kohärenztomographie – analog Nr. 423 Zweidimensionale echokardiographische Untersuchung mittels Real-Time-Verfahren (B-Mode), mit Bilddokumentation – entsprechend GOÄ § 6 (2) – n. Beschluss des Gebührenordnungsausschusses der BÄK**		
A 7011	**Biomorphometrische Untersuchung des hinteren Augenpols, ggf. beidseits, (analog Nr. 423 GOÄ) – n. Verzeichnis analoger Bewertungen d. Bundesärztekammer**	**500** 29,14	67,03 102,00

Kommentar: Weiterführende Untersuchung des Augenhintergrunds einschl. Papillenanalyse, beispielsweise mittels Heidelberg Retinatomograph (HRT) oder Optic Nerve Head Analyser (ONHA). Ansetzbar auch für GDx – Nerve Fiber Analyzer.

GOÄ-Ratgeber der BÄK: ► **Optische Kohärenztomographie**

Dr. med. Anja Pieritz Deutsches Ärzteblatt 109, Heft 17 (27.04.2012), S. A-888) – http://www.bundesaerztekammer.de/page.asp?his=1.108.4144.4282.10256

Dr. Pieritz weist auf die Analogbewertung der BÄK hin und führt ergänzend den Kommentar von **Brück** zu A 7011 an:

Mit dieser Analogbewertung soll auch die optische Kohärenztomographie (OCT) berechnet werden, was bei einem höheren Zeitaufwand bei der Auswertung mit einem entsprechend erhöhten Steigerungssatz berücksichtigt werden kann.

A 7012	**Frequenz-Verdopplungs-Perimetrie oder Rauschfeld-Perimetrie, (analog Nr. 1229 GOÄ) – n. Verzeichnis analoger Bewertungen d. Bundesärztekammer**	**182** 10,61	24,40 37,13
A 7013	**Überschwellige und/oder schwellenbestimmende quantitativ abgestufte, rechnergestützte statische Rasterperimetrie, einschließlich Dokumentation (analog 1227 GOÄ) – n. Verzeichnis analoger Bewertungen d. Bundesärztekammer**	**248** 14,46	33,25 50,59

Kommentar: **Brück** hält bei der Prüfung von mind. 150 Prüforten einen erhöhten Steigerungsfaktor von 3,5fach für gerechtfertigt.

A 7014	**Ultraschall-Biomikroskopie der vorderen Augenabschnitte, einmal je Sitzung, (analog Nr. 413 GOÄ) – n. Verzeichnis analoger Bewertungen d. Bundesärztekammer**	**280** 16,32	37,54 57,12
A 7015	**Optische und sonographische Messung der Vorderkammertiefe und/oder der Hornhautdicke des Auges, (analog Nr. 410 GOÄ) –**	**200** 11,66	26,81 40,80
	für die Untersuchung des anderen Auges in der gleichen Sitzung, (analog Nr. 420 GOÄ) – n. Verzeichnis analoger Bewertungen d. Bundesärztekammer	**80** 4,66	10,72 16,32

Kommentar: Pachymetrie. Häufig pro Auge berechenbar, wie 410 analog und 420 analog.

A 7016	**Berechnung einer intraokularen Linse, je Auge, (analog 1212 GOÄ) – n. Verzeichnis analoger Bewertungen d. Bundesärztekammer**	**132** 7,69	17,70 26,93

A 7017 **Zweidimensionale Laserdoppler-Untersuchung der Netzhautgefäße mit Farbkodierung, ggf. beidseits, – analog Nr. 424 GOÄ (700 Punkte) plus Nr. 406 GOÄ (200 Punkte) – n. Verzeichnis analoger Bewertungen d. Bundesärztekammer** **900** 52,46

Addition der einzelnen Leistungen

GOÄ Nr.	Pkte.	1fach €	2,3f/*1,8ach €	Gesamt (Regelsatz)
424	700	40,80	93,84	
406	200	11,66	-	
Endsummen	900	52,46	-	105,50

Die GOÄ Nr. **406** ist ein Zuschlage und nur mit dem 1fachen Satz abrechenbar.

Kommentar: Sinnvolle Leistung bei der Optische Kohärenz Tomographie (OCT), relativ anerkannt, zuzüglich GOÄ Nr. 406 für die Farbcodierung.

A 7018 **Einlegen eines Plastikröhrchens in die ableitenden Tränenwege bis in die Nasenhöhle, ggf. einschließlich Nahtfixation, je Auge, (analog Nr. 1298 GOÄ) – n. Verzeichnis analoger Bewertungen d. Bundesärztekammer** **132** 7,69 17,70 26,93

A 7019 **Prismenadaptionstest vor Augenmuskeloperationen, je Sitzung, (analog Nr. 1225 GOÄ) – n. Verzeichnis analoger Bewertungen d. Bundesärztekammer** **121** 7,05 16,22 24,68

A 7020* **Präoperative kontrollierte Bulbushypotonie mittes Okulopression, (analog Nr. 1227 GOÄ) – n. Verzeichnis analoger Bewertungen d. Bundesärztekammer** **242** 14,11 25,39 35,26

A 7021 **Operative Reposition einer intraokularen Linse, (analog Nr. 1353 GOÄ) – n. Verzeichnis analoger Bewertungen d. Bundesärztekammer** **832** 48,50 111,54 169,73

Kommentar: Die Leistung nach Nr. A7021 ist nur als selbständige Leistung abrechenbar.

A 7022 **Chirurgische Maßnahmen zur Wiederherstellung der Pupillenfunktion und/oder Einsetzen eines Irisblendenrings, (analog Nr. 1326 GOÄ) – n. Verzeichnis analoger Bewertungen d. Bundesärztekammer** **1110** 64,70 148,81 226,45

Ausschluss: Neben A 7022 sind folgende Nrn. nicht abrechenbar: 1327, 1328

A 7023 **Messung der Zyklotropie mittels haploskopischer Verfahren und/oder Laserscanning Ophthalmoskopie (analog Nr. 1217 GOÄ) – n. Verzeichnis analoger Bewertungen d. Bundesärztekammer** **242** 14,11 32,44 49,37

A 7024 **Differenzierende Analyse der Augenstellung beider Augen mittels Messung von Horizontal-, Vertikal- und Zyklo-Deviation an Tangentenskalen in 9 Blickrichtungen, einschließlich Kopfneige-Test (analog Nr. 1217 GOÄ) – n. Verzeichnis analoger Bewertungen d. Bundesärztekammer** **242** 14,11 32,44 49,37

Kommentar: Häufig zusätzlich zur Leistung nach GOÄ Nr. 1217.

GOÄ-Nr.		Punktzahl 1fach	2,3 / *1,8 3,5 / *2,5
A 7025	**Korrektur dynamischer Schielwinkelveränderungen mittels retroäquatorialer Myopexie (so genannte Fadenoperation nach Cüppers) an einem geraden Augenmuskel (analog Nr. 1376 GOÄ) – n. Verzeichnis analoger Bewertungen d. Bundesärztekammer**	**1480** 86,27	198,41 301,93
A 7026	**Chirurgische Maßnahmen bei Erkrankungen des Aufhängeapparates der Linse (analog Nr. 1326 GOÄ). – n. Verzeichnis analoger Bewertungen d. Bundesärztekammer**	**1110** 64,70	148,81 226,45

Eine Berechnung der Nr. A 7026 neben einer Katarakt-Operation, zum Beispiel nach den Nrn. 1349 bis 1351, Nr. 1362, Nr. 1374 oder Nr. 1375, ist in gleicher Sitzung nur bei präoperativer Indikationsstellung zu diesem Zweiteingriff aufgrund des Vorliegens einer besonderen Erkrankung (zum Beispiel subluxierte Linse bei Marfan-Syndrom oder Pseudoexfoliationssyndrom) zulässig.

A 7027	**Operation einer Netzhautablösung mit eindellenden Maßnahmen, einschließlich Kryopexie der Netzhaut und/oder Endolaser-Applikation (analog 1368 GOÄ) – n. Verzeichnis analoger Bewertungen d. Bundesärztekammer**	**3030** 176,61	406,20 618,14
A 7028	**Untersuchung und Beurteilung einer okulär bedingten Kopfzwangshaltung, beispielsweise mit Prismenadaptionstest oder Disparometer (analog 1217 GOÄ) – n. Verzeichnis analoger Bewertungen d. Bundesärztekammer**	**242** 14,11	32,44 49,37
A 7029	**Isolierte Kryotherapie zur Behandlung oder Verhinderung einer Netzhautablösung, als alleinige Leistung (analog Nr. 1366 GOÄ) – n. Verzeichnis analoger Bewertungen d. Bundesärztekammer**	**1110** 64,70	148,81 226,45

J Hals-, Nasen-, Ohrenheilkunde

Beschluss BÄK:

Der Zentralen Konsultationsausschuss für Gebührenordnungsfragen bei der Bundesärztekammer (http://www.bundesaerztekammer.de/page.asp?his=1.108.4689.4703.4837) hat auf der genannten Internetseite zahlreiche Abrechnungsempfehlungen veröffentlicht – auch in: Deutsches Ärzteblatt 101, Heft 25 (18.06.2004), Seite A-1845 – A-1847 . Die Autoren haben die einzelnen Empfehlungen den entsprechenden Leistungspositionen zugeordnet.

Hinweise auf GOÄ-Ratgeber der BÄK:

► **Behandlung nach Nasennebenhöhlen-Operation (I)**
Dr. med. Tina Wiesener in: Deutsches Ärzteblatt 108, Heft 41 (14.10.2011), S. A-2182) – http://www.bundesaerztekammer.de/page.asp?his=1.108.4144.4285.9848

► **Behandlung nach Nasennebenhöhlen-Operation (II)**
Dr. med. Tina Wiesener in: Deutsches Ärzteblatt 108, Heft 49 (09.12.2011), S. A2684) – http://www.bundesaerztekammer.de/page.asp?his=1.108.4144.4285.9967
Dr. Wiesener erklärt (nach den Empfehlungen des Zentralen Konsultationsausschusses der Bundesärztekammer) zur Abrechnung einer Behandlung nach erfolgter Nasennebenhöhlen – Operation gemäß folgender Übersicht:

- Postoperative Entfernung von Tamponaden – GOÄ-Nr. 1427 analog
- Entfernung von nasalen Schienen etc. – GOÄ-Nr. 1430 analog
- Absaugen von Sekret u. Krusten – GOÄ-Nr. 1480
- Abtragung festsitzender Borken/Nekrosen – GOÄ-Nr. 2006, einmal je Nasenseite
- hohe Einlage zur Wiederherstellung des Abflusses – GOÄ-Nr. 1425 analog, einmaliger Ansatz

Dr. Wiesener ergänzt im II. Teil weitere Abrechnungsmöglichkeiten (die wurde von den Autoren tabellarisch dargestellt):

Problem	Abrechnung
bei im Rahmen der Nachsorge auftretenden intranasalen Verwachsungen	notwendige operative Synechielösung nach GOÄ Nr. 1430
Bei auftretenden Stenosen	GOÄ Nr. 706 , einmal „je Sitzung“
Sondierung u./o. Bougierung der Stirnhöhle vom Naseninnern aus nach sanierender Stirnhöhlen-Operation	GOÄ Nr. 1478
In Fällen, in denen es im Gefolge einer entsprechenden OP zu einer Abszessbildung im Bereich des Septums kommt	GOÄ Nr. 1459 für die Entlastung des Septumabszesses
Überprüfung des Behandlungserfolges durch ggf. auch mehrfache endoskopische Untersuchung der Nasenhaupthöhlen u./o. des Nasenrachenraums	GOÄ Nr. 1418 GOÄ Ausschluß: Daneben kann Nr. 1466 nicht berechnet werden

1400 **Genaue Hörprüfung mit Einschluss des Tongehörs (Umgangs- und Flüstersprache, Luft- und Knochenleitung)** **76** 10,19
4,43 15,50

Ausschluss: Neben Nr. 1400 sind folgende Nrn. nicht abrechnungsfähig: 5 – 8, 800, 801, 1403, 1404, 1406

1401* **Hörprüfung mittels einfacher audiologischer Testverfahren (mindestens fünf Frequenzen)** **60** 6,30
3,50 8,74

Ausschluss: Neben Nr. 1401 sind folgende Nrn. nicht abrechnungsfähig: 5 – 8, 1403, 1404, 1406

1403* **Tonschwellenaudiometrische Untersuchung, auch beidseitig, (Bestimmung der Hörschwelle mit 8 bis 12 Prüffrequenzen oder mittels kontinuierlicher Frequenzänderung mit Hauptfrequenzbereich des menschlichen Gehörs, in Luft- und in Knochenleitung, auch mit Vertäubung) – auch mit Bestimmung der Intensitätsbreite und gegebenenfalls einschließlich überschwelliger audiometrischer Untersuchung –** **158** 16,58
9,21 23,02

Ausschluss: Neben Nr. 1403 sind folgende Nrn. nicht abrechnungsfähig: 1400, 1401, 1406

GOÄ-Nr.		Punktzahl / 1fach	2,3 / *1,8 / 3,5 / *2,5
1404*	**Sprachaudiometrische Untersuchung, auch beidseitig, (Ermittlung des Hörverlustes für Sprache und des Diskriminationsverlustes nach DIN-Norm, getrennt für das rechte und linke Ohr über Kopfhörer, erforderlichenfalls auch über Knochenleitung, gegebenenfalls einschließlich Prüfung des beidohrigen Satzverständnisses über Lautsprecher)**	**158** 9,21	16,58 23,02

Neben den Leistungen nach den Nummern 1403 und 1404 sind die Leistungen nach den Nummern 1400 und 1401 nicht berechnungsfähig.

Ausschluss: Neben Nr. 1404 sind folgende Nrn. nicht abrechnungsfähig: 1400, 1401, 1406

1405*	**Sprachaudiometrische Untersuchung zur Kontrolle angepaßter Hörgeräte im freien Schallfeld**	**63** 3,67	6,61 9,18

Kommentar: Die Leistung ist für beide Ohren zusammen ist nur einmal ansatzfähig.

1406*	**Kinderaudiometrie (in der Regel bis zur Vollendung des 7. Lebensjahres) zur Ermittlung des Schwellengehörs (Knochen- und Luftleitung) mit Hilfe von bedingten und/oder Orientierungsreflexen – gegebenenfalls einschließlich überschwelliger audiometrischer Untersuchung und Messungen zur Hörgeräteanpassung –**	**182** 10,61	19,09 26,52

Neben der Leistung nach Nummer 1406 sind die Leistungen nach den Nummern 1400, 1401, 1403 und 1404 nicht berechnungsfähig.

Ausschluss: Neben Nr. 1406 sind folgende Nrn. nicht abrechnungsfähig: 1400, 1401, 1403, 1404

Kommentar: Wenn in der Leistungslegende von einem Alter „... in der Regel bis zur Vollendung des 7. Lebensjahres ..." gesprochen wird, handelt es sich um **keine absolute** Begrenzung des Lebensalters. Die absolute Grenze für die Leistungserbringung liegt beim vollendeten 14. Lebensjahr. Dies ist die Grenze des Begriffes „Kind".

Analog: Die Leistung nach Nr. 1406 ist analog für die Anpassung eines Hörgerätes beim Kind ansetzbar.

1407	**Impedanzmessung am Trommelfell und/oder an den Binnenohrmuskeln (z.B. Stapedius-Lautheitstest), auch beidseitig**	**182** 10,61	24,40 37,13
1408	**Audioelektroenzephalographische Untersuchung**	**888** 51,76	119,05 181,16

Ausschluss: Neben Nr. 1408 sind folgende Nrn. nicht abrechnungsfähig: 827, 828, 829, 1409

Analog: Prächirurgische epilepsiediagnostische Messung intracranieller kognitiver Potenziale, einschl. Aufzeichnung und Auswertung analog Nr. 1408.

GOÄ-Ratgeber der BÄK: ► **Abrechnung neurootologischer Diagnostik: VEMP**
Dr. med. Tina Wiesener – Deutsches Ärzteblatt 110, Heft 18 (03.05.2013), S. A-908
http://www.bundesaerztekammer.de/page.asp?his=1.108.4144.4275.11233
..."Bei der audioelektroenzephalographischen Untersuchung nach Nr. 1408 GOÄ handelt es sich hingegen nicht um eine Gleichgewichtsuntersuchung, sondern um ein Hörprüfungsverfahren, bei dem nach akustischer Provokation Potenziale in einem Elektroenzephalogramm erfasst werden. Auch von daher stellt die Gleichgewichtsuntersuchung mittels der Ableitung von VEMP keine Leistung dar, die mit dem Leistungsinhalt der Nr. 1408 GOÄ miterfasst ist. Vielmehr handelt es sich bei der Ableitung und Auswertung von VEMP um eine eigenständige Untersuchung im Sinne der GOÄ, die – auch zum Beispiel nach vorangehender Ableitung von audioenzephalographischen Potenzialen (Leistung nach Nr. 1408 GOÄ) bei zusätzlich bestehendem Verdacht auf eine Hörstörung – gesondert berechnungsfähig ist..."
Vor dem Hintergrund des § 6 Absatz 2 GOÄ ..."erscheint eine Zuordnung der Leistung der Ableitung, Dokumentation und Auswertung von VEMP zu der Nr. 1408 GOÄ im Analogabgriff am ehesten zutreffend...
...Die Nr. 828 (sollte) angesetzt werden, wenn sich die Untersuchung auf eine neurologische Erkrankung, (...), richtet, während die Nr. 1408 zutrifft, wenn das Untersuchungsziel sich auf die Hals-Nasen-Ohren-Heilkunde bezieht..."

GOÄ-Nr.		Punktzahl 1fach	2,3 / *1,8 3,5 / *2,5
1408 analog	**Empfehlung der BÄK: Prächirurgische epilepsiediagnostische Messung intracranieller kognitiver Potenziale, einschließlich Aufzeichnung und Auswertung, (analog 1408 GOÄ) – n. Beschlüssen des Ausschusses „Gebührenordnung“ der BÄK**	**888** 51,76	119,05 181,16
1409	**Messung otoakustischer Emissionen**	**400** 23,31	53,62 81,60
	Die Leistung nach Nummer 1409 ist neben den Leistungen nach den Nummern 827 bis 829 nicht berechnungsfähig.		
Ausschluss:	Neben Nr. 1409 sind folgende Nrn. nicht abrechnungsfähig: 827 – 828, 829, 1408		
IGeL:	Neugeborenen-Hörscreening mittels otoakustischer Emissionen.		
1412	**Experimentelle Prüfung des statischen Gleichgewichts (Drehversuch, kalorische Prüfung und Lagenystagmus)**	**91** 5,30	12,20 18,56
Ausschluss:	Neben Nr. 1412 sind folgende Nrn. nicht abrechnungsfähig: 826, 1413		
1413	**Elektronystagmographische Untersuchung**	**265** 15,45	35,53 54,06
Ausschluss:	Neben Nr. 1413 ist folgende Nr. nicht abrechnungsfähig: 1412		
1414	**Diaphanoskopie der Nebenhöhlen der Nase**	**42** 2,45	5,63 8,57
Ausschluss:	Neben Nr. 1414 sind folgende Nrn. nicht abrechnungsfähig: 5 – 8		
1415	**Binokularmikroskopische Untersuchung des Trommelfells und/ oder der Paukenhöhle zwecks diagnostischer Abklärung, als selbständige Leistung**	**91** 5,30	12,20 18,56
Kommentar:	Die Leistung nach Nr. 1415 ist nicht für die routinemäßige binokularmikroskopische Untersuchung von Trommelfell und/oder Paukenhöhle abrechenbar. Nur wenn es um die diagnostische Abklärung krankhafter Veränderungen geht, ist die Leistung berechnungsfähig.		
1416	**Stroboskopische Untersuchung der Stimmbänder**	**121** 7,05	16,22 24,68
Kommentar:	Wird eine Videostroboskopie der Stimmbänder durchgeführt, so ist diese nach der Nr. 1416 abzurechnen. Der höhere Aufwand kann über einen erhöhten Multiplikator abgegolten werden.		
1417	**Rhinomanometrische Untersuchung**	**100** 5,83	13,41 20,40
Ausschluss:	Neben Nr. 1417 sind folgende Nrn. nicht abrechnungsfähig: 393, 394, 395, 396		
1418	**Endoskopische Untersuchung der Nasenhaupthöhlen und/oder des Nasenrachenraums – gegebenenfalls einschließlich der Stimmbänder**	**180** 10,49	24,13 36,72
	Neben der Leistung nach Nummer 1418 ist die Leistung nach der Nummer 1466 nicht berechnungsfähig.		
Ausschluss:	Neben Nr. 1418 ist folgende Nr. nicht abrechnungsfähig: 1466		
GOÄ-Ratgeber der BÄK:	Siehe Hinweise bei Ratgeber GOÄ zur Nr. 1465		

GOÄ-Nr.		Punktzahl	2,3 / *1,8
		1fach	3,5 / *2,5

Analog: Nr. 1418 analog für die endoskopische Untersuchung des Kehlkopfes ansetzen

1425 Ausstopfung der Nase von vorn, als selbständige Leistung

Punktzahl	2,3 / *1,8
50	6,70
2,91	10,20

Ausschluss: Neben Nr. 1425 sind folgende Nrn. nicht abrechnungsfähig: 1426, 1435, 1447, 1448, 2320

Beschluss BÄK: **Beschluss des Zentralen Konsultationsausschusses für Gebührenordnungsfragen bei der Bundesärztekammer** im DA, Heft 25, 18.06.2004 (Quelle: GOÄ-Datenbank http://www.blaek.de/) –
Nr. 1425 bzw 1426 nicht neben Nrn. 1447 bzw. 1448
Die Ausstopfung der Nase nach den Nrn. 1425 und 1426 kann nicht neben den Nrn. 1447 und 1448 berechnet werden.
Als operationsabschließende Wundversorgung ist die Tamponade der Nase mit der Berechnung der Gebühr für den operativen Eingriff abgegolten.
Siehe Anmerkungen zu Nr. 1448

Kommentar: Zur Tamponade der Nase als selbständige Leistung stehen mehrere Leistungsziffern zur Verfügung: – Tamponade der Nase von vorne nach Nr. 1425 – Tamponade der Nase von hinten nach Nr. 1426 – Tamponade zur Stillung von Nasenbluten nach Nr. 1435

1426 Ausstopfung der Nase von vorn und hinten, als selbständige Leistung

Punktzahl	2,3 / *1,8
100	13,41
5,83	20,40

Ausschluss: Neben Nr. 1426 sind folgende Nrn. nicht abrechnungsfähig: 1425, 1435, 1447, 1448, 2320

Beschluss BÄK: Siehe bei GOÄ Nr. 1425.

Kommentar: Siehe Anmerkungen zu Nr. 1448

Tipp: Die beidseitige Durchführung einer Nasentamponade ist 2x nach Nr. 1426 abrechnungsfähig.

1427 Entfernung von Fremdkörpern aus dem Naseninnern, als selbständige Leistung

Punktzahl	2,3 / *1,8
95	12,74
5,54	19,38

Ausschluss: Neben Nr. 1427 ist folgende Nr. nicht abrechnungsfähig: 1428

Beschluss BÄK: **Beschluss des Zentralen Konsultationsausschusses für Gebührenordnungsfragen bei der Bundesärztekammer** im DA, Heft 25, 18.06.2004 (Quelle: GOÄ-Datenbank http://www.blaek.de/) –
Postoperative Entfernung von Tamponaden
Für die postoperative Entfernung von Tamponaden nach Nasen- und/oder Nasennebenhöhlen-Eingriffen ist die Nr. 1427 analog berechnungsfähig.
Die Nr. 1427 A kann nur einmal berechnet werden, auch wenn aus beiden Nasenhaupthöhlen Tamponaden entfernt werden.
Siehe Anmerkungen zu Nr. 1448

Kommentar: Werden Fremdkörper aus beiden Nasengängen entfernt, so kann die Nr. 1427 zweimal abgerechnet werden.
Wenn allerdings mehrere Fremdkörper aus einem Nasengang entfernt werden, so ist die Nr. 1427 nur einmal berechnungsfähig.
Die Leistung kann auch für das Entfernen von Nasentamponaden angesetzt werden.

1427 analog Postoperative Entfernung von Tamponaden n. Nasen- u./o. Nasennebenhöhlen-Eingriffen – (analog Nr. 1427 GOÄ) – n. Beschlüssen d. Zentralen Konsultationsausschusses bei d. BÄK – 1x berechenbar

Punktzahl	2,3 / *1,8
95	12,74
5,54	19,38

1428 Operativer Eingriff zur Entfernung festsitzender Fremdkörper aus der Nase

Punktzahl	2,3 / *1,8
370	49,60
21,57	75,48

Ausschluss: Neben Nr. 1428 ist folgende Nr. nicht abrechnungsfähig: 1427

Kommentar: Siehe Anmerkungen zu Nr. 1448

Tipp: Bei ambulanter OP: Zuschlag nach Nr. 442 nicht vergessen, dazu ggf. Nr. 440, Nr. 441.

GOÄ-Nr.		Punktzahl / 1fach	2,3 / *1,8 / 3,5 / *2,5

1429 **Kauterisation im Naseninnern, je Sitzung** — **76** / 4,43 — 10,19 / 15,50

Ausschluss: Neben Nr. 1429 sind folgende Nrn. nicht abrechnungsfähig: 1430, 1447, 1448

Kommentar: Siehe Anmerkungen zu Nr. 1448

1430 **Operativer Eingriff in der Nase, wie Muschelfrakturierung, Muschelquetschung, Kaltkaustik der Muscheln, Synechielösung und/oder Probeexzision** — **119** / 6,94 — 15,95 / 24,28

Ausschluss: Neben Nr. 1430 sind folgende Nrn. nicht abrechnungsfähig: 1428, 1438, 1439, 1445 – 1448, 1455, 2401, 2402

Beschluss BÄK: **Beschluss des Zentralen Konsultationsausschusses für Gebührenordnungsfragen bei der Bundesärztekammer** im DA, Heft 25, 18.06.2004 (Quelle: GOÄ-Datenbank http://www.blaek.de/) –
Postoperative Schienen-/Splintentfernung
Für die postoperative Entfernung von nasalen Schienen, Silikonfolien oder Splints ist die Nr. 1430 analog berechnungsfähig.
Die Nr. 1430 A kann nur einmal berechnet werden, auch wenn Material aus beiden Nasenhaupthöhlen entfernt werden muss.
Siehe Anmerkungen zu Nr. 1448

Hinweis LÄK: **Anmerkung der Bayerischen Landesärztekammer** vom 09.02.2004 (Quelle: GOÄ-Datenbank http://www.blaek.de/) –
Nr. 1430 neben Nr. 1448
Die Nr. 1430 (operativer Eingriff in der Nase, wie Muschelfrakturierung, Muschelquetschung, Kaltkaustik der Muscheln, Synechielösung und/oder Probeexzision) kann bei entsprechender Indikation bis zu 6x notwendig werden, auch neben Nr. 1448; es handelt sich um einen eigenständigen Eingriff und nicht um eine Zugangsleistung.
(s. dazu auch Kommentierung zur GOÄ, Dr. Brück – S. 657 – „Ausnahmen sind gegeben bei eigenständiger Indikation, z.B. Muschelhyperplasie neben Septumdeviation")

1430 analog **Postoperat. Schienen-/Splintentfernung – (analog Nr. 1430 GOÄ) – n. Beschlüssen d. Zentralen Konsultationsausschusses bei d. BÄK – 1x berechenbar** — **119** / 6,94 — 15,95 / 24,28

1435 **Stillung von Nasenbluten mittels Ätzung und/oder Tamponade und/oder Kauterisation, auch beidseitig** — **91** / 5,30 — 12,20 / 18,56

Ausschluss: Neben Nr. 1435 sind folgende Nrn. nicht abrechnungsfähig: 746, 1425, 1426, 1429, 1430, 1447, 1448, 2320

Kommentar: Siehe Anmerkungen zu Nr. 1448

1436 **Gezielte Anbringung von Ätzmitteln im hinteren Nasenraum unter Spiegelbeleuchtung oder Ätzung des Seitenstranges, auch beidseitig** — **36** / 2,10 — 4,83 / 7,34

Kommentar: Eine zusätzliche Lokalanästhesie nach Nr. 483 ist berechnungsfähig.

Tipp: Ggf. kann die Erbringung der Leistung nach Nr. 1436 unter Lokalanästhesie nach Nr. 483 erforderlich sein. Die beiden Leistungen sind dann nebeneinander abrechenbar.

1438 **Teilweise oder vollständige Abtragung einer Nasenmuschel** — **370** / 21,57 — 49,60 / 75,48

Ausschluss: Neben Nr. 1438 sind folgende Nrn. nicht abrechnungsfähig: 1430, 1439, 1445 – 1448, 1455, 1470, 2250 analog, 2382 analog

Hinweis BÄK: **Beschluss des „Zentralen Konsultationsausschuss für Gebührenordnungsfragen" bei der Bundesärztekammer Stand: 18.06.2004 – veröffentlicht in: Deutsches Ärzteblatt 101, Heft 25**
1) Turbinoplastik analog Nr. 2382, Nr. 2250 nicht neben Nr. 1438
„Eine schleimhautschonende plastische Operation an der Nasenmuschel (z.B. Turbinoplastik) oder der Eingriff nach der Leglerschen Operationsmethode ist analog nach Nr. 2382 zu bewerten. Mit der Analogbewertung nach Nr. 2382 sind alle an dieser Nasenmuschel erforderlichen Maßnahmen an Schleimhaut, Weichteilen und ggf. knöchernen Anteilen der Nasenmuschel abgegolten. Die konventionelle teilweise oder vollständi-

GOÄ-Nr. Punktzahl 2,3 / *1,8 | 1fach 3,5 / *2,5

ge Abtragung einer Nasenmuschel (Muschelteilresektion, Muschelkappung, Abtragung des hinteren Muschelendes bei Muschelhyperplasie) ist Nr. 1438 zuzuordnen. In den Fällen, in denen knöcherne Anteile der Muschel durch Muschelkappung bzw. Muschel(teil-)resektion entfernt werden (Turbinektomie), kann dies nicht als selbstständige Osteotomie nach Nr. 2250 neben Nr. 1438 berechnet werden ..."

Kommentar: Siehe Kommentar zu Nr. 1448

Tipp: Bei ambulanter OP: Zuschlag nach Nr. 442 nicht vergessen, dazu ggf. Nr. 440 und Nr. 441.

1439 Teilweise oder vollständige Abtragung von Auswüchsen der Nasenscheidewand einer Seite

370 49,60 | 21,57 75,48

Ausschluss: Neben Nr. 1439 sind folgende Nrn. nicht abrechnungsfähig: 1430, 1438, 1445 – 1448, 1470

Kommentar: Die Nr. 1439 kann auch für die Entfernung einer Nasenmuschelhyperplasie angesetzt werden.

Tipp: Müssen Auswüchse an beiden Seiten der Nasenscheidewand abgetragen werden, so kann die Leistung nach Nr. 1439 entsprechend 2mal abgerechnet werden.

1440 Operative Entfernung einzelner Nasenpolypen oder anderer Neubildungen einer Nasenseite

130 17,43 | 7,58 26,52

Ausschluss: Neben Nr. 1440 sind folgende Nrn. nicht abrechnungsfähig: 1430, 1439, 1441

1441 Operative Entfernung mehrerer Nasenpolypen oder schwieriger zu operierender Neubildungen einer Nasenseite, auch in mehreren Sitzungen

296 39,68 | 17,25 60,39

Ausschluss: Neben Nr. 1441 sind folgende Nrn. nicht abrechnungsfähig: 1430, 1439, 1440

Beschluss BÄK: **Beschluss des Zentralen Konsultationsausschusses für Gebührenordnungsfragen bei der Bundesärztekammer**, veröffentlicht im Deutschen Ärzteblatt, Heft 25, 18.06.2004 (Quelle: GOÄ-Datenbank http://www.blaek.de/)

– Nr. 1441 neben Nrn. 1447 bzw. 1448

Die Kappung oder Resektion von Polypen, die aus einer oder mehrerer Nasennebenhöhle(n) einer Seite in die Nasenhaupthöhle vorwuchern, ist dem Eingriff nach Nr. 1441 zuzuordnen.

Nr. 1441 ist ein eigenständiger Eingriff und ggf. neben den Septum-Operationen nach den Nrn. 1447 bzw. 1448 berechnungsfähig.

Die Entfernung von Nasenseptumpolypen oder anderen hyperplastischen Veränderungen der Nasenscheidewand ist mit dem Ansatz der Nr. 1447 bzw. 1448 abgegolten.

Kommentar: Siehe Kommentar zu Nr. 1448

Tipp: Bei ambulanter OP: Zuschlag nach Nr. 442 nicht vergessen, dazu ggf. Nr. 440 und Nr. 441!

1445 Submuköse Resektion an der Nasenscheidewand

463 62,07 | 26,99 94,45

Ausschluss: Neben Nr. 1445 sind folgende Nrn. nicht abrechnungsfähig: 1430, 1439, 1440, 1446 – 1448, 1455

Tipp: Bei ambulanter OP: Zuschlag nach Nr. 442 nicht vergessen, dazu ggf. Nr. 440 und Nr. 441!

1446 Submuköse Resektion an der Nasenscheidewand mit Resektion der ausgedehnten knöchernen Leiste

739 99,07 | 43,07 150,76

Ausschluss: Neben Nr. 1446 sind folgende Nrn. nicht abrechnungsfähig: 1430, 1439, 1440, 1445, 1447, 1448, 1455, 1492

Tipp: Bei ambulanter OP: Zuschlag nach Nr. 443 nicht vergessen, dazu ggf. Nr. 440 und Nr. 441!

GOÄ-Nr.		Punktzahl / 1fach	2,3 / *1,8 / 3,5 / *2,5
1447	**Plastische Korrektur am Nasenseptum und an den Weichteilen zur funktionellen Wiederherstellung der Nasenatmung – gegebenenfalls einschließlich der Leistungen nach den Nummern 1439, 1445, 1446, und 1456, –, auch in mehreren Sitzungen**	**1660** / 96,76	222,54 / 338,65

Ausschluss: Neben Nr. 1447 sind folgende Nrn. nicht abrechnungsfähig: 1425, 1426, 1429, 1430, 1435, 1438, 1439, 1445, 1446, 1448, 1455, 1456, A2267, A2256, A2382

Beschluss BÄK: **Beschlüsse des Zentralen Konsultationsausschusses für Gebührenordnungsfragen bei der Bundesärztekammer**, veröffentlicht im Deutschen Ärzteblatt, Heft 25, 18.06.2004
(Quelle: GOÄ-Datenbank http://www. blaek.de/) –

Nrn. 1429 / 1435 nicht neben 1447 bzw. 1448
Maßnahmen zur intraoperativen Blutstillung oder operationsabschließenden Wundversorgung sind mit der Berechnung der Nr. 1447 bzw. 1448, ggf. durch Ansatz eines höheren Faktors, abgegolten und können nicht als selbständige Leistung, z.B. nach den Nrn. 1429/1435 bzw. 1448 berechnet werden.

Nr. 1438 oder Nr. A 2382 neben Nr. 1448
Bei gegebener medizinischer Indikation können Eingriffe an der Nasenmuschel nach Nr. 1438 oder Nr. A 2382 neben den Nrn. 1447 bzw. 1448 berechnet werden.

Knochenzerbrechnung (z.B. Nr. A 2267) nicht neben Nrn. 1447 bzw. 1448
Die Knochenzerbrechung zur Begradingung der Restseptumanteile ist mit der Berechnung der Nrn. 1447 bzw. 1448 abgegolten und kann nicht als selbständige Leistung, z.B. nach Nr. 2267 (analog) neben Nrn. 1447 bzw. 1448 berechnet werden.

Nr. A 2256 für die Abtragung der Lamina perpendicularis nicht neben Nr. 1447 bzw. 1448
Die Abtragung der Lamina perpendicularis des knöchernen Septums ist mit der Berechnung der Nr. 1447 bzw. 1448 abgegolten

Nr. A 2253 für den plastischen Wiederaufbau des Nasenrückens nach Voroperation oder bei Dysplasien oder analog für die Septumaustauschplastik neben Nrn. 1447 bzw. 1448
Der plastische Wiederaufbau des Nasenrückens mit Knochen/Knorpel im Rahmen von Revisionsoperationen (bei Sattelbildung) oder zur Korrektur von Dysplasien der knöchernen Nase oder im Rahmen der Durchführung einer Septumaustauschplastik ist analog nach Nr. 2253 zu bewerten und als zusätzliche Maßnahme neben den Septum-Operationen nach den Nr. 1447 bzw. 1448 berechnungsfähig.
Die routinemäßige Reimplantation von gecrushtem Resektionsmaterial im Rahmen einer Septum-Korrektur außerhalb der oben genannten Indikationen ist mit dem Ansatz der Nr. 1447 bzw. 1448 abgegolten.
Siehe Anmerkungen zu Nr. 1448

GOÄ-Ratgeber der BÄK: ► **Berechenbarkeit von Septumsplints in der Rhinochirurgie**
Dr. med. Tina Wiesener – Deutsches Ärzteblatt 107, Heft 49 (10.12.2010), S. A2472 – http://www.bundesaerztekammer.de/page.asp?his=1.108.4144.4285.8894
Es ist angemessen, für die Einlage von nasalen Schienen, Silikonfolien oder Splints neben Nr. 1447 oder 1448 GOÄ, die Nr. 2700 GOÄ analog einmal für beide Nasenseiten in Ansatz zu bringen.
Weiter weist Dr. Wiesener auf einen Beschluss des Zentralen Konsultationsausschusses der BÄK hin:
„...Für die postoperative Entfernung von nasalen Schienen, Silikonfolien oder Splints ist gemäß Beschlussfassung des Zentralen Konsultationsausschusses für Gebührenordnungsfragen bei der BÄK die Nr. 1430 GOÄ analog einmal berechnungsfähig, auch wenn Material aus beiden Nasenhaupthöhlen entfernt werden muss. ..."

Tipp: Bei ambulanter OP: Zuschlag nach Nr. 445 nicht vergessen, zusätzlich bei Verwendung eines OP-Mikroskopes Zuschlag nach Nr. 440 und bei Anwendung eines Lasers Zuschlag nach Nr. 441 abrechenbar!

IGeL: Ästhetische Operation zur Nasenkorrektur.

1448	**Plastische Korrektur am Nasenseptum und an den Weichteilen und am knöchernen Nasengerüst zur funktionellen Wiederherstellung der Nasenatmung – gegebenenfalls einschließlich der Leistungen nach den Nummern 1439, 1445, 1446 und 1456 –, auch in mehreren Sitzungen**	**2370** / 138,14	317,72 / 483,49

Ausschluss: Neben Nr. 1448 sind folgende Nrn. nicht abrechnungsfähig: 1425, 1426, 1429, 1430, 1435, 1438, 1439, 1445, 1446, 1447, 1455, 1456, 2250, 2253, 2255, 2256, A2267

Beschluss BÄK: **Operationen am Nasenseptum**
Beschluss des „Zentralen Konsultationsausschuss für Gebührenordnungsfragen" bei der Bundesärztekammer – Stand: 18.06.2004 – veröffentlicht in: Deutsches Ärzteblatt 101, Heft 25 (18.06.2004), Seite A-1845–A-184

1) Turbinoplastik analog Nr. 2382, Nr. 2250 nicht neben Nr. 1438
Eine schleimhautschonende plastische Operation an der Nasenmuschel (z.B. Turbinoplastik) oder der Eingriff nach der Leglerschen Operationsmethode ist analog nach Nr. 2382 zu bewerten. Mit der Analogbewertung

nach Nr. 2382 sind alle an dieser Nasenmuschel erforderlichen Maßnahmen an Schleimhaut, Weichteilen und ggf. knöchernen Anteilen der Nasenmuschel abgegolten!
Die konventionelle teilweise oder vollständige Abtragung einer Nasenmuschel (Muschelteilresektion, Muschelkappung, Abtragung des hinteren Muschelendes bei Muschelhyperplasie) ist Nr. 1438 zuzuordnen. In den Fällen, in denen knöcherne Anteile der Muschel durch Muschelkappung bzw. Muschel(teil-)resektion entfernt werden (Turbinektomie), kann dies nicht als selbstständige Osteotomie nach Nr. 2250 neben Nr. 1438 berechnet werden.

2 a) Nr. 1438 oder Nr. 2382 analog neben Nr. 1448
Bei gegebener medizinischer Indikation können Eingriffe an der Nasenmuschel nach Nr. 1438 oder analog nach Nr. 2382 neben Nrn. 1447/1448 berechnet werden.

2 b) Nr. 1441 neben Nrn. 1447/1448
Die Kappung oder Resektion von Polypen, die aus einer oder mehrerer Nasennebenhöhle(n) einer Seite in die Nasenhaupthöhle vorwuchern, ist dem Eingriff nach Nr. 1441 zuzuordnen. Nr. 1441 ist ein eigenständiger Eingriff und ggf. neben den Septum-Operationen nach den Nrn. 1447/1448 berechnungsfähig. Die Entfernung von Nasenseptumpolypen oder anderen hyperplastischen Veränderungen der Nasenscheidewand ist mit dem Ansatz der Nrn. 1447/1448 abgegolten.

2 c) Nr. 2253 analog für den plastischen Wiederaufbau des Nasenrückens nach Voroperationen oder bei Dysplasien oder analog für die Septumaustauschplastik neben Nrn. 1447/ 1448
Der plastische Wiederaufbau des Nasenrückens mit Knochen/Knorpel im Rahmen von Revisionsoperationen (bei Sattelbildung) oder zur Korrektur von Dysplasien der knöchernen Nase oder im Rahmen der Durchführung einer Septumaustauschplastik ist analog nach Nr. 2253 (Knochenspanentnahme, 647 Punkte) zu bewerten und als zusätzliche Maßnahme neben den Septum-Operationen nach den Nrn. 1447/ 1448 berechnungsfähig. Die routinemäßige Reimplantation von gecrushtem Resektionsmaterial im Rahmen einer Septum-Korrektur außerhalb der oben genannten Indikationen ist mit dem Ansatz der Nrn. 1447/1448 abgegolten.

2 d) Nr. 2256 (analog) für die Abtragung der Lamina perpendicularis nicht neben Nrn. 1447/1448
Die Abtragung der Lamina perpendicularis des knöchernen Septums ist mit der Berechnung der Nr. 1447 oder Nr. 1448 abgegolten.

2 e) Nr. 2267 (analog) nicht neben Nrn. 1447/1448
Die Knochenzerbrechung zur Begradigung der Restseptumanteile ist mit der Berechnung der Nrn. 1447/1448 abgegolten und kann nicht als selbstständige Leistung, z.B. nach Nr. 2267 (analog), neben Nrn. 1447/1448 berechnet werden.

2 f) Nrn. 1425/1426 nicht neben Nrn. 1447/1448
Die Ausstopfung der Nase nach Nr. 1425 oder 1426 kann nicht neben den Nrn. 1447/1448 berechnet werden. Als operationsabschließende Wundversorgung ist die Tamponade der Nase mit der Berechnung der Gebühr für den operativen Eingriff abgegolten.

2 g) Postoperative Tamponaden-/Schienen-/Splintentfernung analog Nr. 1427 bzw. analog Nr. 1430
Für die postoperative Entfernung von Tamponaden nach Nasen- und/oder Nasennebenhöhlen-Eingriffen ist Nr. 1427 analog berechnungsfähig. Nr. 1427 analog kann nur einmal berechnet werden, auch wenn aus beiden Nasenhaupthöhlen Tamponaden entfernt werden. Für die postoperative Entfernung von nasalen Schienen, Silikonfolien oder Splints ist Nr. 1430 analog berechnungsfähig. Nr. 1430 analog kann nur einmal berechnet werden, auch wenn Material aus beiden Nasenhaupthöhlen entfernt werden muss.

2 h) Nrn. 1429/1435 in derselben Sitzung nicht neben Nrn. 1447/1448
Maßnahmen zur intraoperativen Blutstillung oder operationsabschließenden Wundversorgung sind mit der Berechnung der Nrn. 1447/1448, ggf. durch Ansatz eines höheren Faktors, abgegolten, und können nicht als selbstständige Leistungen, z.B. nach den Nrn. 1429/1435, neben Nrn. 1447/1448 berechnet werden.

Kommentar: Nach Kommentar von **Brück** zur GOÄ kann die Leistung nach Nr. 2250 analog neben der Nr. 1448 berechnet werden, wenn im Rahmen der Septum-OP der Prämaxillen-Knochen sich als deviiert darstellt.
Eine blutige Reposition in der Nasenchirurgie kann analog nach Nr. 2255 neben der Nr. 1488 berechnet werden.
Siehe auch Kommentar zu Nr. 1438

Tipp: Bei ambulanter OP: Zuschlag nach Nr. 445 nicht vergessen, zusätzlich bei Verwendung eines OP-Mikroskopes Zuschlag nach Nr. 440 und bei Anwendung eines Lasers Zuschlag nach Nr. 441 abrechenbar!

1449 Plastische Operation bei rekonstruierender Teilplastik der äußeren Nase, auch in mehreren Sitzungen

3700 496,02
215,66 754,82

Ausschluss: Neben Nr. 1449 sind folgende Nrn. nicht abrechnungsfähig: 1450, 1452, 1453, 1456, 1457

GOÄ-Nr.		Punktzahl 1fach	2,3 / *1,8 3,5 / *2,5
1450	**Rekonstruierende Totalplastik der äußeren Nase, auch in mehreren Sitzungen**	**7400** 431,33	992,05 1509,64
Ausschluss:	Neben Nr. 1450 sind folgende Nrn. nicht abrechnungsfähig: 1449, 1452, 1453, 1456, 1457, 2381		
1452	**Umfangreiche operative Teilentfernung der äußeren Nase**	**800** 46,63	107,25 163,20
Ausschluss:	Neben Nr. 1452 sind folgende Nrn. nicht abrechnungsfähig: 1449, 1450, 1453		
1453	**Operative Entfernung der gesamten Nase**	**1100** 64,12	147,47 224,41
Ausschluss:	Neben Nr. 1453 sind folgende Nrn. nicht abrechnungsfähig: 1449, 1450, 1452		
1455	**Plastische Operation zum Verschluß einer Nasenscheidewandperforation**	**550** 32,06	73,73 112,20
Ausschluss:	Neben Nr. 1455 sind folgende Nrn. nicht abrechnungsfähig: 1445, 1446, 1447, 1448		
Tipp:	Bei ambulanter OP: Zuschlag nach Nr. 443 nicht vergessen, dazu ggf. Nr. 440 und Nr. 441 abrechenbar!		
1456	**Operative Verschmälerung des Nasensteges**	**232** 13,52	31,10 47,33
Ausschluss:	Neben Nr. 1456 sind folgende Nrn. nicht abrechnungsfähig: 1446, 1447, 1448, 1450		
1457	**Operative Korrektur eines Nasenflügels**	**370** 21,57	49,60 75,48
Ausschluss:	Neben Nr. 1457 sind folgende Nrn. nicht abrechnungsfähig: 1449, 1450		
Tipp:	Bei ambulanter OP: Zuschlag nach Nr. 442 nicht vergessen, dazu ggf. Nr. 440 und Nr. 441 abrechenbar!		
1458	**Beseitigung eines knöchernen Choanenverschlusses**	**1290** 75,19	172,94 263,17
Ausschluss:	Neben Nr. 1458 sind folgende Nrn. nicht abrechnungsfähig: 1430, 1439 (als Zugangsleistung)		
1459	**Eröffnung eines Abszesses der Nasenscheidewand**	**74** 4,31	9,92 15,10
Ausschluss:	Neben Nr. 1459 ist folgende Nr. nicht abrechnungsfähig: 2430		
1465	**Punktion einer Kieferhöhle – gegebenenfalls einschließlich Spülung und/oder Instillation von Medikamenten –**	**119** 6,94	15,95 24,28
Ausschluss:	Neben Nr. 1465 sind folgende Nrn. nicht abrechnungsfähig: 370, 1466, 1467, 1468, 1479, 1480, 1486, 1488		

GOÄ-Ratgeber der BÄK: ► **Kieferhöhleneingriffe richtig abrechnen**

Dr. med. Tina Wiesener (in: Deutsches Ärzteblatt 109, Heft 21 (25.05.2012), Seite A-1112) – http://www.bundesaerztekammer.de/page.asp?his=1.108.4144.4285.10362

Zu dem Thema verweist Dr. Wiesener wiederum auf einen Beschluss des Zentralen Konsultationsausschuss für Gebührenordnungsfragen bei der BÄK (2004):

Der Zentrale Konsultationsausschuss für Gebührenordnungsfragen bei der BÄK hat im Jahr 2004 zu der Frage der gesonderten Berechnungsfähigkeit eines weiteren (subturbinalen) Fensters nachstehenden Beschluss gefasst (DÄ, Heft 25/2004): „Wird bei einer endonasal-mikroskopischen/endoskopischen Kieferhöhlenoperation nach Nr. 1486 ein subturbinales Fenster zur Drainage angelegt, so ist diese zusätzliche Maßnahme durch die Berechnung der Nr. 1486 abgegolten und nicht als selbstständige Leistung, z. B nach Nr. 1468, neben Nr. 1486 berechnungsfähig. Der durch die zusätzliche subturbinale Fensterung verursachte Aufwand muss durch die Wahl eines adäquaten Steigerungsfaktors abgebildet werden."

„... Bei den Nrn. 1465 bis 1468 und 1486 kann bei beidseitigem Eingriff die jeweilige Leistung auch zweimal in

Ansatz gebracht werden. Darüber hinaus sind die Nrn. 1467, 1468 und 1486 in den allgemeinen Bestimmungen des Kapitels C VIII. „Zuschläge zu ambulanten Operations- und Anästhesieleistungen (GOÄ)“ als zuschlagsfähige ambulante operative Leistungen aufgeführt... .“

1466 **Endoskopische Untersuchung der Kieferhöhle (Antroskopie) – gegebenenfalls einschließlich der Leistung nach Nummer 1465 –** **178** 23,86 10,38 36,31

Ausschluss: Neben Nr. 1466 sind folgende Nrn. nicht abrechnungsfähig: 1418, 1465, 1467, 1468

GOÄ-Ratgeber der BÄK: Siehe Hinweise bei Ratgeber GOÄ zur Nr. 1465

Analog: Nr. 1466 analog für Tympanoskopie – Empfehlung nach Kommentar **Brück**

1467 **Operative Eröffnung einer Kieferhöhle vom Mundvorhof aus – einschließlich Fensterung** **407** 54,56 23,72 83,03

Ausschluss: Neben Nr. 1467 sind folgende Nrn. nicht abrechnungsfähig: 1465, 1468, 1485, 1486, 1488

GOÄ-Ratgeber der BÄK: Siehe Hinweise bei Ratgeber GOÄ zur Nr. 1465

Tipp: Bei ambulanter OP: Zuschlag nach Nr. 442 nicht vergessen, dazu ggf. Nr. 440 und Nr. 441 abrechenbar!

1468 **Operative Eröffnung einer Kieferhöhle von der Nase aus** **296** 39,68 17,25 60,39

Ausschluss: Neben Nr. 1468 sind folgende Nrn. nicht abrechnungsfähig: 1465, 1467, 1485, 1486, 1488

Tipp: Bei ambulanter OP: Zuschlag nach Nr. 442 nicht vergessen, dazu ggf. Nr. 440 und Nr. 441 abrechenbar!

1469 **Keilbeinhöhlenoperation oder Ausräumung der Siebbeinzellen von der Nase aus** **554** 74,27 32,29 113,02

Ausschluss: Neben Nr. 1469 sind folgende Nrn. nicht abrechnungsfähig: 1470, 1471, 1485 – 1488

Beschluss BÄK: **Beschluss des Zentralen Konsultationsausschusses für Gebührenordnungsfragen bei der Bundesärztekammer**, veröffentlicht im Deutschen Ärzteblatt, Heft 25, 18.06.2004 (Quelle: GOÄ-Datenbank http://www.blaek.de/) –

Mehrfachberechnung der Nrn. 1469 bzw. 1470

Bei endonasal-mikroskopischer/endoskopischer Operation der Keilbeinhöhle und Ausräumung der Siebbeinzellen einer Seite in derselben Sitzung ist die Nr. 1469 (oder 1470) zweimal berechnungsfähig, wenn nachweislich getrennte Zugangswege sowohl zur Keilbeinhöhle als auch zum Siebbeinzellensystem gewählt werden.

Bei rechts- und linksseitiger Ausräumung der Siebbeinzellen und/oder Operation der Keilbeinhöhle in derselben Sitzung kann Nr. 1469 (oder Nr. 1470) maximal 4mal berechnet werden. Voraussetzung dafür ist, dass jeweils seitengetrennte Zugangswege geschaffen werden.

Bei Operation von mehr als einer Kammer der septierten Keilbeinhöhle kann die Nr. 1469 (oder 1470) nicht mehr als einmal berechnet werden, wenn die zweite Kammer durch denselben Zugangsweg ausgeräumt wird, also transseptal vorgegangen wird.

Kommentar: Wird in einer Sitzung eine Keilbeinhöhlenoperation und eine Ausräumung der Siebbeinzellen von der Nase aus durchgeführt, so handelt es sich um zwei voneinander unabhängigen Leistungen und die Nr. 1469 ist zweimal berechnungsfähig.

Tipp: Bei ambulanter OP: Zuschlag nach Nr. 443 nicht vergessen, dazu ggf. Nr. 440 und Nr. 441 abrechenbar!

1470 **Keilbeinhöhlenoperation oder Ausräumung der Siebbeinzellen von der Nase aus – einschließlich teilweiser oder vollständiger Abtragung einer Nasenmuschel oder von Auswüchsen der Nasenscheidewand –** **739** 99,07 43,07 150,76

Ausschluss: Neben Nr. 1470 sind folgende Nrn. nicht abrechnungsfähig: 1430, 1438, 1439, 1440, 1469, 1471, 1486, 1487, 1488

Beschluss BÄK: **Beschluss des Zentralen Konsultationsausschusses für Gebührenordnungsfragen bei der Bundesärztekammer**, veröffentlicht im Deutschen Ärzteblatt, Heft 25, 18.06.2004 (Quelle: GOÄ-Datenbank http://www.blaek.de/) –
Mehrfachberechnung der Nrn. 1469 bzw. 1470
Bei endonasal-mikroskopischer/endoskopischer Operation der Keilbeinhöhle und Ausräumung der Siebbeinzellen einer Seite in derselben Sitzung ist die Nr. 1469 (oder 1470) zweimal berechnungsfähig, wenn nachweislich getrennte Zugangswege sowohl zur Keilbeinhöhle als auch zum Siebbeinzellensystem gewählt werden.
Bei rechts- und linksseitiger Ausräumung der Siebbeinzellen und/oder Operation der Keilbeinhöhle in derselben Sitzung kann Nr. 1469 (oder Nr. 1470) maximal viermal berechnet werden. Voraussetzung dafür ist, dass jeweils seitengetrennte Zugangswege geschaffen werden.
Bei Operation von mehr als einer Kammer der septierten Keilbeinhöhle kann die Nr. 1469 (oder 1470) nicht mehr als einmal berechnet werden, wenn die zweite Kammer durch denselben Zugangsweg ausgeräumt wird, also transseptal vorgegangen wird.

Tipp: Bei ambulanter OP: Zuschlag nach Nr. 443 nicht vergessen, dazu ggf. Nr. 440 und Nr. 441 abrechenbar!

1471 Operative Eröffnung der Stirnhöhle – gegebenenfalls auch der Siebbeinzellen – vom Naseninnern aus

1480 198,41
86,27 301,93

Ausschluss: Neben Nr. 1471 sind folgende Nrn. nicht abrechnungsfähig: 1469, 1470, 1478, 1485, 1487, 1488

Beschluss BÄK: **Beschluss des Zentralen Konsultationsausschusses für Gebührenordnungsfragen bei der Bundesärztekammer,** veröffentlicht im Deutschen Ärzteblatt, Heft 25, 18.06.2004
(Quelle: GOÄ-Datenbank http:// www.blaek.de/) –
Berechnung der Nrn. 1469 oder 1470 neben Nr. 1471
Werden bei endonasal-mikroskopischer/endoskopischer Operationstechnik neben einer Stirnhöhleneröffnung nach Nr. 1471 in derselben Sitzung die vorderen Siebbeinzellen nicht nur eröffnet, sondern ausgeräumt, so ist das Ausräumen der vorderen Siebbeinzellen mit der Berechnung der Nr. 1471 abgegolten.
Bei zusätzlicher Ausräumung der hinteren Siebbeinzellen in derselben Sitzung ist Nr. 1469 (oder Nr. 1470) zusätzlich neben Nr. 1471 berechnungsfähig, vorausgesetzt, dass ein separater Zugangsweg zu den hinteren Siebbeinzellen geschaffen wurde.

Kommentar: Ein Ansatz der Nr. 1471 für Infundibulotomie ist nicht möglich. Nach Auffassung der Bundesärztekammer ... besteht keine Möglichkeit der Analogbildung zur Abrechnung der mikrochirurgisch-endoskopischen Pansinusoperation. Die Leistungslegende der Nr. 1471 hat die endonasale Stirnhöhlenoperation zum Inhalt ...
Auch wenn diese Leistung, wie fast alle operativen Eingriffe in der GOÄ, vergleisweise unterbewertet ist, ist eine zusätzliche analoge Anwendung nicht möglich, da es sich hier um eine Modifikation der Leistung handelt, welche nach den Vorgaben des Verordnungstextes lediglich durch den Steigerungsfaktor berücksichtigt werden kann. Dies ist bedauerlich, da auch die Anwendung des 3,5fachen Steigerungssatzes die besonderen Umstände der Ausführung hier nicht genügend erfasst ...
Die Bundesärztekammer schlägt als Ausweg eine Abdingung vor (§ 2 GOÄ)

Tipp: Bei ambulanter OP: Zuschlag nach Nr. 445 nicht vergessen, dazu ggf. Nr. 440 und Nr. 441 abrechenbar!

1472 Anbohrung der Stirnhöhle von außen

222 29,76
12,94 45,29

Tipp: Bei ambulanter OP: Zuschlag nach Nr. 442 nicht vergessen, dazu ggf. Nr. 440 und Nr. 441 abrechenbar!

1473 Plastische Rekonstruktion der Stirnhöhlenvorderwand, auch in mehreren Sitzungen

2220 297,61
129,40 452,89

Ausschluss: Neben Nr. 1473 ist folgende Nr. nicht abrechnungsfähig: 1485

1478 Sondierung und/oder Bougierung der Stirnhöhle vom Naseninnern aus – gegebenenfalls einschließlich Spülung und/oder Instillation von Arzneimitteln –

178 23,86
10,38 36,31

Ausschluss: Neben Nr. 1478 sind folgende Nrn. nicht abrechnungsfähig: 321, 1479, 1480

GOÄ-Nr.		Punktzahl 1fach	2,3 / *1,8 3,5 / *2,5
1479	**Ausspülung der Kiefer-, Keilbein-, Stirnhöhle von der natürlichen oder künstlichen Öffnung aus – auch Spülung mehrerer dieser Höhlen, auch einschließlich Instillation von Arzneimitteln –**	**59** 3,44	7,91 12,04

Ausschluss: Neben Nr. 1479 sind folgende Nrn. nicht abrechnungsfähig: 321, 1465, 1478, 1480

1480	**Absaugen der Nebenhöhlen**	**45** 2,62	6,03 9,18

Ausschluss: Neben Nr. 1480 sind folgende Nrn. nicht abrechnungsfähig: 1465, 1478, 1479

Beschluss BÄK: **Beschluss des Zentralen Konsultationsausschusses für Gebührenordnungsfragen bei der Bundesärztekammer**, veröffentlicht im Deutschen Ärzteblatt, Heft 25, 18.06.2004 (Quelle: GOÄ-Datenbank http://www.blaek.de/) –
Nr. 1480 nicht neben Eingriffen an der Nasennebenhöhle

Kommentar: Die Nr. 1480 kann nur als selbständige Leistung, nicht für die intraoperative Absaugung im Zusammenhang mit operativen Eingriffen an den Nasennebenhöhlen berechnet werden.

1485	**Operative Eröffnung und Ausräumung der Stirnhöhle oder der Kieferhöhle oder der Siebbeinzellen von außen**	**924** 53,86	123,87 188,50

Ausschluss: Neben Nr. 1485 sind folgende Nrn. nicht abrechnungsfähig: 1465, 1467 – 1469, 1471, 1472 (Stirnhöhle), 1473, 1486 – 1488 (gleiche Seite)

Tipp: Bei ambulanter OP: Zuschlag nach Nr. 444 nicht vergessen, dazu ggf. Nr. 440 und Nr. 441 abrechenbar!

1486	**Radikaloperation der Kieferhöhle**	**1110** 64,70	148,81 226,45

Ausschluss: Neben Nr. 1486 sind folgende Nrn. nicht abrechnungsfähig: 1465, 1467, 1468, 1485, 1487, 1488 (dieselbe Seite)

GOÄ-Ratgeber der BÄK: Siehe Hinweise bei Ratgeber GOÄ zur Nr. 1465

Beschluss BÄK: **Beschluss des Zentralen Konsultationsausschusses für Gebührenordnungsfragen bei der Bundesärztekammer**, veröffentlicht im Deutschen Ärzteblatt, Heft 25, 18.06.2004 (Quelle: GOÄ-Datenbank) –
Subturbinale Fensterung
Wird bei einer endonasal-mikroskopischen/endoskopischen Kieferhöhlenoperation nach Nr. 1486, ein subturbinales Fester zur Drainge angelegt, so ist diese zusätzliche Maßnahme durch die Berechnung der Nr. 1486 abgegolten und nicht als selbständige Leistung, z.B. nach Nr. 1468, neben Nr. 1486 berechnungsfähig.
Der durch die zusätzliche subturbinale Fensterung verursachte Aufwand muss durch die Wahl eines adäquaten Steigerungsfaktors abgebildet werden.

Tipp: Bei ambulanter OP: Zuschlag nach Nr. 444 nicht vergessen, dazu ggf. Nr. 440 und Nr. 441 abrechenbar!

1487	**Radikaloperation einer Stirnhöhle einschließlich der Siebbeinzellen von außen**	**1480** 86,27	198,41 301,93

Ausschluss: Neben Nr. 1487 sind folgende Nrn. nicht abrechnungsfähig: 1465, 1471, 1472, 1485, 1486, 1488

1488	**Radikaloperation sämtlicher Nebenhöhlen einer Seite**	**1850** 107,83	248,01 377,41

Ausschluss: Neben Nr. 1488 sind folgende Nrn. nicht abrechnungsfähig: 1465, 1467 – 1469, 1471, 1485 – 1487

Beschluss BÄK: **Beschluss des Zentralen Konsultationsausschusses für Gebührenordnungsfragen bei der Bundesärztekammer**, veröffentlicht im Deutschen Ärzteblatt, Heft 25, 18.06.2004 (Quelle: GOÄ-Datenbank www.blaek.de) –
Operationen sämtlicher Nebenhöhlen einer Seite
Gegenüber dem alten Operationsstandard bei chronischer Sinusitis nach Nr. 1488 (Radikaloperation sämt-

licher Nebenhöhlen einer Seite) wird in der modernen endoskopisch/mikroskopischen Nasennebenhöhlenchirurgie das Ziel der schleimhautschonenden Funktionswiederherstellung der Nebenhöhle(n) unter Vermeidung größerer knöcherner Destruktionen verfolgt. Sofern für die operative Behandlung mehrerer Nasennebenhöhlen einer Seite jeweils getrennte endonasale Zugangswege gewählt werden, ist der je Nasennebenhöhle durchgeführte Eingriff als selbständige Leistung berechnungsfähig.
Voraussetzung für die Anerkennung der Berechnung verschiedener Nasennebenhöhlen-Eingriffe nebeneinander ist, dass sich Indikationsstellung zum jeweiligen Eingriff sowie die Art der operativen Vorgehensweise aus dem OP-Bericht ableiten lassen. Die vom Zentralen Konsultationsausschuss für Gebührenordnungsfragen beschlossenen Abrechnungsempfehlungen für Gebührenpositionen der einzelnen Nasennebenhöhlen-Eingriffe sind dabei jeweils zu beachten:
Bei Durchführung von Eingriffen zur Ausräumung der Siebbeinzellen und der Keilbeinhöhle müssen die diesbezüglichen Abrechnungsbestimmungen beachtet werden (Nr. 1469 oder Nr. 1470 je Seite max. 2mal berechnungsfähig; vgl. dazu entsprechenden Beschluss).
Erfolgt neben der Stirnhöhleneröffnung nach Nr. 1471 in derselben Sitzung eine Ausräumung der vorderen Siebbeinzellen, so ist dies mit der Berechnung der Nr. 1471 abgegolten (vgl. dazu entsprechenden Beschluss).
Fakultativ zusätzliche Fensterungen der einzelnen Nasennebenhöhlen, z.B. das Anlegen eines zusätzlichen subturbinalen Fensters bei endoskopischer Kieferhöhlenoperation (Nr. 1486), sind nicht als selbständige Leistungen zusätzlich zu der Gebührenposition für den operativen Eingriff dieser Nasennebenhöhle berechnungsfähig; der hierdurch erhöhte Aufwand muss durch die Wahl eines adäquaten Steigerungsfaktors abgebildet werden (vgl. dazu entsprechenden Beschluss).

1492 Osteoplastische Operation zur Verengung der Nase bei Ozaena

1290 172,94
75,19 263,17

Ausschluss: Neben Nr. 1492 sind folgende Nrn. nicht abrechnungsfähig: 1438, 1439, 1445, 1446

1493 Entfernung der vergrößerten Rachenmandel (Adenotomie)

296 39,68
17,25 60,39

Tipp: Bei ambulanter OP: Zuschlag nach Nr. 442 nicht vergessen, dazu ggf. Nr. 440 und Nr. 441 abrechenbar!

1495 Entfernung eines Nasenrachenfibroms

1110 148,81
64,70 226,45

1496 Eröffnung des Türkensattels vom Naseninnern aus

2220 297,61
129,40 452,89

1497 Tränensackoperation vom Naseninnern aus

1110 148,81
64,70 226,45

Tipp: Bei ambulanter OP: Zuschlag nach Nr. 444 nicht vergessen, dazu ggf. Nr. 440 und Nr. 441 abrechenbar!

1498 Konservative Behandlung der Gaumenmandeln (z.B. Schlitzung, Saugung)

44 5,90
2,56 8,98

Ausschluss: Neben Nr. 1498 ist folgende Nr. nicht abrechnungsfähig: 1493

1499 Ausschälung und Resektion einer Gaumenmandel mit der Kapsel (Tonsillektomie)

463 62,07
26,99 94,45

Ausschluss: Neben Nr. 1499 sind folgende Nrn. nicht abrechnungsfähig: 1500, 1501, 1505

Beschluss BÄK: **Beschluss des Zentralen Konsultationsausschusses für Gebührenordnungsfragen bei der Bundesärztekammer**, veröffentlicht im Deutschen Ärzteblatt, Heft 25, 18.06.2004
(Quelle: GOÄ-Datenbank www.blaek.de) –
Tonsillektomie
Die Exzision von hyperplastischem Tonsillen-Gewebe aus dem Bereich der Plica triangularis ist mit dem Ansatz der Nr. 1499 bzw. 1500 abgegolten.

GOÄ-Nr.		Punktzahl	2,3 / *1,8
		1fach	3,5 / *2,5

GOÄ-Ratgeber der BÄK: ► **Abrechnung der Tonsillektomie**

Dr. med. Tina Wiesener (in: Deutsches Ärzteblatt 109, Heft 9 (02.03.2012), S. A-456) – http://www.bundesaerztekammer.de/page.asp?his=1.108.4144.4285.10124

Dr. Wiesener führt aus: Der Ansatz der Nr. 1501 GOÄ „Operative Behandlung einer konservativ unstillbaren Nachblutung nach Tonsillektomie"...„ist der operativen Behandlung der Nachblutung aus einem oder beiden Tonsillenbetten als Sekundäreingriff vorbehalten..."

Eine Tumortonsillektomie ist mit den Nrn. 1499 bzw. 1500 und nicht mit der Nr. 2404 „Exzision einer größeren Geschwulst..." abzurechnen.

Bei ...„Erweiterung des Eingriffs im Sinne einer teilweisen Entfernung der Zunge – gegebenenfalls einschließlich Unterbindung der Arteria lingualis – notwendig, so ist der zusätzliche Ansatz der Nr. 1512 GOÄ gerechtfertigt. Ist eine ergänzende „Radikale Halslymphknotenausräumung einer Seite – einschließlich Darstellung und gegebenenfalls Entfernung von Muskeln, Nerven und Gefäßen" („Neck Dissection") – erforderlich, so ist für eine Abbildung dieser Leistung die Nr. 2716 GOÄ heranzuziehen.

Dies gilt auch für die Durchführung einer funktionellen Neck Dissection, die unter dem Aspekt der selektiven Erhaltung bestimmter Strukturen erfolgt, um postoperative funktionelle und/oder kosmetische Einschränkungen möglichst gering zu halten. Da es sich bei einer funktionellen Halslymphknotenausräumung nicht mehr um eine „radikale" Ausräumung handelt, ist auf der Grundlage der Vorschriften in § 6 Absatz 2 GOÄ Nr. 2716 GOÄ im Analogabgriff in Ansatz zu bringen..."

Nr.	Leistung		
1500	**Ausschälung und Resektion beider Gaumenmandeln mit den Kapseln (Tonsillektomie)**	**739** 43,07	99,07 150,76
Ausschluss:	Neben Nr. 1500 sind folgende Nrn. nicht abrechnungsfähig: 1499, 1501, 1505		
1501	**Operative Behandlung einer konservativ unstillbaren Nachblutung nach Tonsillektomie**	**333** 19,41	44,64 67,93
Ausschluss:	Neben Nr. 1501 sind folgende Nrn. nicht abrechnungsfähig: 1499, 1500		
1505	**Eröffnung eines peritonsillären Abszesses**	**148** 8,63	19,84 30,19
Ausschluss:	Neben Nr. 1505 sind folgende Nrn. nicht abrechnungsfähig: 1499, 1500, 1507, 2428, 2430		
1506	**Eröffnung eines retropharyngealen Abszesses**	**185** 10,78	24,80 37,74
Ausschluss:	Neben Nr. 1506 ist folgende Nr. nicht abrechnungsfähig: 2430		
1507	**Wiedereröffnung eines peritonsillären Abszesses**	**56** 3,26	7,51 11,42
Ausschluss:	Neben Nr. 1507 sind folgende Nrn. nicht abrechnungsfähig: 1505, 2428, 2430		
1508	**Entfernung von eingespießten Fremdkörpern aus dem Rachen oder Mund**	**93** 5,42	12,47 18,97
1509	**Operative Behandlung einer Mundbodenphlegmone**	**463** 26,99	62,07 94,45
Ausschluss:	Neben Nr. 1509 sind folgende Nrn. nicht abrechnungsfähig: 2428, 2430, 2432		
1510	**Schlitzung des Parotis- oder Submandibularis-Ausführungsganges – gegebenenfalls einschließlich Entfernung von Stenosen –**	**190** 11,07	25,47 38,76
1511	**Eröffnung eines Zungenabszesses**	**185** 10,78	24,80 37,74
Ausschluss:	Neben Nr. 1511 sind folgende Nrn. nicht abrechnungsfähig: 1509, 2428, 2430, 2432		

GOÄ-Nr.		Punktzahl 1fach	2,3 / *1,8 3,5 / *2,5
1512	**Teilweise Entfernung der Zunge – gegebenenfalls einschließlich Unterbindung der Arteria lingualis –**	**1110** 64,70	148,81 226,45
Ausschluss:	Neben Nr. 1512 sind folgende Nrn. nicht abrechnungsfähig: 1513, 1514, 2803		
1513	**Keilexzision aus der Zunge**	**370** 21,57	49,60 75,48
Ausschluss:	Neben Nr. 1513 sind folgende Nrn. nicht abrechnungsfähig: 1512, 1514		
Tipp:	Bei ambulanter OP: Zuschlag nach Nr. 442 nicht vergessen, ggf. dazu Nr. 440 Nr. 441 abrechenbar!		
1514	**Entfernung der Zunge mit Unterbindung der Arteriae lingualis**	**2220** 129,40	297,61 452,89
Ausschluss:	Neben Nr. 1514 sind folgende Nrn. nicht abrechnungsfähig: 1512, 1513, 2803		
1518	**Operation einer Speichelfistel**	**739** 43,07	99,07 150,76
1519	**Operative Entfernung von Speichelstein(en)**	**554** 32,29	74,27 113,02
Tipp:	Bei ambulanter OP: Zuschlag nach Nr. 443 nicht vergessen, dazu ggf. Nr. 440 abrechenbar!		
1520	**Exstirpation der Unterkiefer- und/oder Unterzungenspeicheldrüse(n)**	**900** 52,46	120,65 183,60
Tipp:	Bei ambulanter OP: Zuschlag nach Nr. 444 nicht vergessen, dazu ggf. Nr. 440 und Nr. 441 abrechenbar!		
1521	**Speicheldrüsentumorexstirpation einschließlich Ausräumung des regionären Lymphstromgebietes**	**1850** 107,83	248,01 377,41
Ausschluss:	Neben Nr. 1521 sind folgende Nrn. nicht abrechnungsfähig: 1522, 2760		
1522	**Parotisexstirpation mit Präparation des Nervus facialis – gegebenenfalls einschließlich Ausräumung des regionären Lymphstromgebietes –**	**2000** 116,57	268,12 408,01
Ausschluss:	Neben Nr. 1522 sind folgende Nrn. nicht abrechnungsfähig: 1521, 2583, 2760		

GOÄ-Ratgeber der BÄK: **Parotisexstirpation – wie richtig abrechnen?**

Dr. med. Tina Wiesener (in: Deutsches Ärzteblatt 109, Heft 33–34 (17.08.2012) S. A-1728) – im Internet: http://www.bundesaerztekammer.de/page.asp?his=1.108.4144.4289.10757

Dr. Wiesener verweist u. a. auf den Kommentar von **Brück:** ...„Nach Brück et alii beinhaltet die Präparation des Nervus facialis die teils scharfe, teils stumpfe Präparation für das Aufsuchen des Nervus facialis auf der halben Distanz zwischen der freigelegten Spitze des Gehörgangsknorpels (= Pointer) und der Mastoidspitze, die Verfolgung des Facialisstamms in die Drüse bis zur Aufteilung des Nerven in seine Äste (Bifurkation) und nachfolgend der Äste bis in die Peripherie.

Wenn aber der Nerv zum Beispiel durch Tumor- oder Narbengewebe ummauert ist und eine eigenständige Indikation zur Neurolyse, gegebenenfalls mit Nervenverlagerung und Neueinbettung (zum Beispiel in eine nach erfolgter Tumorexstirpation dann tumorfreie Region), vorliegt, ist Nr. 2583 „Neurolyse als selbstständige Leistung", gegebenenfalls Nr. 2584 „Neurolyse mit Nervenverlagerung und Neueinbettung", eigenständig berechenbar. Hier kann, wie bei anderen operativen oder invasiven Eingriffen auch, eine explizite Dokumentation der operativen Maßnahmen wesentlich dazu beitragen, im Zweifelsfalle einer Rechnungskritik wirksam entgegentreten zu können..."

Nachfolgend ist von den Herausgebern eine tabellarische Übersicht nach den Texten von Dr. Wiesener gestaltet:

Abrechnung GOÄ	Operationsverfahren
Nr. 1522	Die „Parotisexstirpation mit Präparation des Nervus facialis – ggf. einschl. Ausräumung des regionären Lymphstromgebietes –
Nr. 2716 + Nr. 1522 Intraoperative Schnellschnitte zusätzlich mit **Nr. 2402**	Radikale Halslymphknotenausräumung einer Seite einschließlich Darstellung und gegebenenfalls Entfernung von Muskeln, Nerven und Gefäßen-“ („Neck Dissection“) Nr. 1522 umfaßt **nur** die „Ausräumung des regionären Lymphstromgebietes“

1525 **Einbringung von Arzneimitteln in den Kehlkopf unter Spiegelbeleuchtung** **46** 6,17
2,68 9,38

Ausschluss: Neben Nr. 1525 sind folgende Nrn. nicht abrechnungsfähig: 484, 1526

1526 **Chemische Ätzung im Kehlkopf** **76** 10,19
4,43 15,50

Ausschluss: Neben Nr. 1526 ist folgende Nr. nicht abrechnungsfähig: 1525

Kommentar: Wenn eine Narkose oder Lokalanästhesie erforderlich ist, können die entsprechenden Leistungspositionen zusätzlich abgerechnet werden. (z.B. Nrn. 451, 453, 484).

1527 **Galvanokaustik oder Elektrolyse oder Kürettement im Kehlkopf** **370** 49,60
21,57 75,48

Tipp: Bei ambulanter OP: Zuschlag nach Nr. 442 nicht vergessen, dazu ggf. Nr. 440 und Nr. 441 abrechenbar!

1528 **Fremdkörperentfernung aus dem Kehlkopf** **554** 74,27
32,29 113,02

Tipp: Bei ambulanter OP: Zuschlag nach Nr. 443 nicht vergessen, dazu ggf. Nr. 440 und Nr. 441 abrechenbar!

1529 **Intubation oder Einführung von Dehnungsinstrumenten in den Kehlkopf, als selbständige Leistung** **152** 20,38
8,86 31,01

Ausschluss: Neben Nr. 1529 sind folgende Nrn. nicht abrechnungsfähig: 429, 435, 462, 463, 489, 1040, 1532

Analog: Nr. 1529 analog für den Wechsel der Trachealkanüle ansetzen.

1530 **Untersuchung des Kehlkopfes mit dem Laryngoskop** **182** 24,40
10,61 37,13

Ausschluss: Neben Nr. 1530 sind folgende Nrn. nicht abrechnungsfähig: 435, 462, 463, 1529, 1532, 1533

Analog: Nr. 1530 analog für die Kehlkopfendoskopie, einschl. Lupen-Endoskopie ansetzen.

1532 **Endobronchiale Behandlung mit weichem Rohr** **182** 24,40
10,61 37,13

Die Leistung nach Nummer 1532 ist im Zusammenhang mit einer Intubationsnarkose nicht berechnungsfähig.

Ausschluss: Neben Nr. 1532 sind folgende Nrn. nicht abrechnungsfähig: 435, 462, 463, 677, 678, 1529, 1530, 1533

GOÄ-Nr.		Punktzahl 1fach	2,3 / *1,8 3,5 / *2,5
1533	**Schwebe- oder Stützlaryngoskopie, jeweils als selbständige Leistung**	**500** 29,14	67,03 102,00
Ausschluss:	Neben Nr. 1533 sind folgende Nrn. nicht abrechnungsfähig: 1529 – 1532, 1535		
1534	**Probeexzision aus dem Kehlkopf**	**463** 26,99	62,07 94,45
Tipp:	Bei ambulanter OP: Zuschlag nach Nr. 442 nicht vergessen, dazu ggf. Nr. 440 und Nr. 441 abrechenbar!		
1535	**Entfernung von Polypen oder anderen Geschwülsten aus dem Kehlkopf**	**647** 37,71	86,74 131,99
Tipp:	Bei ambulanter OP: Zuschlag nach Nr. 443 nicht vergessen, dazu ggf. Nr. 440 Nr. 441 abrechenbar!		
1540	**Endolaryngeale Resektion oder frontolaterale Teilresektion eines Stimmbandes**	**1850** 107,83	248,01 377,41
1541	**Operative Beseitigung einer Stenose im Glottisbereich**	**1390** 81,02	186,34 283,57
1542	**Kehlkopfplastik mit Stimmbandverlagerung**	**1850** 107,83	248,01 377,41
Ausschluss:	Neben Nr. 1542 ist folgende Nr. nicht abrechnungsfähig: 1547		
1543	**Teilweise Entfernung des Kehlkopfes**	**1650** 96,17	221,20 336,61
Ausschluss:	Neben Nr. 1543 sind folgende Nrn. nicht abrechnungsfähig: 1544, 1545, 1546		
1544	**Teilweise Entfernung des Kehlkopfes – einschließlich Zungenbeinresektion und Pharynxplastik –**	**1850** 107,83	248,01 377,41
Ausschluss:	Neben Nr. 1544 sind folgende Nrn. nicht abrechnungsfähig: 1543, 1545, 1546		
1545	**Totalexstirpation des Kehlkopfes**	**2220** 129,40	297,61 452,89
Ausschluss:	Neben Nr. 1545 sind folgende Nrn. nicht abrechnungsfähig: 1543, 1544, 1546		
1546	**Totalexstirpation des Kehlkopfes – einschließlich Ausräumung des regionären Lymphstromgebietes und gegebenenfalls von benachbarten Organen –**	**3700** 215,66	496,02 754,82
Ausschluss:	Neben Nr. 1546 sind folgende Nrn. nicht abrechnungsfähig: 1543, 1544, 2760		
1547	**Kehlkopfstenosenoperation mit Thyreochondrotomie – einschließlich plastischer Versorgung und gegebenenfalls Verlagerung eines Aryknorpels –**	**2770** 161,46	371,35 565,10
Ausschluss:	Neben Nr. 1547 ist folgende Nr. nicht abrechnungsfähig: 1542		
1548	**Einführung einer Silastikendoprothese im Larynxbereich**	**2060** 120,07	276,17 420,25

GOÄ-Nr.		Punktzahl / 1fach	2,3 / *1,8 / 3,5 / *2,5
1549	**Fensterung des Schildknorpels zur Spickung mit Radionukliden**	**1200** 69,94	160,87 244,81
Tipp:	Neben Nr. 1549 ist die Nr. 1550 abrechenbar.		
1550	**Spickung des Kehlkopfes mit Radionukliden bei vorhandener Fensterung des Schildknorpels**	**300** 17,49	40,22 61,20
Tipp:	Neben Nr. 1550 ist die Nr. 1549 abrechenbar.		
1551	**Operative Versorgung einer Trümmerverletzung des Kehlkopfes und/oder der Trachea – gegebenenfalls mit Haut- und/oder Schleimhautplastik, auch mit Sternotomie –**	**3000** 174,86	402,18 612,02
Ausschluss:	Neben Nr. 1551 sind folgende Nrn. nicht abrechnungsfähig: 2381, 2382, 3010		
1555	**Untersuchung der Sprache nach standardisierten Verfahren (Prüfung der Sprachentwicklung, der Artikulation, der Satzstruktur, des Sprachverständnisses, der zentralen Sprachverarbeitung und des Redeflusses)** Neben der Leistung nach Nummer 1555 sind die Leistungen nach den Nummern 715 und 717 nicht berechnungsfähig.	**119** 6,94	15,95 24,28
Ausschluss:	Neben Nr. 1555 sind folgende Nrn. nicht abrechnungsfähig: 715, 717, 718		
1556	**Untersuchung der Stimme nach standardisierten Verfahren (Prüfung der Atmung, des Stimmklanges, des Stimmeinsatzes, der Tonhaltedauer, des Stimmumfanges und der Sprachstimmlage, gegebenenfalls auch mit Prüfung der Stimme nach Belastung)**	**119** 6,94	15,95 24,28
1557	**Elektroglottographische Untersuchung**	**106** 6,18	14,21 21,62
1558*	**Stimmtherapie bei Kehlkopflosen (Speiseröhrenersatzstimme oder elektronische Ersatzstimme), je Sitzung**	**148** 8,63	15,53 21,57
1559*	**Sprachübungsbehandlung – einschließlich aller dazu gehörender Maßnahmen (z.B. Artikulationsübung, Ausbildung fehlender Laute, Satzstrukturübung, Redeflußübung, gegebenenfalls auch mit Atemtherapie und physikalischen Maßnahmen) –, als Einzelbehandlung, Dauer mindestens 30 Minuten**	**207** 12,07	21,72 30,16
Ausschluss:	Neben Nr. 1559 sind folgende Nrn. nicht abrechnungsfähig: 500 – 510, 719, 725, 726, 1560		
1560*	**Stimmübungsbehandlung – einschließlich aller dazu gehörender Maßnahmen (z.B. Stimmeinsatz, Stimmhalteübungen und -entspannungsübungen, gegebenenfalls auch mit Atemtherapie und physikalischen Maßnahmen) –, als Einzelbehandlung, Dauer mindestens 30 Minuten**	**207** 12,07	21,72 30,16
Ausschluss:	Neben Nr. 1560 sind folgende Nrn. nicht abrechnungsfähig: 500 – 510, 719, 725, 726, 1559		
1565	**Entfernung von obturierenden Ohrenschmalzpfröpfchen, auch beidseitig**	**45** 2,62	6,03 9,18

GOÄ-Nr.	Leistung	Punktzahl / 1fach	2,3 / *1,8 / 3,5 / *2,5
1566	**Ausspülung des Kuppelraumes**	**45** 2,62	6,03 9,18
1567	**Spaltung von Furunkeln im äußeren Gehörgang**	**74** 4,31	9,92 15,10
Ausschluss:	Neben Nr. 1567 sind folgende Nrn. nicht abrechnungsfähig: 1568, 2428		
1568	**Operation im äußeren Gehörgang (z.B. Entfernung gutartiger Hautneubildungen)**	**185** 10,78	24,80 37,74
Ausschluss:	Neben Nr. 1568 sind folgende Nrn. nicht abrechnungsfähig: 1567, 1569, 1570, 1577, 1585, 1586, 1595		
1569	**Entfernung eines nicht festsitzenden Fremdkörpers aus dem Gehörgang oder der Paukenhöhle**	**74** 4,31	9,92 15,10
Ausschluss:	Neben Nr. 1569 sind folgende Nrn. nicht abrechnungsfähig: 1568, 1570 (derselbe Fremdkörper), 1585		
1570	**Entfernung eines festsitzenden Fremdkörpers aus dem Gehörgang oder der Paukenhöhle**	**148** 8,63	19,84 30,19
Ausschluss:	Neben Nr. 1570 sind folgende Nrn. nicht abrechnungsfähig: 1568, 1569, 1585		
1575	**Inzision des Trommelfells (Parazentese)**	**130** 7,58	17,43 26,52
Ausschluss:	Neben Nr. 1575 ist folgende Nr. nicht abrechnungsfähig: 1576		
1576	**Anlage einer Paukenhöhlendauerdrainage (Inzision des Trommelfells mit Entleerung der Paukenhöhle und Einlegen eines Verweilröhrchens)**	**320** 18,65	42,90 65,28
Ausschluss:	Neben Nr. 1576 ist folgende Nr. nicht abrechnungsfähig: 1575		
Tipp:	Die Kosten für das Verweilröhrchen können dem Patienten in Rechnung gestellt werden (nach §10) oder das Verweilröhrchen wird rezeptiert. Bei ambulanter OP: Zuschlag nach Nr. 442 nicht vergessen, dazu ggf. Nr. 440 und Nr. 441 abrechenbar!		
1577	**Einsetzen oder Auswechseln einer Trommelfellprothese oder Wiedereinlegen eines Verweilröhrchens**	**45** 2,62	6,03 9,18
Ausschluss:	Neben Nr. 1577 sind folgende Nrn. nicht abrechnungsfähig: 1568, 1569, 1570, 1576		
1578	**Gezielte chemische Ätzung im Gehörgang unter Spiegelbeleuchtung, auch beidseitig**	**40** 2,33	5,36 8,16
Ausschluss:	Neben Nr. 1578 ist folgende Nr. nicht abrechnungsfähig: 1579		
1579	**Chemische Ätzung in der Paukenhöhle – gegebenenfalls einschließlich der Ätzung im Gehörgang –**	**70** 4,08	9,38 14,28
Ausschluss:	Neben Nr. 1579 sind folgende Nrn. nicht abrechnungsfähig: 1578, 1610, 1613, 1614		
Beschluss BÄK:	**Beschluss des Zentralen Konsultationsausschusses für Gebührenordnungsfragen bei der Bundesärztekammer**, veröffentlicht im Deutschen Ärzteblatt, Heft 25, 18.06.2004 (Quelle: GOÄ-Datenbank http://www.blaek.de/) **– Nr. 1579 nicht neben Nrn. 1610 bzw. 1613 bzw. 1614** Die Nr. 1579 (chemische Ätzung in der Paukenhöhle) kann in derselben Sitzung nicht neben dem umfassenderen operativen Eingriff der Tympanoplastik nach den Nrn. 1610 bzw. 1613 bzw.1614 berechnet werden.		

GOÄ-Nr.		Punktzahl / 1fach	2,3 / *1,8 / 3,5 / *2,5
1580	**Galvanokaustik im Gehörgang oder in der Paukenhöhle**	**89** 5,19	11,93 18,16
Ausschluss:	Neben Nr. 1580 ist folgende Nr. nicht abrechnungsfähig: 1568		
1585	**Entfernung einzelner Granulationen vom Trommelfell und/oder aus der Paukenhöhle unter Anwendung des scharfen Löffels oder ähnliche kleinere Eingriffe**	**130** 7,58	17,43 26,52
Ausschluss:	Neben Nr. 1585 sind folgende Nrn. nicht abrechnungsfähig: 1568, 1569, 1570		
1586	**Entfernung eines oder mehrerer größerer Polypen oder ähnlicher Gebilde aus dem Gehörgang oder der Paukenhöhle, auch in mehreren Sitzungen**	**296** 17,25	39,68 60,39
Ausschluss:	Neben Nr. 1586 sind folgende Nrn. nicht abrechnungsfähig: 1568, 1569, 1585, 1595, 1596		
Tipp:	Bei ambulanter OP: Zuschlag nach Nr. 442 nicht vergessen, dazu ggf. Nr. 440 und Nr. 441 abrechenbar!		
1588	**Hammer-Amboß-Extraktion oder ähnliche schwierige Eingriffe am Mittelohr vom Gehörgang aus (z.B. operative Deckung eines Trommelfelldefektes)**	**554** 32,29	74,27 113,02
Ausschluss:	Neben Nr. 1588 sind folgende Nrn. nicht abrechnungsfähig: 1596, 1598, 1610, 1614		
Tipp:	Bei ambulanter OP: Zuschlag nach Nr. 443 nicht vergessen, dazu ggf. Nr. 440 und Nr. 441 abrechenbar!		
1589	**Dosierte luftdruck-kontrollierte Insufflation der Eustachischen Röhre unter Verwendung eines manometerbestückten Druckkompressors**	**30** 1,75	4,02 6,12
Kommentar:	Wird eine Insufflation beider Eustachischen Röhren durchgeführt, so ist dies auch zweimal abrechnungsfähig.		
1590	**Katheterismus der Ohrtrompete – auch mit Bougierung und/oder Einbringung von Arzneimitteln und gegebenenfalls einschließlich Luftdusche –, auch beidseitig**	**74** 4,31	9,92 15,10
Ausschluss:	Neben Nr. 1590 sind folgende Nrn. nicht abrechnungsfähig: 321, 1589		
1591	**Vibrationsmassage des Trommelfells oder Anwendung der Drucksonde, auch beidseitig**	**40** 2,33	5,36 8,16
1595	**Operative Beseitigung einer Stenose im äußeren Gehörgang**	**1850** 107,83	248,01 377,41
Ausschluss:	Neben Nr. 1595 sind folgende Nrn. nicht abrechnungsfähig: 1568, 1586		
Tipp:	Bei ambulanter OP: Zuschlag nach Nr. 445 nicht vergessen, dazu ggf. Nr. 440 und Nr. 441 abrechenbar!		
1596	**Plastische Herstellung des äußeren Gehörganges bei Atresie**	**1480** 86,27	198,41 301,93
Ausschluss:	Neben Nr. 1596 ist folgende Nr. nicht abrechnungsfähig: 1586		

GOÄ-Nr.		Punktzahl 1fach	2,3 / *1,8 3,5 / *2,5
1597	**Operative Eröffnung des Warzenfortsatzes**	**1110** 64,70	148,81 226,45

Ausschluss: Neben Nr. 1597 sind folgende Nrn. nicht abrechnungsfähig: 1596, 1598, 1600 – 1602, 1620

Tipp: Bei ambulanter OP: Zuschlag nach Nr. 444 nicht vergessen, dazu ggf. Nr. 440 und Nr. 441 abrechenbar!

1598	**Aufmeißelung des Warzenfortsatzes mit Freilegung sämtlicher Mittelohrräume (Radikaloperation)**	**1660** 96,76	222,54 338,65

Ausschluss: Neben Nr. 1598 sind folgende Nrn. nicht abrechnungsfähig: 1588, 1597, 1600, 1601, 1602, 1620

Tipp: Bei ambulanter OP: Zuschlag nach Nr. 445 nicht vergessen, dazu ggf. Nr. 440 und Nr. 441 abrechenbar!

1600	**Eröffnung der Schädelhöhle mit Operation einer Sinus- oder Bulbusthrombose, des Labyrinthes oder eines Hirnabszesses gegebenenfalls mit Aufmeißelung des Warzenfortsatzes und Freilegung sämtlicher Mittelohrräume**	**2770** 161,46	371,35 565,10

Ausschluss: Neben Nr. 1600 sind folgende Nrn. nicht abrechnungsfähig: 1597, 1598, 1601, 1602

1601	**Operation eines gutartigen Mittelohrtumors, auch Cholesteatom – gegebenenfalls einschließlich der Leistungen nach Nummer 1597 oder Nummer 1598 –**	**1660** 96,76	222,54 338,65

Ausschluss: Neben Nr. 1601 sind folgende Nrn. nicht abrechnungsfähig: 1597, 1598, 1600

Tipp: Bei ambulanter OP: Zuschlag nach Nr. 445 nicht vergessen, dazu ggtf. Nr. 440 und Nr. 441 abrechenbar!

1602	**Operation eines destruktiv wachsenden Mittelohrtumors – gegebenenfalls einschließlich der Leistungen nach Nummer 1597, Nummer 1598 oder Nummer 1600 –**	**2770** 161,46	371,35 565,10

Ausschluss: Neben Nr. 1602 sind folgende Nrn. nicht abrechnungsfähig: 1579, 1597, 1598, 1600

1610	**Tympanoplastik mit Interposition, zusätzlich zu den Leistungen nach den Nummern 1598, 1600 bis 1602**	**1480** 86,27	198,41 301,93

Ausschluss: Neben Nr. 1610 sind folgende Nrn. nicht abrechnungsfähig: 1579, 1596, 1613, 1614

Beschluss BÄK: **Beschluss des „Zentralen Konsultationsausschuss für Gebührenordnungsfragen" bei der Bundesärztekammer Stand: 18.06.2004**

9) Nr. 2253 analog neben Nrn. 1610/1613/1614

Wird zum Verschluss eines größeren Trommelfelldefekts oder zur endoprothetischen Versorgung einer defekten Gehörknöchelchenkette ein autologes Transplantat aus Knorpel oder Knochen verwendet, so sind Entnahme und Präparation des körpereigenen Materials durch den analogen Ansatz der Nr. 2253 (Knochenspanentnahme, 647 Punkte) abgegolten. Die Nr. 2253 analog für die Materialgewinnung und Herstellung des Trommelfellersatzes bzw. der Gehörknöchelchenprothese aus autologem Material ist in diesen Fällen einmal neben den Nrn. 1610/1613/1614 berechnungsfähig.

10) Nr. 2583 (Neurolyse) ggf. neben Nrn. 1610/1613/1614

Bei fortgeschrittenem Krankheitsprozess ist ggf. die Neurolyse der Chorda tympani oder des Nervus facialis aus wuchernden Epithelformationen erforderlich. In diesen Fällen ist Nr. 2583 neben den Nrn. 1610/1613/1614 berechnungsfähig.

11) Nr. 2253 analog für die Verwendung von autologen Knorpel als Ersatz der Steigbügelfußplatte bei Otoskleroseoperation nach Nr. 1623

Im Rahmen der Otoskleroseoperation nach Nr. 1623 kann der Wiederverschluss des Trommelfells durch einen tympanomeatalen Lappen nicht als selbstständige Leistung, z.B. nach den Nrn. 2380/ 2381/2382/2383/ 2384, anerkannt werden, da es sich bei der Adaption der zuvor durchtrennten Strukturen um den methodisch notwendigen Abschluss der Operation nach Nr. 1623 handelt. Eine Berechnung von trommelfellverschließenden Maßnahmen neben Nr. 1623 ist allenfalls in den Fällen denkbar, in denen ein vorbestehender größerer Trommelfelldefekt vorliegt, der durch aufwendigere Maßnahmen, die in Beschlussvorschlag Nr. 8. a) nach Nr. 2253 bewertet sind, erforderlich ist. Wird anstelle einer industriell gefertigten Steigbügelprothese eine individuelle Prothese aus autologem Knorpelmaterial intraoperativ angefertigt, so ist hierfür für die Entnahme des autologen Knorpels sowie die Präparation Nr. 2253 analog einmal neben Nr. 1623 berechnungsfähig.

12) Nr. 1579 nicht neben Nrn. 1610/ 1613/1614

Nr. 1579 (Chemische Ätzung in der Paukenhöhle) kann in derselben Sitzung nicht neben dem umfassenderen operativen Eingriff der Tympanoplastik nach den Nrn. 1610/1613/1614 berechnet werden.

Tipp:
- Bei ambulanter OP: Zuschlag nach Nr. 445 nicht vergessen, dazu ggf. Nr. 440 und Nr. 441 abrechenbar!
- Neben Nr. 1610 sind die Nrn. 1598, 1600 – 1602 abrechenbar.

1611 **Myringoplastik vom Gehörgang aus** **1480** 198,41 86,27 301,93

Ausschluss: Neben Nr. 1611 sind folgende Nrn. nicht abrechnungsfähig: 1610, 1613, 1614

Tipp: Bei ambulanter OP: Zuschlag nach Nr. 445 nicht vergessen, dazu ggf. Nr. 440 und Nr. 441 abrechenbar!

1612 **Eröffnung der Paukenhöhle durch temporäre Trommelfellaufklappung, als selbständige Leistung** **1110** 148,81 64,70 226,45

Tipp: Bei ambulanter OP: Zuschlag nach Nr. 444 nicht vergessen, dazu ggf. Nr. 440 und Nr. 441 abrechenbar!

1613 **Tympanoplastik mit Interposition, als selbständige Leistung** **2350** 315,04 136,98 479,41

Ausschluss: Neben Nr. 1613 sind folgende Nrn. nicht abrechnungsfähig: 1579, 1598, 1600, 1601, 1602, 1610, 1614

Beschluss BÄK: Siehe unter Nr. 1610.

Kommentar: Siehe auch Kommentar bei Nr. 1610

Tipp: Bei ambulanter OP: Zuschlag nach Nr. 445 nicht vergessen, dazu ggf. Nr. 440 und Nr. 441 abrechenbar!

1614 **Tympanoplastik – einschließlich Interposition und Aufbau der Gehörknöchelchenkette** **3140** 420,95 183,02 640,58

Ausschluss: Neben Nr. 1614 sind folgende Nrn. nicht abrechnungsfähig: 1579, 1588, 1610, 1613, 1623

Beschluss BÄK: Siehe unter Nr. 1610.

Kommentar: Siehe auch Anmerkungen bei Nr. 1610

Tipp: Bei ambulanter OP: Zuschlag nach Nr. 445 nicht vergessen, dazu ggf. Nr. 440 und Nr. 441 abrechenbar!

1620 **Fensterungsoperation – einschließlich Eröffnung des Warzenfortsatzes –** **2350** 315,04 136,98 479,41

Ausschluss: Neben Nr. 1620 sind folgende Nrn. nicht abrechnungsfähig: 1597, 1598

1621 **Plastische Rekonstruktion der hinteren Gehörgangswand, als selbständige Leistung** **1110** 148,81 64,70 226,45

Ausschluss: Neben Nr. 1621 ist folgende Nr. nicht abrechnungsfähig: 1622

1622 **Plastische Rekonstruktion der hinteren Gehörgangswand im Zusammenhang mit anderen Operationen** **700** 93,84 40,80 142,80

Ausschluss: Neben Nr. 1622 ist folgende Nr. nicht abrechnungsfähig: 1621

Tipp: Bei ambulanter OP: Zuschlag nach Nr. 443 nicht vergessen, dazu ggf. Nr. 440 und Nr. 441 abrechenbar!

GOÄ-Nr.	Leistung	Punktzahl / 1fach	2,3 / *1,8 / 3,5 / *2,5
1623	**Otoskleroseoperation vom Gehörgang aus (Fußplattenresektion) – gegebenenfalls einschließlich Interposition –**	**2350** 136,98	315,04 479,41

Beschluss BÄK: **Beschluss des Zentralen Konsultationsausschusses für Gebührenordnungsfragen bei der Bundesärztekammer**, veröffentlicht im Deutschen Ärzteblatt, Heft 25, 18.06.2004 (Quelle: GOÄ-Datenbank http://www.blaek.de/) –

Nr. 2253 analog für die Verwendung von autologem Knorpel als Ersatz der Steigbügelfußplatte bei Otoskleroseoperationen nach Nr. 1623

Im Rahmen der Otoskleroseoperation nach Nr. 1623 kann der Wiederverschluss des Trommelfells durch einen tympanomeatalen Lappen nicht als selbständige Leistung, z.B. nach den Nrn. 2380 – 2384 anerkannt werden, da es sich bei der Adaption der zuvor durchtrennten Strukturen um den methodisch notwendigen Abschluss der Operation nach Nr. 1623 handelt.

Eine Berechnung von trommelfellverschließenden Maßnahmen neben Nr. 1623 ist allenfalls in den Fällen denkbar, in denen ein vorbestehender größerer Trommelfelldefekt vorliegt, durch den aufwendigere Maßnahmen erforderlich sind.

Wird anstelle einer industriell gefertigten Steigbügelprothese eine individuelle Prothese aus autologem Knorpelmaterial intraoperativ angefertigt, so ist hierfür für die Entnahme des autologen Knorpels und die Präparation die Nr. 2253 analog einmal neben Nr. 1623 berechnungsfähig.

GOÄ-Nr.	Leistung	Punktzahl / 1fach	2,3 / *1,8 / 3,5 / *2,5
1624	**Dekompression des Saccus endolymphaticus oder des Innenohrs mit Eröffnung des Sacculus**	**2350** 136,98	315,04 479,41
1625	**Fazialisdekompression, als selbständige Leistung**	**2220** 129,40	297,61 452,89

Ausschluss: Neben Nr. 1625 sind folgende Nrn. nicht abrechnungsfähig: 1626, 2451, 2583, 2584

GOÄ-Nr.	Leistung	Punktzahl / 1fach	2,3 / *1,8 / 3,5 / *2,5
1626	**Fazialisdekompression, im Zusammenhang mit anderen operativen Leistungen**	**1330** 77,52	178,30 271,33
1628	**Plastischer Verschluß einer retroaurikulären Öffnung oder einer Kieferhöhlenfistel**	**739** 43,07	99,07 150,76

GOÄ-Ratgeber der BÄK: ► **GOÄ oder GOZ? Tatsächliche Leistungserbringung entscheidend**
Dr. med. Tina Wiesener – Deutsches Ärzteblatt 110, Heft 9 (01.03.2013), S. A-414
http://www.bundesaerztekammer.de/page.asp?his=1.108.4144.4285.11148

Dr. Wiesener erläutert u. a. :

..."Bei der Abbildung von Eingriffen in der Mundhöhle in den Gebührenverzeichnissen GOÄ oder GOZ ist vor allem zu beachten, dass in den Gebührenverzeichnissen GOÄ und GOZ jeweils unterschiedliche humanmedizinische beziehungsweise zahnärztliche Leistungen aufgeführt sind. Entscheidend für die Anwendung dieser Gebührenverzeichnisse ist somit die inhaltliche Leistungserbringung entsprechend den Leistungslegenden der Gebührennummern der GOÄ und der GOZ.

Für eine korrekte Inrechnungstellung des plastischen Verschlusses einer Verbindung zwischen Mund- und Kieferhöhle ist daher Folgendes zu berücksichtigen:

Mit der Nr. 1628 GOÄ wird der „Plastische(r) Verschluss einer retroaurikulären Öffnung oder einer Kieferhöhlenfistel", mit der Nr. 3090 GOZ hingegen ein „Plastischer Verschluss einer eröffneten Kieferhöhle" vergütet.

Bei einer Fistel handelt es sich in der Regel um eine mit Gewebe (Granulationsgewebe beziehungsweise Epithelgewebe) ausgekleidete Verbindung zwischen Körperhöhlen beziehungsweise Hohlorganen untereinander (innere Fistel) oder der Körperoberfläche (äußere Fistel).

Im Hinblick auf die im Wortlaut der Leistungslegende der Nr. 1628 GOÄ ausdrücklich genannte „Kieferhöhlenfistel" als Voraussetzung für eine zutreffende Heranziehung dieser Gebührennummer ist insoweit zu klären, ob im einzelnen Behandlungsfall tatsächlich eine Kieferhöhlenfistel vorlag, oder ob es sich zum Beispiel um eine intraoperative Eröffnung der Kieferhöhle etwa im Rahmen von einer oder mehrerer Zahnextraktionen aus dem Oberkiefer handelte.

Für den einseitigen plastischen Verschluss einer intraoperativen Eröffnung der Kieferhöhle im Sinne einer durch vorangegangene Extraktion geschaffene Mund-Antrum-Verbindung wäre der Ansatz der Nr. 3090 GOZ und bei nichtstationärer Durchführung dieser Leistung der zusätzliche Ansatz der Nr. 0500 GOZ „Zuschlag bei nichtstationärer Durchführung von zahnärztlich-chirurgischen Leistungen, die mit Punktzahlen von 250 bis 499 Punkten bewertet sind . . ." gebührenrechtlich zutreffend.

Eine plastische Deckung einer zum Beispiel nach dentogener Sinusitis persistierenden Kieferhöhlenfistel ist hingegen mit der Nr. 1628 GOÄ und – bei ambulanter Durchführung – zusätzlich der Zuschlagsleistung nach Nr. 443 GOÄ „Zuschlag bei ambulanter Durchführung von operativen Leistungen, die mit Punktzahlen von 500 bis 799 Punkten bewertet sind " in Ansatz zu bringen..."

Tipp: Bei ambulanter OP: Zuschlag nach Nr. 443 nicht vergessen, dazu ggf. Nr. 440 und Nr. 441 abrechenbar!

1629 **Extraduraler oder transtympanaler operativer Eingriff im Bereich des inneren Gehörganges** **3700** 496,02
215,66 754,82

1635 **Operative Korrektur eines abstehenden Ohres (z.B. durch einfache Ohrmuschelanlegeplastik mit Knorpelexzision)** **739** 99,07
43,07 150,76

Ausschluss: Neben Nr. 1635 sind folgende Nrn. nicht abrechnungsfähig: 1636, 1637, 1638

Tipp: Bei ambulanter OP: Zuschlag nach Nr. 443 nicht vergessen, ggf. dazu Nr. 440 und Nr. 441 abrechenbar!

1636 **Plastische Operation zur Korrektur der Ohrmuschelform** **887** 118,91
51,70 180,95

Ausschluss: Neben Nr. 1636 sind folgende Nrn. nicht abrechnungsfähig: 1635, 1637, 1638

Tipp: Bei ambulanter OP: Zuschlag nach Nr. 444 nicht vergessen, dazu ggf. Nr. 440 und Nr. 441 abrechenbar!

1637 **Plastische Operation zur Korrektur von Form, Größe und Stellung der Ohrmuschel** **1400** 187,69
81,60 285,61

Ausschluss: Neben Nr. 1637 sind folgende Nrn. nicht abrechnungsfähig: 1635, 1636, 1638

Tipp: Bei ambulanter OP: Zuschlag nach Nr. 445 nicht vergessen, dazu ggf. Nr. 440 und Nr. 441 abrechenbar!

1638 **Plastische Operation zum Aufbau einer Ohrmuschel bei Aplasie oder Ohrmuschelverlust, auch in mehreren Sitzungen** **4500** 603,27
262,29 918,02

Ausschluss: Neben Nr. 1638 sind folgende Nrn. nicht abrechnungsfähig: 1635, 1636, 1637

1639 **Unterbindung der Vena jugularis** **554** 74,27
32,29 113,02

K Urologie

Allgemeine Bestimmungen:

Werden mehrere Eingriffe in der Brust- oder Bauchhöhle in zeitlichem Zusammenhang durchgeführt, die jeweils in der Leistung die Eröffnung dieser Körperhöhlen enthalten, so darf diese nur einmal berechnet werden; die Vergütungssätze der weiteren Eingriffe sind deshalb um den Vergütungssatz nach Nummer 2990 oder 3135 zu kürzen.

1700 Spülung der männlichen Harnröhre und/oder Instillation von Arzneimitteln

45 6,03
2,62 9,18

Ausschluss: Neben Nr. 1700 sind folgende Nrn. nicht abrechnungsfähig: 1701, 1702, 1703, 1704, 1713, 1785 – 1790, 1793, 1794, 1798

Kommentar: Nach **Wezel/Liebold** kann eine Spülung, die im Zusammenhang mit einer operativen Leistung erforderlich ist, nach Nr. 1700 nicht zusätzlich berechnet werden.

Tipp: Ggf. zusätzlich Lokalanästhesie nach Nr. 488 anwenden und abrechnen!

1701 Dehnung der männlichen Harnröhre – auch einschließlich Spülung und/oder Instillation von Arzneimitteln –, je Sitzung

74 9,92
4,31 15,10

Ausschluss: Neben Nr. 1701 sind folgende Nrn. nicht abrechnungsfähig: 1700, 1702, 1708, 1712, 1713, 1724, 1728 – 1733, 1785 – 1790, 1793, 1794, 1798

Kommentar: Kann eine Zystoskopie nicht ohne Dehnung der Harnröhre durchgeführt werden, weil aufgrund krankhaft entstandener oder angeborener Verengung vor der Zystoskopie eine Dehnungsbehandlung nach den Nrn. 1701 oder 1702 erforderlich ist, so können diese Leistungen zusätzlich zur Zystoskopie berechnet werden. Es ist dabei zu raten, für die zusätzliche Berechnung der Nrn. auch eine enstprechende Diagnose anzugeben.

Tipp: Ggf. zusätzlich Lokalanästhesie nach Nr. 488 anwenden und abrechnen!

1702 Dehnung der männlichen Harnröhre mit filiformen Bougies und/oder Bougies mit Leitsonde – auch einschließlich Spülung und/oder Instillation von Arzneimitteln –, erste Sitzung

178 23,86
10,38 36,31

Ausschluss: Neben Nr. 1702 sind folgende Nrn. nicht abrechnungsfähig: 1700, 1701, 1708, 1712, 1713, 1724, 1728 – 1733, 1785 – 1790, 1793, 1794

Kommentar: Siehe Kommentar zu Nr. 1701

Tipp: Ggf. zusätzlich Lokalanästhesie nach Nr. 488 anwenden und abrechnen!

1703 Unblutige Fremdkörperentfernung aus der männlichen Harnröhre

148 19,84
8,63 30,19

Ausschluss: Neben Nr. 1703 sind folgende Nrn. nicht abrechnungsfähig: 1700, 1704

Tipp: Ggf. zusätzlich Lokalanästhesie nach Nr. 488 anwenden und abrechnen!

1704 Operative Fremdkörperentfernung aus der männlichen Harnröhre

554 74,27
32,29 113,02

Ausschluss: Neben Nr. 1704 sind folgende Nrn. nicht abrechnungsfähig: 1700, 1723

Tipp: Ggf. zusätzlich Lokalanästhesie nach Nr. 488 anwenden und abrechnen!

1708 Kalibrierung der männlichen Harnröhre

75 10,05
4,37 15,30

GOÄ-Nr.		Punktzahl 1fach	2,3 / *1,8 3,5 / *2,5
1709	**Kalibrierung der weiblichen Harnröhre**	**60** 3,50	8,04 12,24
1710	**Dehnung der weiblichen Harnröhre – auch einschließlich Spülung und/oder Instillation von Arzneimitteln –, je Sitzung**	**59** 3,44	7,91 12,04

Ausschluss: Neben Nr. 1710 sind folgende Nrn. nicht abrechnungsfähig: 1709, 1712, 1713, 1724, 1728 – 1733, 1785 – 1790, 1793, 1794, 1798

Kommentar: Ähnlich wie bei der Dehnung der männlichen Harnröhre nach den Nrn. 1701 oder 1702, kann bei einer Zystoskopie der Frau die Nr. 1710 dann zusätzlich berechnet werden, wenn eine Verengung der weiblichen Harnröhre eine Dehnung erforderlich macht. Auch hier ist die Diagnose anzugeben, die die zusätzliche Berechnung der Nr. 1710 erforderlich macht.

Tipp: Ggf. zusätzlich Lokalanästhesie nach Nr. 488 anwenden und abrechnen!

1711	**Unblutige Fremdkörperentfernung aus der weiblichen Harnröhre**	**74** 4,31	9,92 15,10

Tipp: Ggf. zusätzlich Lokalanästhesie nach Nr. 488 anwenden und abrechnen!

1712	**Endoskopie der Harnröhre (Urethroskopie)**	**119** 6,94	15,95 24,28

Ausschluss: Neben Nr. 1712 sind folgende Nrn. nicht abrechnungsfähig: 1701, 1702, 1709, 1710, 1713, 1728 – 1733, 1785 – 1790, 1800, 1802, 1803

Tipp: Ggf. zusätzlich Lokalanästhesie nach Nr. 488 anwenden und abrechnen!

1713	**Endoskopie der Harnröhre (Urethroskopie) mit operativem Eingriff (z.B. Papillomkoagulation, Erstbourgierung und/oder Spaltung einer Striktur)**	**296** 17,25	39,68 60,39

Ausschluss: Neben Nr. 1713 sind folgende Nrn. nicht abrechnungsfähig: 1701, 1702, 1709, 1710, 1712, 1714, 1728 – 1733

Tipp:
- Ggf. zusätzlich Lokalanästhesie nach Nr. 488 anwenden und abrechnen!
- Bei ambulanter OP: Zuschlag nach Nr. 442 nicht vergessen, dzu ggf. Nr. 440 und Nr. 441 abrechenbar!

1714	**Entfernung einer oder mehrerer Geschwülste an der Harnröhrenmündung**	**230** 13,41	30,83 46,92

Ausschluss: Neben Nr. 1714 ist folgende Nr. nicht abrechnungsfähig: 1713

1715	**Spaltung einer Harnröhrenstriktur nach Otis**	**300** 17,49	40,22 61,20
A 1716	**Spaltung einer Harnröhrenstriktur unter Sicht (z.B. nach Sachse) (analog: Nr. 1802 GOÄ) – n. Verzeichnis analoger Bewertungen d. Bundesärztekammer**	**739** 43,07	99,07 150,76
1720	**Anlegen einer Harnröhrenfistel am Damm**	**554** 32,29	74,27 113,02

Ausschluss: Neben Nr. 1720 sind folgende Nrn. nicht abrechnungsfähig: 1722, 1723

GOÄ-Nr.		Punktzahl / 1fach	2,3 / *1,8 / 3,5 / *2,5
1721	**Verschluß einer Harnröhrenfistel durch Naht**	**554** 32,29	74,27 113,02

Ausschluss: Neben Nr. 1721 sind folgende Nrn. nicht abrechnungsfähig: 1163, 1722, 1723

1722	**Verschluß einer Harnröhrenfistel durch plastische Operation**	**1110** 64,70	148,81 226,45

Ausschluss: Neben Nr. 1722 ist folgende Nr. nicht abrechnungsfähig: 1163

1723	**Operative Versorgung einer Harnröhren- und/oder Harnblasenverletzung**	**1660** 96,76	222,54 338,65

Ausschluss: Neben Nr. 1723 ist folgende Nr. nicht abrechnungsfähig: 1704

Kommentar: Nach **Wezel/Liebold** ist eine eventuell erforderliche operative Fremdkörperentfernung aus der Harnröhre Bestandteil der Leistung nach Nr. 1723 und daher nicht zusätzlich abrechnungsfähig.

1724	**Plastische Operation zur Beseitigung einer Striktur der Harnröhre oder eines Harnröhrendivertikels, je Sitzung**	**1660** 96,76	222,54 338,65

Ausschluss: Neben Nr. 1724 sind folgende Nrn. nicht abrechnungsfähig: 1701, 1702, 1710, 1715

1728	**Katheterisierung der Harnblase beim Mann**	**59** 3,44	7,91 12,04

Ausschluss: Neben Nr. 1728 sind folgende Nrn. nicht abrechnungsfähig: 435, 488, 1700, 1701, 1702, 1712, 1713, 1729, 1732, 1733, 1791, 1793, 1794, 1798

Tipp: Eine erforderliche Anästhesie der Harnröhre kann nach Nr. 488 berechnet werden.

1729	**Spülung der Harnblase beim Mann und/oder Instillation von Arzneimitteln – einschließlich Katheterisierung und gegebenenfalls auch Ausspülung von Blutkoagula –**	**104** 6,06	13,94 21,22

Ausschluss: Neben Nr. 1729 sind folgende Nrn. nicht abrechnungsfähig: 435, 488, 1700, 1701, 1702, 1712, 1713, 1728, 1732, 1733, 1793, 1794, 1798

Tipp: Ggf. zusätzlich Lokalanästhesie nach Nr. 488 anwenden und abrechnen!

1730	**Katheterisierung der Harnblase bei der Frau**	**37** 2,16	4,96 7,55

Wird eine Harnblasenkatheterisierung lediglich ausgeführt, um eine gynäkologische Untersuchung nach Nummer 7 zu erleichtern, so ist sie neben der Leistung nach Nummer 7 nicht berechnungsfähig.

Ausschluss: Neben Nr. 1730 sind folgende Nrn. nicht abrechnungsfähig: 7, 435, 488, 1710, 1712, 1713, 1731, 1732, 1791, 1793, 1794, 1798

Tipp: Ggf. zusätzlich Lokalanästhesie nach Nr. 488 anwenden und abrechnen!

1731	**Spülung der Harnblase bei der Frau und/oder Instillation Medikamenten – einschließlich Katheterisierung und gegebenenfalls auch Ausspülung von Blutkoagula –**	**74** 4,31	9,92 15,10

Ausschluss: Neben Nr. 1731 sind folgende Nrn. nicht abrechnungsfähig: 435, 488, 1710, 1712, 1713, 1730, 1732, 1733, 1793, 1794, 1798

Tipp: Ggf. zusätzlich Lokalanästhesie nach Nr. 488 anwenden und abrechnen!

GOÄ-Nr.		Punktzahl	2,3 / *1,8
		1fach	3,5 / *2,5
1732	**Einlegung eines Verweilkatheters – gegebenenfalls einschließlich der Leistungen nach Nummer 1728 oder Nummer 1730 –**	**74** 4,31	9,92 15,10

Neben der Leistung nach Nummer 1732 ist die Leistung nach Nummer 1733 nicht berechnungsfähig.

Ausschluss: Neben Nr. 1732 sind folgende Nrn. nicht abrechnungsfähig: 435, 488, 1700, 1701, 1702, 1710, 1712, 1713, 1728, 1730, 1733, 1793, 1794, 1795, 1798, 1801

Tipp:
- Ggf. zusätzlich Lokalanästhesie nach Nr. 488 anwenden und abrechnen!
- Wechsel des Verweilkatheters ebenfalls nach Nr. 1732 abrechnen.
- Das Entfernen analog nach Nr. 2007 berechnen.

1733	**Spülung der Harnblase und/oder Instillation bei liegendem Verweilkatheter**	**40** 2,33	5,36 8,16

Ausschluss: Neben Nr. 1733 sind folgende Nrn. nicht abrechnungsfähig: 435, 488, 1701, 1702, 1710, 1732, 1793, 1794, 1798

1737	**Meatomie**	**74** 4,31	9,92 15,10
1738	**Plastische Versorgung einer Meatusstriktur**	**554** 32,29	74,27 113,02

Ausschluss: Neben Nr. 1738 sind folgende Nrn. nicht abrechnungsfähig: 1701, 1702, 1715, 1737

Tipp: Bei ambulanter OP: Zuschlag nach Nr. 443 nicht vergessen, ggf. dazu Nr. 440 und Nr. 441 abrechenbar!

1739	**Unblutige Beseitigung einer Paraphimose und/oder Lösung einer Vorhautverklebung**	**60** 3,50	8,04 12,24
1740	**Operative Beseitigung einer Paraphimose**	**296** 17,25	39,68 60,39

Tipp: Bei ambulanter OP: Zuschlag nach Nr. 442 nicht vergessen, dazu ggf. Nr. 440 Nr. 441 abrechenbar!

1741	**Phimoseoperation**	**370** 21,57	49,60 75,48

Ausschluss: Neben Nr. 1741 sind folgende Nrn. nicht abrechnungsfähig: 1740, 1742

Kommentar: Die Leistung nach Nr. 1741 gilt für alle gängigen Methoden der Phimoseoperation nach z.B. Zirkumzision, Plastik, Schloffer, Goldstein, mit Gomko-Klemme, mit Plastibellgerät.

Tipp: Bei ambulanter OP: Zuschlag nach Nr. 442 nicht vergessen, dazu ggf. Nr. 440 und Nr. 441 abrechenbar!

IGeL: Vorhautbeschneidung, ohne medizinische Indikation

1742	**Operative Durchtrennung des Frenulum praeputii**	**85** 4,95	11,40 17,34

Ausschluss: Neben Nr. 1742 ist folgende Nr. nicht abrechnungsfähig: 1741

Analog: Nr. 1742 analog für die Durchtrennung des Zungenbändchens ansetzen.

1745	**Operative Aufrichtung des Penis als Voroperation zu Nummer 1746**	**554** 32,29	74,27 113,02

GOÄ-Nr.		Punktzahl 1fach	2,3 / *1,8 3,5 / *2,5
1746	**Operation einer Epispadie oder Hypospadie**	**1110** 64,70	148,81 226,45
1747	**Penisamputation**	**554** 32,29	74,27 113,02
Ausschluss:	Neben Nr. 1747 ist folgende Nr. nicht abrechnungsfähig: 1748		
1748	**Penisamputation mit Skrotumentfernung und Ausräumung der Leistendrüsen – einschließlich Verlagerung der Harnröhre –**	**2220** 129,40	297,61 452,89
Ausschluss:	Neben Nr. 1748 ist folgende Nr. nicht abrechnungsfähig: 1747		
1749	**Anlage einer einseitigen Gefäßanastomose bei Priapismus**	**2500** 145,72	335,15 510,01
Ausschluss:	Neben Nr. 1749 ist folgende Nr. nicht abrechnungsfähig: 1750		
1750	**Anlage einer beidseitigen Gefäßanastomose bei Priapismus**	**3200** 186,52	428,99 652,82
1751	**Transkutane Fistelbildung durch Punktionen und Stanzungen der Glans penis und Corpora cavernosa bei Priapismus**	**924** 53,86	123,87 188,50
1752	**Operative Implantation einer hydraulisch regulierbaren Penis-Stützprothese**	**2500** 145,72	335,15 510,01
1753	**Entfernung einer Penisprothese**	**550** 32,06	73,73 112,20
Tipp:	Bei ambulanter OP: Zuschlag nach Nr. 443 nicht vergessen, dazu ggf. Nr. 440 und Nr. 441 abrechenbar!		
1754	**Direktionale Doppler-sonographische Untersuchung der Strömungsverhältnisse in den Penisgefäßen und/oder Skrotalfächern – einschließlich graphischer Registrierung –**	**180** 10,49	24,13 36,72
Ausschluss:	Neben Nr. 1754 sind folgende Nrn. nicht abrechnungsfähig: 401, 404, 644		
1755	**Unterbindung eines Samenleiters – auch mit Teilresektion –, als selbständige Leistung**	**463** 26,99	62,07 94,45
Ausschluss:	Neben Nr. 1755 sind folgende Nrn. nicht abrechnungsfähig: 1756, 1757		
Tipp:	Bei ambulanter OP: Zuschlag nach Nr. 442 nicht vergessen, dazu ggf. Nr. 440 und Nr. 441 abrechenbar!		
1756	**Unterbindung beider Samenleiter – auch mit Teilresektion(en)-, als selbständige Leistung**	**832** 48,50	111,54 169,73
Ausschluss:	Neben Nr. 1756 sind folgende Nrn. nicht abrechnungsfähig: 1755, 1757		
Tipp:	• Die Infiltrationsanästhesie nach Nrn. 490 oder 491 ist für jede Seite getrennt – also 2x – abrechenbar. • Bei ambulanter OP: Zuschlag nach Nr. 444 nicht vergessen, ggf. dazu Nr. 440 und Nr. 441 abrechenbar!		

GOÄ-Nr.		Punktzahl / 1fach	2,3 / *1,8 / 3,5 / *2,5
1757	**Unterbindung beider Samenleiter, in Verbindung mit einer anderen Operation**	**554** / 32,29	74,27 / 113,02
Ausschluss:	Neben Nr. 1757 sind folgende Nrn. nicht abrechnungsfähig: 1755, 1756		
1758	**Operative Wiederherstellung der Durchgängigkeit eines Samenleiters**	**1110** / 64,70	148,81 / 226,45
1759	**Transpenile oder transskrotale Venenembolisation**	**2800** / 163,20	375,37 / 571,22
Ausschluss:	Neben Nr. 1759 sind folgende Nrn. nicht abrechnungsfähig: 344 – 347, 5295, 5329, 5331, 5360		
1760	**Varikozelenoperation mit hoher Unterbindung der Vena spermatica (Bauchschnitt)**	**1480** / 86,27	198,41 / 301,93
Tipp:	Bei ambulanter OP: Zuschlag nach Nr. 445 nicht vergessen, ggf. dazu Nr. 440 und Nr. 441 abrechenbar!		
1761	**Operation eines Wasserbruchs**	**739** / 43,07	99,07 / 150,76
Tipp:	Bei ambulanter OP: Zuschlag nach Nr. 443 nicht vergessen, dazu ggf. Nr. 440 und Nr. 441 abrechenbar!		
1762	**Inguinale Lymphknotenausräumung, als selbständige Leistung**	**1200** / 69,94	160,87 / 244,81
1763	**Einlegen einer Hodenprothese**	**740** / 43,13	99,20 / 150,96
Tipp:	Bei ambulanter OP: Zuschlag nach Nr. 443 nicht vergessen, dazu ggf. Nr. 440 und Nr. 441 abrechenbar!		
1764	**Entfernen einer Hodenprothese**	**460** / 26,81	61,67 / 93,84
Tipp:	Bei ambulanter OP: Zuschlag nach Nr. 442 nicht vergessen, dazu ggf. Nr. 440 und Nr. 441 abrechenbar!		
1765	**Hodenentfernung – gegebenenfalls einschließlich Nebenhodenentfernung derselben Seite –, einseitig**	**739** / 43,07	99,07 / 150,76
Ausschluss:	Neben Nr. 1765 sind folgende Nrn. nicht abrechnungsfähig: 1766, 1767, 1771, 1772		
Tipp:	Bei ambulanter OP: Zuschlag nach Nr. 443 nicht vergessen, dazu ggf. Nr. 440 und Nr. 441 abrechenbar!		
1766	**Hodenentfernung – gegebenenfalls einschließlich Nebenhodenentfernung(en) –, beidseitig**	**1200** / 69,94	160,87 / 244,81
Ausschluss:	Neben Nr. 1766 sind folgende Nrn. nicht abrechnungsfähig: 1765, 1767, 1771, 1772		
Tipp:	Bei ambulanter OP: Zuschlag nach Nr. 445 nicht vergessen.		
1767	**Operative Freilegung eines Hodens mit Entnahme von Gewebematerial**	**463** / 26,99	62,07 / 94,45
Ausschluss:	Neben Nr. 1767 sind folgende Nrn. nicht abrechnungsfähig: 315, 1765, 1766, 2401, 2402		

Tipp: Bei ambulanter OP: Zuschlag nach Nr. 442 nicht vergessen!

GOÄ-Nr.	Leistung	Punktzahl / 1fach	2,3 / *1,8 / 3,5 / *2,5
1768	**Operation eines Leistenhodens, einseitig**	**1200** 69,94	160,87 244,81

Ausschluss: Neben Nr. 1768 ist folgende Nr. nicht abrechnungsfähig: 1769
Tipp: Bei ambulanter OP: Zuschlag nach Nr. 445 nicht vergessen!

1769	**Operation eines Leistenhodens, beidseitig**	**1480** 86,27	198,41 301,93

Ausschluss: Neben Nr. 1769 ist folgende Nr. nicht abrechnungsfähig: 1768
Tipp: Bei ambulanter OP: Zuschlag nach Nr. 445 nicht vergessen!

1771	**Entfernung eines Nebenhodens, als selbständige Leistung**	**924** 53,86	123,87 188,50

Ausschluss: Neben Nr. 1771 sind folgende Nrn. nicht abrechnungsfähig: 1765, 1766, 1772

1772	**Entfernung beider Nebenhoden, als selbständige Leistung**	**1480** 86,27	198,41 301,93

Ausschluss: Neben Nr. 1772 sind folgende Nrn. nicht abrechnungsfähig: 1765, 1766, 1771

1775	**Behandlung der Prostata mittels physikalischer Heilmethoden (auch Massage) – gegebenenfalls mit Gewinnung von Prostata-Exprimat –**	**45** 2,62	6,03 9,18
1776	**Eröffnung eines Prostataabszesses vom Damm aus**	**370** 21,57	49,60 75,48

Ausschluss: Neben Nr. 1776 sind folgende Nrn. nicht abrechnungsfähig: 303, 2428, 2429, 2430

1777	**Elektro- oder Kryo-(Teil-)resektion der Prostata**	**924** 53,86	123,87 188,50

Ausschluss: Neben Nr. 1777 sind folgende Nrn. nicht abrechnungsfähig: 1778, 1779, 1784, 1808

Analog:
- Alternative Verfahren zur Elektroresektion der benignen Prostatahyperplasie (BHP) können, wenn sie zu einer teilweisen Entfernung von Prostatagewebe führen, analog nach 1777 abgerechnet werden.
- Transurethrale Laserresektion oder interstitielle Laserkoagulation werden analog nach Nr. 1777 berechnet.
- Bei ambulanter Therapie können die Verbrauchsmaterialien entsprechend § 10 gesondert berechnet werden.
- Analog nach Nr. 1777 sind auch abzurechnen:
  - Transurethrale Hochenergie-Mikrowellen (Thermo)-Therapie (HE-TUMT)
  - Hochintensive fokussierende Ultraschallwellen (HIFU)
  - Transurethrale Nadelablation (TUNA)
  - Blasenhalsschlitzung

Rechtsprechung: Siehe Urteil unter GOÄ Nr. 1778

1777 analog	**Empfehlung der BÄK: Blasenhalsschlitzung (z.B. nach Turner Warwick) – n. Abrechnungsempfehlung der BÄK**	**924** 53,86	123,87 188,50

1778 **Operative Entfernung eines Prostataadenoms, auch transurethral** **1850** 248,01
107,83 377,41

Ausschluss: Neben Nr. 1778 sind folgende Nrn. nicht abrechnungsfähig: 1777, 1779, 1784, 1808

Hinweis LÄK: **Anmerkung der Bayerischen Landesärztekammer** vom 25.06.2004 (Quelle: GOÄ-Datenbank http://www.blaek.de/) –
Offene transvesikale Adenotomie bei BPH
Die Schaffung eines offenen transvesikalen oder retropubischen Zugangswegs zur Prostata im Rahmen der operativen Entfernung eines Prostataadenoms ist durch den Einsatz der Nr. 1777 GOÄ abgegolten; kann nicht als selbstständige Leistung berechnet werden.
(Diese Interpretation wurde bisher nicht mit der privaten Krankenversicherung und Beihilfe konsentiert – jedoch Abstimmung mit der Bundesärztekammer und der Deutschen Gesellschaft für Urologie)

Recht-sprechung: **HIFU – Methode bei Prostatakarzinom**
Wenn ein Arzt zur Behandlung eines Prostatakarzinoms die HIFU – Methode anwendet, kann er die Behandlung nach den Gebührenziffern 1778, 1777 und 706 GOÄ abrechnen, wobei der Kosten- und Zeitaufwand über den Steigerungssatz von 3,5 abgefangen werden kann.
Aktenzeichen: OLG Frankfurt, 23.10.2008, AZ: 3 U 145/07
Entscheidungsjahr: 2008

1779 **Totale Entfernung der Prostata einschließlich der Samenblasen** **2590** 347,22
150,96 528,37

Ausschluss: Neben Nr. 1779 sind folgende Nrn. nicht abrechnungsfähig: 1777, 1778, 1784, 1808

1780 **Plastische Operation zur Behebung der Harninkontinenz** **1850** 248,01
107,83 377,41

Ausschluss: Neben Nr. 1780 sind folgende Nrn. nicht abrechnungsfähig: 1125, 1128, 1781

Hinweis LÄK: **Anmerkung der Bayerischen Landesärztekammer** vom 25.06.2004 (Quelle: GOÄ-Datenbank http://www.blaek.de/) –
Rekonstruktion des Blasenhalses sowie Schließmuskelfunktion nach radikaler Prostatektomie
Für die Rekonstruktion des Blasenhalses sowie der Schließmuskelfunktion nach radikaler Prostatektomie kann die Nr. 1780 analog berechnet werden.
Die Nr. **1780 analog kann neben der Nr. 1784 berechnet werden.**
(Diese Interpretation wurde bisher nicht mit der privaten Krankenversicherung und Beihilfe konsentiert – jedoch Abstimmung mit der Bundesärztekammer und der Deutschen Gesellschaft für Urologie)

1780 analog **Abrechnung der TVT-Operation (Tension-free-Vaginal-Tape-Operation) zur Behandlung der Harninkontinenz (analog Nr. 1780) –** **1850** 248,01
107,83 377,41
Beschluss des Gebührenordnungsausschusses der BÄK in seiner 4. Sitzung (Amtsperiode 2011/2015) am 19. März 2012 – Dtsch. Arztebl 2012; 109(19): A-987/B-851/C-843:

GOÄ-Ratgeber der BÄK: **Abrechnung der TVT-Operation**
Dr. med. Tina Wiesener in Dtsch Arztebl 2014; 111(14): A-608/B-524/C-504
http://www.aerzteblatt.de/archiv/158370
Die Autorin weist auf Probleme zwischen Kostenträgern und Ärzten hin, die sich durch Abrechnung neuer urologischen Verfahren ergeben und nennt einen Fall:
... „So wird zum Beispiel im Zusammenhang mit der Inrechnungstellung der operativen Einlage eines Kunststoffbandes (z. B. Tension-free Vaginal Tape Operation, TVT-Operation) zur Behandlung der Stressinkontinenz in der gynäkologischen Urologie diskutiert, wie dieser Eingriff auf der Grundlage der GOÄ zutreffend abzubilden ist..."
... „Bei der Abrechnung der TVT-Operation taucht dabei immer wieder die Frage auf, ob dieser Eingriff der Nr. 1780 „Plastische Operation zur Behebung der Harninkontinenz" oder der Nr. 1781 GOÄ „Operative Behandlung der Harninkontinenz mittels Implantation eines künstlichen Schließmuskels" im Analogabgriff zuzuordnen ist.
Bei der TVT-Operation wird ein Kunststoffband transvaginal unter den mittleren Abschnitt der Urethra platziert, und die beiden freien Enden werden hinter dem Schambein möglichst spannungsfrei („tension-free") nach oben gezogen, wo sie in dem umgebenden Gewebe verwachsen (retropubisches Verfahren). Beschrieben ist auch ein transobturatorisches Vorgehen, bei dem die beiden Bandenden zur Seite durch das Foramen obturatum gezogen werden (TOT-Operation)..."
Wir zitieren weiter: ... „Bei den beschriebenen Verfahren handelt es sich insoweit durchaus um Eingriffe zur „... Behebung der Harninkontinenz" gemäß der Leistungslegende der Nr. 1780 GOÄ, nicht jedoch um Operatio-

nen zur Behandlung der Harninkontinenz mit Eingriff im Bereich des Schließmuskels, wie mit der Nr. 1781 GOÄ („... Implantation eines künstlichen Schließmuskels") abgebildet. Von daher erscheint die Heranziehung der Nr. 1780 GOÄ im Analogabgriff für die Abbildung der TVT-Operation als eine gleichwertige Leistung am ehesten zutreffend.
Vor dem Hintergrund der immer wieder auftretenden Unsicherheiten bei der Inrechnungstellung dieses Verfahrens als privatärztliche Leistung hat sich auch die Bundesärztekammer (BÄK) mit der Frage der Abrechnung der TVT-Operation befasst. Der BÄK-Vorstand hat in seiner 10. Sitzung (Amtsperiode 2011/2015) am 19./20. April 2012 nachfolgende – vom BÄK-Ausschuss „Gebührenordnung" in seiner 4. Sitzung (Amtsperiode 2011/2015) am 19. März 2012 befürwortete – Abrechnungsempfehlung beschlossen (DÄ, Heft 19/2012): „Abrechnung der TVT-Operation (Tension-free Vaginal Tape Operation) zur Behandlung der Harninkontinenz, analog Nr. 1780 GOÄ..."
Die Autorin rät, dien Vorschlag der Bundesärztekammer zur Abrechnung bei der Liquidation einer TVT-Operation zu berücksichtigen, ... „da die liquidierende Ärztin/der liquidierende Arzt ansonsten Gefahr läuft, dass ihre/seine Liquidation kritisiert und letztlich nicht anerkannt wird. ..."

1781 Operative Behandlung der Harninkontinenz mittels Implantation eines künstlichen Schließmuskels

2770 371,35
161,46 565,10

Ausschluss: Neben Nr. 1781 sind folgende Nrn. nicht abrechnungsfähig: 1125, 1128, 1780

1782 Transurethrale Resektion des Harnblasenhalses bei der Frau

1110 148,81
64,70 226,45

Tipp: Bei ambulanter OP: Zuschlag nach Nr. 444 nicht vergessen!

1783 Pelvine Lymphknotenausräumung, als selbständige Leistung

1850 248,01
107,83 377,41

Ausschluss: Neben Nr. 1783 sind folgende Nrn. nicht abrechnungsfähig: 1166, 1167, 1779, 1784

Beschluss BÄK: ► **Radikale Nephrektomie bei Nierenzellkarzinom**
(www.baek.de/30/Gebuehrenordnung/40Abrechnung/30Beschluesse/Urologie/Nephrektomie.html)
Beschluss des „Zentralen Konsultationsausschuss für Gebührenordnungsfragen" bei der Bundesärztekammer – Stand: 13.10.2006 – veröffentlicht in: Deutsches Ärzteblatt 103, Heft 41 (13.10.2006), Seite A-2739 – A2741
Bei einer über das regionäre Lymphabstromgebiet (nach gültiger TNM-Klassifikation) hinausgehenden, ausgedehnten extraregionären Lymphknotenentfernung (auch transabdominal oder transthorakal) kann Nr. 1783 GOÄ analog (1850 P.) für die extraregionäre Lymphknotenentfernung als selbstständige Leistung neben der Nr. 1843 GOÄ berechnet werden.
Zusätzlich ist bei eindeutiger medizinischer Indikation (z.B. Verdacht auf Infiltration oder metastatischen Befall) die Entfernung der Nebenniere nach Nr. 1858 GOÄ (3230 P.) als selbstständige Leistung neben Nr. 1843 GOÄ berechnungsfähig.
Die bei fortgeschrittenem Tumorstadium ggf. medizinisch erforderliche Entfernung von Tumorthromben in der Vena cava ist als selbstständige Leistung entsprechend Nr. 2802 GOÄ (2220 P.) neben Nr. 1843 GOÄ berechnungsfähig.
Erfolgt neben der Nephrektomie nach Nr. 1843 GOÄ ein weiterer Eingriff (z.B. nach Nr. 1858 GOÄ) über denselben transabdominellen bzw. transthorakalen Zugang, so ist bei dieser Leistung die Eröffnungsleistung nach Nr. 3135 GOÄ (transabdominaler Zugang) oder Nr. 2990 GOÄ (transthorakaler Zugang) abzuziehen.

1783 analog Extraregionäre Lymphknotenentfernung – (analog Nr. 1783 GOÄ) – n. Beschlüssen d. Zentralen Konsultationsausschusses bei d. BÄK

1850 248,01
107,83 377,41

GOÄ-Ratgeber der BÄK: Siehe auch Ratgeber zu Nr. 1809

1784 Totale Entfernung der Prostata und der Samenblasen einschließlich pelviner Lymphknotenentfernung

3500 469,21
204,01 714,02

Ausschluss: Neben Nr. 1784 sind folgende Nrn. nicht abrechnungsfähig: 1777, 1779, 1783

Hinweis LÄK: **Anmerkung der Bayerischen Landesärztekammer** vom 25.06.2004 (Quelle: GOÄ-Datenbank http://www.blaek.de/) –
Pelvine Lymphknotenentfernung bei radikaler Prostatektomie
Die Entfernung der pelvinen Lymphknoten im Rahmen der operativen Behandlung eines Prostatakarzinoms ist mit Ansatz der Nr. 1784 abgegolten, auch bei größerer Radikalität des Eingriffs entsprechend modernem Operationsstandard.

GOÄ-Nr. Punktzahl 1fach 2,3 / *1,8 3,5 / *2,5

Die intraoperative Einführung eines Darmrohrs im Rahmen einer radikalen Prostatektomie ist als flankierende Hilfsmaßnahme zur Durchführung der Operation zu werten und kann nicht als selbständige Leistung neben Nr. 1784 berechnet werden.
(Diese Interpretation wurde bisher nicht mit der privaten Krankenversicherung und Beihilfe konsentiert – jedoch Abstimmung mit der Bundesärztekammer und der Deutschen Gesellschaft für Urologie)

1785 Zystoskopie

207 12,07 27,75 42,23

Ausschluss: Neben Nr. 1785 sind folgende Nrn. nicht abrechnungsfähig: 1700, 1701, 1702, 1708, 1712, 1728 – 1733, 1786 – 1790, 1800, 1802, 1803

GOÄ-Ratgeber der BÄK: Siehe GOÄ-Ratgeber bei Nr. 1802.

1786 Zystoskopie einschließlich Entnahme von Gewebematerial

355 20,69 47,59 72,42

Ausschluss: Neben Nr. 1786 sind folgende Nrn. nicht abrechnungsfähig: 1700, 1701, 1702, 1708, 1712, 1728 – 1733, 1785, 1787, 1789, 1800, 1802, 1803

Tipp: Bei photodynamischer Diagnostik (PDD) zusätzlich Nr. 1248 analog abrechnen.

1787 Kombinierte Zystourethroskopie

252 14,69 33,78 51,41

Ausschluss: Neben Nr. 1787 sind folgende Nrn. nicht abrechnungsfähig: 1700, 1701, 1702, 1708, 1712, 1728 – 1733, 1785, 1786, 1789, 1800, 1802, 1803

GOÄ-Ratgeber der BÄK: Siehe GOÄ-Ratgeber bei Nr. 1802.

Beschluss BÄK: **Beschluss des Gebührenordnungsausschusses der BÄK in seiner 4. Sitzung (Amtsperiode 2011/ 2015) am 19. März 2012 – Dtsch. Arztebl 2012; 109(19): A-987/B-851/C-843:**
Abrechnung der Zystourethroskopie (bei Anwendung eines flexiblen Instruments)
Die Zystourethroskopie ist nach Nr. 1787 GOÄ abzurechnen, unabhängig davon, ob ein starres oder ein flexibles Instrument verwendet wird. Den durch die Anwendung eines flexiblen Instruments verbundenen höheren Kosten (im Vergleich zur Verwendung eines starren Instruments) kann durch die Wahl eines höheren Gebührensatzes entsprochen werden.

1788 Zystoskopie mit Harnleitersondierung

296 17,25 39,68 60,39

Ausschluss: Neben Nr. 1788 sind folgende Nrn. nicht abrechnungsfähig: 1700, 1701, 1702, 1708, 1712, 1728 – 1733, 1785, 1786, 1787, 1789, 1790, 1800, 1802, 1803

Analog: Nr. 1788 analog für transvesikale Nierenbeckendrainage bei Nierenstauung ansetzen.

GOÄ-Ratgeber der BÄK: Siehe bei GOÄ-Nr. 1802.

1789 Chromocystoskopie – einschließlich intravenöser Injektion –

325 18,94 43,57 66,30

Ausschluss: Neben Nr. 1789 sind folgende Nrn. nicht abrechnungsfähig: 253, 1700, 1701, 1702, 1708, 1712, 1728 – 1733, 1785, 1786, 1788, 1790, 1800, 1802, 1803

Hinweis LÄK: **Anmerkung der Bayerischen Landesärztekammer** vom 25.06.2004 (Quelle: GOÄ-Datenbank http://www.blaek.de/)
Fluoreszenzendoskopie
Die Fluoreszenzendoskopie, einschließlich Instillation des Farbstoffs, kann die Nr. 1789 analog berechnet werden.
Die Kosten für den je Sitzung verbrauchten Farbstoff können entsprechend § 10 Abs. 1 Nr. 1 GOÄ als Ersatz von Auslagen geltend gemacht werden.
(Beschlussvorschlag des Ausschusses Gebührenordnung der Bundesärztekammer)

1789 analog Fluoreszenzendoskopie – (analog Nr. 1789 GOÄ) – n. Abrechnungsempfehlung der BÄK

325 18,94 43,57 66,30

GOÄ-Nr.		Punktzahl 1fach	2,3 / *1,8 3,5 / *2,5

1790 **Zystoskopie mit Harnleitersondierung(en) – einschließlich Einbringung von Medikamenten und/oder Kontrastmitteln in das Nierenbecken –** **370** 21,57 | 49,60 75,48

Ausschluss: Neben Nr. 1790 sind folgende Nrn. nicht abrechnungsfähig: 253, 344 - 347, 370, 1700, 1701, 1702, 1708, 1712, 1728 – 1733, 1785 – 1789, 1800, 1802, 1803

GOÄ-Ratgeber der BÄK: Siehe GOÄ-Ratgeber bei Nr. 1802.

1791 **Tonographische Untersuchung der Harnblase und/oder Funktionsprüfung des Schließmuskels einschließlich Katheterisierung** **148** 8,63 | 19,84 30,19

Ausschluss: Neben Nr. 1791 sind folgende Nrn. nicht abrechnungsfähig: 1728 – 1733

Hinweis LÄK: **Anmerkung der Bayerischen Landesärztekammer** vom 25.06.2004 (Quelle: GOÄ-Datenbank http://www.blaek.de/) –
Niederdruckirrigation bei TURP
Für die Niederdruckirrigation bei transurethraler Prostataresektion (kontinuierliche Drainage der Spülflüssigkeit über einen zusätzlichen Abflusskanal im Resektoskop oder suprapubischen Zusatz-Trokar) kann die Nr. 1791 analog berechnet werden.
(Indikation: Prophylaxe des TUR-Systems).
Die Nr. 1791 analog kann neben Nr. 1778 berechnet werden.
(Diese Interpretation wurde bisher nicht mit der privaten Krankenversicherung und Beihilfe konsentiert – jedoch Abstimmung mit der Bundesärztekammer und der Deutschen Gesellschaft für Urologie)

Kommentar: Siehe A 704 Analtonometrie (analog Nr. 1791)

1791 analog **Niederdruckirrigation bei TURP – (analog Nr. 1791 GOÄ) – n. Abrechnungsempfehlung der BÄK** **148** 8,63 | 19,84 30,19

1792 **Uroflowmetrie einschließlich Registrierung** **212** 12,36 | 28,42 43,25

Tipp: Neben Nr. 1792 ist die Nr. 1791 abrechenbar.

1793 **Manometrische Untersuchung der Harnblase mit fortlaufender Registrierung – einschl. physikalischer Provokationstests** **400** 23,31 | 53,62 81,60
Die Injektion von pharmakodynamischen Substanzen ist gesondert berechnungsfähig.

Ausschluss: Neben Nr. 1793 sind folgende Nrn. nicht abrechnungsfähig: 1700, 1701, 1710, 1728 – 1733, 1794

1794 **Simultane elektromanometrische Blasen- und Abdominaldruckmessung mit fortlaufender Registrierung – einschließlich physikalischer Provokationstests –** **680** 39,64 | 91,16 138,72
Die Injektion von pharmakodynamischen Substanzen ist gesondert berechnungsfähig.
Neben der Leistung nach Nummer 1794 ist die Leistung nach Nummer 1793 nicht berechnungsfähig.

Ausschluss: Neben Nr. 1794 sind folgende Nrn. nicht abrechnungsfähig: 1700, 1701, 1710, 1728 – 1733, 1793

1795 **Anlegung einer perkutanen Harnblasenfistel durch Punktion einschließlich Kathetereinlegung** **273** 15,91 | 36,60 55,69

Ausschluss: Neben Nr. 1795 sind folgende Nrn. nicht abrechnungsfähig: 1796, 1801

GOÄ-Nr.		Punktzahl / 1fach	2,3 / *1,8 / 3,5 / *2,5
1796	**Anlegung einer Harnblasenfistel durch Operation**	**739** / 43,07	99,07 / 150,76

Ausschluss: Neben Nr. 1796 sind folgende Nrn. nicht abrechnungsfähig: 1795, 1801

Hinweis LÄK: **Anmerkung der Bayerischen Landesärztekammer** vom 25.06.2004 (Quelle: GOÄ-Datenbank http://www.blaek.de/) –
Anlegen eines Urostomas
Für das Anlegen eines Urostomas (Blasen-Haut-Fistel oder Urethra-Haut-Fistel) kann die Nr. 1796 analog berechnet werden.
(Beschlussvorschlag des Ausschusses Gebührenordnung der Bundesärztekammer)

1796 analog	**Anlegen eines Urostomas – (analog Nr. 1796 GOÄ) – n. Abrechnungsempfehlung der BÄK**	**739** / 43,07	99,07 / 150,76
1797	**Ausräumung einer Bluttamponade der Harnblase, als selbständige Leistung**	**355** / 20,69	47,59 / 72,42

Kommentar: Nach Wezel / Liebold sind erforderlich Nebenleistungen wie Katheterisierung, Spülung oder Punktion im Leistungsumfang der Nr. 1797 enthalten und damit nicht zusätzlich berechnungsfähig.

1798	**Urethradruckprofilmessung mit fortlaufender Registrierung – einschließlich physikalischer Provokationstests –**	**550** / 32,06	73,73 / 112,20

Neben den Leistungen nach den Nummern 1793, 1794 und 1798 sind die Leistungen nach den Nummern 1700, 1701, 1710, 1728, 1729, 1730, 1731, 1732 und 1733 nicht berechnungsfähig.

Ausschluss: Neben Nr. 1798 sind folgende Nrn. nicht abrechnungsfähig: 1700, 1701, 1702, 1710, 1728 – 1733

Tipp: Bei ambulanter OP: Zuschlag nach Nr. 442 nicht vergessen.

1799	**Nierenbeckendruckmessung**	**150** / 8,74	20,11 / 30,60
1800	**Zertrümmerung und Entfernung von Blasensteinen unter endoskopischer Kontrolle, je Sitzung**	**1480** / 86,27	198,41 / 301,93

Ausschluss: Neben Nr. 1800 sind folgende Nrn. nicht abrechnungsfähig: 1712, 1785 – 1790, 1802, 1803

Hinweis LÄK: **Anmerkung der Bayerischen Landesärztekammer** vom 25.06.2004 (Quelle: GOÄ-Datenbank http://www.blaek.de/) –
– Perkutane Nephrolitholapaxie (PNL oder PCNL)
Für die perkutane Nephrolitholapaxie (PNL oder PCNL) – mit Ausnahme von Nierenausgusssteinen – einschließlich pyeloskopischer Entfernung der Steinfragmente und Anlage einer Nierenfistel, kann analog die Nr. 1800 plus 1851 berechnet werden (Indikation: große Nierenbecken- und Kelchkonkremente).
(Ablauf: Ultraschallgeführte Punktion des Nierenbeckenkelchsystems, KM-Darstellung der Konkremente, Aufbougierung des Punktionskanals, Spiegelung, Zertrümmerung – z.B. mittels Ultraschallbohrer, Laser – und Entfernung der Fragmente, erneute KM-Kontrolle, Katheterisierung/Fistelbildung).
Die Nr. 1790 (diagnostische Pyeloskopie) ist neben den Nrn. 1800 plus 1851 analog ansatzfähig.
(Diese Interpretation wurde bisher nicht mit der privaten Krankenversicherung und Beihilfe konsentiert – jedoch Abstimmung mit der Bundesärztekammer und der Deutschen Gesellschaft für Urologie)
– Endoskopische Litholapaxie
Für die transurethrale endoskopische Litholapaxie von Harnleitersteinen einschließlich Harnleiterbougierung, intrakorporaler Steinzertrümmerung und endoskopischer Entfernung der Steinfragmente, ggf. einschließlich retrograder Steinreposition sind analog die Nrn. 1800 plus 1827 berechnungsfähig.
Die Nr. 1790 ist neben den Nrn. 1800 plus 1827 analog berechnungsfähig.
(Diese Interpretation wurde bisher nicht mit der privaten Krankenversicherung und Beihilfe konsentiert – jedoch Abstimmung mit der Bundesärztekammer und der Deutschen Gesellschaft für Urologie)

Tipp: Bei ambulanter OP: Zuschlag nach Nr. 445 nicht vergessen!

GOÄ-Nr.		Punktzahl 1fach	2,3 / *1,8 3,5 / *2,5
1800 analog	**Extrakorporale Stoßwellentherapie (ESWT) bei orthopädischen, chirurgischen oder schmerztherapeutischen Indikationen, (analog Nr. 1800 GOÄ), je Sitzung – n. Abrechnungsempfehlung der BÄK**	**1480** 86,27	198,41 301,93

GOÄ-Ratgeber der BÄK: **Zur Abrechnung der extrakorporalen Stoßwellentherapie**

Dr. med. Stefan Gorlas, Deutsches Ärzteblatt 111. Heft 31–32 (04.08.2014), S. A-1380 – http://www.bundesaerztekammer.de/page.asp?his=1.108.4144.4289.12323

Der Autor empfiehlt, vor der Behandlung den Patienten schriftlich darüber zu informieren, dass eine vollständige Übernahme der Behandlungskosten nicht gewährleistet ist.

Die Abrechnung der GOÄ-Nr. 1800 analog ist nur bei sogenannten Großgeräten mit Ortungseinrichtung und potentiell hochenergetischer Energiedichte möglich.

Der Zuschlag nach GOÄ-Nr. 445 für eine ambulante OP ist neben GOÄ-Nr. 1800 analog (ESWT) nicht berechnungsfähig.

IGeL: Analoge Anwendung für die Stoßwellentherapie bei orthopädischen Erkrankungen, z.B.

- Pseudarthrosen
- Tensinosis calcarea
- Epicondylitis (therapieresistent)
- Fersensporn (therapieresistent)

1801	**Operative Eröffnung der Harnblase zur Entfernung von Steinen und/oder Fremdkörpern und/oder Koagulation von Geschwülsten – gegebenenfalls einschließlich Anlegung eines Fistelkatheters –**	**1480** 86,27	198,41 301,93
1801 analog	**Offene transvesikale Adenotomie bei BPH**	**1480** 86,27	198,41 301,93

Hinweis LÄK: Trotz Wechsel des OP-Standards bei BPH (standardmäßig transurethrale Vorgehensweise, nur noch in besonderen Fällen offene Adenotomie) ist wegen der umfassenden Leistungsbeschreibung der Nr. 1778 die Berechnung eines aus heutiger Sicht besonderen Zugangswegs zur Proststa neben der Nr. 1778 nicht möglich. Es kann weder die Nr. 1801, 1721, 1780, 1796 noch eine andere Gebührenordnungsposition zusätzlich analog herangzogen werden.

(Diese Interpretation wurde bisher nicht mit der PKV und Beihilfe konsentiert – jedoch Abstimmung mit der BÄK und der Deutschen Gesellschaft für Urologie)

1802	**Transurethrale Eingriffe in der Harnblase (z.B. Koagulation kleiner Geschwülste und/oder Blutungsherde und/oder Fremdkörperentfernung) unter endoskopischer Kontrolle – auch einschließlich Probeexzision –**	**739** 43,07	99,07 150,76

Ausschluss: Neben Nr. 1802 sind folgende Nrn. nicht abrechnungsfähig: 1712, 1785 – 1790, 1800, 1803

GOÄ-Ratgeber der BÄK: ► **Abrechnung urologischer Leistungen (I)**

Dr. med. Tina Wiesener in Deutsches Ärzteblatt 112, Heft 7 (13.02.2015), S. A-294

http://www.bundesaerztekammer.de/aerzte/gebuehrenordnung/goae-ratgeber/abschnitt-k-urologie/urologische-leistungen-i/

Dr. Wiesner nimmt Stellung zur Frage, ..."ob die einer Leistung nach Nr. 1802 GOÄ „Transurethrale Eingriffe in der Harnblase (zum Beispiel Koagulation kleiner Geschwülste und/oder Blutungsherde und/oder Fremdkörperentfernung) unter endoskopischer Kontrolle – auch einschließlich Probeexcision –" oder Nr. 1803 GOÄ „Transurethrale Resektion von großen Harnblasengeschwülsten unter endoskopischer Kontrolle, je Sitzung" in vielen Fällen im Rahmen desselben Eingriffs vorangehende diagnostische „Zystoskopie" (Nr. 1785 GOÄ) oder „Kombinierte Zystourethroskopie" (Nr. 1787) gesondert berechnet werden kann..."

Die Autoren stellt fest: ..." die Leistungen nach den Nrn. 1785 und 1787 GOÄ eigenständige diagnostische Eingriffe dar, die den therapeutischen transurethralen Eingriffen nach den Nrn. 1802 beziehungsweise 1803, auch in einer Sitzung, vorangehen können ..."

Siehe auch den Beschluss der BÄK unter GOÄ Nr. 1787.

Dr. Wiesener führt weiter aus: ..."Wer die einem transurethralen endoskopischen Eingriff vorangehende diagnostische Zystoskopie beziehungsweise Zystourethroskopie nicht explizit dokumentiert oder eine flexible Blasenspiegelung über eine zusätzliche in der Rechnung aufgeführte Gebührenposition (zum Beispiel mit der Nr. 682 GOÄ analog) zur Abrechnung bringt, läuft Gefahr, dass seine Liquidation kritisiert und letztlich nicht anerkannt wird..."

► **Abrechnung urologischer Leistungen (II)**

Dr. med. Tina Wiesener in in Deutsches Ärzteblatt 112, Heft 9 (27.02.2015), S. A-385

http://www.bundesaerztekammer.de/aerzte/gebuehrenordnung/goae-ratgeber/abschnitt-k-urologie/urologische-leistungen-ii/

Dr. Wiesner führt zur Frage, wie die Erbringung von Zusatzleistungen im Rahmen der Zystoskopie zutreffend in Ansatz zu bringen ist, aus:

... „Die „Zystoskopie mit Harnleitersondierung“ wird mit der Nr. 1788 GOÄ abgebildet. Erfolgt ergänzend hierzu eine Einbringung von Medikamenten und/oder Kontrastmitteln in das Nierenbecken, so ist diese Leistung mit der Nr. 1790 GOÄ „Zystoskopie mit Harnleitersondierung(en) – einschließlich Einbringung von Medikamenten und/oder Kontrastmitteln in das Nierenbecken –“ in Ansatz zu bringen...
... Zu beachten ist hierbei, dass Nr. 1788 GOÄ auf den Singular („Harnleiter“) bezogen ist. Bei Sondierung beider Harnleiter im Rahmen der Zystoskopie scheidet ein zweifacher Ansatz der Nr. 1788 GOÄ gleichwohl aus, da hieraus ein höheres Honorar resultieren würde als bei Ansatz der Nr. 1790 GOÄ, die die Harnleitersondierung, auch in der Mehrzahl („Harnleitersondierung(en)“), beinhaltet. Vor diesem Hintergrund erscheint der Ansatz der Nr. 1790 GOÄ (gegebenenfalls im Analogabgriff) für eine Zystoskopie mit doppelseitiger Harnleitersondierung, auch wenn keine „Einbringung von Medikamenten und/oder Kontrastmitteln in das Nierenbecken“ erfolgte, vertretbar (vgl. Kommentierung nach Brück et al. zu Nr. 1788 GÖÄ, hier Rand-Nr. 2, Deutscher Ärzte-Verlag)...“
Bei zusätzlicher Einlage einer ...“Ureterverweilschiene beziehungsweise eines Ureterkatheters, so ist diese mit der Nr. 1812 GOÄ (ggf. zweimal bei beidseitigem Vorgehen) und die (spätere) Entfernung derselben mit der Nr. 1802 GOÄ gesondert berechnungsfähig...
... Erfolgt eine diagnostische „Zystoskopie einschließlich Entnahme von Gewebematerial“ so ist die Nr. 1786 GOÄ und nicht die Nr. 1785 GOÄ und zusätzlich Nr. 2402 GOÄ („Probeexzision aus tief liegendem Körpergewebe [zum Beispiel Fettgewebe, Faszie, Muskulatur)] oder aus einem Organ ohne Eröffnung einer Körperhöhle [zum Beispiel Zunge])“ in Ansatz zu bringen...“

Tipp: Bei ambulanter OP: Zuschlag nach Nr. 443 nicht vergessen!

1803	**Transurethrale Resektion von großen Harnblasengeschwülsten unter endoskopischer Kontrolle, je Sitzung**	**1110** 64,70	148,81 226,45

Neben der Leistung nach Nummer 1803 ist die Leistung nach Nummer 1802 nicht berechnungsfähig.

GOÄ-Ratgeber der BÄK: Siehe GOÄ-Ratgeber bei Nr. 1802.

Ausschluss: Neben Nr. 1803 sind folgende Nrn. nicht abrechnungsfähig: 1712, 1785 – 1790, 1800, 1802

1804	**Operation von Harnblasendivertikel(n), als selbständige Leistung**	**1850** 107,83	248,01 377,41

Ausschluss: Neben Nr. 1804 sind folgende Nrn. nicht abrechnungsfähig: 1780, 1781

1805	**Operation einer Harnblasengeschwulst mit Teilresektion**	**1850** 107,83	248,01 377,41

Ausschluss: Neben Nr. 1805 ist folgende Nr. nicht abrechnungsfähig: 1806

1806	**Operation einer Harnblasengeschwulst mit Teilresektion und Verpflanzung eines Harnleiters**	**2220** 129,40	297,61 452,89

Ausschluss: Neben Nr. 1806 sind folgende Nrn. nicht abrechnungsfähig: 1805, 1808, 1823

1807	**Operative Bildung einer Harnblase aus Ileum oder Kolon**	**4070** 237,23	545,63 830,30

1808	**Totale Exstirpation der Harnblase mit Verpflanzung der Harnleiter – gegebenenfalls einschließlich Prostata-, Harnröhre- und/oder Samenblasenentfernung –**	**4800** 279,78	643,49 979,23

Ausschluss: Neben Nr. 1808 sind folgende Nrn. nicht abrechnungsfähig: 1823, 1824

1809	**Totale retroperitoneale Lymphadenektomie**	**4610** 268,70	618,02 940,47

Ausschluss: Neben Nr. 1809 sind folgende Nrn. nicht abrechnungsfähig: 1166, 1167

GOÄ-Ratgeber der BÄK: ▶ **Die totale retroperitoneale Lymphadenektomie**
Dr. med. Stefan Gorlas (in: Deutsches Ärzteblatt 107, Heft 20 (21.05.2010), S. A 1040) – http://www.baek.de/page.asp?his=1.108.4144.4287.8612
In der GOÄ gibt es keine eigenständigen Positionen für die Ausräumung von Lymphabflussgebieten.
„Da die Lymphadenektomie im Rahmen des vorgenannten Eingriffs heutzutage oft noch ausgedehnter durchgeführt wird, kann diese nach Auffassung der BÄK in der Regel mit einem Analogansatz der Nr. 1783 GOÄ (abzüglich der Eröffnungsleistung) neben dem Ansatz der Nr. 3169 GOÄ für den Haupteingriff berechnet werden."

1812 Anlegen einer Ureterverweilschiene bzw. eines Ureterkatheters

340	45,58
19,82	69,36

Die Kosten für die Schiene bzw. den Katheter sind gesondert berechnungsfähig.

Hinweis LÄK: **Anmerkung der Bayerischen Landesärztekammer** vom 25.06.2004 (Quelle: GOÄ-Datenbank http://www.blaek.de/) –
Einlage eines Doppel-J-Katheters
Für die Einlage eines Doppel-J-Katheters in den Ureter ist die Nr. 1812 anzuwenden.
Die Nr. 1812 kann ggf. neben Nr. 1800 plus 1827 analog (endoskopische Litholapaxie) angesetzt werden und stellt auch keinen Bestandteil der Leistungen nach den Nrn. 1815 oder 1827 dar.
(Diese Interpretation wurde bisher nicht mit der privaten Krankenversicherung und Beihilfe konsentiert – jedoch Abstimmung mit der Bundesärztekammer und der Deutschen Gesellschaft für Urologie)

1814 Harnleiterbougierung

900	120,65
52,46	183,60

Ausschluss: Neben Nr. 1814 sind folgende Nrn. nicht abrechnungsfähig: 1827, 1828

Rechtsprechung: **Aufwendungen aufgrund einer Prostata – OP**
Nr. 1814 GOÄ kann nicht zum Ansatz kommen, wenn die Harnleiterbougierung lediglich erfolgt, um Instrumente überhaupt erst einführen zu können ..
Dagegen ist der Ansatz der **Nr. 2402 GOÄ** [Probeexzision aus tiefliegendem Körpergewebe (z. B. Fettgewebe, Faszie, Muskulatur) oder aus einem Organ ohne Eröffnung einer Körperhöhle (wie Zunge)] gerechtfertigt. Zwar wird die Auffassung vertreten, dass eine Probeexzision aus dem Bereich des Operationsfeldes während einer anderen Operation nicht vom Leistungsinhalt der Nrn. 2401 und 2402 GOÄ erfasst wird (vgl. Brück, a.a.O., S. 793; Lang/Schäfer/Stiel/Vogt, Der GOÄ-Kommentar, 2. Aufl. [2006], L 63). Das Gericht schließt sich aber der Auffassung von Hoffmann/Kleinken (a.a.O., Nrn. 2380 bis 2408 (L) [17]) an, die überzeugend ist. Danach besteht die Indikation zur gesonderten Probeexzision während einer anderen Operation, wenn aus der histologischen Untersuchung der Probeexzision (im sog. „Schnellschnitt") Konsequenzen für die Durchführung der weiteren Operation oder notwendige Weiterungen des operativen Vorgehens entstehen oder wenn die Entnahme gesonderter Probeexzisionen erforderlich ist, um daraus Entscheidungen für das postoperative therapeutische Vorgehen zu treffen.
Aktenzeichen: VG Stuttgart, 29.11.2012, AZ: 12 K 3019/12
Entscheidungsjahr: 2012

1815 Schlingenextraktion oder Versuch der Extraktion von Harnleitersteinen – gegebenenfalls einschließlich Schlitzung des Harnleiterostium –

1110	148,81
64,70	226,45

Die Kosten für die Schlinge sind nicht gesondert berechnungsfähig.

Tipp: Bei ambulanter OP: Zuschlag nach Nr. 444 nicht vergessen!

1816 Schlitzung des Harnleiterostiums, als selbständige Leistung

481	64,48
28,04	98,13

Ausschluss: Neben Nr. 1816 ist folgende Nr. nicht abrechnungsfähig: 1815

Tipp: Bei ambulanter OP: Zuschlag nach Nr. 442 nicht vergessen!

GOÄ-Nr.		Punktzahl / 1fach	2,3 / *1,8 / 3,5 / *2,5
1817	**Operative Entfernung eines oder mehrerer Harnleitersteine(s)**	**2220** / 129,40	297,61 / 452,89
1818	**Ureterektomie – gegebenenfalls einschließlich Blasenmanschette –**	**2770** / 161,46	371,35 / 565,10
1819	**Resektion eines Harnleitersegments mit End-zu-End-Anastomose**	**3750** / 218,58	502,73 / 765,02
1823	**Verpflanzung eines Harnleiters in Harnblase oder Darm oder Haut einschließlich Antirefluxplastik, einseitig**	**2590** / 150,96	347,22 / 528,37
Ausschluss:	Neben Nr. 1823 sind folgende Nrn. nicht abrechnungsfähig: 1806, 1808, 1824, 1825		
1824	**Verpflanzung beider Harnleiter in Harnblase oder Darm oder Haut einschließlich Antirefluxplastik, beidseitig**	**3330** / 194,10	446,42 / 679,34
Ausschluss:	Neben Nr. 1824 sind folgende Nrn. nicht abrechnungsfähig: 1806, 1808, 1823, 1825		
1825	**Harnleiterplastik (z.B. durch Harnblasenlappen) einschließlich Antirefluxplastik**	**2770** / 161,46	371,35 / 565,10
Ausschluss:	Neben Nr. 1825 sind folgende Nrn. nicht abrechnungsfähig: 1806, 1808, 1823, 1824		
1826	**Eröffnung eines paranephritischen Abszesses**	**463** / 26,99	62,07 / 94,45
Ausschluss:	Neben Nr. 1826 sind folgende Nrn. nicht abrechnungsfähig: 1830, 2430		
1827	**Ureterorenoskopie mit Harnleiterbougierung – gegebenenfalls einschließlich Stein- und/oder Tumorentfernung –, zusätzlich zu den Leistungen nach den Nummern 1785, 1786 oder 1787**	**1500** / 87,43	201,09 / 306,01
Ausschluss:	Neben Nr. 1827 sind folgende Nrn. nicht abrechnungsfähig: 1814, 1815, 1817, 1828		
Tipp:	Bei ambulanter OP: Zuschlag nach Nr. 445 nicht vergessen!		
1828	**Ureterpyeloskopie – gegebenenfalls einschließlich Gewebeentnahme/Steinentfernung –**	**1500** / 87,43	201,09 / 306,01
Ausschluss:	Neben Nr. 1828 sind folgende Nrn. nicht abrechnungsfähig: 1814, 1815, 1817, 1827		
1829	**Harnleiterfreilegung (Ureterolyse bei retroperitonealer Fibrose und gegebenenfalls intraperitonealen Verwachsungen des Harnleiters)**	**2590** / 150,96	347,22 / 528,37
Ausschluss:	Neben Nr. 1829 ist folgende Nr. nicht abrechnungsfähig: 1829a		
1829a	**Ureterolyse, als selbständige Leistung**	**1110** / 64,70	148,81 / 226,45
	Die Leistungen nach den Nummern 1829 und 1829 a sind nicht nebeneinander berechnungsfähig.		
Ausschluss:	Neben Nr. 1829a ist folgende Nr. nicht abrechnungsfähig: 1829		

GOÄ-Nr.		Punktzahl / 1fach	2,3 / *1,8 / 3,5 / *2,5
1830	**Operative Freilegung einer Niere – gegebenenfalls mit Gewebeentnahme, Punktion und/oder Eröffnung eines paranephritischen Abszesses –**	**1110** / 64,70	148,81 / 226,45
Ausschluss:	Neben Nr. 1830 sind folgende Nrn. nicht abrechnungsfähig: 303, 315, 1826, 1831, 1832, 1835 – 1843, 2430		
Analog:	Nr. 1830 für Einlage eines float-J-Katheters mittels Ureteromie ansetzen.		
1831	**Dekapsulation einer Niere und/oder Senknierenoperation (Nephropexie), als selbständige Leistung**	**1480** / 86,27	198,41 / 301,93
Analog:	Nr. 1831 für Durchzugsnephrotomie (Nierendurchzugsfistel) ansetzen.		
1832	**Anlage einer Nierenfistel, als selbständige Leistung**	**1660** / 96,76	222,54 / 338,65
1833	**Wechsel eines Nierenfistelkatheters einschließlich Spülung und Verband**	**237** / 13,81	31,77 / 48,35
A 1833	**Wechsel eines suprapubischen Harnblasenfistelkatheters, einschl. Spülung, Katheterfixation und Verband (analog Nr. 1833 GOÄ) – n. Verzeichnis analoger Bewertungen d. Bundesärztekammer**	**237** / 13,81	31,77 / 48,35
1834	**Operation eines aberrierenden Nierengefäßes – ohne Eröffnung des Nierenbeckens –, als selbständige Leistung**	**1480** / 86,27	198,41 / 301,93
Ausschluss:	Neben Nr. 1834 sind folgende Nrn. nicht abrechnungsfähig: 1835 – 1840		
1835	**Trennung der Hufeisenniere**	**3230** / 188,27	433,02 / 658,94
1836	**Nierenpolresektion, als selbständige Leistung**	**2770** / 161,46	371,35 / 565,10
Ausschluss:	Neben Nr. 1836 sind folgende Nrn. nicht abrechnungsfähig: 1834, 1837		
1837	**Nierenpolresektion in Verbindung mit einer anderen Operation**	**1660** / 96,76	222,54 / 338,65
1838	**Nierensteinentfernung durch Pyelotomie**	**2220** / 129,40	297,61 / 452,89
Ausschluss:	Neben Nr. 1838 sind folgende Nrn. nicht abrechnungsfähig: 1834, 1839		
1839	**Nierenausgusssteinentfernung durch Nephrotomie**	**2770** / 161,46	371,35 / 565,10
Ausschluss:	Neben Nr. 1839 sind folgende Nrn. nicht abrechnungsfähig: 1834, 1838		
1840	**Nierenbeckenplastik**	**2770** / 161,46	371,35 / 565,10
Hinweis LÄK:	**Anmerkung der Bayerischen Landesärztekammer** vom 25.06.2004 (Quelle: GOÄ-Datenbank http://www.blaek.de/) – **– Endopyelotomie** Für die transurethrale Endopyelotomie, einschließlich Ureterorenoskopie mit Harnleiterbougierung, ggf. einschließlich Einlage einer Nierenfistel, kann die Nr. 1840 analog berechnet werden (Indikation: Nierenbecken-		

abgangsstenose; intrinsische/extrinsische – durch Gefäßüberkreuzungen – Stenosen; Durchführung: entweder perkutan oder transurethral).
Neben der Nr. 1840 analog ist die Nrn. 1790 (Zystoskopie mit Harnleitersondierung(en) berechnungsfähig.
Neben Nr. 1840 analog sind die Nrn. 1827 und 1851 nicht berechnungsfähig.
(Diese Interpretation wurde bisher nicht mit der privaten Krankenversicherung und Beihilfe konsentiert – jedoch Abstimmung mit der Bundesärztekammer und der Deutschen Gesellschaft für Urologie)

1841 **Nephrektomie** **2220** 297,61
129,40 452,89

Ausschluss: Neben Nr. 1841 sind folgende Nrn. nicht abrechnungsfähig: 1783, 1809, 1842, 1843, 1846, 1847, 1850, 2950, 2951

1842 **Nephrektomie – einschließlich Entfernung eines infiltrativ wachsenden Tumors (auch transabdominal oder transthorakal) –** **3230** 433,02
188,27 658,94

Ausschluss: Neben Nr. 1842 sind folgende Nrn. nicht abrechnungsfähig: 1783, 1809, 1841, 1843, 1846, 1847, 1850, 2950, 2951

Hinweis LÄK: **Anmerkung der Bayerischen Landesärztekammer** vom 25.06.2004 (Quelle: GOÄ-Datenbank http://www.blaek.de/) –
Organerhaltende Nierenzellkarzinomentfernung – Analog Abrechnung Nr. 1842 analog
Für die elektive organerhaltende Nierenzellkarzinomentfernung kann die Nr. 1842 analog berechnet werden.
(Beschlussvorschlag des Ausschusses Gebührenordnung der Bundesärztekammer)

1842 analog **Elektive organerhaltende Nierenzellkarzinomentfernung (Beschluss Ausschuss Gebührenordnung der Bundesärztekammer) – analog Nr. 1842** **3230** 433,02
188,27 658,94

1843 **Nephrektomie – einschließlich Entfernung eines infiltrativ wachsenden Tumors mit Entfernung des regionären Lymphstromgebietes (auch transabdominal oder transthorakal)** **4160** 557,69
242,48 848,66

Ausschluss: Neben Nr. 1843 sind folgende Nrn. nicht abrechnungsfähig: 1783, 1809, 1841, 1842, 1846, 1847, 1850, 2950, 2951

Beschluss BÄK: Siehe unter Nr. 1783: Radikale Nephrektomie bei Nierenzellkarzinom

1845 **Implantation einer Niere** **4990** 668,96
290,85 1017,99

1846 **Doppelseitige Nephrektomie bei einem Lebenden** **4160** 557,69
242,48 848,66

Ausschluss: Neben Nr. 1846 sind folgende Nrn. nicht abrechnungsfähig: 1841, 1842, 1843, 1849, 1850

1847 **Explantation einer Niere bei einem Lebenden zur Transplantation** **3230** 433,02
188,27 658,94

Ausschluss: Neben Nr. 1847 sind folgende Nrn. nicht abrechnungsfähig: 1841, 1842, 1843, 1846, 1848, 1849, 1850

1848 **Explantation einer Niere an einem Toten zur Transplantation** **2220** 297,61
129,40 452,89

Ausschluss: Neben Nr. 1848 ist folgende Nr. nicht abrechnungsfähig: 1849

GOÄ-Nr.		Punktzahl / 1fach	2,3 / *1,8 / 3,5 / *2,5
1849	**Explantation beider Nieren an einem Toten zur Transplantation**	**3500** / 204,01	469,21 / 714,02
Ausschluss:	Neben Nr. 1849 ist folgende Nr. nicht abrechnungsfähig: 1848		
1850	**Explantation, plastische Versorgung und Replantation einer Niere**	**6500** / 378,87	871,40 / 1326,04
Ausschluss:	Neben Nr. 1850 sind folgende Nrn. nicht abrechnungsfähig: 1841 – 1847		
1851	**Perkutane Anlage einer Nierenfistel – gegebenenfalls einschließlich Spülung, Katheterfixation und Verband**	**1250** / 72,86	167,58 / 255,01
Tipp:	Bei ambulanter OP: Zuschlag nach Nr. 445 nicht vergessen!		
1852	**Transkutane Pyeloskopie – einschl. Bougierung der Nierenfistel**	**700** / 40,80	93,84 / 142,80
Ausschluss:	Neben Nr. 1852 ist folgende Nr. nicht abrechnungsfähig: 1853		
1853	**Trankutane pyeloskopische Stein- bzw. Tumorentfernung**	**1200** / 69,94	160,87 / 244,81
	Neben der Leistung nach Nummer 1853 ist die Leistung nach Nummer 1852 nicht berechnungsfähig.		
Ausschluss:	Neben Nr. 1853 ist folgende Nr. nicht abrechnungsfähig: 1852		
1858	**Operative Entfernung einer Nebenniere**	**3230** / 188,27	433,02 / 658,94
Ausschluss:	Neben Nr. 1858 ist folgende Nr. nicht abrechnungsfähig: 1859		
1859	**Operative Entfernung beider Nebennieren**	**4160** / 242,48	557,69 / 848,66
Ausschluss:	Neben Nr. 1859 ist folgende Nr. nicht abrechnungsfähig: 1858		
1860	**Extrakorporale Stoßwellenlithotripsie – einschließlich Probeortung, Grob- und/oder Feineinstellung, Dokumentation und Röntgenkontrolle-, je Sitzung**	**6000** / 349,72	804,36 / 1224,03
Ausschluss:	Neben Nr. 1860 sind folgende Nrn. nicht abrechnungsfähig: 410, 5190 – 5235, 5260, 5295		
Kommentar:	Für die extrakorporale Stoßwellentherapie (ESWT) bei orthopädisch-chirurgischen und schmerztherapeutischen Indkationen wurde die Nr. 1800 eingeführt. Damit ist für diese Leistung eine analoge Abrechnung der Nr. 1860 nicht mehr möglich.		

GOÄ-Ratgeber der BÄK: **Hinweise zu einigen modernen operativen und/oder endoskopischen Verfahren im Fachbereich Urologie nach GOÄ Nrn. A 1861 bis A 1890**

Dr. med. Anja Pieritz – (in: Deutsches Ärzteblatt 103, Heft 50 (15.12.2006), Seite A-3440).

Die Autorin erläutert in 3 Beiträgen kurz die Beschlüsse des Zentralen Konsultationsausschusses für Gebührenordnungsfragen bei der BÄK zu den urologischen Leistungen nach GOÄ Nrn. A 1861 bis A 1890 – Stand: 13.10.2006:

Urologie (1) – Endopyelotomie und Steinzertrümmerung
www.baek.de/page.asp?his=1.108.4144.4287.4288
Urologie (2) – Radikale Prostatektomie –
www.baek.de/page.asp?his=1.108.4144.4287.4628
Urologie (3) – Radikale Nephrektomie und Teilnephrektomie
www.baek.de/page.asp?his=1.108.4144.4287.4670

Nachfolgend zitieren die Autoren die wichtigsten Erläuterungen aus Dr. Pieritz Texten:

A 1862: ...„Die Entfernung von Nierenausgusssteinen (wie durch Nephrotomie) wurde ausdrücklich von diesem Verfahren und der analogen Berechnung ausgenommen und muss wie bisher beispielsweise nach der Nr. 1839 GOÄ berechnet werden...“

A 1870: ...„Die (mikrochirurgische) Rekonstruktion von Blasenhals und Harnröhrenschließmuskel stellt ein neuartiges Verfahren dar, welches einerseits dem Erhalt beziehungsweise der Wiederherstellung der Harnkontinenz dient und andererseits die Wahrscheinlichkeit einer postoperativen Stenose (Enge) an der Anastomose (Verbindung) vom Blasenhals zur Urethra (Harnröhre) deutlich senkt.
...Fakultative Bestandteile des ablaufbezogenen Leistungskomplexes nach A 1870 (wie auch A 1871, A 1872 und A 1873) sind das Legen von Drainagen und eines suprapubischen und/oder transurethralen Blasenkatheters. Selbstverständlich sind das Absetzen und Unterbinden der notwendigen Strukturen wie beispielsweise der Samenleiter und die notwendige Entnahme von Schnellschnitten sowie das Spülen Bestandteil des ablaufbezogenen Leistungskomplexes. Die Berechnung erfolgt analog der Nr. 1845 GOÄ (4.490 Punkte)..“

A 1843 (siehe auch Beschluss bei GOÄ Nr. 1783) – **A1880**

A 1843: ...„In dem Fall, dass Tumorthromben aus der Vena cava entfernt werden müssen, kann zusätzlich die Nr. 2802 GOÄ angesetzt werden. Die Entfernung von Thromben aus der Vena renalis ist dahingegen Bestandteil der Nr. 1843 GOÄ und nicht mit einer eigenen Gebührenposition berechnungsfähig. Für alle zusätzlich berechnungsfähigen Leistungen gilt, dass ab der zweiten Leistung über denselben Zugang die Eröffnungsleistung (jeweils 1110 Punkte) abgezogen werden muss.
...Bei transabdominalem Zugang muss die Nr. 3135 GOÄ, bei transthorakalem Zugang die Nr. 2990 GOÄ und bei retroperitonealem Zugang die Nr. 1830 GOÄ abgezogen werden. Die beiden Beschlüsse zur analogen Bewertung der organerhaltenden Entfernung eines malignen Nierentumors unterscheiden sich nur in dem Leistungsbestandteil ‚Entfernung der regionären Lymphknoten‘...“

...„**A 1880** ist die organerhaltende Entfernung eines malignen Nierentumors ohne Lymphknotenentfernung, bewertet analog nach Nr. 1842 GOÄ (3230 Punkte). Die **A 1881** ist dieselbe Leistung mit Entfernung der regionären Lymphknoten und kann analog nach Nr. 1843 GOÄ (4160 Punkte) berechnet werden. Wenn im Ausnahmefall Lymphknotenmetastasen über das regionäre Lymphabstromgebiet hinaus entfernt werden müssen, kann einmalig analog die **Nr. 1783** GOÄ (unter Abzug der Eröffnungsleistung) angesetzt werden...“

A 1890: ...„Neben der A 1890 können bei ambulanter Durchführung die Auslagen nach § 10 GOÄ für den Farbstoff zusätzlich in Rechnung gestellt werden. Dieses Verfahren ist insbesondere wichtig bei der Festlegung der Resektionsgrenzen während der Entfernung eines Urothelkarzinoms und zur Nachsorge nach einer solchen Operation sowie zur Aufdeckung eines Rezidivs...”

A 1861 Transurethrale endoskopische Litholapaxie von Harnleitersteinen einschl. Harnleiterbougierung, intrakorporaler Steinzertrümmerung und endoskopischer Entfernung der Steinfragmente, ggf. einschl.retrograder Steinreposition – (analog Nr. 1817 GOÄ (2.220 Pkt.) + Nr. 1787 (252 Pkt.) GOÄ) – n. Verzeichnis analoger Bewertungen d. Bundesärztekammer

2472 331,39
144,08 504,28

Addition der einzelnen Leistungen

GOÄ Nr.	Pkte.	1fach €	2,3fach €	3,5fach €
1817 analog	2200	129,40	297,61	452,89
1787 analog	252	14,69	33,78	51,41
Endsummen	2452	144,09	331,39	

A 1862 Perkutane Nephrolitholapaxie (PNL oder PCNL) – mit Ausnahme von Nierenausgusssteinen – einschl. intrakorporaler Steinzertrümmerung, pyeloskopischer Entfernung der Steinfragmente und Anlage einer Nierenfistel – (analog Nr. 1838 GOÄ (2.200 Pkt.)+ Nr. 1852 GOÄ (700 Pkt.)) – n. Verzeichnis analoger Bewertungen d. Bundesärztekammer

2900 391,45
170,20 595,69

Addition der einzelnen Leistungen

GOÄ Nr.	Pkte.	1fach €	2,3fach €	3,5fach €
1838 analog	2200	129,40	297,61	452,89
1852 analog	700	40,80	93,84	142,80
Endsummen	2900	170,20	391,45	595,69

GOÄ-Nr.		Punktzahl 1fach	2,3 / *1,8 3,5 / *2,5
A 1863	**Transurethrale Endopyelotomie, einschl. Ureterorenoskopie mit Harnleiterbougierung, ggf. einschl. der retrograden Darstellung des Ureters und des Nierenbeckens mittels Kontrastmittel und Durchleuchtung, ggf. einschl. Einlage eines transureteralen Katheters oder transkutane Endopyelotomie, einschl. Punktion des Nierenbeckens und Bougierung der Nierenfistel sowie Pyeloskopie, ggf. einschl. der Darstellung des Nierenbeckens mittels Kontrastmittel und Durchleuchtung, ggf. einschl. Einlage eines Nierenfistelkatheters – (analog Nr. 1827 GOÄ (1.500 Pkt.) + analog Nr. 1861 GOÄ (700 Pkt.)) – n. Verzeichnis analoger Bewertungen d. Bundesärztekammer**	**2200** 231,51	532,48 810,29

Addition der einzelnenLeistungen

GOÄ Nr.	Pkte.	1fach €	2,3fach €	3,5fach €
1827 analog	1500	87,43	201,09	306,01
1861 analog	700	144,08	331,39	504,28
Endsummen	2200	231,51	532,48	810,29

Die Einlage eines transureteralen Katheters nach Nr. 1812 GOÄ bzw. die Einlage eines Nierenfistelkatheters nach Nr. 1851 GOÄ ist Leistungsbestandteil der transurethralen bzw. perkutanen Endopyelotomie und kann nicht zusätzlich berechnet werden. Die retrograde bzw. anterograde Darstellung von Ureter und Nierenbecken nach Nr. 5220 GOÄ ist Leistungsbestandteil der transurethralen bzw. perkutanen Endopyelotomie und kann nicht zusätzlich berechnet werden. Die Darstellung von Harnblase und Urethra nach Nr. 5230 GOÄ ist, sofern erforderlich, neben der transurethralen Endopyelotomie berechnungsfähig.

A 1870	**Totale Entfernung der Prostata und der Samenblasen einschl. pelviner Lymphknotenentfernung mit anschließender Rekonstruktion des Blasenhalses und der Schließmuskelfunktion, einschl. Blasenkatheter, ggf. einschl. suprapubischem Katheter, ggf. einschl. einer oder mehrerer Drainagen (analog Nr. 1845 GOÄ) – n. Verzeichnis analoger Bewertungen d. BÄK**	**4990** 290,85	668,96 1017,99
A 1871	**Totale Entfernung der Prostata und der Samenblasen einschl. pelviner Lymphknotenentfernung mit anschließender Rekonstruktion des Blasenhalses und der Schließmuskelfunktion, einschl. Blasenkatheter, ggf. einschl. suprapubischem Katheter, ggf. einschl. einer oder mehrerer Drainagen (analog Nr. 1845 GOÄ) – n. Verzeichnis analoger Bewertungen d. BÄK Blasenhalses und der Schließmuskelfunktion sowie Potenzerhalt durch Präparation der Nervi erigentes, auch beidseitig, einschl. Blasenkatheter, ggf. einschl. suprapubischem Katheter, ggf. einschl. einer oder mehrerer Drainagen – (analog Nr. 1850 GOÄ) – n. Verzeichnis analoger Bewertungen d. Bundesärztekammer**	**6500** 378,87	871,40 1326,04
A 1872	**Totale Entfernung der Prostata und der Samenblasen ohne pelvine Lymphknotenentfernung mit anschließender Rekonstruktion des Blasenhalses und der Schließmuskelfunktion, einschl. Blasenkatheter, ggf. einschl. suprapubischem Katheter, ggf. einschl. einer oder mehrerer Drainagen – (analog Nr. 1843 GOÄ) – n. Verzeichnis analoger Bewertungen d. Bundesärztekammer**	**4160** 242,48	557,69 848,66

GOÄ-Nr.		Punktzahl 1fach	2,3 / *1,8 3,5 / *2,5
A 1873	**Totale Entfernung der Prostata und der Samenblasen ohne pelvine Lymphknotenentfernung mit anschließender Rekonstruktion des Blasenhalses und der Schließmuskelfunktion sowie Potenzerhalt durch Präparation der Nervi erigentes, auch beidseitig, einschl. Blasenkatheter, ggf. einschl. suprapubischem Katheter, ggf. einschl. einer oder mehrerer Drainagen – (analog Nr. 3088 GOÄ) – n. Verzeichnis analoger Bewertungen d. Bundesärztekammer** Die Analogen Bewertungen nach A 1870, 1871, 1872 und 1873 können nicht nebeneinander, sondern nur alternativ (je nach Leistungsumfang) berechnet werden.	**5600** 326,41	750,74 1142,43
A 1880	**Organerhaltende Entfernung eines malignen Nierentumors ohne Entfernung der regionalen Lymphknoten – (analog Nr. 1842 GOÄ)**	**3230** 188,27	433,02 658,94
A 1881	**Organerhaltende Entfernung eines malignen Nierentumors mit Entfernung der regionalen Lymphknoten – (analog Nr. 1843 GOÄ) – n. Verzeichnis analoger Bewertungen d. Bundesärztekammer** Bei metastatischem Befall von Lymphknoten über das regionäre Lymphstromgebiet (nach gültiger TNM-Klassifikation) hinaus kann zusätzlich die Nr. 1783 GOÄ analog für die extraregionäre Lymphknotenentfernung als selbstständige Leistung, nach Abzug der Eröffnungsleistung, neben der Nr. 1843 GOÄ analog berechnet werden.	**4160** 242,48	557,69 848,66
A 1890	**Fluoreszenzendoskopie bei Urothelkarzinom, einschl. Instillation des Farbstoffs, (analog Nr. 1789 GOÄ) – n. Verzeichnis analoger Bewertungen d. Bundesärztekammer** Die Kosten für den je Sitzung verbrauchten Farbstoff können entsprechend § 10 Abs. 1 Nr. 1 GOÄ als Ersatz von Auslagen geltend gemacht werden.	**325** 18,94	43,57 66,30

L Chirurgie, Orthopädie

Allgemeine Bestimmungen

Zur Erbringung der in Abschnitt L aufgeführten typischen operativen Leistungen sind in der Regel mehrere operative Einzelschritte erforderlich. Sind diese Einzelschritte methodisch notwendige Bestandteile der in der jeweiligen Leistungsbeschreibung genannten Zielleistung, so können sie nicht gesondert berechnet werden. Werden mehrere Eingriffe in der Brust- oder Bauchhöhle in zeitlichem Zusammenhang durchgeführt, die jeweils in der Leistung die Eröffnung dieser Körperhöhlen enthalten, so darf diese nur einmal berechnet werden; die Vergütungssätze der weiteren Eingriffe sind deshalb um den Vergütungssatz nach Nummer 2990 oder Nummer 3135 zu kürzen.

Beschluss BÄK:

Beschluss des Zentralen Konsultationsausschusses für Gebührenordnungsfragen bei der BÄK vom 14.6.2005 (DÄ Nr. 37, 16.9.2005)

Abzug von Eröffnungsleistung nicht notwendig bei Carotischirurgie

Die Allg. Bestiimmungen zu Abschnitt L (Chirurgie, Orthopädie) des Leistungsverzeichnisses der GOÄ schreibt den Abzug einer Eröffnungsleistung in den Fällen vor, in denen mehrere Eingriffe „in der Brust- oder Bauchhöhle" im zeitlichen Zusammenhang durchgeführt werden. Bei gleichzeitigen gefäßchirurgischen Eingriffen an beiden Carotiden (A. carotis communis und interna) nach den Nrn. 2820 und/oder 2821 GOÄ „Rekonstuktive Operation an einer extracranialen Hirnarterie (mit Anlegen eines Shunt) unter Verwendung eines Zuganges ist der sich überschneidende Leistungsbestandteil der beiden selbstständigen Leistungen so geringfügig, dass eine Anwendung der für die Nebeneinandererbringung von Eingriffen in „Brust- und Bauchhöhle" geltenden Bestimmung des Abzugs nicht auf die Carotischirurgie übertragbar ist.

Kommentar:

Zu den Allgemeinen Bestimmungen führt das VG Stuttgart, 14.08.2014, AZ 3 K 2644/14 u. a. aus:
In den dem Abschnitt L (Chirurgie, Orthopädie) des Gebührenverzeichnisses vorangestellten Allgemeinen Bestimmungen werden Inhalt und Tragweite dieses als **Zielleistungsprinzip** bezeichneten Grundsatzes näher verdeutlicht.
Dabei ist – wie auch sonst bei der Auslegung von Gesetzen – ein abstrakt-genereller Maßstab zugrunde zu legen. Das ergibt sich daraus, dass der Verordnungsgeber in Abs. 1 S. 1 der Allgemeinen Bestimmungen von „typischen" operativen Leistungen spricht und in S. 2 bezüglich der Einzelschritte die mangelnde Berechenbarkeit davon abhängig macht, dass sie „methodisch" notwendige Bestandteile der Zielleistung sind (vgl. BGH, Urteil vom 05.06.2008 – III ZR 239/07 –).
Im Gegensatz zum EBM sind die Begriffe „klein" und „groß" in der GOÄ mit Maßangaben versehen. Als Maßstab wäre hier sicher die Angabe des EBM zu übernehmen. Die Verletzung der Körperoberfläche bzw. die Ausdehnung von krankhaften Prozessen nach den Begriffen „klein" bzw. „groß" ist wie folgt zuzuordnen:

- Länge: kleiner oder größer als 3 cm
- Fläche: kleiner oder größer als 4 cm^2
- Raum: kleiner oder größer als 1 cm^3

Bei Kindern bis zum vollendeten 6. Lebensjahr und bei Eingriffen am Kopf findet der Begriff „klein" keine Anwendung, Zum Kopf gehört auch der sichtbare Teil des Halses.

■ Rechtsprechung

Arzthaftung: Pflicht zur Aufklärung über alternative Behandlungsmethoden bei einer Wirbelsäulenoperation

Zwar ist die Wahl der Behandlungsmethode grundsätzlich Sache des Arztes. Das bedeutet, dass der Arzt dem Patienten nicht ungefragt erläutern muss, welche Behandlungsmethoden in Betracht kommen und was für bzw. gegen die eine oder andere Methode spricht, so lange der Arzt eine Behandlungsmethode wählt, die dem medizinischen Standard – zum Zeitpunkt der Behandlung – entspricht.
Eine Aufklärung über Behandlungsalternativen ist nur dann erforderlich, wenn die in Betracht kommenden Methoden unterschiedliche Risiken/Belastungen und Erfolgschancen bieten, insbesondere die Behandlungsalternative risikoärmer ist bei gleich anzusetzendem Erfolg.
Im Bereich einer **lumbalen Spinalkanaleinengung** ist die Laminektomie die Methode der Wahl, weil sie – in diesem Bereich – technisch einfacher und damit geeigneter als die Laminoplastie ist. Über die (deswegen) nur theoretische Behandlungsalternative (der Laminoplastie) muss der Arzt den Patienten daher nicht ungefragt aufklären, weil ein Risikovergleich beider Methoden keine signifikanten Unterschiede aufweist.
Aktenzeichen: OLG Thüringen, 19.06.2012, AZ: 4 U 797/09
Entscheidungsjahr: 2012

Tipp:

Ansatz von Steigerungsfaktoren

Nach **Wezel/Liebold** ist der Ansatz von Steigerungsfaktoren oberhalb der Begründungsschwelle in der Regel nur bei intraoperativen „Kernleistungen" und nur in wenigen Fällen auch für die operativen „Nebenleistungen" gerechtfertigt. Wir halten diese Formulierung nicht für tragbar und gehen davon aus, dass sich jederzeit ein erhöhter Steigerungsfaktor auch für operative Nebenleistungen ergeben kann, wenn diese durch erschwerte Bedingungen und/oder einen zeitlich überdurchschnittlichen Aufwand erbracht werden.
Bei zahlreichen ambulant durchgeführten Operationen können Zuschläge nach den Nrn. 442, 443, 444, 445 abgerechnet werden.

I Wundversorgung, Fremdkörperentfernung

Kommentar:

Die Ziffern 2000 bis 2005 beziehen sich immer auf eine „Wunde".
Nicht als Wunde im Sinne der Ziffern 2000 bis 2005 anzusehen sind:
Durch Krankheit entstehende offene Körperstellen, Geschwüre, Ulcus cruris, Fistelwunden, Eiterungswunden. Diese fallen unter die Nr. 2206.
Ebenso können durch Operation entstandene Wunden weder für den Operationszugang noch für den Abschluss berechnet werden.

Auf einen Blick:

Abrechnung Wundversorgung

Kleine Wunde:

Nr. 2000: Desinfektion, Reinigung und Verband
Nr. 2003: Desinfektion, Reinigung und Verband bei starker Verunreinigung
Nr. 2001: Desinfektion, Reinigung, Naht und Verband
Nr. 2002: Desinfektion, Reinigung, Umschneidung, Naht und Verband
Nr. 2005: Desinfektion, Reinigung, Umschneidung, Naht und Verband bei starker Verunreinigung

Große Wunde (egal ob mit oder ohne starke Verunreinigung):

Nr. 2003: Desinfektion, Reinigung und Verband
Nr. 2004: Desinfektion, Reinigung, Naht und Verband
Nr. 2005: Desinfektion, Reinigung, Umschneidung, Naht und Verband

Tipp:

- Liegen mehrere zu versorgende Wunden vor, können die Nrn. der Wundversorgung mehrmals abgerechnet werden. Handelt es sich um unterschiedlich zu versorgende Wunden, können die entsprechenden GOÄ-Nrn. nebeneinander abgerechnet werden.
- Abrechnungsfähig sind alle erforderlichen, speziellen Verbände, die zusätzlich zum eigentlichen Wundverband nötig sind, z.B. Schienung, Salbenverband, Kompressionsverband, Gipsverband etc.
- Bei mehreren Wunden sind auch die Legenden (Nrn.) mehrfach berechenbar.
- Wundsäuberung und Blutstillung können nicht zusätzlich berechnet werden.
- Frische Wunden werden nach den Nrn. 2000 und 2003 berechnet.
- Nach vorangegangener Erstversorgung sind die Nrn. 2001, 2002, 2004 und 2005 berechnungsfähig.
- Bei kleinen und stark verunreinigten Wunden wird die Nr. 2003 berechnet.
- Als Wunde gelten auch Brandwunde oder Schürfwunde.
- Die Nrn. 2000 – 2006 sind keine operativen Leistungen, sondern Leistungen der Wundversorgung. Die Nrn. 204 ist daher daneben berechnungsfähig.
- Die Nr. 2033 ist neben den Nrn. 2000 – 2005 nicht berechnungsfähig, wenn die Extraktion des Nagels Bestandteil der Wundversorgung ist.
- Kleine Wunden im Sinne der Nrn. 2000 – 2005 sind durch Krankheit entstandene offene Körperstellen (z.B. Ulcera cruris), Fistelwunden und Eiterungen.

2000 **Erstversorgung einer kleinen Wunde** **70** 9,38
4,08 14,28

Ausschluss: Neben Nr. 2000 sind folgende Nrn. nicht abrechnungsfähig: 1551, 2001 – 2003 (für dieselbe Wunde), 2006, 2033, 2073

GOÄ-Nr.		Punktzahl 1fach	2,3 / *1,8 3,5 / *2,5

Beschluss BÄK: **Beschluss des Gebührenausschusses der Bundesärztekammer**
Keine Berechnung der GOÄ Nr. 200 neben Nrn. 2000 bis 2005 (7. Sitzung vom 12. September 1996)
Die Leistungen nach den Nrn. 2001, 2002, 2004 und 2005 stellen operative Leistungen dar, da in den Legenden auf „Naht“ und/oder „Umschneidung“ abgestellt ist.
Die Leistungen nach den Nrn. 2000 und 2003 beinhalten im Leistungsumfang („Erstversorgung“) im wesentlichen den Verband. Eine Berechnung der Nr. 200 neben den Nrn. 2001 oder 2003 würde deshalb den Leistungsinhalt doppelt berücksichtigen.

Kommentar: Alle versorgenden Leistungen wie
- Blutstillung
- Säuberung der Wunde
- Hautfetzenentfernung

sind mit Ansatz der Leistung abgegolten. Die Wundversorgung im Sinne der Nr. 2000 und auch der folgenden Nrn. umfasst nur die Erstversorgung
- der Haut
- der Unterhaut
- des Fettgewebes
- die Koagulation der Gefäße.

Nicht Inhalt der Erstversorgung sind z.B.
- Naht der Faszien,
- Naht der Muskeln,
- Naht der Gelenkkapsel,
- Naht von Nerven,
- Plastisch-chirurgische Maßnahmen etc.

Bei den Leistungen nach den Nrn. 2000 und 2003 handelt es sich immer um die Versorgung frischer Wunden, was aus der Legende mit dem Begriff „Erstversorgung“ deutlich wird. Leistungen nach den Nrn. 2001, 2002, 2004 und 2005 können als sekundäre Versorgung/Naht vorkommen und berechnet werden, d. h. dass es sich hier um Wunden handeln kann, die schon einer Erstversorgung zugeführt waren und einer weiteren Versorgung bedürfen. Eine Wundversorgung mit Fibrin- oder Acrylklebern kann adäquat analog nach § 6 mit den Nrn. 2000, 2001, 2003 berechnet werden; nicht dagegen statt oder neben den Nrn. 2000, 2004, 2005.

Tipp:
- Neben der Wundversorgung nach Nr. 2000 ist ein erforderlicher Verband nach der Nr. 204 abrechnungsfähig.
- Bei mehreren Wunden ist Nr. 2000 entsprechend mehrmals abrechenbar
- Im Rahmen der Wundversorgung können neben der Leistung nach Nr. 2100 zusätzlich die Leistungen nach den Nrn. 2000 ff. abgerechnet werden.

2001 Versorgung einer kleinen Wunde einschließlich Naht

130 | 17,43
7,58 | 26,52

Ausschluss: Neben Nr. 2001 sind folgende Nrn. nicht abrechnungsfähig: 763, 1325, 1326, 2000, 2002, 2033, 2073, 2586

Beschluss BÄK: Siehe Beschluss zu Nr. 2000

Kommentar: Siehe Kommentar zur Nr. 2000

Tipp: Neben der Wundversorgung nach Nr. 2001 sind die erforderlichen Verbände nach der Nr. 204 abrechnungsfähig.

2002 Versorgung einer kleinen Wunde einschließlich Umschneidung und Naht

160 | 21,45
9,33 | 32,64

Ausschluss: Neben Nr. 2002 sind folgende Nrn. nicht abrechnungsfähig: 2000, 2001, 2033, 2073, 2586

Beschluss BÄK: Siehe Beschluss zu Nr. 2000

Kommentar: Siehe Kommentar zu Nr. 2000

Tipp: Neben der Wundversorgung nach Nr. 2002 ist nur der erforderliche Verband nach der Nr. 204 abrechnungsfähig.

2003 Erstversorgung einer großen und/oder stark verunreinigten Wunde **130** 17,43 7,58 26,52

Ausschluss: Neben Nr. 2003 sind folgende Nrn. nicht abrechnungsfähig: 2000, 2004, 2005 (für dieselbe Wunde), 2006, 2033, 2065, 2073

Beschluss BÄK: Siehe Beschluss zu Nr. 2000

Kommentar: Siehe Kommentar zu Nr. 2000

Tipp:
- Neben der Wundversorgung nach Nr. 2003 ist nur der erforderliche Verband nach der Nr. 204 abrechnungsfähig.
- Entsprechend der Leistungslegende kann auch eine kleine aber **„stark verunreinigte Wunde“** nach Nr. 2003 abgerechnet werden.

2004 Versorgung einer großen Wunde einschließlich Naht **240** 32,17 13,99 48,96

Ausschluss: Neben Nr. 2004 sind folgende Nrn. nicht abrechnungsfähig: 2003, 2005 (für dieselbe Wunde), 2033, 2065, 2073

Beschluss BÄK: Siehe Beschluss zu Nr. 2000

Kommentar: Siehe Kommentar zu Nr. 2000

Tipp: Neben der Wundversorgung nach Nr. 2004 ist nur der erforderliche Verband nach der Nr. 204 abrechnungsfähig.

2005 Versorgung einer großen und/oder stark verunreinigten Wunde einschließlich Umschneidung und Naht **400** 53,62 23,31 81,60

Neben den Leistungen nach den Nummern 2000 bis 2005 ist die Leistung nach Nummer 2033 nicht berechnungsfähig, wenn die Extraktion des Nagels Bestandteil der Wundversorgung ist.

Ausschluss: Neben Nr. 2005 sind folgende Nrn. nicht abrechnungsfähig: 2003, 2004, 2033, 2065, 2073

Beschluss BÄK: Siehe auch Beschluss zu Nr. 2000

Aus den Beschlüssen des Zentralen Konsultationsausschusses für Gebührenordnungsfragen bei der Bundesärztekammer zur Privatliquidation herzchirurgischer Leistungen: Berechnung der Excision der alten Narbe bei Re-Operation

Die Berechnung der Excision der alten Narbe bei Re-Operationen mit Nr. 2005 GOÄ (Versorgung einer großen Wunde ...) neben der Operationsziffer für die Wund- und beziehungsweise Narbenausschneidung ist nicht möglich (unselbständige Leistung nach § 4 Abs. 2a GOÄ).

In seltenen Fällen, wenn tatsächlich eine entsprechende Indikation und Leistung vorliegt, kann Nr. 2392 a GOÄ (Excision einer großen, kontrakten und funktionsbehindernden Narbe – einschließlich plastischer Deckung) anfallen.

Kommentar: Siehe Kommentar zur Nr. 2000

Tipp:
- Neben der Wundversorgung nach Nr. 2005 ist nur der erforderliche Verband nach der Nr. 204 abrechnungsfähig.
- Wird bei einer Wundversorgung außer Unterhaut und Fettgewebe auch noch verschmutzte Faszien-Gewebe und Muskelanteile mit entfernt und ist dann eine Naht dieser Strukturen erforderlich, so kann die wesentlich höher bewertete Nr. 2073 angesetzt werden.
- Für eine kleine, aber stark verunreinigte Wunde kann bei der Versorgung durch Umschneidung und Naht auch die Nr. 2005 angesetzt werden.

2006 Behandlung einer Wunde, die nicht primär heilt oder Entzündungserscheinungen oder Eiterungen aufweist – auch Abtragung von Nekrosen an einer Wunde – **63** 8,45 3,67 12,85

Ausschluss: Neben Nr. 2006 sind folgende Nrn. nicht abrechnungsfähig: 2000, 2003, 2065

Kommentar: Damit gemeint sind:
Aufgebrochene oder inzidierte
- Abszesse
- Fistelgänge
- Furunkel
- OP-Wunden
- Phlegmonen
- Ulcera crura
- Decubital ulcera

Tipp: Neben der Wundversorgung nach Nr. 2006 sind die erforderlichen Verbände nach Nr. 200 und/oder Nr. 204 abrechnungsfähig.

2007 Entfernung von Fäden oder Klammern

40 5,36
2,33 8,16

Hinweis BÄK: **Zur Mehrfachberechnung der Nr. 2007 führt die Bundesärztekammer aus:**

„...Bezüglich der Mehrfachberechenbarkeit der Nr. 2007 ist u.E. die Berechenbarkeit pro Wunde gegeben. Dabei darf aber selbstverständlich nicht die Verhältnismäßigkeit außer Acht gelassen werden, insbesondere in ‚(einem)...' Fachgebiet könnten sich durch die Mehrfachberechnung bei Entfernung der Fäden aus multiplen kleinsten Wunden (z.B. nach Stichinzisionen multipler kleiner Varixknoten) Beträge ergeben, welche die Höhe der OP-Gebühr erreichten. Dies ist widersinnig und entspricht nicht der Ausgewogenheit der GOÄ. Infolgedessen ist es u.E. sachgerecht, in solchen Fällen die GOÄ-Nr. 2007 für die Entfernung von Fäden aus Stichinzisionen nach multipler Exhairese von Varixknoten am Ober- und Unterschenkel nur einmal pro Extremität abgerechnet werden kann. Wird am gleichen Tag die Fadenentfernung aus einer größeren Wunde (Saphenaligatur) vorgenommen, so kann die Nr. 2007 je Extremität zweimal berechnet werden.

Die Vergleichbarkeiten mit den Nrn. 2006 und 2007 des EBM ist nicht gegeben, da der Umstand 'kleine bzw. große' Wunde in der GOÄ durch die Anwendung des Multiplikators nach § 5 Abs. 2 der GOÄ berücksichtigt werden kann. Da im EBM keine Steigerungsmöglichkeit gegeben ist, müssen dort die Leistungen tiefer untergliedert werden.

...Nach Auffassung der Bundesärztekammer kann die Entfernung einer mit Haltefaden gesicherten Drainage analog nach Nr. 2007 abgerechnet werden, denn es findet tatsächlich eine Fadenentfernung statt. ...Der Faden für die Drainagensicherung ist unabhängig von der Wundnaht, so dass die Entfernung dieses Fadens nicht in die Entfernung der Wundfäden einbegriffen ist.

...Daraus folgt, dass die meist später folgende Entfernung der Wundnahtfäden natürlich nochmals nach Nr. 2007 berechnet werden kann."

Kommentar: Auch die Entfernung von Drainagen, Antibiotikaketten und Venenkather kann nach Kommentar von **Hoffmann et alii.** nach GOÄ Nr. 2007 abgerechnet werden oder mit 2007 analog.

Tipp:

- Die Leistungslegende gilt für **eine** Wunde. Bei Entfernung von Fäden oder Klammern an mehreren Wunden kann die Nr. 2007 mehrfach berechnet werden.
- Erfolgt die Entfernung der Fäden, z.B. an zwei verschiedenen Tagen, so kann für jeden Tag einmal die Nr. 2007 berechnet werden.
- Nach Kommentierung von **Lang, Schäfer, Stiel und Vogt** handelt es sich bei der Entfernung von Fäden und Klammern nicht um eine operative Leistung, insofern kann ein medizinisch erforderlicher Verband neben der Nr. 2007 berechnet werden.
- Ist allerdings die Entfernung von Fäden und Klammern mit einer operativen Leistung (z.B. Eröffnung einer infizierten Wunde) verbunden, so dann kein Verband abgerechnet werden, da primär die operative Leistung, zu der auch der Verband gehört, im Vordergrund steht.
- Nr. 2007 ist für das problemlose Entfernen einer Zecke berechnungsfähig

2008 Wund- oder Fistelspaltung

90 12,07
5,25 18,36

Ausschluss: Neben Nr. 2008 sind folgende Nrn. nicht abrechnungsfähig: 2009, 2010, 2427 – 2432

Kommentar: Nr. 2008 kann nur als selbständige Leistung berechnet werden.

2009 Entfernung eines unter der Oberfläche der Haut oder der Schleimhaut gelegenen fühlbaren Fremdkörpers

100 13,41
5,83 20,40

Ausschluss: Neben Nr. 2009 sind folgende Nrn. nicht abrechnungsfähig: 2030, 2031

Analog: Nr. 2009 analog für Entfernung eines arteriellen Katheters oder eines zentralen Venenkatheters aus medizinischen Gründen. – Empfehlung nach Kommentar **Brück**

Kommentar: Sofern bei einer Entfernung einer Zecke Teile der Kieferklaue (Cheliceren) und/oder des Stechapparates (Hypostom) unterhalb der Hautaberfläche verbleiben, so ist die erforderliche Entfernung nach **Nr. 2009** abrechenbar.

Die Entfernung einer Zecke mittels feiner Pinzette oder mit einem Skalpell, ohne dass dabei Teile der Kieferklaue (Cheliceren) und oder des Stechapparates (Hypostom) verbleiben, wird nach **Brück** mit Nr. **2007** vergütet

Tipp: Müssen mehrerer Fremdkörper entfernt werden, die nicht nebeneinander liegen, sondern an unterschiedlichen Stellen, so ist ein mehrfacher Ansatz der Nr. 2009 gerechtfertigt.

2010	**Entfernung eines tiefsitzenden Fremdkörpers auf operativem Wege aus Weichteilen und/oder Knochen**	**379** 22,09	50,81 77,32

Ausschluss: Neben Nr. 2010 sind folgende Nrn. nicht abrechnungsfähig: 2030, 2031 sowie keine Wundverbände.

Tipp:
- Bei ambulanter OP: Zuschlag nach Nr. 442 nicht vergessen.
- Müssen z.B. 15 Schrotkugeln entfernt werden, kann die Leistung entsprechend 15x abgerechnet werden.

2015	**Anlegen einer oder mehrerer Redondrainage(n) in Gelenke, Weichteile oder Knochen über einen gesonderten Zugang – gegebenenfalls einschließlich Spülung –**	**60** 3,50	8,04 12,24

Ausschluss: Neben Nr. 2015 sind folgende Nrn. nicht abrechnungsfähig: 2032, 2093

Kommentar: Unabhängig davon, wie viele Redondrainagen angelegt werden müssen, ist die Leistung nach Nr. 2015 nur einmal berechnungsfähig.
Eine Spülung der gerade angelegten Redondrainage oder -drainagen ist nicht zusätzlich berechnungsfähig.
Wird allerdings eine Spülung erforderlich, die nicht im zeitlichen Zusammenhang mit dem Anlegen der Drainage steht, so kann diese Spülung nach der Nr. 2093 berechnet werden.

Analog: analoger Ansatz der Nr. 2015 für das Einbringen und die Entfernen von Antibiotikaketten

II Extremitätenchirurgie

2029	**Anlegen einer pneumatischen Blutleere oder Blutsperre an einer Extremität**	**50** 2,91	6,70 10,20

Kommentar: Die Leistung nach Nr. 2029 kann pro Behandlungsfall einmal abgerechnet werden, auch wenn im Rahmen einer Operation die Blutleere einmal gelöst werden muss und dann wieder angelegt wird.

2030	**Eröffnung eines subkutanen Panaritiums oder der Paronychie – gegebenenfalls einschließlich Extraktion eines Finger- oder Zehennagels –**	**130** 7,58	17,43 26,52

Ausschluss: Neben Nr. 2030 sind folgende Nrn. nicht abrechnungsfähig: 2010, 2031, 2033, 2034, 2035, 2428

2031	**Eröffnung eines ossalen oder Sehnenscheidenpanaritiums einschließlich örtlicher Drainage**	**189** 11,02	25,34 38,56

Ausschluss: Neben Nr. 2031 sind folgende Nrn. nicht abrechnungsfähig: 2010, 2030, 2033, 2034, 2090, 2427 – 2432

Kommentar: Alle Spülungen, die im zeitlichen Zusammenhang mit der Eröffnung des Panaritiums nötig sind, können nicht abgerechnet werden.
Wird nach der Eröffnung des Panaritiums zu einem späteren Zeitpunkt eine Spülung erforderlich, so kann diese nach Nr. 2090 berechnet werden.

2032	**Anlage einer proximal gelegenen Spül- und/oder Saugdrainage**	**250** 14,57	33,52 51,00

Ausschluss: Neben Nr. 2032 sind folgende Nrn. nicht abrechnungsfähig: 2015, 2043

Kommentar: Spülungen im zeitlichen Zusammenhang mit der Anlage der Spül- oder Saugdrainage stehen, können nicht zusätzlich berechnet werden.

Sind aber später bei schon liegender Drainage Spülungen erforderlich, so können diese nach der Nr. 2093 berechnet werden.
Die Leistung nach Nr. 2032 ist eine zusätzliche Leistung zur Nr. 2031 und nicht für Spül-, Saugdrainagen anderer Körperregionen abrechenbar. Im Bereich von Gelenken, Weichteilen und Knochen wird eine Redondrainage nach der Nr. 2015 abgerechnet. Die Spülung ist nach Nr. 2093 zu berechnen.

2033 **Extraktion eines Finger- oder Zehennagels** **57** 7,64
3,32 11,63

Ausschluss: Neben Nr. 2033 sind folgende Nrn. nicht abrechnungsfähig: 2000, 2001, 2002, 2003, 2004, 2005, 2030, 2031, 2034, 2035

2034 **Ausrottung eines Finger- oder Zehennagels mit Exzision der Nagelwurzel** **114** 15,28
6,64 23,26

Ausschluss: Neben Nr. 2034 sind folgende Nrn. nicht abrechnungsfähig: 2030, 2031, 2033, 2035

2035 **Plastische Operation am Nagelwall eines Fingers oder einer Zehe – auch mit Defektdeckung –** **180** 24,13
10,49 36,72

Ausschluss: Neben Nr. 2035 sind folgende Nrn. nicht abrechnungsfähig: 2030, 2031, 2033, 2034

2036 **Anlegen einer Finger- oder Zehennagelspange** **45** 6,03
2,62 9,18

Tipp: Auslagen für die Nagelspange gemäß GOÄ § 10 berechnungsfähig..

2040 **Exstirpation eines Tumors der Fingerweichteile (z.B. Hämangiom)** **554** 74,27
32,29 113,02

Ausschluss: Neben Nr. 2040 sind folgende Nrn. nicht abrechnungsfähig: 2401, 2403, 2404

Tipp: Bei ambulanter OP: Zuschlag nach Nr. 443 nicht vergessen, ggf. dazu Nr. 440.

2041 **Operative Beseitigung einer Schnürfurche an einem Finger mit Z-Plastik** **700** 93,84
40,80 142,80

Tipp: Bei ambulanter OP: Zuschlag nach Nr. 443 nicht vergessen!

2042 **Kreuzlappenplastik an einem Finger einschließlich Trennung** **1100** 147,47
64,12 224,41

Ausschluss: Neben Nr. 2042 ist folgende Nr. nicht abrechnungsfähig: 2381

Tipp: Bei ambulanter OP: Zuschlag nach Nr. 444 nicht vergessen, ggf. dazu Nr. 440!

2043 **Operation der Syndaktylie mit Vollhautdeckung ohne Osteotomie** **1450** 194,39
84,52 295,81

Ausschluss: Neben Nr. 2043 sind folgende Nrn. nicht abrechnungsfähig: 2044, 2067, 2250, 2260, 2383

Tipp: Bei ambulanter OP: Zuschlag nach Nr. 445 nicht vergessen, ggf. dazu Nr. 440!

2044 **Operation der Syndaktylie mit Vollhautdeckung einschließlich Osteotomie** **1700** 227,90
99,09 346,81

Ausschluss: Neben Nr. 2044 sind folgende Nrn. nicht abrechnungsfähig: 2043, 2067, 2250, 2260, 2383

Tipp: Bei ambulanter OP: Zuschlag nach Nr. 445 nicht vergessen, dazu ggf. Nr. 440.

2045 **Operation der Doppelbildung an einem Fingergelenk** **600** 80,44
34,97 122,40

Tipp: Bei ambulanter OP: Zuschlag nach Nr. 443 nicht vergessen!

GOÄ-Nr.		Punktzahl / 1fach	2,3 / *1,8 / 3,5 / *2,5
2050	**Fingerverlängerung mittels Knochentransplantation einschließlich Fernlappenplastik**	**1800** / 104,92	241,31 / 367,21
Ausschluss:	Neben Nr. 2050 sind folgende Nrn. nicht abrechnungsfähig: 2255, 2380 – 2383		
Tipp:	Bei ambulanter OP: Zuschlag nach Nr. 445 nicht vergessen!		
2051	**Operation eines Ganglions (Hygroms) an einem Hand- oder Fußgelenk –**	**600** / 34,97	80,44 / 122,40
Ausschluss:	Neben Nr. 2051 sind folgende Nrn. nicht abrechnungsfähig: 2403, 2404, 2405		
Tipp:	Bei ambulanter OP: Zuschlag nach Nr. 443 nicht vergessen, dazu ggf. Nr. 440!		
2052	**Operation eine Ganglions an einem Fingergelenk**	**554** / 32,29	74,27 / 113,02
Ausschluss:	Neben Nr. 2052 sind folgende Nrn. nicht abrechnungsfähig: 2403, 2404		
Tipp:	Bei ambulanter OP: Zuschlag nach Nr. 443 nicht vergessen, dazu ggf. Nr. 440!		
2053	**Replantation eines Fingers einschließlich Gefäß-, Muskel-, Sehnen- und Knochenversorgung**	**2400** / 139,89	321,75 / 489,61
Kommentar:	Sind ggf. Nervennähte notwendig – diese werden in der Leistungslegende nicht genannt –, so sind sie zusätzlich abrechnungsfähig.		
2054	**Plastischer Daumenersatz durch Fingertransplantation einschließlich aller Maßnahmen oder Daumen-Zeigefingerbildung bei Daumenhypoplasie**	**2400** / 139,89	321,75 / 489,61
2055	**Replantation einer Hand im Mittelhandbereich, Handwurzelbereich oder Unterarmbereich**	**7000** / 408,01	938,43 / 1428,04
2056	**Replantation eines Armes oder eines Beines**	**8000** / 466,30	1072,49 / 1632,04
2060	**Drahtstiftung zur Fixierung eines kleinen Gelenks (Finger-, Zehengelenk)**	**230** / 13,41	30,83 / 46,92
Ausschluss:	Neben Nr. 2060 ist folgende Nr. nicht abrechnungsfähig: 2062		
2061	**Entfernung einer Drahtstiftung nach Nummer 2060**	**74** / 4,31	9,92 / 15,10
2062	**Drahtstiftung zur Fixierung von mehreren kleinen Gelenken, Drahtstiftung an der Daumenbasis oder an der Mittelhand oder am Mittelfuß mittels gekreuzter Drähte**	**370** / 21,57	49,60 / 75,48
Ausschluss:	Neben Nr. 2062 ist folgende Nr. nicht abrechnungsfähig: 2060		
Tipp:	Bei ambulanter OP: Zuschlag nach Nr. 442 nicht vergessen!		
2063	**Entfernung einer Drahtstiftung nach Nummer 2062**	**126** / 7,34	16,89 / 25,70
Analog:	Nr. 2063 analog für Entfernung eines Nagels oder Drahtes bei Beendigung der Extensionsbehandlung nach Nr. 218 GOÄ. – Empfehlung nach Kommentar **Brück**		
2064	**Sehnen-, Faszien- oder Muskelverlängerung oder plastische Ausschneidung**	**924** / 53,86	123,87 / 188,50
Ausschluss:	Neben Nr. 2064 sind folgende Nrn. nicht abrechnungsfähig: 2031, 2072, 2073, 2284, 2565, 2566		

Auf einen Blick: **Abrechnung von Sehnen-, Faszien- und Muskel-Operationen**

	Sehne GOÄ Nr.	Faszie GOÄ-Nr.	Muskel GOÄ Nr.
Ausschneidung, plastische	2064	2064	2064
Durchschneidung, offene	2072	–	2072
Duputyren'sche Kontraktur OP	2087, 2088, 2089	–	–
Hammerzehe, Stellungskorrektur mittels Sehnendurchschneidung	2080	–	–
Hammerzehe, Stellungskorrektur mit Sehnenverpflanzung	2081	–	–
Kanalbildung(en)	–	–	2070
Karpaltunnel-Syndrom OP	–	–	2070
Missbildungs-OP an Hand oder Fuß, gleichzeitig an Knochen, Sehnen, Bändern	2067	–	2067
Naht bei Verletzung ggf. mit Wundversorgung	2073	2073	2073
Sehnenbett, Herstellung, einschl. alloplastischer Einlage a. Hand	2082	–	–
Stenosenoperation d. Sehnenscheide, einschl. PE	2084	–	–
Sehnen-Transplantation, freie	2083	–	–
Tarsaltunnel-Syndrom OP	–	–	2070
Verkürzung, Raffung	2075	–	–
Verlängerung	2064	2064	2064
Verpflanzung	2074	–	2074

Analog: Nach **Brück** ist Nr. 2064 analog ansetzbar – für Schuhnestelnaht – und auch für die transossäre Verankerug der Sehne am Tuberculum majus.

Tipp: Bei ambulanter OP: Zuschlag nach Nr. 444 nicht vergessen, ggf. dazu Nr. 440!

2065 Abtragung ausgedehnter Nekrosen im Hand- oder Fußbereich, je Sitzung

250 14,57 33,52 51,00

Ausschluss: Neben Nr. 2065 sind folgende Nrn. nicht abrechnungsfähig: 2003 – 2006

Tipp: Bei ambulanter OP: Zuschlag nach Nr. 442 nicht vergessen!

2066 Eröffnung der Hohlhandphlegmone

450 26,23 60,33 91,80

Ausschluss: Neben Nr. 2066 sind folgende Nrn. nicht abrechnungsfähig: 2427 – 2432

Kommentar: Ist eine Saug-und /oder Spüldrainage erforderlich, so kann diese zusätzlich nach Nr. 2032 berechnet werden.

Tipp: Bei ambulanter OP: Zuschlag nach Nr. 442 nicht vergessen, dazu ggf. Nr. 440!

2067 Operation einer Hand- oder Fußmissbildung (gleichzeitig an Knochen, Sehnen und/oder Bändern)

1660 96,76 222,54 338,65

Ausschluss: Neben Nr. 2067 sind folgende Nrn. nicht abrechnungsfähig: 2041 – 2045, 2071

Tipp: Bei ambulanter OP: Zuschlag nach Nr. 445 nicht vergessen, ggf. dazu Nr. 440!

GOÄ-Nr.		Punktzahl 1fach	2,3 / *1,8 3,5 / *2,5
2070	**Muskelkanalbildung(en) oder Operation des Karpal- oder Tarsaltunnelsyndroms mit Dekompression von Nerven**	**1660** 96,76	222,54 338,65

Ausschluss: Neben Nr. 2070 sind folgende Nrn. nicht abrechnungsfähig: 2072, 2084, 2565, 2566

Tipp: Bei ambulanter OP: Zuschlag nach Nr. 445 nicht vergessen, ggf. dazu Nr. 440!

2071	**Umbildung des Unterarmstumpfes zum Greifapparat**	**1850** 107,83	248,01 377,41

2072	**Offene Sehnen- oder Muskeldurchschneidung**	**463** 26,99	62,07 94,45

Ausschluss: Neben Nr. 2072 sind folgende Nrn. nicht abrechnungsfähig: 2064, 2070, 2073, 2080, 2087, 2088, 2089.

Kommentar: Es handelt sich hier um eine selbständige Zielleistung. Werden im Rahmen von irgendwelchen Operationen Durchschneidungen von Sehnen und Muskeln erforderlich, so können diese nicht nach Nr. 2072 berechnet werden.

Tipp: Bei ambulanter OP: Zuschlag nach Nr. 442 nicht vergessen!

2073	**Sehnen-, Muskel- und/oder Fasziennaht – gegebenenfalls einschließlich Versorgung einer frischen Wunde**	**650** 37,89	87,14 132,60

Ausschluss: Neben Nr. 2073 sind folgende Nrn. nicht abrechnungsfähig: 2000 – 2005, 2064, 2072, 2087, 2088, 2089, 2104, 2105, 2106

Kommentar: Bei dieser Leistung handelt es sich um eine Zielleistung im Rahmen der Wundversorgung frisch erlittener Verletzungen. Die Leistung einer Sehnen-, Muskel-, Fasziennaht kann nicht im Rahmen von anderen Operationen nach Nr. 2073 berechnet werden.

Tipp: Bei ambulanter OP: Zuschlag nach Nr. 443 nicht vergessen!

2074	**Verpflanzung einer Sehne oder eines Muskels**	**1100** 64,12	147,47 224,41

Ausschluss: Neben Nr. 2074 sind folgende Nrn. nicht abrechnungsfähig: 2081, 2083, 2103, 2104, 2105, 2106, 2955, 2959

Analog: Nach **Brück** ist Nr. 2074 analog für die plastische Deckung durch die dabei entnommene Bizepssehne ansetzbar.

Tipp: Bei ambulanter OP: Zuschlag nach Nr. 444 nicht vergessen, dazu ggf. Nr. 440!

2075	**Sehnenverkürzung oder -raffung**	**924** 53,86	123,87 188,50

Ausschluss: Neben Nr. 2075 sind folgende Nrn. nicht abrechnungsfähig: 2076, 2081, 2087, 2088, 2089, 2103

Analog: Analoger Ansatz der Nr. 2075 für eine Sehnenverlängerung.

Tipp: Bei ambulanter OP: Zuschlag nach Nr. 444 nicht vergessen!

2076	**Operative Lösung von Verwachsungen um eine Sehne, als selbständige Leistung**	**950** 55,37	127,36 193,81

Ausschluss: Neben Nr. 2076 sind folgende Nrn. nicht abrechnungsfähig: 2075, 2087, 2088, 2089, 2091, 2092

Tipp: Bei ambulanter OP: Zuschlag nach Nr. 444 nicht vergessen, dazu ggf. Nr. 440!

GOÄ-Nr.		Punktzahl / 1fach	2,3 / *1,8 / 3,5 / *2,5
2080	**Stellungskorrektur der Hammerzehe mittels Sehnendurchschneidung**	**463** / 26,99	62,07 / 94,45

Ausschluss: Neben Nr. 2080 sind folgende Nrn. nicht abrechnungsfähig: 2072, 2081

Analog: Nr. 2080 analog für die Sehnendurchschneidung bei Krallenzehe abrechenbar.

Tipp: Bei ambulanter OP: Zuschlag nach Nr. 442 nicht vergessen, dazu ggf. Nr. 440!

2081	**Stellungskorrektur der Hammerzehe mit Sehnenverpflanzung und/oder plastischer Sehnenoperation – gegebenenfalls mit Osteotomie und/oder Resektion eines Knochenteils**	**924** / 53,86	123,87 / 188,50

Ausschluss: Neben Nr. 2010 sind folgende Nrn. nicht abrechnungsfähig: 2072 – 2074, 2250, 2255, 2260, 2263, 2296, 2297

Tipp: Bei ambulanter OP: Zuschlag nach Nr. 444 nicht vergessen!

2082	**Operative Herstellung eines Sehnenbettes – einschließlich einer alloplastischen Einlage an der Hand –**	**1650** / 96,17	221,20 / 336,61

Tipp: Neben Nr. 2082 ist die Nr. 2083 abrechenbar.

2083	**Freie Sehnentransplantation**	**1650** / 96,17	221,20 / 336,61

Rechtsprechung: **Die Leistung der Nr. 2083 GOÄ kann neben der Leistung der Nr. 2191 GOÄ nicht berechnet werden.**
Unter Anwendung der Grundsätze zum Zielleistungsprinzip stellt sich Nr. 2083 GOÄ als Teilleistung im Rahmen der Nr. 2191 dar und darf daher nicht gesondert abgerechnet werden. Dies ergibt sich zum einen bereits aus dem Wortlaut der Nr. 2191 GOÄ, aber aus der Entwicklungsgeschichte der GOÄ sowie aus der Betrachtung des Normzusammenhangs mit den Nrn. 2104 und 2195 GOÄ (LG München I, 31.03.2010, AZ: 9 S 13229/09 –).
Aktenzeichen: VerwG Ansbach, 22.10.2013, AZ: AN 1 K 13.00010
Entscheidungsjahr: 2013

Tipp: Bei ambulanter OP: Zuschlag nach Nr. 445 nicht vergessen!

2084	**Sehnenscheidenstenosenoperation – gegebenenfalls einschließlich Probeexzision –**	**407** / 23,72	54,56 / 83,03

Ausschluss: Neben Nr. 2084 sind folgende Nrn. nicht abrechnungsfähig: 2091, 2401, 2402

Tipp: Bei ambulanter OP: Zuschlag nach Nr. 445 nicht vergessen, dazu ggf. Nr. 440!

2087	**Operation einer Dupuytren'schen Kontraktur mit teilweiser Entfernung der Palmaraponeurose**	**924** / 53,86	123,87 / 188,50

Ausschluss: Neben Nr. 2087 sind folgende Nrn. nicht abrechnungsfähig: 2072, 2073, 2075, 2076, 2088, 2089

Tipp: Bei ambulanter OP: Zuschlag nach Nr. 444 nicht vergessen, dazu ggf. Nr.

2088	**Operation einer Dupuytren'schen Kontraktur mit vollständiger Entfernung der Palmaraponeurose**	**1110** / 64,70	148,81 / 226,45

Ausschluss: Neben Nr. 2088 sind folgende Nrn. nicht abrechnungsfähig: 2072, 2073, 2075, 2076, 2087, 2089

Tipp: Bei ambulanter OP: Zuschlag nach Nr. 444 nicht vergessen!

GOÄ-Nr.		Punktzahl 1fach	2,3 / *1,8 3,5 / *2,5
2089	**Operation der Dupuytren'schen Kontraktur mit vollständiger Entfernung der Palmaraponeurose und mit Strangresektion an einzelnen Fingern – gegebenenfalls einschließlich Z- und/oder Zickzackplastiken –**	**1800** 104,92	241,31 367,21
Ausschluss:	Neben Nr. 2089 sind folgende Nrn. nicht abrechnungsfähig: 2072, 2073, 2075, 2076, 2087, 2088		
Tipp:	Bei ambulanter OP: Zuschlag nach Nr. 445 nicht vergessen!		
2090	**Spülung bei eröffnetem Sehnenscheidenpanaritium, je Sitzung**	**63** 3,67	8,45 12,85
Kommentar:	Die Leistung nach Nr. 2090 kann nur in der zeitlichen Folge **nach** eröffnetem Sehnenscheidenpanaritium (Nrn. 2031, 2032) abgerechnet werden. Für das einfache Bad der Hand kann die Leistung nicht angesetzt werden, sondern die Nr. 2006.		
2091	**Sehnenscheidenradikaloperation (Tendosynovektomie) – gegebenenfalls mit Entfernung von vorspringenden Knochenteilen und Sehnenverlagerung –**	**924** 53,86	123,87 188,50
Tipp:	Bei ambulanter OP: Zuschlag nach Nr. 444 nicht vergessen, dazu ggf. Nr. 440!		
2092	**Operation der Tendosynovitis im Bereich eines Handgelenks oder der Anularsegmente eines Fingers**	**750** 43,72	100,55 153,00
Tipp:	Bei ambulanter OP: Zuschlag nach Nr. 443 nicht vergessen, ggf. dazu Nr. 440!		
2093	**Spülung bei liegender Drainage**	**50** 2,91	6,70 10,20
Ausschluss:	Neben Nr. 2093 sind folgende Nrn. nicht abrechnungsfähig: 2015, 2032		

III Gelenkchirurgie

Allgemeine Bestimmungen

Werden Leistungen nach den Nummern 2102, 2104, 2112, 2113, 2117, 2119, 2136, 2189, 2190, 2191 und/ oder 2193 an demselben Gelenk im Rahmen derselben Sitzung erbracht, so sind diese Leistungen nicht mehrfach und nicht nebeneinander berechnungsfähig.

Neben den Leistungen nach den Nummern 2189 bis 2196 sind die Leistungen nach den Nummern 300 bis 302 sowie 3300 nicht berechnungsfähig.

Die Leistungen nach den Nummern 2192, 2195 und/oder 2196 sind für operative Eingriffe an demselben Gelenk im Rahmen derselben Sitzung jeweils nur einmal berechnungsfähig.

Kommentar:

Osteosynthesen, Drahtungen, Nagelungen, Verschraubungen, Metallplatten und Fixateure sind Implantate, die für die operative Versorgung von Verletzungen – meist Frakturen und Verrenkungen – verwendet werden. Dabei handelt es sich jeweils um eine Versorgung einer Fraktur und/oder Verrenkung mit Implantat(en) in Form einer Osteosynthese, Arthrodese oder Spondylodese.

Die Art und Anzahl der Implantatmaterialien findet bei der Vergütung für das Einbringen und Entfernen keine Berücksichtigung. Das Entfernen einer Osteosynthese/Implantat ist also unabhängig davon, ob Schrauben, Platten, Drähte und/oder ein Fixateur etc. verwendet wurden, nur einmal an einem Knochen/Gelenk mit einer der Gebührenziffern der Nrn. 2061, 2063, 2353 oder 2354 abrechenbar. Dies gilt nicht nur für Röhrenknochen, sondern sinngemäß auch für alle anderen Knochen.
Bei den Gebührenziffern ohne den Zusatz „operativ" handelt es sich nicht um eine operative Leistung im medizinischen Sinne. Die Einrenkung erfolgt geschlossen, d. h. ohne Eröffnung des Gelenks.
Bei den Gebührenziffern mit dem Zusatz „operativ" erfolgt die Einrenkung, nachdem das Gelenk operativ eröffnet wurde.

Nach einer Einrenkung – sei es geschlossen oder operativ – ist meist eine Ruhigstellung mit einem Verband, Schiene (Orthese) oder Gips erforderlich, so dass die Nrn. 201A ff abgerechnet werden können. Gemäß der Allg. Best. vor Abschnitt L.IV sind die Verbände nach Nr. 200 Bestandteil der Leistung, so dass nur die besonderen Kosten abgerechnet werden dürfen.
Die Ruhigstellung nach einer geschlossenen oder offenen operativen Einrenkung kann entweder mit oder ohne zusätzliche vorübergehende Einbringung eines Implantats (temporäre Arthrodese) erfolgen. Diese wird meist mit einem perkutan eingebrachten Draht und/oder Schraube und/oder Fixateur extern gemacht. Zusätzlich ist nach der Drahtstiftung und ggf. Schraubeneinbringung zusätzlich eine Schienen- oder Gipsruhigstellung (Nrn. 210 ff) erforderlich.
Mit Verbänden können in den Allgemeinen Bestimmungen nur Verbände im engeren Sinn gemeint sein, so dass nur Verbände nach Nr. 200–209 Bestandteil der Leistung nach Nr. 2203–2241 sind aber nicht Schienen/Orthesen und Gipse.
Bei der operativen Versorgung von Verrenkungen ist die Einrichtung des Gelenks Bestandteil der Zielleistung ebenso wie bei der Arthrodese oder Spondylodese und nicht gesondert abrechnungsfähig.

2100 Naht der Gelenkkapsel eines Finger- oder Zehengelenks

278 37,27
16,20 56,71

Ausschluss: Neben Nr. 2100 sind folgende Nrn. nicht abrechnungsfähig: 2105, 2110, 2118, 2130, 2134, 2170, 2171

Tipp:
- Bei ambulanter OP: Zuschlag nach Nr. 442 nicht vergessen!
- Im Rahmen der Wundversorgung können neben der Leistung nach Nr. 2100 zusätzlich die Leistungen nach den Nrn. 2000 ff. abgerechnet werden.

2101 Naht der Gelenkkapsel eines Kiefer-, Hand- oder Fußgelenks

554 74,27
32,29 113,02

Ausschluss: Neben Nr. 2101 sind folgende Nrn. nicht abrechnungsfähig: 2106, 2111, 2118, 2123, 2131, 2135, 2172

Tipp: Bei ambulanter OP: Zuschlag nach Nr. 443 nicht vergessen!

2102 Naht der Gelenkkapsel eines Schulter-, Ellenbogen-, Hüft- oder Kniegelenks oder eines Wirbelgelenks

1110 148,81
64,70 226,45

Ausschluss: Neben Nr. 2102 sind folgende Nrn. nicht abrechnungsfähig: 2112, 2113, 2117, 2119, 2124, 2125, 2126, 2132, 2133, 2136, 2137, 2189 – 2193

Tipp:
- Ggf. Zuschlag für weitere operative Eingriffe an demselben Gelenk nach Nr. 2195 berechnen.
- Bei ambulanter OP: Zuschlag nach Nr. 444 nicht vergessen!

2103 Muskelentspannungsoperation am Hüftgelenk – gegebenenfalls einschließlich Abtragung oder Verpflanzung von Sehnenansatzstellen am Knochen –

1850 248,01
107,83 377,41

Ausschluss: Neben Nr. 2103 sind folgende Nrn. nicht abrechnungsfähig: 2072 – 2074, 2083

Beschluss BÄK:
Beschlüsse des Gebührenordnungsausschusses der BÄK- Dt. Ärzteblatt 11/02
Weichteilbalancing am Hüftgelenk nach Nr. 2103 neben Nr. 2151
Bei Vorliegen schwerer Dysplasie-Coxarthrosen mit subluxiertem oder laxiertem Hüftkopf, schweren Cox-vara-Fehlstellungen des proximalen Femur bei neurologischer Grunderkrankung können neben der Implantation einer Hüftgelenks-Totalendoprothese die Beseitigung der schweren Muskelkontrakturen sowie weitere weichteilkorrigierende Maßnahmen, die zusammenfassend als Weichteilbalancing bezeichnet werden, indiziert sein. In diesen Fällen ist aus Sicht des Ausschusses „Gebührenordnung" die Berechnung der Nr. 2103 für das Weichteilbalancing neben Nr. 2151 gerechtfertigt.

Hinweis BÄK: **– Weichteilbalancing am Kniegelenk nach Nr. 2103 neben Nr. 2153**
Hochgradige Varus- oder Valgusfehlstellungen des Kniegelenks und/oder schwere Muskelkontrakturen können durch besondere, fakultative Eingriffe an den Muskel-Sehnen-Komplexen (sog. Weichteilbalancing) korrigiert werden.

Das Weichteilbalancing ist eine selbstständige Leistung und kann analog nach Nr. 2103 (Muskelentspannungsoperation am Hüftgelenk, 1850 Punkte) neben Nr. 2153 berechnet werden.
Mit der einmaligen Berechnung der Nr. 2103 analog sind aus Sicht des Ausschusses „Gebührenordnung" alle Maßnahmen, die mit dem Weichteilbalancing bei o.g. Indikationen in Zusammenhang stehen, abgegolten. Da der Umfang des Weichteilbalancings indikationsabhängig variieren kann (beispielsweise mediales Release bei Varusfehlstellung oder komplexes dorsomediales und dorsolaterales Release bei schweren Beugekontrakturen), muss der im Einzelfall erforderliche Aufwand und Schwierigkeitsgrad des Weichteilbalancings durch Wahl eines adäquaten Steigerungsfaktors abgebildet werden. Nr. 2103 analog kann nicht für das Patella-release berechnet werden.

Analog: Nr. 2103 analog kann nicht für das Patella-release berechnet werden.

2103 analog — Weichteilbalancing am Kniegelenk neben Nr. 2153 (analog Nr. 2103 GOÄ) – n. Beschlüssen des Ausschusses „Gebührenordnung" der BÄK — 1850 / 107,83 — 248,01 / 377,41

OP am Kniegelenk und Schultergelenk
Nr. 2103 GOÄ analog kann bei Operationen am Kniegelenk und am Schultergelenk für Weichteilbalancing angesetzt werden. Voraussetzung hierfür ist – wie bei Operationen am Hüftgelenk -, dass insbesondere höhergradige Fehlstellungen und/oder schwere Muskelkontrakturen vorliegen.
Aktenzeichen: VG Stuttgart, 06.08.2013, AZ: 12 K 1240/13
Entscheidungsjahr: 2013

2104 — Bandplastik des Kniegelenks (plastischer Ersatz von Kreuz- und/oder Seitenbändern) — 2310 / 134,64 — 309,68 / 471,25

Ausschluss: Neben Nr. 2104 sind folgende Nrn. nicht abrechnungsfähig: 2072 – 2076, 2083, 2189 – 2193

Tipp: Ggf. Zuschlag für weitere operative Eingriffe an demselben Gelenk nach Nr. 2195 berechnen.

2105 — Primäre Naht eines Bandes oder Bandplastik eines Finger- oder Zehengelenks — 550 / 32,06 — 73,73 / 112,20

Ausschluss: Neben Nr. 2105 sind folgende Nrn. nicht abrechnungsfähig: 2073, 2074, 2075, 2076, 2083

Tipp: Bei ambulanter OP: Zuschlag nach Nr. 443 nicht vergessen!

2106 — Primäre Naht eines Bandes oder Bandplastik des Sprunggelenks oder Syndesmose — 1110 / 64,70 — 148,81 / 226,45

Ausschluss: Neben Nr. 2106 sind folgende Nrn. nicht abrechnungsfähig: 2073 – 2076, 2083

Tipp: Bei ambulanter OP: Zuschlag nach Nr. 444 nicht vergessen!

2110 — Synovektomie in einem Finger- oder Zehengelenk — 750 / 43,72 — 100,55 / 153,00

Ausschluss: Neben Nr. 2110 sind folgende Nrn. nicht abrechnungsfähig: 2100, 2122, 2130, 2134

Tipp: Bei ambulanter OP: Zuschlag nach Nr. 443 nicht vergessen!

2111 — Synovektomie in einem Hand- oder Fußgelenk — 1110 / 64,70 — 148,81 / 226,45

Ausschluss: Neben Nr. 2111 sind folgende Nrn. nicht abrechnungsfähig: 2101, 2123, 2131, 2135

Tipp: Bei ambulanter OP: Zuschlag nach Nr. 444 nicht vergessen!

2112 **Synovektomie in einem Schulter-, Ellenbogen- oder Kniegelenk** **1480** 86,27 198,41 301,93

Ausschluss: Neben Nr. 2112 sind folgende Nrn. nicht abrechnungsfähig: 2102, 2124, 2132, 2133, 2136, 2137, 2153, 2154, 2189 – 2193

Beschluss BÄK: **Beschluss des Gebührenordnungsausschusses der BÄK – Dt. Ärzteblatt 11/02**
Subtotale Synovektomie Nr. 2112 neben Nr. 2153
Die komplette Entfernung des Stratum synoviale einschließlich der hinteren Kapselteile ist zur Implantation einer Kniegelenksendoprothese methodisch nicht erforderlich und in Fällen einer degenerativ bedingten Gonarthrose ohne Vorliegen einer ausgeprägten chronischen Synovialitis nicht indiziert. Muss eine komplette Synovektomie aus medizinischen Gründen durchgeführt werden (z.B. bei rheumatoider Arthritis, Chondrokalzinose, Zustand nach langjähriger Cortison-Therapie), so handelt es sich hierbei am eine selbstständige Leistung nach Nr. **2112,** die, wenn sie in gleicher Sitzung erbracht wird, neben Nr. 2153 berechnungsfähig ist.

Tipp:
- Ggf. Zuschlag für weitere operative Eingriffe an demselben Gelenk nach Nr. 2195 berechnen.
- Bei ambulanter OP: Zuschlag nach Nr. 445 nicht vergessen!

2113 **Synovektomie in einem Hüftgelenk** **1850** 107,83 248,01 377,41

Ausschluss: Neben Nr. 2113 sind folgende Nrn. nicht abrechnungsfähig: 2102, 2125, 2126, 2149 – 2152, 2189 – 2193

Tipp:
- Ggf. Zuschlag für weitere operative Eingriffe an demselben Gelenk nach Nr. 2195 berechnen.
- Bei ambulanter OP: Zuschlag nach Nr. 445 nicht vergessen!

Rechtsprechung: **Angemessenheit des Arzthonorars bei Einsatz eines künstlichen Hüftgelenks**
Bei der in der GOÄ-Nr. 2113 beschriebenen „Synovektomie – Hüftgelenk“ handelt es sich nicht um einen methodisch notwendigen Bestandteil der in der GOÄ-Nr. 2151 aufgeführten ärztlichen Leistung („endoprothetischer Totalersatz von Hüftpfanne und Hüftkopf – Alloarthroplastik“). Für diese Leistung kann deshalb gemäß § 4 Abs. 2a S. 2 GOÄ neben einer Gebühr nach der GÖA-Nr. 2151 eine weitere Gebühr nach der GOÄ-Nr. 2113 berechnet werden, wenn hierfür eine eigenständige Indikation vorliegt..Denn: Ärztliche (hier: chirurgische) Leistungen, die nicht Bestandteil einer anderen abgerechneten Leistung sind, sind abrechenbar, soweit es sich um selbständige Leistungen handelt.
Aktenzeichen: VGH Baden-Württemberg, 04.02.2013, AZ: 2 S 1903/12
Entscheidungsjahr: 2013

2117 **Meniskusoperation** **1480** 86,27 198,41 301,93

Ausschluss: Neben Nr. 2117 sind folgende Nrn. nicht abrechnungsfähig: 2119 (Kniegelenk), 2189, 2190, 2191, 2192

Tipp:
- Ggf. Zuschlag für weitere operative Eingriffe an demselben Gelenk nach Nr. 2195 berechnen.
- Bei ambulanter OP: Zuschlag nach Nr. 445 nicht vergessen!

2118 **Operative Fremdkörperentfernung aus einem Kiefer-, Finger-, Hand-, Zehen- oder Fußgelenk** **463** 26,99 62,07 94,45

Tipp: Bei ambulanter OP: Zuschlag nach Nr. 442 nicht vergessen, ggf. dazu Nr. 440!

2119 **Operative Entfernung freier Gelenkkörper oder Fremdkörperentfernung aus dem Schulter-, Ellenbogen- oder Kniegelenk** **1480** 86,27 198,41 301,93

Ausschluss: Neben Nr. 2119 sind folgende Nrn. nicht abrechnungsfähig: 2117, 2189 – 2193

Recht-sprechung: **GOÄ Nr. 2119 nicht neben GOÄ Nr. 2144**
Bei der in der GOÄ Ziffer 2119 beschriebenen Leistung handelt es sich um einen methodisch notwendigen Bestandteil der in GOÄ Ziffer 2144 aufgeführten ärztlichen Leistung. Eine Leistung nach Ziffer 2119 kann daher nicht neben Ziffer 2144 abgerechnet werden.
Aktenzeichen: VGH Baden-Württemberg, 17.02.2011, AZ: 2 S 595/10
Entscheidungsjahr: 2011

Tipp:
- Werden arthroskopische Operationen durchgeführt, so sind entsprechend die Nrn. 2189 bis 2196 zu berechnen.
- Ggf. Zuschlag für weitere operative Eingriffe an demselben Gelenk nach Nr. 2195 berechnen.
- Bei ambulanter OP: Zuschlag nach Nr. 445 nicht vergessen!

2120 **Denervation eines Finger- oder Zehengelenks** **650** 87,14
37,89 132,60

Tipp: Bei ambulanter OP: Zuschlag nach Nr. 443 nicht vergessen, ggf. dazu Nr. 440!

2121 **Denervation eines Hand-, Ellenbogen-, Fuß- oder Kniegelenks** **1300** 174,28
75,77 265,21

Tipp: Bei ambulanter OP: Zuschlag nach Nr. 445 nicht vergessen, dazu ggf. Nr. 440!

2122 **Resektion eines Finger- oder Zehengelenks** **407** 54,56
23,72 83,03

Tipp: Bei ambulanter OP: Zuschlag nach Nr. 442 nicht vergessen!

2123 **Resektion eines Kiefer-, Hand- oder Fußgelenks** **1110** 148,81
64,70 226,45

2124 **Resektion eines Ellenbogen-, Schulter-, Hüft- oder Kniegelenks** **1850** 248,01
107,83 377,41

2125 **Kopf-Halsresektion am Hüftgelenk** **2220** 297,61
129,40 452,89

2126 **Kopf-Halsresektion am Hüftgelenk mit Osteotomie am koxalen Femurende – gegebenenfalls mit Osteosynthese –** **2770** 371,35
161,46 565,10

Ausschluss: Neben Nr. 2126 sind folgende Nrn. nicht abrechnungsfähig: 2125, 2251, 2252, 2257, 2258, 2274, 2275, 2276, 2330

2130 **Operative Versteifung eines Finger- oder Zehengelenks** **650** 87,14
37,89 132,60

Kommentar: Ist eine Fixation durch Knochenspäne oder alloplastisches Material im Rahmen der Versteifungsoperation erforderlich, so ist dies zusätzlich berechnungsfähig.

Tipp: Bei ambulanter OP: Zuschlag nach Nr. 443 nicht vergessen!

2131 **Operative Versteifung eines Hand- oder Fußgelenks** **1300** 174,28
75,77 265,21

Kommentar: Ist eine Fixation durch Knochenspäne oder alloplastisches Material im Rahmen der Versteifungsoperation erforderlich, so ist dies zusätzlich berechnungsfähig.

Tipp: Bei ambulanter OP: Zuschlag nach Nr. 445 nicht vergessen!

GOÄ-Nr.		Punktzahl / 1fach	2,3 / *1,8 / 3,5 / *2,5
2132	**Operative Versteifung eines Hüftgelenks – auch einschließlich Fixation durch Knochenspäne oder alloplastisches Material –**	**2770** / 161,46	371,35 / 565,10

2133 **Operative Versteifung eines Kniegelenks** — **2100** / 122,40 — 281,53 / 428,41

Kommentar: Ist eine Fixation durch Knochenspäne oder alloplastisches Material im Rahmen der Versteifungsoperation erforderlich, so ist dies zusätzlich berechnungsfähig.

Tipp: Bei ambulanter OP: Zuschlag nach Nr. 445 nicht vergessen!

2134 **Arthroplastik eines Finger- oder Zehengelenks** — **924** / 53,86 — 123,87 / 188,50

Ausschluss: Neben Nr. 2134 sind folgende Nrn. nicht abrechnungsfähig: 2100, 2110

Tipp: Bei ambulanter OP: Zuschlag nach Nr. 444 nicht vergessen!

2135 **Arthroplastik eines Kiefer-, Hand- oder Fußgelenks** — **1400** / 81,60 — 187,69 / 285,61

Ausschluss: Neben Nr. 2135 sind folgende Nrn. nicht abrechnungsfähig: 2101, 2111

Beschluss BÄK: **Beschlüsse des Gebührenordnungsausschusses der BÄK** - Dt. Ärzteblatt 11/02

Komplexe Weichteileingriffe am MTP I nach Nr. 2135

Komplexe Weichteileingriffe am I. Metatarsophalangealgelenk (MTP I) mit dem Ziel einer gelenkerhaltenden Korrektur der Valgus-Stellung sind Nr. 2135 (Arthroplastik eines Kiefer-, Hand- oder Fußgelenks, 1400 Punkte) zuzuordnen. Mit der einmaligen Berechnung der Nr. 2135 sind aus Sicht des Ausschusses Gebührenordnung damit alle Weichteileingriffe (von medial und/oder lateral) am MTP I, ggf. einschl. Pseudexostosenabtragung, abgegolten.

Komplexe Umstellungsosteotomie nach Nr. 2260

Bei höhergradigen Valgus-Fehlstellungen kann neben dem komplexen Weichteileingriff nach Nr. **2135** eine komplexe Umstellungsosteotomie am Os metatarsiale I (beispielsweise Operationen nach Scarf, Shevron oder „open-closed- wedge"-Basis-Osteotomie) erforderlich sein. In diesen Fällen ist die Nr. **2260** (Osteotomie eines kleinen Röhrenknochens – einschl. Osteosynthese, 1850 Punkte) neben der Nr. 2135 für den komplexen Weichteileingriff am MTP I berechnungsfähig.

Bei gelenkerhaltendem Vorgehen kann neben Nr. 2135 für den komplexen Weichteileingriff am MTP I und ggf. Nr. 2260 für die komplexe Umstellungsosteotomie am Metatarsale I in besonderen, medizinisch begründeten Fällen (beispielsweise bei entzündlich-rheumatischen Erkrankungen) eine Bursektomie, Synovektomie und/oder Osteotomie am Grundgelenk D I (Operation nach Akin) erforderlich sein.

In diesen Fällen ist bei Erläuterung der besonderen Indikation die jeweilige zusätzlich durchgeführte Maßnahme als selbstständige Leistung neben der gelenkerhaltenden Hallux-valgus-Operation (nach Nr. 2135 analog und ggf. Nr. 2260) berechnungsfähig.

Tipp: Bei ambulanter OP: Zuschlag nach Nr. 445 nicht vergessen!

2136 **Arthroplastik eines Ellenbogen- oder Kniegelenks** — **1660** / 96,76 — 222,54 / 338,65

Ausschluss: Neben Nr. 2136 sind folgende Nrn. nicht abrechnungsfähig: 2102, 2112, 2189 – 2193

Tipp:
- Ggf. Zuschlag für weitere operative Eingriffe an demselben Gelenk nach Nr. 2195 berechnen.
- Bei ambulanter OP: Zuschlag nach Nr. 445 nicht vergessen!

2137 **Arthroplastik eines Schultergelenks** — **2100** / 122,40 — 281,53 / 428,41

Ausschluss: Neben Nr. 2137 sind folgende Nrn. nicht abrechnungsfähig: 2102, 2112

GOÄ-Ratgeber der BÄK: ► **Abrechnung der diagnostischen Schulterarthroskopie**

Wiesener, Tina in Dtsch Arztebl 2014; 111(38): A-1582/B-1362/C-1294 – http://www.aerzteblatt.de/archiv/161922

Die Autorin berichtet über ein Urteil des Amtsgerichts Bad Homburg vom 5. Oktober 2010 verwiesen werden (Az.: 2 C 1595/09) zur Frage, ob die oft vorangehende diagnostische Arthroskopie bei einem Schultereingriff nach Nr. 2137 GOÄ „Arthroplastik eines Schultergelenkes" beim selben Eingriffs

- ein unselbstständiger Teil der Operation ist
- oder einen eigenständigen und somit gesondert berechnungsfähigen Eingriff nach GOÄ darstellt

Die Autorin zitiert das Urteil: ... „Entgegen der Ansicht des Beklagten ist eine Arthrosk(r)opie neben der Zielleistung „Arthroplastik“ (...) gesondert abrechenbar. Zwar ist eine diagnostische Gelenkspiegelung zur Vorbereitung einer Operation des entsprechenden Gelenks unabdingbar. Eine Auslegung der Gebührenziffern des Gebührenverzeichnisses zur GOÄ ergibt indessen, dass der Verordnungsgeber gleichwohl von einer gesonderten Abrechenbarkeit der beiden Leistungen ausgegangen ist. So ist in den Allgemeinen Bestimmungen hinsichtlich des Gebiets Gelenkchirurgie (Buchstabe L Ziffer III des Gebührenverzeichnisses) geregelt, dass für bestimmte Gelenkoperationen, die in den Gebührenziffern 2189 ff. definiert sind, die Arthroskopie nach Ziffer 3300 nicht gesondert abrechenbar ist. An deren Stelle ist für die vorgenannten Gelenkoperationen nach dem ausdrücklichen Wortlaut der Gebührenziffer 2196 stattdessen die in dieser Ziffer definierte diagnostische Arthroskopie abrechnungsfähig. Daraus ergibt sich, dass der Verordnungsgeber durchaus von der selbstständigen Abrechenbarkeit diagnostischer Arthroskopie im Zusammenhang mit der Durchführung von Gelenkoperationen ausgegangen ist, auch wenn es sich hierbei in operationstechnischer Hinsicht um einen unselbstständigen Bestandteil der jeweiligen Operation als Zielleistung handeln mag.

Der ausdrückliche Ausschluss der Abrechnungsfähigkeit der Gebührenziffer 3300 neben den Gebührenziffern 2189 ff. ergibt vor diesem Hintergrund jedoch nur dann einen Sinn, wenn der Verordnungsgeber zugleich von der grundsätzlichen Abrechenbarkeit einer Arthroskopie im Zusammenhang mit Gelenkoperationen ausgegangen ist. Die Intention des Verordnungsgebers kann demnach nur dahin verstanden werden, dass er nur für bestimmte Gelenkoperationen die zusätzliche Berechnung der (allgemeinen) Arthroskopie gemäß Gebührenziffer 3300 ausschließen wollte und er für diese Operationen einen eigenen Gebührentatbestand (Ziffer 2196) geschaffen hat, der in besagten Fällen an die Stelle der Ziffer 3300 treten sollte. Damit ergibt eine systematische Auslegung der GOÄ, dass eine Arthroskopie nach Ziffer 3300 im vorliegenden Fall neben der Zielleistung der Gebührenziffer 2137 abrechenbar ist, da der behandelnde Arzt keine Gelenkoperation im Sinne der Gebührenziffern 2189 ff. vorgenommen hat...“

► Komplexe Eingriffe am Schultergelenk – was fällt unter „Arthroplastie“?

Dr. med. Dipl.-Ök. Ursula Hofer in: Deutsches Ärzteblatt 106, Heft 44 (30.10.2009), S.A-2210 – http://www.baek.de/page.asp?his=1.108.4144.4289.7834

Die Ausführungen von Dr.Hofer werden wie folgt zusammengefasst:

Neben der GOÄ-Nr. 2137 kann zusätzlich eine Bursektomie nach Nr. 2405 abgerechnet werden.In einigen Fällen werden Sehnen rekonstruiert und ersetzt, Knorpeltransplantationen durchgeführt und bisweilen erfolgt eine Stabilisation des AC-Gelenks mit Fremdmaterial. Für eine Knorpeltransplantation bietet sich zurzeit noch der Analogabgriff der Nr. 2384 GOÄ „Knorpeltransplantation“ an, und bei der AC-Gelenkstabilisierung wäre die Nr. 2130 GOÄ analog „Operative Versteifung eines Finger- oder Zehengelenks ...“ angezeigt.. Bei besonders aufwendigen Eingriffen empfiehlt die BÄK bei einer massiven Synovialitis den Analogabgriff der Nr. 2193 GOÄ.

Bei den Teilschritten einer arthroskopischen Schultergelenksanierung können nicht abgerechnet werden: Nr. 2604, Nr. 2182, Nr. 2195 und Nr. 2196.

Hinweis LÄK: Die **Gemeinsame Gutachterstelle der Bezirksärztekammer in Baden-Württemberg für Fragen der GOÄ** führt in einem Schreiben an die MEDAS GmbH vom 16.2.2004 **zur Frage der Abrechnung von Schultergelenksoperationen** aus:

... „In Abhängigkeit von den Gegebenheiten des Einzelfalles können z.B. folgende Ziffern angesetzt werden:

Nr. 2137 für die Arthroplastik des Schultergelenks, d.h. die artikulationsgerechte Neuformung deformierter und destruierter Gelenkflächen, ggf. mit operativer Lösung und Entfernung von Verklebungen und fibrösen Verwachsungen der Gelenkflächen;

Nr. 3300 für die diagnostische Arthroskopie;

Nr. 2405 für die Bursektomie;

Nr. 2073 für die unfallbedingte Versorgung einer Sehnen- und Muskelruptur;

Nr. 2015 für die Einlage von Redondrainagen;

Nr. 2012 für die Synovektomie in einem Schultergelenk;

Nr. 5295 für die Photodokumentation im Rahmen einer Video-endoskopischen Operation..

Für die Operation der Ruptur der Rotatorenmanschette stehen je nach Methode unterschiedliche Gebührenpositionen zur Verfüfung (vgl Brück u.a., 2003: Kommentar zur GOÄ, DÄ-Verlag, Köln); darüber hinaus kann unseres Erachtens nach auch die GOÄ-Nr. 2083 sowie im Einzelfall bei besonders aufwendigen Eingriffen die Ziffer 2104 zum Ansatz kommen.“

Rechtsprechung:

Abrechnung einer Schulteroperation mit verschiedenen Pathologien – „Zielleistungsprinzip“

Ziffer 2137 GOÄ stellt abrechnungstechnisch keine allumfassende Komplexgebühr für eine Schulteroperation mit mehreren Pathologien dar. Ziffer 2137 GOÄ erfasst Eingriffe an den Gelenkflächen, also im knöchernen Bereich des Gelenks, und nicht auch weitergehende Eingriffe beispielsweise am subacromialen Nebengelenk und der Rotatorenmanschette oder der Entfernung der Gelenkschleimhaut. Diese sind keine notwendigen Einzelschritte des Leistungsziels nach Ziffer 2137, sondern sind jeweils eigenstän-

dig indiziert und daher mit den entsprechenden Ziffern (gegebenenfalls analog) abzurechnen.
Aktenzeichen: VerwG Stuttgart, 22.07.2015, AZ: 12 K 3992/13
Entscheidungsjahr: 2015

Tipp: Bei ambulanter OP: Zuschlag nach Nr. 445 nicht vergessen!

2140 **Operativer Einbau eines künstlichen Finger- oder Zehengelenks oder einer Fingerprothese** **1000** 58,29 134,06 204,01

Ausschluss: Neben Nr. 2140 sind folgende Nrn. nicht abrechnungsfähig: 2072, 2073, 2100, 2105, 2110, 2120, 2134

Tipp: Bei ambulanter OP: Zuschlag nach Nr. 444 nicht vergessen!

2141 **Entfernung und erneuter operativer Einbau eines künstlichen Finger- oder Zehengelenks oder einer Fingerprothese** **1800** 104,92 241,31 367,21

Tipp: Bei ambulanter OP: Zuschlag nach Nr. 445 nicht vergessen!

2142 **Operativer Einbau eines künstlichen Hand- oder Fußgelenks** **2700** 157,38 361,96 550,81

Ausschluss: Neben Nr. 2142 sind folgende Nrn. nicht abrechnungsfähig: 2072, 2073, 2101, 2106, 2111, 2121, 2135

2143 **Entfernung und erneuter operativer Einbau eines künstlichen Hand- oder Fußgelenks** **4860** 283,28 651,54 991,47

2144 **Operativer Einbau eines künstlichen Ellenbogen- oder Kniegelenks** **3600** 209,83 482,62 734,42

Ausschluss: Neben Nr. 2144 sind folgende Nrn. nicht abrechnungsfähig: 2072, 2073, 2102, 2104, 2112, 2124, 2136, 2153

2145 **Entfernung und erneuter operativer Einbau eines künstlichen Ellenbogen- oder Kniegelenks** **6480** 377,70 868,71 1321,96

2146 **Operativer Einbau eines künstlichen Schultergelenks** **1800** 104,92 241,31 367,21

Ausschluss: Neben Nr. 2146 sind folgende Nrn. nicht abrechnungsfähig: 2072, 2073, 2102, 2112, 2124, 2137

2147 **Entfernung und erneuter operativer Einbau eines künstlichen Schultergelenks** **3240** 188,85 434,36 660,98

2148 analog **Tonnenförmige Ausmeißelung des Pfannenbodens neben Nr. 2151 (analog Nr. 2148 GOÄ) – n. Beschlüssen des Ausschusses „Gebührenordnung" der BÄK** **2100** 122,40 281,53 428,41

2148 **Neubildung eines Hüftpfannendaches durch Beckenosteotomie – auch Pfannendachplastik** **2100** 122,40 281,53 428,41

Analog: Nach Brück analoger Ansatz der Nr. 2148 für tonnenförmige Ausmeißelung eines neuen Pfannendaches. Diese Leistung kann auch neben der Nr. 2151 berechnet werden.

GOÄ-Nr.		Punktzahl 1fach	2,3 / *1,8 3,5 / *2,5
2149	**Ersatz eines Hüftkopfes oder einer Hüftpfanne durch biologische oder alloplastische Transplantate**	**2770** 161,46	371,35 565,10

Ausschluss: Neben Nr. 2149 sind folgende Nrn. nicht abrechnungsfähig: 2072, 2073, 2102, 2113, 2124 – 2126, 2150 – 2152, 2167

2150	**Entfernung und erneuter operativer Einbau eines künstlichen Hüftkopfes oder einer künstlichen Hüftpfanne**	**4980** 290,27	667,62 1015,95
2151	**Endoprothetischer Totalersatz von Hüftpfanne und Hüftkopf (Alloarthroplastik)**	**3700** 215,66	496,02 754,82

Ausschluss: Neben Nr. 2151 sind folgende Nrn. nicht abrechnungsfähig: 2072, 2073, 2102, 2113, 2124 – 2126, 2148, 2149, 2150

Beschluss BÄK:

Beschlüsse des Gebührenordnungsausschusses der BÄK – Dt. Ärzteblatt 3/02

Operative Leistungen am Hüftgelenk: Beschlüsse zur Berechnung selbstständiger operativer Leistungen am Hüftgelenk neben Nr. 2151 GOÄ

Pfannendachplastik:

Nr. 2148 GOÄ (Pfannendachplastik) **neben Nr. 2151 GOÄ** oder

Nr. 2148 GOÄ analog (tonnenförmige Ausmeißelung des Pfannenbodens) **neben Nr. 2151 GOÄ.**

Die präoperativ radiologisch verifizierbare Hüftgelenksdysplasie bzw. Hüftgelenksluxation stellt eine medizinische Indikation zur Pfannendachplastik dar. Im Zusammenhang mit der Operation nach Nr. 2151 GOÄ ist die Pfannendachplastik bei Vorliegen der genannten Indikation als selbstständige Leistung neben Nr. 2151 anzuerkennen.

Bei Bildung einer Pfannendachplastik in Form einer Pfannenerkerplastik (Appositionsarthroplastik) ist diese Leistung der Nr. 2148 als Modifikation zuzuordnen (Nr. 2148 neben Nr. 2151), im Falle der tonnenförmigen Ausmeißelung des Pfannenbodens ist die Pfannendachplastik analog nach Nr. 2148 abzurechnen (Nr. 2148 analog neben Nr. 2151).

Nr. 2254 GOÄ (Spongiosaplastik) neben Nr. 2151 GOÄ

Der Ausschuss Gebührenordnung beschließt, die Spongiosaplastik als stabilitätssichernde selbstständige Leistung bei Vorliegen radiologisch verifizierbarer Knochendefekte (Geröllzysten oder Pfannenbodenerosion infolge Hüftgelenkskopfprotrusion) oder im Zusammenhang mit der tonnenförmigen Ausmeißelung des Pfannenbodens (Pfannendachplastik) oder bei Durchführen einer zementfreien TEP-Implantation anzuerkennen und der Nr. 2254 zuzuordnen. Mit dieser Gebührenposition ist auch die Entnahme des Knochens sowie die spezielle Zubereitung des Knochenmaterials (kortikospongiöser Block oder Zerkleinerung in Knochenkrümel) abgegolten.

Nr. 2258 GOÄ analog (Abmeißelung ausgedehnter Osteophyten) neben der Nr. 2151 GOÄ

Der Ausschuss Gebührenordnung beschließt, die Abmeißelung ausgedehnter Osteophyten (größere einzelne Exophyten oder die komplette Ummauerung des Acetabulum), die sich präoperativ radiologisch nachweisen lassen und intraoperativ zu einer deutlichen Funktionsbehinderung der implantierten TEP führen, als selbstständige Leistung neben Nr. 2151 anzuerkennen, und beschließt hierfür eine Berechnung analog nach Nr. 2258.

Nr. 2113 GOÄ (Synovektomie) neben Nr. 2151 GOÄ

Der Ausschuss Gebührenordnung hält die gesonderte Berechnungsfähigleit der kompletten bis subtotalen-Entfernung der Synovialis bei medizinischer Indikation (beispielsweise chronische Synovialitis bei entzündlich rheumatischer Grunderkrankung oder Psoriasis-Arthtropathie) als selbstständige Leistung neben Nr. 2151 für gerechtfertigt. Die Synovektomie ist nach Nr. 2113 abzurechnen. Die Indikationsstellung zu dieser Maßnahme ist durch eine hinreichende Beschreibung im OP-Bericht sowie durch eine histopatholohische Befundveranlassung abzusichern.

Beschluss des Gebührenordnungsausschusses der BÄK – Dt. Ärzteblatt 11/02

Weichteilbalancing am Hüftgelenk nach Nr. 2103 neben Nr. 2151

Bei Vorliegen schwerer Dysplasie-Coxarthrosen mit subluxiertem oder laxiertem Hüftkopf, schweren Cox-vara-Fehlstellungen des proximalen Femur bei neurologischer Grunderkrankung können neben der Implantation einer Hüftgelenks-Totalendoprothese die Beseitigung der schweren Muskelkontrakturen sowie weitere weichteilkorrigierende Maßnahmen, die zusammenfassend als Weichteilbalancing bezeichnet werden, indiziert sein. In diesen Fällen ist aus Sicht des Ausschusses „Gebührenordnung" die Berechnung der **Nr. 2103** für das Weichteilbalancing **neben Nr. 2151** gerechtfertigt.

Rechtsprechung:

Hüftgelenkstotalendoprothese Geb. Ziffer 2151 GOÄ

Nach § 4 Abs. 2 GOÄ kann ein Arzt für Leistungen, die Bestandteil einer anderen Leistung sind, eine Gebühr nicht berechnen, wenn er die anderen Leistung abrechnet. Dies gilt auch für methodisch notwendige operative Einzelschritte bei Erbringung der Hauptleistung; vgl. dazu die Ausführungen zum sog. Zielleistungsprinzip.

Die Alloarthroplastik des Hüftgelenks umfasst als Zielleistung methodisch die Kopf-Halsresektion am Hüftgelenk. Neben der Geb Nr. 2151 GOÄ sind daher die Geb. Ziffern 2125 und 2253 GOÄ nicht abrechenbar.
Aktenzeichen: Verw.Ger. Stuttgart, 25.04.2008, AZ: 12 K 2470/07
Entscheidungsjahr: 2008

Liquidation einer strittigen Hüftgelenks-Totalendoprothesen
Das Landgericht Stade entschied zu einer Liquidation einer strittigen Hüftgelenks-Totalendoprothesen, dass die Gebührenpositionen Nr. 2103 Muskelentspannungsoperation am Hüftgelenk) und Nr. 2113 (Synovektomie in einem Hüftgelenk) nicht zu den ‚methodisch notwendigen Einzelschritten' einer Hüft-Totalendoprothese nach Nr. 2151 nach Maßgabe von § 4 Absatz 2 a GOÄ zählen.
Aktenzeichen: LG Stade, 31.03.2004, AZ: 2 S 81/03)

Abrechnung einer Hüftgelenkstotalendoprothesen-OP
Im Zusammenhang mit einer Hüftgelenkstotalendoprothesen-Operation sind Leistungen nach den Nr. 2148 (Pfannendachplastik), 2254 (Implantation von Knochen) und 2258 (Knochenaufmeißelung) keine gebührenrechtlich selbständige Leistungen, die neben der Leistung der Nr. 2151 GOÄ (endoprothetischer Totalersatz von Hüftpfanne und Hüftkopf – Alloarthroplastik) abrechnungsfähig sind. Die vorgenannten Gebührentatbestände der Nr. 2148, 2254 und 2258 sind methodische Einzelschritte der operativen Zielleistung. Demgegenüber haben die Gebührentatbestande Nr. 2103 (Muskelentspannungsoperation) und Nr. 2113 GOÄ (Synovektomie) eigenständige Behandlungsziele und können damit neben der Leistung des Nr. 2151 GOÄ abgerechnet werden.
Aktenzeichen: LG Hanau, 17.10.2003, AZ: 2 S 71/03
Entscheidungsjahr: 2003
(Quelle: juris)

2152 **Entfernung und erneuter operativer Einbau eines endoprothetischen Totalersatzes von Hüftpfanne und Hüftkopf (Alloarthroplastik)** **6660** 892,84 388,19 1358,68

2153 **Endoprothetischer Totalersatz eines Kniegelenks (Alloarthroplastik)** **3700** 496,02 215,66 754,82

Ausschluss: Neben Nr. 2153 sind folgende Nrn. nicht abrechnungsfähig: 2072, 2073, 2102, 2104, 2112, 2124, 2136, 2144

Beschluss BÄK: **Beschlüsse des Gebührenordnungsausschusses der BÄK** – Dt. Ärzteblatt 11/02
Weichteilbalancing am Kniegelenk nach Nr. 2103 neben Nr. 2153
Hochgradige Varus- oder Valgusfehlstellungen des Kniegelenks und/oder schwere Muskelkontrakturen können durch besondere, fakultative Eingriffe an den Muskel-Sehnen-Komplexen (sog. Weichteilbalancing) korrigiert werden. Das Weichteilbalancing ist eine selbstständige Leistung und kann analog nach Nr. **2103** (Muskelentspannungsoperation am Hüftgelenk, 1850 Punkte) **neben** Nr. **2153** berechnet werden.
Mit der einmaligen Berechnung der Nr. 2103 analog sind aus Sicht des Ausschusses „Gebührenordnung" alle Maßnahmen, die mit dem Weichteilbalancing bei o.g. Indikationen in Zusammenhang stehen, abgegolten. Da der Umfang des Weichteilbalancings indikationsabhängig variieren kann (beispielsweise mediales Release bei Varusfehlstellung oder komplexes dorsomediales und dorsolaterales Release bei schweren Beugekontrakturen), muss der im Einzelfall erforderliche Aufwand und Schwierigkeitsgrad des Weichteilbalancings durch Wahl eines adäquaten Steigerungsfaktors abgebildet werden.
Nr. 2103 analog kann nicht für das Patella-release berechnet werden.

Subtotale Synovektomie Nr. 2112 neben Nr. 2153
Die komplette Entfernung des Stratum synoviale einschließlich der hinteren Kapselteile ist zur Implantation einer Kniegelenksendoprothese methodisch nicht erforderlich und in Fällen einer degenerativ bedingten Gonarthrose ohne Vorliegen einer ausgeprägten chronischen Synovialitis nicht indiziert. Muss eine komplette Synovektomie aus medizinischen Gründen durchgeführt werden (z.B. bei rheumatoider Arthritis, Chondrokalzinose, Zustand nach langjähriger Cortison-Therapie), so handelt es sich hierbei am eine selbstständige Leistung nach Nr. **2112,** die, wenn sie in gleicher Sitzung erbracht wird, neben Nr. 2153 berechnungsfähig ist.

Spongioplastik nach Nr. 2254 oder Nr. 2255 neben Nr. 2153
Bei Vorliegen größerer flächenhafter Erosionen oder von Knochenzysten ist eine spongioplastische Verbesserung des Endoprothesenlagers medizinisch empfehlenswert. Die Leistung ist Nr. **2254** zuzuordnen und als

selbstständige Leistung neben Nr. **2153** berechnungsfähig, bei besonderer Begründung bis maximal dreimal im Behandlungsfall.
Der Wiederaufbau einer Gelenkfläche durch Einfügen eines Knochenkeils (sog. Wedge) oder die Wiederherstellung der Gelenkfläche als Voraussetzung zur Implantation ist Nr. **2255** zuzuordnen und als selbstständige Leistung neben Nr. **2153** einmal berechnungsfähig.
Die Versetzung der Tuberositas tibiae zur Behandlung der Patella-Luxation zählt nicht zu den in dieser Empfehlung eingeschlossenen spongioplastischen Maßnahmen.

Patellarückflächenersatz analog 2344 neben Nr. 2153 Wird neben Nr. **2153** ein Patellarückflächenersatz oder eine Patella-Rekonstruktion (durch Osteotomie bzw. Firstung) durchgeführt, so ist diese analog nach Nr. **2344** (Osteosynthese der gebrochenen Kniescheibe oder Teilextirpation, 1110 Punkte) als selbstständige Leistung berechnungsfähig.
Der Patellarückflächenersatz ist kein methodisch notwendiger Bestandteil der Implantation einer Kniegelenksendoprothese nach Nr. 2153. Es handelt sich hierbei um einen fakultativ notwendigen Eingriff bei gleichzeitigem Vorliegen eines femoropatellaren Syndroms oder einen auch aus anderen medizinischen Gründen notwendigen selbstsändigen Eingriff.

GOÄ-Ratgeber der BÄK: ► Siehe unter GOÄ-Ratgeber der BÄK zu Nr. 2562

Rechtsprechung:

Computergestützte Navigationstechnik – keine Analogberechnung nach GOÄ Nr. 2562
Bei der Durchführung einer Totalendoprothese des Kniegelenks nach GOÄ – Nr. 2153 kann eine computerunterstützte Navigationstechnik zum Einsatz kommen. Der Einsatz dieser Technik kann nicht nach GOÄ – Nr. 2562 analog abgerechnet werden.
Aktenzeichen: BGH, 21.01.2010, AZ: III ZR 147/09
Entscheidungsjahr: 2010

Zur Abrechnung zusätzlich erbrachter Leistungen bei einer Knie – TEP nach Nr. 2153 GOÄ:
Neben der Nr. 2153 GOÄ kann abgerechnet werden Nr. 2257 GOÄ (für Notch-Plastik), Nr. 2344 GOÄ (für Patellatuning), Nr. 2580 GOÄ (für Patella-Denervierung), Nr. 2404 GOÄ (für Hoffa-Resektion). Nicht zusätzlich kann die Nr. 2103 GOÄ für Weichteillockerung abgerechnet werden.
Aktenzeichen: LG Tübingen, 04.05.2011, AZ: 8 S 02/10
Entscheidungsjahr: 2011

Endoprothetische Totalversorgung eines Kniegelenks
Bei einer endoprothetischen Totalversorgung des Kniegelenks kann der Arzt neben der Ziffer 2153 GOÄ für den endoprothetischen Totalersatz des Kniegelenks bei Vorliegen einer entsprechenden eigenständigen medizinischen Indikation auch die Ziffern 2103, A 2257, A 2404, A 2072, A 2244 und 2254 GOÄ abrechnen.
Aktenzeichen: LG Düsseldorf, 12.05.2005, AZ: 22 S 284/04
LG Regensburg, 24.03.2009, AZ: 2 S 78/08
Entscheidungsjahr: 2009

Einbau Alloarthroplastik im Kniegelenk)
Neben einer zementierten Knietotalendoprothese nach Ziffer 2153 GOÄ (Einbau Alloarthroplastik, Kniegelenk) eine gesonderte Abrechnung der Ziffer 2254 GOÄ (Implantation von Knochen), der Ziffer 2103 GOÄ analog (Muskelentspannungsoperation am Hüftgelenk, Weichteilbalancing), und der Ziffer 2064 GOÄ (Sehnen-, Faszien oder Muskelverlängerung, laterales Release) jeweils mangels selbständiger ärztlicher Leistung bzw. mangels eigenständiger medizinischer Indikation im Verhältnis zur Zielleistung Einbau Alloarthroplastik nicht zulässig.
Statt der Ziffer 2344 GOÄ (Osteosynthese der gebrochenen Kniescheibe bzw. Exstirpation der Kniescheibe oder Teilexstirpation) kann nur die Ziffer 2256 GOÄ (Knochenaufmeiselung oder Nekrotomie bei kleinen Knochen) abgerechnet werden.
Aktenzeichen: VerwG Regensburg, 22.07.2013, AZ: RN 8 K 13.12
Entscheidungsjahr: 2013

Totalersatz eines Kniegelenks
Beim Einbau einer Kniegelenksprothese, Geb.Nr. 2153, sind die Geb.Ziffern 2103 und 2112 nur dann gesondert abrechenbar, wenn hierfür eine spezielle und gesonderte Indikation vorliegt.

Die Geb.Nr. 2124 kann neben Nr. 2153 nicht abgerechnet werden, weil die Resektion des Kniegelenks notwendiger Bestandteil beim Totalersatz eines Kniegelenks ist.
Aktenzeichen: VerwG Düsseldorf, 28.11.2013, AZ: 13 K 2383/13
Entscheidungsjahr: 2013

2154 **Entfernung und erneuter operativer Einbau eines endoprothetischen Totalersatzes eines Kniegelenks (Alloarthroplastik)** **6660** 892,84
388,19 1358,68

2155 **Eröffnung eines vereiterten Finger- oder Zehengelenks** **148** 19,84
8,63 30,19

Ausschluss: Neben Nr. 2155 ist folgende Nr. nicht abrechnungsfähig: 300

2156 **Eröffnung eines vereiterten Kiefer-, Hand- oder Fußgelenks** **463** 62,07
26,99 94,45

Ausschluss: Neben Nr. 2156 ist folgende Nr. nicht abrechnungsfähig: 300
Tipp: Bei ambulanter OP: Zuschlag nach Nr. 442 nicht vergessen!

2157 **Eröffnung eines vereiterten Schulter- oder Ellenbogen- oder Hüft- oder Kniegelenks oder von Gelenken benachbarter Wirbel** **924** 123,87
53,86 188,50

Ausschluss: Neben Nr. 2157 sind folgende Nrn. nicht abrechnungsfähig: 300 – 302
Kommentar: Nach Kommentar von **Lang, Schäfer, Stiel und Vogt** kann die Eröffnung mehrerer vereiterter Wirbelgelenke benachbarter Wirbel nicht mit dem mehrfachen Ansatz der Nr. 2157 berechnet werden.
Tipp: Bei ambulanter OP: Zuschlag nach Nr. 444 nicht vergessen!

2158 **Exartikulation eines Fingers oder einer Zehe** **370** 49,60
21,57 75,48

Ausschluss: Neben Nr. 2158 sind folgende Nrn. nicht abrechnungsfähig: 2072, 2073, 2100, 2105, 2110, 2120, 2134
Tipp: Bei ambulanter OP: Zuschlag nach Nr. 442 nicht vergessen!

2159 **Exartikulation einer Hand oder eines Fußes** **924** 123,87
53,86 188,50

Ausschluss: Neben Nr. 2159 sind folgende Nrn. nicht abrechnungsfähig: 2072, 2073, 2101, 2106, 2111, 2121, 2135

2160 **Exartikulation in einem Ellenbogen- oder Kniegelenk** **1110** 148,81
64,70 226,45

Ausschluss: Neben Nr. 2160 sind folgende Nrn. nicht abrechnungsfähig: 2072, 2073, 2102, 2104, 2112, 2124, 2136, 2153

2161 **Exartikulation in einem Schultergelenk** **1290** 172,94
75,19 263,17

Ausschluss: Neben Nr. 2161 sind folgende Nrn. nicht abrechnungsfähig: 2072, 2073, 2102, 2112, 2124, 2137

2162 **Exartikulation in einem Hüftgelenk** **1480** 198,41
86,27 301,93

Ausschluss: Neben Nr. 2162 sind folgende Nrn. nicht abrechnungsfähig: 2072, 2073, 2102, 2113, 2124 – 2126, 2148, 2149, 2150

GOÄ-Nr.		Punktzahl 1fach	2,3 / *1,8 3,5 / *2,5
2163	**Operative Entfernung einer Schultergürtelhälfte**	**1850** 107,83	248,01 377,41
2164	**Operative Entfernung einer Beckenhälfte einschließlich plastischer Deckung, auch in mehreren Sitzungen**	**3700** 215,66	496,02 754,82
Ausschluss:	Neben Nr. 2164 sind folgende Nrn. nicht abrechnungsfähig: 2265, 2294		
Kommentar:	Nach **Wezel/Liebold** beinhaltet die plastische Deckung alle dazu erforderlichen Gewebeverschiebungen oder -transplantationen. Diese sind aus diesem Grund nicht gesondert zu berechnen.		
2165	**Beckenosteotomie einschließlich Osteosynthese und/oder Spanverpflanzung einschließlich Entnahme des Spanmaterials – gegebenenfalls auch mit Reposition einer Hüftluxation –**	**6000** 349,72	804,36 1224,03
Ausschluss:	Neben Nr. 2165 sind folgende Nrn. nicht abrechnungsfähig: 2148 – 2153, 2158		
2167	**Ersatzlose Entfernung einas künstlichen Hüftgelenkes mit Ausräumung von nekrotischem Gewebe und Knochenzement**	**3200** 186,52	428,99 652,82
2168	**Operative Entfernung einer Kniegelenksendoprothese – einschließlich operativer Versteifung des Gelenks –**	**3200** 186,52	428,99 652,82
Ausschluss:	Neben Nr. 2168 sind folgende Nrn. nicht abrechnungsfähig: 2133, 2265		
Rechtsprechung:	**Entfernung einer Kniegelenksendoprothese** Bei der Geb:Nr. 2168 (Entfernung einer Kniegelenksendoprothese) können Leistungen nach den Nrn. 2076 (op. Lösung von Verwachsungen), 2112 (Synovektomie), 2257 (Knochenaufmeißelung) und 2381(Hautlappenplastik) nicht zusätzlich abgerechnet werden, da es sich hierbei regelmäßig um methodisch notwendige Bestandteile der in Nr. 2168 genannten Zielleistung handelt. **Aktenzeichen:** VerwG Stuttgart, 14.08.2014, AZ: 3 K 2644/14 **Entscheidungsjahr:** 2014		
2170	**Amputation eines Fingers oder einer Zehe oder eines Finger- oder Zehengliedteils – einschließlich plastischer Deckung –**	**463** 26,99	62,07 94,45
Tipp:	Bei ambulanter OP: Zuschlag nach Nr. 442 nicht vergessen!		
2171	**Amputation eines Fingerstrahles in der Mittelhand oder eines Zehenstrahles im Mittelfuß oder Amputation nach Pirogow oder Gritti – einschließlich plastischer Deckung –**	**1110** 64,70	148,81 226,45
Tipp:	Bei ambulanter OP: Zuschlag nach Nr. 444 nicht vergessen!		
2172	**Amputation eines Mittelhand- oder Mittelfußknochens – einschließlich plastischer Deckung –**	**924** 53,86	123,87 188,50
Tipp:	Bei ambulanter OP: Zuschlag nach Nr. 444 nicht vergessen!		
2173	**Amputation im Unterarm-, Unterschenkel- oder Oberarmbereich – einschließlich plastischer Deckung –**	**1110** 64,70	148,81 226,45
2174	**Amputation im Oberschenkelbereich – einschließlich plastischer Deckung –**	**1290** 75,19	172,94 263,17

GOÄ-Nr.		Punktzahl 1fach	2,3 / *1,8 3,5 / *2,5
2181	**Gewaltsame Lockerung oder Streckung eines Kiefer-, Hand- oder Fußgelenks**	**227** 13,23	30,43 46,31
2182	**Gewaltsame Lockerung oder Streckung eines Schulter-, Ellenbogen-, Hüft- oder Kniegelenks**	**379** 22,09	50,81 77,32
2183	**Operatives Anlegen einer Extension am Schädel bei Behandlung von Halswirbelverletzungen/-instabilitäten (z.B. Crutchfieldzange)**	**740** 43,13	99,20 150,96
2184	**Anlegen von Hals-Extensionen zur Vorbereitung der operativen Behandlung von Skoliosen und Kyphosen**	**1000** 58,29	134,06 204,01

GOÄ-Ratgeber der BÄK: **Gesondert berechnungsfähig: Kopfeinspannung mittels Mayfield-Klemme**
Dr. med. Tina Wiesner – Deutsches Ärzteblatt 109, Heft 43(26.10.2012), S. A-2152
http://www.bundesaerztekammer.de/page.asp?his=1.108.4144.4289.10919

Wiesner informiert: ... „Bei vielen neurochirurgischen Eingriffen (zum Beispiel am Kopf oder an der Halswirbelsäule) wird eine Einspannung in eine Mayfield-Halterung („Mayfield-Clamp") vorgenommen...
...Ist eine Mayfield-Halterung indiziert, so wird die Anlage in der Regel als eine zusätzliche und zeitlich getrennte ärztliche Maßnahme vor der Desinfektion und Abdeckung des Operationsfeldes und Beginn der Operation durchgeführt. ..."
In mehreren gerichtlichen Entscheidungen u.a

- Urteil des Landgerichts München I vom 22. Oktober 2003 (Az.: 9 S 23524/02)

ist zur Frage der gesonderten Berechnungsfähigkeit der Anlage einer Mayfield-Halterung vor neurochirurgischem Eingriff festgestellt worden, dass dies mit der Nr. 2184 GOÄ abgerechnet werden kann.

2189	**Arthroskopische Operation mit Entfernung oder Teilresektion eines Meniskus im Kniegelenk – gegebenenfalls einschließlich Plicateilresektion, Teilresektion des Hoffa'schen Fettkörpers und/oder Entfernung freier Gelenkkörper**	**1500** 87,43	201,09 306,01

Ausschluss: Neben Nr. 2189 sind folgende Nrn. nicht abrechnungsfähig: 300 – 302, 2102, 2104, 2112, 2113, 2117, 2119, 2136, 2190, 2191, 2193, 3300

GOÄ-Ratgeber der BÄK: **Arthroskopische Kniegelenkchirurgie abrechnen – wie geht das? (II)**
Dr. med. Tina Wiesener – Deutsches Ärzteblatt 110, Heft 5 (01.02.2013), S. A-194
http://www.bundesaerztekammer.de/page.asp?his=1.108.4144.4289.11104

Zur Abrechnung arthroskopischer Knieoperationen ergeben sich zahlreiche Diskussion und Kritik.
Dr Wiesner weist auf besondere Punkte hin:

- Die im Abschnitt L. III Gelenkchirurgie vorangestellten und die weiteren „Allgemeinen Bestimmungen" sind bei der Rechnungslegung zu beachten.
  z. B. ..." zweite Bestimmung: „ Neben den Leistungen nach den Nummern 2189 bis 2196 sind die Leistungen nach den Nummern 300 bis 302 sowie 3300 nicht berechnungsfähig." Damit ist zum Beispiel die gesonderte Berechnung einer im Rahmen einer Operation nach den Nrn. 2189 bis 2196 GOÄ durchgeführten Kniegelenkspunktion (Nr. 301 GOÄ) nicht möglich.
  Auch ist die Abrechnung der Leistung nach Nr. 3300 GOÄ „Arthroskopie – gegebenenfalls mit Probeexzision –" neben den genannten Leistungen ausgeschlossen.
  Eine „Diagnostische Arthroskopie im direkten zeitlichen Zusammenhang mit arthroskopischen Operationen nach den Nummern 2189 bis 2191 sowie 2193" ist hingegen mit der Nr. 2196 GOÄ gesondert abrechenbar...

...Für die Leistungen nach den Nrn. 2192 GOÄ „Zuschlag zu der Leistung nach Nr. 2191 für die primäre Naht, Reinsertion, Rekonstruktion oder den plastischen Ersatz eines weiteren Bandes in demselben Kniegelenk im Rahmen derselben Sitzung", 2195 GOÄ „Zuschlag für weitere operative Eingriffe an demselben Gelenk – zusätzlich zu den Leistungen nach den Nummern 2102, 2104, 2112, 2117, 2119, 2136, 2189 bis 2191 oder 2193" und die Leistung nach Nr. 2196 GOÄ ergibt sich aus der dritten allgemeinen Bestimmung des Kapitels L. III die Einschränkung, dass diese Leistungen „... für operative Eingriffe an demselben Gelenk im Rahmen derselben Sitzung jeweils nur einmal berechnungsfähig" sind.

Die Herstellung eines autologen Kreuzbandersatzes (zum Beispiel aus dem M. gracilis, M. semitendinosus) ist jedoch mit der Nr. 2083 GOÄ „Freie Sehnentransplantation" zusätzlich neben Nr. 2191 (und ggfs. Nr. 2192) GOÄ als selbstständige Leistung berechnungsfähig (gleiche Rechtsauffassung: Kommentierung nach Brück et al., Deutscher Ärzte-Verlag, 3. Auflage, 20. Ergänzungslieferung, Stand 1.6.2010)..."

Auf einen Blick: **Entfernende Gelenkspiegelung an Klein*- und Großgelenken** GOÄ-Nr. 2189: Ausschlüsse und wenn erforderlich zusätzlich abrechenbare Leistungen:**

1. Ausschlüsse neben Leistung nach Nr. 2189

	Gelenke							
Ausschluss	**Finger**	**Hand**	**Ellenbogen**	**Schulter**	**Hüfte**	**Knie**	**Fuß**	**Zeh**
Arthroplastik	**2134**	**2135**	**2136**	**2137**	**–**	**2136**	**2135**	**2134**
Arthroskopie, diagn.	**3300**							
Arthroskopie, Entfernung Großgelenkschleimhaut	**–**	**2193**						**–**
Arthroskopie erhalt.	**2190**							
Arthroskopie, erhalt. Kniehauptgelenk						**2191**		
Blutsdruckenkung (Narkose)	**480**							
Chirotherap. Eingriff	**3306**							
Denervation	**2120**	**2121**		**–**	**–**	**2121**		**2120**
Drainagespülung	**2093**							
Fremdkörperentfernung, tief sitzend	**2010**							
Fremd-/Gelenkkörper-Entfernung	**2118**		**2119**		**–**	**2119**	**2118**	
Ganglionentfernung	**2052**	**2051**	**–**	**–**	**–**	**–**	**2051**	**–**
Gelenklockerung gewaltsame	**–**	**2181**	**2182**			**2182**	**2181**	**–**
Gelenkschleimhaut, teilweise Entfernung	**2110**	**2111**	**2112**		**2113**	**2112**	**2111**	**2110**
Hämatomausräumung	**2397**							
Kapselschlussnaht	**2100**	**2101**	**2102**				**2101**	**2100**
Kleingelenkdrahtentfernung	**2061**	**2063**	**–**	**–**	**–**	**–**	**2063**	**2061**
Knochenspanentnahme	**2253**							
Knochentransplantation (Entnahme + Implantation)	**2155**							
Kryotherapie	**740**							
Massage eines Körperteils	**520**							
Meniskuseinrenkung / Meniskuslockerung						**2226**		
Meniskus(teil)entfernung						**2217**		
Nekrotomie / Knochenausmeißelung	**2257**	**2256 / 2257**	**2256**				**2256 / 2257**	**2256**
OP-Wunde	**2000–2005**							
Probeausmeißelung	**2250**							
Probeexzision	**2401 / 2402**							
Punktion	**300**		**301**	**302**		**301**	**300**	
Schiene über 2 Großgelenke*	**–**	**212**						**–**
Schleimbeutelentfernung	**2405**							
Sehnendurchschneidung,offene	**2072**							
Sehnenkürzung, -raffung	**2075**							
Sehnentransplantation (Entnahme + Implantation)	**2083**							
Sehnenverwachsungs-OP	**2076**							
Spül-/Saugdrainage	**2032**							
vereitertes Gelenk, Eröffnung	**2155**	**2156**	**2157**				**2156**	**2155**

* Großgelenke sind: Schulter-, Ellenbogen-, Hüft- und Kniegelenk

GOÄ-Nr. Punktzahl 2,3 / *1,8
1fach 3,5 / *2,5

Berechnung von Materialkosten neben Nr. 2189 nach § 10 GOÄ
Alloplastisches Material, Arzneimittel, Einmalsaugdrainagen, Fibrinkleber zur Knorpeldissekatfixierung, Gummi-Elastikbinden, Micro-Skalpell, Osteosythesematerial z.B. zur Knorpeldissekatfixierung, Pins, selbstauflösend zur Knorpeldissekatfixierung, Salben, Shaver, Einmalkostenanteil

Ausschluss der Berechnung von Materialkosten neben Nr. 2189 nach § 10 GOÄ
Einmalhandschuhe, Einmalkanülen, Einmalskalpelle, Einmalspritzen, Mullkompressen, Mulltupfer, OP-Kittel

2. Wenn medizinisch erforderlich, sind die folgenden zusätzlichen Leistungen neben Nr. 2189 abrechenbar

	Gelenke							
zusätzlich abrechenbar	**Finger**	**Hand**	**Ellenbogen**	**Schulter**	**Hüfte**	**Knie**	**Fuß**	**Zeh**
Arthroskopie, diagn.	**2196**							
Beobachtung/Betreuung nach ASK mehr als 2 Std.	**448**							
Beobachtung/Betreuung nach ASK mehr als 4 Std.	**449**							
Blutleere/-sperre	**2029**							
Fertigschiene, starre	**210**							
Funktionsorthese	**3320**							
Kaltpackung	**530**							
Kompressionsverband	**204**							
Laseranwendung	**441**							
OP-Zuschlag	**445**							
Redondranagen(n)	**2015**							
Untersuchung	**5,7**							
Beratung	**1,3**							
Untersuchung	**5,7**							
	Gelenke							
statt Nr. 2189	**Finger**	**Hand**	**Ellenbogen**	**Schulter**	**Hüfte**	**Knie**	**Fuß**	**Zeh**
bei vollständiger Groß-Gelenkschleimhautentfernung	–	**2193 statt 2189**						–
bei erhaltenden Eingriffen	**2190 statt 2189**							
bei Sanierung Kreuz- oder Seitenband am Kniehauptgelenk						**2191 statt 2189**		

Tipp:
- Ggf. Zuschlag für weitere operative Eingriffe an demselben Gelenk nach Nr. 2195 berechnen.
- Bei ambulanter OP: Zuschlag nach Nr. 445 nicht vergessen, ggf. dazu Nr. 440!
- Ggf. zusätzlich ‚diagnostische Arthroskopie' nach Nr. 2196.
- Ferner ist Nr. 2189 neben Nrn. 2195, 2196 abrechenbar.

2190 Arthroskopische erhaltende Operation an einem Meniskus (z.B. Meniskusnaht, Refixation) in einem Kniegelenk

1800 241,31
104,92 367,21

Ausschluss: Neben Nr. 2190 sind folgende Nrn. nicht abrechnungsfähig: 300 – 302, 2102, 2112, 2113, 2117, 2119, 2136, 2189, 2191, 2193, 3300

Auf einen Blick: **Entfernende Gelenkspiegelung an Klein- und Großgelenken nach GOÄ-Nr. 2190: Ausschlüsse und wenn ggf. erforderlich zusätzlich abrechenbare Leistungen:**

1. Ausschlüsse neben Leistung nach Nr. 2190

	Gelenke							
Ausschluss	**Finger**	**Hand**	**Ellenbogen**	**Schulter**	**Hüfte**	**Knie**	**Fuß**	**Zeh**
Arthroplastik	**2134**	**2135**	**2136**	**2137**	**–**	**2136**	**2135**	**2134**
Arthroskopie, diagn.	**3300**							
Arthroskopie, entfern.	**2189**							
Arthroskopie, Entfernung Großgelenkschleimhaut	**–**	**2193**						**–**
Arthroskopie, erhalt. Kniehauptgelenk						**2191**		
Bandnaht/Bandplastik	**2105**	**–**	**–**	**–**	**–**	**2104**	**2106**	**2105**
Blutdrucksenkung (Narkose)	**480**							
Chirotherap. Eingriff	**3306**							
Denervation	**2120**	**2121**		**–**	**–**	**2121**		**2120**
Drainagespülung	**2093**							
Fremdkörperentfernung, tiefsitzend	**2010**							
Fremd-/Gelenkkörper-Entfernung	**2118**		**2119**		**–**	**2119**	**2118**	
Ganglionentfernung	**2052**	**2051**	**–**	**–**	**–**	**–**	**2051**	**–**
Gelenklockerung, gewaltsame	**–**	**2181**	**2182**			**2182**	**2181**	**–**
Gelenkschleimhaut, teilweise Entfernung	**2110**	**2111**	**2112**		**2113**	**2112**	**2111**	**2110**
Hämatomausräumung	**2397**							
Kapselschlussnaht	**2100**	**2101**	**2102**				**2101**	**2100**
Kleingelenkdrahtfixierung	**2060**	**2062**	**–**	**–**	**–**	**–**	**2062**	**2060**
Knochenimplantation		**2254**						
Knochen(span)transplantation		**2255**						
Knorpeltransplantation		**2384**						
Kryotherapie		**740**						
Massage eines Körperteils		**520**						
Meniskuseinrenkung						**2226**		
Meniskusnaht						**2117**		
Meniskus(teil)entfernung						**2117**		
Nekrotomie / Knochenausmeißelung	**2256**	**2256 / 2257**	**2257**				**2256 / 2257**	**2256**
OP-Wunde	**2000–2005**							
Probeausmeißelung	**2250**							
Probeexzision	**2401 / 2402**							
Punktion	**300**		**301**	**302**		**301**	**300**	
Schleimbeutelentfernung	**2405**							
Sehnendurchschneidung,offene	**2072**							
Sehnenkürzung, -raffung	**2075**							
Sehnennaht	**2073**							
Sehnenscheiden-OP	**2092**							
Sehnentransplantation (Entnahme + Implantation)	**2083**							
Sehnenverpflanzung	**2074**							
Sehnenverwachsungs-OP	**2076**							

	Gelenke							
Ausschluss	**Finger**	**Hand**	**Ellenbogen**	**Schulter**	**Hüfte**	**Knie**	**Fuß**	**Zeh**
Spül-/Saugdrainage	**2032**							
vereitertes Gelenk, Eröffnung	**2155**	**2156**	**2157**				**2156**	**2155**

Ausschluss der Berechnung von Materialkosten neben Nr. 2190 – siehe § 10 GOÄ
Einmalhandschuhe, Einmalkanülen, Einmalskalpelle, Einmalspritzen, Mullkompressen, Mulltupfer, OP-Kittel, Zellstoff

Mögliche Berechnung von Materialkosten neben Nr. 2190 nach § 10 GOÄ
Alloplastisches Material, Arzneimittel, Einmalsaugdrainagen, Fibrinkleber zur Knorpeldissekatfixierung, Gummi-Elastikbinden, Meniskusfixationssysteme, Micro-Skalpell, Osteosythesematerial z.B. zur Knorpeldissekatfixierung, Pins, selbstauflösend zur Knorpeldissekatfixierung, Salben, Shaver, Spezialeinmalbohrer, Spezialfadenmaterial, Spezialnahtmaterial zur Meniskusnaht, -refixation/Bandnaht, -raffung

2. Wenn medizinisch erforderlich, sind die folgenden zusätzlichen Leistungen neben Nr. 2190 abrechenbar

	Gelenke							
Ausschluss	**Finger**	**Hand**	**Ellenbogen**	**Schulter**	**Hüfte**	**Knie**	**Fuß**	**Zeh**
Arthroskopie, diagn.	**2196**							
Beobachtung/Betreuung nach ASK mehr als 2 Std.	**448**							
Beobachtung/Betreuung nach ASK mehr als 4 Std.	**449**							
Blutleere/-sperre	**2029**							
Entfernende Eingriffe	**2195 (einmalig)**							
Fertigschiene, starre	**210**							
Funktionsorthese	**3320**							
Kaltpackung	**530**							
Knochenspanentnahme (außerhalb ASK-Gelenk)	**2253**							
Kompressionsverband	**203A**							
Laseranwendung	**441**							
OP-Zuschlag	**445**							
Redondranagen	**2015**							
Sehnenausschneidung, plast. (außerhalb des ASK-Gelenkes)	**2064**							
Beratung	**1,3**							
Untersuchung	**5,7**							
Verband	**200, aber nur besondere Kosten**							
statt Nr. 2190	**Finger**	**Hand**	**Ellenbogen**	**Schulter**	**Hüfte**	**Knie**	**Fuß**	**Zeh**
bei vollständiger Groß-Gelenkschleimhautentfernung	–	**2193 statt 2190**						–
bei Sanierung Kreuz- oder Seitenband am Kniehauptgelenk						**2191 statt 2190**		

Tipp:

- Ggf. Zuschlag für weitere operative Eingriffe an demselben Gelenk nach Nr. 2195 berechnen.
- Bei ambulanter OP: Zuschlag nach Nr. 445 nicht vergessen.

GOÄ-Nr. | Punktzahl 2,3 / *1,8 | 1fach 3,5 / *2,5

GOÄ-Nr.	Leistung	Punktzahl / 1fach	2,3 / *1,8 / 3,5 / *2,5
2191	**Arthroskopische Operation mit primärer Naht, Reinsertion, Rekonstruktion oder plastischem Ersatz eines Kreuz- oder Seitenbands an einem Kniegelenk – einschließlich Kapselnaht –**	**2000** 116,57	268,12 408,01

Ausschluss: Neben Nr. 2191 sind folgende Nrn. nicht abrechnungsfähig: 300 – 302, 2102, 2112, 2113, 2117, 2119, 2136, 2189, 2190, 2193, 3300

Auf einen Blick: **Bandsanierende Gelenkspiegelung am Kniegelenk nach GOÄ-Nr. 2191: Ausschlüsse und, wenn erforderlich, zusätzlich abrechenbare Leistungen:**

1. Ausschlüsse neben Leistung nach Nr. 2191

Ausschluss	GOÄ-Nr.
Arthroplastik	**2136**
Arthroskopie, diagnostische	**3300**
Arthroskopie, entfernende	**2189**
Arthroskopie, Entfernung der Großgelenkschleimhaut	**2193**
Arthroskopie, erhalt	**2190**
Bandnaht/Bandplastik	**2104**
Blutdrucksenkung (Narkose)	**480**
Chirotherapeutischer Eingriff	**3306**
Denervation	**2121**
Drainagenspülung	**2093**
Fremdkörperentfernung, tief sitzend	**2010**
Fremd-/Gelenkkörperentfernung	**2119**
Gelenklockerung, gewaltsame	**2182**
Gelenkschleimhaut(teil), Entfernung	**2112**
Hämatomausräumung	**2397**
Kapselschlussnaht	**2102**
Knochenimplantation	**2254**
Knochen(span)transplantation	**2255**
Knorpeltransplantation	**2384**
Kyrotherapie	**740**
Massage eines Körperteils	**520**
Meniskuseinrenkung	**2226**
Meniskusoperation [Naht, (Teil)Entfernung]	**2117**
Nekrotomie	**2257**
OP-Wunde	**2000–2005**
Probeausmeißelung	**2250**
Probeexzision	**2401 / 2402**
Punktion	**301**
Schienbeinkopfverschraubung der Ersatzplastik	**2345**
Schiene über zwei Großgelenke	**212**
Schleimbeutelentfernung	**2405**
Sehnendurchschneidung	**2072**
Sehnenkürzung/ -raffung	**2075**
Sehnennaht	**2073**
Sehnentransplantation	**2083**
Sehnenverpflanzung	**2074**
Sehnenverwachsungs-OP	**2076**

1. Ausschlüsse neben Leistung nach Nr. 2191

Ausschluss	GOÄ-Nr.
Spül-/Saugdrainage	2032
Verband	200
vereitertes Gelenk, Eröffnung	2157

2. Wenn medizinisch erforderlich, sind die folgenden zusätzlichen Leistungen neben Nr. 2191 abrechenbar

Zusätzlich möglich	GOÄ-Nr.
Arthroskopie, diagnostische	2196
Bandplastik, weitere	2192
Beobachtung / Betreuung nach ASK mehr als 2 Std.	448
Beobachtung / Betreuung nach ASK mehr als 4 Std.	449
Blutleere/-sperre	2029
entfernende und/oder erhaltende Eingriffe	2195
Funktionsorthese, mehrfach verstellbar (ohne besondere Kosten)	3320
Kaltpackung	530
Knochenspanentnahme, außerhalb Implantationsareal	2253
Kompressionsverband	204
Laseranwendung	441
Notchplastik / Knochenausmeißelung	2257
OP-Zuschlag	445
Redondrainage(n)	2015
Röntgenkontrolle Ersatzplastik bei Fixierung mit Fremdmaterial	5030
Sehnenausschneidung, plastische (außerhalb ASK-Gelenk)	2064
starre Knieschiene (ohne besondere Kosten)	210
Untersuchung, symptombezogene	5
Untersuchung, eingehende	7
Verband, aber nur besondere Kosten	200

Ausschluss der Berechnung von Materialkosten neben Nr. 2191 – siehe § 10 GOÄ
Einmalhandschuhe, Einmalkanülen, Einmalskalpelle, Einmalspritzen, Mullkompressen, Mulltupfer, OP-Kittel etc., Zellstoff

Mögliche Berechnung von Materialkosten neben Nr. 2191 – siehe § 10 GOÄ
Alloplastisches Material, Arzneimittel, Einmalsaugdrainagen, Fibrinkleber zur Knorpeldissekatfixierung, Meniskusfixationssysteme, Micro-Skalpell, Osteosynthesematerial z.B. zur Knorpeldissekatfixierung, Gummi-Elastikbinden, Pins, selbstauflösend zur Knorpeldissekatfixierung, Salben, Shaver, Spezialeinmalbohrer, Spezialfadenmaterial, Spezialnahtmaterial zur Meniskusnaht, -refixation, Bandnaht, -raffung

Kommentar: Die Nr. 2191 ist pro Sitzung nur einmal berechnungsfähig. Werden aber mehrere Bänder am Gelenk operativ versorgt, so kann dafür der entsprechende Zuschlag nach Nr. 2192 berechnet werden

Rechtsprechung: **Nr. 2191 – gesonderte Abrechnung von Nr. 2083 und Nr. 2064**
Es kommt eine besondere Berechnungsfähigkeit der Leistungen nach der GOÄ Nr. 2083 neben der GOÄ Nr. 2191 nicht in Betracht (a.). Neben der GOÄ Nr. 2191 kann jedoch die Sehnenausschneidung – GOÄ Nr. 2064 abgerechnet werden (b.), die als „Minus“ in der GOÄ Nr. 2083 enthalten ist.
Der Verordnungsgeber hat mit der Verwendung der Begriffe „Rekonstruktion“ bzw. „plastischer Ersatz“ in der GOÄ Nr. 2291 jedenfalls das Falten und Zusammennähen der zuvor herauspräparierten Sehnen erfasst. Damit ist ein (Groß-)Teil der Leistungsbeschreibung der GOÄ Nr. 2191 mit GOÄ Nr. 2083 identisch ist. Das gegeneinander Verfalten und das Zusammennähen sind methodische Einzelschritte der Rekonstruk-

tion bzw. des plastischen Ersatzes des Kreuzbandes. Aufgrund dieser Teilidentität der Leistungsbeschreibung kann nach § 4 Abs. 2a Satz 1 GOÄ die Gebühr nach GOÄ Nr. 2083 nicht neben der GOÄ Nr. 2191 berechnet werden.
Von der Zielleistung der GOÄ Nr. 2191 nicht erfasst ist hingegen die Gewinnung der körpereigenen Sehnen, die für die eingangs geschilderte Rekonstruktion bzw. den plastischem Ersatz eine notwendige Vortätigkeit darstellt. Die „reine" Sehnenentnahme wird von der GOÄ Nr. 2064 erfasst. Die Entnahme der Semitendinosussehne sowie der Gracilissehne ist neben der GOÄ Nr. 2191 selbstständig abrechenbar.
Der Verordnungsgeber hat mit der GOÄ Nr. 2191 die Sehnenentnahme nicht erfasst, sodass die GOÄ Nr. 2064 daneben anrechenbar ist.
Aktenzeichen: Bayer.Verw.Gerichtshof, 13.05.2016, AZ: 3 BV 14.2504
Entscheidungsjahr: 2016

Arthroskopische OP am Kniegelenk
Im Rahmen der Abrechnung einer Leistung nach Nr. 2191 ist die Nr. 2083 nur als Teilleistung zu werten und kann daher nicht gesondert neben der Nr. 2191 abgerechnet werden.
Aktenzeichen: VerwG Ansbach, 22.10.2013, AZ: 1 K 13.00010
Entscheidungsjahr: 2013

Tipp:
- Ggf. Zuschlag für weitere operative Eingriffe an demselben Gelenk nach Nr. 2195 berechnen.
- Bei ambulanter OP: Zuschlag nach Nr. 445 nicht vergessen!
- Ggf. zusätzlich diagnostische Arthroskopie nach Nr. 2196.

2192 Zuschlag zu den Leistungen nach Nummer 2191 für die primärte Naht, Reinsertion, Rekonstruktion oder den plastischen Ersatz eines weiteren Bandes in demselben Kniegelenk im Rahmen derselben Sitzung

500 67,03
29,14 102,00

Ausschluss: Neben Nr. 2192 sind folgende Nrn. nicht abrechnungsfähig: 300 – 302, 3300

Kommentar: Der Zuschlag nach Nr. 2192 ist bei Eingriffen an demselben Kniegelenk in Rahmen derselben Sitzung nur einmal abrechnungsfähig.

2193 Arthroskopische Operation mit Synovektomie an einem Knie- oder Hüftgelenk bei chronischer Gelenkentzündung – gegebenenfalls einschließlich Abtragung von Osteophyten

1800 241,31
104,92 367,21

Ausschluss: Neben Nr. 2193 sind folgende Nrn. nicht abrechnungsfähig: 300 – 302, 2102, 2112, 2113, 2117, 2119, 2136, 2189, 2190, 2191, 3300

Auf einen Blick: **Entfernende Gelenkspiegelung an Großgelenken nach GOÄ-Nr. 2193: Ausschlüsse und wenn ggf. erforderlich zusätzlich abrechenbare Leistung:**

1. Ausschlüsse neben Leistung nach Nr. 2193

	Gelenke					
Ausschluss	**Hand**	**Ellenbogen**	**Schulter**	**Hüfte**	**Knie**	**Fuß**
Arthroplastik	**2135**	**2136**	**2137**	–	**2136**	**2135**
Arthroskopie, diagn.	**3300**					
Arthroskopie, entfernend	**2189**					
Arthroskopie, erhalt. Kniehauptgelenk					**2191**	
Blutdrucksenkung (Narkose)	**480**					
Chirotherap. Eingriff	**3306**					
Denervation	**2121**		–	–	**2121**	
Drainagespülung	**2093**					
Fremdkörperentfernung, tiefsitzend	**2010**					
Fremd-/Gelenkkörper-Entfernung	**2118**	**2119**		–	**2119**	**2118**
Ganglionentfernung	**2051**	–	–	–	–	**2051**

	Gelenke					
Ausschluss	**Hand**	**Ellenbogen**	**Schulter**	**Hüfte**	**Knie**	**Fuß**
Gelenklockerung, gewaltsame	2181	2182				2181
Gelenkschleimhaut, teilweise Entfernung	2111	2112		2113	2112	2111
Hämatomausräumung	2397					
Kapselschlussnaht	2100	2102				2101
Knochenspanentnahme	2253					
Knochen(span)transplantation (Entnahme + Implantation)	2255					
Kryotherapie	740					
Massage eines Körperteils	520					
Meniskuseinrenkung					2226	
Meniskus(teil)entfernung					2117	
Nektrotomie / Knochenausmeißelung	2256 / 2257	2257				2256 / 2257
OP-Wunde	2000–2005					
Probeausmeißelung	2250					
Probeexzision	2401 / 2402					
Punktion	300	301	302		301	300
Schleimbeutelentfernung	2405					

1. Ausschlüsse neben Leistung nach Nr. 2193

	Gelenke					
Ausschluss	**Hand**	**Ellenbogen**	**Schulter**	**Hüfte**	**Knie**	**Fuß**
Sehnendurchschneidung, offene	2072					
Sehnenkürzung, -raffung	2075					
Sehnentransplantation (Entnahme + Implantation)	2255					
Sehnenverwachsungs-OP	2076					
Spül-/Saugdrainage	2032					
vereitertes Gelenk, Eröffnung	2156	2157				2156

Ausschluss der Berechnung von Materialkosten neben Nr. 2193 – siehe § 10 GOÄ
Arzneimittel, Einmalhandschuhe, Einmalkanülen, Einmalskalpelle, Einmalspritzen, Mullkompressen, Mulltupfer, OP-Kittel, Zellstoff

Mögliche Berechnung von Materialkosten neben Nr. 2193 – siehe § 10 GOÄ
Alloplastisches Material, Arzneimittel, Einmalsaugdrainagen, Fibrinkleber zur Knorpeldissekatfixierung, Gummi-Elastikbinden, Micro-Skalpell, Osteosythesematerial z.B. zur Knorpeldissekatfixierung, Pins. selbstauflösend zur Knorpeldissekatfixierung, Salben, Shaver, Spezialeinmalbohrer, Spezialfadenmaterial, Spezialnahtmaterial zur Meniskusnaht, -refixation/Bandnaht, -raffung

2. Wenn medizinisch erfroderlich, sind die folgenden zusätzlichen Leistungen neben Nr. 2193 abrechenbar

	Gelenke					
zusätzlich abrechenbar	**Hand**	**Ellenbogen**	**Schulter**	**Hüfte**	**Knie**	**Fuß**
Arthroskopie, diagn.	2196					
Beobachtung/Betreuung nach ASK mehr als 2 Std.	448					

GOÄ-Nr. | Punktzahl 2,3 / *1,8 | 1fach 3,5 / *2,5

<table>
<tr><th></th><th colspan="6">Gelenke</th></tr>
<tr><th>zusätzlich abrechenbar</th><th>Hand</th><th>Ellenbogen</th><th>Schulter</th><th>Hüfte</th><th>Knie</th><th>Fuß</th></tr>
<tr><td>Beobachtung/Betreuung nach ASK mehr als 4 Std.</td><td colspan="6">449</td></tr>
<tr><td>Blutleere/-sperre</td><td colspan="6">2029</td></tr>
<tr><td>Fertigschiene, starre</td><td colspan="6">210</td></tr>
<tr><td>Funktionsorthese</td><td colspan="6">3320</td></tr>
<tr><td>Kaltpackung</td><td colspan="6">530</td></tr>
<tr><td>Laseranwendung</td><td colspan="6">441</td></tr>
<tr><td>OP-Zuschlag</td><td colspan="6">445</td></tr>
<tr><td>Redondranagen</td><td colspan="6">2015</td></tr>
<tr><td>Beratung</td><td colspan="6">1,3</td></tr>
<tr><td>Untersuchung</td><td colspan="6">5,7</td></tr>
</table>

<table>
<tr><th>statt Nr. 2193</th><th>Hand</th><th>Ellenbogen</th><th>Schulter</th><th>Hüfte</th><th>Knie</th><th>Fuß</th></tr>
<tr><td>bei unvollständiger Gelenkschleimhautentfernung an Großgelenken bzw. sonstigen entfernenden Eingriffen an Klein- und Großgelenken</td><td>–</td><td colspan="4">2189 statt 2193</td><td>–</td></tr>
<tr><td>bei Sanierung von Kreuz- oder Seitenbändern am Kniehauptgelenk</td><td></td><td></td><td></td><td></td><td>2191 statt 2193</td><td></td></tr>
<tr><td>bei erhaltenden Eingriffen am Großgelenk</td><td></td><td></td><td></td><td></td><td>2190 statt 2193</td><td></td></tr>
</table>

Tipp:
- Ggf. Zuschlag für weitere operative Eingriffe an demselben Gelenk nach Nr. 2195 berechnen.
- Bei ambulanter OP: Zuschlag nach Nr. 445 nicht vergessen, dazu ggf. Nr. 441!
- Ggf. zusätzlich diagnostische Arthroskopie nach Nr. 2196.

2195 **Zuschlag für weitere operative Eingriffe an demselben Gelenk – zusätzlich zu den Leistungen nach den Nummern 2102, 2104, 2112, 2117, 2119, 2136, 2189 bis 2191 oder 2193 –**

300 | 40,22 | 17,49 | 61,20

Ausschluss: Neben Nr. 2195 sind folgende Nrn. nicht abrechnungsfähig: 300 – 302, 3300

Kommentar: Der Zuschlag nach Nr. 2195 ist bei Eingriffen an demselben Gelenk in Rahmen derselben Sitzung nur einmal abrechnungsfähig.
Bei besonders aufwendiger Operation kann nach Lang, Schäfer, Stiel und Vogt der Zuschlag allerdings mit erhöhtem Multiplikator abgerechnet werden.

Tipp: Neben Nr. 2195 sind die Nrn. 2102, 2104, 2112, 2117, 2119, 2136, 2189 – 2191 oder 2193 abrechenbar.

2196 **Diagnostische Arthroskopie im direkten zeitlichen Zusammenhang mit arthroskopischen Operationen nach den Nummern 2189 bis 2191 sowie 2193**

250 | 33,52 | 14,57 | 51,00

Ausschluss: Neben Nr. 2196 sind folgende Nrn. nicht abrechnungsfähig: 300 – 302, 3300

Kommentar: Die Nr. 2196 ist bei Eingriffen an demselben Gelenk in Rahmen derselben Sitzung nur einmal abrechnungsfähig.

Tipp: Neben Nr. 2196 sind die Nrn. 2189 – 2191, 2193 abrechenbar.

IV Gelenkluxationen

Allgemeine Bestimmungen:
Bei Einrenkung von Luxationen sind Verbände Bestandteil der Leistung.

Auf einen Blick:
Abrechnung der Behandlung bei verschiedenen Gelenkluxationen

Gelenk	Einrenkung Luxation	Einrenkung alte Luxation	Einrenkung operativ	Einrenkung operativ mit Span u./o. Osteosynthese u./o. Osteotomie u./o. Kapselbandrekonstruktion
Finger-Gelenke	**2205**	**2206**	**2210**	
Daumen-Gelenk	**2207**	**2208**	**2209**	
Hand-Gelenk	**2211**	**2212**	**2213**	
Ellenbogen-Gelenk	**2214**	**2216**	**2216**	
Speichenköpfchen	**2226**			
Schulter-Gelenk	**2217**	**2218**	**2219**	**2220**
Schlüsselbein-Gelenk	**2221**	**2222**	**2223**	**2224/2225**
Brustbein-Schlüssel-bein-Gelenk	**2226**			
Wirbel-Gelenke	**2203**	**2204**		
Hüft-Gelenk	**2231**	**2232 / 2233 / 2234**	**2236 / 2239**	**2236 / 2237 / 2238 / 2240 / 2241**
Knie-Gelenk	**2214 / 2235**	**2215**	**2216**	
Kniescheibe	**2221**	**2222**	**2230**	
Meniskus	**2226**			
Fuß-Gelenk	**2211**	**2212**	**2213**	
Zeh-Gelenke	**2205**	**2206**	**2210**	

2203 Einrenkung der Luxation von Wirbelgelenken im Durchhang

739 99,07
43,07 150,76

Ausschluss: Neben Nr. 2203 ist folgende Nr. nicht abrechnungsfähig: 2204

2204 Einrenkung alter Luxationen von Wirbelgelenken im Durchhang

1110 148,81
64,70 226,45

Kommentar: **Brück** gibt an, ...„dass als ‚alte Luxation' eine etwa 12 Stunden und länger zurückliegende Luxation anzusehen ist..."

2205 Einrenkung der Luxation eines Finger- oder Zehengelenks

93 12,47
5,42 18,97

Ausschluss: Neben Nr. 2205 sind folgende Nrn. nicht abrechnungsfähig: 2206 – 2210

2206 Einrenkung der alten Luxation eines Finger- oder Zehengelenks

140 18,77
8,16 28,56

Ausschluss: Neben Nr. 2206 sind folgende Nrn. nicht abrechnungsfähig: 2205, 2208, 2209, 2210

Kommentar: **Brück** gibt an, ...„dass als ‚alte Luxation' eine etwa 12 Stunden und länger zurückliegende Luxation anzusehen ist..."

GOÄ-Nr.		Punktzahl 1fach	2,3 / *1,8 3,5 / *2,5
2207	**Einrenkung der Luxation eines Daumengelenks**	**148** 8,63	19,84 30,19
Ausschluss:	Neben Nr. 2207 sind folgende Nrn. nicht abrechnungsfähig: 2205, 2206, 2208, 2209, 2210		
2208	**Einrenkung der alten Luxation eines Daumengelenks**	**220** 12,82	29,49 44,88
Ausschluss:	Neben Nr. 2208 sind folgende Nrn. nicht abrechnungsfähig: 2205, 2206, 2207, 2209, 2210		
Kommentar:	**Brück** gibt an, ...„dass als ‚alte Luxation' eine etwa 12 Stunden und länger zurückliegende Luxation anzusehen ist..."		
2209	**Einrenkung der Luxation eines Daumengelenks einschließlich Anlegen eines Drahtzuges**	**370** 21,57	49,60 75,48
Ausschluss:	Neben Nr. 2209 sind folgende Nrn. nicht abrechnungsfähig: 2205, 2206, 2207, 2208, 2210		
2210	**Operative Einrenkung der Luxation eines Finger- oder Zehengelenks**	**407** 23,72	54,56 83,03
Ausschluss:	Neben Nr. 2210 sind folgende Nrn. nicht abrechnungsfähig: 2205, 2206, 2207, 2208, 2209		
Tipp:	Bei ambulanter OP: Zuschlag nach Nr. 442 nicht vergessen!		
2211	**Einrenkung der Luxation eines Hand- oder Fußgelenks**	**278** 16,20	37,27 56,71
Ausschluss:	Neben Nr. 2211 sind folgende Nrn. nicht abrechnungsfähig: 2212, 2213		
2212	**Einrenkung der alten Luxation eines Hand- oder Fußgelenks**	**420** 24,48	56,31 85,68
Ausschluss:	Neben Nr. 2212 sind folgende Nrn. nicht abrechnungsfähig: 2211, 2213		
2213	**Operative Einrenkung der Luxation eines Hand- oder Fußgelenks**	**1110** 64,70	148,81 226,45
Ausschluss:	Neben Nr. 2213 sind folgende Nrn. nicht abrechnungsfähig: 2211, 2212		
2214	**Einrenkung der Luxation eines Ellenbogen- oder Kniegelenks**	**370** 21,57	49,60 75,48
Ausschluss:	Neben Nr. 2214 sind folgende Nrn. nicht abrechnungsfähig: 2215, 2216, 2235		
2215	**Einrenkung der alten Luxation eines Ellenbogen- oder Kniegelenks**	**540** 31,48	72,39 110,16
Ausschluss:	Neben Nr. 2215 sind folgende Nrn. nicht abrechnungsfähig: 2214, 2216, 2235		
2216	**Operative Einrenkung der Luxation eines Ellenbogen- oder Kniegelenks**	**1850** 107,83	248,01 377,41
Ausschluss:	Neben Nr. 2216 sind folgende Nrn. nicht abrechnungsfähig: 2214, 2215, 2235		
Tipp:	Bei ambulanter OP: Zuschlag nach Nr. 445 nicht vergessen!		
2217	**Einrenkung der Luxation eines Schultergelenks**	**370** 21,57	49,60 75,48
Ausschluss:	Neben Nr. 2217 sind folgende Nrn. nicht abrechnungsfähig: 2218, 2219, 2220		
2218	**Einrenkung der alten Luxation eines Schultergelenks**	**540** 31,48	72,39 110,16
Ausschluss:	Neben Nr. 2218 sind folgende Nrn. nicht abrechnungsfähig: 2217, 2219, 2220		

GOÄ-Nr.		Punktzahl 1fach	2,3 / *1,8 3,5 / *2,5
Kommentar:	**Brück** gibt an, ...„dass als ‚alte Luxation' eine etwa 12 Stunden und länger zurückliegende Luxation anzusehen ist..."		
2219	**Operative Einrenkung der Luxation eines Schultergelenks**	**1850** 107,83	248,01 377,41
Ausschluss:	Neben Nr. 2219 sind folgende Nrn. nicht abrechnungsfähig: 2217, 2218, 2220		
Tipp:	Bei ambulanter OP: Zuschlag nach Nr. 445 nicht vergessen!		
2220	**Operation der habituellen Luxation eines Schultergelenks mit Spanübertragung**	**2250** 131,15	301,64 459,01
Ausschluss:	Neben Nr. 2220 sind folgende Nrn. nicht abrechnungsfähig: 2217 – 2219 (dasselbe Schultergelenk), 2255		
Tipp:	• Bei ambulanter OP: Zuschlag nach Nr. 445 nicht vergessen! • Die Spanentnahme ist gesondert abzurechnen.		
2221	**Einrenkung der Luxation eines Schlüsselbeingelenks oder einer Kniescheibe**	**111** 6,47	14,88 22,64
Ausschluss:	Neben Nr. 2221 sind folgende Nrn. nicht abrechnungsfähig: 2222, 2223, 2224, 2225, 2230		
2222	**Einrenkung der alten Luxation eines Schlüsselbeingelenks oder einer Kniescheibe**	**170** 9,91	22,79 34,68
Ausschluss:	Neben Nr. 2222 sind folgende Nrn. nicht abrechnungsfähig: 2221, 2223 – 2225 (Schlüsselbeingelenk), 2230 (Kniescheibe)		
Kommentar:	**Brück** gibt an, ...„dass als ‚alte Luxation' eine etwa 12 Stunden und länger zurückliegende Luxation anzusehen ist..."		
2223	**Operative Einrenkung eines luxierten Schlüsselbeingelenks**	**400** 23,31	53,62 81,60
Ausschluss:	Neben Nr. 2223 sind folgende Nrn. nicht abrechnungsfähig: 2221, 2222, 2224, 2225		
Tipp:	Bei ambulanter OP: Zuschlag nach Nr. 442 nicht vergessen!		
2224	**Operative Einrenkung eines luxierten Schlüsselbeingelenks mit Osteosynthese**	**800** 46,63	107,25 163,20
Ausschluss:	Neben Nr. 2224 sind folgende Nrn. nicht abrechnungsfähig: 2221, 2222, 2223, 2225		
Tipp:	Bei ambulanter OP: Zuschlag nach Nr. 444 nicht vergessen!		
2225	**Operative Einrenkung eines luxierten Schlüsselbeingelenks mit Osteosynthese und Rekonstruktion des Bandapparates**	**1000** 58,29	134,06 204,01
Ausschluss:	Neben Nr. 2225 sind folgende Nrn. nicht abrechnungsfähig: 2221, 2222, 2223, 2224		
Tipp:	Bei ambulanter OP: Zuschlag nach Nr. 444 nicht vergessen!		
2226	**Einrenkung eines eingeklemmten Meniskus, der Subluxation eines Radiusköpfchens (Chassaignac) oder der Luxation eines Sternoklavikulargelenks**	**120** 6,99	16,09 24,48
2230	**Operation der Luxation einer Kniescheibe**	**900** 52,46	120,65 183,60
Tipp:	Bei ambulanter OP: Zuschlag nach Nr. 444 nicht vergessen!		

GOÄ-Nr.		Punktzahl / 1fach	2,3 / *1,8 / 3,5 / *2,5
2231	**Einrenkung der Luxation eines Hüftgelenks**	**739** / 43,07	99,07 / 150,76

Ausschluss: Neben Nr. 2231 sind folgende Nrn. nicht abrechnungsfähig: 2232, 2233, 2234, 2236, 2237, 2238, 2240, 2241

2232	**Einrenkung der alten Luxation eines Hüftgelenks**	**1110** / 64,70	148,81 / 226,45

Ausschluss: Neben Nr. 2232 sind folgende Nrn. nicht abrechnungsfähig: 2165, 2231, 2233, 2234, 2236, 2237, 2238, 2239, 2240, 2241

Kommentar: **Brück** gibt an, ...„dass als ‚alte Luxation‘ eine etwa 12 Stunden und länger zurückliegende Luxation anzusehen ist...“

2233	**Einrenkung der angeborenen Luxation eine Hüftgelenks**	**550** / 32,06	73,73 / 112,20

Ausschluss: Neben Nr. 2233 sind folgende Nrn. nicht abrechnungsfähig: 2165, 2231, 2232, 2239, 2240, 2241

2234	**Stellungsänderung oder zweite und folgende einrenkende Behandlung im Verlaufe der Therapie nach Nummer 2233**	**473** / 27,57	63,41 / 96,49

Ausschluss: Neben Nr. 2234 sind folgende Nrn. nicht abrechnungsfähig: 2231, 2232, 2239, 2240, 2241

2235	**Operation der habituellen Luxation eines Kniegelenks**	**1660** / 96,76	222,54 / 338,65

Ausschluss: Neben Nr. 2235 sind folgende Nrn. nicht abrechnungsfähig: 2215, 2216

Tipp: Bei ambulanter OP: Zuschlag nach Nr. 445 nicht vergessen!

2236	**Operative Einrichtung einer traumatischen Hüftgelenksluxation – einschließlich Rekonstruktion des Kapselbandapparates –**	**1850** / 107,83	248,01 / 377,41

Ausschluss: Neben Nr. 2236 sind folgende Nrn. nicht abrechnungsfähig: 2231, 2232, 2237, 2238

2237	**Operative Einrichtung einer traumatischen Hüftgelenksluxation mit Rekonstruktion des Kopfes und/oder der Hüftpfanne – einschließlich Osteosynthese und Rekonstruktion des Kapselbandapparates –**	**2770** / 161,46	371,35 / 565,10

Ausschluss: Neben Nr. 2237 sind folgende Nrn. nicht abrechnungsfähig: 2102, 2231, 2232, 2236, 2238

2238	**Operative Einrichtung einer traumatischen Hüftgelenksluxation nach Nummer 2237 – einschließlich Revision des Nervus ischiadicus und gegebenenfalls mit Naht desselben –**	**3230** / 188,27	433,02 / 658,94

Ausschluss: Neben Nr. 2238 sind folgende Nrn. nicht abrechnungsfähig: 2102, 2231, 2232, 2236, 2238, 2583, 2584, 2586, 2587, 2588

2239	**Operative Einrichtung einer angeborenen Hüftgelenksluxation**	**1480** / 86,27	198,41 / 301,93

Ausschluss: Neben Nr. 2239 sind folgende Nrn. nicht abrechnungsfähig: 2231, 2232, 2233, 2234, 2240, 2241

2240	**Operative Einrichtung einer angeborenen Hüftgelenksluxation mit Pfannendachplastik – auch mit Knocheneinpflanzung oder Beckenosteotomie –**	**2770** / 161,46	371,35 / 565,10

Ausschluss: Neben Nr. 2240 sind folgende Nrn. nicht abrechnungsfähig: 2148, 2149, 2231, 2232, 2233, 2234, 2239, 2241, 2251, 2255

GOÄ-Nr.		Punktzahl / 1fach	2,3 / *1,8 / 3,5 / *2,5
2241	**Operative Einrichtung einer angeborenen Hüftgelenksluxation mit Pfannendachplastik oder Beckenosteotomie und/oder Umstellungsosteotomie einschließlich Osteosynthese**	**4500** / 262,29	603,27 / 918,02

Ausschluss: Neben Nr. 2241 sind folgende Nrn. nicht abrechnungsfähig: 2148, 2149, 2231, 2232, 2233, 2234, 2239, 2240, 2251, 2255

V Knochenchirurgie

2250	**Keilförmige oder lineare Osteotomie eines kleinen Knochens (Finger-, Zehen-, Mittelhand-, Mittelfußknochen) oder Probeausmeißelung aus einem Knochen**	**463** / 26,99	62,07 / 94,45

Ausschluss: Neben Nr. 2250 sind folgende Nrn. nicht abrechnungsfähig: 1438, 2081, 2256, 2260, 2273

Tipp: Bei ambulanter OP: Zuschlag nach Nr. 442 nicht vergessen, ggf. weitere Zuschläge z.B. Nr. 440, NR. 441.

2251	**Umstellungsosteotomie eines großen Knochens (Röhrenknochen des Oberarms, Unterarms, Oberschenkels, Unterschenkels) ohne Osteosynthese**	**1290** / 75,19	172,94 / 263,17

Ausschluss: Neben Nr. 2251 sind folgende Nrn. nicht abrechnungsfähig: 2252, 2274, 2275, 2276

Kommentar: Nach der Legende sind große (Röhren-)Knochen:

- Humerus
- Ulna
- Radius
- Femur
- Tibia
- Fibula

2252	**Umstellungsosteotomie eines großen Knochens mit Osteosynthese**	**1850** / 107,83	248,01 / 377,41

Ausschluss: Neben Nr. 2252 sind folgende Nrn. nicht abrechnungsfähig: 2251, 2274, 2275, 2276

2253	**Knochenspanentnahme**	**647** / 37,71	86,74 / 131,99

Ausschluss: Neben Nr. 2253 sind folgende Nrn. nicht abrechnungsfähig: 200, 2050, 2131, 2250, 2254, 2255, 2263, 2265, 2269, 2284, 2285, 2286, 2290

Beschluss BÄK: Siehe bei Nr. 1448

Tipp: Bei ambulanter OP: Zuschlag nach Nr. 443 nicht vergessen, ggf. weitere Zuschläge 440 und 441.

2253 analog	**1. Plast. Wiederaufbau des Nasenrückens nach Vor-OP o. Dysplasien oder 2. Verwendung v. autologem Knorpel als Ersatz der Steigbügelfußplatte bei Otoskleroseoperation nach Nr. 1623 GOÄ- (analog Nr. 2253 GOÄ) – Beschluss des Zentralen Konsultationsausschusses f. Gebührenordnungsauschusses bei der BÄK**	**647** / 37,71	86,74 / 131,99

2254	**Implantation von Knochen**	**739** / 43,07	99,07 / 150,76

Ausschluss: Neben Nr. 2254 sind folgende Nrn. nicht abrechnungsfähig: 200, 2132, 2149, 2253, 2255, 2263, 2265, 2268, 2269, 2284, 2285, 2286, 2290

GOÄ-Nr.		Punktzahl 1fach	2,3 / *1,8 3,5 / *2,5

Hinweis BÄK: **Spongioplastik nach Nr. 2254 oder Nr. 2255 neben Nr. 2153**
Bei Vorliegen größerer flächenhafter Erosionen oder von Knochenzysten ist eine spongioplastische Verbesserung des Endoprothesenlagers medizinisch empfehlenswert. Die Leistung ist Nr. 2254 zuzuordnen und als selbstständige Leistung neben Nr. 2153 berechnungsfähig, bei besonderer Begründung bis maximal dreimal im Behandlungsfall.
Der Wiederaufbau einer Gelenkfläche durch Einfügen eines Knochenkeils (sog. Wedge) oder die Wiederherstellung der Gelenkfläche als Voraussetzung zur Implantation ist Nr. 2255 zuzuordnen und als selbstständige Leistung neben Nr. 2153 einmal berechnungsfähig.
Die Versetzung der Tuberositas tibiae zur Behandlung der Patella-Luxation zählt nicht zu den in dieser Empfehlung eingeschlossenen spongioplastischen Maßnahmen.

Tipp: Bei ambulanter OP: Zuschlag nach Nr. 443 nicht vergessen, ggf. weitere Zuschläge 440 und 441.

2255 Freie Verpflanzung eines Knochens oder von Knochenteilen (Knochenspäne)

1480 | 198,41 | 86,27 | 301,93

Ausschluss: Neben Nr. 2255 sind folgende Nrn. nicht abrechnungsfähig: 2132, 2149, 2253, 2254, 2256, 2263, 2265, 2268, 2269, 2284, 2285, 2286, 2290

Hinweis BÄK: Siehe Hinweis zu Nr. 2254

Kommentar: Die Leistung nach Nr. 2255 beinhaltet die Entnahme und die Einpflanzung eines Knochens oder von Knochenteilen.

2256 Knochenaufmeißelung oder Nekrotomie bei kleinen Knochen

463 | 62,07 | 26,99 | 94,45

Ausschluss: Neben Nr. 2256 sind folgende Nrn. nicht abrechnungsfähig: 2081, 2265, 2295, 2296, 2297

Beschluss BÄK: Siehe Beschluss zu Nr. 1448

Analog: Nr. 2256 analog für Patellaglättung zur Meniskus-OP, Abrasio Patella

Tipp: Bei ambulanter OP: Zuschlag nach Nr. 442 nicht vergessen, ggf. weitere Zuschläge 440 und 441.

2256 analog Abtragung der Lamina perpendicularis des knöchernen Septums, aber nicht neben Nr. 1447 bzw. 1448 GOÄ – (analog Nr. 2256 GOÄ) – n. Beschluss des Zentralen Konsultationsausschusses f. Gebührenordnungsauschusses bei der BÄK

463 | 62,07 | 26,99 | 94,45

Ausschluss: Neben Nr. 2256 analog sind die folgenden Nrn. nicht abrechnungsfähig: 1447, 1448

2257 Knochenaufmeißelung oder Nekrotomie an einem großen Röhrenknochen

800 | 107,25 | 46,63 | 163,20

Analog: Nr. 2257 analog für die Entfernung einer Knochenzyste oder eines kleinen umschriebenen Knochentumors ansetzen

2258 analog Abmeißelung ausgedehnter Osteophyten neben Nr. 2151

1200 | 160,87 | 69,94 | 244,81

2258 Knochenaufmeißelung oder Nekrotomie am Becken

1200 | 160,87 | 69,94 | 244,81

2259 Knochenaufmeißelung oder Nekrotomie am Schädeldach

1500 | 201,09 | 87,43 | 306,01

Analog: Nr. 2259 analog für Knochenaufmeißelung mehrerer Wirbelkörper ansetzen.

GOÄ-Nr.		Punktzahl 1fach	2,3 / *1,8 3,5 / *2,5
2260	**Osteotomie eines kleinen Röhrenknochens – einschließlich Osteosynthese –**	**1850** 107,83	248,01 377,41

Ausschluss: Neben Nr. 2260 sind folgende Nrn. nicht abrechnungsfähig: 2081, 2250, 2256, 2273

Beschluss BÄK: **Beschlüsse des Gebührenordnungsausschusses der BÄK** – Dt. Ärzteblatt 11/02 **Komplexe Umstellungsosteotomie nach Nr. 2260**
Bei höhergradigen Valgus-Fehlstellungen kann neben dem komplexen Weichteileingriff nach Nr. **2135** eine komplexe Umstellungsosteotomie am Os metatarsiale I (beispielsweise Operationen nach Scarf, Shevron oder „open-closed-wedge"-Basis-Osteotomie) erforderlich sein. In diesen Fällen ist die Nr. **2260** (Osteotomie eines kleinen Röhrenknochens – einschl. Osteosynthese, 1850 Punkte) neben der Nr. 2135 für den komplexen Weichteileingriff am MTP I berechnungsfähig.
Bei gelenkerhaltendem Vorgehen kann neben Nr. 2135 für den komplexen Weichteileingriff am MTP I und ggf. Nr. 2260 für die komplexe Umstellungsosteotomie am Metatarsale I in besonderen, medizinisch begründeten Fällen (beispielsweise bei entzündlich-rheumatischen Erkrankungen) eine Bursektomie, Synovektomie und/oder Osteotomie am Grundgelenk D I (Operation nach Akin) erforderlich sein. In diesen Fällen ist bei Erläuterung der besonderen Indikation die jeweilige zusätzlich durchgeführte Maßnahme als selbstständige Leistung neben der gelenkerhaltenden Hallux-valgus-Operation (nach Nr. 2135 analog und ggf. Nr. 2260) berechnungsfähig.

Tipp: Bei ambulanter OP: Zuschlag nach Nr. 445 nicht vergessen!

2263	**Resektion eines kleinen Knochens – auch einschließlich eines benachbarten Gelenkanteils – mit Knochen- oder Spanverpflanzung (z.B. bei Tumorexstirpation) –**	**1660** 96,76	222,54 338,65

Ausschluss: Neben Nr. 2263 sind folgende Nrn. nicht abrechnungsfähig: 2253, 2254, 2255

Tipp: Bei ambulanter OP: Zuschlag nach Nr. 445 nicht vergessen!

2265	**Resektion eines großen Knochens – auch einschließlich eines benachbarten Gelenks mit Knochen- oder Spanverpflanzungen (z.B. Beispiel bei Tumorexstirpation) –**	**2770** 161,46	371,35 565,10

Ausschluss: Neben Nr. 2265 sind folgende Nrn. nicht abrechnungsfähig: 2253, 2254, 2255, 2256.

Analog: Nr. 2265 analog für die Resektion eines Wirbelkörpers ansetzen.

2266	**Resektion eines Darmbeinknochens**	**1850** 107,83	248,01 377,41

Ausschluss: Neben Nr. 2266 sind folgende Nrn. nicht abrechnungsfähig: 2148, 2149, 2150, 2151, 2152, 2253, 2254, 2255

2267	**Knochenzerbrechung**	**463** 26,99	62,07 94,45

Beschluss BÄK: Siehe bei Nr. 1448

2268	**Operativer Ersatz des Os lunatum durch Implantat**	**1800** 104,92	241,31 367,21

Tipp: Bei ambulanter OP: Zuschlag nach Nr. 445 nicht vergessen!

2269	**Operation der Pseudarthrose des Os naviculare mit Spanentnahme vom Beckenkamm oder Verschraubung**	**1800** 104,92	241,31 367,21

Tipp: Bei ambulanter OP: Zuschlag nach Nr. 445 nicht vergessen!

2273	**Osteotomie eines kleinen Röhrenknochens – einschließlich Anbringung eines Distraktors –**	**924** 53,86	123,87 188,50

Ausschluss: Neben Nr. 2273 sind folgende Nrn. nicht abrechnungsfähig: 2044, 2081, 2250, 2256, 2260

Tipp: Bei ambulanter OP: Zuschlag nach Nr. 444 nicht vergessen!

GOÄ-Nr.		Punktzahl / 1fach	2,3 / *1,8 / 3,5 / *2,5
2274	**Osteotomie eines großen Röhrenknochens – einschließlich Anbringung eines Distraktors –**	**1850** / 107,83	248,01 / 377,41
Ausschluss:	Neben Nr. 2274 sind folgende Nrn. nicht abrechnungsfähig: 2126, 2251, 2252, 2275, 2276		
2275	**Inter- oder subtrochantere Umstellungsosteotomie**	**2310** / 134,64	309,68 / 471,25
Ausschluss:	Neben Nr. 2275 sind folgende Nrn. nicht abrechnungsfähig: 2251, 2252, 2274, 2276		
2276	**Inter- oder subtrochantere Umstellungsosteotomie mit Osteosynthese**	**2770** / 161,46	371,35 / 565,10
Ausschluss:	Neben Nr. 2276 sind folgende Nrn. nicht abrechnungsfähig: 2251, 2252 (im gleichen OP-Bereich), 2274, 2275		
2277	**Redressement einer Beinverkrümmung**	**567** / 33,05	76,01 / 115,67
2278	**Autologe Tabula-externa-Osteoplastik mit Deckung eines Schädel- oder Stirnbeindefektes (Kranioplastik)**	**3500** / 204,01	469,21 / 714,02
2279	**Chemonukleolyse**	**600** / 34,97	80,44 / 122,40
Tipp:	Bei ambulanter OP: Zuschlag nach Nr. 443 nicht vergessen!		
2280	**Redressement des Rumpfes bei schweren Wirbelsäulenverkrümmungen**	**1135** / 66,16	152,16 / 231,55
Ausschluss:	Neben Nr. 2280 sind folgende Nrn. nicht abrechnungsfähig: 2286, 2287		
2281	**Perkutane Nukleotomie (z.B. Absaugen des Bandscheibengewebes im Hochdruckverfahren)**	**1400** / 81,60	187,69 / 285,61
Rechtsprechung:	**Gebühren für Racz-Kathetermethode – Erstattungspflicht einer PKV** Die Racz-Kathetermethode ist eine medizinisch notwendige Heilbehandlung im Sinne der §§ 1 Abs. 2, 4 Abs. 6 MB/KK 95 der privaten Versicherer, zumal dann, wenn die Versicherer die Übernahme von Kosten von Heilmethoden zugesagt haben, die sich in der Praxis ebenso bewährt haben wie Behandlungsmethoden der Schulmedizin. Die ärztlichen Leistungen bei der Racz-Kathetermethode sind nicht im Gebührenverzeichnis der GOÄ aufgeführt; daher ist eine Analogbewertung nach § 6 Abs. 2 GOÄ vorzunehmen. Es können abgerechnet werden: Nrn. 2281 und 5280 GOÄ analog; dazu noch die Nr. 5295 GOÄ. **Aktenzeichen:** OLG Stuttgart, 19.11.2009, AZ: 7 U 60/09 **Entscheidungsjahr:** 2009		
Tipp:	• Bei ambulanter OP: Zuschlag nach Nr. 445 nicht vergessen! • Ggf. Nr. 2283, wenn es sich um mehrere Segmente handelt.		
2282	**Operative Behandlung des Bandscheibenvorfalles mit einseitiger Wirbelbogenresektion oder -fensterung in einem Segment, Nervenwurzellösung, Prolapsabtragung und Bandscheibenausräumung**	**1480** / 86,27	198,41 / 301,93
Ausschluss:	Neben Nr. 2282 sind folgende Nrn. nicht abrechnungsfähig: 2283, 2565, 2566, 2583, 2584		
Kommentar:	Ist eine Operation in mehreren Segmenten erforderlich, so ist dafür die Nr. 2283 anzusetzen. Stellt sich beim Eingriff heraus, dass z.B. wegen starker Verwachsungen die Operation schwieriger und zeitaufwendiger wird, so kann dies nur über eine Erhöhung		

des Multiplikators ausgeglichen werden, da die Leistungen nach Nr. 2282 und 2283 Komplexleistungen mit allen erforderlichen Teilschritten (z.B. Osteotomien, Sehnen- und Muskeldurchtrennung, Präparationen von Nerven) darstellen.

Tipp:
- Bei ambulanter OP: Zuschlag nach Nr. 445 nicht vergessen, zusätzlich bei Verwendung eines OP-Mikroskopes Zuschlag nach Nr. 440 und bei Anwendung eines Lasers Zuschlag nach Nr. 441 abrechenbar!
- Ggf. Nr. 2283, wenn es sich um mehrere Segmente handelt.
- Nr. 2281 ist für die perkutane Lasernukleotomie abzurechnen.

2283 **Operative Behandlung des Bandscheibenvorfalles in zwei bis drei Segmenten, ein- oder beidseitig, auch mit Resektion des ganzen Bogens (totale Laminektomie)** **1850** 248,01 / 107,83 377,41

Ausschluss: Neben Nr. 2283 sind folgende Nrn. nicht abrechnungsfähig: 2282, 2565, 2566, 2583, 2584

Kommentar: Siehe Kommentar zu Nr. 2282

Tipp: Bei ambulanter OP: Zuschlag nach Nr. 445 nicht vergessen, zusätzlich bei Verwendung eines OP-Mikroskopes Zuschlag nach Nr. 440 und bei Anwendung eines Lasers Zuschlag nach Nr. 441 abrechenbar!

2284 **Stabilisierende operative Maßnahmen (z.B. Knocheneinpflanzung, Einpflanzung alloplastischen Materials) – zusätzlich zu Nummer 2282 oder Nummer 2283** **554** 74,27 / 32,29 113,02

Ausschluss: Neben Nr. 2284 sind folgende Nrn. nicht abrechnungsfähig: 2253, 2254, 2255

Tipp: Neben Nr. 2284 sind Nrn. 2282, 2283 abrechenbar.

2285 **Operative Versteifung eines Wirbelsäulenabschnittes – einschließlich Einpflanzung von Knochen oder alloplastischem Material als alleinige Leistung –** **1480** 198,41 / 86,27 301,93

Ausschluss: Neben Nr. 2285 sind folgende Nrn. nicht abrechnungsfähig: 2253, 2254, 2255, 2284

2286 **Operative Behandlung von Wirbelsäulenverkrümmungen durch Spondylodese – einschließlich Implantation von autologem oder alloplastischem Material –** **2500** 335,15 / 145,72 510,01

Ausschluss: Neben Nr. 2286 sind folgende Nrn. nicht abrechnungsfähig: 2253, 2254, 2255, 2284, 2285

2287 **Operative Behandlung von Wirbelsäulenverkrümmungen nach Nummer 2286 mit zusätzlicher Implantation einer metallischen Aufspreiz- und Abstützvorrichtung** **3700** 496,02 / 215,66 754,82

Ausschluss: Neben Nr. 2287 sind folgende Nrn. nicht abrechnungsfähig: 2253, 2254, 2255, 2284, 2285

Beschluss BÄK: **Beschluss des Gebührenordnungsausschusses der BÄK in seiner 4. Sitzung (Amtsperiode 2011/2015) am 19. März 2012 – Dtsch. Arztebl 2012; 109(19): A-987/B-851/C-843:**
Abrechnung der Einbringung einer Bandscheiben-Prothese
Die Einbringung einer, zumeist zervikalen oder lumbalen, Bandscheibenprothese ist nach Nr. 2287 GOÄ neben der zugrundeliegenden Hauptleistung (z. B. der Nr. 2577 GOÄ) abzurechnen.

2288 **Osteotomie am Rippenbuckel, zusätzlich zu Nummer 2286 oder Nummer 2287** **550** 73,73 / 32,06 112,20

Tipp: Neben Nr. 2288 sind Nrn. 2286, 2287 abrechenbar.

2289 **Neueinpflanzung einer Aufspreiz- oder Abstützvorrichtung – einschließlich Entfernung der alten Vorrichtung –** **4000** 536,24 / 233,15 816,02

GOÄ-Nr.		Punktzahl 1fach	2,3 / *1,8 3,5 / *2,5
2290	**Stellungskorrektur und Fusion eines oder mehrerer Wirbelsegmente an Brustwirbelsäule und/oder Lendenwirbelsäule bei ventralem Zugang – auch mit Knocheneinpflanzung –**	**2770** 161,46	371,35 565,10
2291	**Implantation eines Elektrostimulators zur Behandlung der Skoliose oder einer Pseudarthrose**	**920** 53,62	123,34 187,69
Tipp:	Bei ambulanter OP: Zuschlag nach Nr. 444 nicht vergessen!		
2292	**Eröffnung von Brust- oder Bauchhöhle bei vorderem Zugang, nur im Zusammenhang mit Leistungen nach den Nummern 2285, 2286, 2287, 2332 und 2333**	**1110** 64,70	148,81 226,45
Ausschluss:	Neben Nr. 2292 sind folgende Nrn. nicht abrechnungsfähig: 2990, 3135		
2293	**Operation einer Steißbeinfistel**	**370** 21,57	49,60 75,48
Tipp:	Bei ambulanter OP: Zuschlag nach Nr. 442 nicht vergessen!		
2294	**Steißbeinresektion**	**554** 32,29	74,27 113,02
Tipp:	Bei ambulanter OP: Zuschlag nach Nr. 443 nicht vergessen!		
2295	**Exostosenabmeißelung bei Hallux valgus**	**463** 26,99	62,07 94,45
Ausschluss:	Neben Nr. 2295 sind folgende Nrn. nicht abrechnungsfähig: 2296, 2297		
Tipp:	Bei ambulanter OP: Zuschlag nach Nr. 442 nicht vergessen!		
2296	**Exostosenabmeißelung bei Hallux valgus einschließlich Sehnenverpflanzung**	**924** 53,86	123,87 188,50
Ausschluss:	Neben Nr. 2296 sind folgende Nrn. nicht abrechnungsfähig: 2072 – 2076, 2080, 2081, 2296, 2297		
Tipp:	Bei ambulanter OP: Zuschlag nach Nr. 444 nicht vergessen!		
2297	**Operation des Hallux valgus mit Gelenkkopfresektion und anschließender Gelenkplastik und/oder Mittelfußosteotomie einschließlich der Leistungen nach den Nummern 2295 und 2296**	**1180** 68,78	158,19 240,73
Ausschluss:	Neben Nr. 2297 sind folgende Nrn. nicht abrechnungsfähig: 2072 – 2076, 2080, 2081, 2110, 2134, 2295, 2296		
Beschluss BÄK:	**Beschlüsse des Gebührenordnungsausschusses der BÄK** – Dt. Ärzteblatt 11/02 **Neuere Operationstechniken bei Hallux valgus** Die Entwicklung neuerer Operationstechniken in der Fußchirurgie ermöglicht im Gegensatz zu den gelenkopfernden älteren Operationsmethoden, beispielsweise nach Keller-Brandes, funktionell bessere Ergebisse bei der Behandlung des Hallux valgus durch Erhaltung des Metatarsophalangealgelenkes (MTP I). Die Erhaltung des Metatarsophalangealgelenkes stellt ein neues Leistungsziel bei der operativen Behandlung des Hallux valgus dar. Je nach Stadium der Valgus-Fehlstellung sind zwecks Korrektur komplexe Weichteileingriffe (von medialem und/oder lateralem Zugangsweg aus) und/oder Umstellungsosteotomien am Os metatarsale I (beispielsweise Umstellungs-Osteotomie nach Scarf, Shevron oder „open-closed-wedge"-Basis-Osteotomie) erforderlich. Hinsichtlich Art, Aufwand, Schwierigkeitsgrad und Leistungsziel (Gelenkerhaltung anstelle Gelenkresektion) lassen sich die gelenkerhaltenden Operationstechniken **nicht anhand der Gebührenposition Nr. 2297** abbilden.		

Recht-sprechung: **Hallux valgus – Operation, Geb. Ziffer 2297 GOÄ**
Die in Ziffer 2297 GOÄ beschriebene Leistung stellt eine Komplexleistung dar, die eine selbständige Abrechnung der Leistungen nach den Ziffern 2295 und 2296 ausschließt. Neben der Ziffer 2297 können aber Leistungen nach den Ziffern 2260, 2064 und 2134 GOÄ selbständig abgerechnet werden.
Aktenzeichen: BGH, 16.03.2006, AZ: III ZR 217/05
Entscheidungsjahr: 2006

Tipp: Bei ambulanter OP: Zuschlag nach Nr. 444 nicht vergessen!

VI Frakturbehandlung

Kommentar:
Osteosynthesen, Drahtungen, Nagelungen, Verschraubungen, Metallplatten und Fixateure sind Implantate, die für die operative Versorgung von Verletzungen – meist Frakturen und Verrenkungen – verwendet werden. Dabei handelt es sich jeweils um eine Versorgung einer Fraktur und/oder Verrenkung mit Implantat(en) in Form einer Osteosynthese, Arthrodese oder Spondylodese.

Die Art und Anzahl der Implantatmaterialien findet bei der Vergütung für das Einbringen und Entfernen keine Berücksichtigung. Das Entfernen einer Osteosynthese/Implantat ist also unabhängig davon, ob Schrauben, Platten, Drähte und/oder ein Fixateur etc. verwendet wurden, nur einmal an einem Knochen/Gelenk mit einer der Gebührenziffern der Nrn. 2061, 2063, 2353 oder 2354 abrechenbar. Dies gilt nicht nur für Röhrenknochen sondern sinngemäß auch für alle anderen Knochen.

Bei der operativen Frakturversorgung ist die Einrichtung des/der gebrochenen Knochens Bestandteil der Zielleistung Osteosynthese oder Spondylodese und nicht gesondert abrechnungsfähig.

Auf einen Blick: Frakturbehandlung

Knochen	Einrichtung (Reposition)	Einrichtung einschl. Nagelung u./o. Drahtung/ Drahtnaht/Drahtumschlingung	dasselbe bei offenem Knochenbruch	Osteosynthese, operativ	Verschraubung
Aufrichtung Wirbel (Durchhang)	2322	–	–	2285	–
Schlüsselbein	2324	2325	–	–	–
Schulterblatt	2326	–	–	–	–
Brustbein	2326	–	–	–	–
Oberarmknochen	2327	2349	2350	–	–
Olekranon	–	–	–	–	2340
Unterarmknochen	2328	2349	2350	–	–
Handwurzelknochen	2331	–	–	–	–
Mittelhand	2331	2347	2348	–	–
Grundglieder Fingerknochen	2338	2060*	–	2338a	–
Mittelglieder Fingerknochen	2338	2060*	–	–	–
Endgliedknochen Finger	2337	2060*	–	–	–
Becken	2329	–	–	–	–
Oberschenkelknochen	2330	2349	2350	–	–
Tibiakopf	–	–	–	–	2345

GOÄ-Nr. Punktzahl 2,3 / *1,8
1fach 3,5 / *2,5

Knochen	Einrichtung (Reposition)	Einrichtung einschl. Nagelung u./o. Drahtung/ Drahtnaht/Draht-umschlingung	dasselbe bei offenem Kno-chenbruch	Osteosynthese, operativ	Verschrau-bung
Schenkelhals	–	2351	2352	–	2351
Kniescheibe	2335	2336	–	–	2344
Unterschenkelknochen	2335	2349	2350	–	–
Innenknöchel	–	–	–	–	2340
Außenknöchel	–	–	–	–	2340
Fußwurzel	2331	–	–	–	–

2320 **Einrichtung der gebrochenen knöchernen Nase einschließlich Tamponade – gegebenenfalls einschließlich Wundverband –** **189** 25,34
11,02 38,56

Ausschluss: Neben Nr. 2320 sind folgende Nrn. nicht abrechnungsfähig: 1425 – 1430

2321 **Einrichtung eines gebrochenen Gesichtsknochens – gegebenenfalls einschließlich Wundverband –** **227** 30,43
13,23 46,31

2322 **Aufrichtung gebrochener Wirbel im Durchhang** **757** 101,48
44,12 154,43

Ausschluss: Neben Nr. 2322 sind folgende Nrn. nicht abrechnungsfähig: 3305, 3306

Kommentar: Das in der Leistungslegende beschriebene Verfahren lässt sich nicht im Halswirbelsäulenbereich anwenden. Daraus ergibt sich, dass bei Frakturen der HWS und zusätzlich der BWS oder LWS die Erbringung der Leistungen nach Nr. 2322 und 2323 nebeneinander nötig und auch abrechenbar sein kann.

2323 **Halswirbelbruchbehandlung durch Zugverband mit Klammer** **757** 101,48
44,12 154,43

Ausschluss: Neben Nr. 2323 sind folgende Nrn. nicht abrechnungsfähig: 3305, 3306

Kommentar: Das in der Leistungslegende beschriebene Verfahren lässt sich nicht im Halswirbelsäulenbereich anwenden. Daraus ergibt sich, dass bei Frakturen der HWS und zusätzlich der BWS oder LWS die Erbringung der Leistungen nach Nr. 2322 und 2323 nebeneinander nötig und auch abrechenbar sein kann.

2324 **Einrichtung des gebrochenen Schlüsselbeins** **152** 20,38
8,86 31,01

Ausschluss: Neben Nr. 2324 ist folgende Nr. nicht abrechnungsfähig: 2325

2325 **Einrichtung des gebrochenen Schlüsselbeins – einschließlich Nagelung und/oder Drahtung** **567** 76,01
33,05 115,67

Ausschluss: Neben Nr. 2325 sind folgende Nrn. nicht abrechnungsfähig: 2237, 2238, 2324

Tipp: Bei ambulanter OP: Zuschlag nach Nr. 443 nicht vergessen!

2326 **Einrichtung eines gebrochenen Schulterblattes oder des Brustbeins** **227** 30,43
13,23 46,31

GOÄ-Nr.		Punktzahl 1fach	2,3 / *1,8 3,5 / *2,5
2327	**Einrichtung eines gebrochenen Oberarmknochens**	**473** 27,57	63,41 96,49
Ausschluss:	Neben Nr. 2327 sind folgende Nrn. nicht abrechnungsfähig: 2349, 2350		
2328	**Einrichtung gebrochener Unterarmknochen**	**341** 19,88	45,71 69,57
Ausschluss:	Neben Nr. 2328 sind folgende Nrn. nicht abrechnungsfähig: 2349, 2350		
2329	**Einrichtung des gebrochenen Beckens**	**473** 27,57	63,41 96,49
Kommentar:	Auch bei mehreren Frakturen des Beckens ist die Leistung nach Nr. 2329 nur einmal abrechenbar. Besondere Schwierigkeiten bei der Einrichtung müssen über einen erhöhten Multiplikator berechnet werden.		
2330	**Einrichtung eines gebrochenen Oberschenkelknochens**	**757** 44,12	101,48 154,43
Ausschluss:	Neben Nr. 2330 sind folgende Nrn. nicht abrechnungsfähig: 2349, 2350, 2351, 2352		
2331	**Einrichtung gebrochener Knochen der Handwurzel oder der Mittelhand, der Fußwurzel oder des Mittelfußes**	**227** 13,23	30,43 46,31
Ausschluss:	Neben Nr. 2331 sind folgende Nrn. nicht abrechnungsfähig: 2347, 2348		
2332	**Operative Aufrichtung eines gebrochenen Wirbelkörpers und/oder operative Einrenkung einer Luxation eines Wirbelgelenkes mit stabilisierenden Maßnahmen**	**2500** 145,72	335,15 510,01
Ausschluss:	Neben Nr. 2332 ist folgende Nr. nicht abrechnungsfähig: 2333		
2333	**Operative Aufrichtung von zwei oder mehr gebrochenen Wirbelkörpern und/oder operative Einrenkung von zwei oder mehr Luxationen von Wirbelgelenken mit stabilisierenden Maßnahmen**	**3700** 215,66	496,02 754,82
Ausschluss:	Neben Nr. 2333 ist folgende Nr. nicht abrechnungsfähig: 2332		
2334	**Operative Stabilisierung einer Brustwandseite**	**2800** 163,20	375,37 571,22
2335	**Einrichtung einer gebrochenen Kniescheibe oder gebrochener Unterschenkelknochen**	**473** 27,57	63,41 96,49
Ausschluss:	Neben Nr. 2335 sind folgende Nrn. nicht abrechnungsfähig: 2336, 2340, 2344, 2345, 2349, 2350		
2336	**Operative Einrichtung der gebrochenen Kniescheibe – auch mit Fremdmaterial –**	**650** 37,89	87,14 132,60
Ausschluss:	Neben Nr. 2336 sind folgende Nrn. nicht abrechnungsfähig: 2335, 2340, 2344, 2345, 2349, 2350		
2337	**Einrichtung gebrochener Endgliedknochen von Fingern oder von gebrochenen Zehenknochen**	**76** 4,43	10,19 15,50
Ausschluss:	Neben Nr. 2337 sind folgende Nrn. nicht abrechnungsfähig: 2338, 2338a, 2339		
2338	**Einrichtung des gebrochenen Großzehenknochens oder von Frakturen an Grund- oder Mittelgliedern der Fingerknochen**	**152** 8,86	20,38 31,01
Ausschluss:	Neben Nr. 2338 sind folgende Nrn. nicht abrechnungsfähig: 2337, 2339		

GOÄ-Nr.		Punktzahl / 1fach	2,3 / *1,8 / 3,5 / *2,5
2338a	**Operative Einrichtung des gebrochenen Endgliedknochens eines Fingers – einschließlich Fixation durch Osteosynthese –**	**185** / 10,78	24,80 / 37,74

Ausschluss: Neben Nr. 2338a sind folgende Nrn. nicht abrechnungsfähig: 2337, 2339

Beschluss BÄK: **Beschluss des Gebührenausschusses der Bundesärztekammer**

Keine Nebeneinanderberechnung von Einrichtungen und Osteosynthese bei Knochenfraktur (15. Sitzung vom 21. Juli 1998)

Gesonderte Positionen für die „Einrichtung" neben einer Osteosynthese sind auch dann nicht berechenbar, wenn sie in der Leistungslegende der Osteosynthese nicht ausdrücklich genannt sind.

2339	**Einrichtung den gebrochenen Großzehenknochens oder von Frakturen an Grund- oder Mittelgliedknochen der Finger mit Osteosynthese**	**379** / 22,09	50,81 / 77,32

Ausschluss: Neben Nr. 2339 sind folgende Nrn. nicht abrechnungsfähig: 2337, 2338

Beschluss BÄK: Siehe Beschluss zu Nr. 2338a

Tipp: Bei ambulanter OP: Zuschlag nach Nr. 442 nicht vergessen!

2340	**Olekranonverschraubung oder Verschraubung des Innen- oder Außenknöchelbruches**	**554** / 32,29	74,27 / 113,02

Tipp: Bei ambulanter OP: Zuschlag nach Nr. 443 nicht vergessen!

2344 analog	**Patellarückflächenersatz neben Nr. 2153 (analog Nr. 2344 GOÄ) – n. Beschlüssen des Ausschusses „Gebührenordnung" der BÄK**	**1110** / 64,70	148,81 / 226,45
2344	**Osteosynthese der gebrochenen Kniescheibe bzw. Exstirpation der Kniescheibe oder Teilexstirpation**	**1110** / 64,70	148,81 / 226,45

Beschluss BÄK: **Beschluss des Gebührenordnungsausschusses der BÄK – Dt. Ärzteblatt 11/02**

Patellarückflächenersatz analog 2344 neben Nr. 2153

Wird neben Nr. 2153 ein Patellarückflächenersatz oder eine Patella-Rekonstruktion (durch Osteotomie bzw. Firstung) durchgeführt, so ist diese analog nach Nr. **2344** (Osteosynthese der gebrochenen Kniescheibe oder Teilextirpation, 1110 Punkte) als selbstständige Leistung berechnungsfähig.

Der Patellarückflächenersatz ist kein methodisch notwendiger Bestandteil der Implantation einer Kniegelenksendoprothese nach Nr. **2153.** Es handelt sich hierbei um einen fakultativ notwendigen Eingriff bei gleichzeitigem Vorliegen eines femoropatellaren Syndroms oder einen auch aus anderen medizinischen Gründen notwendigen selbständigen Eingriff.

Tipp: Bei ambulanter OP: Zuschlag nach Nr. 444 nicht vergessen!

2345	**Tibiakopfverschraubung oder Verschraubung des Fersenbeinbruches**	**924** / 53,86	123,87 / 188,50

Tipp: Bei ambulanter OP: Zuschlag nach Nr. 444 nicht vergessen!

2346	**Beck'sche Bohrung**	**278** / 16,20	37,27 / 56,71
2347	**Nagelung und/oder Drahtung eines gebrochenen kleinen Röhrenknochens (z.B. Mittelhand, Mittelfuß)**	**370** / 21,57	49,60 / 75,48

Ausschluss: Neben Nr. 2347 ist folgende Nr. nicht abrechnungsfähig: 2348

Tipp: Bei ambulanter OP: Zuschlag nach Nr. 442 nicht vergessen!

2348	**Nagelung und/oder Drahtung eines kleinen Röhrenknochens (z.B. Mittelhand, Mittelfuß) bei offenem Knochenbruch**	**555** / 32,35	74,40 / 113,22

Ausschluss: Neben Nr. 2348 ist folgende Nr. nicht abrechnungsfähig: 2347

Tipp: Bei ambulanter OP: Zuschlag nach Nr. 443 nicht vergessen!

GOÄ-Nr.		Punktzahl 1fach	2,3 / *1,8 3,5 / *2,5
2349	**Nagelung und/oder Drahtung und/oder Verschraubung (mit Metallplatten) eines gebrochenen großen Röhrenknochens**	**1110** 64,70	148,81 226,45

Ausschluss: Neben Nr. 2349 sind folgende Nrn. nicht abrechnungsfähig: 2350, 2351, 2352

Tipp: Bei ambulanter OP: Zuschlag nach Nr. 444 nicht vergessen!

2350	**Nagelung und/oder Drahtung und/oder Verschraubung (mit Metallplatten) eines großen Röhrenknochens bei offenem Knochenbruch**	**1660** 96,76	222,54 338,65

Ausschluss: Neben Nr. 2350 sind folgende Nrn. nicht abrechnungsfähig: 2349, 2351, 2352

Beschluss BÄK: **Aus den Beschlüsse des Zentralen Konsultationsausschusses für Gebührenordnungsfragen bei der Bundesärztekammer zur Privatliquidation herzchirurgischer Leistungen**

Verdrahtung des Sternums

Für die Verdrahtung des Sternums bei Abschluss der Operation kann Nr. **2350** GOÄ (Verdrahtung eines großen Röhrenknochens bei offenem Knochenbruch) nicht eigenständig berechnet werden. Nur nicht eigenständig berechnet werden. Nur wenn bei Sternumdehiszens eine erneute Stabilisierung des Sternums erforderlich wird, ist dieser glücklicherweise seltene Vorgang eigenständig und berechenbar.

Zutreffend ist in der Regel Nr. **2355** GOÄ (operative Stabilisierung einer Pseudarthrose oder operative Korrektur eines in Fehlstellung verheilten Knochenbruchs) in seltenen Fällen zum Beispiel der Plattenosteosynthese auch Nr. **2356** GOÄ.

Tipp: Bei ambulanter OP: Zuschlag nach Nr. 445 nicht vergessen!

2351	**Nagelung und/oder Verschraubung (mit Metallplatten) eines gebrochenen Schenkelhalses**	**1480** 86,27	198,41 301,93

Ausschluss: Neben Nr. 2351 sind folgende Nrn. nicht abrechnungsfähig: 2349, 2350, 2352

2352	**Nagelung und/oder Verschraubung (mit Metallplatten) eines Schenkelhalses bei offenem Knochenbruch**	**2220** 129,40	297,61 452,89

Ausschluss: Neben Nr. 2352 sind folgende Nrn. nicht abrechnungsfähig: 2349, 2350, 2351

2353	**Entfernung einer Nagelung und/oder Drahtung und/oder Verschraubung aus kleinen Röhrenknochen**	**185** 10,78	24,80 37,74
2354	**Entfernung einer Nagelung und/oder Drahtung und/oder Verschraubung (mit Metallplatten) aus großen Röhrenknochen**	**370** 21,57	49,60 75,48

Tipp: Bei ambulanter OP: Zuschlag nach Nr. 442 nicht vergessen,!

2355	**Operative Stabilisierung einer Pseudarthrose oder operative Korrektur eines in Fehlstellung verheilten Knochenbruchs**	**1110** 64,70	148,81 226,45

Ausschluss: Neben Nr. 2355 ist folgende Nr. nicht abrechnungsfähig: 2356

Beschluss BÄK: Siehe Beschluss zu Nr. 2350

Tipp: Bei ambulanter OP: Zuschlag nach Nr. 444 nicht vergessen!

2356	**Operative Stabilisierung einer Pneudarthrose oder operative Korrektur eines in Fehlstellung verheilten Knochenbruchs nach Osteotomie mittels Nagelung, Verschraubung und/oder Metallplatten und/oder äußerem Spanner – auch zusätzliches Einpflanzen von Knochenspan –**	**1480** 86,27	198,41 301,93

Ausschluss: Neben Nr. 2356 sind folgende Nrn. nicht abrechnungsfähig: 2253, 2254, 2255, 2355

Beschluss BÄK: Siehe Beschluss zu Nr. 2350

Tipp: Bei ambulanter OP: Zuschlag nach Nr. 444 nicht vergessen!

GOÄ-Nr.		Punktzahl 1fach	2,3 / *1,8 3,5 / *2,5
2357	**Operative Wiederherstellung einer gebrochenen Hüftpfanne einschließlich Fragmentfixation**	**2770** 161,46	371,35 565,10

Ausschluss: Neben Nr. 2357 sind folgende Nrn. nicht abrechnungsfähig: 2148, 2149

2358	**Osteosynthese gebrochener Beckenringknochen, der gesprengten Symphyse oder einer gesprengten Kreuzdarmbeinfuge**	**2100** 122,40	281,53 428,41

VII Chirurgie der Körperoberfläche

2380	**Überpflanzung von Epidermisstücken**	**310** 18,07	41,56 63,24

Tipp: Bei ambulanter OP: Zuschlag nach Nr. 442 nicht vergessen!

2381	**Einfache Hautlappenplastik**	**370** 21,57	49,60 75,48

Ausschluss: Neben Nr. 2381 sind folgende Nrn. nicht abrechnungsfähig: 2415, 2571, 2572, 2584

GOÄ-Ratgeber der BÄK: ► **„Einfache Hautlappenplastik"** Dr. med. Anja Pieritz – in: Deutsches Ärzteblatt 105, Heft 20 (16.05.2008), S. A-1088 – Dr. Pieritz erläutert:

...„Nach der GOÄ können zahlreiche Hautlappenplastiken abgerechnet werden, unter anderem die Nummer (Nr.) 2381 GOÄ „Einfache Hautlappenplastik" und die Nr. 2382 „Schwierige Hautlappenplastik oder Spalthauttransplantation".

...Die Bildung von zwei Hautlappen bei einer „alten Schlitzohr-Verletzung" (Ausreißen eines Ohrrings aus dem Ohrläppchen und schiefes Aneinanderwachsen der Wundränder) würde sicher unter die „Einfache Hautlappenplastik" nach der Nr. 2381 GOÄ fallen. Eine Z-Plastik stellt in der Regel eine schwierigere und zeitaufwendigere Leistung dar, die eher der Nr. 2382 GOÄ zuzuordnen wäre. Auch die Spalthauttransplantation ist wegen der Leistungslegende unzweifelhaft der Nr. 2382 GOÄ zuzuordnen. Dabei gilt, dass entweder die Nr. 2381 GOÄ oder die Nr. 2382 GOÄ für eine Wunde infrage kommen und diese Gebührenposition bezogen auf diese Wunde auch nur einmal je Sitzung abgerechnet werden kann. .."

Tipp: Bei ambulanter OP: Zuschlag nach Nr. 442 nicht vergessen!

2382	**Schwierige Hautlappenplastik oder Spalthauttransplantation –**	**739** 43,07	99,07 150,76

Ausschluss: Neben Nr. 2382 sind folgende Nrn. nicht abrechnungsfähig: 1449, 1450, 2415, 2571, 2572, 2584

Kommentar: Die Nr. 2582 kann **nur** als Zielleistung – d.h. selbstständioge Leistung – berechnet werden und nicht im Zusammenhang mit anderen Operationen.

Tipp: Bei ambulanter OP: Zuschlag nach Nr. 443 nicht vergessen!

2382 analog	**Schleimhautschonende plast. OP an der Nasenmuschel (z.B. Turbinoplastik) oder der Eingriff nach der Leglerschen Operationsmethode, bei gegebener Indikation neben Nrn. 1447 u. 1448 GOÄ – (analog Nr. 2382 GOÄ) – Beschluss des Zentralen Konsultationsausschusses f. Gebührenordnungsfragen bei der BÄK**	**739** 43,07	99,07 150,76

Ausschluss: Nr. 2382 analog nicht neben folgender Nr. abrechnungsfähig: 1438

2383	**Vollhauttransplantation – auch einschließlich plastischer Versorgung der Entnahmestelle –**	**1000** 58,29	134,06 204,01

Ausschluss: Neben Nr. 2383 sind folgende Nrn. nicht abrechnungsfähig: 2043, 2044, 2417, 2418

Tipp: Bei ambulanter OP: Zuschlag nach Nr. 444 nicht vergessen!

2384	**Knorpeltransplantation, z.B. aus einem Ohr oder aus einer Rippe**	**739** 43,07	99,07 150,76

Tipp: Bei ambulanter OP: Zuschlag nach Nr. 443 nicht vergessen!

GOÄ-Nr.		Punktzahl / 1fach	2,3 / *1,8 / 3,5 / *2,5
2385	**Transplantation eines haartragenden Hautimplantates oder eines Dermofett-Transplantates – auch einschließlich plastischer Versorgung der Entnahmestelle –**	**1200** / 69,94	160,87 / 244,81
Tipp:	Bei ambulanter OP: Zuschlag nach Nr. 445 nicht vergessen!		
2386	**Schleimhauttransplantation – einschließlich operativer Unterminierung der Entnahmestelle und plastischer Deckung –**	**688** / 40,10	92,23 / 140,36
Ausschluss:	Neben Nr. 2386 sind folgende Nrn. nicht abrechnungsfähig: 1319, 1326, 1327, 1328		
Tipp:	Bei ambulanter OP: Zuschlag nach Nr. 443 nicht vergessen!		
2390	**Deckung eines überhandflächengroßen, zusammenhängenden Hautdefektes mit speziell aufbereiteten freien Hauttransplantaten**	**1330** / 77,52	178,30 / 271,33
Tipp:	Bei ambulanter OP: Zuschlag nach Nr. 445 nicht vergessen, ggf. weitere Zuschläge nach Nrn. 440, 441.		
2391	**Freie Verpflanzung eines Hautlappens, auch mittels zwischenzeitlicher Stielbildung, in mehreren Sitzungen**	**1500** / 87,43	201,09 / 306,01
2392	**Anlage eines Rundstiellappens**	**900** / 52,46	120,65 / 183,60
Ausschluss:	Neben Nr. 2392 sind folgende Nrn. nicht abrechnungsfähig: 2050, 2391, 2392a, 2394		
Tipp:	Bei ambulanter OP: Zuschlag nach Nr. 444 nicht vergessen!		
2392a	**Exzision einer großen, kontrakten und funktionsbehindernden Narbe – einschließlich plastischer Deckung –**	**1000** / 58,29	134,06 / 204,01
Ausschluss:	Neben Nr. 2392a sind folgende Nrn. nicht abrechnungsfähig: 2381 – 2383, 2390 – 2392, 2393 – 2395		
Beschluss BÄK:	**Aus den Beschlüsse des Zentralen Konsultationsausschusses für Gebührenordnungsfragen bei der Bundesärztekammer zur Privatliquidation herzchirurgischer Leistungen** **Berechnung der Excision der alten Narbe bei Re-Operationen** Die Berechnung der Excision der alten Narbe bei Re-Operationen mit Nr. **2005** GOÄ (Versorgung einer großen Wunde ...) neben der Operationsziffer für die Wund- und beziehungsweise Narbenausschneidung ist nicht möglich (unselbständige Leistung nach § 4 Abs. 2 a GOÄ). In seltenen Fällen, wenn tatsächlich eine entsprechende Indikation und Leistung vorliegt, kann Nr. **2392** a GOÄ (Excision einer großen, kontrakten und funktionsbehindernden Narbe – einschließlich plastischer Deckung –) anfallen.		
Kommentar:	Eine große Narbe liegt bei $>$ 3 cm vor.		
IGeL:	Korrektur kosmetisch störender Narben.		
2393	**Interimistische Implantation eines Rundstiellappens (Zwischentransport)**	**739** / 43,07	99,07 / 150,76
Ausschluss:	Neben Nr. 2393 sind folgende Nrn. nicht abrechnungsfähig: 2050, 2391, 2392, 2394		
Tipp:	Bei ambulanter OP: Zuschlag nach Nr. 443 nicht vergessen!		
2394	**Implantation eines Rundstiellappens – einschließlich Modellierung am Ort –**	**2200** / 128,23	294,93 / 448,81
Ausschluss:	Neben Nr. 2394 sind folgende Nrn. nicht abrechnungsfähig: 2050, 2391 – 2393		
Tipp:	Bei ambulanter OP: Zuschlag nach Nr. 445 nicht vergessen!		
2395	**Gekreuzte Beinlappenplastik**	**2500** / 145,72	335,15 / 510,01

GOÄ-Nr.		Punktzahl 1fach	2,3 / *1,8 3,5 / *2,5

2396 **Implantation eines Hautexpanders** **900** 120,65
52,46 183,60

Tipp: Bei ambulanter OP: Zuschlag nach Nr. 444 nicht vergessen!

2397 **Operative Ausräumung eines ausgedehnten Hämatoms, als selbständige Leistung** **600** 80,44
34,97 122,40

Kommentar: Die Leistung nach Nr. 2397 kann ausschließlich als selbstständige Leistung berechnet werden und nicht als medizinisch erforderlicher Eingriff im Rahmen irgendwelcher Operationen.

Tipp: Bei ambulanter OP: Zuschlag nach Nr. 443 nicht vergessen!

2400 **Öffnung eines Körperkanalverschlusses an der Körperoberfläche** **111** 14,88
6,47 22,64

Ausschluss: Neben Nr. 2400 ist folgende Nr. nicht abrechnungsfähig: 1724

IGeL: Piercing

2401 **Probeexzision aus oberflächlich gelegenem Körpergewebe (z.B. Haut, Schleimhaut, Lippe)** **133** 17,83
7,75 27,13

Ausschluss: Neben Nr. 2401 sind folgende Nrn. nicht abrechnungsfähig: 744, 1430, 2084, 2402.

Kommentar: Hoffman kommentiert zu GOÄ Nrn. 2401 und 2402: .."Die gesonderte Abrechnung einer oder mehrerer PE, als ergänzender, eigenständiger diagnostischer Eingriff ist gebührenrechtlich zulässig. Dies gilt auch für die Abrechnung sogenannter Randschnitte, wenn diese aus dem Grenzbereich des Operationsgebietes und nicht von dem entnommenen Präparat selbst stammen.)..."
Probeexcisionen aus Bindehaut, Ohrmuschel und Vulva sind auch nach Nr. 2401 zu berechnen (**Lang, Schäfer, Stiel, Vogt**).

GOÄ-Ratgeber der BÄK: ► **Abrechnung von Probeexzisionen (I)**
Dr. med. Tina Wiesener (in: Deutsches Ärzteblatt 109, Heft 11 (16.03.2012), S. A-560) – http://www.bundesaerztekammer.de/page.asp?his=1.108.4144.4245.10156

► **Abrechnung von Probeexzisionen (II)**
Dr. med. Tina Wiesener (in: Deutsches Ärzteblatt 109, Heft 13 (30.03.2012), S. A-676) – http://www.bundesaerztekammer.de/page.asp?his=1.108.4144.4289.10190
Dr. med. Tina Wiesener (in: Deutsches Ärzteblatt 109, Heft 13 (30.03.2012), S. A-676) – http://www.bundesaerztekammer.de/page.asp?his=1.108.4144.4289.10190
Dr. Wiesener führt in ihren beiden Texten aus: In der GOÄ sind Probeexzisionen in einer Vielzahl von Leistungslegenden als Bestandteil des Leistungsumfanges ausdrücklich aufgeführt und somit nicht gesondert berechnungsfähig.
...„Da bei Probeexzisionen die Gewebeentnahme zu diagnostischen Zwecken mittels Schnitt erfolgt und gegebenenfalls auch eine Präparation des umgebenden Gewebes erfolgen muss, um das Zielorgan/die Zielstruktur zu erreichen, sind diese Maßnahmen Bestandteil der vorstehend genannten Leistungen. Insoweit stellen Gewebeentnahmen mittels (Punktions-)Kanülen oder Stanzen keine Probeexzisionen im gebührenrechtlichen Sinne dar. Diese Leistungen sind als Punktionen von einer Berechnungsfähigkeit mit den vorstehend genannten Gebührennummern ausgeschlossen und sind mit den Nrn. 300 ff. des Kapitels C. III. „Punktionen" der GOÄ abzubilden..."

2402 **Probeexzision aus tiefliegendem Körpergewebe (z.B. Fettgewebe, Faszie, Muskulatur) oder aus einem Organ ohne Eröffnung einer Körperhöhle (wie Zunge)** **370** 49,60
21,57 75,48

Ausschluss: Neben Nr. 2402 sind folgende Nrn. nicht abrechnungsfähig: 678 – 692, 695 – 701, 744, 1103, 1104, 1155, 1156, 1430, 1534, 1786, 1828, 1830, 2084, 2401

Kommentar: Bei Probeexcisionen aus Mamma, weichem Darm oder Tonsillen ist nach **Lang, Schäfer, Stiel und Vogt** die Leistung nach Nr. 2402 abzurechnen.

Tipp: Bei ambulanter OP: Zuschlag nach Nr. 442 nicht vergessen, ggf. weitere Zuschläge 440 und 441.

Rechtsprechung: **Aufwendungen aufgrund einer Prostata – OP**
Nr. 1814 GOÄ kann nicht zum Ansatz kommen, wenn die Harnleiterbougierung lediglich erfolgt, um Instrumente überhaupt erst einführen zu können ..
Dagegen ist der Ansatz der **Nr. 2402 GOÄ** [Probeexzision aus tiefliegendem Körpergewebe (z. B. Fettgewebe, Faszie, Muskulatur) oder aus einem Organ ohne Eröffnung einer Körperhöhle (wie Zunge)] gerechtfertigt. Zwar wird die Auffassung vertreten, dass eine Probeexzision aus dem Bereich des Operationsfeldes während einer anderen Operation nicht vom Leistungsinhalt der Nrn. 2401 und 2402 GOÄ erfasst wird (vgl. Brück, a.a.O., S. 793; Lang/Schäfer/Stiel/Vogt, Der GOÄ-Kommentar, 2. Aufl. [2006], L 63). Das Gericht schließt sich aber der Auffassung von Hoffmann/Kleinken (a.a.O., Nrn. 2380 bis 2408 (L) [17]) an, die überzeugend ist. Danach besteht die Indikation zur gesonderten Probeexzision während einer anderen Operation, wenn aus der histologischen Untersuchung der Probeexzision (im sog. „Schnellschnitt“) Konsequenzen für die Durchführung der weiteren Operation oder notwendige Weiterungen des operativen Vorgehens entstehen oder wenn die Entnahme gesonderter Probeexzisionen erforderlich ist, um daraus Entscheidungen für das postoperative therapeutische Vorgehen zu treffen.
Aktenzeichen: VG Stuttgart, 29.11.2012, AZ: 12 K 3019/12
Entscheidungsjahr: 2012

2403 Exzision einer in oder unter der Haut oder Schleimhaut liegenden kleinen Geschwulst

133 17,83
7,75 27,13

Kommentar: Die Leistung ist für die Exzision mehrerer Geschwüre auch mehrfach abrechenbar. Die Leistung ist für benigne oder maligne Geschwülste ansetzbar.

2404 Exzision einer größeren Geschwulst (wie Ganglion, Fasziengeschwulst, Fettgeschwulst, Lymphdrüse, Neurom)

554 74,27
32,29 113,02

Ausschluss: Neben Nr. 2404 sind folgende Nrn. nicht abrechnungsfähig: 2051, 2052, 2405, 2407, 2408

Kommentar: Die Leistung ist für die Exzision mehrerer Geschwüre auch mehrfach abrechenbar. Die Leistung ist für benigne oder maligne Geschwülste ansetzbar.

Tipp: Bei ambulanter OP: Zuschlag nach Nr. 443 nicht vergessen, ggf. weitere Zuschläge 440 und 441.

2405 Entfernung eines Schleimbeutels

370 49,60
21,57 75,48

Tipp: Bei ambulanter OP: Zuschlag nach Nr. 442 nicht vergessen, ggf. weitere Zuschläge 440 und 441.

2407 Exzision einer ausgedehnten,auch blutreichen Geschwulst – gegebenenfalls einschließlich ganzer Muskeln – und Ausräumung des regionären Lymphstromgebietes

2310 309,68
134,64 471,25

Tipp: Bei ambulanter OP: Zuschlag nach Nr. 445 nicht vergessen!

2408 Ausräumung des Lymphstromgebiets einer Axilla

1100 147,47
64,12 224,41

Tipp: Bei ambulanter OP: Zuschlag nach Nr. 444 nicht vergessen!

2410 Operation eines Mammatumors

739 99,07
43,07 150,76

Ausschluss: Neben Nr. 2410 sind folgende Nrn. nicht abrechnungsfähig: 2407, 2411, 2412, 2413

Tipp: Bei ambulanter OP: Zuschlag nach Nr. 443 nicht vergessen!

GOÄ-Nr.		Punktzahl / 1fach	2,3 / *1,8 / 3,5 / *2,5
2411	**Absetzen einer Brustdrüse**	**924** / 53,86	123,87 / 188,50

Ausschluss: Neben Nr. 2411 sind folgende Nrn. nicht abrechnungsfähig: 2410, 2412, 2413

Tipp: Bei ambulanter OP: Zuschlag nach Nr. 444 nicht vergessen!

2412	**Absetzen einer Brustdrüse einschließlich Brustmuskulatur**	**1400** / 81,60	187,69 / 285,61

Ausschluss: Neben Nr. 2412 sind folgende Nrn. nicht abrechnungsfähig: 2407, 2408, 2410, 2411, 2413

Tipp: Bei ambulanter OP: Zuschlag nach Nr. 445 nicht vergessen!

2413	**Absetzen einer Brustdrüse mit Ausräumen der regionalen Lymphstromgebiete (Radikaloperation)**	**2310** / 134,64	309,68 / 471,25

Ausschluss: Neben Nr. 2413 sind folgende Nrn. nicht abrechnungsfähig: 2407, 2408, 2410, 2411, 2412

2414	**Reduktionsplastik der Mamma**	**2800** / 163,20	375,37 / 571,22

Rechtsprechung: **GOÄ-Geb. Nrn. 2385, 2392, 2394 neben Nr. 2414**
Gemäß § 4 Abs. 2 S. 1 GOÄ kann ein Arzt Gebühren nur für selbständige ärztliche Leistungen berechnen. Für die Selbständigkeit einer Leistung ist entscheidend, ob sie das Leistungsziel selbst oder nur einen Teilschritt auf dem Weg zur Erreichung des Leistungsziels darstellt. Nach dem BGH liegt eine selbständige Leistung dann vor, wenn sie wegen einer eigenständigen medizinischen Indikation vorgenommen wird.
Unter Beachtung dieser Grundsätze können daher die Leistungen nach den GOÄ-Ziffern 2385, 2392 und 2394 gesondert neben der GOÄ-Ziffer 2414 abgerechnet werden.
Aktenzeichen: LG Paderborn, 03.12.2009, AZ: 5 S 101/09
Entscheidungsjahr: 2009

Tipp: Bei ambulanter OP: Zuschlag nach Nr. 445 nicht vergessen!

IGeL: Ästhetische Operation.

2415	**Aufbauplastik der Mamma einschließlich Verschiebeplastik – gegebenenfalls einschließlich Inkorporation einer Mammaprothese –**	**2000** / 116,57	268,12 / 408,01

Ausschluss: Neben Nr. 2415 sind folgende Nrn. nicht abrechnungsfähig: 2381, 2382, 2416, 2420

Rechtsprechung: **Brustrekonstruktion durch lokale Rotationslappen/Rekonstruktion der Mamille GOÄ Nrn. 2415, 2416**
Die plastische Operation an der weiblichen Brust mit dem Ziel des Aufbaus der Mamma ist die nach der GOÄ Nr. 2415 oder 2416 abrechnungsfähige Leistung. Die Nr. 2416 ist für die Aufbauplastik nach Mamma-Amputation vorgesehen, während plastisch-operative Maßnahmen an der Mamma in den Leistungsumfang der Nr.2416 fallen. Lokale Verschiebelappen sind nicht gesondert abrechnungsfähig. Die GOÄ-Nr. 2394 kann nicht für die Bildung einzelner Rotationslappen herangezogen werden.
Die Rekonstruktion der Mamille nach der „Star-Flap-Technik" ist von der Zielleistung der GOÄ Nr. 2415 umfasst.
Aktenzeichen: VerwG Stuttgart, 24.03.2010, AZ: 3 K 4616/09
Entscheidungsjahr: 2010

Tipp: Bei ambulanter OP: Zuschlag nach Nr. 445 nicht vergessen!

IGeL: Ästhetische Operation.

2416	**Aufbauplastik nach Mammaamputation – gegebenenfalls einschließlich Inkorporation einer Mammaprothese –**	**3000** / 174,86	402,18 / 612,02

Ausschluss: Neben Nr. 2416 sind folgende Nrn. nicht abrechnungsfähig: 2381, 2382, 2415, 2420

Tipp: Bei ambulanter OP: Zuschlag nach Nr. 445 nicht vergessen!

GOÄ-Nr.		Punktzahl / 1fach	2,3 / *1,8 / 3,5 / *2,5
2417	**Operative Entnahme einer Mamille und interimistische Implantation an anderer Körperstelle**	**800** / 46,63	107,25 / 163,20
Ausschluss:	Neben Nr. 2417 sind folgende Nrn. nicht abrechnungsfähig: 2383, 2411, 2412, 2413, 2414, 2415, 2416, 2418		
Tipp:	Bei ambulanter OP: Zuschlag nach Nr. 444 nicht vergessen!		
2418	**Replantation einer verpflanzten Mamille**	**800** / 46,63	107,25 / 163,20
Ausschluss:	Neben Nr. 2418 sind folgende Nrn. nicht abrechnungsfähig: 2383, 2414, 2415, 2416, 2417		
Tipp:	Bei ambulanter OP: Zuschlag nach Nr. 444 nicht vergessen!		
2419	**Rekonstruktion einer Mamille aus einer großen Labie oder aus der Mamma der gesunden Seite, auch zusätzlich zur Aufbauplastik**	**1200** / 69,94	160,87 / 244,81
Tipp:	Bei ambulanter OP: Zuschlag nach Nr. 445 nicht vergessen!		
2420	**Implantation oder operativer Austausch einer Mammaprothese, als selbständige Leistung**	**1100** / 64,12	147,47 / 224,41
Tipp:	Bei ambulanter OP: Zuschlag nach Nr. 444 nicht vergessen!		
2421	**Implantation eines subkutanen, auffüllbaren Medikamentenreservoirs**	**600** / 34,97	80,44 / 122,40
Tipp:	Bei ambulanter OP: Zuschlag nach Nr. 443 nicht vergessen!		
2427	**Tiefreichende, die Faszie und die darunterliegenden Körperschichten durchtrennende Entlastungsinzision(en) – auch mit Drainage(n) –**	**400** / 23,31	53,62 / 81,60
Ausschluss:	Neben Nr. 2427 sind folgende Nrn. nicht abrechnungsfähig: 2032, 2430, 2432		
Tipp:	Bei ambulanter OP: Zuschlag nach Nr. 442 nicht vergessen!		
2428	**Eröffnung eines oberflächlich unter der Haut oder Schleimhaut liegenden Abszesses oder eines Furunkels**	**80** / 4,66	10,72 / 16,32
Ausschluss:	Neben Nr. 2428 sind folgende Nrn. nicht abrechnungsfähig: 303, 1459, 1505 – 1507, 1509, 1511, 2030, 2031, 2429		
Analog:	Nr. 2428 analog für Eröffnung eines oberflächlichen Hämatoms berechnen.		
2429	**Eröffnungen disseminierter Abszeßbildungen der Haut (z.B. bei einem Säugling)**	**220** / 12,82	29,49 / 44,88
Ausschluss:	Neben Nr. 2429 sind folgende Nrn. nicht abrechnungsfähig: 303, 2428		
2430	**Eröffnung eines tiefliegenden Abszesses**	**303** / 17,66	40,62 / 61,81
Ausschluss:	Neben Nr. 2430 sind nicht abrechnungsfähig: 303, 1509, 1511, 2032, 2427, 2428, 2429, 2509		
Tipp:	Bei ambulanter OP: Zuschlag nach Nr. 442 nicht vergessen, ggf. weitere Zuschläge 440 und 441.		
2431	**Eröffnung eines Karbunkels – auch mit Exzision –**	**379** / 22,09	50,81 / 77,32
Tipp:	Bei ambulanter OP: Zuschlag nach Nr. 442 nicht vergessen, ggf. weitere Zuschläge 440 und 441.		

GOÄ-Nr. Punktzahl 1fach 2,3 / *1,8 3,5 / *2,5

2432 **Eröffnung einer Phlegmone** **473** 27,57 63,41 96,49

Tipp: Bei ambulanter OP: Zuschlag nach Nr. 442 nicht vergessen, ggf. weitere Zuschläge 440 und 441.

2440 **Operative Entfernung eines Naevus flammeus, je Sitzung** **800** 46,63 107,25 163,20

Ausschluss: Neben Nr. 2440 ist folgende Nr. nicht abrechnungsfähig: 2407

Kommentar: Zum Mehrfachansatz der Nr. 2440 für Laserbehandlung des Naevus flammeus führt die Bundesärztekammer in ihrer Auslegung aus: „...Der Bezug in der Legende zur Nr. 2440 ‚je Sitzung' bezieht sich auf einen Arzt/Patienten-Kontakt, keinesfalls auf einen Behandlungstag. Dabei ergibt sich natürlich das Problem, dass die Anzahl der Sitzungen sachgerecht sein muss, keinesfalls dürfen rein organisatorische Gegebenheiten der Praxis oder gar die Berücksichtigung von Abrechnungsbestimmungen Maßstab für die Anzahl der erforderlichen Sitzungen sein. Gerade bei der Behandlung von Feuermalen sind in der Regel mehrere Sitzungen erforderlich. Wenn diese zur Schonung des Patienten – gerade Patienten mit Feuermal kommen oftmals von weit her zur Behandlung mit dem nur an wenigen Orten vorhandenen geprüften Farbstoff-Laser – an einem Tag erbracht werden, ist die Nr. 2440 auch entsprechend oft ansetzbar."

Tipp: Bei ambulanter OP: Zuschlag nach Nr. 444 nicht vergessen, ggf. weitere Zuschläge 440 und 441.

2440 analog **Laserbehandlung von Besenreiservarizen, Teleangiektasien, Warzen u. a. Hautveränderungen, ausgenommen melanozytäre Naevi, sowie aktinischer Präkanzerosen, einschließlich Laser-Epilation, mit einer Ausdehnung bis zu 7 cm² Körperoberfläche, bis zu dreimal im Behandlungsfall, im Falle der Behandlung von Besenreiservarizen mit einer Laser-Impulsrate von bis zu 50 Impulsen pro Sitzung (analog Nr. 2440 GOÄ) – n. Beschlüssen des Ausschusses „Gebührenordnung" der BÄK** **800** 46,63 107,25 163,20

Operative Entfernung einer Tätowierung mittels Laser, bis zu 7 cm, je Sitzung – analog GOÄ Nr. 2440: Operative Entfernung eines Naevus flammeus – nach Empfehlung der BÄK –

Siehe auch 2885 analog und 2886 analog

Beschluss BÄK: **Nach einem Beschluss des Gebührenausschusses der Bundesärztekammer (Dt. Ärzteblatt 1/029) ist** „...bei Anwendung eines gepulsten Farblasers ist der Ersatz der Auslagen des pro Patient verbrauchten Farbstoffes nach § 10 GOÄ möglich. Eine metrische und fotografische Dokumentation der zu behandelnden Hautläsion vor und nach Anschluss einer dermatologischen Lasertherapie wird empfohlen. Melanozytäre Naevi sind ausdrücklich von der Laserbehandlung ausgenommen. Bei der Laserbehandlung von Besenreiservarizen ist die jeweils vorgeschriebene Mindest-Impulszahl pro Sitzung zu beachten".
s. unter Nrn. 2885, 2886. Weitere Hinweise siehe bei Nr. 2885 analog.

IGeL: Analog für Laserbehandlung (z.B. bei Besenreiser, Falten, Tätowierungen).

2441 **Operative Korrektur einer entstellenden Gesichtsnarbe** **400** 23,31 53,62 81,60

Tipp: Bei ambulanter OP: Zuschlag nach Nr. 442 nicht vergessen, ggf. weitere Zuschläge 440 und 441.

2442 **Implantation alloplastischen Materials zur Weichteilunterfütterung, als selbständige Leistung** **900** 52,46 120,65 183,60

Ausschluss: Neben Nr. 2442 ist folgende Nr. nicht abrechnungsfähig: 2396

Tipp: Bei ambulanter OP: Zuschlag nach Nr. 444 nicht vergessen, ggf. weitere Zuschläge 440 und 441.

IGeL: Kollagenunterspritzung.

GOÄ-Nr.		Punktzahl 1fach	2,3 / *1,8 3,5 / *2,5
2443	**Totale Entfernung des Narbengewebes im ehemaligen Augenlidgebiet als vorbereitende operative Maßnahme zur Rekonstruktion eines Augenlides**	**800** 46,63	107,25 163,20
2444	**Implantation eines Magnetkörpers in ein Augenlid**	**300** 17,49	40,22 61,20
2450	**Operation des Rhinophyms**	**600** 34,97	80,44 122,40
2451	**Wiederherstellungsoperation bei Fazialislähmung – einschließlich Muskelplastiken und/oder Aufhängung mittels Faszie –**	**2500** 145,72	335,15 510,01
2452	**Exstirpation einer Fettschürze – einschließlich plastischer Deckung des Grundes**	**1400** 81,60	187,69 285,61

Ausschluss: Neben Nr. 2452 sind folgende Nrn. nicht abrechnungsfähig: 3283, 3284

IGeL: Ästhetische Operation (Fettentfernung mit Bauchdeckenplastik).

GOÄ-Ratgeber der BÄK: Siehe Hinweise zu GOÄ-Nr. 2454

Recht-sprechung:

Fettabsaugung

In Übereinstimmung mt dem Sachverständigen sind die Nrn. 2452 [Exstirpation einer Fettschürze – einschließlich plastischer Deckung des Grundes -], 2453 [Operation des Lymphödems einer Extremität] und 2454 GOÄ analog bei der durchgeführte Liposuktion anzuwenden.

Bei der durchgeführten Behandlung kam es auch nicht zu einer Vielzahl einzelner, getrennter Eingriffe, was den vielfachen Ansatz der Nr. 2404 GOÄ rechtfertigen könnte, sondern zu einer einheitlichen Entfernung von 5 Litern Fettgewebe. Auch dies passt besser zu den Nrn. 2452 bis 2454 GOÄ, bei denen auch Entfernung von Fett(gewebe) genannt wird.

Auch der Vergleich der Schwierigkeit der ärztlichen Leistungen nach Nr. 2404 GOÄ und nach Nrn. 2452 bis 2454 GOÄ spricht für den analogen Ansatz der Nrn. 2452 bis 2454 GOÄ. Der gerichtliche Sachverständige hat hierzu in der mündlichen Verhandlung ausgeführt: Die Liposuktion an sich ist schwierig. Man braucht hierfür viel Erfahrung.

Die bei den herangezogenen Nrn. 2452 und 2453 GOÄ analog angesetzten Faktoren müssen allerdings an die nach § 5 GOÄ zulässige Bemessung der Gebühren angepasst werden.:

Aktenzeichen: VG Stuttgart, 15.06.2013, AZ: 12 K 4123/11

Entscheidungsjahr: 2013

2453	**Operation des Lymphödems einer Extremität**	**2000** 116,57	268,12 408,01
2454	**Operative Entfernung von überstehendem Fettgewebe an einer Extremität**	**924** 53,86	123,87 188,50

GOÄ-Ratgeber der BÄK:

Abrechnung der Liposuktion

Dtsch Arztebl 2014; 111(12): A-521/B-449/C-429

Gorlas, Stefan – http://www.aerzteblatt.de/archiv/157029

Der Autor rät folgende Positionen zur Abrechnung der Liposuktion:

2454 analog – Entfernung des Fettgewebes mittels Liposuktion, je Körperregion und

Zuschlag nach GOÄ-Nr. 444 bei ambulanter OP

Ein erhöhter Zeitaufwand oder eine erhöhte Schwierigkeit kann gemäß § 5 Absatz 2 GOÄ mit einem höheren Steigerungssatz abgerechnet werden.

Tipp: Bei ambulanter OP: Zuschlag nach Nr. 444 nicht vergessen!

IGeL: Ästhetische Operation (Fettabsaugung an den Extremitäten).

GOÄ-Nr.		Punktzahl / 1fach	2,3 / *1,8 / 3,5 / *2,5

VIII Neurochirurgie

2500	**Hebung einer gedeckten Impressionsfraktur des Schädels**	**1850** 107,83	248,01 377,41
Ausschluss:	Neben Nr. 2500 sind folgende Nrn. nicht abrechnungsfähig: 2501, 2508		
2501	**Operation einer offenen Impressions- oder Splitterfraktur des Schädels – einschließlich Reimplantation von Knochenstücken –**	**3100** 180,69	415,59 632,42
Ausschluss:	Neben Nr. 2501 sind folgende Nrn. nicht abrechnungsfähig: 2254, 2255, 2500, 2508		
2502	**Operation eines epiduralen Hämatoms**	**2750** 160,29	368,67 561,02
Ausschluss:	Neben Nr. 2502 ist folgende Nr. nicht abrechnungsfähig: 2397		
2503	**Operation einer frischen Hirnverletzung mit akutem subduralem und/oder intrazerebralem Hämatom**	**5250** 306,01	703,82 1071,03
Ausschluss:	Neben Nr. 2503 sind folgende Nrn. nicht abrechnungsfähig: 2397, 2506, 2507, 2508, 2510		
2504	**Operation einer offenen Hirnverletzung mit Dura- und/oder Kopfschwartenplastik**	**4500** 262,29	603,27 918,02
Ausschluss:	Neben Nr. 2504 sind folgende Nrn. nicht abrechnungsfähig: 2503, 2508		
2505	**Operation des akuten subduralen Hygroms oder Hämatoms beim Säugling oder Kleinkind**	**3000** 174,86	402,18 612,02
Ausschluss:	Neben Nr. 2505 sind folgende Nrn. nicht abrechnungsfähig: 2397, 2503, 2510		
Kommentar:	Säugling – bis 12. Monat; Kleinkind – bis ca. 12 Jahre.		
2506	**Exstirpation eines chronischen subduralen Hämatoms einschließlich Kapselentfernung**	**3750** 218,58	502,73 765,02
2507	**Entleerung eines chronischen subduralen Hämatoms mittels Bohrlochtrepanation(en) – gegebenenfalls einschließlich Drainage –**	**1800** 104,92	241,31 367,21
Ausschluss:	Neben Nr. 2507 sind folgende Nrn. nicht abrechnungsfähig: 303, 2032, 2397, 2503, 2506, 2515		
2508	**Operative Versorgung einer frischen frontobasalen Schädelhirnverletzung –**	**4500** 262,29	603,27 918,02
Ausschluss:	Neben Nr. 2508 sind folgende Nrn. nicht abrechnungsfähig: 2500, 2501, 2503, 2504		
2509	**Totalexstirpation eines Hirnabszesses**	**3750** 218,58	502,73 765,02
Ausschluss:	Neben Nr. 2509 ist folgende Nr. nicht abrechnungsfähig: 2430		
2510	**Operation eines intrazerebralen, nicht traumatisch bedingten Hämatoms –**	**4000** 233,15	536,24 816,02
Ausschluss:	Neben Nr. 2510 sind folgende Nrn. nicht abrechnungsfähig: 2397, 2503, 2505, 2506		

GOÄ-Nr.		Punktzahl 1fach	2,3 / *1,8 3,5 / *2,5
2515	**Bohrlochtrepanation des Schädels**	**1000** 58,29	134,06 204,01
Ausschluss:	Neben Nr. 2515 sind folgende Nrn. nicht abrechnungsfähig: 303, 305, 305a, 306, 2507, 2542		
2516	**Osteoklastische Trepanation des Schädels über dem Großhirn**	**1500** 87,43	201,09 306,01
Ausschluss:	Neben Nr. 2516 ist folgende Nr. nicht abrechnungsfähig: 2517		
2517	**Osteoklastische Trepanation des Schädels über dem Großhirn – einschließlich Wiedereinpassung des Knochendeckels –**	**2250** 131,15	301,64 459,01
2518	**Eröffnung der hinteren Schädelgrube**	**2700** 157,38	361,96 550,81
2519	**Trepanation bei Kraniostenose**	**2250** 131,15	301,64 459,01
Ausschluss:	Neben Nr. 2519 sind folgende Nrn. nicht abrechnungsfähig: 2515, 2516, 2517, 2525		
2525	**Operation der prämaturen Schädelnahtsynostose (Kraniostenose) mit Einfassung der Knochenränder oder mit Duraschichtresektion beim Säugling oder Kleinkind**	**4000** 233,15	536,24 816,02
Ausschluss:	Neben Nr. 2525 sind folgende Nrn. nicht abrechnungsfähig: 2515, 2516, 2517, 2519		
Kommentar:	Säugling – bis 12. Monat; Kleinkind – bis ca. 12 Jahre.		
2526	**Exstirpation eines Konvexitätstumors des Großhirns**	**3750** 218,58	502,73 765,02
2527	**Exstirpation eines Großhirntumors mit Hirnlappenresektion**	**5250** 306,01	703,82 1071,03
2528	**Exstirpation eines Tumors der Mittellinie (Kraniopharyngeom, intraventrikulärer Tumor, Hypophysentumor) oder eines Schädelbasistumors**	**7500** 437,15	1005,46 1530,04
2529	**Operation einer intrakranialen Gefäßmissbildung (Aneurysma oder arteriovenöses Angiom)**	**8000** 466,30	1072,49 1632,04
2530	**Intrakraniale Embolektomie**	**7500** 437,15	1005,46 1530,04
2531	**Intrakraniale Gefäßanastomose oder Gefäßtransplantation**	**7500** 437,15	1005,46 1530,04
2535	**Resektion einer Gehirnhemisphäre**	**6000** 349,72	804,36 1224,03
2536	**Resektion eines Gehirnlappens**	**4500** 262,29	603,27 918,02

GOÄ-Nr.		Punktzahl 1fach	2,3 / *1,8 3,5 / *2,5
2537	**Durchschneidung von Nervenbahnen im Gehirn oder in der Medulla oblongata**	**6250** 364,30	837,88 1275,03
2538	**Operation einer Enzephalozele der Konvexität**	**3750** 218,58	502,73 765,02
2539	**Operation einer frontobasal gelegenen Enzephalozele**	**6250** 364,30	837,88 1275,03
2540	**Ventrikuläre intrakorporale Liquorableitung mittels Ventilsystem**	**4500** 262,29	603,27 918,02
Ausschluss:	Neben Nr. 2540 sind folgende Nrn. nicht abrechnungsfähig: 2541, 2542		
Tipp:	Bei ambulanter OP: Zuschlag nach Nr. 445 nicht vergessen!		
2541	**Ventrikulozisternostomie**	**4500** 262,29	603,27 918,02
Ausschluss:	Neben Nr. 2541 sind folgende Nrn. nicht abrechnungsfähig: 2540, 2542		
Tipp:	Bei ambulanter OP: Zuschlag nach Nr. 445 nicht vergessen!		
2542	**Ventrikuläre extrakorporale Liquorableitung**	**1800** 104,92	241,31 367,21
Ausschluss:	Neben Nr. 2542 sind folgende Nrn. nicht abrechnungsfähig: 305, 305a, 2515, 2540, 2541		
Kommentar:	Nr. 2542 auch für die intraventrikuläre Druckmessung ansetzen.		
2550	**Exstirpation eines Kleinhirntumors**	**5000** 291,44	670,30 1020,03
2551	**Exstirpation eines Kleinhirnbrückenwinkel- oder Stammhirntumors**	**7500** 437,15	1005,46 1530,04
2552	**Exstirpation eines retrobulbären Tumors auf transfrontal-transorbitalem Zugangsweg**	**6250** 364,30	837,88 1275,03
2553	**Intrakraniale Operation einer basalen Liquorfistel mit plastischem Verschluß**	**6000** 349,72	804,36 1224,03
2554	**Plastischer Verschluß eines Knochendefektes im Bereich des Hirnschädels, als selbständige Leistung**	**1800** 104,92	241,31 367,21
Ausschluss:	Neben Nr. 2554 sind folgende Nrn. nicht abrechnungsfähig: 2254, 2255		
2555	**Eröffnung des Spinalkanals durch einseitige Hemilaminektomie eines Wirbels/mehrerer Wirbel**	**1480** 86,27	198,41 301,93
Ausschluss:	Neben Nr. 2555 sind folgende Nrn. nicht abrechnungsfähig: 2282, 2283, 2284, 2556, 2557		
2556	**Eröffnung des Spinalkanals durch Laminektomie eines Wirbels/mehrerer Wirbel**	**1850** 107,83	248,01 377,41
Ausschluss:	Neben Nr. 2556 sind folgende Nrn. nicht abrechnungsfähig: 2282, 2283, 2284, 2555, 2557, 2574, 2575, 2577		

GOÄ-Nr.		Punktzahl 1fach	2,3 / *1,8 3,5 / *2,5
2557	**Eröffnung des Spinalkanals durch Laminektomie eines Wirbels/ mehrerer Wirbel – einschließlich Wiedereinpflanzung von Knochenteilen**	**2400** 139,89	321,75 489,61

Ausschluss: Neben Nr. 2557 sind folgende Nrn. nicht abrechnungsfähig: 2254, 2255, 2282, 2283, 2284, 2555, 2557, 2574, 2575, 2577

2560	**Stereotaktische Ausschaltung(en) am Zentralnervensystem**	**3750** 218,58	502,73 765,02

Ausschluss: Neben Nr. 2560 ist folgende Nr. nicht abrechnungsfähig: 2561

2561	**Stereotaktische Ausschaltung(en) am Zentralnervensystem oder Implantation von Reizelektroden zur Dauerstimulation im Zentralnervensystem mit Trepanation**	**4620** 269,29	619,36 942,51

Ausschluss: Neben Nr. 2561 sind folgende Nrn. nicht abrechnungsfähig: 2515, 2560, 2570

2562	**Anatomische Vorausberechnungen (Zielpunktbestimmungen) zu den Leistungen nach den Nummern 2560 und 2561 – gegebenenfalls einschließlich erforderlicher Ultraschallmessungen im Schädelinnern –**	**2250** 131,15	301,64 459,01

GOÄ-Ratgeber der BÄK: ► **Computerunterstützte Navigationstechnik und Zielleistungsprinzip**

Martin Ulmer in: Deutsches Ärzteblatt 107, Heft 18 (07.05.2010), S. A 866) – http://www.bundesaerzte kammer.de/page.asp?his=1.108.4144.4176.8273

Der Autor fasst ein Urteil des BGH zusammen: ...„Der Bundesgerichtshof (BGH) hat sich in einem Urteil vom 21. Januar 2010 (Aktenzeichen III ZR 147/09) erneut mit der Auslegung des Zielleistungsprinzips des § 4 Abs. 2 a der Amtlichen Gebührenordnung für Ärzte (GOÄ) befasst.

...Strittig war die zusätzliche Abrechnung der „anatomischen Vorausberechnung des Operationsgebiets (Zielpunktbestimmung) und Navigation" über den analogen Ansatz der Nr. 2562 GOÄ im Rahmen des endoprothetischen Totalersatzes eines Kniegelenks nach der Nr. 2153 GOÄ.

...Vom Gericht wurde die gesonderte Berechnungsfähigkeit abgelehnt. Begründet wurde dies mit dem Hinweis, dass es sich weder um eine selbstständige Leistung gehandelt habe noch um eine zusätzliche diagnostische Maßnahme, sondern lediglich um eine besondere Ausführungsart der Operation. Nach dem Zielleistungsprinzip der GOÄ könne jedoch für eine Leistung, die Bestandteil oder eine besondere Ausführung einer anderen Leistung nach dem Gebührenverzeichnis sei, eine Gebühr nicht berechnet werden. ..."

Rechtsprechung: **Abrechnung des Einsatzes der Navigationstechnik**

Voraussetzung einer gesonderten Abrechnung des Einsatzes der Navigationstechnik ist, dass es sich um eine selbständige ärztliche Leistung handelt, § 4 Abs. 2 S. 1 GOÄ. Ob eine Selbständigkeit einer ärztlichen Leistung vorliegt, ist danach zu beurteilen, ob für die Leistung eine eigenständige medizinische Indikation besteht.

Der Einsatz einer computerunterstützten Navigationstechnik bei Durchführung einer Totalendoprothese des Kniegelenks nach Nr. 2153 ist nicht zusätzlich nach Nr. 2562 analog abrechenbar.

Aktenzeichen: BGH, 21.01.2010, AZ: III ZR 147/09

Entscheidungsjahr: 2010

Tipp: Neben Nr. 2562 sind Nrn. 2560, 2561 abrechenbar.

2563	**Durchschneidung und/oder Zerstörung eines Nerven an der Schädelbasis**	**2310** 134,64	309,68 471,25

GOÄ-Nr.		Punktzahl 1fach	2,3 / *1,8 3,5 / *2,5
2564	**Offene Durchtrennung eines oder mehrerer Nerven am Rückenmark**	**4800** 279,78	643,49 979,23
2565	**Operativer Eingriff zur Dekompression einer oder mehrerer Nervenwurzel(n) im Zervikalbereich – einschließlich Foraminotomie – gegebenenfalls einschließlich der Leistungen nach Nummer 2282 oder Nummer 2283 –**	**4100** 238,98	549,65 836,42
Beschluss BÄK:	**Siehe Beschluss bei GOÖ Nr. 2566.**		
Ausschluss:	Neben Nr. 2565 sind folgende Nrn. nicht abrechnungsfähig: 2282, 2283, 2284		
2566	**Operativer Eingriff zur Dekompression einer oder mehrerer Nervenwurzel(n) im thorakalen oder lumbalen Bereich – gegebenenfalls einschließlich Foraminotomie und/oder der Leistungen nach Nummer 2282 oder Nummer 2283 –**	**3000** 174,86	402,18 612,02
Ausschluss:	Neben Nr. 2566 sind folgende Nrn. nicht abrechnungsfähig: 2282, 2283, 2284		
Beschluss BÄK:	**Beschluss des Zentralen Konsultationsausschusses für Gebührenordnungsfragen bei der Bundesärztekammer**, veröffentlicht im DÄ, Heft 3, 16.01.2004 (Quelle: GOÄ-Datenbank www.blaek.de) – **Bandscheibenoperationen und andere neurochirurgische Eingriffe an der Wirbelsäule** Die Nrn. **2565/2566** sind nur einmal berechnungsfähig, auch wenn rechts- und linksseitig operiert wird. Dies gilt auch, wenn in einer Sitzung Nervenwurzelkompressionen in **bis zu drei** benachbarten Segmenten durchzuführen sind. Sind jedoch mehr als drei Segmente in einer Sitzung zu behandeln, so ist **ab dem vierten** Segment der Ansatz der Nrn. 2565/2566 ein weiteres Mal gerechtfertigt.		
2570	**Implantation von Reizelektroden zur Dauerstimulation des Rückenmarks – gegebenenfalls einschließlich Implantation des Empfangsgerätes –**	**4500** 262,29	603,27 918,02
Tipp:	Bei ambulanter OP: Zuschlag nach Nr. 445 nicht vergessen!		
2571	**Operation einer Missbildung am Rückenmark oder an der Cauda equina oder Verschluß einer Myelomeningozele beim Neugeborenen oder Operation einer Meningozele**	**2650** 154,46	355,26 540,61
Ausschluss:	Neben Nr. 2571 ist folgende Nr. nicht abrechnungsfähig: 2572		
2572	**Operation einer Missbildung am Rückenmark oder an der Cauda equina mit plastischer Rekonstruktion des Wirbelkanals und/oder Faszienplastik**	**3230** 188,27	433,02 658,94
Ausschluss:	Neben Nr. 2572 ist folgende Nr. nicht abrechnungsfähig: 2571		
2573	**Verschiebeplastik, zusätzlich zu den Leistungen nach den Nummern 2571, 2572 und 2584**	**500** 29,14	67,03 102,00
2574	**Entfernung eines raumbeengenden extraduralen Prozesses im Wirbelkanal**	**2750** 160,29	368,67 561,02
Ausschluss:	Neben Nr. 2574 sind nicht abrechnungsfähig: 2282, 2283, 2284, 2555, 2556, 2557, 2577		
Beschluss BÄK:	**Beschluss des Zentralen Konsultationsausschusses für Gebührenordnungsfragen bei der Bundesärztekammer** – veröffentlicht im DÄ, Heft 3 vom 16.01.2004 (Quelle: GOÄ-Datenbank http://www.blaek.de/) – **Bandscheibenoperationen und andere neurochirurgische Eingriff an der Wirbelsäule** Neben der Dekompression der Nervenwurzel (verursacht durch lateralen Bandscheibenvorfall, knöcherne Veränderungen und anderes) nach den Nrn. 2565/2566 können Eingriffe im Wirbelkanal erforderlich sein, die als selbständige Leistungen nach den Nummern 2574 oder 2575 dann neben Nrn. 2565/2566 berechnet werden können, wenn zu diesem Zweck über den Zugang zum Nervenwurzelkanal hinaus weitere operative Zielgebiete, die in einem bildgebenden Verfahren erkennbar völlig außerhalb der operierten Nervenwurzelkanäle im Wirbelkanal liegen, präpariert werden müssen.		

Bei der operativen Behandlung einer Spinalkanalstenose ist die Nr. 2574 je Segment berechnungsfähig, ggf. zusätzlich zu den Leistungen nach Nrn. 2565/2566. Voraussetzung für die Berechnung der Nr. 2574 für die operative Sanierung der Spinalkanalstenose ist, dass je Segment von beiden Seiten her operiert wurde. Osteophytenabtragungen können nicht einzeln abgerechnet werden, da diese zum selben Segment zählen.
Die Entfernung eines oder mehrerer in den Spinalkanal versprengter Sequester ist ebenfalls Nr. 2574 zuzuordnen, und ggf. neben Nr. 2565 oder Nr. 2566 berechnungsfähig. Nr. 2574 für die Entfernung eines in den Wirbelkanal versprengten Sequesters ist aber nur dann mehr als einmal berechnungsfähig, wenn eine Ausdehnung über mehr als drei benachbarte Wirbelsegmente vorliegt.
Wurde Nr. 2574 bereits für den operativen Eingriff bei Sinalkanalstenose in einem Segment berechnet, so kann bei Vorliegen bzw. Entfernen eines Sequesters in demselben Segment Nr. 2574 nicht erneut in Ansatz gebracht werden. Der erhöhte Aufwand muss in diesen Fällen über die Wahl eines adäquaten Steigerungsfaktors bei Berechnung der Nr. 2574 abgebildet werden.

Rechtsprechung: **§ 4 Abs.2a GOÄ – Zielleistungsprinzip; GOÄ Ziffer 2574 neben GOÄ Ziffer 2566**
Einzelleistungen des Arztes können nicht gesondert berechnet werden, wenn sie methodisch notwendiger Bestandteil der so genannten Zielleistung sind. Zu beachten ist aber, dass einem einheitlichen Behandlungsablauf auch mehrere Zielleistungen zugrunde liegen können. Aus einem zeitlichen Zusammenhang einer Behandlung kann daher nicht der Schluss gezogen werden, es läge dann nur eine Zielleistung vor.
Eine ärztliche Leistung nach GOÄ Ziffer 2574 (Entfernung eines raumbeengenden extraduralen Prozesses im Wirbelkanal) kann daher neben der GOÄ Ziffer 2566 abgerechnet werden, da unterschiedliche Zielleistungen vorliegen.
Aktenzeichen: Bayer.VerwG, 23.09.2010, AZ: 14 B 09.207
Entscheidungsjahr: 2010

2575 Entfernung eines raumbeengenden intraduralen Prozesses im Wirbelkanal

3500 469,21
204,01 714,02

Ausschluss: Neben Nr. 2575 sind folgende Nrn. nicht abrechnungsfähig: 2282, 2283, 2284, 2555, 2556, 2557, 2577

2576 Mikrochirurgische Entfernung einer spinalen Gefäßmissbildung oder eines Tumors

4500 603,27
262,29 918,02

2577 Entfernung eines raumbeengenden intra- oder extraspinalen Prozesses –

4000 536,24
233,15 816,02

Ausschluss: Neben Nr. 2577 sind folgende Nrn. nicht abrechnungsfähig: 2282, 2283, 2284, 2555, 2556, 2557, 2574, 2575

Beschluss BÄK: **Beschluss des Zentralen Konsultationsausschusses für Gebührenordnungsfragen bei der Bundesärztekammer –** veröffentlicht im DÄ, Heft 3 vom 16.01.2004 (Quelle: GOÄ-Datenbank http://www.blaek.de/) –
Bandscheibenoperationen und andere neurochirurgische Eingriff an der Wirbelsäule
Eingriffe zur Entfernung raumbeengender epiduraler und anderer extraduraler Prozesse im Wirbelkanal, auch unter dem hinteren Längsband, sind dem Eingriff nach Nr. 2574 zuzuordnen.
Die Berechnung der Nr. 2577 ist aus der Sicht des Zentralen Konsultationsausschusses nur dann angemessen, wenn es sich hierbei um einen Eingriff zur Entfernung eines intra- und extraspinal gelegenen Befundes handelt.

2580 Freilegung und Durchtrennung oder Exhairese eines Nervens

554 74,27
32,29 113,02

Ausschluss: Neben Nr. 2580 sind folgende Nrn. nicht abrechnungsfähig: 2565, 2566, 2581, 2584

Beschluss BÄK: **Beschluss des Gebührenordnungsausschusses der BÄK -** Dt. Ärzteblatt 1]/02
Denervation des Kniegelenks nach Nr. 2580
Bei ausgeprägten femoropatellaren Schmerzsyndromen ist häufig, insbesondere dann, wenn kein Patellarückflächenersatz durchgeführt wird, eine zusätzliche Denervation der Patella indiziert, da anders keine befriedigende Schmerzreduktion zu erzielen sein wird. Wird die Denervation nicht zeitversetzt, sondern in gleicher Sitzung neben der Implantation einer Kniegelenksprothese ohne Patellarückflächenersatz durchgeführt, so ist sie als selbstständige Leistung nach Nr. 2580 zu berechnen.

Kommentar: Nach **Wezel / Liebold** können die Abrechnungsnummern für die Freilegung eines Nerven Nrn. 2580 bis 2582 und die Nummern der Neurolyse Nrn. 2583 bis 2584 „...im Zusammenhang mit übergeordneten operativen Eingriffen..." nicht zusätzlich abgerechnet werden.

Tipp: Bei ambulanter OP: Zuschlag nach Nr. 443 nicht vergessen, dazu ggf. Nr. 440 und Nr. 441.

2581 **Freilegung und Exhairese eines peripheren Trigeminusastes –** **924** 123,87 53,86 188,50

Ausschluss: Neben Nr. 2581 sind folgende Nrn. nicht abrechnungsfähig: 2580, 2582, 2583, 2584

Kommentar: Die Leistung nach Nr. 2581 kann nur abgerechnet werden,wenn sie Zielleistung und nicht Bestandteil einer anderen Operation ist.

Tipp: Bei ambulanter OP: Zuschlag nach Nr. 444 nicht vergessen, dazu ggf. Nr. 440 und Nr. 441.

2582 **Freilegung und Entnahme eines autologen peripheren Nerven zwecks Transplantation einschließlich Aufbereitung** **1800** 241,31 104,92 367,21

Ausschluss: Neben Nr. 2582 sind folgende Nrn. nicht abrechnungsfähig: 2565, 2566, 2580, 2583, 2584

2583 **Neurolyse, als selbständige Leistung** **924** 123,87 53,86 188,50

Ausschluss: Neben Nr. 2583 sind folgende Nrn. nicht abrechnungsfähig: 2565, 2566, 2580, 2581, 2582, 2584, 2585, 2586, 2592, 2593

Hinweis LÄK: **Anmerkung der Bayerischen Landesärztekammer** vom 10.02.2004 (Quelle: GOÄ-Datenbank http://www.blaek.de/) –
Nerverhaltende radikale Prostatektomie
Die selektive Präparation und Schonung des Gefäßnervenstrangs (Nervi erigentes) bei besonderer Indikationsstellung (Frühstadium des Prostatakarzinoms) ist über die Nr. 2583 – je Seite – berechnungsfähig.
Die Nr. 2583 ist als fakultative Leistung neben Nr. 1784 berechnungsfähig. Abzug der Eröffnungsleistung ist nicht erforderlich.
(Diese Interpretation wurde bisher nicht mit der privaten Krankenversicherung und Beihilfe konsentiert – jedoch Abstimmung mit der Bundesärztekammer und der Deutschen Gesellschaft für Urologie)
Anmerkung der Bayerischen Landesärztekammer vom 26.06.2004 (Quelle: GOÄ-Datenbank http://www.blaek.de/) –
Nerverhaltende radikale Prostatektomie
Die Präparation und Schonung des Gefäßnervenstrangs (nervi erigentes) bei besonderer Indikationsstellung (z.B. Frühstadium des Prostatakarzinoms) ist als fakultative, selbständige Leistung neben Nr. 1784 berechnungsfähig und Nr. 2583 analog zuzuordnen (je Seite).
Bei Berechnung von Nr. 2583 analog für die Präparation und Schonung der Nervi erigentes neben Nr. 1784 ist der Abzug der Eröffnungsleistung nicht erforderlich, da es sich in beiden Fällen um extraperitoneale Eingriffe, d.h. Eingriffe ohne Eröffnung der Bauchhöhle handelt.
(Beschlussvorschlag des Ausschusses Gebührenordnung der Bundesärztekammer).

Tipp: Bei ambulanter OP: Zuschlag nach Nr. 444 nicht vergessen, dazu ggf. Nr. 440!

2584 **Neurolyse mit Nervenverlagerung und Neueinbettung** **1480** 198,41 86,27 301,93

Ausschluss: Neben Nr. 2584 sind folgende Nrn. nicht abrechnungsfähig: 2571, 2572, 2580, 2581, 2582, 2583, 2594

Beschluss BÄK: **Beschluss des Zentralen Konsultationsausschusses für Gebührenordnungsfragen bei der Bundesärztekammer** – veröffentlicht im DÄ, Heft 3, 16.01.2004 (Quelle: GOÄ-Datenbank http://www.blaek.de/) –
Bandscheibenoperationen und andere neurochirurgische Eingriff an der Wirbelsäule
Die Leistung nach Nr. 2584 ist im Rahmen von Bandscheibenoperationen und anderen Eingriffen zur Beseitigung raumfordernder Prozesse im Bereich der Nervenwurzeln und des Wirbelkanals nicht berechnungsfähig.

Tipp: Bei ambulanter OP: Zuschlag nach Nr. 445 nicht vergessen, dazu ggf. Nr. 440!

2585 **Nervenersatzplastik durch Implantation eines peripheren Nerven im Hand-/Armbereich** **2600** 348,56 151,55 530,41

Ausschluss: Neben Nr. 2585 sind folgende Nrn. nicht abrechnungsfähig: 2583, 2584

Tipp: Neben Nr. 2585 ist Nr. 2582 abrechenbar.

GOÄ-Nr.		Punktzahl / 1fach	2,3 / *1,8 / 3,5 / *2,5
2586	**End-zu-End-Naht eines Nerven im Zusammenhang mit einer frischen Verletzung – einschließlich Wundversorgung –**	**1350** / 78,69	180,98 / 275,41
Ausschluss:	Neben Nr. 2586 sind folgende Nrn. nicht abrechnungsfähig: 2585, 2587, 2594		
Tipp:	• Daneben sind die anderen erforderlichen Leistungen der Wundversorgung auch abrechnungsfähig. • Bei ambulanter OP: Zuschlag nach Nr. 445 nicht vergessen, dazu ggf. Nr. 440		
Kommentar:	Siehe Rechtsprechung zu Nr. 2697.		
2587	**Frühe Sekundärnaht eines peripheren Nerven**	**1850** / 107,83	248,01 / 377,41
Tipp:	Bei ambulanter OP: Zuschlag nach Nr. 445 nicht vergessen, dazu ggf. Nr. 440!		
2588	**Interfaszikuläre mikrochirurgische Nervennaht ohne Verwendung eines autologen Transplantats**	**2100** / 122,40	281,53 / 428,41
Tipp:	Bei ambulanter OP: Zuschlag nach Nr. 445 nicht vergessen, dazu ggf. Nr. 440!		
2589	**Interfaszikuläre mikrochirurgische Nervennaht mit Defektüberbrückung durch autologes Transplantat (ohne die Leistung nach Nummer 2582)**	**2400** / 139,89	321,75 / 489,61
Ausschluss:	Neben Nr. 2589 ist folgende Nr. nicht abrechnungsfähig: 2582		
Tipp:	Bei ambulanter OP: Zuschlag nach Nr. 445 nicht vergessen, dazu ggf. Nr. 440!		
2590	**Naht eines Nervenplexus nach vollständiger Präparation und Neurolyse – auch einschließlich der etwa erforderlichen Foraminotomie oder Hemilaminektomie –**	**3000** / 174,86	402,18 / 612,02
Ausschluss:	Neben Nr. 2590 sind folgende Nrn. nicht abrechnungsfähig: 2555, 2556, 2557, 2580, 2583, 2591		
Kommentar:	Siehe Rechtsprechung zu Nr. 2697.		
2591	**Interfaszikuläre Defektüberbrückung eines Nervenplexus nach vollständiger Präparation desselben mit autologen Transplantaten und perineuraler mikrochirurgischer Naht**	**6000** / 349,72	804,36 / 1224,03
2592	**Mikrochirurgische interfaszikuläre Neurolyse, als selbständige Leistung**	**1800** / 104,92	241,31 / 367,21
Ausschluss:	Neben Nr. 2592 sind folgende Nrn. nicht abrechnungsfähig: 2583, 2584, 2593		
2593	**Mikrochirurgische interfaszikuläre Neurolyse mit Nervenverlagerung und Neueinbettung, als selbständige Leistung –**	**2770** / 161,46	371,35 / 565,10
Ausschluss:	Neben Nr. 2593 sind folgende Nrn. nicht abrechnungsfähig: 2583, 2584, 2592		
2594	**Transposition eines Nerven mit interfaszikulärer mikrochirurgischer Nervennaht**	**3000** / 174,86	402,18 / 612,02
2595	**Nervenpfropfung**	**1600** / 93,26	214,50 / 326,41
2596	**Hirnnervenersatzplastik durch Implantation eines autologen peripheren Nerven**	**2400** / 139,89	321,75 / 489,61
Tipp:	Neben Nr. 2596 ist Nr. 2582 abrechenbar.		

GOÄ-Nr.		Punktzahl 1fach	2,3 / *1,8 3,5 / *2,5
2597	**Verödung oder Verknochung des Ganglion Gasseri**	**700** 40,80	93,84 142,80
Ausschluss:	Neben Nr. 2597 ist folgende Nr. nicht abrechnungsfähig: 2598		
Tipp:	Bei ambulanter OP: Zuschlag nach Nr. 445 nicht vergessen, dazu ggf. Nr. 440!		
2598	**Stereotaktische Thermokoagulation des Ganglion Gasseri**	**1400** 81,60	187,69 285,61
Ausschluss:	Neben Nr. 2598 ist folgende Nr. nicht abrechnungsfähig: 2597		
Tipp:	Bei ambulanter OP: Zuschlag nach Nr. 445 nicht vergessen, dazu ggf. Nr. 441!		
2599	**Blockade eines Nerven im Bereich der Schädelbasis**	**225** 13,11	30,16 45,90
2600	**Exstirpation eines Ganglions im Bereich der Schädelbasis**	**1500** 87,43	201,09 306,01
2601	**Grenzstrangresektion im zervikalen Bereich**	**1000** 58,29	134,06 204,01
Ausschluss:	Neben Nr. 2601 ist folgende Nr. nicht abrechnungsfähig: 2564		
2602	**Abdomino-retroperitoneale lumbale Grenzstrangresektion**	**1480** 86,27	198,41 301,93
Ausschluss:	Neben Nr. 2602 sind folgende Nrn. nicht abrechnungsfähig: 2564, 2603		
2603	**Kombinierte thorakolumbale Grenzstrangresektion**	**3000** 174,86	402,18 612,02
Ausschluss:	Neben Nr. 2603 sind folgende Nrn. nicht abrechnungsfähig: 2564, 2602		
2604	**Splanchnikusdurchtrennung, peritoneal oder retroperitoneal**	**1480** 86,27	198,41 301,93
Ausschluss:	Neben Nr. 2604 sind folgende Nrn. nicht abrechnungsfähig: 2564, 2580		

IX Mund-, Kiefer- und Gesichtschirurgie

Abrechnung GOÄ neben GOZ
Für die Kieferchirurgie fällt oft eine „Mischabrechnung" aus GOÄ und GOZ an. Um für den Patienten eine eindeutige Rechnung zu erstellen werden in der Regel die jeweiligen Gebührenziffern aus der GOÄ mit einem „Ä" in der Rechnung angegeben, da auch im Gesetzestext der GOZ die Ziffern aus der GOÄ jeweils mit einem „Ä" versehen sind.
Natürlich ist auch eine Kennzeichnung direkt mit den Abkürzungen der jeweiligen Gebührenordnung möglich z.B. GOÄ oder GOZ.
Zum 1. Januar 2012 trat eine neue GOZ 2012 in Kraft.

2620	**Operation der isolierten Lippenspalte**	**750** 43,72	100,55 153,00
Ausschluss:	Neben Nr. 2620 sind folgende Nrn. nicht abrechnungsfähig: 2621, 2622, 2625		
Tipp:	Bei ambulanter OP: Zuschlag nach Nr. 443 nicht vergessen, ggf. dazu Nr. 440.		

GOÄ-Nr.		Punktzahl 1fach	2,3 / *1,8 3,5 / *2,5
2621	**Operation der breiten Lippen-Kieferspalte mit Naseneingangsplastik**	**1500** 87,43	201,09 306,01
Ausschluss:	Neben Nr. 2621 sind folgende Nrn. nicht abrechnungsfähig: 2620, 2622, 2625, 2626, 2627		
Tipp:	Bei ambulanter OP: Zuschlag nach Nr. 445 nicht vergessen, ggf. dazu Nr. 440.		
2622	**Plastisch-chirurgische Behandlung einer kompletten Gesichtsspalte – einschließlich Osteotomien und Osteoplastiken –**	**9000** 524,59	1206,55 1836,05
Ausschluss:	Neben Nr. 2622 sind nicht abrechnungsfähig: 2620, 2621, 2625, 2626, 2627, 2630, 2720		
2625	**Verschluß des weichen oder harten Gaumens oder Verschluß von perforierenden Defekten im Bereich von Gaumen oder Vestibulum**	**1250** 72,86	167,58 255,01
Ausschluss:	Neben Nr. 2625 sind folgende Nrn. nicht abrechnungsfähig: 2620, 2621, 2626, 2627		
Tipp:	Bei ambulanter OP: Zuschlag nach Nr. 445 nicht vergessen, ggf. dazu Nr. 440.		
2626	**Velopharyngoplastik**	**2500** 145,72	335,15 510,01
Ausschluss:	Neben Nr. 2626 sind folgende Nrn. nicht abrechnungsfähig: 2621, 2622, 2625, 2627		
2627	**Verschluß des harten und weichen Gaumens**	**2000** 116,57	268,12 408,01
Ausschluss:	Neben Nr. 2627 sind folgende Nrn. nicht abrechnungsfähig: 2621, 2622, 2625, 2626		
Tipp:	Bei ambulanter OP: Zuschlag nach Nr. 445 nicht vergessen, ggf. dazu Nr. 440!		
2630	**Operative Rekonstruktion eines Mittelgesichts – einschließlich Osteotomie und/oder Osteoplastik –**	**6000** 349,72	804,36 1224,03
2640	**Operative Verlagerung des Oberkiefers bei Dysgnathie, je Kieferhälfte**	**1200** 69,94	160,87 244,81
Tipp:	Bei ambulanter OP: Zuschlag nach Nr. 445 nicht vergessen!		
2642	**Operative Verlagerung des Unterkiefers bei Dysgnathie, je Kieferhälfte**	**1850** 107,83	248,01 377,41
Tipp:	Bei ambulanter OP: Zuschlag nach Nr. 445 nicht vergessen!		
2650	**Entfernung eines extrem verlagerten oder retinierten Zahnes durch umfangreiche Osteotomie bei gefährdeten anatomischen Nachbarstrukturen**	**740** 43,13	99,20 150,96
Tipp:	Bei ambulanter OP: Zuschlag nach Nr. 443 nicht vergessen!		
2651	**Entfernung tiefliegender Fremdkörper oder Sequestrotomie durch Osteotomie aus dem Kiefer**	**550** 32,06	73,73 112,20
Ausschluss:	Neben Nr. 2651 ist folgende Nr. nicht abrechnungsfähig: 2256		
Tipp:	Bei ambulanter OP: Zuschlag nach Nr. 443 nicht vergessen!		
2655	**Operation einer ausgedehnten Kieferzyste – über mehr als drei Zähne oder vergleichbarer Größe im unbezahnten Bereich – durch Zystektomie**	**950** 55,37	127,36 193,81
Ausschluss:	Neben Nr. 2655 sind folgende Nrn. nicht abrechnungsfähig: 2656, 2657, 2658		
Tipp:	Bei ambulanter OP: Zuschlag nach Nr. 444 nicht vergessen!		

GOÄ-Nr.		Punktzahl / 1fach	2,3 / *1,8 / 3,5 / *2,5
2656	**Operation einer ausgedehnten Kieferzyste – über mehr als drei Zähne oder vergleichbarer Größe im unbezahnten Bereich – durch Zystektomie in Verbindung mit der Entfernung retinierter oder verlagerter Zähne und/oder Wurzelspitzenresektion**	**620** 36,14	83,12 126,48
Ausschluss:	Neben Nr. 2656 sind folgende Nrn. nicht abrechnungsfähig: 2655, 2657, 2658		
Tipp:	Bei ambulanter OP: Zuschlag nach Nr. 443 nicht vergessen!		
2657	**Operation einer ausgedehnten Kieferzyste – über mehr als drei Zähne oder vergleichbarer Größe im unbezahnten Bereich – durch Zystostomie**	**760** 44,30	101,89 155,04
Ausschluss:	Neben Nr. 2657 sind folgende Nrn. nicht abrechnungsfähig: 2655, 2656, 2658		
Tipp:	Bei ambulanter OP: Zuschlag nach Nr. 443 nicht vergessen!		
2658	**Operation einer ausgedehnten Kieferzyste – über mehr als drei Zähne oder vergleichbarer Größe im unbezahnten Bereich – durch Zystostomie in Verbindung mit der Entfernung retinierter oder verlagerter Zähne und/oder Wurzelspitzenresektion**	**500** 29,14	67,03 102,00
Ausschluss:	Neben Nr. 2658 sind folgende Nrn. nicht abrechnungsfähig: 2655, 2656, 2657		
Tipp:	Bei ambulanter OP: Zuschlag nach Nr. 443 nicht vergessen!		
2660	**Operative Behandlung einer konservativ unstillbaren Blutung im Mund-Kieferbereich durch Freilegung und Abbinden oder Umstechung des Gefäßes oder durch Knochenbolzung, als selbständige Leistung**	**400** 23,31	53,62 81,60
Tipp:	Bei ambulanter OP: Zuschlag nach Nr. 442 nicht vergessen!		
2670	**Operative Entfernung eines Schlotterkammes oder einer Fibromatose, je Kieferhälfte oder Frontzahnbereich, als selbständige Leistung**	**500** 29,14	67,03 102,00
Ausschluss:	Neben Nr. 2670 sind folgende Nrn. nicht abrechnungsfähig: 2671, 2675, 2676		
Tipp:	Bei ambulanter OP: Zuschlag nach Nr. 443 nicht vergessen!		
2671	**Operative Entfernung eines Schlotterkammes oder einer Fibromatose, je Kieferhälfte oder Frontzahnbereich, in Verbindung mit den Leistungen nach den Nummern 2575 oder 2576**	**300** 17,49	40,22 61,20
Tipp:	Bei ambulanter OP: Zuschlag nach Nr. 442 nicht vergessen!		
2675	**Partielle Vestibulum- oder Mundbodenplastik oder große Tuberplastik, je Kieferhälfte oder Frontzahnbereich**	**850** 49,54	113,95 173,40
Ausschluss:	Neben Nr. 2675 ist folgende Nr. nicht abrechnungsfähig: 2677		
Tipp:	Bei ambulanter OP: Zuschlag nach Nr. 444 nicht vergessen!		
2676	**Totale Mundboden- oder Vestibulumplastik zur Formung des Prothesenlagers mit partieller Ablösung der Mundbodenmuskulatur, je Kiefer**	**2200** 128,23	294,93 448,81
Tipp:	Bei ambulanter OP: Zuschlag nach Nr. 445 nicht vergessen!		

GOÄ-Nr.		Punktzahl 1fach	2,3 / *1,8 3,5 / *2,5
2677	**Submuköse Vestibulumplastik, je Kieferhälfte oder Frontzahnbereich, als selbständige Leistung**	**700** 40,80	93,84 142,80
Tipp:	Bei ambulanter OP: Zuschlag nach Nr. 443 nicht vergessen!		
2680	**Einrenkung der Luxation des Unterkiefers**	**100** 5,83	13,41 20,40
2681	**Einrenkung der alten Luxation des Unterkiefers**	**400** 23,31	53,62 81,60
Kommentar:	**Brück** gibt an, „...dass als ‚alte Luxation‘ eine etwa 12 Stunden und länger zurückliegende Luxation anzusehen ist...“		
2682	**Operative Einrenkung der Luxation eines Kiefergelenks**	**1400** 81,60	187,69 285,61
Tipp:	Bei ambulanter OP: Zuschlag nach Nr. 445 nicht vergessen und ggf. Zuschläge Nrn. 440 und 441.		
2685	**Reposition eines Zahnes**	**200** 11,66	26,81 40,80
2686	**Reposition eines zahntragenden Bruchstücks des Alveolarfortsatzes**	**300** 17,49	40,22 61,20
2687	**Allmähliche Reposition des gebrochenen Ober- oder Unterkiefers oder eines schwer einstellbaren oder verkeilten Bruchstücks des Alveolarfortsatzes**	**1300** 75,77	174,28 265,21
Kommentar:	Das Anlegen von Ligaturen, Schrauben, Zügen und Federn ist zusätzlich mit Nr. 2697 abrechenbar. Materialkosten sind nach GOÄ § 10 abzurechnen.		
Tipp:	Bei ambulanter OP: Zuschlag nach Nr. 445 nicht vergessen und ggf. Zuschläge Nrn. 440 und 441.		
2688	**Fixation bei nicht dislozierter Kieferfraktur durch Osteosynthese oder Aufhängung**	**750** 43,72	100,55 153,00
Tipp:	Bei ambulanter OP: Zuschlag nach Nr. 443 nicht vergessen und ggf. Zuschläge Nrn. 440 und 441.		
2690	**Operative Reposition und Fixation durch Osteosynthese bei Unterkieferbruch, je Kieferhälfte**	**1000** 58,29	134,06 204,01
Kommentar:	Osteosynthesematerial ist nach GOÄ § 10 abzurechnen.		
Tipp:	Bei ambulanter OP: Zuschlag nach Nr. 444 nicht vergessen und ggf. Zuschläge Nrn. 440 und 441.		
2691	**Operative Reposition und Fixation durch Osteosynthese bei Aussprengung des Oberkiefers an der Schädelbasis**	**3600** 209,83	482,62 734,42
Kommentar:	Neben Nr. 2691 sind auch die Nrn. 2685, 2686, 2688 oder 2690 abrechenbar.		
2692	**Operative Reposition und Fixation durch Osteosynthese bei Kieferbruch im Mittelgesichtsbereich – gegebenenfalls einschließlich Jochbeinbruch und/oder Nasenbeinbruch –, je Kieferhälfte**	**1500** 87,43	201,09 306,01

GOÄ-Nr.		Punktzahl / 1fach	2,3 / *1,8 / 3,5 / *2,5

Kommentar: Sind beide Kieferhälften betroffen, kann die Leistung entsprechend 2x berechnet werden. Entfernung des Osteosynthesematerials nach Nr. 2694 berechnen.

Tipp: Bei ambulanter OP: Zuschlag nach Nr. 445 nicht vergessenund ggf. Zuschläge Nrn. 440 und 441.

2693	**Operative Reposition und Fixation einer isofierten Orbitaboden-, Jochbein- oder Jochbogenfraktur**	**1200** / 69,94	160,87 / 244,81

Kommentar: Die Leistung kann für jede dislozierte Fraktur jeder Gesichtshälfte 1x berechnet werden.

Tipp: Bei ambulanter OP: Zuschlag nach Nr. 445 nicht vergessen und ggf. Zuschläge Nrn. 440 und 441.

2694	**Operative Entfernung von Osteosynthesematerial aus einem Kiefer- oder Gesichtsknochen, je Fraktur**	**450** / 26,23	60,33 / 91,80

Kommentar: Die Leistung kann für die Entfernung des Material für jede einzelne versorgte Fraktur (nicht für jedes entfernte Osteosynthesematerial) eines Kiefer- oder Gesichtsknochens getrennt berechnet werden.

Tipp: Bei ambulanter OP: Zuschlag nach Nr. 442 nicht vergessen und ggf. Zuschläge Nrn. 440 und 441.

2695	**Einrichtung und Fixation eines gebrochenen Kiefers außerhalb der Zahnreihen durch intra- und extraorale Schienenverbände und Stützapparate**	**2700** / 157,38	361,96 / 550,81

Tipp: Bei ambulanter OP: Zuschlag nach Nr. 445 nicht vergessen und ggf. Zuschläge Nrn. 440 und 441.

2696	**Drahtumschlingung des Unterkiefers oder orofaziale Drahtaufhängung, auch beidseitig**	**500** / 29,14	67,03 / 102,00

Kommentar: Abrechnung nur 1x je Kiefer möglich.

2697	**Anlegen von Drahtligaturen, Drahthäkchen oder dergleichen, je Kieferhälfte oder Frontzahnbereich, als selbständige Leistung**	**350** / 20,40	46,92 / 71,40

Kommentar: Die Leistung kann, wenn beider Kieferhälften oder eine Kieferhälfte und der Frontzahnbereich zu versorgen sind, 2x abgerechnet werden.

Rechtsprechung: **Kiefergelenkpositionierung nach der Schlösssmann-Methode**
Für eine Kiefergelenkpositionierung nach der Schlösssmann – Methode können Gebühren nach den GOÄ-Nrn. 2697 und 2702 analog in Ansatz gebracht werden. Daneben kann eine Vergütung nach den GOÄ-Nrn. 2585 und 2590 verlangt werden. Außerdem können für die Osteosynthese, die in zwei Schritten erfolgt, die GOÄ-Nrn. 2695 und 2690 abgerechnet werden.
Aktenzeichen: LG Gießen, 17.11.2011, AZ: 1 S 363/09
Entscheidungsjahr: 2011

2698	**Anlegen und Fixation einer Schiene am unverletzten Ober- oder Unterkiefer**	**1500** / 87,43	201,09 / 306,01

Kommentar: Die Schienung eines unverletzten Kiefers wird mir Nr. 2698 abgerechnet, die Schienung eines frakturierten Kiefers nach Nr. 2699.

Tipp: Bei ambulanter OP: Zuschlag nach Nr. 445 nicht vergessen und ggf. Zuschläge Nrn. 440 und 441.

GOÄ-Nr.		Punktzahl 1fach	2,3 / *1,8 3,5 / *2,5
2699	**Anlegen und Fixation einer Schiene am gebrochenen Ober- oder Unterkiefer**	**2200** 128,23	294,93 448,81
Tipp:	Bei ambulanter OP: Zuschlag nach Nr. 445 nicht vergessen und ggf. Zuschläge Nrn. 440 und 441.		
2700	**Anlegen von Stütz-, Halte- oder Hilfsvorrichtungen (z.B. Verbandsplatte, Pelotte) am Ober- oder Unterkiefer oder bei Kieferklemme**	**350** 20,40	46,92 71,40
Kommentar:	Die Anfertigung einer Trinkplatte bei Lippen-, Kiefer- Gaumenspalte wird unter dieser Ziffer abgerechnet. Bei parodontalchirurgischen Leistungen kann Nr. 2700 zum Ansatz gebracht werden, wenn das Anlegen des Verbandes über den normalen Wundverband hinausgeht (Verbandsplatte). – Material- und Laborkosten für die Anfertigung separat berechnen!		
2701	**Anlegen von extraoralen Stütz-, Halte- oder Hilfsvorrichtungen, einer Verbands- oder Verschlußplatte, Pelotte oder dergleichen – im Zusammenhang mit plastischen Operationen oder zur Verhütung oder Behandlung von Narbenkontrakturen –**	**1800** 104,92	241,31 367,21
Kommentar:	Die Leistung kann einmal je Kiefer und Sitzung berechnet werden.		
Tipp:	Bei ambulanter OP: Zuschlag nach Nr. 445 nicht vergessen und ggf. Zuschläge Nrn. 440 und 441.		
2702	**Wiederanbringung einer gelösten Apparatur oder kleine Änderungen, teilweise Erneuerung von Schienen oder Stützapparaten – auch Entfernung von Schienen oder Stützapparaten –, je Kiefer**	**300** 17,49	40,22 61,20
Kommentar:	Nach Auffassung des BDIZ EDI sind Nägel, Osteosyntheseschrauben zur Fixierung von Knochenspänen oder Schraubsysteme wie Memfix unter dieser Position abzurechnen. – Siehe auch Rechtsprechung zu Nr. 2697.		
2705	**Osteotomie nach disloziert verheilter Fraktur im Mittelgesicht – einschließlich Osteosynthese –**	**1700** 99,09	227,90 346,81
Tipp:	Bei ambulanter OP: Zuschlag nach Nr. 445 nicht vergessen und ggf. Zuschläge Nrn. 440 und 441.		
2706	**Osteotomie nach disloziert verheilter Fraktur im Unterkiefer – einschließlich Osteosynthese –**	**1300** 75,77	174,28 265,21
Tipp:	Bei ambulanter OP: Zuschlag nach Nr. 445 nicht vergessen und ggf. Zuschläge Nrn. 440 und 441.		
2710	**Partielle Resektion des Ober- oder Unterkiefers – auch Segmentosteotomie –, als selbständige Leistung**	**1100** 64,12	147,47 224,41
Kommentar:	Berechnung je selbständige, ortsgetrennte Resektion, in der Regel je Kiefer.		
Tipp:	Bei ambulanter OP: Zuschlag nach Nr. 444 nicht vergessen und ggf. Zuschläge Nrn. 440 und 441. Neben der GOÄ-Nr. 2710 sind weiter Leistungen denkbar: Nr. 2730 für die Lagerbildung, Nr. 2442 bei Verwendung von alloplastischem Material, Nr. 2254 bei Verwendung von Bankknochen, Nr 2255 bei Verwendung von autologem Knochen, Nr. 2675 bei einer partiellen Vestibulumplastik.		

GOÄ-Nr.		Punktzahl / 1fach	2,3 / *1,8 / 3,5 / *2,5
2711	**Partielle Resektion des Ober- oder Unterkiefers – auch Segmentosteotomie –, in Verbindung mit den Leistungen nach den Nummern 2640 oder 2642**	**750** / 43,72	100,55 / 153,00

Tipp: Bei ambulanter OP: Zuschlag nach Nr. 443 nicht vergessen und ggf. Zuschläge Nrn. 440 und 441.

2712	**Halbseitenresektion des Ober- oder Unterkiefers**	**3000** / 174,86	402,18 / 612,02
2715	**Suprahyoidale Lymphknotenausräumung einer Seite – einschließlich Darstellung und gegebenenfalls Entfernung von Muskeln, Nerven und Gefäßen –**	**2000** / 116,57	268,12 / 408,01
2716	**Radikale Halslymphknotenausräumung einer Seite – einschließlich Darstellung und gegebenenfalls Entfernung von Muskeln, Nerven und Gefäßen –**	**5000** / 291,44	670,30 / 1020,03
2720	**Osteotomie im Zusammenhang mit operativen Eingriffen am Mundboden – einschließlich Osteosynthese –**	**800** / 46,63	107,25 / 163,20

Beschluss BZÄK: **Beschluss der GOZ-Arbeitsgruppe der Bundeszahnärztekammer** (03.12.2004 – www.baezk.de): Alveolarfortsatz, Lagerbildung für Aufbau: Die Glättung des Alveolarfortsatzes im Bereich des Implantatbetts löst keine eigene Gebührenposition aus.

Kommentierung des BDIZ EDI – Berufsverband der implantologisch tätigen Zahnärzte in Europa:
Diese Position ist als selbständige Leistung in Verbindung mit augmentativen Verfahren abrechnungsfähig. Sie wird je Frontzahnbereich und Kieferhälfte abgerechnet. Eine andere adäquate Leistung ist in der GOZ nicht enthalten. Die möglicherweise für diese Leistung heranzuziehende Position wäre die Nr. GOZ-Pos. 322. Diese gilt aber nur bei frischen Extraktionen über mehr als 4 Zähnen. Nachdem das Lager für augmentative Verfahren sowohl in vertikaler wie auch in horizontaler Richtung vorbereitet werden muss, ist diese Position in der Regel angezeigt für alle plastischen Materialien.

2730	**Operative Maßnahmen zur Lagerbildung beim Aufbau des Alveolarfortsatzes, je Kieferhälfte oder Frontzahnbereich**	**500** / 29,14	67,03 / 102,00

Tipp: Bei ambulanter OP: Zuschlag nach Nr. 443 nicht vergessen und ggf. Zuschläge Nrn. 440 und 441.

2732	**Operation zur Lagerbildung für Knochen oder Knorpel bei ausgedehnten Kieferdefekten**	**2000** / 116,57	268,12 / 408,01

Kommentar: **Auffassung des BDIZ EDI:**
Der Begriff „ausgedehnter Kieferdefekt“ ist in der Medizin mit einer Region von mehr als 2 cm beschrieben. Werden also Regionen, die über diesen Bereich hinausgehen mit Knochenmaterialien aufgefüllt, augmentiert oder aufgebaut, so kommt diese Position zur Abrechnung.

Tipp: Bei ambulanter OP: Zuschlag nach Nr. 445 nicht vergessen!

X Halschirurgie

2750	**Eröffnung des Schlundes durch Schnitt**	**1110** / 64,70	148,81 / 226,45

Ausschluss: Neben Nr. 2750 ist folgende Nr. nicht abrechnungsfähig: 3125

GOÄ-Nr.		Punktzahl 1fach	2,3 / *1,8 3,5 / *2,5
2751	**Tracheotomie**	**554** 32,29	74,27 113,02

Ausschluss: Neben Nr. 2751 sind folgende Nrn. nicht abrechnungsfähig: 1549, 1551

GOÄ-Ratgeber der BÄK: **Wann die Tracheotomie gesondert abrechnungsfähig ist**

Dr. med. Tina Wiesener (in: Deutsches Ärzteblatt 109, Heft 3 (20.01.2012), S. A-120) – http://www.bundesaerztekammer.de/page.asp?his=1.108.4144.4289.10033

Die Autorin erläutert: ... „Die Anlage eines, in den meisten Fällen nur vorübergehend geplanten, Tracheostomas im Rahmen operativer Eingriffe am Kehlkopf, zum Beispiel nach den GOÄ Nrn.

- 1540 „Endolaryngeale Resektion oder frontolaterale Teilresektion eines Stimmbandes“,
- 1541 „Operative Beseitigung einer Stenose im Glottisbereich“,
- 1542 „Kehlkopfplastik mit Stimmbandverlagerung“,
- 1543 „Teilweise Entfernung des Kehlkopfes“
- 1544 GOÄ „Teilweise Entfernung des Kehlkopfes – einschließlich Zungenbeinresektion und Pharynxplastik –“,
- oder anderen Eingriffen im Mund-, Rachen- oder Halsbereich,

stellt einen gesonderten, selbstständigen (Hals-)Eingriff dar...“

...„Die im Rahmen einer vollständigen Entfernung des Kehlkopfes (Laryngektomie, Nrn. 1545 oder 1546 GOÄ) für den Patienten nicht vorübergehend, sondern dauerhaft erforderliche Tracheotomie ist hingegen nicht gesondert berechnungsfähig. Denn hier ist die Anlage des Tracheostomas notwendiger Bestandteil der Operation (§ 4 Absatz 2a GOÄ)...“

Tipp: Bei ambulanter OP: Zuschlag nach Nr. 443 nicht vergessen!

2752	**Exstirpation eines Ductus thyreoglossus oder einer medialen Halszyste – gegebenenfalls einschließlich Teilresektion des Zungenbeins –**	**1350** 78,69	180,98 275,41

Ausschluss: Neben Nr. 2752 ist folgende Nr. nicht abrechnungsfähig: 1546

Tipp: Bei ambulanter OP: Zuschlag nach Nr. 445 nicht vergessen; dazu ggf. Nr. 440.

2753	**Divertikelresektion im Halsbereich**	**1660** 96,76	222,54 338,65

Tipp: Bei ambulanter OP: Zuschlag nach Nr. 445 nicht vergessen!

2754	**Operation einer Kiemengangfistel**	**1660** 96,76	222,54 338,65

Tipp: Bei ambulanter OP: Zuschlag nach Nr. 445 nicht vergessen, dazu ggf. Nr. 440.

2755	**Entfernung der Kropfgeschwulst oder Teilresektion der Schilddrüse**	**1850** 107,83	248,01 377,41

Ausschluss: Neben Nr. 2755 ist folgende Nr. nicht abrechnungsfähig: 2757

Beschluss BÄK: **Beschluss des Gebührenausschusses der Bundesärztekammer**
Zweifachberechnung bei Schilddrüsenoperation (16. Sitzung vom 29. September 1998)

Nr. 2755 GOÄ ist zutreffend für die Teilresektion von Adenomen der Schilddrüse beziehungsweise die einseitige subtotale Strumaresektion.

Bei doppelseitiger Strumaresektion ist Nr. 2755 zweimal berechenbar. Im Sinne der Präambel zum Abschnitt L ist dann aber als Eröffnungsleistung Nr. 2803 GOÄ (Freilegung und/oder Unterbindung eines Blutgefäßes am Hals ... 1480 Pkt.) abzuziehen. **In einer erneuten Stellungnahme zur Zweifachberechnung der Nr. 2755 bei Schilddrüsenoperation (2. Sitzung vom 23. März 2000)** wird darauf hingewiesen, dass der Gebührenausschuss der Bundesärztekammer den o.a. Beschluss aufrecht hält.

2756	**Ausschälung der Nebenschilddrüse (Parathyreoektomie)**	**2200** 128,23	294,93 448,81

Rechtsprechung: **Mehrfache Darstellung einer Nebenschilddrüse**

Die Nr. 2756 GOÄ kann, auch wenn nur eine Nebenschilddrüse entfernt wird, dann mehrfach (bis zu vierfach) abgerechnet gebracht werden, wenn es medizinisch erforderlich ist, **mehr als eine Nebenschilddrüse darzustellen** (freizulegen).

Die **mehrfache Abrechnung** von Nr. 2756 GOÄ steht in diesem Fall nicht im Widerspruch zu dem sog. Zielleistungsprinzip, da die Darstellung der übrigen Nebenschild-

drüsen bei Anwendung eines abstrakt-generellen Maßstabes kein methodisch notwendiger Einzelschritt zur Erreichung des Ziels (Entfernung einer Nebenschilddrüse) ist.
Aktenzeichen: LG Osnabrück, 04.05.2012, AZ: 2 S 418/11
Entscheidungsjahr: 2012

2757	**Radikaloperation der bösartigen Schilddrüsengeschwulst – einschließlich Ausräumung der regionären Lymphstromgebiete und gegebenenfalls Nachbarorgane –**	**3700** 215,66	496,02 754,82

Ausschluss: Neben Nr. 2757 sind folgende Nrn. nicht abrechnungsfähig: 2404, 2407, 2752, 2755, 2756, 2760

Rechtsprechung:

Entfernung der Schilddrüse
Wird bei einem Patienten auf beiden Seiten Schilddrüsengewebe entfernt und handelt es sich dabei um die klassische Operationsmethode (Thyreoidektomie) kann die GOÄ – Ziffer 2757 nur einmal abgerechnet werden.
Nach BGH, 13.05.2004, AZ: III ZR 344/05 ist eine doppelte Abrechnung der Ziffer 2757 nur zulässig, wenn es nicht um die klassische Methode handelt.
Aktenzeichen: VG Arnsberg, 02.06.2010, AZ: 13 K 1612/09
Entscheidungsjahr: 2010

OP wegen sporadischem medullären Schilddrüsenkarzinom Geb. Ziffer 2757 GOÄ
Eine Klinik forderte von einem Patienten Honorar für eine Operation, die wegen eines sporadischen medullären Schilddrüsenkarzinoms durchgeführt worden war.
Es ging dabei um die Frage, ob die in den Gebührennummern 2760, 2583 und 2803 angeführten Leistungen neben der in Nr. 2757 beschriebenen Leistung, der Radikaloperation der bösartigen Schilddrüsengeschwulst – einschließlich Ausräumung der regionären Lymphstromgebiete und gegebenenfalls der Nachbarorgane -, abgerechnet werden dürfen. Dazu der BGH:
Die in den Nummern 2760, 2583 und 2803 der GOÄ beschriebenen Leistungen sind nicht neben der in Nr. 2757 angesprochenen Operation berechenbar, da es an einer selbständigen Leistung fehlt.

Aber es ergibt sich weiter die Frage, ob neben der Geb.Nr. 2757 noch zusätzlich eine analoge Abrechnung nach Nr. 2757 erfolgen kann. Dazu erläutert der Senat des BGH:
Die Leistungslegende der Geb.Nr. 2757 bezieht sich auf die früher übliche Operationsmethode der Thyreoidektomie. Wenn aber eine Kompartmentausräumung erfolgt, erfordere diese OP einen Umgang mit Gefäßen und Nerven, der in der Nr. 2757 nicht berücksichtig ist. Der BGH hält es jedoch für zulässig, die Regelungslücke in Bezug auf die hier vorgenommene Operation durch eine weitere, den Gebührenrahmen ausschöpfende Berechnung der Gebührennummer 2757 nach § 6 Abs. 2 GOÄ zu schließen.
Insoweit folgt der BGH der Ansicht, dass die in der Gebührennummer 2757 beschriebene Leistung nur eine Teilmenge der hier vorgenommenen ärztlichen Leistungen darstellt und dass die durchgeführte Operation ihrer Art nach den zwei- bis vierfachen zeitlichen Aufwand verlangt.
Für die Anwendung des § 6 Abs. 2 GOÄ kommt es daher darauf an, dass die in Rede stehende Leistung eine andere als die im Leistungsverzeichnis beschriebene ist und nicht nur eine besondere Ausführung der letzteren ist. Auch wenn es bei der vorliegenden Operation im Ausgangspunkt um die in Nr. 2757 beschriebene Leistung ging, sind erhebliche Tätigkeiten im Bereich der Gebührennummern 2583 und 2803 erbracht worden, die die Leistungslegende der Nr. 2757 in ihrer Bewertung nicht umfasst. Die Operation hat ihre besondere Ausprägung durch die arbeits- und zeitaufwendige Ausräumung der Kompartimente erfahren, was bei einer wertenden Betrachtung von der in die Nr. 2757 als Nebenleistung einbezogenen Ausräumung der regionären Lymphstromgebiete so nicht umfasst wird. Um dieses Defizit auszugleichen, andererseits dem Grundsatz der Nichtabrechenbarkeit unselbständiger Leistungen, die notwendiger Bestandteil der durchgeführten Operation sind, zu folgen, hält der BGH für die in der Bewertung der Komplexleistung nach der Nr. 2757 nicht hinreichend berücksichtigte Ausräumung der Kompartimente eine weitere – die Lücke füllende – analoge Abrechnung dieser Gebührennummer für gerechtfertigt.
Aktenzeichen: BGH, 13.5.2004 – AZ: III ZR 344/03
Entscheidungsjahr: 2004

GOÄ-Nr.		Punktzahl / 1fach	2,3 / *1,8 / 3,5 / *2,5
2760	**Ausräumung des regionären Lymphstromgebietes einer Halsseite, als selbständige Leistung**	**1200** / 69,94	160,87 / 244,81

Ausschluss: Neben Nr. 2760 sind folgende Nrn. nicht abrechnungsfähig: 1521, 1522, 2757

XI Gefäßchirurgie

1 Allgemeine Verrichtungen

2800	**Venaesectio**	**275** / 16,03	36,87 / 56,10

Tipp: Bei ambulanter OP: Zuschlag nach Nr. 442 nicht vergessen!

2801	**Freilegung und/oder Unterbindung eines Blutgefäßes an den Gliedmaßen, als selbständige Leistung**	**463** / 26,99	62,07 / 94,45

Ausschluss: Neben Nr. 2801 sind folgende Nrn. nicht abrechnungsfähig: 2800, 2881, 2882

Beschluss BÄK: **Aus den Beschlüsse des Zentralen Konsultationsausschusses für Gebührenordnungsfragen bei der Bundesärztekammer zur Privatliquidation herzchirurgischer Leistungen** (DÄ 96, Heft 40, 1999)
Berechnung Nr. 2801 GOÄ neben Nrn. 3050, 3054
Die Berechnung der Nr. 2801 GOÄ (Freilegung und/oder Unterbindung eines Blutgefäßes an den Gliedmaßen, als selbständige Leistung) zu den Nrn. **3050** (HLM) oder **3054** (operative extrathorakale Anlage einer assistierenden Zirkulation) ist in aller Regel nicht möglich, da unselbständige Leistung. Nur in sehr seltenen Fällen ist Nr. 2801 neben einer der beiden Gebührennummern 3050 oder 3054 berechenbar. Dies ist dann der Fall, wenn extrathorakale Gefäße freigelegt, jedoch nicht für die Implantation eines Herzunterstützungssystems verwendet werden konnten (zum Beispiel bei Arteriosklerose/Verschluß o.ä. dieser Gefäße) und dann die Anlage einer assistierenden Zirkulation an anderen Gefäßen (zum Beispiel retroperitioneal) erfolgte.

Tipp: Bei ambulanter OP: Zuschlag nach Nr. 442 nicht vergessen.

2802	**Freilegung und/oder Unterbindung eines Blutgefäßes in der Brust- oder Bauchhöhle, als selbständige Leistung**	**2220** / 129,40	297,61 / 452,89

Ausschluss: Neben Nr. 2802 sind folgende Nrn. nicht abrechnungsfähig: 2990, 3135

Beschluss BÄK: **Aus den Beschlüsse des Zentralen Konsultationsausschusses für Gebührenordnungsfragen bei der Bundesärztekammer zur Privatliquidation herzchirurgischer Leistungen –**
Freilegung der Arteria mammaria neben Bypass-OP
Bei etwa 55 Prozent der Operationen wird ein arterielles Conduit verwendet, dabei in circa 50 Prozent die Arteria mammaria interna. Häufig wird für die Freilegung der Arteria mammaria interna Nr. **2802** GOÄ berechnet. Zur Beurteilung einer eigenständigen Berechenbarkeit der Gefäßfreilegung wird in der Diskussion festgestellt, daß die Nrn. **3088** und **2989** noch aus der Zeit stammen, als die Vineberg-Op Standard war. Die GOÄ sieht ausdrücklich eigenständige Ziffern für die operative Entnahme einer Arterie beziehungsweise Vene zum Gefäßersatz vor (Nrn. **2807** und **2808** GOÄ). Dies sind in keinem Fall abschließende Leistungen. Demzufolge müßte gleiches für die Arteria mammaria interna gelten.
Andererseits sind in den Nrn. **3088** und **3089** GOÄ nicht Operationsmethoden, sondern Leistungsziele beschrieben, die auch heute noch zutreffen.
Es besteht Übereinstimmung, daß für die Freilegung und Präparation der Arteria mammaria Nr. **2807** GOÄ analog (nicht Nr. **2802)** berechenbar ist. Analog, weil die Arterie nicht wie in der Legende enthalten „entnommen" wird.
Beschluss des Zentralen Konsultationsausschusses für Gebührenordnungsfragen bei der Bundesärztekammer –
veröffentlicht im DÄ, Heft 3 vom 16.01.2004.(Quelle: GOÄ-Datenbank http://www.blaek.de/) –
Bandscheibenoperationen und andere neurochirurgische Eingriffe an der Wirbelsäule
Gefäßunterbindungen im Zusammenhang mit Eingriffen nach den Nrn. 2565/2566 oder andere Maßnahmen zur Blutstillung oder Verhinderung einer intraoperativen Blutung im Zusammenhang mit Eingriffen nach den Nrn. 2565/2566 erfüllen keinen eigenständigen Zielleistungsinhalt und sind daher nicht als gesonderte Gebührenpositionen, z.B. nach Nr. 2802, neben Nrn. 2565/2566 berechnungsfähig.
Sofern eine Gefäßunterbindung im Zusammenhang mit der Schaffung eines transthorakalen, transperitonealen oder retroperitonealen Zugangswegs zur Wirbelsäule erforderlich sein sollte, handelt es sich hierbei ebenfalls um eine unselbständige Teilleistung, die entsprechend § 4 Abs. 2a GOÄ z.B. 2292 zuzuordnen ist.

Eine Gefäßfreilegung oder/-unterbindung kann nur bei eigenständiger Indikation berechnet werden, wie beispielsweise in den seltenen Fällen dekompressiver Eingriffe an der Arteria vertebralis. Hier ist auch bei der Freilegung in mehreren Segmenten nur der einmalige Ansatz von Nr. 2803 pro Seite möglich.

Hinweis LÄK: **Anmerkung der Bayerischen Landesärztekammer** vom 25.06.2004 (Quelle: GOÄ-Datenbank http://www.blaek.de/) –

Radikale Nephrektomie bei Nierenzellkarzinom

Eine über den Nierenhilus hinausgehende, ausgedehntere transabdominale oder transthorakale Lymphknotenentfernung und/oder ggf. erforderliche Entfernung der infiltrierten Nebenniere ist mit dem Ansatz der Nr. 1843 abgegolten.

Die bei fortgeschrittenem Tumorstadium ggf. medizinisch erforderliche Entfernung von Tumorthromben in der Vena renalis oder in der Vena cava ist als selbstständige Leistung entsprechend Nr. 2802 neben Nr. 1843 berechnungsfähig.

2803 Freilegung und/oder Unterbindung eines Blutgefäßes am Hals, als selbständige Leistung

1480 198,41
86,27 301,93

Ausschluss: Neben Nr. 2803 sind folgende Nrn. nicht abrechnungsfähig: 1512, 1514

Beschluss BÄK: **Beschluss des Gebührenausschusses der Bundesärztekammer**

Zweifachberechnung bei Schilddrüsenoperation (16. Sitzung vom 29. September 1998)

Nr. 2755 GOÄ ist zutreffend für die Teilresektion von Adenomen der Schilddrüse beziehungsweise die einseitige subtotale Strumaresektion.

Bei doppelseitiger Strumaresektion ist Nr. 2755 zweimal berechenbar. Im Sinne der Präambel zum Abschnitt L ist dann aber als Eröffnungsleistung **Nr. 2803 GOÄ**

(Freilegung und/oder Unterbindung eines Blutgefäßes am Hals ... 1480 Pkt.) abzuziehen. **In einer erneuten Stellungnahme zur Zweifachberechnung der Nr. 2755 bei Schilddrüsenoperation (2. Sitzung vom 23. März 2000)** wird darauf hingewiesen, dass der Gebührenausschuss der Bundesärztekammer den o.a. Beschluss aufrecht hält.

Analog: Nr. 2803 analog für die offene chirurgische Implantation eines Portsystems ansetzen.

Tipp: Bei ambulanter OP: Zuschlag nach Nr. 445 nicht vergessen!

2804 Druckmessung(en) am freigelegten Blutgefäß

253 33,92
14,75 51,61

2805 Flussmessung(en) am freigelegten Blutgefäß

350 46,92
20,40 71,40

Beschluss BÄK: **Aus den Beschlüsse des Zentralen Konsultationsausschusses für Gebührenordnungsfragen bei der Bundesärztekammer zur Privatliquidation herzchirurgischer Leistungen**

Flussmessung(en) im Rahmen von Bypass-Operationen (Nr. 2805 GOÄ)

Neben den intraoperativen Funktionsmessungen (Nr. 3060) ist in fünf bis zehn Prozent der Fälle erforderlich, Flussmessungen am arteriellen Conduit oder venösem Transplantat durchzuführen. Hierfür ist Nr. 2805 GOÄ (Flussmessung(en) am freigelegten Blutgefäß) berechenbar.

Mehrfache Messungen an einem Blutgefäß sind dabei nur einmal berechenbar, erfolgen die Messungen an unterschiedlichen Blutgefäßen, ist Nr. 2805 GOÄ entsprechend mehrfach ansetzbar.

2807 Operative Entnahme einer Arterie zum Gefäßersatz

739 99,07
43,07 150,76

Tipp: Nr. 2807 analog für die operative Entfernung der Arteria temporale bei Arteritis temporalis (**M. Horton**) ansetzen.

2808 Operative Entnahme einer Vene zum Gefäßersatz

400 53,62
23,31 81,60

Beschluss BÄK: **Aus den Beschlüsse des Zentralen Konsultationsausschusses für Gebührenordnungsfragen bei der Bundesärztekammer zur Privatliquidation herzchirurgischer Leistungen**

Nr. 2808 GOÄ neben Bypass-OP

Nr. 2808 GOÄ (operative Entnahme einer Vene zum Gefäßersatz) ist bei venösem Bypass neben Nrn. 3088 / 3089 eigenständig berechenbar.

Mehrfachansatz Nr. 2808 GOÄ

Nr. 2808 GOÄ (operative Entnahme einer Vene zum Gefäßersatz) ist für „eine Vene“ nur einmal berechenbar. Damit kann dann, wenn „eine Vene“ für die Revaskularisierung mehrerer Koronargefäße verwendet wird, Nr. 2808 nicht mehrfach berechnet werden.

„Mehrere Venen“ liegen vor, wenn die Venen zum Beispiel an Oberschenkel und Unterschenkel, Vena saphena magna und Vena saphena parva oder an beiden Beinen entnommen werden. Hier ist die je einmalige (höchstens die viermalige) Berechenbarkeit gegeben.

2809 **Naht eines Blutgefäßes (traumatisch) an den Gliedmaßen – einschließlich Wundversorgung** **740** 99,20 43,13 150,96

Beschluss BÄK: **Aus den Beschlüsse des Zentralen Konsultationsausschusses für Gebührenordnungsfragen bei der Bundesärztekammer zur Privatliquidation herzchirurgischer Leistungen – Berechnung der Mammaria-Verpflanzung**
Für die Mammaria-Verpflanzung ist Nr. 2809 GOÄ (Naht eines verletzten Blutgefäßes an den Gliedmaßen, einschließlich Wundversorgung) nicht eigenständig neben Nrn. 3088 und 3089 und (evtl.) 2802 berechenbar.

Tipp: Bei ambulanter OP: Zuschlag nach Nr. 443 nicht vergessen!

2810 **Rekonstruktiver Eingriff an der Vena cava superior oder inferior (z.B. bei erweiterter Tumorchirurgie mit Cavaresektion und Ersatz durch eine Venenprothese) – gegebenenfalls einschließlich Anlegen einer temporären arterio-venösen Fistel –** **5000** 670,30 291,44 1020,03

2 Arterienchirurgie

2820 **Rekonstruktive Operation einer extrakranialen Hirnarterie –** **3140** 420,95 183,02 640,58

Ausschluss: Neben Nr. 2820 ist folgende Nr. nicht abrechnungsfähig: 2821

Beschluss BÄK: **Beschluss des Zentralen Konsultationsausschusses für Gebührenordnungsfragen bei der Bundesärztekammer** – veröffentlicht: DÄ, Heft 37, 16.09.2005 (Quelle: GOÄ-Datenbank http://www.blaek.de/) – **Operative Rekonstruktion der Arteria carotis externa**
Für die operative Rekonstruktion der Arteria carotis externa kann die Nr. 2820 GOÄ nur dann angesetzt werden, wenn die Arteria carotis externa im Sinne eines Umgehungskreislaufes an der Blutversorgung des Gehirns teilnimmt und daher als funktionelle Hirnarterie (= hirnversorgend) anzusehen ist.

GOÄ-Ratgeber der BÄK: ► **Zur Abrechnung der Karotischirurgie**
Dr. med. Stefan Gorlas in: Deutsches Ärzteblatt 106, Heft 19 (08.05.2099), S. A-948 – www.bundesaerztekammer.de/page.asp?his=1.108.4144.4289.7175 – Dr. Gorlas führt aus:
... „Bei gleichzeitigem gefäßchirurgischem Eingriff an beiden Karotiden (Arteria carotis communis und interna) nach den Nrn. 2820 und/oder 2821 GOÄ unter Verwendung eines Zugangs ist nach Beurteilung des Zentralen Konsultationsausschusses der sich überschneidende Leistungsbestandteil der Eröffnungsleistung der beiden vorgenannten, selbstständigen Leistungen so geringfügig, dass eine Anwendung der Bestimmung des Abzuges der Eröffnungsleistung von Eingriffen in der Brust- und Bauchhöhle nicht auf die Karotischirurgie übertragbar ist. ...“

2821 **Rekonstruktive Operation einer extrakranialen Hirnarterie mit Anlegen eines Shunts** **4200** 563,06 244,81 856,82

Ausschluss: Neben Nr. 2821 ist folgende Nr. nicht abrechnungsfähig: 2820

2822 **Rekonstruktive Operation einer Armarterie** **2300** 308,34 134,06 469,21

2823 **Rekonstruktive Operation einer Finger- oder Zehenarterie** **1850** 248,01 107,83 377,41

Tipp: Bei ambulanter OP: Zuschlag nach Nr. 445 nicht vergessen, dazu ggf. Nr. 440!

2824 **Operation des offenen Ductus Botalli oder einer anderen abnormen Gefäßmissbildung im Thorax durch Verschluss** **3000** 402,18 174,86 612,02

2825 **Operation einer abnormen Gefäßmissbildung im Thorax durch Rekonstruktion** **6500** 871,40 378,87 1326,04

GOÄ-Nr.		Punktzahl / 1fach	2,3 / *1,8 / 3,5 / *2,5
2826	**Operative Beseitigung einer erworbenen Stenose oder eines Verschlusses an den großen Gefäßen im Thorax durch Rekonstruktion**	**6500** 378,87	871,40 1326,04

Beschluss BÄK:

Aus den Beschlüsse des Zentralen Konsultationsausschusses für Gebührenordnungsfragen bei der Bundesärztekammer zur Privatliquidation herzchirurgischer Leistungen – Berechnung Nr. 2826 GOÄ oder 3079 für die „Anulusentkalkung"

Für die Entkalkung des Klappenringes bei Klappenersatz („Anulusentkalkung") ist Nr. 2826 GOÄ (operative Beseitigung einer erworbenen Stenose oder eines Verschlusses an den großen Gefäßen im Thorax durch Rekonstruktionen) oder Nr. 3079 GOÄ (Resektion intrakardial stenosierender Muskulatur) nicht eigenständig berechenbar. Eine gegebenenfalls erforderliche aufwendige „Entkalkung" (zum Beispiel bei Stadium IV) ist über den Steigerungsfaktor zu berücksichtigen.

Auch in den Fällen, dass der Klappenring so eng ist, dass auch die kleinste Klappe nicht passt und der Klappenring erweitert werden muss, ist dies als unselbständige Teilleistung anzusehen.

Bei Kindern kann die Leistung nach Nr. 2826 die Zielleistung sein. Diese kongenitalen Korrekturen sind aber vom hier Beschriebenen unabhängig.

2827	**Operation eines Aneurysmas an einem großen Gefäß im Thorax**	**7500** 437,15	1005,46 1530,04
2828	**Operative Versorgung einer intrathorakalen Gefäßverletzung durch direkte Naht**	**3000** 174,86	402,18 612,02
Ausschluss:	Neben Nr. 2828 ist folgende Nr. nicht abrechnungsfähig: 2829 (gleiche Gefäßverletzung)		
2829	**Operative Versorgung einer intrathorakalen Gefäßverletzung durch Gefäßersatz**	**5200** 303,09	697,12 1060,83
Ausschluss:	Neben Nr. 2829 ist folgende Nr. nicht abrechnungsfähig: 2828 (gleiche Gefäßverletzung)		
2834	**Operative(r) Eingriff(e) an einem oder mehreren Gefäß(en) der Nieren, als selbständige Leistung**	**1480** 86,27	198,41 301,93
Ausschluss:	Neben Nr. 2834 sind folgende Nrn. nicht abrechnungsfähig: 2835ff.		
2835	**Rekonstruktive Operation an der Aorta abdominalis bei Stenose oder Verschluss**	**4500** 262,29	603,27 918,02
2836	**Rekonstruktive Operation an der Aorta abdominalis bei Aneurysma**	**5000** 291,44	670,30 1020,03
2837	**Rekonstruktive Operation an einem Viszeralgefäß**	**5000** 291,44	670,30 1020,03
2838	**Rekonstruktive Operation einer Nierenarterie**	**4300** 250,64	576,46 877,22
2839	**Rekonstruktive Operation an den Beckenarterien, einseitig**	**3000** 174,86	402,18 612,02
2839 analog	**Arterielle Anstomosen bei Brustaufbau** – analog Nr. 2839 entsprechen § 6 (2)	**3000** 174,86	402,18 612,02

Rechtsprechung:

GOÄ Nr. 2839 analog

Bei der arteriellen Anastomose bei einem Brustaufbau gilt: es ist zulässig und vertretbar, für die Abrechnung die Nr. 2839 analog, und nicht die Nr. 2822 anzusetzen.

Die zusätzliche Abrechnung der Geb.Nr. 2064 setzt eine selbständige ärztliche Leistung mit eigener Indikation voraus. Bei der Exzision der kaudalen Narbe im Rahmen einer Re – Operation ist dies nicht der Fall.

Aktenzeichen: VerwG Stuttgart, 28.10.2013, AZ: 12 K 63/13

Entscheidungsjahr: 2013

GOÄ-Nr.		Punktzahl / 1fach	2,3 / *1,8 / 3,5 / *2,5
2840	**Rekonstruktive Operation an den Arterien eines Oberschenkels – auch Anlegung einer Gefäßprothese oder axillo-femorale Umleitung oder femoro-femorale Umleitung –**	**3000** / 174,86	402,18 / 612,02
2841	**Rekonstruktive Operation einer Kniekehlenarterie**	**2000** / 116,57	268,12 / 408,01
2842	**Rekonstruktive Operation der Arterien des Unterschenkels**	**3700** / 215,66	496,02 / 754,82
2843	**Rekonstruktive Operation einer arteriovenösen Fistel an den Extremitäten oder im Halsbereich**	**3700** / 215,66	496,02 / 754,82
2844	**Rekonstruktive Operation einer arteriovenösen Fistel im Brust- oder Bauchraum**	**5500** / 320,58	737,33 / 1122,03

3 Venenchirurgie

2880	**Inzision eines Varixknotens**	**148** / 8,63	19,84 / 30,19

Ausschluss: Neben Nr. 2880 sind folgende Nrn. nicht abrechnungsfähig: 2881, 2882, 2887

Analog: Analoger Ansatz für die Spaltung oberflächlich gelegener Venen (als Zielleistung).

2881	**Varizenexhairese, einseitig**	**1110** / 64,70	148,81 / 226,45

Ausschluss: Neben Nr. 2881 sind folgende Nrn. nicht abrechnungsfähig: 2801, 2880, 2882, 2890

Tipp: Bei ambulanter OP: Zuschlag nach Nr. 444 nicht vergessen!

2882	**Varizenexhairese mit Unterbrechung der Vv. perforantes, einseitig –**	**1850** / 107,83	248,01 / 377,41

Ausschluss: Neben Nr. 2882 sind folgende Nrn. nicht abrechnungsfähig: 2801, 2880, 2881, 2890

Beschluss BÄK: **Beschluss des Gebührenausschusses der Bundesärztekammer** (15. Sitzung vom 21. Juli 1998 und 16. Sitzung vom 29. September 1998) – **Isolierte Seitenastexstirpation nach Nr. 2890 neben Nrn. 2882 und 2883**

Nr. 2890 GOÄ (Isolierte Seitenastexstirpation ...) ist nicht neben Nr. 2883 (Crossektomie ... und Exstirpation mehrere Seitenäste) berechenbar.

Wird jedoch eine isolierte Seitenastexstirpation (ohne Crossektomie) am anderen Bein durchgeführt, so ist dafür Nr. 2890 GOÄ auch in einer Sitzung neben Nr. 2883 berechnungsfähig.

Zur Klarstellung der besonderen Verhältnisse sollte in der Rechnung dokumentiert werden, dass die Leistung nach der Nr. 2890 GOÄ an einem anderen Bein als die Leistung nach Nr. 2883 GOÄ erfolgte.

Tipp: Bei ambulanter OP: Zuschlag nach Nr. 445 nicht vergessen!

2883	**Crossektomie der Vena saphena magna oder parva und Extirpation mehrerer Seitenäste**	**1200** / 69,94	160,87 / 244,81

Ausschluss: Neben Nr. 2883 ist folgende Nr. nicht abrechnungsfähig: 2890

Beschluss BÄK: Siehe Beschluss zu Nr. 2882

Tipp: Bei ambulanter OP: Zuschlag nach Nr. 445 nicht vergessen!

2885 **Entfernung einer kleinen Blutadergeschwulst** **1110** 64,70 148,81 226,45

Ausschluss: Neben Nr. 2885 sind folgende Nrn. nicht abrechnungsfähig: 2403, 2404, 2886

GOÄ-Ratgeber der BÄK: **Zur Abrechnung einer Laserbehandlung von Hämangiomen**
Dr. med. Stefan Gorlas – Deutsches Ärzteblatt 110, Heft 31–32 (05.08.2013) S. A-1526
http://www.bundesaerztekammer.de/page.asp?his=1.108.4144.4261.11493
Zusammengefasst ergibt sich nach Dr. Gorlas:
... „In der Praxis werden häufig kleine Hämangiome der Haut, zum Beispiel senile Hämangiome, mittels Laser entfernt. ..."
Abgerechnet werden dazu die Nrn.

- 2885 („Entfernung einer kleinen Blutadergeschwulst")
- 2886 GOÄ („Entfernung einer großen Blutadergeschwulst").

... „Diese beiden Gebührennummern sind im Kapitel Venenchirurgie aufgeführt. Als operative Leistungen sind sie mit 1110 Punkten (Nr. 2885 GOÄ) und 2 770 Punkten (Nr. 2886 GOÄ) bewertet und entsprechen damit im horizontalen Vergleich beispielsweise der Nr. 3135 GOÄ („Eröffnung der Bauchhöhle zu diagnostischen Zwecken – gegebenenfalls einschließlich Gewebeentnahme –", 1 110 Punkte) beziehungsweise der Nr. 3139 GOÄ („Eröffnung des Bauchraumes bei Peritonitis mit ausgedehnter Revision, Spülung und Drainage", 2 770 Punkte). Insofern werden über die Nrn. 2885 und 2886 GOÄ gefäßchirurgische Eingriffe abgebildet, die den beiden vorgenannten viszeralchirurgischen Operationen hinsichtlich Schwierigkeit und Zeitdauer entsprechen, beispielsweise die operative Entfernung eines Kaposi-Sarkoms, eines Hämangioendothelioms oder eines Rankenangioms. Letzteres in der Regel mit Ausschaltung der arteriovenösen Fisteln.::"

Hoffmann (Kohlhammer-Verlag) hält dies für einen oberflächenchirurgischen oder dermatologischen Eingriff (Behandlung eines Haemangioma simplex) nicht berechnenbar.

Gorlas führt weiter aus: ... „Erfolgt wie in dem eingangs genannten Beispiel die Entfernung seniler Hämangiome der Haut mittels Laser, so kann diese Leistung gemäß einem Beschluss des Ausschusses „Gebührenordnung" der Bundesärztekammer, publiziert im Deutschen Ärzteblatt, Heft 3/2002, als dermatologische Lasertherapie berechnet werden. Beträgt die Gesamtfläche der auf diese Weise behandelten Hämangiome weniger als sieben Quadratzentimeter, könnte somit die Nr. 2440 GOÄ analog in Ansatz gebracht werden.

Neben diesem Analogansatz kann nach Rechtsauffassung der Bundesärztekammer die Nr. 441 GOÄ („Zuschlag für die Anwendung eines Lasers bei ambulanten operativen Leistungen, je Sitzung") aufgrund der Allgemeinen Bestimmungen des Abschnitts C. VIII. Nr. 1 GOÄ nicht berechnet werden, jedoch die Nr. 444 GOÄ („Zuschlag bei ambulanter Durchführung operative Leistungen, die mit Punktzahlen von 800 bis 1 199 Punkten bewertet sind")..."

Siehe auch unter „GOÄ-Ratgeber der BÄK" bei GOÄ Nr. 2440 analog

2885 analog **Mit einer Ausdehnung von 7 bis 21 cm² Körperoberfläche, bis zu dreimal im Behandlungsfall, im Falle der Behandlung von Besenreiservarizen mit einer Laser-Impulsrate von 51 bis 100 Impulsen pro Sitzung (analog 2885 GOÄ) – n. Beschlüssen des Ausschusses „Gebührenordnung" der BÄK** **1110** 64,70 148,81 226,45

Beschluss BÄK: **Beschluss des Gebührenordnungsausschusses der BÄK** – Dt. Ärzteblatt 1/02
Dermatologische Lasertherapie
Laserbehandlung von Besenreiser-Varizen, Teleangiektasien, Warzen u.a. Hautveränderungen, ausgenommen melanozytäre Naevi sowie aktinischer Präkarzinomerosen, einschl. Laser-Epilation, mit einer Ausdehnung von 7 bis zu 21 cm² Körperoberfläche, analog Nr. 2885 (1100 Punkte), bis zu dreimal im Behandlungsfall, im Falle der Behandlung von Besenreiser-Varizen mit einer Laser-Impulsrate von bis zu 51 bis 100 Impulsen pro Sitzung.
Bei Anwendung eines gepulsten Farblasers ist der Ersatz der Auslagen des pro Patient verbrauchten Farbstoffes nach § 10 GOÄ möglich. Eine metrische und fotografische Dokumentation der zu behandelnden Hautläsion vor und nach Anschluss einer dermatologischen Lasertherapie wird empfohlen.
Melanozytäre Naevi sind ausdrücklich von der Laserbehandlung ausgenommen. Bei der Laserbehandlung von Besenreiservarizen ist die jeweils vorgeschriebene Mindest-Impulszahl pro Sitzung zu beachten.

GOÄ-Ratgeber der BÄK: ► **Dermatologische Lasertherapie (1) Allgemeines**
Dr. med. Anja Pieritz – in: Deutsches Ärzteblatt 102, Heft 28-29 (18.07.2005), Seite A-20489 – www.bundesaerztekammer.de/page.asp?his=1.108.4144.4193.4204.4205

► **Dermatologische Lasertherapie (2)**
Alleinige Epilation berechnungsfähig – Ambulante Zuschläge berechnungsfähig
Dr. med. Anja Pieritz – in: Deutsches Ärzteblatt 102, Heft 31-32 (08.08.2005), Seite A-2188 – www.bundesaerztekammer.de/page.asp? his=1.108.4144.4261.4271
Dr. Pieritz führt zu (1) aus: ...„Die gewählte Abgrenzung durch die Ausdehnung beziehungsweise die Laserimpulsrate verdeutlicht, dass die analogen Nummern 2440, 2885 und 2886 GOÄ für die Behandlung in einer Sit-

zung nicht nebeneinander berechnungsfähig sind. Die Berechnung der analogen Nummern 2440, 2885 und 2886 GOÄ ist auf dreimal im Behandlungsfall begrenzt. Werden beispielsweise bei vier Sitzungen innerhalb eines Monats Warzen, Teleangiektasien und Fibrome jeweils mit einer Ausdehnung von mehr als 21 cm 2 mittels Lasertherapie behandelt, kann hierfür dreimal die Nummer 2886 GOÄ (insgesamt 8310 Punkte) analog angesetzt werden. Die vierte Behandlung kann weder analog nach der Nummer 2440 GOÄ noch nach Nummer 2885 GOÄ berechnet werden. Der zusätzliche Zeitaufwand für die vierte Behandlung kann über eine angemessene Erhöhung des Faktors der berechneten Nummer 2886 GOÄ erfolgen..."
Dr. Pieritz ergänzt zu (2): „...Aus gebührenrechtlicher Sicht können die Zuschläge nach den Nummern 441 und 444 GOÄ ausschließlich neben der Nummer 2440 GOÄ angesetzt werden, weil nur die Nummer 2440 GOÄ im abschließenden Katalog zuschlagsfähiger Gebührenpositionen der Präambel zu Abschnitt C VIII der GOÄ aufgeführt ist. [Die Nr. 441 GOÄ (Laser) scheidet jedoch aus, weil der Laser bereits Bestandteil der Leistungslegende der Analogen Bewertung ist!] ..."

2886 Entfernung einer großen Blutadergeschwulst

2770 371,35
161,46 565,10

Ausschluss: Neben Nr. 2886 sind folgende Nrn. nicht abrechnungsfähig: 2404, 2407, 2440, 2885

GOÄ-Ratgeber der BÄK:
1. Siehe Ratgeber zu Nr. 2885
2. Siehe auch unter „GOÄ-Ratgeber der BÄK" bei GOÄ Nr. 2440 analog

2886 analog Mit einer Ausdehnung von mehr als 21 cm² im Falle der Behandlung von Besenreiservarizen mit einer Laser-Impulsrate von mehr als 100 Impulsen pro Sitzung, (analog 2886 GOÄ) – n. Beschlüssen des Ausschusses „Gebührenordnung" der BÄK

2770 371,35
161,46 565,10

GOÄ-Ratgeber der BÄK: ► Siehe Ratgeber unter Nr. 2885 analog

Rechtsprechung:

Laserbehandlung von Viruswarzen, GOÄ-Ziffer 2886 analog

Nach den Abrechnungsempfehlungen der BÄK kann die GOÄ Ziffer 2886 analog für die Laserbehandlung u. a. von Warzen mit einer Ausdehnung von mehr als 21 cm2 Körperfläche bis zu dreimal im Behandlungsfall in Ansatz gebracht werden.
Wenn noch eine vierte oder gar fünfte Behandlung anfällt, kann dafür Ziffer 2886 analog nicht berechnet werden, da die analoge Bewertung auf drei Behandlungen beschränkt ist. Der erhöhte Zeitaufwand ist aber zu berücksichtigen mit einer Abrechnung des 3,5fachen Steigerungssatzes.
Daneben kann die GOÄ-Ziffer 745 analog nicht abgerechnet werden, da dies Maßnahmen betrifft, die nur zur Vorbereitung der umfassenderen Leistung „Laserbehandlung" dienen.
Aktenzeichen: VG Ansbach, 30.06.2010, AZ: AN 15 K 09.01745
Entscheidungsjahr: 2010

2887 Thrombektomie

2000 268,12
116,57 408,01

Ausschluss: Neben Nr. 2887 ist folgende Nr. nicht abrechnungsfähig: 2880

Kommentar: Die im Vorfeld der Thrombektomie erforderlichen diagnostischen Maßnahmen wie Sonographie/Doppler, Phlebographie sind zusätzlich berechnungsfähig. Ebenfalls erforderliche intraoperative Durchleuchtungen.

Tipp: Bei ambulanter OP: Zuschlag nach Nr. 445 nicht vergessen!

2888 Veno-venöse Umleitung (z.B. nach Palma) ohne Anlage eines arteriovenösen Shunts

3140 420,95
183,02 640,58

Ausschluss: Neben Nr. 2888 sind folgende Nrn. nicht abrechnungsfähig: 2889, 2891

2889 Veno-venöse Umleitung (z.B. nach Palma) mit Anlage eines arteriovenösen Shunts

3700 496,02
215,66 754,82

Ausschluss: Neben Nr. 2889 sind folgende Nrn. nicht abrechnungsfähig: 2888, 2897, 2895

GOÄ-Nr.		Punktzahl / 1fach	2,3 / *1,8 / 3,5 / *2,5
2890	**Isolierte Seitenastextirpation und/oder Perforansdissektion und/oder Perforansligatur**	**350** / 20,40	46,92 / 71,40
Ausschluss:	Neben Nr. 2890 sind folgende Nrn. nicht abrechnungsfähig: 2881, 2882, 2883		
Beschluss BÄK:	**Beschluss des Gebührenausschusses der Bundesärztekammer** (15. Sitzung vom 21. Juli 1998 und 16. Sitzung vom 29. September 1998) – **Isolierte Seitenastexstirpation nach Nr. 2890 neben Nrn. 2882 und 2883** Nr. 2890 GOÄ (Isolierte Seitenastexstirpation ...) ist nicht neben Nr. 2883 (Crossektomie ... und Exstirpation mehrere Seitenäste) berechenbar. Wird jedoch eine isolierte Seitenastexstirpation (ohne Crossektomie) am anderen Bein durchgeführt, so ist dafür Nr. 2890 GOÄ auch in einer Sitzung neben Nr. 2883 berechnungsfähig. Zur Klarstellung der besonderen Verhältnisse sollte in der Rechnung dokumentiert werden, dass die Leistung nach der Nr. 2890 GOÄ an einem anderen Bein als die Leistung nach Nr. 2883 GOÄ erfolgte.		
Tipp:	Bei ambulanter OP: Zuschlag nach Nr. 442 nicht vergessen!		
2891	**Rekonstruktive Operation an den Körpervenen unter Ausschluß der Hohlvenen (Thrombektomie, Transplantatersatz, Bypassoperation) – gegebenenfalls einschließlich Anlegen einer temporären arterio-venösen Fistel –**	**3000** / 174,86	402,18 / 612,02
Ausschluss:	Neben Nr. 2891 sind folgende Nrn. nicht abrechnungsfähig: 2888, 2889		
Tipp:	Bei ambulanter OP: Zuschlag nach Nr. 445 nicht vergessen!		
2895	**Anlage eines arteriovenösen Shunts zur Hämodialyse**	**1480** / 86,27	198,41 / 301,93
Ausschluss:	Neben Nr. 2895 sind folgende Nrn. nicht abrechnungsfähig: 2889, 2896		
Tipp:	Bei ambulanter OP: Zuschlag nach Nr. 445 nicht vergessen, dazu ggf. Nr. 440.		
2896	**Anlage eines arteriovenösen Shunts zur Hämodialyse mit freiem Transplantat**	**2100** / 122,40	281,53 / 428,41
Ausschluss:	Neben Nr. 2896 sind folgende Nrn. nicht abrechnungsfähig: 2889, 2896		
Tipp:	Bei ambulanter OP: Zuschlag nach Nr. 445 nicht vergessen, dazu ggf. Nr. 440!		
2897	**Beseitigung eines arteriovenösen Shunts**	**1200** / 69,94	160,87 / 244,81
Tipp:	Bei ambulanter OP: Zuschlag nach Nr. 445 nicht vergessen!		
2898	**Unterbrechung der Vena cava caudalis durch Filterimplantation**	**1500** / 87,43	201,09 / 306,01
Ausschluss:	Neben Nr. 2898 ist folgende Nr. nicht abrechnungsfähig: 2899		
2899	**Unterbrechung der Vena cava caudalis nach Freilegung**	**2220** / 129,40	297,61 / 452,89
Ausschluss:	Neben Nr. 2899 ist folgende Nr. nicht abrechnungsfähig: 2898		
2900	**Operation bei portalem Hochdruck durch Dissektion**	**3140** / 183,02	420,95 / 640,58
Ausschluss:	Neben Nr. 2900 sind folgende Nrn. nicht abrechnungsfähig: 2901, 2902		
2901	**Operation bei portalem Hochdruck durch venöse Anastomose**	**3700** / 215,66	496,02 / 754,82
Ausschluss:	Neben Nr. 2901 sind folgende Nrn. nicht abrechnungsfähig: 2900, 2902		
2902	**Operation bei portalem Hochdruck durch venöse Anastomose und Arterialisation**	**4620** / 269,29	619,36 / 942,51
Ausschluss:	Neben Nr. 2902 sind folgende Nrn. nicht abrechnungsfähig: 2900, 2901		

GOÄ-Nr.		Punktzahl 1fach	2,3 / *1,8 3,5 / *2,5

4 Sympathikuschirurgie

2920	**Thorakale Sympathektomie**	**2000** 116,57	268,12 408,01

Ausschluss: Neben Nr. 2920 ist folgende Nr. nicht abrechnungsfähig: 2603

Beschluss BÄK: **Aus den Beschlüsse des Zentralen Konsultationsausschusses für Gebührenordnungsfragen bei der Bundesärztekammer zur Privatliquidation herzchirurgischer Leistungen – Nr. 2920 (thorakale Sympathektomie) neben Nr. 3089 für „Eingriffe am sympathischen Nervensystem paraaortal, um die Spasmusbereitschaft der Koronararterien zu beeinflussen**

„Nur in sehr wenigen Fällen (wenn eine Vollrevaskularisierung nicht möglich ist) ist bei einer Bypass-Operation eine thorakale Sympathektomie nach Nr. 2920 GOÄ erforderlich und berechenbar. Dies muß aus dem Operationsbericht klar nachvollziehbar sein. Die nur teilweise Durchtrennung (zum Beispiel der rami cardiaci nervi vagi) des Plexus kardiacus im Rahmen der Bypass-Operation ist eine unselbständige Teilleistung.

2921	**Lumbale Sympathektomie**	**1480** 86,27	198,41 301,93

Ausschluss: Neben Nr. 2921 sind folgende Nrn. nicht abrechnungsfähig: 2602, 2603

XII Thoraxchirurgie

2950	**Resektion einer Rippe, als selbständige Leistung**	**739** 43,07	99,07 150,76

Tipp:
- Bei ambulanter OP: Zuschlag nach Nr. 443 nicht vergessen!
- Die Leistung ist mehrfach ansetzbar, wenn die resezierten Rippen nicht benachbart sind.

2951	**Resektion mehrerer benachbarter Rippen, als selbständige Leistung –**	**1110** 64,70	148,81 226,45

Ausschluss: Neben Nr. 2951 sind folgende Nrn. nicht abrechnungsfähig: 2950, 2952, 2956, 2957

Kommentar: Wenn benachbarte Rippen, aber auch nicht benachbarte Rippen, bei demselben Eingriff reseziert werden, so sind die Nrn. 2951 und 2950 nebeneinander berechnungsfähig.
Eine Drainage nach Nr. 2970 ist auch daneben berechnungsfähig.

Tipp: Bei ambulanter OP: Zuschlag nach Nr. 444 nicht vergessen!

2952	**Resektion einer Halsrippe oder der 1. Rippe**	**1110** 64,70	148,81 226,45

Tipp: Bei ambulanter OP: Zuschlag nach Nr. 444 nicht vergessen!

2953	**Thorakoplastik**	**3140** 183,02	420,95 640,58

Ausschluss: Neben Nr. 2953 sind folgende Nrn. nicht abrechnungsfähig: 2954, 2955, 2959, 3010

2954	**Thorakoplastik mit Höhlenöffnung – auch Jalousieplastik –**	**4620** 269,29	619,36 942,51

Ausschluss: Neben Nr. 2954 sind folgende Nrn. nicht abrechnungsfähig: 2953, 2955, 2959, 3010

GOÄ-Nr.		Punktzahl / 1fach	2,3 / *1,8 / 3,5 / *2,5
2955	**Thorakoplastik mit Entschwartung – gegebenenfalls einschließlich Muskelimplantation und Entnahme des Implantates**	**5000** / 291,44	670,30 / 1020,03
Ausschluss:	Neben Nr. 2955 sind folgende Nrn. nicht abrechnungsfähig: 2953, 2954, 2959, 3010		
2956	**Brustwandteilresektion**	**2100** / 122,40	281,53 / 428,41
Ausschluss:	Neben Nr. 2956 sind folgende Nrn. nicht abrechnungsfähig: 2950, 2951, 2952, 2957, 2959, 2960, 3010		
2957	**Brustwandteilresektion mit plastischer Deckung**	**3000** / 174,86	402,18 / 612,02
Ausschluss:	Neben Nr. 2957 sind folgende Nrn. nicht abrechnungsfähig: 2950, 2951, 2952, 2956, 2959, 2960, 3010		
2959	**Korrekturthorakoplastik mit Entschwartung – gegebenenfalls einschließlich Muskelimplantation und Entnahme des Implantates**	**5100** / 297,27	683,71 / 1040,43
Ausschluss:	Neben Nr. 2959 sind folgende Nrn. nicht abrechnungsfähig: 2953 – 2957, 3010		
2960	**Operation einer Brustkorbdeformität (z.B. Trichterbrust)**	**3000** / 174,86	402,18 / 612,02
Ausschluss:	Neben Nr. 2960 ist folgende Nr. nicht abrechnungsfähig: 3010		
2970	**Anlage einer Pleuradrainage (z.B. Bülausche Heberdrainage) –**	**554** / 32,29	74,27 / 113,02
Ausschluss:	Neben Nr. 2970 sind folgende Nrn. nicht abrechnungsfähig: 303, 306, 307, 308, 315, 2015, 2032		
Beschluss BÄK:	**Aus den Beschlüsse des Zentralen Konsultationsausschusses für Gebührenordnungsfragen bei der Bundesärztekammer zur Privatliquidation herzchirurgischer Leistungen** **Nr. 2970 (Pleuradrainage) und/oder Nr. 3012 (Drainage des Mediastinums) neben Herzoperationen)** Für die Drainage des Operationsgebietes sind die Nr. 2970 (Pleuradrainage) und/oder Nr. 3012 (Drainage des Mediastinums) nicht eigenständig berechenbar. Drainagen, die im Sinne einer therapeutischen Intervention in speziellen Situationen gelegt werden und über separate Inzisionen ausgeleitet werden müssen, zum Beispiel bei Eröffnung der Pleurahöhle, könnten als eigenständiger Eingriff und berechenbar (Nr. 2970 GOÄ) angesehen werden. Tatsächlich zeigt die Praxis, dass die Pleuradrainage fast durchgängig berechnet wird, und dass bei 25 bis 33 Prozent der Eingriffe, insbesondere bei Präparation der Arteria mammaria, die Pleura eröffnet wird. Wegen der faktisch nicht gegebenen Nichabgrenzbarkeit der Leistung empfiehlt der Ausschuss, in jedem Fall auf die Berechnung der Nr. 2970 GOÄ zu verzichten.		
Tipp:	Bei ambulanter OP: Zuschlag nach Nr. 443 nicht vergessen!		
2971	**Spülung des Pleuraraumes bei liegender Drainage – gegebenenfalls einschließlich Einbringung von Arzneimitteln –**	**148** / 8,63	19,84 / 30,19
Ausschluss:	Neben Nr. 2971 ist folgende Nr. nicht abrechnungsfähig: 2093		
2972	**Entnahme von Pleuragewebe nach operativer Freilegung der Pleura, als selbständige Leistung**	**666** / 38,82	89,28 / 135,87
Ausschluss:	Neben Nr. 2972 sind folgende Nrn. nicht abrechnungsfähig: 307, 308, 2973, 2974, 2990, 2992, 2993		
2973	**Pleurektomie, einseitig, als selbständige Leistung**	**2220** / 129,40	297,61 / 452,89
Ausschluss:	Neben Nr. 2973 sind folgende Nrn. nicht abrechnungsfähig: 307, 308, 2972, 2974		

GOÄ-Nr.		Punktzahl 1fach	2,3 / *1,8 3,5 / *2,5
2974	**Pleurektomie mit Resektion(en) am Perikard und/oder Zwerchfell**	**3140** 183,02	420,95 640,58

Ausschluss: Neben Nr. 2974 sind folgende Nrn. nicht abrechnungsfähig: 307, 308, 310, 2972, 2973, 3065

2975	**Dekortikation der Lunge**	**4800** 279,78	643,49 979,23

Kommentar: **Brück** führt aus: Nach BGH könne die besondere Berechnungsfähigkeit der Leistungen nach der Nr. 2975 (Dekortikation der Lunge) des Gebührenverzeichnisses nicht verneint werden.
Dabei hebt der BGH besonders hervor, dass weder in der Leistungsbeschreibung noch in der Bewertung ein Anhaltspunkt dafür gegeben sei, wonach die mit 4800 Punkten bewertete Leistung nach Nr. 2975 in der mit 5 100 Punkten nur unwesentlich höher bewerteten Leistung nach Nr. 2997 enthalten sei oder als deren besondere Ausführung im Sinne des § 4 Abs. 2 a S. 1 GOÄ zu behandeln wäre.
Auch wenn noch die in beiden Gebührennummern enthaltenen 1 110 Punkte für die Eröffnung der Brusthöhle zu berücksichtigen seien, ergebe sich kein anderes Ergebnis, als in der Leistung nach Nr. 2975 eine selbstständige im Sinne des § 4 Abs. 2 a S. 1 GOÄ zu sehen. Nr. 2975 ist daher selbstständig neben Nr. 2997 abrechenbar.

2976	**Ausräumung eines Hämatothorax**	**2000** 116,57	268,12 408,01

Ausschluss: Neben Nr. 2976 ist folgende Nr. nicht abrechnungsfähig: 2397

2977	**Thorakokaustik bei Spontanpneumothorax**	**739** 43,07	99,07 150,76
2979	**Operative Entfernung eines Pleuraemphysems – gegebenenfalls einschließlich Rippenresektion(en) –**	**1110** 64,70	148,81 226,45

Ausschluss: Neben Nr. 2979 sind folgende Nrn. nicht abrechnungsfähig: 2430, 2432, 2950, 2951, 2970, 2971

2985	**Thorakaler Eingriff am Zwerchfell**	**2220** 129,40	297,61 452,89
2990	**Thorakotomie zu diagnostischen Zwecken**	**1110** 64,70	148,81 226,45

Ausschluss: Neben Nr. 2990 sind folgende Nrn. nicht abrechnungsfähig: 2972, 2991, 2992, 2993, 3010

Tipp: Bei ambulanter OP: Zuschlag nach Nr. 444 nicht vergessen!

2991	**Thorakotomie mit Herzmassage**	**1480** 86,27	198,41 301,93

Ausschluss: Neben Nr. 2991 ist folgende Nr. nicht abrechnungsfähig: 3010

Tipp: Bei ambulanter OP: Zuschlag nach Nr. 445 nicht vergessen!

2992	**Thorakotomie mit Entnahme von Pleura- und/oder Lungengewebe für die histologische und/oder bakteriologische Untersuchung, als selbständige Leistung**	**1290** 75,19	172,94 263,17

Ausschluss: Neben Nr. 2992 sind folgende Nrn. nicht abrechnungsfähig: 2972, 2990, 2993, 3010

Tipp: Bei ambulanter OP: Zuschlag nach Nr. 445 nicht vergessen!

GOÄ-Nr.		Punktzahl / 1fach	2,3 / *1,8 / 3,5 / *2,5
2993	**Thorakotomie mit Gewebsentnahme und intrathorakalen Präparationen –**	**1480** / 86,27	198,41 / 301,93
Ausschluss:	Neben Nr. 2993 sind folgende Nrn. nicht abrechnungsfähig: 2972, 2990, 2992, 3010		
Tipp:	Bei ambulanter OP: Zuschlag nach Nr. 445 nicht vergessen!		
2994	**Operative Eingriffe an der Lunge (z.B. Keilexzision, Herdenunkleation, Ausschälung von Zysten)**	**2770** / 161,46	371,35 / 565,10
Ausschluss:	Neben Nr. 2994 sind folgende Nrn. nicht abrechnungsfähig: 2995, 2996, 2997, 2998, 2999		
2995	**Lob- oder Pneumonektomie**	**3140** / 183,02	420,95 / 640,58
Ausschluss:	Neben Nr. 2995 sind folgende Nrn. nicht abrechnungsfähig: 2994, 2996, 2997, 2998, 2999		
2996	**Lungensegmentresektion(en)**	**4000** / 233,15	536,24 / 816,02
Ausschluss:	Neben Nr. 2996 sind folgende Nrn. nicht abrechnungsfähig: 2994, 2995, 2997, 2998, 2999		
2997	**Lobektomie und Lungensegmentresektion(en)**	**5100** / 297,27	683,71 / 1040,43
Ausschluss:	Neben Nr. 2997 sind folgende Nrn. nicht abrechnungsfähig: 2994, 2995, 2996, 2998, 2999		
Kommentar:	Siehe Kommentar zu Nr. 2975		
2998	**Bilobektomie**	**4800** / 279,78	643,49 / 979,23
Ausschluss:	Neben Nr. 2998 sind folgende Nrn. nicht abrechnungsfähig: 2994, 2995, 2996, 2997, 2999		
2999	**Pneumonektomie mit intraperikardialer Gefäßversorgung und/oder Ausräumung mediastinaler Lymphknoten**	**5600** / 326,41	750,74 / 1142,43
Ausschluss:	Neben Nr. 2999 sind folgende Nrn. nicht abrechnungsfähig: 2994, 2995, 2996, 2997, 2998		
3000	**Bronchotomie zur Entfernung von Fremdkörpern oder Tumoren**	**2770** / 161,46	371,35 / 565,10
3001	**Thorakale Eingriffe am Tracheobronchialsystem wie Resektion und/oder Anastomose und/oder Versteifung und/oder plastischer Ersatz**	**5800** / 338,07	777,55 / 1183,23
3002	**Operative Kavernen- oder Lungenabszesseröffnung**	**4800** / 279,78	643,49 / 979,23
3010	**Sternotomie, als selbständige Leistung**	**1110** / 64,70	148,81 / 226,45
Ausschluss:	Neben Nr. 3010 sind folgende Nrn. nicht abrechnungsfähig: 1551, 2953 – 2960, 2990, 2991, 2992, 2993, 3011, 3050 – 3097, 3125 – 3130		
3011	**Entfernung eines Mediastinaltumors, transpleural oder transsternal**	**4000** / 233,15	536,24 / 816,02
Ausschluss:	Neben Nr. 3011 sind folgende Nrn. nicht abrechnungsfähig: 2990, 2992, 2993, 3010		

GOÄ-Nr. | Punktzahl 1fach | 2,3 / *1,8 3,5 / *2,5

Beschluss BÄK: **Aus den Beschlüsse des Zentralen Konsultationsausschusses für Gebührenordnungsfragen bei der Bundesärztekammer zur Privatliquidation herzchirurgischer Leistungen**
Berechenbarkeit der Thymusresektion als eigenständige operative Leistung nach Nr. 3011 analog
Die Berechenbarkeit der Nr. 3011 GOÄ (Entfernung eines Mediastinaltumors) oder der Nr. 2993 GOÄ (Thorakotomie mit Gewebsentnahme und intrathorakalen Präparationen) im Rahmen der Herzoperation ist nicht möglich, da die Entfernung eines eventuellen „Restkörpers“ auch in den Fällen, in denen dieser noch sehr ausgeprägt ist, eine unselbständige Teilleistung § 4 Abs. 2 a) darstellt.

3012 Drainage des Mediastinums — **554** 74,27 / 32,29 113,02

Ausschluss: Neben Nr. 3012 sind folgende Nrn. nicht abrechnungsfähig: 2015, 2032, 2970

Beschluss BÄK: **Aus den Beschlüssen des Zentralen Konsultationsausschusses für Gebührenordnungsfragen bei der Bundesärztekammer zur Privatliquidation herzchirurgischer Leistungen**
Nr. 2970 (Pleuradrainage) und/oder Nr. 3012 (Drainage des Mediastinums) neben Herzoperationen)
Für die Drainage des Operationsgebietes sind die Nr. 2970 (Pleuradrainage) und/oder Nr. 3012 (Drainage des Mediastinums) nicht eigenständig berechenbar. Drainagen, die im Sinne einer therapeutischen Intervention in speziellen Situationen gelegt werden und über separate Inzisionen ausgeleitet werden müssen, zum Beispiel bei Eröffnung der Pleurahöhle, könnten als eigenständiger Eingriff und berechenbar (Nr. 2970 GOÄ) angesehen werden.
Tatsächlich zeigt die Praxis, daß die Pleuradrainage fast durchgängig berechnet wird, und daß bei 25 bis 33 Prozent der Eingriffe, insbesondere bei Präparation der Arteria mammaria die Pleura eröffnet wird.
Wegen der faktisch nicht gegebenen Nichabgrenzbarkeit der Leistung empfiehlt der Ausschuß, in jedem Fall auf die Berechnung der Nr. 2970 GOÄ zu verzichten.

3013 Intrathorakaler Eingriff am Lymphgefäßsystem — **4000** 536,24 / 233,15 816,02

Kommentar: Die Ablösung und Entfernung der an der Speiseröhre anhaftenden Lymphknoten werden von Nr. 3013 umfasst und können nicht gesondert nach Nr. 3126 abgerechnet werden.

XIII Herzchirurgie

3050 Operative Maßnahmen in Verbindung mit der Herz-Lungen-Maschine zur Herstellung einer extrakorporalen Zirkulation — **1850** 248,01 / 107,83 377,41

Beschluss BÄK: **Aus den Beschlüssen des Zentralen Konsultationsausschusses für Gebührenordnungsfragen bei der Bundesärztekammer zur Privatliquidation herzchirurgischer Leistungen**
Erhöhte Steigerungsfaktoren bei herzchirurgischen Leistungen
Der mancherorts zu beobachtende „schematische“ Ansatz von Multiplikatoren oberhalb der Begründungsschwelle wird als nicht nachvollziehbar angesehen. Der Ansatz von Steigerungsfaktoren oberhalb der Begründungsschwelle ist in der Regel nur bei den intraoperativen „Kernleistungen“ begründbar.
Nur in wenigen Fällen ist für die „Nebenleistungen“ (zum Beispiel Nr. 3050 GOÄ) ein höherer Steigerungsfaktor gerechtfertigt. Höhere Steigerungsfaktoren für Leistungen außerhalb der Operation (zum Beispiel Visiten, Beratungen, Verbände usw.) sind in aller Regel nicht durchgängig begründbar.
Bei Visiten trifft zum Beispiel oft zu, dass die Erst- und Abschlussvisite sowie unmittelbar postoperative Visiten inhaltlich besonders schwierig sind und einen weit überdurchschnittlichen Zeitaufwand erfordern und damit die Berechnung eines höheren Multiplikators plausibel erscheint, nicht jedoch für die übrigen Visiten des „routinemäßigen“ Verlaufes.

3051 Perfusion der Hirnarterien, zusätzlich zur Leistung nach Nummer 3050 — **1290** 172,94 / 75,19 263,17

Tipp: Neben Nr. 3051 ist Nr. 3050 abrechenbar.

3052 Perfusion der Koronararterien, zusätzlich zur Leistung nach Nummer 3050 — **1110** 148,81 / 64,70 226,45

Tipp: Neben Nr. 3052 ist Nr. 3050 abrechenbar.

GOÄ-Nr.		Punktzahl / 1fach	2,3 / *1,8 / 3,5 / *2,5
3053	**Perfusion von Arterien eines anderen Organs, zusätzlich zur Leistung nach Nummer 3050**	**1110** / 64,70	148,81 / 226,45

Tipp: Neben Nr. 3053 ist Nr. 3050 abrechenbar.

3054	**Operative extrathorakale Anlage einer assistierenden Zirkulation –**	**1850** / 107,83	248,01 / 377,41

3055	**Überwachung einer assistierenden Zirkulation, je angefangene Stunde**	**554** / 32,29	74,27 / 113,02

Die Leistung nach Nummer 3055 ist nur während einer Operation berechnungsfähig.

Ausschluss: Neben Nr. 3055 sind folgende Nrn. nicht abrechnungsfähig: 56, 435

Beschluss BÄK: **Aus den Beschlüssen des Zentralen Konsultationsausschusses für Gebührenordnungsfragen bei der Bundesärztekammer zur Privatliquidation herzchirurgischer Leistungen**

Nr. 3055 GOÄ für die Überwachung der Herz-Lungen-Maschine

Die technische Überwachung der HLM erfolgt durch einen Kardiotechniker, dieser übernimmt aber nur die unmittelbare Steuerung der Maschine. Die Funktionsfähigkeit des künstlichen Kreislaufes bedarf zusätzlich der ständigen Überwachung durch Operateur und Narkosearzt, gegebenenfalls Lage und Korrekturen der Anschlusskatheter, zusätzliche Abdichtungsnähte und medikamentöse Maßnahmen. Die Einstellung der Herz-Lungen-Maschine zum Beispiel hinsichtlich Körpertemperatur, wird durch den Chirurgen entschieden.

Nach dem Anschluß der HLM erfolgt die Übernahme der Kreislauffunktion durch die Maschine schrittweise, ebenso die Anpassung wieder an die volle Körperfunktion. Nur ein Teil des Eingriffes findetunter vollständiger Assistenz durch die HLM statt. Die HLM ist damit nicht als „Totalersatz" anzusehen, sondern wie die voranstehenden Gebührenordnungspositionen als „assistierte Zirkulation".

Für die ärztlichen Maßnahmen bei Einsatz der HLM ist demnach Nr. 3055 GOÄ berechnungsfähig.

Abrechnungsmodus der Behandlung von Patienten mit Herzunterstützungssystemen, Kunstherz et cetera im postoperativen Verlauf.

Nr. 3055 GOÄ ist nur intraoperativ berechnungsfähig. Für die postoperative ärztliche Kontrolle von Herzunterstützungssystemen (zum Beispiel Kunstherz, LVAD, RVAD) ist Nr. 792 GOÄ analog einmal täglich (neben Nr. 435) berechnungsfähig. Nicht berechnet werden kann eine entsprechende Leistung für die Kontrolle der Funktion der IABP. Wird Nr. 792 GOÄ analog für die postoperative Kontrolle von Herzunterstützungssystemen berechnet, sind nicht mehr als zwei Visiten täglich berechenbar.

3060	**Intraoperative Funktionsmessungen am und/oder im Herzen**	**554** / 32,29	74,27 / 113,02

Beschluss BÄK: **Aus den Beschlüsse des Zentralen Konsultationsausschusses für Gebührenordnungsfragen bei der Bundesärztekammer zur Privatliquidation herzchirurgischer Leistungen** –

Nr. 627 GOÄ (Linksherzkatheterismus) intraoperativ

Nr. 627 GOÄ (Linksherzkatheterismus) – gleiches gilt für die Nr. 628 GOÄ – ist intraoperativ nicht für intraoperative Funktionsmessungen berechenbar.

Zutreffend ist hier Nr. 3060 GOÄ (intraoperative Funktionsmessungen am und/oder im Herzen).

3065	**Operation am Perikard, als selbständige Leistung**	**2000** / 116,57	268,12 / 408,01

Ausschluss: Neben Nr. 3065 sind folgende Nrn. nicht abrechnungsfähig: 2974, 3066

Beschluss BÄK: **Aus den Beschlüssen des Zentralen Konsultationsausschusses für Gebührenordnungsfragen bei der Bundesärztekammer zur Privatliquidation herzchirurgischer Leistungen – Abzug der Eröffnungsleistung**

Angesichts der Allgemeinen Bestimmungen zum Abschnitt „L" der GOÄ sieht der Ausschuss folgende Auslegung als sachgerecht an: Die GOÄ-Positionen 3065 bis 3091 beinhalten die Brustkorberöffnung.

Dagegen ist die Thorakotomie in Nr. 3050 GOÄ nicht enthalten. Wird mehr als eine der Leistungen nach den GOÄ-Nrn. 3065 bis 3091 im Rahmen einer Operation erbracht und berechnet, so ist ab der zweiten Leistung jeweils die Gebühr nach GOÄ-Nr. 2990 abzuziehen.

Berechnung Nr. 3065 oder 3066 GOÄ für das Lösen von Verwachsungen

Nr. 3065 GOÄ (Operation am Perikard als selbständige Leistung) ist nicht berechenbar für das routinemäßige Lösen von Verwachsungen auf dem Zugangswege, erst recht nicht Nr. 3066 GOÄ (Operation der Perikarditis constrictiva).

Nr. 3065 GOÄ ist nur dann für die Perikardiolyse berechenbar, wenn diese das Ausmaß eines eigenständig indizierten Eingriffs hat, zum Beispiel nach Voroperation, Perikarditis, Trauma oder Radiatio und tatsächlich eine Perikardresektion erfolgte. Die Berechtigung im Einzelfall ist aus der Vorgeschichte und dem OP-Bericht nachprüfbar.

GOÄ-Nr.		Punktzahl 1fach	2,3 / *1,8 3,5 / *2,5
3066	**Operation der Pericarditis constrictiva**	**3140** 183,02	420,95 640,58

Beschluss BÄK: **Aus den Beschlüssen des Zentralen Konsultationsausschusses für Gebührenordnungsfragen bei der Bundesärztekammer zur Privatliquidation herzchirurgischer Leistungen – Berechnung Nr. 3065 oder 3066 GOÄ für das Lösen von Verwachsungen**

Nr. 3065 GOÄ (Operation am Perikard als selbständige Leistung) ist nicht berechenbar für das routinemäßige Lösen von Verwachsungen auf dem Zugangswege, erst recht nicht Nr. 3066 GOÄ (Operation der Perikarditis constrictiva).

Nr. 3065 GOÄ ist nur dann für die Perikardiolyse berechenbar, wenn diese das Ausmaß eines eigenständig indizierten Eingriffs hat, zum Beispiel nach Voroperation, Perikarditis, Trauma oder Radiatio und tatsächlich eine Perikardresektion erfolgte. Die Berechtigung im Einzelfall ist aus der Vorgeschichte und dem Op-Bericht nachprüfbar.

3067	**Myokardbiopsie unter Freilegung des Herzens, als selbständige Leistung**	**1480** 86,27	198,41 301,93

Ausschluss: Neben Nr. 3067 sind folgende Nrn. nicht abrechnungsfähig: 2401, 2402

3068	**Anlage einer künstlichen Pulmonalisstammstenose**	**3140** 183,02	420,95 640,58
3069	**Shuntoperation an herznahen Gefäßen**	**3000** 174,86	402,18 612,02

Ausschluss: Neben Nr. 3069 ist folgende Nr. nicht abrechnungsfähig: 2844

3070	**Operative Anlage eines Vorhofseptumdefektes**	**3000** 174,86	402,18 612,02
3071	**Naht einer Myokardverletzung**	**3000** 174,86	402,18 612,02
3072	**Operativer Verschluß des Vorhofseptumdefektes vom Sekundum-Typ**	**3000** 174,86	402,18 612,02

Ausschluss: Neben Nr. 3072 ist folgende Nr. nicht abrechnungsfähig: 3073

3073	**Operativer Verschluß von Vorhofseptumdefekten anderen Typs (z.B. Sinus venosus) – auch Korrektur einer isolierten Lungenvenenfehlmündung –**	**4000** 233,15	536,24 816,02

Ausschluss: Neben Nr. 3073 ist folgende Nr. nicht abrechnungsfähig: 3072

3074	**Komplette intraarteriale Blutumleitung (totale Lungenvenenfehlmündung oder unkomplizierte Transposition der großen Arterien)**	**6500** 378,87	871,40 1326,04
3075	**Entfernung eines Fremdkörpers aus dem Herzen oder aus einem herznahen Gefäß – auch Thromb- oder Embolektomie –**	**3000** 174,86	402,18 612,02

Ausschluss: Neben Nr. 3075 ist folgende Nr. nicht abrechnungsfähig: 2887

Beschluss BÄK: **Aus den Beschlüssen des Zentralen Konsultationsausschusses für Gebührenordnungsfragen bei der Bundesärztekammer zur Privatliquidation herzchirurgischer Leistungen – Beseitigung einer distal des Bypasses gelegenen Stenose beziehungsweise operative Behandlung des Conduits**

In den seltenen Fällen (drei bis vier Prozent der Fälle), dass ein echter Zweiteingriff zur Beseitigung einer Stenose durchgeführt werden muss, das heißt wenn distal des Bypasses eine Verengung operativ behandelt werden muss, ist dafür Nr. 3075 GOÄ (Entfernung eines Fremdkörpers aus dem Herzen oder einem herznahen Gefäß – auch Thromb- oder Embolektomie) eigenständig neben der Bypass-Operation berechenbar.

Wenn aber ein für die koronare Revaskularisierung herangezogener arterieller Conduit aus dem Bereich des Thorax in besonderer Weise operativ vorbehandelt werden muss, um ihn überhaupt als arteriellen Conduit für die koronare Revaskularisierung nutzen zu können, ist dies eine unselbständige Teilleistung im Sinne des § 4 Abs. 2a GOÄ. Der erhöhte Aufwand (und die höhere Schwierigkeit) kann nur im Rahmen des § 5 GOÄ (Steigerungsfaktor) berücksichtigt werden.
Auch hier trifft zu, dass in solchen Fällen die Besonderheiten des Eingriffs bereits im Rechnungstext dokumentiert sein sollten.

3076 **Operative Entfernung eines Herztumors oder eines Herzwandaneurysmas oder eines Herzdivertikels** **4800** 643,49
279,78 979,23

3077 **Operativer Verschluss eines Herzkammerscheidewanddefektes mittels direkter Naht** **3000** 402,18
174,86 612,02

Ausschluss: Neben Nr. 3077 ist folgende Nr. nicht abrechnungsfähig: 3078

3078 **Operativer Verschluss eines Herzkammerscheidewanddefektes mittels Prothese** **4000** 536,24
233,15 816,02

3079 **Resektion intrakardial stenosierender Muskulatur** **3000** 402,18
174,86 612,02

Beschluss BÄK: **Aus den Beschlüssen des Zentralen Konsultationsausschusses für Gebührenordnungsfragen bei der Bundesärztekammer zur Privatliquidation herzchirurgischer Leistungen – Berechenbarkeit der Myektomie als eigenständige Leistung im Rahmen anderer herzchirurgischer Operationen**
Die Berechenbarkeit der Myektomie (Resektion von intrakardial stenosierender Muskulatur nach Nr. 3079 GOÄ) ist als eigenständige Leistung auch im Rahmen anderer herzchirurgischer Operationen nur dann möglich, wenn die Indikation im präoperativen Ventrikulogramm (Kombination von Aortenklappenstenose mit zusätzlicher Herzmuskelhypertrophie) nachgewiesen wurde (und im Operationsbericht dokumentiert ist).
Berechnung Nr. 2826 GOÄ oder 3079 für die „Anulusentkalkung“
Für die Entkalkung des Klappenringes bei Klappenersatz („Anulusentkalkung“) ist Nr. 2826 GOÄ (operative Beseitigung einer erworbenen Stenose oder eines Verschlusses an den großen Gefäßen im Thorax durch Rekonstruktionen) oder Nr. 3079 GOÄ (Resektion intrakardial stenosierender Muskulatur) nicht eigenständig berechenbar. Eine gegebenenfalls erforderliche aufwendige „Entkalkung“ (zum Beispiel bei Stadium IV) ist über den Steigerungsfaktor zu berücksichtigen.
Auch in den Fällen, daß der Klappenring so eng ist, dass auch die kleinste Klappe nicht passt und der Klappenring erweitert werden muss, ist dies als unselbständige Teilleistung anzusehen.
Bei Kindern kann die Leistung nach Nr. 2826 die Zielleistung sein. Diese kongenitalen Korrekturen sind aber vom hier Beschriebenen unabhängig.

3084 **Valvuloplastik einer Herzklappe** **3300** 442,40
192,35 673,22

Ausschluss: Neben Nr. 3084 sind folgende Nrn. nicht abrechnungsfähig: 3085, 3087

3085 **Operative Korrektur einer Herzklappe** **3140** 420,95
183,02 640,58

Ausschluss: Neben Nr. 3085 sind folgende Nrn. nicht abrechnungsfähig: 3086, 3087

3086 **Operativer Ersatz einer Herzklappe** **5600** 750,74
326,41 1142,43

Ausschluss: Neben Nr. 3086 sind folgende Nrn. nicht abrechnungsfähig: 3084, 3085, 3087

3087 **Operative Korrektur und/oder Ersatz mehrerer Herzklappen** **7500** 1005,46
437,15 1530,04

Ausschluss: Neben Nr. 3087 sind folgende Nrn. nicht abrechnungsfähig: 3084, 3085, 3086

GOÄ-Nr.		Punktzahl 1fach	2,3 / *1,8 3,5 / *2,5
3088	**Operation zur direkten myokardialen Revaskularisation eines Versorgungsabschnittes**	**5600** 326,41	750,74 1142,43

Ausschluss: Neben Nr. 3088 sind folgende Nrn. nicht abrechnungsfähig: 3089, 3090

Beschluss BÄK: **Aus den Beschlüssen des Zentralen Konsultationsausschusses für Gebührenordnungsfragen bei der Bundesärztekammer zur Privatliquidation herzchirurgischer Leistungen – Berechnung Nr. 3090 GOÄ neben den Nrn. 3088 und 3089**

Im Rahmen der Bypass-Operation (Nrn. 3088 / 3089) ist Nr. 3090 GOÄ (Operation von Anomalien der Koronararterien) nicht im Rahmen von standardmäßigen Operationen zur Koronarrevaskularisierung berechenbar. Sie kann lediglich dann berechnet werden, wenn tatsächlich eine entsprechende Anomalie des Koronargefäßsystems operativ korrigiert wird. Dies ist in der präoperativen Angiographie nachprüfbar (die Durchführung im Operationsbericht). Wiederum wird darauf hingewiesen, dass die Besonderheit des Eingriffes schon in der Rechnungsstellung dokumentiert werden sollte.

3089	**Operation zur direkten myodardialen Revaskularisation mehrerer Versorgungsabschnitte**	**7500** 437,15	1005,46 1530,04

Ausschluss: Neben Nr. 3089 sind folgende Nrn. nicht abrechnungsfähig: 3088, 3090

Beschluss BÄK: **Aus den Beschlüssen des Zentralen Konsultationsausschusses für Gebührenordnungsfragen bei der Bundesärztekammer zur Privatliquidation herzchirurgischer Leistungen – Nr. 430 analog für das elektrisch induzierte Kammerflimmern neben Nr. 3089**

Für die Kardioplegie ist Nr. 3052 GOÄ (Perfusion der Koronararterien, zusätzlich zu Nr. 3050) eigenständig berechenbar, wird der Herzstillstand durch elektrische Induktion herbeigeführt, trifft Nr. 430 GOÄ zu. Muß zusätzlich zur Kardioplegie ein Kammerflimmern induziert werden (nicht routinemäßig erforderlich), ist Nr. 430 GOÄ (extra- oder intrathorakale Elektro-Defibrillation und/oder Stimulation des Herzens) nicht eigenständig berechenbar.

Die Berücksichtigung des erweiterten Leistungsumfangs ist im Rahmen des § 5 GOÄ (Steigerungsfaktor) möglich. Für die Wiederherstellung des normalen Herzrhythmus am Ende der Herzoperation ist Nr. 430 GOÄ berechenbar. Nur in den Fällen, in denen die Induktion des Herzstillstandes (ohne Kardioplegie) und die Wiederherstellung des normalen Herzrythmus durch Defibrillation und/oder Stimulation erreicht wird, ist Nr. 430 insgesamt zweimal berechnungsfähig.

Nr. 2920 (thorakale Sympathektomie) neben Nr. 3089 für „Eingriffe am sympathischen Nervensystem paraaortal, um die Spasmusbereitschaft der Koronararterien zu beeinflussen

„Nur in sehr wenigen Fällen (wenn eine Vollrevaskularisierung nicht möglich ist) ist bei einer Bypass-Operation eine thorakale Sympathektomie nach Nr. 2920 GOÄ erforderlich und berechenbar. Dies muss aus dem Operationsbericht klar nachvollziehbar sein. Die nur teilweise Durchtrennung (zum Beispiel der rami cardiaci nervi vagi) des Plexus kardiacus im Rahmen der Bypass-Operation ist eine unselbständige Teilleistung.

Berechnung Nr. 3090 GOÄ neben den Nrn. 3088 und 3089

Im Rahmen der Bypass-Operation (Nrn. 3088 / 3089) ist Nr. 3090 GOÄ (Operation von Anomalien der Koronararterien) nicht im Rahmen von standardmäßigen Operationen zur Koronarrevaskularisierung berechenbar. Sie kann lediglich dann berechnet werden, wenn tatsächlich eine entsprechende Anomalie des Koronargefäßsystems operativ korrigiert wird. Dies ist in der präoperativen Angiographie nachprüfbar (die Durchführung im Operationsbericht). Wiederum wird darauf hingewiesen, dass die Besonderheit des Eingriffes schon in der Rechnungsstellung dokumentiert werden sollte.

3090	**Operation von Anomalien der Koronararterien**	**4000** 233,15	536,24 816,02

Beschluss BÄK: **Aus den Beschlüssen des Zentralen Konsultationsausschusses für Gebührenordnungsfragen bei der Bundesärztekammer zur Privatliquidation herzchirurgischer Leistungen Berechnung Nr. 3090 GOÄ neben den Nrn. 3088 und 3089**

Im Rahmen der Bypass-Operation (Nrn. 3088 / 3089) ist Nr. 3090 GOÄ (Operation von Anomalien der Koronararterien) nicht im Rahmen von standardmäßigen Operationen zur Koronarrevaskularisierung berechenbar. Sie kann lediglich dann berechnet werden, wenn tatsächlich eine entsprechende Anomalie des Koronargefäßsystems operativ korrigiert wird. Dies ist in der präoperativen Angiographie nachprüfbar (die Durchführung im Operationsbericht). Wiederum wird darauf hingewiesen, dass die Besonderheit des Eingriffes schon in der Rechnungsstellung dokumentiert werden sollte.

3091	**Operation am Reizleitungssystem (Korrektur von Rhythmusstörungen – ausschließlich der Schrittmacherbehandlung -)**	**4500** 262,29	603,27 918,02

Ausschluss: Neben Nr. 3091 sind folgende Nrn. nicht abrechnungsfähig: 3095, 3097

GOÄ-Nr.		Punktzahl 1fach	2,3 / *1,8 3,5 / *2,5
3091 analog	**1. Endokardiales Kathermapping bei ventrikulären Tachykardien oder 2. Katherterablation v. tachykarden Rhythmusstörungen (analog 3091 GOÄ) – n. Empfehlung der BÄK**	**4500** 262,29	603,27 918,02
3095	**Schrittmacher-Erstimplantation**	**2770** 161,46	371,35 565,10

Ausschluss: Neben Nr. 3095 sind folgende Nrn. nicht abrechnungsfähig: 650 – 656, 3091, 3097

Rechtsprechung: **Implantation Herzschrittmacher – Aufklärungspflicht bei Beschwerden unklarer Genese**

Eine ungenügende Aufklärung vor der Schrittmacherimplantation ergibt sich aus einer unzulänglichen Unterrichtung des Patienten über die Dringlichkeit bzw. Indikation des Eingriffs. Daher ist bei einer relativen Indikation das Selbstbestimmungsrecht des Patienten nur dann gewahrt, wenn er darauf hingewiesen wird, dass und mit welchem Risiko auch ein Aufschieben oder gänzliches Unterlassen der Operation möglich ist. Zur ordnungsgemäßen Aufklärung gehört auch die zutreffende Information darüber, wie dringlich der Eingriff ist. Bei relativer Indikation besteht die Möglichkeit, die Behandlung zu unterlassen, als echte Behandlungsalternative. Daher wäre vorliegend von einem Aufklärungsversäumnis auszugehen, wenn die Schrittmacherimplantation lediglich relativ indiziert war, da die Aufklärung auf einer absoluten Indikation basierte. In einer solchen Konstellation kann sich nur dann eine Einschränkung ergeben, wenn die objektiv fehlerhafte Aufklärung auf einem Diagnoseirrtum beruht, der sich mangels Vorwerfbarkeit nicht als haftungsbegründender Behandlungsfehler darstellt (vgl. OLG Köln, Urteil vom 19. November 2014–5 U 87/13)

Aktenzeichen: OLG Koblenz, 20.01.2016 AZ: 5 U 1209/13

Entscheidungsjahr: 2016

Tipp: Bei ambulanter OP: Zuschlag nach Nr. 445 nicht vergessen!

3096	**Schrittmacher-Aggregatwechsel**	**1110** 64,70	148,81 226,45

Ausschluss: Neben Nr. 3096 sind folgende Nrn. nicht abrechnungsfähig: 650 – 656

Tipp: Bei ambulanter OP: Zuschlag nach Nr. 444 nicht vergessen!

3097	**Schrittmacher-Korrektureingriff – auch Implantation von myokardialen Elektroden –**	**2770** 161,46	371,35 565,10

Ausschluss: Neben Nr. 3097 sind folgende Nrn. nicht abrechnungsfähig: 650 – 656, 3091, 3095

Tipp: Bei ambulanter OP: Zuschlag nach Nr. 445 nicht vergessen!

XIV Ösophaguschirurgie, Abdominalchirurgie

3120	**Diagnostische Peritonealspülung, als selbständige Leistung**	**300** 17,49	40,22 61,20

Ausschluss: Neben Nr. 3120 sind folgende Nrn. nicht abrechnungsfähig: 307, 700, 701, 3135

Kommentar: Die Punktion der Bauchhöhle ist Bestandteil der Leistung. Ggf. erforderliche Laboruntersuchungen der Spülflüssigkeit sind zusätzlich berechenbar.

Tipp: Bei ambulanter OP: Zuschlag nach Nr. 442 nicht vergessen!

3121	**Choledochoskopie während einer intraabdominalen Operation**	**500** 29,14	67,03 102,00
3122	**Intraoperative Manometrie an den Gallenwegen (Prüfung des Papillenwiderstandes)**	**375** 21,86	50,27 76,50

GOÄ-Nr.		Punktzahl 1fach	2,3 / *1,8 3,5 / *2,5

3125 **Eröffnung des Ösophagus vom Halsgebiet aus** **1110** 148,81 / 64,70 226,45

Ausschluss: Neben Nr. 3125 sind folgende Nrn. nicht abrechnungsfähig: 3010, 3129, 3151

Kommentar: Die in den Allgemeinen Bestimmungen zum Kapitel L Abs. 2 geforderte Kürzung bei nebeneinander abrechenbaren Leistungen für Eingriffe im Bereich von Brust- und Bauchhöhle um den Vergütungsbetrag nach Nr. 2990 oder Nr. 3135 (1100 Punkte) bei allen dem ersten Eingriff nachfolgenden chirurgischen Leistungen ist hier auch nach Kommentierung von **Brück** nicht anzuwenden, da für den Eingriff nach Nr. 3125 eine erneute Schnittführung erforderllich ist.

3126 **Intrathorakaler Eingriff am Ösophagus** **4000** 536,24 / 233,15 816,02

Ausschluss: Neben Nr. 3126 sind folgende Nrn. nicht abrechnungsfähig: 3010, 3127, 3130

Kommentar: Nach Nr. 3126 sind z.B. die Entfernung von Divertikeln des Oesophagus wie Zenker'sches Divertikel, mediastinales Traktionsdivertikel oder epigastrisches Divertikel abrechenbar und nach Brück auch die Entfernung eines hochsitzenden Oesophagus-Carcinoms.

3127 **Extrapleurale Operation der Ösophagusatresie beim Kleinkind** **5000** 670,30 / 291,44 1020,03

Ausschluss: Neben Nr. 3127 ist folgende Nr. nicht abrechnungsfähig: 3010

Kommentar: Besondere Schwierigkeiten des Eingriffs können ggf. über einen höheren Steigerungsfaktor ausgeglichen werden.
Ist eine Transposition des Dünndarms erforderlich, kann zusätzlich die Leistung nach Nr. 3177 berechnet werden. – s.a. Kommentar zu Nr. 3128.

3128 **Operative Beseitigung einer angeborenen ösophagotrachealen Fistel** **3000** 402,18 / 174,86 612,02

Ausschluss: Neben Nr. 3128 sind folgende Nrn. nicht abrechnungsfähig: 3010, 3125

Kommentar: Liegt auch eine Ösophagusatresie vor, kann zusätzlich die Leistung nach Nr. 3127 erbracht und berechnet werden.

3129 **Operativer Eingriff am terminalen Ösophagus bei abdominalem Zugang** **3000** 402,18 / 174,86 612,02

Ausschluss: Neben Nr. 3129 sind folgende Nrn. nicht abrechnungsfähig: 3010, 3130

Kommentar: Abrechenbar nach Nr. 3129 sind z.B.

- die Entfernung eines Ösophagus-Carcinoms im unteren Ösophagus (ggf. zusätzlich Leistung Nr. 3177)
- Kardiomyotomie nach **Heller**

bei abdominalem Zugang.
Die Operation einer Diaphragmahernie ist nach Nr. 3280 abzurechnen.

3130 **Operativer Eingriff am Ösophagus bei abdominalthorakalem Zugang** **5000** 670,30 / 291,44 1020,03

Ausschluss: Neben Nr. 3130 sind folgende Nrn. nicht abrechnungsfähig: 3010, 3126, 3129

Kommentar: Abrechenbar nach Nr. 3130 sind z.B.

- die Entfernung eines Ösophagus-Carcinoms im unteren Ösophagus (ggf. zusätzlich Leistung Nr. 3177)
- Kardiomyotomie nach Heller

bei abdominal-thorakalem Zugang.
Die Operation einer Diaphragmahernie ist nach Nr. 3280 abzurechnen.

GOÄ-Nr.		Punktzahl / 1fach	2,3 / *1,8 / 3,5 / *2,5
3135	**Eröffnung der Bauchhöhle zu diagnostischen Zwecken – gegebenenfalls einschließlich Gewebeentnahme –**	**1110** / 64,70	148,81 / 226,45
3136	**Eröffnung eines subphrenischen Abszesses**	**1110** / 64,70	148,81 / 226,45

Ausschluss: Neben Nr. 3136 sind folgende Nrn. nicht abrechnungsfähig: 2430, 3137

Kommentar: Die Leistung nach Nr. 3136 ist unabhängig vom gewählten operativen Zugangsweg abrechenbar

3137	**Eröffnung von Abszessen im Bauchraum**	**1110** / 64,70	148,81 / 226,45

Ausschluss: Neben Nr. 3137 sind folgende Nrn. nicht abrechnungsfähig: 2430, 3136

Kommentar: Abrechenbar nach Nr. 3137 sind z.B.
- perityphlitischer Abszess
- Douglas-Abszess.

Eine zeitlich vor der Eröffnung durchgeführte diagnostische Douglas-Punktion nach Nr. 316 kann zusätzlich berechnet werden.

3138	**Anlage einer Magenfistel mit oder ohne Schrägkanalbildung**	**1600** / 93,26	214,50 / 326,41

Kommentar: Nach Nr. 3138 ist auch die endoskopische Anlage einer perkutanen Gastrotomie (PEG) abzurechnen.

3139	**Eröffnung des Bauchraums bei Peritonitis mit ausgedehnter Revision, Spülung und Drainage**	**2770** / 161,46	371,35 / 565,10

Ausschluss: Neben Nr. 3139 ist folgende Nr. nicht abrechnungsfähig: 3144

3144	**Naht der Magen- und Darmwand nach Perforation oder nach Verletzung – einschließlich Spülung des Bauchraumes –**	**1900** / 110,75	254,72 / 387,61

Ausschluss: Neben Nr. 3144 sind folgende Nrn. nicht abrechnungsfähig: 3139, 3145 – 3183

3145	**Teiresektion des Magens**	**2770** / 161,46	371,35 / 565,10

Ausschluss: Neben Nr. 3145 sind folgende Nrn. nicht abrechnungsfähig: 3146, 3147, 3148, 3149, 3150, 3157, 3158

Kommentar: Abrechenbar nach Nr. 3145 sind z.B.
- Antrumresktion
- Billroth I

Eine erforderliche Vagotomie ist nach Nr. 3154 zusätzlich abrechenbar; allerdings muss nach den Allgemeinen Bestimmungen zum Kapitel L Abs. 2 die Vergütung der Leistung nach Nr. 3135 (1100 Punkte) subtrahiert werden.

3146	**Kardiaresektion**	**4000** / 233,15	536,24 / 816,02

Ausschluss: Neben Nr. 3146 sind folgende Nrn. nicht abrechnungsfähig: 3145, 3147, 3149, 3150, 3157, 2158

3147	**Totale Magenentfernung**	**4800** / 279,78	643,49 / 979,23

Ausschluss: Neben Nr. 3147 sind folgende Nrn. nicht abrechnungsfähig: 3144, 3145, 3146, 3148, 3149, 3150

GOÄ-Nr.		Punktzahl 1fach	2,3 / *1,8 3,5 / *2,5
3148	**Resektion des Ulcus pepticum**	**4000** 233,15	536,24 816,02
Ausschluss:	Neben Nr. 3148ind folgende Nrn. nicht abrechnungsfähig: 3144, 3145, 3146, 3147, 3149, 3150, 3157, 3158		
3149	**Umwandlungsoperation am Magen (z.B. Billroth II in Billroth I, Interposition)**	**5250** 306,01	703,82 1071,03
Ausschluss:	Neben Nr. 3149 sind folgende Nrn. nicht abrechnungsfähig: 3144, 3145, 3146, 3147, 3148, 3150, 3157, 3158		
3150	**Gastrotomie**	**1600** 93,26	214,50 326,41
Ausschluss:	Neben Nr. 3120 sind folgende Nrn. nicht abrechnungsfähig: 3144, 3145, 3146, 3147, 3148, 3149, 3157, 3158		
3151	**Operative Einbringung eines Tubus in Ösophagus und/oder Magen als Notoperation**	**2700** 157,38	361,96 550,81
3152	**Spaltung des Pylorus (z.B. bei Pylorospasmus)**	**1900** 110,75	254,72 387,61
3153	**Pyloroplastik**	**3000** 174,86	402,18 612,02
Ausschluss:	Neben Nr. 3153 ist folgende Nr. nicht abrechnungsfähig: 3154		
3154	**Vagotomie am Magen**	**3000** 174,86	402,18 612,02
Ausschluss:	Neben Nr. 3154 ist folgende Nr. nicht abrechnungsfähig: 3155		
3155	**Vagotomie am Magen mit zusätzlichen Drainageverfahren (z.B. Anastomose, Pyloruserweiterung einschließlich Plastik)**	**4500** 262,29	603,27 918,02
Ausschluss:	Neben Nr. 3155 ist folgende Nr. nicht abrechnungsfähig: 3154		
3156	**Endoskopische Entfernung von Fäden nach Magenoperation oder von Fremdkörpern, zusätzlich zur Gastroskopie**	**450** 26,23	60,33 91,80
Kommentar:	Eine operative Fremdkörperentfernung ist nach Nr. 3150 abzurechnen.		
Tipp:	Bei ambulanter OP: Zuschlag nach Nr. 442 nicht vergessen.		
3157	**Magenteilresektion mit Dickdarmteilresektion**	**4620** 269,29	619,36 942,51
Ausschluss:	Neben Nr. 3157 sind folgende Nrn. nicht abrechnungsfähig: 3144, 3145, 3146, 3147, 3148, 3149, 3150		
3158	**Gastroenterostomie**	**2220** 129,40	297,61 452,89
Ausschluss:	Neben Nr. 3158 sind folgende Nrn. nicht abrechnungsfähig: 3144, 3145, 3146, 3148, 3149, 3153		

GOÄ-Nr.		Punktzahl 1fach	2,3 / *1,8 3,5 / *2,5

3165 **Operative Beseitigung von Atresien, Stenosen (Septen) und/oder Divertikeln des Duodenums** — **4000** 536,24 / 233,15 816,02

3166 **Operative Beseitigung der Atresien, Stenosen (Septen) und/oder Divertikeln des Jejunums oder des Ileums** — **3000** 402,18 / 174,86 612,02

Ausschluss: Neben Nr. 3166 sind folgende Nrn. nicht abrechnungsfähig: 3173, 3181

Kommentar: Für die Entfernung des Meckelschen Divertikels steht eine eigene Abrechnungsnummer Nr. 3173 zur Verfügung.

3167 **Anastomose im Dünndarmgebiet – auch mit Teilresektion –** — **2220** 297,61 / 129,40 452,89

Ausschluss: Neben Nr. 3167 ist folgende Nr. nicht abrechnungsfähig: 3181

3168 **Jejuno-Zökostomie** — **2600** 348,56 / 151,55 530,41

3169 **Teilresektion des Kolons – auch mit Anastomose –** — **3750** 502,73 / 218,58 765,02

Ausschluss: Neben Nr. 3169 sind folgende Nrn. nicht abrechnungsfähig: 3144, 3168, 3170, 3174, 3181, 3183

Kommentar: Abrechenbar nach Nr. 3169 sind z.B. die Hemikolektomie rechts und links. Werden zwei ausgedehnte Resektionen an unterschiedlicher Lokalisation des Colons ausgeführt, so ist nach **Lang, Schäfer, Stiel und Vogt** die Leistung nach Nr. 3170 zu berechnen. **Brück** schlägt für diesen Fall vor, die Nr. 3169 zweimal abzurechnen.

3170 **Kolektomie, auch subtotal – mit Ileostomie –** — **5250** 703,82 / 306,01 1071,03

Ausschluss: Neben Nr. 3170 sind folgende Nrn. nicht abrechnungsfähig: 3169, 3181, 3183, 3206, 3207

Kommentar: Nach **Lang, Schäfer, Stiel und Vogt** ist mit Nr. 3170 auch die Anus praeter-Bildung mit einer Dünndarmschlinge abgegolten.
Nach **Brück** ist eine evtl. Pouchbildung nicht eingeschlossen.

3171 **Operative Beseitigung von Lageanomalien innerhalb des Magen-Darmtraktes oder des Vovulus (auch im Säuglings- und Kleinkindalter) oder der Darminvagination** — **2500** 335,15 / 145,72 510,01

3172 **Operative Darmmobilisation bei Verwachsungen, als selbständige Leitung** — **1600** 214,50 / 93,26 326,41

Analog: Analoger Ansatz der Nr. 3172 für eine Netzresektion, die allerdings sehr selten eine eigenständige Leistung ist.

Tipp: Die Nr. 3172 analog für die Netzresektion ansetzen.

3173 **Operative Entfernung des Meckel'schen Divertikels** — **1480** 198,41 / 86,27 301,93

Ausschluss: Neben Nr. 3173 sind folgende Nrn. nicht abrechnungsfähig: 3165, 3166

Kommentar: Werden Divertikel des Jejunums oder des Ileums entfernt, ist die Nr. 3166 abrechnungsfähig.

Tipp: Bei ambulanter OP: Zuschlag nach Nr. 445 nicht vergessen!

GOÄ-Nr.		Punktzahl / 1fach	2,3 / *1,8 / 3,5 / *2,5
3174	**Operative Beseitigung einer Darmduplikatur**	**2700** / 157,38	361,96 / 550,81

Ausschluss: Neben Nr. 3174 ist folgende Nr. nicht abrechnungsfähig: 3169

3175	**Operation des Mekoniumileus**	**2700** / 157,38	361,96 / 550,81
3176	**Transposition eines Darmteils innerhalb des Abdomens**	**3500** / 204,01	469,21 / 714,02

Ausschluss: Neben Nr. 3176 sind folgende Nrn. nicht abrechnungsfähig: 3177, 3188, 3194

3177	**Transposition eines Darmteils und/oder des Magens aus dem Abdomen heraus**	**5000** / 291,44	670,30 / 1020,03

Ausschluss: Neben Nr. 3177 ist folgende Nr. nicht abrechnungsfähig: 3176

Kommentar: Ist eine Transposition des Dünndarms erforderlich, kann zusätzlich zur Nr. 3127 die Leistung nach Nr. 3177 berechnet werden.

3179	**Faltung sämtlicher Dünndarmschlingen bei rezidivierendem Ileus**	**4000** / 233,15	536,24 / 816,02
3181	**Langstreckige Resektion, auch ganzer Konvolute, vom Dünndarm – gegebenenfalls einschließlich vom Dickdarm – mit Anastomose**	**3500** / 204,01	469,21 / 714,02

Ausschluss: Neben Nr. 3181 ist folgende Nr. nicht abrechnungsfähig: 3169

3183	**Kombinierte Entfernung des gesamten Dick- und Mastdarmes mit Ileostoma**	**6500** / 378,87	871,40 / 1326,04

Ausschluss: Neben Nr. 3183 sind folgende Nrn. nicht abrechnungsfähig: 3169, 3170, 3207

3184	**Lebertransplantation**	**7500** / 437,15	1005,46 / 1530,04

Ausschluss: Neben Nr. 3184 ist folgende Nr. nicht abrechnungsfähig: 3185

Rechtsprechung: **Gebühr für Lebertransplantation**

Ein Arzt hatte nach einer Lebertransplantation bei einem Kassenpatienten gegenüber der GKV erhöhte Gebühren in Rechnung gestellt. Zur Begründung verwies er auf § 6 Abs. 2 GOÄ; die Regelung in Nr. 3184 sei nicht sachgerecht, weshalb der Regelungscharakter der Norm verloren gegangen sei. Eine Anwendung des § 6 Abs. 2 GOÄ kommt nicht in Betracht, weil die Lebertransplantation als Nr. 3184 ausdrücklich im Gebührenverzeichnis geregelt ist. Selbst wenn die in der Nr. 3184 vorgesehene Vergütung als unangemessen niedrig anzusehen wäre, verlöre dieser Gebührentatbestand dadurch nicht seinen Regelungscharakter. Denn der Verordnungsgeber hat zu entscheiden, welche Vergütung er für welche Behandlung für angemessen hält und festschreibt (Rechtsprechung des BGH). Die Rechtsprechung ist somit an die Entscheidung des Verordnungsgebers gebunden; die Gerichte sind nicht befugt, eine Korrektur vorzunehmen Die in Nr. 3184 GOÄ vorgesehene Vergütung ist nicht so unangemessen niedrig, dass diese Bestimmung ihren Regelungscharakter verloren hätte.

Aktenzeichen: OLG Köln, 12.01.2009, AZ: 5 U 163/08

Entscheidungsjahr: 2009

3185	**Operation an der Leber (z.B. Teilresektion oder Exzision eines Tumors)**	**3000** / 174,86	402,18 / 612,02

Ausschluss: Neben Nr. 3185 ist folgende Nr. nicht abrechnungsfähig: 3184

Kommentar: Nach Kommentar von **Hoffman** und auch **Brück** ist die Berechnung der Leistung nach GOÄ Nr. 3185 nur möglich, wenn es sich um eine Teilresektion, Exzision eines Tumors oder einen Eingriff ähnlicher Art handelt . Eine Hemihepatektomie und die Trisegmenttektomie sind so aufwendige Eingriffe an der Leber, dass bei denen eine mehrfache Abrechnung der Nr. 3185 je Segment möglich ist.
Für eine PE zur histologischen Untersuchung kann Nr. 3185 GOÄ nicht berechnet werden; dafür ist die GOÄ Nr. 315 GOÄ anzusetzen.

3186 Exstirpation der Gallenblase

2500 335,15
145,72 510,01

Ausschluss: Neben Nr. 3186 ist folgende Nr. nicht abrechnungsfähig: 3187

Kommentar: In der Leistungslegende wird nur von der Entfernung der Gallenblase (Cholezystektomie) gesprochen. In der Regel werden aber bei einer Cholezystektomie weitere operative Leistungen wie z.B. die Revision der Gallengänge erforderlich. In diesen Fällen ist dann für die Operation die GOÄ-Nr. 3187 abzurechnen.

3187 Operation an den Gallengängen – gegebenenfalls einschließlich Exstirpation der Gallenblase –

3250 435,70
189,43 663,02

Ausschluss: Neben Nr. 3187 sind folgende Nrn. nicht abrechnungsfähig: 3186, 3189, 3190

Kommentar: Die operative Beseitigung von Atresien und/oder Stenosen der Gallengänge beim Säugling oder Kleinkind sind nach Nr. 3189 abrechnungsfähig.
Für die Anlage einer perkutanen transhepatische Gallengangsfistel (PTC) kann nach dem Kommentar zur Gebührenordnung für Ärzte (GOÄ) von **Brück** et alii die Nr. 1851 analog berechnet werden.
Die zur Lagekontrolle der Fistel erforderliche Durchleuchtung und Kontrastmitteleinbringung ist nach § 4 nicht berechnungsfähig, da es sich um eine nicht honorarfähige Leistung handelt. Ist allerdings eine Durchleuchtung und Kontrastmitteleinbringung erforderlich, um z.B. die Ausdehnung eines tumorösen Prozesses darzustellen, sind die entsprechenden röntgenologischen Leistungen voll berechnungsfähig.
Werden im Rahmen der Leistung nach Nr. 3187 weitere Maßnahmen erforderlich, so können diese auch abgerechnet werden, z.B.
- Darstellung der Gallengänge (retrograde Cholangiographie (GOÄ-Nr. 5170)
- Choledochoskopie (intraoperative Spiegelung) (GOÄ-Nr. 3121)
- Druckmessung intraoperativ an Gallenwegen (GOÄ-Nr. 3122)
- Bildung biliodigestiver Anastomose (GOÄ-Nr. 3188)

3188 Biliodigestive Anastomose mit Interposition eines Darmabschnittes

4200 563,06
244,81 856,82

Ausschluss: Neben Nr. 3188 ist folgende Nr. nicht abrechnungsfähig: 3176

3189 Operative Beseitigung von Atresien und/oder Stenosen der Gallengänge beim Säugling oder Kleinkind

4000 536,24
233,15 816,02

Ausschluss: Neben Nr. 3189 sind folgende Nrn. nicht abrechnungsfähig: 3187, 3190

Kommentar: Sind mehrere Anastomosen erforderlich, so kann die Leistung nach Nr. 3189 nicht mehrfach abgerechnet werden, denn in der Leistungslegende wird schon in der Mehrzahl von „Atresien" und/oder Stenosen der Gallengänge gesprochen.

3190 Papillenexstirpation oder -spaltung mit Eröffnung des Duodenums

2700 361,96
157,38 550,81

Ausschluss: Neben Nr. 3190 sind folgende Nrn. nicht abrechnungsfähig: 3187, 3189

GOÄ-Nr.		Punktzahl 1fach	2,3 / *1,8 3,5 / *2,5
3192	**Milzrevision, als selbständige Leistung**	**2000** 116,57	268,12 408,01
3194	**Präparation einer Pankreaszyste und Drainage derselben durch Interposition eines Darmabschnittes**	**3700** 215,66	496,02 754,82
3195	**Resektion des Kopfteils vom Pankreas**	**4620** 269,29	619,36 942,51

Ausschluss: Neben Nr. 3195 sind folgende Nrn. nicht abrechnungsfähig: 3196, 3197, 3198

3196	**Resektion des Schwanzteils vom Pankreas**	**2220** 129,40	297,61 452,89

Ausschluss: Neben Nr. 3196 sind folgende Nrn. nicht abrechnungsfähig: 3195, 3197, 3198

Kommentar: Wenn erforderlich, sind neben der Leistung nach der Nr. 3196 ggf. die Leistungen nach den GOÄ-Nrn.
- 3167 (Anastomose im Dünndarmbereich)
- 3176 (Transposition eines Darmteiles innerhalb des Abdomens)
- 3199 (Milzextirpation)

zusätzlich berechnungsfähig.

3197	**Resektion des ganzen Pankreas**	**4620** 269,29	619,36 942,51

Ausschluss: Neben Nr. 3197 sind folgende Nrn. nicht abrechnungsfähig: 3195, 3196, 3198

3198	**Pankreoduodenektomie (z.B. nach Whipple)**	**5000** 291,44	670,30 1020,03

Ausschluss: Neben Nr. 3198 sind folgende Nrn. nicht abrechnungsfähig: 3195, 3196, 3197

3199	**Milzexstirpation**	**2220** 129,40	297,61 452,89
3200	**Appendektomie**	**1480** 86,27	198,41 301,93

Tipp: Bei ambulanter OP: Zuschlag nach Nr. 445 nicht vergessen,!

3202	**Operation einer persistierenden Fistel am Magen-Darm-Trakt – gegebenenfalls einschließlich Resektion und Anastomose**	**3000** 174,86	402,18 612,02
3205	**Anlage einer Endodrainage (z.B. Duodenum-Dünndarm-Leberpforte-Bauchhaut), zusätzlich zu anderen intraabdominalen Operationen**	**2250** 131,15	301,64 459,01

Kommentar: Nach Kommentar von **Lang, Schäfer, Stiel und Vogt** kann die Leistung nach Nr. 3205 grundsätzlich als Zusatzleistung, z.B. im Anschluss an eine Gallenwegsoperation, gesondert berechnet werden.
Nach der Kommentierung von **Brück** ist die Leistung nach Nr. 3205 nicht berechnungsfähig, „...für eine Drainage zum Abschluss einer Operation..."
Die Leistung nach Nr. 3205 beschreibt einen selbständigen Eingriff, so dass bei Abrechnung weiterer Leistungen neben Nr. 3205 die Eröffnungsleistung abgezogen werden muss.

GOÄ-Nr.		Punktzahl 1fach	2,3 / *1,8 3,5 / *2,5
3206	**Enterostomie – auch einschließlich Katheterfistelung (Kolostomie, Transversumfistel) –**	**2250** 131,15	301,64 459,01
Ausschluss:	Neben Nr. 3206 sind folgende Nrn. nicht abrechnungsfähig: 3170, 3183, 3207		
3207	**Anlegen eines Anus praeter**	**1480** 86,27	198,41 301,93
Ausschluss:	Neben Nr. 3207 sind folgende Nrn. nicht abrechnungsfähig: 3170, 3183, 3210		
3208	**Verschlußoperation für einen Anus praeter mit Darmnaht**	**1250** 72,86	167,58 255,01
Ausschluss:	Neben Nr. 3208 ist folgende Nr. nicht abrechnungsfähig: 3209		
Analog:	Die Leistung nach Nr. 3205 ist analog für den operativen Verschluss einer angelegten Coecalfistel berechnungsfähig.		
Tipp:	Bei ambulanter OP: Zuschlag nach Nr. 445 nicht vergessen!		
3209	**Verschlußoperation für einen Anus praeter mit Darmresektion**	**1750** 102,00	234,61 357,01
Ausschluss:	Neben Nr. 3209 ist folgende Nr. nicht abrechnungsfähig: 3208		
3210	**Anlegen eines Anus praeter duplex transversalis**	**2000** 116,57	268,12 408,01
Ausschluss:	Neben Nr. 3210 sind folgende Nrn. nicht abrechnungsfähig: 3170, 3183, 3207		
3211	**Unterweisung eines Anus-praeter-Patienten in der Irrigator-Methode zur Darmentleerung**	**120** 6,99	16,09 24,48
Ausschluss:	Neben Nr. 3211 sind folgende Nrn. nicht abrechnungsfähig: 1, 3		
3215	**Eröffnung eines kongenitalen oberflächlichen Afterverschlusses**	**150** 8,74	20,11 30,60
Ausschluss:	Neben Nr. 3215 sind folgende Nrn. nicht abrechnungsfähig: 3216, 3217, 3218		
3216	**Operation eines kongenitalen tiefreichenden Mastdarmverschlusses vom Damm auch oder der Analatresie**	**1200** 69,94	160,87 244,81
Ausschluss:	Neben Nr. 3216 sind folgende Nrn. nicht abrechnungsfähig: 3215, 3217, 3218		
Analog:	Nr. 1123a analog gesondert abrechenbar für eine Fistelablösung zum Urogenitaltrakt – Empfehlung nach Kommentar Brück		
3217	**Operation der Anal- und Rektumatresie einschließlich Kolondurchzugsoperation**	**3750** 218,58	502,73 765,02
Ausschluss:	Neben Nr. 3217 sind folgende Nrn. nicht abrechnungsfähig: 3215, 3216, 3218		
3218	**Radikaloperation eines tiefreichenden Mastdarmverschlusses mit Eröffnung der Bauchhöhle**	**2700** 157,38	361,96 550,81
Ausschluss:	Neben Nr. 3218 sind folgende Nrn. nicht abrechnungsfähig: 3215, 3216, 3217		
3219	**Operation eines Afterrisses oder Mastdarmrisses**	**278** 16,20	37,27 56,71
Ausschluss:	Neben Nr. 3219 sind folgende Nrn. nicht abrechnungsfähig: 2000 – 2006		
Tipp:	Bei ambulanter OP: Zuschlag nach Nr. 442 nicht vergessen!		

GOÄ-Nr.		Punktzahl / 1fach	2,3 / *1,8 / 3,5 / *2,5
3220	**Operation submuköser Mastdarmfisteln**	**300** / 17,49	40,22 / 61,20

Kommentar: Nach Nr. 1163 ist die Fisteloperation an den (weiblichen) Geschlechtsteilen – ggf. einschließlich der Harnblase und/oder Operation einer Darmscheiden- oder Darmharnröhrenfistel auch mit hinterer Scheidenplastik und Beckenbodenplastik – zu berechnen. Auch wenn mehrere submuköse Mastdarmfisteln operiert werden, kann die Leistung nach Nr. 3220 nur einmal abgerechnet werden.

Tipp: Bei ambulanter OP: Zuschlag nach Nr. 442 nicht vergessen!

3221	**Operation intramuskulärer Mastdarmfisteln**	**370** / 21,57	49,60 / 75,48

Kommentar: Auch wenn mehrere intramuskuläre Mastdarmfisteln operiert werden, kann die Leistung nach Nr. 3221 nur einmal abgerechnet werden.

Tipp: Bei ambulanter OP: Zuschlag nach Nr. 442 nicht vergessen!

3222	**Operation einer transsphinkterischen Mastdarmfistel – auch ihres verzweigten Gangsystems –**	**700** / 40,80	93,84 / 142,80

Tipp: Bei ambulanter OP: Zuschlag nach Nr. 443 nicht vergessen!

3223	**Operation einer extrasphinkterischen Fistel oder Rundbogenfistel – auch jeweils ihres verzweigten Gangsystems –**	**850** / 49,54	113,95 / 173,40

Tipp: Bei ambulanter OP: Zuschlag nach Nr. 444 nicht vergessen!

3224	**Peranale operative Entfernung von Mastdarmpolypen oder Mastdarmgeschwülsten – einschließlich Schleimhautnaht**	**1150** / 67,03	154,17 / 234,61

Ausschluss: Neben Nr. 3224 sind folgende Nrn. nicht abrechnungsfähig: 765, 766, 3226, 3240

Kommentar: Die transanale endoskopische Mikrochirurgie (TEM) ist nach Nr. 3224 abzurechnen. Der wesentlich erhöhte Aufwand gegenüber dem in der Legende von Nr. 3224 genannten Verfahren kann durch einen höheren Steigerungsfaktor ausgeglichen werden.

Tipp: Bei ambulanter OP: Zuschlag nach Nr. 444 nicht vergessen!

3226	**Peranale operative Entfernung einer Mastdarmgeschwulst mit Durchtrennung der Schließmuskulatur (Rectostomia posterior) – einschließlich Naht**	**3500** / 204,01	469,21 / 714,02

Ausschluss: Neben Nr. 3226 sind folgende Nrn. nicht abrechnungsfähig: 765, 766, 3224, 3240

3230	**Manuelles Zurückbringen des Mastdarmvorfalles**	**120** / 6,99	16,09 / 24,48

Ausschluss: Neben Nr. 3230 sind folgende Nrn. nicht abrechnungsfähig: 11, 3231, 3232

3231	**Operation des Mastdarmvorfalles bei Zugang vom After aus oder perineal**	**1150** / 67,03	154,17 / 234,61

Ausschluss: Neben Nr. 3231 sind folgende Nrn. nicht abrechnungsfähig: 3230, 3232

3232	**Operation des Mastdarmvorfalles mit Eröffnung der Bauchhöhle**	**2220** / 129,40	297,61 / 452,89

Ausschluss: Neben Nr. 3232 sind folgende Nrn. nicht abrechnungsfähig: 3230, 3231

GOÄ-Nr.		Punktzahl / 1fach	2,3 / *1,8 / 3,5 / *2,5
3233	**Rektumexstirpation bei Zugang vom After aus – auch mit Kreuzbeinschnitt –**	**2800** / 163,20	375,37 / 571,22
Ausschluss:	Neben Nr. 3233 sind folgende Nrn. nicht abrechnungsfähig: 3234, 3235		
3234	**Rektale Myektomie (z.B. bei Megacolon congenitum) – auch mit Kolostomie –**	**3500** / 204,01	469,21 / 714,02
3235	**Kombinierte Rektumexstirpation mit Laparotomie**	**5000** / 291,44	670,30 / 1020,03
Ausschluss:	Neben Nr. 3235 sind folgende Nrn. nicht abrechnungsfähig: 3233, 3234		
3236	**Unblutige Erweiterung des Mastdarmschließmuskels**	**111** / 6,47	14,88 / 22,64
Ausschluss:	Neben Nr. 3236 sind folgende Nrn. nicht abrechnungsfähig 685 – 690, 705, 3237		
3237	**Blutige Erweiterung des Mastdarmschließmuskels, als selbständige Leistung**	**370** / 21,57	49,60 / 75,48
Ausschluss:	Neben Nr. 3237 ist folgende Nr. nicht abrechnungsfähig: 3236		
Tipp:	Bei ambulanter OP: Zuschlag nach Nr. 442 nicht vergessen!		
3238	**Entfernung von Fremdkörpern aus dem Mastdarm**	**185** / 10,78	24,80 / 37,74
	Eine neben der Leistung nach Nummer 3238 erforderliche Rektoskopie ist nach Nummer 690 zusätzlich berechnungsfähig.		
Kommentar:	Die Leistung nach Nr. 3238 kann auch dann nur einmal berechnet werden, wenn mehrere Fremdkörper entfernt werden müssen. Wurde vor der Leistung der Nr. 3238 eine diagnostische Rektoskopie (Nr. 689) durchgeführt, so ist diese zusätzlich abrechenbar.		
Tipp:	Neben Nr. 3238 ist Nr. 690 abrechenbar.		
3239	**Muskelplastik bei Insuffizienz des Mastdarmschließmuskels**	**1800** / 104,92	241,31 / 367,21
3240	**Operation der Hämorrhoidalknoten**	**554** / 32,29	74,27 / 113,02
Ausschluss:	Neben Nr. 3240 sind folgende Nrn. nicht abrechnungsfähig: 3224, 3226, 3241		
GOÄ-Ratgeber der BÄK:	► **Hämorrhoidalchirurgie in der gültigen GOÄ** – Dr. med. Dipl.-Ök. Ursula Hofer (in: Deutsches Ärzteblatt 107, Heft 12 (26. März 2010), S. A-572) – siehe unter Nr. 764		
Kommentar:	Auch wenn mehrere Hämorrhoidalknoten operiert werden, so ist die Leistung nach Nr. 3240 nur einmal berechnungsfähig. Ein Ausgleich kann ggf. durch einen höheren Steigerungsfaktor erreicht werden.		
Tipp:	Bei ambulanter OP: Zuschlag nach Nr. 443 nicht vergessen!		
3241	**Hohe intraanale Exzision von Hämorrhoidalknoten (z.B. nach Milligan/Morgan) – auch mit Analplastik –**	**924** / 53,86	123,87 / 188,50
Ausschluss:	Neben Nr. 3241 ist folgende Nr. nicht abrechnungsfähig: 3240		
GOÄ-Ratgeber der BÄK:	► Siehe unter GOÄ Nr. 3240.		
Tipp:	Bei ambulanter OP: Zuschlag nach Nr. 444 nicht vergessen!		

GOÄ-Nr.		Punktzahl 1fach	2,3 / *1,8 3,5 / *2,5

XV Hernienchirurgie

3280	**Operation einer Diaphragmahernie**	**2770** 161,46	371,35 565,10
3281	**Operation der Zwerchfellrelaxation**	**2250** 131,15	301,64 459,01
3282	**Zurückbringen oder Versuch des Zurückbringens eines eingeklemmten Bruches**	**222** 12,94	29,76 45,29

Ausschluss: Neben Nr. 3282 sind folgende Nrn. nicht abrechnungsfähig: 3283, 3284, 3285, 3286

Kommentar: Da in der Leistungslegende keine spezielle Lokalisation der Hernie angegeben ist, bezieht sich die Leistung auf alle „eingeklemmten" Hernien. Die Reposition muss keineswegs erfolgreich sein, um die Leistung abrechnen zu können, denn schon in der Legende wird von einem „Versuch" gesprochen.

3283	**Operation eines Nabel- oder Mittellinien- oder Bauchnarbenbruches**	**1110** 64,70	148,81 226,45

Ausschluss: Neben Nr. 3283 sind folgende Nrn. nicht abrechnungsfähig: 3282, 3284

Tipp: Bei ambulanter OP: Zuschlag nach Nr. 444 nicht vergessen!

3284	**Operation eines Nabel- oder Mittellinien- oder Bauchnarbenbruches mit Muskel- und Faszienverschiebeplastik – auch mit Darmresektion –**	**2500** 145,72	335,15 510,01

Ausschluss: Neben Nr. 3284 sind folgende Nrn. nicht abrechnungsfähig: 3282, 3283

Kommentar: Die Leistung nach Nr. 3284 beinhaltet ggf. auch eine Kunststoffnetzeinlage statt einer Muskel- und Faszienverschiebplatte.

Tipp: Bei ambulanter OP: Zuschlag nach Nr. 445 nicht vergessen!

3285	**Operation eines Leisten- oder Schenkelbruches**	**1290** 75,19	172,94 263,17

Ausschluss: Neben Nr. 3285 sind folgende Nrn. nicht abrechnungsfähig: 3282, 3286

Kommentar: Nach dem GOÄ-Kommentar von **Brück** können die Nrn. 3285 und 3286 GOÄ aufgrund der Textur ihrer Leistungslegenden für eine Hernienart, das heißt Leistenhernie oder Schenkelhernie, auf einer Seite nur einmal berechnet werden, auch wenn es sich um eine Kombination von medialer und lateraler Hernie handelt.

GOÄ-Ratgeber der BÄK: ► **Zur Abrechnung der Leistenhernienoperation**
Dtsch Arztebl 2014; 111(18): A-810/B-698/C-662
Gorlas, Stefan – http://www.aerzteblatt.de/archiv/159485
Der Autor verweist darauf:... „bei den Landesärztekammern und der Bundesärztekammer sind seit einiger Zeit Rechnungsbeschwerden aufgetreten, die neben der Abrechnung einer Leistenhernienoperation, beispielsweise mit der Nr. 3285 GOÄ („Operation eines Leisten- oder Schenkelbruches") den analogen Ansatz der Nr. 1767 GOÄ (Originäre Leistungslegende: „Operative Freilegung eines Hodens mit Entnahme von Gewebematerial") für eine „Funikulolyse" enthalten.
Die Rechnungserstellerin führt als Begründung für diesen analogen Ansatz an, dass eine „Funikulolyse" im Rahmen einer Leistenhernienoperation bei Frauen nicht erforderlich sei. Demzufolge müsse dieser Einzelschritt bei Männern getrennt berechnungsfähig sein..."
Der Autor macht auf die geschlechtsneutrale Formulierung des Kapitels Hernienchirurgie der GOÄ aufmerksam. Unterschiedliche, geschlechtsbezogene Einzelschritte sind nicht getrennt berechnungsfähig,... „ obwohl im Vergleich zur Präparation bzw. Durchtrennung des Ligamentum teres uteri bei der Frau etwas aufwendigeren Präparation des Samenstranggebildes beim Mann vorzunehmen..."
Die Inzidenz einer Leistenhernienoperation ist beim Mann etwa neunmal höher als bei der Frau. Für die etwas aufwendigere Leistung beim Mann sah der Verordnungsgeber keine Notwendigkeit für eine zusätzlich GOÄ-Nr.

Herr Gorlas führt weiter aus: ... „Größere Sprünge in Bezug auf die operative Schwierigkeit und den Zeitaufwand sind demgegenüber auch im Abschnitt Hernienchirurgie durch unterschiedliche Gebührenpositionen differenziert, so beispielsweise mit den Nummern 3285 GOÄ („Operation einer Leisten- oder Schenkelhernie", bewertet mit 1 290 Punkten) und 3286 GOÄ („Operation eines eingeklemmten Leisten- oder Schenkelbruches – gegebenenfalls mit Darmresektion –", bewertet mit 2 000 Punkten).

Tipp: Bei ambulanter OP: Zuschlag nach Nr. 445 nicht vergessen!

3286 Operation eines eingeklemmten Leisten- oder Schenkelbruches – gegebenenfalls mit Darmresektion – **2000** 268,12
116,57 408,01

Ausschluss: Neben Nr. 3286 sind folgende Nrn. nicht abrechnungsfähig: 3282, 3285

Kommentar: Siehe Kommentar zu Nr. 3285.

Beschluss BÄK: **Beschluss des Zentralen Konsultationsausschusses für Gebührenordnungsfragen bei der Bundesärztekammer** – veröffentlicht am 03.09.2004, DÄ (Quelle: GOÄ-Datenbank http://www.blaek.de/) –
Operation eines großen Leisten- oder Schenkelbruches oder Rezidivoperation eines Leisten- oder Schenkelbruches, jeweils einschließlich Implantation eines Netzes
Für die Operation eines großen Leisten- oder Schenkelbruches oder Rezidivoperation eines Leisten- oder Schenkelbruches, jeweils einschließlich Implantation eines Netzes – kann die Nr. 3286 GOÄ (2000 Punkte) analog berechnet werden.

Tipp: Bei ambulanter OP: Zuschlag nach Nr. 445 nicht vergessen!

3287 Operation der Omphalozele (Nabelschnurhernie) oder der Gastroschisis beim Neugeborenen oder Kleinkind **2500** 335,15
145,72 510,01

3288 Operative Beseitigung eines Ductus omphaloentericus persistens oder einer Urachusfistel **2250** 301,64
131,15 459,01

A 3289 Operation eines großen Leisten- oder Schenkelbruches oder Rezidivoperation eines Leisten- oder Schenkelbruches, jeweils einschl. Implantation eines Netzes, (analog Nr. 3286 GOÄ) – n. Verzeichnis analoger Bewertungen der Bundesärztekammer **2000** 268,12
116,57 408,01

XVI Orthopädisch-chirurgische konservative Leistungen

3300 Arthroskopie – gegebenenfalls mit Probeexzision – **500** 67,03
29,14 102,00

Ausschluss: Neben Nr. 3300 sind folgende Nrn. nicht abrechnungsfähig: 300 – 302, 2189 – 2196

Tipp:
- Für Videodokumentation analog Nr. 5030 ansetzen. Es ist nur der 1fache Satz möglich.
- Bei ambulanter OP: Zuschlag nach Nr. 443 nicht vergessen, dazu ggf. Nr. 440!

3301 Modellierendes Redressement einer schweren Hand- oder Fußverbildung **473** 63,41
27,57 96,49

3302 Stellungsänderung oder zweites und folgendes Redressement im Verlaufe der Behandlung nach Nummer 3301 **227** 30,43
13,23 46,31

3305 Chiropraktische Wirbelsäulenmobilisierung **37** 4,96
2,16 7,55

Ausschluss: Neben Nr. 3305 ist folgende Nr. nicht abrechnungsfähig: 3306

Kommentar: Die GOÄ Nr. 3305 bezieht sich auf die gesamte Wirbelsäule und nicht auf Teilabschnitte, sie kann daher je Sitzung nur einmal berechnet werden, auch dann nur wenn z. B. BWS und LWS in einer Sitzung behandelt werden..

IGeL: Osteopathische Techniken

3306 Chirotherapeutischer Eingriff an der Wirbelsäule

148	19,84
8,63	30,19

Kommentar: Da die Legende nicht in Unterabschnitte der Wirbelsäule wie HWS, BWS und LWS gegliedert ist, können manualmedizinische Eingriffe in einer Sitzung an unterschiedlichen anatomischen oder funktionellen Abschnitten der Wirbelsäule nicht durch mehrfaches Ansetzen der Nr. 3306 abgerechnet werden. Es ist nur der einmalige Ansatz der Nr. 3306 gerechtfertigt.

Die Bundesärztekammer führt dazu aus: „...Nr. 3306 ist allerdings auch bei chirotherapeutischen Eingriffen an einem Teilabschnitt der Wirbelsäule berechnungsfähig. Ist der Eingriff mit besonderem Aufwand oder besonderen Schwierigkeiten verbunden, so kann dies noch über den Steigerungsfaktor berücksichtigt werden. Vor dem Erbringen der Leistung an verschiedenen Abschnitten der Wirbelsäule, müsste u. E. die Begründung eines höheren Multiplikators patientenbezogen sein.“

Zu chirotherapeutischen Eingriffen an Extremitäten und der Analogabrechnung der Nr. 3306 führt die Bundesärztekammer aus. „...Nr. 3306 GOÄ bezieht sich auf den chirotherapeutischen Eingriff an der Wirbelsäule, mithin nicht auf den chirotherapeutischen Eingriff an Extremitätengelenken. Dieses stellt gegenüber der Nr. 3306 eine eigenständige Leistung und nicht eine Modifikation der Leistung nach Nr. 3306 dar, und ist demzufolge nicht über den Steigerungsfaktor, sondern als selbständige Leistung zu berücksichtigen.

IGeL: Analoger Ansatz für die kraniosakrale Therapie. Siehe weitere Angaben in GOÄ – Ratgeber, Dr. A. Pieritz, Deutsch.Ärtzeblatt 2011; 108(51–52)

Rechtsprechung: **Chirotherapeutischer Eingriff an der Wirbelsäule – GOÄ Ziffer 3306**

Für den chirotherapeutischen Eingriff an der Wirbelsäule ist in der GOÄ die Ziffer 3306 vorgesehen. Nach den Abrechnungsempfehlungen der Bundesärztekammer ist die Wirbelsäule dabei als Ganzes anzusehen, auch wenn sie aus den drei Abschnitten Halswirbelsäule mit Kopfgelenken, Brustwirbelsäule mit Rippengelenken und Lendenwirbelsäule mit Ileosakralgelenken besteht. Daher kann die Ziffer 3306 GOÄ bei der chirotherapeutischen Behandlung mehrerer Abschnitte der Wirbelsäule in einer Sitzung nur einmal angesetzt werden.

Eine mehrfacher Ansatz der Ziffer 3306 GOÄ kann aber unter dem Gesichtspunkt der sogenannten Analogabrechnung in Betracht kommen. Nach den Abrechnungsempfehlungen der Bundesärztekammer vom 11. September 1998 (Deutsches Ärzteblatt 1998; 95 [47]) ist eine Berechnung analog Ziffer 3306 GOÄ möglich, wenn in derselben Sitzung ein chirotherapeutischer Eingriff an einem oder mehreren Extremitätengelenken vorgenommen wird. Eine mehr als zweimalige Berechnung im Behandlungsfall muss auf der Rechnung begründet werden (vgl. Deutsches Ärzteblatt 2011; 108 [51–52]).

Aktenzeichen: VerwG Bayreuth, 12.05.2015, AZ: B 5 K 14.695

Entscheidungsjahr: 2015

3306 analog Chirotherapeutischer Eingriff an einem oder mehreren Extremitätsgelenken, je Sitzung (analog 3306 GOÄ) – n. Beschlüssen des Ausschusses „Gebührenordnung“ der BÄK

148	19,84
8,63	30,19

Eine mehr als zweimalige Berechnung im Behandlungsfall muss unbedingt begründet werden.

Kommentar: Die Berechnung eines chirotherapeutischen Eingriffs an den Extremitäten analog Nr. 3306 kann neben dem Eingriff an der Wirbelsäule (Nr. 3306) vorgenommen werden.

GOÄ-Nr.		Punktzahl 1fach	2,3 / *1,8 3,5 / *2,5
3310	**Abdrücke oder Modellherstellung durch Gips oder andere Werkstoffe für eine Hand oder für einen Fuß mit oder ohne Positiv**	**76** 4,43	10,19 15,50
3311	**Abdrücke oder Modellherstellung durch Gips oder andere Werkstoffe für einen Unterarm einschließlich Hand oder für einen Unterschenkel einschließlich Fuß oder für Ober- oder Unterarm oder Unterschenkelstumpf**	**152** 8,86	20,38 31,01
3312	**Abdrücke oder Modellherstellung durch Gips oder andere Werkstoffe für einen Oberschenkelstumpf mit Tubersitzausarbeitung**	**189** 11,02	25,34 38,56
3313	**Abdrücke oder Modellherstellung durch Gips oder andere Werkstoffe für den ganzen Arm oder für das ganze Bein**	**303** 17,66	40,62 61,81
3314	**Abdrücke oder Modellherstellung durch Gips oder andere Werkstoffe für den Arm mit Schulter**	**379** 22,09	50,81 77,32
3315	**Abdrücke oder Modellherstellung durch Gips oder andere Werkstoffe für das Bein mit Becken**	**473** 27,57	63,41 96,49

Kommentar: Das Anzeichnen von „Schnittlinien" auf der Haut vor einer Operation (z.B. Bei Varizen Operationen oder bei plastischen Operationen) ist **nicht** analog nach den GOÄ Nrn. 3315 oder 3321 gesondert abrechenbar, da es bereits Bestandteil der operativen Leistungen ist.

3316	**Abdrücke oder Modellherstellung durch Gips oder andere Werkstoffe für den Rumpf**	**757** 44,12	101,48 154,43
3317	**Abdrücke oder Modellherstellung durch Gips oder andere Werkstoffe für Rumpf und Kopf oder Rumpf und Arm oder Rumpf, Kopf und Arm**	**946** 55,14	126,82 192,99
3320	**Anpassen von Kunstgliedern oder eines großen orthopädischen Hilfsmittels**	**95** 5,54	12,74 19,38

Unter „Große orthopädische Hilfsmittel" sind solche orthopädischen Hilfsmittel zu verstehen, deren Anpassen dem von Kunstgliedern vergleichbar sind.
Unter „Anpassen" ist die durch den Arzt bewirkte Korrektur von bereits vorhandenen, anderweitig angefertigten Kunstgliedern oder großen orthopädischen Hilfsmitteln zu verstehen.

Kommentar:

- Als **große** orthopädische Hilfsmittel gelten Kunstglieder, orthopädische Schuhe, Stützkorsette und als **kleine** orthopädische Hilfsmittel Bruchbänder, Gelenkstützen, Gummistrümpfe, Leibbinden, Einlagen.
- Unter „Anpassen" ist die durch den Arzt bewirkte Korrektur von bereits vorhandenen, anderweitig angefertigten Kunstgliedern oder großen orthopädischen Hilfsmitteln zu verstehen.

3321	**Erstellen eines Konstruktionsplanes für ein großes orthopädisches Hilfsmittel (z.B. Kunstglied)**	**152** 8,86	20,38 31,01

Kommentar: Siehe zu Nr. 3315

M Laboratoriumsuntersuchungen

Auf einen Blick:

Das GOÄ-Labor

3500 – 3532	**M I Praxislabor** Diese Nummern dürfen nur abgerechnet werden, wenn die Leistungen im eigenen Praxislabor erbracht wurden.
3541.H-3621	**M II Basislabor** Diese Nummern sind berechnungsfähig, wenn sie im eigenen Praxislabor oder in einer Laborgemeinschaft erbracht werden. Werden die angegebenen Nummern im Praxislabor erbracht, sollten sie allerding mit den unter M I angegebenen Nummern abgerechnet werden, da die Vergütung höher ausfällt als im Basislabor.
3630.H-4787	**M III** z.B. **körpereigene Substanz,** z.B. T3/T4/TSH **M IV Speziallabor** Die Leistungen nach M III und M IV dürfen nur von dem Arzt abgerechnet werden, der sie auch selbst erbringt.

Allgemeine Bestimmungen:

1. Die Gebühren für Laboratoriumsuntersuchungen des Abschnitts M umfassen die Eingangsbegutachtung des Probenmaterials, die Probenvorbereitung, die Durchführung der Untersuchung (einschließlich der erforderlichen Qualitätssicherungsmaßnahmen) sowie die Erstellung des daraus resultierenden ärztlichen Befunds. Mit den Gebühren für die berechnungsfähigen Leistungen sind außer den Kosten – mit Ausnahme der Versand- und Portokosten sowie der Kosten für Pharmaka im Zusammenhang mit Funktionstesten – auch die Beurteilung, die obligatorische Befunddokumentation, die Befundmitteilung sowie der einfache Befundbericht abgegolten. Die Verwendung radioaktiven Materials kann nicht gesondert berechnet werden. Kosten für den Versand des Untersuchungsmaterials und die Übermittlung des Untersuchungsergebnisses innerhalb einer Laborgemeinschaft sind nicht berechnungsfähig.

2. Stehen dem Arzt für die Erbringung bestimmter Laboruntersuchungen mehrere in ihrer klinischen Aussagefähigkeit und analytischen Qualität gleichwertige Verfahren zur Verfügung, so kann er nur das niedriger bewertete Verfahren abrechnen.

3. Bei Weiterversand von Untersuchungsmaterial durch einen Arzt an einen anderen Arzt wegen der Durchführung von Laboruntersuchungen der Abschnitte M III und/oder M IV hat die Rechnungsstellung durch den Arzt zu erfolgen, der die Laborleistung selbst erbracht hat.

4. Mehrmalige Blutentnahmen an einem Kalendertag (z.B. im Zusammenhang mit Funktionsprüfungen) sind entsprechend mehrfach berechnungsfähig. Anstelle der Blutentnahme kann die intravenöse Einbringung von Testsubstanzen berechnet werden, wenn beide Leistungen bei liegender Kanüle nacheinander erbracht werden. Entnahmen aus liegender Kanüle oder liegendem Katheter sind nicht gesondert berechnungsfähig.

5. Die rechnerische Ermittlung von Ergebnissen aus einzelnen Messgrößen ist nicht berechnungsfähig (z.B. Clearance-Berechnungen, mittlerer korpuskulärer Hämoglobingehalt).

6. Die in Abschnitt M enthaltenen Höchstwerte umfassen alle Untersuchungen aus einer Art von Körpermaterial (z.B. Blut einschließlich seiner Bestandteile Serum, Plasma und Blutzellen), das an einem Kalendertag gewonnen wurde, auch wenn dieses an mehreren Tagen untersucht wurde.
Sind ausmedizinischen Gründen an einem Kalendertag mehrere Untersuchungen einer Messgröße aus einer Materialart zu verschiedenen Tageszeiten erforderlich, so können diese entsprechend mehrfach berechnet werden. Bestehen für diese Bestimmungen Höchstwerte, so gehen sie in den Höchstwert mit ein.
Die unter Höchstwerte fallenden Untersuchungen sind in der 5. und 6. Stelle der Gebührennummer durch H1 bis H4 gekennzeichnet. Diese Kennzeichnung ist Bestandteil der Gebührennummer und muss in der Rechnung angegeben werden. Die erbrachten Einzelleistungen sind auch dann in der Rechnung aufzuführen, wenn für diese ein Höchstwert berechnet wird.

7. Werden Untersuchungen, die Bestandteil eines Leistungskomplexes sind (z.B. Spermiogramm), als selbständige Einzelleistungen durchgeführt, so darf die Summe der Vergütungen für diese Einzelleistungen die für den Leistungskomplex festgelegte Vergütung nicht überschreiten.

8. Für die analoge Abrechnung einer nicht aufgeführten selbständigen Laboruntersuchung ist die nach Art, Kosten- und Zeitaufwand zutreffendste Gebührennummer aus den Abschniten M II bis M IV zu verwenden. In der Rechnung ist diese Gebührennummer durch Voranstellen des Buchstabens „A“ als Analogabrechnung zu kennzeichnen.

9. Sofern erforderlich, sind in den Katalogen zu den Messgrößen die zur Untersuchung verwendeten Methoden in Kurzbezeichnung aufgeführt. In den folgenden Fällen werden verschiedene Methoden unter einem gemeinsamen Oberbegriff zusammengefasst:

Agglutination: Agglutinationsreaktionen (z.B. Hämagglutination, Hämagglutinationshemmung, Latex-Agglutination, Bakterienagglutination);
Immundiffusion: Immundiffusions- (radiale), Elektroimmundiffusions-, nephelometrische oder turbidimetrische Untersuchungen;
Immunfluoreszenz oder ähnliche Untersuchungsmethoden: Lichtmikroskopische Untersuchungen mit Fluoreszenz-, Enzym- oder anderer Markierung zum Nachweis von Antigenen oder Antikörpern;
Ligandenassay: Enzym-, Chemolumineszenz-, Fluoreszenz-, Radioimmunoassay und ihre Varianten.

Die Gebühren für Untersuchungen mittels Ligandenassay beinhalten grundsätzlich eine Durchführung in Doppelbestimmung einschließlich aktueller Bezugskurve. Bei der Formulierung „– gegebenenfalls einschließlich Doppelbestimmung und aktueller Bezugskurve –" ist die Durchführung fakultativ, bei der Formulierung „– einschließlich Doppelbestimmung und aktueller Bezugskurve –" ist die Durchführung obligatorisch zur Berechnung der Gebühr. Wird eine Untersuchung mittels Ligandenassay, die obligatorisch eine Doppelbestimmung beinhaltet, als Einfachbestimmung durchgeführt, so dürfen nur zwei Drittel der Gebühr berechnet werden.

10. Sofern nicht gesondert gekennzeichnet, handelt es sich bei den aufgeführten Untersuchungen um quantitative oder semiquantitative Bestimmungen.

11. Laboratoriumsuntersuchungen der Abschnitte M I, M II und M III (mit Ausnahme der Leistungen nach den Nummern 3980 bis 4014) im Rahmen einer Intensivbehandlung nach Nummer 435 sind nur nach Nummer 437* berechnungsfähig.

GOÄ-Ratgeber der BÄK:

► Laborleistungen: Persönliche Leistungserbringung – M III/M IV
www.baek.de/page.asp?his=1.108.4144.4176.4183
Dr. med. R. Klakow-Franck – in: Deutsches Ärzteblatt 100, Heft 48 (28.11.03), Seite A-3191
Die Angaben der Autorin werden in Ausschnitten dargestellt: „Im Fall des Speziallabors nach den Abschnitten M III/M IV der GOÄ ist die persönliche Anwesenheit und Überwachung der Arbeiten durch den liquidationsberechtigten Arzt unerlässlich. Im Fall des Praxislabors nach Abschnitt M I der GOÄ geht der Verordnungsgeber davon aus, dass diese Laborleistungen vom Praxisinhaber selbst beziehungsweise von seinen Mitarbeitern unter seiner Aufsicht erbracht werden.
Für die Leistungen des Basislabors nach Abschnitt M II der GOÄ wurde eine besondere Regelung geschaffen: Diese gelten auch dann als eigene Leistungen, wenn sie nicht in der eigenen Praxis, sondern in einer Laborgemeinschaft, in der der Arzt Mitglied ist, beziehungsweise im Labor des Krankenhauses erbracht werden, in der nicht liquidationsberechtigte Ärzte die Aufsicht führen.
Werden Leistungen des Basislabors von einem Fremdlabor bezogen, so handelt es sich nicht mehr um eigene Leistungen. Liquidationsberechtigt ist in diesen Fällen nicht der behandelnde Arzt, der die Laborleistungen angeordnet hat, sondern der beauftragte Laborarzt."

► Labor – versenden und berechnen?
www.baek.de/page.asp?his=1.108.4144.4176.4185
Dr. med. Anja Pieritz – (in: Deutsches Ärzteblatt 102, Heft 10 (11.03.2005), Seite A-689
Die Autorin weist auf 11 Allgemeinen Bestimmungen zum Kapitel M Laboratoriumsuntersuchungen hin und führt weiter aus: „... wenn der niedergelassene Arzt das Material (Blut, Urin etc.) beim Patienten zwar entnimmt, aber dies zur Untersuchung weiterleitet. Dabei sind grundsätzlich zwei Fälle zu unterscheiden. Ist der niedergelassene Arzt Mitglied einer Laborgemeinschaft und schickt er beispielsweise Blut zur Untersuchung des Blutzuckers an die Laborgemeinschaft, dessen Mitglied er ist, kann er diese Leistung als eigene Leistung nach Nummer 3560 GOÄ in Rechnung stellen (vergleiche auch § 4 Absatz 2 GOÄ). Schickt der niedergelassene Arzt das Blut jedoch an ein (Fremd-)Labor, dessen Mitglied er nicht ist, oder handelt es sich um Leistungen aus dem Speziallabor (M III und M IV), welche er an seine Laborgemeinschaft sendet, so kann der niedergelassene Arzt diese Leistung nicht selbst in Rechnung stellen (vergleiche Ziffer 3). Die Rechnungsstellung erfolgt durch den Laborarzt, der diese Leistung erbracht hat, direkt an den Patienten. Der niedergelassene Arzt ist jedoch verpflichtet, den Patienten darüber zu informieren, dass Leistungen durch „Dritte" erbracht werden ..."

Kommentar:
Zur Gebührenhöhe vgl. § 5 Abs.4 GOÄ; d. h. die Nr. 437 und Abschnitt M gilt ein Höchstsatz von 1,3fach und eine Regelspanne von 1,15fach.
Für das gesamte Kapitel M (Laboratoriumsuntersuchungen) gilt: Eine Honorarvereinbarung nach § 2 GOÄ ist unzulässig; s. § 2 Abs. 3 GOÄ.

Kommentar zum Thema: Behandlungsverhältnis Patient/Laborarzt
Im Behandlungsverhältnis zwischen Arzt und Patient wird nur in einzelnen Fällen ein schriftlicher Behandlungsvertrag abgeschlossen. In der Regel kommt ein Behandlungsvertrag zustande, indem ein Patient die Praxis aufsucht und der Arzt die Behandlung aufnimmt.

Wenn bei der Behandlung ein Laborarzt mit einer Untersuchung eingeschaltet werden muss, wird ein zusätzlicher Behandlungsvertrag zwischen Patient und Laborarzt abgeschlossen. Der BGH hat in zwei Urteilen vom 14. Januar 2010 (Az.: III ZR 173/09; Az.: III ZR 188/09) die Voraussetzungen an das Zustandekommen eines eigenständigen Behandlungsvertrags zwischen Patient und Laborarzt dargelegt.
Der BGH führt aus: ...„Nach allgemeiner Auffassung wird bei der Inanspruchnahme eines externen Laborarztes durch den behandelnden Arzt letzterer im Regelfall als Stellvertreter des Patienten tätig. Übersendet dieser Untersuchungsmaterial des Patienten an den Laborarzt, erteilt er den damit verbundenen Auftrag grundsätzlich im Namen des Patienten. Hat dieser ihn dazu bevollmächtigt, wird neben dem Behandlungsverhältnis zwischen dem Patienten und dem Arzt ein weiteres eigenständiges Vertragsverhältnis zwischen dem Patienten und dem Laborarzt begründet...“
Dabei umfasst das Einverständnis des Patienten mit der Entnahme von Probematerial zum Zweck der Untersuchung durch einen externen Arzt grundsätzlich nur medizinisch indizierte Leistungen im Sinne von § 1 Abs. 2 (GOÄ). Eine Vollmacht ist deshalb objektiv auf medizinisch notwendige Leistungen beschränkt. Dies gilt insbesondere auch für Laborleistungen.
Der Umfang der erteilten Innenvollmacht richte sich somit danach, ...„welche Laboruntersuchungen für die medizinisch notwendige weitere Behandlung objektiv – nicht nach der subjektiven Meinung des behandelnden Arztes – benötigt werden...“
Wenn der behandelnde Arzt den Umfang der Innenvollmacht überschreitet, handelt er als Vertreter ohne Vertretungsmacht mit der Folge, dass zwischen seinem Patienten und dem Laborarzt kein wirksamer Behandlungsvertrag zustande kommt. Das bedeutet, dass der Patient „zusätzlich gemachte Untersuchungen“ des Laborarztes nicht bezahlen muss.
Vielmehr haftet dann der behandelnde (überweisende) Arzt für die Vergütung des Laborarztes.

■ Rechtsprechung

Wirtschaftliche Aufklärung bei nicht notwendigen Laborleistungen

Ist bei einer Behandlung die medizinische Notwendigkeit nicht gegeben, darf der Arzt diese Leistung nur auf Verlangen des Patienten erbringen. Erforderlich ist dann aber eine vorherige Aufklärung des Patienten darüber, dass die Behandlung medizinisch nicht erforderlich und daher auch die Erstattung durch die Krankenkasse fraglich sei. Vgl. dazu OLG München, 08.02.2012, AZ: 1 U 45/11 und nunmehr auch § 630 c Abs.3 Patientenrechtegesetz.
Die Pflicht zur wirtschaftlichen Aufklärung hat ein Arzt auch, wenn er einen Laborarzt im Namen des Patienten mit nicht medizinisch erforderlichen Laboruntersuchungen beauftragt.
Diese Pflicht besteht nur dann nicht, wenn der beauftragte Arzt eine Beurteilung von Untersuchungen und Behandlung selbständig vornimmt.
Aktenzeichen: OLG Köln. 18.09.2013, AZ: 5 U 40/13
Entscheidungsjahr: 2013

Abgeltung von Laboratoriumsuntersuchungen im Rahmen einer Intensivbehandlung im Krankenhaus durch Komplexgebühr: Geltung auch für externe Ärzte

Der BGH führt in dem Urteil u. a. aus: Die Komplexgebühr der Nr. 437 für Laboratoriumsuntersuchungen im Rahmen einer Intensivbehandlung nach Nr. 435 rechtfertigt auch für externe Ärzte keine Einzelabrechnung der von ihnen erbrachten Leistungen, soweit es sich nicht um Leistungen nach den Abschnitten M III 13 und M IV des Gebührenverzeichnisses handelt
Weiter der BGH: Verfügt das Krankenhaus über ein Zentrallabor, das alle anfallenden Untersuchungen vornehmen kann, dem aber kein liquidationsberechtigter Arzt vorsteht, kann der behandelnde liquidationsberechtigte Arzt die Komplexgebühr nach Nummer 437 im Rahmen des § 4 Abs. 2 GOÄ in Rechnung stellen. Denn als eigene Leistungen, die er liquidieren darf, gelten auch Laborleistungen des Abschnitts M II des Gebührenverzeichnisses (Basislabor), die nach fachlicher Weisung in von Ärzten ohne eigene Liquidationsberechtigung geleiteten Krankenhauslabors erbracht werden. Erbringen die Ärzte eines solchen Labors auch Leistungen des Abschnitts M III und M IV, könnten sie von dem behandelnden liquidationsberechtigten Arzt allerdings nicht in Rechnung gestellt werden, da es sich insoweit nicht um eigene Leistungen handelt, die im Sinn des § 4 Abs. 2 Satz 1 GOÄ unter seiner Aufsicht nach fachlicher Weisung erbracht werden .
Aktenzeichen: BGH, 10.05.2007, AZ: III ZR 291/06
Entscheidungsjahr: 2007

Vergütung von Laborkosten – Innenvollmacht

Wenn ein behandelnder Arzt ein externes Labor mit Untersuchungen beauftragt, handelt er als Bevollmächtigter seines Patienten, so dass zwischen dem Labor und dem Patienten ein weiterer Be-

handlungsvertrag zustande kommt. Es ist dann davon auszugehen, dass der Patient seinem Arzt eine sog. Innenvollmacht erteilt hat.
Diese Innenvollmacht ist aber nicht unbegrenzt gültig. Wird z. B. ein Patient nicht ausdrücklich auf die außergewöhnlich hohen Kosten für eine Laboruntersuchung (hier: gentechnisches Gutachten zur Untersuchung auf Marfan-Syndrom; Kosten: Euro 21.000.–) hingewiesen, kann nicht davon ausgegangen werden, dass der Patient ohne explizite Aufklärung mit einer derartigen Untersuchung einverstanden ist und daher eine wirksame Innenvollmacht vorliegt.
Aktenzeichen: OLG Brandenburg, 12.01.2011, AZ: 4 U 111/08
Entscheidungsjahr: 2011

Kein Honoraranspruch eines Laborarztes gegenüber einem Patienten bei objektiv nicht erforderlicher Untersuchung
Ein behandelnder Arzt hatte einen externen Laborarzt mit einer humangenetischen Blutuntersuchung beauftragt. Der Laborarzt erbrachte seine Leistung; es stellte sich aber heraus, dass objektiv die Untersuchung medizinisch nicht notwendig war. Nach allgemeiner Meinung wird bei der Beauftragung eines externen Arztes der behandelnde Arzt als Stellvertreter des Patienten tätig. Es wird somit ein eigener Behandlungsvertrag zwischen dem Patienten und dem externen Arzt geschlossen.
Bei der Zusammenarbeit eines behandelnden Arztes mit einem Laborarzt ist zu beachten, dass grundsätzlich jeder Arzt für seinen Aufgabenbereich verantwortlich ist. Ein Arzt darf sich darauf verlassen, dass der Kollege seine Aufgaben mit der nötigen Sorgfalt erledigt und die Indikation zu der erbetenen Leistung zutreffend gestellt hat. Eine gegenseitige Überwachungspflicht besteht nicht. Anderes gilt nur, wenn offensichtliche Fehlleistungen vorliegen (dazu BGH, 26.02.1991, AZ: VI ZR 344/89). Auch im Verhältnis Laborarzt – Patient gelten selbstverständlich die Regelungen der GOÄ, so auch § 1 Abs. 2 S. 1 GOÄ. Danach kann ein Arzt Vergütungen nur für Leistungen berechnen, die für eine medizinisch notwendige Versorgung notwendig sind. Unstreitig war die gentechnische Untersuchung medizinisch nicht notwendig. Dem Laborarzt steht daher ein Vergütungsanspruch gegenüber dem Patienten nicht zu; und zwar auch dann, wenn er den Auftrag des behandelnden Arztes fehlerfrei erfüllt hatte und er keinen Grund hatte, die Notwendigkeit der Untersuchung in Zweifel zu ziehen. Der Laborarzt kann daher nur Schadensersatzansprüche gegenüber dem behandelnden Arzt geltend machen, da dieser die Untersuchung veranlasst hatte.
Aktenzeichen: BGH, 14.01.2010, AZ: III ZR 188/09
Entscheidungsjahr: 2010

Abrechnung Labor im Rahmen einer Intensivbehandlung im Krankenhaus durch Komplexgebühr: Geltung auch für externe Ärzte
Die Komplexgebühr der Nr. 437 für Laboratoriumsuntersuchungen im Rahmen einer Intensivbehandlung nach Nr. 435 rechtfertigt auch für externe Ärzte keine Einzelabrechnung der von ihnen erbrachten Leistungen, soweit es sich nicht um Leistungen nach den Abschnitten M III 13 und M IV des Gebührenverzeichnisses handelt,
Aktenzeichen: BGH, 10.05.2007, AZ: III ZR 29/06
Entscheidungsjahr: 2007

Auf einen Blick:
Laboruntersuchungen im Praxislabor und außerhalb des Praxislabors
Die Leistungen/Nummern des GOÄ-Labor 3500–3532 M I Praxislabor dürfen nur abgerechnet werden, wenn die Leistungen im eigenen Praxislabor erbracht wurden.
Die Leistungen/Nrn. 3541.H–3621 M II Basislabor sind berechnungsfähig, wenn sie im eigenen Praxislabor oder in einer Laborgemeinschaft erbracht werden.
Werden die angegebenen Nummern im Praxislabor erbracht, sollten sie allerding mit den unter M I angegebenen Nummern abgerechnet werden, da die Vergütung höher ausfällt als im Basislabor.

Laboruntersuchung	**GOÄ-Nrn. für Durchführung im Praxislabor** **Honorar (€)** (1,15-fach)	**GOÄ-Nrn. für Durchführung außerhalb des Praxislabors** **Honorar (€)** (1,15-fach)
Blut im Stuhl	**3500** (6,04)	**3650** (4,03)
BKS bzw. BSG	**3501** (4,03)	**3711** (2,68)
Differenzierung des Blutausstrichs, mikroskopisch	**3502** (8,04)	**3551** (1,35) (Mechan.Differenzierung)
Hämatokrit	**3503** (4,69)	**3550** (4,03)

Laboruntersuchung	GOÄ-Nrn. für Durchführung im Praxislabor Honorar () (1,15-fach)	GOÄ-Nrn. für Durchführung außerhalb des Praxislabors Honorar () (1,15-fach)
Erythrozyten Leukozyten Thrombozyten Mikroskopische Einzelbestimmung	**3504** (4,03) **3505** (4,03) **3506** (4,03) (Berechnung je Messgröße)	**3550** (4,03) (Darf nur 1xl berechnet werden, egal wie viel Parameter bestimmt werden!)
Untersuchung mit vorgefertigten Reagenzträgern (z. B. Glukose, Harnstoff, Urinteststreifen)	**3511** (3,35)	**3652** (2,35)
Alpha-Amylase	**3512** (4,69)	**3588** (3,35)
Gamma-GT	**3513** (4,69)	**3592** (2,68)
Glukose	**3514** (4,69)	**3560** (2,68)
GOT	**3515** (4,69)	**3594.H1*** (2,68)
Hämaglobin	**3517** (4,69)	**3550** (4,03)
Harnsäure	**3518** (4,69)	**3583.H1*** (2,68)
Kalium	**3519** (4,69)	**3557** (2,01)
Kreatinin	**3520** (4,69)	**3585.H1*** (2,68)
Lipase	**3521** (4,69)	**3598.H1*** (3,45)
ASL	**3523** (6,70)	**4231** (6,04) **Quantitative Bestimmung: 4247, 4293 oder 4294**
CRP	**3524** (6,70)	**A4234** (6,04) **Quantit. Bestimmung: 3741**
Mononukleosetest	**3525** (6,70)	**4300** (6,04) **Quantit. Bestimmung: 4305**
Rheumafaktor	**3526** (6,70)	**3884** (6,04) **Quantit.Bestimmung: 3686**
Thromobpastinzeit	**3530** (8,04)	**3607** (3,35)
Urinsediment	**3531** (4,69)	**3653** (3,35)
Phasenkontrastmikroskopische Untersuchung Urinsedimentes	**3532** (6,04)	**3651** (4,69)

*** Höchstwertregelung bei allen mit „H1" gekennzeichneten Ziffern beachten.**

I Vorhalteleistungen in der eigenen, niedergelassenen Praxis

Allgemeine Bestimmungen:

Leistungen nach den Nummern 3500 bis 3532 sind nur berechnungsfähig, wenn die Laboruntersuchung direkt beim Patienten (z.B. auch bei Hausbesuch) oder in den eigenen Pxaxisräumen innerhalb von vier Stunden nach der Probennahme bzw. Probenübergabe an den Arzt erfolgt.
Die Leistungen nach den Nummern 3500 bis 3532 sind nicht berechnungsfähig, wenn sie in einem Krankenhaus, einer krankenhausähnlichen Einrichtung, einer Laborgemeinschaft oder in einer laborärztlichen Praxis erbracht werden.

Hinweis BÄK:

Stellungnahme der Bundesärztekammer:
Vorhalteleistungen in der eigenen niedergelassenen Praxis (M I) – Praxislabor
Das Praxislabor nach Abschnitt M I ist als Akutlabor in der eigenen niedergelassenen Praxis vorzuhalten. Es ist deshalb auch mit eigenständigen Leistungspositionen und Bewertungen in die GOÄ aufgenommen worden. Leistungen dieses Praxislabors

GOÄ-Nr. Punktzahl 1,15 / 1fach 1,3

sind entsprechend den Allgemeinen Bestimmungen zu Abschnitt M I (Nrn. 3500 bis 3532) nur berechnungsfähig, wenn die Laboruntersuchungen direkt beim Patienten – dies kann auch beim Hausbesuch sein – oder in den eigenen Praxisräumen innerhalb von vier Stunden nach der Probenentnahme beziehungsweise Probenübergabe an den Arzt erfolgt.
Ausdrücklich ausgeschlossen ist die Berechnungsfähigkeit dieser Leistungen bei Leistungserbringung in einem Krankenhaus, einer krankenhausähnlichen Einrichtung, einer Laborgemeinschaft oder in einer laborärztlichen Praxis. Da die Leistungserbringung im Krankenhaus ausdrücklich ausgeschlossen ist und dieser Ausschluss nicht auf stationäre Wahlleistungen begrenzt ist, können Leistungen des Abschnittes M I auch nicht im Rahmen der ambulanten Sprechstundenbehandlung des Krankenhausarztes berechnet werden.

Wichtige Ausschlüsse – Wichtige Ausschlüsse

1. Neben der GOÄ Nr. 435* sind für die Dauer der stationären intensivmedizinischen Überwachung und Behandlung Leistungen nach Kapitel M nicht berechnungsfähig
2. Neben der GOÄ Nr. 437* sind folgende Labor-Leistungen nicht abrechenbar (Ausnahme siehe bei M III)

   M I Vorhalteleistungen in der niedergelassenen Praxis
   GOÄ Nrn. 3500* bis einschl. Nr. 3532*

   M II Basislabor
   GOÄ Nrn. 3541.H* bis einschl. Nr. 3621*

   M III Untersuchungen von körpereigenen oder körperfremden Substanzen und körpereigenen Zellen
   GOÄ Nrn. 3630.H* bis einschl. 4469*
   ► Ausnahme:
   Leistungen aus M III 13. Blutgruppenmerkmale, HLA-System Nrn. 3980* – 4014*) können neben Nr. 437* berechnet werden

   M IV Hinweis: Leistungen zum Nachweis und zur Charakterisierung von Krankheitserregern (GOÄ Nrn. 4500* bis 4787) können neben Nr. 437* berechnet werden

3500* Blut im Stuhl, dreimalige Untersuchung

90 6,03
5,25 6,82

Die Kosten für ausgegebenes Testmaterial sind anstelle der Leistung nach Nummer 3500 berechnungsfähig, wenn die Auswertung aus Gründen unterbleibt, die der Arzt nicht zu vertreten hat.

Ausschluss: Neben Nr. 3500 sind folgende Nrn. nicht abrechnungsfähig: 27, 28

Kommentar: Gibt der Patient die erhaltenen Testbriefchen – in der Regel für 3 Stuhlproben von aufeinander folgenden Tagen – nicht vollständig oder gar nicht zurück oder wurden die Stuhlproben nicht in den bezeichneten Stellen aufgetragen und ist somit das Testmaterial nicht auswertbar, kann der Arzt nur die entsprechenden Auslagen für das Testmaterial berechnen. Eine Berechnung der Nr. 3500 aber ist nicht möglich.

3501* Blutkörperchensenkungsgeschwindigkeit (BKS, BSG)

60 4,02
3,50 4,55

Tipp: Die Entnahme von Venenblut kann neben der Nr. 3500 zusätzlich nach Nr. 250 berechnet werden.

3502* Differenzierung des Blutausstrichs, mikroskopisch

120 8,04
6,99 9,09

Kommentar: Eine mechanisierte Differenzierung der Leukozyten ist nach Nr. 3551 abzurechnen.

3503* Hämatokrit

70 4,69
4,08 5,30

GOÄ-Nr.		Punktzahl / 1fach	1,15 / 1,3
Katalog	**Mikroskopische Einzelbestimmung, je Messgröße**	**60** / 3,50	4,02 / 4,55

3504* **Erythrozyten**

Kommentar: Die mikroskopische Bestimmung der Erythrozytenzahl im Liquor wird nach Nr. 3669 und die der Leukozytenzahl im Liquor nach Nr. 3670 berechnet.
Bei einer mechanisierten Differenzierung ist nur nach Nr. 3550 abrechenbar.

3505* **Leukozyten**

Kommentar: Bei einer mechanisierten Differenzierung ist nur nach Nr. 3550 abrechenbar.

3506* **Thrombozyten**

Kommentar: Bei einer mechanisierten Differenzierung ist nur nach Nr. 3550 abrechenbar.

3508* **Mikroskopische Untersuchung eines Nativpräparats, gegebenenfalls nach einfacher Aufbereitung (z.B. Zentrifugation) im Durchlicht- oder Phasenkontrastverfahren, je Material (z.B. Punktate, Sekrete, Stuhl)** — **80** / 4,66 — 5,36 / 6,06

Kommentar: Werden unterschiedliche Körpermaterialien, z.B. Sekrete und Stuhl untersucht, so kann die Leistung in diesem Falle 2x abgerechnet werden. Werden allerdings von einem Material z.B. Punktat, mehrere Nativpräparate angefertigt, so können diese nur einmal berechnet werden. Hinsichtlich der Untersuchung von Urinsedimenten siehe Nrn. 3531, 3532.

3509* **Mikroskopische Untersuchung nach einfacher Färbung (z.B. Methylenblau, Lugol), je Material** — **100** / 5,83 — 6,70 / 7,58

Kommentar: Wie bei der Leistung nach Nr. 3508 ist eine mehrfache Berechnung bei Untersuchung verschiedener Körpermaterialien gestattet. Werden allerdings von einem Material verschiedene Färbungen durchgeführt, so sind diese nur einmal berechnungsfähig.

3510* **Mikroskopische Untersuchung nach differenzierender Färbung (z.B. Gramfärbung), je Präparat** — **120** / 6,99 — 8,04 / 9,09

Kommentar: Im Gegensatz zu Nr. 3508 und Nr. 3509 wird hier in der Legende nicht vom Material, sondern von Präparaten gesprochen. Dies bedeutet, dass, wenn es erforderlich ist, aus **einem** Material Präparate in unterschiedlichen Färbungen anzufertigen und diese zu untersuchen, der Ansatz der Nr. 3510 entsprechend der unterschiedlich gefärbten und untersuchten Präparate möglich ist. Um Nachfragen der Krankenkasse zu vermeiden, sollten die Färbemethoden kurz aufgelistet werden.

3511* **Untersuchung eines Körpermaterials mit vorgefertigten Reagenzträgern oder Reagenzzubereitungen und visueller Auswertung (z.B. Glukose, Harnstoff, Urinteststreifen), qualitativ oder semiquantitativ, auch bei Verwendung eines Mehrfachreagenzträgers, je Untersuchung** — **50** / 2,91 — 3,35 / 3,79

Können mehrere Messgrößen durch Verwendung eines Mehrfachreagenzträgers erfasst werden, so ist die Leistung nach Nummer 3511 auch dann nur einmal berechnungsfähig, wenn mehrere Einfachreagenzträger verwandt wurden.
Bei mehrfacher Berechnung der Leistung nach Nummer 3511 ist die Art der Untersuchung in der Rechnung anzugeben.

Ausschluss: Neben Nr. 3511 sind folgende Nrn. nicht abrechnungsfähig: 27, 28

Kommentar: In der Legende wird von einer visuellen Auswertung gesprochen. Nach dem Kommentar zur GOÄ von **Brück** ist der Ansatz nach Nr. 3511 auch für apparative Auswertung möglich. Weitere Untersuchungsmöglichkeiten, die nach Nr. 3511 berechnungsfähig sind:
- Liquorschnelldiagnostik mit gebräuchlichen Urinteststreifen
- Lipasediagnostik mittels Latexschnelltest-

GOÄ-Nr.		Punktzahl	1,15
		1fach	1,3

- Ph-Untersuchung mit Indikatorpapier/-lösung
- Laktatbestimmung mittels Teststreifen
- Helicobacter pylori-Schnelltest
- Urinasenachweis in Biospiematerial

Werden verschiedene Materialien untersucht, wie z.B. Urin, Blut, Liquor oder Biopsiematerial, so kann die Nr. 3511 entsprechend der verschiedenen Körpermaterialien mehrfach abgerechnet werden. Bei der Abrechnung ist es sinnvoll, die unterschiedlichen Materialien oder die Messgrößen in unterschiedlichen Materialien aufzuführen. Die Anwendung eines Teststreifens mit mehreren Testfeldern gilt nur als eine Untersuchung.

Untersuchung folgender Messgrößen unabhängig vom Messverfahren, je Messgröße — **70** — 4,69 — 4,08 — 5,30

Kommentar: Die im Katalog aufgezählten Parameter können in einem Rahmen der Sofort- und Notfalldiagnostik untersucht und berechnet werden. Andere als die aufgezählten Laborparameter dürfen **nicht analog** nach den Katalog-Nrn. 3512 bis 3521 abgerechnet werden, sondern müssen nach den entsprechenden GOÄ-Nrn. der Abschnitte M II bis M IV abgerechnet werden.

Katalog

3512* **Alpha-Amylase**

3513* **Gamma-Glutamyltranspeptidase (Gamma-Glutamyltransferase, Gamma-GT)**

3514* **Glukose**

3515* **Glutamatoxalazetattransaminase (GOT, Aspartataminotransferase, ASAT, AST)**

3516* **Glutamatpyruvattransaminase (GPT, Alaninaminotransferase ALAT ALT)**

3517* **Hämoglobin**

3518* **Harnsäure**

3519* **Kalium**

3520* **Kreatinin**

3521* **Lipase**

Untersuchung folgender Messgrößen unabhängig vom Messverfahren, je Messgröße — **100** — 6,70 — 5,83 — 7,58

Kommentar: Eine quantitative Bestimmung von Antistreptolysin wird nach den entsprechenden Nrn. 4247, 4293 oder 4294 berechnet.

Katalog

3523* **Antistreptolysin (ASL)**

Kommentar: Eine quantitative Bestimmung von Antistreptolysin wird nach den entsprechenden Nrn. 4247, 4293 oder 4294 berechnet.

3524* **C-reaktives Protein (CRP)**

Kommentar: Eine quantitative Bestimmung von CRP wird nach Nr. 3741 berechnet.

3525* **Mononuklosetest**

Kommentar: Eine quantitative Bestimmung des Mononukleose-Tests wird nach Nr. 4305 berechnet.

GOÄ-Nr.		Punktzahl / 1fach	1,15 / 1,3
3526*	**Untersuchung folgender Messgrößen unabhängig vom Messverfahren, je Messgröße – Rheumafaktor (RF)**		
Kommentar:	Eine quantitative Bestimmung des Rheumafaktors wird nach Nr. 3686 berechnet.		
3528*	**Schwangerschaftstest (Nachweisgrenze des Tests kleiner als 500 U/l)**	**130** / 7,58	8,71 / 9,85
Kommentar:	Die Leistunglegenden nach Nr. 3528 (< 500 U/l) und Nr. 3529 (< 50 U/l) weisen unterschiedliche Nachweisempfindlichkeiten aus und sind daher auch unterschiedlich bewertet. Eine quantitative HCG-Bestimmung wird nach den Nrn. 4024 oder 4053 berechnet.		
3529*	**Schwangerschaftstest (Nachweisgrenze des Tests kleiner als 50 U/l)**	**150** / 8,74	10,05 / 11,37
Kommentar:	Die Leistunglegenden nach Nr. 3528 (< 500 U/l) und Nr. 3529 (< 50 U/l) weisen unterschiedliche Nachweisempfindlichkeiten aus und sind daher auch unterschiedlich bewertet. Eine quantitative HCG-Bestimmung wird nach den Nrn. 4024 oder 4053 berechnet.		
3530*	**Thromboplastinzeit (TPZ, Quickwert)**	**120** / 6,99	8,04 / 9,09
3531*	**Urinsediment**	**70** / 4,08	4,69 / 5,30
3532*	**Phasenkontrastmikroskopische Untersuchung des Urinsediments – einschließlich morphologischer Beurteilung der Erythrozyten –**	**90** / 5,25	6,03 / 6,82

II Basislabor

Allgemeine Bestimmungen

Die aufgeführten Laborleistungen dürfen auch dann als eigene Leistungen berechnet werden, wenn diese nach fachlicher Weisung unter der Aufsicht eines anderen Arztes in Laborgemeinschaften oder in von Ärzten ohne eigene Liquidationsberechtigung geleiteten Krankenhauslabors erbracht werden.

Für die mit H1 gekennzeichneten Untersuchungen ist der Höchstwert Nummer 3541.H zu beachten.

Hinweis BÄK:

Stellungnahme der Bundesärztekammer: Basislabor (M II)

In § 4 Abs. 2 Satz 2 ist die Delegation von Laborleistungen an eine Laborgemeinschaft – oder aus von Ärzten ohne eigene Liquidationsberechtigung geleiteten Krankenhauslabors – auf Leistungen des Abschnittes M II begrenzt worden. Insofern gilt die bisherige Regelung des § 4 Abs. 2 Satz 2 GOÄ, die sich nach altem Recht auf alle Laborleistungen, d.h. alle Leistungen des Abschnitts M bezog, in der neuen GOÄ nur noch für Leistungen des Abschnittes M II.

Kommentar:

Labor: Besondere Regelungen zur eigenen Leistung

Gem. § 4 Abs. 2 GOÄ kann ein Arzt Gebühren für selbstständige Leistungen berechnen, die er selbst erbracht hat oder die unter seiner Aufsicht nach fachlicher Weisung erbracht werden. Als eigene Leistung gelten auch von ihm berechnete Laborleistungen des Kapitels M II, die nach fachlicher Weisung unter der Aufsicht eines anderen Arztes in **Laborgemeinschaften** erbracht werden. Vorausgesetzt wird, dass der abrechnende Arzt Mitglied der Laborgemeinschaft ist.. Diese Regelung gilt nur für Leistungen des Basislabors (M II), nicht aber für Leistungen des Speziallabors (M III und M IV), denn diese Leistungen kann nur der Arzt abrechnen, der sie auch selbst erbracht hat.

Als Laborgemeinschaft versteht man eine Kooperation von zwei oder mehreren Ärzten zur Ausübung der ärztlichen Tätigkeit in gemeinsamen Praxisräumen mit gemeinsamen Personal.. Es ist lediglich eine Kostengemeinschaft; die ärztliche Tätigkeit wird nicht gemeinschaftlich ausgeübt. Im Behandlungsverhältnis zum Patienten tritt jeder Arzt selbständig auf und rechnet allein für sich ab.

3541.H* **Höchstwert für die mit H1 gekennzeichneten Untersuchungen des Abschnitts M II** **480** 32,17
27,98 36,37

Auf einen Blick: **Untersuchungen des Abschnittes M II., für die der Höchstwert nach Nr. 3541.H gilt:**

Untersuchung	GOÄ-Nr.
Albumin	3570.H1*
Alkal. Phosphatase	3587.H1*
Alpha-Amylase	3588.H1*
Anorgan. Phosphat	3580.H1*
Bilirubin, gesamt	3581.H1*
Cholesterin	3562.H1*
Cholinesterase	3589.H1*
Creatinkinase MB	3591.H1*
Creatinkinase	3590.H1*
Gamma-GT	3592.H1*
Gesamt-Protein	3573.H1*
GLDH	3593.H1*
GOT	3594.H1*
GPT	3595.H1*
Harnsäure	3583.H1*
Harnstoff (-N)	3584.H1*
HBDH	3596.H1*
HDL-Cholesterin	3563.H1*
Kreatinin	3585.H1*
LDH	3597.H1*
LDL-Cholesterin	3564.H1*
Lipase	3598.H1*
Proteinelektrophorese i. S.	3574.H1*
Triglyceride	3565.H1*

1 Körperzellen und deren Bestandteile, Zellfunktionsuntersuchungen

3550* **Blutbild und Blutbildbestandteile** **60** 4,02
3,50 4,55

Die Leistung nach Nummer 3550 beinhaltet die Erbringung mindestens eines der folgenden Parameter, darf jedoch unabhängig von der Zahl der erbrachten Parameter aus demselben Probenmaterial nur einmal berechnet werden:
Erythrozytenzahl und/oder Hämatokrit und/oder Hämoglobin und/oder mittleres Zellvolumen (MCV) und die errechneten Kenngrößen (z.B. MCH, MCHC) und die Erythrozytenverteilungskurve und/oder Leukozytenzahl und/oder Thrombozytenzahl.

Ausschluss: Neben Nr. 3550 ist folgende Nr. nicht abrechnungsfähig: 23

Analog: Nr. 3550 analog für die Berechnung des Volumenanteils der Kryoglobuline i. Serum (Kryorit) – Empfehlung nach Kommentar Brück

GOÄ-Nr.		Punktzahl 1fach	1,15 1,3
3551*	**Differenzierung der Leukozyten, elektronisch-zytometrisch, zytochemisch-zytometrisch oder mittels mechanisierter Mustererkennung (Bildanalyse), zusätzlich zu der Leistung nach Nummer 3550**	**20** 1,17	1,34 1,52
3552*	**Retikulozytenzahl**	**70** 4,08	4,69 5,30

2 Elektrolyte, Wasserhaushalt

3555*	**Calcium**	**40** 2,33	2,68 3,03
3556*	**Chlorid**	**30** 1,75	2,01 2,27
3557*	**Kalium**	**30** 1,75	2,01 2,27

Ausschluss: Neben Nr. 3557 ist die Nr. 437* nicht abrechnungsfähig.

3558*	**Natrium**	**30** 1,75	2,01 2,27

3 Kohlehydrat- und Lipidstoffwechsel

Allgemeine Bestimmung:

Für die mit H1 gekennzeichneten Untersuchungen ist der Höchstwert nach Nummer 3541.H zu beachten.

3560*	**Glukose**	**40** 2,33	2,68 3,03

Kommentar: Die Leistung nach Nr. 3560 ist bei quantitaviver Bestimmungen für alle Untersuchungsmaterialien abrechnenbar.

3561*	**Glykierte Hämoglobine (HbA1, HbA1c)**	**200** 11,66	13,41 15,15
3562.H1*	**Cholesterin**	**40** 2,33	2,68 3,03
3563.H1*	**HDL-Cholesterin**	**40** 2,33	2,68 3,03
3564.H1*	**LDL-Cholesterin**	**40** 2,33	2,68 3,03

Kommentar: Wird das LDL-Cholesterin rechnerisch aus den vorhandenen Messwerten von Cholesterin und HDL-Cholesterin und Triglyceriden nach der Friedewald-Formel ermittelt, so kann diese Leistung nicht berechnet werden. Dies gilt auch für die Berechnung von Lipidenquotienten.

GOÄ-Nr.		Punktzahl 1fach	1,15 1,3
3565.H1*	**Triglyzeride**	**40** 2,33	2,68 3,03

4 Proteine, Elektrophoreseverfahren

Allgemeine Bestimmung:

Für die mit H1 gekennzeichneten Untersuchungen ist der Höchstwert nach Nummer 3541.H zu beachten.

3570.H1*	**Albumin, photometrisch**	**30** 1,75	2,01 2,27
3571*	**Immunglobulin (IgA, IgG, IgM), Ligandenassay – gegebenenfalls einschließlich Doppelbestimmung und aktueller Bezugskurve –, Immundiffusion oder ähnliche Untersuchungsmethoden, je Immunglobulin**	**150** 8,74	10,05 11,37
3572*	**Immunglobulin E (IgE), Ligandenassay – gegebenenfalls einschließlich Doppelbestimmung und aktueller Bezugskurve –, Immundiffusion oder ähnliche Untersuchungsmethoden**	**250** 14,57	16,76 18,94
Ausschluss:	Neben Nr. 3572 sind folgende Nrn. nicht abrechnungsfähig: 3892, 3893, 3894		
3573.H1*	**Gesamt-Protein im Serum oder Plasma**	**30** 1,75	2,01 2,27
3574.H1*	**Proteinelektrophorese im Serum**	**200** 11,66	13,41 15,15
Kommentar:	Die ggf. erforderliche Bestimmung des Gesamteiweiß kann zusätzlich nach Nr. 3573.H1 berechnet werden.		
3575*	**Transferrin, Immundiffusion oder ähnliche Untersuchungsmethoden**	**100** 5,83	6,70 7,58

5 Substrate, Metabolite, Enzyme

Allgemeine Bestimmung:

Für die mit H1 gekennzeichneten Untersuchungen ist der Höchstwert nach Nummer 3541.H zu beachten.

3580.H1*	**Anorganisches Phosphat**	**40** 2,33	2,68 3,03
3581.H1*	**Bilirubin, gesamt**	**40** 2,33	2,68 3,03
3582*	**Bilirubin, direkt**	**70** 4,08	4,69 5,30
3583.H1*	**Harnsäure**	**40** 2,33	2,68 3,03

GOÄ-Nr.		Punktzahl 1fach	1,15 1,3
3584.H1*	**Harnstoff (Harnstoff-N, BUN)**	**40** 2,33	2,68 3,03
3585.H1*	**Kreatinin**	**40** 2,33	2,68 3,03
3587.H1*	**Alkalische Phosphatase**	**40** 2,33	2,68 3,03
3588.H1*	**Alpha-Amylase auch immuninhibitorische Bestimmung der Pankreas Amylase**	**50** 2,91	3,35 3,79
3589.H1*	**Cholinesterase (Pseudocholinesterase, CHE, PCHE)**	**40** 2,33	2,68 3,03
3590.H1*	**Creatinkinase (CK)**	**40** 2,33	2,68 3,03
3591.H1*	**Creatinkinase MB (CK-MB), Immuninhibitionsmethode**	**50** 2,91	3,35 3,79
3592.H1*	**Gamma-Glutamyltranspeptidase (Gamma-Glutamyltransferase, Gamma-GT)**	**40** 2,33	2,68 3,03
3593.H1*	**Glutamatdehydrogenase (GLDH)**	**50** 2,91	3,35 3,79
3594.H1*	**Glutamatoxalazetattransaminase (GOT, Aspartataminotransferase, ASAT, AST)**	**40** 2,33	2,68 3,03
3595.H1*	**Glutamatpyruvattransaminase (GPT, Alaninaminotransferase, ALAT, ALT)**	**40** 2,33	2,68 3,03
3596.H1*	**Hydroxybutyratdehydrogenase (HBDH)**	**40** 2,33	2,68 3,03
3597.H1*	**Laktatdehydrogenase (LDH)**	**40** 2,33	2,68 3,03
3598.H1*	**Lipase**	**50** 2,91	3,35 3,79

Kommentar: Qualitativer Lipasenachweis mittels Latextest nach Nr. 3511 berechnen.

3599*	**Saure Phosphatase (sP), photometrisch**	**70** 4,08	4,69 5,30

GOÄ-Nr.		Punktzahl 1fach	1,15 1,3

6 Gerinnungssystem

3605*	**Partielle Thromboplastinzeit (PTT, aPTT), Einfachbestimmung**	**50** 2,91	3,35 3,79
3606*	**Plasmathrombinzeit (PTZ, TZ), Doppelbestimmung**	**70** 4,08	4,69 5,30
3607*	**Thromboplastinzeit (Prothrombinzeit, TPZ, Quickwert), Einfachbestimmung**	**50** 2,91	3,35 3,79

7 Funktionsteste

Allgemeine Bestimmungen

Wird eine vom jeweils genannten Leistungsumfang abweichende geringere Anzahl von Bestimmungen durchgeführt, so ist nur die Zahl der tatsächlich durchgeführten Einzelleistungen berechnungsfähig.

Sind aus medizinischen Gründen über den jeweils genannten Leistungsumfang hinaus weitere Bestimmungen einzelner Messgrößen erforderlich, so können diese mit entsprechender Begründung als Einzelleistungen gesondert berechnet werden.

3610*	**Amylase-Clearance (Zweimalige Bestimmung von Amylase)**	**100** 5,83	6,70 7,58
3611*	**Blutzuckertagesprofil (Viermalige Bestimmung von Glukose)**	**160** 9,33	10,72 12,12
Kommentar:	In der Regel finden eine Nüchtern-Blutzucker-Bestimmung am Morgen und 3 weitere Bestimmungen verteilt über den Tag statt. Sind ggf. mehr als 4 Glukosebestimmungen erforderlich, so können diese nach dem GOÄ-Kommentar von **Lang, Schäfer** et alii mit medizinischer Begründung (z.B. diabtische Stoffwechselentgleisung) als Einzelbestimmungen nach Nr. 3560 berechnet werden.		
3612*	**Glukosetoleranztest, intravenös (Siebenmalige Bestimmung von Glukose)**	**280** 16,32	18,77 21,22
Tipp:	Glukose-Testlösung gesondert berechnungsfähig (§10 GOÄ)		
3613*	**Glukosetoleranztest, oral (Viermalige Bestimmung von Glukose)**	**160** 9,33	10,72 12,12
Tipp:	Glukose-Probetrank gesondert berechnungsfähig (§10 GOÄ)		
3615*	**Kreatinin-Clearance (Zweimalige Bestimmung von Kreatinin)**	**60** 3,50	4,02 4,55
Kommentar:	Die Bestimmung von Kreatinin erfolgt je einmal im Serum und im Urin.		

8 Spurenenlemente

3620*	**Eisen im Serum oder Plasma**	**40** 2,33	2,68 3,03
3621*	**Magnesium**	**40** 2,33	2,68 3,03

III Untersuchungen von körpereigenen oder körperfremden Substanzen und körpereigenen Zellen

Allgemeine Bestimmungen

Für die mit H2, H3 und H4 gekennzeichneten Untersuchungen sind die Höchstwerte nach den Nummern 3630.H, 3631.H und 3633.H zu beachten

Kommentar:
Die früher häufige Praxis, dass der behandelnde Arzt Kosten des Speziallabors nach M III und M IV seinem Patienten selbst in Rechnung stellte, ist unbedingt aufzugeben, Der Strafsenat des BGH hat in einer Entscheidung vom 25.01.2012 (AZ: 1 StR 45/11) das Vorliegen eines Abrechnungsbetruges bejaht, da nur der beauftragte Laborarzt gegenüber dem Patienten abrechnen könnte.

3630.H*	**Höchstwert für die mit H2 gekennzeichneten Untersuchungen aus Abschnitt M III 8**	**870** 50,71	58,32 65,92

Auf einen Blick: **Immunfluoreszenz- oder ähnliche lichtmikroskopische Untersuchungen mit H2-Kennzeichnung aus Abschnitt M III 8. von A-Z, die dem Höchstwert Nr. 3630.H unterliegen**

Bestimmung von Auto-Antikörper gegen	GOÄ-Nr.
Basalmembran	**3805.H2***
Centromerregion	**3806.H2***
Endomysium	**3807.H2***
Extrahierbare NA	**3809.H2***
Glatte Muskulatur	**3809.H2***
Haut	**3811.H2***
Herzmuskulatur	**3812.H2***
ICA 3815 Kerne (ANA)	**3813.H2***
Kollagen	**3814.H2***
Langerhans'sche Inseln (ICA)	**3815.H2***
Mikrosomen (Leber)	**3817.H2***
Mikrosomen (TPO)	**3816.H2***
Mitochondrien	**3818.H2***
nDNA	**3819.H2***
Nebenniere	**3820.H2***
P-/C-ANCA	**3826.H2***
Parietalzellen	**3821.H2***
Skelettmuskulatur	**3822.H2***
Speichelgangepithel	**3823.H2***
Spermien	**3824.H2***
Thyreoglobulin	**3825.H2***
Ähnliche Untersuchungen	**3827.H2***

GOÄ-Nr. | Punktzahl | 1,15
1fach | 1,3

3631.H* **Höchstwert für die mit H3 gekennzeichneten Untersuchungen aus Abschnitt M III 10** **1400** 93,84
81,60 106,08

Auf einen Blick: **Tumormarker-Untersuchungen mit H3-Kennzeichnung aus dem Abschnitt M III 10, die dem Höchstwert nach Nr. 3631.H unterliegen.**

Tumormarker	GOÄ-Nr.
Ca 125	**3900.H3***
Ca 15 – 3	**3901.H3***
Ca 19-9	**3902.H3***
Ca 50	**3903.H3***
Ca 72- 4	**3904.H3***
CEA	**3905.H3***
Cyfra 21 – 1	**3906.H3***
NSE	**3907.H3***
PSA	**3908.H3***
SCC	**3909.H3***
Thymidinkinase	**3910.H3***
TPA	**3911.H3***

3633.H* **Höchstwert für die mit H4 gekennzeichneten Untersuchungen aus Abschnitt M III 14** **550** 36,87
32,06 41,68

Auf einen Blick: **Schilddrüsenuntersuchungen mit H4-Kennzeichnung aus Abschnitt M III 14 von A-Z, dem Höchstwert nach Nr. 3633.H unterliegen.**

Laborparameter	GOÄ-Nr.
Freies Thyroxin	**4022.H4***
Freies Trijodthyronin	**4023.H4***
TBG	**3766.H4***
T3-Uptake-Test	**4029.H4***
Thyroxin	**4031.H4***
Trijodthyronin	**4032.H4***

1 Ausscheidungen (Urin, Stuhl)

3650* **Blut im Stuhl, dreimalige Untersuchung** **60** 4,02
3,50 4,55

Die Kosten für ausgegebenes Testmaterial sind anstelle der Leistung nach Nummer 3650 berechnungsfähig, wenn die Auswertung aus Gründen unterbleibt, die der Arzt nicht zu vertreten hat.

Ausschluss: Neben Nr. 3650 sind folgende Nrn. nicht abrechnungsfähig: 27, 28

3651* **Phasenkontrastmikroskopische Untersuchung des Urinsediments – einschließlich morphologischer Beurteilung der Erythrozyten –** **70** 4,69
4,08 5,30

Ausschluss: Neben Nr. 3651 ist folgende Nr. nicht abrechnungsfähig: 3653

3652* **Streifentest im Urin, auch bei Verwendung eines Mehrfachreagenzträgers, je Untersuchung** **35** 2,35
2,04 2,65

Ausschluss: Neben Nr. 3652 sind folgende Nrn. nicht abrechnungsfähig: 27, 28

GOÄ-Nr.		Punktzahl / 1fach	1,15 / 1,3
Analog:	Nr. 3652 analog für Streifentests und für ph-Untersuchungen mit Indikatorpapier oder Indikatorlösung bei anderem Körpermaterial als Urin, z.B. Untersuchung mit Teststreifen im Liquor 3652 A		
Tipp:	Wird die Untersuchung im Rahmen des Praxislabors M. I nach Nr. 3511 durchgeführt, ergibt sich eine Bewertung von 50 Punkten.		
3653*	**Urinsediment, mikroskopisch**	**50** 2,91	3,35 3,79
Ausschluss:	Neben Nr. 3653 ist folgende Nr. nicht abrechnungsfähig: 3651		
Tipp:	Wird die Untersuchung im Rahmen des Praxislabors M. I nach Nr. 3531 durchgeführt, ergibt sich eine Bewertung von 70 Punkten.		
3654*	**Zellzählung im Urin (Addis-Count), mikroskopisch**	**80** 4,66	5,36 6,06

2 Sekrete, Liquor, Konkremente

3660*	**Sekret (Magen, Duodenum, Cervix uteri), mikroskopische Beurteilung**	**40** 2,33	2,68 3,03
3661*	**Gallensediment, mikroskopisch**	**40** 2,33	2,68 3,03
3662*	**HCL, titrimetrisch**	**70** 4,08	4,69 5,30
3663*	**Morphologische Differenzierung des Spermas, mikroskopisch**	**160** 9,33	10,72 12,12
Ausschluss:	Neben Nr. 3663 ist folgende Nr. nicht abrechnungsfähig: 3668		
3664*	**Spermienagglutination, mikroskopisch**	**120** 6,99	8,04 9,09
Ausschluss:	Neben Nr. 3664 ist folgende Nr. nicht abrechnungsfähig: 3668		
3665*	**Spermien-Mucus-Penetrationstest, je Ansatz**	**150** 8,74	10,05 11,37
3667	**Spermienzahl und Motilitätsbeurteilung, mikroskopisch**	**70** 4,08	4,69 5,30
Ausschluss:	Neben Nr. 3667 ist folgende Nr. nicht abrechnungsfähig: 3668		
3668*	**Physikalisch morphologische Untersuchung des Spermas (Menge, Viskosität, pH-Wert, Nativpräparat(e), Differenzierung der Beweglichkeit, Bestimmung der Spermienzahl, Vitalitätsprüfung, morphologische Differenzierung nach Ausstrichfärbung)** Neben der Leistung nach Nummer 3668 sind die Leistungen nach den Nummern 3663, 3664 und/oder 3667 nicht berechnungsfähig.	**400** 23,31	26,81 30,31
Ausschluss:	Neben Nr. 3668 sind folgende Nrn. nicht abrechnungsfähig: 3508, 3660, 3663, 3664, 3667, 3712, 3714		

GOÄ-Nr.		Punktzahl / 1fach	1,15 / 1,3
3669*	**Erythrozytenzahl (Liquor), mikroskopisch**	**60** / 3,50	4,02 / 4,55

Kommentar: Auch Untersuchungen der Erythrozytenzahl in anderen Körpermaterialien z.B.
- Gelenkflüssigkeiten
- Aszites
- Pleurapunktat
- Perikardpunktat

sind nach Nr. 3669 berechnungsfähig.

3670*	**Leukozytenzahl (Liquor), mikroskopisch**	**60** / 3,50	4,02 / 4,55

Kommentar: Werden die Untersuchungen im Rahmen des Praxislabors M. I nach Nrn. 3504 u. 3505 durchgeführt, ergibt sich eine Bewertung von 60 Punkten. Auch Untersuchungen der Leukozytenzahl in anderen Körpermaterialien z.B.
- Gelenkflüssigkeiten
- Aszites
- Pleurapunktat
- Perikardpunktat

sind nach Nr. 3670 berechnungsfähig.

3671*	**Morphologische Differenzierung des Liquorzellausstrichs, mikroskopisch**	**160** / 9,33	10,72 / 12,12

Analog: Nr. 3683 analog für zytochemische Reaktion von Liquorzellen – Empfehlung nach Kommentar Brück

3672*	**Steinanalyse (Gallensteine, Harnsteine), mittels Infrarotspektrometrie oder mikroskopisch – einschließlich chemischer Reaktionen –**	**250** / 14,57	16,76 / 18,94
3673*	**Steinanalyse (Gallensteine, Harnsteine), Röntgendiffraktion**	**570** / 33,22	38,21 / 43,19

3 Körperzellen und deren Bestandteile, Zellfunktionsuntersuchungen

3680*	**Differenzierung des Blutausstrichs, mikroskopisch**	**90** / 5,25	6,03 / 6,82

Tipp: Wird die Untersuchung im Rahmen des Praxislabors M. I nach Nrn. 3502 durchgeführt, ergibt sich eine höhere Bewertung von 120 Punkten.

3681*	**Morphologische Differenzierung des Knochenmarkausstrichs, mikroskopisch**	**570** / 33,22	38,21 / 43,19
3682*	**Eisenfärbung eines Blut- oder Knochenmarkausstrichs**	**120** / 6,99	8,04 / 9,09
3683*	**Färbung eines Blut- oder Knochenmarkausstrichs (z.B. Nachweis der alkalischen Leukozytenphosphatase, Leukozytenesterase, Leukozytenperoxidase oder PAS), je Färbung**	**250** / 14,57	16,76 / 18,94

Analog: Nr. 3683 analog ansetzen für Liquorausstrich und Ejakulatausstrich.

GOÄ-Nr.		Punktzahl 1fach	1,15 1,3
3686*	**Eosinophile, segmentkernige Granulozyten (absolute Eosinophilenzahl), mikroskopisch**	**70** 4,08	4,69 5,30
3688*	**Osmotische Resistenz der Erythrozyten**	**90** 5,25	6,03 6,82
3689*	**Fetales Hämoglobin (HbF), mikroskopisch**	**160** 9,33	10,72 12,12
3690*	**Freies Hämoglobin, spektralphotometrisch**	**180** 10,49	12,07 13,64
3691*	**Hämoglobinelektrophorese**	**570** 33,22	38,21 43,19
3692*	**Methämoglobin und/oder Carboxyhämoglobin und/oder Sauerstoffsättigung, cooxymetrisch**	**60** 3,50	4,02 4,55
Ausschluss:	Neben Nr. 3692 sind die Nrn. 626 – 629, 632 nicht abrechnungsfähig.		
3693	**Granulozytenfunktionstest (Adhäsivität, Chemotaxis bis zu drei Stimulatoren, Sauerstoffaufnahme bis zu drei Stimulatoren, Luminiszenz O_2 Radikale, Degranulierung), je Funktionstest**	**570** 33,22	38,21 43,19
3694*	**Lymphozytentransformationstest**	**570** 33,22	38,21 43,19
3695*	**Phagozytäre Funktion neutrophiler Granulozyten (Nitrotetrazolblautest, NBT Test)**	**120** 6,99	8,04 9,09
3696*	**Phänotypisierung von Zellen oder Rezeptornachweis auf Zellen mit bis zu drei verschiedenen, primären Antiseren (Einfach- oder Mehrfachmarkierung), Durchflusszytometrie, je Antiserum**	**570** 33,22	38,21 43,19
3697*	**Phänotypisierung von Zellen oder Rezeptornachweis auf Zellen mit weiteren Antiseren (Einfach- oder Mehrfachmarkierung), Durchflusszytometrie, je Antiserum** Die Leistung nach Nummer 3697 kann nur im Zusammenhang mit der Leistung nach Nummer 3696 berechnet werden.	**250** 14,57	16,76 18,94
Tipp:	Neben Nr. 3697 ist die Nr. 3696 abrechenbar.		
3698*	**Phänotypisierung von Zellen oder Rezeptornachweis auf Zellen mit dem ersten, primären Antiserum, Immunfluoreszenz oder ähnliche Untersuchungsmethoden**	**450** 26,23	30,16 34,10
3699*	**Phänotypisierung von Zellen oder Rezeptornachweis auf Zellen mit weiteren Antiseren, Immunfluoreszenz oder ähnliche Untersuchungsmethoden, je Antiserum** Die Leistung nach Nummer 3699 kann nur im Zusammenhang mit der Leistung nach Nummer 3698 berechnet werden.	**360** 20,98	24,13 27,28
Tipp:	Neben Nr. 3699 ist die Nr. 3698 abrechenbar.		

GOÄ-Nr.		Punktzahl / 1fach	1,15 / 1,3
3700*	**Tumorstammzellenassay – gegebenenfalls auch von Zellanteilen – zur Prüfung der Zytostatikasensibilität**	**2000** / 116,57	134,06 / 151,55

4 Elektrolyte, Wasserhaushalt, physikalische Eigenschaften von Körperflüssigkeiten

3710*	**Blutgasanalyse (pH und/oder PCO2 und/oder P02 und/oder Hb)**	**90** / 5,25	6,03 / 6,82

Ausschluss: Neben Nr. 3710 sind folgende Nrn. nicht abrechnungsfähig: 435, 626 – 630, 632

Beschluss BÄK: **Beschluss des Gebührenausschusses der Bundesärztekammer:**
Berechnung der Blutgasanalyse (5. Sitzung vom 13. März 1996)
Die Berechnung auf Grundlage der Nr. **3710** GOÄ (Speziallabor) ist zwingend. Die Berechnung daneben der Nr. 303 GOÄ (Punktion oberflächiger Körperteile) sowie der Nr. 3715 (Bikarbonatbestimmung) ist nicht zulässig, da die Leistung nach Nr. 303 nicht vorliegt und die Bikarbonatbestimmung einzig rechnerisch erfolgt, demnach gemäß der Allgemeinen Bestimmun Nr. 5 vor Abschnitt M nicht berechenbar ist. Die Messung und Berechnung nach Nr. 602 GOÄ (Oxymetrie) isz möglich, da diese zwar grundsätzlich aus der Blutgasanalyse unter Einbezug des Hb-Wertes berechenbar ist, dieser aber aktuell nicht vorliegt. Die Messung ist sachlich allerdings nur bei bestimmten Indikationen sinnvoll, z:B. Anämie. In diesen Fällen ist Nr. 602 neben Nr. 3710 berechenbar.
Die Leistung nach Nr. 614 (transcutane Messung(en) des Sauerstoffpartialdrucks) ist zeitgleich mit der Blutgasanalyse nicht berechenbar, da der Dauerstoffpartialdruck bereits mit der Blutgasanalyse gemessen wird. Möglich ist jedoch die Berechnung der Nrn. 614 und **3710** in den Fällen, in denen die Leistungen zeitgleich getrennt erbracht werden müssen.

3711*	**Blutkörperchensenkungsgeschwindigkeit (BKS, BSG)**	**40** / 2,33	2,68 / 3,03

Kommentar: Die Entnahme von Venenblut kann neben der Nr. 3711 zusätzlich nach Nr. 250 berechnet werden.

Tipp: Wird die Untersuchung im Rahmen des Praxislabors M. I nach Nrn. 3501durchgeführt, ergibt sich eine Bewertung von 60 Punkten

3712*	**Viskosität (z.B. Blut, Serum, Plasma), viskosimetrisch**	**250** / 14,57	16,76 / 18,94
3714*	**Wasserstoffionenkonzentration (pH), potentiometrisch, jedoch nicht aus Blut oder Urin**	**40** / 2,33	2,68 / 3,03
3715*	**Bikarbonat**	**60** / 3,50	4,02 / 4,55

Beschluss BÄK: Siehe unter Nr. 3710*.

3716*	**Osmolalität**	**50** / 2,91	3,35 / 3,79

Kommentar: Wird die Osmolalität mittels Urinteststreifen bestimmt, stehen die Nrn. 3511 oder 3652 zur Verfügung.

GOÄ-Nr.		Punktzahl 1fach	1,15 1,3

5 Kohlehydrat- und Lipidstoffwechsel

GOÄ-Nr.	Leistung	Punktzahl / 1fach	1,15 / 1,3
3721*	**Glykierte Proteine**	**250** 14,57	16,76 18,94
3722*	**Fructosamin, photometrisch**	**70** 4,08	4,69 5,30
3723*	**Fruktose, photometrisch**	**200** 11,66	13,41 15,15
3724*	**D-Xylose, photometrisch**	**200** 11,66	13,41 15,15
3725*	**Apolipoprotein (A1, A2, B), Ligandenassay – gegebenenfalls einschließlich Doppelbestimmung und aktueller Bezugskurve –, Immundiffusion oder ähnliche Untersuchungsmethoden, je Bestimmung**	**200** 11,66	13,41 15,15
3726*	**Fettsäuren, Gaschromatographie**	**410** 23,90	27,48 31,07
3727*	**Fraktionierung der Lipoproteine, Ultrazentrifugation**	**680** 39,64	45,58 51,53
3728*	**Lipidelektrophorese, qualitativ**	**180** 10,49	12,07 13,64
3729	**Lipidelektrophorese, quantitativ**	**300** 17,49	20,11 22,73
3730*	**Lipoprotein (a) (Lpa), Ligandenassay – gegebenenfalls einschließlich Doppelbestimmung und aktueller Bezugskurve –, Elektroimmundiffusion**	**300** 17,49	20,11 22,73
A 3732*	**Troponin-T-Schnelltest (analog Nr. 3741* GOÄ) – n. Verzeichnis analoger Bewertungen d. Bundesärztekammer**	**200** 11,66	13,41 15,15
Kommentar:	Der Troponin-T-Schnelltest ist analog nach Nr. A3732 berechnungsfähig.		
A 3733*	**Trockenchemische Bestimmung von Theophyllin (analog Nr. 3736* GOÄ) – n. Verzeichnis analoger Bewertungen d. Bundesärztekammer**	**120** 6,99	8,04 9,09
Kommentar:	Nr. A 3733 kann auch für die Bestimmung anderer Arzneimittel wie z.B. • Carbamazepin • Phenytoin berechnet werden.		

GOÄ-Nr.		Punktzahl 1fach	1,15 1,3
A 3734*	**Qualitativer immunologischer Nachweis von Albumin im Stuhl (analog Nr. 3736* GOÄ) – n. Verzeichnis analoger Bewertungen d. Bundesärztekammer**	**120** 6,99	8,04 9,09

6 Proteine, Aminosäuren, Elektrophoreseverfahren

Allgemeine Bestimmung:

Für die mit H4 gekennzeichnete Untersuchung ist der Höchstwert nach Nummer 3633.H zu beachten.

3735*	**Albumin, Ligandenassay – gegebenenfalls einschließlich Doppelbestimmung und aktueller Bezugskurve –, Immundiffusion oder ähnliche Untersuchungsmethoden**	**150** 8,74	10,05 11,37
3736*	**Albumin mit vorgefertigten Reagenzträgern, zur Diagnose einer Mikroalbuminurie**	**120** 6,99	8,04 9,09

Hinweis LÄK: **Anmerkung der Bayerischen Landesärztekammer** vom 07.10.2004 (Quelle: GOÄ-Datenbank www.blaek.de) – **Microalbumin-Schnelltest (Micral-Test)**
Der genannte Laborparameter kann analog über die Nr. 3736 abgerechnet werden. (A 3736 Microalbumin-Schnelltest/Micral-Test)

Analog: Nr. 3736 analog für Latex-Schnelltest auf Alpha1 – Mikroglobulin im Urin– Empfehlung nach Kommentar **Brück**

3737*	**Aminosäuren, Hochdruckflüssigkeitschromatographie**	**570** 33,22	38,21 43,19
3738*	**Aminosäuren, qualitativ, Dünnschichtchromatographie**	**250** 14,57	16,76 18,94
3739*	**Alpha1-Antitrypsin, Immundiffusion oder ähnliche Untersuchungsmethoden**	**180** 10,49	12,07 13,64
3740*	**Coeruloplasmin, Immundiffusion oder ähnliche Untersuchungsmethoden**	**180** 10,49	12,07 13,64
3741*	**C-reaktives Protein (CRP), Ligandenassay – gegebenenfalls einschließlich Doppelbestimmung und aktueller Bezugskurve –, Immundiffusion oder ähnliche Untersuchungsmethoden**	**200** 11,66	13,41 15,15

Analog: Nr. 3741 analog Insulin-like growth factor binding protein 1 (IGFBP-1) – Empfehlung nach Kommentar **Brück**. – Dephosphoryliertes IGFBP-1 ist ein Hauptprotein des Fruchtwassers. Es ist normalerweise in Vaginalsekreten von Nicht-Schwangeren bzw. bei Frauen mit intakter Fruchtblase nicht nachweisbar. Daher weist dephosphoryliertes IGFBP-1 in der Vagina auf das Vorhandensein von Fruchtwasser hin.

3742*	**Ferritin, Ligandenassay – gegebenenfalls einschließlich Doppelbestimmung und aktueller Bezugskurve –**	**250** 14,57	16,76 18,94

GOÄ-Nr.		Punktzahl 1fach	1,15 1,3
A 3742	**apparativ-quantitativer D-Dimer-Schnelltest mittels POCT mit tauglichen Geräten –** analog Nr. 3741 GOÄ gemäß § 6 (2) GOÄ)	**200** 11,66	13,41 15,15

GOÄ-Ratgeber der BÄK: ► **Abrechnung von D-Dimer-Schnelltests**
Wetzel, Hermann – Dtsch Arztebl 2014; 111(16): A-706/B-610/C-586
http://www.aerzteblatt.de/archiv/159342

Wetzel erläutert: ... „D-Dimere sind spezifische Fibrin-Abbauprodukte. Erhöhte D-Dimer-Konzentrationen sind Ausdruck einer vermehrten Bildung von Blutgerinnseln beziehungsweise Thromben. Zur Abklärung einer fraglichen tiefen (Beinvenen-)Thrombose (TVT) beziehungsweise Lungenembolie kann deshalb die D-Dimer-Bestimmung hilfreich sein.
Der Begriff „Schnelltest" ist in der GOÄ methodisch nicht näher definiert. Wie bei anderen Schnelltests ist auch für D-Dimere der schnelle Nachweis mittels eines einzelnen vorgefertigten Reagenzträgers vornehmlich im Rahmen des „Point of Care Testing" (POCT) gemeint, wofür sich weitgehend die Immunchromatographie beziehungsweise optische Immunoassays durchgesetzt haben.
D-Dimer-Schnelltests ermöglichen insbesondere im ambulanten Bereich eine rasche Abklärung eines möglichen thromboembolischen Ereignisses. Wird unter Einschätzung der Gesamtkonstellation des Patienten hierfür die Wahrscheinlichkeit als gering eingeschätzt (Niedrigprävalenzsituation), liegt der negative prädiktive Wert eines D-Dimer-Schnelltests zum Ausschluss einer TVT beziehungsweise Lungenembolie nahe 100 Prozent..."

Zur Berechnung verschiedener Methoden führt der Autor aus:
- apparativ-quantitativer D-Dimer-Schnelltest mittels POCT-tauglichen Geräten Berechnung mit Bezug auf Nr. A3732 und damit analog Nr. 3741 GOÄ (200 Punkte)

... „Die Zuordnung zur Nr. A3732 wurde gewählt, weil diese Analogposition in der technischen Durchführung, im Schwierigkeitsgrad, im Zeitaufwand und in den Kosten dem apparativ-quantitativen D-Dimer-Schnelltest am nächsten kommt. So bieten Diagnostikfirmen die Teststreifen für die D-Dimer- und die Troponin-Bestimmung zu gleichen Preisen an. Die Nr. A3732 entspricht der bereits bestehenden Abrechnungsempfehlung für den Troponin-T-Schnelltest im „Verzeichnis der Analogen Bewertungen (GOÄ) der Bundesärztekammer und des Zentralen Konsultationsausschusses für Gebührenordnungsfragen bei der Bundesärztekammer", welcher analog Nr. 3741 GOÄ, „C-reaktives Protein, Ligandenassay ..., Immundiffusion oder ähnliche Untersuchungsmethoden", bewertet wurde..."
- visuell-qualitativen D-Dimer-Schnelltest, z. B. mittels einer Testkassette, hier Abrechnung nach Nr. 3937 GOÄ (180 Punkte)
- ... „die weitgehend automatisierte Bestimmung der D-Dimere mittels ELISA oder Immunnephelometrie/-turbidimetrie, beispielsweise in einem Zentrallabor, wird nach Nr. 3938 GOÄ (360 Punkte) abgerechnet, auch unter zeitkritischen Bedingungen..."

Bei der Rechnungslegung laborärztlicher Leistungen ist gemäß Nr. 8 der Allgemeinen Bestimmungen zum Abschnitt M „Laboratoriumsuntersuchungen" eine analoge Abrechnungsnummer mit einem vorangestellten „A" zu kennzeichnen. Die Rechnungslegung für einen apparativ-quantitativen D-Dimer-Schnelltest sollte folglich entsprechend Nr. A3741 GOÄ „C-reaktives Protein (CRP)" erfolgen sowie den Steigerungssatz und den jeweiligen Rechnungsbetrag enthalten.
Zur Abrechnung der D-Dimer-Schnelltests wird zwar auf Gebührenpositionen aus dem Teilabschnitt M III „Speziallabor" zurückgegriffen, doch können diese Schnelltests auch durch Nicht-Laborfachärzte oder Ärzte ohne Zusatzweiterbildung in fachgebundener Labordiagnostik in Rechnung gestellt werden.

Dr. med. Hermann Wetzel, M.Sc.

Auf einen Blick:

GOÄ Nr.	Legende
A3742	**apparativ-quantitativer D-Dimer-Schnelltest mittels POCT mit tauglicher Geräte – –** analog Nr. 3741 GOÄ gemäß § 6 (2) GOÄ)
3937	**visuell-qualitativer D-Dimer-Schnelltest**
3938	**D-Dimere mittels ELISA oder Immunnephelometrie/-turbidimetrie**

3743*	**Alpha-Fetoprotein (AFP), Ligandenassay – gegebenenfalls einschließlich Doppelbestimmung und aktueller Bezugskurve –**	**250** 14,57	16,76 18,94

IGeL: Triple-Test: 3743 (AFP). 4024 (Beta-HCG), 4027 (Östriol)

GOÄ-Nr.		Punktzahl 1fach	1,15 1,3
3744*	**Fibronectin, Ligandenassay – einschließlich Doppelbestimmung und aktueller Bezugskurve –**	**450** 26,23	30,16 34,10
Analog:	Nr. 3744 analog für Untersuchung auf fetales Fibronectin aus Zervikovaginalsekret und für Caproctectin im Stuhl – Empfehlung nach Kommentar **Brück**		
3745*	**Beta2-Glykoprotein II (C3 Proaktivator), Immundiffusion oder ähnliche Untersuchungsmethoden**	**180** 10,49	12,07 13,64
3746*	**Hämopexin, Immundiffusion oder ähnliche Untersuchungsmethoden**	**180** 10,49	12,07 13,64
3747*	**Haptoglobin, Immundiffusion oder ähnliche Untersuchungsmethoden**	**180** 10,49	12,07 13,64
3748*	**Immunelektrophorese, bis zu sieben Ansätze, je Ansatz**	**200** 11,66	13,41 15,15
3749*	**Immunfixation, bis zu fünf Antiseren, je Antiserum**	**200** 11,66	13,41 15,15
3750*	**Isoelektrische Fokussierung (z.B. Oligoklonale Banden)**	**570** 33,22	38,21 43,19
3751*	**Kryoglobuline, qualitativ, visuell**	**40** 2,33	2,68 3,03
3752*	**Kryoglobuline (Bestimmung von je zweimal IgA, IgG und IgM), Immundiffusion oder ähnliche Untersuchungsmethoden, je Globulinbestimmung**	**120** 6,99	8,04 9,09
3753*	**Alpha2-Makroglobulin, Immundiffusion oder ähnliche Untersuchungsmethoden**	**180** 10,49	12,07 13,64
3754*	**Mikroglobuline (Alpha1, Beta2), Ligandenassay – gegebenenfalls einschließlich Doppelbestimmung und aktueller Bezugskurve –, Immundiffusion oder ähnliche Untersuchungsmethoden, je Mikroglobulinbestimmung**	**200** 11,66	13,41 15,15
3755*	**Myoglobin, Agglutination, qualitativ**	**60** 3,50	4,02 4,55
3756*	**Myoglobin, Ligandenassay – gegebenenfalls einschließlich Doppelbestimmung und aktueller Bezugskurve –, Immundiffusion oder ähnliche Untersuchungsmethoden**	**200** 11,66	13,41 15,15
A 3757*	**Eiweißuntersuchung aus einweißarmen Flüssigkeiten (z.B. Liquor-, Gelenk- oder Pleurapunktat (analog 3760* GOÄ) – n. Verzeichnis analoger Bewertungen d. Bundesärztekammer**	**70** 4,08	4,69 5,30
3758*	**Phenylalanin (Guthrie-Test), Bakterienwachstumstest**	**60** 3,50	4,02 4,55
Analog:	Analoger Ansatz für z.B. Paigen-Test auf Galaktosämie.		

GOÄ-Nr.		Punktzahl / 1fach	1,15 / 1,3
3759*	**Präalbumin, Immundiffusion oder ähnliche Untersuchungsmethoden**	**180** / 10,49	12,07 / 13,64
Analog:	Analoger Ansatz für z.B. Paigen-Test auf Galaktosämie.		
3760*	**Protein im Urin, photometrisch**	**70** / 4,08	4,69 / 5,30
3761*	**Proteinelektrophorese im Urin**	**250** / 14,57	16,76 / 18,94
3762*	**Schwefelhaltige Aminosäuren (Cystin, Cystein, Homocystin), Farbreaktion und visuell, qualitativ, je Aminosäurenbestimmung**	**40** / 2,33	2,68 / 3,03
3763*	**SDS-Elektrophorese mit anschließender Immunreaktion (z.B. Westernblot)**	**570** / 33,22	38,21 / 43,19
3764*	**SDS-Polyacrylamidgel Elektrophorese**	**250** / 14,57	16,76 / 18,94
3765*	**Sexualhormonbindendes Globulin (SHBG), Ligandenassay – einschließlich Doppelbestimmung und aktueller Bezugskurve –**	**450** / 26,23	30,16 / 34,10
Tipp:	Neben Nr. 3765 sind die Nrn. 4042, 4039 abrechenbar.		
3766.H4*	**Thyroxin bindendes Globulin (TBG), Ligandenassay – gegebenenfalls einschließlich Doppelbestimmung und aktueller Bezugskurve –**	**250** / 14,57	16,76 / 18,94
Ausschluss:	Neben Nr. 3766.H4 ist folgende Nr. nicht abrechnungsfähig: 4031.H4*		
3767*	**Tumornekrosefaktor (TNF), Ligandenassay – einschließlich Doppelbestimmung und aktueller Bezugskurve –**	**450** / 26,23	30,16 / 34,10
Analog:	Abrechnung des Quantiferon-TB-Gold-Tests nach GOÄ – Immunologischer Bluttest zum Nachweis einer Infektion mit Tuberkulosebakterien **analog Nr. 3767 GOÄ** Je einmalig für – den ersten Stimulationsversuch, – die Negativkontrolle und – für die Mitogenkontrolle (falls diese erforderlich ist).		
3768*	**Isolierung von Immunglobulin M mit chromatographischen Untersuchungsverfahren**	**360** / 20,98	24,13 / 27,28
Analog:	Analoger Ansatz für die chromatographische Isolierung anderer Ig-Klassen, z.B. IgA.		

7 Substrate, Metabolite, Enzyme

3774*	**Ammoniak (NH4)**	**220** / 12,82	14,75 / 16,67
3775*	**Bilirubin im Fruchtwasser (E 450), spektralphotometrisch**	**180** / 10,49	12,07 / 13,64
3776*	**Citrat, photometrisch**	**300** / 17,49	20,11 / 22,73
Analog:	Nr. 3776 analog für Carnitin oder Alpha-Glukosidase oder Jod im Urin – Empfehlung nach Kommentar **Brück**		

GOÄ-Nr.		Punktzahl 1fach	1,15 1,3
3777*	**Gallensäuren, Ligandenassay – einschließlich Doppelbestimmung und aktueller Bezugskurve –**	**290** 16,90	19,44 21,97
3778*	**Glutamatdehydrogenase (GLDH), manuell, photometrisch**	**120** 6,99	8,04 9,09
3779*	**Homogentisinsäure, Farbreaktion und visuell, qualitativ**	**40** 2,33	2,68 3,03
3780*	**Kreatin**	**120** 6,99	8,04 9,09
3781*	**Laktat, photometrisch**	**220** 12,82	14,75 16,67
3782*	**Lecithin/Sphingomyelin-Quotient (L/S-Quotient)**	**200** 11,66	13,41 15,15
3783*	**Organisches Säurenprofil, Gaschromatographie oder Gaschromatographie-Massenspektromie**	**570** 33,22	38,21 43,19
3783* analog	**Analytische Auswertung einer oder mehrerer Atemproben eines 13-C-Harnstoff-Atemtests nach Nr. A 619, ggf. einschl. Probenvorbereitung, insgesamt (analog 3783* GOÄ) – n. Beschlüssen des Ausschusses „Gebührenordnung" der BÄK**	**570** 33,22	38,21 43,19
3784*	**Isoenzyme (z.B. Alkalische Phosphatase, Alpha-Amylase), chemische oder thermische Hemmung oder Fällung, je Ansatz**	**150** 8,74	10,05 11,37
3785*	**Isoenzyme (z.B. Alkalische Phosphatase, Alpha-Amylase, Creatinkinase, LDH), Elektrophorese oder Immunpräzipitation, je Ansatz**	**300** 17,49	20,11 22,73
3786*	**Angiotensin I Converting Enzyme (Angiotensin I-Convertase, ACE)**	**220** 12,82	14,75 16,67
3787*	**Chymotrypsin (Stuhl)**	**120** 6,99	8,04 9,09
3788*	**Creatinkinase-MB-Konzentration (CK-MB), Ligandenassay – gegebenenfalls einschließlich Doppelbestimmung und aktueller Bezugskurve –**	**200** 11,66	13,41 15,15
3789*	**Enzyme der Hämsynthese (Delta-Aminolaevulinsäure-Dehydratase, Uroporphyrinsynthase und ähnliche), je Enzym**	**120** 6,99	8,04 9,09
3790*	**Erythrozytenenzyme (Glukose-6-Phosphat-Dehydrogenase, Pyruvatkinase und ähnliche), je Enzym**	**120** 6,99	8,04 9,09

GOÄ-Nr.		Punktzahl 1fach	1,15 1,3
3791*	**Granulozyten-Elastase, Ligandenassay – einschließlich Doppelbestimmung und aktueller Bezugskurve –**	**290** 16,90	19,44 21,97
Analog:	Analoger Ansatz für Pankreas-Elastose mittels Ligandenassay.		
3792*	**Granulozyten-Elastase, Immundiffusion oder ähnliche Untersuchungsmethoden**	**180** 10,49	12,07 13,64
3793*	**Lysozym**	**120** 6,99	8,04 9,09
3794*	**Prostataspezifische saure Phosphatase (PAP), Ligandenassay – gegebenenfalls einschließlich Doppelbestimmung und aktueller Bezugskurve –**	**200** 11,66	13,41 15,15
3795*	**Tatrathemmbare saure Phosphatase (PSP)**	**110** 6,41	7,37 8,34
3796*	**Trypsin, Ligandenassay – gegebenenfalls einschließlich Doppelbestimmung und aktueller Bezugskurve –**	**200** 11,66	13,41 15,15

8 Antikörper gegen körpereigene Antigene oder Haptene

Allgemeine Bestimmungen

Die Berechnung einer Gebühr für die qualitative Immunfluoreszenzuntersuchung (bis zu zwei Titerstufen) neben einer Gebühr für die quantitative Immunfluoreszenzuntersuchung (mehr als zwei Titerstufen) oder eine ähnliche Untersuchungsmethode ist nicht zulässig.
Für die mit H2 gekennzeichneten Untersuchungen ist der Höchstwert nach Nummer 3630.H zu beachten.

	Untersuchung auf Antikörper mittels qualitativer Immunfluoreszenzuntersuchung (bis zu zwei Titerstufen) oder ähnlicher Untersuchungsmethoden Die untersuchten Parameter sind in der Rechnung anzugeben.	**290** 16,90	19,44 21,97
Ausschluss:	Neben Nr. 3805.H2 bis 3827.H2 ist folgende Nrn. nicht abrechnungsfähig: 3852*		

Katalog

3805.H2* **Basalmembran (GBM)**
3806.H2* **Centromerregion**
3807.H2* **Endomysium**
3808.H2* **Extrahierbare, nukleäre Antigen (ENA)**
3809.H2* **Glatte Muskulatur (SMA)**
3810.H2* **Gliadin**
3811.H2* **Haut (AHA, BMA und ICS)**
3812.H2* **Herzmuskulatur (HMA)**
3813.H2* **Kerne (ANA)**
3814.H2* **Kollagen**
3815.H2* **Langerhans Inseln (ICA)**

GOÄ-Nr.		Punktzahl / 1fach	1,15 / 1,3
3816.H2*	**Mikrosomen (Thyroperoxidase)**		
3817.H2*	**Mikrosomen (Leber, Niere)**		
3818.H2*	**Mitochondrien (AMA)**		
3819.H2*	**nDNA**		
3820.H2*	**Nebenniere**		
3821.H2*	**Parietalzellen (PCA)**		
3822.H2*	**Skelettmuskulatur (SkMA)**		
3823.H2*	**Speichelgangepithel**		
3824.H2*	**Spermien**		
3825.H2*	**Thyreoglobulin**		
3826.H2*	**zytoplasmatische Antigene in neutrophilen Granulozyten (P-ANCA, C-ANCA)**		
3827.H2*	**Untersuchungen mit ähnlichem Aufwand**		
	Untersuchung auf Antikörper mittels quantitativer Immunfluoreszenzuntersuchung (mehr als zwei Titerstufen) oder ähnlicher Untersuchungsmethoden Die untersuchten Parameter sind in der Rechnung anzugeben.	**510** 29,73	34,19 38,64
Ausschluss:	Neben Nr. 3832 bis 3854 ist folgende Nrn. nicht abrechnungsfähig: 3805*		
Katalog			
3832*	**Basalmembran (GBM)**		
3833*	**Centromenegion**		
3834*	**Endomysium**		
3835*	**Extrahierbare, nukleäre Antigene (ENA)**		
3836*	**Glatte Muskulatur (SMA)**		
3837*	**Gliadin**		
3838*	**Haut (AHA, BMA und ICS)**		
3839*	**Herzmuskulatur (HMA)**		
3840*	**Kerne (ANA)**		
3841*	**Kollagen**		
3842*	**Langerhans-Inseln (ICA)**		
3843*	**Mikrosomen (Thyroperoxidase)**		
3844*	**Mikrosomen (Leber, Niere)**		
3845*	**Mitochondrien (AMA)**		
3846*	**nDNA**		
3847*	**Parietalzellen (PCA)**		
3848*	**Skelettmuskulatur (SkMA)**		
3849*	**Speichelgangepithel**		

GOÄ-Nr.		Punktzahl 1fach	1,15 1,3
3850*	**Spermien**		
3852*	**Thyreoglobulin**		
3853*	**Zytoplasmatische Antigene in neutrophilen Granulozyten (P-ANCA, C-ANCA)**		
3854*	**Untersuchungen mit ähnlichem Aufwand**		
	Untersuchung auf Subformen antinukleärer und zytoplasmatischer Antikörper mittels Ligandenassay – gegebenenfalls einschließlich Doppelbestimmung und aktueller Bezugskurve – Immunoblot oder Überwanderungselektrophorese Die untersuchten Parameter sind in der Rechnung anzugeben.	**300** 17,49	20,11 22,73
Katalog			
3857*	**dDNS**		
3858*	**Histone**		
3859*	**Ribonukleoprotein (RNP)**		
3860	**Sm-Antigen**		
3861*	**SS-A-Antigen**		
3862*	**SS-B-Antigen**		
3863*	**Scl-70-Antigen**		
3864*	**Untersuchungen mit ähnlichem Aufwand**		
	Untersuchung auf Antikörper mittels Ligandenassay – gegebenenfalls einschließlich Doppelbestimmung und aktueller Bezugskurve Die untersuchten Parameter sind in der Rechnung anzugeben.	**450** 26,23	30,16 34,10
Katalog			
3868*	**Azetylcholinrezeptoren**		
3869*	**Cardiolipin (IgG- oder IgM-Fraktion), je Fraktion**		
3870*	**Interferon alpha**		
3871	**Mikrosomen (Thyroperoxydase)**		
3872*	**Mitochondriale Subformen (AMA-Subformen)**		
3873*	**Myeloperoxydase (P-ANCA)**		
3874*	**Proteinase 3 (C-ANCA)**		
3875*	**Spermien**		
3876*	**Thyreoglobulin**		
3877*	**Untersuchungen mit ähnlichem methodischem Aufwand**		
3879*	**Untersuchung auf Antikörper gegen TSH-Rezeptor (TRAK) mittels Ligandenassay – einschließlich Doppelbestimmung und aktueller Bezugskurve –**	**550** 32,06	36,87 41,68

GOÄ-Nr.		Punktzahl / 1fach	1,15 / 1,3
3881*	**Zirkulierende Immunkomplexe, Ligandenassay – einschließlich Doppelbestimmung und aktueller Bezugskurve –**	**290** / 16,90	19,44 / 21,97
	Qualitativer Nachweis von Antikörpern mittels Agglutination	**90** / 5,25	6,03 / 6,82
Katalog			
3884*	**Fc von IgM (Rheumafaktor)**		
3885*	**Thyreoglobulin (Boydentest)**		
Analog:	Nr. 3885 analog für Agglutinationsteste auf Thyreoidea-Peroxidase-(TPO)-Antikörper bzw. mikrosomale Schilddrüsenantikörper (MAK) ansetzen		
	Quantitative Behandlung von Antikörpern mittels Immundiffusion oder ähnlicher Untersuchungsmethoden	**180** / 10,49	12,07 / 13,64
Katalog			
3886*	**Fc von IgM (Rheumafaktor)**		
3889*	**Mixed-Antiglobulin-Reaction (MAR-Test) zum Nachweis von Spermien-Antikörpern**		

9 Antikörper gegen körperfremde Antigene

Allgemeine Bestimmung:

Neben den Leistungen nach den Nummern 3892, 3893 und/oder 3894 sind die Leistungen nach den Nummern 3572, 3890 und/oder 3891 nicht berechnungsfähig.

3890*	**Allergenspezifisches Immunglobulin (z.B. IgE), Mischallergentest (z.B. RAST), im Einzelansatz, Ligandenassay – gegebenenfalls einschließlich Doppelbestimmung und aktueller Bezugskurve –, qualitativ, bis zu vier Mischallergenen, je Mischallergen**	**250** / 14,57	16,76 / 18,94
Ausschluss:	Neben Nr. 3890 sind folgende Nrn. nicht abrechnungsfähig: 3892*, 3893*, 3894*		
3891*	**Allergenspezifisches Immunglobulin (z.B. IgE), Einzelallergentest (z.B. RAST), im Einzelansatz, Ligandenassay – gegebenenfalls einschließlich Doppelbestimmung und aktueller Bezugskurve –, bis zu zehn Einzelallergenen, je Allergen**	**250** / 14,57	16,76 / 18,94
Ausschluss:	Neben Nr. 3891 sind folgende Nrn. nicht abrechnungsfähig: 3892*, 3893*, 3894*.		
GOÄ-Ratgeber der BÄK:	► Siehe unter GOÄ-Ratgeber der BÄK zu Nr. 3748*.		
3892*	**Bestimmung von allergenspezifischem Immunglobulin (z.B. IgE), Einzel- oder Mischallergentest mit mindestens vier deklarierten Allergenen oder Mischallergenen auf einem Träger, je Träger**	**200** / 11,66	13,41 / 15,15
Ausschluss:	Neben Nr. 3892 sind folgende Nrn. nicht abrechnungsfähig: 3572, 3890, 3891		
3893*	**Bestimmung von allergenspezifischem Immunglobulin (z.B. IgE), Einzelallergentest mit mindestens neun deklarierten Allergenen auf einem Träger und Differenzierung nach Einzelallergenen – gegebenenfalls einschließlich semiquantitativer Bestimmung des Gesamt-IgE –, insgesamt**	**500** / 29,14	33,52 / 37,89
Ausschluss:	Neben Nr. 3893 sind folgende Nrn. nicht abrechnungsfähig: 3572*, 3890*, 3891*		

GOÄ-Nr.		Punktzahl / 1fach	1,15 / 1,3
3894*	**Bestimmung von allergenspezifschem Immunglobulin (z.B. IgE), Einzelallergentest mit mindestens zwanzig deklarierten Allergenen auf einem Träger und Differenzierung nach Einzelallergenen – gegebenenfalls einschließlich semiquantitativer Bestimmung des Gesamt-IgE –, insgesamt**	**900** / 52,46	60,33 / 68,20
Ausschluss:	Neben Nr. 3894 sind folgende Nrn. nicht abrechnungsfähig: 3572*, 3890*, 3891*		
3895*	**Heterophile Antikörper (IgG- oder IgM-Fraktion), Ligandenassay – einschließlich Doppelbestimmung und aktueller Bezugskurve –, je Fraktion**	**1100** / 64,12	73,73 / 83,35
3896*	**Untersuchung auf Antikörper gegen Gliadin mittels qualitativer Immunfluoreszenzunteruschung (bis zu zwei Titerstufen) oder ähnlicher Untersuchungsmethoden**	**290** / 16,90	19,44 / 21,97
3897*	**Untersuchung auf Antikörper gegen Giladin mittels quantitativer Immunfluoreszenzuntersuchung (mehr als zwei Titerstufen) oder ähnlicher Untersuchungsmethoden**	**510** / 29,73	34,19 / 38,64
3898*	**Antikörper gegen Insulin, Ligandenassay – einschließlich Doppelbestimmung und aktueller Bezugskurve –**	**450** / 26,23	30,16 / 34,10
Analog:	Nr. 3898 analog für die Bestimmung von Antikörpern gegen körpereigenes Insulin (Autoantikörper) ansetzen.		

10 Tumormarker

Allgemeine Bestimmung:

Für die mit H3 gekennzeichneten Untersuchungen ist der Höchstwert nach Nummer 3631.H zu beachten.

3900.H3*	**Ca 125, Ligandenassay – gegebenenfalls einschließlich Doppelbestimmung und aktueller Bezugskurve –**	**300** / 17,49	20,11 / 22,73
3901.H3*	**Ca 15-3, Ligandenassay – gegebenenfalls einschließlich Doppelbestimmung und aktueller Bezugskurve –**	**450** / 26,23	30,16 / 34,10
3902.H3*	**Ca 19-9, Ligandenassay – gegebenenfalls einschließlich Doppelbestimmung und aktueller Bezugskurve –**	**300** / 17,49	20,11 / 22,73
3903.H3*	**Ca 50, Ligandenassay – gegebenenfalls einschließlich Doppelbestimmung und aktueller Bezugskurve –**	**450** / 26,23	30,16 / 34,10

Auf einen Blick: Tumormarker zur Verlaufskontrolle und Diagnostik

Das Institut für Medizinische Diagnostik – eine Gemeinschaftspraxis für Labormedizin, Mikrobiologie, Transfusionsmedizin – in Berlin informiert unter www.imd-berlin.de/index.php?id=426 übersichtlich mit einer Liste der Tumormarker 1. und 2. Wahl – die wir freundlicherweise übernehmen durften – über Möglichkeiten zur Verlaufskontrolle und ggf. zur Tumor-Diagnostik.
Die folgende Leistungen werden in der Regel – nach Rücksprache mit dem Patienten -vom behandelnden Arzt beim Labor in Auftrag gegeben und dann vom Labor direkt beim Patienten liquidiert.
Die Liste wurde für das Buch alphabetisch nach den Organen geordnet.

Organ	1. Wahl	2. Wahl
Bronchial-Ca: – kleinzellig – nicht kleinzellig – Adenokarzinom	 NSE CYFRA 21-1 CYFRA 21-1, CEA	 TPA, CA 125, CEA, HCT TPA, CA 125, CEA, SCC TPA
Colon/Rektum **Dünndarm (Carzinoid)**	Hämoglobin/Haptoglobin im Stuhl CEA, CA 19-9 Serotonin, 5-HIES	TPA NSE
Gastrinom (Zollinger-Ellison-Syndrom)	Gastrin	–
Harnblase	NMP-22, CYFRA 21-1, TPA	CA 19-9, CEA
HNO/Kopf	CYFRA 21-1, SCC	CEA, EBV-EA, Ferritin
Hoden	AFP, HCG, Plazenta-AP	SCC, M2-PK
Hypernephrom	Erythropoietin	–
Hypophyse	ACTH, Prolaktin, STH, TSH, FSH, LH	–
Leber/Galle: **– Leberzellkarzinom** **– Lebermetastasen** **– Gallengangskarzinom**	 AFP, AFP-L3%, DCP CEA AFP CA 19-9	DCP TPA, CA 19-9, CA 125 CEA, AFP, CA 125
Magen	CEA, CA 72-4	CA 19-9, CEA,TPA
Mamma	CA 15-3, CEA	MCA, TPA
Nebenschilddrüse	Parathormon (PTH)	–
Niere	CEA, M2 PK	Renin, TPA
NNR	Cortisol	Androgene, Östrogene
Ösophagus	CEA, SCC	CA 19-9
Ovar	CA 125, CEA	HCG, AFP, CA 72-4, CA 15-3, TPA
Pankreas **– exkretorisch** **– inkretorisch (Insulinom)**	 CA 19-9 Insulin, C-Peptid	 CA 50, CA 125, CA 72-4, TPA, CEA
Phäochromozytom	Katecholamine, VMS	–
Prostata	PSA (ges. u. frei)	CEA, PAP, TPA
Schilddrüsenkarzinom: **– medullär** **– Follikulär, papillär**	 Calcitonin (HCT) Thyreoglobulin	 NSE, CEA TPA
Uterus	CEA, SCC	CA 19-9, Ca 125
Lymphatisch/myeol. System	2-Mikroglobulin, monokl. Immunglobuline	Ferritin, Neopterin,Lysozym, TK (Thymidinkinase)
Sarkom	AP (Isoenzyme), Hydroxyprolin, Ostase	CEA, TPA
Haut (Melanom)	S-100	
Ohne Organzuordnung	p53-Auto-AK werden ausschl. bei Tumoren gebildet – (Spezifität für eine Tm Erkrankung: 100%; (Sensitivität 10–40%)	

Ohne Organzuordnung:
p53-Auto-AK werden ausschließlich bei Tumoren gebildet – (Spezifität für eine Tm-Erkrankung: 100%; Sensitivität 10–40%)

GOÄ Nrn. der zuvor aufgeführten Tumormarker

Tumormarker	GOÄ Nrn.
ß2-Mikroglobulin	**3754***
5-HIES (5-Hydroxy-Indolessigsäure – 24h-SU)	**4071*, 4080***
ACTH (Adrenocorticotropes Hormon im Plasma)	**4049***
AFP (Alpha-Fetoprotein)	**3743***
AFP-L3% (Alpha-Fetoprotein (AFP) L3% and Total, Hepatocellular Carcinoma)	**4078**
Androgene • Dehydroepiandrosteron (DHEA) • Dihydrotestosteron • Testosteron	 **4037*** **4069***[1)] **4042***
AP (Isoenzyme – Alkalische Phosphatase Isoenzymbestimmung, Knochen-AP, intestinale AP, Leber-AP)	**3784***
CA 125 (Cancer Antigen 125)	**3900***
CA 15-3 (Cancer-Antigen 15-3)	**3901***
CA 19-9 (Cancer-Antigen 19-9)	**3902***
CA 50 (Cancer-Antigen 50)	**3903***
CA 72-4 (Cancer-Antigen 72-4)	**3904***
Calcitonin (HCT humanes Kalzitonin**)**	**4047***
CEA (Carcinoembryonales Antigen)	**3905***
Cortisol	**4020***
C-Peptid (CPEP, connecting peptide)	**4046***
CYFRA 21-1 (Cytokeratin 19-Fragmente)	**3906***
DCP (Des-Gamma-Carboxyprothrombin) – Tumormarker beim hepatozellulären Karzinom)	**4078**
EBV-EA – Epstein-Barr-Virus-Antikörper – early antigen	**4311* ff.**
Erythropoetin	**4050***
Ferritin	**3742***
FSH (Follikelstimulierendes Hormon, (hypophysäres Gonadotropin)	**4021***
Gastrin	**4051***
Hämoglobin/Haptoglobin im Stuhl Immunchromatographischer Schnelltest zum qualitativen Nachweis von okkultem Blut im Stuhl- **(PreventID CC oder (IDEAL)** Hämoglobin-Haptoglobin-Komplex ELISA. Dieses Enzyme-Linked-Immuno-Sorbent-Assay (ELISA) dient zur quantitativen Erfassung des Hämoglobin-Haptoglobin-Komplexes im Stuhl.	**A 3571* oder A 3736* analog 3572* oder analog 3747**
HCG (Human-Chorion-Gonadotropin)	**4024***
ß-HCH (ß-Human-Chorion-Gonadotropin)	**4053***
Hydroxyprolin	**4078***
Immunfixation (monokl. Immunglobuline, je Antiserum)	**3749**
Insulin	**4025***
Katecholamine • Adrenalin (Plasma) • Metanephrin (Plasma) • Noradrenalin (Plasma) • Normetanephrine (Plasma)	 **4072*** **4072*** **4072*** **4072***
LH (Luteinisierendes Hormon, (hypophysäres Gonadotropin)	**4026***

[1)] Untersuchungen mit ähnlichem Aufwand

GOÄ-Nr.	Punktzahl 1fach	1,15 1,3

Tumormarker	GOÄ Nrn.
Lysozym	**3793***
M2 PK (Isoenzym M2 der Pyruvatkinase oder Tumor M2-PK)	**A 3903**
MCA (mucin-like carcinoma-associated antigen)	**A 3901**
monokl. Immunglobuline	
Neopterin	**4069***
NMP-22 i. Urin (Nukleäres-Matrix-Protein 22)	**3911***
NSE (Neuronspezifische Enolase)	**3907***
Ostase	**4062**
Östrogene • Östradiol • Östron • Östriol	 **4039*** **4044*** **4027***
p53-Auto-AK	**3877**
PAP (Saure Prostataphosphatase **SPP**, engl. Prostatic Acid Phosphatase **PAP** – beide Abkürzungen in Deutschland üblich) i	**3794***
Parathormon (PTH)	**4056***
Plazenta-AP (**PLAP** – plazentare alkalische Phosphatase, humane alkalische Plazenta-Phosphatase)	**4069***
Prolaktin	**4041***
PSA (ges. u. frei) (Prostataspezifisches Antigen (total)	**3908.H3***
Renin	**4058*, 4115***
S-100 (Protein-S100B)	**4069***
SCC (Squamous Cell Carcinoma Antigen)	**3909***
Serotonin	**4075***
STH (Wachstumshormon, somatotropes Hormon)	**4043***
Thyreoglobulin	**4070***
TK (Thymidinkinase)	**3910***
TPA (Tissue Polypeptide Antigen)	**3911***
TSH (TSH-basal, Thyreotropin, Thyreoidea stimulierendes Hormon)	**4030***
VMS (Vanillinmandelsäure)	**4077*, 4085***

GOÄ-Nr.		Punktzahl 1fach	2,3 / *1,8 3,5 / *2,5
3904.H3*	**Ca 72-4, Ligandenassay – gegebenenfalls einschließlich Doppelbestimmung und aktueller Bezugskurve –**	**450** 26,23	30,16 34,10
3905.H3*	**Carcinoembryonales Antigen (CEA), Ligandenassay – gegebenenfalls einschließlich Doppelbestimmung und aktueller Bezugskurve –**	**250** 14,57	16,76 18,94
3906.H3*	**Cyfra 21-1, Ligandenassay – gegebenenfalls einschließlich Doppelbestimmung und aktueller Bezugskurve –**	**450** 26,23	30,16 34,10
3907.H3*	**Neuronenspezifische Enolase (NSE), Ligandenassay – einschließlich Doppelbestimmung und aktueller Bezugskurve –**	**450** 26,23	30,16 34,10
3908.H3*	**Prostataspezifisches Antigen (PSA), Ligandenassay – gegebenenfalls einschließlich Doppelbestimmung und aktueller Bezugskurve –**	**300** 17,49	20,11 22,73

GOÄ-Nr.		Punktzahl 1fach	1,15 1,3
3909.H3*	**Squamous cell carcinoma Antigen (SCC), Ligandenassay – gegebenenfalls einschließlich Doppelbestimmung und aktueller Bezugskurve –**	**450** 26,23	30,16 34,10
3910.H3*	**Thymidinkinase, Ligandenassay – einschließlich Doppelbestimmung und aktueller Bezugskurve –**	**450** 26,23	30,16 34,10
3911.H3* analog	**NMP (Nukleäres-Matrix-Protein) 22 Schnelltest (analog 3911* GOÄ) – n. Empfehlung der BÄK**	**450** 26,23	30,16 34,10
3911.H3*	**Tissue-polypeptide-Antigen (TPA), Ligandenassay – gegebenenfalls einschließlich Doppelbestimmung und aktueller Bezugskurve –**	**450** 26,23	30,16 34,10

11 Nukleinsäuren und ihre Metabolite

3920*	**Isolierung von humanen Nukleinsäuren aus Untersuchungsmaterial**	**900** 52,46	60,33 68,20
3921*	**Verdau (Spaltung) isolierter humaner Nukleinsäuren mit Restriktionsenzymen, je Enzym**	**150** 8,74	10,05 11,37
3922*	**Amplifikation von humanen Nukleinsäuren oder Nukleinsäurefragmenten mit Polymerasekettenreaktion (PCR)**	**500** 29,14	33,52 37,89
3923*	**Amplifikation von humanen Nukleinsäuren oder Nukleinsäurefragmenten mit geschachtelter Polymerasekettenreaktion (nested PCR)**	**1000** 58,29	67,03 75,77
3924*	**Identifizierung von humanen Nukleinsäurefragmenten durch Hybridisierung mit radioaktiv oder nichtradioaktiv markierten Sonden und nachfolgender Detektion, je Sonde**	**300** 17,49	20,11 22,73
3925*	**Trennung von humanen Nukleinsäurefragmenten mittels elektrophoretischer Methoden und anschließendem Transfer auf Trägermaterialien (z.B. Dot-Blot, Slot-Blot)**	**600** 34,97	40,22 45,46
3926*	**Identifizierung von humanen Nukleinsäurefragmenten durch Sequenzermittlung**	**2000** 116,57	134,06 151,55

12 Gerinnungs-, Fibrinolyse-, Komplementsystem

3930*	**Antithrombin III, chromogenes Substrat**	**110** 6,41	7,37 8,34
3931*	**Antithrombin III, Immundiffusion oder ähnliche Untersuchungsmethoden**	**180** 10,49	12,07 13,64

GOÄ-Nr.		Punktzahl 1fach	1,15 1,3
3932*	**Blutungszeit**	**60** 3,50	4,02 4,55
3933*	**Fibrinogen nach Clauss, koagulometrisch**	**100** 5,83	6,70 7,58
3934*	**Fibrinogen, Immundiffusion oder ähnliche Untersuchungsmethoden**	**180** 10,49	12,07 13,64
3935*	**Fibrinogenspaltprodukte, qualitativ**	**120** 6,99	8,04 9,09
3936*	**Fibrinogenspaltprodukte, quantitativ**	**250** 14,57	16,76 18,94
3937*	**Fibrinspaltprodukte, quervernetzt (Dimertest), qualitativ**	**180** 10,49	12,07 13,64
GOÄ-Ratgeber der BÄK:	Siehe unter GOÄ-Nr. A 3742.		
3938*	**Fibrinspaltprodukte, quervernetzt (Dimertest), quantitativ**	**360** 20,98	24,13 27,28
GOÄ-Ratgeber der BÄK:	Siehe unter GOÄ-Nr. A 3742.		
3939*	**Gerinnungsfaktor (II, V, VIII, IX, X), je Faktor**	**460** 26,81	30,83 34,86
3940*	**Gerinnungsfaktor (VII, XI, XII), je Faktor**	**720** 41,97	48,26 54,56
3941*	**Gerinnungsfaktor VIII Ag, Immundiffusion oder ähnliche Untersuchungsmethoden**	**250** 14,57	16,76 18,94
3942*	**Gerinnungsfaktor XIII, Untersuchung mittels Monochloressigsäure oder ähnliche Untersuchungsmethoden**	**180** 10,49	12,07 13,64
3943*	**Gerinnungsfaktor XII, Immundiffusion oder ähnliche Untersuchungsmethoden**	**250** 14,57	16,76 18,94
3944*	**Gewebsplasminogenaktivator (t-PA), chromogenes Substrat**	**300** 17,49	20,11 22,73
3945*	**Heparin, chromogenes Substrat**	**140** 8,16	9,38 10,61
3946*	**Partielle Thromboplastinzeit (PTT, aPTT), Doppelbestimmung**	**70** 4,08	4,69 5,30
3947*	**Plasmatauschversuch**	**460** 26,81	30,83 34,86

GOÄ-Nr.		Punktzahl 1fach	1,15 1,3
3948*	**Plasminogen, chromogenes Substrat**	**140** 8,16	9,38 10,61
3949*	**Plasminogenaktivatorinhibitor (PAI), chromogenes Substrat**	**410** 23,90	27,48 31,07
3950*	**Plättchenfaktor (3, 4), Ligandenassay – einschließlich Doppelbestimmung und aktueller Bezugskurve –, je Faktor**	**480** 27,98	32,17 36,37
3951*	**Protein C-Aktivität**	**450** 26,23	30,16 34,10
3952*	**Protein C-Konzentration, Ligandenassay – einschließlich Doppelbestimmung und aktueller Bezugskurve –**	**450** 26,23	30,16 34,10

Kommentar: Wird keine Doppelbestimmung durchgeführt und damit nur eine Einfachbestimmung, so können nach den Allgemeinen Bestimmungen zum Abschnitt M, Abs. 9 nur zwei Drittel, d. h. 66% der Gebühr berechnet werden.

3953*	**Protein S-Aktivität**	**450** 26,23	30,16 34,10
3954*	**Protein S-Konzentration, Ligandenassay – einschließlich Doppelbestimmung und aktueller Bezugskurve –**	**450** 26,23	30,16 34,10
3955*	**Reptilasezeit**	**100** 5,83	6,70 7,58
3956*	**Ristocetin-Cofaktor (F VIII Rcof), Agglutination**	**200** 11,66	13,41 15,15
3957*	**Thrombelastogramm oder Resonanzthrombogramm**	**180** 10,49	12,07 13,64
3958*	**Thrombin Antithrombin Komplex (TAT Komplex), Ligandenassay – einschließlich Doppelbestimmung und aktueller Bezugskurve –**	**480** 27,98	32,17 36,37
3959*	**Thrombinkoagulasezeit**	**100** 5,83	6,70 7,58
3960*	**Thromboplastinzeit (Prothrombinzeit, TPZ, Quickwert), Doppelbestimmung**	**70** 4,08	4,69 5,30
3961*	**Thrombozytenaggregationstest mit mindestens drei Stimulatoren**	**900** 52,46	60,33 68,20
3962*	**Thrombozytenausbreitung, mikroskopisch**	**60** 3,50	4,02 4,55

GOÄ-Nr.		Punktzahl 1fach	1,15 1,3
3963*	**Von Willebrand-Faktor (vWF), Ligandenassay – einschließlich Doppelbestimmung und aktueller Bezugskurve –**	**480** 27,98	32,17 36,37
3964*	**C1-Esteraseinhibitor-Aktivität, chromogenes Substrat**	**360** 20,98	24,13 27,28
3965*	**C1-Esteraseinhibitor-Konzentration, Immundiffusion oder ähnliche Untersuchungsmethoden**	**260** 15,15	17,43 19,70
3966*	**Gesamtkomplement AH 50**	**600** 34,97	40,22 45,46
3967*	**Gesamtkomplement CH 50**	**500** 29,14	33,52 37,89

Katalog	**Untersuchungen von Einzelfaktoren des Komplementsystems**	**250** 14,57	16,76 18,94
3968*	**Komplementfaktor C3-Aktivität, Lysis**		
3969*	**Komplementfaktor C3, Immundiffusion oder ähnliche Untersuchungsmethoden**		
3970*	**Komplementfaktor C4-Aktivität, Lysis**		
3971*	**Komplementfaktor C4, Immundiffusion oder ähnliche Untersuchungsmethoden**		

13 Blutgruppenmerkmale, HLA System

3980*	**ABO-Merkmale**	**100** 5,83	6,70 7,58
3981*	**ABO-Merkmale und Isoagglutinine**	**180** 10,49	12,07 13,64
3982*	**ABO-Merkmale, Isoagglutinine und Rhesusfaktor D (D und CDE)**	**300** 17,49	20,11 22,73
IGeL:	Blutgruppenbestimmung auf Wunsch des Patienten		
3983*	**ABO-Merkmale, Isoagglutinine und Rhesusformel (C, c, D, E und e)**	**500** 29,14	33,52 37,89

Katalog	**Bestimmung weiterer Blutgruppenmerkmale**	**120** 6,99	8,04 9,09
	Bei den Leistungen nach den Nrn. 3984–3986 sind die jeweils untersuchten Merkmale in der Rechnung anzugeben.		
3984*	**im NaCl- oder Albumin-Milieu (z.B. P, Lewis, MNS), je Merkmal**		

GOÄ-Nr.		Punktzahl / 1fach	1,15 / 1,3
3985*	im indirekten Anti-Humanglobulin-Test (indirekter Coombstest) (z.B. C, Kell, D, Duffy), je Merkmal		
3986*	im indirekten Anti-Humanglobulin-Test (indirekter Coombstest) (z.B. Kidd, Lutheran), je Merkmal		
3987*	Antikörpersuchtest (Antikörper gegen Erythrozytenantigene) mit zwei verschiedenen Test-Erythrozyten-Präparationen im indirekten Anti-Humanglobulin-Test (indirekter Coombstest)	**140** / 8,16	9,38 / 10,61
3988*	Antikörpersuchtest (Antikörper gegen Erythrozytenantigene) mit mindestens drei verschiedenen Test-Erythrozyten-Präparationen im indirekten Anti-Humanglobulin-Test (indirekter Coombstest)	**200** / 11,66	13,41 / 15,15
3989*	Antikörperdifferenzierung (Antikörper gegen Erythrozytenantigene) mit mindestens acht, jedoch nicht mehr als zwölf verschiedenen Test-Erythrozyten-Präparationen im indirekten Anti-Humanglobulin-Test (indirekter Coombstest) im Anschluss an die Leistung nach Nummer 3987 oder 3988, je Test-Erythrozyten-Präparation	**60** / 3,50	4,02 / 4,55
3990*	Antikörpersuchtest (Antikörper gegen Erythrozytenantigene) mit mindestens zwei verschiedenen Test-Erythrozyten-Präparationen im NaCl- oder Enzymmilieu	**70** / 4,08	4,69 / 5,30
3991*	Antikörpersuchtest (Antikörper gegen Erythrozytenantigene) mit drei und mehr verschiedenen Test-Erythrozyten-Präparationen im NaCl- oder Enzymmilieu	**100** / 5,83	6,70 / 7,58
3992*	Antikörperdifferenzierung (Antikörper gegen Erythrozytenantigene) mit mindestens acht, jedoch höchstens zwölf verschiedenen Test-Erythrozyten-Präparationen im NaCl- der Enzymmilieu im Anschluß an die Leistung nach Nummer 3990 oder 3991, je Test-Erythrozyten-Präparation	**30** / 1,75	2,01 / 2,27
3993*	Bestimmung des Antikörpertiters bei positivem Ausfall eines Antikörpersuchtests (Antikörper gegen Erythrozytenantigene) im Anschluß an eine der Leistungen nach den Nummern 3989 oder 3992	**400** / 23,31	26,81 / 30,31
3994*	Quantitative Bestimmung (Titration) von Antikörpern gegen Erythrozytenantigene (z.B. Kälteagglutimne, Hämolysine) mittels Agglutination, Präzipitation oder Lyse (mit jeweils mindestens vier Titerstufen)	**140** / 8,16	9,38 / 10,61
3995*	Qualitativer Nachweis von Antikörpern gegen Leukozyten oder Thrombozytenantigene mittels Fluoreszenzimmunoassay (bis zu zwei Titerstufen) oder ähnlicher Untersuchungsmethoden	**350** / 20,40	23,46 / 26,52
Ausschluss:	Neben Nr. 3995* ist die Nr. 3996* nicht abrechnungsfähig.		

GOÄ-Nr.		Punktzahl 1fach	1,15 1,3
3996*	**Quantitative Bestimmung von Antikörpern gegen Leukozyten- oder Thrombozytenantigene mittels Fluoreszenzimmunoassay (mehr als zwei Titerstufen) oder ähnlicher Untersuchungsmethoden**	**600** 34,97	40,22 45,46
Ausschluss:	Neben Nr. 3996* ist die Nr. 3995* nicht abrechnungsfähig.		
3997*	**Direkter Anti-Humanglobulin-Test (direkter Coombstest), mit mindestens zwei Antiseren**	**120** 6,99	8,04 9,09
3998*	**Anti-Humanglobulin-Test zur Ermittlung der Antikörperklasse mit monovalenten Antiseren, im Anschluss an die Leistung nach Nummer 3989 ider 3997, je Antiserum**	**90** 5,25	6,03 6,82
3999*	**Antikörper-Elution, Antikörper-Absorption, Untersuchung auf biphasische Kältehämolysine, Säure-Serum-Test oder ähnlich aufwendige Untersuchungen, je Untersuchung** Die Art der Untersuchung ist in der Rechnung anzugeben.	**360** 20,98	24,13 27,28
4000*	**Serologische Verträglichkeitsprobe (Kreuzprobe) im NaCl-Milieu und im Anti-Humanglobulintest**	**200** 11,66	13,41 15,15
4001*	**Serologische Verträglichkeitsprobe (Kreuzprobe) im NaCl-Milieu und im Anti-Humanglobulintest sowie laborinterne Identitätssicherung im ABO-System** Die Leistung nach Nummer 4001 ist für die Identitätssicherung im ABO-System am Krankenbett (bedside-test) nicht berechnungsfähig.	**300** 17,49	20,11 22,73
4002*	**Serologische Verträglichkeitsprobe (Kreuzprobe) im NaCl- oder Enzym-Milieu als Kälteansatz unter Einschluß einer Eigenkontrolle**	**100** 5,83	6,70 7,58
4003*	**Dichtegradientenisolierung von Zellen, Organellen oder Proteinen, je Isolierung**	**400** 23,31	26,81 30,31
Hinweis LÄK:	**Anmerkung der Bayerischen Landesärztekammer** vom 09.02.2004 (Quelle: GOÄ-Datenbank http://www.blaek.de/) – **Dichtegradientenisolierung der Spermien (ICSI)** (Empfehlung des Ausschusses „Gebührenordnung“ der Bundesärztekammer – die mit dem Verband der privaten Krankenversicherung, dem BMG, BMI abgestimmt wurde). Die Dichtegradientenisolierung der Spermien ist nach Nr. 4003 berechnungsfähig. Die Leistung ist je Sitzung nur einmal ansatzfähig.		
4004*	**Nachweis eines HLA-Antigens der Klasse I mittels Lymphozytotoxizitätstest nach Isolierung der Zellen**	**750** 43,72	50,27 56,83
4005*	**Höchstwert für die Leistung nach Nummer 4004**	**3000** 174,86	201,09 227,32
4006*	**Gesamttypisierung der HLA-Antigene der Klasse I mittels Lymphozytotoxizitätstest mit mindestens 60 Antiseren nach Isolierung der Zellen, je Antiserum**	**30** 1,75	2,01 2,27

GOÄ-Nr.		Punktzahl 1fach	1,15 1,3
4007*	**Höchstwert für die Leistung nach Nummer 4006**	**3600** 209,83	241,31 272,78
4008*	**Gesamttypisierung der HLA-Antigene der Klasse II mittels molekularbiologischer Methoden (bis zu 15 Sonden), insgesamt**	**2500** 145,72	167,58 189,43
4009*	**Subtypisierung der HLA-Antigene der Klasse II mittels molekularbiologischer Methoden (bis zu 40 Sonden), insgesamt**	**2700** 157,38	180,98 204,59
4010*	**HLA-Isoantikörpernachweis**	**800** 46,63	53,62 60,62
4011*	**Spezifizierung der HLA Isoantikörper, insgesamt**	**1600** 93,26	107,25 121,24
4012*	**Serologische Verträglichkeitsprobe im Gewebe HLA-System nach Isolierung von Zellen und Organellen**	**750** 43,72	50,27 56,83
4013*	**Lymphozytenmischkultur (MLC) bei Empfänger und Spender – einschließlich Kontrollen –**	**4600** 268,12	308,34 348,56
4014*	**Lymphozytenmischkultur (MLC) für jede weitere getestete Person**	**2300** 134,06	154,17 174,28

14 Hormone und ihre Metabolite, biogene Amine, Rezeptoren

Allgemeine Bestimmung:

Für die mit H4 gekennzeichneten Untersuchungen ist der Höchstwert nach Nummer 3633.H zu beachten.

Auf einen Blick:

Schilddrüsenuntersuchungen mit H4-Kennzeichnung aus Abschnitt M III 14 von A-Z, dem Höchstwert nach Nr. 3633.H unterliegen

Laborparameter	GOÄ-Nr.
Freies Thyroxin	**4022.H4***
Freies Trijodthyronin	**4023.H4***
TBG	**3766.H4***
T3-Uptake-Test	**4029.H4***
Thyroxin	**4031.H4***
Trijodthyronin	**4032.H4***

	Hormonbestimmung mittels Ligandenassay – gegebenenfalls einschließlich Doppelbestimmung und aktueller Bezugskurve Die untersuchten Parameter sind in der Rechnung anzugeben.	**250** 14,57	16,76 18,94

Katalog

4020* **Cortisol**

4021* **Follitropin (FSH, follikelstimulierendes Hormon)**

GOÄ-Nr.		Punktzahl 1fach	1,15 1,3
4022.H4*	Freies Trijodthyronin (fT3)		
4023.H4*	Freies Thyroxin (fT4)		
4024*	Humanes Choriongonadotropin (HCG)		
4025*	Insulin		
4026*	Luteotropin (LH, luteinisierendes Hormon)		
4027*	Östriol		
4028*	Plazentalaktogen (HPL)		
4029.H4*	T3-Uptake-Test (TBI, TBK)		
4030.H4*	Thyreoidea stimulierendes Hormon (TSH)		
4031*	Thyroxin		
4032.H4*	Trijodthyronin		
4033*	Untersuchungen mit ähnlichem methodischen Aufwand		

Hormonbestimmung mittels Ligandenassay – einschließlich Doppelbestimmung und aktueller Bezugskurve — **350** / 20,40 — 23,46 / 26,52

Die untersuchten Parameter sind in der Rechnung anzugeben.

Katalog

4035*	17-Alpha-Hydroxyprogesteron
4036*	Androstendion
4037*	Dehydroepiandrosteron (DHEA)
4038*	Dehydroepiandrosteronsulfat (DHEAS)
4039*	Östradiol
4040*	Progesteron
4041*	Prolaktin
4042*	Testosteron
4043*	Wachstumshormon (HGH)
4044*	Untersuchungen mit ähnlichem methodischem Aufwand

Hormonbestimmung mittels Ligandenassay – einschließlich Doppelbestimmung und aktueller Bezugskurve — **480** / 27,98 — 32,17 / 36,37

Die untersuchten Parameter sind in der Rechnung anzugeben.

Kommentar: Wird nur eine Einfachbestimmung durchgeführt, sind nur 66% der Gebühr – in diesem Fall 18,65 Euro – mit dem entsprechenden Multiplikator abrechenbar.

Katalog

4045*	Aldosteron
4046*	C-Peptid
4047*	Calcitonin
4048*	cAMP

GOÄ-Nr.		Punktzahl / 1fach	1,15 / 1,3
4049*	**Corticotropin (ACTH)**		
4050*	**Erythropoetin**		
4051*	**Gastrin**		
4052*	**Glukagon**		
4053*	**Humanes Choriongonadotropin (HCG), zum Ausschluß einer Extrauteringravidität**		
4054*	**Osteocalcin**		
4055*	**Oxytocin**		
4056*	**Parathormon**		
4057*	**Reninaktivität (PRA), kinetische Bestimmung mit mindestens drei Messpunkten**		
4058*	**Reninkonzentration**		
4060*	**Somatomedin**		
4061*	**Vasopressin (Adiuretin, ADH)**		
4062*	**Untersuchungen mit ähnlichem Aufwand**		
	Hormonbestimmung mittels Ligandenassay – einschließlich Doppelbestimmung und aktueller Bezugskurve Die untersuchten Parameter sind in der Rechnung anzugeben.	**750** 43,72	50,27 56,83
Katalog			
4064*	**Gastric inhibitory Polypeptid (GIP)**		
4065*	**Gonadotropin-releasing-Hormon (GnRH)**		
4066*	**Pankreatisches Polypeptid (PP)**		
4067*	**Parathyroid hormone related peptide**		
4068*	**Vasoaktives intestinales Polypeptid (VIP)**		
4069*	**Untersuchungen mit ähnlichem methodischen Aufwand**		
4070*	**Thyreoglobulin, Ligandenassay – einschließlich Doppelbestimmung und aktueller Bezugskurve sowie Kontrollansatz für Anti-Thyreoglobulin-Antikörper –**	**900** 52,46	60,33 68,20
	Hormonbestimmung mittels Hochdruckflüssigkeitschromatographie, Gaschromatographie oder Säulenchromatographie und Photometrie Die untersuchten Parameter sind in der Rechnung anzugeben.	**570** 33,22	38,21 43,19
Katalog			
4071*	**5-Hydroxyindolessigsäure (5-HIES)**		
4072*	**Adrenalin und/oder Noradrenalin und/oder Dopamin im Plasma oder Urin**		
4073*	**Homovanillinsäure im Urin (HVA)**		

GOÄ-Nr.		Punktzahl / 1fach	1,15 / 1,3
4074*	**Metanephrine**		
4075*	**Serotonin**		
4076*	**Steroidprofil**		
4077*	**Vanillinmandelsäure (VMA)**		
4078*	**Untersuchungen mit ähnlichem methodischen Aufwand**		
4079*	**Zuschlag zu den Leistungen nach den Nummern 4071 bis 4078 bei Anwendungen der Gaschromatographie-Massenspektromie**	**350** / 20,40	23,46 / 26,52
4080*	**5-Hydroxyindolessigsäure (5-HIES), Farbreaktion und visuell, qualitativ**	**120** / 6,99	8,04 / 9,09
Analog:	Nr. 4080 analog für die semiquantitative Bestimmung von Katecholaminen im Harn ansetzen.		
4081*	**Humanes Choriongonadotropin im Urin, Schwangerschaftstest (Nachweisgrenze des Tests kleiner als 500 U/l)**	**120** / 6,99	8,04 / 9,09
4082*	**Humanes Choriongonadotropin im Urin (HCG), Schwangerschaftstest (Nachweisgrenze des Tests kleiner als 50 U/l), Ligandenassay – gegebenenfalls einschließlich Doppelbestimmung und aktueller Bezugskurve –**	**140** / 8,16	9,38 / 10,61
4083*	**Luteotropin (LH) im Urin, Ligandenassay – gegebenenfalls einschließlich Doppelbestimmung und Bezugskurve – oder Agglutination, im Rahmen einer künstlichen Befruchtung, je Bestimmung**	**570** / 33,22	38,21 / 43,19
4084*	**Gesamt Östrogene im Urin, photometrisch**	**570** / 33,22	38,21 / 43,19
4085*	**Vanillinmandelsäure im Urin (VMA), Dünnschichtchromatographie, semiquantitativ**	**250** / 14,57	16,76 / 18,94
4086*	**Östrogenrezeptoren – einschließlich Aufbereitung –**	**1200** / 69,94	80,44 / 90,93
4087*	**Progesteronrezeptoren – einschließlich Aufbereitung –**	**1200** / 69,94	80,44 / 90,93
4088*	**Andere Hormonrezeptoren (z.B. Androgenrezeptoren) – einschließlich Aufbereitung –**	**1200** / 69,94	80,44 / 90,93
4089*	**Tumornekrosefaktorrezeptor (p55), Ligandenassay – einschließlich Doppelbestimmung und aktueller Bezugskurve –**	**450** / 26,23	30,16 / 34,10

GOÄ-Nr.		Punktzahl 1fach	1,15 1,3

15 Funktionsteste

Allgemeine Bestimmungen:

Wird eine vom jeweils genannten Leistungsumfang abweichende geringere Anzahl von Bestimmungen durchgeführt, so ist nur die Zahl der tatsächlich durchgeführten Einzelleistungen berechnungsfähig.

Sind aus medizinischen Gründen über den jeweils genannten Leistungsumfang hinaus weitere Bestimmungen einzelner Messgrößen erforderlich, so können diese mit entsprechender Begründung als Einzelleistungen gesondert berechnet werden.

Kommentar:
Die Kosten für Arzneimittel können in Verbindung mit Funktionstesten als Auslagen nach § 10 GOÄ gesondert berechnet werden

GOÄ-Nr.	Leistung	Punktzahl / 1fach	1,15 / 1,3
4090*	**ACTH-Infusionstest (Zweimalige Bestimmung von Cortisol)**	**500** 29,14	33,52 37,89
4091*	**ACTH-Kurztest (Zweimalige Bestimmung von Cortisol)**	**500** 29,14	33,52 37,89
4092*	**Clonidintest (Zweimalige Bestimmung von Adrenalin/Noradrenalin im Plasma)**	**1140** 66,45	76,41 86,38
4093*	**Cortisoltagesprofil (Viermalige Bestimmung von Cortisol)**	**1000** 58,29	67,03 75,77
4094*	**CRF-Test (Dreimalige Bestimmung von Corticotropin und Cortisol)**	**2190** 127,65	146,80 165,94
4095*	**D-Xylosetest (Einmalige Bestimmung von Xylose)**	**200** 11,66	13,41 15,15
4096*	**Desferioxamintest (Einmalige Bestimmung von Eisen im Urin)**	**120** 6,99	8,04 9,09
4097*	**Dexamethasonhemmtest, Kurztest (Zweimalige Bestimmung von Cortisol)**	**500** 29,14	33,52 37,89
4098*	**Dexamethasonhemmtest, Verabreichungvon jeweils 3 mg Dexamethason an drei aufeinander folgenden Tagen (Zweimalige Bestimmung von Cortisol)**	**500** 29,14	33,52 37,89
4099*	**Dexamethasonhemmtest, Verabreichungvon jeweils 9 mg Dexamethason an drei aufeinander folgenden Tagen (Zweimalige Bestimmung von Cortisol)**	**500** 29,14	33,52 37,89
4100*	**Fraktionierte Magensekretionsanalyse mit Pentagastrinstimulation (Viermalige Titration von HCl)**	**280** 16,32	18,77 21,22

GOÄ-Nr.		Punktzahl 1fach	1,15 1,3
4101*	**Glukosesuppressionstest (Sechsmalige Bestimmung von Glukose, Wachstumshormon und Insulin)**	**3840** 223,82	257,40 290,97
4102*	**GHRH-Test (Sechsmalige Bestimmung von Wachstumshormon)**	**2100** 122,40	140,76 159,12
4103*	**HCG-Test (Zweimalige Bestimmung von Testosteron)**	**700** 40,80	46,92 53,04
4104*	**Hungerversuch (Zweimalige Bestimmung von C-Peptid)**	**960** 55,96	64,35 72,74
4105*	**Hungerversuch (Zweimalige Bestimmung von Insulin)**	**500** 29,14	33,52 37,89
4106*	**Insulinhypoglykämietest (Sechsmalige Bestimmung von Glukose, Wachstumshormon und Cortisol)**	**3840** 223,82	257,40 290,97
4107*	**Laktat-Ischämietest (Fünfmalige Bestimmung von Laktat)**	**900** 52,46	60,33 68,20
4108*	**Laktose-Toleranztest (Fünfmalige Bestimmung von Glukose)**	**200** 11,66	13,41 15,15
Kommentar:	Berechnungsfähig sind beispielsweise auch die Kosten für die (orale) Verabreichung einer Laktoselösung im Rahmen des Laktosetoleranztests nach Nummer 4108 GOÄ aus M III 15.		
4109*	**LH-RH-Test (Zweimalige Bestimmung von LH und FSH)**	**1000** 58,29	67,03 75,77
4110*	**MEGX-Test (Monoethylglycinxylidid) (Zweimalige Bestimmung von MEGX)**	**500** 29,14	33,52 37,89
4111*	**Metoclopramidtest (Zweimalige Bestimmung von Prolaktin)**	**700** 40,80	46,92 53,04
4112*	**Pentagastrintest (Sechsmalige Bestimmung von Calcitonin)**	**2880** 167,87	193,05 218,23
4113*	**Renin-Aldosteron-Stimulationstest (Zweimalige Bestimmung von Renin und Aldosteron)**	**1920** 111,91	128,70 145,49
4114*	**Renin-Aldosteron-Suppressionstest (Zweimalige Bestimmung von Renin und Aldosteron)**	**1920** 111,91	128,70 145,49
4115*	**Seitengetrennte Reninbestimmung (Viermalige Bestimmung von Renin)**	**1920** 111,91	128,70 145,49

GOÄ-Nr.		Punktzahl 1fach	1,15 1,3
4116*	**Sekretin-Pankreozymin-Evokationstest (Dreimalige Bestimmung von Amylase, Lipase, Trypsin und Bikarbonat)**	**1080** 62,95	72,39 81,84
4117*	**TRH-Test (Zweimalige Bestimmung von TSH)**	**500** 29,14	33,52 37,89
4118*	**Vitamin A-Resorptionstest (Zweimalige Bestimmung von Vitamin A)**	**720** 41,97	48,26 54,56

16 Porphyrine und ihre Vorläufer

4120*	**Delta-Aminolaevulinsäure (Delta-ALS, Delta-ALA), photometrisch und säulenchromatographisch**	**570** 33,22	38,21 43,19
4121*	**Gesamt-Porphyrine, photometrisch**	**250** 14,57	16,76 18,94
4122*	**Gesamt-Porphyrine, qualitativ**	**120** 6,99	8,04 9,09
4123	**Porphobilinogen (PBG, Hösch-Test, Schwarz-Watson-Test) mit Rückextraktion, Farbreaktion und visuell, qualitativ**	**60** 3,50	4,02 4,55
4124*	**Porphobilinogen (PBG), photometrisch und säulenchromatographisch**	**570** 33,22	38,21 43,19
4125*	**Porphyrinprofil (Urin, Stuhl, Erythrozyten), Hochdruckflüssigkeitschromatographie, je Material**	**570** 33,22	38,21 43,19
4126*	**Porphyrinprofil (Urin, Stuhl, Erythrozyten), Dünnschichtchromatographie, je Material**	**460** 26,81	30,83 34,86

17 Spurenelemente, Vitamine

4130*	**Eisen im Urin, Atomabsorption**	**120** 6,99	8,04 9,09
4131*	**Kupfer im Serum oder Plasma**	**40** 2,33	2,68 3,03
4132*	**Kupfer im Urin, Atomabsorption**	**410** 23,90	27,48 31,07
Analog:	Nr. 4132 analog für Kupfer in Gewebeproben mit Atomabsorption ansetzen.		
4133*	**Mangan, Atomabsorption, flammenlos**	**410** 23,90	27,48 31,07

GOÄ-Nr.		Punktzahl 1fach	1,15 1,3
4134*	**Selen, Atomabsorption, flammenlos**	**410** 23,90	27,48 31,07
4135*	**Zink, Atomabsorption**	**90** 5,25	6,03 6,82
4138*	**25-Hydroxy-Vitamin D (25-OH-D, D2), Ligandenassay – einschließlich Doppelbestimmung und aktueller Bezugskurve –**	**480** 27,98	32,17 36,37
4139*	**1,25-Dihydroxy-Vitamin D (1,25-OH2D3, Calcitriol), Ligandenassay – einschließlich Doppelbestimmung und aktueller Bezugskurve –**	**750** 43,72	50,27 56,83
4140*	**Folsäure und/oder Vitamin B 12, Ligandenassay – gegebenenfalls einschließlich Doppelbestimmung und aktueller Bezugskurve –**	**250** 14,57	16,76 18,94
	Untersuchung von Vitaminen mittels Hochdruckflüssigkeitschromatographie	**360** 20,98	24,13 27,28
Katalog			
4141*	**Vitamin A**		
4142*	**Vitamin E**		
	Untersuchung von Vitaminen mittels Hochdruckflüssigkeitschromatographie	**570** 33,22	38,21 43,19
Katalog			
4144*	**25-Hydroxy-Vitamin D (25-OH-D, D2)**		
4145*	**Vitamin B 1**		
4146*	**Vitamin B 6**		
4147*	**Vitamin K**		

18 Arzneimittelkonzentrationen, exogene Gifte, Drogen

	Untersuchung mittels Ligandenassay – gegebenenfalls einschließlich Doppelbestimmung und aktueller Bezugskurve Die untersuchten Parameter sind in der Rechnung anzugeben.	**250** 14,57	16,76 18,94
Katalog			
4150*	**Amikacin**		
4151*	**Amphetamin**		
4152*	**Azetaminophen**		
4153*	**Barbiturate**		
4154*	**Benzodiazepine**		
4155*	**Cannabinoide**		

GOÄ-Nr.		Punktzahl / 1fach	1,15 / 1,3
4156*	Carbamazepin		
4157*	Chinidin		
4158*	Cocainmetabolite		
4160*	Desipramin		
4161*	Digitoxin		
4162*	Digoxin		
4163*	Disopyramid		
4164*	Ethosuximid		
4165*	Flecainid		
4166*	Gentamicin		
4167*	Lidocain		
4168*	Methadon		
4169*	Methotrexat		
4170*	N-Azetylprocainamid		
4171*	Netilmicin		
4172*	Opiate		
4173*	Phenobarbital		
4174*	Phenytoin		
4175*	Primidon		
4176*	Propaphenon		
4177*	Salizylat		
4178*	Streptomycin		
4179*	Theophyllin		
4180*	Tobramicin		
4181*	Valproinsäure		
4182*	Untersuchungen mit ähnlichem Aufwand		
4185*	Cyclosporin (mono- oder polyspezifsch), Ligandenassay – gegebenenfalls einschließlich Doppelbestimmung und aktueller Bezugskurve –	300 17,49	20,11 22,73
	Untersuchung mittels Ligandenassay – einschließlich vorhergehender Säulentrennung, gegebenenfalls einschließlich Doppelbestimmung und aktueller Bezugskurve	700 40,80	46,92 53,04
Katalog			
4186*	Amitryptilin		
4187*	Imipramin		
4188*	Nortriptylin		

GOÄ-Nr.		Punktzahl 1fach	1,15 1,3
	Untersuchung mittels Atomabsorption, flammenlos Die untersuchten Parameter sind in der Rechnung anzugeben.	**410** 23,90	27,48 31,07
Katalog			
4190*	**Aluminium**		
4191*	**Arsen**		
4192*	**Blei**		
4193*	**Cadmium**		
4194*	**Chrom**		
4195*	**Gold**		
4196*	**Quecksilber**		
4197*	**Thallium**		
4198*	**Untersuchungen mit ähnlichem methodischem Aufwand**		
	Untersuchung mittels Hochdruckflüssigkeitschromatographie, je Untersuchung Die untersuchten Parameter sind in der Rechnung anzugeben.	**360** 20,98	24,13 27,28
Katalog			
4199*	**Amiodarone**		
4200*	**Antiepileptika (Ethosuximid und/oder Phenobarbital und/oder Phenytoin und/oder Primidon)**		
4201*	**Chinidin**		
4202*	**Untersuchungen mit ähnlichem methodischen Aufwand**		
	Untersuchung mittels Hochdruckflüssigkeitschromatographie	**450** 26,23	30,16 34,10
Katalog			
4203*	**Antibiotika**		
4204*	**Antimykotika**		
	Untersuchung mittels Gaschromatographie, je Untersuchung Die untersuchten Parameter sind in der Rechnung anzugeben.	**410** 23,90	27,48 31,07
Katalog			
4206*	**Valproinsäure**		
4207*	**Ethanol**		
4208*	**Untersuchungen mit ähnlichem methodischen Aufwand**		
4209*	**Untersuchung mittels Gaschromatographie nach Säulenextraktion und Derivatisierung zum Nachweis von exogenen Giften, je Untersuchung**	**480** 27,98	32,17 36,37
4210*	**Untersuchung von exogenen Giften mittels Gaschromatographie-Massenspektrometrie, Bestätigungsanalyse, je Untersuchung**	**900** 52,46	60,33 68,20

Hinweis BÄK: Der Vorstand der Bundesärztekammer hat in seiner 11. Sitzung am 20. Mai 2012 nachfolgende – vom Ausschuss Gebührenordnung der Bundesärztekammer in seiner 4. Sitzung (Amtsperiode 2011/2015) am 19. März 2012 befürwortete – Abrechnungsempfehlungen beschlossen:

Abrechnung des Nachweises von Jod im Serum mittels Massenspektrometrie bei fraglicher Jodkontamination bzw. Jodintoxikation **analog Nr. 4210 GOÄ**
Bis auf die Abklärung einer fraglichen Jodkontamination bzw. Jodintoxikation, die zudem in erster Linie durch eine Bestimmung der Jodausscheidung im Spontanurin erfolgen sollte, gibt es für den Nachweis von Jod im Serum mittels Massenspektrometrie keine stichhaltige Indikation.

4211*	**Ethanol, photometrisch**	**150** 8,74	10,05 11,37
Analog:	Nr. 4211 analog für qualitative Drogenschnellteste ansetzen.		
4212*	**Exogene Gifte, dünnschichtchromatographisches Screening, qualitativ oder semiquantitativ**	**250** 14,57	16,76 18,94
4213*	**Identifikation von exogenen Giften mittels aufwendiger Dünnschichtchromatographie mit standardkorrigierten R1-Werten, je Untersuchung**	**360** 20,98	24,13 27,28
4214*	**Lithium**	**60** 3,50	4,02 4,55

19 Antikörper gegen Bakterienantigene

Allgemeine Bestimmungen

Die Berechnung einer Gebühr für eine qualitative Untersuchung mittels Agglutinations oder Fällungsreaktion bzw. Immunfluoreszenzuntersuchung (bis zu zwei Titerstufen) neben einer Gebühr für eine quantitative Untersuchung mittels Agglutinations- oder Fällungsreaktion bzw. Immunfluoreszenzuntersuchung (mehr als zwei Titerstufen) oder einer ähnlichen Untersuchungsmethode ist nicht zulässig.

Kommentar:
Beispiel: Nr. 4220* (Borrelien qualitativ) nicht neben Nr. 4236 (Borrelien quantitativ), nicht neben Nr. 4252 (Borrelien qualitativ), nicht neben Nr. 4264 (Borrelien quantitativ) und nicht neben Nr. 4286 (Borrelien, Ligandenassay). Kurzgefasst: Eine Borrelien-Bestimmung nie neben einer anderen Borrelien-Bestimmung.

	Qualitativer Nachweis von Antikörpern mittels Agglutinations- oder Fällungsreaktion (z.B. Hämagglutination, Hämagglutinationshemmung, Latex-Agglutination) Die untersuchten Parameter sind in der Rechnung anzugeben.	**90** 5,25	6,03 6,82

Katalog

4220* **Borrelia burgdorferi**
4221* **Brucellen**
4222* **Campylobacter**
4223* **Francisellen**
4224* **Legionella pneumophila bis zu fünf Typen, je Typ**
4225* **Leptospiren**
4226* **Listerien, je Typ**
4227* **Rickettsien (Weil-Felix-Reaktion)**
4228* **Salmonellen-H-Antigene**

GOÄ-Nr.		Punktzahl / 1fach	1,15 / 1,3

4229* **Salmonellen-O-Antigene**

4230* **Staphylolysin**

4231* **Streptolysin**

4232* **Treponema pallidum (TPHA, Cardiolipinmikroflockungstest, VDRL Test)**

4233* **Yersinien bis zu zwei Typen, je Typ**

4234* **Untersuchungen mit ähnlichem methodischen Aufwand**

Kommentar: Nr. 4234 kann z.B. angesetzt werden für
- Helicobacter pylori Antikörper-Schnelltest
- Streptozyme-Test

Analog: Analoger Ansatz der Nr. 4234* für quantitativen Schnelltest auf C-reaktives Protein (CRP).

Quantitativer Nachweis von Antikörpern mittels Agglutinations- oder Fällungsreaktion (z.B. Hämagglutination, Hämagglutinationshemmung, Latex-Agglutination)	**230** 13,41	15,42 17,43

Die untersuchten Parameter sind in der Rechnung anzugeben.

Katalog

4235* **Agglutinierende Antikörper (WIDAL-Reaktion)**

4236* **Borrelia burgdorferi**

4237* **Brucellen**

4238* **Campylobacter**

4239* **Francisellen**

4240* **Legionellen bis zu zwei Typen, je Typ**

4241* **Leptospiren**

4242* **Listerien, je Typ**

4243* **Rickettsien**

4244* **Salmonellen-H-Antigene**

4245* **Salmonellen-O-Antigene**

4246* **Staphylolysin**

4247* **Streptolysin**

4248* **Treponema pallidum (TPHA, Cardiolipinmikroflockungstest, VDRL-Test)**

4249* **Yersinien, bis zu zwei Typen, je Typ**

4250* **Untersuchungen mit ähnlichem methodischen Aufwand**

Qualitativer Nachweis von Antikörpern mittels Immunfluoreszenz oder ähnlicher Untersuchungsmethoden	**290** 16,90	19,44 21,97

Die untersuchten Parameter sind in der Rechnung anzugeben.

Katalog

4251* **Bordetella pertussis**

GOÄ-Nr.		Punktzahl / 1fach	1,15 / 1,3
4252*	**Borrelia burgdorferi**		
4253*	**Chlamydia trachomatis**		
4254*	**Coxiella burneti**		
4255*	**Legionella pneumophila**		
4256*	**Leptospiren (IgA, IgG oder IgM)**		
4257*	**Mycoplasma pneumoniae**		
4258*	**Treponema pallidum (IgG und IgM) (FTA-ABS-Test)**		
4260*	**Treponema pallidum (IgM) (IgM-FTA-ABS-Test)**		
4261*	**Untersuchungen mit ähnlichem methodischen Aufwand**		
	Quantitative Bestimmung von Antikörpern mittels Immunfluoreszenz oder ähnlicher Untersuchungsmethoden Die untersuchten Parameter sind in der Rechnung anzugeben.	**510** 29,73	34,19 38,64
Katalog			
4263*	**Bordetella pertussis**		
4264*	**Borrelia burgdorferi**		
4265*	**Chlamydia trachomatis**		
4266*	**Coxiella burneti**		
4267*	**Legionella pneumophila**		
4268*	**Mycoplasma pneumoniae**		
4269*	**Rickettsien**		
4270*	**Treponema pallidum (IgG und IgM) (FTA-ABS-Test)**		
4271*	**Treponema pallidum (IgM) (IgM-FTA-ABS-Test)**		
4272*	**Untersuchungen mit ähnlichem methodischen Aufwand**		
4273*	**Quantitative Bestimmung von Antikörpern mittels Immunfluoreszenz oder ähnlicher Untersuchungsmethoden – Treponema pallidum (IgM) (19S-IgM-FTA-ABS-Test)**	**800** 46,63	53,62 60,62
	Quantitative Bestimmung von Antikörpern mittels Komplementbindungsreaktion (KBR) Die untersuchten Parameter sind in der Rechnung anzugeben.	**250** 14,57	16,76 18,94
Katalog			
4275*	**Campylobacter**		
4276*	**Chlamydia psittaci (Ornithosegruppe)**		
4277*	**Chlamydia trachomatis**		
4278*	**Coxiella burneti**		
4279*	**Gonokokken**		
4280*	**Leptospiren**		
4281*	**Listerien**		

GOÄ-Nr.		Punktzahl 1fach	1,15 1,3
4282*	**Mycoplasma pneumoniae**		
4283*	**Treponema pallidum (Cardiolipinreaktion)**		
4284*	**Yersinien**		
4285*	**Untersuchungen mit ähnlichem methodischen Aufwand**		
Kommentar:	Als ähnliche Untersuchung ist. z.B. eine Brucellose-KBR (nach Brück) anzusehen.		
Analog:	Analoger Ansatz der Nr. 4285 für Pilz-KBR.		
	Bestimmung von Antikörpern mittels Ligandenassay – gegebenenfalls einschließlich Doppelbestimmung und aktueller Bezugskurve Die untersuchten Parameter sind in der Rechnung anzugeben.	**350** 20,40	23,46 26,52
Katalog			
4286*	**Borrelia burgdorferi**		
4287*	**Campylobacter** Die untersuchten Parameter sind in der Rechnung anzugeben.		
Ausschluss:	Neben der Leistung ist nicht abrechnungsfähig: Nr. 437*.		
4288*	**Coxiella burneti** Die untersuchten Parameter sind in der Rechnung anzugeben.		
Ausschluss:	Neben der Leistung ist nicht abrechnungsfähig: Nr. 437*.		
4289*	**Leptospiren (IgA, IgG oder IgM)** Die untersuchten Parameter sind in der Rechnung anzugeben.		
Ausschluss:	Neben der Leistung ist nicht abrechnungsfähig: Nr. 437*.		
4290*	**Mycoplasma pneumoniae** Die untersuchten Parameter sind in der Rechnung anzugeben.		
Ausschluss:	Neben der Leistung ist nicht abrechnungsfähig: Nr. 437*.		
4291*	**Untersuchungen mit ähnlichem methodischen Aufwand**		
Analog:	Analoger Ansatz der Nr. 4291 für: • Pilz-Immunassays • Quantitative Bestimmung von Troponin I oder Troponin T mittels Ligandenassay		
	Bestimmung von Antikörpern mit sonstigen Methoden	**180** 10,49	12,07 13,64
Katalog			
4293*	**Streptolysin, Immundiffusion oder ähnliche Untersuchungsmethoden**		
4294*	**Bestimmung von Antikörpern mit sonstigen Methoden – Streptolysin, Hämolysehemmung**		
4295*	**Streptokokken Desoxyribonuklease (Antistreptodornase, ADNAse B), Immundiffusion oder ähnliche Untersuchungsmethoden**		
4296*	**Streptokokken Desoxyribonuklease (Antistreptodornase, ADNAse B), Farbreaktion und visuell**		
4297*	**Hyaluronidase, Farbreaktion und visuell, qualitativ**		

20 Antikörper gegen Virusantigene

Allgemeine Bestimmung

Die Berechnung einer Gebühr für eine qualitative Untersuchung mittels Agglutinations- oder Fällungsreaktion bzw. Immunfluoreszenzuntersuchung (bis zu zwei Titerstufen) neben einer Gebühr für eine quantitative Untersuchung mittels Agglutinations- oder Fällungsreaktion bzw. Immunfluoreszenzuntersuchung (mehr als zwei Titerstufen) oder einer ähnlichen Untersuchungsmethode ist nicht zulässig.

Kommentar:

Siehe Kommentar zu Allgemeinen Bestimmungen vom Unterkapitel „19 Antikörper gegen Bakterienantigen".

Auf einen Blick:

Einteilung der Antikörper-Bestimmungen gegen Virusantigene

Untersuchungsmethode	GOÄ-Nrn.
Qualitative Agglutinationsreaktionen	4300 – 4302
Quantitative Agglutinationsreaktionen (auch HiG-Test)	4305 – 4307
Qualitative Immunfluoreszenz	4310 – 4335
Quantitative Immunfluoreszenz	4337 – 4363
Komplementbindungsreaktionen	4365 – 4376
Ligandenassays	4378 – 4406
Immunoblot	4408 – 4409

Qualitativer Nachweis von Antikörpern mittels Agglutinationsreaktion (z.B. Hämagglutination, Hämagglutinationshemmung, Latex-Agglutination) — **90** | 5,25 | 6,03 | 6,82

Die untersuchten Viren sind in der Rechnung anzugeben.

Katalog

4300* **Epstein-Barr-Virus, heterophile Antikörper (Paul-Bunnel-Test)**

4301* **Röteln-Virus**

4302* **Untersuchungen mit analogem methodischen Aufwand**

4305* **Epstein-Barr-Virus, heterophile Antikörper (Paul-Bunnel-Test)**

4306* **Röteln-Virus**

4307* **Untersuchungen mit ähnlichem methodischen Aufwand**

Qualitativer Nachweis von Antikörpern mittels Immunfluoreszenz oder ähnlichen Untersuchungsmethoden – Adenoviren — **290** | 16,90 | 19,44 | 21,97

Die untersuchten Viren sind in der Rechnung anzugeben.
Die untersuchten Parameter sind in der Rechnung anzugeben.

Katalog

4310* **Adenoviren**

4311* **Epstein-Barr-Virus Capsid (IgA)**

4312* **Epstein-Barr-Virus Capsid (IgG)**

4313* **Epstein-Barr-Virus Capsid (IgM)**

4314* **Epstein-Barr-Virus Early Antigen diffus**

4315* **Epstein-Barr-Virus Early Antigen restricted**

4316* **Epstein-Barr-Virus Nukleäres Antigen (EBNA)**

GOÄ-Nr.		Punktzahl / 1fach	1,15 / 1,3
4317*	FSME-Virus		
4318*	Herpes simplex Virus 1 (IgG)		
4319*	Herpes simplex Virus 1 (IgM)		
4320*	Herpes simplex Virus 2 (IgG)		
4321*	Herpes simplex Virus 2 (IgM)		
4322*	HIV 1		
4323*	HIV 2		
4324*	Influenza A-Virus		
4325*	Influenza B-Virus		
4327*	Masern Virus		
4328*	Mumps Virus		
4329*	Parainfluenza Virus 1		
4330*	Parainfluenza Virus 2		
4331*	Parainfluenza Virus 3		
4332*	Respiratory syncytial virus		
4333*	Tollwut Virus		
4334*	Varizella-Zoster-Virus		
4335*	Untersuchungen mit ähnlichem methodischen Aufwand		
	Quantitative Bestimmung von Antikörpern mittels Immunfluoreszenz oder ähnlicher Untersuchungsmethoden Die untersuchten Parameter sind in der Rechnung anzugeben.	**510** 29,73	34,19 38,64
Katalog			
4337*	Adenoviren		
4338*	Epstein-Barr-Virus Capsid (IgA)		
4339*	Epstein-Barr-Virus Capsid (IgG)		
4340*	Epstein-Barr-Virus Capsid (IgM)		
4341*	Epstein-Barr-Virus Early Antigen diffus		
4342*	Epstein-Barr-Virus Early Antigen restricted		
4343*	Epstein-Barr-Virus Nukleäres Antigen (EBNA)		
4344*	FSME-Virus		
4345*	Herpes simplex-Virus 1 (IgG)		
4346*	Herpes simplex-Virus 1 (IgM)		
4347*	Herpes simplex-Virus 2 (IgG)		
4348*	Herpes simplex-Virus 2 (IgM)		
4349*	HIV 1		

4350* HIV 2
4351* Influenza A-Virus
4352* Influenza B-Virus
4353* Lymphozytäres Choriomeningitis-Virus
4354* Masern-Virus
4355* Mumps-Virus
4356* Parainfluenza-Virus 1
4357* Parainfluenza-Virus 2
4358* Parainfluenza-Virus 3
4359* Respiratory syncytial-virus
4360* Röteln-Virus
4361* Tollwut-Virus
4362* Varizella-Zoster Virus
4363* Untersuchungen mit ähnlichem methodischen Aufwand

Quantitative Bestimmung von Antikörpern mittels Komplementbindungsreaktion (KBR)	**250**	16,76
	14,57	18,94

Die untersuchten Parameter sind in der Rechnung anzugeben.

Katalog

4365* Adenoviren
4366* Coronaviren
4367* Influenza A-Virus
4368* Influenza B-Virus
4369* Influenza C-Virus
4370* Lymphozytäres Choriomeningitis-Virus
4371* Parainfluenza-Virus 1
4371a* Parainfluenza-Virus 2
4372* Parainfluenza-Virus 3
4373* Polyomaviren
4374* Reoviren
4375* Respiratory syncytial-virus
4376* Untersuchungen mit ähnlichem methodischen Aufwand

Bestimmung von Antikörpern mittels Ligandenassay – gegebenenfalls einschließlich Doppelbestimmung und aktueller Bezugskurve	**240**	16,09
	13,99	18,19

Die untersuchten Parameter sind in der Rechnung anzugeben.

Katalog

4378* Cytomegalie-Virus (IgG und IgM)

GOÄ-Nr.		Punktzahl 1fach	1,15 1,3
4379*	**FSME-Virus (IgG und IgM)**		
4380*	**HBe-Antigen (IgG und IgM)**		
4381*	**HBs-Antigen**		
4382*	**Hepatitis A-Virus (IgG und IgM)**		
4383*	**Hepatitis A-Virus (IgM)**		
4384*	**Herpes simplex-Virus (IgG und IgM)**		
4385*	**Masern-Virus (IgG und IgM)**		
4386*	**Mumps-Virus (IgG und IgM)**		
4387*	**Röteln-Virus (IgG und IgM)**		
4388*	**Varizella Zoster-Virus (IgG und IgM)**		
4389*	**Bestimmung von Antikörpern mittels Ligandenassay – gegebenenfalls einschließlich Doppelbestimmung und aktueller Bezugskurve – Untersuchungen mit ähnlichem methodischen Aufwand**		
	Bestimmung von Antikörpern mittels Ligandenassay – gegebenenfalls einschließlich Doppelbestimmung und aktueller Bezugskurve Die untersuchten Parameter sind in der Rechnung anzugeben.	**300** 17,49	20,11 22,73
Katalog			
4390*	**Cytomegalie-Virus (IgM)**		
4391*	**Epstein-Barr-Virus (IgG und IgM)**		
4392*	**FSME-Virus (IgM)**		
4393*	**HBc-Antigen (IgG und IgM)**		
4394*	**Herpes simplex-Virus (IgM)**		
4395*	**HIV**		
4396*	**Masern-Virus (IgM)**		
4397*	**Mumps-Virus (IgM)**		
4398*	**Röteln-Virus (IgM)**		
4399*	**Varizella Zoster-Virus (IgM)**		
4400*	**Untersuchungen mit ähnlichem methodischen Aufwand**		
	Bestimmung von Antikörpern mittels Ligandenassay – gegebenenfalls einschließlich Doppelbestimmung und aktueller Bezugskurve Die untersuchten Parameter sind in der Rechnung anzugeben.	**350** 20,40	23,46 26,52
Katalog			
4402*	**HBc-Antigen (IgM)**		
4403*	**HBe-Antigen (IgM)**		
4404*	**Untersuchungen mit ähnlichem methodischen Aufwand**		

GOÄ-Nr.		Punktzahl 1fach	1,15 1,3
	Bestimmung von Antikörpern mittels Ligandenassay – gegebenenfalls einschließlich Doppelbestimmung und aktueller Bezugskurve		
4405*	**Delta-Antigen**		
4406*	**Hepatitis C-Virus**		
4408*	**Hepatitis C-Virus, Immunoblot**		
4409*	**HIV, Immunoblot**		
Analog:	Nr. 4409 analog für Radioimmunpräzipitationstest (Ripa) ansetzen.		

21 Antikörper gegen Pilzantigene

Allgemeine Bestimmungen

Die Berechnung einer Gebühr für eine qualitative Untersuchung mittels Agglutinations- oder Fällungsreaktion bzw. Immunfluoreszenzuntersuchung (bis zu zwei Titerstufen) neben einer Gebühr für eine quantitative Untersuchung mittels Agglutinations- oder Fällungsreaktion bzw. Immunfluoreszenzuntersuchung (mehr als zwei Titerstufen) oder einer ähnlichen Untersuchungsmethode ist nicht zulässig.

	Qualitativer Nachweis von Antikörpern mittels Immunfluoreszenz oder ähnlicher Untersuchungsmethoden Die untersuchten Parameter sind in der Rechnung anzugeben.	**290** 16,90	19,44 21,97
Katalog			
4415*	**Candida albicans**		
4416*	**Untersuchungen mit ähnlichem methodischen Aufwand**		
	Quantitative Bestimmung von Antikörpern mittels Immunfluoreszenz oder ähnlicher Untersuchungsmethoden Die untersuchten Parameter sind in der Rechnung anzugeben.	**510** 29,73	34,19 38,64
Katalog			
4418*	**Candida albicans**		
4419*	**Untersuchungen mit ähnlichem methodischen Aufwand**		
	Qualitativer Nachweis von Antikörpern mittels Agglutinations- oder Fällungsreaktion (z.B. Hämagglutination, Hämagglutinationshemmung, Latex-Agglutination) Die untersuchten Parameter sind in der Rechnung anzugeben.	**90** 5,25	6,03 6,82
Katalog			
4421*	**Aspergillus**		
4422*	**Candida albicans**		
4423*	**Untersuchungen mit ähnlichem methodischen Aufwand**		
	Quantitative Bestimmung von Antikörpern mittels Agglutinations- oder Fällungsreaktion (z.B. Hämagglutination, Hämagglutinationshemmung, Latex-Agglutination) Die untersuchten Parameter sind in der Rechnung anzugeben.	**240** 13,99	16,09 18,19
Katalog			
4425*	**Aspergillus**		

GOÄ-Nr.		Punktzahl / 1fach	1,15 / 1,3
4426*	**Candida albicans**	**240** 13,99	16,09 18,19
4427*	**Untersuchungen mit ähnlichem methodischen Aufwand**	**240** 13,99	16,09 18,19

22 Antikörper gegen Parasitenantigene

Allgemeine Bestimmungen

Die Berechnung einer Gebühr für eine qualitative Untersuchung mittels Agglutinations- oder Fällungsreaktion bzw. Immunfluoreszenzuntersuchung (bis zu zwei Titerstufen) neben einer Gebühr für eine quantitative Untersuchung mittels Agglutinations- oder Fällungsreaktion bzw. Immunfluoreszenzuntersuchung (mehr als zwei Titerstufen) oder einer ähnlichen Untersuchungsmethode ist nicht zulässig.

	Qualitativer Nachweis von Antikörpern mittels Agglutinations- oder Fällungsreaktion (z.B. Hämagglutination, Hämagglutinationshemmung, Latex-Agglutination) Die untersuchten Parameter sind in der Rechnung anzugeben.	**90** 5,25	6,03 6,82
Katalog			
4430*	**Echinokokken**		
4431*	**Schistosomen**		
4432*	**Untersuchungen mit ähnlichem methodischen Aufwand**		
	Quantitative Bestimmung von Antikörpern mittels Agglutinations- oder Fällungsreaktion (z.B. Hämagglutination, Hämagglutinationshemmung, Latex-Agglutination) Die untersuchten Parameter sind in der Rechnung anzugeben.	**240** 13,99	16,09 18,19
Katalog			
4435*	**Echinokokken**		
4436*	**Schistosomen**		
4437*	**Untersuchungen mit ähnlichem methodischem Aufwand**		
	Qualitativer Nachweis von Antikörpern mittels Immunfluoreszenz oder ähnlicher Untersuchungsmethoden Die untersuchten Parameter sind in der Rechnung anzugeben.	**290** 16,90	19,44 21,97
Katalog			
4440*	**Entamoeba histolytica**		
4441*	**Leishmanien**		
4442*	**Plasmodien**		
4443*	**Pneumocystis carinii**		
4444*	**Schistosomen**		
4445*	**Toxoplasma gondii**		

GOÄ-Nr.		Punktzahl 1fach	1,15 1,3
4446*	**Trypanosoma cruzi**		
4447*	**Untersuchungen mit ähnlichem methodischen Aufwand**		
	Quantitative Bestimmung von Antikörpern mittels Immunfluoreszenz oder ähnlicher Untersuchungsmethoden Die untersuchten Parameter sind in der Rechnung anzugeben.	**510** 29,73	34,19 38,64
Katalog			
4448*	**Entamoeba histolytica**		
4449*	**Leishmanien**		
4450*	**Pneumocystis carinii**		
4451*	**Plasmodien**		
4452*	**Schistosomen**		
4453*	**Toxoplasma gondii**		
Analog:	Nr. 4453 analog für Farbtest nach Sabin-Feldmann ansetzen.		
4454*	**Trypanosoma cruzi**		
4455*	**Untersuchungen mit ähnlichem methodischen Aufwand**		
	Quantitative Bestimmung von Antikörpern mittels Komplementbindungsreaktion Die untersuchten Parameter sind in der Rechnung anzugeben.	**250** 14,57	16,76 18,94
Katalog			
4456*	**Echinokokken**		
4457*	**Entamoeba histolytica**		
4458*	**Leishmanien**		
4459*	**Toxoplasma gondii**		
4460*	**Untersuchungen mit ähnlichem methodischen Aufwand**		
	Quantitative Bestimmung von Antikörpern mittels Ligandenassay – gegebenenfalls einschließlich Doppelbestimmung und aktueller Bezugskurve Die untersuchten Parameter sind in der Rechnung anzugeben.	**230** 13,41	15,42 17,43
Katalog			
4461*	**Toxoplasma gondii**		
4462*	**Quantitative Bestimmung von Antikörpern mittels Ligandenassay – gegebenenfalls einschließlich Doppelbestimmung und aktueller Bezugskurve – Untersuchungen mit ähnlichem methodischen Aufwand**		
A 4463*	**Qualitative Bestimmung von Antikörpern mittels Ligandenassay – ggf. einschl. Doppelbestimmung und aktueller Bezugskurve (analog Nr. 4462 GOÄ) – n. Verzeichnis analoger Bewertungen d. Bundesärztekammer** Die untersuchten Parameter sind in der Rechnung anzugeben.	**230** 13,41	15,42 17,43

GOÄ-Nr.		Punktzahl 1fach	1,15 1,3
	Quantitative Bestimmung von Antikörpern mittels Ligandenassay – gegebenenfalls einschließlich Doppelbestimmung und aktueller Bezugskurve Die untersuchten Parameter sind in der Rechnung anzugeben.	**350** 20,40	23,46 26,52

Katalog

4465* **Entamoeba histolytica**

4466* **Leishmanien**

4467* **Schistosomen**

4468* **Toxoplasma gondii**

4469* **Untersuchungen mit ähnlichem methodischen Aufwand**

IV Untersuchungen zum Nachweis und zur Charakterisierung von Krankheitserregern

Allgemeine Bestimmungen

Werden Untersuchungen berechnet, die im methodischen Aufwand mit im Leistungstext konkret benannten Untersuchungen vergleichbar sind, so muss die Art der berechneten Untersuchungen genau bezeichnet werden.

1 Untersuchungen zum Nachweis und zur Charakterisierung von Bakterien

a Untersuchungen im Nativmaterial

	Untersuchung zum Nachweis von Bakterien im Nativmaterial mittels Agglutination, je Antiserum Die untersuchten Parameter sind in der Rechnung anzugeben.	**130** 7,58	8,71 9,85

Katalog

4500* **Betahämolysierende Streptokokken Typ B**

4501* **Hämophilus influenzae Kapseltyp B**

4502* **Neisseria meningitidis Typen A und B**

4503* **Streptococcus pneumoniae**

4504* **Untersuchungen mit ähnlichem methodischen Aufwand**

Hinweis LÄK: **Anmerkung der Bayerischen Landesärztekammer** vom 07.10.2004 (Quelle: GOÄ-Datenbank http://www.blaek.de/) –
Streptokokken (Strep-A-Test)
Der Schnelltest auf der Basis eines Ligandenassays kann analog über die Nummer 4504 (Untersuchungen mit ähnlichem methodischem Auwand) berechnet werden.
(A 4504 Strep-A-Test)

Analog: Nr. 4504 analog für Schnellteste auf Ligandenassay-Basis oder andere immunologische Methoden ansetzen, z.B. für Chlamydien-, Streptokokken-A- und -B-, Plasmodium-(Malaria-)Schnellteste.

GOÄ-Nr.		Punktzahl / 1fach	1,15 / 1,3
4504* analog	**Streptokokken A-Schnelltest (analog Nr. 4504* GOÄ) – n. Empfehlung von Analog Ziffern der PVS**		
	Lichtmikroskopische Untersuchung des Nativmaterials zum Nachweis von Bakterien – einschließlich einfacher Anfärbung, qualitativ, je Untersuchung Die untersuchten Parameter sind in der Rechnung anzugeben.	**90** 5,25	6,03 6,82
Katalog			
4506*	**Methylenblaufärbung**		
4508*	**Lichtmikroskopische Untersuchung des Nativmaterials zum Nachweis von Bakterien – einschließlich einfacher Anfärbung, qualitativ, je Untersuchung – Untersuchungen mit ähnlichem methodischen Aufwand**		
Analog:	Nr. 4508 analog für biochemische Chlamydien-Schnellteste ansetzen.		
	Lichtmikroskopische Untersuchung des Nativmaterials zum Nachweis von Bakterien – einschließlich aufwendigerer Anfärbung – qualitativ, je Untersuchung Die untersuchten Parameter sind in der Rechnung anzugeben.	**110** 6,41	7,37 8,34
Katalog			
4510*	**Giemsafärbung (Punktate)**		
4511*	**Gramfärbung (Liquor-, Blut-, Punktat-, Sputum-, Eiter- oder Urinausstrich, Nasenabstrich)**		
4512*	**Ziehl-Neelsen-Färbung**		
4513*	**Untersuchungen mit ähnlichem methodischen Aufwand**		
	Lichtmikroskopische Untersuchung des Nativmaterials zum Nachweis von Bakterien – einschließlich Anfärbung mit Fluorochromen – qualitativ, je Untersuchung Die untersuchten Parameter sind in der Rechnung anzugeben.	**160** 9,33	10,72 12,12
Katalog			
4515*	**Auraminfärbung**		
4516*	**Untersuchungen mit ähnlichem methodischen Aufwand**		
4518*	**Lichtmikroskopische, immunologische Untersuchung des Nativmaterials zum Nachweis von Bakterien – einschließlich Fluoreszenz-, Enzym- oder anderer Markierung –, je Antiserum** Eine mehr als fünfmalige Berechnung der Leistung nach Nummer 4518 bei Untersuchungen aus demselben Untersuchungsmaterial ist nicht zulässig.	**250** 14,57	16,76 18,94
	Qualitative Untersuchung des Nativmaterials zum Nachweis von Bakterienantigenen mittels Ligandenassay (z.B. Enzym- und Radioimmunassay) – gegebenenfalls einschließlich Doppelbestimmung und aktueller Bezugskurve –, je Untersuchung Die untersuchten Parameter sind in der Rechnung anzugeben.	**250** 14,57	16,76 18,94
Katalog			
4520*	**Beta-hämolysierende Streptokokken der Gruppe B**		

GOÄ-Nr.		Punktzahl 1fach	1,15 1,3
4521*	**Enteropathogene Escherichia coli-Stämme**		
4522*	**Legionellen**		
4523*	**Neisseria meningitidis**		
4524*	**Neisseria gonorrhoeae**		
4525*	**Untersuchungen mit ähnlichem methodischen Aufwand**		

b Züchtung und Gewebekultur

4530*	**Untersuchung zum Nachweis von Bakterien nach einfacher Anzüchtung oder Weiterzüchtung auf Nährböden, aerob (z.B. Blut-, Endo-, McConkey-Agar, Nährbouillon), je Nährmedium** Eine mehr als viermalige Berechnung der Leistung nach Nummer 4530 bei Untersuchungen aus demselben Untersuchungsmalerial ist nicht zulässig.	**80** 4,66	5,36 6,06
4531*	**Untersuchung zum Nachweis von Bakterien nach Anzüchtung oder Weiterzüchtung bei besonderer Temperatur, je Nährmedium** Eine mehr als dreimalige Berechnung der Leistung nach Nummer 4531 bei Untersuchungen aus demselben Untersuchungsmaterial ist nicht zulässig.	**100** 5,83	6,70 7,58
4532*	**Untersuchung zum Nachweis von Bakterien nach Anzüchtung oder Weiterzüchtung in CO_2-Atmosphäre, je Nährmedium**	**100** 5,83	6,70 7,58
4533*	**Untersuchung zum Nachweis von Bakterien nach Anzüchtung oder Weiterzüchtung in anaerober oder mikroaerophiler Atmosphäre, je Nährmedium** Eine mehr als viermalige Berechnung der Leistung nach Nummer 4533 bei Untersuchungen aus demselben Untersuchungsmaterial ist nicht zulässig.	**250** 14,57	16,76 18,94
4538*	**Untersuchung zum Nachweis von Bakterien nach Anzüchtung oder Weiterzüchtung auf Selektiv- oder Anreicherungsmedien, aerob (z.B. Blutagar mit Antibiotikazusätzen, Schokoladen-, Yersinien-, Columbia-, Kochsalz-Mannit-Agar, Thayer-Martin-Medium), je Nährmedium** Eine mehr als viermalige Berechnung der Leistung nach Nummer 4538 bei Untersuchungen aus demselben Untersuchungsmaterial ist nicht zulässig.	**120** 6,99	8,04 9,09
4539*	**Untersuchung zum Nachweis von Bakterien nach besonders aufwendiger Anzüchtung oder Weiterzüchtung auf Selektiv- oder Anreicherungsmedien (z.B. Campylobacter-, Legionellen-, Mycoplasmen-, Clostridium diffcile Agar), je Nährmedium** Eine mehr als viermalige Berechnung der Leistung nach Nummer 4539 bei Untersuchungen aus demselben Untersuchungsmaterial ist nicht zulässig.	**250** 14,57	16,76 18,94
4540*	**Anzüchtung von Mykobakterien mit mindestens zwei festen und einem flüssigen Nährmedium, je Untersuchungsmaterial**	**400** 23,31	26,81 30,31

GOÄ-Nr.		Punktzahl 1fach	1,15 1,3
4541*	**Untersuchung zum Nachweis von Chlamydien durch Anzüchtung auf Gewebekultur, je Ansatz**	**350** 20,40	23,46 26,52
4542*	**Untersuchung zum Nachweis von bakteriellen Toxinen durch Anzüchtung auf Gewebekultur, je Untersuchung**	**250** 14,57	16,76 18,94
4543*	**Untersuchung zum Nachweis von bakteriellen Toxinen durch Anzüchtung auf Gewebekultur mit Spezifitätsprüfung durch Neutralisationstest, je Untersuchung**	**500** 29,14	33,52 37,89

c Identifizierung / Typisierung

4545*	**Orientierende Identifizierung, Untersuchung von angezüchteten Bakerien mit einfachen Verfahren (z.B. Katalase-, Optochin-, Oxidase-, Galle-, Klumpungstest), je Test und Keim**	**60** 3,50	4,02 4,55
4546*	**Identifizierung, Untersuchung von angezüchteten Bakterien mit aufwendigeren Verfahren (z.B. Äskulinspaltung, Methylenblau-, Nitratreduktion, Harnstoffspaltung, Koagulase-, cAMP-, O-F-, Ammen-, DNAase-Test), je Test und Keim**	**120** 6,99	8,04 9,09
4547*	**Identifizierung, Untersuchung von angezüchteten Bakterien mit Mehrtestverfahren (z.B. Kombination von Zitrat-, Kligler-, SIM-, Agar), je Keim**	**120** 6,99	8,04 9,09
4548*	**Identifizierung, Untersuchung von aerob angezüchteten Bakterien mittels bunter Reihe (bis zu acht Reaktionen), je Keim**	**160** 9,33	10,72 12,12
4549*	**Identifizierung, Untersuchung von aerob angezüchteten Bakterien mittels erweiterter bunter Reihe – mindestens zwanzig Reaktionen –, je Keim**	**240** 13,99	16,09 18,19
4550*	**Identifizierung, Untersuchung anaerob angezüchteter Bakterien mittels erweiterter bunter Reihe in anaerober oder mikroaerophiler Atmosphäre, je Keim**	**330** 19,23	22,12 25,01
4551*	**Identifizierung, Untersuchung von Mykobakterium tuberkulosis-Komplex mittels biochemischer Reaktionen**	**300** 17,49	20,11 22,73

Eine mehr als viermalige Berechnung der Leistung nach Nummer 4551 bei Untersuchungen aus demselben Untersuchungsmaterial ist nicht zulässig.

Lichtmikroskopische Untersuchung angezüchteter Bakterien – einschließlich Anfärbung –, qualitativ, je Untersuchung — **60** / 3,50 — 4,02 / 4,55

Die durchgeführten Färbungen sind in der Rechnung anzugeben.

Katalog

4553* **Gramfärbung (Bakterienkulturausstrich)**

4554* **Neisser Färbung (Bakterienkulturausstrich)**

GOÄ-Nr.		Punktzahl 1fach	1,15 1,3
4555*	**Ziehl-Neelsen-Färbung (Bakterienkulturausstrich)**		
4556*	**Untersuchungen mit ähnlichem methodischen Aufwand**		
4560*	**Lichtmikroskopische, immunologische Untersuchung von angezüchteten Bakterien – einschließlich Fluoreszenz-, Enzym- oder anderer Markierung –, je Antiserum**	**290** 16,90	19,44 21,97
	Beta-hämolysierende Streptokokken Die untersuchten Keime sind in der Rechnung anzugeben.	**250** 14,57	16,76 18,94
Katalog			
4561*	**Beta-hämolysierende Streptokokken**		
4562*	**Enteropathogene Escherichia coli-Stämme**		
4563*	**Legionellen**		
4564*	**Neisseria meningitidis**		
4565*	**Untersuchungen mit ähnlichem methodischen Aufwand**		
	Untersuchung von angezüchteten Bakterien über Metabolitprofil mittels Gaschromatographie, je Untersuchung Die untersuchten Keime sind in der Rechnung anzugeben.	**410** 23,90	27,48 31,07
Katalog			
4567*	**Anaerobier**		
4568*	**Untersuchungen mit ähnlichem methodischen Aufwand**		
4570*	**Untersuchung von angezüchteten Bakterien über Metabolitprofil (z.B. Fettsäurenprofil) mittels Gaschromatographie – einschließlich aufwendiger Probenvorbereitung (z.B. Extraktion) und Derivatisierungreaktion –, je Untersuchung**	**570** 33,22	38,21 43,19
4571*	**Untersuchung von angezüchteten Bakterien mittels chromatographischer Analyse struktureller Komponenten, je Untersuchung**	**570** 33,22	38,21 43,19
	Untersuchung von angezüchteten Bakterien mittels Agglutination (bis zu höchstens 15 Antiseren je Keim), je Antiserum Die untersuchten Keime sind in der Rechnung anzugeben.	**120** 6,99	8,04 9,09
Katalog			
4572*	**Beta-hämolysierende Streptokokken**		
4573*	**Escherichia coli**		
4574*	**Salmonellen**		
4575*	**Shigellen**		
4576*	**Untersuchungen mit ähnlichem methodischen Aufwand**		

GOÄ-Nr.		Punktzahl / 1fach	1,15 / 1,3
	Untersuchung durch Phagentypisierung von angezüchteten Bakterien (Bacteriocine oder ähnliche Methoden), je Untersuchung Die untersuchten Keime sind in der Rechnung anzugeben.	**250** 14,57	16,76 18,94
Katalog			
4578*	**Brucellen**		
4579*	**Pseudomonaden**		
4580*	**Staphylokokken**		
4581*	**Salmonellen**		
4582*	**Untersuchungen mit ähnlichem methodischen Aufwand**		
4584*	**Untersuchung zum Nachweis und zur Identifizierung von Bakterien durch Anzüchtung in Flüssigmedien und Nachweis von Substratverbrauch oder Reaktionsprodukten durch spektrometrische oder elektrochemische Messung (z.B. teil- oder vollmechanisierte Geräte für Blutkulturen), je Untersuchung**	**250** 14,57	16,76 18,94
4585*	**Untersuchung zum Nachweis und zur Identifizierung von Mykobakterien durch Anzüchtung in Flüssigmedien und photometrische, elektrochemische oder radiochemische Messung (z.B. teil- oder vollmechanisierte Geräte), je Untersuchung**	**350** 20,40	23,46 26,52

d Toxinnachweis

	Untersuchung zum Nachweis von Bakterientoxinen mittels Ligandenassay (z.B. Enzym-, Radioimmunoassay) – gegebenenfalls einschließlich Doppelbestimmung und aktueller Bezugskurve –, je Untersuchung Die untersuchten Keime sind in der Rechnung anzugeben.	**250** 14,57	16,76 18,94
Katalog			
4590*	**Clostridium difficile, tetani oder botulinum**		
4591*	**Enteropathogene Escheria coli-Stämme**		
4592*	**Staphylococcus aureus**		
4593*	**Vibrionen**		
4594*	**Untersuchungen mit ähnlichem methodischem Aufwand**		
	Untersuchung zum Nachweis von Bakterienantigenen oder -toxinen durch Präzipitation im Agargel mittels Antitoxinen, je Untersuchung Die untersuchten Keime sind in der Rechnung anzugeben.	**250** 14,57	16,76 18,94
Katalog			
4596*	**Clostridium botulinum**		
4597*	**Corynebacterium diphtheriae**		

GOÄ-Nr.		Punktzahl / 1fach	1,15 / 1,3
4598*	**Staphylokokkentoxin**		
4599*	**Untersuchungen mit ähnlichem methodischen Aufwand**		
4601*	**Untersuchung zum Nachweis von Bakterientoxinen durch Inokulation in Versuchstiere, je Untersuchung** Die Art des untersuchten Toxins ist in der Rechnung anzugeben. Eine mehr als dreimalige Berechnung der Leistung nach Nummer 4601 im Behandlungsfall ist nicht zulässig. Kosten für Versuchstiere sind nicht gesondert berechnungsfähig.	**500** 29,14	33,52 37,89

e Keimzahl, Hemmstoffe

4605*	**Untersuchung zur Bestimmung der Keimzahl mittels Eintauchobjektträgerkultur (z.B. Cult-dip Plus, Dip-Slide, Uricount, Uricult, Uriline, Urotube), semiquantitativ, je Untersuchung**	**60** 3,50	4,02 4,55
4606*	**Untersuchung zur Bestimmung der Keimzahl mittels Oberflächenkulturen oder Plattengußverfahren nach quantitativer Aufbringung des Untersuchungsmaterials, je Untersuchungsmaterial**	**250** 14,57	16,76 18,94
4607*	**Untersuchung zum Nachweis von Hemmstoffen, je Material**	**60** 3,50	4,02 4,55

f Empfindlichkeitstestung

4610*	**Untersuchung zur Prüfung der Empfindlichkeit von Bakterien gegen Antibiotika und/oder Chemotherapeutika mittels semiquantitativem Agardiffusionstest und trägergebundenen Testsubstanzen (Plättchentest), je geprüfter Substanz** Eine mehr als sechzehnmalige Berechnung der Leistung nach Nummer 4610 ist in der Rechnung zu begründen.	**20** 1,17	1,34 1,52
4611*	**Untersuchung zur Prüfung der Empfindlichkeit von Bakterien gegen Antibiotika und/oder Chemotherapeutika nach der Break-Point-Methode, bis zu acht Substanzen, je geprüfter Substanz**	**30** 1,75	2,01 2,27
4612*	**Untersuchung zur Prüfung der Empfindlichkeit von Bakterien gegen Antibiotika und/oder Chemotherapeutika mittels semiquantitativem Antibiotikadilutionstest (Agardilution oder MHK-Bestimmung), bis zu acht Substanzen, je geprüfter Substanz**	**50** 2,91	3,35 3,79
4613*	**Untersuchung zur Prüfung der Empfindlichkeit von Bakterien gegen Antibiotika und/oder Chemotherapeutika mittels semiquantitativer Bestimmung der minimalen mikrobiziden Antibiotikakonzentration (MBC), bis zu acht Substanzen, je geprüfter Substanz**	**75** 4,37	5,03 5,68
Analog:	Nr. 4613 analog für MHK-Bestimmung mittels E-Test (PDM-Epsilometer) ansetzen.		

GOÄ-Nr.		Punktzahl / 1fach	1,15 / 1,3
4614*	**Untersuchung zur quantitativen Prüfung der Empfindlichkeit von Bakterien gegen Antibiotika und/oder Chemotherapeutika durch Anzüchtung in entsprechenden Flüssigmedien und photometrische, turbidimetrische oder nephelometrische Messung (teil- oder vollmechanisierte Geräte), je Untersuchung**	**250** 14,57	16,76 18,94

2 Untersuchungen zum Nachweis und zur Charakterisierung von Viren

a Untersuchungen im Nativmaterial

	Nachweis von viralen Antigenen im Nativmaterial mittels Agglutinationsreaktion (z.B. Latex-Agglutination), je Untersuchung Die untersuchten Viren sind in der Rechnung anzugeben.	**60** 3,50	4,02 4,55
Katalog			
4630*	**Rota-Viren**		
4631*	**Untersuchungen mit ähnlichem methodischen Aufwand**		
	Lichtmikroskopische Untersuchung im Nativmaterial zum Nachweis von Einschluss- oder Elementarkörperchen aus Zellmaterial – einschließlich Anfärbung –, qualitativ, je Untersuchung Die untersuchten Viren sind in der Rechnung anzugeben.	**80** 4,66	5,36 6,06
Katalog			
4633*	**Herpes simplex Viren**		
4634*	**Untersuchungen mit ähnlichem methodischen Aufwand**		
4636*	**Lichtmikroskopische immunologische Untersuchung im Nativmaterial zum Nachweis von Viren – einschließlich Fluoreszenz-, Enzym- oder anderer Markierung –, je Antiserum**	**290** 16,90	19,44 21,97
4637*	**Elektronenmikroskopischer Nachweis und Identifizierung von Viren im Nativmaterial, je Untersuchung**	**3180** 185,35	213,16 240,96
4640*	**Ligandenassay (z.B. Enzym- oder Radioimmunoassay) – gegebenenfalls einschließlich Doppelbestimmung und aktueller Bezugskurve –, zum Nachweis von viralen Antigenen im Nativmaterial, je Untersuchung – Adeno-Viren** Die untersuchten Viren sind in der Rechnung anzugeben.	**250** 14,57	16,76 18,94
4641*	**Ligandenassay (z.B. Enzym- oder Radioimmunoassay) – gegebenenfalls einschließlich Doppelbestimmung und aktueller Bezugskurve –, zum Nachweis von viralen Antigenen im Nativmaterial, je Untersuchung – Hepatitis A-Viren** Die untersuchten Viren sind in der Rechnung anzugeben.	**250** 14,57	16,76 18,94

GOÄ-Nr.		Punktzahl 1fach	1,15 1,3
4642*	**Ligandenassay (z.B. Enzym- oder Radioimmunoassay) – gegebenenfalls einschließlich Doppelbestimmung und aktueller Bezugskurve –, zum Nachweis von viralen Antigenen im Nativmaterial, je Untersuchung – Hepatitis B-Viren (HBe-Antigen)** Die untersuchten Viren sind in der Rechnung anzugeben.	**250** 14,57	16,76 18,94
4643*	**Ligandenassay (z.B. Enzym- oder Radioimmunoassay) – gegebenenfalls einschließlich Doppelbestimmung und aktueller Bezugskurve –, zum Nachweis von viralen Antigenen im Nativmaterial, je Untersuchung – Hepatitis B-Viren (HBs Antigen)** Die untersuchten Viren sind in der Rechnung anzugeben.	**250** 14,57	16,76 18,94
4644*	**Ligandenassay (z.B. Enzym- oder Radioimmunoassay) – gegebenenfalls einschließlich Doppelbestimmung und aktueller Bezugskurve –, zum Nachweis von viralen Antigenen im Nativmaterial, je Untersuchung – Influenza-Viren** Die untersuchten Viren sind in der Rechnung anzugeben.	**250** 14,57	16,76 18,94
4645*	**Ligandenassay (z.B. Enzym- oder Radioimmunoassay) – gegebenenfalls einschließlich Doppelbestimmung und aktueller Bezugskurve –, zum Nachweis von viralen Antigenen im Nativmaterial, je Untersuchung – Parainfluenza-Viren** Die untersuchten Viren sind in der Rechnung anzugeben.	**250** 14,57	16,76 18,94
	Ligandenassay (z.B. Enzym- oder Radioimmunoassay) – gegebenenfalls einschließlich Doppelbestimmung und aktueller Bezugskurve –, zum Nachweis von viralen Antigenen im Nativmaterial, je Untersuchung Die untersuchten Viren sind in der Rechnung anzugeben.	**250** 14,57	16,76 18,94
Katalog			
4646*	**Rota-Viren**		
4647*	**Respiratory syncytial virus**		
4648*	**Untersuchungen mit ähnlichem methodischen Aufwand**		

b Züchtung

4655*	**Untersuchung zum Nachweis von Viren nach Anzüchtung auf Gewebekultur oder Gewebesubkultur, je Ansatz**	**450** 26,23	30,16 34,10

c Identifizierung, Charakterisierung

4665*	**Untersuchung zur Charakterisierung von Viren mittels einfacher Verfahren (z.B. Ätherresistenz, Chloroformresistenz, pH3-Test), je Ansatz**	**250** 14,57	16,76 18,94

GOÄ-Nr.		Punktzahl / 1fach	1,15 / 1,3
4666*	**Identifizierung von Viren durch aufwendigere Verfahren (Hämabsorption, Hämagglutination, Hämagglutinationshemmung), je Ansatz**	**250** / 14,57	16,76 / 18,94
4667*	**Identifizierung von Viren durch Neutralisationstest, je Untersuchung**	**250** / 14,57	16,76 / 18,94
4668*	**Identifizierung von Virus-Antigenen durch Immunoblotting, je Untersuchung**	**330** / 19,23	22,12 / 25,01
4670*	**Lichtmikroskopische immunologische Untersuchung zur Identifizierung von Viren – einschließlich Fluoreszenz-, Enzym- oder anderer Markierung –, je Antiserum**	**290** / 16,90	19,44 / 21,97
4671*	**Elektronenmikroskopischer Nachweis und Identifizierung von Viren nach Anzüchtung, je Untersuchung**	**3180** / 185,35	213,16 / 240,96
	Ligandenassay (z.B. Enzym- oder Radioimmunoassay) – gegebenenfalls einschließlich Doppelbestimmung und aktueller Bezugskurve –, zum Nachweis von viralen Antigenen angezüchteter Viren, je Untersuchung Die untersuchten Viren sind in der Rechnung anzugeben.	**250** / 14,57	16,76 / 18,94
Katalog			
4675*	**Adeno-Viren**		
4676*	**Influenza-Viren**		
4677*	**Parainfluenza-Viren**		
4678*	**Rota-Viren**		
4679*	**Respiratory syncytial virus**		
4680*	**Untersuchungen mit ähnlichem methodischen Aufwand**		

3 Untersuchungen zum Nachweis und zur Charakterisierung von Pilzen

a Untersuchungen im Nativmaterial

	Untersuchungen zum Nachweis von Pilzantigenen mittels Agglutination, je Antiserum Die untersuchten Pilze sind in der Rechnung anzugeben.	**120** / 6,99	8,04 / 9,09
Katalog			
4705*	**Aspergillus**		
4706*	**Candida**		
4707*	**Kryptokokkus neoformans**		
4708*	**Untersuchungen mit ähnlichem methodischen Aufwand**		

GOÄ-Nr.		Punktzahl / 1fach	1,15 / 1,3
4710*	**Lichtmikroskopische Untersuchung zum Nachweis von Pilzen ohne Anfärbung im Nativmaterial, je Material**	**80** / 4,66	5,36 / 6,06
4711*	**Lichtmikroskopische Untersuchung zum Nachweis von Pilzen im Nativmaterial nach Präparation (z.B. Kalilauge) oder aufwendigerer Anfärbung (z.B. Färbung mit Fluorochromen, Baumwollblau-, Tuschefärbung), je Material**	**120** / 6,99	8,04 / 9,09
4712*	**Lichtmikroskopische immunologische Untersuchung zum Nachweis von Pilzen im Nativmaterial – einschließlich Fluoreszenz-, Enzym- oder anderer Markierung –, je Antiserum**	**290** / 16,90	19,44 / 21,97
4713*	**Untersuchung von Nativmaterial zum Nachweis von Pilzantigenen mittels Ligandenassay (z.B. Enzym- oder Radioimmunoassay) – gegebenenfalls einschließlich Doppelbestimmung und aktueller Bezugskurve –, je Untersuchung**	**250** / 14,57	16,76 / 18,94

b Züchtung

GOÄ-Nr.		Punktzahl / 1fach	1,15 / 1,3
4715*	**Untersuchung zum Nachweis von Pilzen durch An- oder Weiterzüchtung auf einfachen Nährmedien (z.B. Sabouraud-Agar), je Nährmedium**	**100** / 5,83	6,70 / 7,58
	Eine mehr als fünfmalige Berechnung der Leistung nach Nummer 4715 bei Unlersuchungen aus demselben Untersuchungsmaterial ist nicht zulässig.		
4716*	**Untersuchung zum Nachweis von Pilzen durch An- oder Weiterzüchtung auf aufwendigeren Nährmedien (z.B. Antibiotika-, Wuchsstoffzusatz), je Nährmedium**	**120** / 6,99	8,04 / 9,09
	Eine mehr als fünfmalige Berechnung der Leistung nach Nummer 4716 bei Untersuchungen aus demselben Untersuchungsmaterial ist nicht zulässig.		
4717*	**Züchtung von Pilzen auf Differenzierungsmedien (z.B. Harnstoff-, Stärkeagar), je Nährmedium**	**120** / 6,99	8,04 / 9,09
	Eine mehr als dreimalige Berechnung der Leistung nach Nummer 4717 je Pilz ist nicht zulässig.		

c Identifizierung, Charakterisierung

GOÄ-Nr.		Punktzahl / 1fach	1,15 / 1,3
4720*	**Identifizierung von angezüchteten Pilzen mittels Röhrchen- oder Mehrkammerverfahren bis zu fünf Reaktionen, je Pilz**	**120** / 6,99	8,04 / 9,09
4721*	**Identifizierung von angezüchteten Pilzen mittels Röhrchen- oder Mehrkammerverfahren mit mindestens sechs Reaktionen, je Pilz**	**250** / 14,57	16,76 / 18,94
4722*	**Lichtmikroskopische Identifizierung angezüchteter Pilze – einschließlich Anfärbung (z.B. Färbung mit Fluorochromen, Baumwollblau-, Tuschefärbung) –, je Untersuchung**	**120** / 6,99	8,04 / 9,09
4723*	**Lichtmikroskopische immunologische Untersuchung zur Identifizierung angezüchteter Pilze – einschließlich Fluoreszenz-, Enzym- oder anderer Markierung –, je Antiserum**	**290** / 16,90	19,44 / 21,97

GOÄ-Nr.	Leistung	Punktzahl / 1fach	1,15 / 1,3
4724*	**Untersuchung zur Identifizierung von Antigenen angezüchteter Pilze mittels Ligandenassay (z.B. Enzym- oder Radioimmunoassay) – gegebenenfalls einschließlich Doppelbestimmung und aktueller Bezugskurve –, je Untersuchung**	**250** / 14,57	16,76 / 18,94

d Empfindlichkeitstestung

GOÄ-Nr.	Leistung	Punktzahl / 1fach	1,15 / 1,3
4727*	**Untersuchung zur Prüfung der Empfindlichkeit von angezüchteten Pilzen gegen Antimykotika und/oder Chemotherapeutika mittels trägergebundener Testsubstanzen, je Pilz**	**120** / 6,99	8,04 / 9,09
4728*	**Untersuchung zur Prüfung der Empfindlichkeit von angezüchteten Pilzen gegen Antimykotika und/oder Chemotherapeutika mittels Reihenverdünnungstest, je Reihenverdünnungstest**	**250** / 14,57	16,76 / 18,94
Analog:	Nr. 4728 analog für mykologische minimale Hemmkonzentration – Bestimmung (MHK, engl. Minimal inhibitory concentration, MIC) – Empfehlung nach Kommentar Brück		

4 Untersuchungen zum Nachweis und zur Charakterisierung von Parasiten

a Untersuchungen im Nativmaterial oder nach Anreicherung

GOÄ-Nr.	Leistung	Punktzahl / 1fach	1,15 / 1,3
	Lichtmikroskopische Untersuchung zum Nachweis von Parasiten, ohne oder mit einfacher Anfärbung (z.B. Lugol- oder Methylenblaufärbung) – gegebenenfalls einschließlich spezieller Beleuchtungsverfahren (z.B. Phasenkontrast)-, qualitativ, je Untersuchung	**120** / 6,99	8,04 / 9,09
Katalog	Die untersuchten Parasiten sind in der Rechnung anzugeben.		
4740*	**Amöben**		
4741*	**Lamblien**		
4742*	**Sarcoptes scabiei (Krätzmilbe)**		
4743*	**Trichomonaden**		
4744*	**Würmer und deren Bestandteile, Wurmeier**		
4745*	**Untersuchungen mit ähnlichem methodischen Aufwand**		

GOÄ-Nr.	Leistung	Punktzahl / 1fach	1,15 / 1,3
	Lichtmikroskopische Untersuchung zum Nachweis von Parasiten, ohne oder mit einfacher Anfärbung (z.B. Lugol- oder Methylenblaufärbung) – gegebenenfalls einschließlich spezieller Beleuchtungsverfahren (z.B. Phasenkontrast)-, nach einfacher Anreicherung (z.B. Sedimentation, Filtration, Kochsalzaufschwemmung), qualitativ, je Untersuchung	**160** / 9,33	10,72 / 12,12
Katalog	Die untersuchten Parasiten sind in der Rechnung anzugeben.		
4748*	**Lamblien** Die untersuchten Parasiten sind in der Rechnung anzugeben.		
4749*	**Trichomonaden**		
4750*	**Würmer und deren Bestandteile, Wurmeier**		

GOÄ-Nr.		Punktzahl / 1fach	1,15 / 1,3
4751*	**Untersuchungen mit ähnlichem methodischen Aufwand** Die untersuchten Parasiten sind in der Rechnung anzugeben.		
Hinweis LÄK:	**Anmerkung der Bayerischen Landesärztekammer** vom 09.02.2004 (Quelle: GOÄ-Datenbank http://www.blaek.de/) – **Präparation der Oozyten vor Anlegen der Eizellkulturen (In-vitro-Fertilisation)** Die Empfehlung des Ausschusses „Gebührenordnung" der Bundesärztekammer – die mit dem Verband der privaten Krankenversicherung, dem BMG, BMI abgestimmt wurde. Präparation der Oozyten vor Anlegen der Eizellkulturen kann analog über die Nr. 4751 abgerechnet werden. Die Nr. 4751 analog ist im Behandlungsfall nur einmal ansatzfähig.		
4751* analog	**Präparation der Oozyten vor Anlegen der Eizellkulturen (analog 4751* GOÄ) – n. Beschlüssen des Ausschusses „Gebührenordnung" der BÄK**		
	Lichtmikroskopische Untersuchung zum Nachweis von Parasiten, einschließlich aufwendigerer Anfärbung-, qualitativ, je Untersuchung	**250** 14,57	16,76 18,94
Katalog	Die untersuchten Parasiten sind in der Rechnung anzugeben.		
4753*	**Giemsafärbung (Blutausstrich) (z.B. Malariaplasmodien)**		
4754*	**Untersuchungen mit ähnlichem methodischen Aufwand**		
4756*	**Lichtmikroskopische Untersuchung zum Nachweis von Parasiten, ohne oder mit einfacher Anfärbung (z.B. Lugol- oder Methylenblaufärbung) oder speziellen Beleuchtungsverfahren (z.B. Phasenkontrast), nach aufwendiger Anreicherung oder Vorbereitung (z.B. Schlüpfversuch, Formalin-Äther-Verfahren), qualitativ, je Untersuchung**	**200** 11,66	13,41 15,15
4757*	**Lichtmikroskopische Untersuchung zum Nachweis von Parasiten, ohne oder mit einfacher Anfärbung (z.B. Lugolfärbung oder Methylenblaufärbung) oder speziellen Beleuchtungsverfahren (z.B. Phasenkontrast), nach aufwendiger Anreicherung oder Vorbereitung (z.B. Schlüpfversuch, Formalin-Äther-Verfahren), quantitativ (z.B. Filtermethode, Zählkammer), je Untersuchung**	**250** 14,57	16,76 18,94
4758*	**Lichtmikroskopische immunologische Untersuchung zum Nachweis von Parasiten im Nativmaterial – einschließlich Fluoreszenz-, Enzym- oder anderer Markierung –, je Antiserum**	**290** 16,90	19,44 21,97
4759*	**Ligandenassay (z.B. Enzym-, Radioimmunoassay) -gegebenenfalls einschließlich Doppelbestimmung und aktueller Bezugskurve –, zum Nachweis von Parasitenantigenen im Nativmaterial, je Untersuchung**	**250** 14,57	16,76 18,94

b Züchtung

	Untersuchung zum Nachweis von Parasiten durch Züchtung auf Kulturmedien, je Untersuchung	**250** 14,57	16,76 18,94
Katalog	Die untersuchten Parasiten sind in der Rechnung anzugeben.		
4760*	**Amöben**		
4761*	**Lamblien**		

GOÄ-Nr.		Punktzahl 1fach	1,15 1,3
4762*	**Trichomonaden**		
4763*	**Untersuchungen mit ähnlichem methodischen Aufwand**		

c Identifizierung

	Lichtmikroskopische Untersuchung zur Identifizierung von Parasiten nach Anzüchtung, je Untersuchung Die untersuchten Parasiten sind in der Rechnung anzugeben.	**120** 6,99	8,04 9,09
Katalog			
4765*	**Trichomonaden**		
4766*	**Untersuchungen mit ähnlichem methodischen Aufwand**		
4768*	**Ligandenassay (z.B. Enzym- oder Radioimmunoassay) – gegebenenfalls einschließlich Doppelbestimmung und aktueller Bezugskurve –, zum Nachweis von Parasitenantigenen, je Untersuchung**	**250** 14,57	16,76 18,94

d Xenodiagnostische Untersuchungen

	Xenodiagnostische Untersuchung zum Nachweis von parasitären Krankheitserregern, je Untersuchung Die untersuchten Parasiten sind in der Rechnung anzugeben.	**250** 14,57	16,76 18,94
Katalog			
4770*	**Trypanosoma cruzi**		
4771*	**Untersuchungen mit ähnlichem methodischen Aufwand**		

5 Untersuchungen zur molekularbiologischen Identifizierung von Bakterien, Viren, Pilzen und Parasiten

Allgemeine Bestimmungen

Bei der Berechnung der Leistungen nach den Nummern 4780* bis 4787* ist die Art des untersuchten Materials (Nativmaterial oder Material nach Anzüchtung) sowie der untersuchte Mikroorganismus (Bakterium, Virus, Pilz oder Parasit) in der Rechnung anzugben.

4780*	**Isolierung von Nukleinsäuren**	**900** 52,46	60,33 68,20
4781*	**Verdau (Spaltung) isolierter Nukleinsäuren mit Restriktionsenzymen, je Enzym**	**150** 8,74	10,05 11,37
4782*	**Enzymatische Transkription von RNA mittels reverser Transkriptase**	**500** 29,14	33,52 37,89

GOÄ-Nr.		Punktzahl 1fach	1,15 1,3
4783*	**Amplifikation von Nukleinsäuren oder Nukleinsäurefragmenten mit Polymerasekettenreaktion (PCR)**	**500** 29,14	33,52 37,89
4784*	**Amplifikation von Nukleinsäuren oder Nukleinsäurefragmenten mit geschachtelter Polymerasekettenreaktion (nested PCR)**	**1000** 58,29	67,03 75,77
4785*	**Identifizienzng von Nukleinsäurefragmenten durch Hybridisierung mit radioaktiv oder nichtradioaktiv markierten Sonden und nachfolgender Detektion, je Sonde**	**300** 17,49	20,11 22,73
4786*	**Trennung von Nukleinsäurefragmenten mittels elektrophoretischer Methoden und anschließendem Transfer auf Trägermaterialien (z.B. Dot-Blot, Slot-Blot)**	**600** 34,97	40,22 45,46
4787*	**Identifizierung von Nukleinsäurefragmenten durch Sequenzermittlung**	**2000** 116,57	134,06 151,55

N Histologie, Zytologie und Zytogenetik

Hinweise auf GOÄ-Ratgeber der BÄK:

► **Histopathologie: Ein „Material" (1)**
Dr. med. Anja Pieritz – in: Deutsches Ärzteblatt 103, Heft 7 (17.02.2006), Seite A-427 – www.bundesaerztekammer.de/page.asp?his=1.108.4144.4313.4314

► **Histopathologie: Ein „Material" (2) – Beispiele**
Dr. med. Anja Pieritz – in: Deutsches Ärzteblatt 103, Heft 9 (03.03.2006), Seite A-566 – www.bundesaerztekammer.de/page.asp?his=1.108.4144.4313.5597
Dr. Pieritz für aus: ...„Der Begriff „Material" wird in der (GOÄ) in Bezug auf histopathologische Untersuchungen nicht definiert – ein „Material" kann aber definiert werden als

- ein Organ einheitlicher histologischer Struktur,
- ein Gewebe einheitlicher histologischer Struktur,
- ein Organteil unterschiedlich definierter histologischer Struktur beziehungsweise unterschiedlich definierter Lokalisation oder
- ein Gewebeteil unterschiedlich definierter histologischer Struktur beziehungsweise unterschiedlich definierter Lokalisation.

Im Wesentlichen kann man also die Definition „ein Material" in Bezug auf die Leistungen in Abschnitt NI der GOÄ auf die Punkte einheitliche histologische Struktur versus nicht einheitliche histologische Struktur und/oder einheitliche Lokalisation versus unterschiedlicher Lokalisation reduzieren..."
Im 2. Text bringt die Autorin einige Beispiele.

► **Gynäkologische Zytologie: Neue Verfahren**
Dr. med. Anja Pieritz – in: Deutsches Ärzteblatt 103, Heft 33 (18.08.2006), Seite A-2194 – www.bundesaerztekammer.de/page.asp?his=1.108.4144.4277.4278
Siehe unter Geburtshilfe und Gynäkologie

I Histologie

4800 **Histologische Untersuchung und Begutachtung eines Materials** **217** 29,09
12,65 44,27

Ausschluss: Neben Nr. 4800 sind für dasselbe Material folgende Nrn. nicht abrechnungsfähig: 4801, 4802, 4810, 4811, 6015, 6016, 6017, 6018

Kommentar: Die Nrn. 4800, 4801, 4802, 4810 und 4811 betreffen nach der Leistungslegende die Untersuchung **je Material** und nicht je angefertigtes Präparat. Werden aus einem Material mehrere Präparate angefertigt, so kann die entsprechende Untersuchung trotzdem nur einmal berechnet werden.
Wezel/Liebold geht in seiner Kommentierung allerdings davon aus, dass wenn „...z.B. aus einem Organ mehrere Proben aus unterschiedlich definierten Stellen bzw. mit unterschiedlich definierter Gewebsstruktur entnommen und in getrennten Behältern der histologischen Untersuchung zugeführt werden, so handelt es sich um jeweils ein neues Material ..." und so kann die entsprechende Untersuchungsnummer jeweils erneut berechnet werden.

4801 **Histologische Untersuchung und Begutachtung mehrerer Zupfpräparate aus der Magen- oder Darmschleimhaut** **289** 38,74
16,85 58,96

Ausschluss: Neben Nr. 4801 sind für dasselbe Material folgende Nrn. nicht abrechnungsfähig: 4800, 4802, 4810, 4811, 4816

Kommentar: Siehe Kommentar zu Nr. 4800

4802 **Histologische Untersuchung und Begutachtung eines Materials mit besonders schwieriger Aufbereitung desselben (z.B. Knochen mit Entkalkung)** **289** 38,74
16,85 58,96

Ausschluss: Neben Nr. 4802 sind für dasselbe Material folgende Nrn. nicht abrechnungsfähig: 4800, 4801, 4810, 4811, 4816, 6015, 6016, 6017, 6018

Kommentar: Siehe Kommentar zu Nr. 4800

GOÄ-Nr.		Punktzahl / 1fach	2,3 / *1,8 / 3,5 / *2,5
4810	**Histologische Untersuchung eines Materials und zytologische Untersuchung zur Krebsdiagnostik**	**289** / 16,85	38,74 / 58,96

Ausschluss: Neben Nr. 4810 sind für dasselbe Material die folgenden Nrn. nicht abrechnungsfähig: 4800, 4801, 4802, 4811, 4815, 4816

Kommentar: Siehe Kommentar zu Nr. 4800

4811	**Histologische Untersuchung und Begutachtung eines Materials (z.B. Portio, Zervix, Bronchus) anhand von Schnittserien bei zweifelhafter oder positiver Zytologie**	**289** / 16,85	38,74 / 58,96

Ausschluss: Neben Nr. 4811 sind für dasselbe Material die folgenden Nrn. nicht abrechnungsfähig: 4800, 4801, 4802, 4810

Kommentar: Siehe Kommentar zu Nr. 4800

4815	**Histologische Untersuchung und Begutachtung von Organbiopsien (z.B. Leber, Lunge, Niere, Milz, Knochen, Lymphknoten) unter Anwendung histochemischer oder optischer Sonderverfahren (Elektronen-Interferenz-, Polarisationsmikroskopie)**	**350** / 20,40	46,92 / 71,40

Ausschluss: Neben Nr. 4815 sind folgende Nrn. nicht abrechnungsfähig: 4810, 4850, 4851, 4852

4816	**Histologische Sofortuntersuchung und -begutachtung während einer Operation (Schnellschnitt)**	**250** / 14,57	33,52 / 51,00

II Zytologie

4850*	**Zytologische Untersuchung zur Phasenbestimmung des Zyklus – gegebenenfalls einschließlich der Beurteilung nichtzytologischer mikroskopischer Befunde an demselben Material –**	**87** / 5,07	9,13 / 12,68

Neben der Leistung nach Nummer 4850 ist die Leistung nach Nummer 297 nicht berechnungsfähig.

Ausschluss: Neben Nr. 4850 sind folgende Nrn. nicht abrechnungsfähig: 297, 4851

Beschluss BÄK: **Beschluss des Gebührenausschusses der Bundesärztekammer Mehrfachberechnung der 4851. bzw. Nebeneinanderberechnung der Nrn. 4850, 4851, 4852, 1105 GOÄ (10. Sitzung vom 18. Juli 1997)**

Eine Mehrfachberechnung der Nr. 4851 GOÄ (z.B. wenn der gynäkologischen Krebsvorsorge Material sowohl aus der Portio als auch aus der Gebärmutterhöhle (nach Nr. 1105 GOÄ) untersucht wird), ist nicht möglich, weil in der Legende zu Nr. 4851 sowohl auf den zeitlichen Zusammenhang als auch auf den Plural „Präparate" abgestellt ist und zusätzlich noch klargestellt ist, „zum Beispiel aus dem Genitale der Frau".

Damit fallen Untersuchungen beider Abstrichentnahmen unter die nur einmalige Berechenbarkeit der Nr. 4851. Aus denselben Gründen ist auch der eigenständige Ansatz der Nr. 4852 neben der Nr. 4851 für die Untersuchung des Materials nach Nr. 1105 GOÄ nicht möglich, zumal hier auf andere Materialien als diejenigen nach Nr. 4851 abgestellt ist.

Hinsichtlich der Nebeneinanderberechnung der Nrn. **4850** und 4851 sieht der Ausschuss diese als möglich an, da Nr. 4851 nur auf die Krebsdiagnostik abgestellt ist und die Leistung nach Nr. 4850 nicht unter die „gegebenenfalls" in Nr. 4851 eingeschlossene „Beurteilung nicht zytologischer mikroskopischer Befunde" fällt. Zu beachten ist hier aber der Ausschuss der Nr. 297 neben Nr. **4850** aus der Anmerkung nach Nr. **4850** . Dies berücksichtigt bereits die partielle Leistungsüberschneidung bei Nebeneinandererbringung der Leistungen nach Nr. 4851 und Nr. **4850**.

4851*	**Zytologische Untersuchung zur Krebsdiagnostik als Durchmusterung der in zeitlichem Zusammenhang aus einem Untersuchungsgebiet gewonnenen Präparate (z.B. aus dem Genitale der Frau) – gegebenenfalls einschließlich der Beurteilung nichtzytologischer mikroskopischer Befunde an demselben Material –**	**130** / 7,58	13,64 / 18,94

Neben der Leistung nach Nummer 4851 ist die Leistung nach Nummer 4850 bei Untersuchungen aus demselben Material nicht berechnungsfähig.

Ausschluss: Neben Nr. 4851 ist folgende Nr. nicht abrechnungsfähig: 4850 (bei Untersuchungen aus demselben Material)

Beschluss BÄK: Siehe Beschluss zu Nr. 4850*

Kommentar: Die erforderliche Leistung für die Entnahme und Aufbereitung des Materials kann neben den Nrn. 4851 und 4852 mit der Leistung nach Nr. 297 abgerechnet werden.

GOÄ-Nr.	Leistung	Punktzahl / 1fach	2,3 / *1,8 / 3,5 / *2,5
4852*	**Zytologische Untersuchung von z.B. Punktaten, Sputum, Sekreten, Spülflüssigkeiten mit besonderen Aufbereitungsverfahren – gegebenenfalls einschließlich der Beurteilung nichtzytologischer mikroskopischer Befunde an demselben Material –, je Untersuchungsmaterial**	**174** 10,14	18,26 25,35

Beschluss BÄK: Siehe Beschluss zu Nr. 4850*

Hinweis LÄK: **Anmerkung der Bayerischen Landesärztekammer** vom 09.02.2004 (Quelle: GOÄ-Datenbank http://www.blaek.de/) –
Empfehlungen des Ausschusses „Gebührenordnung“ der Bundesärztekammer – die mit dem Verband der privaten Krankenversicherung, dem BMG, BMI abgestimmt wurden.
Mikroskopisch-zytologische Untersuchung der aus dem Ovar entnommenen Follikel (In-vitro-Fertilisation)
Die mikroskopisch-zytologische Untersuchung der aus dem Ovar entnommenen Follikel ist über die Nr. 4852 analog berechnungsfähig. Die Nr. 4852 analog ist je entnommenem Follikel berechnungsfähig.
Mikroskopische Untersuchung der Prä-Embryonen vor Embryotransfer (In-vitro-Fertilisation)
Die mikroskopische Untersuchung der Prä-Embryonen vor Embryotransfer kann unter der Nr. 4852 analog berechnet werden. Die Nr. 4852 analogist je Prä-Embryo berechnungsfähig und schließt alle methodisch damit in Zusammenhang stehenden Maßnahmen ein (u.a. mikroskopisch-zytologische Untersuchung der Prä-Embryonenkulturen, Grading der Embryonenqualität, Schrift- und Fotodokumentation).
Beurteilung des Pronucleus-Stadiums – PN-Stadium (In-vitro-Fertilisation)
Die Nr. 4852 kann analog für die Beurteilung des PN-Stadiums berechnet werden; der Ansatz ist je Einzelle möglich. Eingeschlossen ist die Beurteilung, ob ein PN-Stadium erreicht wurde, die Beurteilung etwaiger Auffälligkeiten an der Einzelle, sowie die Dokumentation.

Kommentar: Die erforderliche Leistung für die Entnahme und Aufbereitung des Materials kann neben den Nrn. 4851 und 4852 mit der Leistung nach Nr. 297 abgerechnet werden.

GOÄ-Nr.	Leistung	Punktzahl / 1fach	2,3 / *1,8 / 3,5 / *2,5
4852* analog	**1. Mikroskop.-zytolog. Untersuchung aus dem Ovar entnommener Follikel oder 2. Beurteilung des Pronukleus-Stadiums oder 3. Mikroskop. Untersuchung Prä-Embryonen (analog 4852* GOÄ) – n. Beschlüssen des Ausschusses „Gebührenordnung” der BÄK**	**174** 10,14	18,26 25,35
4860*	**Mikroskopische Differenzierung von Haaren und deren Wurzeln (Trichogramm) – einschließlich Epilation und Aufbereitung sowie gegebenenfalls einschließlich Färbung –, auch mehrere Präparate**	**160** 9,33	16,79 23,31

III Zytogenetik

GOÄ-Nr.	Leistung	Punktzahl / 1fach	2,3 / *1,8 / 3,5 / *2,5
4870*	**Kerngeschlechtsbestimmung mittels Untersuchung auf X-Chromosomen, auch nach mehreren Methoden – gegebenenfalls einschließlich Materialentnahme –**	**273** 15,91	28,64 39,78

Ausschluss: Neben Nr. 4870 ist folgende Nr. nicht abrechnungsfähig: 297

GOÄ-Nr.	Leistung	Punktzahl / 1fach	2,3 / *1,8 / 3,5 / *2,5
4871*	**Kerngeschlechtsbestimmung mittels Untersuchung auf Y-Chromosomen, auch nach mehreren Methoden – gegebenenfalls einschließlich Materialentnahme –**	**289** 16,85	30,32 42,11

Ausschluss: Neben Nr. 4871 ist folgende Nr. nicht abrechnungsfähig: 297

GOÄ-Nr.		Punktzahl 1fach	2,3 / *1,8 3,5 / *2,5
4872*	**Chromosomenanalyse, auch einschließlich vorangehender kurzzeitiger Kultivierung – gegebenenfalls einschließlich Materialentnahme –**	**1950** 113,66	204,59 284,15

Ausschluss: Neben Nr. 4872 sind folgende Nrn. nicht abrechnungsfähig: 297, 4873

Hinweis LÄK: **Anmerkung der Bayerischen Landesärztekammer** vom 09.02.2004 (Quelle: GOÄ-Datenbank http://www.blaek.de/) –

Biochemisch-mechanische Gewebspräparation zur Spermiengewinnung (Kryokonservierung)

Empfehlung des Ausschusses „Gebührenordnung" der Bundesärztekammer – die mit dem Verband der privaten Krankenversicherung, dem BMG, BMI abgestimmt wurde.

Werden zur Durchführung einer IVF oder einer ICSI kombinierten IVF Spermien verwendet, die aus operativ entnommenen kryokonservierten Hodengewebsproben entstammen, so sind hierfür nach Auftauen des Materials spezielle Leistungen zur Spermiengewinnung erforderlich.

Für die biochemisch-mechanische Gewebspräparation zur Spermiengewinnung, einschließlich Untersuchung der Hodengewebsproben nach dem Auftauen, kann die Nr. 4872 analog berechnet werden. Die Nr. 4872 analog ist im Behandlungsfall nur einmal berechnungsfähig.

4872* analog	**Biochem.-mechan. Gewebepräparation zur Spermiengewinnung (analog 4872* GOÄ) – n. Beschlüssen des Ausschusses „Gebührenordnung" der BÄK**	**1950** 113,66	204,59 284,15
4873*	**Chromosomenanalyse an Fibroblasten oder Epithelien einschließlich vorangehender Kultivierung und langzeitiger Subkultivierung – gegebenenfalls einschließlich Materialentnahme –**	**3030** 176,61	317,90 441,53

Ausschluss: Neben Nr. 4873 sind folgende Nrn. nicht abrechnungsfähig: 297, 4873

Hinweis LÄK: **Anmerkung der Bayerischen Landesärztekammer** vom 09.02.2004 (Quelle: GOÄ-Datenbank http://www.blaek.de/) –

Empfehlungen des Ausschusses „Gebührenordnung" der Bundesärztekammer – die mit dem Verband der privaten Krankenversicherung, dem BMG, BMI abgestimmt wurden.

Ansetzen der Prä-Embryonenkulturen (In-vitro-Fertilisation)

Das Ansetzen der Prä-Embryonenkulturen kann nach Nr. 4873 analog abgerechnet werden. Die Analogposition ist nur einmal berechnungsfähig, auch wenn mehr als eine Prä-Embryonenkultur angesetzt wird. Die Nr. 4873 analog schließt alle methodisch damit in Zusammenhang stehenden Maßnahmen ein (u.a. Ansetzen der Kulturen, Umsetzen der Embryonen in neue Kulturplatten zur Vorbereitung für den Transfer und jeweilige Dokumentation).

Mikroskopisch durchgeführte Isolierung und Aufnahme eines einzelnen Spermiums sowie Punktion einer Metaphase II- Oozyte unter Mikrokulturbedingungen (ICSI)

Die mikroskopisch durchgeführte Isolierung und Aufnahme eines einzelnen Spermiums sowie Punktion einer Metaphase II-Oozyte unter Mikrokulturbedingungen, einschließlich Vorbehandlung des Follikelpunktats und Entfernung des Eizellkumulus, kann über die Nr. 4873 analog berechnet werden. Die Nr. 4873 ist je punktierte Oozyte berechnungsfähig.

Anlegen der Eizell-Spermien-Kulturen (In-vitro-Fertilisation)

Für das Anlegen der Eizell-Spermien-Kulturen ist analog die Nr. 4873 ansatzfähig. Die Nr. 4873 analog ist nur einmal berechnungsfähig, auch wenn mehr als eine Kultur angelegt wird. Die Analogbewertung nach Nr. 4873 schließt sämtliche, damit methodisch in Zusammenhang stehende Maßnahmen ein (u.a. Umsetzen der gewonnenen Eizellen in vorbereitete Kulturschalen, mikroskopische Kontrolle der Vorkulturen, Ansetzen der eigentlichen Eizell-Spermien-Kulturen, Dokumentation der Entwicklung am folgenden Tag, Putzen der Eizellkumuluskomplexe unter mikroskopischer Kontrolle nach Beendigung der Eizell-Spermien-Kulturen).

4873* analog	**1. Anlegen der Eizell-Spermien-Kultur oder 2. Ansetzen der Prä-Embryonen-Kulturen 3. Mikroskop. durchgeführte Isolierung eines einzelnen Spermiums sowie Punktion einer Metaphase II Oozyte unter Mikrokulturbedingungen einschl Borbehandlung des Follikelpunktats und Entfernung des Eizellkumulus, je punktierte OOzyte (analog 4873* GOÄ) – n. Beschlüssen des Ausschusses „Gebührenordnung" der BÄK**	**3030** 176,61	317,90 441,53

Recht-sprechung:

GOÄ-Nrn. 4873 analog, 1114 analog – Kostenübernahme für künstliche Befruchtung
Eine IVF/ICSI – Behandlung ist in analoger Anwendung über die GOÄ-Nrn. 4873 und 1114 abzurechnen. Die Ansicht, dass die Erstattung auf 6 Einzelbehandlungen (Mikroinjektion) zu begrenzen sei, wurde vom Gericht abgelehnt. Das Gericht führt u. a. aus: „... Sämtliche 21 Einzelbehandlungen waren medizinisch notwendig. Eine Beschränkung der Mikroinjektion auf 6 reife Eizellen verringere nach den Angaben eines Sachverständigen die Chancen auf die Herbeiführung einer Schwangerschaft. Es entspricht nationaler und internationaler Übereinkunft der Reproduktionsmediziner bei einer IVF/ICSI – Therapie alle verfügbaren und reifen Eizellen (hier: 21) zu behandeln...“
Aktenzeichen: OLG Köln, 25.02.2011, AZ: 20 U 76/09
Entscheidungsjahr: 2011

O Strahlendiagnostik, Nuklearmedizin, Magnetresonanztomographie und Strahlentherapie

I Strahlendiagnostik

Allgemeine Bestimmungen

1. Mit den Gebühren sind alle Kosten (auch für Dokumentation und Aufbereitung der Datenträger) abgegolten.

Kommentar:

Kosten für die Versendung von Röntgenfilmen oder anderen Datenträgern, ggf. auch Kosten für Kontrastmittel, die nicht unter 7. dieser Allg. Bestimmungen genannt werden, können gemäß § 10 Abs. 1 Nr. 2 und 3 abgerechnet werden.

2. Die Leistungen für Strahlendiagnostik mit Ausnahme der Durchleuchtung(en) (Nummer 5295) sind nur bei Bilddokumentation auf einem Röntgenfilm oder einem anderen Langzeitdatenträger berechnungsfähig.

3. Die Befundmitteilung oder der einfache Befundbericht mit Angaben zu Befund(en) und zur Diagnose ist Bestandteil der Leistungen und nicht gesondert berechnungsfähig.

4. Die Beurteilung von Röntgenaufnahmen (auch Fremdaufnahmen) als selbständige Leistung ist nicht berechnungsfähig.

5. Die nach der Strahlenschutzverordnung bzw. Röntgenverordnung notwendige ärztliche Überprüfung der Indikation und des Untersuchungsumfangs ist auch im Überweisungsfall Bestandteil der Leistungen des Abschnitts O und mit den Gebühren abgegolten.

6. Die Leistungen nach den Nummern 5011, 5021, 5031, 5101, 5106, 5121, 5201, 5267, 5295, 5302, 5305, 5308, 5311, 5318, 5331, 5339, 5376 und 5731 dürfen unabhängig von der Anzahl der Ebenen, Projektionen, Durchleuchtungen bzw. Serien insgesamt jeweils nur einmal berechnet werden.

7. Die Kosten für Kontrastmittel auf Bariumbasis und etwaige Zusatzmittel für die Doppelkontrastuntersuchung sind in den abrechnungsfähigen Leistungen enthalten.

Kommentar:

Der Multiplikator von 1,8 – mit Begründung steigerungsfähig bis auf 2,5 – ist für die Strahlendiagnostik nicht durch eine Honorarvereinbarung überschreitbar, s. § 2 Abs. 3 GOÄ.
Überschritten werden kann dieser Faktor aber für alle Leistungen, die zwar im Rahmen der Strahlen erbracht werden, aber nicht im Kapitel O aufgeführt sind. Dies sind z.B. Kontrastmitteleinbringungen Nrn. 340 – 374, Beratung im Aufklärungsgespräch zu Risiken der Untersuchungen Nr. 1, Berichte und Briefe Nrn. 70 – 90 und z.T. auch das Anlegen von Verbänden Nrn. 200 – 247. Für diese Leistungen darf ein 2,3facher Satz (mit Begründung bis 3,5fach) berechnet werden.

Auf einen Blick:

Leistungen, die nur **einmal** berechnet werden dürfen, unabhängig von der Anzahl der Ebenen, Projektionen, Duchleuchtungen bzw. Serien: 5011, 5021, 5031, 5001, 5106, 5121, 5201, 5267, 5302, 5305, 5308, 5311, 5317, 5331, 5339, 5369 – 5375 (nur 1x je Sitzung), 5700 – 5731 (nur 1x je Sitzung).

1 Skelett

Allgemeine Bestimmung:

Neben den Leistungen nach den Nummern 5050, 5060 und 5070 sind die Leistungen nach den Nummern 300 bis 302, 372, 373, 490, 491 und 5295 nicht berechnungsfähig.

Auf einen Blick:

Abrechnung von Leistungen der Röntgendiagnostik des knöchernen Skeletts nach GOÄ von A bis Z

Knochen	1 Ebene GOÄ Nr.	2 Ebenen GOÄ Nr.	weitere Ebene(n)	gehaltene Aufnahmen	Kontrast-Untersuchung
Arm, ganzer	5110	5110 + 5111	–		
Becken bis 14 Jahre	5041	2 x 5041	Ebenen x 5040		
Becken ab 15 Jahre	5040	2 x 5040	Ebenen x 5040		
Bein, ganzes	5110	5110 + 5111			
Brustbein/Sternum	5120	5120 + 5121			
Brustkorbhälfte/Thoraxhälfte	5120	5120 + 5121			
Brustwirbelsäule (BWS)	5035	5105	5106		
Daumen	5035 / 5115	5010	5011	5022	5070
Ellenbogen	5035 / 5115	5030	5031		5070
Finger, alle	5035 / 5115	5020	5021		
Finger, einzelne	5035 / 5115	5010	5011		5070
Fuß, ganzer	5035	5030	5031		
Fußwurzel u./o. Mittelfuß	5035 / 5115	5020	502		
Halswirbelsäule (HWS)	5035	5100	5101		
Hand, ganze	5035	5030	5031		
Handgelenk u./o Handwurzel	5035 / 5115	5020	5021		5070
Hüftgelenk	5035	5030	503		5050
Kiefer, Panoramaaufnahme(n)	5002	5002	5002		
Kiefer, Panoramaschichtaufnahme	5004	2 x 5004	Ebenen x 5004		
Kniegelenk	5035	5030	5031	5032	5050
Kniescheibe	5035	5020	5021		
Kreuzbein	5035	5030	5031		
Lendenwirbelsäule (LWS)	5035	5105	5106		
Mittelfuß u./o. Fußwurzel	5035 / 5115	5020	5021		
Mittelhand	5035 / 5115	5020	5021		
Nasennebenhöhlen	5098	5098	5098		
Oberarm	5035	5030	5031		
Oberschenkel	5035	5030	5031		
Schädel	5035	5090			
Schädelteile	5095	2 x 5095	Ebenen x 5095		
Schlüsselbein	5035	5030	5031		
Schulterblatt	5120	5120 + 5121			
Schultergelenk	5035	5030	5031	5032	5050
Sprunggelenk	5035 / 5115	5020	5021	5022	5070
Unterarm	5035	5030	5031		
Unterschenkel	5035	5030	5031		
Wirbelsäule, ganze (WS)	5110	5110 + 5111			
Zähne	5000	2 x 5000	Ebenen x 5000		
Zehen, alle	5035 / 5115	5020	5021		
Zehe	5035 / 5115	5010	5011		5070

GOÄ-Nr.		Punktzahl / 1fach	1,8 / 2,5
5000*	**Zähne, je Projektion**	**50** 2,91	5,25 7,29

Werden mehrere Zähne mittels einer Röntgenaufnahme erfaßt, so darf die Leistung nach Nummer 5000 nur einmal und nicht je aufgenommenem Zahn berechnet werden.

Ausschluss: Neben Nr. 5000 ist folgende Nr. nicht abrechnungsfähig: 5035

5002*	**Panoramaaufnahme(n) eines Kiefers**	**250** 14,57	26,23 36,43

Ausschluss: Neben Nr. 5002 ist folgende Nr. nicht abrechnungsfähig: 5035

5004*	**Panoramaschichtaufnahme der Kiefer**	**400** 23,31	41,97 58,29

Ausschluss: Neben Nr. 5004 ist folgende Nr. nicht abrechnungsfähig: 5002, 5035

5010*	**Finger oder Zehen – jeweils in zwei Ebenen**	**180** 10,49	18,89 26,23

Werden mehrere Finger oder Zehen mittels einer Röntgenaufnahme erfaßt, so dürfen die Leistungen nach den Nummern 5010 und 5011 nur einmal und nicht je aufgenommenem Finger oder Zehen berechnet werden.

Ausschluss: Neben Nr. 5010 sind folgende Nrn. nicht abrechnungsfähig: 5035, 5110, 5111, 5020 (für die Untersuchung aller Finger einer Hand bzw. aller Zehen eines Fußes)

Tipp: Neben Nr. 5010 ist die Nr. 5011 abrechenbar.

5011*	**Finger oder Zehen – ergänzende Ebene(n)**	**60** 3,50	6,30 8,74

Werden mehrere Finger oder Zehen mittels einer Röntgenaufnahme erfasst, so dürfen die Leistungen nach den Nummern 5010 und 5011 nur einmal undnicht je aufgenommenem Finger oder Zehen berechnet werden.

Ausschluss: Neben Nr. 5011 sind folgende Nrn. nicht abrechnungsfähig: 5035, 5110, 5111, 5020 (für die Untersuchung aller Finger einer Hand bzw. aller Zehen eines Fußes)

Tipp: Neben Nr. 5111 ist die Nr. 5010 abrechenbar.

5020*	**Handgelenk, Mittelhand, alle Finger einer Hand, Sprunggelenk, Fußwurzel und/oder Mittelfuß, Kniescheibe – jeweils in zwei Ebenen**	**220** 12,82	23,08 32,06

Werden mehrere der in der Leistungsbeschreibung genannten Skeletteile mittels einer Röntgenaufnahme erfaßt, so dürfen die Leistungen nach den Nummern 5020 und 5021 nur einmal und nicht je aufgenommenem Skeletteil berechnet werden.

Ausschluss: Neben Nr. 5020 sind folgende Nrn. nicht abrechnungsfähig: 5035, 5110, 5111

Tipp: Neben Nr. 5020 ist die Nr. 5021 abrechenbar.

5021*	**Handgelenk, Mittelhand, alle Finger einer Hand, Sprunggelenk, Fußwurzel und/oder Mittelfuß, Kniescheibe – ergänzende Ebene(n)**	**80** 4,66	8,39 11,66

Werden mehrere der in der Leistungsbeschreibung genannten Skeletteile mittels einer Röntgenaufnahme erfaßt, so dürfen die Leistungen nach den Nummern 5020 und 5021 nur einmal und nicht je aufgenommenem Skeletteil berechnet werden.

Ausschluss: Neben Nr. 5021 sind folgende Nrn. nicht abrechnungsfähig: 5035, 5110, 5111

Kommentar: Bei einer geteilten Aufnahme z.B. des Sprunggelenkes oder Kniegelenkes kann die Nr. 5021 „als ergänzende Ebene" berechnet werden.

Tipp: Neben Nr. 5021 ist die Nr. 5020 abrechenbar.

GOÄ-Nr.		Punktzahl 1fach	1,8 2,5
5030*	**Oberarm, Unterarm, Ellenbogengelenk, Oberschenkel, Unterschenkel, Kniegelenk, ganze Hand oder ganzer Fuß, Gelenke der Schulter, Schlüsselbein, Beckenteilaufnahme, Kreuzbein oder Hüftgelenk – jeweils in zwei Ebenen**	**360** 20,98	37,77 52,46

Werden mehrere der in der Leistungsbeschreibung genannten Skelettteile mittels einer Röntgenaufnahme erfaßt, so dürfen die Leistungen nach den Nummern 5030 und 5031 nur einmal und nicht je aufgenommenem Skelettteil berechnet werden.

Ausschluss: Neben Nr. 5030 sind folgende Nrn. nicht abrechnungsfähig: 5035, 5110, 5111

GOÄ-Ratgeber der BÄK: ► **Abrechnungsbeschränkungen bei Röntgenaufnahmen des Hüftgelenks**

Dr. med. Stefan Gorlas (in: Deutsches Ärzteblatt 107, Heft 39 (01.10.2010), S. A 1880) – http://www.bundesaerztekammer.de/page.asp?his=1.108.4144.4316.8768

Die Herausgeber haben eine tabellarische Zusammenfassung von Dr. Gorlas Text vorgenommen:

Röntgenleistung	GOÄ Nr.
Hüftgelenk in zwei Ebenen	5030*
Hüftgelenk, ergänzende Ebene Dieser zusätzliche Ansatz gilt nur zur Nr. 5030*	5031*
eine Beckenübersichtsröntgenaufnahme und Röntgenaufnahmen eines oder gegebenenfalls auch beider Hüftgelenke in axialer Ebene Ein zusätzliche Ansatz nach Nr. 5031* ist nicht ansetzbar – s. Legende. Neben Nr. 5040* ist Nr. 5035* nicht abrechenbar.	5040*

Dr. Gorlas weist auf eine Besonderheit der Abrechnung hin: ...„Andererseits kann jedoch, falls neben der Darstellung der Hüftgelenke auf der Beckenübersichtsaufnahme die Darstellung beispielsweise eines Hüftgelenks in zwei weiteren Ebenen medizinisch erforderlich ist, für die letztgenannte Leistung die Nr. 5030 GOÄ neben der Nr. 5040 GOÄ berechnet werden. Es ist dies somit auch ein Beispiel der Inkongruenz in der derzeit gültigen GOÄ...“

Tipp: Neben Nr. 5030 ist die Nr. 5031 abrechenbar.

5031*	**Oberarm, Unterarm, Ellenbogengelenk, Oberschenkel, Unterschenkel, Kniegelenk, ganze Hand oder ganzer Fuß, Gelenke der Schulter, Schlüsselbein, Beckenteilaufnahme, Kreuzbein oder Hüftgelenk – ergänzende Ebene(n)**	**100** 5,83	10,49 14,57

Werden mehrere der in der Leistungsbeschreibung genannten Skelettteile mittels einer Röntgenaufnahme erfaßt, so dürfen die Leistungen nach den Nummern 5030 und 5031 nur einmal und nicht je aufgenommenem Skelettteil berechnet werden.

Ausschluss: Neben Nr. 5031 sind folgende Nrn. nicht abrechnungsfähig: 5035, 5110, 5111

GOÄ-Ratgeber der BÄK: ► Siehe GOÄ-Ratgeber bei Nr. 5030

Tipp: Neben Nr. 5031 ist die Nr. 5030 abrechenbar.

5035*	**Teile des Skeletts in einer Ebene, je Teil**	**160** 9,33	16,79 23,31

Die Leistung nach Nummer 5035 ist je Skelettteil und Sitzung nur einmal berechnungsfähig. Das untersuchte Skelettteil ist in der Rechnung anzugeben.
Die Leistung nach Nummer 5035 ist neben den Leistungen nach den Nummern 5000 bis 5031 und 5037 bis 5121 nicht berechnungsfähig.

Ausschluss: Neben Nr. 5035 sind folgende Nrn. nicht abrechnungsfähig: 5000, 5002, 5004, 5010, 5011, 5020, 5021, 5030, 5031, 5037, 5040, 5041, 5050, 5060, 5070, 5090, 5095, 5098, 5100, 5101, 5105, 5106, 5110, 5111, 5115, 5120, 5121

GOÄ-Ratgeber der BÄK: ► Siehe GOÄ-Ratgeber bei Nr. 5030

5037*	**Bestimmung des Skelettalters – gegebenenfalls einschließlich Berechnung der prospektiven Endgröße, einschließlich der zugehörigen Röntgendiagnostik und gutachterlichen Beurteilung –**	**300** 17,49	31,48 43,72

Ausschluss: Neben Nr. 5037 ist folgende Nr. nicht abrechnungsfähig: 5035

GOÄ-Nr.		Punktzahl / 1fach	1,8 / 2,5
5040*	**Beckenübersicht**	**300** / 17,49	31,48 / 43,72

Ausschluss: Neben Nr. 5040 ist folgende Nr. nicht abrechnungsfähig: 5035

GOÄ-Ratgeber der BÄK: ► Siehe GOÄ-Ratgeber bei Nr. 5030

Kommentar: Sind spezielle Aufnahmen z.B. nach Lauenstein oder Rippstein erforderlich, so kann die Nr. 5040 zweimal berechnet werden.

5041*	**Beckenübersicht bei einem Kind bis zum vollendeten 14. Lebensjahr**	**200** / 11,66	20,98 / 29,14

Ausschluss: Neben Nr. 5041 ist folgende Nr. nicht abrechnungsfähig: 5035

5050*	**Kontrastuntersuchung eines Hüftgelenks, Kniegelenks oder Schultergelenks, einschließlich Punktion, Stichkanalanästhesie und Kontrastmitteleinbringung – gegebenenfalls einschließlich Durchleuchtung(en) –**	**950** / 55,37	99,67 / 138,43

Ausschluss: Neben Nr. 5050 sind folgende Nrn. nicht abrechnungsfähig: 300, 302, 372, 373, 490, 491, 5035, 5295

Analog: Nr. 5050 analog für Diskographie (Nukleographie) ansetzen.

5060*	**Kontrastuntersuchung eines Kiefergelenks, einschließlich Punktion, Stichkanalanästhesie und Kontrastmitteleinbringung – gegebenenfalls einschließlich Durchleuchtung(en) –**	**500** / 29,14	52,46 / 72,86

Ausschluss: Neben Nr. 5060 sind folgende Nrn. nicht abrechnungsfähig: 300, 302, 372, 373, 490, 491, 5035, 5295

5070*	**Kontrastuntersuchung der übrigen Gelenke, einschließlich Punktion, Stichkanalanästhesie und Kontrastmitteleinbringung – gegebenenfalls einschließlich Durchleuchtung(en) –, je Gelenk**	**400** / 23,31	41,97 / 58,29

Ausschluss: Neben Nr. 5070 sind folgende Nrn. nicht abrechnungsfähig: 300, 302, 372, 373, 490, 491, 5035, 5295

5090*	**Schädel-Übersicht, in zwei Ebenen**	**400** / 23,31	41,97 / 58,29

Ausschluss: Neben Nr. 5090 ist folgende Nr. nicht abrechnungsfähig: 5035

Kommentar: Sind neben einer Schädelübersicht in zwei Ebenen noch zusätzliche Aufnahmen in Spezialprojektion erforderlich, so kann die Nr. 5095, und wenn Aufnahmen der Nasennebenhöhle zusätzlich erforderlich sind, die Nr. 5098 berechnet werden.

5095*	**Schädelteile in Spezialprojektionen, je Teil**	**200** / 11,66	20,98 / 29,14

Ausschluss: Neben Nr. 5095 ist folgende Nr. nicht abrechnungsfähig: 5035

Kommentar: Beidseitige Aufnahmen von Schüller und Stenwas können mit der Nr. 5095 zweimal berechnet werden.

Wezel/Liebold spricht in seinem Kommentar davon, dass die zusätzliche Darstellung der Schädelbasis oder der Hinterhauptschuppe nicht den Leistungsinhalt der Nr. 5095 erfüllt, sondern mit der Nr. 5090 abgegolten ist. Wir teilen diese Meinung nicht, sondern halten uns einfach an den Text der Legende, der von zusätzlichen Schädelteilen in Spezialprojektionen spricht und gehen deshalb davon aus, dass die Schädelbasis und auch Aufnahmen der Hinterhauptschuppe getrennt durch die Nrn. 5095 zusätzlich zur Nr. 5090 berechnet werden kann.

Im Gegensatz zu **Wezel/Liebold** meinen **Brück** und wir, dass auch die Aufnahme des Felsenbeins nach Stenvas und die Aufnahme eines Warzenfortsatzes nach Schüller auf einer Seite nicht nur als eine Aufnahme berechnungsfähig sind, sondern das, wenn zwei Aufnahmen durchgeführt werden, auch zwei Aufnahmen berechnungsfähig.

5098* **Nasennebenhöhlen – gegebenenfalls auch in mehreren Ebenen** **260** 27,28
15,15 37,89

Ausschluss: Neben Nr. 5098 ist folgende Nr. nicht abrechnungsfähig: 5035

5100* **Halswirbelsäule, in zwei Ebenen** **300** 31,48
17,49 43,72

Ausschluss: Neben Nr. 5100 ist folgende Nr. nicht abrechnungsfähig: 5035

Kommentar: Neben Nr. 5100 sind die Nrn. 5105, 5110 (beide nur mit Begründung), 5101 abrechenbar.

5101* **Halswirbelsäule, ergänzende Ebene(n)** **160** 16,79
9,33 23,31

Ausschluss: Neben Nr. 5101 ist folgende Nr. nicht abrechnungsfähig: 5035

Tipp: Neben Nr. 5101 ist die Nr. 5100 abrechenbar.

5105* **Brust- oder Lendenwirbelsäule, in zwei Ebenen, je Teil** **400** 41,97
23,31 58,29

Ausschluss: Neben Nr. 5105 ist folgende Nr. nicht abrechnungsfähig: 5035

Tipp: Neben Nr. 5105 sind die Nrn. 5100, 5110 (beide nur mit Begründung), 5106 abrechenbar.

5106* **Brust- oder Lendenwirbelsäule, ergänzende Ebene(n)** **180** 18,89
10,49 26,23

Ausschluss: Neben Nr. 5106 ist folgende Nr. nicht abrechnungsfähig: 5035

Tipp: Neben Nr. 5106 ist die Nr. 5105 abrechenbar.

5110* **Wirbelsäulenganzaufnahme** **500** 52,46
29,14 72,86

Ausschluss: Neben Nr. 5110 sind folgende Nrn. nicht abrechnungsfähig: 5010, 5011, 5020, 5021, 5030, 5031, 5035

Kommentar: Neben Nr. 5110 sind die Nrn. 5100, 5105 (beide nur mit Begründung) abrechenbar.

5111* **Wirbelsäulenganzaufnahme, ergänzende Ebene(n)** **200** 20,98
11,66 29,14

Die Leistung nach Nummer 5111 ist je Sitzung nicht mehr als zweimal berechnungsfähig.
Die Leistungen nach den Nummern 5110 und 5111 sind neben den Leistungen nach den Nummern 5010, 5011, 5020, 5021, 5030 und 5031 nicht berechnungsfähig.
Die Nebeneinanderberechnung der Leistungen nach den Nummern 5100, 5105 und 5110 bedarf einer besonderen Begründung.

Ausschluss: Neben Nr. 5111 sind folgende Nrn. nicht abrechnungsfähig: 5010, 5011, 5020, 5021, 5030, 5031, 5035

Tipp: Neben Nr. 5111 ist die Nr. 5110 (mit gesonderter Begründung) abrechenbar.

GOÄ-Nr.		Punktzahl / 1fach	1,8 / 2,5
5115*	**Untersuchung von Teilen der Hand oder des Fußes mittels Feinstfokustechnik (Fokusgröße maximal 0,2 mm) oder Xeroradiographietechnik zur gleichzeitigen Beurteilung von Knochen und Weichteilen, je Teil**	**400** / 23,31	41,97 / 58,29
Ausschluss:	Neben Nr. 5115 ist folgende Nr. nicht abrechnungsfähig: 5035		
5120*	**Rippen einer Thoraxhälfte, Schulterblatt oder Brustbein, in einer Ebene**	**260** / 15,15	27,28 / 37,89
Ausschluss:	Neben Nr. 5120 ist folgende Nr. nicht abrechnungsfähig: 5035		
Tipp:	Neben Nr. 5120 ist die Nr. 5121 abrechenbar.		
5121*	**Rippen einer Thoraxhälfte, Schulterblatt oder Brustbein, in einer Ebene, ergänzende Ebene(n)**	**140** / 8,16	14,69 / 20,40
Ausschluss:	Neben Nr. 5121 ist folgende Nr. nicht abrechnungsfähig: 5035		
Tipp:	Neben Nr. 5121 ist die Nr. 5120 abrechenbar.		

2 Hals- und Brustorgane

5130*	**Halsorgane oder Mundboden – gegebenenfalls in mehreren Ebenen –**	**280** / 16,32	29,38 / 40,80
5135*	**Brustorgane-Übersicht, in einer Ebene**	**280** / 16,32	29,38 / 40,80
	Die Leistung nach Nummer 5135 ist je Sitzung nur einmal berechnungsfähig.		
Ausschluss:	Neben Nr. 5135 sind folgende Nrn. nicht abrechnungsfähig: 5137, 5139		
5137*	**Brustorgane-Übersicht – gegebenenfalls einschließlich Breischluck und Durchleuchtung(en) –, in mehreren Ebenen**	**450** / 26,23	47,21 / 65,57
Ausschluss:	Neben Nr. 5137 sind folgende Nrn. nicht abrechnungsfähig: 5135, 5139, 5295		
5139*	**Teil der Brustorgane**	**180** / 10,49	18,89 / 26,23
	Die Berechnung der Leistung nach Nummer 5139 neben den Leistungen nach den Nummern 5135, 5137 und/oder 5140 ist in der Rechnung zu begründen.		
Tipp:	Neben Nr. 5139 sind die Nrn. 5135, 5137, 5140 (alle nur mit gesonderter Begründung) abrechenbar.		
5140*	**Brustorgane, Übersicht im Mittelformat**	**100** / 5,83	10,49 / 14,57
Ausschluss:	Neben Nr. 5140 sind folgende Nrn. nicht abrechnungsfähig: 5135, 5137, 5139		

3 Bauch- und Verdauungsorgane

Kommentar:
Die Nrn. 5150, 5157, 5158, 5163, 5165, 5166, 5167, 5168, 5169, 5220, 5230, 5235, 5250 schließen die Durchleuchtung ein. Die Nr. 5295 ist deshalb nicht getrennt abrechnungsfähig.
Die Nr. 5298 kann bei Anwendung digitaler Radiographie (Bildverstärker, Radiographie) geltend gemacht werden. Sie beträgt 25 von 100 des einfachen Gebührensatzes der betreffenden Leistung.

GOÄ-Nr.		Punktzahl 1fach	1,8 2,5
5150*	**Speiseröhre, gegebenenfalls einschließlich ösophago-gastraler Übergang, Kontrastuntersuchung (auch Doppelkontrast) – einschließlich Durchleuchtung(en) –, als selbständige Leistung**	**550** 32,06	57,70 80,15

Ausschluss: Neben Nr. 5150 sind folgende Nrn. nicht abrechnungsfähig: 5137, 5157, 5158, 5295, Kosten für bariumhaltige Kontrastmittel

Kommentar: Die Nrn. 5150, 5157, 5158, 5163, 5165, 5166, 5167, 5168, 5169, 5220, 5230, 5235, 5250 schließen die Durchleuchtung ein. Die Nr. 5295 ist deshalb nicht getrennt abrechnungsfähig. Die Nr. 5298 kann bei Anwendung digitaler Radiographie (Bildverstärker, Radiographie) geltend gemacht werden. Sie beträgt 25 von 100 des einfachen Gebührensatzes der betreffenden Leistung.

5157*	**Oberer Verdauungstrakt (Speiseröhre, Magen, Zwölffingerdarm und oberer Abschnitt des Dünndarms), Monokontrastuntersuchung – einschließlich Durchleuchtung(en) –**	**700** 40,80	73,44 102,00

Ausschluss: Neben Nr. 5157 sind folgende Nrn. nicht abrechnungsfähig: 5150, 5295, Kosten für bariumhaltige Kontrastmittel

Kommentar: Siehe Kommentar zu Nr. 5150*

Tipp: Neben Nr. 5157 ist die Nr. 5159 abrechenbar.

5158*	**Oberer Verdauungstrakt (Speiseröhre, Magen, Zwölffingerdarm und oberer Abschnitt des Dünndarms), Kontrastuntersuchung – einschließlich Doppelkontrastdarstellung und Durchleuchtung(en), gegebenenfalls einschließlich der Leistung nach Nummer 5150 –**	**1200** 69,94	125,90 174,86

Ausschluss: Neben Nr. 5158 sind folgende Nrn. nicht abrechnungsfähig: 5150, 5295, Kosten für bariumhaltige Kontrastmittel

Kommentar: Siehe Kommentar zu Nr. 5150*

Tipp: Neben Nr. 5158 ist die Nr. 5159 abrechenbar.

5159*	**Zuschlag zu den Leistungen nach den Nummern 5157 und 5158 bei Erweiterung der Untersuchung bis zum Ileozökalgebiet**	**300** 17,49	31,48 43,72

Ausschluss: Neben Nr. 5159 ist folgende Nr. nicht abrechnungsfähig: 5295

Tipp: Neben Nr. 5159 sind die Nrn. 5157, 5158 abrechenbar.

5163*	**Dünndarmkontrastuntersuchung mit im Bereich der Flexura duodeno-jejunalis endender Sonde einschließlich Durchleuchtung(en) –**	**1300** 75,77	136,39 189,43

Ausschluss: Neben Nr. 5163 sind folgende Nrn. nicht abrechnungsfähig: 5295, Kosten für bariumhaltige Kontrastmittel

Kommentar: Siehe Kommentar zu Nr. 5150*

Tipp: Neben Nr. 5163 ist die Nr. 374 abrechenbar.

5165*	**Monokontrastuntersuchung von Teilen des Dickdarms – einschließlich Durchleuchtung(en) –**	**700** 40,80	73,44 102,00

Ausschluss: Neben Nr. 5165 sind folgende Nrn. nicht abrechnungsfähig: 5166, 5295, Kosten für bariumhaltige Kontrastmittel

Kommentar: Siehe Kommentar zu Nr. 5150*

GOÄ-Nr.		Punktzahl / 1fach	1,8 / 2,5
5166*	**Dickdarmdoppelkontrastuntersuchung – einschließlich Durchleuchtung(en) –**	**1400** / 81,60	146,88 / 204,01
Ausschluss:	Neben Nr. 5166 sind folgende Nrn. nicht abrechnungsfähig: 5165, 5295, Kosten für bariumhaltige Kontrastmittel		
Kommentar:	Siehe Kommentar zu Nr. 5150*		
5167*	**Defäkographie nach Markierung der benachbarten Hohlorgane – einschließlich Durchleuchtung(en) –**	**1000** / 58,29	104,92 / 145,72
Ausschluss:	Neben Nr. 5167 sind folgende Nrn. nicht abrechnungsfähig: 5295, Kosten für bariumhaltige Kontrastmittel		
Kommentar:	Siehe Kommentar zu Nr. 5150*		
5168*	**Pharyngographie unter Verwendung kinematographischer Techniken – einschließlich Durchleuchtung(en) –, als selbständige Leistung**	**800** / 46,63	83,93 / 116,57
Ausschluss:	Neben Nr. 5168 sind folgende Nrn. nicht abrechnungsfähig: 5137, 5150, 5169, 5295, Kosten für bariumhaltige Kontrastmittel		
Kommentar:	Siehe Kommentar zu Nr. 5150*		
5169*	**Pharyngographie unter Verwendung kinematographischer Techniken – einschließlich Durchleuchtung(en) und einschließlich der Darstellung der gesamten Speiseröhre –**	**1100** / 64,12	115,41 / 160,29
Ausschluss:	Neben Nr. 5169 sind folgende Nrn. nicht abrechnungsfähig: 5137, 5150, 5168, 5295, Kosten für bariumhaltige Kontrastmittel		
Kommentar:	Siehe Kommentar zu Nr. 5150*		
5170*	**Kontrastuntersuchung von Gallenblase und/oder Gallenwegen und/oder Pankreasgängen**	**400** / 23,31	41,97 / 58,29
Ausschluss:	Neben Nr. 5170 sind folgende Nrn. nicht abrechnungsfähig: 5295, 5361		
Tipp:	Neben Nr. 5170 sind die Nrn. 686, 692 abrechenbar.		
5190*	**Bauchübersicht, in einer Ebene oder Projektion**	**300** / 17,49	31,48 / 43,72
	Die Leistung nach Nummer 5190 ist je Sitzung nur einmal berechnungsfähig.		
Ausschluss:	Neben Nr. 5190 ist folgende Nr. nicht abrechnungsfähig: 5191		
5191*	**Bauchübersicht, in zwei oder mehr Ebenen oder Projektionen**	**500** / 29,14	52,46 / 72,86
Ausschluss:	Neben Nr. 5191 ist folgende Nr. nicht abrechnungsfähig: 5190		
5192*	**Bauchteilaufnahme – gegebenenfalls in mehreren Ebenen oder Spezialprojektionen –**	**200** / 11,66	20,98 / 29,14
5200*	**Harntraktkontrastuntersuchung – einschließlich intravenöser Verabreichung des Kontrastmittels –**	**600** / 34,97	62,95 / 87,43
Ausschluss:	Neben Nr. 5200 sind folgende Nrn. nicht abrechnungsfähig: 345 – 347, 5295		
Tipp:	Neben Nr. 5200 ist die Nr. 5201 abrechenbar.		

GOÄ-Nr.		Punktzahl / 1fach	1,8 / 2,5
5201*	**Ergänzende Ebene(n) oder Projektion(en) im Anschluss an die Leistung nach Nummer 5200 – gegebenenfalls einschließlich Durchleuchtung(en) –**	**200** / 11,66	20,98 / 29,14

Ausschluss: Neben Nr. 5201 sind folgende Nrn. nicht abrechnungsfähig: 345 – 347, 5295

Tipp: Neben Nr. 5201 ist die Nr. 5200 abrechenbar.

5220*	**Harntraktkontrastuntersuchung – einschließlich retrograder Verabreichung des Kontrastmittels, gegebenenfalls einschließlich Durchleuchtung(en) –, je Seite**	**300** / 17,49	31,48 / 43,72

Ausschluss: Neben Nr. 5220 sind folgende Nrn. nicht abrechnungsfähig: 370, 5295

Kommentar: Siehe Kommentar zu Nr. 5150*

5230*	**Harnröhren- und/oder Harnblasenkontrastuntersuchung (Urethrozystographie) – einschließlich retrograder Verabreichung des Kontrastmittels, gegebenenfalls einschließlich Durchleuchtung(en) –, als selbständige Leistung**	**300** / 17,49	31,48 / 43,72

Ausschluss: Neben Nr. 5230 sind folgende Nrn. nicht abrechnungsfähig: 370, 5200, 5201, 5220, 5235, 5295

Kommentar: Siehe Kommentar zu Nr. 5150*

5235*	**Refluxzystographie – einschließlich retrograder Verabreichung des Kontrastmittels, einschließlich Miktionsaufnahmen und gegebenenfalls einschließlich Durchleuchtung(en) –, als selbständige Leistung**	**500** / 29,14	52,46 / 72,86

Ausschluss: Neben Nr. 5235 sind folgende Nrn. nicht abrechnungsfähig: 370, 5200, 5201, 5220, 5230, 5295

Kommentar: Siehe Kommentar zu Nr. 5150*

5250*	**Gebärmutter- und/oder Eileiterkontrastuntersuchung – einschließlich Durchleuchtung(en) –**	**400** / 23,31	41,97 / 58,29

Ausschluss: Neben Nr. 5250 ist folgende Nr. nicht abrechnungsfähig: 5295

Kommentar: Siehe Kommentar zu Nr. 5150*

Tipp: Neben Nr. 5250 ist die Nr. 370 abrechenbar.

4 Spezialuntersuchungen

5260*	**Röntgenuntersuchung natürlicher, künstlicher oder krankhaft entstandener Gänge, Gangsysteme, Hohlräume oder Fisteln (z.B. Sialographie, Galaktographie, Kavernographie, Vesikulographie) – gegebenenfalls einschließlich Durchleuchtung(en)**	**400** / 23,31	41,97 / 58,29

Die Leistung nach Nummer 5260 ist nicht berechnungsfähig für Untersuchungen des Harntraktes, der Gebärmutter und Eileiter sowie der Gallenblase.

Ausschluss: Neben Nr. 5260 sind folgende Nrn. nicht abrechnungsfähig: 5170, 5200, 5201, 5220, 5230, 5235, 5250, 5295

Kommentar: Eine Zystographie der Mamma kann mit der Nr. 5260 zusätzlich zu den Mammagraphie-Leistungsziffern nach 5255 und 5266 berechnet werden.
Wird beidseitig eine Zystographie oder Galaktographie durchgeführt, so ist die Nr. 5260 entsprechend zweimal berechnungsfähig.

Tipp: Neben Nr. 5260 ist die Nr. 370 abrechenbar.

GOÄ-Nr.		Punktzahl 1fach	1,8 2,5
5265*	**Mammographie einer Seite, in einer Ebene**	**300** 17,49	31,48 43,72

Die Leistung nach Nummer 5265 ist je Seite und Sitzung nur einmal berechnungsfähig.

Ausschluss: Neben Nr. 5265 sind folgende Nrn. nicht abrechnungsfähig: 5266, 5267

IGeL: Mammographie auf Wunsch der Patientin ohne anamnestischen oder klinischen Hinweis oder Verdacht auf eine Erkrankung und ohne relevante Risikofaktoren.

5266*	**Mammographie einer Seite, in zwei Ebenen**	**450** 26,23	47,21 65,57

Ausschluss: Neben Nr. 5266 ist folgende Nr. nicht abrechnungsfähig: 5265

Tipp: Neben Nr. 5266 ist die Nr. 5267 abrechenbar.

IGeL: Siehe unter Nr. 5265*

5267*	**Ergänzende Ebene(n) oder Spezialprojektion(en) im Anschluß an die Leistung nach Nummer 5266**	**150** 8,74	15,74 21,86

Ausschluss: Neben Nr. 5267 ist folgende Nr. nicht abrechnungsfähig: 5265

Hinweis LÄK: **Anmerkung der Bayerischen Landesärztekammer** vom 30.09.2004 (Quelle: GOÄ-Datenbank http://www.blaek.de/) –
Ergänzende Ebene(n) – Mehrfachansatz
Die Leistung nach Nr. 5267 ist grundsätzlich in einer Sitzung nicht mehrfach berechnungsfähig, auch bei Mammografie beidseits.
Der Ausschluss ergibt sich aus den Allgemeinen Bestimmungen zu Abschnitt O I – Nr. 6 (die Leistungen nach den Nummern 5011, 5021, 5031, 5101, 5106, 5121, 5201, **5267**, 5295, 5302, 5305, 5308, 5311, 5331, 5339, 5376 und 5731 dürfen unabhängig von der Anzahl der Ebenen, Projektionen, Durchleuchtungen bzw. Serien insgesamt jeweils nur einmal berechnet werden).

Tipp: Neben Nr. 5267 ist die Nr. 5266 abrechenbar.

IGeL: Siehe unter Nr. 5265*

5280*	**Myelographie**	**750** 43,72	78,69 109,29

Tipp: Die Leistung nach Nr. 305 ist zusätzlich abrechenbar und kann mit dem 2,3fachen Satz (bei Begründung bis zum 3,5fach Satz) abgerechnet werden.
Ferner ist Nr. 5280 mit Nrn. 256, 257, 340 abrechenbar.

5285*	**Bronchographie – einschließlich Durchleuchtung(en) –**	**450** 26,23	47,21 65,57

Ausschluss: Neben Nr. 5285 ist folgende Nr. nicht abrechnungsfähig: 5295

Tipp: Die Leistung nach Nr. 368 ist zusätzlich abrechenbar und kann mit dem 2,3fachen Satz (bei Begründung bis zum 3,5fachen Satz) abgerechnet werden.
Ferner ist Nr. 5285 mit Nr. 368 abrechenbar.

5290*	**Schichtaufnahme(n) (Tomographie), bis zu fünf Strahlenrichtungen oder Projektionen, je Strahlenrichtung oder Projektion**	**650** 37,89	68,20 94,72
5295*	**Durchleuchtung(en), als selbständige Leistung**	**240** 13,99	25,18 34,97

Ausschluss: Neben Nr. 5295 sind folgende Nrn. nicht abrechnungsfähig: 355 – 357, 360, 361, 626 – 630, 632, 5050, 5060, 5070, 5137, 5150, 5157, 5158, 5159, 5163, 5165, 5166 – 5169, 5170, 5200, 5201, 5220, 5230, 5235, 5250, 5260, 5345, 5346, 5348, 5349, 5353 – 5361, 5285, 5331, 5339

Hinweis BÄK: **Die BÄK erklärt (3.03.1997) zur Analogbewertung für eine Videodokumentation (GOÄ Nr. 5295)**, dass eine Dokumentation generell Bestandteil der ärztlichen Leistung ist. Auch ist ein reines Videomonitoring als Modifikation der zugrunde liegenden Leistung nicht eigenständig berechenbar.

Bei endoskopischen Operationen erfolgt heute jedoch der Einsatz des Videosystems häufig derart, dass anstelle der direkten Sicht durch die Optik unter Videokontrolle operiert wird. Dies dient gleichzeitig der Dokumentation – mit nicht unbeträchtlichen Kosten.
Diese besondere Art der Durchführung der endoskopischen Operation ist analog der Durchleuchtung zu sehen, der Ansatz der Nr. 5295 GOÄ analog ist u.E. sachgerecht.
Die BÄK (Deutsches Ärzteblatt vom 18.1.2002) erklärt zur Videodokumentation von Muttermalen
Videosystem-gestützte Untersuchung und Bilddokumentation von Muttermalen, einschl. digitaler Bildweiterverarbeitung und -auswertung (z.B. Vergrößerung), analog Nr. 612 GOÄ (757 Punkte)
Die Analogempfehlung zur Videodokumentation von Muttermalen bedurfte einer Klarstellung, da sowohl seitens der Leistungserbringer als auch aufseiten der privaten Krankenversicherungen Unsicherheit darüber bestand, um welche spezielle Untersuchungstechnik im Gegensatz zur konventionellen Dermatoskopie es sich hierbei handelt.

Hinweis LÄK: **Anmerkung der Bayerischen Landesärztekammer** vom 10.02.2004 (Quelle: GOÄ-Datenbank http://www.blaek.de/) –
Video-Endoskopie bei Ureterorenoskopie (URS)
Der Einsatz der Videokette ist heute standardmäßig und stellt eine technische Modifikation dar (§ 4 Abs. 2 a GOÄ); deshalb erscheint eine zusätzliche Bewertung im Sinne eines Zuschlages oder einer selbständigen Leistung problematisch.
Dennoch schlägt der Ausschuss „Gebührenordnung“ für die Videoendoskopie die Nr. 5295 analog vor – zusätzlich zu endoskopischen Leistungen.
(Diese Interpretation wurde bisher nicht mit der privaten Krankenversicherung und Beihilfe konsentiert – jedoch Abstimmung mit der Bundesärztekammer und der Deutschen Gesellschaft für Urologie)

Kommentar: Siehe Kommentar zu Nr. 5150*

Rechtsprechung: **Abrechnung einer Durchleuchtung nach Nr. 5295 neben einer OP an der Halswirbelsäule**
Eine Durchleuchtung ist nur als selbständige Leistung abrechenbar; dies ist z.B. dann nicht gegeben, wenn sie integrierter Bestandteil der Röntgenuntersuchung ist. Als selbständige Leistung ist sie aber anzuerkennen, wenn sie als weiterführende Methode zur Klärung einer diagnostischen Frage eingesetzt wird.
Aktenzeichen: BGH, 21.12.2006, AZ: III ZR 117/06
Entscheidungsjahr: 2006

5295* analog **Videokontrolle der Korrelation von elektro.physiol. Aufzeichnung u. Verhaltensbefund (analog 5295* GOÄ) – n. Beschlüssen des Ausschusses „Gebührenordnung“ der BÄK** **240** 13,99 25,18 34,97

5298* **Zuschlag zu den Leistungen nach den Nummern 5010 bis 5290 bei Anwendung digitaler Radiographie (Bildverstärker-Radiographie) – n. Beschlüssen des Ausschusses „Gebührenordnung der BÄK“**
Der Zuschlag nach Nummer 5298 beträgt 25 v. H. des einfachen Gebührensatzes der betreffenden Leistung.

Beschluss BÄK: **Bestätigung des Beschlusses des Gebührenausschusses der BÄK zur Analogbewertung bzw. Abrechnung der GOÄ Nr. 5298 durch den Vorstand der BÄK (Wahlperiode 1999/2003) – Videoendoskopie in der Gastroenterologie**
Videoendoskopie-Zuschlag zu den Leistungen Nrn. 682 bis 689 GOÄ bei der Verwendung eines flexiblen digitalen Viodeoendoskops anstelle eines Glasfaser-Endoskops, ggf. einschl. digitaler Bildweiterverarbeitung (z.B. Vergrößerung) und Aufzeichnung, analog Nr. 5298 GOÄ Der Zuschlag analog Nr. 5298 ist ausschließlich dann neben Nrn. 682 bis 689 berechnungsfähig, wenn statt eines flexiblen Glasfiber-Endoskops ein digitales Bilderzeugungs- bzw. Verarbeitungssystem eingesetzt wird, das anstelle der konventionellen Lichtoptik einen Videochip verwendet. Der Aufsatz einer Videokamera auf ein konventionelles Glasfiber-Endoskop zur Bildübertragung auf einen Monitor bzw. Videoaufzeichnung ist dagegen nicht zuschlagsfähig.

5298* analog **Videoendoskopie-Zuschlag zu den Leistungen Nrn. 682 bis 689 GOÄ bei Verwendung eines flexiblen digitalen Videoendoskops anstelle eines Glasfaser-Endoskops, ggf. einschl. digitaler Bildweiterverarbeitung (z.B. Vergrößerung) und Aufzeichnung, (analog Nr. 5298* GOÄ) – der Zuschlag nach Nr. 5298 beträgt 25 v.H. des Gebührensatzes für die jeweilige Basisleistung)**
– n. Beschlüssen des Ausschusses „Gebührenordnung“ der BÄK

GOÄ-Ratgeber der BÄK: ► **Digitale Diagnostik: Neue Leistungen auf dem Weg zur Analogbewertung (Ausschnitt 2. Teil)**
Dr. med. Regina Klakow-Franck in: Deutsches Ärzteblatt 98, Heft 50 (14.12.2001), Seite A-3391) – http://www.baek.de/page.asp?his=1.108.4144.4261.4262
Die Autorin erläutert u. a.:
...„Mit der Videoendoskopie ist kein Kameraaufsatz auf einem herkömmlichen Glasfaser-Endoskop gemeint. Anstelle der konventionellen Optik wird ein CCD-Chip zur hochauflösenden Bilderzeugung eingesetzt. Bei 400 000 bis 500 000 Pixel erreichen digitale Kameras inzwischen eine solche Bildbrillanz, dass selbst einzelne Zotten der Darmmucosa beurteilt werden können. In einem zweiten Anlauf empfiehlt die Bundesärztekammer, die Videoendoskopie mit einem Zuschlag analog Nr. 5298 GOÄ zu berechnen..." – Ausschnitt 1. Teil siehe unter Nr. 612 analog..."

5 Angiographie

Allgemeine Bestimmungen

Die Zahl der Serien im Sinne der Leistungsbeschreibungen der Leistungen nach den Nummern 5300 bis 5327 wird durch die Anzahl der Kontrastmittelgaben bestimmt.
Die Leistungen nach den Nummern 5300, 5302, 5303, 5305 bis 5313, 5315, 5316, 5318, 5324, 5325, 5327, 5329 bis 5331, 5338 und 5339 sind je Sitzung jeweils nur einmal berechnungsfähig.

Tipp:
Vor einer Angiographie ist die Aufklärung des Patienten, d.h. eine Beratung nach Nr. 1, erforderlich. Die Leistung nach Nr. 1 kann mit dem 2,3fachen Satz (mit Begründung bis zum 3,5fachen Satz) abgerechnet werden.
Die Kontrastmitteleinbringung ist eine gesonderte Leistung, die zusätzlich bei der Angiographie abrechenbar ist. Zu prüfen ist im Einzelfall, ob bei intravenösen Untersuchungen die Nr. 344 oder 346 abzurechnen sind. Bein intraarteriellen Injektionen ist die Abrechnung der Nrn. 350 oder 351 oder 357 zu prüfen.

5300* **Serienangiographie im Bereich von Schädel, Brust- und Bauchraum, eine Serie** — **2000** 209,83 / 116,57 291,44

Ausschluss: Neben Nr. 5300 sind folgende Nrn. nicht abrechnungsfähig: 5313, 5315, 5316, 5317, 5318, 5324 – 5327, 5355, 5357, 5358

Tipp: Neben Nr. 5300 sind die Nrn. 350, 351, 357, 5301, 5302, 5328, 5335 abrechenbar.

5301* **Serienangiographie im Bereich von Schädel, Brust- und Bauchraum – Zweite bis dritte Serie im Anschluß an die Leistung nach Nummer 5300, je Serie** — **400** 41,97 / 23,31 58,29

Bei der angiographischen Darstellung von hirnversorgenden Arterien ist auch die vierte bis sechste Serie jeweils nach Nummer 5301 berechnungsfähig.

Ausschluss: Neben Nr. 5301 sind folgende Nrn. nicht abrechnungsfähig: 5313, 5315, 5316, 5317, 5318, 5324 – 5327, 5355, 5357, 5358

Tipp: Neben Nr. 5301 sind die Nrn. 350, 351, 357, 5300, 5302, 5328, 5335 abrechenbar.

5302* **Serienangiographie im Bereich von Schädel, Brust- und Bauchraum – Weitere Serien im Anschluß an die Leistungen nach den Nummern 5300 und 5301, insgesamt** — **600** 62,95 / 34,97 87,43

Ausschluss: Neben Nr. 5302 sind folgende Nrn. nicht abrechnungsfähig: 5313, 5315, 5316, 5317, 5318, 5324 – 5327, 5355, 5357, 5358

Tipp: Neben Nr. 5302 sind die Nrn. 350, 351, 357, 5300, 5301, 5328, 5335 abrechenbar.

5303* **Serienangiographie im Bereich von Schädel, Brust- und Bauchraum im zeitlichen Zusammenhang mit einer oder mehreren Leistungen nach den Nummern 5315 bis 5327, eine Serie** — **1000** 104,92 / 58,29 145,72

Ausschluss: Neben Nr. 5303 sind folgende Nrn. nicht abrechnungsfähig: 5300, 5301, 5302, 5313, 5355, 5357

Tipp: Neben Nr. 5303 sind die Nrn. 350, 351, 357, 5304, 5305, 5315 – 5328, 5335 abrechenbar.

5304* **Serienangiographie im Bereich von Schädel, Brust- und Bauchraum im zeitlichen Zusammenhang mit einer oder mehreren Leistungen nach den Nummern 5315 bis 5327 – Zweite bis dritte Serie im Anschluß an die Leistung nach Nummer 5303, je Serie** — **200** / 11,66 — 20,98 / 29,14

Bei der angiographischen Darstellung von hirversorgenden Arterien ist auch die vierte bis sechste Serie jeweils nach Nummer 5304 berechnungsfähig.

Ausschluss: Neben Nr. 5304 sind folgende Nrn. nicht abrechnungsfähig: 5300, 5301, 5302, 5313, 5355, 5357, 5358.

Tipp: Neben Nr. 5304 sind die Nrn. 350, 351, 357, 5303, 5305, 5315 – 5328, 5335 abrechenbar.

5305* **Serienangiographie im Bereich von Schädel, Brust- und Bauchraum im zeitlichen Zusammenhang mit einer oder mehreren Leistungen nach den Nummern 5315 bis 5327 – Weitere Serien im Anschluß an die Leistungen nach den Nummern 5303 und 5304, insgesamt** — **300** / 17,49 — 31,48 / 43,72

Ausschluss: Neben Nr. 5305 sind folgende Nrn. nicht abrechnungsfähig: 5300, 5301, 5302, 5313, 5355, 5357, 5358

Tipp: Neben Nr. 5305 sind die Nrn. 350, 351, 357, 5303, 5304, 5315 – 5328, 5335 abrechenbar.

5306* **Serienangiographie im Bereich des Beckens und beider Beine, eine Serie** — **2000** / 116,57 — 209,83 / 291,44

Ausschluss: Neben Nr. 5306 sind folgende Nrn. nicht abrechnungsfähig: 5309, 5310, 5312, 5313, 5355, 5357

Tipp: Neben Nr. 5306 sind die Nrn. 350, 5307, 5308, 5328, 5335 abrechenbar.

5307* **Serienangiographie im Bereich des Beckens und beider Beine – Zweite Serie im Anschluss an die Leistung nach Nummer 5306** — **600** / 34,97 — 62,95 / 87,43

Ausschluss: Neben Nr. 5307 sind folgende Nrn. nicht abrechnungsfähig: 5309, 5310, 5312, 5313, 5355, 5357

Tipp: Neben Nr. 5307 sind die Nrn. 350, 5306, 5308, 5328, 5335 abrechenbar.

5308* **Serienangiographie im Bereich des Beckens und beider Beine – Weitere Serien im Anschluss an die Leistungen nach den Nummern 5306 und 5307, insgesamt** — **800** / 46,63 — 83,93 / 116,57

Neben den Leistungen nach den Nummer 5306 bis 5308 sind die Leistungen nach den Nummern 5309 bis 5312 für die Untersuchung der Beine nicht berechnungsfähig.
Werden die Leistungen nach den Nummern 5306 bis 5308 im zeitlichen Zusammenhang mit einer oder mehreren Leistung(en) nach den Nummern 5300 bis 5305 erbracht, sind die Leistungen nach den Nummern 5306 bis 5308 nur mit dem einfachen Gebührensatz berechnungsfähig.

Ausschluss: Neben Nr. 5308 sind folgende Nrn. nicht abrechnungsfähig: 5309, 5310, 5312, 5313, 5355, 5357

Tipp: Neben Nr. 5308 sind die Nrn. 350, 5306, 5307, 5328, 5335 abrechenbar.

5309* **Serienangiographie einer Extremität, eine Serie** — **1800** / 104,92 — 188,85 / 262,29

Ausschluss: Neben Nr. 5309 sind folgende Nrn. nicht abrechnungsfähig: 5306, 5307 – 5308, 5313, 5355, 5357

Tipp: Neben Nr. 5309 sind die Nrn. 350, 5310, 5311, 5312, 5328, 5335 abrechenbar.

GOÄ-Nr.		Punktzahl / 1fach	2,3 / *1,8 / 3,5 / *2,5
5310*	**Serienangiographie einer Extremität – Weitere Serien im Anschluß an die Leistung nach Nummer 5309, insgesamt**	**600** / 34,97	62,95 / 87,43

Ausschluss: Neben Nr. 5310 sind folgende Nrn. nicht abrechnungsfähig: 5306, 5313, 5355, 5357

Tipp: Neben Nr. 5310 sind die Nrn. 350, 5309, 5311, 5328, 5335 abrechenbar.

5311*	**Serienangiographie einer weiteren Extremität im zeitlichen Zusammenhang mit der Leistung nach Nummer 5309, eine Serie**	**1000** / 58,29	104,92 / 145,72

Ausschluss: Neben Nr. 5311 sind folgende Nrn. nicht abrechnungsfähig: 5306, 5313, 5355, 5357

Tipp: Neben Nr. 5311 sind die Nrn. 350, 5309, 5310, 5328, 5335 abrechenbar.

5312*	**Serienangiographie einer weiteren Extremität im zeitlichen Zusammenhang mit der Leistung nach Nummer 5309 – Weitere Serien im Anschluß an die Leistungen nach den Nummern 5311, insgesamt**	**600** / 34,97	62,95 / 87,43

Ausschluss: Neben Nr. 5312 sind folgende Nrn. nicht abrechnungsfähig: 5306 – 5308, 5313, 5355, 5357

Tipp: Neben Nr. 5312 sind die Nrn. 350, 5309, 5310, 5311, 5328, 5335 abrechenbar.

5313*	**Angiographie der Becken- und Beingefäße in Großkassetten-Technik, je Sitzung**	**800** / 46,63	83,93 / 116,57

Die Leistung nach Nummer 5313 ist neben den Leistungen nach den Nummern 5300 bis 5312 sowie 5315 bis 5339 nicht berechnungsfähig.

Ausschluss: Neben Nr. 5313 sind folgende Nrn. nicht abrechnungsfähig: 5300, 5301, 5302, 5303, 5304, 5305, 5306, 5307, 5308, 5309, 5310, 5311, 5312, 5315, 5316, 5317, 5318, 5324, 5325, 5326, 5327, 5328, 5329, 5330, 5331, 5335, 5338, 5339, 5355

Tipp: Neben Nr. 5313 sind die Nrn. 350, 5328, 5335 abrechenbar.

5315*	**Angiokardiographie einer Herzhälfte, eine Serie**	**2200** / 128,23	230,82 / 320,58

Die Leistung nach Nummer 5315 ist je Sitzung nur einmal berechnungsfähig.

Ausschluss: Neben Nr. 5315 sind folgende Nrn. nicht abrechnungsfähig: 626, 627, 629, 630, 632, 5300, 5301, 5302, 5313, 5316, 5324, 5325, 5326, 5327, 5355, 5356

Tipp: Neben Nr. 5315 sind die Nrn. 355, 356, 628, 5303, 5304, 5305, 5317, 5318 abrechenbar.

5316*	**Angiokardiographie beider Herzhälften, eine Serie**	**3000** / 174,86	314,75 / 437,15

Die Leistung nach Nummer 5316 ist je Sitzung nur einmal berechnungsfähig.
Neben der Leistung nach Nummer 5316 ist die Leistung nach Nummer 5315 nicht berechnungsfähig.

Ausschluss: Neben Nr. 5316 sind folgende Nrn. nicht abrechnungsfähig: 626, 627, 629, 630, 632, 5300, 5301, 5302, 5313, 5315, 5324 – 5327, 5355, 5356

Tipp: Neben Nr. 5316 sind die Nrn. 355, 356, 628, 5303, 5304, 5305, 5317, 5318 abrechenbar.

5317*	**Angiographie einer oder beider Herzhälften – Zweite bis dritte Serie im Anschluss an die Leistungen nach den Nummern 5315 oder 5316, je Serie**	**400** / 23,31	41,97 / 58,29

Ausschluss: Neben Nr. 5317 sind folgende Nrn. nicht abrechnungsfähig: 626, 627, 629, 630, 632, 5300, 5301, 5302, 5313, 5324 – 5327, 5355, 5356

Tipp: Neben Nr. 5317 sind die Nrn. 355, 356, 628, 5303, 5304, 5305, 5315, 5316, 5318 abrechenbar.

GOÄ-Nr. Punktzahl 2,3 / *1,8
1fach 3,5 / *2,5

5318* **Angiographie einer oder beider Herzhälften – Weitere Serien im Anschluss an die Leistungen nach den Nummern 5317, insgesamt** **600** 62,95
34,97 87,43

Die Leistungen nach den Nurnmern 5315 bis 5318 sind neben den Leistungen nach den Nummern 5300 bis 5302 und 5324 bis 5327 nicht berechnungsfähig.

Ausschluss: Neben Nr. 5318 sind folgende Nrn. nicht abrechnungsfähig: 626, 627, 629, 630, 632, 5300, 5301, 5302, 5313, 5324 – 5327, 5355, 5356

Tipp: Neben Nr. 5318 sind die Nrn. 355, 356, 628, 5303, 5304, 5305, 5315, 5316, 5317 abrechenbar.

5324* **Selektive Koronarangiographie eines Herzkranzgefäßes oder Bypasses mittels Cinetechnik, eine Serie** **2400** 251,80
139,89 349,72

Die Leistungen nach den Nummern 5324 und 5325 sind nicht nebeneinander berechnungsfähig.

Ausschluss: Neben Nr. 5317 sind folgende Nrn. nicht abrechnungsfähig: 626, 627, 629, 630, 632, 5300, 5301, 5302, 5313, 5315, 5316, 5317, 5318, 5325, 5355, 5356

Tipp: Neben Nr. 5324 sind die Nrn. 360, 628, 5303, 5304, 5305, 5326, 5327, 5328, 5335 abrechenbar.

5325* **Selektive Koronarangiographie aller Herzkranzgefäße oder Bypasse mittels Cinetechnik, eine Serie** **3000** 314,75
174,86 437,15

Ausschluss: Neben Nr. 5325 sind folgende Nrn. nicht abrechnungsfähig: 626, 627, 629, 630, 632, 5300, 5301, 5302, 5313, 5315, 5316, 5317, 5318, 5324, 5355, 5356

Tipp: Neben Nr. 5325 sind die Nrn. 360, 361, 628, 5303, 5304, 5305, 5326, 5327, 5328, 5335 abrechenbar.

5326* **Selektive Koronarangiographie eines oder aller Herzkranzgefäße im Anschluss an die Leistungen nach den Nummern 5324 oder 5325, zweite bis fünfte Serie, je Serie** **400** 41,97
23,31 58,29

Ausschluss: Neben Nr. 5326 sind folgende Nrn. nicht abrechnungsfähig: 626, 627, 629, 630, 5300, 5301, 5302, 5313, 5315, 5316, 5317, 5318, 5355, 5356

Tipp: Neben Nr. 5326 sind die Nrn. 360, 361, 628, 5303, 5304, 5305, 5324, 5325, 5327, 5328, 5335 abrechenbar.

5327* **Zusätzliche Linksventrikulographie bei selektiver Koronarangiographie** **1000** 104,92
58,29 145,72

Die Leistungen nach den Nummern 5324 bis 5327 sind neben den Leistungen nach den Nummern 5300 bis 5302 und 5315 bis 5318 nicht berechnungsfähig.

Ausschluss: Neben Nr. 5327 sind folgende Nrn. nicht abrechnungsfähig: 626, 627, 629, 630, 632, 5300, 5301, 5302, 5313, 5315, 5316, 5317, 5318, 5355, 5356

Tipp: Neben Nr. 5327 sind die Nrn. 355, 628, 5303, 5304, 5305, 5324, 5325, 5326, 5328, 5335 abrechenbar.

5328* **Zuschlag zu den Leistungen nach den Nummern 5300 bis 5327 bei Anwendung der simultanen Zwei-Ebenen-Technik** **1200**
69,94 –

Der Zuschlag nach Nummer 5328 ist je Sitzung nur einmal und nur mit dem einfachen Gebührensatz berechnungsfähig.

Ausschluss: Ausschlußnummer: Neben Nr. 5328 ist folgende Nr. nicht abrechnungsfähig: 5313

Tipp: Neben Nr. 5328 sind die Nrn. 5300 – 5327 abrechenbar.

GOÄ-Nr.		Punktzahl 1fach	2,3 / *1,8 3,5 / *2,5

5329* **Venographie im Bereich des Brust- und Bauchraums** **1600** 167,87 / 93,26 233,15

Ausschluss: Neben Nr. 5329 sind folgende Nrn. nicht abrechnungsfähig: 5313, 5353, 5354, 5359, 5360

Tipp: Neben Nr. 5329 sind die Nrn. 345, 346, 347, 5335 abrechenbar.

5330* **Venographie einer Extremität** **750** 78,69 / 43,72 109,29

Ausschluss: Neben Nr. 5330 sind folgende Nrn. nicht abrechnungsfähig: 5313, 5353, 5354, 5359, 5360

Tipp: Neben Nr. 5330 sind die Nrn. 345, 346, 347, 5331, 5335 abrechenbar.

5331* **Venographie einer Extremität – Ergänzende Projektion(en) (insbesondere des zentralen Abflussgebiets) im Anschluss an die Leistung nach Nummer 5330, insgesamt** **200** 20,98 / 11,66 29,14

Ausschluss: Neben Nr. 5331 sind folgende Nrn. nicht abrechnungsfähig: 5295, 5313, 5353, 5354, 5359, 5360

Tipp: Neben Nr. 5331 sind die Nrn. 345, 346, 347, 5330, 5335 abrechenbar.

5335* **Zuschlag zu den Leistungen nach den Nummern 5300 bis 5331 (Venographie einer Extremität) bei computergestützter Analyse und Abbildung** **800** 46,63 –

Der Zuschlag nach Nummer 5335 kann je Untersuchungstag unabhängig von der Anzahl der Einzeluntersuchungen nur einmal und nur mit dem einfachen Gebührensatz berechnet werden.

Ausschluss: Neben Nr. 5335 ist folgende Nr. nicht abrechnungsfähig: 5313

Kommentar: Die computergestützte Analyse und Abbildung betrifft Abbildungen, bei denen durch Variierung des Bildes mit dem digitalen Anteil der Bildeinheit, u. a. mit BDAS-Technik, gearbeitet wird.

Tipp: Neben Nr. 5335 sind die Nrn. 5300 – 5331 abrechenbar.

5338* **Lymphographie, je Extremität** **1000** 104,92 / 58,29 145,72

Ausschluss: Neben Nr. 5338 ist folgende Nr. nicht abrechnungsfähig: 5313

Tipp: Neben Nr. 5338 sind die Nrn. 365, 5339 abrechenbar.

5339* **Lymphographie, je Extremität – Ergänzende Projektion(en) im Anschluss an die Leistung nach Nummer 5338 – einschließlich Durchleuchtung(en) –, insgesamt** **250** 26,23 / 14,57 36,43

Ausschluss: Neben Nr. 5339 sind folgende Nrn. nicht abrechnungsfähig: 5295, 5313

Tipp: Neben Nr. 5339 ist die Nr. 5338 abrechenbar.

6 Interventionelle Maßnahmen

Allgemeine Bestimmungen

Die Leistungen nach den Nummern 5345 bis 5356 können je Sitzung nur einmal berechnet werden.

5345* **Perkutane transluminale Dilatation und Rekanalisation von Arterien mit Ausnahme der Koronararterien – einschließlich Kontrastmitteleinbringungen und Durchleuchtung(en) im zeitlichen Zusammenhang mit dem gesamten Eingriff –** **2800** 293,77 / 163,20 408,01

Neben der Leistung nach Nummer 5345 sind die Leistungen nach den Nummern 350 bis 361 sowie 5295 nicht berechnungsfähig.

Wurde innerhalb eines Zeitraums von vierzehn Tagen vor Erbringung der Leistung nach Nummer 5345 bereits eine Leistung nach den Nummern 5300 bis 5313 berechnet, darf neben der Leistung nach Nummer 5345 für dieselbe Sitzung eine Leistung nach den Nummern 5300 bis 5313 nicht erneut berechnet werden. Im Falle der Nebeneinanderberechnungder Leistung nach Nummer 5345 neben einer Leistung nach den Nummern 5300 bis 5313 ist in der Rechnung zu bestätigen, daß in den vorhergehenden vierzehn Tagen eine Leistung nach den Nummern 5300 bis 5313 nicht berechnet wurde.

Ausschluss: Neben Nr. 5345 sind folgende Nrn. nicht abrechnungsfähig: 350, 351, 355 – 357, 360, 361, 5295, 5356

Beschluss BÄK: **Aus den Beschlüssen des Zentralen Konsultationsausschusses für Gebührenordnungsfragen bei der Bundesärztekammer zur Privatliquidation herzchirurgischer Leistungen.**

Nr. 5345 GOÄ (PTA) für die Aufdehnung der Arteria mammaria

Die Aufdehnung der Arteria mammaria mittels Knopfsonde oder Durchspülung (z.B. Papaverin) ist keine eigenständig berechenbare Leistung, In seltenen speziellen Situationen (etwa 0,5 % der Eingriffe) muss aber eine echte Dilatation der Arteria mammaria interna oder eines anderen Gefäßes intraoperativ durchgeführt werden, wobei dann auch ein entsprechender Ballonkatheter verwendet wird. In dieser speziellen Ausnahmesituation sieht der Konsultationsausschuss die eigenständige Berechenbarkeit der Nr. 5345 GOÄ begründet. Im Hinblick auf eine angemessene Bewertung ist, weil die Leistung nichtperkutan, sondern am freigelegten Gefäß erfolgt, die Berechnung mit dem 1,0fachen Steigerungsfaktor sachgerecht.

Hinzuweisen ist darauf, dass das Erfordernis dieses zusätzlichen und eigenständigen Eingriffs bereits in der präoperativen Angiographie erkennbar und intraoperativ die Durchführung anhand der Druckwerte dokumentiert sein muss. Die Besonderheit des Eingriffes sollte bereits in der Rechnungsstellung nachvollziehbar sein.

Tipp: Neben Nr. 5345 sind die Nrn. 5346, 5355 abrechenbar.

5346* Zuschlag zu der Leistung nach Nummer 5345 bei Dilatation und Rekanalisation von mehr als zwei Arterien, insgesamt

600 62,95
34,97 87,43

Neben der Leistung nach Nummer 5346 sind die Leistungen nach den Nummern 350 bis 361 sowie 5295 nicht berechnungsfähig.

Ausschluss: Neben Nr. 5346 sind folgende Nrn. nicht abrechnungsfähig: 350, 351, 355 – 357, 360, 361, 5295

Tipp: Neben Nr. 5346 sind die Nrn. 5345, 5355 abrechenbar.

5348* Perkutane transluminale Dilatation und Rekanalisation von Koronararterien – einschließlich Kontrastmitteleinbringungen und Durchleuchtung(en) im zeitlichen Zusammenhang mit dem gesamten Eingriff –

3800 398,69
221,49 553,73

Neben der Leistung nach Nummer 5348 sind die Leistungen nach den Nummern 350 bis 361 sowie 5295 nicht berechnungsfähig.

Wurde innerhalb eines Zeitraums von vierzehn Tagen vor Erbringung der Leistung nach Nummer 5348 bereits eine Leistung nach den Nummern 5315 bis 5327 berechnet, darf neben der Leistung nach Nummer 5348 für dieselbe Sitzung eine Leistung nach den Nummern 5315 bis 5327 nicht erneut berechnet werden. Im Falle der Nebeneinanderberechnung der Leistung nach Nummer 5348 neben einer Leistung nach den Nummern 5315 bis 5327 ist in der Rechnung zu bestätigen, daß in den vorhergehenden vierzehn Tagen eine Leistung nach den Nummern 5315 bis 5327 nicht berechnet wurde.

Ausschluss: Neben Nr. 5348 sind folgende Nrn. nicht abrechnungsfähig: 350, 351, 355 – 357, 360, 361, 5295

Tipp: Neben Nr. 5348 sind die Nrn. 5349, 5356 abrechenbar.

5349* Zuschlag zu der Leistung nach Nummer 5348 bei Dilatation und Rekanalisation von mehr als einer Koronararterie, insgesamt

1000 104,92
58,29 145,72

Neben der Leistung nach Nummer 5349 sind die Leistungen nach den Nummern 350 bis 361 sowie 5295 nicht berechnungsfähig.

Ausschluss: Neben Nr. 5349 sind folgende Nrn. nicht abrechnungsfähig: 350, 351, 355 – 357, 360, 361, 5295

Tipp: Neben Nr. 5349 sind die Nrn. 5348, 5356 abrechenbar.

GOÄ-Nr.		Punktzahl 1fach	2,3 / *1,8 3,5 / *2,5
5351*	**Lysebehandlung, als Einzelbehandlung oder ergänzend zu den Leistungen nach den Nummern 2826, 5345 oder 5348 – bei einer Lysedauer von mehr als einer Stunde –**	**500** 29,14	52,46 72,86

Kommentar: Nach dem Kommentar zur GOÄ von **Brück** sind Lysebehandlungen berechnungsfähig bei:

- Lyse-Einzelbehandlung eines Gefäßes,
- Lyse nach vorausgegangener diagnostischer Angiographie,
- Lyse nach vorausgegangener Dilatationsbehandlung,
- Lyse nach vorausgegangener operativer Beseitigung eines Verschlusses oder Stenose eines Gefäßes

Tipp: Neben Nr. 5351 sind die Nrn. 2826, 5345, 5348, 5352 abrechenbar.

5352*	**Zuschlag zu der Leistung nach Nummer 5351 bei Lysebehandlung der hirnversorgenden Arterien**	**1000** 58,29	104,92 145,72

Tipp: Neben Nr. 5352 ist die Nr. 5351 abrechenbar.

5353*	**Perkutane transluminale Dilatation und Rekanalisation von Venen – einschließlich Kontrastmitteleinbringungen und Durchleuchtung(en) im zeitlichen Zusammenhang mit dem gesamten Eingriff –**	**2000** 116,57	209,83 291,44

Neben der Leistung nach Nummer 5353 sind die Leistungen nach den Nummern 344 bis 347, 5295 sowie 5329 bis 5331 nicht berechnungsfähig.

Ausschluss: Neben Nr. 5353 sind folgende Nrn. nicht abrechnungsfähig: 344 – 347, 5295, 5329 – 5331, 5356

Tipp: Neben Nr. 5353 sind die Nrn. 5354, 5355 abrechenbar.

5354*	**Zuschlag zu der Leistung nach Nummer 5353 bei Dilatation und Rekanalisation von mehr als zwei Venen, insgesamt**	**200** 11,66	20,98 29,14

Neben der Leistung nach Nummer 5354 sind die Leistungen nach den Nummern 344 bis 347, 5295 sowie 5329 bis 5331 nicht berechnungsfähig.

Ausschluss: Neben Nr. 5354 sind folgende Nrn. nicht abrechnungsfähig: 344, 345, 346, 347, 5295, 5329 – 5331

Tipp: Neben Nr. 5354 sind die Nrn. 5353, 5355 abrechenbar.

5355*	**Einbringung von Gefäßstützen oder Anwendung alternativer Angioplastiemethoden (Atherektomie, Laser), zusätzlich zur perkutanen transluminalen Dilatation – einschließlich Kontrastmitteleinbringungen und Durchleuchtung(en) im zeitlichen Zusammenhang mit dem gesamten Eingriff –**	**2000** 116,57	209,83 291,44

Neben der Leistung nach Nummer 5355 sind die Leistungen nach den Nummern 344 bis 361, 5295 sowie 5300 bis 5327 nicht berechnungsfähig.

Ausschluss: Neben Nr. 5355 sind folgende Nrn. nicht abrechnungsfähig: 344 – 347, 350, 351, 355 – 357, 360, 361, 5295, 5300 – 5313, 5315, 5316, 5317, 5318, 5324, 5325, 5326, 5327, 5356

Tipp: Neben Nr. 5355 sind die Nrn. 5345, 5346, 5353, 5354 abrechenbar.

5356*	**Einbringung von Gefäßstützen oder Anwendung alternativer Angioplasiemethoden (Atherektomie, Laser), zusätzlich zur perkutanen transluminalen Dilatation einer Koronararterie – einschließlich Kontrastmitteleinbringungen und Durchleuchtung(en) im zeitlichen Zusammenhang mit dem gesamten Eingriff –**	**2500** 145,72	262,29 364,30

Neben der Leistung nach Nummer 5356 sind die Leistungen nach den Nummern 350 bis 361, 5295, 5315 bis 5327, 5345 sowie 5353 sowie 5355 nicht berechnungsfähig.
Neben der Leistung nach Nummer 5356 ist die Leistung nach Nummer 5355 für Eingriffe an Koronararterien nicht berechnungsfähig.

Ausschluss: Neben Nr. 5356 sind folgende Nrn. nicht abrechnungsfähig: 350, 351, 355 – 357, 360, 361, 5295, 5315, 5316, 5317, 5318, 5324, 5325, 5326, 5327, 5345, 5353, 5355

Tipp: Neben Nr. 5356 sind die Nrn. 5348, 5349 abrechenbar.

5357* **Embolisation einer oder mehrerer Arterie(n) mit Ausnahme der Arterien im Kopf Halsbereich oder Spinalkanal – einschließlich Kontrastmitteleinbringung(en) und angiographischer Kontrollen im zeitlichen Zusammenhang mit dem gesamten Eingriff –, je Gefäßgebiet** — **3500** | 367,21 | 204,01 | 510,01

Neben der Leistung nach Nummer 5357 sind die Leistungen nach den Nummern 350 bis 361, 5295 sowie 5300 bis 5312 nicht berechnungsfähig.

Ausschluss: Neben Nr. 5357 sind folgende Nrn. nicht abrechnungsfähig: 350, 351, 355 – 357, 360, 361, 5295, 5300 – 5312

5358* **Embolisation einer oder mehrerer Arterie(n) im Kopf-Halsbereich oder Spinalkanal – einschließlich Kontrastmitteleinbringug(en) und angiographischer Kontrollen im zeitlichen Zusammenhang mit dem gesamten Eingriff –, je Gefäßgebiet** — **4500** | 472,13 | 262,29 | 655,73

Neben der Leistung nach Nummer 5358 sind die Leistungen nach den Nummern 350, 351, 5295 sowie 5300 bis 5305 nicht berechnungsfähig.

Ausschluss: Neben Nr. 5358 sind folgende Nrn. nicht abrechnungsfähig: 350, 351, 5295, 5300 – 5302, 5304, 5305

5358* annalog **Abrechnung des Coilings von Hirnarterien (analog Nr. 5358*) –** — **4500** | 472,13 | 262,29 | 655,73

Beschluss des Gebührenordnungsausschusses der BÄK in seiner 4. Sitzung (Amtsperiode 2011/ 2015) am 19. März 2012 – Dtsch. Ärztebl 2012; 109(19): A-987/B-851/C-843:
Neben der Leistung nach Nummer 5358analog sind die Leistungen nach den Nummern 350, 351, 5295 sowie 5300 bis 5305 nicht berechnungsfähig.

Ausschluss: Neben Nr. 5358 sind folgende Nrn. nicht abrechnungsfähig: 350, 351, 5295, 5300–5302, 5304, 5305

5359* **Embolisation der Vena spermatica – einschließlich Kontrastmitteleinbringung(en) und angiographischer Kontrollen im zeitlichen Zusammenhang mit dem gesamten Eingriff –** — **2500** | 262,29 | 145,72 | 364,30

Neben der Leistung nach Nummer 5359 sind die Leistungen nach den Nummern 344 bis 347, 5295 sowie 5329 bis 5331 nicht berechnungsfähig.

Ausschluss: Neben Nr. 5359 sind folgende Nrn. nicht abrechnungsfähig: 344 – 347, 5295, 5329 – 5331

5360* **Embolisation von Venen – einschließlich Kontrastmitteleinbringung(en) und angiographischer Kontrollen im zeitlichen Zusammenhang mit dem gesamten Eingriff –** — **2000** | 209,83 | 116,57 | 291,44

Neben der Leistung nach Nummer 5360 sind die Leistungen nach den Nummern 344 bis 347, 5295 sowie 5329 bis 5331 nicht berechnungsfähig.

Ausschluss: Neben Nr. 5360 sind folgende Nrn. nicht abrechnungsfähig: 344 – 347, 5295, 5329 – 5331

5361* **Transhepatische Drainage und/oder Dilatation von Gallengängen – einschließlich Kontrastmitteleinbringung(en) und cholangiographischer Kontrollen im zeitlichen Zusammenhang mit dem gesamten Eingriff –** — **2600** | 272,78 | 151,55 | 378,87

Neben der Leistung nach Nummer 5361 sind die Leistungen nach den Nummern 370, 5170 sowie 5295 nicht berechnungsfähig.

Ausschluss: Neben Nr. 5361 sind folgende Nrn. nicht abrechnungsfähig: 370, 5170, 5295

7 Computertomographie

Allgemeine Bestimmungen

Die Leistungen nach den Nummern 5369 bis 5375 sind je Sitzung jeweils nur einmal berechnungsfähig. Die Nebeneinanderberechnung von Leistungen nach den Nummern 5370 bis 5374 ist in der Rechnung gesondert zu begründen.

Bei Nebeneinanderberechnung von Leistungen nach den Nummern 5370 bis 5374 ist der Höchstwert nach Nummer 5369 zu beachten.

5369* **Höchstwert für Leistungen nach den Nummern 5370 bis 5374** **3000** 314,75 174,86 437,15

Ausschluss: Neben Nr. 5369 sind folgende Nrn. nicht abrechnungsfähig: 5370 – 5374

Tipp: Neben Nr. 5369 sind die Nrn. 340, 345, 346, 347, 5376 abrechenbar.

5370* **Computergesteuerte Tomographie im Kopfbereich – gegebenenfalls einschließlich des kranio-zervikalen Übergangs –** **2000** 209,83 116,57 291,44

Ausschluss: Neben Nr. 5370 sind folgende Nrn. nicht abrechnungsfähig: 5369, 5378, 5810, 5831, 5840, 5841

Tipp: Neben Nr. 5370 sind die Nrn. 340, 345, 346, 347, 5376 abrechenbar.

5370* analog **Abrechnung der digitale Volumentomographie** **2000** 209,83
analog Nr. 5370* gemäß Beschluss des Gebührenausschusses der BÄK (19.3.2012) 116,57 291,44

Das Verfahren ist nicht mit der deutlich aufwendigeren und ausschließlich von Ärzten (also nicht auf Nichtärzte delegierbaren) radialen Stoßwellentherapie vergleichbar.

GOÄ-Ratgeber der BÄK: **Digitale Volumentomographie (DVT)**

Dr. med. Tina Wiesener – Deutsches Ärzteblatt 111, Heft 10 (07.03.2014), S. A-415 – http://www.bundesaerztekammer.de/page.asp?his=1.108.4144.4316.11970

Dr. Wiesener erläutert: ... „Bei der digitalen Volumentomographie (DVT) handelt es sich um ein dreidimensionales Schnittbildverfahren unter Nutzung von Röntgenstrahlen. Dabei wird eine große Anzahl von einzelnen Röntgen-Projektionsaufnahmen und somit von Datensätzen erzeugt, aus welchen mittels eines mathematischen Prozesses (Rückprojektionsverfahren) computergestützt ein 3-D-Volumen der abgebildeten Region berechnet wird. Dieses Verfahren ermöglicht es unter anderem, räumliche Aufnahmen des Kopfes und insbesondere des Gesichtsschädels zu erstellen. Immer wieder wird die Frage gestellt, wie die DVT auf der Grundlage der Amtlichen Gebührenordnung für Ärzte (GOÄ) zutreffend abzurechnen ist...

Auf einen Blick: **Abrechnung der DVT:**

GOÄ Nr.	Legende
5370 analog	**digitale Volumentomographie** – analog GOÄ Nr. 5370 gemäß gemäß § 6 (2) GOÄ)
5377 analog	**Abrechnung der an die digitale Volumentomographie anschliessende computergesteuerte Analyse mit einer 3-D Rekonstruktion** analog Nr. 5370 gemäß gemäß § 6 (2) GOÄ)
Panoramaschichtdarstellungen können neben 5370 analog und 5377 analog nicht gesondert berechnet werden. z. B. 5002, 5004, 5090, 5095 nicht neben 5370 analog und 5377 analog.	

... „Eine auf Patientenwunsch angefertigte Daten-CD kann mit ca Euro 5,-- berechnet werden.Jegliche weitere Kosten sind mit den Gebühren abgegolten (siehe Allgem. Bestimmungen)..."

5371* **Computergesteuerte Tomographie im Hals- und/oder Thoraxbereich** **2300** 134,06 241,31 335,15

Ausschluss: Neben Nr. 5371 sind folgende Nrn. nicht abrechnungsfähig: 5357, 5369, 5375, 5378, 5810, 5831, 5840, 5841

Kommentar: Aufgrund der vergleichsweise hohen Anzahl von Schnittbildern und des hohen ärztlichen Aufwands bei der Auswertung der Schnittbilder wird von der BÄK die Abrechnung bis zum Höchstgebührensatz empfohlen.

Tipp: Neben Nr. 5371 sind die Nrn. 345, 346, 347, 5376 abrechenbar.

5372* **Computergesteuerte Tomographie im Abdominalbereich** **2600** 151,55 272,78 378,87

Die Nebeneinanderberechnung der Nummern 5370 bis 5372 ist in der Rechnung gesondert zu begründen.

Ausschluss: Neben Nr. 5372 sind folgende Nrn. nicht abrechnungsfähig: 5369, 5375, 5378, 5810, 5831, 5840, 5841

Tipp: Neben Nr. 5372 sind die Nrn. 345, 346, 347, 5376 abrechenbar.

5373* **Computergesteuerte Tomographie des Skeletts (Wirbelsäule, Extremitäten oder Gelenke bzw. Gelenkpaare)** **1900** 110,75 199,34 276,86

Ausschluss: Neben Nr. 5373 sind folgende Nrn. nicht abrechnungsfähig: 5369, 5378, 5810, 5831, 5840, 5841

Tipp: Neben Nr. 5373 sind die Nrn. 345, 346, 347, 5376 abrechenbar.

5374* **Computergesteuerte Tomographie der Zwischenwirbelräume im Bereich der Hals-, Brust- oder Lendenwirbelsäule – gegebenenfalls einschließlich der Übergangsregionen –** **1900** 110,75 199,34 276,86

Ausschluss: Neben Nr. 5374 sind folgende Nrn. nicht abrechnungsfähig: 5369, 5378, 5810, 5831, 5840, 5841

Tipp: Neben Nr. 5374 sind die Nrn. 340, 345, 346, 347, 372 abrechenbar.

5375* **Computergesteuerte Tomographie der Aorta in ihrer gesamten Länge** **2000** 116,57 209,83 291,44

Die Leistung nach Nummer 5375 ist neben den Leistungen nach den Nummern 5371 und 5372 nicht berechnungsfähig.

Ausschluss: Neben Nr. 5375 sind folgende Nrn. nicht abrechnungsfähig: 5371, 5372, 5378

Tipp: Neben Nr. 5375 sind die Nrn. 345, 346, 347, 5376 abrechenbar.

5376* **Ergänzende computergesteuerte Tomographie(n) mit mindestens einer zusätzlichen Serie (z.B. bei Einsatz von Xenon, bei Einsatz der High-Resolution-Technik, bei zusätzlichen Kontrastmittelgaben) – zusätzlich zu den Leistungen nach den Nummern 5370 bis 5375 –** **500** 29,14 52,46 72,86

Ausschluss: Neben Nr. 5376 ist folgende Nr. nicht abrechnungsfähig: 5378

Tipp: Neben Nr. 5376 sind die Nrn. 340 – 351, 5370 – 5375 abrechenbar.

5377* **Zuschlag für computergesteuerte Analyse – einschließlich speziell nachfolgender 3D-Rekonstruktion –** **800** 46,63 –

Der Zuschlag nach Nummer 5377 ist nur mit dem einfachen Gebührensatz berechnungsfähig.

Beschluss BÄK: **Beschluss des Gebührenausschusses der Bundesärztekammer: Berechnung der Lichtoptischen Wirbelsäulenvermessung (Optrimetrie) (15. Sitzung vom 27. Juli 1998)**
Zur Berechnung der lichtoptischen Wirbelsäulenvermessung ist die Nr. 5378 heranzuziehen. Der Zuschlag nach Nr. 5377 GOÄ ist nicht zusätzlich berechenbar.

GOÄ-Nr. Punktzahl 1,8
1fach 2,5

GOÄ-Ratgeber der BÄK: ▶ **Wirbelsäulennahe Injektionsbehandlungen**

Dr. med. Stefan Gorlas – Deutsches Ärzteblatt 108, Heft 37 (16.09.2011), S. A-1930 – **http://www.bundesaerztekammer.de/page.asp?his=1.108.4144.4316.9812**

Dr. Gorlas erläutert: Wirbelsäulennahe Injektionsbehandlungen werden auch mit computertomographischer Steuerung durchgeführt.

Im Gegensatz zur Nr. 5733 GOÄ, die bei kernspintomographischen Untersuchungen berechnungsfähig ist, setzt der Ansatz der Nr. 5377 GOÄ zunächst eine obligatorische 3D-Rekonstruktion voraus. Nach Auffassung der BÄK ist die Berechnung der Nr. 5377 GOÄ zudem, in Analogie zu den Abrechnungsempfehlungen zur Nr. 5733 GOÄ für eine Winkel-, Flächen- oder Volumenmessung, nicht jedoch für die Durchführung einfacher Zweipunktmessungen gerechtfertigt. Auch in der Rechtsprechung werden als Abrechnungsvoraussetzungen der Nr. 5377 GOÄ die Messungen von Eindringtiefe und Einstichwinkel beziehungsweise die geometrische Berechnung der Injektion genannt.

Kommentar: Das LG Köln führt in einem Urteil vom 06.05.2009 (AZ: 23 O 173/03) aus: die GOÄ Nr. 5377* ist bereits dadurch erfüllt, das auf den ausgewerteten Bilddokumenten Hautmarkierungen festzustellen sind, die als Berechnungsgrundlage für die Injektionen dienen. Diese Markierungen sind letztlich die Grundlage für die geometrische Berechnung der Injektionen. Bereits diese Planung der Injektion rechtfertigt den Ansatz der Nr. 5377*, da durch sie strahlenbelastende Wiederholungsuntersuchungen unterbleiben können.

Tipp: Neben Nr. 5377 sind die Nrn. 5370 – 5375 abrechenbar.

5377* analog	**Abrechnung der an die digitale Volumentomographie anschließenden computergesteuerten Analyse mit einer 3-D-Rekonstruktion** – analog Nr. 5377* gemäß Beschluss des Gebührenausschusses der BÄK (19.3.2012)	**800** 46,63	– –

Der Zuschlag nach Nr. 5377 ist nur nach dem einfachen Gebührensatz berechnungsfähig.

GOÄ-Ratgeber der BÄK: Siehe Ratgeber zu Nr. 5370 analog.

5378*	**Computergesteuerte Tomographie zur Bestrahlungsplanung oder zu interventionellen Maßnahmen**	**1000** 58,29	104,92 145,72

Neben oder anstelle der computergesteuerten Tomographie zur Bestrahlungsplanung oder zu interventionellen Maßnahmen sind die Leistungen nach den Nummern 5370 bis 5376 nicht berechnungsfähig.

Ausschluss: Neben Nr. 5378 sind folgende Nrn. nicht abrechnungsfähig: 5345 – 5360, 5370 – 5375, 5376

Tipp: Neben Nr. 5378 sind die Nrn. 5361, 5810, 5831, 5840, 5851 abrechenbar.

5378* analog	**Berechnung der lichtoptischen Wirbelsäulenvermessung (Optimetrie) (analog 5378* GOÄ) – n. Beschlüssen des Ausschusses „Gebührenordnung" der BÄK**	**1000** 58,29	104,92 145,72

Beschluss BÄK: **Beschluss des Gebührenausschusses der Bundesärztekammer: Berechnung der Lichtoptischen Wirbelsäulenvermessung (Optrimetrie) (15. Sitzung vom 27. Juli 1998)**

Zur Berechnung der lichtoptischen Wirbelsäulenvermessung ist die Nr. 5378 heranzuziehen. Der Zuschlag nach Nr. 5377 GOÄ ist nicht zusätzlich berechenbar.

5380*	**Bestimmung des Mineralgehalts (Osteodensitometrie) von repräsentativen (auch mehreren) Skeletteilen mit quantitativer Computertomographie oder quantitativer digitaler Röntgentechnik**	**300** 17,49	31,48 43,72

Ausschluss: Neben Nr. 5380 ist folgende Nr. nicht abrechnungsfähig: 5475

GOÄ-Ratgeber der BÄK: **Abrechnung der Osteodensitometrie**

Dr. med. Stefan Gorlas -(in: Deutsches Ärzteblatt 109, Heft 26 (29.06.2012), S. A-1396) – http://www.bundesaerztekammer.de/page.asp?his=1.108.4144.4316.10616
Die Herausgeber haben die Aussagen von Dr. Gorlas tabellarisch dargestellt:

Knochendichtemessung (Osteodensitometrie)

Radiologische Verfahren	GOÄ Nr.
Dual-X-Ray-Absorptiometrie (DXA)	**5475***
quantitative Computertomographie (QCT) bzw. periphere quantitative Computertomographie (pQCT)	**5380***

Dr. Gorlas rät: ...„Werden im Einzelfall Knochendichtemessungen an beiden Hüften durchgeführt, kann der hierdurch bedingte höhere Zeitaufwand gemäß § 5 Absatz 2 GOÄ durch den Ansatz eines Steigerungssatzes oberhalb des Schwellenwerts berücksichtigt werden...“

II Nuklearmedizin

Allgemeine Bestimmungen

1. Szintigraphische Basisleistung ist grundsätzlich die planare Szintigraphie mit der Gammakamera, gegebenenfalls in mehreren Sichten/Projektionen. Bei der Auswahl des anzuwendenden Radiopharmazeutikums sind wissenschaftliche Erkenntnisse und strahlenhygienische Gesichtspunkte zu berücksichtigen. Wiederholungsuntersuchungen, die nicht ausdrücklich aufgeführt sind, sind nur mit besonderer Begründung und wie die jeweilige Basisleistung berechnungsfähig.

2. Ergänzungsleistungen nach den Nummern 5480 bis 5485 sind je Basisleistung oder zulässiger Wiederholungsuntersuchung nur einmal berechnungsfähig. Neben Basisleistungen, die quantitative Bestimmungen enthalten, dürfen Ergänzungsleistungen für Quantifizierungen nicht zusätzlich berechnet werden. Die Leistungen nach den Nummern 5473 und 5481 dürfen nicht nebeneinander berechnet werden. Die Leistungen nach den Nummern 5473, 5480, 5481 und 5483 sind nur mit Angabe der Indikation berechnungsfähig.

3. Die Befunddokumentation, die Aufbewahrung der Datenträger sowie die Befundmitteilung oder der einfache Befundbericht mit Angaben zu Befund(en) und zur Diagnose sind Bestandteil der Leistungen und nicht gesondert berechnungsfähig.

4. Die Materialkosten für das Radiopharmazeutikum (Nuklid, Markierungs- oder Testbestecke) sind gesondert brechnungsfähig. Kosten für Beschaffung, Aufbereitung, Lagerung und Entsorgung der zur Untersuchung notwendigen Substanzen, die mit ihrer Anwendung verbraucht sind, sind nicht gesondert berechnungsfähig.

5. Die Einbringung von zur Diagnostik erforderlichen Stoffen in den Körper – mit Ausnahme der Einbringung durch Herzkatheter, Arterienkatheter, Subokzipitalpunktion oder Lumbalpunktion – sowie die gegebenenfalls erforderlichen Entnahmen von Blut oder Urin sind mit den Gebühren abgegolten, soweit zu den einzelnen Leistungen dieses Abschnitts nichts anderes bestimmt ist.

6. Die Einbringung von zur Therapie erforderlichen radioaktiven Stoffen in den Körper – mit Ausnahme der intraartikulären, intralymphatischen, endoskopischen oder operativen Einbringungen des Strahlungsträgers oder von Radionukliden – ist mit den Gebühren abgegolten, soweit zu den einzelnen Leistungen dieses Abschnitts nichts anderes bestimmt ist.

7. Rechnungsbestimmungen

a) Der Arzt darf nur die für den Patienten verbrauchte Menge an radioaktiven Stoffen berechnen.

b) Bei der Berechnung von Leistungen nach Abschnitt O II sind die Untersuchungs- und Behandlungsdaten der jeweils eingebrachten Stoffe sowie die Art der ausgeführten Maßnahmen in der Rechnung anzugeben, sofern nicht durch die Leistungsbeschreibung eine eindeutige Definition gegeben ist.

Kommentar:
In der Rechnung sind anzugeben:
- Die Untersuchungs- und Behandlungstermine
- Angabe der durchgeführten Untersuchungen bzw. Behandlungen
- Art und Bezeichnung des radioaktiven Stoffes
- Angabe der verbrauchten Menge des Stoffes
- Kosten für den verbrauchten radioaktiven Stoff.

1. Diagnostische Leistungen (In-vivo-Untersuchungen)

a. Schilddrüse

GOÄ-Nr.	Leistung	Punktzahl / 1fach	1,8 / 2,5
5400*	**Szintigraphische Untersuchung (Schilddrüse) – gegebenenfalls einschließlich Darstellung dystoper Anteile –**	**350** 20,40	36,72 51,00

Ausschluss: Neben Nr. 5400 sind folgende Nrn. nicht abrechnungsfähig: 5401, 5402

GOÄ-Nr.	Leistung	Punktzahl / 1fach	1,8 / 2,5
5401*	**Szintigraphische Untersuchung (Schilddrüse) – einschließlich quantitativer Untersuchung –, mit Bestimmung der globalen, gegebenenfalls auch der regionalen Radionuklidaufnahme in der Schilddrüse mit Gammakamera und Meßwertverarbeitungssystem als Jodidclearance-Äquivalent – einschließlich individueller Kalibrierung und Qualitätskontrolle (z.B. Bestimmung der injizierten Aktivität) –**	**1300** 75,77	136,39 189,43

Ausschluss: Neben Nr. 5401 sind folgende Nrn. nicht abrechnungsfähig: 5400, 5402, 5480, 5481, 5483, 5485

GOÄ-Nr.	Leistung	Punktzahl / 1fach	1,8 / 2,5
5402*	**Radiojodkurztest bis zu 24 Stunden (Schilddrüse) – gegebenenfalls einschließlich Blutaktivitätsbestimmungen und/oder szintigraphischer Untersuchung(en) –**	**1000** 58,29	104,92 145,72

Die Leistungen nach den Nummern 5400 bis 5402 sind nicht nebeneinander berechnungsfähig.

Ausschluss: Neben Nr. 5402 sind folgende Nrn. nicht abrechnungsfähig: 5400, 5401, 5403, 5480, 5481, 5483, 5485

GOÄ-Nr.	Leistung	Punktzahl / 1fach	1,8 / 2,5
5403*	**Radiojodtest (Schilddrüse) vor Radiojodtherapie mit 131 J mit mindestens drei zeitlichen Messpunkten, davon zwei später als 24 Stunden nach Verabreichung – gegebenenfalls einschließlich Blutaktivitätsbestimmungen –**	**1200** 69,94	125,90 174,86

Die Leistungen nach den Nummern 5402 und 5403 sind nicht nebeneinander berechnungsfähig.

Ausschluss: Neben Nr. 5403 sind folgende Nrn. nicht abrechnungsfähig: 5402, 5480, 5481, 5483, 5485

b. Gehirn

GOÄ-Nr.	Leistung	Punktzahl / 1fach	1,8 / 2,5
5410*	**Szintigraphische Untersuchung des Gehirns**	**1200** 69,94	125,90 174,86

Tipp: Neben Nr. 5410 sind die Nrn. 305, 5473, 5486 – 5489 abrechenbar.

GOÄ-Nr.	Leistung	Punktzahl / 1fach	1,8 / 2,5
5411*	**Szintigraphische Untersuchung des Liquorraums**	**900** 52,46	94,43 131,15

Für die Leistung nach Nummer 5411 sind zwei Wiederholungsuntersuchungen zugelassen, davon eine später als 24 Stunden nach Einbringung(en) des radioaktiven Stoffes.

Tipp: Neben Nr. 5411 ist die Nr. 305 abrechenbar.

GOÄ-Nr.		Punktzahl / 1fach	1,8 / 2,5

c. Lunge

5415*	**Szintigraphische Untersuchung der Lungenperfusion – mindestens vier Sichten/Projektionen –, insgesamt**	**1300** 75,77	136,39 189,43
Tipp:	Neben Nr. 5415 ist die Nr. 5480 abrechenbar.		
5416*	**Szintigraphische Untersuchung der Lungenbelüftung mit Inhalation radioaktiver Gase, Aerosole oder Stäube**	**1300** 75,77	136,39 189,43
Tipp:	Neben Nr. 5416 sind die Nrn. 5473, 5480, 5481 abrechenbar.		

d. Herz

5420*	**Radionuklidventrikulographie mit quantitativer Bestimmung von mindestens Auswurffraktion und regionaler Wandbewegung in Ruhe – gegebenenfalls einschließlich EKG im zeitlichen Zusammenhang mit der Untersuchung –**	**1200** 69,94	125,90 174,86
Ausschluss:	Neben Nr. 5420 sind folgende Nrn. nicht abrechnungsfähig: 650 – 656, 5421, 5480, 5481, 5483, 5485		
Tipp:	Neben Nr. 5420 sind die Nrn. 355, 356, 5473 abrechenbar.		
5421*	**Radionuklidventrikulographie als kombinierte quantitative Mehrfachbestimmung von mindestens Auswurffraktion und regionaler Wandbewegung in Ruhe und unter körperlicher oder pharmakologischer Stimulation – gegebenenfalls einschließlich EKG im zeitlichen Zusammenhang mit der Untersuchung –** Neben der Leistung nach Nummer 5421 ist bei zusätzlicher Erste-Passage-Untersuchung die Leistung nach Nummer 5473 berechnungsfähig.	**3800** 221,49	398,69 553,73
Ausschluss:	Neben Nr. 5421 sind folgende Nrn. nicht abrechnungsfähig: 650 – 656, 5420, 5480, 5481, 5483, 5485		
Tipp:	Neben Nr. 5421 sind die Nrn. 355, 356, 5473 abrechenbar.		
5422*	**Szintigraphische Untersuchung des Myokards mit myokardaffinen Tracern in Ruhe – gegebenenfalls einschließlich EKG im zeitlichen Zusammenhang mit der Untersuchung –** Die Leistungen nach den Nummern 5422 und 5423 sind nicht nebeneinander berechnungsfähig.	**1000** 58,29	104,92 145,72
Ausschluss:	Neben Nr. 5422 sind folgende Nrn. nicht abrechnungsfähig: 650 – 656, 5423, 5424		
Tipp:	Neben Nr. 5422 sind die Nrn. 5486, 5487 abrechenbar.		
5423*	**Szintigraphische Untersuchung des Myokards mit myokardaffinen Tracern unter körperlicher oder pharmakologischer Stimulation – gegebenenfalls einschließlich EKG im zeitlichen Zusammenhang mit der Untersuchung –**	**2000** 116,57	209,83 291,44
Ausschluss:	Neben Nr. 5423 sind folgende Nrn. nicht abrechnungsfähig: 650 – 656, 5422, 5424		
Tipp:	Neben Nr. 5423 sind die Nrn. 5480, 5486, 5487 abrechenbar.		

GOÄ-Nr.		Punktzahl 1fach	1,8 2,5
5424*	**Szintigraphische Untersuchung des Myokards mit myokardaffinen Tracern in Ruhe und unter körperlicher oder phartnakologischer Stimulation – gegebenenfalls einschließlich EKG im zeitlichen Zusammenhang mit der Untersuchung –**	**2800** 163,20	293,77 408,01

Neben der Leistung nach Nummer 5424 sind die Leistungen nach den Nummern 5422 und/oder 5423 nicht berechnungsfähig.

Ausschluss: Neben Nr. 5424 sind folgende Nrn. nicht abrechnungsfähig: 650 – 656, 5422, 5423

Tipp: Neben Nr. 5424 sind die Nrn. 5480, 5486, 5487 abrechenbar.

e. Knochen- und Knochenmarkszintigraphie

5425*	**Ganzkörperskelettszintigraphie, Schädel und Körperstamm in zwei Sichten/Projektionen – einschließlich der proximalen Extremitäten, gegebenenfalls einschließlich der distalen Extremitäten –**	**2250** 131,15	236,06 327,87

Ausschluss: Neben Nr. 5425 ist folgende Nr. nicht abrechnungsfähig: 5426

Tipp: Neben Nr. 5425 sind die Nrn. 5473, 5480, 5481, 5483, 5486, 5487 abrechenbar.

5426*	**Teilkörperskelettszintigraphie – gegebenenfalls einschließlich der kontralateralen Seite –**	**1260** 73,44	132,20 183,60

Ausschluss: Neben Nr. 5426 ist folgende Nr. nicht abrechnungsfähig: 5425

5427*	**Zusätzliche szintigraphische Abbildung des regionalen Blutpools (Zwei-Phasenszintigraphie) – mindestens zwei Aufnahmen –**	**400** 23,31	41,97 58,29

Ausschluss: Neben Nr. 5427 ist folgende Nr. nicht abrechnungsfähig: 5483

5428*	**Ganzkörperknochenmarkszintigraphie, Schädel und Körperstamm in zwei Sichten/Projektionen – einschließlich der proximalen Extremitäten, gegebenenfalls einschließlich der distalen Extremitäten –**	**2250** 131,15	236,06 327,87

f. Tumorszintigraphie

5430*	**Tumorszintigraphie mit radioaktiv markierten unspezifischen Tumormarkern (z.B. Radiogallium oder -thallium), metabolischen Substanzen (auch 131J), Rezeptorsubstanzen oder monoklonalen Antikörpern – eine Region**	**1200** 69,94	125,90 174,86

Ausschluss: Neben Nr. 5430 sind folgende Nrn. nicht abrechnungsfähig: 5431, 5450

Beschluss BÄK: **Beschluss des Gebührenordnungsausschusses der BÄK zur Positronen-Emissions-Tomographie (PET)**

Beschlüsse zur Abrechnung komplexer PET-Untersuchungsleistungen

- **zur Ganzkörper-Tumordiagnostik,** mit szintigraphischer Basisleistung sowie einschl. aller ggf. erforderlichen PET-Teilkörperuntersuchungen mit jeweiliger Darstellung in mehreren Ebenen: Nr. 5431 plus zweimal Nr. 5488 GOÄ oder 5431 plus zweimal Nr. 5489 GOÄ;
- **zur Tumordiagnostik einer Körperregion,** mit szintigraphischer Basisleistung: Nr. 5430 plus Nr. 5488 GOÄ oder **Nr. 5430** plus Nr. 5489 GOÄ;
- **zur Hirn- oder Herzuntersuchung,** mit szintigraphischer Basisleistung sowie einschl. aller Belastungsstufen: Nr. 5410 (Gehirn) oder Nr. 5424 (Myokard in Ruhe und in Stimulation) plus zweimal Nr. 5488 GOÄ (oder zweimal Nr. 5489 GOÄ).

Der Ausschuss „Gebührenordnung" beschließt, dass bei der Ganzkörper-Tumor-PET die Gebührenpositionen Nr. 5488 und Nr. 5489 GOÄ zweimal in Ansatz kommen, unabhängig davon, wie viele Einzelaufnahmen in Anhängigkeit von dem jeweils zur Verfügung stehenden PET-Scanner im Einzelfall erforderlich waren. Als

Grundleistung der Tumor-PET ist bei einer Teilkörperuntersuchung die **Nr. 5430 GOÄ**, bei einer Ganzkörperuntersuchung die Nr. 5431 GOÄ sachgerecht.
Bei einer Hirn- oder Herz-PET sind zuzüglich zu den Grundleistungen nach Nr. 5410 (Gehirn) oder Nr. 5424 (Myokard in Ruhe und in Stimulation) die Nrn. 5488 oder 5489 GOÄ ebenfalls nur zweimal berechnungsfähig, auch wenn mehr als zwei Belastungsstufen durchgeführt wurden. Der Ausschuss empfiehlt im Rahmen einer Herz-Untersuchung in Ruhe und bei Belastung, sofern ein zeitlicher Zusammenhang innerhalb von zwei Wochen gegeben ist, als Grundleistung einmal die Nr. 5424 GOÄ (Myokard in Ruhe und unter Stimulation) in Ansatz zu bringen; die Nebeneinandererbringung der Nr. 5422 GOÄ (szintigraphische Untersuchung des Myokards in Ruhe) und Nr. 5423 GOÄ (unter Stimulation) innerhalb von zwei Wochen bedarf einer besonderen Begründung.

5431* **Tumorszintigraphie mit radioaktiv markierten unspezifischen Tumormarkern (z.B. Radiogallium oder -thallium), metabolischen Substanzen (auch 131J), Rezeptorsubstanzen oder monoklonalen Antikörpern – Ganzkörper (Stamm und/oder Extremitäten)** **2250** 236,06 131,15 327,87

Für die Untersuchung mehrerer Regionen ist die Leistung nach Nummer 5430 nicht mehrfach berechnungsfähig.
Für die Leistung nach Nummer 5430 sind zwei Wiederholungsuntersuchungen zugelassen, davon eine später als 24 Stunden nach Einbringung der Testsubstanz(en).
Die Leistungen nach den Nummern 5430 und 5431 sind nicht nebeneinander berechnungsfähig.

Ausschluss: Neben Nr. 5431 sind folgende Nrn. nicht abrechnungsfähig: 5430, 5450

Beschluss BÄK: Siehe Beschluss zu Nr. 5430*

g. Nieren

5440* **Nierenfunktionsszintigraphie mit Bestimmung der quantitativen Ganzkörper-Clearance und der Einzelnieren-Clearance – gegebenenfalls einschließlich Blutaktivitätsbestimmungen und Vergleich mit Standards –** **2800** 293,77 163,20 408,01

Die Leistungen nach den Nummern 5440 bis 5442 sind je Sitzung nur einmal und nicht nebeneinander berechnungsfähig.

Ausschluss: Neben Nr. 5440 sind folgende Nrn. nicht abrechnungsfähig: 5441, 5442, 5444, 5473, 5480, 5481, 5483, 5485

Tipp: Neben Nr. 5440 ist die Nr. 357 abrechenbar.

5441* **Perfusionsszintigraphie der Nieren – einschließlich semiquantitativer oder quantitativer Auswertung –** **1600** 167,87 93,26 233,15

Die Leistungen nach den Nummern 5440 bis 5442 sind je Sitzung nur einmal und nicht nebeneinander berechnungsfähig.

Ausschluss: Neben Nr. 5441 sind folgende Nrn. nicht abrechnungsfähig: 5440, 5442, 5480, 5481, 5483, 5485

Tipp: Neben Nr. 5441 ist die Nr. 357 abrechenbar.

5442* **Statische Nierenszintigraphie** **600** 62,95 34,97 87,43

Die Leistungen nach den Nummern 5440 bis 5442 sind je Sitzung nur einmal und nicht nebeneinander berechnungsfähig.

Ausschluss: Neben Nr. 5442 sind folgende Nrn. nicht abrechnungsfähig: 5440, 5441

Beschluss BÄK: **Beschluss des Gebührenordnungsausschusses BÄK**
Photodynamische Diagnostik von Hautläsionen analog Nr. 5442 GOÄ (600 Punkte)
Der Ersatz von Auslagen für die pro Patient verbrauchte photosensibilisierende Substanz wird nach § 10 GOÄ abgegolten.

Tipp: Neben Nr. 5442 ist die Nr. 357 abrechenbar.

GOÄ-Nr.		Punktzahl 1fach	1,8 2,5
5442* analog	**Photodynamische Diagnostik von Hautläsionen (analog Nr. 5442* GOÄ) – n. Beschlüssen des Ausschusses „Gebührenordnung" der BÄK**	**600** 34,97	62,95 87,43
5443*	**Zusatzuntersuchung zu den Leistungen nach den Nummern 5440 oder 5441 – mit Angabe der Indikation (z.B. zusätzliches Radionephrogramm als Einzel- oder Wiederholungsuntersuchung, Tiefenkorrektur durch Verwendung des geometrischen Mittels, Refluxprüfung, forcierte Diurese) –**	**700** 40,80	73,44 102,00
Tipp:	Neben Nr. 5443 sind die Nrn. 5440, 5441 abrechenbar.		
5444*	**Quantitative Clearanceuntersuchungen der Nieren an Sondenmeßplätzen – gegebenenfalls einschließlich Registrierung mehrerer Kurven und Blutaktivitätsbestimmungen –** Neben der Leistung nach Nummer 5444 ist die Leistung nach Nummer 5440 nicht berechnungsfähig.	**1000** 58,29	104,92 145,72
Ausschluss:	Neben Nr. 5444 sind folgende Nrn. nicht abrechnungsfähig: 5440, 5480, 5481, 5483, 5485		

h. Endokrine Organe

5450*	**Szintigraphische Untersuchung von endokrin aktivem Gewebe – mit Ausnahme der Schilddrüse –** Das untersuchte Gewebe ist in der Rechnung anzugeben. Für die Leistung nach Nummer 5450 sind zwei Wiederholungsuntersuchungen zugelassen, davon eine später als 24 Stunden nach Einbringung der radioaktiven Substanz(en). Die Leistung nach Nummer 5450 ist neben den Leistungen nach den Nummern 5430 und 5431 nicht berechnungsfähig.	**1000** 58,29	104,92 145,72
Ausschluss:	Neben Nr. 5450 sind folgende Nrn. nicht abrechnungsfähig: 5430, 5431		
Tipp:	Neben Nr. 5450 sind die Nrn. 5486, 5487 abrechenbar.		

i. Gastrointestinaltrakt

5455*	**Szintigraphische Untersuchung im Bereich des Gastrointestinaltrakts (z.B. Speicheldrüsen, Ösophagus-Passage – gegebenenfalls einschließlich gastralem Reflux und Magenentleerung –, Gallenwege – gegebenenfalls einschließlich Gallenreflux –, Blutungsquellensuche, Nachweis eines Meckel'schen Divertikels)**	**1300** 75,77	136,39 189,43
5456*	**Szintigraphische Untersuchung von Leber und/oder Milz (z.B. mit Kolloiden, gallengängigen Substanzen, Erythrozyten), in mehreren Ebenen**	**1300** 75,77	136,39 189,43
Tipp:	Neben Nr. 5456 sind die Nrn. 5473, 5480, 5481, 5483, 5485, 5486, 5487 abrechenbar.		

j. Hämatologie, Angiologie

5460*	**Szintigraphische Untersuchung von großen Gefäßen und/oder deren Stromgebieten – gegebenenfalls einschließlich der kontralateralen Seite –**	**900** 52,46	94,43 131,15

Die Leistung nach Nummer 5460 ist neben der Leistung nach Nummer 5473 nicht berechnungsfähig.

Ausschluss: Neben Nr. 5460 ist folgende Nr. nicht abrechnungsfähig: 5473

Tipp: Neben Nr. 5460 ist die Nr. 357 abrechenbar.

5461* **Szintigraphische Untersuchung von Lymphabflussgebieten an Stamm und/oder Kopf und/oder Extremitäten – gegebenenfalls einschließlich der kontralateralen Seite –** **2200** 128,23 230,82 320,58

5462* **Bestimmung von Lebenszeit und Kinetik zellulärer Blutbestandteile – einschließlich Blutaktivitätsbestimmungen –** **2200** 128,23 230,82 320,58

Ausschluss: Neben Nr. 5462 sind folgende Nrn. nicht abrechnungsfähig: 5480, 5481, 5483, 5485

Tipp: Neben Nr. 5462 ist die Nr. 5463 abrechenbar.

5463* **Zuschlag zu der Leistung nach Nummer 5462, bei Bestimmung des Abbauorts** **500** 29,14 52,46 72,86

Szintigraphische Suche nach Entzündungsherden oder Thromben mit Radiogallium, markierten Eiweißen, Zellen oder monoklonalen Antikörpern

Tipp: Neben Nr. 5463 ist die Nr. 5462 abrechenbar.

5465* **Szintigraphische Suche nach Entzündungsherden oder Thromben mit Radiogallium, markierten Eiweißen, Zellen oder monoklonalen Antikörpern – eine Region** **1260** 73,44 132,20 183,60

Ausschluss: Neben Nr. 5465 ist folgende Nr. nicht abrechnungsfähig: 5466

5466* **Szintigraphische Suche nach Entzündungsherden oder Thromben mit Radiogallium, markierten Eiweißen, Zellen oder monoklonalen Antikörpern – Ganzkörper (Stamm und Extremitäten)** **2250** 131,15 236,06 327,87

Für die Untersuchung mehrerer Regionen ist die Leistung nach Nummer 5465 nicht mehrfach berechnungsfähig.

Für die Leistungen nach den Nummern 5462 bis 5466 sind zwei Wiederholungsuntersuchungen zugelassen, davon eine später als 24 Stunden nach Einbringung der Testsubstanz(en).

Ausschluss: Neben Nr. 5466 ist folgende Nr. nicht abrechnungsfähig: 5465

k. Resorptions- und Exkretionsteste

5470* **Nachweis und/oder quantitative Bestimmung von Resorption, Exkretion oder Verlust von körpereigenen Stoffen (durch Bilanzierung nach radioaktiver Markierung) und/oder von radioaktiv markierten Analoga, in Blut, Urin, Faeces oder Liquor – einschließlich notwendiger Radioaktivitätsmessungen über dem Verteilungsraum –** **950** 55,37 99,67 138,43

Ausschluss: Neben Nr. 5470 sind folgende Nrn. nicht abrechnungsfähig: 5480, 5481, 5483

GOÄ-Nr.		Punktzahl / 1fach	1,8 / 2,5

l. Sonstiges

5472*	**Szintigraphische Untersuchungen (z.B. von Hoden, Tränenkanälen, Augen, Tuben) oder Funktionsmessungen (z.B. Ejektionsfraktion mit Messsonde) ohne Gruppenzuordnung – auch nach Einbringung eines Radiopharmazeutikums in eine Körperhöhle –**	**950** 55,37	99,67 138,43
5473*	**Funktionsszintigraphie – einschließlich Sequenzszyntigraphie und Erstellung von Zeit-Radioaktivitätskurven aus ROI und quantifizierender Berechnung (z.B. von Transitzeiten, Impulsratenquotienten, Perfusionsindex, Auswurffraktion aus Erster-Radionuklid-Passage) –** Die Leistung nach Nummer 5473 ist neben den Leistungen nach den Nummern 5460 und 5481 nicht berechnungsfähig.	**900** 52,46	94,43 131,15
Ausschluss:	Neben Nr. 5473 sind folgende Nrn. nicht abrechnungsfähig: 5440, 5460, 5480, 5481, 5483		
Tipp:	Neben Nr. 5473 sind die Nrn. 5410, 5416, 5425, 5456 abrechenbar.		
5474*	**Nachweis inkorporierter unbekannter Radionuklide**	**1350** 78,69	141,64 196,72

m. Mineralgehalt

5475*	**Quantitative Bestimmung des Mineralgehalts im Skelett (Osteodensitometrie) in einzelnen oder mehreren repräsentativen Extremitäten oder Stammskelettabschnitten mittels Dual-Photonen-Absorptionstechnik**	**300** 17,49	31,48 43,72
Ausschluss:	Neben Nr. 5475 sind folgende Nrn. nicht abrechnungsfähig: 5380, 5480, 5481, 5483, 5485		
IGeL:	Früherkennung der Osteoporose		

n. Ergänzungsleistungen

Die Ergänzungsleistungen nach den Nummern 5480 bis 5485 sind nur mit dem einfachen Gebührensatz berechnungsfähig.

5480*	**Quantitative Bestimmung von Impulsen/Impulsratendichte (Fläche, Pixel, Voxel) mittels Gammakamera mit Messwertverarbeitung – mindestens zwei ROI –**	**750** 43,72	– –
Ausschluss:	Neben Nr. 5480 sind folgende Nrn. nicht abrechnungsfähig: 5401 – 5403, 5420, 5421, 5440, 5441, 5444, 5462, 5470, 5473 – 5475, 5481		
Tipp:	Neben Nr. 5480 sind die Nrn. 5415, 5416, 5423, 5425, 5456 abrechenbar.		
5481*	**Sequenzszintigraphie – mindestens sechs Bilder in schneller Folge –**	**680** 39,64	– –
Ausschluss:	Neben Nr. 5481 sind folgende Nrn. nicht abrechnungsfähig: 5401 – 5403, 5420, 5421, 5440, 5441, 5444, 5462, 5470, 5473 – 5481		
Tipp:	Neben Nr. 5481 sind die Nrn. 5416, 5425, 5456 abrechenbar.		

5483* **Subtraktionsszintigraphie oder zusätzliche Organ- oder Blutpoolszintigraphie als anatomische Ortsmarkierung** **680** 39,64 –

Ausschluss: Neben Nr. 5483 sind folgende Nrn. nicht abrechnungsfähig: 5401 – 5403, 5420, 5421, 5427, 5440, 5441, 5444, 5462, 5470, 5475

Tipp: Neben Nr. 5483 sind die Nrn. 5425, 5456 abrechenbar.

5484* **In-vitro-Markierung von Blutzellen, (z.B. Erythrozyten, Leukozyten, Thrombozyten) – einschließlich erforderlicher in-vitro-Qualitätskontrollen –** **1300** 75,77 –

5485* **Messung mit dem Ganzkörperzähler – gegebenenfalls einschließlich quantitativer Analysen von Gammaspektren –** **980** 57,12 –

Ausschluss: Neben Nr. 5485 sind folgende Nrn. nicht abrechnungsfähig: 5401 – 5403, 5420, 5421, 5440, 5441, 5444, 5462, 5470, 5475

Tipp: Neben Nr. 5485 ist die Nr. 5456 abrechenbar.

o. Emissions-Computer-Tomographie

5486* **Single-Photonen-Emissions-Computertomographie (SPECT) mit Darstellung in drei Ebenen** **1200** 69,94 125,90 174,86

Ausschluss: Neben Nr. 5486 ist folgende Nr. nicht abrechnungsfähig: 5487

Tipp: Neben Nr. 5486 sind die Nrn. 5410, 5422, 5423, 5425, 5456 abrechenbar.

5487* **Single-Photonen-Emissions-Computertomographie (SPECT) mit Darstellung in drei Ebenen und regionaler Quantifizierung** **2000** 116,57 209,83 291,44

Ausschluss: Neben Nr. 5487 ist folgende Nr. nicht abrechnungsfähig: 5486

Tipp: Neben Nr. 5487 sind die Nrn. 5410, 5422, 5423, 5425, 5456 abrechenbar.

5488* **Positronen-Emissions-Tomographie (PET) – gegebenenfalls einschließlich Darstellung in mehreren Ebenen –** **6000** 349,72 629,50 874,31

Ausschluss: Neben Nr. 5488 ist folgende Nr. nicht abrechnungsfähig: 5489

Tipp: Neben Nr. 5488 ist die Nr. 5410 abrechenbar.

5489* **Positronen-Emissions-Tomographie (PET) mit quantifiziernder Auswertung – gegebenenfalls einschließlich Darstellung in mehreren Ebenen –** **7500** 437,15 786,88 1092,89

Ausschluss: Neben Nr. 5489 ist folgende Nr. nicht abrechnungsfähig: 5488

GOÄ-Ratgeber der BÄK: **BGH sieht keine Regelungslücke in der GOÄ – PET –**

Dr. med. Regina Klakow-Franck – in: Deutsches Ärzteblatt 101, Heft 4 (23.01.2004), Seite A-210 – www.bundesaerztekammer.de/page.asp?his=1.108.4144.4316.4319

Die Autorin merkt an: „ ... Die BÄK hatte bei Durchführung einer Ganzkörper-Tumor-PET den zweimaligen Ansatz der Nr. 5489 empfohlen. Dieser Auffassung ist der Bundesgerichtshof in zwei Entscheidungen zur PET nicht gefolgt (BGH, 27. November 2003, Az.: III ZR 37/03 u. Az.: III ZR 416/02).

Nr. 5489 darf nicht zweimal berechnet werden, auch dann nicht, wenn bei Einsatz älterer PET-Scanner zwei oder sogar mehr Untersuchungen angefertigt werden müssen, um ein Gesamtbild von der Tumorausbreitung zu erhalten. Im Fall der Ganzkörper-PET liegt keine „planwidrige Unvollständigkeit" der GOÄ vor. Auch wenn die Abrechnungsempfehlung der Bundesärztekammer sachgerechter wäre – eine mehr als einmalige Berechnung der Nr. 5489 oder Analogabrechnung komme nicht in Betracht. ... „

Rechtsprechung: **PET – Untersuchung, Geb. Ziffer 5489 GOÄ**
Bei einer PET – Untersuchung (Positronen-Emissions-Tomographie) mehrerer Körperregionen darf die Ziffer 5489 GOÄ auch dann nur einmal in Rechnung gestellt werden, wenn aufgrund der Beschaffenheit des verwendeten PET – Scanners für die Untersuchung jeder Region eine eigene Aufnahme erstellt werden muss.
Aktenzeichen: BGH, 18.09.2003, AZ: III ZR 389/02
Entscheidungsjahr: 2003

Abrechnung von PET – Untersuchungen
Bei einer Ganzkörper-PET-Untersuchung wird regelmäßig als Basisleistung eine planare Szintigrafie als eigenständige ärztliche Leistung erbracht. Es ist daher gerechtfertigt, neben der Gebührenziffer 5489 auch die Gebührenziffer 5431 abzurechnen.
Bei der Abrechnung der Ganzkörper-PET-Untersuchung ist der besondere Aufwand zu berücksichtigen, so dass bei der GOÄ Gebühren-Ziffer 5489 ein Ansatz mit dem 2,5 fachen Steigerungssatz als sachgerecht anzusehen ist.
Aktenzeichen: OLG Köln, 31.10.2011, AZ: 5 U 91/11
Entscheidungsjahr: 2011

Tipp: Neben Nr. 5489 ist die Nr. 5410 abrechenbar.

2. Therapeutische Leistungen (Anwendung offener Radionuklide)

5600* **Radiojodtherapie von Schilddrüsenerkrankungen** **2480** 260,19
144,55 361,38

5602* **Radiophosphortherapie bei Erkrankungen der blutbildenden Organe** **1350** 141,64
78,69 196,72

5603* **Behandlung von Knochenmetastasen mit knochenaffinen Radiopharmazeutika** **1080** 113,31
62,95 157,38

5604* **Instillation von Radiopharmazeutika in Körperhöhlen, Gelenke oder Hohlorgane** **2700** 283,28
157,38 393,44

Ausschluss: Neben Nr. 5604 sind folgende Nrn. nicht abrechnungsfähig: 300 – 302, 373, 676 – 692

5605* **Tumorbehandlung mit radioaktiv markierten, metabolisch aktiven oder rezeptorgerichteten Substanzen oder Antikörpern** **2250** 236,06
131,15 327,87

5606* **Quantitative Bestimmung der Therapieradioaktivität zur Anwendung eines individuellen Dosiskonzepts – einschließlich Berechnungen auf Grund von Vormessungen –** **900** 94,43
52,46 131,15

Die Leistung nach Nummer 5606 ist nur bei Zugrundeliegen einer Leistung nach den Nummern 5600, 5603 und/oder 5605 berechnungsfähig.

Tipp: Neben Nr. 5606 sind die Nrn. 5600, 5603, 5605 abrechenbar.

5607* **Posttherapeutische Bestimmung von Herddosen – einschließlich Berechnungen auf Grund von Messungen der Kinetik der Therapieradioaktivität –** **1620** 169,97
94,43 236,06

Die Leistung nach Nummer 5607 ist nur bei Zugrundeliegen einer Leistung nach den Nummern 5600, 5603 und/oder 5605 berechnungsfähig.

Tipp: Neben Nr. 5607 sind die Nrn. 5600, 5603, 5605 abrechenbar.

III Magnetresonanztomographie

Allgemeine Bestimmungen

Die Leistungen nach den Nrn. 5700 bis 5733 sind je Sitzung jeweils nur einmal berechnungsfähig. Die Nebeneinanderberechnung von Leistungen nach den Nrn. 5700 bis 5730 ist in der Rechnung besonders zu begründen. Bei Nebeneinanderberechnung von Leistungen nach den Nrn. 5700 bis 5730 ist der Höchstwert nach Nr. 5735 zu beachten.

Beschluss BÄK:

Beschluss des Gebührenordnungsausschusses der BÄK in seiner 4. Sitzung (Amtsperiode 2011/2015) am 19. März 2012 – Dtsch. Arztebl 2012; 109(19): A-987/B-851/C-843:

Abrechnung der Überlassung einer Daten-CD an den Patienten, z. B. nach durchgeführter MRT-Untersuchung
Für eine auf Wunsch eines Patienten ausgehändigte Daten-CD (z. B. mit Daten einer MRT-Untersuchung) kann der Arzt von dem Patienten eine Aufwandsentschädigung verlangen. Ein Betrag in Höhe von 5,00 Euro wird als angemessen eingestuft.

Beschluss des Ausschusses „Gebührenordnung" der Bundesärztekammer
Stand: 19.10.2005 – veröffentlicht in: Deutsches Ärzteblatt 102, Heft 46, Seite A-3207–A-3208 f.

Die Abrechnung kernspintomographischer Leistungen am Beispiel von Kniegelenksuntersuchungen

Der Vorstand der Bundesärztekammer hat folgenden Abrechnungsempfehlungen des Ausschusses „Gebührenordnung" der Bundesärztekammer zur „Abrechnung kernspintomographischer Leistungen am Beispiel von Kniegelenksuntersuchungen" (Abschnitt B und Abschnitt O) zugestimmt:
Die Abrechnung kernspintomographischer Leistungen am Beispiel von Kniegelenksuntersuchungen

1. Vorbemerkungen

Die Untersuchung und Abrechnung von Magnetresonanztomographien (MRT) nach der Amtlichen Gebührenordnung für Ärzte (GOÄ) hat in jüngster Vergangenheit immer wieder zu Meinungsverschiedenheiten zwischen Ärzten und Unternehmen der privaten Krankenversicherung geführt. Um Auslegungsdivergenzen zu beseitigen, Auseinandersetzungen zu minimieren, eine Hilfestellung für eine sachgerechte Abrechnung von MRT-Leistungen nach GOÄ und eine sachgerechte Erstattung in der Zukunft zu gewährleisten, hat die Bundesärztekammer (BÄK) in Zusammenarbeit mit der gemeinsamen Rechtsabteilung von BÄK und Kassenärztlicher Bundesvereinigung, dem Berufsverband der Deutschen Radiologen (BDR) und der Deutschen Röntgengesellschaft (DRG) Grundsätze zur Untersuchung und Abrechnung von MRT-Leistungen erstellt, die nachfolgend dargelegt werden.
Wenn sich über diese Grundsätze hinaus Fragen bei der Abrechnung oder Erstattung ergeben, so sollte eine medizinisch und gebührenrechtlich detaillierte, auf den Einzelfall ausgerichtete Anfrage von den Unternehmen der privaten Krankenversicherung an den Arzt gerichtet werden. Pauschale Zurückweisungen von Abrechnungen zeigen die konkreten Abrechnungsprobleme nicht auf.
Im Zweifels- oder Streitfall können sich alle Beteiligten an die zuständige Landesärztekammer zur Klärung wenden.

2. Leistungen des Abschnitts B

Des Öfteren ist strittig, ob neben MRT-Leistungen des Abschnitts O III (Magnetresonanztomographie) der GOÄ (Nrn. 5700–5735 GOÄ) Beratungs- und Untersuchungsleistungen nach den Nrn. 1 und 5 GOÄ sowie Leistungen für einen ausführlichen schriftlichen Krankheits- und Befundbericht nach Nr. 75 GOÄ berechnet werden können oder ob die Berechnung dieser Leistungen neben MRT-Leistungen grundsätzlich ausgeschlossen ist.
Die Allgemeinen Bestimmungen der Präambel zu Kapitel O I (Strahlendiagnostik) sind nach unserer Auffassung – obwohl formal Kapitel O I (Strahlendiagnostik) vorangestellt und in der Präambel zu Kapitel O III (Magnetresonanztomographie) nicht wiederholt – für den gesamten Abschnitt O (Strahlendiagnostik, Nuklearmedizin, Magnetresonanztomographie und Strahlentherapie) gültig. Dies ergibt sich zum einen aus dem Sinn der Bestimmungen, zum anderen daraus, dass in Rndnr. 6 ausdrücklich eine Leistung des Abschnitts O III einbezogen ist.
Aus den Allgemeinen Bestimmungen kann aber nicht geschlussfolgert werden, dass die Nrn. 1, 5 und 75 GOÄ grundsätzlich nicht neben Leistungen nach Abschnitt O berechnet werden können. Dies wird im Folgenden begründet:

2.1 Nrn. 1 und 5 GOÄ

Nach dem Wortlaut der oben zitierten Bestimmungen sind Beratung und Untersuchung, die nach der Strahlenschutz- bzw. Röntgenverordnung zur Überprüfung der Indikation und des Untersuchungsumfanges erforderlich sind, Bestandteil der Leistungen des Abschnitts O und mit den Gebühren abgegolten. MRT-Untersuchungen unterliegen nicht der Röntgen- oder Strahlenschutzverordnung, da keine Röntgenstrahlung im Sinne dieser Verordnungen angewendet wird. Als Röntgenstrahlung im Sinne der o.g. Verordnungen gelten nur Einrichtungen zur Erzeugung von (ionisierender) Strahlung mit einer Mindestenergie der Teilchen (z.B. Elektronen oder Photonen) von fünf Kiloelektronenvolt (keV). Die Strahlung bei der Kernspintomographie fällt nicht hierunter, da hier die Photonenergien um viele Größenordnungen geringer sind.
Die Sorgfaltspflichten des Arztes erfordern in jedem Fall vor einer diagnostischen Auftragsleistung eine Überprüfung der Indikation und des Untersuchungsumfanges im Hinblick auf die medizinische Notwendigkeit (§ 1 Abs. 2 GOÄ) und die Anpassung der im Einzelfall erforderlichen Messbedingungen und -parameter im Sinne der Leitlinien der Bundesärztekammer zur Qualitätssicherung der Magnetresonanztomographie. Die Erbringung dieser Leistung erfüllt zugleich nicht den Leistungsinhalt der Beratung nach Nr. 1 GOÄ.

Wird der Radiologe von einem privatversicherten Patienten direkt aufgesucht, so muss der Radiologie den Patienten beraten und gegebenenfalls untersuchen, um eine Indikation zur Untersuchung stellen zu können. Die Erhebung der Anamnese und

die anschließende Beratung kann nach Nr. 1 GOÄ berechnet werden. Die Untersuchung nach Nr. 5 GOÄ (symptombezogene Untersuchung) kann im Rahmen der fachlichen Kompetenz des Radiologen durchgeführt und berechnet werden.
Ein Ausschluss der Nrn. 1 und/oder 5 GOÄ neben den Leistungen nach Abschnitt O der GOÄ ergibt sich auch nicht aus der Präambel zu Abschnitt B Rdnr. 2, sondern „die Leistungen nach den Nrn. 1 und/oder 5 [sind] neben Leistungen nach den Abschnitten C-O im Behandlungsfall nur einmal berechnungsfähig". Diese Abrechnungsbestimmung verdeutlicht im Zusammenhang mit den Bestimmungen der Präambel zu Abschnitt O, dass für alle Leistungen des Abschnitts O die Berechnung der Nrn. 1 und 5 GOÄ grundsätzlich zulässig ist, sofern diese Leistungen nicht – wie oben dargestellt – ausschließlich im Zusammenhang mit der Sorgfaltspflicht (Überprüfung der Indikationsstellung und des Untersuchungsumfanges) erbracht werden, sondern darüber hinaus eine eigenständige medizinische Indikation zur Durchführung einer symptombezogenen Untersuchung und/oder Beratung besteht. Nachfolgend werden Beispiele aufgelistet, die im Rahmen eines persönlichen Arzt-Patienten-Kontaktes Indikationen zur Beratung und ggf. Untersuchung darstellen:

Am häufigsten ist sicher die über die Befundmitteilung hinausgehende Erörterung des erhobenen MRT-Befundes mit dem Patienten, einschließlich einer ersten Wertung der möglichen Therapieoptionen sowie des weiteren Verhaltens des Patienten.
Auch die genaue Abklärung eines Sturzmechanismus durch den Radiologen zur Erkennung möglicher Verletzungsmuster im MRT kann im Ausnahmefall eine Indikation zur Beratung und Untersuchung nach Nr. 1 und 5 GOÄ darstellen.
Der Eintritt von kontrastmittelbedingten Komplikationen stellt ebenfalls eine (eher seltene) Indikation zur Beratung und Untersuchung dar.
Im Einzelfall kann sich die Abgrenzung zu Beratungs- und Untersuchungsleistungen, die als Bestandteil der MRT-Leistungen anzusehen sind, schwierig gestalten. Die im Kommentar Brück zu Rdnr. 5 der Präambel zu Abschnitt O angeführten Beispiele sind auch auf MRT-Leistungen anwendbar.

2.2 Nr. 75 GOÄ

Nach den Bestimmungen der GOÄ (z.B. Anmerkung zur Leistungslegende der Nr. 75 GOÄ und Rdnr. 3 der Präambel zu Abschnitt O I) ist die Befundmitteilung oder der einfache Befundbericht als Bestandteil der zugrunde liegenden Leistung nicht gesondert berechnungsfähig. Die Befundmitteilung beschränkt sich im Wesentlichen auf die Beschreibung des Befundes. Der einfache Befundbericht geht im Umfang über die bloße Befundmitteilung hinaus und enthält ggf. zusätzlich eine Verdachtsdiagnose bzw. eine Auswahl möglicher Diagnosen.
Die GOÄ enthält jedoch keinen Ausschluss für die Berechnung eines ausführlichen schriftlichen Krankheits- und Befundberichtes nach Nr. 75 GOÄ neben einer radiologischen oder anderen diagnostischen Leistung. Die obligaten Bestandteile der Nr. 75 GOÄ für den ausführlichen schriftlichen Krankheits- und Befundbericht sind der Leistungslegende zu entnehmen.
Inhalt der Leistungslegende nach Nr. 75 GOÄ ist: „Ausführlicher schriftlicher Krankheits- und Befundbericht, einschließlich Angaben zur Anamnese, zu dem(n) Befund(en), zur epikritischen Bewertung und ggf. zur Therapie". Gebührenrechtlich wichtig ist die genaue Fassung „Angaben zur Anamnese", welches nicht die (eigene) Erhebung der Anamnese bedeutet, sondern eine Berücksichtigung und Erwähnung der vorliegenden anamnestischen Angaben. Die Leistungslegende gilt dann als erfüllt, wenn über den einfachen Befundbericht hinaus, unter Berücksichtigung der aktuellen anamnestischen Daten, eine epikritische Bewertung des Befundes erfolgt, und/oder ein epikritischer Vergleich mit Vorbefunden und sonstigen Informationen gezogen wird. Die Epikrise bzw. epikritische Bewertung ist definiert als ein zusammenfassender kritischer Bericht über den Ablauf einer Krankheit nach Abschluss des Falles oder nach endgültiger Diagnosestellung (Pschyrembel). Die Therapieempfehlung ist fakultativ und nicht zwingend notwendig.

Danach ist eine regelhafte Abrechnung der Nr. 75 GOÄ im Rahmen der MRT unter Berücksichtigung der Leistungslegende nicht gerechtfertigt. Wird jedoch im Einzelfall eine medizinisch kritische Bewertung der erhobenen Befunde unter Berücksichtigung relevanter anamnestischer Angaben erforderlich, ist Nr. 75 GOÄ neben MRT-Untersuchungen abrechenbar. Ein Beispiel ist die differenzialdiagnostische epikritische Beurteilung, ob es sich bei einem pathologischen Befund um ein frisches oder altes Trauma handelt, einschließlich ggf. erfolgender Hinweise auf die therapeutische Konsequenz dieser Entscheidung.

Die Abrechnung kernspintomographischer Leistungen am Beispiel von Kniegelenksuntersuchungen
Beschluss des Ausschusses „Gebührenordnung" der Bundesärztekammer Stand: 19.10.2005 – veröffentlicht in: Vorabveröffentlichung, Deutsches Ärzteblatt 102, Heft 46 (18.11.2005), S. A-3207–A3208, A-3210–A-3211 – www.bundesaerztekammer.de/page.asp?his=1.108.4689.4871.4941.4942&all=true

Inhaltsverzeichnis

1. Vorbemerkungen

Die Untersuchung und Abrechnung von Magnetresonanztomographien (MRT) nach der Amtlichen Gebührenordnung für Ärzte (GOÄ) hat in jüngster Vergangenheit immer wieder zu Meinungsverschiedenheiten zwischen Ärzten und Unternehmen der privaten Krankenversicherung geführt. Um Auslegungsdivergenzen zu beseitigen, Auseinandersetzungen zu minimieren, eine Hilfestellung für eine sachgerechte Abrechnung von MRT-Leistungen nach GOÄ und eine sachgerechte Erstattung in der Zukunft zu gewährleisten, hat die Bundesärztekammer (BÄK) in Zusammenarbeit mit der gemeinsamen Rechtsabteilung von BÄK und Kassenärztlicher Bundesvereinigung, dem Berufsverband der Deutschen Radiologen (BDR) und der Deutschen Röntgengesellschaft (DRG) Grundsätze zur Untersuchung und Abrechnung von MRT-Leistungen erstellt, die nachfolgend dargelegt werden. Diese Grundsätze wurden auf schriftlichem Wege durch die Mitglieder des Ausschusses „Gebührenordnung“ der Bundesärztekammer konsentiert. Wenn sich über diese Grundsätze hinaus Fragen bei der Abrechnung oder Erstattung ergeben, so sollte eine medizinisch und gebührenrechtlich detaillierte, auf den Einzelfall ausgerichtete Anfrage von den Unternehmen der privaten Krankenversicherung an den Arzt gerichtet werden. Pauschale Zurückweisungen von Abrechnungen zeigen die konkreten Abrechnungsprobleme nicht auf. Im Zweifels- oder Streitfall können sich alle Beteiligten an die zuständige Landesärztekammer zur Klärung wenden.

2. Systematik des Abschnittes O GOÄ

Die Systematik des gesamten Abschnittes O (Strahlendiagnostik, Nuklearmedizin, Magnetresonanztomographie und Strahlentherapie) der Amtlichen Gebührenordnung für Ärzte (GOÄ) ist gekennzeichnet durch die Definition von Grund- und Zuschlagsleistungen. Die Grundleistungen sind geeignet, einen Körperabschnitt in Bezug auf die Anatomie darzustellen. Die Zuschlagsziffern wurden geschaffen, um über die übliche Fragestellung hinausgehende oder intraprozessual entstandene Probleme (Differenzialdiagnosen, Verdachtsdiagnosen, den anatomischen Bereich überschreitende Pathologika) abzuklären. Diese Systematik trifft auch auf den Unterabschnitt O III Magnetresonanztomographie (MRT, Nrn. 5700–5735 GOÄ) zu.

3. Problematik O III Magnetresonanztomographie

Die Gebührenpositionen des Abschnittes O III Magnetresonanztherapie (MRT) der GOÄ wurden für die 1996 von der Leistungslegendierung wortwörtlich aus dem damaligen Einheitlichen Bewertungsmaßstab (EBM) übernommen und spiegeln den technischen Standard der Magnetresonanztomographie von vor über zehn Jahren wider. Der Abschnitt O III der GOÄ enthält wenige Grundleistungen, bei denen die Anforderung an die Darstellung wörtlich in der Legende enthalten ist und zahlreiche Leistungen, bei denen das nicht der Fall ist. Zum Beispiel fordert die Leistungslegende der Nr. 5700 GOÄ die MRT-Darstellung in „zwei Projektionen, davon mindestens eine Projektion unter Einschluss T2-gewichteter Aufnahmen“. Die Nr. 5705 GOÄ enthält in der Legende den Hinweis, dass die Darstellung „in zwei Projektionen“ zu erfolgen hat. In den Legenden der übrigen MRT-Grundleistungen (Nrn. 5715 bis 5730 GOÄ) fehlen konkrete Angaben zur Darstellung. Der horizontale Bewertungsvergleich zeigt jedoch, dass auch für diese Ziffern von einem ähnlichen Untersuchungsumfang (zwei Ebenen, zwei Gewichtungen) ausgegangen wurde. Die Nr. 5729 GOÄ für die MRT der Gelenke enthält keine Vorgaben hinsichtlich der Anzahl von Projektionen oder Gewichtungen. Da für die möglichen Zuschlagsleistungen keine gebührenrechtlichen Ausschlüsse bestehen, ist eine Berechnung der Nrn. 5731, 5732 und 5733 GOÄ bei Erfüllung des Leistungsinhalts neben den Grundleistungen nach Nrn. 5700-5730 GOÄ grundsätzlich möglich. Einerseits kann gebührenrechtlich der medizinisch-technische Fortschritt bei der Untersuchung mit der Magnetresonanztomographie und einer verbesserten Darstellung vieler Details nicht dazu führen, dass Leistungen, die bei der ursprünglichen Bestimmung der Leistungsinhalte und Bewertung der Leistung erkennbar in Zuschlagsziffern berücksichtigt wurden, Bestandteil der Grundleistung und damit obsolet werden. Andererseits kann die medizinisch-technische Entwicklung gebührenrechtlich auch nicht dazu führen, dass im Zuge einer medizinisch nicht indizierten Ausweitung der Indikationsstellung und Darstellung sämtlicher, ggf. im Einzelfall nicht notwendiger Details des zu untersuchenden Ziels, diese Zuschläge stets zur erbrachten Grundleistung angesetzt werden. Entscheidend ist deshalb, ob durch die zusätzliche Untersuchung medizinisch relevante Zusatzinformationen zu erwarten sind. Die fehlende Konkretisierung der Leistungsinhalte der Nummern 5715 bis 5730 GOÄ führte in letzter Zeit zu einer steigenden Anzahl von Auslegungsdivergenzen und Problemen bei der Abgrenzung zwischen Grund- und Zuschlagsleistungen.

4. Umfang der Untersuchung

Der Untersuchungsumfang richtet sich nach dem aktuellen Krankheitsbild des Patienten und nach der Fragestellung des anfordernden Arztes. Aufwand und Umfang einer Erstuntersuchung unterscheiden sich z.B. deutlich von dem einer Kontrolluntersuchung. MRT-Untersuchungen reichen von der einfachen Darstellung eines Gelenkes in zwei Projektionen und Gewichtungen bis hin zu sehr komplexen und (zeit-)aufwändigen Darstellungen mit Kontrastmittelgabe und computergestützter Analyse. Die Abrechnung einer MRT-Untersuchung muss einzellfallbezogen zu einer angemessenen Vergütung führen. Nachfolgend wird am Beispiel der Magnetresonanztomographie des Kniegelenkes der Standard, die Abrechnungsvoraussetzungen sowie mögliche medizinische Indikationen für die Grundleistung nach Nr. 5729 GOÄ und für die ggf. zusätzlich berechnungsfähigen Zuschlagsleistungen nach den Nrn. 5731, 5732 und 5733 GOÄ exemplarisch dargestellt.

5. Gelenkbegriff der GOÄ

Das Kniegelenk wird durch die Femurkondylen (Oberschenkel) und durch den Tibiakopf (Unterschenkel) gebildet. Als funktionelle Einheit gehört auch die Patella (Kniescheibe) dazu. Gebührenrechtlich stellt das Kniegelenk ein (einziges) Gelenk dar, da die komplette Systematik der GOÄ auf den gebührenrechtlich abstrakten Begriff des Gelenks abhebt und nicht auf anatomisch funktionelle Gelenke. Dies lässt sich unter anderem an folgenden Gebührenpositionen ablesen:

- Nr. 2182 Gewaltsame Lockerung [...] eines Schulter-, Ellenbogen- oder Kniegelenks
- Nr. 5030 Röntgen in 2 Ebenen von Oberarm, Unterarm, Ellenbogengelenk, [...] Kniegelenk, ...

Gebührenrechtlich unterscheidet man kleine und große Gelenke. Als große Gelenke gelten Schulter-, Ellenbogen- und Handgelenk sowie Hüft-, Knie- und Sprunggelenk (vergleiche auch Nrn. 212, 213, 237, 238 GOÄ). Daraus ergibt sich, dass alle übrigen Gelenke als kleine Gelenke einzustufen sind.

6. Magnetresonanztomographie des Kniegelenkes (Nr. 5729 GOÄ)

Die Grundleistung für die MRT des Kniegelenkes ist die Nr. 5729 GOÄ „Magnetresonanztomographie eines oder mehrerer Gelenke oder Abschnitte von Extremitäten“ (2400 Punkte). Dass gegenüber den anderen MRT-Untersuchungen eine deutlich niedrigere Bewertung der Nr. 5729 GOÄ 1996 erfolgte, liegt unter anderem auch an der damals vorgenommenen Mischkalkulation für Ganzkörpergeräte und Teilkörpergeräte. Der Gebührenkalkulation liegen die damaligen technischen Möglichkeiten beider

Gerätetypen zugrunde. Moderne MRT-Geräte bieten heute neben einer vielfach verbesserten Auflösung und Detailgenauigkeit, über den Standard hinaus gehend zahlreiche Möglichkeiten der differenzierten Darstellung des zu untersuchenden Organs/Gelenks. Es können beispielsweise neue Darstellungen der Bild-Gewichtung wie z.B. Fettsuppression / Fettsättigung erfolgen, außerdem kann eine Vielzahl verschiedener computergestützter Berechnungen vom Arzt am Computer durchgeführt werden.

Die Grundleistung nach Nr. 5729 GOÄ beinhaltet die Darstellung des Kniegelenks in zwei Projektionen und zwei Gewichtungen (üblicherweise T1- und T2-Gewichtung), da mit dieser Technik ein Kniegelenk anatomisch darzustellen ist. Die Untersuchung des Kniegelenks in zwei Ebenen und zwei Projektionen ist z.B. bei der Verlaufskontrolle bekannter Vorschädigungen ohne frische Traumata oder der postoperativen Beurteilung nach Kreuzbandrekonstruktion ausreichend und sachgerecht. Die Nr. 5729 GOÄ kann für die Darstellung des Kniegelenks nur einmal angesetzt werden, unabhängig davon, welche Abschnitte derselben Extremität zusätzlich dargestellt werden. Wird neben der Darstellung des Kniegelenks ein weiteres großes Gelenk (Hüfte oder Sprunggelenk) derselben Extremität dargestellt, so kann statt Nr. 5729 GOÄ die Nr. 5730 GOÄ Magnetresonanztomographie einer oder mehrerer Extremität(en) mit Darstellung von mindestens zwei großen Gelenken einer Extremität angesetzt werden. Bei der Darstellung beider Kniegelenke kann die Nr. 5729 GOÄ nur einmal angesetzt werden, da die Allgemeinen Bestimmungen zu O III nur den einmaligen Ansatz der Nr. 5729 GOÄ je Sitzung zulassen. Die Abrechnung der Darstellung beider Kniegelenke kann auch nicht über die Nr. 5730 GOÄ erfolgen, da der Inhalt dieser Leistung (zwei große Gelenke einer Extremität) nicht erfüllt wird. Der höhere Zeitaufwand für die Durchführung und Auswertung der MRT-Untersuchung beider Kniegelenke kann durch den Ansatz eines höheren Steigerungsfaktors nach § 5 Abs. 2 GOÄ erfolgen.

Die eher selten notwendige Untersuchung beider Kniegelenke dauert, ebenso wie die Untersuchung unterschiedlicher Organregionen, in der Regel über 40 Minuten. Ob eine ausreichende Lagerung mit vollständigem Stilliegen des Patienten während der gesamten Untersuchung gewährleistet werden kann, ist im Einzelfall anhand der konkreten Umstände zu beurteilen. Neben dem Alter des Patienten, z.B. bei Kindern, spielt das Vorliegen weiterer Faktoren, wie akute oder chronische Schmerzen sowohl der zu untersuchenden oder anderen Körperregionen, insbesondere im Wirbelsäulenbereich, eine entscheidende Rolle. Der Allgemeinzustand des Patienten (z.B. Kachexie) und das Vorliegen weiterer Erkrankungen (z.B. kardiopulmonaler Erkrankungen) haben ebenfalls Einfluss auf die Zeit, die der Patient ruhig liegen kann. Liegen bereits bei der Terminvergabe Hinweise auf die genannten Kriterien vor, die erwarten lassen, dass eine entsprechende Lagerung nicht gewährleistet werden kann und eine hohe Wahrscheinlichkeit der Unverwertbarkeit der zweiten Untersuchung durch Bewegungsartefakte absehbar ist, ist die Untersuchung in zwei getrennten Terminen angezeigt. Diese lagerungsrelevanten Kriterien sollten vom Patienten bereits bei der Terminvergabe erfragt und patientenindividuell dokumentiert werden. Praxisorganisatorische Gründe rechtfertigen dagegen die Untersuchung an zwei Terminen nicht.

7. Ergänzende Serie/n (Nr. 5731 GOÄ)

Wird durch die medizinische Notwendigkeit über die Standardeinstellung (zwei Ebenen und zwei Gewichtungen) hinausgehend die Darstellung in einer dritten Ebene und/oder mit einer zusätzlichen Gewichtung (z.B. fettgesättigt oder fettsupprimiert) vorgenommen, so kann z.B. neben der Nr. 5729 GOÄ für die Grundleistung einmal die **Nr. 5731** GOÄ (1000 Punkte) **„Ergänzende Serie(n)** zu den Leistungen nach den Nummern 5700 bis 5730“ angesetzt werden. Die Aufzählung zur Nr. 5731 GOÄ „Kontrastmitteleinbringung“ und „Darstellung von Arterien“ ist beispielhaft und nicht abschließend. Ein Mehrfachansatz der Gebührenposition Nr. 5731 GOÄ ist nicht möglich, da in der Leistungslegende eindeutig die Mehrzahl beschrieben ist. Die Fettsättigung ist z.B. notwendig bei einem frischen Trauma, um das Ausmaß der Verletzung (Knochenmarködem) festzustellen oder zur Darstellung von verborgenen Frakturen und Entzündungen (wie Osteomyelitis, Ostitis, Primär chronische Polyarthritis). Weitere Beispiele für ergänzende Serien sind die zusätzliche Aufnahme in schräg-koronarer Ebene entlang des vorderen Kreuzbandes zur Beurteilung der Kontinuität, eines Teilrisses, einer Ausfaserung oder Verschmälerung oder eine für Knorpel sensitive Schicht ggf. in Vergrößerung bei Verdacht auf Knorpelschädigung, wenn diese zusätzliche Darstellung eine medizinisch relevante Zusatzinformation erwarten lässt.

Zusätzliche Serien werden zudem durchgeführt, um z.B. posttraumatische Aneurysmata oder Gefäßdissektionen darzustellen oder auszuschließen oder um bei Frakturen zur Stellung der Operationsindikation eine dritte Ebene darzustellen. Zusätzliche Serien nach Kontrastmittelgabe sind insbesondere bei Verdacht auf Weichteilverletzungen oder Entzündungen (wie Osteomyelitis], Ostitis, rheumatoide Arthritis) indiziert. Die MRTist bei Entzündungen deutlich sensitiver als andere bildgebende Verfahren. Dabei ist das Kontrastmittelgestützte Verfahren noch sensitiver als das MRT ohne Kontrastmittel (KM). Die Kontrastmittelgabe beim MRT dient der Unterscheidung von akuten versus chronischen Entzündungen. Außerdem führt die Kontrastmittelgabe zu einer höheren Sensitivität der (frühen) Diagnostik (und Therapie) entzündlicher Veränderungen z.B. bei der rheumatoiden Arthritis des Kniegelenks oderbei ankylosierender Spondyarthritis. Die Kontrastmittelgabe beim MRT kann zur Therapiekontrolle bei der rheumatoiden Arthritis eingesetzt werden. Die Notwendigkeit der Gabe von Kontrastmittel steht bei der überwiegenden Anzahl von Fällen, insbesondere beim Kniegelenk, schon vor der MRT durch die Art der Anforderung oder das Krankheitsbild fest. Die Einbringung des Kontrastmittels kann neben den MRT-Leistungen nach den Nrn. 340 bis 374 GOÄ (je nach Einbringungsart) berechnet werden. Die tatsächlichen Auslagen für nicht bariumhaltige Kontrastmittel sowie berechnungsfähige Auslagen (wie Einmalinfusionsbesteck) können nach § 10 GOÄ zusätzlich berechnet werden.

8. Spulenwechsel und Positionswechsel (Nr. 5732 GOÄ)

Die Leistungslegende der Nr. 5732 GOÄ „Zuschlag zu den Leistungen nach den Nummern 5700 bis 5730 für Positionswechsel und/oder Spulenwechsel“ (1000 Punkte), enthält keinen Hinweis, wie der Spulenwechsel zu erfolgen hat. Deshalb kann sowohl für den früher regelhaften, personalkostenintensiven und zeitaufwändigen manuellen Wechsel mit erneuter Lagerung bzw. Platzierung des Patienten, als auch für den heute möglichen automatischen Wechsel der Spule per „Mausklick“ mit kostenintensiver zusätzlicher Technik die Nr. 5732 GOÄ angesetzt werden.

8.1 Spulenwechsel

Wird vor der eigentlichen Untersuchung eine Übersichtsaufnahme zur Orientierung, z.B. mit der Körperspule angefertigt, erfüllt dies nicht den Leistungsinhalt der Nr. 5732 GOÄ. Dieser gebührenrechtliche Sachverhalt ist beispielsweise in Analogie zu der Nr. 5137 GOÄ „Brustorgane-Übersicht" und den Nrn. 5150 bis 5158 sowie 5163 bis 5169 GOÄ (Funktionsuntersuchung von Bauch- und Verdauungsorganen) zu sehen, bei denen die orientierende/n Durchleuchtung/en Bestandteil/e der Leistung ist/sind. Der horizontale Abgleich innerhalb der GOÄ lässt eine Bewertung der orientierenden Aufnahme mittels Körperspule mit 1000 Punkten, vor der eigentlichen Untersuchung z.B. mittels Kniespule nicht zu, da diese denselben diagnostischen Wert aufweisen müsste, wie die ebenfalls mit 1000 Punkten bewertete/n zusätzliche/n Serie/n nach Nr. 5731 GOÄ.

Wird jedoch ein Spulenwechsel zur Darstellung eines anderen Gelenks vorgenommen, z.B. Sprunggelenk neben Kniegelenk, oder kommt eine spezielle Spule, z.B. Ringspule, an demselben Gelenk zum Einsatz, z.B. zur Darstellung des Knorpels auf der Kniescheibenrückseite, so kann die Nr. 5732 angesetzt werden. Der Zuschlag nach Nr. 5732 GOÄ für den manuellen oder automatischen Spulenwechsel ist auch bei der Darstellung von mehr als zwei Gelenken oder bei der Darstellung von mehreren funktionellen Abschnitten der Wirbelsäule (BWS, HWS, LWS) und ggf. der zusätzlichen Darstellung der Ileosacralgelenke nur einmal berechnungsfähig.

8.2 Positionswechsel

Der Ansatz der Nr. 5732 GOÄ ist gerechtfertigt, wenn eine Funktionsuntersuchung in anderer Stellung, z.B. Elevation oder Abduktion, eines Gelenks vorgenommen wird (Positionswechsel). Hier sind als Beispiel vor allem Funktionsuntersuchungen des Schultergelenks zu nennen. Auch Funktionsuntersuchungen des Kniegelenkes, z.B. unter Auslösung des Schubladenphänomens zur Spannung der Kreuzbänder – Belastung von Außen- und Innenband, sind möglich, wenn durch diese zusätzliche Darstellung medizinisch relevante Zusatzinformationen zu erwarten sind. Der „Positionswechsel" bei der Gabe von Kontrastmittel durch Ein- und Ausfahren des Lagerungstisches muss gebührenrechtlich und vom Aufwand her sehr differenziert betrachtet werden. Üblicherweise steht schon zu Beginn der Untersuchung des Kniegelenks mittels MRT fest, ob eine Kontrastmittelgabe erforderlich ist oder nicht. Der Patient erhält im Falle der Erforderlichkeit einen venösen Zugang mit Anschluss an ein Infusions- oder Injektionssystem, welches ohne Verschieben des Tisches zu bedienen ist. Die Kontrastmittelgabe selbst wird bei diesem Vorgehen durch die Nrn. 340 GOÄ ff. vergütet. Bei der vorher feststehenden Kontrastmittelgabe ist die Berechnung des Positionswechsels nach Nr. 5732 GOÄ (1000 Punkte) nicht möglich, da die Leistungslegende nicht erfüllt wird.

Ein Positionswechsel des Patienten im Sinne der Leistungslegende erfolgt, wenn sich erst während der Untersuchung herausstellt, dass die Kontrastmittelgabe erforderlich ist. Dies ist zum Beispiel bei der Detektion einer Leberläsion in der T-2 gewichteten Nativsequenz der Fall, die die differentialdiagnostische Abklärung mittels KM-Dynamik erforderlich macht. Bei durch die orientierende MRT diagnostizierter pathologischer Gewebestruktur im Kniegelenk (z.B. Verdacht auf Knochenzysten oder Osteolysen) kann die Kontrastmittelapplikation zur Abklärung der Ätiologie bzw. Dignität erst im Verlauf der Untersuchung bzw. durch die orientierende Untersuchung erforderlich werden. Wird der Patient zu diesem Zweck aus dem Gerät herausgefahren und „nachträglich" ein venöser Zugang gelegt, so verschiebt sich in der Regel, wenn auch minimal, die Lage des Patienten auf dem Tisch und in der Kniespule. Aus diesem Grund müssen anschließend erneut eine SHIM-Sequenz und Lokalisationssequenzen durchgeführt werden, die vom zeitlichen und technischen Aufwand einem Positionswechsel entsprechen. Diese Leistung kann als Positionswechsel verstanden und nach Nr. 5732 GOÄ berechnet werden.

8.3 Untersuchungen verschiedener Organe (Nrn. 5700–5730 GOÄ)

Die Untersuchung verschiedener Organe mit verschiedenen Spulen und ggf. Umlagerung des Patienten, die jeweils eine Gebührenposition nach den Nrn. 5700 bis 5730 GOÄ nach sich ziehen würde, bei denen jedoch dann der Höchstwert nach Nr. 5735 GOÄ greift, sind weder als Positions- noch als Spulenwechsel nach Nr. 5732 GOÄ zu verstehen. Dieser Aufwand wird durch die zutreffende Gebührenposition bzw. den Höchstwert vergütet.

9. Computergestützte Analyse (Nr. 5733 GOÄ)

Wird über die bisher geschilderten Aufnahmetechniken und Ebenen hinaus eine computergesteuerte Analyse (z.B. Kinetik, 3D-Rekonstruktion) durchgeführt, so kann der Zuschlag nach Nr. 5733 GOÄ „Zuschlag für computergesteuerte Analyse (z.B. Kinetik, 3D-Rekonstruktion)" (800 Punkte) angesetzt werden. Gebührenrechtlich ist klarzustellen, dass anders als bei der Nr. 5377 GOÄ (Zuschlag für die computergestützte Analyse im Zusammenhang mit CT-Untersuchungen) – eine 3-D-Rekonstruktion bei der Nr. 5733 GOÄ kein obligater Bestandteil der Zuschlagsleistung ist, sondern die 3-D-Rekonstruktion nur beispielhaft aufgeführt ist. Die computergestützte Analyse setzt die Aufarbeitung und Auswertung der erhobenen Datensätze durch den befundenden Arzt voraus und erfordert die Durchführung von Rechenprozessen, deren Ergebnisse diagnostisch relevante Daten erwarten lassen. Der Leistungsinhalt des Zuschlages wird nicht durch die heute übliche Monitorbefundung erfüllt. Unter computergestützter Analyse kann weder die Nachbearbeitung zur Kontrastverstärkung noch die Einstellung der Helligkeit oder die Vergrößerung am Bildschirm verstanden werden. Die nachträgliche Veränderung des Offsets, z.B. zur Darstellung besonderer ROIs (regions of interest), soweit sie nicht zur primären Einstellung des Gerätes erforderlich ist, war bei der Legendierung des Kapitels O III technisch noch nicht möglich. Diese Veränderung des Untersuchungsprotokolls kann über den Gebührenrahmen nach § 5 Abs. 2 GOÄ berücksichtigt werden werden. Die Berechnung der Nr. 5733 GOÄ ist nicht gerechtfertigt bei der Durchführung einfacher Zweipunktmessungen, sofern es sich nicht um einen Vergleich zu Voraufnahmen handelt, die z.B. in einem anderen Datenformat vorliegen.

Gerechtfertigt ist die Berechnung der Nr. 5733 GOÄ dann, wenn eine Winkel-, Flächen- oder Volumen-Messung oder eine (beim Kniegelenk eher seltene, aber präoperative, z.B. zum Ersatz eines Kreuzbandes, ggf. notwendige) 3-D-Rekonstruktion durchgeführt werden muss, da es sich hierbei um aufwändige ärztliche Leistungen handelt, die nicht delegiert werden können und die eine Bewertung mit 800 Punkten rechtfertigten. Computergesteuerte Analysen sind z.B. dann indiziert, wenn ein Knorpelschaden am Kniegelenk abgeklärt und dargestellt werden soll, z.B. Osteochondrosis dissecansoderdie Kreuzbänder rekonstruiert werden sollen. Gleiches gilt für die Darstellung eines Korbhenkelrisses im Bereich des Meniskus, da der Meniskus halbmondförmig verläuft und deutliche Höhenunterschiede zwischen Vorderhorn, Pars intermedia und Hinterhorn aufweist, die nicht in einer Ebene darzustellen sind. Das Ausmaß eines Korbhenkelrisses ist bei der Arthroskopie oft nicht eindeutig zu erkennen, jedoch wichtig für die Diagnose und Therapie (Rekonstruktion oder Resektion). Der Zuschlag nach Ziff. 5733 GOÄ

ist berechenbar bei der Subtraktion von KM- und Nativserien, z.B. bei der MR-Mammographie bei Verdacht auf Mamma-Karzinom oder bei der Abklärung entzündlicher versus degenerativer Veränderungen des Kniegelenks mit Kontrastmittelgabe, bei der Messung von Größenausdehnungen eines Befundes im Vergleich zu den Vorbefunden, z.B. zum Vergleich der Änderung von Tumorvolumina oder der Ausdehnung von Spongiosafrakturen oder zur Therapie und OP-Planung, z.B. Winkelmessungen zum cerebralen Aneurysma-Clipping oder bei Patelladysplasie sowie bei Darstellung der Kontrastmittel-Kinetik bei Knochen- und Weichteiltumoren, z.B. zur Erfassung des vitaler Tumorareale, zu der Quantifizierung der KM-Aufnahme, oder der Erstellung von Zeit- / Aktivitätskurven..."
Literatur über www.bundesaerztekammer.de/page.asp?his=1.108.4689.4871.4941.4942

■ Rechtsprechung

MRT-Leistungen für Unfallchirurgen fachfremd
Ein Facharzt für Chirurgie und Unfallchirurgie, der jährlich eine Vielzahl von MRT-Leistungen durchführt, verstößt gegen § 37 Heilberufekammergesetz BW. Die Erstellung von MRT und Kernspektrographien gehören zum Fachgebiet der Diagnostischen Radiologie. Die mit den Patienten geschlossenen Behandlungsverträge sind insoweit gemäß § 134 BGB nichtig. Es liegt keine Leistung des Arztes nach § 1 Abs. 2 GOÄ vor, da der Arzt eine fachfremde Leistung erbracht hat, die insofern nicht den Regeln der ärztlichen Kunst entspricht. Dem Arzt steht auch kein Anspruch aus Bereicherungsrecht, § 812 BGB, zu, da seine Leistung gegen ein gesetzliches Verbot verstößt, § 817 BGB.
Aktenzeichen: LG Mannheim, 17.11.2006, AZ: 1 S 227/05
Entscheidungsjahr: 2006

5700* Magnetresonanztomographie im Bereich des Kopfes – gegebenenfalls einschließlich des Halses –, in zwei Projektionen, davon mindestens eine Projektion unter Einschluss T2-gewichteter Aufnahmen

4400 | 256,46 | 461,64 | 641,16

Ausschluss: Neben Nr. 5700 ist folgende Nr. nicht abrechnungsfähig: 5735

Kommentar: Die Nr. 5705 ist neben der Nr. 5700 abrechnungsfähig, da es sich um eine gezielte erforderliche Untersuchung handelt. Dies ist in der Rechnung zu begründen. Der Höchstwert entsprechend der Regelung nach Nr. 5735 ist zu beachten.

Tipp: Neben Nr. 5700 sind die Nrn. 345, 346, 347, 5731 – 5733 abrechenbar.

5705* Magnetresonanztomographie im Bereich der Wirbelsäule, in zwei Projektionen

4200 | 244,81 | 440,65 | 612,02

Ausschluss: Neben Nr. 5705 ist folgende Nr. nicht abrechnungsfähig: 5735

Kommentar: Die Nr. 5705 ist neben der Nr. 5700 abrechnungsfähig, da es sich um eine gezielte erforderliche Untersuchung handelt. Dies ist in der Rechnung zu begründen. Der Höchstwert entsprechend der Regelung nach Nr. 5735 ist zu beachten.

Tipp: Neben Nr. 5705 sind die Nrn. 345, 346, 347, 5731 – 5733 abrechenbar.

5715* Magnetresonanztomographie im Bereich des Thorax – gegebenenfalls einschließlich des Halses –, der Thoraxorgane und/oder der Aorta in ihrer gesamten Länge

4300 | 250,64 | 451,14 | 626,59

Ausschluss: Neben Nr. 5715 ist folgende Nr. nicht abrechnungsfähig: 5735

Tipp: Neben Nr. 5715 sind die Nrn. 345, 346, 347, 5731 – 5733 abrechenbar.

5720* Magnetresonanztomographie im Bereich des Abdomens und/oder des Beckens

4400 | 256,46 | 461,64 | 641,16

Ausschluss: Neben Nr. 5720 ist folgende Nr. nicht abrechnungsfähig: 5735

Tipp: Neben Nr. 5720 sind die Nrn. 345, 346, 347, 5731 – 5733 abrechenbar.

GOÄ-Nr.		Punktzahl 1fach	1,8 2,5
5721*	**Magnetresonanztomographie der Mamma(e)**	**4000** 233,15	419,67 582,87

Ausschluss: Neben Nr. 5721 ist folgende Nr. nicht abrechnungsfähig: 5735

Tipp: Neben Nr. 5721 sind die Nrn. 345, 346, 347, 5731 – 5733 abrechenbar.

5729*	**Magnetresonanztomographie eines oder mehrer Gelenke oder Abschnitte von Extremitäten**	**2400** 139,89	251,80 349,72

Ausschluss: Neben Nr. 5729 sind folgende Nrn. nicht abrechnungsfähig: 5730, 5732, 5735

Tipp: Neben Nr. 5705 sind die Nrn. 345, 346, 347, 5731, 5733 abrechenbar.

5730*	**Magnetresonanztomographie einer oder mehrerer Extremität(en) mit Darstellung von mindestens zwei großen Gelenken einer Extremität**	**4000** 233,15	419,67 582,87

Neben der Leistung nach Nummer 5730 ist die Leistung nach Nummer 5729 nicht berechnungsfähig.

Ausschluss: Neben Nr. 5730 sind folgende Nrn. nicht abrechnungsfähig: 5729, 5735

Tipp: Neben Nr. 5730 sind die Nrn. 345, 346, 347, 5731 – 5733 abrechenbar.

5731*	**Ergänzende Serie(n) zu den Leistungen nach den Nummern 5700 bis 5730 (z.B. nach Kontrastmitteleinbringung, Darstellung von Arterien als MR-Angiographie)**	**1000** 58,29	104,92 145,72

Tipp: Neben Nr. 5731 sind die Nrn. 345, 346, 347 abrechenbar.

5732*	**Zuschlag zu den Leistungen nach den Nummern 5700 bis 5730 für Positionswechsel und/oder Spulenwechsel**	**1000** 58,29	–

Der Zuschlag nach Nummer 5732 ist nur mit dem einfachen Gebührensatz berechnungsfähig.

5733*	**Zuschlag für computergesteuerte Analyse (z.B. Kinetik, 3D-Rekonstruktion)**	**800** 46,63	–

Der Zuschlag nach Nummer 5733* ist nur mit dem einfachen Gebührensatz berechnungsfähig.

GOÄ-Ratgeber der BÄK: Siehe auch unter „GOÄ-Ratgeber der BÄK“ bei GOÄ Nr. 5377

5735*	**Höchstwert für Leistungen nach den Nummern 5700 bis 5730**	**6000** 349,72	629,50 874,31

Die im einzelnen erbrachten Leistungen sind in der Rechnung anzugeben.

Ausschluss: Neben Nr. 5735 sind folgende Nrn. nicht abrechnungsfähig: 5700 – 5730

Kommentar: Die Nr. 5733 ist nicht Bestandteil der Höchstwerberechnung nach Nr. 5735. Die Anführung der Beispiele: Kinetik und 3D-Rekonstruktion in der Leistungslegende zeigen, daß auc andere Indizien die computergesteuerte Analyse belegen, z.B. Densitogramm bei Dichtkurven und ähnliches.

Tipp: Neben Nr. 5735 sind die Nrn. 345, 346, 347, 5731 – 5733 abrechenbar.

IV Strahlentherapie

Allgemeine Bestimmungen

1. Eine Bestrahlungsserie umfasst grundsätzlich sämtliche Bestrahlungsfraktionen bei der Behandlung desselben Krankheitsfalls, auch wenn mehrere Zielvolumina bestrahlt werden.

2. Eine Bestrahlungsfraktion umfasst alle für die Bestrahlung eines Zielvolumens erforderlichen Einstellungen, Bestrahlungsfelder und Strahleneintrittsfelder. Die Festlegung der Ausdehnung bzw. der Anzahl der Zielvolumina und Einstellungen muss indikationsgerecht erfolgen.

3. Eine mehrfache Berechnung der Leistungen nach den Nummern 5800, 5810, 5831 bis 5833, 5840 und 5841 bei der Behandlung desselben Krankheitsfalls ist nur zulässig, wenn wesentliche Änderungen der Behandlung durch Umstellung der Technik (z.B. Umstellung von Stehfeld auf Pendeltechnik, Änderung der Energie und Strahlenart) oder wegen fortschreitender Metastasierung, wegen eines Tumorrezidivs oder wegen zusätzlicher Komplikationen notwendig werden. Die Änderungen sind in der Rechnung zu begründen.

4. Bei Berechnung einer Leistung für Bestrahlungsplanung sind in der Rechnung anzugeben: die Diagnose, das/die Zielvolumen/ina, die vorgesehene Bestrahlungsart und -dosis sowie die geplante Anzahl von Bestrahlungsfraktionen.

1 Strahlenbehandlung dermatologischer Erkrankungen

5800* **Erstellung eines Bestrahlungsplans für die Strahlenbehandlung nach den Nummern 5802 bis 5806, je Bestrahlungsserie** **250** 26,23 / 14,57 36,43

Der Bestrahlungsplan nach Nummer 5800 umfaßt Angaben zur Indikation und die Beschreibung des zu bestrahlenden Volumens, der vorgesehenen Dosis, der Fraktionierung und der Strahlenschutzmaßnahmen und gegebenenfalls die Fotodokumentation.

Ausschluss: Neben Nr. 5800 sind folgende Nrn. nicht abrechnungsfähig: 5810, 5831 – 5833

Beschluss BÄK: **Beschluss des Gebührenordnungsausschusses der BÄK**
Photodynamische Therapie (PDT) von Hautläsionen)
Erstellung eines Behandlungsplanes für die dermatologische photodynamische Therapie analog Nr. 5800 GOÄ, einmal im Behandlungsfall (250 Punkte).

Tipp: Neben Nr. 5800 sind die Nrn. 5802, 5803, 5805, 5806 abrechenbar.

5800* analog **1. Behandlungsplan f. dermatol. Photodynamische Therapie, einmal im Behandlungsfall, PDT Haut** **250** 26,23 / 14,57 36,43
2. Computergesteuerte Bestrahlungsplanung bei der photodynamischen Therapie am Augenhintergrund (einschl. Berechnung der individuellen Dosis und Einstellung des Bestrahlungsareals), PDT Auge (analog 5800* GOÄ) – n. Beschlüssen des Ausschusses „Gebührenordnung" der BÄK

Kommentar: Bei Behandlung größerer Hautareale sind neben Nr. 5800* analog Zuschläge analog nach Nr. 5802 bis 5803 berechnungsfähig.

5802* **Bestrahlung von bis zu zwei Bestrahlungsfeldern bzw. Zielvolumina, je Fraktion** **200** 20,98 / 11,66 29,14

Ausschluss: Neben Nr. 5802 ist folgende Nr. nicht abrechnungsfähig: 5806

Tipp:
- Neben Nr. 5802 sind die Nrn. 5800, 5803 abrechenbar.
- Die photosensibilisierende Substanz kann neben den Nrn. 5802 analog und 5803 analog nach § 10 berechnet werden.

GOÄ-Nr.		Punktzahl / 1fach	1,8 / 2,5
5802* analog	**Zuschlag zu der Leistung nach Nr. 566 analog für zwei weitere Bestrahlungsfelder (analog Nr. 5802 GOÄ) – n. Beschlüssen des Ausschusses „Gebührenordnung" der BÄK**	**200** / 11,66	20,98 / 29,14

Ausschluss: Neben Nr. 5800 ist folgende Nr. nicht abrechnungsfähig: 5806

Tipp: Die photosensibilisierende Substanz kann neben den Nrn. 5802 analog und 5803 analog nach § 10 berechnet werden.

5803*	**Zuschlag zu der Leistung nach Nummer 5802 bei Bestrahlung von mehr als zwei Bestrahlungsfeldern bzw. Zielvolumina, je Fraktion**	**100** / 5,83	–

Der Zuschlag nach Nummer 5803 ist nur mit dem einfachen Gebührensatz berechnungsfähig.
Die Leistungen nach den Nummern 5802 und 5803 sind für die Bestrahlung flächenhafter Dermatosen jeweils nur einmal berechnungsfähig.

Ausschluss: Neben Nr. 5803 ist folgende Nr. nicht abrechnungsfähig: 5806

Tipp: Neben Nr. 5803 ist die Nr. 5802 abrechenbar.

5803* analog	**Zuschlag zu der Leistung nach Nr. 5802 analog für jedes weitere Bestrahlungsfeld – nur mit einfachem Gebührensatz berechnungsfähig – (analog Nr. 5803 GOÄ)) – n. Beschlüssen des Ausschusses „Gebührenordnung" der BÄK**	**100** / 5,83	–

Daneben sind bei topischer Applikation des Photosensibilisators berechnungsfähig: GOÄ Nr. 209 für das Auftragen des Photosensibilisators sowie GOÄ Nr. 200 (Okklusionsverband) und GOÄ Nr. 530 (Kaltpackung)

Tipp: Die photosensibilisierende Substanz kann neben den Nrn. 5802 analog und 5803 analog nach § 10 berechnet werden.

5805*	**Strahlenbehandlung mit schnellen Elektronen, je Fraktion**	**1000** / 58,29	104,92 / 145,72

Ausschluss: Neben Nr. 5805 ist folgende Nr. nicht abrechnungsfähig: 5806

Tipp: Neben Nr. 5805 ist die Nr. 5800 abrechenbar.

5806*	**Strahlenbehandlung der gesamten Haut mit schnellen Elektronen, je Fraktion**	**2000** / 116,57	209,83 / 291,44

Ausschluss: Neben Nr. 5806 ist folgende Nr. nicht abrechnungsfähig: 5805

Tipp: Neben Nr. 5806 ist die Nr. 5800 abrechenbar.

2 Orthovolt- oder Hochvoltstrahlenbehandlung

5810*	**Erstellung eines Bestrahlungsplans für die Strahlenbehandlung nach den Nummern 5812 und 5813, je Bestrahlungsserie**	**200** / 11,66	20,98 / 29,14

Der Bestrahlungsplan nach Nummer 5810 umfaßt Angaben zur Indikation und die Beschreibung des zu bestrahlenden Volumens, der vorgesehenen Dosis, der Fraktionierung und der Strahlenschutzmaßnahmen und gegebenenfalls die Fotodokumentation.

Ausschluss: Neben Nr. 5810 sind folgende Nrn. nicht abrechnungsfähig: 5800, 5831 – 5833

Tipp: Neben Nr. 5810 sind die Nrn. 5812, 5813 abrechenbar.

5812*	**Orthovolt- (100 bis 400 kV Röntgenstrahlen) oder Hochvoltstrahlenbehandlung bei gutartiger Erkrankung, je Fraktion**	**190** / 11,07	19,93 / 27,69

Bei Bestrahlung mit einem Telecaesiumgerät wegen einer bösartigen Erkrankung ist die Leistung nach Nummer 5812 je Fraktion zweimal berechnungsfähig.

Tipp: Neben Nr. 5812 ist die Nr. 5810 abrechenbar.

GOÄ-Nr.		Punktzahl / 1fach	1,8 / 2,5
5813*	**Hochvoltstrahlenbehandlung von gutartigen Hypophysentumoren oder der endokrinen Orbitopathie, je Fraktion**	**900** / 52,46	94,43 / 131,15

Tipp: Neben Nr. 5813 ist die Nr. 5810 abrechenbar.

3 Hochvoltstrahlenbehandlung bösartiger Erkrankungen (mindestens 1 MeV)

Allgemeine Bestimmungen

Die Leistungen nach den Nummern 5834 bis 5837 sind grundsätzlich nur bei einer Mindestdosis von 1,5 Gy im Zielvolumen berechnungsfähig. Muss diese im Einzelfall unterschritten werden, ist für die Berechnung dieser Leistungen eine besondere Begründung erforderlich.
Bei Bestrahlungen von Systemerkrankungen oder metastasierten Tumoren gilt als ein Zielvolumen derjenige Bereich, der in einem Großfeld (z.B. Mantelfeld, umgekehrtes Y-Feld) bestrahlt werden kann.
Die Kosten für die Anwendung individuell geformter Ausblendungen (mit Ausnahme der Kosten für wiederverwendbares Material) und/oder Kompensatoren oder für die Anwendung individuell gefertigter Lagerungs- und/oder Fixationshilfen sind gesondert berechnungsfähig.

Beschluss BÄK:

Beschluss des zentralen Konsultationsausschusses für Gebührenordnungsfragen bei der BÄK – 14. Juni 2005
Allg. Bestimmung Satz 3 zu O IV. 3. Hochvoltbestrahlung bösartiger Erkrankungen
„Bei Bestrahlung von Systemerkrankungen oder metastasierten Tumoren gilt als ein Zielvolumen derjenige Bereich, der in einem Großfeld (z.B. Magnetfeld oder umgekehrtes Y-Feld) bestrahlt werden kann."

Definition Zielvolumen
Das Zielvolumen ist definiert als das Körpervolumen, welches ohne Umlagerung des Patienten bzw. ohne Tischverschiebung mit einer anatomisch und physikalisch zweckmäßigen Feldordnung erfasst und mit einer festgelegten Dosis nach einem bestimmten Dosiszeitmuster bestrahlt werden kann.

Auslegung der Allg. Bestimmungen zu O IV. 3. Hochvoltbestrahlung Satz 3
Wird eine Hochvoltbestrahlung von Systemerkrankungen (z.B. Non-Hodgkin, Hodgkin) oder metastasierten Tumoren (Tumor mit nachgewiesenen Absiedlungen in regionären Lymphknoten und/oder anderen Organen) nach den Nrn. 5836 und ggf. 5837 GOÄ durchgeführt, so kann die Bestrahlung eines Zielvolumens einmal je Fraktion berechnet werden. Mehrere Zielvolumina, z.B. Tumorbett der Mamma und Lymphknotenmetastasen der Regio superclavicularis, gelten dann als ein Zielvolumen, wenn diese Zielvolumina indikationsgerecht, d.h. im Sinne der Allgemeinen Bestimmungen O IV. Ziffer 2 und unter Berücksichtigung spezialgesetzlicher Regelungen (StrlSchV § 81, RöV § 25) in einem Großfeld (Magnetfeld, umgekehrtes Y-Feld) bestrahlt werden können.
Können diese beiden Zielvolumina aus strahlenschutzrechtlichen Gründen zur Vermeidung der Strahlenexposition anderer Organe nicht in einem Großfeld bestrahlt werden, so treffen die Allgemeinen Bestimmungen O IV. 3. Satz nicht zu. In der Folge kann das oben genannte Beispiel sowohl für das Tumorbett der Mamma als auch für die Lymphknotenregion die Nr. 5836 GOÄ (und ggf. 5837 GOÄ) jeweils einmal je Fraktion angesetzt werden.
Für eine Hochvoltstrahlenbehandlung bösartiger **nicht metastasierter Tumoren** (ohne klinisch oder pathologisch nachgewiesene Absiedlungen in regionären Lymphknoten und/oder anderen Organen) im Bestrahlungsfeld haben die Allgemeinen Bestimmungen zu O IV. Satz 2 Vorrang und die Allgemeinen Bestimmungen zu O IV. Satz 3 treffen nicht zu. Wird eine Hochvoltstrahlenbehandlung bei einem nicht metastasierten Tumor nach den Nrn. 5836 GOÄ (und ggf. 5837 GOÄ) durchgeführt, so kann diese Gebührenposition einmal je Fraktion und je Zielvolumen berechnet werden. Werden beispielsweise das Tumorbett der Mamma und adjuvant (begleitend), ohne Nachweis von Metastasen, das Lymphabflussgebiet der Axilla bestrahlt, so handelt es sich um zwei Zielvolumina, die jeweils zur Abrechnung der Nrn 5836 GOÄ (und ggf. 5837) führen.

A 5830*	**Computergestützte Individual-Ausblendung (Multileaf-Kollimatoren = MLC) einmal je Feld und Bestrahlungsserie, einschl. Programmierung – (analog Nr. 5378 GOÄ) n. Beschluss des Zentralen Konsultationsausschusses f. Gebührenordnungsausschusses bei der BÄK**	**1000** / 58,29	104,92 / 145,72

Individuelle Ausblendungen zum Schutz von Normalgewebe und Organen können anstelle von Bleiblöcken, auch durch Programmierung eines (Mikro-)Multileaf-Kollimators erstellt werden, wobei für den Programmieraufwand die analoge Nr. 5378 GOÄ einmal je Feld und Bestrahlungsserie angesetzt werden kann. Der je nach Feldkonfiguration und Feldgröße unterschiedliche Schwierigkeitsgrad ist über den Gebührenrahmen nach § 5 Absatz 2 und 3 zu berücksichtigen. Eine Berechnung von Auslagen nach § 10 GOÄ für die Herstellung individueller Ausblendungen mittels Bleiblöcken neben der Berechnung der Individualausblendung mittels MLC nach Nummer 5378 GOÄ analog ist ausgeschlossen.

Hinweis BÄK: Der **Zentrale Konsultationsausschuss der BÄK** hat am 14. Juli 2005 (Dt. Ärzteblatt Nr. 37, 16. September 2005) obigen Beschluss gefasst: A 5830* GOÄ analog der Nr. 5378 GOÄ.
Individuelle Ausblendungen zum Schutz von Normalgewebe und Organen können anstelle von Bleiblöcken auch durch Programmierung eines (Mikro)-Multileaf-Kollimators erstellt werden, wobei für den Programmieraufwand die analoge Nr. 5378 GOÄ einmal je Feld und Bestrahlungsserie angesetzt werden kann. Der je nach Feldkonfiguration und Feldgröße unterschiedliche Schwierigkeitsgrad ist über den Gebührenrahmen nach § 5 Abs. 2 und 3 zu berücksichtigen.
Eine Berechnung von Auslagen nach § 10 GOÄ für die Herstellung ndividueller Ausblendungen mittels Bleiblöcken neben der Berechnung der Individualausblendung mittels MLC nach Nummer 5878 GOÄ analog ist ausgeschlossen.

5831* **Erstellung eines Bestrahlungsplans für die Strahlenbehandlung nach den Nummern 5834 bis 5837, je Bestrahlungsserie** **1500** 157,38
87,43 218,58

Der Bestrahlungsplan nach Nummer 5831 umfaßt Angaben zur Indikation und die Beschreibung des Zielvolumens, der Dosisplanung, der Berechnung der Dosis im Zielvolumen, der Ersteinstellung einschließlich Dokumentation (Feldkontrollaufnahme).

Ausschluss: Neben Nr. 5831 sind folgende Nrn. nicht abrechnungsfähig: 5800, 5810

Kommentar: Nach der Leistunglegende der Nr. 5831 kann die Berechnung der Erstellung eines Bestrahlungsplanes unabhängig von der Anzahl der Fraktionen nur einmal berechnet werden und ist auch nur einmal je Krankheitsfall abrechenbar.
Allerdings gibt es Ausnahmen, die eine Mehrfacherstellung eines Bestrahlungsplanes medizinisch erforderlich machen und damit auch eine mehr als einmalige Berechnung möglich machen.
Als Ausnahmen sind anzusehen:
- Veränderung der Bestrahlungstechnik
- Tumor-Rezidiv
- Zunehmende Metastasierung
- Allgemein auftretende Komplikationen während der Strahlenbehandlung

Wenn ein neuer Bestrahlungsplan durchgeführt werden muss, so ist dies innerhalb der Rechnung zu begründen und auszuweisen.

Tipp: Neben Nr. 5831 sind die Nrn. 5832 – 5837 abrechenbar.

5832* **Zuschlag zu der Leistung nach Nummer 5831 bei Anwendung eines Simulators und Anfertigung einer Körperquerschnittzeichnung oder Benutzung eines Körperquerschnitts anhand vorliegender Untersuchungen (z.B. Computertomogramm), je Bestrahlungsserie** **500**
29,14 –

Der Zuschlag nach Nummer 5832 ist nur mit dem einfachen Gebührensatz berechnungsfähig.

Ausschluss: Neben Nr. 5832 sind folgende Nrn. nicht abrechnungsfähig: 5800, 5810

Tipp: Neben Nr. 5832 sind die Nrn. 5831, 5833 – 5837 abrechenbar.

5833* **Zuschlag zu der Leistung nach Nummer 5831 bei individueller Berechnung der Dosisverteilung mit Hilfe eines Prozessrechners, je Bestrahlungsserie** **2000**
116,57 –

Der Zuschlag nach Nummer 5833 ist nur mit dem einfachen Gebührensatz berechnungsfähig.

Ausschluss: Neben Nr. 5833 sind folgende Nrn. nicht abrechnungsfähig: 5800, 5810

Tipp: Neben Nr. 5833 sind die Nrn. 5831, 5832, 5834 – 5837 abrechenbar.

5834* **Bestrahlung mittels Telekobaltgerät mit bis zu zwei Strahleneintrittsfeldern – gegebenenfalls unter Anwendung von vorgefertigten, wiederverwendbaren Ausblendungen –, je Fraktion** **720** 75,54
41,97 104,92

Tipp: Neben Nr. 5834 sind die Nrn. 5831 – 5833, 5835 abrechenbar.

GOÄ-Nr.		Punktzahl / 1fach	1,8 / 2,5
5835*	**Zuschlag zu der Leistung nach Nummer 5834 bei Bestrahlung mit Großfeld oder von mehr als zwei Strahleneintrittsfeldern, je Fraktion**	**120** / 6,99	12,59 / 17,49

Tipp: Neben Nr. 5835 sind die Nrn. 5831 – 5833, 5834 abrechenbar.

5836*	**Bestrahlung mittels Beschleuniger mit bis zu zwei Strahleneintrittsfeldern – gegebenenfalls unter Anwendung von vorgefertigten, wiederverwendbaren Ausblendungen –, je Fraktion**	**1000** / 58,29	104,92 / 145,72

Tipp: Neben Nr. 5836 sind die Nrn. 5831 – 5833, 5837 abrechenbar.

5837*	**Zuschlag zu der Leistung nach Nummer 5836 bei Bestrahlung mit Großfeld oder von mehr als zwei Strahleneintrittsfeldern, je Fraktion**	**120** / 6,99	12,59 / 17,49

Tipp: Neben Nr. 5837 sind die Nrn. 5831 – 5833, 5836 abrechenbar.

4 Brachytherapie mit umschlossenen Radionukliden

Allgemeine Bestimmungen

Der Arzt darf nur die für den Patienten verbrauchte Menge an radioaktiven Stoffen berechnen.
Bei der Berechnung von Leistungen nach Abschnitt O IV 4 sind die Behandlungsdaten der jeweils eingebrachten Stoffe sowie die Art der ausgeführten Maßnahmen in der Rechnung anzugeben, sofern nicht durch die Leistungsbeschreibung eine eindeutige Definition gegeben ist.

5840*	**Erstellung eines Bestrahlungsplans für die Brachytherapie nach den Nummern 5844 und 5846, je Bestrahlungsserie**	**1500** / 87,43	157,38 / 218,58

Der Bestrahlungsplan nach Nummer 5840 umfasst Angaben zur Indikation, die Berechnung der Dosis im Zielvolumen, die Lokalisation und Einstellung der Applikatoren und die Dokumentation (Feldkontrollaufnahmen).

Ausschluss: Neben Nr. 5840 ist folgende Nr. nicht abrechnungsfähig: 5842

Kommentar: Je Bestrahlungsserie (und im Krankheitsfall) unabhängig von der Anzahl der Fraktionen insgesamt nur einmal berechnungsfähig.
Als Ausnahme gibt **Brück** an:
- Änderung der Behandlungstechnik,
- fortschreitende Metastasierung,
- Tumorredzidiv,
- Komplikationen.

Die neue Bestrahlungsplanung ist in der Rechnung zu begründen.

Tipp: Bei Einsatz eines Prozessrechners zur Bestrahlungsplanung kann neben Nr. 5840 die Nr. 5841 abgerechnet werden.
Neben Nr. 5840 sind die Nrn. 5841, 5844, 5846 abrechenbar.

5840* analog	**Bestrahlungsplanung vor und nach der Implantation von Prostata-Seeds, einmal je Bestrahlungsplan – (analog Nr. 5840* GOÄ) – n. Beschlüssen des Ausschusses „Gebührenordnung" der BÄK**	**1500** / 87,43	157,38 / 218,58

Hinweis BÄK: **Abrechnungsempfehlung des Ausschusses „Gebührenordnung" der BÄK**: Der Vorstand der Bundesärztekammer hat obiger Abrechnungsempfehlung (GOÄ-Nr. 5840 A*) des Ausschusses „Gebührenordnung" zugestimmt: GOÄ-Nr. 5840 A* analog GOÄ-Nr. 5840*
Unter dem Bestrahlungsplan nach der Prostata-Seed-Implantation ist der Nachplan zu verstehen, der mit Hilfe einer Computertomographie in der Regel vier Wochen nach dem Eingriff stattfindet.
Die dazu notwendige Computertomographie ist neben der analogen Nr. 5840 GOÄ anzusetzen. Die insgesamt zweimalige Berechnung des Bestrahlungsplans nach Nr. 5840 GOÄ analog und ggf. des Zuschlages für den Prozessrechner nach Nr. 5841 GOÄ analog im Zusammenhang mit einer PSI ist zulässig und durch die Allgemeinen Bestimmungen zur Strahlentherapie O IV. GOÄ Ziffer 3 begründet, da diese Bestrahlungsplanungen aufgrund der jeweils unterschiedlichen tatsächlichen Dosisverteilung (geänderte Energie) durchgeführt werden.
Siehe auch Hinweis zu Nr. 390

GOÄ-Nr.		Punktzahl 1fach	1,8 2,5
5841*	**Zuschlag zu der Leistung nach Nummer 5840 bei individueller Berechnung der Dosisverteilung mit Hilfe eines Prozessrechners, je Bestrahlungsserie** Der Zuschlag nach Nummer 5841 ist nur mit dem einfachen Gebührensatz berechnungsfähig	**2000** 116,57	– –
Ausschluss:	Neben Nr. 5841 ist folgende Nr. nicht abrechnungsfähig: 5842		
Tipp:	Neben Nr. 5841 sind die Nrn. 5840, 5844, 5846 abrechenbar.		
5841* analog	**Zuschlag f. Prozessrechner i. Zusammenhang mit Prostata-Seedimplantation (PSI) (analog Nr. 5841*) – n. Beschlüssen des Ausschusses „Gebührenordnung" der BÄK**	**2000** 116,57	– –
5842*	**Brachytherapie an der Körperoberfläche – einschließlich Bestrahlungsplanung, gegebenenfalls einschließlich Fotodokumentation –, je Fraktion**	**300** 17,49	31,48 43,72
Ausschluss:	Neben Nr. 5842 sind folgende Nrn. nicht abrechnungsfähig: 5840, 5841		
5844*	**Intrakavitäre Brachytherapie, je Fraktion**	**1000** 58,29	104,92 145,72
Ausschluss:	Neben Nr. 5844 sind folgende Nrn. nicht abrechnungsfähig: 5840, 5841		
5846*	**Interstitielle Brachytherapie, je Fraktion**	**2100** 122,40	220,33 306,01
Ausschluss:	Neben Nr. 5846 sind folgende Nrn. nicht abrechnungsfähig: 5840, 5841		
5846* analog	**Interstitielle Low-Dose-Rate-Brachytherapie der Prostata mittels Seeds (PSI), je Fraktion, einschl. fortlaufendem Abgleich der intraoperativen Seed-Implantation mit der präoperativen Bestrahlungsplanung, einschl. der sich direkt anschließenden posttherapeutischen Bestimmung von Herddosen, zusätzlich Nr. 319 GOÄ Punktion der Prostata mit Plazierung der Hohlnadel/n zu Seedablage, einmal je Hohlnadel abrechenbar – (analog Nr. 5846* GOÄ) – n. Beschlüssen des Ausschusses „Gebührenordnung" der BÄK**	**2100** 122,40	220,33 306,01

Hinweis BÄK: **Abrechnungsempfehlung des Ausschusses „Gebührenordnung" der BÄK**: Der Vorstand der Bundesärztekammer hat obiger Abrechnungsempfehlung (GOÄ-Nr. 5846 A*) des Ausschusses „Gebührenordnung" zugestimmt: GOÄ-Nr. 5846 A* analog GOÄ-Nr. 5846*

Die Implantation von Seeds in drei Hohlnadeln entspricht einer Fraktion und führt einmal zur Berechnung der Nr. 5846 analog.

Werden Seeds in einer vom angegebenen Leistungsumfang abweichenden Anzahl (ein oder zwei) implantiert, so löst diese Implantation keinen weiteren analogen Ansatz der Nr. 5846 GOÄ aus, sondern der damit verbundene erhöhte Zeitaufwand ist angemessen über den Gebührenrahmen der letzten analogen Nr. 5846 GOÄ nach § 5 Abs. 2 und 3 GOÄ zu berücksichtigen. Die Berechnung der Nr. 5846 GOÄ analog für die PSI ist auf acht Fraktionen begrenzt.

Bei Vorliegen eines lokal begrenzten Prostatakarzinoms, eines PSA-Wertes von <= 10 ng/ml, eines Gleason score von < 7 und eines Prostatavolumens von <= 60 ml wird eine Seed-Implantation als eine geeignete Therape angesehen.

Die Kosten für die Prostata-Seeds (Material) können zusätzlich – entsprechend Nachweis – in Rechnung gestellt werden.

Punktion der Prostata mit Platzierung der Hohlnadel/n zur Seedablage(Nr. 319 GOÄ)

Die Nr. 319 kann im Rahmen der Prostata-Seed-Implantation (PSI) einmal je Hohlnadel angesetzt werden.

Eine parallel durchgeführte Sonographie nach den Nrn. 410 und ggf. 420 GOÄ ist unter Beachtung der Allgemeinen Bestimmungen zu C VI. neben der Nr. 319 GOÄ für die PSI ansatzfähig.

Sowohl die durchgeführte Zystographie nach Nr. 5230 GOÄ als auch die Zystourethroskopie nach 1787 GOÄ sind neben der Nr. 319 GOÄ für die PSI ansatzfähig.

Die Lokalanästhesie der Harnröhre und/oder Blase nach Nr. Nr. 400 GOÄ und das Einlegen eines Harnblasenverweilkatheters oder Spülen der Harnblase über einen (liegenden) Harnblasenkatheter nach den Nrn. 1732, 1729 und 1733 GOÄ sind neben der 319 GOÄ für die PSI nicht ansatzfähig.

GOÄ-Ratgeber der BÄK: ► **Abrechnungsempfehlungen für die PSI**

Dr. med. Tina Wiesener; Deutsches Ärzteblatt 111 (20.06.2014), S. A-1156 – http://www.bundesaerztekammer.de/page.asp?his=1.108.4144.4316.12247

Die Autorin fasst im Deutschen Ärzteblatt vom 20.06.2014 die Abrechnungsempfehlungen der Bundesärztekammer von 2005 zur PSI nochmal zusammen (hier teilweise von den Autoren gekürzt):

- die Implantation von Seeds „in drei Hohlnadeln ... einer Fraktion und führt einmal zur Berechnung der Nr. 5846 analog.
- werden Seeds in einer Anzahl (ein oder zwei) implantiert, so löst diese Implantation keinen weiteren analogen Ansatz der Nr. 5846 GOÄ aus
- aber der damit verbundene erhöhte Zeitaufwand ist angemessen über den Gebührenrahmen der letzten analogen Nr. 5846 GOÄ nach § 5 Absatz 2 und 3 GOÄ zu berücksichtigen. Die Berechnung der Nr. 5846 GOÄ analog für die PSI ist auf acht Fraktionen begrenzt...
- werden bei einer Behandlung z. B. 20 Hohlnadeln eingebracht, so ist der Ansatz der Nr. 5846 GOÄ (analog) insgesamt 6x zutreffend,
- der besondere Zeitaufwand für die vom angegebenen Leistungsumfang abweichende Anzahl (in diesem Beispiel: zwei) ist über einen erhöhten Steigerungssatz der sechsten im analogen Abgriff in Rechnung gestellten Nr. 5846 GOÄ abzubilden wäre und keinen zusätzlichen (siebten) Ansatz der Nr. 5846 GOÄ auslöst...

Die Autorin führt weiter aus:...Die Punktion der Prostata mit Platzierung der Hohlnadeln zur Seed-Ablage nach Nr. 319 GOÄ kann nach oben genannter Abrechnungsempfehlung „im Rahmen der Prostata-Seed-Implantation (PSI) einmal je Hohlnadel angesetzt werden“. Von daher ist für die Punktion und Platzierung bei Implantation von zum Beispiel 20 Hohlnadeln der Ansatz der Nr. 319 GOÄ insgesamt 20 mal zutreffend.

Darüber hinaus sind „(e)ine parallel durchgeführte Sonographie nach den Nrn. 410 und ggf. 420 GOÄ ... unter Beachtung der Allgemeinen Bestimmungen zu C VI.“ und „(s)owohl die durchgeführte Zystographie nach Nr. 5230 GOÄ als auch die Zystourethroskopie nach Nr. 1787 GOÄ ... neben der Nr. 319 GOÄ für die PSI ansatzfähig.“

Hingegen sind gemäß Beschlussfassung die „Lokalanästhesie der Harnröhre und/oder Blase nach Nr. 488 GOÄ und das Einlegen eines Harnblasenverweilkatheters oder Spülen der Harnblase über einen (liegenden) Harnblasenkatheter nach den Nrn. 1732, 1729 und 1733 GOÄ ... neben der Nr. 319 GOÄ für die PSI nicht ansatzfähig...“

5 Besonders aufwendige Bestrahlungstechniken

5851* **Ganzkörperstrahlenbehandlung vor Knochenmarktransplantation – einschließlich Bestrahlungsplanung –** **6900** 723,93
402,18 1005,46

Die Leistung nach Nummer 5851 ist unabhängig von der Anzahl der Fraktionen insgesamt nur einmal berechnungsfähig.

5852* **Oberflächen-Hyperthermie, je Fraktion** **1000**
58,29 –

5853* **Halbtiefen-Hyperthermie, je Fraktion** **2000**
116,57 –

5854* **Tiefen-Hyperthermie, je Fraktion** **2490**
145,14 –

Die Leistungen nach den Nummern 5852 bis 5854 sind nur in Verbindung mit einer Strahlenbehandlung oder einer regionären intravenösen oder intraarteriellen Chemotherapie und nur mit dem einfachen Gebührensatz berechnungsfähig.

Rechtsprechung: **Abrechnung einer Galvano-Therapie**

Da die GOÄ aber für die Galvano-Therapie keine eigene Gebührenziffer vorsieht, kommt § 6 Abs. 2 GOÄ analog zur Anwendung.

Die Abrechnung in analoger Anwendung der Gebührenziffer 5854 (Tiefen-Hyperthermie) ist jedenfalls vertretbar. Die Tiefen-Hyperthermie ist nach Auskunft der Sachverständigen wie die Galvano-Therapie mit einer Zufuhr von Energie ins Körperinnere verbunden, wobei bei der Tiefen-Hyperthermie die Energiezufuhr durch Wärme, bei der Galvano-Therapie durch elektrischen Strom erfolgt. Hinsichtlich des Behandlungsaufwandes sind Tiefen-Hyperthermie und Galvano-Therapie jedenfalls in etwa vergleichbar, da, wie die Sachverständige beschrieb, in beiden Fällen mindestens die Rufbereit-

schaft des Arztes für mögliche Komplikationen bestehen muss. Die Sachverständige hielt die analog herangezogene Gebührenziffer 5854 für sachgerecht; das Gericht schließt sich dieser Beurteilung an.
Aktenzeichen: LG Regensburg, 27.05.2014, AZ: 4 0 910/11
Entscheidungsjahr: 2014

Hinweis: Es erscheint fraglich, ob eine PKV die Kosten einer Galvano-Therapie übernimmt; wenn keine Kostenübernahme erfolgt, kann der Arzt die Kosten nur als Leistung auf Verlangen – § 1 Abs.2 S. 2 GOÄ – abrechnen.

5855* **Intraoperative Strahlenbehandlung mit Elektronen** **6900** 723,93
402,18 –

GOÄ-Ratgeber der BÄK: ► **Fraktionierte stereotaktische Strahlentherapie**
Dipl.-Verw. Wiss. Martin Ulmer – (In: Deutsches Ärzteblatt 108, Heft 45 (11.11.2011), S. A-2444) – http://www.bundesaerztekammer.de/page.asp?his=1.108.4144.4316.9889&all=true
Ulmer schreibt: ...„Nach denen im DÄ, Heft 17 vom 29. April 2011, veröffentlichten Abrechnungsempfehlungen der BÄK kann die fraktionierte, stereotaktische Präzisionsbestrahlung mittels Linearbeschleuniger am Körperstamm, je drei Fraktionen, ebenfalls über die GOÄ-Nr. 5855 analog abgerechnet werden. Dabei ist die fraktionierte, stereotaktische Präzisionsbestrahlung analog Nr. 5855 GOÄ unabhängig von der Anzahl der Zielvolumina höchsten fünfmal (15 Fraktionen) in sechs Monaten berechnungsfähig. Neben der Präzisionsbestrahlung mittels Linearbeschleuniger können verschiedene Leistungen in demselben Behandlungsfall nicht zusätzlich berechnet werden. Dies betrifft die Leistungen nach den Nrn. 5377, 5378, 5733 und A 5830.
Für die zur stereotaktischen Strahlentherapie am Körperstamm erforderliche 3-D-Bestrahlungsplanung ist einmal in sechs Monaten analog 1,75 x Nr. 5855 GOÄ vorgesehen. Diese Leistung umfasst die Anwendung eines Simulators und die Anfertigung einer Körperquerschnittszeichnung oder die Benutzung eines Körperquerschnitts anhand vorliegender Untersuchungen sowie die individuelle Berechnung der Dosisverteilung mit Hilfe eines Prozessrechners...“

IGeL:
- Laser in situ-Keratomileusis (Lasik) mit Excimer-Laseranwendung analog Nr. 1345 GOÄ (1660 Punkte) + analog Nr. 5855 GOÄ (6900 Punkte) – s. dazu auch Kommentar zu Nr. 1345.
- Photorefraktäre Keratektomie (PRK) mit Excimer-Laseranwendung analog Nr. 5855 GOÄ (6900 Punkte)

Intensitätsmodulierte Strahlentherapie – Körperstereotaxie

Der Vorstand der Bundesärztekammer hat in seiner 41. Sitzung (Amtsperiode 2007/2011) am 18. Februar 2011 nachfolgende – vom Ausschuss Gebührenordnung der Bundesärztekammer in seiner 19. Sitzung (Amtsperiode 2007/2011) am 28. September 2010 befürwortete – Abrechnungsempfehlungen beschlossen:

5855* analog **Intensitätsmodulierte Strahlentherapie (IMRT) mit bildgeführter Überprüfung der Zielvolumina (IGRT) einschließlich aller Planungsschritte und individuell angepasster Ausblendungen, je Bestrahlungssitzung** **6900** 723,93
402,18

Die intensitätsmodulierte Strahlentherapie analog Nr. 5855 GOÄ ist höchstens mit dem 1,8-fachen Gebührensatz berechnungsfähig.
Neben der intensitätsmodulierten Strahlentherapie analog Nr. 5855 GOÄ sind Leistungen aus dem Kapitel O IV und Leistungen nach den Nrn. 5377, 5378, 5733 und A 5830 in demselben Behandlungsfall nicht berechnungsfähig.

GOÄ-Ratgeber der BÄK: ► **Abrechnung der IMRT**
Dipl.-Verw.-Wiss. Martin Ulmer – (in: Deutsches Ärzteblatt 108, Heft 20 (20.05.2011), S. A-1138) – http://www.bundesaerztekammer.de/page.asp?his=1.108.4144.4316.9297&all=true
Ulmer führt aus: „nach Empfehlung der BÄK kann die IMRT mit bildgeführter Überprüfung der Zielvolumina einschl. aller Planungsschritte und individuell angepasster Ausblendungen je Bestrahlungssitzung, also unabhängig von der Anzahl der klinischen Zielvolumina, analog über die Nr. 5855 GOÄ abgerechnet werden (DÄ, Heft 17/2011)...

► **IMRT: Abrechnung ohne Mengenbegrenzung**
Dipl.-Verw. Wiss. Martin Ulmer in Deutsches Ärzteblatt 112, Heft 3 (2015), S. A-100
http://www.bundesaerztekammer.de/aerzte/gebuehrenordnung/goae-ratgeber/abschnitt-o-strahlendiagnostik-nuklearmedizin-magnetresonanztomographie-und-strahlentherapie/imrt/

Zusammengefasst führt **Ulmer** aus:
... „Eine Mengenbegrenzung, wie sie beispielsweise für die fraktionierte, stereotaktische Präzisionsbestrahlung mittels Linearbeschleuniger vorgesehen ist, hat die Bundesärztekammer für die IMRT nicht beschlossen, da bei dieser Bestrahlungstechnik durchschnittlich mindestens 30 Bestrahlungsfraktionen erforderlich sind. Gleichzeitig ist jedoch zu beachten, dass die Empfehlung der Bundesärztekammer, alle im Zusammenhang mit der IMRT stehenden Leistungen in einer Komplexziffer zusammenzufassen, zu einer einfacheren Abrechnung führt und die Rechtssicherheit erhöht. Dies betrifft insbesondere den bis zur Veröffentlichung dieser Abrechnungsempfehlung noch möglichen Ansatz der Nr. A 5830 für die Computergestützte Individual-Ausblendung (MLC) je Feld und Bestrahlungsserie, da durch die Modulation der Strahlenfelder bei der IMRT erhebliche Feldzahlen erreicht werden. So kommen in vielen Fällen bis zu 100 Bestrahlungsfelder zum Einsatz, weshalb es häufig zu Diskussionen darüber kam, wie oft die Nr. A 5830 im Einzelfall berechnet werden kann..."

Rechtsprechung: Siehe Urteil unter GOÄ Nr. 1345.

Behandlung mit Intensitätsmodulierter Strahlentherapie
Die Einschränkungen für die fraktionierte, stereotaktische Präzisionsbestrahlung mittels Linearbeschleuniger analog Nr. 5855 GOÄ – unabhängig von der Anzahl der Zielvolumina ist die Behandlung höchstens 5 Mal (15 Fraktionen) in 6 Monaten berechnungsfähig. – gelten für die Behandlung mit einer intensitätsmodulierten Strahlentherapie nicht.
Aktenzeichen: VG Stuttgart, 17.09.2012, AZ: 12 K 1012/12
Entscheidungsjahr: 2012

5855* analog **Fraktionierte, stereotaktische Präzisionsbestrahlung mittels Linearbeschleuniger am Körperstamm, je drei Fraktionen** **6900** 402,18 723,93 –

Die fraktionierte, stereotaktische Präzisionsbestrahlung mittels Linearbeschleuniger analog Nr. 5855 GOÄ ist unabhängig von der Anzahl der Zielvolumina höchstens fünf Mal (15 Fraktionen) in sechs Monaten berechnungsfähig.
Neben der fraktionierten, stereotaktischen Präzisionsbestrahlung mittels Linearbeschleuniger analog Nr. 5855 GOÄ sind Leistungen nach den Nrn. 5377, 5378, 5733 und A 5830 in demselben Behandlungsfall nicht berechnungsfähig.

Körperstereotaxie

5855* analog **3-D-Bestrahlungsplanung der fraktionierten, stereotaktischen Präzionsbestrahlung mittels Linearbeschleuniger am Körperstamm, einschließlich Anwendung eines Simulators und Anfertigung einer Körperquerschnittszeichnung oder Benutzung eines Körperquerschnitts anhand vorliegender Untersuchungen, einschließlich individueller Berechnung der Dosisverteilung mit Hilfe eines Prozessrechners analog 1,75 × Nr. 5855 GOÄ** **6900** 402,18 723,93 –

Die 3-D-Bestrahlungsplanung der fraktionierten, stereotaktischen Präzisionsbestrahlung analog Nr. 5855 GOÄ ist nur einmal in sechs Monaten berechnungsfähig.

5855* analog **Photorefraktäre Keratektomie (PRK) mit Excimer-Laseranwendung (analog Nr. 5855* GOÄ) – n. Beschlüssen des Ausschusses „Gebührenordnung" der BÄK** **6900** 402,18 723,93 –

IGeL: Laser in situ-Keratomileusis (Lasik) mit Excimer-Laseranwendung analog Nr. 1345 GOÄ (1660 Punkte) + analog Nr. 5855 GOÄ (6900 Punkte)

Rechtsprechung: **Abrechnung eines sog. Femtosekundenlasers bei Kataraktoperation – Nr. 5855 analog**
Das Gericht führt u. a. aus: Die Abrechnung der Leistung unter Anwendung der Ziff. 5855 GOÄ analog ist geboten. Die Methode ist neuartig, weswegen allein sie nicht ins Gebührenverzeichnis aufgenommen ist. Der Sachverständige konnte darlegen, dass die Katarakt-Operation „mit einem Laser" nicht im Tatbestand der Ziff. 1375 enthalten ist. Der Sachverständige konnte sehr eindrücklich beschreiben, dass die Operation unter Einsatz eines Lasers der in der Ziff. 1375 geregelten traditionellen Operationsmethode

deutlich überlegen ist und der Lasereinsatz, ausgehend von Aufwand, Vorhalte- und Investitionskosten, Schulungsaufwand und ärztlicher Kunstfertigkeit, der Ziff. 5855 zwanglos unterfällt.
Aktenzeichen: AG Reutlingen, 26.06.2015, AZ: 5 C 1396/14
Siehe hierzu unter Rechtsprechung bei GOÄ Nr. 1345 analog.

A 5860* **Radiochirurgisch stereotaktische Bestrahlung benigner Tumoren mittels Linearbeschleuniger – einschl. Fixierung mit Ring oder Maske –, einschl. vorausgegangener Bestrahlungsplanung, einschl. Anwendung eines Simulators und Anfertigung einer Körperquerschnittszeichnung oder Benutzung eines Körperquerschnitts anhand vorliegender Untersuchungen, einschl. individueller Berechnung der Dosisverteilung mit Hilfe eines Prozessrechners, analog 6 x 5855* GOÄ (6 x 6900 Pkt. = 41400 Pkt.) – n. Verzeichnis analoger Bewertungen der Bundesärztekammer** **41400** 4343,57 2413,09 6032,74

Unter radiochirurgischer Bestrahlung (Radiochirurgie) ist die einzeitige stereotaktische Bestrahlung mittels Linearbeschleuniger zu verstehen.
Die Radiochirurgie ist nur einmal in sechs Monaten berechnungsfähig. Diese Therapie ist grundsätzlich bei folgenden Indikationen geeignet: Akustikusneurinom, Hypophysenadenom, Meningeom, arteriovenöse Malformation, medikamentös oder operativ therapierefraktäre Trigeminusalgesie, Chordom. Die nach § 10 GOÄ zulässigen Kosten für Material können zusätzlich berechnet werden.

Beschluss BÄK: Der Beschluss des Zentralen Konsultationsausschusses für Gebührenordnungsfragen bei der BÄK zur stereotaktischen Radiochirurgie, veröffentlicht im Deutschen Ärzteblatt, Heft 37/2005, bezieht sich nur auf die stereotaktische Radiochirurgie mittels Linearbeschleuniger und nicht auf die mittels Gamma-Knife. Die Beratungen im Ausschuss haben explizit die Strahlenchirurgie mit dem Gamma-Knife ausgeklammert. Die BÄK sieht daher ebenso wie der Zentrale Konsultationsausschuss für Gebührenordnungsfragen keinen Anlass, die Empfehlung der Bayerischen Landesärztekammer für die stereotaktische Radiochirurgie mittels Gamma-Knife als überholt zu betrachten.
Da jedoch durch die vom Zentralen Konsultationsausschuss für Gebührenordnungsfragen gewählten künstlichen Gebührenpositionen (A 5860 und A 5861) Missverständnisse entstehen können – diese sind identisch mit den von der Bayerischen Landesärztekammer gewählten künstlichen Gebührenpositionen -, ist es empfehlenswert, die Abrechnung für das Gamma-Knife nicht mit einer künstlichen Gebührenposition zu versehen. Besser ist es, die originäre Gebührenposition (mit entsprechender Anzahl), so wie es § 12 Abs. 4 GOÄ verlangt, auf der Rechnung auszuweisen und eventuell in einer Fußnote auf die Abrechnungsempfehlung der Bayerischen Landesärztekammer hinzuweisen.

A 5861* **Radiochirurgisch stereotaktische Bestrahlung primär maligner Tumoren oder von Hirnmetastasen mittels Linearbeschleuniger – einschl. Fixierung mit Ring oder Maske –, einschl. vorausgegangener Bestrahlungsplanung, einschl. Anwendung eines Simulators und Anfertigung einer Körperquerschnittszeichnung oder Benutzung eines Körperquerschnitts anhand vorliegender Untersuchungen, einschl. individueller Berechnung der Dosisverteilung mit Hilfe eines Prozessrechners, analog 3,5 x 5855* GOÄ (3,5 x 6900 Pkt. = 24150 Pkt.) – n. Verzeichnis analoger Bewertungen der Bundesärztekammer** **24150** 2533,75 1407,64 3519,10

Unter radiochirurgischer Bestrahlung (Radiochirurgie) ist die einzeitige stereotaktische Bestrahlung mittels Linearbeschleuniger zu verstehen. Die Radiochirurgie ist nur einmal in sechs Monaten berechnungsfähig. Diese Therapie ist grundsätzlich bei folgenden Indikationen geeignet: Inoperabler primärer Hirntumor oder Rezidiv eines Hirntumors, symptomatische Metastase ZNS, Aderhautmelanom. Die nach § 10 GOÄ zulässigen Kosten für Material können zusätzlich berechnet werden.

Beschluss BÄK: Siehe auch unter Nr. A 5860*.

6 Abrechnung der sterotaktisch fraktionierten Strahlentherapie mittels Linearbeschleuniger

Hinweis auf GOÄ-Ratgeber der BÄK:

Siehe Ratgeber unter GOÄ NR. 5855*

A 5863*	**3-D-Bestrahlungsplanung für die fraktionierte stereotaktische Präzisionsbestrahlung bei Kindern und Jugendlichen mit malignen Kopf-, Halstumoren und bei allen Patienten (ohne Altersbegrenzung) mit benignen Kopf-, Halstumoren mittels Linearbeschleuniger, einschl. Anwendung eines Simulators und Anfertigung einer Körperquerschnittszeichnung oder Benutzung eines Körperquerschnitts anhand vorliegender Untersuchungen, einschl. individueller Berechnung der Dosisverteilung mit Hilfe eines Prozessrechners, analog 3x Nr. 5855* GOÄ – n. Verzeichnis analoger Bewertungen der Bundesärztekammer**	**20700** 1206,55	2171,78 3016,37

Diese 3-D-Bestrahlungsplanung ist nur einmal in sechs Monaten berechnungsfähig. Die analoge Nr. 5855 GOÄ wird dreimal angesetzt für den Bestrahlungsplan im Rahmen der fraktionierten stereotaktischen Präzisionsbestrahlung benigner Tumoren.
3x 6900 3x 723,93 – 3x 402,18 3x 1005,46

A 5864*	**Fraktionierte stereotaktische Präzisionsbestrahlung bei Kindern und Jugendlichen mit malignen Kopf-, Halstumoren und bei allen Patienten (ohne Altersbegrenzung) mit benignen Kopf-, Hirntumoren mittels Linearbeschleuniger, ggf. einschl. Fixierung mit Ring oder Maske, je zwei Fraktionen, analog 1x Nr. 5855* GOÄ – n. Verzeichnis analoger Bewertungen der Bundesärztekammer**	**6900** 402,18	723,93 1005,46

Unter einer Fraktion wird eine Bestrahlung verstanden. Die Gebührenposition Nr. 5855 GOÄ analog ist einmal für **zwei** Fraktionen berechnungsfähig. Wird eine weitere Fraktion erbracht, so löst diese einen halben (0,5-maligen) analogen Ansatz der Nr. 5855 GOÄ aus. Beispiele:
26 Fraktionen werden erbracht = 13 x Nr. 5855 GOÄ analog
25 Fraktionen werden erbracht = 12,5 x Nr. 5855 GOÄ analog
Die fraktionierte stereotaktische Präzisionsbestrahlung analog nach Nr. 5855 GOÄ ist maximal fünfzehn Mal (30 Fraktionen) in sechs Monaten berechnungsfähig. Werden medizinisch indiziert im Ausnahmefall (z.B. beim Chondrom) weitere Fraktionen erbracht, so ist für mindestens zwei Fraktionen und alle weiteren insgesamt noch 1mal die Nr. 5855 GOÄ analog berechnungsfähig.
Kriterien für die fraktionierte stereotaktische Präzisionsbestrahlung, in Abgrenzung zur einzeitigen stereotaktischen Bestrahlung (Radiochirurgie), sind grundsätzlich folgende Indikationen:

Akustikusneurinom (Durchmesser > 2,5 cm und/oder bilaterales Akustikusneurinom und Neurofibromatose Typ 2 und/oder deutliche Hörminderung kontralaterales Gehör),

Hypophysenadenom (Makroadenom mit Infiltration der Sinus cavernosi und/oder Distanz < 2 mm zu Sehapparat (Sehnerv, Chiasma) und oder lediglich indirekt darstellbares Adenom),

Meningeom (Inoperabilität bzw. Resttumor/Rezidiv an der Schädelbasis bzw. Sinus sagittalis und/oder Optikusscheidenmeningeom und/oder Distanz < 2 mm zum Sehapparat/andere sensible Strukturen und/oder Volumen > 15 ml bzw. Größe über 2,5 cm in einer Ebene),

Chordom (immer bei subtotaler Resektion und/oder Chordome der Schädelbasis),

Neurinom (Tumor > 2 cm und Distanz zum optischen System < 2 mm),

Glomustumoren (Inoperabilität) sowie zusätzlich das **maligne Chondrosarkom** der Schädelbasis (auch nach subtotaler Resektion) sowie seltene weitere ZNS-Tumoren:

Pilozytische Astrozytome (Tumor > 2,5 cm und Distanz zum optischen System < 2 mm),
seltene selläre und paraselläre Tumoren (Tumor > 2,5 cm und Distanz zum optischen System <2 mm),

Tumoren der kranialen und spinalen Nerven (Tumor > 2,5 cm und Distanz zum optischen System < 2 mm),

Die fraktionierte stereotaktische Radiotherapie ist bei Kindern und Jugendlichen mit **benignen und malignen Kopf-, Halstumoren** insbesondere geeignet bei folgenden Indikationen:

Astrozytäre und oligodendrogliale Tumoren (niedrigen Malignitätsgrads),

Maligne Gliome (z.B. Hirnstammgliom),

Ependymome (primär: Grad I und II zur Dosiserhöhung oder in der hinteren Schädelgrube: Grad III),

Medulloblastome (zur Dosiserhöhung in der hinteren Schädelgrube),

Retinoblastome,

Aderhautmelanome.

GOÄ-Nr.	Leistung	Punktzahl / 1fach	1,8 / 2,5
A 5865*	**3-D-Bestrahlungsplanung für die fraktionierte stereotaktische Präzisionsbestrahlung von Rezidiven primär maligner Kopf-, Halstumoren oder Rezidiven von Hirnmetastasen mittels Linearbeschleuniger, einschl. Anwendung eines Simulators und Anfertigung einer Körperquerschnittszeichnung oder Benutzung eines Körperquerschnitts anhand vorliegender Untersuchungen, einschl. individueller Berechnung der Dosisverteilung mit Hilfe eines Prozessrechners, analog 1,75x Nr. 5855* GOÄ (1,75facher = 402,18 × 1,75 = 703,82) – n. Verzeichnis analoger Bewertungen der Bundesärztekammer**	**6900** 402,18	– –

Diese 3-D-Bestrahlungsplanung ist nur einmal in sechs Monaten berechnungsfähig. Die analoge Nr. 5855 GOÄ wird 1,75-mal angesetzt für den Bestrahlungsplan im Rahmen der fraktionierten stereotaktischen Präzisionsbestrahlung primär oder sekundär maligner Tumoren.

GOÄ-Nr.	Leistung	Punktzahl / 1fach	1,8 / 2,5
A 5866*	**Fraktionierte stereotaktische Präzisionsbestrahlung von Rezidiven primär maligner Kopf-, Halstumoren oder Rezidiven von Hirnmetastasen mittels Linearbeschleuniger, gegebenenfalls einschl. Fixierung mit Ring oder Maske, je drei Fraktionen, analog 1x Nr. 5855* GOÄ – n. Verzeichnis analoger Bewertungen der Bundesärztekammer**	**6900** 402,18	723,93 1005,46

Unter einer Fraktion wird eine Bestrahlung verstanden. Die Gebührenposition Nr. 5855 GOÄ analog ist einmal für drei Fraktionen berechnungsfähig. Werden eine oder zwei weitere Fraktion/en erbracht, so löst/lösen diese Fraktion/en zwei Drittel (zur Vereinfachung 0,7) bzw. ein Drittel (zur Vereinfachung 0,35-mal) den analogen Ansatz der Nr. 5855 GOÄ aus. Beispiele:
6 Fraktionen werden erbracht = 2 x Nr. 5855 GOÄ analog
7 Fraktionen werden erbracht = 2,35 x Nr. 5855 GOÄ analog
8 Fraktionen werden erbracht = 2,7 x Nr. 5855 GOÄ analog
Die fraktionierte stereotaktische Präzisionsbestrahlung analog nach Nr. 5855 GOÄ ist maximal fünf Mal (15 Fraktionen) in sechs Monaten berechnungsfähig.
Kriterien für die fraktionierte stereotaktische Präzisionsbestrahlung, in Abgrenzung zur einzeitigen stereotaktischen Bestrahlung (Radiochirurgie), sind: Primäre Hirntumoren (Inoperabilität und/oder Therapieresistenz bzw. Progression oder Rezidiv z.B. nach konventioneller Bestrahlung mit oder ohne Chemotherapie), Rezidiv einer symptomatischen Metastase des ZNS, Chiasmanahe oder im Hirnstamm lokalisierte Hirnmetastase, Rezidiv eines Aderhautmelanoms.

GOÄ-Nr.		Punktzahl 1fach	2,3 / *1,8 3,5 / *2,5

P Sektionsleistungen

Kommentar:
Seit März 2000 sind Sektionsleistungen, die im Rahmen eines Sachverständigengutachtens durchgeführt werden, umsatzsteuerpflichtig. Nicht umsatzsteuerpflichtig ist die normale äußere Leichenschau und die Ausstellung des Todesscheines durch einen Arzt.
Brück führt in seinem Kommentar zur GOÄ weiter aus: „... *Aus Sicht des BMF (Bundesfinanzministerium) sind Ausnahmen von der Umsatzsteuerpflicht für Obduktionen denkbar, wenn die Obduktion zwar nicht mehr für den Obduzierenden, wohl aber beispielsweise im Falle des Seuchenverdachtes für dessen Kontaktperson von therapeutischer Bedeutung sein kann. ...*"

GOÄ-Nr.	Leistung	Punktzahl / 1fach	2,3 / 3,5
6000	**Vollständige innere Leichenschau – einschließlich Leichenschaubericht und pathologisch-anatomischer Diagnose –**	**1710** 99,67	229,24 348,85
Ausschluss:	Neben Nr. 6000 sind folgende Nrn. nicht abrechnungsfähig: 70, 75, 80, 6001, 6002, 6003		
6001	**Vollständige innere Leichenschau, die zusätzlich besonders zeitaufwendige oder umfangreiche ärztliche Verrichtungen erforderlich macht (z.B. ausgedehnte Untersuchung des Knochensystems oder des peripheren Gefäßsystems mit Präparierung und/oder Untersuchung von Organen bei fortschreitender Zersetzung mit bereits wesentlichen Fäulniserscheinungen) – einschließlich Leichenschaubericht und pathologisch-anatomischer Diagnose –**	**2300** 134,06	308,34 469,21
Ausschluss:	Neben Nr. 6001 sind folgende Nrn. nicht abrechnungsfähig: 70, 75, 80, 6000, 6002, 6003		
6002	**Vollständige innere Leichenschau einer exhumierten Leiche am Ort eder Exhumierung – einschließlich Leichenschaubericht und pathologisch-anatomischer Diagnose –**	**3200** 186,52	428,99 652,82
Ausschluss:	Neben Nr. 6002 sind folgende Nrn. nicht abrechnungsfähig: 70, 75, 80, 6000, 6001, 6003		
6003	**Innere Leichenschau, die sich auf Teile einer Leiche und/oder auf einzelne Körperhöhlen beschränkt – einschließlich Leichenschaubericht und pathologisch-anatomischer Diagnose –**	**739** 43,07	99,07 150,76
Ausschluss:	Neben Nr. 6003 sind folgende Nrn. nicht abrechnungsfähig: 70, 75, 80, 6000 – 6002		
6010	**Makroskopische neurophatologische Untersuchung des Zentralnervensystems (Gehirn, Rückenmark) einer Leiche – einschließlich Organschaubericht und pathologisch-anatomischer Diagnose –**	**400** 23,31	53,62 81,60
Ausschluss:	Neben Nr. 6010 sind folgende Nrn. nicht abrechnungsfähig: 70, 75, 80		
6015	**Mikroskopische Untersuchung von Organen (Haut, Muskel, Leber, Niere, Herz, Milz, Lunge) nach innerer Leichenschau – einschließlich Beurteilung des Befundes –, je untersuchtes Organ**	**242** 14,11	32,44 49,37
Ausschluss:	Neben Nr. 6015 sind folgende Nrn. nicht abrechnungsfähig: 4800, 4801		
Kommentar:	Mit der Leistung nach Nr. 6015 sind die für die mikroskopische Untersuchung erforderlichen Vorbereitungen (Schnitte, Einbettung, Fixierung, Färbung) abgegolten.		
6016	**Mikroskopische Untersuchung eines Knochens nach innerer Leichenschau – einschließlich Beurteilung des Befundes –, je Knochen**	**300** 17,49	40,22 61,20

Ausschluss: Neben Nr. 6016 sind folgende Nrn. nicht abrechnungsfähig: 4800, 4801, 6017

Kommentar: Müssen vier oder mehr Knochen untersucht werden, ist Nr. 6017 anzusetzen. Mit der Leistung nach Nr. 6016 sind die für die mikroskopische Untersuchung erforderlichen Vorbereitungen (Schnitte, Einbettung, Fixierung, Färbung) abgegolten.

GOÄ-Nr.	Leistung	Punktzahl / 1fach	2,3 / *1,8 und 3,5 / *2,5
6017	**Mikroskopische Untersuchung von vier oder mehr Knochen nach innerer Leichenschau – einschließlich Beurteilung des Befundes –**	**1045** 60,91	140,09 213,19

Ausschluss: Neben Nr. 6017 sind folgende Nrn. nicht abrechnungsfähig: 4800, 4801, 6016

Kommentar: Mit der Leistung nach Nr. 6017 sind die für die mikroskopische Untersuchung erforderlichen Vorbereitungen (Schnitte, Einbettung, Fixierung, Färbung) abgegolten.

GOÄ-Nr.	Leistung	Punktzahl / 1fach	2,3 / *1,8 und 3,5 / *2,5
6018	**Mikroskopische Untersuchung von Nerven oder Rückenmark oder Gehirn nach innerer Leichenschau – einschließlich des Befundes –**	**300** 17,49	40,22 61,20

Ausschluss: Neben Nr. 6018 sind folgende Nrn. nicht abrechnungsfähig: 4800, 4801.

Kommentar: Mit der Leistung nach Nr. 6018 sind die für die mikroskopische Untersuchung erforderlichen Vorbereitungen (Schnitte, Einbettung, Fixierung, Färbung) abgegolten.

Analoge Bewertungen

Für eine Analogie ist nur dort Raum, wo die Gebührenordnung eine Abrechnungslücke gelassen hat. In diesen Fällen kann der Arzt eine (ggf. mehrere in Kombination!) nach Art, Kosten- und Zeitaufwand vergleichbare Leistung der GOÄ ansetzen.

In diesem Zusammenhang ist darauf hinzuweisen, dass formal betrachtet zwar nur Leistungen analog berechnet werden dürfen, „die in das Gebührenverzeichnis nicht aufgenommen sind" (§ 6 Abs. 2). Die zivilrechtliche Rechtsprechung hat jedoch schon vor etlichen Jahren klargestellt, dass eine „ausfüllungsbedürftige Regelungslücke" in der GOÄ auch dann besteht, wenn das Leistungsverzeichnis zwar eine Gebührenordnungsposition enthält, diese aber „wegen einer wesentlichen Änderung der Verhältnisse so wenig sachgerecht ist, dass der Regelungscharakter verloren gegangen ist".

Angesichts der mangelnden Aktualisierung der derzeit gültigen GOÄ und der seit langem ausstehenden Anpassung der Bewertungen an die wirtschaftliche Entwicklung, kann nahezu die gesamte GOÄ als „nur noch wenig sachgerecht" beurteilt werden. Trotzdem kann die Aussage der Rechtsprechung nicht dahin missverstanden werden, dass nunmehr ein „Freibrief" für individuell angemessene Höherbewertungen bestehe. Andererseits ist aber auch dem Ansinnen vieler privater Krankenversicherungen unter Hinweis auf diese Rechtsprechung entgegenzutreten, die versuchen, Weiterentwicklungen der Medizin grundsätzlich auf dem Niveau veralteter Leistungsbeschreibungen zu halten, ohne moderne therapeutische oder differenziertere diagnostische Möglichkeiten zu würdigen.

Hinweise der Bundesärztekammer zu den Analogen Bewertungen

Die Bundesärztekammer informiert im Deutschen Ärzteblatt 1996:

„... Die Gebührenordnung für Ärzte **(GOÄ) enthält in § 6 Abs. 2 die Grundlagen dafür, dass der Arzt** – anders als im vertragsärztlichen Bereich, in dem nur im EBM enthaltene Leistungen berechenbar sind – **eine nicht in der GOÄ enthaltene Leistung analog einer anderen, in der GOÄ enthaltenen Leistung abrechnen kann.** Dies berücksichtigt, dass der rasch fortschreitende medizinische Fortschritt in der GOÄ nicht kurzfristig widergespiegelt werden kann, aber auch, dass es schon bei Verfassung des Gebührenverzeichnisses nicht möglich ist, den ärztlichen Alltag in all seinen Facetten zu erfassen. ***§ 6 Abs. 2: Selbstständige ärztliche Leistungen, die in das Gebührenverzeichnis nicht aufgenommen sind, können entsprechend einer nach Art, Kosten- und Zeitaufwand gleichwertigen Leistung des Gebührenverzeichnisses berechnet werden.*** Der Vorstand der Bundesärztekammer hat schon zur GOÄ von 1982 „Grundsätze analoger Bewertungen" beschlossen, auf deren Basis im Nachfolgenden das Verfahren bei analogen Bewertungen dargestellt wird.

Selbstständigkeit der Leistung

Die Leistung muss selbstständig sein. Unselbstständige Teilschritte einer anderen Leistung oder Leistungen, die nur eine Modifikation einer in der GOÄ enthaltenen Leistung darstellen, sind nicht analog abrechenbar.

So ist beispielsweise keine Analogbewertung für die besonders lange Dauer der Ausführung einer Leistung möglich. Zum Beispiel bleibt eine Beratung von 30 Minuten eine Beratung und nur nach Nr. 3 abrechenbar (und nicht nach Nr. 31 – homöopathische Folgeanamnese – analog). Für die Berücksichtigung des Umfangs einer Leistung ist in der GOÄ in § 5 der Steigerungsfaktor zutreffend, gegebenenfalls kommt auch eine Abdingung nach § 2 in Betracht.

Abgriffverfahren

Wenn eine analoge Abrechnung in Frage kommt, muss eine GOÄ-Position gewählt werden, die in der technischen Durchführung, im Zeitaufwand, im Schwierigkeitsgrad und in den Kosten der erbrachten Leistung möglichst nahe kommt.

Beim Analogabgriff hat eine GOÄ-Position aus demselben Leistungsabschnitt Vorrang, da hier in der Regel die Vergleichbarkeit am offensichtlichsten ist. Legitim ist aber auch der Abgriff aus einem anderen Kapitel der GOÄ als dem „primär zuständigen". Möglich ist auch der analoge Abgriff durch eine Summation mehrerer GOÄ-Positionen.

Analoge Abrechnung bereits bekannter Leistungen

Ärztliche Leistungen, die zum Zeitpunkt des Inkrafttretens der GOÄ bereits allgemein anerkannt waren, sind zwar im Grundsatz von einer Analogbewertung nicht ausgeschlossen: in solchen Fällen muss jedoch besonders sorgfältig geprüft werden, ob nicht diese Leistungen bisher als Bestandteil einer anderen, im Gebührenverzeichnis enthaltenen Leistung angesehen wurden oder lediglich abweichende Modalitäten gegenüber einer im Gebührenverzeichnis befindlichen Leistung darstellen.

In der GOÄ fehlende EBM-Leistungen

Da der EBM häufiger aktualisiert wird als die GOÄ, sucht man oft vergebens EBM-Leistungen in der GOÄ. In diesem Fall muss jedoch sorgfältig geprüft werden, ob die oben genannten Voraussetzungen erfüllt sind. Oft handelt es sich nur um die Modifikation einer in der GOÄ enthaltenen Leistung. Da der EBM keinen Steigerungsfaktor kennt, sind im EBM auch Modifikationen einer Leistung als selbstständige Positionen enthalten, besonders häufig in Form von Zuschlägen.

Gleichwertigkeit der Leistungen

Da nach § 6 Abs. 2 eine „gleichwertige" Leistung des Gebührenverzeichnisses analog herangezogen werden muss, bleiben auch die „Rahmenbedingungen" der abgegriffenen Leistung bei Analogabrechnung erhalten. Zum Beispiel ist eine abgegriffene Ziffer mit kleinem Gebührenrahmen auch bei analoger Abrechnung ohne Begründung nur bis 1,8fach steigerungsfähig. Ebenso werden Vorgaben bei Mindestzeiten, Leistungsausschlüssen und Begrenzung der Abrechnungsfähigkeit in einem bestimmten Zeitraum übernommen.

Rechnungserstellung bei analoger Bewertung

Nach § 12 Abs. 4 GOÄ muss die gewählte Position entweder mit dem Zusatz „analog" oder „entsprechend" gekennzeichnet werden und die erbrachte Leistung kurz, aber eindeutig beschrieben werden. Die Nummer und die Bezeichnung der analog abgerechneten Leistung muss angegeben werden („Platzhalter" siehe nachfolgend „Nummerierung im Analogverzeichnis der Bundesärztekammer").

Verzeichnis der Analogen Bewertungen (GOÄ) der Bundesärztekammer und des Zentralen Konsultationsausschusses für Gebührenordnungsfragen bei der Bundesärztekammer – Änderungen Stand April 2008

Gemäß § 6 Abs. 2 GOA können selbstständige, nicht im Gebührenverzeichnis aufgeführte ärztliche Leistungen entsprechend einer nach Art, Kosten und Zeitaufwand gleichwertigen Leistung des Gebührenverzeichnisses berechnet werden. Mit der zum 1. Januar 1996 in Kraft getretenen Vierten Änderungsverordnung zur GOÄ wurden die von der Bundesärztekammer empfohlenen analogen Bewertungen weitgehend in das Gebührenverzeichnis aufgenommen. Auf der Grundlage der Vierten Änderungsverordnung hat die Bundesärztekammer dann seit dem 1. Januar 1996 weitere analoge Bewertungen beschlossen. Diese analogen Bewertungen, die mit dem Bundesministerium für Gesundheit und soziale Sicherung, dem Bundesministerium des Innern und dem Verband der privaten Krankenversicherung im Zentralen Konsultationsausschuss abgestimmt wurden, sind nachfolgend wiedergegeben. Es handelt sich um Analogbewertungen der fetalen Missbildungssonographie, von augenärztlichen Operationen und augenärztlichen Leistungen, der Hernienchirurgie und der Kapselendoskopie.

Das Verzeichnis enthält des Weiteren die seit 1996 von der Bundesärztekammer empfohlenen Analogbewertungen, die zwar nicht auf Beschlüssen des Zentralen Konsultationsausschusses beruhen, jedoch mit den Mitgliedern dieses Ausschusses schriftlich abgestimmt wurden. Diese Analogbewertungen sind vielen Abschnitten des Gebührenverzeichnisses der GOÄ zuzuordnen, Grundleistungen und Allgemeine Leistungen, Kontrastmitteleinbringung, Innere Medizin, Psychiatrie, Psychotherapie, Psychosomatik, Urologie, Laboratoriumsuntersuchungen u. a. Einige Analogbewertungen sind nicht in der nachstehenden Liste, sondern im folgenden Abschnitt „Abrechnungsempfehlungen zur GOÄ" aufgeführt wegen des fachlichen Zusammenhangs; dies betrifft die Beschlüsse des Zentralen Konsultationsausschusses zu den GOÄ-Anwendungsempfehlungen der Abschnitte HNO-Operationen und -Leistungen, Bandscheibenoperationen und herzchirurgische Operationen und die Abrechnungsempfehlungen des Gebührenordnungsausschusses der Bundesärztekammer, die nicht mit den Mitgliedern des Zentralen Konsultationsausschusses abgestimmt sind.

Im nachstehenden Analogverzeichnis ist jede Analogbewertung mit einem großen „A" und einer Nummer, der sogenannten Platzhalternummer, gekennzeichnet, welche die jeweilige Analogbewertung dem entsprechenden Fachkapitel in der GOÄ zuordnet. Die Verwendung dieser Nummer in der Rechnung ist möglich, aber nicht nach der GOÄ (§ 12) vorgeschrieben; sie ersetzt jedoch in keinem Falle die Wiedergabe des Inhaltes der Analogbewertung und der Gebührenordnungsnummer der in der GOÄ analog abgegriffenen Gebührenposition.

Die Analogbewertungen der augenärztlichen Operationen und Leistungen sind zum größten Teil mit 7000er-Nummern als Platzhalter versehen worden, weil im Kapitel I. Augenheilkunde in der Nummernfolge (1200 f.) selbst keine Lücke mehr für die Vielzahl der augenärztlichen Analogbewertungen vorhanden war.

Eine Sonderregelung ist für Laborleistungen zu beachten; bei Leistungen der Abschnitte M II bis M IV muss bei analoger Bewertung einer nicht im Verzeichnis befindlichen Leistung die analog abgegriffene Gebührenposition durch Voranstellen des Buchstabens „A" gekennzeichnet werden (vgl. Allgemeine Bestimmungen Nr. 8 zu Abschnitt M).

Für die Abrechnung mit den gesetzlichen Unfallversicherungsträgern (Berufsgenossenschaften) gelten die „Analogen Bewertungen" nicht.

Anmerkung der Autoren: Zur besseren Übersicht wurden die Bereiche/Kapitel/Unterkapitel eingefügt, in denen die analogen Bewertungen zu finden sind.

GOÄ-Nr.		Punktzahl 1fach	2,3 / *1,8 3,5 / *2,5

B Grundleistungen und allgemeine Leistungen

III Spezielle Beratungen und Untersuchungen

A 36	**Strukturierte Schulung einer Einzelperson mit einer Mindestdauer von 20 Min. bei Asthma bronchiale, Hypertonie, einschl. Evaluation zur Qualitätssicherung zum Erlernen und Umsetzen des Behandlungsmanagements, einschl. Auswertung standardisierter Fragebögen, je Sitzung (analog Nr. 33 GOÄ)**	**300** 17,49	40,22 61,20

VI Berichte, Briefe

A 72	**Vorläufiger Entlassungsbericht im Krankenhaus (analog Nr. 70 GOÄ)**	**40** 2,33	5,36 8,16

C Nichtgebietsbezogene Sonderleistungen

IV Kontrastmitteleinbringungen

A 353	**Einbringung eines Kontrastmittels mittels intraarterieller Hochdruckinjektion zur selektiven Arteriographie (z.B. Nierenarterie) einschl. Röntgenkontrolle und ggf. einschl. fortlaufender EKG-Kontrolle, je Arterie (analog Nr. 351 GOÄ)**	**500** 29,14	67,03 102,00

VI Sonographische Leistungen

A 409	**A-Bild-Sonographie (analog Nr. 410 GOÄ)**	**200** 11,66	26,81 40,80

D Anästhesieleistungen

A 482	**Relaxometrie während und/oder nach einer Allgemeinanästhesie bei Vorliegen von der Wirkungsdauer von Muskelrelaxatien verändernden Vorerkrankungen (z.B. AChE-Hemmer-Mangel) oder gravierenden pathophysiologischen Zuständen (z.B. Unterkühlung) (analog Nr. 832 GOÄ)**	**158** 9,21	21,18 32,23
A 496	**Drei-in-eins-Block, Knie- oder Fußblock (analog Nr. 476 GOÄ)**	**380** 22,15	50,94 77,52

E Physikalisch-medizinische Leistungen

Krankengymnastik und Übungsbehandlungen

F Innere Medizin, Kinderheilkunde, Dermatologie

A 618*	**H2 Atemtest (z.B. Laktosetoleranztest), einschl. Verabreichung der Testsubstanz, Probeentnahmen und Messungen der H2-Konzentration, einschl. Kosten (analog Nr. 617 GOÄ)**	**341** 19,88	35,78 49,69

GOÄ-Nr.		Punktzahl 1fach	2,3 / *1,8 3,5 / *2,5
A 619*	**Durchführung des 13C-Harnstoff-Atemtests, einschl. Verabreichung der Testsubstanz und Probeentnahmen (analog Nr. 615 GOÄ)**	**227** 13,23	23,82 33,08
A 658	**Hochverstärktes Oberflächen-EKG aus drei orthogonalen Ableitungen mit Signalermittlung zur Analyse ventrikulärer Spätpotenziale im Frequenz- und Zeitbereich (Spätpotenzial-EKG) (analog Nr. 652 GOÄ)**	**445** 25,94	46,69 64,84
A 704	**Analtonometrie (analog Nr. 1791 GOÄ)**	**148** 8,63	19,84 30,19
A 707	**Endoskopie des oberen und unteren Gastrointestinaltraktes**		
	analog Nr. 684 GOÄ	**1200** 69,94	160,87 244,81
	+ Nr. 687 GOÄ	**1500** 87,43	201,09 306,01
A 795	**Kipptisch-Untersuchung mit kontinuierlicher EKG- und Blutdruckregistrierung (analog Nr. 648 GOÄ)**	**605** 35,26	81,11 123,42
A 796	**Ergometrische Funktionsprüfung mittels Fahrrad-/oder Laufbandergometer (physikalisch definierte und reproduzierbare Belastungsstufen), einschl. Dokumentation (analog Nr. 650)**	**152** 8,86	20,38 31,01

G Neurologie, Psychiatrie und Psychotherapie

A 888	**Psychiatrische Behandlung zur Reintegration eines Erwachsenen mit psychopathologisch definiertem Krankheitsbild als Gruppenbehandlung (in Gruppen von 3 bis 8 Teilnehmern) durch syndrombezogene verbale Intervention als therapeutische Konsequenz aus den dokumentierten Ergebnissen der selbsterbrachten Leistung nach Nr. 801, Dauer mindestens 50 Minuten, je Teilnehmern und Sitzung (analog Nr. 887 GOÄ)**	**200** 11,66	26,81 40,80

H Geburtshilfe und Gynäkologie

A 1006	**Gezielte weiterführende sonographische Untersuchung zur differenzialdiagnostischen Abklärung und/oder der Überwachung bei aufgrund einer Untersuchung nach Nr. 415 GOÄ erhobenem Verdacht auf pathologische Befunde (Schädigung eines Fetus durch Fehlbildung oder Erkrankung oder ausgewiesener besonderer Risikosituation aufgrund der Genetik, Anamnese oder einer exogenen Noxe), analog Nr. 5373* je Sitzung**	**1900** 110,75	199,34 276,86

Die Indikationen ergeben sich aus der Anlage 1c II.2 der Mutterschafts-Richtlinien in der jeweils geltenden Fassung. Die weiterführende sonographische Diagnostik kann gegebenenfalls mehrfach, zur gezielten Ausschlussdiagnostik bis zu dreimal im gesamten Schwangerschaftsverlauf berechnet werden. Im Positivfall einer fetalen Fehlbildung oder Erkrankung ist die Berechnung auch häufiger möglich. Das zur Untersuchung genutzte Ultraschallgerät muss mindestens über 64 Kanäle im Sende- und Empfangsbereich, eine variable Tiefenfokussierung, mindestens 64 Graustufen und eine aktive Vergrößerungsmöglichkeit für Detaildarstellungen verfügen.

Voraussetzung für das Erbringen der Leistungen nach Nr. A 1006, A 1007 und A 1008 ist der **Nachweis** der Fachkunde **Sonographie des Fetus in der Frauenheilkunde** oder der fakultativen Weiterbildung **Spezielle Geburtshilfe und Perinatalmedizin oder einer gleichwertigen Qualifikation.**

GOÄ-Nr.		Punktzahl 1fach	2,3 / *1,8 3,5 / *2,5
A 1007	**Farbkodierte Doppler-echokardiographische Untersuchung eines Fetus einschl. Bilddokumentation, einschl. eindimensionaler Doppler-echokardiographischer Untersuchung, gegebenenfalls einschl. Untersuchung mit cw-Doppler und Frequenzspektrumanalyse, gegebenenfalls einschl. zweidimensionaler echokardiographischer Untersuchung mittels Time-Motion-Verfahren (M-Mode), gegebenenfalls zusätzlich zur Leistung nach Nr. A 1006 und A 1008, Anlage 1d zu Abschnitt B. Nr. 4 der Mutterschafts-Richtlinien in der jeweils geltenden Fassung gilt entsprechend.**		
	analog Nr. 424	**700** 40,80	93,84 132,80
	+ analog Nr. 404 (1facher Satz)	**250** 14,57	- -
	+ analog Nr. 406	**200** 11,66	- -

Die Indikationen ergeben sich aus der Anlage 1d der Mutterschafts-Richtlinien in der jeweils geltenden Fassung. Die Dopplerechokardiographie kann gegebenenfalls neben den Leistungen nach den Nrn. A 1006 und A 1008 berechnet werden.

A 1008	**Weiterführende differentialdiagnostische sonographische Abklärung des fetomaternalen Gefäßsystems mittels Duplexverfahren, gegebenenfalls farbkodiert und/oder direktionale Dopplersonographische Untersuchung im fetomaternalen Gefäßsystem, einschl. Frequenzspektrumanalyse, gegebenenfalls zusätzlich zu den Untersuchungen nach den Nrn. 415 oder A 1006, Anlage 1d zu Abschnitt B. Nr. 4 der Mutterschafts-Richtlinien in der jeweils geltenden Fassung gilt entsprechend (analog Nr. 649 GOÄ)**	**700** 40,80	93,84 142,80

Die Indikationen ergeben sich aus der Anlage 1d der Mutterschafts-Richtlinien in der jeweils geltenden Fassung. Die Duplex-sonographische Untersuchung nach A 1008 kann gegebenenfalls neben den Leistungen nach den Nrn. 415, A 1006 und A 1007 berechnet werden. Bei Mehrlingen sind die Leistungen nach den Nrn. A 1006, A 1007 und A 1008 entsprechend der Zahl der Mehrlinge mehrfach berechnungsfähig. Voraussetzung für das Erbringen der Leistungen nach Nr. A 1006, A 1007 und A 1008 ist das Vorliegen der Qualifikation zur Durchführung des fetalen Ultraschalls im Rahmen der Erkennung von Entwicklungsstörungen, Fehlbildungen und Erkrankungen des Fetus nach der jeweils für die Ärztin/den Arzt geltenden Weiterbildungsordnung

Bei Mehrlingen sind die Leistungen nach den Nrn. A 1006, A 1007 und A 1008 entsprechend der Zahl der Mehrlinge mehrfach berechnungsfähig.

Voraussetzung für das Erbringen der Leistungen nach Nr. A 1006, A 1007 und A 1008 ist der **Nachweis** der Fachkunde **Sonographie des Fetus in der Frauenheilkunde** oder der fakultativen Weiterbildung **Spezielle Geburtshilfe und Perinatalmedizin oder einer gleichwertigen Qualifikation.**

A 1157	**Chorionzottenbiopsie, transvaginal oder transabdominal unter Ultraschalllicht (analog Nr. 1158 GOÄ) 739 Pkt.**	**739** 43,07	99,07 150,76

I Augenheilkunde

A 1387	**Netzhaut-Glaskörper-chirurgischer Eingriff bei anliegender oder abgelöster Netzhaut ohne netzhautablösende Membranen, einschl. Pars-plana-Vitrektomie, Retinopexie, ggf. einschl. Glaskörper-Tamponade, ggf. einschl. Membran Peeling (analog Nr. 2551 GOÄ)**	**7500** 437,15	1005,46 1530,04

Neben Nr. A 1387 sind keine zusätzlichen Eingriffe an Netzhaut oder Glaskörper berechnungsfähig.

GOÄ-Nr.		Punktzahl 1fach	2,3 / *1,8 3,5 / *2,5
A 1387.1	**Netzhaut-Glaskörper-chirurgischer Eingriff bei anliegender oder abgelöster Netzhaut mit netzhautablösenden Membranen, und/ oder therapierefraktärem Glaukom und/oder sumakulärer Chirurgie, einschl. Pars-plana-Vitrektomie, Buckelchirurgie. Retinopexie, Glaskörper-Tamponade, Membran Peeling, ggf. einschl. Rekonstruktion eines Iris-Diaphragmas, ggf. einschl. Daunomycin-Spülung, ggf. einschl. Zell-Transplantation, ggf. einschl. Versiegelung eines Netzhautlochs mit Thrombozytenkonzentraten, ggf. einschl. weiterer mikrochirurgischer Eingriffe an Netzhaut oder Glaskörper (z.B. Pigmentgewinnung und -implantation)**		
	analog Nr. 2551	**7500** 437,15	1005,46 1530,04
	+ analog Nr. 2531	**7500** 437,15	1005,46 1530,04

Neben Nr. A 1387.1 sind keine zusätzlichen Gebührenpositionen für weitere Eingriffe an Netzhaut oder Glaskörper berechnungsfähig. Ergänzende Abrechnungsempfehlung zu den Nrn. A 1387 und 1387.1: Die Ausschlussbestimmungen bei den Nrn. A 1387 und A 1387.1, wonach keine zusätzlichen Gebührenpositionen für weitere Eingriffe an Netzhaut oder Glaskörper berechnungsfähig sind, gelten nicht für Netzhaut-Glaskörper-chirurgische Eingriffe bei Ruptur des Augapfels mit oder ohne Gewebeverlust oder bei Resektion uvealer Tumoren und/oder Durchführung einer Macula-Rotation. Neben Leistungen nach den Nrn. A 1387 oder A 1387.1 können in diesen Ausnahmefällen – je nach Indikation – die genannten Maßnahmen als zusätzliche Leistungen berechnet werden, wie z.B. die Nr. A 1387.2 für die Macula-Rotation.

A 1387.2	**Macula-Rotation (analog Nr. 1375)**	**3500** 204,01	469,21 714,02

Die folgenden Nrn. A7001–A7029 wurden von den Autoren auch dem Kapitel Augenheilkunde – zu dem sie gehören – zugeordnet. In der offiziellen Liste der GOÄ sind die analogen Nrn. nach aufsteigenden GOÄ Nrn. eingefügt.

A 7001	**Untersuchung der alters- oder erkrankungsbedingten Visusäquivalenz, zum Beispiel bei Amblyopie, Medientrübung oder fehlender Mitarbeit (analog Nr. 1225 GOÄ)**	**121** 7,05	16,22 24,68

Zu diesen Untersuchungen zählen beispielsweise Sehschärfenprüfungen mittels Preferential Looking, die Untersuchung des Interferenzvisus und die Untersuchung des Crowding-Phänomens.

A 7002	**Qualitative Aniseikonieprüfung mittels einfacher Trennverfahren, (analog Nr. 1200 GOÄ)**	**59** 3,44	7,91 12,04

Die Untersuchung der Nr. A 7002 kann nur bei besonderer Begründung, und dann auch zusätzlich zur Kernleistung nach Nr. 1200 berechnet werden.

A 7003	**Quantitative Aniseikoniemessung, gegebenenfalls einschließlich qualitativer Aniseiprüfung, (analog Nr. 1226 GOÄ)**	**182** 10,61	24,40 37,13
A 7006	**Bestimmung elektronisch vergrößernder Sehhilfen, je Sitzung, (analog Nr. 1227 GOÄ)**	**248** 14,46	33,25 50,59
A 7007	**Quantitative Untersuchung der Hornhautsensibilität, (analog Nr. 825 GOÄ)**	**83** 4,84	11,13 16,93
A 7008	**Konfokale Scanning-Mikroskopie der vorderen Augenabschnitte, einschließlich quantitativer Beurteilung des Hornhautdothels und Messung von Hornhautdicke und Streulicht, ggf. einschließlich Bilddokumentation, je Auge, (analog Nr. 1249 GOÄ)**	**484** 28,21	64,89 98,74

GOÄ-Nr.		Punktzahl / 1fach	2,3 / *1,8 / 3,5 / *2,5
A 7009	Quantitative topographische Untersuchung der Hornhautbrechkraft mittels computergestützter Videokeratoskopie, ggf. an beiden Augen, (analog Nr. 415 GOÄ)	**300** 17,49	40,22 61,20
A 7010	Laserscanning-Ophthalmoskopie, (analog Nr. 1249 GOÄ)	**484** 28,21	64,89 98,74
A 7011	Biomorphometrische Untersuchung des hinteren Augenpols, ggf. beidseits, (analog Nr. 423 GOÄ) Weiterführende Untersuchung des Augenhintergrunds einschl. Papillenanalyse, beispielsweise mittels Heidelberg Retinatomograph (HRT) oder Optic Nerve Head Analyser (ONHA).	**500** 29,14	67,03 102,00
A 7012	Frequenz-Verdopplungs-Perimetrie oder Rauschfeld-Perimetrie, (analog Nr. 1229 GOÄ)	**182** 10,61	24,40 37,13
A 7013	Überschwellige und/oder schwellenbestimmende quantitativ abgestufte, rechnergestützte statische Rasterperimetrie, einschließlich Dokumentation (analog 1227 GOÄ)	**248** 14,46	33,25 50,59
A 7014	Ultraschall-Biomikroskopie der vorderen Augenabschnitte, einmal je Sitzung, (analog Nr. 413 GOÄ)	**280** 16,32	37,54 57,12
A 7015	Optische und sonographische Messung der Vorderkammertiefe und/oder der Hornhautdicke des Auges, (analog Nr. 410 GOÄ) –	**200** 11,66	26,81 40,80
	für die Untersuchung des anderen Auges in der gleichen Sitzung, (analog Nr. 420 GOÄ)	**80** 4,66	10,73 16,32
A 7016	Berechnung einer intraokularen Linse, je Auge, (analog 1212 GOÄ)	**132** 7,69	17,70 26,93
A 7017	Zweidimensionale Laserdoppler-Untersuchung der Netzhautgefäße mit Farbkodierung, ggf. beidseits, analog Nr. 427	**700** 40,80	93,84 142,80
	+ analog Nr. 406	**200** 11,66	- -
A 7018	Einlegen eines Plastikröhrchens in die ableitenden Tränenwege bis in die Nasenhöhle, ggf. einschließlich Nahtfixation, je Auge, (analog Nr. 1298 GOÄ)	**132** 7,69	17,70 26,93
A 7019	Prismenadaptionstest vor Augenmuskeloperationen, je Sitzung, (analog Nr. 1225 GOÄ)	**121** 7,05	16,22 24,68
A 7020*	Präoperative kontrollierte Bulbushypotonie mittels Okulopression, (analog Nr. 1227 GOÄ)	**242** 14,11	25,39 35,26
A 7021	Operative Reposition einer intraokularen Linse, (analog Nr. 1353 GOÄ)	**832** 48,50	111,54 169,73

GOÄ-Nr.		Punktzahl 1fach	2,3 / *1,8 3,5 / *2,5
A 7022	**Chirurgische Maßnahmen zur Wiederherstellung der Pupillenfunktion und/oder Einsetzen eines Irisblendenrings, (analog Nr. 1326 GOÄ)**	**1110** 64,70	148,81 226,45
A 7023	**Messung der Zyklotropie mittels haploskopischer Verfahren und/oder Laserscanning Ophthalmoskopie (analog Nr. 1217 GOÄ)**	**242** 14,11	32,44 49,37
A 7024	**Differenzierende Analyse der Augenstellung beider Augen mittels Messung von Horizontal-, Vertikal- und Zyklo-Deviation an Tangentenskalen in 9 Blickrichtungen, einschließlich Kopfneige-Test (analog Nr. 1217 GOÄ)**	**242** 14,11	32,44 49,37
A 7025	**Korrektur dynamischer Schielwinkelveränderungen mittels retroäquatorialer Myopexie (so genannte Fadenoperation nach Cüppers) an einem geraden Augenmuskel (analog Nr. 1376 GOÄ)**	**1480** 86,27	198,41 301,93
A 7026	**Chirurgische Maßnahmen bei Erkrankungen des Aufhängeapparates der Linse (analog Nr. 1326 GOÄ).** Eine Berechnung der Nr. A 7026 neben einer Katarakt-Operation, zum Beispiel nach den Nrn. 1349 bis 1351, Nr. 1362, Nr. 1374 oder Nr. 1375, ist in gleicher Sitzung nur bei präoperativer Indikationsstellung zu diesem Zweiteingriff aufgrund des Vorliegens einer besonderen Erkrankung (zum Beispiel subluxierte Linse bei Marfan-Syndrom oder Pseudoexfoliationssyndrom) zulässig.	**1110** 64,70	148,81 226,45
A 7027	**Operation einer Netzhautablösung mit eindellenden Maßnahmen, einschließlich Kryopexie der Netzhaut und/oder Endolaser-Applikation (analog 1368 GOÄ)**	**3030** 176,61	406,20 618,14
A 7028	**Untersuchung und Beurteilung einer okulär bedingten Kopfzwangshaltung, beispielsweise mit Prismenadaptionstest oder Disparometer (analog 1217 GOÄ)**	**242** 14,11	32,44 49,37
A 7029	**Isolierte Kryotherapie zur Behandlung oder Verhinderung einer Netzhautablösung, als alleinige Leistung (analog Nr. 1366 GOÄ)**	**1110** 64,70	148,81 226,45

K Urologie

A 1716	**Spaltung einer Harnröhrenstriktur unter Sicht (z.B. nach Sachse) (analog: Nr. 1802 GOÄ)**	**739** 43,07	99,07 150,76
A 1833a	**Wechsel eines suprapubischen Harnblasenfistelkatheters, einschl. Spülung, Katheterfixation und Verband (analog Nr. 1833 GOÄ)**	**237** 13,81	31,77 48,35
A 1861	**Transurethrale endoskopische Litholapaxie von Harnleitersteinen einschl. Harnleiterbougierung, intrakorporaler Steinzertrümmerung und endoskopischer Entfernung der Steinfragmente, ggf. einschl. retrograder Steinreposition**		
	analog Nr. 1817	**2200** 129,40	297,61 452,89
	+ analog Nr. 1787	**252** 14,69	33,78 51,41

GOÄ-Nr.		Punktzahl 1fach	2,3 / *1,8 3,5 / *2,5
A 1862	**Perkutane Nephrolitholapaxie (PNL oder PCNL) – mit Ausnahme von Nierenausgusssteinen – einschl. intrakorporaler Steinzertrümmerung, pyeloskopischer Entfernung der Steinfragmente und Anlage einer Nierenfistel** **analog Nr. 1838**	**2200** 129,40	297,61 452,89
	+ analog Nr. 1852	**700** 40,80	93,84 142,80
A 1863	**Transurethrale Endopyelotomie, einschl. Ureterorenoskopie mit Harnleiterbougierung, ggf. einschl. der retrograden Darstellung des Ureters und des Nierenbeckens mittels Kontrastmittel und Durchleuchtung, ggf. einschl. Einlage eines transurethralen Katheters oder transkutane Endopyelotomie, einschl. Punktion des Nierenbeckens und Bougierung der Nierenfistel sowie Pyeloskopie, ggf. einschl. der Darstellung des Nierenbeckens mittels Kontrastmittel und Durchleuchtung, ggf. einschl. Einlage eines Nierenfistelkatheters –** **analog Nr. 1827**	**1500** 129,40	87,43 201,09
	+ analog Nr. 1852	**700** 40,80	93,84 142,80
	Die Einlage eines transurethralen Katheters nach Nr. 1812 GOÄ bzw. die Einlage eines Nierenfistelkatheters nach Nr. 1851 GOÄ ist Leistungsbestandteil der transurethralen bzw. perkutanen Endopyelotomie und kann nicht zusätzlich berechnet werden. Die retrograde bzw. anterograde Darstellung von Ureter und Nierenbecken nach Nr. 5220 GOÄ ist Leistungsbestandteil der transurethralen bzw. perkutanen Endopyelotomie und kann nicht zusätzlich berechnet werden. Die Darstellung von Harnblase und Urethra nach Nr. 5230 GOÄ ist, sofern erforderlich, neben der transurethralen Endopyelotomie berechnungsfähig.		
A 1870	**Totale Entfernung der Prostata und der Samenblasen einschl. pelviner Lymphknotenentfernung mit anschließender Rekonstruktion des Blasenhalses und der Schließmuskelfunktion, einschl. Blasenkatheter, ggf. einschl. suprapubischem Katheter, ggf. einschl. einer oder mehrerer Drainagen (analog Nr. 1845 GOÄ)**	**4990** 290,85	668,96 1017,99
A 1871	**Totale Entfernung der Prostata und der Samenblasen einschl. pelviner Lymphknotenentfernung mit anschließender Rekonstruktion des Blasenhalses und der Schließmuskelfunktion sowie Potenzerhalt durch Präparation der Nervi erigentes, auch beidseitig, einschl. Blasenkatheter, ggf. einschl. suprapubischem Katheter, ggf. einschl. einer oder mehrerer Drainagen – (analog Nr. 1850 GOÄ)**	**6500** 378,87	871,40 1326,04
A 1872	**Totale Entfernung der Prostata und der Samenblasen ohne pelvine Lymphknotenentfernung mit anschließender Rekonstruktion des Blasenhalses und der Schließmuskelfunktion, einschl. Blasenkatheter, ggf. einschl. suprapubischem Katheter, ggf. einschl. einer oder mehrerer Drainagen – (analog Nr. 1843 GOÄ)**	**4160** 242,48	557,69 848,66

GOÄ-Nr.		Punktzahl / 1fach	2,3 / *1,8 / 3,5 / *2,5
A 1873	**Totale Entfernung der Prostata und der Samenblasen ohne pelvine Lymphknotenentfernung mit anschließender Rekonstruktion des Blasenhalses und der Schließmuskelfunktion sowie Potenzerhalt durch Präparation der Nervi erigentes, auch beidseitig, einschl. Blasenkatheter, ggf. einschl. suprapubischem Katheter, ggf. einschl. einer oder mehrerer Drainagen – (analog Nr. 3088 GOÄ)** Die Analogen Bewertungen nach A 1870, 1871, 1872 und 1873 können nicht nebeneinander, sondern nur alternativ (je nach Leistungsumfang) berechnet werden.	**5600** 326,41	750,74 1142,43
A 1880	**Organerhaltende Entfernung eines malignen Nierentumors ohne Entfernung der regionalen Lymphknoten – (analog Nr. 1842 GOÄ)**	**3230** 188,27	433,02 658,94
A 1881	**Organerhaltende Entfernung eines malignen Nierentumors mit Entfernung der regionalen Lymphknoten – (analog Nr. 1843 GOÄ)** Bei metastatischem Befall von Lymphknoten über das regionäre Lymphstromgebiet (nach gültiger TNM-Klassifikation) hinaus kann zusätzlich die Nr. 1783 GOÄ analog für die extraregionäre Lymphknotenentfernung als selbstständige Leistung, nach Abzug der Eröffnungsleistung, neben der Nr. 1843 GOÄ analog berechnet werden.	**4160** 242,48	557,69 848,66
A 1890	**Fluoreszenzendoskopie bei Urothelkarzinom, einschl. Instillation des Farbstoffs, (analog Nr. 1789 GOÄ)** Die Kosten für den je Sitzung verbrauchten Farbstoff können entsprechend § 10 Abs. 1 Nr. 1 GOÄ als Ersatz von Auslagen geltend gemacht werden.	**325** 18,94	43,57 66,30

L Chirurgie, Orthopädie

XV Hernienchirurgie

A 3289	**Operation eines großen Leisten- oder Schenkelbruches oder Rezidivoperation eines Leisten- oder Schenkelbruches, jeweils einschl. Implantation eines Netzes, (analog Nr. 3286 GOÄ)**	**2000** 116,57	268,12 408,01

M Laboratoriumsuntersuchungen

III Untersuchungen von körpereigenen oder körperfremden Substanzen und körpereigenen Zellen

A 3732*	**Troponin-T-Schnelltest (analog Nr. 3741* GOÄ)**	**200** 11,66	13,41 15,15
A 3733*	**Trockenchemische Bestimmung von Theophyllin (analog Nr. 3736* GOÄ)**	**120** 6,99	8,04 9,09
A 3734*	**Qualitativer immunologischer Nachweis von Albumin im Stuhl (analog Nr. 3736* GOÄ)**	**120** 6,99	8,04 9,09
A 3757*	**Eiweißuntersuchung aus eiweißarmen Flüssigkeiten (z.B. Liquor-, Gelenk- oder Pleurapunktat (analog 3760* GOÄ)**	**70** 4,08	4,69 5,30

GOÄ-Nr.		Punktzahl 1fach	2,3 / *1,8 3,5 / *2,5
A 4463*	**Qualitative Bestimmung von Antikörpern mittels Ligandenassay – ggf. einschl. Doppelbestimmung und aktueller Bezugskurve (analog Nr. 4462* GOÄ)**	**230** 13,41	15,42 17,43

O Strahlendiagnostik, Nuklearmedizin, Magnetresonanztomographie und Strahlentherapie

IV Strahlentherapie

A 5830*	**Computergestützte Individual-Ausblendung (Multileaf-Kollimatoren = MLC) einmal je Feld und Bestrahlungsserie, einschl. Programmierung – (analog Nr. 5378 GOÄ) n. Beschluss des Zentralen Konsultationsausschusses f. Gebührenordnungsausschusses bei der BÄK**	**1000** 58,29	104,92 145,72

Individuelle Ausblendungen zum Schutz von Normalgewebe und Organen können anstelle von Bleiblöcken, auch durch Programmierung eines (Mikro-)Multileaf-Kollimators erstellt werden, wobei für den Programmieraufwand die analoge Nr. 5378 GOÄ einmal je Feld und Bestrahlungsserie angesetzt werden kann. Der je nach Feldkonfiguration und Feldgröße unterschiedliche Schwierigkeitsgrad ist über den Gebührenrahmen nach § 5 Absatz 2 und 3 zu berücksichtigen. Eine Berechnung von Auslagen nach § 10 GOÄ für die Herstellung individueller Ausblendungen mittels Bleiblöcken neben der Berechnung der Individualausblendung mittels MLC nach Nummer 5378 GOÄ analog ist ausgeschlossen.

A 5860*	**Radiochirurgisch stereotaktische Bestrahlung benigner Tumoren mittels Linearbeschleuniger – einschl. Fixierung mit Ring oder Maske –, einschl. vorausgegangener Bestrahlungsplanung, einschl. Anwendung eines Simulators und Anfertigung einer Körperquerschnittszeichnung oder Benutzung eines Körperquerschnitts anhand vorliegender Untersuchungen, einschl. individueller Berechnung der Dosisverteilung mit Hilfe eines Prozessrechners, analog 6 x 5855* GOÄ (6 x 6900 Pkt. = 41400 Pkt.) – n. Verzeichnis analoger Bewertungen der Bundesärztekammer**	**41400** 2413,09	4343,57 6032,74

Unter radiochirurgischer Bestrahlung (Radiochirurgie) ist die einzeitige stereotaktische Bestrahlung mittels Linearbeschleuniger zu verstehen.
Die Radiochirurgie ist nur einmal in sechs Monaten berechnungsfähig. Diese Therapie ist grundsätzlich bei folgenden Indikationen geeignet: Akustikusneurinom, Hypophysenadenom, Meningeom, arteriovenöse Malformation, medikamentös oder operativ therapierefraktäre Trigeminusalgesie, Chordom. Die nach § 10 GOÄ zulässigen Kosten für Material können zusätzlich berechnet werden.

A 5861*	**Radiochirurgisch stereotaktische Bestrahlung primär maligner Tumoren oder von Hirnmetastasen mittels Linearbeschleuniger – einschl. Fixierung mit Ring oder Maske –, einschl. vorausgegangener Bestrahlungsplanung, einschl. Anwendung eines Simulators und Anfertigung einer Körperquerschnittszeichnung oder Benutzung eines Körperquerschnitts anhand vorliegender Untersuchungen, einschl. individueller Berechnung der Dosisverteilung mit Hilfe eines Prozessrechners, analog 3,5 x 5855* GOÄ (3,5 x 6900 Pkt. = 24150 Pkt.)**	**24150** 1407,64	2533,75 3519,10

Unter radiochirurgischer Bestrahlung (Radiochirurgie) ist die einzeitige stereotaktische Bestrahlung mittels Linearbeschleuniger zu verstehen. Die Radiochirurgie ist nur einmal in sechs Monaten berechnungsfähig. Diese Therapie ist grundsätzlich bei folgenden Indikationen geeignet: Inoperabler primärer Hirntumor oder Rezidiv eines Hirntumors, symptomatische Metastase ZNS, Aderhautmelanom. Die nach § 10 GOÄ zulässigen Kosten für Material können zusätzlich berechnet werden.

GOÄ-Nr.		Punktzahl / 1fach	2,3 / *1,8 / 3,5 / *2,5
A 5863*	**3-D-Bestrahlungsplanung für die fraktionierte stereotaktische Präzisionsbestrahlung bei Kindern und Jugendlichen mit malignen Kopf-, Halstumoren und bei allen Patienten (ohne Altersbegrenzung) mit benignen Kopf-, Halstumoren mittels Linearbeschleuniger, einschl. Anwendung eines Simulators und Anfertigung einer Körperquerschnittszeichnung oder Benutzung eines Körperquerschnitts anhand vorliegender Untersuchungen, einschl. individueller Berechnung der Dosisverteilung mit Hilfe eines Prozessrechners, analog 3x Nr. 5855* GOÄ**	**20700** / 1206,55	2171,78 / 3016,37

Diese 3-D-Bestrahlungsplanung ist nur einmal in sechs Monaten berechnungsfähig. Die analoge Nr. 5855 GOÄ wird dreimal angesetzt für den Bestrahlungsplan im Rahmen der fraktionierten stereotaktischen Präzisionsbestrahlung benigner Tumoren.

3x 6900 3x 723,93 3x 402,18 3x 1005,46 Diese 3-D-Bestrahlungsplanung ist nur einmal in sechs Monaten berechnungsfähig. Die analoge Nr. 5855 GOÄ wird dreimal angesetzt für den Bestrahlungsplan im Rahmen der fraktionierten stereotaktischen Präzisionsbestrahlung benigner Tumoren.

A 5864*	**Fraktionierte stereotaktische Präzisionsbestrahlung bei Kindern und Jugendlichen mit malignen Kopf-, Halstumoren und bei allen Patienten (ohne Altersbegrenzung) mit benignen Kopf-, Hirntumoren mittels Linearbeschleuniger, ggf. einschl. Fixierung mit Ring oder Maske, je zwei Fraktionen, analog 1x Nr. 5855* GOÄ**	**6900** / 402,18	723,93 / 1005,46

Unter einer Fraktion wird eine Bestrahlung verstanden. Die Gebührenposition Nr. 5855 GOÄ analog ist einmal für **zwei** Fraktionen berechnungsfähig. Wird eine weitere Fraktion erbracht, so löst diese einen halben (0,5-maligen) analogen Ansatz der Nr. 5855 GOÄ aus. Beispiele: 26 Fraktionen werden erbracht = 13 x Nr. 5855 GOÄ analog

25 Fraktionen werden erbracht = 12,5 x Nr. 5855 GOÄ analog

Die fraktionierte stereotaktische Präzisionsbestrahlung analog nach Nr. 5855 GOÄ ist maximal fünfzehn Mal (30 Fraktionen) in sechs Monaten berechnungsfähig. Werden medizinisch indiziert im Ausnahmefall (z.B. beim Chondrom) weitere Fraktionen erbracht, so ist für mindestens zwei Fraktionen und alle weiteren insgesamt noch 1mal die Nr. 5855 GOÄ analog berechnungsfähig.

Kriterien für die fraktionierte stereotaktische Präzisionsbestrahlung, in Abgrenzung zur einzeitigen stereotaktischen Bestrahlung (Radiochirurgie), sind grundsätzlich folgende Indikationen:

Akustikusneurinom (Durchmesser ≥ 2,5 cm und/oder bilaterales Akustikusneurinom und Neurofibromatose Typ 2 und/oder deutliche Hörminderung kontralaterales Gehör),
Hypophysenadenom (Makroadenom mit Infiltration der Sinus cavernosi und/oder Distanz < 2 mm zu Sehappara t (Sehner v, Chiasma) und/oder lediglich indirekt darstellbares Adenom),
Meningeom (Inoperabilität bzw. Resttumor/Rezidiv an der Schädelbasis bzw. Sinus sagittalis und/oder Optikusscheidenmeningeom und/oder Distanz < 2 mm zum Sehapparat/andere sensible Strukturen und/oder Volumen > 15 ml bzw. Größe über 2,5 cm in einer Ebene),
Chordom (immer bei subtotaler Resektion und/oder Chordome der Schädelbasis),
Neurinom (Tumor > 2 cm und Distanz zum optischen System < 2 mm),

Glomustumoren (Inoperabilität) sowie zusätzlich das **maligne Chondrosarkom** der Schädelbasis (auch nach subtotaler Resektion) sowie seltene weitere ZNS-Tumoren: **Pilozytische Astrozytome** (Tumor > 2,5 cm und Distanz zum optischen System < 2 mm), **seltene selläre und paraselläre Tumoren** (Tumor > 2,5 cm und Distanz zum optischen System ≤ 2 mm),

Tumoren der kranialen und spinalen Nerven (Tumor > 2,5 cm und Distanz zum optischen System ≤ 2 mm),

Die fraktionierte stereotaktische Radiotherapie ist bei Kindern und Jugendlichen mit **benignen und malignen Kopf-, Halstumoren** insbesondere geeignet bei folgenden Indikationen:

Astrozytäre und oligodendrogliale Tumoren (niedrigen Malignitätsgrads), **Maligne Gliome** (z.B. Hirnstammgliom),

Ependymome (primär: Grad I und II zur Dosiserhöhung oder in der hinteren Schädelgrube: Grad III),

GOÄ-Nr.		Punktzahl 1fach	2,3 / *1,8 3,5 / *2,5
	Medulloblastome (zur Dosiserhöhung in der hinteren Schädelgrube), **Retinoblastome,** **Aderhautmelanome.**		
A 5865*	**3-D-Bestrahlungsplanung für die fraktionierte stereotaktische Präzisionsbestrahlung von Rezidiven primär maligner Kopf-, Halstumoren oder Rezidiven von Hirnmetastasen mittels Linearbeschleuniger, einschl. Anwendung eines Simulators und Anfertigung einer Körperquerschnittszeichnung oder Benutzung eines Körperquerschnitts anhand vorliegender Untersuchungen, einschl. individueller Berechnung der Dosisverteilung mit Hilfe eines Prozessrechners, analog 1,75x Nr. 5855* GOÄ** Diese 3-D-Bestrahlungsplanung ist nur einmal in sechs Monaten berechnungsfähig. Die analoge Nr. 5855 GOÄ wird 1,75-mal angesetzt für den Bestrahlungsplan im Rahmen der fraktionierten stereotaktischen Präzisionsbestrahlung primär oder sekundär maligner Tumoren.	**12075** 703,82	1266,87 1759,55
A 5866*	**Fraktionierte stereotaktische Präzisionsbestrahlung von Rezidiven primär maligner Kopf-, Halstumoren oder Rezidiven von Hirnmetastasen mittels Linearbeschleuniger, gegebenenfalls einschl. Fixierung mit Ring oder Maske, je drei Fraktionen, analog 1x Nr. 5855* GOÄ** Unter einer Fraktion wird eine Bestrahlung verstanden. Die Gebührenposition Nr. 5855 GOÄ analog ist einmal für drei Fraktionen berechnungsfähig. Werden eine oder zwei weitere Fraktion/en erbracht, so löst/lösen diese Fraktion/en zwei Drittel (zur Vereinfachung 0,7) bzw. ein Drittel (zur Vereinfachung 0,35-mal) den analogen Ansatz der Nr. 5855 GOÄ aus. Beispiele: 6 Fraktionen werden erbracht = 2 x Nr. 5855 GOÄ analog 7 Fraktionen werden erbracht = 2,35 x Nr. 5855 GOÄ analog 8 Fraktionen werden erbracht = 2,7 x Nr. 5855 GOÄ analog Die fraktionierte stereotaktische Präzisionsbestrahlung analog nach Nr. 5855 GOÄ ist maximal fünf Mal (15 Fraktionen) in sechs Monaten berechnungsfähig. Kriterien für die fraktionierte stereotaktische Präzisionsbestrahlung, in Abgrenzung zur einzeitigen stereotaktischen Bestrahlung (Radiochirurgie), sind: Primäre Hirntumoren (Inoperabilität und/ oder Therapieresistenz bzw. Progression oder Rezidiv z.B. nach konventioneller Bestrahlung mit oder ohne Chemotherapie), Rezidiv einer symptomatischen Metastase des ZNS, Chiasmanahe oder im Hirnstamm lokalisierte Hirnmetastase, Rezidiv eines Aderhautmelanoms.	**6900** 402,18	723,93 1005,46

Weitere häufig verwendete Analoge Bewertungen

Recherchiert und gesammelt nach den Beschlüssen des Gebührenordnungsauschusses der BÄK, nach Hinweisen der Privatärztlichen Verrechnungsstelle (PVS), ärztlichen Berufsverbanden und Angaben einzelner Fachärzte:

Analoge GOÄ Nr.	Kurzlegende
4 analog	Erhebung der TCM-Fremdanamnese und/oder Unterweisung und Führung – analog Nr.4 GOÄ– entsprechend GOÄ § 6 (2)
15 analog	Einleitung und Koordination flankierender therapeutischer und sozialer Maßnahmen – analog Nr. 15 GOÄ– entsprechend GOÄ § 6 (2)
20 analog	Nr. 20 GOÄ – entsprechend GOÄ § 6 (2) analog für: 1. Musiktherapie i. Gruppen – Therapie Sprachgestaltung i. Gruppen 2. Anthroposophische Gesprächstherapie i. Gruppen 3. Maltherapie i. Gruppen 4. Rezeptive Musiktherapie in Gruppen 5. Yoga-Asana-Therapie in Gruppen
26 analog	Abrechnung von Früherkennungsuntersuchungen zwischen dem 15. und 18. Lebensjahr (analog Nr. 26)
29 analog	Ganzheitsmedizinischer Status nach naturheilkundlichen Gesichtspunkten – analog Nr. 29 GOÄ – entsprechend GOÄ § 6 (2)
30 analog	Nr. 30 GOÄ – entsprechend GOÄ § 6 (2) analog für: 1. Erhebung der Erstanamnese vor Akupunktur mit einer Mindest-dauer von einer Stunde, schriftliche Aufzeichnungen, 2. Erhebung der Erstanamnese unter anthr. Gesichtspunkten, 3. Umfassende ayurvedische Erstanamnese, 4. Erstanamnese für naturheilkundliche Therapie – mind. 1 Stunde, 5. Erhebung der Schmerzanamnese bei chron. Schmerzen
31 analog	Nr. 31 GOÄ– entsprechend GOÄ § 6 (2) analog für: 1. Erhebung der Folge-Anamnese vor Akupunktur mit einer Mindest-dauer von 30 Minuten, schriftliche Aufzeichnungen, 2. Erhebung der Folgeanamnese unter anthr. Gesichtspunkten, 3. Ayurvedische Folgeanamnese mit Mindestdauer von 30 Min., 4. Erhebung Folgeanamnese b. chron. Schmerzen, 5. Erhebung der Sexualanamnese, 6. Folgeanamnese zur naturheilkundlichen Therapie
32 analog	Berufseignungsuntersuchung, einschl. Berufseignungsberatung auf Wunsch des Patienten
34 analog	Eingehende umweltmedizinische Beratung (analog GOÄ Nr. 34)
50 analog	Umweltmedizinische Wohnraumbegehung (analog GOÄ Nr. 50)
62 analog	Anästhesiologisches Stand-By (analog Nr. 62 GOÄ)
77 analog	Schriftl. Planung bei umweltmedizinischen Problemen (analog GOÄ Nr. 77)
78 analog	Erstellung einer individuellen Rezeptur, z. B. zur chinesischen Pharmakotherapie – analog Nr. 78 GOÄ – entsprechend GOÄ § 6 (2)
209 analog	Großflächige Hautbehandlung (analog GOÄ Nr. 209)
250* analog	Legen einer Verweilkanüle (analog Nr. 250 GOÄ)
257 analog	Injektion in den Glaskörper (analog Nr. 257)
261 analog	Ozonisierung – analog Nr. 261 GOÄ– entsprechend GOÄ § 6 (2)
266 analog	Anlegen von Weiterbehandlung von Canthariden-Pflastern – analog Nr. 266 GOÄ – entsprechend GOÄ § 6 (2)
267 analog	Baunscheidtieren m. Lebenswecker – analog Nr. 267 GOÄ – entsprechend GOÄ § 6 (2)
269 analog	Akupunktur je Sitzung – analog Nr. 269 GOÄ– entsprechend GOÄ § 6 (2)
269a analog	Allergie Akupunktur, mind. 20 Min. (analog Nr. 269a GOÄ)
270 analog	Ozoninsufflation – analog Nr. 270 GOÄ – entsprechend GOÄ § 6 (2)

Analoge GOÄ Nr.	Kurzlegende
271 analog	Nr. 271 GOÄ – entsprechend GOÄ § 6 (2) analog für:1. Moxibustion (ohne Akupunktur), 2. Retransfusion von Eigenblut
272 analog	Hämatogene Oxydations-Therapie – analog Nr. 272 GOÄ – entsprechend GOÄ § 6 (2) – Siehe auch GOÄ Nr. 284 analog
284 analog	Oxyvenierungstherapie (bis zu 10 x) – analog Nr. 284 GOÄ – entsprechend GOÄ § 6 (2)- meist Nr. 284 GOÄ analog in Verbindung mit Nr. 272 analog
285 analog	Ozontherapie, Aderlass – analog Nr. 285 GOÄ– entsprechend GOÄ § 6 (2)
286 analog	Nr. 286 GOÄ – entsprechend GOÄ § 6 (2) analog für: 1. Eigenblut-Reinfusion, 2. Reinfusion Eigenblut min. 200 ml, 3. Ozontherapie, Reinfusion von sauerstoffangereichertem Eigenblut
302 analog	Radiale Stoßwellentherapie bei orthopäd., chir. und schmerztherap. Indikationen u. Triggerpunkt Therapie (analog Nr. 302 GOÄ)
376 analog	Methadongabe (analog Nr. 376 GOÄ)
385 analog	Nr. 385 GOÄ – entsprechend GOÄ § 6 (2) analog für: 1. Messung von Leitwertveränderungen durch Umwelttoxine an 20 Meßpunkten auf der Haut – je Test (1 – 20 Test je Behandlungsfall), 2. Testung auf der Haut und Bewertung der Messreaktion nach Kontakt mit bis zu 20 Allergenen, Pseudoallergenen und unverträglichen Stoffen – je Test (1–20 Test je Behandlungsfall)
386 analog	Nr. 386 GOÄ – entsprechend GOÄ § 6 (2) analog für: 1. Messung von Leitwertveränderungen durch Umwelttoxine an weiteren 20 Meßpunkten auf der Haut – je Test (21 – 40 Test je Behandlungsfall), 2. Testung der Verträglichkeit und Unverträglichkeit zahnärztlicher Werkstoffe, die sich im Mund befinden – je Test (1–20 Test je Behandlungsfall), 3. Testung der Verträglichkeit und Unverträglichkeit von Fremd-materialien, die sich im oder am Körper befinden mit bis zu 20 weiteren Testkörpern – je Test (21–40 Test je Behandlungsfall)
387 analog	Nr. 387 GOÄ – entsprechend GOÄ § 6 (2) analog für: 1. Messung von Leitwertveränderungen durch Umwelttoxine an weiteren 40 Messpunkten auf der Haut – je Test (41 – 80 Test je Behandlungsfall) – 2. Testung auf der Haut und Bewertung der Messreaktion nach Kontakt mit bis zu 40 weiteren Allergenen, Pseudoallergenen und unverträglichen Stoffen – je Test (41–80 Test je Behandlungsfall)
388 analog	Verwendung von Spenglersanen etc. zur Provokation von Störfeldern, je Test –analog Nr. 388 GOÄ– entsprechend GOÄ § 6 (2)
395 analog	Nasaler Schleimhautprovokationstest zur Ermittlung von Allergenen, je Test – analog Nr. 395 GOÄ– entsprechend GOÄ § 6 (2)
396 analog	1.Höchstwert Testung auf der Haut und Bewertung der Messreaktion nach Kontakt mit Nahrungsmitteln – analog Nr. 396 GOÄ – entsprechend GOÄ § 6 (2), 2. Höchstwert Nasaler Schleimhautprovokationatest – analog Nr. 396 GOÄ – entsprechend GOÄ § 6 (2)
399 analog	Testung auf der Haut und Bewertung der Messreaktion nach Kontakt mit Medikamenten – analog Nr. 399 GOÄ– entsprechend GOÄ § 6 (2)
410 analog	Knochendichte Messung mittels Ultraschall-Osteodensitometrie (DEXA) – analog Nr. 410 GOÄ entsprechend GOÄ § 6 (2)
427 analog	Nr.427 – entsprechend GOÄ § 6 (2) analog für Kontrolle der Beatmung unter nCPAP oder BiPAP – n. Beschluss des Gebührenordnungsauschusses der BÄK
430 analog	Elektrisch induziertes Kammerflimmern neben Nr. 3089 (analog Nr. 430 GOÄ
462 analog	Kombinationsnarkose mit Larynxmaske bis zu 1 Stunde (analog Nr. 462 GOÄ)
463 analog	Kombinationsnarkose mit Larynxmaske, jede weitere angefangene halbe Stunde
505* analog	Nr. 505* GOÄ – entsprechend GOÄ § 6 (2) analog für1. Qi Gong-Atmungsbehandlung 2. Atemtherapie (Pranayama)3. Atembehandlung – Sauerstoffinhalation4. Atembehandlung im Sauerstoffzelt
510* analog	Qi Gong – analog Nr. 510* GOÄ – entsprechend GOÄ § 6 (2)

Analoge GOÄ Nr.	Kurzlegende
521* analog	Nr. 521* GOÄ – entsprechend GOÄ § 6 (2) analog für:1. Rhythmische Massage, 2. [+ GOÄ Nr. 530* analog + GOÄ Nr. 500* analog] – Behandlung von Nacken, Schulter und Kopf mit Massage, Überwärmungstherapie, Instillation von Nasenölen u. Wärmekompressen (Nasya), 3. Stoffwechselaktivierende Ganzkörper-Synchron-Massage (Udvartana), 4. Tiefenmuskelmassage (Vishesh), 5. [+ GOÄ Nr. 530 analog] – Synchron-Massage mit Reisbeuteln (Pinda Sweda), 6. Ganzkörper-Ölmassage (Abhyanga)
523* analog	Nr. 523* GOÄ – entsprechend GOÄ § 6 (2) analog für: 1. Massage im extramuskulären Bereich (Schröpfköpfe in Kombination mit Massagen als so genannte Schröpfkopfmassage GOÄ Nr. 523), 2. Massage der Bauchdecken
527* analog	Unterwasserdruckmassage – analog Nr. 527* GOÄ – entsprechend GOÄ § 6 (2)
531* analog	[+ GOÄ Nr. 846 analog] Sedative Ölstrahltherapie des Kopfes (Shirodara) – analog Nr. 531* GOÄ – entsprechend GOÄ § 6 (2)
532* analog	Nr. 532* GOÄ– entsprechend GOÄ § 6 (2) analog für: 1. [+ Nr. 846 GOÄ analog] Ganzkörper-Kräuterdampfbad (Svedana, Bashpasvedana), 2. Vollbad 3. Rhythmisches Bewegungsbad
533* analog	Nr. 533* GOÄ – entsprechend GOÄ § 6 (2) analog für: 1. Lokale Wärmebehandlung (Lokales Svedana), 2. Ayurvedischer Einlauf (Matra Basti)
536* analog	Moxibustion, je Sitzung – analog Nr. 536* GOÄ – entsprechend GOÄ § 6 (2)
539* analog	Bioresonanztherapie analog Nr. 539* GOÄ– entsprechend GOÄ § 6 (2) (alternativer Vorschlag nach Fuchs
551* analog	analog Nr. 551* GOÄ – entsprechend GOÄ § 6 (2) analog für: 1. Elektr. Nadelsstimulation, 2. Reizstromapplikation an bis zu 36 Zahn-Kiefer-Gebieten, buccal, lingual, palatinal und vestibulär zur Testung einer Herdbelastung, 3. TENS, 4. Transkutane Reizstrombehandlung (Triggerpunktbehandlung mit Hochfrequenz-Stimulation)
554* analog	Hochtontherapie (analog GOÄ Nr. 554*)
558* analog	Nr. 558* GOÄ – entsprechend GOÄ § 6 (2) analog für: 1. Bioresonanztherapie, je Sitzung, 2. Magnetfeldtherapie Ansatz nach Vorschlag der Autoren Hess und Klakow-Frank, 3. Geräte Sequenztraining
562* analog	Moxibustion zusätzl. zur Akupunktur – analog Nr. 562* GOÄ– entsprechend GOÄ § 6 (2)
566* analog	Photodynamische Lichtbestrahlung und Synchrone Balneotherapie (analog Nr. 566* GOÄ)
567* analog	Nr. 567* GOÄ – entsprechend GOÄ § 6 (2) analog für: 1. Moxaanwendung (ggf. zusätzl. zu Nrn. 269 u. 269a abrechenbar), 2. Laser Flächenbestrahlung
605* analog	Nr. 605* GOÄ – entsprechend GOÄ § 6 (2) analog für: 1. Sauerstoff-Inhalationstherapie, 2. Messung der Leitwertveränderungen auf der Haut bei Erkrankungen der Nasennebenhöhlen, Lungen, Bronchien, des Thorax und der Brust bds. –
606* analog	Nr. 606* GOÄ – entsprechend GOÄ § 6 (2) analog für: 1. Spiroergometrische Untersuchung, 2. Sauerstoff-Ergometertraining, 3. Ionisierte Sauerstoff-Inhalationstherapie
612* analog	Digitale epiluminiszenz unterstützte Trichogramm Analyse – auch Video-Dermatoskopie (analog Nr. 612 GOÄ)
620* analog	Rheogramm – analog Nr. 620 GOÄ– entsprechend GOÄ § 6 (2)
624* analog	Nr. 624* GOÄ – entsprechend GOÄ § 6 (2) analog für: 1. Thermographische Untersuchung mittels elektronischer Infrarotmessung, je Sitzung, 2. Messung der Leitwertveränderungen auf der Haut bei Erkrankungen von Dünndarm, Dickdarm
628 analog	Endokardiales Kathermapping bei supraventrik. Tachykardien (analog Nr. 628 GOÄ)

Analoge GOÄ Nr.	Kurzlegende
629 analog	Stressechokardiographie – (analog Nr. 629 GOÄ)
631 analog	Intraoperative Elektrodenversorgung – (analog Nr. 631 GOÄ)
635* analog	Photoelektrische Volumenpulsschreibung an mind. 4 Pkt analog für Nr. 635* GOÄ – entsprechend GOÄ § 6 (2)
636* analog	Zusätzliche Temperaturmessung – analog Nr. 636* GOÄ– entsprechend GOÄ § 6 (2)
639* analog	Prüfung der spontanen und reaktiven Vasomotorik –analog Nr. 639 GOÄ – entsprechend GOÄ § 6 (2)
643* analog	Nicht direktionale Untersuchungen: Penisgefäße u./o. Skrotalfächer
647* analog	Bestimmung Herzzeitvolumens mittels Thermodilutionsmethode – (analog Nr. 647* GOÄ)
650* analog	Event-Recorder-EKG – (analog Nr. 650 GOÄ)
651* analog	Messung der Leitwertveränderungen auf der Haut bei Erkrankungen des Herzens und des Kreislaufs –analog Nr. 651 GOÄ – entsprechend GOÄ § 6 (2)
652 analog	Pedographische Druckverteilungsmessung (analog Nr. 652 GOÄ)
653* analog	EKG über mind. 6 Std. (s. Leistungskomplex Schlaflabor) – (analog Nr. 653GOÄ)
656 analog	Einbringung eines Elektrodenkatheters bei EPU (analog Nr. 656 GOÄ)
658 analog	Hochverstärktes Oberflächen-EKG (Spätpotential-EKG) (analog Nr. 652 GOÄ)
659* analog	1. Polysomnograph. Schlafüberwachung – 2. Hochfrequenz-Elektrokardiographie – 3. Kontinuierliche BZ-Messung
661* analog	Programmierung Herzschrittmacher – (analog Nr. 661 GOÄ)
670 analog	Nasobiläre Sonde i. Zusammenhang mit ERCP – (analog Nr. 670 GOÄ)
706 analog	Ballondilatation einer Pankreasgangstenose u. Kleinflächige Epilation von Haaren- (analog Nr. 706 GOÄ)
714 analog	Nr. 714 GOÄ – entsprechend GOÄ § 6 (2) analog für:1.Kontinuierliche Registrierung der Körperlage mittels Lagesensoren über 6 Stunden – n. Beschlüssen des Ausschusses „Gebührenordnung" der BÄK, 2. Neurokinesiologische Diagnostik n. Vojta
715 analog	Nr. 715 GOÄ – entsprechend GOÄ § 6 (2) analog für: 1. Überprüfung Entwicklung bezüglich der Grobmotorik, der Feinmotorik, der Sprache und des sozialen Verhalten, 2. Kinesiologische Prüfung – Überprüfung der Entwicklung bezügl. Der Grobmotorik, der Feinmotorik, der Sprache u. des sozialen Verhaltens
716 analog	Prüfung der funktionellen Entwicklung –analog Nr. 716 GOÄ entsprechend GOÄ § 6 (2)
719 analog	Nr. 719 GOÄ – entsprechend GOÄ § 6 (2) analog für: 1. Kinesiologische Behandlung je nach Indikation (Ausfall-erscheinungen in Motorik, Sprachbereich und/oder Sozialverhalten, Einzelbehandlung), 2. Funktioneller Entwicklungstherapie bei Ausfallerscheinungen in Motorik, Sprachbereich und/oder Sozialverhalten, Einzelbehandlung, mind. 45 Min
725* analog	Nr. 725 GOÄ – entsprechend GOÄ § 6 (2) analog für: 1. Entwicklungs- und Übungsbehandlung von Ausfallerscheinungen d. ZNS, 2. Maltherapie, Einzelbehandlung – analog Nr. 725 GOÄ – entsprechend GOÄ § 6 (2)
726* analog	Therapeutische Sprachgestaltung, Einzelbehandlung –analog Nr. 726 GOÄ – entsprechend GOÄ § 6 (2)
740 analog	Ozonglockenbehandlung, je Sitzung – analog Nr. 740 GOÄ – entspr. GOÄ § 6 (2)
741 analog	Ozonbeutelbegasung, je Sitzung – analog Nr.741– entspr. GOÄ § 6 (2)
742 analog	Epilation von Haaren – (analog Nr. 742 GOÄ)
743 analog	Schleifen und Schmirgeln u./o. Fräsen von Hautbezirken – Peeling (analog Nr. 743 GOÄ)

Analoge GOÄ Nr.	Kurzlegende
745 analog	chemisch oder kaustische Warzenentfernung und Entfernung von Fibromen (analog Nr. 745 GOÄ)
747 analog	Setzen von Schröpfköpfen, Blutegeln oder Anwendung von Saugapparaten, je Sitzung (Schröpfköpfe in Kombination mit Massagen als so genannte Schröpfkopfmassage GOÄ Nr. 523) – analog Nr. 747 GOÄ – entsprechend GOÄ § 6 (2)
748 analog	Hautdrainage durch multiple Inzisionen – zusätzlich zu Nr. 747 – analog Nr. 748 GOÄ– entsprechend GOÄ § 6 (2)
755 analog	Microbrasion (analog Nr. 755 GOÄ)
760* analog	Hauttypbestimmung (analog Nr. 760* GOÄ)
780 analog	Dilatation Anastomosenstenose i. Verbindung mit Endoskopie – (analog Nr. 780 GOÄ)
790 analog	stat. Vorbereitung CAPD- (analog Nr. 790 GOÄ)
791 analog	Cell-Saver – (analog Nr. 791 GOÄ)
792 analog	postop.. Kontrolle von Herzunterstützungssystemen – (analog Nr. 792 GOÄ)
804 analog	Eingehende umweltmedizin. Beratung der Bezugsperson (analog Nr. 804 GOÄ)
807 analog	Kunsttherapeutische Anamnese und Diagnostik – analog Nr. 807 GOÄ – entsprechend GOÄ § 6 (2)
827 analog	Messung der Leitwertveränderungen auf der Haut bei Erkrankungen des Nervensystems – analog Nr. 827 GOÄ– entsprechend GOÄ § 6 (2)
827a analog	Prächir. epilepsiediagnostische Langzeitaufzeichnung
828 analog	Elektrophysiologische Stimulation zur Bestimmung der Leitungs- u. Refraktärzeitbestimmung...(analog Nr. 828 GOÄ)
829 analog	Messung der Leitwertveränderungen auf der Haut bei Erkrankungen der Augen – analog Nr. 829 GOÄ – entsprechend GOÄ § 6 (2)
831 analog	Nr. 831 GOÄ – entsprechend GOÄ § 6 (2) analog für: 1. Ayurvedische Pulsdiagnostik, 2. Ausstestung der optimalen Geräteeinstellung, 3. Vegetative Funktionsdiagnostik
832 analog	Nr. 832 GOÄ– entsprechend GOÄ § 6 (2) analog für: 1. Elektr. Punktdetektion, 2. Die bioelektrische Funktionsdiagnostik (Befunderhebung am Nervensystem durch Faradisation und/oder Galvanisation), 3. Elektroakupunktur nach Voll(EAV), 4. Testung der Drehwirkung von Körpersäften z. B. Geopathietest, 5. Punkttherapie, Messung und Behandlung bis zu 40 Punkte
837 analog	Spezielle Ausleitung von Allergenen mit Immunmodulation und Meridiantherapie – analog 837 GOÄ – entsprechend GOÄ § 6 (2)
838 analog	analog Nr. 838 GOÄ – entsprechend GOÄ § 6 (2): 1. Elektromyograph. Untersuchung, 2. Messung der Leitwertveränderungen auf der Haut bei Erkrankungen von weiteren Funktionskreisen, 3. Ausstestung von chron. Stressfaktoren (z. B. Störfeldern) und deren Wechselwirkungen mit Krankheitssymptomen zur Auffindung der optimalen Therapie, 4. Magnetfeldtherapie mit hochwertigen Geräten
839 analog	1. Prächirurgische epilepsiediagnostische kortikale Elektrostimulation oder 2. kontinuierl. EMG-Registrierung an mind. 2 Muskelgruppen oder 3. transkranielle Magnetstimulation – immer analog Nr. 839 GOÄ
840 analog	Sensible Elektroneurographie – analog Nr. 840 GOÄ – entsprechend GOÄ § 6 (2)
842 analog	Sensible Elektroneurographie – analog Nr. 840 GOÄ – entsprechend GOÄ § 6 (2)
845 analog	Behandlung einer Einzelperson durch Hypnose – analog Nr. 845 GOÄ – entsprechend GOÄ § 6 (2)
846 analog	analog Nr. 846 GOÄ – entsprechend GOÄ § 6 (2) ansetzbar für: 1. Kunst-und Körpertherapien auch als ergänzende Therapieverfahren – Einzeltherapie, 2. Yoga-Asana-Therapie, Einzelbehandlung, 3. Rezeptive Musiktherapie, Einzelbehandlung, 4. Kohlensäure-Körperbegasung

Analoge GOÄ Nr.	Kurzlegende
847 analog	Kunst- u. Körpertherapien – Gruppentherapie (analog Nr. 847 GOÄ)
849 analog	Psychotherapeutische Behandlung bei psychoreaktiven, psychosomatischen oder neurotischen Störungen – sog. „verbale Intervention" – analog Nr. 849 GOÄ– entsprechend GOÄ § 6 (2)
856* analog	1. Neurophysiologische Testverfahren zur Schlafdiagnostik, 2. Anwendung und Auswertung standardisierter Intelligenz- und Entwicklungstests – (analog Nr. 856 GOÄ)
860 analog	Erhebung einer biographischen Anamnese unter neurophysio-logischen Gesichtspunkten – analog Nr. 860 GOÄ – entsprechend GOÄ § 6 (2)
861 analog	analog Nr. 861 GOÄ – entsprechend GOÄ § 6 (2): 1. Kunst-und Körpertherapien – Einzeltherapie –, 2. Tiefenpsychologisch fundierte Psychotherapie, Einzelbehandlung, Dauer mind. 50 Minuten
862 analog	Kunst- u. Körpertherapien – Gruppentherapie (analog Nr. 862 GOÄ)
870 analog	1. Heileurythmie, Einzeltherapie, mind. 50 Min. –analog Nr. 870 – entsprechend GOÄ § 6 (2), 2. Anthroposopische Kunsttherapie, Einzeltherapie, mind. 50 Min. -analog Nr. 870 GOÄ – entsprechend GOÄ § 6 (2)
1014 analog	Transabdominelle Blutentnahme aus der Nabelschnur unter Sonosicht) (analog Nr. 1014 GOÄ)
1085 analog	Kryokoagulation der Portio – (analog Nr. 1085 GOÄ)
1114 analog	Nr. 1114 GOÄ– entsprechend GOÄ § 6 (2) analog für: 1. Embryotransfer, einschl. Einführen eines speziellen Doppelkatheters, nur einmal berechnungsfähig, auch wenn mehr als ein Embryo übertragen wird (n. Beschluss des Gebührenausschusses derBÄK), 2. Insemination der Oozyte durch Injektion des Spermatozoons durch das Oolemm, je behandelte Eizelle berechnungsfähig (n. Beschluss des Gebührenausschusses der BÄK)
1283 analog	Resektion von vorgefallenem Fettgewebe aus der Orbita über eine transcutane vordere Orbitotomie (analog 1283 GOÄ)
1304 analog	Lidkorrektur (analog Nr. 1304 GOÄ)
1306 analog	Oberlidretraktion (analog GOÄ nr. 1306)
1310 analog	Augenlidplastik mittels freien Hauttransplantates (analog Nr. 1310 GOÄ)
1311 analog	Augenlidplastik mittels Hautlappenverschiebung (analog Nr. 1311 GOÄ)
1312 analog	Tarsale Zügelplastik und Periostlappen (analog 1312 GOÄ Schwierige Hauptlappenplastik)
1340 analog	Ayurvedisches Augenbad (Netra Tarpana), je Auge –analog Nr. 1340 GOÄ – entsprechend GOÄ § 6 (2)
1345 analog	Laser in situ-Keratomileusis (Lasik) mit Excimer-Laseranwendung
1366 analog	Photodynamische Therapie am Augenhintergrund (Laserbehandlung einschl. Infusion des Photosensibilisators) (analog Nr. 1366 GOÄ)
1382 analog	Viskokanobplasie – analog Nr. 1382
1383 analog	Intravitreale Injektion (IVI)/intravitreal operative Medikamenteneingabe (IVOM) analog Nr. 1383 GOÄ
A 7011 analog	Optische Kohärenztomographie
1408 analog	Prächirurgische epilepsiediagnostische Messung intracranieller kognitiver Potenziale, (analog 1408 GOÄ)
1427 analog	Postoperative Entfernung von Tamponaden nach Nasen- u./o. NNH-Eingriffen – (analog Nr. 1427 GOÄ)
1430 analog	Postoperat. Schienen-/Splintentfernung – (analog Nr. 1430 GOÄ)
1777 analog	Blasenhalsschlitzung (analog Nr. 1777 GOÄ)

Analoge GOÄ Nr.	Kurzlegende
1780 analog	Abrechnung der TVT-Operation (Tension-free-Vaginal-Tape-Operation) zur Behandlung der Harninkontinenz (analog Nr. 1780)
1783 analog	Extraregionäre Lymphknotenentfernung – (analog Nr. 1783 GOÄ)
1789 analog	Fluoreszenzendoskopie – (analog Nr. 1789 GOÄ)
1791 analog	Niederdruckirrigation bei TURP – (analog Nr. 1791 GOÄ)
1796 analog	Anlegen eines Urostomas – (analog Nr. 1796 GOÄ)
1800 analog	Extrakorporale Stoßwellentherapie (ESWT) bei orthop., chir. oder schmerztherapeutischen Indikationen, (analog Nr. 1800 GOÄ)
1801 analog	Offene transvesikale Adenotomie bei BPH
2103 analog	Weichteilbalancing am Kniegelenk neben Nr. 2153 (analog Nr. 2103 GOÄ)
2148 analog	Tonnenförmige Ausmeißelung des Pfannenbodens neben Nr. 2151 (analog Nr. 2148 GOÄ)
2253 analog	1. Plast. Wiederaufbau des Nasenrückens nach Vor-OP o. Dysplasien oder 2. Verwendung v. autologem Knorpel als Ersatz der Steigbügelfußplatte bei Otoskleroseoperation nach Nr. 1623 GOÄ- (analog Nr. 2253 GOÄ)
2256 analog	Abtragung der Lamina perpendicularis des knöchernen Septums (analog Nr. 2256 GOÄ)
2258 analog	Abmeißelung ausgedehnter Osteophyten neben Nr. 2151
2344 analog	Patellarückflächenersatz (analog Nr. 2344 GOÄ)
2382 analog	Schleimhautschonende plast. OP an der Nasenmuschel o. Eingriff nach Leglerschen Operationsmethode (analog Nr. 2382 GOÄ)
2404 analog	Hauttumor OP im Gesicht, je Läsion (analog Nr. 2404 GOÄ)
2407 analog	Laser skin resurfacing (analog Nr. 2407 GOÄ)
2428 analog	Baunscheidtieren mit Schnäpper – analog Nr. 2428 GOÄ– entspr. GOÄ § 6 (2)
2440 analog	Laserbehandlung von Besenreiservarizen, Teleangiektasien, Warzen u. a. Hautveränderungen u. Operative Entfernung einer Tätowierung (analog Nr. 2440 GOÄ)
2441 analog	Niedertourige Dermabrasio – oberflächliches Peeling (analog Nr. 2441 GOÄ)
2453 analog	Grössere Fettentfernung (Extremitäten) (analog Nr. 2453 GOÄ)
2454 analog	Fettentfernung (analog Nr. 2454 GOÄ)
2885 analog	Dermatologische Lasertherapie: Teleangiektasien, Warzen und anderen Hautveränderungen (von 7 bis 21 cm^2 Körperoberfläche) (analog 2885 GOÄ)
2886 analog	Dermatologische Lasertherapie: Teleangiektasien, Warzen und anderen Hautveränderungen (Ausdehnung von mehr als 21 cm^2) (analog 2886 GOÄ)
3091 analog	1. Endokard. Kathermapping o. 2. Katherterablation o. 3. renale Sympathikusdenervation o. 4. Ablation der Pulmonalvenen (Pulmonalvenenisolation)
3211 analog	Anleitung des Patienten zur Selbstanwendung TENS – analog Nr. 3211 GOÄ – entsprechend GOÄ § 6 (2)
3300 analog	Abrechnung der endoskopischen Untersuchung des Subacromialraums
3306 analog	Chirotherapeutischer Eingriff an Extremitätsgelenken (analog 3306 GOÄ)
3571* analog	analog Nr. 3571* für: 1. Immunologischer Stuhltest Hämoglobin, 2. Immunologischer Stuhltest Haptoglobin
3741* analog	Abrechnung „Freier Leichtketten" in Serum und Urin- analog GOÄ Nr. 3741
3767 analog	Abrechnung des Quantiferon-TB-Gold-Tests nach GOÄ – Immunologischer Bluttest zum Nachweis einer Infektion mit Tuberkulosebakterien – analog GOÄ Nr. 3767
3783* analog	Analytische Auswertung einer oder mehrerer Atemproben eines 13-C-Harnstoff-Atemtests (analog 3783 GOÄ)

Analoge GOÄ Nr.	Kurzlegende
3911.H3* analog	NMP (Nukleäres-Matrix-Protein) 22 Schnelltest (analog 3911 GOÄ)
4210* analog	Abrechnung des Nachweises von Jod im Serum mittels Massenspektrometrie bei fraglicher Jodkontamination bzw. Jodintoxikation – analog GOÄ Nr. 4210
4504* analog	Streptokokken A-Schnelltest (analog Nr. 4504 GOÄ)
4715* analog	Präperation der Oozyten vor Anlegen der Eizellkulturen analog Nr. 4715* – entsprechend GOÄ § 6 (2) – Untersuchung zum Nachweis von Pilzen durch An- oder Weiterzüchtung auf einfachen Nährmedien (z. B. Sabouraud-Agar), je Nährmedium
4751* analog	Präparation der Oozyten vor Anlegen der Eizellkulturen (analog 4751* GOÄ)
4852* analog	1. Mikroskop.-zytolog. Untersuchung aus dem Ovar entnommener Follikel oder 2.Beurteilung des Pronukleus-Stadiums oder 3. Mikroskop. Untersuchung Prä-Embryonen (analog 4852* GOÄ)
4872* analog	Biochem.-mechan. Gewebepräparation zur Spermiengewinnung (analog 4872* GOÄ)
4873* analog	1. Anlegen der Eizell-Spermien-Kultur oder 2. Ansetzen der Prä-Embryonen-Kulturen (analog 4873* GOÄ) 3. Isolierung eines einzelnen Spermiums, Punktion Metaphase II Oozyte
5295* analog	Videokontrolle der Korrelation von elektro.physiol. Aufzeichnung u. Verhaltensbefund (analog 5295* GOÄ)
5298* analog	Videoendoskopie-Zuschlag zu den Nrn. 682 bis 689 GOÄ bei Verwendung eines flexiblen digitalen Videoendoskops (analog Nr. 5298* GOÄ)
5348* analog	Abrechnung eines Vorhofverschlusses mittels ACP (Amplatzer Cardiac Plug)analog Nr. 629 GOÄ plus analog Nr. 5348 GOÄ.
5358* analog	Abrechnung des Coilings von Hirnarterien (anaolg Nr. 5358*)
5370* analog	Abrechnung der digitalen Volumentomographie
5378* analog	Berechnung der lichtoptischen Wirbelsäulenvermessung (Optimetrie) (analog 5378+ GOÄ)
5442* analog	Photodynamische Diagnostik von Hautläsionen (analog Nr.5442+ GOÄ)
5800* analog	1:Behandlungsplan f. dermatol. Photodynamische Therapie, einmal im Behandlungsfall, PDT Haut, 2. PDT Auge (analog 5800* GOÄ) – n. Beschlüssen des Ausschusses „Gebührenordnung" der BÄK
5802* analog	Bestrahlung bis zu 2 Behandlungsfeldern – analog Nr. 5802* – entsprechend GOÄ § 6 (2)
5803* analog	Zuschlag zu Nr. 5802* analog für jedes weitere Bestrahlungsfeld (analog Nr. 5803 GOÄ)
5840* analog	Bestrahlungsplanung vor und nach der Implantation von Prostata-Seeds (analog Nr. 5840* GOÄ) – n. Beschlüssen des Ausschusses „Gebührenordnung" der BÄK
5841* analog	Zuschlag f. Prozessrechner i. Zusammenhang mit Prostata-Seedimplantation (PSI) (analog Nr. 5841*)
5846* analog	Interstitielle Low-Dose-Rate-Brachytherapie der Prostata mittels Seeds (PSI), je Fraktion, (analog Nr. 5846* GOÄ)
5851* analog	Ganzkörperhyperthermie – Anwendung f. versch. Temperatur-Erhöhungen – analog Nr. 5831* GOÄ– entsprechend GOÄ § 6 (2)
5855* analog	Photorefraktäre Keratektomie (PRK) mit Excimer-Laseranwendung (analog Nr. 5855* GOÄ)

Hinweise und Leistungsübersicht zur Abrechnung nach GOÄ für Zahnärzte

Die novellierte Gebührenordnung für Zahnärzte ist seit dem 01.01.2012 gültig und legt in erweiterter Weise im Gegensatz zur vorigen GOZ den Leistungsumfang fest. In geringem Umfang gibt es aber immer noch Leistungen, die nicht in der GOZ zu finden sind. Hier gibt der

§ 6 der Gebührenordnung für Zahnärzte (GOZ)

Leistungsbereiche der GOÄ an, die in diesen Fällen dem Zahnarzt eine Abrechnung nach GOÄ neben Leistungen aus der GOZ ermöglichen.

§ 6 Gebühren für andere Leistungen – (http://www.bzaek.de/fileadmin/PDFs/goz/gebuehrenordnung_fuer_zahnaerzte_2012.pdf)

(1) Selbstständige zahnärztliche Leistungen, die in das Gebührenverzeichnis nicht aufgenommen sind, können entsprechend einer nach Art, Kosten- und Zeitaufwand gleichwertigen Leistung des Gebührenverzeichnisses dieser Verordnung berechnet werden. Sofern auch eine nach Art, Kosten- und Zeitaufwand gleichwertige Leistung im Gebührenverzeichnis dieser Verordnung nicht enthalten ist, kann die selbstständige zahnärztliche Leistung entsprechend einer nach Art, Kosten- und Zeitaufwand gleichwertigen Leistung der in Absatz 2 genannten Leistungen des Gebührenverzeichnisses der Gebührenordnung für Ärzte berechnet werden.

(2) Die Vergütungen sind nach den Vorschriften der Gebührenordnung für Ärzte zu berechnen, soweit die Leistung nicht als selbständige Leistung oder Teil einer anderen Leistung im Gebührenverzeichnis der Gebührenordnung für Zahnärzte enthalten ist und wenn die Leistungen, die der Zahnarzt erbringt, in den folgenden Abschnitten des Gebührenverzeichnisses der Gebührenordnung für Ärzte aufgeführt sind:

1. **B I, B II, B III unter den Nummern 30, 31 und 34, B IV bis B VI**,
2. **C I unter den Nummern 200, 204, 210 und 211, C II, C III bis C VII, C VIII nur soweit eine zugrunde liegende ambulante operative Leistung berechnet wird**,
3. **E V und E VI**,
4. **J**,
5. **L I, L II unter den Nummern 2072 bis 2074, L III, L V unter den Nummern 2253 bis 2256 im Rahmen der Behandlung von Kieferbrüchen, L VI unter den Nummern 2321, 2355 und 2356 im Rahmen der Behandlung von Kieferbrüchen, L VII, L IX**,
6. **M unter den Nummern 3511, 3712, 3714,3715, 4504, 4530, 4538, 4605, 4606 und 4715**,
7. **N unter der Nummer 4852**
8. **O**

Der Kommentar der Bundeszahnärztekammer in Zusammenarbeit mit den (Landes-Zahnärztekammern (Stand 13. August 2013) http://www.bzaek.de/fileadmin/PDFs/goz/nov/goz-kommentar-bzaek.pdf führt zum § 6 GOZ aus **(hier in Ausschnitten):**

Der neue § 6 Absatz 1 schafft eine Analogieregelung entsprechend § 6 Abs. 2 GOÄ.

...Mit der Neufassung von § 6 Absatz 1 Satz 1 können Leistungen, die im Gebührenverzeichnis fehlen, analog berechnet werden...**Voraussetzung ist die Erbringung einer nicht im Gebührenverzeichnis enthaltenen selbständigen zahnärztlichen Leistung.** Das sind Leistungen, die weder Bestandteil, noch besondere Ausführung einer anderen, ebenfalls berechneten Leistung sind (vgl. § 4 Absatz 2)...

...Die selbständige, nicht im Gebührenverzeichnis enthaltene Leistung kann entsprechend einer nach Art, Kosten- und Zeitaufwand gleichwertigen Leistung des Gebührenverzeichnisses berechnet werden. Die Regelung stellt damit auf die Gleichwertigkeit und nicht auf die Gleichartigkeit ab...

...Für die Feststellung der Gleichwertigkeit hat der Zahnarzt Art, Kosten- und Zeitaufwand der neuen Leistung mit der hilfsweise zur Berechnung ausgesuchten Analogleistung zu vergleichen...

...Der Zahnarzt hat bei der Analogiebewertung und der Feststellung der Gleichwertigkeit einen Ermessensspielraum. Nicht alle drei Kriterien müssen nebeneinander gleichrangig erfüllt werden, sondern müssen in einer Gesamtschau zur Gleichwertigkeit führen...

...§ 6 Absatz 1 Satz 2 stellt klar, dass bei der Analogbewertung zunächst eine nach Art, Kosten- und Zeitaufwand gleichwertige Leistung aus dem Gebührenverzeichnis der GOZ heranzuziehen ist und für den Analogabgriff erst nachrangig eine Leistung aus dem Gebührenverzeichnisses der GOÄ als Analogbewertung in Frage kommt.

Das Gebührenverzeichnis der GOÄ ist allerdings auf die Leistungen beschränkt, die nach § 6 Absatz 2 eröffnet sind. Diejenigen Leistungen des GOÄ-Gebührenverzeichnisses, für die der Zugriff nach Absatz 2 nicht eröffnet ist, stehen auch für eine Analogie nicht zur Verfügung.

Selbständigen zahnärztlichen Leistung, ...sind nach den Vorschriften der GOÄ zu vergüten, wenn diese Leistungen nicht im Gebührenverzeichnis der GOZ enthalten und von der Aufzählung des § 6 Absatz 2 Ziffern 1–10 erfasst sind. Da nicht nur die Gebührenhöhe der GOÄ folgt, sondern die Berechnung nach den Vorschriften der GOÄ zu erfolgen hat, ist die GOÄ insoweit insgesamt anzuwenden.

Hinweis der Autoren

Nach § 6 Abs. 2 ist das Gebührenverzeichnis der GOÄ allerdings auf die Leistungen beschränkt, die

1. nicht in der GOZ zu finden sind
2. **und daher nach § 6 Absatz 2 nach GOÄ berechnet werden dürfen**

Die neue GOZ hat völlig neue Leistungstexte für definitive Ziffern bekommen. Hier wurden zwar „viele" Leistungsteilbereiche unter einer Nummer zusammengefasst, aber sie sind genau beschrieben.

Die Bewertungen der Nummern wurden eben auch angehoben, aber sie enthalten dabei auch viele Leistungsteilblöcke subsummiert.

Im „normalen und schwierigen" Routinebereich ergab sich sicherlich eine Bewertungsverbesserung. Im „großen" chirurgischen Bereich aber eine drastische Abschmelzung.

In der GOZ steht exakt drinnen, dass alles was beschrieben ist, auch nach GOZ abgerechnet werden muss. Dies gilt für Zahnärzte und auch für Kieferchirurgen im ZMK- oder implantologischen Bereich.

Beispiele:
- So kann nicht mehr eine Knochenreplantation im Kieferbereich nach GOÄ 2254 abgerechnet werden, sondern nach GOZ 9100 berechnert werden.
- Das gleiche ist z. B. Knochenentnahme von einem anderen Ort: jetzt GOZ 9140, nicht mehr GOÄ 2253.
- Für die kleine Vestibulumplastik nicht mehr GOÄ 2675 ansetztbar sondern GOZ Nr. 3240.
- Große Vestibulumplastik weiterhin nach GOÄ 2676.

Manchmal sind diese Veränderung nach der neuen GOZ ein Vorteil, manchmal ein Nachteil.

Daneben gibt es immer noch medizinische Leistungen, die nicht in der GOZ existieren. Z.B. die Neurolyse (GOÄ 2254). Hier kann selbstverständlich auch von Zahnärzten die GOÄ Nummer benutzt werden. Oder auch irgendwelche elektrophysiotherapeutischen Maßnahmen etc.

Die Autoren haben nachfolgend die Auflistung aus § 6 Abs. 2 GOZ aufgeführten GOÄ Bereiche mit GOÄ-Kapitel- und -Unterkapitel-Titeln und GOÄ Nrn. aufgeführt.

Dazu ist anzumerken, dass diese GOÄ-Liste nach § 6 GOZ bei weitem den in der Zahnarzt-Praxis ausgeführten Leistungsumfang übersteigt und auch immer noch Leistungen beinhaltet, die nach der neuen GOZ abgerechnet werden müssen. Vorsicht bei der Auswahl der GOÄ Nrn. ist also geboten!

In diesem Buch findet der Zahnarzt zu diesen Leistungen alle entsprechenden Hinweise (Ausschlüsse, Kommentare, Hinweise der Bundesärztekammer und Rechtsprechung).

Aus der Fülle der Leistungen nach § 6 Abs. 2 sollte sich der Zahnarzt eine **eigene,**

individuelle Liste zusammenstellen, die seinem Leistungsumfang entspricht, den er nach GOÄ berechnen wird.

Hilfen für den Praxisalltag geben

Gebührenordnung für Zahnärzte (2,8 MB, Broschüre) (Stand 5. Dezember 2011)

(http://www.bzaek.de/fileadmin/PDFs/goz/gebuehrenordnung_fuer_zahnaerzte_2012.pdf)

Gebührenordnung für Zahnärzte – Kurzverzeichnis

(http://www.bzaek.de/fileadmin/PDFs/goz/nov/goz_kurzverzeichnis.pdf)

Im Kommentar der Bundeszahnärztekammer finden Sie Erläuterungen, Hinweise und Berechnungsempfehlungen zur besseren Verständlichkeit und Anwendbarkeit.

Gebührenordnung für Zahnärzte (ab 1.1.2012) – Kommentar der Bundeszahnärztekammer (ca. 6,5 MB, 285 Seiten) (Stand 13. August 2013)

(http://www.bzaek.de/fileadmin/PDFs/goz/nov/goz-kommentar-bzaek.pdf)

Die **Zahnärztekammer Westfalen –Lippe** biete im Internet einen relativ umfangreichen **Auszug aus der Gebührenordnung für Ärzte (GOÄ) (für Zahnärzte geöffnete Bereiche)** Stand: 1. Januar 2012: http://www.zahnaerzte-wl.de/Infocard2013/p4a/I_Rechtsgrundlagen/c_Auszug_aus_der_GOAE.pdf

Für Zahnärzte geöffnete Bereiche der Gebührenordnung für Ärzte (GOÄ) nach § 6 Abs. 2 GOZ

§ 10 GOÄ Ersatz von Auslagen – siehe Text und Kommentar auf Seite 38.

Abschnitt der GOÄ	**GOÄ-Nrn:**

B. Grundleistungen und allgemeine Leistungen

B I.	**Allgemeine Beratungen und Untersuchungen**	**1, 2*, 3, 4, 5, 6, 7, 8, 11,15**
B II.	**Zuschläge zu Beratungen und Untersuchungen nach den Nummern 1, 3, 4, 5, 6, 7 oder 8**	**A, B, C, D und K 1**
B III.	**Spezielle Beratungen und Untersuchungen**	**30, 31, 34**
B IV.	**Visiten, Konsiliartätigkeit, Besuche, Assistenz**	**45, 46, 48, 50, 51, 52, 55, 56, 60, 61, 62**
B V.	**Zuschläge zu den Leistungen nach den Nummern 45 bis 62**	**E, F, G, H, J und K 2**
B VI.	**Berichte, Briefe**	**70, 75, 76, 77, 78, 80, 85, 90, 95 und 96**

C. Nichtgebietsbezogene Sonderleistungen

C I.	**Anlegen von Verbänden**	**200, 204, 210 und 211**
C II.	**Blutentnahme, Injektionen, Infiltrationen, Infusionen, Transfusionen, Implantationen, Abstrichentnahmen**	**250 bis298**
C III.	**Punktionen**	**300–321**
C IV.	**Kontrastmitteleinbringung**	**340–374**
C V.	**Impfungen und Testungen**	**375 bis 399**
C VI.	**Sonographische Leistungen**	**401 bis 424**
C VII.	**Intensivmedizin und sonstige Leistungen**	**427- 437**
C VIII.	**Zuschläge zu ambulanten Operations-und Anästhesieleistungen***	**440 bis 449**

* nur soweit eine zugrunde liegende ambulante operative Leistung berechnet wird

E. Physikalisch-medizinische Leistungen

E V.	**Wärmebehandlung**	**535* und 539***
E VI.	**Elektrotherapie**	**548* – 558***

J. Hals-, Nasen-, Ohrenheilkunde

J.	**Hals-, Nasen-, Ohrenheilkunde**	**1400–1639**

L Chirurgie, Orthopädie

L I.	**Wundversorgung, Fremdkörperentfernung**	**2000–2015**
L II.	**Extremitätenchirurgie**	**2072, 2073 und 2074**
L III.	**Gelenkchirurgie**	**2100–2196**
L V.	**Knochenchirurgie ****	**2253, 2254, 2255 und 2256**
L VI.	**Frakturbehandlung**	**2321, 2355, 2356**
L VII.	**Chirurgie der Körperoberfläche**	**2380 bis 2454**
L IX.	**Mund-, Kiefer-und Gesichtschirurgie**	**2620 bis 2732**

** im Rahmen der Behandlung von Kieferbrüchen

M. Laboratoriumsuntersuchungen

M I.	**Vorhalteleistungen in der eigenen, niedergelassenen Praxis**	**3511***
M III.	**Untersuchungen von körpereigenen oder körperfremden Substanzen und körpereigenen Zellen** 4.Elektrolyte, Wasserhaushalt, physikalische Eigenschaften von Körperflüssigkeiten	 **3712*, 3714*, 3715***
M IV.	**Untersuchungen zum Nachweis und zur Charakterisierung von Krankheitserregern** 1. Untersuchung zum Nachweis und zur Charakterisierung von Bakterien a. Untersuchungen im Nativmaterial b. Züchtung/Gewebekultur e. Keimzahl, Hemmstoffe 3. Untersuchung zum Nachweis und zur Charakterisierung von Pilzen	 **4504** **4530, 4538** **4605, 4606** **4715**

N. Histologie, Zytologie und Zytogenetik

N II.	**Zytologie**	**4852***

O. Strahlendiagnostik, Nuklearmedizin, Magnetresonanztomographie und Strahlentherapie

O	**O. Strahlendiagnostik, Nuklearmedizin, Magnetresonanztomographie und Strahlentherapie** I. Strahlendiagnostik II. Nuklearmedizin III. Magnetresonanztomographie IV. Strahlentherapie	 **5000* bis 5380*** **5400* bis 5607*** **5700* bis 5735*** **5800* bis 5855***

Die **Landeszahnärztekammer Baden-Württemberg** hat im November 2011 eine erheblich gekürzte vermutlich auf den Praxisalltag des Zahnarztes bezogene Tabelle veröffentlicht: http://www.lzkbw.de/Zahnaerzte/Gebuehrenrecht/GOZ-Inform/Infos/GOAE-Leistungen.pdf.

Abrechnung IGeL-Leistungen

IGeL Beispiele für Praxis und Klinik

A. Individuelle Gesundheitsleistungen (IGeL) seit Jahren in der Diskussion

Seit 1998 gibt es den Katalog „Individuelle Gesundheitsleistungen“ – kurz IGeL genannt –, der von der Kassenärztlichen Bundesvereinigung in Abstimmung mit ärztlichen Berufsverbänden der Öffentlichkeit vorgestellt wurde.
Als IGeL-Leistungen werden bei gesetzlich versicherten Patienten (GKV Patienten), die ärztlichen Leistungen bezeichnet, die generell oder im konkreten Behandlungsfall nicht im Leistungsumfang der GKV enthalten sind. Die Leistung darf aber der Arzt nur erbringen, wenn dies vom Patienten ausdrücklich gewünscht wird. Der gesetzlich versicherte Patient wird dann als Privatpatient behandelt, und die Abrechnung der Leistungen erfolgt nach den Gebührenpositionen der GOÄ.
Auch bei Patienten, die im Rahmen der PKV versichert sind, fallen Leistungen auf Patientenwunsch an. Diese werden als „Leistungen auf Verlangen“ bezeichnet und, wenn erbracht, nach GOÄ abgerechnet. In der Liquidation hat der Arzt diese Leistungen zu kennzeichnen.
Inzwischen ist der Bereich der IGeL-Leistungen innerhalb der meisten Fachgebiete erheblich ausgeweitet worden und dies nur in ganz geringem Teil durch neue innovative diagnostische und therapeutische Möglichkeiten. Nach Schätzungen von Experten liegt das jährliche finanzielles Volumen von IGeL-Leistungen bei 1,3 bis 1,5 Milliarden.

1. Umfassende Untersuchung zu IGeL-Leistungen

In der Schriftenreihe **Health Technology Assessment (HTA)** ist 2011 unter dem Titel **„In der Bundesrepublik Deutschland Individuelle Gesundheitsleistungen“** eine sehr interessante Untersuchung erschienen: Die Schrift wurde vom **Deutschen Institut für Medizinische Dokumentation und Information (DIMDI)** (https://www.dimdi.de/static/de/index.html) herausgegeben. Das DIMDI ist ein Institut im des Bundesministeriums für Gesundheit (BMG).
Diese Studie beschäftigt sich mit fast allen medizinischen, und nichtmedizinischen Problemen rund um IGeL-Leistungen im deutschen Gesundheitssystem. Die Herausgeber raten, sich einmal mit dieser Schrift zu befassen.

2. IGeL-Leistungen auch im Krankenhaus

Während früher IGeL-Leistungen primär in Praxen erbracht wurden, beteiligen sich jetzt auch intensiv Krankenhäuser und besonders auch Universitätskliniken an dem Angebot – hier 3 Beispiele grosser Uni-Kliniken aus unserer Internet-Recherche:

Universitätsklinikum Hamburg Eppendorf

Dermatologische Klinik: Ästhetische Sprechstunde, auch IGeL-Sprechstunde (individuelle Gesundheitsleistungen) **(**http://www.uke.de/kliniken/hautklinik/index_20855.php)

Universitätsklinikum Würzburg

Die Uniklinik informiert in ihrem „Wegweiser für Patienten“ gleich für das gesamte Klinikum: ... „IGeL-Leistungen
IGeL-Leistungen sind vom Patienten aus unterschiedlichen Motiven gewünschte Individuelle Gesundheits-Leistungen, deren Kosten von der Krankenkasse nicht übernommen werden. Dazu zählen bestimmte Untersuchungen ebenso wie beispielsweise so genannte Schönheits-Operationen, die im Einzelfall von bestimmten Fachabteilungen durchgeführt werden können. Nähere Informationen über das Leistungsspektrum im IGeL-Bereich erhalten Sie bei den einzelnen Kliniken ...“
(http://www.uk-wuerzburg.de/fileadmin/uk/portal/00_Startseite/patienteninformationen/PatBrosch_2012.pdf)

Universitätsklinik Freiburg

http://www.uniklinik-freiburg.de
Das Klinikum ist der Top-Anbieter, was die Anzahl von IGeL-Leistungen angeht. Bei der **Suche** innerhalb des Internetauftrittes des Klinikums nach **IGeL-Leistungen** werden mehr als 106 Ergebnisse angeboten. Nahezu jeder Klinikbereich bietet IGeL-Leistungen an.

3. IGeL-Leistungen im Spiegel der Medien

Mit steigendem Angebot und Honorar-Volumen bei auch zunehmender Nachfrage im IGeL-Bereich stieg auch die Kritik an den ärztlichen Angeboten von allen gesellschaftlichen Seiten. Politiker, Medien, Verbraucherverbände, besonders die Krankenkassen und jetzt auch Ärztekammern und Kassenärztliche Bundesvereinigung beschäftigen sich kritisch mit dem Erbringen von IGeL-Leistungen.
Die Autoren haben zahlreiche kritische Berichte – ohne eigene Kommentierung -nachfolgend zusammengestellt, denn die Kritik an IGeL-Leistungen die Patienten durch Medien und Kassen usw. erfahren, sollte der Arzt, der diese Leistungen in Praxis und Klinik anbietet, kennen.
Eine Stellungnahme, welche IGeL-Leistungen sinnvoll und welche nicht sinnvoll sind, ist nicht Aufgabe dieses Buches – immerhin können dies nicht einmal die „grossen anerkannten Mediziner und deren Fachverbände" z.Zt. leisten.

Die Stiftung Warentest äußert sich u. a. zu IGeL-Leistungen im Internet wie folgend:
Individuelle Gesundheitsleistungen (IGeL): Wann Selbstzahlen wirklich sinnvoll ist
... „Fazit: Viermal negativ, siebenmal „tendenziell negativ"
Für die Bewertung der IGeL-Angebote recherchiert ein Team aus Medizinern und anderen Experten der evidenzbasierten Medizin in medizinischen Datenbanken. Es wertet die Informationen daraus aus, wägt Nutzen und Schaden einer IGeL gegeneinander ab und zieht ein Gesamtfazit. Möglich sind fünf Bewertungsaussagen: Von „positiv", „tendenziell positiv" und „unklar" bis „tendenziell negativ" und „negativ". In sieben von 24 Fällen fällt das Fazit „tendenziell negativ" aus. In vier Fällen wiegt der Schaden laut den Wissenschaftlern sogar schwerer als der Nutzen: Ein negatives Urteil bekommen.

- der Toxosplasmose-Test bei Schwangeren,
- die Ultraschalluntersuchung der Eierstöcke zur Krebsvorsorge,
- die Colon-Hydro-Therapie, eine spezielle Form der Darmspülung, und
- die Bestimmung von Immunglobulin G gegen Nahrungsmittel zur Klärung einer Nahrungsmittelallergie.

...In bestimmten Fällen zahlt die Kasse doch
Welche Untersuchungen und Behandlungen die gesetzlichen Krankenkassen zahlen, entscheidet übrigens der Gemeinsame Bundesausschuss (G-BA). Ihm gehören Vertreter der Krankenkassen, Ärzte und Krankenhäuser an. Patientenvertreter können an den Sitzungen des Ausschusses teilnehmen, haben jedoch kein Stimmrecht. Damit die gesetzlichen Krankenkasse eine neue Leistung bezahlt, muss der G-BA sie positiv bewertet haben und sie muss der Behandlung oder Früherkennung von Krankheiten dienen. Manche Leistungen zahlen die Kassen nicht generell zur Früherkennung, aber bei einem Krankheitsverdacht. Das gilt zum Beispiel für den so genannten PSA-Test: Zur Früherkennung ist er eine IGeL und beim **IGeL-Monitor** (www.igel-monitor.de) mit „tendenziell negativ" bewertet. Besteht aber ein Verdacht auf Prostatakrebs, etwa wenn der Arzt eine Verdickung an der Prostata ertastet hat, bezahlt die Kasse den Test...."

Mit dem IGEL-Monitor im Internet, der erneut 2016 aktualisiert wurde, nehmen die Gesetzlichen Krankenkassen den Nutzen von Selbstzahlerleistungen kritisch unter die Lupe. Einige Angebote sollen den Patienten sogar mehr schaden als nutzen.

Der IGeL Monitor (http://www.igel-monitor.de/print/IGeL_A_Z.php informiert:
... „Wollen Sie sich über eine bestimmte IGeL informieren? Hier bekommen Sie ausführliche, wissenschaftlich fundierte Antworten auf die Fragen: Ist sie nützlich? Kann sie schaden? Wie bewerten wir sie? Auf dieser Seite finden Sie eine Übersicht über alle bisher bewerteten IGeL-Leistungen. Sie können sich über die Navigation links auch eine Auswahl von IGeL-Bewertungen nach Organ oder Arztgruppe anzeigen lassen..." Dann folgen die bearbeiteten Leistungen:

- Akupunktur in der Schwangerschaft
- Akupunktur zur Migräneprophylaxe
- Akupunktur zur Spannungskopfschmerz-Prophylaxe
- Atteste und Gutachten
- Augeninnendruckmessung zur Glaukom-Früherkennung
- Augenspiegelung mit Augeninnendruckmessung zur Glaukom-Früherkennung
- Bach-Blütentherapie
- Bestimmung der Protein-C-Aktivität („Thrombose-Check")
- Bestimmung des HbA1c-Wertes („Diabetes-Vorsorge")
- Bestimmung des Immunglobulin G (IgG) gegen Nahrungsmittel

- Biofeedback-Therapie bei Migräne
- Blutegeltherapie bei Kniearthrose
- Colon-Hydro-Therapie
- Dünnschichtzytologie zur Früherkennung von Gebärmutterhalskrebs
- Eigenbluttherapie bei Tendinopathie
- Entfernung von Tätowierungen
- Ergänzende Ultraschall-Untersuchungen in der Schwangerschaft
- Glukokortikoide beim Hörsturz
- Hochtontherapie
- Hyaluronsäure-Injektion bei Kniearthrose
- Hyperbare Sauerstofftherapie beim Hörsturz
- Kunsttherapie bei psychischen Erkrankungen
- Kunsttherapie für Krebspatienten und deren Angehörige
- Laser-Behandlung von Blutschwämmchen beim Säugling
- Laser-Behandlung von Krampfadern
- Lichttherapie bei saisonal depressiver Störung („Winterdepression“)
- M2-PK Stuhltest zur Darmkrebsfrüherkennung
- MRT zur Früherkennung einer Alzheimer-Demenz
- NMP22-Test zur Früherkennung von Harnblasenkrebs
- Operative Behandlung des Schnarchens (Rhonchopathie)
- Professionelle Zahnreinigung
- PSA-Test zur Früherkennung von Prostatakrebs
- Reisemedizinische Vorsorge
- Sport-Check
- Statische Magnetfeldtherapie beim Kreuzschmerz
- Stoßwellentherapie bei der Kalkschulter
- Stoßwellentherapie beim Fersenschmerz
- Stoßwellentherapie beim Tennisarm
- Toxoplasmose-Test bei Schwangeren (Früherkennung)
- Ultraschall der Brust zur Krebsfrüherkennung
- Ultraschall der Eierstöcke zur Krebsfrüherkennung

Dr. Doris Pfeiffer, Vorstandsvorsitzende des GKV-Spitzenverbands, unterstellt den Ärzten vorrangig wirtschaftliche Interessen, da es sich bei den IGeL-Leistungen um nicht notwendige medizinische Leistungen für Kranke handle. Patienten dürften von Ärzten nicht überrumpelt werden, forderte Pfeiffer auf einer Pressekonferenz am 25. Januar 2013. „Wenn Ärzte eine IGeL-Leistung erst machen dürfen, wenn der Patient 24 Stunden Bedenkzeit hatte, wird das Überrumpeln in der Arztpraxis unterbunden.“
Der Präsident der Bundesärztekammer hält eine pauschale Kritik an den Ärzten für überzogen. **„Zum Spektrum individueller Gesundheitsleistungen gehören auch Behandlungsmethoden wie zum Beispiel Sportuntersuchungen, Schulatteste oder Reiseimpfungen, die aus der Erstattungspflicht der Krankenkassen herausgenommen wurden, im Einzelfall jedoch sinnvoll sein können und von den Patienten gezielt nachgefragt werden“, so Dr. Frank Ulrich Montgomery.** „Das Verschweigen die Krankenkassen aber gerne, wenn sie unterstellen, dass es beim Einsatz von IGel-Leistungen vorrangig um wirtschaftliche Interessen gehe.“
Aber auch die Bundesärztekammer räumt ein: Der Arzt darf den Patienten nicht zur Inanspruchnahme einer Leistung drängen und keine falschen Erwartungen hinsichtlich eines Erfolges einer Behandlung wecken. Und der Arzt ist verpflichtet, über die zu erwartenden Behandlungskosten aufzuklären.

▌Kritisch äußert sich auch der **Beauftragte der Bundesregierung für die Belange der Patientinnen und Patienten**:
... Derzeit ist es in der Tat so, dass jeder Arzt/Zahnarzt anbieten kann, was er für richtig hält. Schon lange fordern daher Patientenverbände, Verbraucherschützer und kritische Mediziner zu Recht eine Qualitätsüberwachung. Dies ist deshalb schwierig, weil bestimmte IGel-Leistungen bei einzelnen Patienten durchaus sinnvoll sein können, währenddessen sie für andere eher überflüssig oder sogar schädlich sind.
Trotzdem gibt es inzwischen bereits positive Ergebnisse für mehr Transparenz, wie beispielsweise die Einsetzung einer Arbeitsgruppe bei der Bundesärztekammer (BÄK), die Kriterien aufstellen soll,

mit denen sich die Spreu vom Weizen trennen lässt – eine Art „Positivliste“ empfehlenswerter IGeL-Leistungen. Mittelfristiges Ziel ist es, eine Bewertung der IGeL-Leistungen – für jedermann einsehbar – ins Internet zu stellen ...

Deutsches Institut für Medizinische Dokumentation u.Information (DIMDI) – IGeL: Was nutzt den Patienten? (Ausschnitt)

Schlussfolgerungen/Empfehlungen
IGeL sind im deutschen Gesundheitswesen relativ weit verbreitet. Sie machen einen Markt von schätzungsweise 1,5 Mrd. Euro jährlich aus. Die häufigsten Leistungen sind apparategestützte Früherkennungsuntersuchungen.
Für die zwei untersuchten Maßnahmen Glaukom- und VUS-Screening liegt keine Evidenz zum patientenrelevanten Nutzen vor. Beim VUS-Screening ist durch eine hohe Überdiagnose, die zu unnötigen invasiven Eingriffen führt, ein Schaden zu erkennen.
Gerade bei Früherkennungsuntersuchungen in der Allgemeinbevölkerung ist das Schadenspotenzial für Gesunde zu beachten. Außerdem erfordert die Einschätzung von Risiken und Nutzen hohe Kompetenzen des Arztes. Die Aufklärung des Patienten muss besonders sorgfältig erfolgen, damit dieser eine souveräne Entscheidung treffen kann. Um mehr Transparenz herzustellen, sollte den Forderungen nach evidenzbasierten, unabhängigen Patienteninformationen entsprochen und geprüft werden, ob eine offizielle Positiv- und Negativliste ein geeignetes Orientierungsinstrument für Patienten und Ärzte sein könnte.
Die Diskussion der ethischen, sozialen und rechtlichen Aspekte, die in Zusammenhang mit IGeL stehen, betreffen die folgenden Aspekte: souveräne Patientenentscheidung oder Angebotsinduktion eine Kommerzialisierung der Medizin, die Aufklärungs- und Informationspflicht, Nutzen, Evidenz, (Qualitäts- Kontrolle, die Rollen sowie das Verhältnis von Arzt und Patient, das Verhältnis zum GKV-System, die soziale Ungleichheit sowie eine korrekte Leistungserbringung. Es werden konkrete Forderungen zu Aufklärung und Beratung, (Qualitäts-) Kontrolle, GKV-Leistungskatalog und finanziellen Belangen geäußert.
IGeL müssen im Zusammenhang mit der allgemeinen Diskussion um die Gestaltung und Weiterentwicklung des Gesundheitssystems gesehen werden. Es treffen unterschiedliche sozialpolitische Vorstellungen aufeinander, die mehr oder weniger Eigenverantwortung bzw. solidarischen Ausgleich fordern. Damit sind IGeL ein Teil von Fragen der Sozialpolitik-, Politik- und Gesundheitssystemforschung, die im Rahmen eines HTA-Berichts nicht zu beantworten sind.

4. Informationen zum IGeL für Patienten

Patienten erhalten meist Informationen von ihren Krankenkassen, aber auch wie bei den oben genannten Internettexten von BÄK und KV: Einige Informationsstellen aus dem Netz haben wir für Sie nachfolgend zusammengetragen:

AOK informiert zum IGeL
http://www.aok.de/bundesweit/gesundheit/ige-leistungen-2491.php

DAK: IGEL-LEISTUNGEN https://www.dak.de/dak/leistungen/IGeL-1079698.html

Der IGeL-Monitor – Medizinischer Dienst des Spitzenverbandes Bund der Krankenkassen
Initiator und Auftraggeber des IGeL-Monitors ist der Medizinische Dienst des Spitzenverbandes Bund der Krankenkassen e.V. (MDS). Dieses Portal stellt IGeL-Leistungen auf den Prüfstand. Finanziert wird der MDS vom Spitzenverband der Gesetzlichen Krankenversicherung, dem GKV-SV. – Fast 900.000 Nutzer sollen diese Internetplattform seit ihrem gut einjährigen Bestehen (März 2012–2013) gelockt haben.
http://www.igel-monitor.de/

krankenkassen direkt: Was sind IGeL-Angebote und was muss ich bei ihnen beachten?
http://www.krankenkassen-direkt.de/services/faq.pl?val=1373722004&job=uni&faq=4902170

5. IGeL-Leistungen korrekt erbringen und abrechnen

Eine Hilfe zur korrekten Abwicklung von IGeL-Leistungen mit Hinweisen zu
- einem korrekten IGeL-Angebot
- einer aufklärenden Beratung zur Leistung und ihrem Nutzen

- einer schriftlichen Vereinbarung mit dem Patienten, die seine Wunschleistungen nach GOÄ mit den zu erwartenden Preisen aufführt

geben die aktuellen (downloadfähigen) pdf-Texte der Bundesärztekammer, der Kassenärztlichen Bundesvereinigung und der KV BAYERNS im Internet z. B.:

Zum Umgang mit individuellen Gesundheitsleistungen (BÄK) http://www.baek.de/page.asp?his=0.2.20.1157.3920.3977.3980.3981
Hintergrund, Verhältnis zu GKV-Leistungen, Definition, Hinweise für das Erbringen individueller Gesundheitsleistungen

Selbst zahlen? – Ein Ratgeber zu Individuellen Gesundheitsleistungen (IGeL) für Patientinnen und Patienten sowie Ärztinnen und Ärzte http://www.kbv.de/media/sp/igel_checkliste.pdf

Informationen zur Privatliquidation bei GKV-Versicherten mit IGeL-Liste
Stand: März 2013 (unter Berücksichtigung des Patientenrechtegesetzes) **(KV BAYERNS)**
https://www.kvb.de/fileadmin/kvb/dokumente/Praxis/Infomaterial/AbrechnungHonorar/KVB-Broschuere-Privatliquidation-bei-GKV-Versicherten.pdf

6. Wie gehen Patienten mit IGeL– Leistungen um?

In einer **Versichertenbefragung der Kassenärztlichen Bundesvereinigung 2013** (Ergebnisse einer repräsentativen Bevölkerungsumfrage April/Mai 2013) der FGW Forschungsgruppe Wahlen Telefonfeld GmbH (http://www.kbv.de/media/sp/KBV_2013_Berichtband.pdf) wurden auch Befragungen zum Thema: **Nachfrage und Angebot von IGeL-Leistungen** durchgeführt. Nachfolgend einige Ergebnisse in Ausschnitten:

Nachfrage und Angebot von IGeL-Leistungen

Die patientenseitige Nachfrage von individuellen Gesundheitsleistungen (IGeL) bleibt äußerst konstant. **Das Angebot seitens der Ärzteschaft ist dagegen marginal rückläufig**, nachdem in den vergangenen Jahren eine ganz leichte Zunahme festzustellen war.

Ganz erheblich verschoben haben sich allerdings die Gewichte zwischen Haus- und Fachärzten: Die entsprechend kostenpflichtigen IGeL-Angebote werden jetzt nicht nur häufiger bei Spezialisten nachgefragt, sondern vor allem auch deutlich häufiger von diesen offeriert. Prinzipiell haben, ganz ähnlich wie in den letzten Jahren, **17% aller GKV-Versicherten in den letzten zwölf Monaten einen Arzt nach einer spezifischen Diagnose, Behandlung oder Therapie gefragt**, die nicht von der Krankenkasse übernommen wird. 63% dieser Anfragen – zwölf Prozentpunkte mehr als im Jahr 2011 – erfolgten dabei bei Fachärzten, nur noch 35% haben sich beim Hausarzt nach einer IGeL-Leistung erkundigt.
Eine entsprechend kostenpflichtige Privatleistung angefragt haben 12% der Männer und 20% der Frauen, 18% im Westen und 13% im Osten oder 13% der Befragten mit Hauptschul- und 26% derjenigen mit Hochschulabschluss. ...
... Schließlich fällt auf, dass 36% derjenigen Befragten beim Arzt eine IGeL-Leistung nachgefragt haben, die in dieser oder einer anderen Praxis in den letzten zwölf Monaten auch vom Arzt aus ein IGeL-Angebot erhalten haben ...
... **Wenn Ärzte zu medizinisch-therapeutischen Zusatzangeboten raten, sind dies meist Spezialisten** ...
... Wenn individuelle Gesundheitsleistungen unterbreitet wurden, geben **90% der betroffenen Patienten an, ausreichend Zeit gehabt zu haben, sich zu überlegen, ob sie das Angebot annehmen wollen oder nicht.** Insgesamt 9% – und damit sichtbar weniger als noch vor knapp zwei Jahren – kritisieren eine nicht ausreichende Bedenkzeit. Auffällige Abweichungen von dieser Gesamtverteilung gibt es in den einzelnen sozialen und demographischen Gruppen nicht...
... Die Akzeptanzquote bei den Zusatzleistungen ist hingegen hochstabil: Ganz ähnlich wie in den vergangenen Jahren haben auch jetzt wieder fast zwei Drittel das entsprechende IGeL-Angebot des Arztes angenommen, rund ein Drittel hat davon abgesehen.

B. Privatbehandlung und Liquidation bei GKV-Versicherten – Kostenerstattung

I. Konzeption

Bei der Gestaltung der IGEL-Leistungen im Jahre 1998 duch die KBV ist man davon ausgegangen, dass es ärztliche Leistungen gibt, die nicht zum Leistungsumfang der GKV gehören, die aber dennoch von Patienten gewünscht werden und die ärztlich empfehlenswert oder – als ausdrückliche Wunschleistung des Patienten – zumindest ärztlich vertretbar sind.
Individuelle Gesundheitsleistungen (IGeL) werden allgemein definiert als ärztliche Leistungen, die

- generell oder im Einzelfall nicht zum Leistungsumfang der GKV gehören
  „im Einzelfall" bedeutet, dass bei der gewünschten Behandlung das Wirtschaftlichkeitsgebot des § 12 SGB V nicht eingehalten werden kann.
- aus ärztlicher Sicht erforderlich oder empfehlenswert, zumindest aber vertretbar sind
  Es kann sich dabei um eine sinnvolle Diagnostik oder Therapie, z. B. bei neuen Behandlungsmethoden, handeln, die vom Arzt für erforderlich gehalten wird; oder es sind empfehlenswerte Leistungen, z. B. im Bereich der Reise- oder Sportmedizin. Dazu zählen dann noch ärztliche Leistungen, die ohne eine medizinische Indikation erbracht werden; z. B. eine besondere Diagnostik, Schönheits-Operation, etc.
- und vom Patenten ausdrücklich gewünscht werden

Nicht zuletzt aus der Erkenntnis heraus, dass es bei solchen Leistungen nicht darum geht, in unlauterer oder gar „betrügerischer" Weise Geld von Patienten einzustreichen, sondern dass im Interesse der Patienten (und Versicherten) zusätzliche sinnvolle Leistungen ergänzend zum GKV-Leistungsangebot zur Verfügung gestellt werden, wird dieses Angebot als sinnvoll akzeptiert.

II. Privatbehandlung und Liquidation bei GKV-Versicherten

1. Leistungsanspruch des Versicherten und korrespondierende Leistungsverpflichtung des Vertragsarztes

Das System der gesetzlichen Krankenversicherung ist seit seiner Einführung zu Beginn des letzten Jahrhunderts bis zum heutigen Tage gekennzeichnet durch das Sachleistungsprinzip und durch die solidarische Finanzierung durch die Versicherten-Beiträge, die bei Pflichtversicherten in etwa hälftig vom Arbeitgeber und Versicherten getragen werden (bis auf den Zusatzbetrag).

1.1. Sachleistungsanspruch als Grundsatz

Versicherte in der Gesetzlichen Krankenversicherung (GKV) haben Anspruch auf Krankenbehandlung, wenn diese notwendig ist, um eine Krankheit zu erkennen, zu heilen, ihre Verschlimmerung zu verhüten oder Krankheitsbeschwerden zu lindern. Die Krankenbehandlung umfasst neben der ärztlichen Behandlung auch die Versorgung des Patienten mit Arznei-, Verband-, Heil- und Hilfsmitteln. Auch dabei gilt das sogenannte **Sachleistungsprinzip**, wonach den Versicherten die erforderlichen Leistungsangebote als Sach- oder Dienstleistungen von den Krankenkassen zur Verfügung gestellt werden, vgl. dazu § 2 SGB V insbesondere Abs. 2.

1.2. Wirtschaftlichkeitsgebot

Mit dem Anspruch des Versicherten geht eine Behandlungspflicht des Vertragsarztes einher. Dieser hat dabei das Wirtschaftlichkeitsgebot zu beachten, das heißt, Versicherte haben Anspruch (nur) auf diejenige ärztliche Versorgung, die nach den Regeln der ärztlichen Kunst **zweckmäßig und ausreichend ist, sowie das Maß des Notwendigen nicht überschreitet.**
Auf unwirtschaftliche Leistungen hat der Versicherte keinen Rechtsanspruch. Weder darf der an der vertragsärztlichen Versorgung teilnehmende Arzt diese im Rahmen der vertragsärztlichen Versorgung erbringen und verordnen, noch die Gesetzliche Krankenkasse diese Leistungen bezahlen.
In § 12 Abs.1 SGB V ist festgelegt:

> **§ 12 Wirtschaftlichkeitsgebot**
> (1) Die Leistungen müssen ausreichend, zweckmäßig und wirtschaftlich sein; sie dürfen das Maß des Notwendigen nicht überschreiten. Leistungen, die nicht notwendig oder unwirtschaftlich sind,

können Versicherte nicht beanspruchen, dürfen die Leistungserbringer nicht bewirken und die Krankenkassen nicht bewilligen.

2. Zulässigkeit privatärztlicher Honorare

Zur Zulässigkeit von (Zu-) Zahlungen eines GKV-Patienten an den behandelnden Arzt führt das Bundesozialgericht in einer grundsätzlichen Entscheidung u. a. aus:

> „... Ein Versicherter, der von seinem behandelnden Arzt vor die vermeintlich „freie Wahl" zwischen der Inanspruchnahme einer kostenfreien „Kassenleistung" und einer Leistung gegen Privatzahlung gestellt wird, besitzt letztlich keine echte Entscheidungsfreiheit. Er befindet sich vielmehr in einer Zwangssituation; denn lehnt er die von dem sachkundigen Arzt seines Vertrauens angebotene und empfohlene vermeintlich „bessere" privatärztliche Leistung ab, läuft er Gefahr, den weiteren Zugang zu diesem Arzt seines Vertrauens zu verlieren. Darüber hinaus wird er – wie beim Unterbreiten solcher Behandlungsalternativen einkalkuliert ist – bereits um seiner Gesundheit willen typischerweise auf die angebotene privatärztliche Behandlung nicht verzichten wollen. Schon eine derartige Offerte des Vertragsarztes trägt daher die Gefahr einer faktischen Diskriminierung von Versicherten der GKV in sich und ist geeignet, das Naturalleistungsprinzip auszuhöhlen bzw zu umgehen ..."

(BSG, 14.03.2001, AZ: B 6 KA 36/00)

Aus diesen Erwägungen des BSG wird deutlich, dass bei einem GKV-Patienten eine „Privatzahlung" als Folge einer durchgeführten Privatbehandlung nur in wenigen Ausnahmefällen zulässig sein kann.

Auch wenn das Sachleistungsprinzip das tragende Prinzip der gesetzlichen Krankenversicherung ist, der Patient somit gegen seine Krankenkasse einen Anspruch auf die ärztliche Behandlung (nicht auf deren Kosten) hat, gibt es doch unter bestimmten Voraussetzungen die Möglichkeit, hiervon abzuweichen und eine private Behandlung durchzuführen. Maßgeblich hierfür ist eine Bestimmung im Bundesmantelvertrag Ärzte, die wir nachfolgend abdrucken:

§ 18 Bundesmantelvertrag – Ärzte

(8) Der Versicherte hat Anspruch auf Sachleistung, wenn er nicht Kostenerstattung gewählt hat. Vertragsärzte, die Versicherte zur Inanspruchnahme einer privatärztlichen Versorgung an Stelle der ihnen zustehenden Leistungen der gesetzlichen Krankenversicherung beeinflussen, verstoßen gegen ihre vertragsärztlichen Pflichten.

Der Vertragsarzt darf von einem Versicherten eine Vergütung nur fordern

1. wenn die elektronische Gesundheitskarte vor der ersten Inanspruchnahme im Quartal nicht vorgelegt worden ist bzw. ein anderer gültiger Anspruchsnachweis gemäß § 19 Abs. 2 nicht vorliegt und nicht innerhalb einer Frist von zehn Tagen nach der ersten Inanspruchnahme nachgereicht wird,
2. wenn und soweit der Versicherte vor Beginn der Behandlung ausdrücklich verlangt, auf eigene Kosten behandelt zu werden, und dieses dem Vertragsarzt schriftlich bestätig,
3. wenn für Leistungen, die nicht Bestandteil der vertragsärztlichen Versorgung sind, vorher die schriftliche Zustimmung des Versicherten eingeholt und dieser auf die Pflicht zur Übernahme der Kosten hingewiesen wurde.

Mit Wirkung zum 1.10.2013 wurden die bisherigen zwei Bundesmantelverträge (Primär- und Ersatzkassen) durch einen einheitlichen BMV abgelöst.

2.1. Keine Wahlmöglichkeit für den Arzt

In dem oben definierten Rahmen, d. h. soweit ein Leistungsanspruch des Versicherten gegen seine Krankenkasse besteht, darf den Versicherten die ihnen zustehende ärztliche Versorgung nicht vorenthalten werden. Dabei hat der Vertragsarzt nicht die Befugnis, bei Versicherten der Gesetzlichen Krankenversicherung zwischen privatärztlicher und vertragsärztlicher Tätigkeit bzw. Behandlung zu wählen. Für den „Normalfall" (Patient kommt als GKV-Versicherter in die Praxis und gibt sich durch Vorlage der Krankenversichertenkarte als solcher zu erkennen) bedeutet dies, dass der Arzt die erforderlichen Leistungen im Rahmen seiner vertragsärztlichen Tätigkeit erbringen und abrechnen muss. Privatliquidationen und Zuzahlungen sind nur unter engen Voraussetzungen zulässig, z. B., Zuzahlungen bei Bädern, Massagen und Krankengymnastik (§ 32 Abs. 2 SGB V), beim Erhalt verordneter Arzneimittel (§ 31 Abs. 3 SGB V).

3. Wann kommt eine Privatliquidation in Betracht?

Der oben unter § 18 (BMV-Ä) Abs. 8 Nr. 1 BMV-Ä beide Male Abs. 8 Ziffer 1 dargestellte Sachverhalt ist hier nicht zu erörtern.

3.1. Drei Fälle zulässiger Privatliquidation

Abgesehen von dem Sonderfall der Kostenerstattung nach § 13 Absatz 2 SGB V ist eine Privatliquidation in folgenden Fällen zulässig:

a) Der GKV-Versicherte kommt als echter Privatpatient in die Praxis, das heißt, er möchte, obwohl er eigentlich einen Leistungsanspruch in der Gesetzlichen Krankenversicherung hätte, in vollem Umfang als Privatpatient behandelt werden und bringt dies auch dem Arzt gegenüber vor der Behandlung zum Ausdruck. Aus der schriftlichen Vereinbarung zwischen Arzt und Patient muss dann deutlich hervorgehen, dass der Patient trotz des Versicherungsschutzes in der GKV eine privatärztliche Behandlung wünscht und er die Kosten der Behandlung selbst zu tragen hat.
Der Patient wünscht Leistungen, die Bestandteil des GKV-Leistungskataloges und im konkreten Fall auch aus ärztlicher Sicht erforderlich und geboten sind. Er möchte dennoch diese Leistungen auf privatärztlicher Basis, im übrigen jedoch weiterhin als GKV-Patient behandelt werden. Dazu zählt auch der Fall einer ärztlichen Behandlung auf privatärztlicher Basis sowie gleichzeitig gewünschter Versorgung mit Arzneimitteln als Sachleistung. Gleiches gilt für den Fall, dass der Patient die Aufteilung der ärztlichen Behandlung in einen privatärztlichen und einen vertragsärztlichen Leistungsteil wünscht. Voraussetzung dafür ist jedoch, dass die privatärztlich gewünschte Leistung eine selbstständige Leistung ist und als solche auch selbständig geltend gemacht werden kann.
Die Aufspaltung des Behandlungsvertrages ist nach den Regelungen des Bundesmantelvertrages zulässig, „wenn und soweit der Versicherte vor Beginn der Behandlung ausdrücklich verlangt, auf eigene Kosten behandelt werden".

b) Der Patient kommt zwar unter Vorlage seiner Krankenversichertenkarte (und damit als GKV-Patient) in die Praxis, wünscht aber ganz oder zum Teil Leistungen, die der Leistungskatalog der Gesetzlichen Krankenversicherung nicht umfasst. Eine Reihe von Beispielen für solche Leistungen ist unten aufgeführt. Das sind die sog. **IGEL-Leistungen** im engeren Sinne.

c) Der Patient wünscht Leistungen, die zwar im Leistungskatalog der GKV enthalten sind und vom Arzt auch in diesem Rahmen erbracht werden könnten, jedoch für den konkreten Behandlungsfall (z.Zt. keine entsprechenden Beschwerden, keine Indikation zur Wunschleistung) nicht zweckmäßig oder erforderlich im Sinne des Wirtschaftlichkeitsgebot sind („Wunschbehandlung"). Auch hier liegt dann eine individuelle Gesundheitsleistung vor.

4. Welche Bedingungen müssen bei einer Privatliquidation für IGeL-Leistung erfüllt sein?

Kommt eine IGeL-leistung in Betracht, sollte der behandelnde Arzt vorweg den Patienten abklären lassen, ob evtl. eine Zusatzversicherung besteht und wieweit der Leistungsumfang seiner GKV geht. Ein Vertragsarzt darf in erlaubter Weise, d. h. keine übertreibende Werbung, in seiner Praxis über IGeL-Angebote informieren, z. B. durch Info – Blätter, aber nur in sachlicher und seriöser Art (vgl. Brück, GOÄ-Kommentar, Abschnitt IGeL, Kap. A IV).
Bei individuellen Gesundheitsleistungen (IGeL) gilt als oberster Grundsatz: der GKV-Patient muss sich frei entscheiden können, ob er eine Privatbehandlung mit der Folge der Kostenübernahme wünscht.
Der Arzt hat daher auch § 11 Abs. 2 MBO (Berufsordnung) zu beachten, wonach es für den Arzt verboten ist, u. a. das Vertrauen, die Unwissenheit oder Leichtgläubigkeit eines Patienten missbräuchlich auszunutzen.
Der behandelnde Arzt muss die Information bzw. Beratung über die IGeL – Leistung als persönliche Leistungserbringung i. S. des § 4 Abs. 2 GOÄ vornehmen. Auch beim IGeL muss der Arzt die Grenzen seines Fachgebiets beachten.

Eine IGeL – Leistung ist zulässig, wenn folgende Bedingungen erfüllt sind:

Information über Leistungsumfang

a) Der Patient muss über den Leistungsumfang der Gesetzlichen Krankenversicherung in Kenntnis gesetzt werden. Der Arzt muss also den Patienten zunächst darauf hinweisen, welche Leistungen durch die Gesetzliche Krankenversicherung übernommen werden und folglich von dem Patienten ohne zusätzliche Zahlungen beansprucht werden können. Ergänzend ist dem Patienten darzulegen, inwiefern die GKV die Kosten für die IGeL-Leistung nicht übernimmt. Die Leistungen der GKV dürfen aber vom Arzt nicht generell als unzureichend dargestellt werden.
Der Patient ist dann darüber aufzuklären, inwiefern die ärztliche Leistung erforderlich oder empfehlenswert, zumindest aber vertretbar sei.
Daneben ist eine Aufklärung zur IGeL-Leistung nach den allgemein geltenden Grundsätzen erforderlich.

Wenn eine IGeL-Leistung zur Alternativen Medizin zählt oder gar eine Außenseitermethode darstellt, muss der Patient darüber aufgeklärt werden, dass die Leistung nicht dem medizinischen Standard entspricht und die Wirksamkeit statistisch nicht abgesichert ist (BGH Urteil, 22.05.2007; AZ: VI. ZR 35/06)

Initiative des Patienten

b) Der behandelnde Arzt kann einem Patienten im Rahmen einer Behandlung eine IGeL-Leistung in sachlicher Form anbieten. Die Leistung darf dem Patienten nicht aufgedrängt werden. Es darf nicht der Eindruck vermittelt werden, dass eine Privatbehandlung grundsätzlich sorgfältiger sei als eine GKV-Behandlung.
Dem Patienten sollte (nach Empfehlungen der KBV und BÄK vom November 2012) eine ausreichende Bedenkzeit für seine Entscheidung eingeräumt werden, evtl. Zeit zum Einholung einer Zweitmeinung und die Möglichkeit der Information über das Internet z. B. IGeL-Monitor (http://www. igel-monitor.de/).

Aufklärung über Konsequenzen

c) Der Arzt muss den Patienten vorab darüber informieren, welche Konsequenzen sich aus seinem Wunsch nach Privatbehandlung ergeben. Die Information muss sich insbesondere darauf erstrecken, dass eine reine Privatbehandlung vorliegt und eine vollständige oder auch teilweise **Beteiligung der Krankenkassen an diesen Kosten nicht in Betracht kommt.** Der Patient muss sich daher im Klaren sein, dass er die Kosten alleine zu tragen hat. und die Abrechnung der Leistung nach der GOÄ erfolgt.
Der Arzt hat dann den Patienten über die einzelnen Kosten der IGeL- Leistung zu informieren, d. h. GOÄ-Ziffern, Gebührensatz und Gesamthonorar. Dies folgt aus den allgemeinen Regeln zur wirtschaftlichen Aufklärung; zu beachten ist aber auch das neue Patientenrechtegesetz, §§ 630 a bis 630 h BGB.
Insbesondere § 630 c BGB lautet:
(3) Weiß der Behandelnde, dass eine vollständige Übernahme der Behandlungskosten durch einen Dritten nicht gesichert ist oder ergeben sich nach den Umständen hierfür hinreichende Anhaltspunkte, muss er den Patienten vor Beginn der Behandlung über die voraussichtlichen Kosten der Behandlung in Textform informieren. Weitergehende Formanforderungen aus anderen Vorschriften bleiben unberührt.

Erklärung des Patienten – Behandlungsvertrag

d) Vor Beginn der Behandlung müssen der behandelnde Arzt und der Patient einen schriftlichen Behandlungsvertrag abschließen. Dies folgt aus den oben zitierten Regelungen des Bundesmantelvertrages und nunmehr § 630 c BGB und ist zwingend vorgeschrieben.
Zum Inhalt der Vereinbarung:
- Genaue Beschreibung der ärztlichen Leistung
- Angabe der GOÄ-Ziffern, Gebührensatz, Gesamthonorar
- Hinweis, dass eine Privatbehandlung vorliegt und der Patient die Kosten der Behandlung mangels Versicherungspflicht der GKV selbst zu tragen hat
- Zustimmungserklärung des Patienten
- Unterschriften beider Vertragsparteien

Ergänzende Anmerkung:
Da die ärztliche Leistung nach GOÄ abgerechnet wird, kann die Gebührenhöhe bis zum Höchstsatz nach den Regeln des § 5 GOÄ berechnet werden. **Auch bei IGeL – Leistungen ist die Vereinbarung eines Pauschalhonorars unzulässig.**
Unter Beachtung der besonderen Voraussetzungen kann auch eine Honorarvereinbarung gemäß § 2 GOÄ getroffen werden. Eine solche Vereinbarung beinhaltet aber nicht automatisch die Voraussetzungen der § 18 Abs. 8 BMV-Ä, vgl. dazu AG München, 28.04.2010, AZ: 163 C 34297/09 u. LG München. 31.05.2010, AZ: 31 S 10595/10. Beide Vereinbarungen sollten daher getrennt abgeschlossen werden.
Ein Muster eines Behandlungsvertrages für IGeL-Leistungen ist nachfolgend abgedruckt.

Abrechnung einer IGeL-Leistung

e) Nach der Behandlung hat der Arzt für seine Vergütung eine Rechnung gegenüber dem Patienten zu erstellen, die der Regelung des § 12 GOÄ entspricht. Insbesondere sind dabei die einzelnen Voraussetzungen des § 12 Abs. 2 – 4 GOÄ einzuhalten. Die Fälligkeit der Vergütung und somit die Zahlungspflicht des Patiienten liegen erst dann vor, wenn die Vorschriften des § 12 GOÄ befolgt sind.

Zur Verjährung des Vergütungsanspruches gilt:
Gemäß § 195 BGB beträgt die Verjährungsfrist für ärztliche Honorarforderungen 3 Jahre. Entscheidend für den Beginn der Verjährungsfrist ist nicht der Zeitpunkt der Behandlung bzw. der Abschluss der Behandlung, sondern der Zeitpunkt der Rechnungsstellung. Gemäß § 199 BGB beginnt die 3jährige Frist ab dem Ende des Jahres, in welchem eine fällige Honorarrechnung erstellt wurde und somit der Anspruch entstanden ist.
Die Verjährungsfrist eines Honoraranspruches nach GOÄ beginnt erst mit der Erteilung der Gebührenrechnung.

Was ein Behandlungsvertrag zu IGeL enthalten muss

(nach KBV und BÄK Broschüre: Selbst zahlen? Ein Ratgeber zu Individuellen Gesundheitsleistungen (IGeL) für Patientinnen und Patienten sowie Ärztinnen und Ärzte 2. Auflage November 2012 zuletzt geändert: Juni 2013 – s. http://www.kbv.de//media/man/IGeL_Broschuere%5B1%5D.pdf – kursive Angaben von den Autoren)

Muster für einen Behandlungsvertrag
über das Erbringen Individueller Gesundheitsleistungen

Nachfolgend sind die wesentlich zu regelnden Inhalte aufgelistet, die für die individuelle Situation ausformuliert werden müssen.

1. **Name und Vorname der Patientin/des Patienten, Anschrift**
2. **Name und Anschrift der Ärztin/des Arztes oder Arztstempel**
3. **Der Patient/die Patientin wünscht die Durchführung der folgenden Individuellen Gesundheitsleistungen durch die behandelnde Ärztin/den behandelnden Arzt:**

   ____

   ____

4. **Im Rahmen der ärztlichen Beratung/Behandlung können folgende Gebühren gemäß GOÄ anfallen (GOÄ-Ziffer, Gebührensatz):**

GOÄ Ziffer	***Kurzlegende***	***Gebührensatz***

Der Patientin/dem Patienten ist bekannt, dass die genannten Leistungen nicht zum Leistungskatalog der gesetzlichen Krankenversicherung gehören und daher der genannte Betrag selbst zu tragen ist.
Die/der Patientin/Patient bestätigt das die oben aufgeführte Behandlung auf seinen ausdrücklichen Wunsch erfolgt

Unterschrift: Ärztin/Arzt	Patientin/Patient

Weiterhin bestätige ich mit meiner Unterschrift, dass ich von der Ärztin/dem Arzt umfassend über den Nutzen und die Risiken der Individuellen Gesundheitsleistung aufgeklärt worden bin.

Datum	Unterschrift: Patientin/Patient

Der Abschluss eines Behandlungsvertrages entspricht dem Vorschlag von KBV/BÄK. Nach der Regelung des § 18 Abs. 8 BMV-Ä ist aber auch eine einseitige schriftliche Erklärung über die Wahlentscheidung zur privatärztlichen Behandlung ausreichend:

Musterformular

Ich wünsche, durch meine behandelnde Ärztin/meinen behandelnden Arzt die folgende(n)-Leistung(en) auf privatärztlicher Basis in Anspruch zu nehmen:

Dieser Wunsch ist auf meine eigene Initiative zustande gekommen. Ausschlaggebend für meine Entscheidung war dabei folgender Sachverhalt (Zutreffendes bitte ankreuzen):

○ Die von mir gewünschte Behandlung ist nicht Bestandteil der vertragsärztlichen Versorgung.

○ Die von mir gewünschten Leistungen sind zwar Bestandteil der vertragsärztlichen Versorgung, ich wünsche jedoch aus persönlichen Gründen eine privatärztliche Behandlung und Liquidation.

Ich bestätige Frau/Herrn Dr. .... hiermit, dass sie/er mir ausführlich erläutert hat,

- wie sie/er meine Erkrankung, meine Beschwerden zu Lasten meiner Krankenkasse behandeln kann, und
- welche Behandlungsmöglichkeiten es noch gibt, die aber keine Leistung der gesetzlichen Krankenversicherung sind, weil sie nicht dem Wirtschaftlichkeitsgebot des § 12 des Sozialgesetzbuches V entsprechen oder nicht zu Lasten meiner Krankenkasse erbracht werden dürfen.

Ich habe mich freiwillig für die Behandlungsmöglichkeit als Privatpatient entschieden. Die Rechnung über diese Behandlung nach den Bestimmungen der Gebührenordnung für Ärzte (GOÄ) werde ich nach Zugang bezahlen. Mir ist bekannt, dass ich als Mitglied einer gesetzlichen Krankenkasse auf diese Privatrechnung und für privat verordnete Arznei-, Heil- und Hilfsmittel keine Kostenerstattung von meiner Krankenkasse erhalten kann.

Im Rahmen der Behandlung können folgende Leistungen/Gebühren anfallen:

GOÄ Nr.	Leistung-Kurzlegende	1-fach Satz	Steigerungssatz	Endbetrag in Euro

....
Ort, Datum

....
Unterschrift des Patienten

....
Unterschrift des Arztes

5. Trennung zwischen Behandlung „auf Krankenschein" und Privatbehandlung
Immer wieder stellt sich in der Praxis die Frage, ob es möglich ist – und wenn ja, unter welchen Voraussetzungen – den Leistungsanspruch des Versicherten gegen seine Krankenkasse (Sachleistungsanspruch) aufzuheben und durch eine Privatbehandlung zu ersetzen. So z. B. wenn die Erfüllung des Sachleistungsanspruches, d. h. die Erbringung der Leistung zu den im GKV-System zu erzielenden Honoraren „sich nicht rechnet".

5.1. „Teilleistungen" des EBM sind keine IGEL-Leistungen
Der **EBM** bestimmt in Abschnitt **I.1.** der **Allgemeinen Bestimmungen**, dass in Leistungskomplexen enthaltene, aus der Leistungsbeschreibung gegebenenfalls nicht erkennbare Teilleistungen mit der

Vergütung für den Komplex abgegolten und deshalb nicht gesondert berechnungsfähig sind. Da sie aber danach durch die Komplexgebühr abgegolten, d. h. im GKV-System vergütet werden, dürfen sie nicht zusätzlich als IGEL-Leistungen vereinbart und in Rechnung gestellt werden.
Die Autoren haben die sehr unübersichtliche und lange Liste dieser Leistungen des EBM, die als Anlage 1 des EBM 2013 besteht, nachfolgend nur in Ausschnitten aufgenommen.

Hinweis:

Der Anhang 1 des EBM listet alle diejenigen Leistungen auf, die deswegen nicht gesondert abrechnungsfähig sind, weil sie in Leistungskomplexen enthalten und mit der Vergütung des Komplexes mit abgegolten sind. Sollte jedoch in einem arztgruppen-spezifischen Kapitel eine der im Anhang genannten Leistungen als eigenständige Leistung gesondert ausgewiesen sein, kann sie dann unter den dort genannten Voraussetzungen doch abgerechnet werden.

Die Leistungen der Anlage 1 zum EBM dürfen bei GKV-Patienten, die zu Lasten der Krankenkasse behandelt werden, nie als IGEL-Leistungen ergänzend liquidiert werden. Nachfolgend nur ein Ausschnitt:

EBM: Anhang 1

1 Verzeichnis der nicht gesondert berechnungsfähigen Leistungen

1. Die im Anhang 1 aufgeführten Leistungen sind – sofern sie nicht als Gebührenordnungspositionen im EBM verzeichnet sind – Teilleistungen von Gebührenordnungspositionen des EBM und als solche nicht eigenständig berechnungsfähig.
2. In den Gebührenordnungspositionen wird ggf. auf die Bezeichnung der Spalten VP = Versichertenpauschale, GP = Grund-/Konsiliarpauschale, bzw. SG = sonstige Gebührenordnungspositionen verwiesen.

Ausschnitte aus dem Anhang 1 einer 28seitigen (Querformat)-Tabelle:

Spaltenbezeichnung	Legende	VP	GP	SG
		Leistung ist in der Versichertenpauschale Kap. 3 bzw. 4 enthalten	Leistung ist möglicher Bestandteil der Grundpauschale(n)	Leistung ist In sonstigen GOP enthalten
	Abnahme eines mindestens unter Einschluß eines großen Gelenkes oder des Rumpfes angelegten zirkulären, individuell modellierten Verbandes aus unelastischen, nicht weiter verwendbaren erstarrten Materialien (z. B. Gips)	+	+	+
	Absaugung körpereigener Flüssigkeiten	+	+	+
	Abschabung der Hornhaut des Auges		+	
	Abtragung ausgedehnter Nekrosen im Hand- oder Fußbereich	+	+	
	Elektrokardiographische Untersuchung	+	+	
	Entnahme und ggf. Aufbereitung von Abstrichmaterial zur mikrobiologischen Untersuchung	+	+	+
	Erhebung des Ganzkörperstatus	+	+	+
	Erstversorgung einer großen Wunde			+
	Erstversorgung einer Wunde			+
	Infiltrations- oder Leitungsanästhesie(n)			+
	Intrakutane Reiztherapie (Quaddelbehandlung)	+	+	
	Klinisch-neurologische Basisdiagnostik	+	+	+
	Leitungsanästhesie an einem Finger oder einer Zehe	+	+	

Spaltenbezeichnung	Legende	VP	GP	SG
		Leistung ist in der Versichertenpauschale Kap. 3 bzw. 4 enthalten	Leistung ist möglicher Bestandteil der Grundpauschale(n)	Leistung ist In sonstigen GOP enthalten
01420	Prüfung der häuslichen Krankenpflege	+		
02100	Infusion	+		
02101	Infusionstherapie	+		
02350	Fixierender Verband	+		
02360	Anwendung von Lokalanästhetika	+		
02400	13C-Harnstoff-Atemtest	+		
02401	H2-Atemtest	+		
03120	Beratung, Erörterung, Abklärung			
03311	Ganzkörperstatus	+		
03312	Klinisch-neurolog. Basisdiagnostik	+		

5.2. Der Arzt kann Praxisteile nur unter engen Voraussetzungen stilllegen

Häufig ist die Auffassung vertreten worden, dass kein Arzt verpflichtet sein könne, unrentable Leistungen in seiner Vertragspraxis anzubieten. Es müsse ihm daher möglich sein, solche Leistungen aus seinem Leistungsangebot zu streichen. Eine Kassenärztliche Vereinigung hatte sogar eine dahingehende Regelung in ihre Satzung aufgenommen mit dem Wortlaut: „Ärztliche Leistungen, die vom einzelnen Vertragsarzt nicht kostendeckend erbracht werden können, müssen von ihm nicht erbracht werden."

Das Bundessozialgericht hat in einer Serie von Entscheidungen am 14.3.2001 klargestellt, dass eine solche Auffassung unzulässig ist. Es hat deutlich gemacht, dass ein Vertragsarzt durch die Zulassung verpflichtet ist, an der vertragsärztlichen Versorgung teilzunehmen, und dass diese Teilnahmeverpflichtung in dem Fachgebiet, für das er zugelassen ist, zur Folge hat, dass er **die wesentlichen Leistungen seines Fachgebietes im Rahmen der vertragsärztlichen Versorgung auch tatsächlich anbieten und erbringen muss**. Ausnahmen gelten natürlich für Leistungen, die einer besonderen Genehmigung bedürfen, die der Arzt nicht hat (BSG, Urt. vom 14.3.2001, B 6 KA 36/00 R, B 6 KA 54/00 R, B 6 KA 67/00 R).

5.3. Leistungen für einen bestimmten Personenkreis

Bei der nach der o.g. Rechtsprechung verbleibenden Möglichkeit, Leistungsbereiche, die nicht zu den wesentlichen Leistungen eines Fachgebietes gehören, aus dem Leistungsangebot der Praxis herauszunehmen, ist zu beachten, dass diese Leistungen dann für Versicherte auch nicht privat angeboten werden dürfen. Sollen solche Leistungen in einer Praxis durchgeführt werden, ist das Angebot für alle Patienten – egal ob Privatpatient oder GKV-Versicherter – vorzuhalten.

6. Sonderfall Kostenerstattung, § 13 SGB V – GKV-Versicherte können sich auf Privatrechnung behandeln lassen

Ein Sonderfall ist die Behandlung von gesetzlich krankenversicherten Patienten, die Kostenerstattung (§ 13 Absatz 2 SGB V) gewählt haben. Diese Möglichkeit steht allen Mitgliedern einer gesetzlichen Krankenkasse offen. Wird von einem Mitglied einer gesetzlichen Krankenkasse von dieser Wahlmöglichkeit Gebrauch gemacht, erhält der Patient vom behandelnden Arzt eine Privatrechnung auf Basis der GOÄ, die er zur (Teil-) Kostenerstattung bei seiner Krankenkasse einreichen kann.

6.1. Umfang der Kostenerstattung

Auch der Kostenerstattungs-Patient ist nach wie vor Versicherter der GKV Er ist daher **kein echter Privatpatient**. Dies hat zur Folge, dass der Arzt in seiner Funktion als Vertragsarzt tätig wird und daher auch im Rahmen der Kostenerstattung **nur die Leistungen erbringen (und damit liquidieren) kann, die zum Leistungsumfang der GKV gehören. Damit sind die IGeL-Leistungen von einer Kostenerstattung nach § 13 SGB V ausgeschlossen.**

6.2. Erklärung des Patienten über die Wahlentscheidung zur Kostenerstattung nach § 13 Abs. 2 SGB V
Voraussetzung für die Kostenerstattung ist, dass der Versicherte gegenüber seinem Arzt und seiner Krankenkasse vor Beginn der (Kostenerstattungs-)Behandlung eine entsprechende Erklärung abgibt. An die Wahlentscheidung ist der Versicherte je nach Satzung seiner Krankenkasse gegebenenfalls für einen bestimmten Zeitraum, mindestens jedoch für ein Quartal, gebunden.
Die Wahl der Kostenerstattung liegt alleine und ausschließlich im Ermessen des Patienten. Wie bei der Vereinbarung einer Privatbehandlung (siehe Punkt 4) gilt daher auch hier, dass dem Patienten nicht die Kostenerstattung aufgedrängt werden darf.
Dem Vertragsarzt steht eine Wahlmöglichkeit – Behandlung „auf Krankenversicherungskarte" oder über Kostenerstattung – nicht zu. Er ist an die entsprechende Entscheidung seines Patienten gebunden.
Zur Vermeidung späterer Unstimmigkeiten oder Streitigkeiten sollte der Arzt jeden Kostenerstattungspatienten eine Erklärung unterschreiben lassen, aus der hervorgeht, dass die Erklärung über die Wahl der Kostenerstattung gegenüber der Krankenkasse abgegeben wurde und für welche Leistungsbereiche gegebenenfalls die Wahlentscheidung gelten soll.

7. Unzulässige Privatliquidation und unzulässiges Verlangen von Zuzahlungen
(Wahlentscheidung zur Kostenerstattung nach § 13 Abs. 2 SGB V)
Das verständliche Bestreben vieler Ärzte, in Zeiten enger finanzieller Möglichkeiten infolge der Budgetierungen und stagnierenden Gesamtvergütungszuflüssen ihre Einkommenssituation durch vermehrte Angebote privatärztlicher Behandlungen zu verbessern, hat dazu geführt, dass einige Versicherer und Krankenkassen gegen dieses Vorgehen Einwände erhoben haben. Die Folge waren Präzisierungen der Grenzen der zulässigen Privatliquidation durch die Gerichte der Sozialgerichtsbarkeit.

7.1. Keine Privatliquidation bei Budgetausschöpfung
Im Laufe der Zeit sind vermehrt Fälle bekannt geworden, in denen mit dem Argument, bestimmte Leistungen würden von den Kassen nicht mehr oder nur noch teilweise bezahlt, Zuzahlungen bzw. Privathonorare verlangt wurden. Als Gründe wurden angeführt:
- Budgetausschöpfung
- die Unterbewertung von Leistungen
- von Abstaffelungen betroffene Leistungsbereiche
- Leistungspauschalen oder Leistungskomplexe
- Mengen- bzw. Fallzahlbegrenzungen.

Die sozialgerichtliche Rechtsprechung hat derartigen Versuchen in einer Reihe von Entscheidungen unter Hinweis auf die Mischkalkulation der vertragsärztlichen Gebührenordnung eine eindeutige **Absage** erteilt.
In allen genannten Fällen sind deshalb Honorarvereinbarungen auf privater Basis oder das Verlangen von Zuzahlungen unzulässig.
Unzulässig ist darüber hinaus die Privatliquidation von Leistungen, die Bestandteil von Leistungskomplexen sind, wie sie der EBM 2014 vorsieht.
Dies deshalb, weil die betreffende Leistung bereits anteilig in der Bemessung der Punktzahl des Leistungskomplexes enthalten ist. Eine Privatvereinbarung über diese Leistung würde daher eine Doppelhonorierung sowohl auf privater als auch auf vertragsärztlicher Basis bedeuten.

8. Vermeiden Sie Ärger mit Ihren Patienten!
Zwei Beispiele mögen erläutern, dass die Konfliktträchtigkeit in diesem Bereich nicht zu unterschätzen ist:
- Eine Mutter möchte, dass der Kinderarzt bei ihrer Tochter, die keine gesundheitlichen Probleme oder Beschwerden hat, eine zusätzliche Früherkennungsuntersuchung zwischen der U 6 (9. – 14. Monat) und der U 7 (20. – 27. Monat) durchführt, da sie sich besonders fürsorglich um das gesundheitliche Wohlergehen ihres Kindes sorgt. Der Kinderarzt erläutert ihr, dass nach den Bestimmungen der Kinder-Richtlinien eine solche zusätzliche Untersuchung von der Kasse nicht getragen wird, dass aber auch er es durchaus für sinnvoll halte, sie durchzuführen. Wegen der dadurch entstehenden Kosten solle sie sich keine Sorgen machen. Im übrigen könne sie ja versuchen, die Kosten ganz oder teilweise von ihrer Krankenkasse erstattet zu bekommen. Der Inhalt dieses Gespächs wurde nicht dokumentiert. Die Mutter ist einverstanden, aber es kommt nicht zu einer schriftlichen Einverständniserklärung der Mutter, wonach sie die Leistung als Privatbehandlung wünsche, weil der Kinderarzt dies wegen der völligen Übereinstimmung für überflüssig hält. Nach

Erhalt der Privatrechnung kommen ihr angesichts der Höhe doch Bedenken. Sie erinnert sich, dass der Kinderarzt ihr geraten habe, sich wegen einer Kostenerstattung an ihre Kasse zu wenden. Das tut sie und muss erfahren, dass die Kasse die Kosten für diese Untersuchung nicht erstatten darf. Der fürsorgliche Kassenmitarbeiter fragt sie, ob sie denn der Privatbehandlung schriftlich zugestimmt habe, und erfährt, dass das nicht der Fall ist. Somit wird dieser Ablauf Gegenstand einer Beschwerde der Krankenkasse bei der für den Kinderarzt zuständigen Kassenärztlichen Vereinigung wegen Verstoßes gegen die Bestimmungen des Bundesmantelvertrages (Erfordernis einer schriftlichen Einwilligungserklärung). In der Korrespondenz des Kinderarztes mit der KV muss er erfahren, dass die mündliche Übereinkunft zwischen ihm und der Mutter nicht ausreicht, um die Privatliquidation aufrecht zu erhalten. Die KV rät ihm, die Rechnung zu stornieren. Eine Abrechnung zu Lasten der Kasse scheidet aber auch aus.

Fazit: Wegen der vermeintlich kleinen Unachtsamkeit, sich die aus Sicht des Arztes bestehende Übereinkunft zwischen ihm und der Mutter nicht schriftlich bestätigen zu lassen, erhält er für seine Leistungen kein Honorar.

2. Beispiel:

- Ein Arzt hat die Überzeugung gewonnen, dass Schulterbeschwerden, jedenfalls soweit ihnen Knochenrisse zugrunde liegen, am optimalsten durch gezielte Cortison-Infiltrationen unter sonographischer Führungshilfe behandelt werden können. Eine Abrechnung dieser Behandlung zu Lasten der Krankenkassen wird vom Prüfungsausschuss als unwirtschaftlich beanstandet. Daraufhin stellt er für diese Behandlungen Privatrechnungen aus, ohne allerdings zuvor die dafür notwendige schriftliche Zustimmung der Patienten eingeholt zu haben. In einem Gespräch hat die zuständige KV ihn über die Notwendigkeit der Einhaltung der Bestimmungen der Bundesmantelverträge unterrichtet.
  In der Folgezeit setzt der Arzt die Erstellung von Privatrechnungen fort und legt auf entsprechende Anfragen auch schriftliche Erklärungen der Patienten bei, wonach diese über kassenärztliche Behandlungsmöglichkeiten informiert wurden und „nicht notwendige privatärztliche Zusatzbehandlung nach GOÄ“ wünschen.
  In einem Disziplinarverfahren stellt sich heraus, dass durch die vom Arzt gewählte Form der Aufklärung die Patienten nicht in der Lage gewesen sind, eine echte freie Wahl zwischen der Privatbehandlung und der Behandlung zu Lasten der GKV zu treffen, da sie sich „gezwungen“ sehen, sich im Interesse ihrer Gesundheit für die von ihrem Arzt angebotene privatärztliche Behandlung zu entscheiden, da ihnen die aufgezeigte Alternative einer „Kassenbehandlung“ als ineffizient und ihrer Gesundheit nicht förderlich erscheinen muss.

9. Zusammenfassung

Die Praxis zeigt, dass diese Fälle immer wieder Gegenstand von Auseinandersetzungen in dem Gefüge „Arzt – Patient – Kasse – KV“ werden. Aus diesem Grunde ist erhöhte Aufmerksamkeit auf die Einhaltung der zuvor genannten Voraussetzungen und die Dokumentation der Vorgänge zu legen. Nur so kann sich der einzelne Vertragsarzt erfolgreich gegen die von Patienten oder Krankenkassen erhobenen Vorwürfe zur Wehr setzen, er habe unzulässigerweise bei einem GKV-Versicherten eine Privatvergütung gefordert.
Es bleibt festzustellen, dass in einzelnen konkreten Fallkonstellationen unter Beachtung bestimmter Kriterien eine Privatbehandlung und Privatliquidation auch im Bereich von Leistungen zulässig ist, die im Leistungskatalog der GKV enthalten sind. Leistungen, die nicht im GKV-Leistungskatalog enthalten sind, können auf Patientenwunsch erbracht und nach GOÄ abgerechnet werden.
Im Übrigen kann nur eine sensible und sorgfältige Handlungsweise der Ärzte dazu beitragen, IGEL-Leistungen zu einem seriösen und akzeptierten Bestandteil der ambulanten Versorgung zu machen. Darüber hinaus bleibt es jedoch bei dem Grundsatz, dass die gesetzlich Krankenversicherten einen umfassenden Sachleistungsanspruch haben. In diesem Rahmen kann weder eine Privatliquidation noch eine Zuzahlung über die gesetzlich ausdrücklich festgelegten Fälle hinaus in Betracht kommen.
Inzwischen haben auch einige Kassenärztliche Vereinigungen für Ihre Mitglieder Informationen zur Privatliquidation bei GKV-Patienten erstellt – und damit in der Regel auch zum Thema IGEL-Leistungen.

III. Individuelle Gesundheitsleistungen bei Privat-Versicherten

1. Individuelle Gesundheitsleistungen bei Privatpatienten

Der Begriff IGeL-Leistungen wird primär für die Behandlung von GKV-Patienten verwandt. Aber auch bei Privatpatienten sind Individuelle Gesundheitsleistungen möglich, die von der PKV des Patienten nicht übernommen werden; dies sind die sog. „Leistungen auf Verlangen", gemäß § 1Abs.2 S. 2 GOÄ. Hierbei handelt es sich um Leistungen, die über das Maß einer medizinisch notwendigen Behandlung hinausgehen. **In § 1 Abs. 2 GOÄ heißt es:**

> **(2) Vergütungen darf der Arzt nur für Leistungen berechnen, die nach den Regeln der ärztlichen Kunst für eine medizinisch notwendige ärztliche Versorgung erforderlich sind. Leistungen, die über das Maß einer medizinisch notwendigen ärztlichen Versorgung hinausgehen, darf er nur berechnen, wenn sie auf Verlangen des Zahlungspflichtigen erbracht worden sind.**

Die medizinische Notwendigkeit der ärztlichen Versorgung ist bei der PKV umfassender zu verstehen als bei der GKV; so ist die privatärztliche Behandlung nicht durch das Wirtschaftlichkeitsgebot des § 12 SGB V begrenzt.

Der behandelnde Arzt hat somit im Rahmen der privatärztlichen Versorgung eine größere Therapiefreiheit.

Die PKV leistet für Behandlungsmethoden und Arzneimittel, die von der Schulmedizin überwiegend anerkannt sind, sowie für Methoden und Arzneien, die sich in der Praxis ebenso erfolgversprechend bewährt haben oder angewandt werden, weil keine schulmedizinische Methoden zur Verfügung stehen; vgl. § 4 Abs.6 MB/KK 2009.

Wenn eine Leistungspflicht der PKV mangels medizinischer Notwendigkeit nicht vorliegt, aber der Patient die Leistung dennoch wünscht, muss der behandelnde Arzt beachten:

- Hinweis an den Patienten, dass seine PKV die Kosten der Behandlung nicht – auch nicht teilweise übernehmen wird, und der Patient die Kosten daher selbst zu tragen hat.
- Hinweis an den Patienten, dass der Arzt seine Leistung erst erbringt, wenn der Patient dies ausdrücklich verlangt
- medizinische Aufklärung über die Leistung nach den allgemein gültigen Regeln
- Aufklärung über die anfallenden Kosten für die Behandlung; d. h. GOÄ-Ziffern, Gebührensatz, Gesamtbetrag.

Dabei ist nun mehr vom Arzt das neue Patientenrechtegesetz, insbesondere § 630 c Abs. 3 BGB (Bürgerlichen Gesetzbuch) zu beachten. Das Patientenrechtegesetz umfasst im BGG die Paragraphen

- § 630 a BGB Behandlungsvertrag
- § 630 b BGB Behandlungsverhältnis
- § 630 c BGB Informationspflicht
- § 630 d BGB Einwilligung
- § 630 e BGB Aufklärungspflichten
- § 630 f BGB Dokumentation
- § 630 g BGB Einsichtnahme Patientenakte
- § 630 h BGB Beweislast

Das Gesetz ist seit 26. Februar 2013 in Kraft getreten.

Im Rahmen der Leistungen auf Verlangen nach § 1 Abs.2 S. 2. GOÄ hat der behandelnde Arzt nunmehr § 630 c zu beachten.

> **§ 630 c BGB: Mitwirkung der Vertragsparteien; Informationspflichten**
> (3) Weiß der Behandelnde, dass eine vollständige Übernahme der Behandlungskosten durch einen Dritten nicht gesichert ist oder ergeben sich nach den Umständen hierfür hinreichende Anhaltspunkte, muss er den Patienten vor Beginn der Behandlung über die voraussichtlichen Kosten der Behandlung in Textform informieren. Weitergehende Formanforderungen aus anderen Vorschriften bleiben unberührt.

Nach § 12 Abs. 3 GOÄ sind Leistungen, die auf Verlangen des Patienten erbracht wurden (§ 1 Abs. 2 Satz 2 GOÄ), in der Rechnung als solche zu bezeichnen. Geschieht dies nicht, ist insofern die Fälligkeit des ärztlichen Vergütungsanspruchs nicht gegeben.

Bei Leistungen auf Patientenverlangen ist nach GOÄ kein schriftlicher Vertrag zwischen Arzt und Patient erforderlich. Der Arzt sollte allerdings zu seiner Absicherung sich den Hinweis unterschreiben lassen, dass die vom Patienten geforderte Leistung nicht im Rahmen von PKV-Leistungen erbracht wird und der Patient die Leistung selber zu zahlen hat.

2. Individuelle Gesundheitsleistungen im Rahmen der Beihilfe
Bei der Beihilfe werden die ärztlichen Leistungen grundsätzlich nach der GOÄ abgerechnet.
Wenn für eine Leistung keine Beihilfe gewährt wird, aber der Patient diese Leistung wünscht bzw. verlangt, liegt gebührenrechtlich eine Leistung auf Verlangen gemäß § 1 Abs. 2 Satz 2 GOÄ vor – und somit **keine** IGeL-Leistung im klassischen Sinne.
Siehe auch Kapitel: Anmerkungen zu den Leistungskatalogen von GKV und Beihilfe, Rechtsprechung S. 62.

C. Korrekt abrechnen nach GOÄ

I. Auf einen Blick: Hinweise zur Abrechnung von IGeL-Leistungen

Vor der Erbringung einer IGeL-Leistung
Der Beauftragten der Bundesregierung für die Belange der Patientinnen und Patienten informiert Patienten darüber, was sie von Ihrem Arzt erwarten dürfen:
...Ein Vertragsarzt kann Leistungen gegenüber einem Versicherten der GKV nur dann privat abrechnen, wenn diese außerhalb der Leistungspflicht der Krankenkassen stehen und der Patient nach einer umfassenden Information durch den Arzt dennoch auf die Erbringung dieser Leistungen besteht. Der Arzt muss dabei darüber aufklären, dass

- *die Krankenkasse die Kosten für die fragliche Leistung nicht übernimmt,*
- *der Grund für den Ausschluss aus der Leistungspflicht in der fehlenden medizinischen Notwendigkeit und/oder Wirtschaftlichkeit oder der fehlenden Anerkennung des diagnostischen und therapeutischen Nutzens liegt,*
- *alternative Diagnose- und Behandlungsmöglichkeiten im Rahmen der GKV i. d. R. zur Verfügung stehen,*
- *die Vergütung der Leistung nach den Gebührensätzen der Gebührenordnung der Ärzte (GOÄ) erfolgt und*
- *der Patient sein schriftliches Einverständnis geben muss* (Die Autoren weisen darauf hin, dass zwischen Arzt und Patient ein schriftlicher Behandlungsvertrag abgeschlossen werden sollte – s. Seite 12).

Die von Patientinnen und Patienten abzugebende Erklärung sollte deshalb folgende Bestandteile haben:

- *Auflistung der zu erbringenden Einzelleistungen (unter Angabe der entsprechenden GOÄ/GOZ- bzw. Analogziffer und des Steigerungssatzes,*
- *Angabe der voraussichtlichen Honorarhöhe (Euro-Betrag),*
- *Erklärungen, dass die Behandlung auf Wunsch des Patienten erfolgt ist,*
- *dass eine ärztliche Aufklärung stattgefunden hat, und dass die Behandlung nicht Bestandteil der vertragsärztlichen Versorgung ist und*
- *dass darüber informiert wurde, dass die Leistungen nicht mit der Krankenkasse abgerechnet werden können und ein Anspruch auf Kostenerstattung nicht besteht ...*

Diagnose auf der Rechnung – Beim IGeL nicht erforderlich
Nach den Vorschriften der GOÄ wäre eine **Diagnoseangabe** zwar nicht zwingend. Im Rahmen von IGeL-Liquidationen werden die Leistungen in der Regel **nicht** von Erstattungsstellen (z. B. PKV-Kassen oder Beihilfestellen) übernommen, so dass eine Diagnosenangabe nicht erforderlich ist. Erstattungsstellen bestehen auf der Angabe; auch einem Patienten, die die Leistungen selber zahlen muss, ist es nicht zuzumuten, eine Liquidation ohne Diagnoseangabe zu begleichen.

Der 1fache Satz GOÄ darf nur in Ausnahmen unterschritten werden
Nach der GOÄ ist eine Unterschreitung des 1fachen Satzes berufs- und auch wettbewerbsrechtlich verboten. Ausnahmen sind nur zulässig bei Kollegen, Verwandten und einzelnen bedürftigen Patienten. Eine Abrechnung der erbrachten Leistungen nach 1fachem Satz GOÄ ist gestattet.

Pauschal-Honorare nicht statthaft!
Pauschale Honorar-Vereinbarungen, die nur die Leistung und den Pauschalbetrag angeben z. B.
Kurze ärztliche Bescheinigung = 5,– Euro
Akupunktur = 27,– Euro
sind nach ärztlichem Berufsrecht und nach GOÄ nicht statthaft, auch wenn Sie diese auf fast allen Internetseiten von Praxen, die IGEL-Leistungen anbieten, und auch in Ärztezeitschriften finden.
Nach einem Urteil des OLG Stuttgart vom 09.04.2002, AZ. 14 U 90/01 kann aber der Arzt bei einer unwirksamen Vereinbarung eines Pauschalhonorares in einer neuen Liquidation seine ordnungsgemäß erbrachte Leistung nach den Gebührenpositionen der GOÄ abrechnen.
Pauschale Honorarvereinbarungen sind nur mit Versicherungen gestattet.

„Runde" Honorarbeträge sind möglich!
Einige Ärzte wählen, um auf einen „runden" Euro-Honorarbetrag zu kommen, entsprechend ungerade Multiplikatoren, die dann in der Liquidation auch anzugeben sind, z. B.:

GOÄ Nr.	Kurzlegende	1fach €	Multiplikator	„Runder" Preis in €
1	Beratung	4,66	2,14	**10,–**
3	Eingehende Beratung	8,74	2,29	**20,–**
70	Bescheinigung, kurze ärztliche	2,33	2,14	**5,–**
75	Krankheits- u. Befundbericht, schriftlicher	7,58	2,11	**16,–**

Vorauszahlungen
Im Bereich schönheitschirugischer Leistungen werden vereinzelt Vorauszahlungen von Patientin/ Patient gefordert. Ob dies zulässig ist, wird von Juristen immer wieder diskutiert. Die überwiegende Meinung lehnt aber eine Vorauszahlung ab, da dies mit der GOÄ nicht vereinbar sei. Kosten für erforderliches Material (§ 10 GOÄ) können gegen Materialrechnung sofort berechnet und eingenommen werden.
Problemlos ist es Liquidationen auch nach Teilbehandlungen zu verschicken.

ICD-Codierung
Eine **ICD-Codierungspflicht** wie im ambulanten Bereich der gesetzlichen Krankenversicherung **besteht für den PKV-Bereich nicht.**

Eine korrekte IGeL-Rechnung nach § 12 GOÄ

Eine Rechnung muss folgende Informationen für den Zahlungsempfänger (Patienten) enthalten:

Die folgenden Ziffern beziehen sich auf die 2 folgenden Muster-Rechnungen

(1) Leistungen, die auf Verlangen des Patienten erbracht wurden, **sind als solche zu kennzeichnen.**

(2) Datum, an dem die Leistung erbracht wurde

(3) GOÄ-Ziffer/Nummer und

(4) die Bezeichnung der Leistung. Die Angabe einer Kurzlegende ist gestattet.

(5) ggf. die **Mindestdauer einer Leistung, wenn dies in der Leistungslegende angegeben**

(6) Angabe des angesetzen **Steigerungsfaktors**

(7) überschreitet eine berechnete Gebühr nach § 5 Abs. 2 Satz 3 GOÄ den **2,3fachen/*1,8fachen/ 1,15fachen Gebührensatz, ist dies immer auf die jeweilige einzelne Leistung bezogen** für den Zahlungspflichtigen **verständlich und nachvollziehbar schriftlich zu begründen** (siehe zu § 12 Abs. 3 GOÄ).
In der Rechnung muss der Grund für die Wahl eines erhöhten Faktors differenziert und verständlich für den Patienten bei der jeweiligen Leistung stehen
Der Patient muss die Begründung nachvollziehen können. Allgemeine Begründungen wie: hoher Zeitaufwand oder schwierige Untersuchung sind zu vermeiden.
Werden innerhalb einer Liquidation mehrere höhere Faktoren angesetzt, so hilft eine Differenzierung der Faktoren und eine individuelle Begründung Schwierigkeiten bei der Erstattung für den Patienten und seinen Arzt zu vermeiden.
Auf Verlangen ist die Begründung näher zu erläutern.

(8) Wird eine **Leistung nach § 6 Abs. 2 (analoger Ansatz)** berechnet, so ist dies für den Zahlungspflichtigen **verständlich zu beschreiben** und mit dem **Hinweis „entsprechend" sowie der Nummer und Bezeichnung der als gleichwertig erachteten Leistung zu versehen**
Bei analogen Bewertungen sind die Hinweise der Bundesärztekammer zur korrekten Darstellung zu beachten (s. bei § 6 GOÄ)

(9) bei Ersatz von Auslagen nach § 10 Angabe des Betrags und Art der Auslage. Übersteigt der Betrag der einzelnen Auslage 25,56 Euro, ist ein **Beleg** oder sonstiger Nachweis beizufügen

Wenn eine ärztliche Leistung umsatzsteuerpflichtig ist, muss der Arzt bei der Rechnungsstellung die Anforderungen des § 14 Abs.4 UStG beachten.
Von den Autoren wurden im Buch die Anforderungen sinngemäss auf das Arzt-/Patientenverhältnis übertragen, um damit ein besseres Verständnis zu erreichen:

Dr. med Otto Genau
Facharzt für Innere Medizin
Herzweg 3
80800 München

Tel. 089/17 66 66

München, 31.08.2013

Herrn Georg Sportlich
Sandplatz 3
89899 München

Diagnose:
Sportmedizinische Untersuchung zur Aufnahme von Leistungssport
Asthma Bronchiale seit dem 16. Lebensjahr
Behandlung auf Ihren Wunsch (1) gemäß unserem schriftlichen Vertrag vom 15.07.2013
Für meine Leistungen in der Zeit vom 26.08.2013 bis zum 30.08.13 darf ich Ihnen berechnen:

Datum (2)	GOÄ-Nr. (3)	Leistung/Kurzlegende (4)	1facher Satz	Steigerungs-faktor (6)	Betrag in Euro
26.08.13	**3**	Sportmedizinische Beratung mind. 10 Min. **(5)**	8,74	2,3	**20,11**
26.08.13	**8**	Ganzkörperstatus	15,16	2,3	**34,86**
28.08.13	**651***	EKG in Ruhe	14,75	1,8	**26,55**
28.08.13	**250***	Blutentnahme	2,33	1,8	**5,36**
29.08.13	**3511***	Urinteststreifen	2,91	1,15	**3,35**
29.08.13	**3550***	Blutbild	3,50	1,15	**4,02**
29.08.13	**3560***	Glukose	2,33	1,15	**2,68**
29.08.13	**3562.H1***	Cholesterin	2,33	1,15	**2,68**
29.08.13	**3585.H1***	Kreatinin	2,33	1,15	**2,68**
29.08.13	**3592.H1***	Gamma GT	2,33	1,15	**2,68**
29.08.13	**3781***	Lactatbestimmung	12,82	1,15	**14,75**
30.08.13	**652**	Belastungs-EKG	25,94	2,3	**59,66**
30.08.13	**605***	Lungenfunktion	14,11	1,8	**32,45**
30.08.06	**605a***	Flussvolumenkurve	8,16	1,8	**14,69**
30.08.13	**606***	Spiroergometrie	22,09	1,8	**39,76**
30.08.13	**1**	Beratung	4,66	3,5 **(7)**	**16,32**
				Summe	**282,60**

30.08.13 Begründung: Erhöhter Zeitaufwand, mehr als 15 Minuten
Der Endbetrag von Euro **282,60** ist auf mein Konto bei der Ärztebank Kto. Nr. 666970, BLZ 30030000 zu überweisen.

Mit freundlichem Gruß
Ihr Dr. med Otto Genau

Sprechzeiten: Mo–Fr 9–12 Uhr u. Mo, Di, Do, Fr 15–18 Uhr · Mittwochs n. Vereinbarung
Spezialsprechstunden für: Gesundheits- u. Vorsorge-Untersuchungen • Reise-medizinische Beratung • Ernährungsberatung mit Diätplänen • Anti-Aging Medizin

Die Autoren weisen darauf hin, dass hier keine mehrwertsteuerpflichtigen Leistungen angefallen sind, da bei der bestehenden Grundkrankheit zu klären war, ob der Patient überhaupt Leistungssport treiben darf.
Sonst wäre die Leistung MwSt.-pflichtig!

Dr. med Gerlinde Schön
Fachärztin für Dermatologie
Tel. 040-334466
Sonnenweg 13
20200 Hamburg

Sprechzeiten:
Mo-Fr 9–12 Uhr
Mo, Di, Do, Fr 15–18 Uhr ·
Mittwochs nach Vereinbarung

Spezialsprechstunden für
- **Akne**
- **Allergologie**
- **Phlebologie**
- **Kosmetische Dermatologie**

nach Vereinbarung

Hamburg, 27.11.2013

Frau
Barbara Kraus
Waldallee 4
20200 Hamburg

Rechnungsnr. 21/2013
Steuernr. 4711 5810
Finanzamt Hamburg

Diagnose: Collagen-Unterspritzung Naso-labialer Falten und Stirnfalten
auf Ihren Wunsch (1) gemäß unserem schriftlichen Vertrag vom 11.11.2013
Für meine Leistungen in der Zeit vom 11.11.2013 bis zum 21.11.13 darf ich Ihnen berechnen:

Datum (2)	GOÄ-Nr. (3)	Leistung/Kurzlegende (4)	1facher Satz	Steigerungs-faktor (6)	Betrag in Euro
11.11.13	**3**	Beratung[1]	8,74	2,3	**20,11**
11.11.13	**5**	Symptombezogene Untersuchung[1]	4,66	2,3	**10,73**
15.11.13	**31 analog**	Anti-Aging-Gespräch – analog GOÄ § 6 (2) – GOÄ Nr. 31 Homöopathische Folgeanamnese	26,23	1,8	**60,33**
15.11.13	**390 analog**	Collagen Test –	3,50	2,3	**8,04**
15.11.13	**2441**	Implantation alloplastischen Materials zur Weichteilunterfütterung	52,46	2,3	**120,66**
21.11.13	**5**	Symptombezogene Untersuchung[1] Kontrolluntersuchung	4,66	2,3	**10,73**
21.11.13	**1**	Beratung[1]	4,66	2,3	**10,72**
				Summe	**241,32**
				19% Mehrwertsteuer	**45,85**
				Betrag	**287,17**
				+ Materialkosten gemäß § 10 GOÄ – Rechnung für 1 Ampulle inkl. 19% MwSt. liegt bei	**90,–**
				Endbetrag	**377,17**

[1] Da alle Leistungen mit der MwSt.-pflichtigen Hauptleistung (31 analog, 390 analog, 2441) zu tun haben, wird auch die MwSt. fällig.

Der Endbetrag von Euro 377,17 ist auf mein Konto bei der Deutschen Bank Kto. Nr. 131300, BLZ 20040000 zu überweisen.

Mit freundlichem Gruß
Ihre Dr. med Gerlinde Schön

Die Autoren weisen darauf hin, dass hier Mehrwertsteuer anfallen würde – Allerdings kann ein Arzt bei einem Jahresgesamtbetrag steuerpflichtiger Leistungen von jährlich bis zu 17.500 €, die Kleinunternehmerregelung (§ 19 Abs. 1 UStG) in Anspruch nehmen, und demzufolge keine Umsatzsteuer abführen.
Bitte beachten: Für die Berechnung dieser Kleinunternehmergrenze sind alle an sich steuerpflichtigen Leistungen eines Unternehmers zusammenzurechnen, d. h. ggf. auch außerhalb der ärztlichen Tätigkeit (z. B. im Rahmen der Vermögensverwaltung) erbrachte nicht steuerbefreite Lieferungen oder Leistungen sind in die Betrachtung einzubeziehen! Bei einer Liquidation mit Umsatzsteuer sind unbedingt anzugeben: Fortlaufende Rechnungsnr. und Steuernr. der Ärztin/des Arztes.

Erläuterter § 14 UStG (Ausstellung von Rechnungen)

(4) Eine Rechnung muss folgende Angaben enthalten:
- den vollständigen Namen und die vollständige Anschriften des Arztes und des Patienten,
- die dem Arzt vom Finanzamt erteilte Steuernummer oder die ihm vom Bundeszentralamt für Steuern erteilte Umsatzsteuer-Identifikationsnummer,
- das Ausstellungsdatum,
- eine fortlaufende Nummer mit einer oder mehreren Zahlenreihen, die zur Identifizierung der Rechnung vom Rechnungsaussteller einmalig vergeben wird (Rechnungsnummer),
- Datum der Behandlung
- das nach Steuersätzen und einzelnen Steuerbefreiungen aufgeschlüsselte Entgelt (= Nettobetrag) für die Lieferung/Leistung
- den anzuwendenden Steuersatz (7% oder 19% MwSt.) sowie den auf das Entgelt entfallenden Steuerbetrag

II. Anmerkungen zu den Leistungskatalogen von GKV und Beihilfe

1.1. Übersicht über Leistungen der Gesetzlichen Krankenkasse bei GKV-Patienten

Gemäß § 2 Abs.1 SGB V stellen die Krankenkassen dem Versicherten Leistungen u. a. zur Krankenbehandlung zur Verfügung. Nach § 2 Abs.2 SGB V erhalten die Versicherten die Leistungen als **Sach- und Dienstleistungen**.
Inhalt des Anspruches des GKV-Versicherten sind die Leistungen der §§ 11, 20 bis 68 SGB V. Besonders hervorzuheben sind dabei der Anspruch auf Krankenbehandlung und ergänzend der Anspruch auf Versorgung mit Arzneimitteln.

> **§ 27 SGB V (Krankenbehandlung)** legt fest: Versicherte haben Anspruch auf Krankenbehandlung, wenn sie notwendig ist, um eine Krankheit zu erkennen, zu heilen, ihre Verschlimmerung zu verhüten oder Krankheitsbeschwerden zu lindern.
> **§ 31 SGB V (Arznei- und Verbandmittel)** bestimmt:
> (1) Versicherte haben Anspruch auf Versorgung mit apothekenpflichtigen Arzneimitteln, soweit die Arzneimittel nicht nach § 34 oder durch Richtlinien nach § 92 Abs. 1 Satz 2 Nr. 6 ausgeschlossen sind, und auf Versorgung mit Verbandmitteln, Harn- und Blutteststreifen.
> **§ 34 SGB V (Ausgeschlossene Arznei-, Heil- und Hilfsmitte)** ergänzt dazu:
> Nicht verschreibungspflichtige Arzneimittel sind von der Versorgung nach § 31 ausgeschlossen. Der Gemeinsame Bundesausschuss legt in den Richtlinien nach § 92 Abs. 1 Satz 2 Nr. 6 fest, welche nicht verschreibungspflichtigen Arzneimittel, die bei der Behandlung schwerwiegender Erkrankungen als Therapiestandard gelten, zur Anwendung bei diesen Erkrankungen mit Begründung vom Vertragsarzt ausnahmsweise verordnet werden können. Dabei ist der therapeutischen Vielfalt Rechnung zu tragen.

Die Leistungen der Vertragsärzte haben dem allgemein anerkannten Stand der medizinischen Erkenntnisse zu entsprechen unter Berücksichtigung des medizinischen Fortschritts.
Bei allen Leistungen der Vertragsärzte ist das **Wirtschaftlichkeitsgebo**t des § 12 Abs. 1 SGB V zu beachten, der lautet:

> **§ 12 Abs. (1)** Die Leistungen müssen ausreichend, zweckmäßig und wirtschaftlich sein; sie dürfen das Maß des Notwendigen nicht überschreiten. Leistungen, die nicht notwendig oder unwirtschaftlich sind, können Versicherte nicht beanspruchen, dürfen die Leistungserbringer nicht bewirken und die Krankenkasse nicht bewilligen.

Ausreichend ist eine Leistung, wenn sie dem allgemein anerkannten Stand der medizinischen Erkenntnisse entspricht. Bei hergebrachten Untersuchungs- und Behandlungsmethoden ist eine Zweckmäßigkeit regelmäßig zu unterstellen; jedenfalls so lange, wie der GBA eine bestehende Anerkennung nicht widerruft.
Die Beschränkung auf die Notwendigkeit bedeutet, dass kein Anspruch auf eine Optimalversorgung besteht; der Anspruch eines GKV-Patienten beschränkt sich auf die kostengünstigste Versorgung.
Wirtschaftlich ist die Behandlungsmaßnahme, die sich im Rahmen einer Kosten-Nutzen-Analyse als die günstigste erweist. Kommt nach dem anerkannten medizinischen Standard aber nur eine Behandlungsart in Betracht, ist diese ohne Beachtung des Aufwandes als wirtschaftlich anzunehmen.

Bei den GKV-Leistungen sind **Behandlungsmethoden, Arznei- und Heilmittel der besonderen Therapieeinrichtungen** nicht ausgeschlossen, vgl. § 2 Abs.1 SGB V. Dazu zählen u. a. die Homöopathie und die anthroposophischen Arzneimittel. Es ist somit im Gesetz klargestellt, dass auch Verfahren der alternativen Medizin bei der Behandlung von GKV-Patienten nicht grundsätzlich ausgeschlossen sind. Aber auch diese Behandlungsmethoden sind nach dem Stand der wissenschaftlichen Erkenntnisse in der jeweiligen Therapieeinrichtung vom GB-A zu überprüfen.
In einem Urteil zur „ Misteltherapie „ führt das Bundessozialgericht u. a. aus (BSG, 11.05.2011, AZ: B 6 KA 25/10):

> § 34 Abs 1 Satz 2 SGB V gibt dem GBA auf, in Richtlinien schwerwiegende Erkrankungen aufzuführen, für deren Behandlung nicht verschreibungspflichtige Arzneimittel als Therapiestandard zur Verfügung stehen (sog OTC-Ausnahmeliste). Im Rahmen dieser Richtlinienregelungen hat der GBA gemäß § 34 Abs 1 Satz 3 SGB V der Therapievielfalt Rechnung zu tragen
> Das Gebot, der therapeutischen Vielfalt Rechnung zu tragen, bedeutet insbesondere, dass die Eigenheiten besonderer Therapierichtungen – soweit dies im Rahmen der gesetzlichen Vorschriften möglich ist – zu berücksichtigen sind. Bei der Bewertung der Qualität und Wirksamkeit von Behandlungsmethoden und Medikationen ist deshalb der Erkenntnisstand der jeweiligen Therapierichtung, also die aus Sicht der Therapierichtung gegebene besondere Wirksamkeit zugrunde zu legen (Maßstab der sog Binnenanerkennung). Der GBA hat in Nr 16. 5 AMRL spezielle Regelungen zugunsten besonderer Therapierichtungen aufgenommen. Er hat für die Beurteilung, ob ein Arzneimittel für die Behandlung einer schwerwiegenden Erkrankung als Therapiestandard anzusehen ist (vgl § 34 Abs 1 Satz 2 SGB V), in Nr 16. 5 AMRL eine Sonderregelung für die Arzneimittel der Anthroposophie und Homöopathie getroffen: Das Vorliegen eines Therapiestandards ist „nach dem Erkenntnisstand ... in der jeweiligen Therapierichtung“ zu beurteilen.

Für den Fall, dass bei einer **lebensbedrohlichen Erkrankung** eine Behandlung nach anerkanntem medizinischen Standard nicht zur Verfügung steht und es daher auch an einer Anerkennung durch den GBA fehlt, ist nunmehr in **§ 2 Abs.1a SGB V (Leistungen)** festgelegt:

> (1a) Versicherte mit einer lebensbedrohlichen oder regelmäßig tödlichen Erkrankung oder mit einer zumindest wertungsmäßig vergleichbaren Erkrankung, für die eine allgemein anerkannte, dem medizinischen Standard entsprechende Leistung nicht zur Verfügung steht, können auch eine von Absatz 1 Satz 3 abweichende Leistung beanspruchen, wenn eine nicht ganz entfernt liegende Aussicht auf Heilung oder auf eine spürbare positive Einwirkung auf den Krankheitsverlauf besteht. Die Krankenkasse erteilt für Leistungen nach Satz 1 vor Beginn der Behandlung eine Kostenübernahmeerklärung, wenn Versicherte oder behandelnde Leistungserbringer dies beantragen. Mit der Kostenübernahmeerklärung wird die Abrechnungsmöglichkeit der Leistung nach Satz 1 festgestellt.

In § 2 Abs.1a SGB V ist eine Entscheidung des BVerfG vom November 2005 und die sich anschließende Rechtsprechung des BSG aufgenommen worden. Das Bundessozialgericht verlangt, dass eine notstandsähnliche Situation vorliegt; d. h. es muss in dem konkreten Fall drohen, dass sich der voraussichtlich tödliche Krankheitsverlauf innerhalb eines kurzen überschaubaren Zeitraum mit großer Wahrscheinlichkeit verwirklichen wird. Für eine „nicht ganz entfernt liegende Aussicht auf Heilung“ müssen konkrete Indizien vorliegen.
Die Leistung nach § 2 Abs.1a SGB V ist zu unterscheiden von der Leistung der GKV für Arzneimittel, die trotz fehlender Zulassung anzuwenden sind; **sog. off-label-use.**

Das Bundessozialgericht führt dazu in einer Entscheidung aus dem Jahre 2011 aus:

> **Voraussetzung für Off-Label-Use – hier: Wirkstoff BTX/A**
> Ein Off-Label-Use kommt nur in Betracht, wenn es 1. um die Behandlung einer schwerwiegenden (lebensbedrohlichen oder die Lebensqualität auf Dauer nachhaltig beeinträchtigenden) Erkrankung geht, wenn 2. keine andere Therapie verfügbar ist und wenn 3. aufgrund der Datenlage die begründete Aussicht besteht, dass mit dem betreffenden Präparat ein Behandlungserfolg (kurativ oder palliativ) erzielt werden kann. Abzustellen ist dabei auf die im jeweiligen Zeitpunkt der Behandlung vorliegenden Erkenntnisse
> Von hinreichenden Erfolgsaussichten ist nur dann auszugehen, wenn Forschungsergebnisse vorliegen, die erwarten lassen, dass das (konkrete) Arzneimittel für die betreffende Indikation zugelassen werden kann. Dies kann nur angenommen werden, wenn entweder (a) die Erweiterung der Zulassung bereits beantragt ist und die Ergebnisse einer kontrollierten klinischen Prüfung der Phase III (gegenüber Standard oder Placebo) veröffentlicht sind und eine klinisch relevante Wirksamkeit respektive einen klinisch relevanten Nutzen bei vertretbaren Risiken belegen oder (b) au-

ßerhalb eines Zulassungsverfahrens gewonnene Erkenntnisse von gleicher Qualität veröffentlicht sind. Soweit man aus der früheren Rechtsprechung des Senats ein unterschiedliches Schutzniveau vor und während laufender Zulassungsverfahren ableiten kann, gibt der Senat diese Rspr klarstellend auf. Außerhalb und während eines Zulassungsverfahrens muss die Qualität der wissenschaftlichen Erkenntnisse über den Behandlungserfolg, die für eine zulassungsüberschreitende Pharmakotherapie auf Kosten der GKV nachgewiesen sein muss, derjenigen für die Zulassungsreife des Arzneimittels im betroffenen Indikationsbereich entsprechen. Der Schutzbedarf der Patienten, der dem gesamten Arzneimittelrecht zugrunde liegt und in das Leistungsrecht der GKV einstrahlt, unterscheidet sich in beiden Situationen nicht. Dies bedeutet, dass der während und außerhalb eines Zulassungsverfahrens zu erbringende wissenschaftliche Nachweis durch Studien erbracht werden muss, die die an eine Phase III-Studie zu stellenden qualitativen Anforderungen erfüllen.
Aktenzeichen: BSG, 08.11.2011, AZ: B 1 KR 19/10
Entscheidungsjahr: 2011

Sämtliche ambulante ärztliche Leistungen, die nicht im Gebührenverzeichnis EBM nach § 87 Abs. 1 SGB V erfasst sind, gelten als „ neu „ und bedürfen daher das Bewertungsverfahren durch den GBA gemäß § 92 Abs.1 Nr.5 iVm § 135 SGB V.

Neue Untersuchungs- und Behandlungsmethoden dürfen gemäß § 135 Abs.1 S. 1 SGB V in der ambulanten Versorgung zu Lasten der GKV daher nur erbracht werden, wenn der Gemeinsame Bundesausschuss (GBA) hierzu eine Empfehlung abgegeben hat, die neue Methode also anerkannt hat. Daher muss die Anerkennung des GBA vor der Behandlung vorliegen, Der GBA überprüft bei seiner Entscheidung den diagnostischen und therapeutischen Nutzen sowie die medizinische Notwendigkeit der neuen Methode.
Trotz fehlender Anerkennung durch den GBA, kann es bei einer neuen Methode zu einer Leistungspflicht der Krankenkasse kommen, wenn ein **sog. Systemversagen** vorliegt. Dies wird dann bejaht, wenn der GBA trotz Vorliegen aller formalen und inhaltlichen Voraussetzungen die Überprüfung gar nicht, nicht zeitgerecht oder nicht ordnungsgemäß durchführt. Das Systemersagen liegt somit in einer willkürlichen oder sachfremden Verzögerung einer Entscheidung des GBA. Aber auch bei einem Systemversagen ist der Nachweis der Wirksamkeit der neuen Methode zu führen.

1.2. Nicht im Leistungskatalog der Gesetzlichen Krankenkasse enthaltene Leistungen bzw. Leistungsbereiche

Für die Aufstellung des Leistungskataloges im Rahmen von GKV-Leistungen ist ein Selbstverwaltungsorgan der Ärzte und Krankenkassen – der Gemeinsame Bundesausschuss (http://www.g-ba.de/) – verantwortlich. Der Ausschuss hat eine Reihe von Behandlungsmethoden, für die bisher eine medizinische Wirksamkeit nicht sicher nachgewiesen werden konnte, zusammengefasst.
In der Richtlinie des Gemeinsamen Bundesausschusses **Richtlinie Methoden vertragsärztliche Versorgung** in der Fassung vom 17. Januar 2006 – zuletzt geändert am 17. Januar 2013 – in Kraft getreten am 9. April 2013
(http://www.g-ba.de/informationen/richtlinien/7/) werden **Methoden, die nicht als vertragsärztliche Leistungen zu Lasten der Krankenkassen erbracht werden dürfen**, aufgelistet.
Arztliche Untersuchungs- und Behandlungmethoden, die nicht zu Lasten der GKV abgerechnet werden können, müssen gemäß der Rechtslage dem Versicherten unter Beachtung der im vorherigen Abschnitt dargelegten Voraussetzungen auf der Basis der GOÄ in Rechnung gestellt werden. Hierbei handelt es sich um die „klassischen" IGEL-Leistungen.

Anlage II: Methoden, die nicht als vertragsärztliche Leistungen zu Lasten der Krankenkassen erbracht werden dürfen

aus: **Richtlinie Methoden vertragsärztliche Versorgung** in der Fassung vom 17. Januar 2006 – zuletzt geändert am 17. Januar 2013 – in Kraft getreten am 9. April 2013 (http://www.g-ba.de/informationen/richtlinien/7/)

1. **Elektro-Akupunktur nach Voll**
2. **„Heidelberger Kapsel" (Säurewertmessung im Magen durch Anwendung der Endoradiosonde)**
3. **Intravasale Insufflation bzw. andere parenterale Infiltration von Sauerstoff und anderen Gasen**

4. Oxyontherapie (Behandlung mit ionisiertem Sauerstoff-/Ozongemisch)
5. Behandlung mit niederenergetischem Laser (Soft- und Mid-Power-Laser)
6. Sauerstoff-Mehrschritt-Therapie nach von Ardenne
7. Immuno-augmentative Therapie
8. Lymphozytäre Autovaccine-Therapie bei HIV-Patienten
9. Magnetfeldtherapie ohne Verwendung implantierter Spulen
10. Autohomologe Immuntherapie nach Kief
11. Haifa-Therapie
12. Doman-Delacato bzw. BIBIC-Therapie
13. Verfahren der refraktiven Augenchirurgie
14. Hyperthermiebehandlung der Prostata
15. nicht besetzt
16. Hyperbare Sauerstofftherapie
17. Bioresonanzdiagnostik, Bioresonanztherapie, Mora-Therapie und vergleichbare Verfahren
18. Autologe Target Cytokine-Behandlung nach Klehr (ATC)
19. nicht besetzt
20. nicht besetzt
21. Hochdosierte, selektive UVA1-Bestrahlung
22. Colon-Hydro-Therapie und ihre Modifikationen
23. Extrakorporale Stoßwellentherapie (ESWT) bei orthopädischen, chirurgischen und schmerztherapeutischen Indikationen
24. Pulsierende Signaltherapie (PST)
25. Niedrigdosierter, gepulster Ultraschall
26. Neurotopische Therapie nach Desnizza und ähnliche Therapien mit Kochsalzlösungsinjektionen
27. nicht besetzt
28. Autologe Chondrozytenimplantation bzw. -transplantation
29. Aktiv-spezifische Immuntherapie (ASI) mit autologer Tomorzellvakinze
30. Uterus-Ballon-Therapie
31. Akupunktur mit Ausnahme der in Anlage 1 aufgeführten Indikationen
32. Ultraviolettbestrahlung des Blutes (UVB)
33. Hämatogene Oxidationstherapie (HOT)-Blutwäsche nach Wehrli
34. Oxyvenierungstherapie nach Regelsberger Synonym u. a.
    - intravenöse Sauerstoffinsufflation
    - Sauerstoff-Infusions-Therapie (SIT)
    - Komplexe intravenöse Sauerstofftherapie (KIS)
35. Ozon-Therapie, Ozon-Eigenbluttherapie, Sauerstoff-Ozon-Eigenbluttherapie, Oxyontherapie, Hyperbare Ozontherapie
36. CO_2-Insufflationen (Quellgasbehandlung)
37. Behandlung mit ionisiertem Sauerstoff
38. Selektive UVA1-Bestrahlung
39. Positronen-Emission-Tomographie (PET)
40. Atlastherapie nach Arlen
41. Systemische Krebs-Mehrschritt-Therapie nach von Ardenne (sKMT)
42. Hyperthermie (u. a. Ganzkörperhyperthermie, Regionale Tiefenhyperthermie, Oberflächenhyperthermie, Hyperthermie iin Kombination mit Radiatio und/oder Chemotherapie)
43. Laserinduzierte interstitielle Thermotherapie (LITT)
44. Die beiden Hybrid-Laser-Verfahren Kalium Titanyl Phosphat/Neodymium yttrium aluminium garnet (KTP/Nd:YAG) und Kontakt-Laser-Ablation/Visuelle Laser-Ablation (CLAP/VLAP) zur Behandlung des benignen Prostatasyndroms (BPS)
45. Interstitielle Laserkoagulation (ILK) zur Behandlung des BPS
46. Holmium-Laserablation (HoLAP) zur Behandlung des BPS
47. Holmium -Laser Blasenhalsinzisioon (HoBNI) zur Behandlung des BPS
48. Transurethrale Radiofrequente Nadelablation (TUNA) zur Behandlung des BPS
49. Fokussierter Ultraschall hoher Intensität (HIFU) zur Behandlung des BPS

50. Wasserinduzierte Thermotherapie (WIT) zur Behandlung des BPS
51. Transurethrale Ethanolablation (TEAP) zur Behandlung des BPS
52. Thulium-Laserablation (TmLAP) zur Behandlung des benignen Prostatasyndroms (BPS)

Anlage III: Methoden, deren Bewertungsverfahren ausgesetzt ist
(Informationen zu diesen Verfahren finden Sie in der Anlage 3 im Internet unter der oben angegeben Web-Adresse)
1. **Vakuumversiegelungstherapie**
2. **Synchrone Balneophototherapie bei atopischem Ekzem**
3. **Interstitielle Brachytherapie beim lokal begrenzten Prostatakarzinom**
4. **PET bzw. PET/CT bei malignen Lymphomen**

2. Nach Beihilfevorschriften des Bundes und der Länder ausgeschlossene Verfahren

Hinweise des BMI zu § 6 Beihilfefähige Aufwendungen bei Krankheit
Wie im Bereich der GKV kennt auch die Beihilfe Ausschlüsse von Untersuchungen und Behandlungen. Diese besonders in den Anlagen zum § 6 BBhV geregelten Ausschlüsse oder Teilausschlüsse sollten dem Arzt bekannt sein.
Es sei darauf hingewiesen, dass in den einzelnen Bundesländern für die Landesbeamten regionale Beihilfeverordnungen mit geringen Abweichungen zur BBhV des Bundes existieren.

§ 6 Beihilfefähigkeit von Aufwendungen (Bundesbeihilfeverordnung – BBhV) (http://www.buzer.de/gesetz/8634/a159937.htm**)**

(1) Beihilfefähig sind grundsätzlich nur notwendige und wirtschaftlich angemessene Aufwendungen. Andere Aufwendungen sind ausnahmsweise beihilfefähig, soweit diese Verordnung die Beihilfefähigkeit vorsieht.

(2) Die Notwendigkeit von Aufwendungen für Untersuchungen und Behandlungen setzt grundsätzlich voraus, dass diese nach einer wissenschaftlich anerkannten Methode vorgenommen werden. Als nicht notwendig gelten in der Regel Untersuchungen und Behandlungen, soweit sie in der Anlage 1 ausgeschlossen werden.

(3) Wirtschaftlich angemessen sind grundsätzlich Aufwendungen für ärztliche, zahnärztliche und psychotherapeutische Leistungen, wenn sie dem Gebührenrahmen der Gebührenordnungen für Ärzte, Zahnärzte sowie für Psychologische Psychotherapeuten und Kinder- und Jugendlichenpsychotherapeuten entsprechen. Als nicht wirtschaftlich angemessen gelten Aufwendungen aufgrund einer Vereinbarung nach § 2 Abs. 2 der Gebührenordnung für Ärzte, nach § 2 Abs. 3 der Gebührenordnung für Zahnärzte oder nach den Sätzen 2 bis 4 der allgemeinen Bestimmungen des Abschnitts G der Anlage zur Gebührenordnung für Zahnärzte. Wirtschaftlich angemessen sind auch Leistungen, die auf Grund von Vereinbarungen gesetzlicher Krankenkassen nach dem Fünften Buch Sozialgesetzbuch oder auf Grund von Verträgen von Unternehmen der privaten Krankenversicherung mit Leistungserbringerinnen oder Leistungserbringern erbracht worden sind, wenn dadurch Kosten eingespart werden. Die Aufwendungen für Leistungen von Heilpraktikerinnen und Heilpraktikern sind angemessen, wenn sie die zwischen dem Bundesministerium des Innern und den Heilpraktikerverbänden vereinbarten Höchstbeträge nach Anlage 2 nicht übersteigen.

Verordnung über Beihilfe in Krankheits-, Pflege- und Geburtsfällen (Bundesbeihilfeverordnung – BBhV) – Vom 13. Februar 2009 (BGBl. S. 326) zuletzt geändert durch die dritte Verordnung zur Änderung der Bundesbeihilfeverordnung vom 8. September 2012 (BGBl. S. 1935) – Im Internet unter: http://www.bmi.bund.de/cae/servlet/contentblob/368016/publicationFile/17666/bbhv.pdf

Anlage 1 (zu § 6 Absatz 2)
Ausgeschlossene und teilweise ausgeschlossene Untersuchungen und Behandlungen

Abschnitt 1 Völliger Ausschluss

1.1 Anwendung tonmodulierter Verfahren, Audio-Psycho-Phonologie-Therapie (zum Beispiel nach Tomatis, Hörtraining nach Volf, audiovokale Integration und Therapie, Psychophonie-Verfahren zur Behandlung einer Migräne)

1.2 Atlastherapie nach Arlen
1.3 autohomologe Immuntherapien
1.4 autologe-Target-Cytokine-Therapie nach Klehr
1.5 ayurvedische Behandlungen, zum Beispiel nach Maharishi
2.1 Behandlung mit nicht beschleunigten Elektronen nach Nuhr
2.2 Biophotonen-Therapie
2.3 Bioresonatorentests
2.4 Blutkristallisationstests zur Erkennung von Krebserkrankungen
2.5 Bogomoletz-Serum
2.6 brechkraftverändernde Operation der Hornhaut des Auges (Keratomileusis) nach Barraquer
2.7 Bruchheilung ohne Operation
3.1 Chelat-Therapie
3.2 Colon-Hydro-Therapie und ihre Modifikationen
3.3 computergestütztes Gesichtsfeldtraining zur Behandlung nach einer neurologisch-bedingten Erkrankung oder Schädigung
3.4 cytotoxologische Lebensmitteltests
4.1 DermoDyne-Therapie (DermoDyne-Lichtimpfung)
5.1 Elektroneuralbehandlungen nach Croon
5.2 Elektronneuraldiagnostik
5.3 epidurale Wirbelsäulenkathetertechnik nach Racz
6.1 Frischzellentherapie
7.1 Ganzheitsbehandlungen auf bioelektrisch-heilmagnetischer Grundlage (zum Beispiel Bioresonanztherapie, Decoderdermographie, Elektroakupunktur nach Voll, elektronische Systemdiagnostik, Medikamententests nach der Bioelektrischen Funktionsdiagnostik, Mora-Therapie)
7.2 gezielte vegetative Umstimmungsbehandlung oder gezielte vegetative Gesamtumschaltung durch negative statische Elektrizität
8.1 Heileurhythmie
8.2 Höhenflüge zur Asthma- oder Keuchhustenbehandlung
8.3 Hyperthermiebehandlung
9.1 immunoaugmentative Therapie
9.2 Immunseren (Serocytol-Präparate)
9.3 isobare oder hyperbare Inhalationstherapien mit ionisiertem oder nichtionisiertem Sauerstoff oder Ozon einschließlich der oralen, parenteralen oder perkutanen Aufnahme (zum Beispiel hämatogene Oxidationstherapie, Sauerstoff-Darmsanierung, Sauerstoff-Mehrschritt-Therapie nach von Ardenne)
10.1 (frei)
11.1 Kariesdetektor-Behandlung
11.2 kinesiologische Behandlung
11.3 Kirlian-Fotografie
11.4 kombinierte Serumtherapie (zum Beispiel Wiedemann-Kur)
11.5 konduktive Förderung nach Petö
12.1 Laser-Behandlung im Bereich der physikalischen Therapie
13.1 modifizierte Eigenblutbehandlung (zum Beispiel nach Garthe, Blut-Kristall-Analyse unter Einsatz der Präparate Autohaemin, Antihaemin und Anhaemin) und sonstige Verfahren, bei denen aus körpereigenen Substanzen der Patientin oder des Patienten individuelle Präparate gefertigt werden (zum Beispiel Gegensensibilisierung nach Theurer, Clustermedizin)
14.1 neurotopische Diagnostik und Therapie
14.2 niedrig dosierter, gepulster Ultraschall
15.1 osmotische Entwässerungstherapie
16.1 Psycotron-Therapie
16.2 pulsierende Signaltherapie
16.3 Pyramidenenergiebestrahlung
17.1 (frei)
18.1 radiale Stoßwellentherapie
18.2 Regeneresen-Therapie

18.3 Reinigungsprogramm mit Megavitaminen und Ausschwitzen
18.4 Rolfing-Behandlung
19.1 Schwingfeld-Therapie
20.1 Thermoregulationsdiagnostik
20.2 Trockenzellentherapie
21.1 (frei)
22.1 Vaduril-Injektionen gegen Parodontose
22.2 Vibrationsmassage des Kreuzbeins
23.1 (frei)
24.1 (frei)
25.1 (frei)
26.1 Zellmilieu-Therapie

Abschnitt 2: Teilweiser Ausschluss

1. Chirurgische Hornhautkorrektur durch Laserbehandlung
Aufwendungen sind nur beihilfefähig, wenn eine Korrektur durch Brillen oder Kontaktlinsen nach augenärztlicher Feststellung nicht möglich ist. Vor Aufnahme der Behandlung ist die Zustimmung der Festsetzungsstelle einzuholen.

2. Extrakorporale Stoßwellentherapie (ESWT) im orthopädischen und schmerztherapeutischen Bereich
Aufwendungen sind nur beihilfefähig bei Behandlung verkalkender Sehnenerkrankung (Tendinosis calcarea), nicht heilender Knochenbrüche (Pseudarthrose), des Fersensporns (Fasziitis plantaris) oder der therapieresistenten Achillessehnenentzündung (therapiefraktäre Achillodynie). Auf der Grundlage des Beschlusses der Bundesärztekammer zur Analogbewertung der ESWT sind Gebühren nach Nummer 1800 der Anlage zur Gebührenordnung für Ärzte beihilfefähig. Daneben sind keine Zuschläge beihilfefähig.

3. Hyperbare Sauerstofftherapie (Überdruckbehandlung)
Aufwendungen sind nur beihilfefähig bei Behandlung von Kohlenmonoxidvergiftung, Gasgangrän, chronischen Knocheninfektionen, Septikämien, schweren Verbrennungen, Gasembolien, peripherer Ischämie oder von Tinnitusleiden, die mit Perzeptionsstörungen des Innenohres verbunden sind.

4. Klimakammerbehandlung
Aufwendungen sind nur beihilfefähig, wenn andere übliche Behandlungsmethoden nicht zum Erfolg geführt haben und die Festsetzungsstelle auf Grund des Gutachtens von einer Ärztin oder einem Arzt, die oder den sie bestimmt, vor Beginn der Behandlung zugestimmt hat.

5. Lanthasol-Aerosol-Inhalationskur
Aufwendungen sind nur beihilfefähig, wenn die Aerosol-Inhalationskuren mit hochwirksamen Medikamenten, zum Beispiel Aludrin, durchgeführt werden.

6. Magnetfeldtherapie
Aufwendungen sind nur beihilfefähig bei Behandlung von atrophen Pseudarthrosen, bei Endoprothesenlockerung, idiopathischer Hüftnekrose und verzögerter Knochenbruchheilung, wenn die Magnetfeldtherapie in Verbindung mit einer sachgerechten chirurgischen Therapie durchgeführt wird, sowie bei psychiatrischen Erkrankungen.

7. Ozontherapie
Aufwendungen sind nur beihilfefähig bei Gasinsufflationen, wenn damit arterielle Verschlusserkrankungen behandelt werden. Vor Aufnahme der Behandlung ist die Zustimmung der Festsetzungsstelle einzuholen.

8. Therapeutisches Reiten (Hippotherapie)
Aufwendungen sind nur beihilfefähig bei ausgeprägten cerebralen Bewegungsstörungen (Spastik) oder schwerer geistiger Behinderung, sofern die ärztlich verordnete Behandlung von Angehörigen der Gesundheits- oder Medizinalfachberufe (zum Beispiel Krankengymnastin oder Krankengymnast) mit entsprechender Zusatzausbildung durchgeführt wird. Die Aufwendungen sind nach den Nummern 4 bis 6 der Anlage 9 beihilfefähig.

9. Thymustherapie und Behandlung mit Thymuspräparaten
Aufwendungen sind nur beihilfefähig bei Krebsbehandlungen, wenn andere übliche Behandlungsmethoden nicht zum Erfolg geführt haben.

■ Rechtsprechung zur Beihilfe

Ablehnung von analogen Leistungspositionen
Es ist grundsätzlich anerkannt, dass Analogleistungen nicht per se von der Beihilfefähigkeit ausgeschlossen sind. Ist eine Leistung nicht in dem von der BÄK geführten Verzeichnis für analoge Bewertungen aufgeführt, kann nicht gefolgert werden, dass diese Leistung nicht herangezogen werden kann. Das Verzeichnis der BÄK ist keine abschließende Regelung. Vielmehr hat die Festsetzungsstelle zu prüfen, ob die Voraussetzungen des § 6 Abs.2 GOÄ vorliegen.
Bei einer schwerwiegenden Erkrankung, bei der eine konventionelle Behandlung keinen Erfolg hatte, hat ein Arzt eine größere Möglichkeit zur Anwendung alternativer Behandlungsmethoden. Eine Beihilfe entfällt nur, wenn die Behandlung nicht einer wissenschaftlich anerkannten Methode entspricht und über das Maß des medizinisch Notwendigen hinausgeht.
Aktenzeichen: VerwG Greifswald, 25.09.2014, AZ: 6 A 77/13
Entscheidungsjahr: 2014

Beihilfe für die umweltmedizinische Erstanamnese
Das Gericht führt dazu aus: Die umweltmedizinische Folgeanamnese ist als solche nicht im Gebührenverzeichnis aufgenommen. Nach § 6 Abs. 2 GOÄ können selbstständige ärztliche Leistungen, die in das Gebührenverzeichnis nicht aufgenommen sind, entsprechend einer nach Art, Kosten- und Zeitaufwand gleichwertigen Leistung des Gebührenverzeichnisses berechnet werden. Die Frage, ob eine umweltmedizinische Folgeanamnese analog GOÄ-Ziffer 31 abgerechnet werden kann oder von GOÄ-Ziffer 3 erfasst ist, ist umstritten. Grundsätzlich ist GOÄ-Ziffer 31 – wie alle Gebührentatbestände – analogiefähig, auch wenn die wenigsten Anamneseleistungen vergleichbar sind (Brück/, Kommentar zur Gebührenordnung für Ärzte, Stand 1.6.2012, GOÄ-Ziffer 30 Rn. 2). Auf der anderen Seite wird diese Abrechnungsmethode für individuelle Gesundheitsleistungen (IGeL) als zulässig angesehen, wenn die Anamnese länger als eine Stunde dauert (vgl. Brück, GOÄ, IGEL B.V., Rn. 1).
In derartigen Fällen ernsthafter Meinungsunterschiede bei der Auslegung gebührenrechtlicher Bestimmungen sind die Aufwendung eines vom Arzt berechneten Betrages beihilferechtlich als angemessen anzusehen, wenn sie einer vertretbaren Auslegung der Gebührenordnung entspricht. Denn die Fürsorgepflicht des Dienstherrn lässt es nicht zu, Unklarheiten der Gebührenordnung zu Lasten des Beihilfeberechtigten gehen zu lassen, indem dieser vor die Wahl gestellt wird, entweder auf sein Risiko eine rechtliche Auseinandersetzung über die zweifelhafte Rechtsposition zu führen oder den an sich auf die Beihilfe entfallenden Anteil des zweifelhaften Rechnungsbetrages – nach materiellem Recht unbegründet – selbst zu tragen (BVerwG, 28.10.2004, AZ: 2 C 34/03). Dem Dienstherrn steht es zwar frei, diese Unklarheiten auszuräumen, indem er die streitige Abrechnungsmethode explizit ausschließt. Eine derartige Klarstellung ist jedoch vorliegend nicht erfolgt. Damit waren die Aufwendungen für die umweltmedizinische Folgeanamnese als angemessen anzusehen.
Aktenzeichen: VG Augsburg, 18.12.2012, AZ: Au 2 K 12.610
Entscheidungsjahr: 2012

Nicht beihilfefähig: Radiale Stoßwellentherapie bei Rückenschmerzen
Kosten für eine ärztliche Behandlung sind dann als Aufwendungen beihilfefähig, wenn sie dem Grunde nach notwendig und der Höhe nach angemessen sind. Dabei gilt der allgemeine Grundsatz, dass wissenschaftlich nicht allgemein anerkannte Heilmethoden nicht notwendig im Sinne der Beihilfevorschriften sind und damit die dafür getätigten Aufwendungen nicht erstattungsfähig sind.
Die Grundsätze der Fürsorgepflicht können aber den Dienstherrn in Ausnahmefällen auch zur Erstattung der Kosten einer nicht allgemein anerkannten Behandlungsmethode verpflichten. Voraussetzung ist aber, dass eine lebensbedrohliche oder regelmäßig tödlich verlaufende Krankheit vorliegt und sich zum einen hierfür keine wissenschaftlich allgemein anerkannte, dem medizinischen Standard entsprechende Methode für die Behandlung herausgebildet hat, zum anderen mit der gewählten, ärztlich angewandten Behandlungsmethode eine nicht ganz entfernte Aussicht auf Heilung oder spürbar positive Einwirkung auf den Krankheitsverlauf besteht (vgl. BVerwG, 22.8.2007, AZ: 2 B 37/07)
Aufgrund vorliegender Gutachten von Sachverständigen stand für das Gericht fest, dass die radiale Stoßwellentherapie zur Heilung oder Linderung von Rückenschmerzen derzeit noch keine wissenschaftlich allgemein anerkannte Behandlungsmethode ist.
Auch die Ausnahmeregelungen greifen nicht: die chronischen Rückenschmerzen sind keine lebensbedrohliche Krankheit. Die Schmerzen haben kein solch gravierendes Ausmaß, dass sie von ihren

Auswirkungen her einer lebensbedrohlichen Krankheit gleichen und daher ohne eine Schmerztherapie ein menschenwürdiges Leben nicht möglich ist.

Die Schmerzbehandlung mit radialer Stoßwellentherapie als wissenschaftlich nicht allgemein anerkannte Heilmethode ist nicht beihilfefähig. Nach den eingeholten medizinischen Gutachten ist die Datenlage zur Schmerztherapie durch Behandlung mit radialen extrakorporalen Stoßwellen bisher unzureichend, ein sicherer, wissenschaftlicher Wirksamkeitsnachweis fehlt bisher.

Aktenzeichen: OVG Hamburg, 27.09.2011, AZ: 1 Bf 336/07
Entscheidungsjahr: 2011

Nicht verschreibungspflichtige Arzneimittel nicht beihilfefähig
Gemäß § 22 Abs. 2 Nr. 2 BBhV sind Aufwendungen für nicht verschreibungspflichtige Arzneimittel nicht beihilfefähig. Das gilt nach § 22 Abs. 2 Nr. 2 Buchstabe d) Satz 1 BBhV nicht, wenn diese Arzneimittel bei der Behandlung schwerwiegender Erkrankungen als Therapiestandard gelten und mit dieser Begründung von der Ärztin oder dem Arzt ausnahmsweise verordnet werden. Gemäß § 22 Abs. 2 Nr. 2 Buchstabe d) Satz 2 BBhV hat das Bundesministerium des Innern in Verwaltungsvorschriften die entsprechenden Arzneimittel zu bestimmen. Die Ausnahmen lehnen sich an Abschnitt F der Arzneimittelrichtlinien des Gemeinsamen Bundesausschusses an und sind abschließend im Anhang 4 aufgeführt. Weitere Möglichkeiten von Ausnahmen sind nicht zugelassen.

Präparate wie z. B. Linola Fett N Ölbad Badezusatz, Adeps Lanae anhyd. 25,0 mit Paraffin subliquid ad 50,0 oder Artelac Advanced EDO Tränenflüssigkeit sind in Anhang 4 unstreitig nicht genannt und damit nicht beihilfefähig

Aktenzeichen: VG Oldenburg, 11.05.2012, AZ: 6 A 1832/10
Entscheidungsjahr: 2012

Arzneimittel bei erheblichem Haarausfall bei Frauen beihilfefähig
Die androgenetische Alopecie und der androgenetische Haarausfall stellen eine behandlungsbedürftige Krankheit dar. Bei einer Frau stellt ein totaler Haarverlust eine Behinderung (§ 33 I 1 SGB V, § 2 I SGB IX) dar (vgl. BSG, Urt. v. 23.07.2002 – B 3 KR 66/01). Erheblicher Haarausfall bei Frauen ist damit nicht nur eine kosmetische
Frage oder ein Problem der Lebensqualität, sondern bedarf ärztlicher Behandlung.

Aktenzeichen: OVG Sachsen, 02.07.2012, AZ: 2 A 202/10
Entscheidungsjahr: 2012

Beihilfeanspruch bei Beinverlängerung
Eine junge Frau hatte sich durch einen operativen Eingriff beide Beine verlängern lassen. Die dafür aufgewandten Kosten können im Rahmen der Beihilfe nicht geltend gemacht werden, so das Bundesverwaltungsgericht:

Bei einer geringen Körpergröße handelt es sich objektiv nicht um eine Krankheit; auf das subjektive Empfinden der Betroffenen kommt es nicht an.

Aufwendungen für eine OP an einem gesunden Körper sind auch dann nicht notwendig im Sinne des Beihilferechts, wenn die subjektive Belastung für die Betroffene das Ausmaß einer psychischen Erkrankung angenommen haben kann.

Aktenzeichen: 1. BVerwG, 30.09.2011, AZ: 2 B 66.11
2. OVG Nordrhein-Westfalen, 24.01.2011, AZ: 1 A 527/08
Entscheidungsjahr: 2011

Beihilfefähigkeit der interstitiellen Brachytherapie zur Behandlung von Prostatakrebs
Aufwendungen für eine interstitielle Brachytherapie zur Behandlung eines lokalen Prostatakarzinoms sind beihilfefähig. Diese Behandlungsmethode ist allgemein anerkannt, was der Einsatz in zahlreichen Universitätskliniken belegt. Ebenso wird diese Ansicht durch die verfügbare Literatur unterstützt.

Aktenzeichen: VerwG Halle, 29.05.2013, AZ: 5 A 154/12
Entscheidungsjahr: 2013

Hyperthermiebehandlung bei Mammakarzinom
Die Hyperthermiebehandlung eines Mammakarzinoms erfüllt nicht die Voraussetzungen einer wissenschaftlich allgemein anerkannten Behandlungsmethode; zumindest dann, wenn sie nicht zusammen mit anderen schulmedizinischen Methoden erfolgt. Wenn daher die Therapie mit herkömmlichen Behandlungsmethoden möglich ist, sind die Aufwendungen für eine Hyperthermiebehandlung nicht beihilfefähig.

Aktenzeichen: VG Karlsruhe, 20.10.2011, AZ: 9 K 1098/10
Entscheidungsjahr: 2011

Galvanotherapie
Die Beihilfefähigkeit von Kosten für eine Galvanotherapie zur Behandlung eines metastasierenden Mammakarzinoms wird verneint, da die Methode nicht allgemein wissenschaftlich anerkannt und daher nicht medizinisch notwendig ist.
Nach der Rechtsprechung des Bundesverwaltungsgerichts ist bei der Prüfung der medizinischen Notwendigkeit einer Behandlung in der Regel die Beurteilung des behandelnden Arztes maßgeblich; ausgenommen davon sind jedoch wissenschaftlich nicht anerkannte Heilmethoden.
Auch im Rahmen der Beihilfe ist die Behandlung mit einer alternativen Heilmethode nicht grundsätzlich ausgeschlossen, wenn eine ernst zu nehmende Aussicht auf Erfolg besteht.
Dazu die Grundsätze des Bundesverwaltungsgerichts: eine wissenschaftlich allgemein anerkannte Methode hat sich noch nicht gebildet oder kann beim Patienten nicht angewendet werden; oder sie ist bisher ohne Erfolg eingesetzt worden. Daneben besteht die Aussicht, dass die neue Heilmethode bald wissenschaftlich anerkannt wird.
Diese Voraussetzungen liegen bei einer Galvanotherapie nicht vor.
Aktenzeichen: VG Regensburg, 11.04.2011, AZ: RO 8 K 11.403
Entscheidungsjahr: 2011

Beihilfe für Abmagerungsmittel Xenical
Bei einer behandlungsbedürftiger Adipositas besteht ein Anspruch auf Beihilfe für das Abmagerungsmittel Xenical.
Der Anspruch wäre nicht gegeben, wenn das Arzneimittel nur zur Verbesserung der Lebensqualität verschrieben wird oder dies auch bei einem medizinischen Hintergrund im Vordergrund steht. Wenn es sich aber zuvorderst um eine medizinisch notwendige und krankheitsbedingte Behandlung handelt, die nebenbei auch die Lebensqualität steigert, sind die Aufwendungen für das Arzneimittel beihilfefähig.
Aktenzeichen: VerwG Potsdam, 30.09.2011, AZ: 2 K 883/08
Entscheidungsjahr: 2011

Elektromobil
Ein Elektromobil – hier: Cityliner 412 – ist kein beihilfefähiges Hilfsmittel.
Aktenzeichen: VGH Baden-Württemberg, 10.10.2011, AZ: 2 S 1369/11
Entscheidungsjahr: 2011

Analogabrechnung nach § 6 GOÄ und Anwendung des Schwellenwertes nach § 5 GOÄ bei beihilfeberechtigten Patienten
Wenn ein Arzt eine Leistung gemäß § 6 Abs. 2 GOÄ analog abrechnen kann, ist die Höhe des Gebührensatzes innerhalb des durch § 5 Abs. 2 GOÄ gegebenen Rahmens nach billigem Ermessen vorzunehmen. Innerhalb der Regelspanne des 1 fachen bis 2,3fachen Satzes hat der Arzt die Gebühr zu bestimmen; in der Praxis orientiert sich die Mehrzahl der Fälle am 2,3 fachen Satz. Dies wird von der Rechtsprechung grundsätzlich akzeptiert; vgl. BGH, 08.11.2007, AZ: III ZR 54/07.
Diese ärztlichen Leistungen sind nach der Beihilfeverordnung beihilfefähig. Wenn eine analoge Berechnung vorgenommen wird und der 2,3 fache Gebührensatz abgerechnet wird, besteht für den Arzt auch bei beihilfeberechtigten Patienten keine Begründungspflicht. Diese Verpflichtung besteht nur dann, wenn dies in der GOÄ vorgesehen ist, § 12 Abs. 3 GOÄ.
Aktenzeichen: VerwGer.Hof Baden-Württemberg, 28.01.2010, AZ: 10 S 2582/08
Entscheidungsjahr: 2010

Abrechnungsprobleme bei der Beihilfe – z. B. BayBhV
Nach § 7 Abs. 1 S. 1 BayBhV sind beihilfefähig Aufwendungen, wenn die dem Grunde nach medizinisch notwendig, sie der Höhe nach angemessen sind und die Beihilfefähigkeit nicht ausdrücklich ausgeschlossen ist.
Die Angemessenheit der Aufwendungen für ärztliche Leistungen beurteilt sich ausschließlich nach dem Gebührenrahmen der GOÄ.
Aktenzeichen: VG Ansbach, 30.06.2010, AZ: AN 15 K 09.01745
Entscheidungsjahr: 2010

Beihilfe bei Analog – Abrechnung durch Arzt
In § 6 Abs. 2 GOÄ ist die Zulässigkeit einer sog. Analog – Abrechnung aufgeführt. Analogleistungen sind von der Beihilfefähigkeit nicht grundsätzlich ausgeschlossen.

Die BÄK gibt regelmäßig ein Analogverzeichnis heraus. Für Leistungen, die in diesem Verzeichnis aufgeführt sind, besteht eine Regelvermutung in der Art, dass diese angemessen im Sinne der Beihilfevorschriften sind. Eine Festsetzungsstelle hat daher die Angemessenheit idR nicht mehr gesondert zu prüfen.
Wenn aber die ärztliche Leistung nicht in dem Verzeichnis der BÄK enthalten ist, hat die Festsetzungsstelle zu prüfen, ob die Voraussetzungen des § 6 Abs. 2 GOÄ vorliegen.
Aktenzeichen: OVG Sachsen-Anhalt, 24.11.2010, AZ: 1 L 146/10
Entscheidungsjahr: 2010

Beihilfefähigkeit – Analogabrechnung eines psychiatrischen Gesprächs
Wenn ein psychiatrisches Gespräch nach GOÄ-Nr. 886 analog („spezifisches psychiatrisches Gespräch, länger als 40 Minuten") abgerechnet wird, ist es für die Beihilfestelle grundsätzlich zulässig, eine Umwandlung in die GOÄ-Nr. 806 vorzunehmen, denn die Analogbewertung ist nicht im Verzeichnis der BÄK aufgenommen. Für einen erheblichen Zeitaufwand kann dann ein erhöhter Steigerungssatz (3,5fach) angesetzt werden.
Ist eine Analogabrechnung nicht im Verzeichnis der BÄK aufgenommen, ist die Beihilfestelle verpflichtet, bei der BÄK nach der Vertretbarkeit der Abrechnung nachzufragen. Eine Ablehnung der Beihilfe ohne diese Nachfrage widerspricht der Fürsorgepflicht des Dienstherrn.
Aktenzeichen: VG Arnsberg, 28.12.2010, AZ: 13 K 3055/09
Entscheidungsjahr: 2010

Vom Arzt nachgereichte Begründung für Überschreiten des Schwellenwertes
Der Arzt kann die Begründung für das Überschreiten des 2,3fachen Gebührensatzes (Schwellenwert) ergänzen, nachholen oder korrigieren. Dies kann auch noch im Verlaufe eines verwaltungsgerichtlichen Verfahrens geschehen. Für den Beihilfeanspruch ist allein maßgeblich, ob das Überschreiten des Schwellenwertes sachlich gerechtfertigt ist. An die schriftliche Begründung, die der Arzt bei dem Überschreiten des Schwellenwertes zu fertigen hat, sind keine überzogenen Anforderungen zu stellen. Es genügt in der Regel, stichwortartig das Vorliegen von Umständen, die das Überschreiten des Schwellenwertes rechtfertigen, darzustellen.
Aktenzeichen: OVG Lüneburg, 12.08.2009, AZ: 5 LA 368/08
Entscheidungsjahr: 2009

Beihilfe bei einer Ayurveda – Behandlung
Eine Beihilfe zu den notwendigen Aufwendungen für eine ärztliche Behandlung kann grundsätzlich nur dann beansprucht werden, wenn sie durch eine wissenschaftlich anerkannte Heilbehandlung entstanden sind. Die ayurvedische Behandlung der Klägerin, die nach dem Gutachten des Sachverständigen als Panchakarma-Therapie einzuordnen ist, kann – bezogen auf die von dem Arzt U. diagnostizierte Erkrankung „Myalgie Nacken-Schulter-Bereich, Cephalgien" – nicht als wissenschaftlich anerkannte Heilbehandlung angesehen werden.
Nach der Rechtsprechung des Senats ist es erforderlich, dass eine Heilbehandlung von den Wissenschaftlern, die in dem durch die zu behandelnde Krankheit gekennzeichneten Fachbereich tätig sind, aufgrund wissenschaftlicher Erkenntnisse als für eine Behandlung der Krankheit wirksam angesehen wird. Diese Überzeugung muss nicht in jedem Fall in der Fachwelt uneingeschränkt und einhellig geteilt werden. Es muss jedoch eine weitgehende Zustimmung der im Fachbereich tätigen Wissenschaftler bestehen. Nicht genügend ist es danach, dass eine Heilbehandlung lediglich von einer – wenn auch gewichtigen – Minderheit für wirksam gehalten wird oder dass in einer oder gegebenenfalls sogar mehreren Studien die Wirksamkeit und Geeignetheit einer Behandlungsmethode bejaht wird, solange sich die überwiegende Mehrheit der Fachwissenschaftler dieser Auffassung nicht anschließt.
Diese Anforderungen für eine wissenschaftliche Anerkennung erfüllt die Panchakarma-Therapie bezogen auf die genannten Erkrankungen der Klägerin nicht. Der Senat folgt den überzeugenden Ausführungen des Sachverständigen. Danach fehlt es in den maßgeblichen medizinischen Fachbereichen an einer Anerkennung der Wirksamkeit und Geeignetheit der Panchakarma-Therapie für Behandlungen von chronischen Schmerzsyndromen im Schulter- und Nackenbereich.
Aktenzeichen: OVG Nordrhein-Westfalen, 16.04.2008, AZ: 6 A 2242/05
Entscheidungsjahr: 2008

► Keine Beihilfe für eine Kernspin-Resonanz-Therapie zur Schmerzbehandlung
Eine Behandlungsmethode ist wissenschaftlich allgemein anerkannt, wenn sie von der überwiegenden Mehrheit in der medizinischen Wissenschaft, namentlich den Wissenschaftlern der betreffenden medizinischen Fachrichtung, für die Behandlung der jeweiligen Krankheit als geeignet und wirksam angesehen wird.
Die Kernspin- Resonanz-Therapie ist mangels ausreichender experimenteller klinischer Studien bisher in der Orthopädie nicht als wirksames Heilverfahren zur Behandlung von Arthrosen allgemein wissenschaftlich anerkannt. Ein Anspruch auf Beihilfe ist daher abzulehnen.

Aktenzeichen: VerwG Köln, 27.04.2007, AZ: 19 K 1173/06
Entscheidungsjahr: 2007

► Galvanotherapie
Die Beihilfefähigkeit von Kosten für eine Galvanotherapie zur Behandlung eines metastasierenden Mammakarzinoms wird verneint, da die Methode nicht allgemein wissenschaftlich anerkannt und daher nicht medizinisch notwendig ist.
Nach der Rechtsprechung des Bundesverwaltungsgerichts ist bei der Prüfung der medizinischen Notwendigkeit einer Behandlung in der Regel die Beurteilung des behandelnden Arztes maßgeblich; ausgenommen davon sind jedoch wissenschaftlich nicht anerkannte Heilmethoden.
Auch im Rahmen der Beihilfe ist die Behandlung mit einer alternativen Heilmethode nicht grundsätzlich ausgeschlossen, wenn eine ernst zu nehmende Aussicht auf Erfolg besteht.
Dazu die Grundsätze des Bundesverwaltungsgerichts: eine wissenschaftlich allgemein anerkannte Methode hat sich noch nicht gebildet oder kann beim Patienten nicht angewendet werden; oder sie ist bisher ohne Erfolg eingesetzt worden. Daneben besteht die Aussicht, dass die neue Heilmethode bald wissenschaftlich anerkannt wird.
Diese Voraussetzungen liegen bei einer Galvanotherapie nicht vor.

Aktenzeichen: VG Regensburg, 11.04.2011, AZ: RO 8 K 11.403
Entscheidungsjahr: 2011

► Arzneimittel bei erektiler Dysfunktion
Arzneimittel, die zur Behandlung einer erektilen Dysfunktion verschrieben werden können, z. B. Cialis, sind nicht beihilfefähig.

Aktenzeichen: VG Ansbach, 14.12.2011, AZ: AN 15 K 11.01568
Entscheidungsjahr: 2011

► Extrakorporale Stoßwellentherapie
Zur Behandlung eines Tennisellenbogens stellt die extrakorporale Stoßwellentherapie keine wissenschaftlich anerkannte Behandlungsmethode dar. Es besteht auch keine berechtigte Erwartung auf wissenschaftliche Anerkennung.
Ein Anspruch auf Beihilfe ist daher nicht gegeben.

Aktenzeichen: VG Neustadt, 14.12.2011, AZ: 1 K 592/11
Entscheidungsjahr: 2011

► Beihilfe für die umweltmedizinische Erstanamnese
Das Gericht führt dazu aus: Die umweltmedizinische Folgeanamnese ist als solche nicht im Gebührenverzeichnis aufgenommen. Nach § 6 Abs. 2 GOÄ können selbstständige ärztliche Leistungen, die in das Gebührenverzeichnis nicht aufgenommen sind, entsprechend einer nach Art, Kosten- und Zeitaufwand gleichwertigen Leistung des Gebührenverzeichnisses berechnet werden. Die Frage, ob eine umweltmedizinische Folgeanamnese analog GOÄ-Ziffer 31 abgerechnet werden kann oder von GOÄ-Ziffer 3 erfasst ist, ist umstritten. Grundsätzlich ist GOÄ-Ziffer 31 – wie alle Gebührentatbestände – analogiefähig, auch wenn die wenigsten Anamneseleistungen vergleichbar sind (Brück/, Kommentar zur Gebührenordnung für Ärzte, Stand 1.6.2012, GOÄ-Ziffer 30 Rn. 2). Auf der anderen Seite wird diese Abrechnungsmethode für individuelle Gesundheitsleistungen (IGeL) als zulässig angesehen, wenn die Anamnese länger als eine Stunde dauert (vgl. Brück, GOÄ, IGEL B.V., Rn. 1). In derartigen Fällen ernsthafter Meinungsunterschiede bei der Auslegung gebührenrechtlicher Bestimmungen sind die Aufwendung eines vom Arzt berechneten Betrages beihilferechtlich als angemessen anzusehen, wenn sie einer vertretbaren Auslegung der Gebührenordnung entspricht. Denn

die Fürsorgepflicht des Dienstherrn lässt es nicht zu, Unklarheiten der Gebührenordnung zu Lasten des Beihilfeberechtigten gehen zu lassen, indem dieser vor die Wahl gestellt wird, entweder auf sein Risiko eine rechtliche Auseinandersetzung über die zweifelhafte Rechtsposition zu führen oder den an sich auf die Beihilfe entfallenden Anteil des zweifelhaften Rechnungsbetrages – nach materiellem Recht unbegründet – selbst zu tragen (BVerwG, 28.10.2004, AZ: 2 C 34/03). Dem Dienstherrn steht es zwar frei, diese Unklarheiten auszuräumen, indem er die streitige Abrechnungsmethode explizit ausschließt. Eine derartige Klarstellung ist jedoch vorliegend nicht erfolgt. Damit waren die Aufwendungen für die umweltmedizinische Folgeanamnese als angemessen anzusehen.

Aktenzeichen: VG Augsburg, 18.12.2012, AZ: Au 2 K 12.610
Entscheidungsjahr: 2012

D. Listen und Gebührenordnungen zu den individuellen Gesundheitsleistungen

I. Individuelle Gesundheitsleistungen nach KBV-Vorschlag

Die hier folgende Liste zeigt alle Individuellen Gesundheitsleistungen nach den ersten KBV Vorschlägen von 1998 und die ergänzten 10 IGEL-Leistungen (fett) aus dem Jahre 1999. Die mit * gekennzeichneten Leistungen sind Individuelle Gesundheitsleistungen, deren Aufnahme in den Leistungskatalog der Gesetzlichen Krankenversicherung zur Zeit noch diskutiert wird.

Die IGEL-Liste nach KBV-Vorschlag

Vorsorge-Untersuchungen
- Zusätzliche jährliche Gesundheitsuntersuchung („Intervall-Check")
- Ergänzungsuntersuchungen zu den Kinder-Früherkennungsuntersuchungen bis zum 14. Lebensjahr („Kinder-Intervall-Check")
- Fachbezogene Gesundheitsuntersuchung auf Wunsch des Patienten („Facharzt-Check")
- Umfassende ambulante Vorsorge-Untersuchung („General-Check")
- Sonographischer Check-up der inneren Organe („Sono-Check")
- Doppler-Sonographie der hirnversorgenden Gefäße bei fehlenden anamnestischen oder klinischen Auffälligkeiten
- Lungenfunktionsprüfung (z. B. im Rahmen eines „General-Check")
- Untersuchung zur Früherkennung des Prostata-Karzinoms mittels Bestimmung des Prostata-spezifischen Antigens (PSA) und ggf. transrektaler Sonographie
- Untersuchung zur Früherkennung von Schwachsichtigkeit und Schielen im Kleinkind-und Vorschulalter *
- Glaukomfrüherkennung mittels Perimetrie, Ophthalmoskopie und/oder Tonometrie*
- Untersuchung zur Früherkennung von Hautkrebs
- Auflichtmikroskopische Untersuchung der Haut
- Mammographie zur Früherkennung des Mammakarzinoms bei Frauen ohne relevante Risikofaktoren
- Hirnleistungs-Check („Brain Check")

Freizeit, Urlaub, Sport, Beruf
- Reisemedizinische Beratung, einschließlich Impfberatung
- Reisemedizinische Impfungen
- Sportmedizinische Beratung
- Sportmedizinische Vorsorge-Untersuchung
- Sportmedizinischer Fitness-Test
- Eignungsuntersuchungen (z. B. für Reisen, Flugtauglichkeit, Tauchsport)
- Ärztliche Berufseignungsuntersuchung

Medizinisch-kosmetische Leistungen
- Medizinisch-kosmetische Beratung
- Sonnenlicht- und Hauttyp-Beratung
- Tests zur Prüfung der Verträglichkeit von Kosmetika
- Behandlung der androgenetischen Alopezie bei Männern (Glatzenbehandlung)

Medizinisch-kosmetische Leistungen
- Epilation von Haaren außer bei krankhaftem und entstellendem Haarwuchs an Händen und Gesicht
- Ästhetische Operationen (z. B. Facelifting, Nasen-, Lid- und Brustkorrektur, Fettabsaugung)
- Korrektur störender Hautveränderungen außerhalb der GKV-Leistungspflicht
- Beseitigung von Besenreiser-Varizen
- Entfernung von Tätowierungen
- Peeling-Behandlung zur Verbesserung des Hautreliefs
- UV-Bestrahlungen aus kosmetischen Gründen

Umweltmedizin
- Umweltmedizinische Erst- und Folgeanamnese *
- Eingehende umweltmedizinische Beratung *
- Umweltmedizinische Wohnraumbegehung
- Umweltmedizinische Schadstoffmessungen
- Umweltmedizinisches Biomonitoring *
- Erstellung eines umweltmedizinisch begründeten Behandlungskonzeptes
- Umweltmedizinisches Gutachten

Psychotherapeutische Angebote
- Psychotherapeutische Verfahren zur Selbsterfahrung ohne med. Indikation
- Selbstbehauptungstraining
- Streßbewältigungstraining
- Entspannungsverfahren als Präventionsleistung
- Biofeedback-Behandlung
- Kunst- und Körpertherapien, auch als ergänzende Therapieverfahren
- Verhaltenstherapie bei Flugangst

Alternative Heilverfahren
- Akupunktur (z. B. zur Schmerzbehandlung, Allergiebehandlung) *

Ärztliche Serviceleistungen
- Ärztliche Untersuchungen und Bescheinigungen außerhalb der kassenärztlichen Pflichten auf Wunsch des Patienten (z. B. Bescheinigung für den Besuch von Kindergarten, Schule oder Sportverein oder bei Reiserücktritt)
- Untersuchung zur Überprüfung des intellektuellen und psychosozialen Leistungsniveaus (z. B. Schullaufbahnberatung auf Wunsch der Eltern)
- Diät-Beratung ohne Vorliegen einer Erkrankung
- Gruppenbehandlung bei Adipositas *
- Raucherentwöhnung
- Beratung zur Zusammenstellung und Anwendung einer Hausapotheke
- Beratung zur Selbstmedikation im Rahmen von Prävention und Lebensführung

Ärztliche Serviceleistungen
- Begleitende Beratung und Betreuung bei Verordnung von Lifestyle-Arzneimitteln außerhalb der GKV-Leistungspflicht
- Durchführung von psychometrischen Tests auf Wunsch des Patienten
- Begutachtung zur Beurteilung der Wehrtauglichkeit auf Wunsch des Patienten

Laboratoriumsdiagnostische Wunschleistungen
- Blutgruppenbestimmung auf Wunsch
- Anlassbezogener Labor-Teiltest auf Patientenwunsch (z. B. Leber- und Nierenwerte, Blutfette, Sexualhormone, Schilddrüsenfunktion, HIV-Test)
- Untersuchung auf Helicobacter-pylori-Besiedlung mittels 13C-Harnstoff-Atemtest als Primärdiagnostik*
- Zusatzdiagnostik in der Schwangerschaft auf Wunsch der Schwangeren (z. B. AFP, Toxoplasmose, Tripletest zur Abschätzung des M. Down)
- Tests zum Ausschluss von Metall-Allergien (z. B. auch Amalgam) ohne Vorliegen anamnestischer oder klinischer Hinweise

Sonstige Wunschleistungen
- Kontaktlinsenanpassung und -kontrolle ohne GKV-Indikation zur Kontaktlinsen-Versorgung
- Zyklusmonitoring bei Kinderwunsch ohne Vorliegen einer Sterilität
- Zusätzliche sonographische Schwangeschaftsuntersuchung auf Wunsch der Schwangeren bei Nicht-Risiko-Schwangerschaften („Baby-Fernsehen")
- Osteodensitometrie zur Früherkennung der Osteoporose
- Injektion eines nicht zu Lasten der GKV verordnungsfähigen Arzneimittels auf Patientenwunsch (z. B. Vitamin- u. Aufbaupräparate, knorpelschützende Präparate)
- Beschneidung ohne medizinische Indikation
- Refertilisationseingriff nach vorangegangener operativer Sterilisation

- Andrologische Diagnostik (Spermiogramm) ohne Hinweis auf Vorliegen einer Sterilität oder nach Sterilisation
- Medizinisch nicht indizierte Abklärungsdiagnostik im Rahmen der Beweissicherung nach Drittschädigung (z. B. bei HWS-Schleudertrauma)
- IUP-Lagekontrolle mittels Ultraschall außerhalb der GKV-Leistungspflicht
- Künstliche Befruchtung außerhalb der GKV-Leistungspflicht

Neuartige Untersuchungs- und Behandlungsverfahren
- Stoßwellentherapie bei orthopädischen Krankheitsbildern *
- Refraktive Hornhautchirurgie zur Behandlung der Kurzsichtigkeit
- Bright-Light-Therapie der saisonalen Depression
- Apparative Schlafprofilanalyse zur Diagnostik von Schlafstörungen
- Isokinetische Muskelfunktionsdiagnostik und -therapie zur Rehabilitation nach Sportverletzungen und orthopädischen Operationen
- Apparative isotonische Muskulationsdiagnostik

II. Die IGEL 2-Liste

Weitere individuelle Gesundheitsleistungen nach Krimmel, die er in 6 Kategorien unterscheidet:
- Von der Ärzteschaft noch nicht allgemein empfohlene Leistungen
- Leistungsrechtlich ungeklärte Leistungen, einschließlich der aus ethischen Gründen nicht auf die Privatbehandlung beschränkten Verfahren (z. B. Früherkennungs-Mammographie)
- Besondere Medizinsysteme („besondere Therapieeinrichtungen")
- Unkonventionelle „Behandlungsverfahren, einschließlich eines Teils des vom Bundesausschuss der Ärzte und Krankenkassen ausgeschlossenen Leistungen
- Vom Patienten gewünschte Leistungsdurchführung außerhalb der von der GKV-Zuständigkeit umfassten Indikationsstellung
- Medizinische Wellness-Leistungen

Krimmel nennt diesen Katalog **IGEL 2-Liste**. In dieser Liste sind zahlreiche Leistungen aufgeführt, die in ihrer Akzeptanz von der Ärzteschaft sehr unterschiedlich bewertet werden. Es gibt energische Befürworter und Gegner für die einzelnen Methoden.

1. Von der Ärzteschaft noch nicht allgemein empfohlene Leistungen
- Prädiktive genetische Diagnostik
- Mini-Labor-Check
- Hirnleistungs-Check („brain check") zur Früherkennung von Demenzen
- Transkranielle Magnetstimulation zur Therapie von Depressionen
- Tinnitus-Retraining-Therapie
- Positronen-Emissions-Tomographie (PET)
- Niedrigdosis-Computertomographie zur Früherkennung des Bronchialkarzinoms
- Autofluoreszenz-Bronchoskopie zur Früherkennung des Bronchialkarzinoms
- Intrakavitäre Ultraschalluntersuchung zur Früherkennung des Ovarialkarzinoms bei Risikopatientinnen
- HNO-ärztliche Untersuchung (einschl. Endoskopie) zur Früherkennung pharyngealer Tumoren bei Risikogruppen
- Pulsierende Signaltherapie
- Hauttitration von Allergenen zur Überprüfung des Therapieerfolges
- Spätpotential-EKG

2. Leistungsrechtlich umstrittene Leistungen
- Mammographie zur Früherkennung des Mammakarzinoms
- Homöopathisch-diagnostische Fall- und Folgeanalyse
- Troponin T-Test im Rahmen der Herzinfarkt-Diagnostik
- Neugeborenen-Hörscreening mittels otoakustischer Emissionen
- Untersuchung zur Hautkrebs-Früherkennung
- Auflichtmikroskopische Untersuchung der Haut zur Früherkennung des malignen Melanoms
- Behandlung der erektilen Dysfunktion

- Hyperbare Sauerstofftherapie
- Präemptive Analgesie
- Neuraltherapie

3. Besondere Medizinsystem
- Anthroposophische Medizin
- Ayurvedische Medizin
- Traditionelle Chinesische Medizin (TCM)

4. Unkonventionelle Behandlungsverfahren
- Mikrobiologische Therapie („Symbioselenkung")
- Eigenblutbehandlung
- Sauerstoff-Mehrschritt-Therapie nach Ardenne
- Hämatogene Oxydationstherapie (HOT)
- Colon-Hydrotherapie

5. Vom Patienten gewünschte Leistungsdurchführung außerhalb der von der GKV-Zuständigkeit umfassten Indikationsstellung
- Erbringung unwirtschaftlicher Leistungen auf Patientenwunsch (z. B. Kernspintomographie des Schädels als Basisdiagnostik bei Kopfschmerzen)
- Hausbesuch auf Patientenwunsch ohne medizinische Indikation
- Unwirtschaftliche Abklärungs- und Ausschlussdiagnostik („Defensivmedizin")

6. Medizinische Wellness-Leistungen, z. B.
- Massagetherapie auf Folienwasserbett („Hydrojet")
- Massage ohne medizinische Indikation („Wellness-Massage")
- Apparative Lymphdrainage ohne medizinische Indikation

Kommentierte Abrechnungsbeispiele zum IGeL im Internet

Im Internet unter www.arztundabrechnung.de können Sie ein Abonnement für alle stets aktuell kommentierten Gebührenordnungen und zusätzliche Abrechnungsbeispiele zu IGeL-Leistungen und Alternativer Medizin von den Autoren der Abrechnungskommentare im Elsevier-Verlag abschließen.

E. Individuelle Gesundheitsleistungen von A – Z

Neu ist in dieser Ausgabe das Kapitel Vorsorge und Prävention – siehe Seite 703 ff.

I. Allgemeine und fachübergreifende Leistungen

1. Spezielle Anamnesen – Körperliche und psychiatrische Untersuchungen Übersicht von A – Z

Die nachfolgend aufgelisteten Leistungen sind die Grundlage für ggf. weitere zusätzliche apparative Untersuchungen (EKG, BelastungsEKG, Sono, Lungenfunktion, Röntgen, CT, NMW, Doppler, EEG, ENG, EMG) oder für die Behandlung.
Wichtig: Zur Ausstellung vieler Bescheinigungen sind vorher entsprechende körperliche Untersuchungen erforderlich.

Spezielle Anamnesen u.a. im analogen Ansatz

Abrechnung

GOÄ Nr.	Kurzlegende	2,3fach €
30	Erhebung der homöopathischen Erstanamnese – mind. 1 Stunde nach biographischen und homöopathisch-individuellen Gesichtspunkten mit schriftlicher Aufzeichnung zur Einleitung einer homöopathischen Behandlung	120,65
30 analog	Analog ansetzbar für: Erhebung der Erstanamnese vor Akupunktur 1. Erhebung der Erstanamnese unter anthroposophischen Gesichtspunkten 2. Erhebung der Erstanamnese vor ayurvedischer Therapie 3. Erhebung der Erstanamnese vor naturheilkundliche Therapie	120,65
31	Homöopathische Folgeanamnese – mind. 30 Minuten unter laufender Behandlung nach den Regeln der Einzelmittelhomöopathie zur Beurteilung des Verlaufs und Feststellung des weiteren Vorgehens – einschließlich schriftlicher Aufzeichnungen –	60,33
31 analog	Analog ansetzbar für: 1. Folgeanamnese bei Akupunktur 2. Folgeanamnese bei anthroposophischer Therapie 3. Folgeanamnese bei ayurvedischer Therapie 4. Folgeanamnese bei naturheilkundlicher Therapie	60,33

Untersuchungen – Abrechnung

GOÄ-Nr.	Kurzlegende	1fach €	2,3fach €
5	Symptombezogene Untersuchung	4,66	**10,73**

Spezielle Untersuchungen

6	Augen	5,83	**13,41**
7	Bauchorgane	9,33	**21,45**
7	Brustorgane	9,33	**21,45**
8	Ganzkörperstatus	15,15	**34,86**
6	Gefäßstatus	5,83	**13,41**
7	Genitaltrakt – weiblicher	9,33	**21,45**
7	Haut	9,33	**21,45**
6	HNO-Bereich	5,83	**13,41**

GOÄ-Nr.	Kurzlegende	1fach €	2,3fach €
32	**Jugendarbeitsschutzuntersuchung** (ggf. erforderliche weiterführende Diagnostik)	23,32	**53,62**
32 analog	**Berufseignungsuntersuchung** auf Patientenwunsch (ggf. erforderliche weiterführende Diagnostik)	23,31	**53,62**
11	**Mastdarm und/oder Prostata –** Digitaluntersuchung	3,50	**8,04**
800	**Neurologische Untersuchung**	11,37	**26,14**
6	**Nieren und harnableitende Wege**, bei Männern zusätzl. Untersuchung Prostata, Prüfung Bruchpforten, Hoden und Nebenhoden	5,83	**13,41**
801	**Psychiatrische Untersuchung**	14,57	**33,52**
6	**stomatognathes System**	5,83	**13,41**
7	**Stütz- und Bewegungsorgane**	9,33	**21,45**
100	**Untersuchung eines Toten** - Ausstellung des Leichenscheines	14,57	**33,52**

1.1. Früherkennung und Vorsorge

Zahlreiche weitere Untersuchungen gibt es im Bereich der Früherkennung und Vorsorge. Für die Kinder-Früherkennungsuntersuchungen zwischen dem 14. und 18. Lebensjahr ist der analoge Ansatz der GOÄ Nr. 26 zu wählen.

Abrechnung

GOÄ-Nr.	Kurzlegende	1fach €	2,3fach €
23	Erste Vorsorgeuntersuchung in der Schwangerschaft	17,49	**40,22**
24	Untersuchung im Schwangerschaftsverlauf	11,66	**26,81**
25	Neugeborenen-Erstuntersuchung	11,66	**26,81**
26	U2-Vorsorgeuntersuchung 3. – 10. Tag	26,23	**60,33**
26	U3-Vorsorgeuntersuchung 4. – 6. Lebenswoche	26,23	**60,33**
26	U4-Vorsorgeuntersuchung 3. – 4. Lebensmonat	26,23	**60,33**
26	U5-Vorsorgeuntersuchung 6. – 7. Lebensmonat	26,23	**60,33**
26	U6-Vorsorgeuntersuchung 10. – 12. Lebensmonat	26,23	**60,33**
26	U7-Vorsorgeuntersuchung 21. – 24. Lebensmonat	26,23	**60,33**
26	U7A-Vorsorgeuntersuchung 3. Lebensjahr	26,23	**60,33**
26	U8-Vorsorgeuntersuchung 43. – 48. Lebensmonat	26,23	**60,33**
26	U9-Vorsorgeuntersuchung 60. – 64. Lebensmonat	26,23	**60,33**
26	U10-Vorsorgeuntersuchung 7. – 8. Lebensjahr	26,23	**60,33**
26	U11-Vorsorgeuntersuchung 9. – 10. Lebensjahr	26,23	**60,33**

26	J1-Vorsorgeuntersuchung 13. – 14. Lebensjahr	26,23	**60,33**
26 analog	J2-Vorsorgeuntersuchung 16. – 18. Lebensjahr – analog	26,23	**60,33**

27	Krebsvorsorge bei einer Frau	18,65	**42,90**
28	Krebsvorsorge bei einem Mann	16,32	**37,54**
29	Gesundheitsuntersuchung eines Erwachsenen	25,65	**58,99**

Neben den Nrn. 23–29 können die Nrn. 1–8 nicht abgerechnet werden.

2. Beratungen und Erörterungen

Bei fast allen ärztlichen Leistungen zur Diagnostik und Therapie wie auch bei IGEL-Leistungen sind Beratungen und Untersuchungen – vorher oder nachher – erforderlich. In der Regel werden erst danach weitere Leistungen zur Diagnostik und/oder Therapie eingesetzt, die teilweise im Rahmen gestatteter kurativer Behandlung zu Lasten der GKV oder PKV erbracht und abgerechnet werden können, aber natürlich auch gemäß einer Vereinbarung mit dem Patienten als IGEL-Leistung.
Im Beratungsbereich stehen eine **einfache Beratung** (GOÄ Nr. 1), eine **ausführliche Beratung, mind. 10 Min.** (GOÄ Nr. 3) und eine **Erörterung, mind. 20 Min.** (GOÄ Nr. 34) zur Verfügung und werden auch in unseren Abrechnungshinweisen immer wieder nebeneinander angegeben. Welche der Leistungen anzusetzen ist, muss der beratende Arzt entscheiden!

Die nachfolgend beispielhaft aufgelisteten Beratungsleistungen sind ggf. um zusätzliche körperliche und apparative Untersuchungen zu erweitern – mit Ausnahme der GOÄ Nr. 3, die nur alleine oder neben den GOÄ Nrn. 5–8, 800 oder 801 im Rahmen desselben Arzt- und Patientenkontaktes angesetzt werden darf: Nr. 3 nie neben Sonderleistungen!

2.1. Beratungen

Beratungen, die z. B. abhängig von der Beratungsintensität und Dauer nach den GOÄ Nrn. 1 oder 3 abgerechnet werden können:

- Beratung vor einer **Anti-Aging-Behandlung**
- Beratung vor einer gewünschten **Arzneimittel-Behandlung**, z. B. „Life-Style"-Medikation zur Potenzförderung, zur Gewichtsreduktion, gegen androgenetischen Haarausfall, Laxantien, Medikamente zur Stressprophylaxe
- **Ernährungs-/Diätberatung**
- Beratung zur Zusammenstellung und Anwendung einer **Haus- oder Reiseapotheke**
- Spezielle **Impfberatung** (Impfungen außerhalb der GKV)
- Beratung vor **kosmetischen Behandlungen oder Eingriffen**
- Beratung im Zusammenhang mit der Veranlassung von **Laboruntersuchungen** auf Wunsch des Patienten – z. B. PSA Bestimmung
- **Medizinisch-kosmetische Beratung**
- **Reisemedizinische Beratung**
- **Sonnenlicht- und Hauttypberatung**
- **Sportmedizinische Beratung**
- **Umweltmedizinisch orientierende Beratung**, z. B. bezogen auf berufliche oder private Kontakte mit umweltschädlichen Stoffen
- Beratung zur Ausweitung von **Vorsorgeuntersuchungen**

Abrechnung

GOÄ Nr.	Kurzlegende	1fach €	2,3fach €
1	Beratung	4,66	**10,73**
3	Eingehende Beratung (10 Min.) nicht neben Sonderleistungen	8,74	**20,11**
21	Humangenetische Beratung	20,98	**48,26**
22	Beratung einer Schwangeren im Konfliktfall	17,49	**40,22**
817	Eingehende psychiatrische Beratung einer Bezugsperson psychisch gestörter Kinder oder Jugendlicher	10,49	**24,13**

Kommentar:
Nach **Brück** betrifft der Ausschluss aller Sonderleistungen – ausgenommen GOÄ Nrn. 5, 6, 7 und 8 – neben GOÄ Nr. 3 nicht die GOÄ Nrn. 70 und 75, da deren Leistung zu einem Zeitpunkt erfüllt wird, der nicht im zeitlichen Zusammenhang mit der Leistungserbringung nach GOÄ Nr. 3 steht.

Abrechnung

Auf einen Blick: Beratungen rund um die Uhr

GOÄ Nr.	Kurzlegende	1fach €	1-/2,3fach €[1])
Beratung – auch telefonisch			
1+A[1])	außerhalb der Sprechstunde	4,66 + 4,08	**10,73 + 4,08**
1+B+D	telefonische am Samstag 20.30 Uhr	4,66 + 10,49 + 12,82	**10,73 + 10,49 + 12,82**
1+B+D	nachts 20–22 Uhr, 6–8 Uhr am Wochenende oder Feiertag	4,66 + 10,49 + 12,82	**10,73 +10,49 + 12,82**
1+B	in der Nacht 20–22 Uhr, 6–8 Uhr:	4,66 + 10,49	**10,73 + 10,49**
1+C	in tiefer Nacht 22–6 Uhr	4,66 + 18,65	**10,73 + 18,65**
1+C+D	in tiefer Nacht 22–6 Uhr am Wochenende o. Feiertag	4,66 + 18,65+ 12,82	**10,73 + 18,65 + 12,82**
1+D	tagsüber am Wochenende	4,66 + 12,82	**10,93 + 12,82**

Eingehende Beratungen – auch telefonisch[2])			
3+A	außerhalb der Sprechstunde	8,74 + 4,08	**20,11 + 4,08**
3+B+D	am Samstag 20.30	8,74 + 10,49 + 12,82	**20,11 + 10,49 + 12,82**
3+B	in der Nacht 20–22 Uhr, 6–8 Uhr	8,74 + 10,49	**20,11 + 10,49**
3+B+D	nachts 20–22 Uhr, 6–8 Uhr am Wochenende oder Feiertag	8,74 + 10,49 + 12,82	**20,11 + 10,49 + 12,82**
3+C	in tiefer Nacht 22- 6 Uhr	8,74 + 18,65	**20,11 + 18,65**
3+C+D	in tiefer Nacht 22–6 Uhr am Wochenende o. Feiertag	8,74 + 18,65 + 12,82	**20,11 + 18,65 + 12,82**
3+D	am Wochenende	8,74 + 12,82	**20,11 + 12,82**

Beratungen in regelmäßiger Samstagssprechstunde			
1+ 1/2 D	Beratung in regelmäßiger Samstagssprechstunde	4,66 + 6,41	**10,73 + 6,41**
3+ 1/2 D	Eingehende Beratung in regelmäßiger Samstagsprechstunde	8,74 + 6,41	**20,11 + 6,41**

[1]) Alle Zuschläge (A, B, C, D) dürfen nach GOÄ nur mit dem 1-fachen Satz berechnet werden
[2]) Nr. 3 nicht neben Sonderleistungen

2.2. Erörterungen

Erörterungen, die z. B. nach GOÄ Nr. 34 (analog) abgerechnet werden können:

- Erörterung einer **Anti-Aging-Behandlung**, z. B. Risiken einer Hormontherapie
- Erörterung einer gewünschten **Arzneimittel-Behandlung**, z. B. „Life-Style Medikamente" zur Potenzförderung, zur Gewichtsreduktion, gegen Glatzenbildung
- Erörterung einer gesunden **Ernährung/Diät**
- Adipositasberatung (Auswirkung auf die Lebensführung)
- Ausgedehnte Beratung zur Zusammenstellung und Anwendung einer **Haus- oder Reiseapotheke**
- Begleitende Beratung und Betreuung bei Verordnung von Lifestyle-Arzneimitteln außerhalb der GKV-Leistungspflicht
- Erörterung vor **kosmetischen Behandlungen oder Eingriffen**
- Erörterung der Ergebnisse im Zusammenhang mit der Veranlassung von **Laboruntersuchungen** auf Wunsch des Patienten – Laborleistungen s. Seite 229.
- **Raucherentwöhnung**
- **Second Opinion:** Erörterung von diagnostischen und therapeutischen Maßnahmen, z. B. Operationen, Bestrahlungen, S. Seite 102

- Erörterung von **Selbstmedikation** im Rahmen von Prävention und Lebensführung
- Erörterung über **sportliche Betätigungen**
- **Umweltmedizinisch orientierende Erörterung** z. B. bezogen auf berufliche oder private Kontakte mit umweltschädlichen Stoffen.
- Beratung zur Selbstmedikation im Rahmen von Prävention und Lebensführung

Erörterungen sind in vielen Fällen vor und nach einer Diagnostik und/oder Behandlung erforderlich.

GOÄ Nr.	Kurzlegende	1fach €	2,3fach €
34	Erörterung, mind. 20 Min. – **häufig als analoger Ansatz entsprechend § 6 (2) GOÄ**	17,49	**40,22**

3. Second Opinion

In den USA ist es – wenn die eigenen Finanzen es zulassen – üblich, bei lebensverändernden Diagnosen oder vor großen Operationen eine zweite ärztliche Meinung – Second Opinion – einzuholen. In Österreich und der Schweiz werden die Krankenversicherten angehalten, bei bestimmten Erkrankungen eine Second Opinion einzuholen. In der Schweiz erhält der Versicherte dafür sogar einen Rabatt.

Bei einer Second Opinion geht es dem Patienten darum, eine gestellte Diagnose und/oder eine vorgeschlagene Therapie zu hinterfragen und neu mit einem anderen Mediziner zu diskutieren. Dabei wird – da in der Regel die erhobenen Befunde mitgebracht werden können – nur in wenigen Fällen eine neue oder weiterführende Diagnostik notwendig sein. Auch in der Bundesrepublik nehmen in diesem Kontext Nachfrage und Angebot zu.

Im Internet www.tumorbio.uni-freiburg.de/03 beraten/03 01.html bietet die **Klinik für Tumorbiologie in Freiburg** *„Second Opinion – die zweite Meinung über die Erkrankung und deren Therapiemöglichkeiten."* an.

Die Klinik informiert: ... *„Mit dem Angebot „Second Opinion" wollen wir die Kompetenz der Patienten im Umgang mit der eigenen Erkrankungssituation stärken... Die Second Opinion ist für Patienten gedacht, die sich eingehend mit ihrer eigenen Erkrankungssituation auseinandersetzen möchten, eine Informations- und Orientierungshilfe suchen und neben einer fachonkologischen Begutachtung auch zu einem ganzheitlich ausgerichteten Strategieplan beraten werden wollen.*

Anhand der vorhandenen Krankheitsunterlagen (Befundberichte, Röntgenbilder, Kernspin/CT-Aufnahmen, u. a.) und einer aktuellen klinischen Untersuchung erfolgt eine Bewertung der Erkrankungs- und Behandlungssituation sowie die Ableitung von Empfehlungen des weiteren Vorgehens. Durch die Einbindung weiterer Fachberater aus den Bereichen Psycho-onkologie, Ernährung, Unkonventionelle Therapien, Physiotherapie und Pflege werden die wichtigsten Aspekte im Zusammenhang mit der Tumorerkrankung erörtert. Ziel der Beratung ist die Stärkung der Patientenkompetenz durch:

- *Unterstützung im Entscheidungsprozess bei komplexen Fragen der Diagnostik und Behandlung,*
- *eine Orientierungshilfe angesichts der Informationsfülle, die sich durch die bis dahin erfolgten Beratungen, Berichte ergeben und aus weiteren Quellen (Bücher, Fernsehen, Internet, u. a.) gewonnen wurden,*
- *psychosoziale Beratung zur Krankheitsverarbeitung und Bewältigung,*
- *eine Stärkung des Selbsthilfepotentials..."*

AOK Duo – Die ärztliche Zweitmeinung

Für AOK-Versicherte bietet die AOK- Bremen/Bremerhaven unter http://www.aok.de/bremen/aok-duo-die-aerztliche-zweitmeinung-160246.php einen Dienst an. Die AOK informiert:

> ... „Versicherte können bei schweren Erkrankungen kostenlos eine ärztliche Zweitmeinung einholen. Die AOK kümmert sich um alles.
>
> Tagtäglich erfahren Menschen, dass sie schwer krank sind: „Sie haben Krebs" oder „Wir müssen Sie am Herzen operieren" müssen sie von ihrem Arzt hören. Doch wie können sie mit dieser schockierenden Diagnose umgehen – was können sie jetzt tun? Die AOK Bremen/Bremerhaven bietet ihren Versicherten seit 2010 die Möglichkeit, sich eine zweite ärztliche Meinung von einem ausgewiesenen Experten zu holen. Das soll den Patienten helfen, die Krankheit zu akzeptieren, damit besser umzugehen und die weitere Behandlung zu planen.

Im Mittelpunkt: das persönliche Gespräch
Derzeit bieten 17 Ärztinnen und Ärzte aus Bremen und Bremerhaven ihr Fachwissen im Rahmen von „AOK Duo: Die ärztliche Zweitmeinung" an. Die meisten von ihnen sind als erfahrene Chefärzte, leitende Oberärzte oder niedergelassene Mediziner tätig. Das persönliche Gespräch steht im Mittelpunkt von AOK Duo: Der Spezialist soll den Patienten hier noch einmal die medizinischen Zusammenhänge erläutern, Fragen beantworten und sich Zeit für die Versicherten nehmen – es sollen keine Fragen offen bleiben. Das gilt selbstverständlich auch bei der Erkrankung von Kindern. Das wiederum gibt Patienten und Angehörigen Sicherheit und Vertrauen in die ärztlichen Maßnahmen. Auf Wunsch des Patienten bespricht der Spezialist die weitere Therapie auch mit dem behandelnden Arzt.

Vermittlung von kurzfristigen Terminen
Die AOK Bremen/Bremerhaven vermittelt im Rahmen von „AOK Duo: Die ärztliche Zweitmeinung" bei folgenden lebensverändernden Diagnosen kurzfristig Termine bei den Experten:
- Angeborene Fehlbildung bei Kindern
- Schwere Herz-Kreislauferkrankungen mit OP-Indikation
- Krebserkrankungen bei Kindern und Erwachsenen
- Asthma bronchiale bei Kindern
- Schwere Nierenerkrankungen bei notwendiger Dialyse
- Bandscheibenerkrankungen mit OP-Indikation
- Gehirntumore

Mit der Zweitmeinung soll die Arbeit des erstbehandelnden Arztes ausdrücklich nicht geschmälert werden, die Ursprungsbefunde sind vielmehr Grundlage der ärztlichen Zweitmeinung. Eine langwierige Suche der Patienten nach einem auf diese Krankheit spezialisierten Mediziner entfällt, ebenso wie das Problem, bei diesem Arzt einen zeitnahen Termin zu bekommen. Mit AOK Duo erhalten die AOK-Versicherten einen Termin in der Regel innerhalb von acht Tagen..."

Recht auf Zweitmeinung
lautet der Name eines Portals der Techniker Krankenkasse (TK) http://www.tk.de/tk/behandlungen/zweitmeinung/recht-auf-zweitmeinung/213558. Die Kasse informiert:

... „Jeder Versicherte hat das Recht, bei Zweifeln an der vorgeschlagenen Therapie einen anderen Arzt aufzusuchen, um sich eine zweite Meinung einzuholen.
Dies ist besonders sinnvoll etwa bei schwerwiegenden Krankheiten, langfristigen Behandlungen oder auch bei planbaren operativen Eingriffen. Hier hilft eine zweite ärztliche Meinung dem Patienten, die Chancen und Risiken der vorgeschlagenen Therapie besser einzuschätzen. Bei Operationen können beispielsweise Nerven und Gefäße geschädigt werden oder Narben und Verwachsungen auftreten. Bei einer medikamentösen Therapie können unerwünschte Nebenwirkungen auftreten, bei einer manuellen Therapie sind Verletzungen möglich.
Um die Entscheidung für eine Therapie zu überprüfen, muss nicht das gesamte diagnostische Verfahren von vorne beginnen. Der Patient hat das Recht, seine gesamten medizinischen Unterlagen wie etwa Untersuchungsbefunde oder Röntgenbilder einzusehen. Die Praxis kann gegen eine Gebühr gegebenenfalls Kopien zur Verfügung stellen.
Darüber hinaus haben TK-Versicherte die Möglichkeit, sich bei Zweifeln oder Fragen zur Therapie ihres behandelnden Arztes an das TK-Zweitmeinungs-Telefon zu wenden. ..."

► **Vorsicht Operation** (http://www.vorsicht-operation.de/) und **Medexo** (https://www.medexo.com/) sind Portale zur Erlangung von Zweitmeinungen.
Vorsicht Operation ist ein Service der Medexo GmbH – Medizinische Experten Online.
Medexo schreibt u. a. über sich:
... „Der Name Medexo steht für Medizinische Experten Online.
Medexo bietet Ihnen als Patienten die Möglichkeit, eine medizinische Zweitmeinung von führenden und unabhängigen Spezialisten über das Internet einzuholen. Speziell für diesen Zweck entwickelte Fragebögen, sowie ein einzigartiges Programm zur Übertragung von medizinischen Unterlagen, ermöglichen die Erfassung der für die Zweitmeinung erforderlichen Informationen.
Für jede Disziplin steht ein Ärztebeirat zur Verfügung. Dieser Beirat an renommierten aktiven und inaktiven Spezialisten des jeweiligen Fachbereiches organisiert und kontrolliert die Prüfung unserer teilnehmenden Experten.

Medexo ist eine Weiterentwicklung des aus der Presse bekannten Portals „Vorsicht!Operation". Zusammen mit den Spezialisten, die für die Zweitmeinungen zur Verfügung stehen, wird Medexo von einem Team aus Medizinern und Internetexperten betreut und ständig auf dem neuesten Stand der Wissenschaft gehalten. Unser Ziel ist es, Ihnen in naher Zukunft Zweitmeinungen für alle medizinischen Fachgebiete anbieten zu können..."

Wer also zu einem Thema fündig werden will, muss die entsprechenden Fachgesellschaften absurfen. Der niedergelassene Allgemeinmediziner/Facharzt in der Nähe des Patienten wird auf Dauer die besten Chancen haben, ein gefragter Berater für die „Zweite Meinung" zu sein, wenn er Kollegen der entsprechenden Fachgebiete **aus Klinik und Praxis** mit einbezieht und sich ein Berater-Team bildet. Ohne gute Kontakte zu einem oder mehreren routinierten leitenden Klinikern eines großen Krankenhauses wird die Second Opinion nie hochqualifiziert sein können.
Jede größere Operation, Strahlentherapie oder Zytostatika-Therapie bringt für Patienten in unterschiedlicher Weise „Angst" mit sich, die dadurch etwas gemildert werden kann, dass ein 2. med. Experte berät.
Besonders angenehm wird es der Patient empfinden, wenn sich beide Behandlungsvorschläge decken, d. h. wenn der 2. Experte eine ähnliche Meinung vertritt wie der Arzt, der die primäre Diagnose gestellt hat.

Die Frage der Abrechnung einer Second Opionin ist einfach zu beantworten:

1. Kommt der Patient persönlich zum beratenden Arzt, sind die entsprechenden Beratungs- und ggf. Untersuchungsziffern der GOÄ ansetzbar.
2. Wird ohne persönlichen Kontakt und nur über den telefonischen Weg eine Beratung gewünscht, so ist diese nach den bekannten GOÄ-Beratungsziffern abrechenbar. In der Regel erhält der Arzt aber bestehende Befunde zugeschickt und äußert sich schriftlich dazu (Erstellung eines Gutachtens nach Aktenlage = GOÄ Nr. 85). Ist das Beratungsgutachten sehr umfangreich, kann der Arzt einen höheren Multiplikator wählen.

Wir raten dringend, von dem Patienten zur Vermeidung etwaiger Auseinandersetzungen über Art der Erstellung und der Rechnungslegung eine schriftliche Erklärung, z. B. nachfolgenden Inhaltes unterschreiben zu lassen:

Einverständniserklärung:

Ich, *Name des Patienten* **, wünsche von** *Name, Arztstempel* **eine Zweitmeinung (Second Opinion) zu Therapie und/oder Diagnostik folgender Erkrankung:**

....

Ich bin damit einverstanden, dass diese Zweitmeinung auf der Basis der von mir zur Verfügung gestellten schriftlichen Befunde und gegebenenfalls weiterer schriftlicher Unterlagen schriftlich erstellt und mir übermittelt wird. Ein unmittelbarer persönlicher Arzt-Patienten-Kontakt findet nicht statt.

Die Rechnung erfolgt nach den Bestimmungen der Gebührenordnung für Ärzte (GOÄ)

....
(Ort/Datum) *(Unterschrift)*

Wichtig:
Ist der Patient bei einer gesetzlichen Krankenkasse versichert und nimmt der die Second Opinion erbringende Arzt an der vertragsärztlichen Versorgung teil, bitte unbedingt auch an die schriftliche Zustimmung zur Privatvergütung nach den Bestimmungen des Bundesmantelvertrages denken!

Abrechnung nach Befunden

GOÄ Nr.	Kurzlegende	1fach €	2,3fach €
3	Eingehende Beratung (mind.10 Min.) -nicht neben Sonderleistungen	8,74	**20,11**
34	Erörterung, mind. 20 Min.	17,49	**40,22**
60	Konsil zwischen zwei oder mehr liquidationsberechtigten Ärzten, für jeden Arzt	6,99	**16,09**
75	Ausführlicher Krankheits- und Befundbericht	7,58	**17,43**
80	Schriftliches Gutachten	17,49	**40,22**
85	Gutachten, erhöhter Aufwand	29,14	**67,02**
95	Schreibgebühr/Seite (x n)	**3,50 (x n)**	–
96	Kopiergebühr, je Kopie (x n)	**0,18 (x n)**	–

Portokosten nach angefallenen Kosten, s. GOÄ § 10, berechnen.

Für die Nachbefundung, von z. B. Röntgen- oder Sonographiebildern, stehen nur die Beratungsgebühren GOÄ Nrn. 1 oder 3 zur Verfügung.
Um als niedergelassener Arzt sinnvolle Second Opinion leisten zu können, ist ein (guter) Kontakt mit den entsprechenden klinischen Abteilungen nicht nur wertvoll, sondern unserer Meinung nach dringend erforderlich.

■ Rechtsprechung

► GOÄ Nr. 34 – Überschreiten des Schwellenwertes (2,3fach) nur möglich, wenn Besonderheiten vorliegen
Bei der Abrechnung ist ein Überschreiten des Schwellenwertes (2,3 fach) nur möglich, wenn Besonderheiten vorliegen, die speziell bei der Behandlung des Patienten aufgetreten sind. Die Begründung des Arztes muss dann das Vorliegen solcher Umstände deutlich machen.
Eine bei Nr. 34 abgegebene Begründung: „OP. – Aufklärung" ist dafür nicht ausreichend, da sie zu pauschal ist.
Aktenzeichen: VerwG Stuttgart, 28.10.2013, AZ: 12 K 63/13
Entscheidungsjahr: 2013

4. Schulungen

Dem Wunsch der Patienten, bei chronischen Erkrankungen mehr über die eigene Krankheit zu wissen, sollte der Arzt entgegen kommen, denn „mehr Wissen" verbessert die Compliance. Außerdem wird der Patient sinnvoll in die Therapie mit eingebunden. Bei den Leistungen nach Nrn. 33 und A 36 handelt es sich um Schulungen, die individuell auf den einzelnen Patienten ausgerichtet sind. In den Erläuterungen zur originären Nr. 33 – Diabetikerschulung – schreiben **Lang, Schäfer, Stiel** und **Vogt** in ihrem GOÄ-Kommentar zum Inhalt der Leistung: „... Erkennen von Krankheitskomplikationen, Anleitung zum regelmäßigen Überprüfen der Blut- und Harnzuckerwerte, Hinweis zum Einsatz und zur Dosierung von Therapeutika – insbesondere bei Insulin-Selbstmedikation – Anleitung zum Diät- und Ernährungsverhalten..." Diese Bedingungen lassen sich auf zahlreiche chron. Erkrankungen übertragen und bilden damit die Möglichkeit des analogen Ansatzes der Leistungen nach Nrn. 33 oder A 36 (Empfehlung der Bundesärztekammer).

GOÄ Nr.	Kurzlegende	1fach €	2,3fach €
33	Schulung einer Einzelperson, mind. 20 Min. bei – für Diabetes – Gestationsdiabetes – Z. n. Pankreatektomie	17,49	**40,22**
A 36	Schulung einer Einzelperson, mind. 20 Min. bei – Asthma bronchiale – Hypertonie – analog GOÄ Nr. 33	17,49	**40,22**

Die Nr. 33 kann nach Meinung der BÄK auch für evaluierte Schulungsprogramme bei
- Chron. rheumat. Erkrankungen
- Osteoporose
- Fibromyalgie-Syndrom
- Chron. Antikoagulanzien-Therapie analog angesetzt werden – s. GOÄ § 6 (2).

Weitere sinnvolle Schulungsindikationen finden Sie in unserer nachfolgenden Auflistung. Nach GOÄ Nr. 33 GOÄ wären auch berechenbar Schulungen des Betroffenen oder seiner nächsten Angehörigen, wie:
- Feldenkrais-Methode – Körperschulung durch Verbesserung der Wahrnehmung
- Ernährungsschulung – Fettstoffwechselstörungen
- Schulung bei Epilepsie
- Stoffwechselerkrankung bei Kindern
- Raucherentwöhnung
- Alkoholentwöhnung
- Bewegungsschulungen
- Verhaltensschulung
- Schulung bei schweren chronischen Krankheiten, z. B. Malignom, M. Parkinson

Abrechnungstipp: Bei einer Schulung von z. B. 45 Minuten raten die Autoren **Lang, Schäfer, Stiel** und **Vogt** in ihrem GOÄ-Kommentar mit einem höheren Gebührensatz über dem Schwellenwert abzurechnen!

5. Bescheinigungen – Atteste – Gutachten

Manche Patienten bitten um eine Flut von Bescheinigungen für sich oder Dritte. Dieser Heißhunger auf Geschriebenes ist nur dadurch einzudämmen, dass solche Bescheinigungen liquidiert werden. Dabei ist es selbstverständlich, dass ein Hausarzt bei einer sozial schwachen Familie, z. B. für eine Schulbescheinigung, wenig (1facher Satz) oder nichts berechnen wird.

Für häufig gewünschte Bescheinigungen ist es ratsam, eigene Formblätter im Computer zu gestalten. Dies spart im Praxisalltag Zeit.

Kurzlegende	GOÄ-Nr.	1fach €	2,3fach €
Aufnahmeanträge - Altersheim, Kindergarten *(ggf. + Untersuchung, für Kindergarten ggf. mit Tine-Test)*	75	7,58	**17,43**
Arbeitsunfähigkeitsbescheinigung	70	2,33	**5,36**
Attest für Einreisebehörden z. B. USA über erforderliche im Gepäck mit geführte med.techn. Geräte und/oder Medikamente (z. B. Spritzen, Pen, Insuline) – je nach Aufwand	70 75	2,33 7,58	**5,36** **17,43**
Bescheinigung, kurze ärztliche *z. B. für Schule, Kindergarten, Sportverein*	70	2,33	**5,36**
Behandlungsplan bei tumorkranken Patienten - Chemotherapie und/oder Nachsorge,	78	10,49	**24,13**
Diätplan, individueller schriftlich – *bei langfristigen detaillierten Plänen erscheint ein höherer Steigerungssatz angemessen. Begründung: Erheblicher, das normale Maß übersteigender Aufwand, da langfristiger Diätplan*	76	4,08	**9,38**
Flugtauglichkeitsbescheinigung je nach Aufwand *(ggf. + Untersuchung)*	70 75	2,33 7,58	**5,36** **17,43**
Gesundheitszeugnis z. B. für Visum	75	7,58	**17,43**
Impfbefreiungszeugnis z. B. bei Gelbfieberimpfung	75	7,58	**17,43**
Kindergartenbescheinigung - *Kindergartenunfähigkeit, Wiedergenesung*	70	2,33	**5,36**

Kurzlegende	GOÄ-Nr.	1fach €	2,3fach €
Krankheits- und Befundbereicht, schriftlicher – *die vom Patienten oft gewünschte Zusammenfassung der Untersuchungsergebnisse wird von den PKV-Kassen nicht gezahlt. Der Patient sollte darauf hingewiesen werden!*	75	7,58	**17,43**
Reisefähigkeitsbescheinigung *(ggf. + Untersuchung)*	70	2,33	**5,36**
Reiserücktrittsversicherung, Bescheinigung *(ggf. + Untersuchung)*	75	7,58	**17,43**
Schulbescheinigung z. B. über Schulunfähigkeit, Sportunfähigkeit	70	2,33	**5,36**
Segel- oder Motorführerschein-Tauglichkeit - *Bescheinigung nach Krankenakte ohne neue Untersuchungen*	70	2,33	**5,36**
Sporttauglichkeitsbescheinigung für die Schule *(ggf. + Untersuchung)*	70	2,33	**5,36**
Sportverein-Bescheinigung *(ggf. + Untersuchung)*	70	2,33	**5,36**
Schreibgebühr je angefangene DIN A Seite – nur bei Nrn. 80, 85, 90	95	**3,50**	
Kopiergebühr, je Kopie	96	**0,18**	

Anfallende Portokosten nach GOÄ § 10 berechnen!

Die vorhergehenden aufgelisteten Leistungen sind ggf. um zusätzliche Beratungen und erforderliche Untersuchungen zu erweitern.

Abrechnung von ärztlichen Stellungnahmen im Rahmen von Versicherungsverträgen
Bei ärztlichen Stellungnahmen im Rahmen von Versicherungsverträgen (z. B. Lebensversicherungs-Begutachtung) hat sich die Praxis der „freien Honorarvereinbarung" eingebürgert und auch bewährt. Hier wird z. B. vor Abgabe der ärztlichen Stellungnahme von der Versicherung eine Kostenzusage über ein bestimmtes Honorar (z. B. 70,– €) abgegeben.
Ist der Arzt mit diesem Angebot nicht einverstanden, weil er den Arbeitsaufwand größer ansieht, so sollte er dies umgehend der Versicherung schriftlich mitteilen:

> „Ich bin gerne zu dem geforderten Gutachten bereit, kann es aber wegen des erheblichen Arbeitsaufwandes nur zu einem Pauschalbetrag von 100,– € erbringen. Ich bitte mir mitzuteilen, ob ich unter diesen Bedingungen das Gutachten erbringen soll."

In der Regel stimmen die Versicherungen zu.
Dieses Abrechnungsverfahren findet **außerhalb der GOÄ** statt. Rechtliche Basis ist die entsprechende Anwendung des Gesetzes über die Entschädigung von Zeugen und Sachverständigen (ZSEG). Wichtig ist dabei die vertragliche Übereinkunft über den Preis! Eine einseitige Preisfestsetzung seitens einer Versicherung muss ein Arzt nicht akzeptieren.

Pauschale Vereinbarungen dieser Art sind nur mit Versicherungen gestattet.
Ein Pauschalangebot z. B. „Akupunktur Einzelsitzung 30,- Euro" bei Patienten ist nach ärztlichem Berufsrecht und nach der GOÄ nicht statthaft.

Versicherungsgutachten mit Untersuchung

GOÄ-Nr.	Kurzlegende	1fach €	2,3fach €
2. Versicherungsgutachten mit Untersuchung*)			
1	Beratung	4,66	**10,72**
8	Ganzkörperuntersuchung	15,15	**34,85**
85	Gutachten, erhöhter Aufwand	29,14	**67,02**
95	Schreibgebühr je angefangene DIN A Seite	**3,50**	
96	Kopiergebühr, je Kopie	**0,18**	

In der Regel sind für ein Gutachten mit Untersuchung neben der Ganzkörperuntersuchung auch apparative Diagnostik (Ultraschall, EKG, BelastungsEKG, EEG; Rö-Thorax, Doppler etc.) und Laboruntersuchungen erforderlich.
Diese Leistungen können einzeln nach der GOÄ berechnet werden. Meist sind sie aber in einem höheren Pauschalpreis gleich vom Versicherungsunternehmen eingerechnet worden.

3. Befundbericht für Versicherung ohne gutachterliche Frage*)			
75	Schriftlicher Befundbericht	7,58	**17,43**

4. Versicherungsanfrage mit Bitte um gutachterliche Äußerung			
80	Gutachten	17,49	**40,22**
95	Schreibgebühr je angefangene DIN A Seite	**3,50**	
96	Kopiergebühr, je Kopie	**0,18**	

*) zuzüglich anfallender Portokosten berechnen (GOÄ § 10)

6. Hausbesuche – Wegegeld – Reiseentschädigung

Viele Familien können die betagten und alleinlebenden Eltern oder nahe Angehörigen nicht ständig besuchen und schon gar nicht pflegen. Sie sind froh über die Hilfe der ambulanten Pflegedienste oder die Betreuung auf einer Pflegestation.
Über den medizinischen Zustand ihrer Angehörigen möchten sie aber regelmäßig mit dem Hausarzt sprechen. In diesem Zusammenhang werden auf Wunsch zusätzliche Hausbesuche durchgeführt, die weder bei GKV- noch bei PKV-Patienten zu Lasten der Krankenkassen abrechenbar sind und dem Patienten im Rahmen von „Wunschbesuchen" als IGEL-Leistung direkt nach GOÄ zu berechnen sind.

GOÄ Nr.	**Kurzlegende**	**1fach €**	***1,8/2,3fach €**
48	Besuch auf Pflegestation – regelmäßig – vereinbarte Zeiten	6,99	**16,09**
50	Besuch	18,65	**42,90**
51	Besuch eines weiteren Kranken in derselben häuslichen Gemeinschaft	14,57	**33,52**
52	Aufsuchen eines Patienten außerhalb der Praxisräume oder des Krankenhauses durch nichtärztliches Personal. Nur mit 1fachen Gebührensatz berechnungsfähig!	5,83	–
56*	Verweilen, ohne Unterbrechung und Erbringung anderer ärztlicher Leistungen – je angefangene halbe Stunde	10,49	**18,89**

Nach den GOÄ Nrn. 48, 50, 51, 52 und 56 sind z. B. abrechenbar:

- Präventiver Haus- oder Heimbesuch z. B. bei älteren Patienten oder Pflegebedürftigen *Ggf. auf Grund der Diagnostik erforderliche Leistungen z. B. Untersuchung bei Herzschmerzen, Verbände bei Wunden etc. können ganz normal nach EBM oder GOÄ abgerechnet werden – je nach Versicherung des Patienten*

Wegegeld* in € (siehe: § 8 GOÄ)

	Entfernungen (Radius) von der Praxis			
	2 km	**2–5 km**	**5–10 km**	**10–25 km**
tagsüber	3,58	6,65	10,23	15,34
nachts (20–8)	7,16	10,23	15,34	25,56

Reiseentschädigung (§ 9 GOÄ)
Bei mehr als 25 km erhält der Arzt eine Reiseentschädigung von 0,26 Cents pro km. Bei Abwesenheit bis zu 8 Stunden erhält der Arzt 51,13 Euro, bei Abwesenheit über 8 Stunden 102,26 Euro.

7. Lifestyle Medizin

Zu diesem Wunsch-Thema eines Patienten sind primär Beratungen und ggf. auch Untersuchungen erforderlich, denn in nur der Hälfte der Fälle geht es dem Patienten um Fragen zu Medikamenten.Häufiger werden Anti-Aging-Checks für Mann oder Frau nachgefragt.

Abrechnung

GOÄ Nr.	Kurzlegende	1fach €	2,3fach €
1	Beratung	4,66	**10,73**
3	Eingehende Beratung (10 Min.) nicht neben Sonderleistungen	8,74	**20,11**

Möglicher Anti-Aging-Checks für den Mann

GOÄ Nr.	Kurzlegende	1fach €	*1,15fach €
250*	Blutentnahme i.v. – *1,8facher Satz	2,33	**4,20**
3765*	Sexualhormonbindendes Globulin	26,33	**30,16**
4021*	Follitropin (FSH)	14,57	**16,76**
4030*	Thyreoidae stimulierendes Hormon (TSH)	14,57	**16.76**
4038*	Dihydroepiandrosteronsulfat	20,40	**23,46**
4042	Testosteron	20,40	**23,46**

Möglicher Anti-Aging-Checks für die Frau

GOÄ Nr.	Kurzlegende	1fach €	*1,15fach €
250*	Blutentnahme i.v. – *1,8facher Satz	2,33	**4,20**
4021*	Follitropin (FSH)	14,57	**16,76**
4039*	Östradiol	20,40	**23,46**

Wichtiger Hinweis zur Abrechnung von Spezialloborleistungen (M III und M IV):
Bei Weiterversand von Untersuchungsmaterial durch einen Arzt an einen anderen Arzt wegen der Durchführung von Laboruntersuchungen der Abschnitte M III und/oder M IV hat die Rechnungsstellung durch den Arzt zu erfolgen, der die Laborleistung selbst erbracht hat.
(Aus: Allgemeine Bestimmungen Punkt 3. –Kapitel M Laboratoriumsuntersuchungen)

8. Impfempfehlungen

Dieses Thema ist im Hinblick auf Standard-Impfungen nicht nur im Alltag des Arztes fast jeder Fachgruppe relevant, sondern auch wichtig für Beratungen vor Fernreisen und damit ein IGeL-Thema.

8.1. Standardimpfungen

Die Ärzte unterschiedlicher Fachrichtungen werden von Ihren Patienten nach den gängigen Impfungen im Kindes- und Erwachsenenalter und nach erforderlichen Auffrischungsimpfungen gefragt. Die „**Neuen Empfehlungen der Ständigen Impfkommission**" erhält der Arzt auf den Seiten des Robert Koch Institutes (http://www.rki.de).

Tabelle 1: Impfkalender (Standardimpfungen) für Säuglinge, Kinder, Jugendliche und Erwachsene (aus Epidemiologisches Bulletin Nr. 34/2013, Robert Koch-Institut)

Impfung	Alter in Wochen	Alter in Monaten					Alter in Jahren					
	6	2	3	4	11–14	15–23	2–4	5–6	9–11	12–17	ab 18	ab 60
Tetanus		G1	G2	G3	G4	N	N	A1	A2		A (ggf. N)[f]	
Diphtherie		G1	G2	G3	G4	N	N	A1	A2		A (ggf. N)[f]	
Pertussis		G1	G2	G3	G4	N	N	A1	A2		A (ggf. N)[f]	
Hib *H. influenzae* Typ b		G1	G2[a]	G3	G4	N	N					
Poliomyelitis		G1	G2[a]	G3	G4	N	N		A1		ggf. N	
Hepatitis B		G1	G2[a]	G3	G4	N	N					
Pneumokokken		G1	G2	G3	G4	N						S[c]
Rotaviren	G1[b]	G2	(G3)									
Meningokokken C					G1 (ab 12 Monaten)		N					
Masern					G1	G2	N				S[d]	
Mumps, Röteln					G1	G2	N					
Varizellen					G1	G2	N					
Influenza												S (jährlich)
HPV Humanes Papillomvirus										S[e]		

Erläuterungen

G Grundimmunisierung (in bis zu 4 Teilimpfungen G1 – G4)

A Auffrischimpfung

S Standardimpfung

N Nachholimpfung (Grundimmunisierung aller noch nicht Geimpften bzw. Komplettierung einer unvollständigen Impfserie)

a Bei Anwendung eines monovalenten Impfstoffes kann diese Dosis entfallen.

b Die 1. Impfung sollte bereits ab dem Alter von 6 Wochen erfolgen, je nach verwendetem Impfstoff sind 2 bzw. 3 Dosen im Abstand von mindestens 4 Wochen erforderlich.

c Einmalige Impfung mit Polysaccharid-Impfstoff, Auffrischimpfung nur für bestimmte Indikationen empfohlen, vgl. Tabelle 2

d Einmalige Impfung für alle nach 1970 geborenen Personen ≥18 Jahre mit unklarem Impfstatus, ohne Impfung oder mit nur einer Impfung in der Kindheit, vorzugsweise mit einem MMR-Impfstoff

e Standardimpfung für Mädchen und junge Frauen

f Td-Auffrischimpfung alle Jahre. Die nächste fällige Td-Impfung einmalig als Tdap- bzw. bei entsprechender Indikation als Tdap-IPV-Kombinationsimpfung.

Die Stiko informiert: ... „Die STIKO, die Ständige Impfkommission am Robert Koch-Institut, hat im Epidemiologischen Bulletin 34/2013 den neuen Impfkalender veröffentlicht. Hinzugekommen ist gegenüber dem Impfkalender von 2012 die Empfehlung für eine Rotavirus-Schutzimpfung bei Säuglingen. Die neu empfohlene Rotavirus-Impfung wird als Schluckimpfung gegeben, die Impfserie sollte im Alter von sechs bis zwölf Wochen beginnen und je nach Impfstoff bis zur vollendeten 24. oder 32. Lebenswoche beendet sein. Veränderungen gibt es auch bei den Empfehlungen zur Hepatitis-B- und zur Influenza-Impfung.
Im Epidemiologischen Bulletin 35/2013 sind die Neuerungen in den aktuellen STIKO-Empfehlungen dargestellt. In dieser Ausgabe ist auch die wissenschaftliche Begründung zur Rotavirus-Standardimpfung von Säuglingen erschienen...“

8.2. Impfungen im Rahmen von Fernreisen – Reisewarnungen

Wer sich auf eine private oder berufliche Fernreise vorbereitet, denkt zuerst an die erforderlichen Impfungen und fragt in der Regel seinen Hausarzt.
Die gefragten Ärzte können die erforderlichen Impfungen für die verschiedenen Länder nicht alle wissen und bedürfen der Hilfe erfahrener Kollegen der Tropeninstitute oder der Klinikabteilungen für Infektions- und Tropenmedizin in der Bundesrepublik.

Abrechnung
Die Impfleistung des Arztes umfasst nach dem Robert Koch Institut:neben der Impfung eine erhebliche Beratung:
- Informationen über den Nutzen der Impfung und die zu verhütende Krankheit,
- Hinweise auf mögliche unerwünschte Arzneimittelwirkungen und Komplikationen,
- Erheben der Anamnese und der Impfanamnese einschließlich der Befragung über das Vorliegen möglicher Kontraindikationen,
- Feststellen der aktuellen Befindlichkeit zum Ausschluss akuter Erkrankungen,
- Empfehlungen über Verhaltensmaßnahmen im Anschluss an die Impfung,
- Aufklärung über Beginn und Dauer der Schutzwirkung,
- Hinweise zu Auffrischimpfungen,
- Dokumentation der Impfung im Impfausweis bzw. Ausstellen einer Impf -bescheinigung

GOÄ Nr.	Kurzlegende	1fach €	2,3fach €
1	**Beratung**	4,66	**10,73**
3	**Eingehende Beratung (10 Min.) nicht neben Sonderleistungen**	8,74	**20,11**
375	**Schutzimpfung, i.m./s.c. – ggf. einschl. Eintragung in Impfpass**	4,66	**10,72**
376	**Schutzimpfung (oral) einschl. beratendem Gespräch**	4,66	**10,72**
377	**Zusatzinjektion bei Parallelimpfung**	2,91	**6,70**
378	**Simultanimpfung (gleichzeitig passive und aktive Impfung gegen Tetanus)**	6,99	**16,09**

Hinweis:
Neben Nrn. 376, 377, 378 nicht Nrn. 1 oder 2.
- Muss vor einer Impfung eine Untersuchung zur Feststellung der Impffähigkeit durchgeführt werden, so ist diese abrechnungsfähig.
- Mit der Impfung beginnt ein neuer eigener Behandlungsfall.
- Die Kosten für die Impfstoffe können entweder gemäß GOÄ § 10 entsprechend berechnet oder aber die Impfstoffe zu Lasten des Patienten rezeptiert werden

9. Neuraltherapie

Unter Neuraltherapie wird die gezielte **Behandlung des vegetativen Nervensystems** und **peripherer Nerven mit einem Lokalanästhetikum** verstanden. Dafür sind drei verschiedene Ansatzpunkte möglich:

1. Die Segment- oder lokale Therapie
2. Die Behandlung von Nervenknotenpunkten (Ganglien)
3. Die Behandlung über ein kausales Störfeld

Indikationen
Als **Indikationen für die Neuraltherapie** stellt die **Internationale medizinische Gesellschaft für Neuraltherapie nach Huneke Regelationstherapie e.V** auf ihrer Internetseite (www.neuraltherapie-online.de/index.php?content=indikationen) fest:

Kopf: Kopfschmerzen, Migräne, Kopfdruck, Folgen von Gehirnerschütterungen und Schädelbrüchen wie Schwindel, Gleichgewichtsstörungen oder Epilepsie als Unfallfolge. Arte-riosklerose des Gehirns und Zustand nach Schlaganfall (nur Besserung der geistigen und körperlichen Beweglichkeit). Manche Formen von Kreislaufstörungen, Haarausfall, Trigemi-nusneuralgien, Fazialislähmungen, Schlaflosigkeit.

Augen: Glaukom (Grüner Star) und alle entzündlichen Augenerkrankungen wie Neuritis, Iridozyklitis, Keratitis, Skleritis usw.

Ohren: Akute und chronische Mittelohrentzündungen, vom Ohr ausgehende Gleichgewichtsstörungen (Meniere), Ohrensausen und andere Ohrgeräusche, Schwerhörigkeit.

Nase: Heuschnupfen, Ozaena (Stinknase), chronischer Schnupfen, Verlust des Geruchsvermögens, Nebenhöhleneiterungen.

Hals: Schilddrüsenvergrößerung (Kropf) mit oder ohne Schilddrüsenüberfunktion (Basedow), aber auch hochgradige Nervosität mit Heulzwang und Angstzuständen. Chronische Mandelentzündungen, ständiges Druck- und Fremdkörpergefühl im Hals. Peitschen-syndrom nach Auffahrunfällen.

Brust: Bronchialasthma, Herzasthma, Angina pectoris, Herzstiche, Herzbeklemmung, Zustand nach Herzinfarkt, Herzneurose (nervöse Beschwerden ohne erkennbare Ursache), Herzmuskelentzündung, Silikose (Staublunge), Emphysem, gewisse Formen der Lungentuberkulose.

Bauch: Leber- und Gallenleiden, Beschwerden nach Gelbsucht, Magen- und Zwölffingerdarmgeschwüre, Erkrankungen der Bauchspeicheldrüse, Magenneurose, chronische Verstopfung, chronischer Durchfall, Kolitis.

Unterleib: Bei Frauen Entzündungen der Gebärmutter, Eileiter und Eierstöcke, Periodenschmerzen, Ausfluß, Krankheiten, die nach Fehlgeburten oder schweren Entbindungen aufgetreten sind, Kinderlosigkeit, sexuelle Störungen, Schwangerschaftserbrechen, Neigung zu Fehlgeburten. Beim Mann Prostata-(Vorsteherdrüsen-) vergrößerungen und -entzündun-gen,Impotenz. Nierenerkrankungen. Blasenleiden wie Reizblase, auch Bettnässen.

Gelenke: Arthrosis deformans (Alters-und Abnutzungserkrankungen mit Zackenbildung).

Wirbelsäule: Zervikalsyndrom, Spondylosis, Osteochondrosis, Bandscheibenschaden.

Muskeln: Bechterewsche Krankheit, Kreuzschmerzen, Alters-Hüftleiden (Cox-arthrose), Hexenschuss, Kniebeschwerden, Gelenk-und Muskelrheuma, Arthritis, Steißbeinschmerzen, Bänderzerrungen, Muskelrisse und deren Folgen. Knochenhauterkrankungen (z. B. Tennisellenbogen) nach Überanstrengung und Unfällen, Amputationsstumpfschmerzen, organische Durchblutungsstörungen an Armen und Beinen, Sudeck'sche Krankheit, Gefäßkrämpfe, Lymphabflussstauungen, Sportverletzungen.

Haut: Chronische Hautleiden (wie Ekzem), Narbenschmerzen, Keloidnarben, Entzündungen aller Art, After-und Scheidenjuckreiz, Hämorrhoiden-Beschwerden, Thrombosen, Furunkel, Schmerzen nach Gürtelrose, Warzen, schlecht heilende Wunden, offene Beine.

Nerven: Neuralgien aller Art, Nervenentzündungen, Ischias, Gemütsveränderungen nach Krankheiten oder Operationen, „nervöse" Organleiden, Gefühlsstörungen, funktionelle Erkrankungen, Schmerzzustände aller Art, Polyneuropathien.

Allgemeinerkrankungen: Allergien, „vegetative Dystonie", krankhaft vorzeitiges Altern, Alters- und Abnützungserkrankungen, Leistungsknick, postoperative Krankheiten, Störungen der Hormondrüsen, Wetterfühligkeit und Föhnkrankheit.

Gefäße: Arterielle und venöse Durchblutungsstörungen, Krampfadern, Unterschenkelgeschwüre.

Abrechnung

GOÄ Nr.	Kurzlegende	1fach €	*1,8/ 2,3fach €
250*	Blutentnahme/Vene	2,33	**4,20**
252	Injektion, subkutan, intrakutan, i.m.	2,33	**5,36**
253	Injektion i.v.	4,08	**9,38**
254	Injektion i.a.	4,66	**10,72**
254	Ozon (Analogziff. n. § 6)	4,66	**10,72**
255	Injektion intraartikulär, perineural	5,54	**12,74**
256	Injektion (Periduralraum)	10,78	**24,80**
256	Canalis sacralis	10,78	**24,80**
264	Injektion/Infiltration der Prostata	6,99	**16,09**
266	Intrakutane Reiztherapie (Quaddeln) je Sitzung	3,50	**8,04**
267	Medikament. Infiltration 1 Körperregion	4,66	**10,72**
268	Medikament. Infiltration mehrerer Körperregionen	7,58	**17,43**
284	Eigenbluteinspritzung	5,25	**12,07**
285	Aderlass	6,41	**14,75**
286	gr. Eigenbluteinspritzung	12,82	**29,49**
300	Punktion eines Gelenks, Finger, Zehen	6,99	**16,09**
301	Punktion eines Ellenbogen, Knie, Sternocl., Dornfortsatz	9,33	**21,45**
302	Punktion eines Schulter-oder Hüftgelenks (mit Zeel)	14,57	**33,52**
303	Punktion einer Drüse oder Ganglion/Struma	4,66	**10,72**
315	Punktion eines Organs (Leber, Milz, Hoden)	14,57	**33,52**
483	Lokalanästh. (NNH),Infiltration kl. Bezirke	2,68	**6,17**
490	Incisurae, Art, subcla.	3,56	**8,18**
491	Infiltr. gr. Bezirke, Adnexen	7,05	**16,22**
493	Leitungsanästhesie	3,56	**8,18**
494	Ober-Unterkiefer je -Pudendusananästhesie, endoneural	7,05	**16,22**
495	Leitungsanästhesie, retrobulbär	7,05	**16,22**
497	Blockade des Truncus sympathicus (lumbaler Grenzstrang) oder Ganglion stellatum	12,82	**24,49**
498	Plexus sacral., Grenzstrang, sympathicus	17,49	**40,22**
620* analog	Rheogramm – analog GOÄ Nr. 620* – entsprechend GOÄ § 6 (2)	8,86	**15,95**
1498	Konserv. Behandlg der Mandeln	2,56	**5,90**
2599	Ganglion Gasseri, Sphenopalatium	13,11	**30,16**

Impfungen und Testungen			
384	Tuberkulinstempeltest, Mendel-Mantoux-Test oder Stempeltest mit mehreren Antigenen *(Abrechnung des Hautstempeltests zur Feststellung der Reaktionslage abgerechnet werden.)*	2,33	**5,36**
388 analog	Reib-, Scratch- oder Skarifikationstest, je Test (Verwendung von Spenglersanen etc. zur Provokation von Störfeldern) – analog GOÄ Nr. 388 – entsprechend GOÄ § 6 (2)	2,04	**4,69**

Impfungen und Testungen			
390	Intrakutantest, je Test *(Die Intrakutantestung wird zum Ausschluss einer Allergie auf das zu verwendende Neuraltherapeutikum der Therapie vorangestellt.)*	3,50	**8,04**
393	Nasaler oder konjunktivaler Provokationstest bds. mit Einzel- oder Gruppenextrakt, je Test	5,83	**13,41**

Im Rahmen der Neuraltherapie sind natürlich auch alle erforderlichen Beratungs- und Untersuchungsleistungen ansetzbar.

10. Schlafapnoe-Diagnostik

Diagnostik auf Patientenwunsch ohne vorliegende medizinische Indikation

Die Schlafapnoe-Diagnostik führen Ärzte durch, die zum Führen der Gebietsbezeichnung
- Allgemeinmedizin
- Hals-Nasen-Ohren-Heilkunde
- Innere Medizin
- der Facharzt- und Schwerpunktbezeichnung Innere Medizin und Pneumologie
- Kinder- und Jugendmedizin
- Neurologie
- Psychiatrie und Psychotherapie

berechtigt sind oder entsprechende Krankenhaus-Abteilungen.

Für die Vertragsärzte, die Diagnostik und Therapie schlafbezogener Atmungsstörungen durchführen, besteht eine **Qualitätssicherungsvereinbarung gemäß § 135 Abs. 2 SGB V zur Diagnostik und Therapie schlafbezogener Atmungsstörungen** (http://www.kbv.de/rechtsquellen/2492.html), die auch ein Nicht-Vertragsarzt, der diese Leistungen erbringt, kennen sollte. Der Ablauf einer Stufendiagnostik ist in der Richtlinien des Gemeinsamen Bundesausschusses gemäß § 135 Abs. 1 SGB V definiert.

Indikationen
- Bei Verdacht auf das Vorliegen eines Schlafapnoesyndroms (Atemausetzer, starkes Schnarchen, Müdigkeit)
- Bei schwer einstellbaren arteriellen Hypertonie
- Bei ständiger Müdigkeit
- Einschlafzwang am Tag
- Konzentrationsschwäche

Abrechnung: Kardiorespiratorische Polygraphie – Kleines Schlaflabor*
Nach Beschlüsse des Ausschusses „Gebührenordnung“ der Bundesärztekammer setzt sich der Leistungskomplex der kardiorespiratorischen Polygraphie setzt sich aus folgenden Leistungen zusammen:

GOÄ Nr.	Kurzlegende	1fach €	*1,8/ 2,3fach €
1	**Beratung**	4,66	**10,73**
3	**Eingehende Beratung (10 Min.) nicht neben Sonderleistungen**	8,74	**20,11**
427 analog	**Kontrolle der Beatmung unter nCPAP oder BiPAP – (analog Nr. 427 GOÄ) – n. Beschluss des Gebührenordnungsausschusses der BÄK**	8,27	**20,11**
602*	**Oxymetrische Untersuchung(en) (Bestimmung der prozentualen Sauerstoffsättigung im Blut) – ggf. einschl. Bestimmung(en) n.Belastung**	8,86	**15,95**

GOÄ Nr.	Kurzlegende	1fach €	*1,8/ 2,3fach €
653 analog	**EKG über mind. 6 Std. (s. Leistungskomplex Schlaflabor) – (analog Nr. 653 GOÄ) – n. Beschluss des Gebührenordnungsauschusses der BÄK**	14,75	**26,54**
714 analog	**Kontinuierliche Registrierung der Körperlage mittels Lagesensoren über mind. 6 Stunden**	10,49	**24,13**
5295* analog	**Videokontrolle der Korrelation von elektro.physiol. Aufzeichnung u. Verhaltensbefund (analog 5295* GOÄ) – n. Beschlüssen des Ausschusses „Gebührenordnung" der BÄK**	13,99	**25,18**

Hinweis der BÄK: Die Voraussetzungen zur Anerkennung der einzelnen Leistungen im Rahmen der kardiorespiratorischen Polygraphie sind dann erfüllt, wenn jeweils eine kontinuierliche Registrierung beziehungsweise Überwachung über eine mindestens sechsstündige Schlafphase erfolgt. Die jeweilige Dokumentation der einzelnen elektrophysiologischen Messdaten sowie der einfache Befundbericht sind mit den in Ansatz gebrachten Gebührenpositionen abgegolten.

11. Elektrotherapie

Arten der Elektrotherapien und ihre Indikationen:

- **Dezimeterwellen** (hochfrequenteTherapie) Thermotherapie mit hoher Eindringtiefe -s. auch Mikrowellen-Therapie.
- **Iontophorese** (galvanischer Strom) Einbringung von Arzneistoffen durch die unverletzte Haut
- **Interferenzstom** Zwei sich kreuzende Stromkreise mit differierenden Wechselströmen dienen zur Erzeugung endogen wirksamer Schwingungen –
  – bei Erkrankungen der Muskulatur und des Bindegewebes
- **Kurzwellen Therapie** (hochfrequenteTherapie) bei
  – Muskelverspannungen,
  – rheumatischen Erkrankungen
  – chron. Arthrose,
  – unterstütztend zur Nachbehandlung bei Verletzungen.
- **Mikrowellen Therapie** (hochfrequenteTherapie) Thermotherapie mit geringer Eindringtiefe, Wärme wird an vorher festgelegte Bereiche unter die Haut gebracht .zur
  – Schmerzdämpfung
- **Reizstrom** (gepulsten Stromformen; Gleichstrom oder niederfrequenten Wechselströme)
  – für Muskelkontraktionen oder Stimulierung von Nervenfasern – s. auch TENS
- **Stangerbad** (Therapie mit Gleichstrom) bei:
  – Schmerzen,
  – Lähmungen
  – Gefäßerkrankungen
- **Ultraschall** (hochfrequente Vibrationsmassage)
  – bei rheumatischen Erkrankungen,
  – nach Verletzungen, fördert die Durchblutung, entspannt die Muskeln
  – Schmerzenlinderung
- **TENS** (transkutane elektrische Nervenstimulation) bei
  – Muskel- und Skelettschmerzen,
  – Tennisarm,
  – posttraumatischen Schmerzen,
  – Neuralgien,
  – Stumpf- und Phantomschmerzen,
  – Karzinomschmerzen.
  Heute schon oft in Eigenbehandlung des Patienten mit einem eigenen Gerät nach Einweisung des Arztes.
- **Zwei- und Vierzellenbad** (Therapie mit Gleichstrom) – Hydroelektrisches Teilbad. Anwendung:
  – Schmerzlinderung
  – Durchblutungsförderndung -s. auch Stangerbad.

Kontraindikationen bei Ultraschall, Kurzwellen- und Mikrowellentherapie:
- Blutungsneigung,
- Entzündungen,
- Thrombose,
- Rückenmarkerkrankungen,
- Tumore,
- Mangelversorgung von Organen.

Zu beachten ist, dass bei einigen Elektrotherapien für die Träger von Herzschrittmachern und Metallimplantaten Kontraindikationen bestehen.

Abrechnung

GOÄ Nr.	Kurzlegende	1fach €	*1,8f/ 2,3fach €
1	Beratung – auch telef.	4,66	**10,73**
3	Eingehende Beratung (mind. 10 Min.) – nicht neben Sonderleistungen – auch telef.	8,74	**20,11**
3211 analog	Anleitung des Patienten zur Selbstanwendung TENS – analog GOÄ Nr. 3211 – entsprechend GOÄ § 6 (2)	6,99	**16,09**
538*	Infarotbehandlung, je Sitzung	2,33	**4,20**
539*	Kurzwellen-, Mikrowellenbehandlung, je Sitzung	2,56	**4,62**
549*	Kurzwellen-, Mikrowellenbehandlung, verschiedene Körperregionen in einer Sitzung	3,21	**5,77**
551*	Reizstrom	2,80	**5,04**
552*	Iontophorese	2,56	**4,62**
553*	Vierzellenbad	2,68	**4,83**
554*	Hydroelektrisches Vollbad	5,30	**9,55**
555* analog	1. TENS – Apparative isokinetische Muskelfunktionstherapie, je Sitzung 2. PSP Pulsierende Signaltherapie – analog GOÄ Nr. 555	6,99	**12,59**

12. Umweltmedizin

Die Umweltmedizin beschäftigt sich mit den Auswirkungen von Umweltfaktoren auf die Gesundheit der Menschen. Dabei ist es oft schwierig, Krankheitsbilder eindeutig bestimmten Umwelteinwirkungen zuzuordnen.
Besonders bei Ärzten, die Alternative Medizin anbieten, werden von Patienten Schadstoff-Untersuchungen im Sinne der Umweltmedizin gewünscht.
Umweltmedizin und damit mögliche ausgelöste Erkrankungen, z.B. am Arbeitsplatz, ist bei vielen Patienten auch für den häuslichen Bereich ein Thema, um möglichen Erkrankungen präventiv zu begegnen. Dies ist dann – wenn keine Symptome vorliegen – eine IGeL-Leistung.
Umweltmedizinische Leistungen gehören in der Regel nicht zum primären Leistungsumfang der GKV und finden sich auch nicht im EBM aufgeführt. Aber es gibt in einzelnen KV-Bezirken Umweltmedizinische Vereinbarungen. Fragen Sie bei Ihrer KV nach, um einen Überblick zu erhalten, welche Leistungen im Rahmen der GKV erbracht werden können und welche Leistungen als sog. IGEL-Leistungen abzurechnen und vom Patienten selbst zu zahlen sind. In den Vereinbarungen sind die Leistungen, Honorare und ärztlichen Voraussetzungen beschrieben
Wer die Zusatzbezeichnung „Umweltmedizin" erwerben will, sollte sich bei seiner regionalen Ärztekammer erkundigen, da die formalen Voraussetzungen für die Anerkennung der Zusatzbezeichnung Umweltmedizin unterschiedlich sein können.
Bisher galt, dass diese Bezeichnung von Allgemeinärzten, Arbeitsmedizinern, Dermatologen, HNO-Ärzten Internisten, Kinderärzten und Praktischen Ärzten erworben wurden. Inzwischen hat auf dem Klagewege z. B. aber auch ein Urologe, der die Weiterbildung erfolgreich abgeschlossen hatte, die Berechtigung zum Führen der Zusatzbezeichnung erworben.

Als Voraussetzung für das Erbringen und Abrechnen von umweltmedizinischen Leistungen, z. B. im IGEL-Bereich, nennen viele Autoren in der Regel die Berechtigung zum Führen der Bezeichnung „Facharzt für Hygiene und Umweltmedizin“ oder der Zusatzbezeichnung „Umweltmedizin“. Aber über diese relativ kleine Gruppe hinaus, werden Ärzte unterschiedlicher Fachgebiete im Praxisalltag von ihren Patienten um Leistungen gebeten und erbringen diese auch, denn Umweltmedizin ist ein interdisziplinäres Fach.

Für die Abrechnung stehen folgende Leistungen nach GOÄ zur Verfügung:

1. Beratungs- und Untersuchungsleistungen der jeweiligen Fachrichtung
2. Laborleistungen aus den Bereichen OI bis III
3. Analytisch-toxikologische Laboruntersuchungen von Patientenmaterial – gezielt angeforderte O III Leistungen können nach GKV berechnet werden
4. Therapeutische Maßnahmen.

Viele Labormediziner informieren im Internet über ihre Diagnostik in der Umweltmedizin.

Mögliche Symptome umweltmedizinischer Belastungen: Symptomenkomplexe als Ausdruck einer Gesundheitsbelastung durch Innenraumbelastung mit Pestiziden, Lösungsmittel und ähnlichen Substanzen:

(Quelle: Ausschnitte vom Umweltinstitut Vitaaktiv: http://www.vitaktiv.de) z. B.:

Schleimhäute:

- Irritation der Nebenhöhlen und Atemwege (z. B. Nasenbluten)
- Irritation des Magen – Darmtraktes
- Irritation der ableitenden Harnwege

Nervensystem:

- Konzentrationsstörungen
- Gedächtnisstörungen
- Schwindel
- Kopfschmerzen
- Störungen psychischer Vorgänge (z. B. depressive Symptome)
- Augenprobleme
- Periphere Nervenstörungen (z. B. verlangsamte NLG)

Immunsystem:

- Allergische Sensibilisierungen (Typ I und Typ IV)
- Dysbalance der Zytokinproduktion in der Zelle
- Autoimmunreaktionen
- Schwächung/oder Überreaktion des Immunsystems

Weitere mögliche allgemeine Symptome:

- Leberbelastung
- Hautveränderungen (z. B. Pigmentierungsstörung)
- Haarausfall

Gesundheitliche Auswirkungen

Strahlungen, Felder, Schadstoffe und Mikroorganismen haben Einfluss auf viele Körperfunktionen:

- Stoffwechsel und Säure- Basen Haushalt
- Zellteilung- und Wachstum
- Funktion des Immunsystems
- Funktion des Hormonsystems
- Funktion des Herz – Kreislauf – Systems

die Zunahme von umweltbedingten Schadstoffen kann es zu folgenden unerklärlichen Gesundheitsstörungen kommen:

- Schlafstörungen, Müdigkeit, Fatigue Syndrom (FS)
- Migräne und Kopfschmerzen
- Muskel-, Gelenk- und Gliederschmerzen
- Nervosität, Psychosen, Ängste, Depressionen
- Störungen des zentralen Nervensystems (Gehirntumor)
- Hyperaktivität, Lern- und Konzentrationsstörungen
- Hormonelle Störungen, Schwitzen,
- Multiple Chemical Sensitiv Syndrom (MCS)

- sick building Syndrom (Syndrom durch kranke Häuser)
- Allergien, Immunschwäche
- Atemwegserkrankungen, Asthma, Schleimhautreizungen
- Hauterkrankungen, Neurodermitis

Aus umweltanalytischer und umweltmedizinischer Sicht wird beim Auftreten von oben genannten Symptomen, vor allem wenn mehrere gleichzeitig auftreten, dringend angeraten, den Umweltmediziner und Baubiologen zu kontaktieren.

Diagnostik

Die Ärztekammer Nordrhein veröffentlicht einen Patientenfragebogen zur Umweltanamnese, der durchaus Anwendung in der Praxis finden sollte, da er die Diagnostik ggf. erleichtert.
Nachfolgend finden Sie den Bogen abgedruckt im Internet finden Sie ihn unter: http://www.aekno.de/downloads/aekno/goae-umwelt-patfragebogen.pdf

Abrechnung

Empfehlung der Ärztekammer Nordrhein zur Abrechnung ärztlicher umweltmedizinischer Leistungen nach der Gebührenordnung für Ärzte (GOÄ)
...„In der gegenwärtigen Situation werden zunehmend umweltmedizinische Leistungen nachgefragt und auch qualitativ hochwertig erbracht. Aus Gründen der Rechtssicherheit sowohl für die Auftraggeber, wie auch für die ärztlichen Auftragnehmer ist es notwendig, dass die erbrachten ärztlichen umweltmedizinischen Leistungen angemessen vergütet werden. Grundlage hierzu ist die GOÄ, soweit keine anderen gesetzlichen Vereinbarungen bestehen. Empfehlungen der Bundesärztekammer zur Abrechnung umweltmedizinischer Leistungen liegen derzeit nicht vor..."

Umweltmedizinische Grundleistungen

Auf der Basis der Empfehlungen der Ärztekammer Nordrhein *(erweitert durch die Autoren in kursiver Schrift)* finden Sie einen Abrechnungsvorschlag – unter **Hinweis** in der Legende finden Sie die Original-Anmerkungen der Ärztekammer Nordrhein

Beratungen

GOÄ Nr.	Kurzlegende	1fach €	2,3fach €
1	**Beratung – auch mittels Telefon** **Hinweis:** Umweltmedizinische Beratung, auch telef., ggf. inkl. der Zusendung von Informationsmaterial und/oder des umweltmedizinischen Patientenfragebogens mit Begleitbrief	4,66	**10,72**
3	**Eingehende das gewöhnliche Maß übersteigende Beratung – auch mittels Fernsprecher – (Mindestdauer 10 min)** *Die Leistung nach Nummer 3 (Dauer mindestens 10 Minuten) ist nur berechnungsfähig als einzige Leistung oder im Zusammenhang mit einer Untersuchung nach den Nummern 5, 6, 7, 8, 800 oder 801. Eine mehr als einmalige Berechnung im Behandlungsfall bedarf einer besonderen Begründung.* **Hinweis:** Umweltmedizinisches Beratungsgespräch unter Auswertung des Patientenfragebogens zur Umweltanamnese, ggf. unter Bewertung von Vorbefunden und Berücksichtigung spezifischer, biologischer Wirkung von Umweltfaktoren, mit einer Dauer von mehr als 10 min. Eine deutlich längere Gesprächsdauer kann über den Gebührenrahmen (Faktor 2,4–3,5) berücksichtigt werden. Bei außergewöhnlich langer Gesprächsdauer besteht im Einzelfall nach persönlicher Absprache die Möglichkeit einer Honorarvereinbarung gemäß § 2 GOÄ mit Überschreiten des 3,5 fachen Faktors.	8,74	**20,11**
34 analog	***Eingehende umweltmedizinische Erörterung*** *– analog GOÄ Nr. 34 – GOÄ § 6 (2) GOÄ Kurztext Nr. 34: Erörterung (Dauer mindestens 20 Minuten)* *der Auswirkungen einer Krankheit auf die Lebensgestaltung*	*17,49*	***40,22***

U

Name: I__I__I__I__I__I__I__I__I__I__I__I__I__I__I__I__I__I__I__I__I__I__I__I__I__I__I__I__I (1-29)

Vorname: I__I__I__I__I__I__I__I__I__I Geburtsdatum I__I__I I__I__I I__I__I__I__I (4-8)

Ausfülldatum: I__I__I I__I__I I__I__I__I__I (16-21)

Patientenbogen zur Umweltanamnese Netzwerk Umweltmedizin

Vom Umweltpatienten auszufüllen:

Bitte füllen Sie die nachfolgenden Fragen gewissenhaft und vollständig aus. Ihre Antworten sind wichtig für das weitere umweltmedizinische Vorgehen. Bei den meisten Fragen sind Antwortmöglichkeiten vorgegeben, von denen Sie eine oder mehrere Antworten ankreuzen können. Wir sind hier an Ihrer persönlichen Einschätzung interessiert. Alle Angaben fallen unter die ärztliche Schweigepflicht.

A. Angaben zur Person

A1. Alter: I__I__I__I__I (22-25)

A2. Geschlecht: ☐1 männlich ☐2 weiblich (26)

A3. Körpergewicht: I__I__I__I kg (27-29)

A4. Körpergröße: I__I__I__I cm (30-32)

A5. Stellung im Erwerbsleben:
- ☐1 erwerbstätig
- ☐2 arbeitslos
- ☐3 in Ausbildung, Fortbildung, Umschulung
- ☐4 berentet, pensioniert
- ☐5 Schulkind, Vorschulkind
- ☐6 Hausfrau/Hausmann (33)

A6. Derzeit bzw. zuletzt ausgeübte berufliche Tätigkeit:

______________________________ seit (Jahr) I__I__I__I__I (34-37)

U

B. Fragen zu Ihren Beschwerden

B1. Ich leide derzeitig unter

____

____ (38)

B2. Diese Beschwerden bestehen seit etwa I__I__I (Monat) I__I__I__I__I (Jahr) (39-44)

B3. Die Beschwerden
- ☐1 bestehen dauernd
- ☐2 treten zeitweilig auf (45)

B4. Die Beschwerden
- ☐1 haben sich verschlechtert
- ☐2 haben sich gebessert (46)

B5. Sie werden beeinflußt durch *(Mehrfachantworten möglich)*
- ☐1 Wetter
- ☐2 Streß
- ☐3 Ernährung
- ☐4 körperliche Belastung
- ☐5 Aufenthaltsort
- ☐6 Jahreszeit
- ☐7 Tageszeit
- ☐8 nichts davon (47-54)

B6. Sie bessern sich *(Mehrfachantworten möglich)*
- ☐1 im Urlaub/auf Reisen
- ☐2 an Wochenenden
- ☐3 zu Hause
- ☐4 bei der Arbeit
- ☐5 durch Sonstiges:____________________
- ☐6 sie bessern sich nicht (55-60)

U

C. Liste von Symptomen und Beschwerden

Im folgenden finden Sie eine Liste von Symptomen und Beschwerden. Nicht alle werden auf Sie zutreffen; in diesen Fällen kreuzen Sie bitte das Feld „tritt nicht auf" an. Wenn einzelne Beschwerden bei Ihnen auftreten, markieren Sie bitte auf den nebenstehenden Bewertungsskalen

- die Stärke: 1 = gering, 2 = mäßig, 3 = stark (im linken Kasten) und
- die Häufigkeit: 1 = selten, 2 = häufig, 3 = ständig (im rechten Kasten)

C1. Haut	tritt nicht auf	Stärke			Häufigkeit		
		gering	mäßig	stark	selten	häufig	ständig
Schwellungen, Quaddeln	❐9	1	2	3	1	2	3
Rötungen, Ausschläge	❐9	1	2	3	1	2	3
Hautverfärbungen	❐9	1	2	3	1	2	3
Blässe	❐9	1	2	3	1	2	3
Blaue Lippen	❐9	1	2	3	1	2	3
Haarausfall	❐9	1	2	3	1	2	3
Vermehrter Haarwuchs	❐9	1	2	3	1	2	3
Juckreiz	❐9	1	2	3	1	2	3
Nagelveränderungen	❐9	1	2	3	1	2	3
Schweißausbrüche	❐9	1	2	3	1	2	3

(61-90)

C2. Sinnesorgane	tritt nicht auf	Stärke			Häufigkeit		
		Gering	mäßig	stark	selten	häufig	ständig
Sehschwäche	❐9	1	2	3	1	2	3
Doppelbilder	❐9	1	2	3	1	2	3
Trockene, brennende Augen	❐9	1	2	3	1	2	3
Tränende Augen	❐9	1	2	3	1	2	3
Augenrötung	❐9	1	2	3	1	2	3
Ohrgeräusche	❐9	1	2	3	1	2	3
Verändertes Tastempfinden	❐9	1	2	3	1	2	3
Geschmacksstörungen	❐9	1	2	3	1	2	3
Riechstörungen	❐9	1	2	3	1	2	3

(91-117)

U

C3. ATEMWEGE

	tritt nicht auf	Stärke: gering	Stärke: mäßig	Stärke: stark	Häufigkeit: selten	Häufigkeit: häufig	Häufigkeit: ständig
Laufende Nase, häufiges Niesen	❒9	1	2	3	1	2	3
Trockene Nase	❒9	1	2	3	1	2	3
Heiserkeit	❒9	1	2	3	1	2	3
Verminderte Nasenatmung	❒9	1	2	3	1	2	3
Brennen im Rachen	❒9	1	2	3	1	2	3
Reizhusten	❒9	1	2	3	1	2	3
Husten mit Auswurf	❒9	1	2	3	1	2	3
Asthmaanfälle	❒9	1	2	3	1	2	3
Atemnot in Ruhe	❒9	1	2	3	1	2	3
Atemnot bei Anstrengung	❒9	1	2	3	1	2	3
Häufige Erkältung	❒9	1	2	3	1	2	3

(118-150)

C4. HARN- UND GESCHLECHTSORGANE

	tritt nicht auf	Stärke: gering	Stärke: mäßig	Stärke: stark	Häufigkeit: selten	Häufigkeit: häufig	Häufigkeit: ständig
Häufiges Wasserlassen	❒9	1	2	3	1	2	3
nächtl. Wasserlassen	❒9	1	2	3	1	2	3
Brennen b. Wasserlassen	❒9	1	2	3	1	2	3
veränderte Monatsblutung	❒9	1	2	3	1	2	3
Libido-/Potenzstörung	❒9	1	2	3	1	2	3
schmerzhafter Geschlechtsverkehr	❒9	1	2	3	1	2	3

(151-168)

C5. MUSKELN, GLIEDER

	tritt nicht auf	Stärke: gering	Stärke: mäßig	Stärke: stark	Häufigkeit: selten	Häufigkeit: häufig	Häufigkeit: ständig
Muskelschwäche	❒9	1	2	3	1	2	3
Muskelschmerzen	❒9	1	2	3	1	2	3
Wadenkrämpfe	❒9	1	2	3	1	2	3
Gelenkbeschwerden	❒9	1	2	3	1	2	3

(169-180)

U

C6. Nahrungsaufnahme und Verdauung

	tritt nicht auf	Stärke			Häufigkeit		
		gering	mäßig	stark	selten	häufig	ständig
Mundgeruch	❒9	1	2	3	1	2	3
trockener Mund	❒9	1	2	3	1	2	3
Zahnfleischveränderung	❒9	1	2	3	1	2	3
vermehrter Speichelfluß	❒9	1	2	3	1	2	3
Sodbrennen, saures Aufstoßen	❒9	1	2	3	1	2	3
Schluckbeschwerden	❒9	1	2	3	1	2	3
Völlegefühl	❒9	1	2	3	1	2	3
Übelkeit	❒9	1	2	3	1	2	3
Erbrechen	❒9	1	2	3	1	2	3
Durchfall	❒9	1	2	3	1	2	3
Verstopfung	❒9	1	2	3	1	2	3
Blähungen	❒9	1	2	3	1	2	3
veränderter Stuhl	❒9	1	2	3	1	2	3
Bauchkrämpfe	❒9	1	2	3	1	2	3

(181-222)

C7. Herz- und Kreislauf

	tritt nicht auf	Stärke			Häufigkeit		
		gering	mäßig	stark	selten	häufig	ständig
Herzrasen	❒9	1	2	3	1	2	3
Herzstolpern	❒9	1	2	3	1	2	3
Schwellung der Knöchel	❒9	1	2	3	1	2	3
Engegefühl in der Brust	❒9	1	2	3	1	2	3
„Schwarzwerden“ vor den Augen	❒9	1	2	3	1	2	3
Schwindel	❒9	1	2	3	1	2	3
Ohnmacht	❒9	1	2	3	1	2	3

(223-240)

U

C8. Stoffwechsel	tritt nicht auf	Stärke			Häufigkeit		
		gering	mäßig	stark	selten	häufig	ständig
Gewichtszunahme	☐9	1	2	3	1	2	3
Gewichtsabnahme	☐9	1	2	3	1	2	3
Heißhunger	☐9	1	2	3	1	2	3
Vermehrtes Durstgefühl	☐9	1	2	3	1	2	3
Kälteempfindlichkeit	☐9	1	2	3	1	2	3
Hitzewallungen	☐9	1	2	3	1	2	3
Alkoholunverträglichkeit	☐9	1	2	3	1	2	3

(241-261)

C9. Allgemeinbefinden	Tritt nicht auf	Stärke			Häufigkeit		
		gering	mäßig	stark	selten	häufig	ständig
Appetitverlust	☐9	1	2	3	1	2	3
Appetitsteigerung	☐9	1	2	3	1	2	3
Vermehrte Müdigkeit	☐9	1	2	3	1	2	3
Durchschlafstörungen	☐9	1	2	3	1	2	3
Antriebsminderung	☐9	1	2	3	1	2	3
Mattigkeit	☐9	1	2	3	1	2	3
Leistungsverlust	☐9	1	2	3	1	2	3
Klossgefühl im Hals	☐9	1	2	3	1	2	3
Stimmungslabilität	☐9	1	2	3	1	2	3
Vermehrte Reizbarkeit	☐9	1	2	3	1	2	3
Depression	☐9	1	2	3	1	2	3
Kopfschmerzen	☐9	1	2	3	1	2	3
Einschlafstörungen	☐9	1	2	3	1	2	3
Gedächtnisstörungen	☐9	1	2	3	1	2	3
Verwirrtheit	☐9	1	2	3	1	2	3
Sprachstörungen	☐9	1	2	3	1	2	3
Krämpfe	☐9	1	2	3	1	2	3
Gleichgewichtsstörungen	☐9	1	2	3	1	2	3
Temperaturmißempfinden	☐9	1	2	3	1	2	3
Kalte, feuchte Hände	☐9	1	2	3	1	2	3
Taubheit der Glieder	☐9	1	2	3	1	2	3
Kribbeln der Haut	☐9	1	2	3	1	2	3
Zittern	☐9	1	2	3	1	2	3
Lähmungserscheinungen	☐9	1	2	3	1	2	3
Brennen an Händen/Füßen	☐9	1	2	3	1	2	3

(262-336)

U

Hinweise auf Innenraumbelastungen

D1. Als Ursache meiner Beschwerden vermute ich:

____

____ (337)

D2. In meiner Wohnung und meinem Wohnumfeld fühle ich mich

☐1 sehr wohl
☐2 wohl
☐3 mäßig wohl
☐4 unwohl (338)

D3. In meiner Wohnung fühle ich mich *(Mehrfachantworten möglich)*

☐1 durch Lärm beeinträchtigt
☐2 durch störende Gerüche beeinträchtigt
☐3 durch andere Einflüsse beeinträchtigt, nämlich:____________________
☐4 durch äußere Einflüsse <u>nicht</u> beeinträchtigt (339-342)

D4. Eine einmalig hohe Schadstoffeinwirkung in meinem Wohnbereich

☐1 ist mir nicht in Erinnerung
☐2 hat stattgefunden Wann?: I__I__I (Monat) I__I__I (Jahr)

Welcher Art?________________________

____

(343-347)

D5. Allergische Reaktionen sind bei mir bereits bekannt auf *(Mehrfachantworten möglich)*

☐1 Pollen
☐2 Milben
☐3 Tierhaare
☐4 Schimmelpilze
☐5 Nahrungsmittel
☐6 Arzneimittel
☐7 Kosmetika/Pflegemittel
☐8 Duftstoffe
☐9 Metalle
☐1 Insektizide
☐2 Sonstiges:

____

☐3 nicht bekannt

(348-359)

U

D6. Ich habe meine Wohnung in den letzten 12 Monaten verändert durch:
(Mehrfachantworten möglich)
☐1 Umzug (= neue Wohnung)
☐2 Umbau/Renovierung (z.B. Anstrich, Lackierung)
☐3 neue Einrichtungsgegenstände (z.B. Möbel, Teppiche)
☐4 keine der o.g. Veränderungen (360-363)

D7. Ich habe Haustiere ☐1 nein
☐2 ja, und zwar:________________ (364)

D8. In meiner Wohnung gibt es sichtbaren Schimmelpilzbefall oder feuchte Stellen:
☐1 nein
☐2 ja (365)

D9. In meiner Wohnung wurden in den letzten Jahren Insektenvernichtungs-/ Pflanzenschutzmittel verwendet:
☐1 nein
☐2 ja
☐3 weiß nicht (366)

E. Fragen zur Medikamenteneinnahme und zum Gesundheitszustand

E1. Welche Medikamente (auch Schlaf, Schmerz-, Abführ-, Stärkungsmittel) nehmen Sie ein?

Medikament	seit wieviel Jahren	regelmäßig	häufig	selten
________	I__I__I	☐1	☐2	☐3
________	I__I__I	☐1	☐2	☐3
________	I__I__I	☐1	☐2	☐3
________	I__I__I	☐1	☐2	☐3
________	I__I__I	☐1	☐2	☐3
________	I__I__I	☐1	☐2	☐3

(367-384)

E2. Sind bei Ihnen noch weitere Erkrankungen (außer den o.g. Beschwerden) bekannt?
☐1 nein
☐2 ja, und zwar:________________ (385)

E3. Hatten Sie in den letzten fünf Jahren einen Unfall?
☐1 nein
☐2 ja, Art der Verletzung:________________ (386)

U

E4. Sind Sie in den letzten fünf Jahren operiert worden?
☐1 nein
☐2 ja, Art der Operation:________________ (387)

F. Fragen zu Ihren Lebens- und Ernährungsgewohnheiten

F1. Mein Tagesablauf ist: ☐1 regelmäßig
☐2 unregelmäßig, wegen: ________________ (388)

F2. Ich treibe Sport/mache Bewegungsausgleich: ☐1 nein
☐2 ja, aber selten
☐3 ja, regelmäßig (389)

F3. Rauchen Sie? ☐1 nein, noch nie
☐2 in der Vergangenheit Exraucher seit: I__I__I Jahren
☐3 ja, gelegentlich
☐4 ja, regelmäßig Anzahl pro Tag: I__I__I (390-392)

F4. In meiner Gegenwart wird viel geraucht: ☐1 nein
☐2 ja (393)

F5. Von den nachfolgend aufgeführten Getränken trinke ich im Durchschnitt folgende Mengen pro Tag:

Kaffee	I__I__I	Tassen
Tee	I__I__I	Tassen
Cola	I__I__I	Gläser/Dosen
Bier	I__I__I	0,5l Flaschen
Wein	I__I__I	Gläser (394-403)

F6. Haben Sie besondere Ernährungsgewohnheiten (z.B. Diät, Vegetarier)? ☐1 nein
☐2 ja (404)

F7. Ich lebe: ☐1 allein ☐2 in Gemeinschaft mit anderen, nämlich zu: I__I__I Personen (405-407)

Ergänzende Bemerkungen: ________________

________________ (408)

Abrechnung Hinweise

Spezielle Anamnese

GOÄ Nr.	Kurzlegende	1fach €	2,3fach €
30 analog	***Umweltmedizinische Erstanamnese*** *– analog GOÄ Nr. 30 – GOÄ § 6 (2) – GOÄ Kurztext Nr. 30: Erhebung der homöopathischen Erstanamnese mit einer Mindestdauer von einer Stunde...*	*52,46*	***120,65***
31 analog	***Folgeanamnese*** *– analog GOÄ Nr. 31 – GOÄ § 6 (29 GOÄ Kurztext Nr. 31: Homöopathische Folgeanamnese mit einer Mindestdauer von 30 Minuten . .*	*26,23*	***60,33***

Untersuchungen

GOÄ Nr.	Kurzlegende	1fach €	2,3fach €
8	**Ganzkörperstatus** **Hinweis:** Körperliche umweltmedizinische Untersuchung – Ganzkörperstatus (umwelt-medizinisch immer vollständig inkl. orientierender neurologischer Prüfung) mit Dokumentation bei besonderer Berücksichtigung spezifischer, biologischer Wirkung von Umweltfaktoren	15,15	**34,86**

Bericht

GOÄ Nr.	Kurzlegende	1fach €	2,3fach €
75	***Ausführlicher schriftlicher Krankheits- und Befundbericht***		
80	**Schriftlich gutachterliche Äußerung** **Hinweis** Umweltmedizinischer Bericht (bis 2 Seiten DIN A 4) mit einer umweltmedizinischen gutachterlichen Beurteilung – ggf. unter Einbeziehung umweltmedizinischer Messergebnisse – Ein deutlich längerer Bericht kann über den Gebührenrahmen (Faktor 2,4 – 3,5) berücksichtigt werden.	17,49	**40,22**
95	***Schreibgebühr, je angefangene DIN A 4-Seite***	**3,50 €**	
96	***Schreibgebühr, je Kopie***	**0,17 €**	

Vorortbegehung

Die ärztliche Vorortbegehung erfordert spezielle fachübergreifende Kenntnis und eine geeignete Ausstattung, eine Qualitätssicherung mit Zertifizierung sollte vorliegen (ISO 9002 2000).

GOÄ Nr.	Kurzlegende	1fach €	*1,8/ 2,3fach €
50	**Besuch, einschl. Beratung und symptombezogener Untersuchung +** ***Wegegeld GOÄ § 8*** **Hinweis:** Vorortbegehung mit dem Patienten, bei Auffälligkeit mit Fotodokumentation. Eine längere Begehung (z. B. mehr als 30 Minuten) über den Gebührenrahmen (Faktor 2,4 – 3,5) berücksichtigen.	18,65	**42,90**
651* analog	***Messung der raumklimatischer Parameter und der Materialfeuchte****, – analog Nr. 651* gemäß GOÄ § 6 (2) –* „Elektrokardiographische Untersuchung in Ruhe – auch ggf. nach Belastung – mit Extremitäten- und Brustwandableitungen (mindestens neun Ableitungen)“ **Hinweis:** Messung der raumklimatischer Parameter und der Materialfeuchte, ggf. einschließlich Probenahme und dem Freilegen von Baumaterialien	14,75	**26,54**

GOÄ Nr.	Kurzlegende	1fach €	*1,8/ 2,3fach €
80	**Schriftlich gutachterliche Äußerung** **Hinweis** Schriftlicher Ergebnisbericht mit gutachterlicher Beurteilung und ggf. mit Darstellung des weiteren Vorgehens.	17,49	**40,22**
95	***Schreibgebühr, je angefangene DIN A 4-Seite***	***3,50***	
96	***Schreibgebühr, je Kopie***	***0,17***	

Porto: Sachkosten gemäß § 10 GOÄ

Umweltmedizinische Analytik
Das **Medizinisches Labor Bremen** (http://www.mlhb.de/umweltmedizinischea.html) informiert übersichtlich zur Umweltmedizinischen Analytik:

Umweltmonitoring:
Beurteilung der äußeren Belastung durch Nachweis und quantitative Bestimmung von Noxen in der Umwelt.

Biomonitoring:
Beurteilung der individuellen inneren Belastung durch Nachweis und quantitative Bestimmung von Noxen oder ihren Metaboliten in Körpermaterialien.

Biochemisches Effektmonitoring:
Nachweis von Einflüssen auf biochemische Vorgänge durch toxische Umweltchemikalien.

Empfänglichkeits-Monitoring:
Nachweis individueller Faktoren, die die Reaktion auf Umweltnoxen (Höhe der inneren Belastung, Ausmaß der biochemischen Effekte und der gesundheitlichen Störungen) beeinflussen.

Hinweis: Eine vollständige Zusammenfassung aller Umweltgifte, deren Substanzen und relevante Untersuchungsparameter finden Sie auf den Internetseiten fast aller großen medizinischen Labore.

Hinweis: Weitere zur Diagnose führende Sonderleistungen, einschließlich Laborleistungen, sind den entsprechenden Kapiteln der GOÄ zu entnehmen **z.B.**

Elementeinzelanalysen in Serum, Vollblut, Haaren, Speichel, Urin

Untersuchungen	GOÄ-Nrn.
Calcium	3555*
Kalium	3557*
Natrium	3558*
Eisen	3620*
Magnesium	3621*
Mangan	4133*
Selen	4134*
Zink	4135*
Aluminium	4190*
Arsen	4191*
Blei	4192**
Cadmium	4193*
Chrom	4194*
Gold	4195*
Quecksilber	4196*

Von der Umweltbelastung zur Umwelterkrankung (Toxikogenese). Die individuelle Empfänglichkeit (susceptibility) beeinflusst die innere Belastung sowie das Ausmaß der biochemischen Effekte und Gesundheitsstörungen(Quelle: Medizinisches Labor Bremen)

Umweltmonitoring	**Biomonitoring**	**Biochemisches Effektmonitoring**	**Empfänglichkeits-Monitoring**
Schadstoffmessung in Wasser, Boden, Luft, Lebensmitteln, Bedarfsgegenständen, Baumaterialien	Schadstoffmessung in Blut, Harn, Muttermilch, Haaren, Zähnen, Gewebe u. a..	Messung biochemischer Veränderungen	Untersuchung genetischer Defekte und Mangelzustände
Marker der äußeren Belastung	**Marker der inneren Belastung**	**Effektmarker**	**Empfänglichkeitsmarker**
Lösungsmittel-Screening Pestizid-Screening Schimmelpilze Weichmacher Flammschutzmittel Schadstoff-Screening (z. B. Hausstaub) Isocyanate Nikotin Polychlorierte Biphenyle (PCB's)	Benzol (inkl. Metaboliten) Polybromierte Diphenylether (PBDE) Multielementanalyse Quecksilber Methylquecksilber Perfluor-Verbindungen (PFOA u. a.) Weichmacher (Phthalat-Metaboliten u. a.) Palladium Histamin-Metaboliten Immunkomplexe Nekrosegifte Cotinin Nickel Blei Zinn Cadmium	8-OH-2-Desoxyguanosin Allergiediagnostik Typ I–IV Malondialdehyd NO-Thyrosin Tumormarker Autoantikörper (Serotonin u. a.) Entzündungsparameter Interferon-γ Disc-Elektrophorese S 100	Glutathion-S-Transferase (Geno- und Phänotypisierung) N-Acethyl-Transferase (Genotypisisierung) Cytochromoxidase- P 450 (Funktionstest) Superoxidismutase Glutathionperoxidase Screening Immunsystem Diaminooxidase Carnitin Selen γ-Aminolaevulinsäuredehydratase Mineralstoffanalyse

Untersuchungen	GOÄ-Nrn.
Thallium	**4197***
Antimon, Beryllium, Cobalt, Fluor, Gallium, Indium, Jod, Iridium, Molybdän, Nickel, Palladium, Platin, Silizium, Silber, Strontium, Titan, Titan, Vanadium, Wismut, Zinn – *für jedes Element*	**4198***

Pflanzen und Holzschutzmittel

Untersuchungen	GOÄ-Nrn.
Holzschutzmittel im Blut (Hexachlorbenzol, Lindan, PCP, DDT, Endosulfan, Methoxychlor, Furmecyclox)	7 x 4209*
Holzschutzmittel im Urin (Pyrethroid-Metaboliten, PCP)	4210* (Pyrethroide) 4209* (PCP)
Parathion (E 605) im Blut	4209*
p-Nitrophenol (E 605-Metabolit) im Urin	4209*
Pestizide I DDT, DDE, DDD	3 x 4209*
Pestizide II Aldrin, Dieldrin im Blut	2 x 4209*
Endrin im Blut	4209*
Heptachlor im Blut	4209*
Heptachlorepoxid im Blut	4209*

Wichtiger Abrechnungshinweis (Gemäß Allgemeine Bestimmung Absatz 3. In M Laboratoriumsuntersuchungen)

3. Bei Weiterversand von Untersuchungsmaterial durch einen Arzt an einen anderen Arzt wegen der Durchführung von Laboruntersuchungen der Abschnitte M III und/oder M IV hat die Rechnungsstellung durch den Arzt zu erfolgen, der die Laborleistung selbst erbracht hat.

Spezialuntersuchungen von Schadstoffen können bei umweltmedizinischen Speziallaboratorien bestimmt werden.

13. Vitalisierungskuren – Aufbau-Spritzen/Infusionen

Infusions- oder Spritzen-Kuren mit z. B. Vitaminpräparaten werden in Praxen unterschiedlicher Fachgebiete sehr oft gewünscht, z. B. für

- Zustand n. Infekten, Erkrankungen, nach Operationen
- bei Stress, Müdigkeit, Leistungsabfall
- bei Tumorerkrankungen (begleitend)

II. IGeL-Leistungen – zugeordnet den Fachgebieten

Vorbemerkung

Nach angebotenen IGeL-Leistungen haben die Autoren recherchiert auf den Internetseiten der ärztlichen Fachverbände, bei KBV und Bundesärztekammer, sowie in den zahlreichen Praxis-Internetauftritten von Fachärzten und klinischen Abteilungen, ärztlichen Zeitschriften und zum Thema IGeL herausgegebenen Büchern.
Bei allen Abrechnungsbeispielen im Buch wurden die sinnvollen und möglichen – teilweise alternativen – Leistungen von Diagnostik und/oder Therapie mit entsprechenden GOÄ Nummern angegeben.
Erstmals wurden die Leistungen der Vorsorge und Prävention (nach Fachgebieten differenziert) in einem eigenen Kapitel zusammengefasst.

Die tabellarische Auflistung von GOÄ-Ziffern könnte dazu verleiten, mehrere Leistungen der Aufstellung zu erbringen und die GOÄ Nrn. einfach zu übernehmen... **aber** bitte berücksichtigen Sie, dass nach den Bestimmungen der GOÄ durchaus nicht alle angegebenen Leistungspositionen bei einem Arzt-Patienten-Kontakt nebeneinander abrechenbar sind. Die Ausschlüsse aus den Allgemeinen Bestimmungen und die in den Anmerkungen zu den einzelnen GOÄ Nrn. gelten auch für analog angesetzte Leistungen.
Die von den Autoren gewählte Einteilung der IGeL-Leistungen nach Fachgebieten ist nur ein Korsett, um Leistungen aufzuführen; denn in der Regel werden viele dieser IGeL Leistungen von Ärzten unterschiedlicher Fachrichtungen mit entsprechenden Kenntnissen und Weiterbildungen erbracht.
Als Motivation und Ideenspende sind die angebotenen Leistungen der Ärzte (nach Recherche von den Autoren summiert) und Kliniken stets am Beginn eines Fachgruppenkapitel aufgeistet.

ALLGEMEINMEDIZIN – INNERE MEDIZIN

► Was bietet die Fachgruppe der Allgemeinmediziner als IGeL-Leistungen an?

- Akupunktur
- Aufbaukuren
- Gesundheits-Check ausserhalb der 2-jährigen Krankenkassenregelung
- Herzinfarkt-Vorsorge
- HIV-Test
- Krebsvorsorgeuntersuchungen, zusätzliche
- Muskelaufbautraining
- Naturheilverfahren
- Osteoporose-Check
- Ostheopathie
- Prostatakrebs-Check
- Reisemedizin
- Sauerstofftherapie
- Schlaganfall-Risiko-Check
- Sporttauglichkeitsuntersuchung
- Vitaminen.Mangel, Abklärung von
- Vorsorge, erweiterte mit Tumormarkern, Risikoprofile

► Was bietet die Fachgruppe der Internisten an IGeL-Leistungen an?

- Antiaging-Beratung der Frau: Wann sind Hormongaben sinnvoll? (evtl mit Hormonstatus) – Wechseljahre auch des Mannes
- Braincheck (z. B. Hirnleistungstest)
- BURN-OUT“-Diagnostik. Aufbaukuren
- Fahrtauglichkeitsuntersuchungen
- Gefäß-Check
  - Duplex Hals
  - Doppler Beine
- Herz Check
  - Echokardiographie
  - Belastungs-EKG
- Konfliktberatung (z. B. Ehekrisen,Stressbewältigung, Selbstfindung)
- Laboruntersuchungen z. B.
  - Laktosetoleranztest (Milchzuckerverträglichkeit)
  - Fruktosetoleranztest (Fruchtzuckerverträglichkeit)
  - Laktulose-Test (Darmpassagezeit)
  - HIV-TEST (AIDS-TEST)
  - Blutgruppenbestimmung
  - Sorbit-Toleranz-Test (Zuckeraustauschstoff-Verträglichkeit)
- Reisemedizin
- Risikokonstellation (genetisch oder erworben), Besprechung der persönl.
- Sporttauglichkeitsuntersuchunge
- Vorsorge, erweiterte (ohne Krankheitssymptome, ohne Beschwerden)
  plus Ruhe-EKG – plus Belastungs-EKG
  plus Ultraschall – plus Gastroskopie – plus Coloskopie

1. Berufseignungsuntersuchungen

Private Berufseignungsuntersuchung

Die Untersuchung nach dem Jugendarbeitsschutzgesetz ist strukturiert und die ärztlichen Leistungen sind für alle Bundesländer einheitlich. **In der Regel wird die Untersuchung für öffentliche Kostenträger erbracht und kann in diesen Fällen nur mit dem 1fachen Gebührensatz berechnet werden.**
Leider wird diese Untersuchung immer seltener, da viele Berufsanfänger zum Zeitpunkt des Eintritts ins Berufsleben das 18. Lebensjahr vollendet haben und damit nicht mehr dem Schutz des Jugendarbeitsschutzgesetzes unterliegen. Diese Versorgungslücke kann durch eine privatärztliche Berufseignungsuntersuchung als IGEL-Leistung – analoger Ansatz der GOÄ Nr. 32 – erbracht und berechnet werden. Da die Untersuchung in diesem Falle nicht für öffentliche Kostenträger erbracht wird, kann sie bis zum 2,3fachen Gebührensatz ohne Begründung und bis zum 3,5fachen Satz mit entsprechender Begründung berechnet werden.

GOÄ Nr.	Kurzlegende	1fach €	2,3fach €
32	Untersuchung nach § 32 bis 35 und 42 des Jugendarbeitsschutzgesetzes • Eingehende, das gewöhnliche Maß übersteigende Untersuchung – einschließlich: – einfacher Seh-, Hör- und Farbsinnprüfung; – Urinuntersuchung auf Eiweiß, Zucker und Erythrozyten; • Beratung des Jugendlichen; • schriftliche gutachterliche Äußerung; Mitteilung für die Personensorgeberechtigten; Bescheinigung für den Arbeitgeber – **bis zum 18. Lebensjahr**	23,31	**53,62**
32 analog	Berufeignungsuntersuchung nach dem vollendeten 18. Lebensjahr – Analoger Ansatz nach GOÄ Nr. 32 – GOÄ § 6 (2) GOÄ Originaltext siehe oben bei GOÄ Nr. 32	23,31	**53,62**

Sind ggf. weiterführende Untersuchungen erforderlich oder werden einzelne spezielle Untersuchungen vom jugendlichen Patienten gewünscht, so sind diese auch abrechenbar. Es empfiehlt sich aber eine schriftliche Vereinbarung mit dem Patienten.

Allgemeine berufliche Eignungsuntersuchungen

GOÄ Nr.	Kurzlegende	1fach €	*1,8/ 2,3fach €
3	Eingehende Beratung zur beruflichen Eignung (mind. 10 Min.)– nicht neben Sonderleistungen	8,74	**20,11**
8	Berufseignungsuntersuchung	15,16	**34,86**
29	Gesundheitsuntersuchung eines Erwachsenen -nicht neben Beratungen + Untersuchung	25,65	**59,00**
651*	Ruhe EKG	14,75	**26,54**
652	Belastungs-EKG	25,94	**59,66**
605*	Lungenfunktionsprüfung	14,11	**25,39**
605a*	Darstellung der Flussvolumenkurve	8,16	**14,69**
5137*	Brustorganübersicht	26,23	**47,21**
70	Kurze Bescheinigung	2,33	5,36
	Labor	1,0	1,15
3560*	Glukose		
3511*	Urin-Teststreifen	2,91	3,35
3531*	Urinsediment	4,08	4,69

Bei Erwachsenen werden – abhängig vom gewählten Beruf – unterschiedliche Eignungsuntersuchungen gewünscht. Dies kann vom Herz-Kreislauf- und/oder Lungen-Check-up über Untersuchungen der Belastbarkeit der Wirbelsäule mit Röntgenaufnahmen bis zu allergologischen Tests gehen.

Allergologischer Berufseignungstest

Für einzelne Berufsgruppen ist das Risiko einer Allergie wesentlich höher als bei anderen. Zum Beispiel sind Bäcker, Friseure, Tankwarte, Mitarbeiter in Reinigungsbetrieben und der chemischen Industrie massiven Umwelteinflüssen ausgesetzt, während diese z. B. einen Angestellten im Verwaltungsdienst nicht betreffen.

Beispiele aus der Praxis:

- Ein 16jähriges Mädchen mit bekannter Nickelallergie möchte eine Friseurlehre absolvieren und vorher sicherstellen, dass sie nicht noch weitere Allergien hat.

GOÄ Nr.	Kurzlegende	1fach €	*1,8/ 2,3fach €
1	Beratung	4,66	**10,73**
5	Untersuchung	4,66	**10,73**
380	Epikutantest, je Test (1.–30. Test je Behandlungsfall)	1,75	**4,02**
385	Pricktest, je Test (1.–20. Test je Behandlungsfall)	2,62	**6,03**
388	Reib-, Scratch- oder Skarifikationstest, je Test (bis zu 10 je Behandlungsfall)	2,04	**4,69**

Untersuchung für Arbeitnehmer im Bereich der Gastronomie nach Bundesseuchengesetz

GOÄ Nr.	Kurzlegende	1fach €	*1,8/ 2,3fach €
1	Beratung	4,66	**10,72**
8	Ganzkörperstatus	15,15	**34,86**
384	Tuberkulinstempeltest	2,33	**5,36**
70	Kurze Bescheinigung	2,33	**5,36**
	Labor	**1fach €**	**1,15fach €**
4538*	Untersuchung z. Nachweis von Bakterien 1. Stuhluntersuchung	7,00	**8,04**
4538*	2. Stuhluntersuchung nach 3 Wochen*	7,00	**8,04**

Bei positivem Befund sind weitere Untersuchungen notwendig.

Untersuchungen gem. Fahrerlaubnis-Verordnung

Die Änderung der Fahrerlaubnis-Verordnung (FeV) vom 1.1.1999 brachte neben der einheitlichen Einteilung der Fahrerlaubnisklassen in der EU auch regelmäßig wiederkehrenden Untersuchungen für die Inhaber bestimmter Fahrerlaubnisklassen:

- Ärztliche Untersuchung, gemäß Anlage 5 FeV: Hier wird festgestellt, ob körperliche Erkrankungen vorliegen, die die Eignung zum Führen eines Kraftfahrzeuges beeinflussen können.
- Ärztliche Untersuchung des Sehvermögens, gemäß Anlage 6 FeV: Neben einer Bestimmung des Visus für die Ferne werden Farbensehen, räumliches Sehen und Gesichtsfeld getestet.
- Psychometrische Tests: Mit speziellen Testverfahren werden Belastbarkeit, Orientierungsleistung, Konzentrationsleistung, Aufmerksamkeitsleistung und Reaktionsfähigkeit überprüft.

Fahrtauglichkeitsuntersuchung

GOÄ Nr.	Kurzlegende	1fach €	*1,8/ 2,3fach €
1	Beratung	4,66	**10,72**
8	Ganzkörperstatus	15,15	**34,86**
70	Kurze Bescheinigung	2,33	**5,36**
250*	Blutentnahme	2,33	***4,20**

GOÄ Nr.	Kurzlegende	1fach €	*1,8/ 2,3fach €
	Labor	1,0	1,15
3511*	Urin-Teststreifen	2,91	**3,35**
3531*	Urinsediment	4,08	**4,69**
3560*	Blutglukose	2,33	**2,68**
3585 H1*	Kreatinin	2,33	**2,68**
3592 H1*	GGT	2,33	**2,68**
3594 H1*	GOT	2,33	**2,68**
3595 H1*	GPT	2,33	**2,68**

Gegenüberstellung der Fahrerlaubnisklassen vor 1999 und ab 2013

Fahrerlaubnis-/ Führerschein-klasse vor 1999	Betroffenes Fahrzeug	Fahrerlaubnisklasse ab 2013
1	Leistungsunbeschränkte Krafträder	**A**
1a	Krafträder bis 25 kW, nicht mehr als 0,16 kW/kg	**A2**
1b	Krafträder bis 125 cm³, bis 11 kW für 16- und 17jährige 80 km/h bauartbedingte Höchstgeschwindigkeit	**A1**
2	Kfz über 7.500 kg -Züge mit mehr als drei Achsen	**C und CE**
3	Kfz bis 7.500 kg – Züge mit nicht mehr als 3 Achsen (d. h. es kann ein einachsiger Anhänger mitgeführt werden. Achsen mit einem Abstand von weniger als 1 m voneinander gelten als eine Achse)	**B, BE, C1 und C1E**
2, 3	Je nach dem zulässigen Gesamtgewicht des Fahrzeugs und Fahrerlaubnis zur Fahrgastbeförderung in Kraftomnibussen	**D, DE, D1 und D1E**
4	Zweirädrige Kleinkrafträder und Fahrräder mit Hilfsmotor bis 50 cm³/50 km/h	**AM**

Seit 19.1.2013 gelten neue Bestimmungen im Fahrerlaubnisrecht. Sie resultieren aus der Umsetzung der 3. EU Führerscheinrichtlinie.

Gültigkeitsdauer von Führerscheinen
Die Gültigkeitsdauer aller ab dem 19.1.2013 ausgestellten Führerscheine wird auf 15 Jahre befristet (Ausnahme: Gültigkeitsdauer C und D – Klassen 5 Jahre). Es erfolgt eine Aktualisierung des Führerscheinmusters. Führerscheine enthalten dann ein Ausstellungsdatum und ein Ablaufdatum.
Die Einführung einer Gültigkeitsdauer für neue Führerscheine ermöglicht anlässlich der regelmäßigen Erneuerung die neuesten Maßnahmen zum Schutz gegen Fälschungen anzuwenden.

Alte Führerscheine bleiben bis 2033 gültig
Die alten Führerscheine müssen nicht umgetauscht werden und bleiben bis 2033 gültig. In den 27 Mitgliedstaaten der EU existieren derzeit 110 verschiedene Führerscheinmuster. Dies führt zu Transparenzproblemen für Bürger, Ordnungskräfte und Fahrerlaubnisbehörden und zur Fälschung von Dokumenten. Um dem entgegenzuwirken müssen spätestens bis zum 19.1.2033 alle vor dem 19.1.2013 ausgestellten Führerscheine umgetauscht werden. Bei der Verlängerung der Gültigkeit muss lediglich ein Passbild vorgelegt und die Verwaltungsgebühr gezahlt werden.

Untersuchung über die gesundheitliche Eignung
Die Untersuchung über die gesundheitliche Eignung kann von einem Arzt für Arbeits- oder Betriebsmedizin, einem Arzt bei einer Begutachtungsstelle für Fahreignung, einem Arzt des Gesundheitsam-

tes, einem anderen Arzt der öffentlichen Verwaltung oder von jedem Arzt für Allgemeinmedizin oder für Innere Medizin durchgeführt werden.
Die auf den folgenden Seiten abgebildete Bescheinigung (https://www.osnabrueck.de/images_design/Bescheinigung_ueber_die_aerztliche_Untersuchung.pdf) zeigt, welche Untersuchungsbefunde zu erheben sind.

Führerschein-Sehtest

GOÄ Nr.	Kurzlegende	1fach €	2,3fach €
1	Beratung	4,66	**10,73**
1200	Refraktionsbestimmung, subjektive	3.44	**7,91**
70	Kurze Bescheinigung oder kurzes Zeugnis	2,33	**5,36**

Die Fahrerlaubnis-Verordnung (FeV) – **Anlage 6 (zu §§ 12, 48 Abs. 4 und 5)** schreibt vor, dass wenn der Bewerber den Sehtest nicht besteht, eine augenärztliche Untersuchung erforderlich ist.

2. Vorsorge und Prävention

Vorbemerkungen
Krankheiten können in jedem Lebensalter auftreten, oft sogar ohne Beschwerden und Anzeichen für den Betroffenen. Die gesetzlichen und privaten Krankenkassen bieten ihren Versicherten – leider noch in unterschiedlichen Leistungsangeboten – Früherkennungsuntersuchungen an, um Erkrankungen zu entdecken, die bisher nicht zu Beschwerden geführt hatten. Die Früherkennung macht häufig eine zeitige Behandlung und ggf. auch Heilung möglich.
Die AOK motiviert ihre Versicherten: ...„Die Vorsorge steuert der Entstehung einer Krankheit entgegen, indem bestimmte Risikofaktoren vermieden werden...“
Die Autoren dieses Buches haben erstmals ein abgeschlossenes Kapitel der Vorsorge und Praevention zusammengestellt.
Der erste Teil (2.1.) betrifft allgemeine, stark erweiterte praeventive Untersuchungen und Krebsvorsorgen auf der Grundlage der Krebsfrüherkennungs- und Gesundheitsuntersuchungen der Kassen. Diese Untersuchungen in der Regel Wunschleistungen erwachsener Patienten oder von Eltern für ihre Kinder werden von Hausärzten und Internisten erbracht.
Im zweiten Teil (2.2.) sind die speziellen praeventiven Leistungen den entsprechenden Fachgebieten zugeordnet.

Was bieten die Krankenkassen zur Vorsorge Ihrer Versicherten an?
Die Vorsorge-Leistungen der gesetzlichen Krankenkassen
Das Bundesministerium für Gesundheit informiert auf seiner Internetseite (http://www.bmg.bund.de/fileadmin/dateien/Downloads/G/GKV/Tabelle_Frueherkennung_Krebs__GKV_Leistungen_110331.pdf) sehr ausführlich über die kostenlosen Angebote der GKV:
- Früherkennung von Krebs für Frau und Mann
- Gesundheitsuntersuchung „Check-up“
- Zahnvorsorge-Untersuchungen
- Schutzimpfungen
- Schwangerschafts-Vorsorgeuntersuchung
- Chlamydien-Screening für Frauen bis zum 25. Lebensjahr
- Kinder- und Jugenduntersuchungen

In dieser folgenden tabellarischen Übersicht wird auf die Art der Untersuchung das Patientinnen/Patienten-Alter und -Geschlecht und auf die Häufigkeit der Untersuchungen eingegangen. Daneben finden sich noch Anmerkungen und weitere Informationen.

Früherkennung von Krebs					
Untersuchung	**Alter**	**Geschlecht**	**Häufigkeit**	**Anmerkungen**	**weitere Informationen**
Genitaluntersuchung *(zur Früherkennung von Gebärmutterhalskrebs)*	ab dem Alter von 20 Jahren	Frauen	jährlich	Die Untersuchung umfasst: – gezielte Anamnese (z. B. Fragen nach Veränderungen/Beschwerden) IInspektion des Muttermundes – Krebsabstrich und zytologische Untersuchung (Pap-Test) – gynäkologische Tastuntersuchung – Befundmitteilung mit anschließender Beratung	Krebsfrüherkennungs-Richtlinie Internet: www.g-ba.de
Brustuntersuchung *(zur Früherkennung von Brustkrebs)*	ab dem Alter von 30 Jahren	Frauen	jährlich	Die Untersuchung umfasst: – gezielte Anamnese (z. B. Fragen nach Veränderungen/Beschwerden) – Inspektion und Abtasten der Brust – und der regionären Lymphknoten einschließlich der ärztlichen Anleitung zur Selbstuntersuchung – Beratung über das Ergebnis	Krebsfrüherkennungs-Richtlinie Internet: www.g-ba.de
Hautkrebs-Screening *(zur Früherkennung von Hautkrebs: Malignes Melanom („schwarzer Hautkrebs"), Basallzellkarzinom und Spinozelluläres Karzinom (beide „weißer Hautkrebs")*	ab dem Alter von 35 Jahren	Frauen und Männer	alle zwei Jahre	Das Screening soll, wenn möglich, in Verbindung mit der zweijährlichen Gesundheitsuntersuchung („Check-up") durchgeführt werden und umfasst: – gezielte Anamnese (z. B. Fragen nach Veränderungen/Beschwerden) – visuelle (mit bloßem Auge), standardisierte Ganzkörperinspektion der gesamten Haut einschließlich des behaarten Kopfes und aller Körperhautfalten – Befundmitteilung mit anschließender Beratung – (Im Falle eines verdächtigen Befundes erfolgt die weitere Abklärung durch einen/eine Facharzt/Fachärztin für Haut- und Geschlechtskrankheiten (Dermatologe/Dermatologin)	Krebsfrüherkennungs-Richtlinie Internet: www.g-ba.de
Prostatauntersuchung, Genitaluntersuchung *(zur Früherkennung von Prostatakrebs)*	ab dem Alter von 45 Jahren	Männer	jährlich	Die Untersuchung umfasst: – gezielte Anamnese (z. B. Fragen nach Veränderungen/Beschwerden) – Inspektion und Abtasten des äußeren Genitales	Krebsfrüherkennungs-Richtlinie Internet: www.g-ba.de
				– Tastuntersuchung der Prostata (vom Enddarm aus) – Tastuntersuchung der regionären Lymphknoten – Befundmitteilung mit anschließender Beratung	
Dickdarm- und Rektumuntersuchung *(zur Früherkennung von Darmkrebs)*	im Alter von 50 bis 54 Jahren	Frauen und Männer	jährlich	Die Untersuchung umfasst: – gezielte Beratung – Guajak-Test (gFOBT) auf verborgenes Blut im Stuhl	Krebsfrüherkennungs-Richtlinie Internet: www.g-ba.de

Früherkennung von Krebs					
Untersuchung	**Alter**	**Geschlecht**	**Häufigkeit**	**Anmerkungen**	**weitere Informationen**
Darmspiegelung *(zur Früherkennung von Darmkrebs)*	ab dem Alter von 55 Jahren	Frauen und Männer	zwei Untersuchungen im Abstand von 10 Jahren	Die Untersuchung umfasst: – gezielte Beratung – zwei Darmspiegelungen im Abstand von 10 Jahren *oder:* – Guajak-Test (gFOBT) auf verborgenes Blut im Stuhl *alle zwei Jahre*	Krebsfrüherkennungs-Richtlinie Internet: www.g-ba.de
Mammographie-Screening *(zur Früherkennung von Brustkrebs)*	im Alter von 50 bis 69 Jahren	Frauen	alle zwei Jahre	Das Screening umfasst: – schriftliche Einladung in eine zertifizierte Screening-Einheit – Information (Merkblatt) mit der Einladung – schriftliche Anamnese – Röntgen beider Brüste (Mammographie) – Doppelbefundung der Röntgenaufnahmen durch zwei unabhängige Untersucher – Befundmitteilung innerhalb von sieben Werktagen – (Im Falle eines verdächtigen Befundes erfolgt eine Einladung zur weiteren diagnostischen Abklärung. Dies veranlasst die jeweilige Screening-Einheit.)	Krebsfrüherkennungs-Richtlinie Internet: www.g-ba.de www.mammo-programm.de

Gesundheitsuntersuchung „Check-up“					
Untersuchung	**Alter**	**Geschlecht**	**Häufigkeit**	**Anmerkungen**	**weitere Informationen**
Check-up	ab dem Alter von 35	Frauen und Männer	alle zwei Jahre	Der Check-up dient der Früherkennung insbesondere von Herz-Kreislauf-Erkrankungen, Diabetes mellitus und Nierenerkrankungen. Er umfasst folgende Leistungen: 1. Anamnese (z. B. Fragen nach Beschwerden), insbesondere die Erfassung des Risikoprofils (z. B. Rauchen, Übergewicht) 2. Körperliche Untersuchung (Ganzkörperstatus) einschließlich Messung des Blutdrucks 3. Laboruntersuchung a) aus dem Blut: – Gesamtcholesterin – Glukose b) aus dem Urin: – Eiweiß – Glukose – rote und weiße Blutkörperchen – Nitrit 4. Beratung über das Ergebnis Das Hautkrebs-Screening soll in Verbindung mit dem „Check-up“ durchgeführt werden.	Gesundheitsuntersuchungs-Richtlinien Internet: www.g-ba.de

Zahnvorsorge-Untersuchungen					
Untersuchung	**Alter**	**Geschlecht**	**Häufigkeit**	**Anmerkungen**	**weitere Informationen**
Untersuchung auf Zahn-, Mund- und Kieferkrankheiten	– bis 6 Jahre – 6 bis 18 Jahre	Mädchen und Jungen	– dreimal bis 6 Jahre – einmal je Kalenderhalbjahr ab 6 Jahre	Einschätzung des Kariesrisikos – Mundhygiene-Beratung – Inspektion der Mundhöhle – Motivation zur Prophylaxe Gegebenenfalls – lokale Fluoridierung zur Schmelzhärtung – Versiegelung von kariesfreien Fissuren und Grübchen der Backenzähne	Kinder-Richtlinien, zahnärztliche Früherkennungs-Richtlinie und Individualprophylaxe-Richtlinie Internet: www.g-ba.de
Zahnvorsorge Untersuchungen	ab dem Alter von 18	Frauen und Männer	einmal je Kalenderhalbjahr	– Eingehende Untersuchung – Untersuchung im Rahmen des Bonushefts Bei Erwachsenen wird für zwei zahnärztliche Kontrolluntersuchungen im Jahr keine Praxisgebühr erhoben. Dies gilt auch dann, wenn in derselben Sitzung eine Zahnsteinentfernung, Röntgenuntersuchung oder Sensibilitätsprüfung durchgeführt wurde. Auch die Erhebung des Parodontalstatus (sog. PSI Index) bleibt frei von der Praxisgebühr	§ 55 Abs.1 Satz 4 und 5 SGB V Internet: www.kzbv.de

Schutzimpfungen			
Schutzimpfungen sind Bestandteil des Leistungskatalogs der gesetzlichen Krankenversicherung. Nicht bezahlt werden Reiseimpfungen aus nicht beruflichem Anlass.			
Standardimpfungen für Säuglinge, Kinder, Jugendliche	Impfungen, die von hohem Wert für den Gesundheitsschutz des Einzelnen und der Allgemeinheit sind. Die einzelnen Impfungen sind empfohlenen Impfterminen zugeordnet.	– Diphtherie – Tetanus – Poliomyelitis (Kinderlähmung) – Haemophilus influenzae Typ B (Hib)-Infektion – Pertussis (Keuchhusten) – Hepatitis B – Masern, Mumps, Röteln (MMR) – Varizellen – Pneumokokken-Infektion – Meningokokken-Infektion – HPV (Humanes Papillom-Virus; für junge Frauen)	1 STIKO-Empfehlungen (Internet: www.rki.de) Schutzimpfungs-Richtlinie Internet: www.g-ba.de
Auffrischimpfungen für Kinder und Jugendliche		– 2 x Diphtherie – 2 x Tetanus – 2 x Pertussis (Keuchhusten) – 1 x Poliomyelitis (Kinderlähmung)	Gesundheitsberichterstattung des Bundes, Heft 1 STIKO- Empfehlungen Internet: www.rki.de
Standard- bzw. Auffrischimpfungen für Erwachsene	Impfungen, die Erwachsene erhalten bzw. regelmäßig aufgefrischt werden sollen	– Auffrischung gegen Diphtherie und Tetanus (alle 10 Jahre empfohlen, die nächste fällige Impfung als Kombinationsimpfung mit Pertussis) – Masern (ungeimpfte bzw. nur einmal geimpfte nach 1970 geborene Personen) Ab 60 Jahre: – Influenza – Pneumokokken-Infektion Weitere Impfungen für ungeimpfte Erwachsene in Absprache mit dem behandelnden Arzt.	

Schutzimpfungen			
Indikationsimpfungen	Impfungen für Risikogruppen bei individuell (nicht beruflich) erhöhtem Expositions-, Erkrankungs- oder Komplikationsrisiko sowie auch zum Schutz Dritter	– FSME (Frühsommermeningo-Enzephalitis) – Haemophilus influenza Typ B (Hib)-Infektion – Hepatitis A und B – Influenza – Masern – Meningokokken-Infektion – Pertussis (Keuchhusten) – Pneumokokken-Infektion – Poliomyelitis (Kinderlähmung) – Röteln – Varizellen	Gesundheitsberic hterstattung des Bundes, Heft 1 STI-KO- Empfehlungen Internet: www.rki.de

Schwangerschafts-Vorsorgeuntersuchung	
Zu der Schwangerschaftsvorsorge gehören die Betreuung während der Schwangerschaft und nach der Entbindung. Dabei soll die Schwangere untersucht und beraten werden. Zum Beispiel über Gesundheitsrisiken oder Ernährung. Ärztinnen und Ärzte, Hebammen und Krankenkassen wirken zusammen. Zu den Vorsorgeleistungen gehören u. a.: – Erkennung und Überwachung von Risikoschwangerschaften – Ultraschalldiagnostik – Untersuchung auf HIV – weitere serologische Untersuchungen auf Infektionen – Untersuchung und Beratung der Wöchnerin	Mutterschafts-Richtlinie Internet: www.g-ba.de

Chlamydien-Screening für Frauen bis zum 25. Lebensjahr					
Die genitale Chlamydia trachomatis-Infektion ist weltweit die häufigste sexuell übertragbare bakterielle Erkrankung und birgt ein Risiko für ungewollte Sterilität, Schwangerschaftskomplikationen und Infektionen der Neugeborenen. Daher wird allen Frauen bis zum abgeschlossenen 25. Lebensjahr, die sexuell aktiv sind, einmal jährlich eine Untersuchung auf Chlamydien angeboten.					Mutterschafts-Richtlinie Internet: www.g-ba.de
Kinder- und Jugenduntersuchungen					
Kinder- und Jugendliche bis zum Alter von 18 Jahren sind von der Praxisgebühr befreit. Die gesetzliche Krankenversicherung übernimmt eine Reihe von Früherkennungs- und Vorsorgemaßnahmen bei Kindern und Jugendlichen. Die Eltern bekommen gleich nach der Geburt des Kindes im Krankenhaus oder beim Kinderarzt ein Untersuchungsheft für Kinder, in dem genau aufgelistet wird, wann welche Untersuchung ansteht.					
U-Untersuchungen (Untersuchungen zur Früherkennung von Krankheiten bei Kindern)	von der Geburt bis zum Alter von 6 Jahren	Mädchen und Jungen	zehn Untersuchungen den ersten sechs Lebensjahren beginnend unmittelbar nach der Geburt (U1 bis U9)	Es wird die körperliche und igneistige Entwicklung des Kindes geprüft, u. a. – Störungen in der Neugeborenenperiode – Angeborene Stoffwechselstörungen (erweitertes Neugeborenen-Screening) – Entwicklungs- und Verhaltensstörungen – Erkrankungen der Sinnes-, Atmungs- und Verdauungsorgane – Sprach- oder Sprechstörungen – Zähne, Kiefer, Mund – Skelett und Muskulatur	Kinder-Richtlinien Internet: www.g-ba.de

Chlamydien-Screening für Frauen bis zum 25. Lebensjahr					
J-Untersuchung (Jugendgesundheitsuntersuchung)	regulär zwischen dem vollendeten 13. und 14. Lebensjahr (± 1 Jahr)	Mädchen und Jungen	eine Untersuchung	Anamnese u. a. auf: – auffällige seelische Entwicklungen/Verhaltensstörungen – Schulleistungsprobleme – gesundheitsgefährdendes Verhalten (Rauchen, Alkohol- und Drogenkonsum) Klinisch-körperliche Untersuchungen, u. a.: – Erhebung der Körpermaße – Störung des Wachstums und der körperlichen Entwicklung – Erkrankungen der Hals-, Brust- und Bauchorgane Erhebung des Impfstatus	Jugendgesundheits-Untersuchung Internet: www.g-ba.de

Die Vorsorge-Leistungen der privaten Krankenkassen
Die PKV bietet ihren Versicherten ähnlich – nicht identisch – wie der gesetzlichen Krankenkassen zahlreiche Vorsorgeuntersuchungen an – bei den meisten privaten Krankenversicherungen werden dafür bis zu 160 Euro erstattet – aber nicht immer gilt eine Kostenübernahme für eventuell folgende, weitere Leistungen wie Beratungsleistungen und/oder vom Arzt empfohlene weiterführende Untersuchungen, deren Kosten nicht immer automatisch übernommen werden. Aber abhängig vom gewählten Tarif können die PKV-Versicherte zusätzliche Untersuchungen in Anspruch nehmen.
Das Thema Beitragsrückerstattung (einiger PKV-Kassen auch im Rahmen von ggf. nicht wahrgenommenen Vorsorgeuntersuchungen) motiviert PKV-Patienten ggf. dazu, sich nicht untersuchen zu lassen, um später eine Rückerstattung zu erhalten. Allerdings gestatten einige PKV-Kassen ihren Versicherten durchaus eine gewisse Anzahl an Vorsorgeuntersuchungen ohne dass die Beitragsrückerstattung dadurch gefährdet ist.

2.1 Vorsorge und Praevention: Hausärzte – Internisten

Dieser erste Teil umfasst allgemeine praeventive Untersuchungen und Krebsvorsorgen auf der Basis der Angebote zur Krebsfrüherkennungs- und Gesundheitsuntersuchungen der Kassen, wie sie den Patienten durchaus bekannt sind und in den Praxen von Hausärzten, Internisten, Kinderärzten und Gynäkologen nachgefragt werden.

Präventive Untersuchungen Erwachsener

Die Kassen der GKV, PKV und die Beihilfe zahlen ihren Versicherten alle zwei Jahre eine Gesundheitsuntersuchung (Check-up). Einige Patienten wünschen diese Leistung aber jährlich oder in einem kürzeren Abstand (dies gilt gerade auch für Krebsvorsorgen), wenn sich zum Beispiel gesundheitliche Beeinträchtigungen einstellen oder die Angst, eine Krankheit zu haben. Eine solche Zwischen-Untersuchung wird als Intervall-Check bezeichnet und ist im GKV-Bereich eine IGeL-Leistung und bei PKV-Versicherten eine Leistung auf Verlangen!.

Gesundheitsuntersuchungen und Intervall-Check können von allen Allgemeinmedizinern, Praktischen Ärzten und Internisten durchgeführt werden.

Im Rahmen der GKV sind als Bestandteile der **Gesundheitsuntersuchung** nach der EBM Nr. 01732 ab dem 35. Lebensjahr vorgesehen:
- Anamnese
- Ganzkörperstatus
- Laboruntersuchungen
  - Gesamtcholesterin
  - Glukose
  - Urinuntersuchung (Harnteststreifen) auf Eiweiß, Glukose, Erythrozyten, Leukozyten und Nitrit
- Beratung nach Abschluss der Untersuchung und Vorliegen der Laborergebnisse
- Folgerung aus den Ergebnissen

Werden Gesundheitsuntersuchungen vom GKV-Patienten vor dem 35. Lebensjahr bereits gewünscht oder in kürzeren Abständen als alle zwei Jahre, so sind diese Leistungen im Sinne von IGEL-Leistungen nach GOÄ abzurechnen und zwar in dem Umfang, in dem sie mit dem Patienten vereinbart und erbracht wurden.
Die **Gesundheitsuntersuchung im Rahmen der PKV** nach der GOÄ-Nr. 29 bezieht sich in der Legende nur auf

- Anamnese
- Ganzkörperstatus
- Beratung nach Abschluss der Untersuchung und Erörterung des Risikoprofils, Folgerung aus den Ergebnissen.

Alle erforderlichen ergänzenden Untersuchungen (ggf. EKG, Labor, Sono, Röntgen) sind möglich und gesondert zusätzlich abzurechnen.
Der einfache **Gesundheits-Check nach EBM Nr. 01732 oder** noch reduzierter nach **GOÄ-Nr. 29** (die nur „Ganzkörperuntersuchung“) sind zur Diagnostik von

- Herz- und Kreislauferkrankungen
- Nierenerkrankungen
- Stoffwechselstörungen

keineswegs ausreichend.
Die Gesundheitsuntersuchung nach GOÄ-Nr. 29 sollte mindestens um die in der GKV vorgeschriebenen Labor-Untersuchungen ergänzt werden:

Die „kleine“ Gesundheitsuntersuchung = kleiner Gesundheitscheck

GOÄ Nr.	Kurzlegende	1fach €	*1,8/ 2,3fach €
29	Gesundheitsuntersuchung eines Erwachsenen	25,65	**58,99**
250*	Blutabnahme Vene	2,33	**5,36**
	Labor	**1fach €**	**1,15fach €**
3531*	Urinsediment	4,08	**4,69**
3560*	Glukose	2,33	**2,68**
3563.H1	Gsamt-Cholesterin	2,33	**2,68**

Bis vor einigen Jahren gehörten zur Gesundheitsuntersuchung bei der GKV auch noch das Ruhe-EKG und die Kreatininbestimmung.
Zu einer sinnvollen Gesundheitsuntersuchung und auch zum Intervall-Check gehört die **Überprüfung des Impfstatus** des Patienten und damit auch die entsprechende Beratung und ggf. erforderliche Impfungen.
Neben einer Gesundheitsuntersuchung nach GOÄ-Nr. 29 sind am selben Tag Beratungen nach den GOÄ-Nrn. 1 und 3 nicht abrechenbar, aber wenn erforderlich natürlich an jedem anderen Tag.
Mit der Gesundheitsuntersuchung nach GOÄ-Nr. 29 lässt sich eine **Krebsfrüherkennungs-untersuchung** nach den GOÄ-Nrn. 27 (Frau) oder 28 (Mann) kombinieren.

Krebsvorsorge

GOÄ Nr.	Kurzlegende	1fach €	2,3fach €
27	Krebsvorsorge bei einer Frau	18,65	**42,90**
28	Krebsvorsorge bei einem Mann	16,32	**37,54**
	Labor	**1fach €**	**1,15fach €**
3500*	Stuhl auf Blut, 3mal	5,25	**6,03**

Die „große Gesundheitsuntersuchung" = großer Gesundheitscheck

Zusätzliche (allgemeinmedizinische oder internistische) Untersuchungen über den Rahmen der skizzierten „kleinen" Gesundheituntersuchung hinaus sind sinnvoll und abrechenbar, z. B. zum Ausschluss oder bei Verdacht auf Erkrankungen oder bei Kontrolluntersuchungen (bei entsprechenden Vorbefunden und im Rahmen von Tumornachsorge):

Krankheit oder VD auf eine Erkrankung	Untersuchungsmethode
Koronare Herzerkrankung Herz-Kreislauferkrankungen z. B. Hypertonie Kontrolluntersuchungen	**EKG, Belastungs-EKG, 24-Stunden EKG, 24-Stunden-RRR-Messung**
abdominelle Erkrankungen gynäkologische Erkrankungen Nierenerkrankungen Prostata-Erkrankung Schilddrüsen-Erkrankungen Kontrolluntersuchungen	**Ultraschalluntersuchungen, ggf. Radiologische Diagnostik, Nuklearmedizinische Untersuchungen, Laboruntersuchungen**
Erkrankungen von Oesophagus, Magen/Duodenum und Colon	**Endoskopie, ggf. Ultraschall-Untersuchungen, Radiologische Diagnostik, Laboruntersuchungen**
Gefäßerkrankungen Kontrolluntersuchungen	**Doppler-Untersuchung**
Pulmonale Erkrankungen Kontrolluntersuchungen	**Lungenfunktionsuntersuchungen, Radiologische Diagnostik, Laboruntersuchungen**
Erkrankungen des Skeletts	**Radiologische Diagnostik Laboruntersuchungen**
Stoffwechselstörungen für zahlreiche Verdachts- oder Ausschlussdiagnosen Kontrolluntersuchungen	**Laboruntersuchungen**

Große Gesundheitsuntersuchung

GOÄ Nr.	Kurzlegende	1fach €	*1,8/ 2,3fach €
29	Gesundheitsuntersuchung eines Erwachsenen	25,65	**58,99**
651*	EKG	14,75	**26,54**
652	Belastungs-EKG	25,94	**59,66**
605*	Lungenfunktionüberprüfung	14,11	**25,39**
410	Ultraschalluntersuchung eines Organs	11,66	**26,81**
420	Ultraschalluntersuchung von bis zu 3 weiteren Organen, je Organ	4,66	**10,72**
705	Proktoskopie	8,86	**20,37**
690	Rektoskopie	20,40	**46,92**
250*	Blutabnahme Vene	2,33	**4,20**
	Labor	**1fach €**	**1,15fach €**
3501*	BKS	3,50	**4,03**
3531*	Urinsediment	4,08	**4,69**
3563.H1*	Cholesterin	2,33	**2,68**
3565.H1*	Triglyceride	2,33	**2,68**
3583.H1*	Harnsäure	2,33	**2,68**
3585.H1*	Kreatinin	2,33	**2,68**
3587.H1*	Alkalische Phosphatase	2,33	**2,68**

GOÄ Nr.	Kurzlegende	1fach €	*1,8/ 2,3fach €
3592.H1*	Gamma-GT	2,33	**2,68**
3595.H1*	GPT	2,33	**2,68**
3555*	Kalzium	2,33	**2,68**
3557*	Kalium	1,75	**2.01**
3550*	Blutbild	3,50	**4,03**
3551*	Differentialblutbild	1,17	**1,35**

Intervall-Check: Die zusätzliche Gesundheitsuntersuchung

Beispiele aus der Praxis:
- Eine 36-jährige Patientin wünscht ein Jahr nach der letzten Gesundheitsuntersuchung nach GKV-Richtlinien eine weitere Gesundheitsuntersuchung und möchte, dass das Angebot der Untersuchung um einen ausgedehnten Herzkreislauf-Check erweitert wird.
- Eine 62-jährige Frau wünscht mit der Bemerkung „Bei mir ist gesundheitlich irgendetwas nicht in Ordnung" eine zusätzliche Gesundheitsuntersuchung. Das Datum der letzten Gesundheitsuntersuchung liegt 8 Monate zurück.
- Eine 42-jährige Frau wünscht eine zusätzliche Gesundheitsuntersuchung, da sie -Raucherin – seit gut fünf Monaten unter Husten leide und sich schwach fühle. Eine klin. Untersuchung und eine Röntgen-Thorax-Untersuchung wegen dieser Beschwerden vor 3 Monaten war ohne path. Befunde. Das Datum der letzten Gesundheitsuntersuchung liegt 11 Monate zurück. Aus Angst vor einer Erkrankung will die Patientin eine Gesundheitsuntersuchung auf eigene Kosten.

GOÄ Nr.	Kurzlegende	1fach €	2,3fach €
3	Eingehende Beratung (mind. 10 Min.) – nicht neben Sonderleistungen	8,74	**20,11**
7	Untersuchung ein Organsystem: Haut, Stütz- u. Bewegungsorgane, Brustorgane, Bauchorgane, weibl. Genitaltrakt – oder:	9,33	**21,45**
8	Ganzkörperstatus	15,15	**34,86**
34	Erörterung, mind. 20 Min. z. B. – nicht neben Nr. 3	17,49	**40,22**

Anstatt den Intervall-Check als Gesundheitsuntersuchung nach GOÄ-Nr. 29 (2,3fach = 59,00 €) abzurechnen, besteht auch die Möglichkeit nach z.B. GOÄ-Nrn.: 7 + 3 oder 7 + 34 oder 8 + 3 oder 8 + 34 abzurechnen.

Ergänzungsuntersuchungen zu Gesundheitsuntersuchung oder Intervall-Check
Ergänzende Untersuchungen zum Intervall-Check up ergeben sich z. B. aus dem Wunsch des Patienten nach einer **erweiterten Diagnostik** oder aus schon erhobenen fraglichen Befunden.

Gastro-Check

Beispiele aus der Praxis:
- Ein 42-jähriger Gymnasiallehrer – z. Zt. ohne klinische Zeichen einer Erkrankung – möchte gerne einen jährlichen Gastro-Check, da er eine Ulcusanamnese hat.
- Eine 41-jährige verängstigte Krankenschwester hat in der Familienanamnese einen Fall von „Magen-Carc." (Mutter) und möchte jährliche Kontrollen.

GOÄ Nr.	Kurzlegende	1fach €	*1,8/ 2,3fach €
3	Eingehende Beratung (mind. 10 Min.) – nicht neben Sonderleistungen	8,74	**20,11**
7	Untersuchung – Bauchorgane	9,33	**21,45**
682	Gastroskopie – ggf. einschl. PE	49,54	**113,95**

GOÄ Nr.	Kurzlegende	1fach €	*1,8/ 2,3fach €
683	Gastroskopie einschl. Oesophaguskopie – ggf. einschl. PE	58,29	**134,06**
684	Bulbuskopie ggf. einschl. Oesophago- und Gastroskopie – ggf. einschl. PE	69,94	**160,87**
685	Duodeno-/Jejunoskopie ggf. einschl. vorausgegangener Oesophago-/Gastro/Bulboskopie – ggf. einschl. PE	78,69	**180,98**
250*	Blutentnahme i.v.	2,33	**4,20**
GOÄ Nr.	Labor	**1fach €**	**1,15fach €**
4234*	Helicobacter pylori – Antikörperschnelltest	5,25	**6,03**
3511*	Helicobacter pylori – Urasetest im Biopsiematerial	2,91	**3,35**

Gefäß-Check der Extremitäten

GOÄ Nr.	Kurzlegende	1fach €	*1,8/ 2,3fach €
3	Eingehende Beratung (mind. 10 Min.) – nicht neben Sonderleistungen	8,74	**20,11**
6	Untersuchung – Gefäßstatus	5,83	**13,41**
643*	Peripherer Arterien- bzw. Venendruck und Strömungsmessung	6,99	**12,58**
644*	Untersuchung der Strömungsverhältnisse in Extremitätenarterien bzw. -venen, direktionale Ultraschall-Doppler-Technik	10,49	**18,89**

Gefäß-Check der hirnversorgenden Gefäße

Die Untersuchungen werden in der Regel auch von Nervenärzten und Neurologen mit entsprechender Qualifikation durchgeführt.

Beispiele aus der Praxis:

- Ein 57-jähriger Patient möchte aus Angst vor einem Schlaganfall – Vater hatte Caro-tisstenose – eine Carotisstenose bei sich ausschließen.
- Eine 65-jährige Patientin möchte ihre hirnversorgenden Gefäße kontrollieren lassen. Bei einem Thorax-Röntgen wurden Aortenverkalkungen festgestellt.

GOÄ Nr.	Kurzlegende	1fach €	*1,8/ 2,3fach €
3	Eingehende Beratung (mind. 10 Min.) -nicht neben Sonderleistungen	8,74	**20,11**
6	Untersuchung – Gefässstatus	5,83	**13,41**
645*	Untersuchung Strömungsverhältnisse in hirnversorgenden Arterien u. Periorbitalarterien mit direktionaler Ultraschall-Doppler-Technik	37,89	**68,20**
410	Sono eines Organs	11,66	**26,81**
420	Sono bis zu 3 weiteren Organen, je Organ	4,66	**10,72**

Abrechnungshinweis:

Bei einer duplex-sonograhischen Untersuchung sind zusätzlich zur Leistung nach Nr. 645 die Nrn. 410 und 420 ansetzbar.

Wird eine Duplexuntersuchung im zweidimensionalen Bild farbcodiert durchgeführt, so kann ein höherer Steigerungsfaktor gewählt werden.

Thrombose-Risiko-Check

Bei familiärer Belastung kann heute vor Situationen, die mit einem erhöhten Thromboserisiko verbunden sind, durch ein Profil laborchemischer Untersuchungen von

- APC-Resistenz (Gerinnungstest)
- Protein-C-Aktivität
- Protein-S-Aktivität
- Antithrombin-III-Aktivität
- Lupus-Antikoagulans
- Homocystein

das Thromboserisiko untersucht werden.

Typische Situationen, in denen vermehrt Thrombosen auftreten, sind:
- die Einnahme von oralen Kontrazeptiva („Antibaby-Pille“)
- auch längere Flugreisen oder längere Busfahrten

können bei Patienten mit entsprechender Veranlagung zu Thrombosen und in Folge zu Lungenembolien u. ä. führen.

Beispiele aus der Praxis:
- Ein 40-jähriger Sportlehrer – ohne klinische Zeichen einer Erkrankung – möchte gerne an einem Marathonlauf teilnehmen und wünscht zuvor ein Belastungs-EKG.
- Da der Vater mit 72 Jahren einen Schlaganfall erlitt, möchte der 41-jährige Sohn eine Untersuchung zur Herzinfarkt und Schlaganfall-Prävention.
- 42-jährige Patientin – intensive Tennisspielerin – wünscht Belastungs-EKG zur Feststellung der Leistungsfähigkeit. Zusätzlich wird eine Spirometrie gewünscht.
- 62-jährige Patientin mit Herzinsuffizienz (nach NYHA-Klassifikation als II klassifiziert) wünscht auch ohne Verschlechterung des Zustandes kurzfristige Kontrolluntersuchungen.

Herz-Kreislauf-Check

GOÄ Nr.	Kurzlegende	1fach €	*1,8/ 2,3fach €
3	Eingehende Beratung (mind. 10 Min.) – nicht neben Sonderleistungen	8,74	**20,11**
8	Ganzkörperstatus	15,15	**34,86**
651*	Ruhe EKG	14,75	**26,55**
652	Belastungs-EKG	25,94	**59,66**
250*	Blutentnahme aus Vene	2,33	**4,20**
	Labor	**1fach €**	***1,15fach €**
3562.H1*	Gesamt-Cholesterin	2,33	**2,68**
3563.H1*	HDL-Cholesterin	2,33	**2,68**
3564.H1*	LDL-Cholesterin	2,33	**2,68**
3565.H1*	Triglyceride	2,33	**2,68**
3560*	Glukose	2,33	**2,68**
4084*	Homocystein – analoger Ansatz	33,22	**38,21**
3933*	Fibrinogen	5,83	**6,70**
3730*	Lipoprotein (a)	17,49	**20,11**
3741*	CRP (Ligandenassay)	11,66	**13,41**

Weiterführende Untersuchungen zu Herzinfarkt- und Schlaganfall-Prävention
- **Koronararteriographie, nicht-invasive**, z. B. mit Elektronenstrahl-Tomographie (EBCT) oder mit Mehrschicht-Computer-Tomographie, auch mit Bestimmung von Koronarkalk
- **Schlaganfall-Vorsorge**: Doppler-Sonographie der hirnversorgenden Gefäße bei fehlenden anamnestischen oder klinischen Auffälligkeiten („Stroke-Check“)

Leber-Check

Beispiele aus der Praxis:
- Ein 54-jähriger Mann – ohne klinische Zeichen einer Erkrankung – möchte gern einen Sonocheck der Leber und entsprechende Laboruntersuchungen, da er viel Alkohol konsumiert.

GOÄ Nr.	Kurzlegende	1fach €	*1,8/ 2,3fach €
3	Eingehende Beratung (mind. 10 Min.) – nicht neben Sonderleistungen	8,74	20,11
7	Untersuchung Bauchorgane	15,15	34,86
410	Sonographie Leber	11,66	26,81
420	Sonographie Gallenblase	4,66	10,73
420	Sonographie große abd. Gefässe	4,66	10,73
420	Sonographie ggf. 1 weiteres Organ	4,66	10,73
250*	Blutentnahme	2,33	4,20
	Labor: Leberprofil	1fach €	*1,15fach €
3587.H1*	Alkalische Phosphatase	2,33	2,68
3581.H1*	Bilirubin gesamt	2,33	2,68
3574*	Serumelektrophorese	11,66	13,41
3573.H1*	Gesamteiweiss	1,75	2.01
3592.H1*	Gamma-GT	2,33	2,68
3593.H1*	GLDH	2,91	3,35
3594.H1*	GOT	2,33	2,68
3595.H1*	GPT	2,33	2,68

Lungenfunktions-Check

Beispiele aus der Praxis:

- Eine 46-jährige Frau – ohne klinische Zeichen einer Erkrankung – möchte gern einen Lungenfunktions-Check, da sie seit 22 Jahren raucht und sich angeblich in letzter Zeit beim Tennisspielen häufiger „Atemnot" einstelle.
- 59-jähriger fanatischer Taucher möchte sich über die Leistungsfähigkeit seiner Lungen informieren. Er wünscht ferner ein Belastungs-EKG.
- 39-jähriger Raucher seit dem 16. Lebensjahr – ohne klinische Zeichen einer Erkrankung – wünscht einen Lungenfunktions-Check mit Belastungs-EKG.

GOÄ Nr.	Kurzlegende	1fach €	*1,8/ 2,3fach €
3	Eingehende Beratung (mind. 10 Min.) – nicht neben Sonderleistungen	8,74	20,11
7	Untersuchung Bauchorgane	15,15	34,86
605*	Ruhespirographische Untersuchung	14,11	25,39
605a*	Darstellung der Flußvolumenkurve	8,16	14,69
608*	Ruhespirographische Teil-Untersuchung	4,43	7,97
610*	Ganzkörperplethysmographie	35,26	63,48
5137*	Brustorganübersicht	26,23	47,21
505*	Atmungsunterweisung – analoger Ansatz der Nr. 505	4,95	12,38

Raucher Risikoabschätzung: Labor: Großes Blutbild, CRP, CEA, CYFRA 21-1, NSE

Stoffwechsel-Check

Beispiele aus der Praxis:

- Eine 36-jährige Patientin mit Übergewicht möchte jährliche Diabetesrisiko- und Lipidstoffwechsel-Checks und daneben zusätzlich einen Herz-Kreislauf-Check.
- 48-jähriger Patient mit massivem Übergewicht möchte quartalsmäßig Beratung zur Gewichtsreduktion und entsprechende Untersuchungen.

- Eine 42-jährige Patientin (ohne BZ-Erhöhungen bei den bisherigen Laboruntersuchungen), deren Eltern beide an Diabetes Typ-2 leiden, möchte halbjährliche Diabetes- und Lipidstoffwechsel-Checks.

Individuelle Diätberatung – Beratung zur Gewichtsreduktion – Diät-Beratung ohne Vorliegen einer Erkrankung – Gruppenbehandlung bei Adipositas

GOÄ Nr.	Kurzlegende	1fach €	*1,8/ 2,3fach €
3	Eingehende Beratung (mind. 10 Min.) – nicht neben Sonderleistungen	8,74	**20,11**
1	Beratung	4,66	**10,72**
8	Ganzkörperuntersuchung	15,15	**34,85**
33	Diätschulung – **analog GOÄ § 6 (2)** GOÄ Kurztext Nr. 33: Strukturierte Schulung einer Einzelperson mit einer Mindestdauer von 20 Minuten ...	17,49	**40,22**
34 analog	Ausgedehnte Diät/Erörterung ohne Vorliegen einer Erkrankung – mind. 20 Min. – **analog GOÄ § 6 (2)** GOÄ Kurztext Nr. 34: Erörterung (Dauer mindestens 20 Minuten) der Auswirkungen einer Krankheit auf die Lebensgestaltung...	300	**40,22**
20	Gruppenbehandlung bei Adipositas (4–12 Teilnehmer, mind. 50 Minuten) – **analog GOÄ § 6 (2)** GOÄ Kurztext Nr. 20: Beratungsgespräch in Gruppen von 4 bis 12 Teilnehmern im Rahmen der Behandlung von chronischen Krankheiten ...	120	**16,09**
76	Schriftlicher Diätplan	4,08	**9,34**
77	Kurplanung	8,74	**20,10**
250*	Blutentnahme	2,33	**4,20**

Labor: Diabetes-Risiko-Check

GOÄ Nr.	Kurzlegende	Labor	1fach €	1,15fach €
3560*	Blutzucker		2,33	**2,68**
3561*	HBA1c		11,66	**13,41**
3613*	Blutzuckerbelastung		9,33	**10,73**
3652*	Urin-Streifentest		2,04	**2,35**

Lipid- und Gicht-Check

GOÄ Nr.	Kurzlegende	Labor	1fach €	*1,15fach €
3560*	Blutzucker		2,33	**2,68**
3562 H1*	Cholesterin		2,33	**2,68**
3563 H1*	HDL		2,33	**2,68**
3564 H1*	LDL		2,33	**2,68**
3565 H1*	Triglyceride		2,33	**2,68**
3584 H1*	Harnstoff		2,33	**2,68**
3583 H1*	Harnsäure		2,33	**2,68**
3652*	Urin-Streifentest		2,04	**2,35**

Sono Check verschiedener Organe

Bei einem umfassenden oder nur teilweisen sonographischen Check-up der inneren Organe etc. handelt es sich meist um gewünschte Zusatzleistungen zu Gesundheitsuntersuchung, Intervall- oder General Check-up oder einfach um den akuten Patientenwunsch, sich z. B. über seine „Leber" oder „Niere" zu informieren. In der Regel sind zusätzlich zum Sono-Organ-Check noch

Beratungsleistungen nach Nr. 1 oder 3, Untersuchungen und entsprechende Laborparameter erforderlich.

Beispiele aus der Praxis:
- Ein 55-jäh. Patient mit leicht erhöhter Gamma-GT wünscht einen Sono-Lebercheck.
- Ein 58-jähriger Patient mit bekannten Gallenstein wünscht häufige Sono-Kontrollen.
- Eine 24-jährige Patientin mit chron. rezidivierendem Harnwegsinfekt wünscht häufige Sono-Checks ihrer Nieren.
- Eine 38-jäh. Patientin mit bekannten Nierensteinen wünscht häufige Sono-Kontrollen.
- Eine 18-jährige Patientin hält ihren Hals für „zu dick“ und möchte eine Sono ihrer Schilddrüse.

Sono-Check der abdominellen Organe und Gefäße

Beim sonographischen Check-up (zu Teilen Bestanteil von Intervall-, Facharzt- oder General Check-up) der inneren Organe geht es im abdominellen Bereich um die Darstellung
- der Leber
- der Gallenblase und der Gallenwege
- der Bauchspeicheldrüse
- der Milz
- der Nieren
- der großen Oberbauchgefäße Vena cava, Aorta etc.
- und die darstellbaren Bezirke im Bereich des Magens und des Darmes.

GOÄ Nr.	Kurzlegende	1fach €	2,3fach €
410	ein Organ	11,66	**26,81**
420	Sonographie bis zu 3 weiteren Organen, je Organ	4,66	**10,73**

Sono-Check des Urogenitaltraktes mit zusätzlichen transkavitären Untersuchungen

GOÄ Nr.	Kurzlegende	1fach €	*1,8/ 2,3fach €
410	ein Organ	11,66	**26,81**
403*	Zuschlag bei transkavitärer Untersuchung (rektal/vaginal)	8,74	**15,74**
420	Sonographie bis zu 3 weiteren Organen, je Organ	4,66	**10,73**

Sono-Nieren-Check + Labor

Beispiele aus der Praxis:
- 68-jähriger Patient Patient mit Nierencysten wünsch jährliche Kontrollen der Cysten auf Größe und Anzahl sowie entsprechende Laborparameter.
- 58-jährige Patienten mit bekannter Hyperurikämie wünscht jährlichen Nieren-Check.

GOÄ Nr.	Kurzlegende	1fach €	*1,8/ 2,3fach €
410	Sonographie rechte Niere	11,66	**26,81**
420	Sonographie linke Niere	4,66	**10,73**
420	Sonographie grosse abd. Gefässe	4,66	**10,73**
420	Sonographie ggf. 1 weiteres Organ; Blase	4,66	**10,73**
250*	Blutentnahme	2,33	**4,20**
	Labor	**1fach €**	***1,15fach €**
3550*	Blutbild	3,50	**4,03**
3583.H1	Harnsäure	2,33	**2,68**
3584.H1	Harnstoff	2,33	**2,68**
3585.H1	Kreatinin	2,33	**2,68**

GOÄ Nr.	Kurzlegende	1fach €	*1,8/ 2,3fach €
3557	Kalium	1,75	2,01
3558	Natrium	1,75	2,01
3511**	Urin-Teststreifen	2,91	3,35
3531*	Urinsediment	4,08	4,69

Sono Schilddrüsen-Check + Labor

Besonders bei Frauen ab dem 35. Lebensjahr sollte zum Ausschluss einer Unterfunktion der Schilddrüse eine TSH-Bestimmung erfolgen.

Beispiele aus der Praxis:

- Eine 33-jährige Patientin hält ihren Hals für „zu dick“ und möchte einen Sono-Check ihrer Schilddrüse
- Ein 42-jähriger Patienten – ohne klinische Zeichen einer Erkrankung – möchte eine Untersuchung zum Ausschluss einer Schilddrüsenüberfunktion.

GOÄ Nr.	Kurzlegende	1fach €	*1,8/ 2,3fach €
417	Sonographie der Schilddrüse	12,24	28,15
250*	Blutentnahme aus Vene	2,33	4,20
	Labor	1fach €	*1,15fach €
4022.H4*	T3	14,57	16,76
4023.H4*	T4	14,57	16,76
4030.H4*	TSH	14,57	16,76

Die umfassende Gesundheitsuntersuchung: General-Check-up/Manager-Check

General-Check-up ist die Umschreibung für die umfassendste ambulante Vorsorge-Untersuchung, einschl. Sonographie, Lungenfunktion, Endoskopie, Belastungs-EKG, ausgedehnter Laboruntersuchungen, Röntgen usw. und entsprechender Beratungen, besonders zu sportlicher Bewegung und gesunder Ernährung.

Der **General-Check-up** wird seit Jahren z. B. von der Deutschen Klinik für Diagnostik in Wiesbaden durchgeführt. Das Konzept stammt von der Mayo-Klinik in den USA. Dort und später auch bei uns wurde es zuerst für zahlungskräftige Patienten und danach auch von Firmen zur Untersuchung ihrer leitenden Angestellten eingeführt und hat deshalb in der Bevölkerung den landläufigen Namen **Manager-Check-up** erhalten. In Wiesbaden werden die Patienten mehreren Fachärzten vorgestellt, damit eine umfassende Untersuchung durchgeführt werden kann.

Während die Gesundheitsuntersuchung – auch mit zusätzlichen Leistungen – in der Regel eine Leistung von Allgemeinmedizinern oder Internisten darstellt, ist ein General-Check-up oder Manager-Check immer eine Gemeinschaftsleistung mehrerer Ärzte unterschiedlicher Fachgruppen. Für Untersuchungen, die nur ein Arzt durchführt, kann der Begriff seriöserweise nicht verwendet werden.

Das Wirtschaftsmagazin Capital (9/2003) sah schon vor 10 Jahren die Zukunft im Check-up und schrieb ... *„Die Vorsorgebranche boomt. Die Zahl der Kliniken, die entsprechende Untersuchungen anbieten, steigt entsprechend. Die gesetzlichen Kassen zahlen für solche Check-ups aber nicht. Bei den privaten hängt es vom Verhandlungsgeschick des Versicherten ab.* ***Im Unterschied zur Vorbeugung beim Hausarzt sind die Untersuchungen beim Spezialisten umfassender – und deren Ablauf ist besser organisiert*** *...“.*

Auch die niedergelassenen Vertragsärzte könnten einen umfassenden General-Check anbieten. Wenn sie verschiedene Fachkollegen aus Praxis und Klinik in der Umgebung in dieses Angebot einbeziehen, so ist der General-Check für die Patienten umso glaubwürdiger. Hierzu sind Absprachen unter den Kollegen und festgelegte Untersuchungs-Programme zum Nutzen von Patient und Vertragsärzten notwendig. Vor allem aber müssen Vertragsärzte die Angst aufgeben, Patienten ggf. in eine Chefarztambulanz zu schicken. **Viele Manager fühlen sich für den großen Check-up besser in einer Klinkambulanz aufgehoben als in einer Praxis**.

Eine gute Zusammenarbeit zwischen Praxis und Klinik mit einem umfangreichen diagnostischen Angebot kann hier Verbesserungen – d. h. den Patienten zurück zu seinem Hausarzt – bringen. Primär wird der Hausarzt oder Internist beim General-Check-up als „guter Verteiler" an seine Fachkollegen gesehen, als „Sammler" und Berater der erhobenen Befunde.

Eine Standardisierung der Leistungen eines General-Checks gibt es nicht. Der Leistungsumfang ist abhängig von
- den Wünschen des Patienten
- von den Kenntnissen des primär behandelnden Arztes
- von der Einstellung des Arztes zu Fachkollegen zu überweisen
- von den Kenntnissen der kooperierenden Fachkollegen des Arztes.

Vergleich von Inhalt/Umfang verschiedener umfassender Vorsorge-Untersuchungen

- **Wichtig:** Nicht alle aufgeführten Untersuchungen sind bei **einem** Arzt-/Patientenkontakt abrechenbar.

Ärztliche Leistungen	**General-Check (IGEL)**	**DKD****	**Mayo-Clinic*****	**GOÄ Nrn.**	***1,8/2,3-fach €**
1. Klinische Untersuchungen					
Eingehende Anamnese und Internistische Ganzkörperuntersuchung	✓	✓	✓	**29** **alternativ** **8**	**58,99** **15,15**
Überprüfung des Impfstatus	✓	?	?	**3**	**20,11**
Hörprüfung	fakultativ	✓	fakultativ	**1400**	**10,19**
Augenuntersuchung	fakultativ	✓	fakultativ		
Gynäkologische Vorsorge-Untersuchung	fakultativ	✓	fakultativ	**27**	**42,90**
2. Apparative-diagnostische Untersuchungen					
EKG und Belastungs-EKG	✓	✓	ab 40 J. Ruhe-EKG	**651*** **652**	**26,55** **59,66**
Langzeit-EKG				**659***	**41,97**
Langzeit-Blutdruckmessung				**654***	**15,74**
Lungenfunktionsprüfung	✓	✓	bei Rauchern	**605*** **605a**	**25,39** **14,69**
3. Endoskopische Untersuchungen					
– Rektoskopie	fakultativ	ab 50 J.	fakultativ	**690**	**46,92**
– Sigmoidoskopie				**689**	**93,83**
– Gastroskopie	fakultativ	–	–	**682**	**113,95**
– *Coloskopie*				**687**	**201,09**
4. Ultraschall-Untersuchungen/Doppler					
Sono Innere Organe – ein Organ	✓	✓	fakultativ	**410**	**26,81**
– *weitere bis zu 3 Organe je Organ*	✓	✓	fakultativ	**420**	**10,73**
– *Schilddrüse*				**417**	**28,15**
– *Gynäkologische Sonographie-*				**410**	**26,81**
weitere bis zu 3 Organe, je Organ				**420**	**10,73**
– *Transvaginale Sonographie*				**410**	**26,81**
– Transrektale Sonographie Prostata	fakultativ	–	–	**410**	**26,81**
– *Zuschlag bei transkavitärer Sono*	fakultativ	–	–	**403***	**15,74***

Ärztliche Leistungen	**General-Check (IGEL)**	**DKD****	**Mayo-Clinic*****	**GOÄ Nrn.**	***1,8/2,3-fach €**
– Doppler-Sonographie (Hirngefäße)	fakultativ	✓	✓	**645***	**68,20**
– Duplex-Sonographie (Hirngefäße) GOÄ Nrn. 645+410+420 (420 bis zu 3x)				**645* +410 +420**	**68,20 26,81 10,73**
5. Röntgenuntersuchungen					
Brustorgane (Thorax)	fakultativ	✓	✓	**5137***	**47,21**
Mammographie	fakultativ	fakultativ	ab 40 J. alle 2 J./ab 50 J. jährlich	**5265* 5266* 5267***	**31,48 47,21** 15,74
Mammosonographie				**418 420**	**28,15 10,72**
Osteodensitometrie mit quant. CT oder digitaler Röntgentechnik	fakultativ	–	–	**5380***	**31,48**
Osteodensitometrie mittels Dual-Photonen-Absorptionstechnik				**5475***	**31,48**
6. Laboruntersuchungen					**1,15fach (L)**
Blutentnahme	✓	✓	✓	**250***	**5,36 (L)**
BSG	✓	✓	–	**3501***	**4,02 (L)**
CRP				**3741***	**13,41 (L)**
Differentialblutbild	✓	✓	✓	**3551***	**1,345 (L)**
Glukose	✓	✓	✓	**3560***	**2,68 (L)**
HbA1c				**3561***	**13,41 (L)**
Elektrolyte	✓	✓	✓		
– Natrium				**3558***	**2,01 (L)**
– Kalium				**3557***	**2,01 (L)**
Blutfette	✓	✓	✓		
– Chlolesterin				**3562.H1***	**2,68 (L)**
– Triglyceride				**3565.H1***	**2,68 (L)**
– HDL-Cholesterin				**3563.H1***	**2,68 (L)**
– LDL-Cholesterin				**3564.H1***	**2,68 (L)**
Leberwerte	✓	✓	✓		
– Alkalische Phosphatase				**3587.H1***	**2,68 (L)**
– Bilirubin gesamt				**3581.H1***	**2,68 (L)**
– Serumelektrophorese				**3574***	**13,41 (L)**
– Gesamteiweiss				**3573.H1***	**2,01 (L)**
– Gamma – GT				**3592.H1***	**2,68 (L)**
– GLDH				**3593.H1***	**3,35 (L)**
– GOT				**3594.H1***	**2,68 (L)**
– GPT				**3595.H1***	**2,68 (L)**
Nierenwerte	✓	✓	✓		
– Kreatinin				**3585.H1***	**2,68 (L)**
Harnsäure	✓	✓	✓	**3583.H1**	**2,68 (L)**

Ärztliche Leistungen	**General-Check (IGEL)**	**DKD****	**Mayo-Clinic*****	**GOÄ Nrn.**	***1,8/2,3-fach €**
Schilddrüsenfunktion					
– *T3*	✓	?	✓	**4022.H4***	**16,76 (L)**
– *T4*	✓	?	✓	**4023.H4***	**16,76 (L)**
– *TSH*	✓	?	✓	**4030.H4***	**16,76 (L)**
Prostata-spezifisches Antigen (Männer)	fakultativ	✓	–	**3908***	**20,11 (L)**
Teststreifen zur Feststellung: Blut im Stuhl	✓	✓	✓	**3500***	**6,03 (L)**
Urinteststreifen	✓	✓	✓	**3511***	**3,35 (L)**
Atemtest auf H. pylori	fakultativ	–	–	**4234***	**6,03 (L)**
7. Abschließende Maßnahmen					
Ausführliche Erörterung der Untersuchungsergebnisse –	✓	✓	✓	**34**	**78,66**
Beratung-Angebote, z. B. mehr Bewegung, Gewichtsreduktion, Alkoholreduktion, Nikotinabstinenz				**3**	**20,11**
– Abschlussbericht	✓	✓	✓	**80**	**40,22**
Kosten in Euro ca.	**180,– bis 360,–**	**895,– 1500,–**	**ca. 1.530,–**		

(Kursiv sind die zusätzlichen Vorschläge der Autoren gekennzeichet
* 1,8facher Satz (L) = Labor 1,15facher Satz
** Manager-Check- DKD (Deutsche Klinik für Diagnostik, Wiesbaden)
*** Executive Health Programm (Mayo-Klinik, Rochester, Minnesota, USA)

Abrechnungstipp: Überall dort, wo erschwerte Untersuchungen oder besondere Untersuchungsverhältnisse vorliegen, ist eine Erhöhung vom Schwellenwert 2,3fach bis zum 3,5fachen Satz möglich und bei Leistungen mit reduziertem Gebührenrahmen (mit * gekennzeichnet) ist eine Erhöhung. vom Schwellenwert 1,8*fach bis zum 2,5fachen Satz möglich. Die entsprechenden Begründungen sind anzugeben.

General Check-up: Leistungsangebote von Kliniken

Die Autoren haben beispielhaft die Leistungsangebote zur Prävention einiger Kliniken aus dem Internet zusammengetragen und nachfolgend fast immer in den Originalangaben -siehe eingerückte Texte – aufgeführt. Diese Übersicht dürfte niedergelassenen Ärzten helfen, ihr Leistungsangebot zum General- oder Manager Check up für ihre Patienten unter Einbezug von Kollegen verschiedener Fachrichtungen aus Praxis **und Klinik** zu definieren.

▶ **Deutsche Klinik für Diagnostik, Wiesbaden – www.dkd-wiesbaden.de**
Diese Klinik hat als eine der ersten in Deutschland den General-oder Manager Check eingeführt.

Basis-Programm für Männer und Frauen
- Eingangsgespräch/-untersuchung
- Basis-Laboruntersuchung (incl. Nüchtern-Plasma-Glucose)
- Globale Herz-Kreislauf-Risikoabschätzung
- Ruhe- und Belastungs-Elektrokardiographie (EKG)
- Ultraschall Herz
- Ultraschall hirnversorgende Arterien
- Ultraschall Bauchorgane
- Lungenfunktion (Ruhe-Spirometrie)

- Allergie-Test
- Augen-fachärztliche Basisuntersuchung
- Abschlussgespräch
- Ärztlicher Abschlussbericht

Bei Frauen wird zusätzlich eine frauenärztliche Untersuchung/Beratung durchgeführt.

Zusätzliche altersabhängige Untersuchungen Männer

ab 40 Jahre	Stuhluntersuchung auf occultes Blut
ab 45 Jahre	Laboruntersuchung PSA (= Prostata-spezifisches Antigen) und Ultraschall Prostata transrektal (wenn PSA pathologisch)
ab 50 Jahre	Sigmoidoskopie (Darmspiegelung 60 cm)
ab 55 Jahre	Totale Koloskopie (Spiegelung gesamter Dickdarm)

Frauen

ab 20 Jahre	Zervixabstrich und transvaginale Sonographie
ab 40 Jahre	Stuhluntersuchung auf occultes Blut
ab 50 Jahre	Sigmoidoskopie (Darmspiegelung 60 cm) und Mammographie und Mammasonographie
ab 55 Jahre	Totale Koloskopie (Spiegelung gesamter Dickdarm)

Der Arzt schlägt ggf. nach dem Erstgespräch weitere notwendige Untersuchungen vor, wenn eine entsprechende Anamnese, ein Befund oder Vorbefund oder eine Begleiterkrankung vorliegen.

Der Check-up sollte in regelmäßigen Abständen wiederholt werden. Sollten bei Check-up-Erstuntersuchung auffällige Befunde erhoben worden sein, empfehlen wir, diese alle zwei Jahre durchführen zu lassen:
- Ultraschall Herz
- Ultraschall hirnversorgende Arterien
- Ultraschall Bauchorgane
- Lungenfunktion (Ruhe-Spirometrie)
- Allergie-Test
- Augen-fachärztliche Basisuntersuchung

Sollten Normalbefunde erhoben worden sein, hängt die Wiederholungsuntersuchung nach zwei Jahren von der Indikationsstellung des Arztes ab.

Bei Vorliegen eines **Bluthochdrucks** (> 140/90 mmHg oder blutdrucksenkende Therapie) sollten folgende Untersuchungen zusätzlich durchgeführt werden:
- Oraler Glucosetoleranztest
- 24-h-Blutdruckmessung (Indikationsstellung durch persönlichen Arzt)
- Verschlussdruck Beinarterien
- Ultraschall Beinarterien
- Ultraschall Nierenarterien (Indikationsstellung durch persönlichen Arzt)
- Röntgen Brustorgane
- Untersuchung Augenhintergrund
- Ernährungsberatung

Bei Vorliegen einer **Adipositas** (Fettleibigkeit, Gewichtsindex > 30 kg/m^2) sollten folgende Untersuchungen zusätzlich durchgeführt werden:
- Oraler Glucosetoleranztest
- Körperfettbestimmung/-verteilung
- Ernährungsberatung

Bei Vorliegen von **Fettstoffwechselstörungen** (Cholesterin > 200 mg/dl, Triglyceride > 150 mg/dl, LDL > 130 mg/dl, HDL > 40 mg/dl) sollten folgende Untersuchungen zusätzlich durchgeführt werden:
- Oraler Glucosetoleranztest
- Ultraschall hirnversorgende Arterien
- Verschlussdruck Beinarterien
- Ultraschall Beinarterien
- Ernährungsberatung

Bei Vorliegen eines **Diabetes** sollten folgende Untersuchungen zusätzlich durchgeführt werden:
- 24-h-Blutdruckmessung
- Ultraschall Herz (Echokardiographie in Ruhe)

- Ultraschall Herz (Echokardiographie unter Belastung)
- Myokardszintigraphie
- Ultraschall hirnversorgende Arterien
- Verschlussdruck Beinarterien
- Ultraschall Beinarterien
- Röntgen Brustorgane (Indikationsstellung durch persönlichen Arzt)
- Untersuchung Augenhintergrund
- Diagnostik bei erektiler Dysfunktion (Impotenz)
- Ernährungsberatung

Gerne führen wir **auf Ihren Wunsch** (auch ohne medizinische Indikation) auch nachfolgende Untersuchungen durch:
- Spiroergometrie mit Laktatmessung/Fitnesstest
- Knochendichtemessung
- Körperfettbestimmung/-verteilung
- Hörtest
- HNO-fachärztliche Untersuchung
- Urologische Untersuchung/Beratung
- Hautärztliche Untersuchung/Beratung
- Orthopädische Untersuchung/Beratung
- Ernährungsberatung
- Reiseprophylaktische Beratung

► Diagnoseklinik, München – www.diagnoseklinik-muenchen.de
Die Diagnoseklinik in München zeigt in ihrem „übervollen" Internetauftritt im linken Menü zahlreiche Untersuchungen und Untersuchungsbereiche sowie u. a. auch einen Bereich „Therapie". Eine stichwortartige Struktur für einen General-Check haben wir nicht gefunden – dafür aber einen Business-Check –, doch gibt es zu den einzelnen Begriffen viele – ein bisschen zu viele – weiterführende Informationen. Die Fülle der Information kann durchaus zu eigenen Angeboten animieren.

► Diagnostik-Zentrum Fleetinsel, Hamburg – www.diagnostik-zentrum.de
Die Übersicht über den Basis-Check up ist unserer Meinung die im Layout beste und übersichtlichste Darstellung aller hier vorgestellten Internetauftritte; denn auf einen Blick ist hier zu erkennen, welche Untersuchungen in welchem Zeitrahmen durchgeführt werden:

08.00 Uhr	**Einführungsgespräch** Auswertung des Fragebogens zur medizinischen Vorgeschichte und körperliche Untersuchung
08.45 Uhr	**Blutentnahme** Großes Blutbild, Leber-, Gallen-, Nierenwerte, Blutfette, Blutzucker, Schilddrüsenwerte, Tumormarker etc.
09.00 Uhr	**Untersuchung der Bauchorgane und Schilddrüse** Farbultraschall-Untersuchungen von Leber, Milz, Nieren, Bauchspeicheldrüse, Prostata (Männer), Uterus (Frauen) und der Schilddrüse
10.00 Uhr	**Gefäßdiagnostik** Farbultraschall-Untersuchung der großen Arterien (Hirn-, Bein-Arterien, sowie Bauchhauptschlagader)
10.30 Uhr	**Herz-Kreis- und Lungen-Diagnostik** Farbultraschall des Herzen, (3D Echokardiographie), EKG in Ruhe und unter Belastung, Prüfung der körperlichen Fitness (Spiro-ergometrie, Lungenfunktionsprüfung (Spirometrie), Körperfettgehalt (Body-Mass-Index)
11.00 Uhr	**Hautvorsorge** Vollständige Inspektion der Haut, Melanomscreening, Hauttypbestimmung
12.00 Uhr	**Augen und Ohren** Prüfung der Sehschärfe und des Gesichtsfeldes, Spiegelung des Augenhintergrundes, Messung des Augeninnendrucks, Gehörprüfung
13.00 Uhr	**Ergänzende Zusatzuntersuchungen** wie Darmkrebsvorsorge (Coloskopie), Lungenscreening für Raucher (CT-Thorax)
14.30 Uhr	**Abschlussgespräch** Besprechung der Befunde ggf. Vorschlag weiterführender Maßnahmen

Ergänzende Untersuchungen im Rahmen des Checks:
- **Lungenscreening** (low-dose CT), wenn Sie Raucher sind
- **Darmspiegelung**, wenn Sie über 45 Jahre alt sind und bisher noch keine Untersuchung auf Darmkrebs durchgeführt wurde.
- Bei höherem Herz-Kreislauf Risikoprofil **Kalk-Scoring** der Herzkranzgefäße **ggf. CT-/MR-Diagnostik** der Arterien.
- Gynäkologische Vorsorgeuntersuchung für Frauen inkl. **Mammographie**
- **Magenspiegelung** (Gastroskopie) bei Oberbauchbeschwerden durch unseren Facharzt für Gastroenterologie
- Funktionsprüfung des Bewegungsapparates bei Wirbelsäulen- und Gelenk-Beschwerden durch Fachärzte für **Orthopädie**
- **Knochendichtemessung** durch unseren Facharzt für Radiologie (CT-Diagnostik)
- Abklärung von **rheumatologischen Fragestellung** durch den Facharzt für Rheumatologie
- Individuelle **Ernährungsberatung** z. B. zur Gewichtsreduktion, mit einem auf Sie persönlich zugeschnittenen Trainingskonzept
- **Zahnärztliche Untersuchung**, Abklärung von Zusammenhängen mit orthopädischen oder HNO-Erkrankungen
- **HNO-Untersuchung** von Nase, Rachen und Kehlkopf, Allergietestung
- **Neurologische Untersuchung** zur Eruierung der Ursachen von z. B. Kopfschmerzen, Migräne und Schwindel
- Psychologische Gesprächsangebote zum Thema Schlafstörung, **Stressbewältigung** und Entspannungsmethoden
- **Brain-Check** zur Überprüfung von Gedächtnis und Konzentration

In einem ausführlichen Abschlussgespräch werden vom leitenden Arzt alle Ergebnisse zusammengefasst, erläutert und bewertet und ggf. weiterführende Untersuchungen besprochen. Ca. 14 Tage nach dem Check-Up erhalten die Patienten einen ausführlichen schriftlichen Bericht mit allen Ergebnissen und Daten.

▶ Max-Grundig-Klinik, Baden-Baden – www.grundig-klinik.de
Die Max Grundig Klinik bietet unterschiedlich intensive Vorsorge-Untersuchungen an. Der Basis Check-up dauert ca. 1 1/2 bis 2 Tage, der Erweiterte Check-up ca. 2 1/2 bis 3 Tage. Folgende Untersuchungen werden durchgeführt:

Basis Check-up
- Persönliche Hinterfragung der Vorerkrankungen einschließlich der familiären Erkrankungsrisiken
- Körperliche Untersuchung
- Ruhe-EKG
- Ergometrie (Belastungs-EKG)
- Röntgen Thorax p.a. (Röntgenaufnahme der Lunge)
- Farbdoppler-Echokardiographie (Ultraschall des Herzens)
- Abdomensonographie (Ultraschall der Bauchorgane)
- Schilddrüsensonographie (Ultraschall)
- Spirometrie (Lungenfunktionsprüfung)
- Digitale Untersuchung von Mastdarm und Prostata
- Sigmoidoskopie (kleine Darmspiegelung)

Zusätzlich gehören zum Basis Check-up in der Max Grundig Klinik auch folgende Laboruntersuchungen:
- Natrium, Kalium, Calcium,
- Harnsäure,
- Kreatinin,
- Gesamt-Cholesterin, Triglyzeride, HDL-Cholesterin, LDL-Cholesterin,
- Blutzucker,
- GPT,
- Gamma-GT,
- Alkalische Phosphatase,
- Amylase,
- PTT und Quick,

- Gesamteiweiß, Eiweißelektrophorese,
- Blutbild, Differentialblutbild,
- BSG,
- PSA, CA19–9, CRP, CA15–3,
- Urinstatus,
- Stuhl auf Blutbeimengung.

Im Rahmen dieses Programms werden mit Hilfe der angeführten technischen und laborchemischen Untersuchungen die Funktionen der Organsysteme

- Herz
- Lunge
- Schilddrüse
- Leber
- Magen, Darm und Bauchspeicheldrüse

überprüft und die wichtigsten Risikofaktoren (Blutfette, Blutzucker, Blutdruck) sowie einige Tumormarker definiert. Ein ausführliches Gespräch mit dem Arzt sowie ein detaillierter schriftlicher Bericht über die diversen Befunde beschließen den Basis Check-up.
Nach Wunsch oder besonderer Befundlage können Sie in das Basisprogramm Ergänzungsuntersuchungen (z. B. Virusscreening, Immun- und Hormonstatus, MR-Tomographien etc.) mit aufnehmen lassen.

Erweiterter Check-up

Folgende Untersuchungen werden durchgeführt:

- Persönliche Hinterfragung der Vorerkrankungen einschließlich der familiären Erkrankungsrisiken
- Eingehende körperliche und orientierend neurologische Untersuchung
- Ruhe-EKG
- Ergometrie (Belastungs-EKG)
- Röntgen Thorax in zwei Ebenen (Röntgenaufnahme der Lunge)
- Schilddrüsensonographie (Ultraschall)
- Spirometrie (Lungenfunktionsprüfung)
- Digitale Untersuchung von Mastdarm und Prostata
- Vollständige Koloskopie
- Gastroskopie
- Sonographie der Bauchorgane einschl. des Urogenitaltraktes
- Echokardiographie
- Osteodensitometrie (Knochendichte)
- Langzeit-EKG
- Langzeit Blutdruckmonitoring
- Mammographie
- Sonographie der Mammae
- Quantitative Körperfettmessung

Zusätzlich gehören zum erweiterten Check-up in der Max Grundig Klinik auch folgende Laboruntersuchungen: Natrium, Kalium, Calcium, Bilirubin, Harnsäure, Kreatinin, Harnstoff, Gesamt-Cholesterin, Triglyzeride, HDL-Cholesterin, LDL-Cholesterin, Blutzucker, Quick, PTT, GOT, GPT, Gamma-GT, Cholinesterase, AP, CK, LDH, Amylase, Lipase, CRP, Gesamteiweiß, Eiweißelektrophorese, Blutbild, Differentialblutbild, BSG, fT3, fT4, TSH basal, PSA, CA15-3, CA19-9, Urinstatus, Urinsediment.
Im Rahmen dieses Programms werden mit Hilfe der angeführten technischen und laborchemischen Untersuchungen die Funktionen der Organsysteme Herz, Lunge, Schilddrüse, Leber, Magen, Darm und Bauchspeicheldrüse überprüft und die wichtigsten Risikofaktoren (Blutfette, Blutzucker, Blutdruck) sowie einige Tumormarker definiert. Ein ausführliches Gespräch mit dem Arzt sowie ein detaillierter schriftlicher Bericht über die diversen Befunde beschließen den Erweiterten Check-up.
Nach Wunsch oder besonderer Befundlage können sich Patienten in das Erweiterte Programm noch Ergänzungsuntersuchungen wie z. B. Virusscreening, Immun- und Hormonstatus, MR-Tomographien mit aufnehmen lassen.

2.2. Krebs-Früherkennungsuntersuchungen und -Verlaufskontrollen

Bei den **GKV-Kassen** bestehen für die Früherkennungsuntersuchungen von Krebserkrankungen und alle Vorsorgeuntersuchungen **zahlreiche Einschränkungen** z. B.

- Alter der/des Versicherten
- festgelegte Zielkrankheiten
- Häufigkeit der Untersuchungen
- festgelegte Zeiträume der Untersuchungen
- Umfang der Untersuchung

Es wird heutzutage sehr viel von dem mündigen Patienten gesprochen, der Entscheidungen zu seiner Gesundheit selbst treffen kann und soll. **Mit den IGEL-Leistungen ist nun die Möglichkeit gegeben, dass sich Patienten zusammen mit dem Arzt für zusätzliche, individuelle und ausgedehnte Früherkennungsuntersuchungen und/oder Vorsorge-Untersuchungen entscheiden. Bei GKV-Patienten sind diese zusätzlichen „Wunschleistungen" IGeL-Leistungen. Bei PKV-Versicherten sind es Leistungen auf Verlangen.**

Bei den **GKV-Kassen** können **Untersuchungen zur Früherkennung von Krebserkrankungen** bei Frauen ab dem 20. und bei Männern ab dem 45. Lebensjahr durchgeführt werden.

Im Rahmen der **GOÄ** gibt es keine Krebsfrüherkennungs-Richtlinien wie sie der Bundesausschuss der Ärzte und Krankenkassen (G-BA) für GKV-Patienten aufgestellt hat. Immer mehr private Krankenkassen und auch die Beihilfen orientieren sich deshalb an den Bestimmungen und vorgeschriebenen Leistungen der gesetzlichen Krankenversicherungen. Siehe 9.1. und 9.2.

Nach den Richtlinien des Bundesausschusses der Ärzte und Krankenkassen (GKV) gelten **nach EBM für beide Geschlechter zur Darmkrebsfrüherkennung folgende Untersuchungen:**

Alter	Art der Untersuchung	Turnus
50–54	Test auf okkultes Blut	jährlich
ab 55	Test auf okkultes Blut nur, wenn das Koloskopieangebot nicht in Anspruch genommen wird	2-jährlich
ab 55	Koloskopie	2. Koloskopie 10 Jahre nach der ersten

Krebsvorsorgeuntersuchung bei der Frau

Nach den Richtlinien des Bundesausschusses der Ärzte und Krankenkassen gelten für die **präventiven Untersuchungen der Frauen** folgende Daten:

- ab dem 20. Lebensjahr = Früherkennungsuntersuchung Genitalkrebs
- ab dem 30. Lebensjahr = Früherkennungsuntersuchung Genitalkrebs und Brustkrebs und Krebserkrankung der Haut
- ab dem 45. Lebensjahr = Früherkennungsuntersuchung Genital-, Brust-, Haut-, Rektum- und Dickdarmkrebs
- ab dem 56. Lebensjahr = Anspruch auf eine 1. Koloskopie und eine 2. frühestens 10 Jahre danach.

GOÄ Nr.	Kurzlegende	1fach €	2,3fach €
27	Krebsvorsorge bei einer Frau	18,65	**42,90**

Weitere zusätzliche Untersuchungen finden Sie im Kapitel Gynäkologie auf Seite XXX.

Krebsvorsorgeuntersuchung beim Mann

Männer haben gemäß den Richtlinien des Bundesausschusses der Ärzte und Krankenkassen nach EBM folgenden **Anspruch**:

- ab Beginn des 45. Lebensjahres die jährliche Untersuchung zur Früherkennung von Krebserkrankungen der Prostata, des äußeren Genitales und der Haut,
- ab dem 50. Lebensjahr zusätzlich die des Rektums und des übrigen Dickdarms.
- ab dem 56. Lebensjahr eine 1. Koloskopie und eine 2. frühestens 10 Jahre danach.

Zusätzliche Krebsvorsorge beim Mann

Erfolgt eine digitale rektale Untersuchung der Prostata zum Ausschluss eines Karzinoms auf Wunsch des Patienten ausserhalb einer Krebsvorsorgeuntersuchung so könnten alternativ – statt der GOÄ Nr. 28 und abhängig von der erbrachten Leistung – berechnet werden:

GOÄ Nr.	Kurzlegende	1fach €	2,3fach €
28	Krebsvorsorge bei einem Mann[1)]	16,32	**37,54**
5	Symptombezogene Untersuchung	4,66	**10,73**
6	Unterschung Nieren, harnableitende Wege, zusätzl. Untersuchung Prostata, Prüfung Bruchpforten, Hoden und Nebenhoden	5,83	**13,41**
7	Bauchorgane	9,33	**21,45**
8	Ganzkörperstatus	15,15	**34,86**
11	Mastdarm u./o. der Prostata – Digitaluntersuchung	3,50	**8,04**
3500*	Stuhl auf Blut, 3mal	5,25	**6,03**

* nur 1,15 facher Satz
[1)] Nr. 28 nicht neben 5–8, 11 und 3500 abrechenbar

Früherkennung Prostata-Karzinom

GOÄ Nr.	Kurzlegende	1fach €	2,3fach €
410	Ultraschalluntersuchung Prostata	11,66	**26,81**
420 (2x)	Ultraschalluntersuchung der Nieren rechts und links	4,66 (2x)	**10,72 (2x)**
420	Ultraschalluntersuchung ein weiteres Organ	4,66	**10,72**
403	Transrektale Ultraschalluntersuchung	8,74	**15,74**
250*	Blutentnahme	2,33	4,20
	Labor	**1fach €**	***1,15fach €**
3550**	Blutbild	3,50	**4,02**
3551**	Differential Blutbild	1,17	**1,34**
3511**	Urin-Teststreifen	2,91	**3,35**
3908**	PSA Blutuntersuchung	17,49	**20,11**

Krebsfrüherkennungsuchungen für spezielle Krebsarten

Früherkennung bösartiger Erkrankungen im Nasen-Rachen-Raum bei Risikopersonen

GOÄ Nr.	Kurzlegende	1fach €	2,3fach €
1530	Laryngoskopie	10,61	**24,40**
1533	Schwebe- oder Stützlaryngoskopie	29,14	**67,03**
1534	PE aus dem Kehlkopf	26,99	**62,07**
1418	Endoskopie der Nasenhaupthöhlen und/oder des Nasenrachenraumes	10,49	**24,13**

Früherkennung des Bronchialkarzinoms

GOÄ Nr.	Kurzlegende	1fach €	*1,8/ 2,3fach €
3	Eingehende Beratung (mind. 10 Min.) -nicht neben Sonderleistungen	8,74	**20,11**

GOÄ Nr.	Kurzlegende	1fach €	*1,8/ 2,3fach €
5135*	Röntgen – Thorax eine Ebene	16,35	**29,38**
5137*	Röntgen – Thorax ggf. mit Breischluck und Durchleuchtung in mehreren Ebenen	26,23	**47,21**
5139*	Teil der Brustorgane	10,49	**18,99**
677	Bronchoskopie oder Thorakospie	34,97	**80,44**
678	Bronchoskopie mit zusätzl. operativen Eingriff z. B. PE	52,46	**120,65**

* Zytopathologische Untersuchung des Sputums bei langjährigen Rauchern ab 45 Jahren

Geeignet für ein Massen-screeeing ist die automatisierten Sputum-Zytometrie (ASZ). Hier bei der DNA-Gehalt der Zellkerne untersucht und in ein Verhältnis zur gesamten Zellstruktur gesetzt. Dabei finden sich Muster, die als pathologisch oder nicht pathologisch zu werten sind.
Die Zelluntersuchung geschieht computergestützt und vollautomatisch, deshalb können große Sputum-Mengen analysiert werden. Fachleute halten das ASZ für mindestens so spezifisch und sensitiv wie die konventionelle Sputum-Zytologie.

Weitere Diagnostik:
- Fluoreszenz-Bronchoskopie
- Endobronchialer Ultraschall (EBUS)

Informationen zur Vorsorge des Bronchialkarzinom mit zytopathologischen Untersuchungen des Sputums erhalten Sie und Ihre Patienten im Internet unter den Adressen:
- www.med.uni-duesseldorf.de/CytoPathologie/index.html
- www.lungenkrebsvorsorge.de

Früherkennung des Colonkarzinoms

Frauen und Männern bieten die gesetzlichen und privaten Krankenversicherungen zu Darmkrebs-Früherkennung an
- vom 50. bis 55. Lebensjahr einmal jährlich ein Test auf verborgenes Blut im Stuhl
- ab dem 56. Lebensjahr Angebot einer ersten Darmspiegelung (Koloskopie) und Wiederholung dieser Vorsorgeuntersuchung zehn Jahre nach der ersten Untersuchung; der Stuhlblut-Test wird damit in diesem Alter überflüssig
- für diejenigen Versicherten, die die Darmspiegelung nicht in Anspruch nehmen wollen oder können: Angebot eines zweijährlichen Stuhlblut-Tests ab dem 56. Lebensjahr
- der Stuhlblut-Test kann auch unabhängig von einer anderen Krebs-Früherkennungs-untersuchung wahrgenommen werden

Innerhalb des langen Zeitraumes von zehn Jahren bis zur Wiederholung der Coloskopie, wünschen viele Patienten eine Kontrolle in kürzerem Abstand als IGEL-Leistung.

GOÄ Nr.	Kurzlegende	1fach €	2,3fach €
3	Eingehende Beratung (mind. 10 Min.) – nicht neben Sonderleistungen	8,74	**20,11**
690	Rektoskopie – starr oder flexibel	20,40	**46,92**
689	Sigmoidoskopie	40,80	**93,83**
687	Hohe Koloskopie bis Coecum	87,43	**201,09**
688	Partielle Koloskopie ggf. einschl. Rektoskopie	53,46	**120,65**

Wegen der geringen Sensitivität und Spezifität der Testbriefchen auf okkultes Blut ist eine immunologische Testung (Spezifität etwa 95 %) sinnvoll:

GOÄ Nr.	Kurzlegende	1fach €	**1,15/ 2,3fach €
3	Eingehende Beratung (mind. 10 Min.) – nicht neben Sonderleistungen	8,74	**20,11**

GOÄ Nr.	Kurzlegende	1fach €	**1,15/ 2,3fach €
A3747**	Hämoglobin, immunologisch – **analog** GOÄ Kurztext Nr. 3747: Haptoglobin	10,49	**12,07**
A3747**	Hämoglobin – Haptoglobin – Komplex, immunologisch – **analog** GOÄ Kurztext Nr. 3747: Haptoglobin	10,49	**12,07**

Früherkennung des Harnblasenkarzinoms

GOÄ Nr.	Kurzlegende	1fach €	2,3fach €
3	Eingehende Beratung (mind. 10 Min.) – nicht neben Sonderleistungen	8,74	**20,11**
1785	Zystoskopie	12,07	**27,75**
1786	Zystoskopie einschl. Gewebeentnahme	20,69	**47,59**

Weitere Diagnostik:
- Fluoreszenz-Zystoskopie
- Tumormarker NMP22 (Nuclear matrix protein 22)

Früherkennung des Hautkrebses

GOÄ Nr.	Kurzlegende	1fach €	2,3fach €
3	Eingehende Beratung (mind. 10 Min.) – nicht neben Sonderleistungen	8,74	**20,11**
7	Untersuchung der Haut	9,33	**21,45**
750	Auflichtmikroskopie (Dermatoskopie)	6,99	**16,09**
612 A	Video-system-gestützte Untersuchung und Bilddokumentation von Muttermalen – analog (Empfehlung der BÄK) – GOÄ § 6 (2) GOÄ Kurztext Nr. 612: Ganzkörperplethysmographische Bestimmung der absoluten und relativen Sekundenkapazität und des Atemwegwiderstandes...	44,12	**110,31**

Es erscheint sehr sinnvoll, dass der Dermatologe seinen Patienten über die für die Selbstuntersuchung geltende ABCD-Regel unterrichtet und ihn damit sensibilisiert einen Leberfleck einzuschätzen und den Arzt aufzusuchen, wenn mindestens eines der folgenden Merkmale zutrifft:

A wie Asymmetrie
B wie Begrenzung
C wie colour
D wie Durchmesser

Zusätzlich Faktoren, auf die aufmerksam gemachen werden sollten, sind:
- Größenzunahme und
- Formveränderung vorhandener Leberflecken,
- Juckreiz und
- Blutung aus einem Mal.

2.3 Spezielle Vorsorge und Praevention im Bereich einzelner Fachgebiete

Im diesem Teil sind die speziellen praeventiven Leistungen einzelner Fachgebieten aufgeführt, die auf Patientenwunsch erbracht werden.

Prävention: Augenheilkunde

Früherkennung von Schwachsichtigkeit und Schielen im Kleinkind- und Vorschulalter

Die augenärztliche Untersuchung auf Amblyopie und Strabismus umfasst

- Inspektion der Augen und der Adnexe
- Prüfung der Augenstellung und der Beweglichkeit, dabei sind Ab- und Aufdeck-Test und Brückner-Test anzuwenden.
- Bestimmung der Sehschärfe entsprechend dem Alter
- Objektive Refraktionsbestimmung in Zykloplegie (Skiaskopie oder Refraktometer)
- Betrachtung des zentralen Augenhintergrundes
- Prüfung der sensorischen Binokularfunktion mit Stereopsis (z. B. Lang-Titmous-, TNO-Test)

GOÄ Nr.	Kurzlegende	1fach €	2,3fach €
3	Eingehende Beratung (mind. 10 Min.) – nicht neben Sonderleistungen	8,74	**20,11**
6	Untersuchung Augen	5,83	**13,41**
1200	Subj. Refraktionsbestimmung mit sphärischen Gläsern	3,44	**7,91**
1201	Subj. Refraktionsbestimmung mit. sphärischen-zylindr. Gläsern	5,19	**11,93**
1202	Objekt. Refraktionsbestimmung	4,32	**9,92**
1216	Untersuchung auf Heterophorie bzw. Strabismus	5,30	**12,20**

Glaukomfrüherkennung

GOÄ Nr.	Kurzlegende	1fach €	*1,8/ 2,3fach €
3	Eingehende Beratung (mind. 10 Min.) – nicht neben Sonderleistungen	8,74	**20,11**
6	Untersuchung Augen	5,83	**13,41**
1240	Spaltlampenmikroskopie	4,31	**9,92**
1256*	Tonometrie	5,83	**10,49**

Prävention: Dermatologie

Allergie-Testung auf Patientenwunsch

GOÄ Nr.	Kurzlegende	1fach €	*1,8/ 2,3fach €
1	Beratung, auch tel.	4,66	**10,72**
3	Eingehende Beratung, auch tel.	8,74	**20,11**
5	Symptombezogene Untersuchung	4,66	**10,73**
7	Untersuchung mind. eines Organssystems: Bauchorgane – Brustorgane – weibl. Genitaltrakt – Haut – Stütz- u. Bewegungsorgane	9,33	**21,45**
250*	Blutentnahme aus Vene	2,33	**4,20**
385	Pricktest, je Test (1.–20. Test je Behandlungsfall)	2,62	**6,03**
386	Pricktest, je Test (21.–40. Test je Behandlungsfall)	1,75	**4,02**
GOÄ Nr.	**Kurzlegende**	**1fach €**	***1,15fach €**
3572*	Immunglobulin E (IgE)	14,57	**16,76**
3891*	Einzelallergentest z. B. RAST	14,57	**16,76**

Haut-Check

GOÄ Nr.	Kurzlegende	1fach €	*1,8/ 2,3fach €
1	Beratung, auch tel.	4,66	**10,72**
3	Eingehende Beratung, auch tel.	8,74	**20,11**
5	Symptombezogene Untersuchung	4,66	**10,73**
7	Untersuchung mind. eines Organssystems: Bauchorgane – Brustorgane – weibl. Genitaltrakt – Haut – Stütz- u. Bewegungsorgane	9,33	**21,45**
750	Auflichtmikroskopie, je Sitzung	6,99	**16,09**
612 analog	Videosystem gestützte Untersuchung und Bilddokumentation von Hautmalen – analog GOÄ Nr. 612 – entspr. GOÄ § 6 (2)[1)]	44,12	**79,42**

[1)] Bei analogen Leistungen muss – mind. in Kurzform – auch die Original-Leistungslegende angegeben werden.

Prävention: Gynäkologie – Schwangerschaft

Häufige zusätzliche Krebs-Vorsorgeuntersuchungen für Frauen

Die nachfolgend aufgelisteten **GOÄ-Leistungen sind** ggf. **um zusätzliche Untersuchungen** (GOÄ Nrn. 7, 8, 29) und/oder Beratungen (GOÄ Nr. 3, 34) zu **erweitern**, wenn für die Krebsvorsorgeuntersuchung auf Patientinnenwunsch nicht die Nr. 27 angesetzt wird.

GOÄ Nr.	Kurzlegende	1fach €	*1,8/ 2,3fach €
410	Ultraschalluntersuchung der Gebärmutter	11,66	**26,81**
420 (2x)	Ultraschalluntersuchung der Ovarien rechts und links	4,66 (2x)	**10,72 (2x)**
420	Ultraschalluntersuchung ein weiteres Organ	4,66	**10,72**
403*	Transvaginale Ultraschalluntersuchung	8,74	**15,74**
250*	Blutentnahme	2,33	**4,20**
	Labor	**1fach €**	***1,15fach €**
3508**	Nativpräparat Vaginalsekret	4,66	**5,36**
3550**	Blutbild	3,50	**4,02**
3551**	Differential Blutbild	1,17	**1,34**
3511**	Urin-Teststreifen *(nicht neben Nr. 27)*	2,91	**3,35**
3500*	Stuhl auf Blut, 3mal	5,25	**6,03**

Früherkennung Mammakarzinom

Mammographie und/oder Ultraschall der Brust zur Früherkennung des Mammakarzinoms bei Frauen ohne relevante Risikofaktoren auf besonderen Wunsch der Frau Als alleinige Untersuchungsmethode hat die Ultraschalluntersuchung nicht die Aussagekraft einer Mammographie. Aber Ultraschall und Mammographie ergänzen sich.

Indikationen zum Einsatz der Mammasonographie sind

- Kontrolle unklarer Tastbefunde
- mammographisch darstellbare, aber nicht sicher beurteilbare Veränderungen
- Unterscheidung homogener oder zystischer Tumor
- sonographisch gesteuerte Tumorpunktion
- Nachkontrolle nach Mamma-OP, z. B. Einsatz der farbkodierten Sonographie zur Darstellung auffälliger Gefäßmuster

GOÄ Nr.	Kurzlegende	1fach €	*1,8/ 2,3fach €
5265*	Mammographie einer Seite, in einer Ebene	17,49	**31,48**
5266*	Mammographie einer Seite, in zwei Ebenen	26,23	**47,21**
5267*	Ergänzende Ebene(n), Spezialprojektion(en), im Abschluss an Nr. 5266	8,74	**15,74**
418	Ultraschalluntersuchung einer Brustdrüse z. B. rechts	12,24	**28,15**
420	+ Ultraschalluntersuchung linke Mamma	4,66	**10,72**

MR-Mammographie

Zahlreiche radiologische Praxen bieten eine **MR-Mammographie als IGEL-Leistung** an, um der Patientin zusätzliche Sicherheit zu geben, dass eine Krebserkrankung unwahrscheinlich ist. Ein Gynäkologe, der seinen Patientinnen diese Untersuchung zusätzlich anbieten möchte, sollte mit einem radiologischen Kollegen kooperieren.

GOÄ Nr.	Kurzlegende	1fach €	*1,8/ 2,3fach €
1	Beratung	4,66	**10,72**
5	körperliche Untersuchung (Tastbefund)	4,66	**10,73**
5721*	MRT der Mammae (Brust)	233,15	**419,67**
5731*	ergänzende Serie nach i.v. Kontrastmittel	58,29	**104,92**
5733*	computergestützte Analyse, Kinetik – nur 1facher Satz möglich	**46,63**	–
346	Hochdruck-Kontrastmittel-Injektion	17,49	**40,22**

Kernspintomographie in der Brustkrebs-Diagnostik

In der Tumordiagnostik des Mammacarc. wird in den letzten Jahren öfter die MRT eingesetzt, um – so informiert die **Deutsche Krebsgesellschaft** (http://www.krebsgesellschaft.de/pat_ka_brustkrebs_diagnose_mrt,114334.html)

... „Informationen über Lage und Größe eines Tumors zu gewinnen. Aufgrund des oftmals unterschiedlichen Wasserstoffgehaltes ist eine Unterscheidung zwischen bösartigem und gesundem Gewebe möglich. Die Kernspintomographie entwickelt sich mehr und mehr zu einem wichtigen Zusatzverfahren auch in der Brustkrebs-Diagnostik. Sie wird insbesondere bei speziellen Fragestellungen eingesetzt:

- Ausschluss sehr kleiner, in der Mammographie nicht sichtbarer Geschwüre bei einem bereits bekannten Tumor
- Kontrolle der Tumorentwicklung während einer Therapie
- Unterscheidung zwischen Narbengewebe nach einer Brustoperation und einem neu aufgetretenen Tumor (Rezidiv)
- Untersuchung von Frauen mit Brustimplantaten
- Früherkennungsuntersuchung bei Patientinnen mit hohem Risiko aufgrund familiär gehäuftem Brust- und/oder Eierstockkrebs

Bisher zahlen die Krankenkassen die Brust-MRT nur in Ausnahmefällen, auch weil das Verfahren wesentlich teurer ist als die Mammographie. Außerdem ist die MRT sehr empfindlich, aber nicht spezifisch genug, d. h. durch MRT erkannte Veränderungen müssen nicht unbedingt bösartig sein, können also zu unnötigen Zusatzuntersuchungen führen. Nur bei jungen Frauen mit einem erblichen. stark erhöhten Krebsrisiko wird die Kernspinuntersuchung zur gesetzlichen Früherkennung angewandt, da in diesem Alter die Mammografie wegen des dichten Drüsengewebes oft nicht sehr aussagekräftig ist. Zudem soll gerade diesen Patientinnen jede unnötige Strahlenbelastung erspart werden.

Ob die Kernspintomografie so starke Vorteile gegenüber derzeit üblichen Untersuchungen hat, dass sie in Zukunft routinemäßig für alle Frauen in der Brustkrebs-Diagnostik eingesetzt werden kann, wird noch in Studien untersucht...

... Kernspintomographie zur Früherkennung

Kernspinuntersuchungen werden nicht routinemäßig zur Früherkennung von Brustkrebs eingesetzt. Ausnahme: Bei Frauen mit einem erblichen stark erhöhten Krebsrisiko beginnt das Früherkennungsprogramm oft schon mit 25 oder 30. In diesem Alter ist die Mammographie wegen des dichten Drüsengewebes oft nicht sehr aussagekräftig, daher wird hier die Kernspinuntersuchung angewandt. Zudem soll gerade diesen Patientinnen jede unnötige Strahlenbelastung erspart werden...“

Kernspintomographie wird von zahlreichen niedergelassenen Radiologen und von Radiologischen Abteilungen von Krankenhäuser – besonders von Universitätskrankenhäusern als das „sicherste Verfahren“ zum Früherkennen von Brustkrebs angeboten.

Endometriumkarzinom

Sonographische Bestimmung der Endometriumdicke zur Früherkennung des Endo-metriumkarzinoms. In der Regel wird der gesamte Unterbauch untersucht, so dass ein zusätzlicher Ansatz der GOÄ-Nr. 420 stattfindet.

GOÄ Nr.	Kurzlegende	1fach €	2,3fach €
410	Ultraschalluntersuchung eines Organs	11,66	**26,81**
420	Ultraschalluntersuchung bis zu 3 weiteren Organen, je Organ	4,66	**10,72**

Früherkennung des Zervixkarzinoms – HPV-Screening

Optimierte zytologische Diagnostik mittels Flüssigkeits-Zytologie (z. B.Thin-Prep, Autocyte). Ggf. laborchemische Untersuchung auf Humane Papilloma-Viren (HPV-Test) zur Abklärung eines erhöhten Risikos für die Entwicklung eines Zervixkarzinoms.
Der Test ist nicht im Krebsfrüherkennungsprogramm aufgenommen und wird auch nicht von den Kassen bezahlt.

GOÄ-Nr.	Kurzlegende	1fach €	*1,15/ 2,3fach €
1	Beratung, auch tel.	4,66	**10,73**
3	Eingehende Beratung, auch tel. (mind. 10 Min.) nicht neben Sonderleistungen	8,74	**20,11**
297	Entnahme und Aufbereitung von Abstrichmaterial zur zytologischen Untersuchung – ggf. einschließlich Fixierung	2,62	**6,03**
GOÄ-Nr.	**Kurzlegende**	**1fach €**	***1,15 €**
4782*	Enzymatische Transkription von RNA mittels reverser Transkriptase	29,14	**33,52**
4783*	Amplifikation von Nukleinsäuren o. Nukleinsäurefragmenten mit Polymerasekettenreaktion (PCR)	29,14	**33,52**
4784*	Amplifikation von Nukleinsäuren oder Nukleinsäurefragmenten mit geschachtelter Polymerasekettenreaktion (nested PCR)	58,29	**67,03**
4785*	Identifizienzng von Nukleinsäurefragmenten durch Hybridisierung mit radioaktiv oder nichtradioaktiv markierten Sonden und nachfolgender Detektion, je Sonde	17,49	**20,11**

Häufige zusätzliche Untersuchungen bei weiblicher Krebsvorsorge
Häufig werden im Rahmen der Krebsvorsorge von der Patientin zusätzliche Untersuchungen gewünscht z. B.:

- **HIV-Testung**
- **Osteoporose-Vorsorge** Osteodensitometrie (Knochendichtemessung) ggf.
  - **Laborcheck: Osteoporose-Risiko**
  - **kleines Profil:** Knochen-AP, Vitamin D3, Pyridinolin-Crosslinks, Ca, Phosphat
  - **großes Profil, einschließlich hormonelle Ursachen:** Knochen-AP, Calcium, Phosphat, Vitamin D3, Parathormon, Östradiol, Testosteron, Osteocalcin, Pyridinolin-Crosslinks
- **Osteoporose-Veranlagung:** Untersuchung Vitamin-D-Rezeptortyp

Gynäkologische Komplett-Vorsorge-„Frauen-Gesundheits-Check"

Der „Frauen-Gesundheits-Check" orientiert sich an der ausgedehnten Krebsvorsorge und bezieht ggf. Mammographie und Sonographie der Mammae mit ein. Zu diesem Wunsch-Check-up der Frau gehören **Blutdruckmessung, Blutzuckermessung** und auch eine **Kontrolle des Impfstatus** - ggf. Bestimmung Röteln-Antikörper bei ganz jungen Frauen. Bei z. B. internistisch, dermatologisch oder anderen auffälligen Befunden sollte eine Überweisung zur weiteren Abklärung erfolgen.

GOÄ Nr.	Kurzlegende	1fach €	*1,8/ 2,3fach €
3	Eingehende Beratung (mind. 10 Min.) – nicht neben Sonderleistungen	8,74	**20,11**
7	Untersuchung weiblicher Genitaltrakt	9,33	**21,45**
410	Ultraschalluntersuchung der Gebärmutter	11,66	**26,81**
420 (2x)	Ultraschalluntersuchung der Ovarien rechts und links	4,66 (2x)	**10,72** (2x)
403*	Transvaginale Ultraschalluntersuchung	8,74	**15,74**
5265*	Mammographie einer Seite, in einer Ebene	17,49	**31,48**
5266*	Mammographie einer Seite, in zwei Ebenen	26,23	**47,21**

GOÄ Nr.	Kurzlegende	1fach €	*1,8/ 2,3fach €
5267*	Ergänzende Ebene(n), Spezialprojektion(en), im Abschluss an Nr. 5266	8.74	**15,74**
418	Ultraschalluntersuchung einer Brustdrüse z. B. rechts	12,24	**28,15**
420	+ Ultraschalluntersuchung linke Mamma	4,66	**10,72**
250*	Blutentnahme	2,33	**4,20**
	Labor	**1fach €**	**1,15fach €**
3508**	Nativpräparat Vaginalsekret	4,66	**5,36**
3550**	Blutbild	3,50	**4,02**
3551**	Differential Blutbild	1,17	**1,34**
3511**	Urin-Teststreifen (nicht neben Nr. 27)	2,91	**3,35**
3560*	Glukose	2,33	**2,68**
3500*	Stuhl auf Blut, 3mal	5,25	**6,03**

Osteoporose-Vorsorge

Bei Frauen in der Postmenopause wie auch Männern ab dem 50. Lebensjahr und Patienten mit bekannten Risikofaktoren wie

- Menopause vor dem 45. Lebensjahr
- einseitige Ernährung mit Defizit an Kalzium und Vitamin D
- Bewegungsmangel
- starkem Nikotin- und Alkoholabusus
- Chronischen Colonerkrankungen
- Verwandten ersten Grades mit Osteoporose in der Anamnese

ist eine Bestimmung des Osteoporose-Risikos auf Patienten-Wunsch sinnvoll. Weitere Informationen und Indikationen finden Sie in diesem Kapitel im Bereich Orthopädie.

Osteodensitometrie (Knochendichtemessung)

GOÄ Nr.	Kurzlegende	1fach €	1,8fach €
5380*	Osteodensitometrie von Skelettteilen mit quant. CT oder digitaler Röntgentechnik	17,49	**31,48**
5377*	Zuschlag f. computergesteuerte Analyse, einschl. 3D-Rekonstruktion	**46,63**	**-**
5475*	Osteodensitometrie von Skelettteilen mittels Dual-Photonen-Absorptionstechnik	17,49	**31,48**

Abrechnungshinweis: Der Zuschlag nach Nr. 5377 ist nur mit 1fachem Gebührensatz abrechenbar. Der Zuschlag soll nach Vorschlag des Berufsverbandes der Orthopäden den besonderen Aufwand der Auswertung der Messung berücksichtigen
Röntgen: Brust und Wirbelsäule

Laborcheck:

Osteoporose-Risiko:

- **kleines Profil:** Knochen-AP, Vitamin D3, Pyridinolin-Crosslinks, Ca, Phosphat.
- **großes Profil, einschließlich hormonelle Ursachen:** Knochen-AP, Calcium, Phosphat, Vitamin D3, Parathormon, Östradiol, Testosteron, Osteocalcin, Pyridinolin-Crosslinks, Ostase.

Osteoporose-Veranlagung/genetisches Risiko: Vitamin-D-Rezeptortyp.

Ausschluss Infektionen bei Schwangerschaftswunsch

GOÄ-Nr.	Kurzlegende	1fach €	*1,15/ 2,3fach €
1	**Beratung, auch tel.**	4,66	**10,73**
3	**Eingehende Beratung, auch tel.** (mind. 10 Min.) nicht neben Sonderleistungen	8,74	**20,11**

GOÄ-Nr.	Kurzlegende	1fach €	*1,15/ 2,3fach €
250*	Blutentnahme i.v.	2,33	**4,20**
GOÄ-Nr.	**Kurzlegende**	**1fach €**	***1,15 €**
4378*	Antikörper – Cytomegalie-Virus (IgG und IgM)	13,99	**16,09**
4382*	Antikörper – Hepatitis A-Virus (IgG und IgM)	13,99	**16,09**
4384*	Antikörper – Herpes simplex-Virus (IgG und IgM)	13,99	**16,09**
4388*	Antikörper – Varizella Zoster-Virus (IgG und IgM)	13,99	**16,09**
4406*	Antikörper- Hepatitis C-Virus	23,31	**26,81**
4461*	Antikörper – Toxoplasma gondii	13,41	**15,42**

Schwangerschaftsvorsorge

Im Internet (http://www.labor-enders.de/65.html) veröffentlicht das **Labor Enders -**Prof. Dr. med. Gisela Enders & Kollegen, MVZ GbR – eine übersichtliche Informationsschrift für Patientinnen über „Empfohlene Untersuchungen in der Schwangerschaft“ .Wir haben die Aufstellung in Tabellenform, die vom Labor auch für Patientinnen abgebildet ist, hier nachfolgend übernommen:

Übersicht der Untersuchungen und Vorsorgemaßnahmen – in einer Schwangerschaft

In Spalte A der Tabelle sind die Routine-Untersuchungen aufgeführt, die bei jeder Schwangeren durchgeführt werden. Sie sind in den Mutterschaftsrichtlinien vorgeschrieben (obligatorisch) und werden von den gesetzlichen Krankenkassen bezahlt (**Kassenleistung**).

In **Spalte B** (hellgrauer Raster) finden Sie weitere Untersuchungen und Maßnahmen, die nur auf Ihren Wunsch hin durchgeführt werden und die Sie selbst bezahlen müssen (**Individuelle Gesundheitsleistung/IGeL**).

Sind Sie privat versichert, werden diese Leistungen von Ihrer Krankenkasse erstattet. **Lassen Sie sich beraten, welche dieser Untersuchungen für Ihre individuelle Vorsorge sinnvoll sind.**

Zeitpunkt im Verlauf der Schwangerschaft	A. Obligatorische Mutterschaftsvorsorge (Kassenleistung)	B. IGeL/Individuelle Gesundheitleistung (Selbstzahler)
möglichst früh in der Schwangerschaft (Erstuntersuchung bei Frauenarzt/-ärztin)	**Allgemeinuntersuchung** – gynäkologisch – Gewichtskontrolle – Blutdruckmessung **Mittelstrahlurin:** – Eiweiß, Zucker, Sediment **Blut:** – Hämoglobin – Blutgruppe, Rh-Faktor – 1. Antikörpersuchtest – ggf. Röteln – Syphilis – HIV (nur mit Einverständnis) **Morgenurin:** Chlamydien	**Antikörper(Ak)-Status Blut:** – Zytomegalie – Toxoplasmose **– Ringelröteln** **– Windpocken** **Folsäure-Prophylaxe** so früh wie möglich beginnen (bis mindest. 12. SSW) **Jod-Prophylaxe** **TSH-Bestimmung**
bis 32. SSW alle 4 Wo. danach alle 2 Wo. bis zur Geburt	**Allgemeinuntersuchung** – Gewichtskontrolle – Blutdruckmessung – Kontrolle Gebärmutterstand, kindliche Herztöne, Lage des Kindes **Mittelstrahlurin:** – Eiweiß, Zucker, Sediment **Blut (ab 6.Monat):** – Hämoglobin	**Zusätzliche Ultraschall (US)-Untersuchungen oder 3D-Ultraschall** sind zu verschiedenen Zeitpunkten in der Schwangerschaft möglich

Zeitpunkt im Verlauf der Schwangerschaft	**A. Obligatorische Mutterschaftsvorsorge (Kassenleistung)**	**B. IGeL/Individuelle Gesundheitleistung (Selbstzahler)**
9.–12. SSW	**1. Ultraschall-Screening**	evtl. kombiniert mit:
12.–14. SSW		Screening auf Trisomie 21 („Ersttrimester-Screening"/ Harmony-Test) und/oder Screening auf Präeklampsie
16.–20. SSW		Screening auf **offenen Rücken**
9.–22. SSW	**2. Ultraschall-Screening**	
20.–24. SSW		**US-Feindiagnostik + Farbdoppler**
24.–27. SSW	**Blut:** – 2. Antikörpersuchtest – Screening auf **Schwangerschaftsdiabetes**: „einfacher" oraler Glukosetoleranztest („50 g-oGTT")	**Blut:** – Screening auf **Schwangerschaftsdiabetes**: „großer" roraler Glukosetoleranztest („75 g-oGTT")
29.–32. SSW	**3. Ultraschall-Screening**	
ab 32. SSW	**Blut:** Hepatitis B	
35.–37. SSW		vaginaler und rektaler Abstrich: B-Streptokokken
36. SSW		zusätzlicher US vor Entbindung

SSW = Schwangerschaftswoche; Ak = Antikörper

Hinweis: zu den in Spalte B unterstrichenen Erkrankungen gibt das Labor weitere Patienten-Informationen heraus.

Schwangerenvorsorge: Zusatzdiagnostik auf Wunsch der Schwangeren

GOÄ Nr.	Kurzlegende	1fach €	*1,8/ 2,3fach €
23	Erste Vorsorgeuntersuchung in der Schwangerschaft	17,49	40,22
415	Sonographische Untersuchung auf Vitalität des Feten in der 6.–8. Schwangerschaftswoche	17,49	40,22
415	Zusätzliche sonographische Schwangerschaftsuntersuchung auf Wunsch der Schwangeren bei Nicht-Risiko-Schwangerschaften („Baby-Fernsehen") – ggf. einschl. Geschlechtsbestimmung	17,49	40,22
24	Untersuchung im Schwangerschaftsverlauf	11,66	26,81
250*	Blutentnahme	2,33	4,20
	Labor	**1fach €**	***1,15fach €**
3982*	Blutgruppen-Bestimmung ABO-Merkmale, Rhesusfaktor	17,49	20,11
3987*	Antikörpersuchtest	8,16	9,38
4395*	HIV – Test	17,49	20,11
3743*	AFP	14,57	16,76
4024*	β-HCG	14,57	16,76
4027*	Östriol	14,57	16,76
	Toxoplasmose		

GOÄ Nr.	Kurzlegende	1fach €	*1,8/ 2,3fach €
	Zytomegalie		
	Triple-Test zur Risikoabschätzung M. Down und Neuralrohrdefekt		

Triple-Test auf Wunsch der schwangeren Patientin

Bei Schwangere ab 35 Jahren wird dieser Test von der gesetzlichen Krankenkasse bezahlt. Jüngere Schwangere müssen ihn selber zahlen.

GOÄ-Nr.	Kurzlegende	1fach €	*1,15/ 2,3fach €
1	Beratung, auch tel.	4,66	**10,73**
3	Eingehende Beratung, auch tel. (mind. 10 Min.) nicht neben Sonderleistungen	8,74	**20,11**
250*	Blutentnahme i.v.	2,33	**4,20**
GOÄ-Nr.	**Kurzlegende**	**1fach €**	***1,15 €**
3743*	Alpha-Fetoproteine (AFP)	14,57	**16,76**
4024*	Humanes Choriongonadotropin (HCG)	14,57	**16,76**
4027*	Östriol	14,57	**16,76**

Prävention: Hals-, Nasen-, Ohrenheilkunde

Hörprüfung

GOÄ-Nr.	Kurzlegende	1fach €	*1,15/ 2,3fach €
1	**Beratung, auch tel.**	4,66	**10,73**
3	Eingehende Beratung, auch tel.	8,74	**20,11**
5	Symptombezogene Untersuchung	4,66	**10,73**
6	HNO Untersuchung	5,83	**13,41**
1403*	Tonschwellenaudiometrische Untersuchung, auch beidseitig	9,21	**16,58**
1407	Impedanzmessung am Trommelfell u./o. an den Binnenohrmuskeln (z. B. Stapedius-Lautheitstest), auch beidseitig	10,61	**24,40**
1415	Binokularmikroskopische Untersuchung des Trommelfells und/oder der Paukenhöhle zwecks diagnostischer Abklärung, als selbständige Leistung – *Kommentar: Nur zur Abklärung krankhafter Veränderungen*	5,30	**12,20**

Praevention: Labordiagnostik

Laborgestützte Prävention

Die im Rahmen der Gesundheitsuntersuchung im GKV-Bereich vorgesehenen Laborleistungen sind nur die Bestimmung von **Gesamtcholesterin, Glukose** und der **Harnstreifentest**. Natürlich dürfen weitergehende Laborparameter erhoben werden, wenn sich dazu ein Anlass (Verdacht oder Ausschluss einer Erkrankung) ergibt. Bei der Krebsfrüherkennung nach GKV der Test auf okkultes Blut nur mit modifizierten Guajak-Tests.

Moderne Labormedizin bietet erheblich mehr Möglichkeiten zur Diagnostik. Einige bewährte Laboruntersuchungen, die je nach den individuellen Bedürfnissen des Patienten einzeln oder in Kombination angeboten werden können, werden nachfolgend aufgeführt. Spezielle Laborparameter finden Sie auch unter dem Kapitel: Vorsorge und Praevention aufgelistet.
Die Autoren sind der Frage: Was bieten im Internet medizinische Labore im Rahmen IGeL-Untersuchungen den Ärzten und Patienten an. Hier eine Auswahl, die in der Praxis durchaus als „Ideen-Geber" fungieren könnte:

▶ Das Angebot des **Bioscientia Institut für Medizinische Diagnostik GmbH** in Ingelheim (http://www.bioscientia.de/de/service/igel-angebote/igel-labor-angebote/) umfasst mehr als 40 Fragestellungen aus den Bereichen Vorsorge, Service und Wellness:
- Alkohol
- Arteriosklerose-Risiko
- Blutfette-Basis-Check
- Blutgruppenbestimmung
- Borreliose und FSME
- Chronische Müdigkeit
- Darmkrebsvorsorge: Immunologischer Stuhltest
- Diabetes-Risiko-Check
- Drogenscreening
- Dysbiose
- Eisenmangel-Check
- Fertilitäts-Check
- Gebärmutterhalskrebs-Risiko (HPV-Test)
- Gesundheits-Check-up
- Haarausfall
- Hämochromatose (Eisenspeicherkrankheit)
- Hashimoto-Thyreoiditis
- Helicobacter pylori
- Hepatitis C
- Herzinfarkt-Risiko-Check
- HIV
- Homocystein
- Immunstatus
- Labor-Check-up
- Leber-Risiko-Check
- Metabolisches Syndrom
- MRSA
- Niereninsuffizienz
- Osteoporose-Diagnostik
- Oxidativer Stress/Freie Radikale/Antioxidantien
- Prostatakrebs: PSA
- Prostatakrebs: PCA3-Gentest
- Reisemedizin (Impfschutz)
- Rheuma-Risiko
- Sexuell übertragbare Erkrankungen
- Sterilitätsvorsorge (Chlamydien-Test)
- Testosteron-Mangel
- Thrombose-Risiko

- Tumormarker
- Vitalstoff-Check
- Vitamin B 12
- Vitamin D
- „Wechseljahre“ der Frau
- Schwangerschaft: Störungen der Erbanlagen: Down-Syndrom
- Schwangerschaft: Toxoplasmose Screening
- Schwangerschaft: B-Streptokokken
- Schwangerschaft: Cytomegalievirus-Infektion
- Schwangerschaft: Ringelröteln (Parvovirus-B19)

► Das Institut für Medizinische Diagnostik Oderland (http://www.imd-oderland.de/einsender-igel.html) bietet speziell für den Bereich **Individuelle Labormedizin (IGeL) – Gynäkologie** auf ihren Anforderungsbogen u. a. folgende Untersuchungen an:

- **Darmkrebs-Vorsorge**
  Hämoglobin/Haptoglobin, Tumor-M2-PK
- **Gebärmutterhalskrebs-Vorsorge**
  HPV-Genotypisierung
- **Osteoporose-Risiko**
  Kalzium, Phosphat, Cross links, TRAP-5b, 25-(OH)-Vitamin D
- **Sexuell übertragbare Erkrankungen**
  Profiluntersuchung: HIV-Infektion, Hepatitis B, Hepatitis C, Syphilis Einzelanforderung: HIV-Infektion, Hepatitis B (HBsAg, anti-HBs, anti-HBc), Hepatitis C, Syphilis, Gonorrhoe (DNA-Nachweis, Chlamydien-Infektion (DNA-Nachweis)
- **B-Streptokokken**
  Kulturansatz und Identifizierung, Empfindlichkeitsprüfung
- **Blutgruppenbestimmung** (Mädchen, gebärfähige Frauen), AB0, Rh-Merkmale, Kell-Merkmale, Antikörpersuchtest
- **Blutgruppenbestimmung (allgemein)** AB0, Rh-Merkmal D, Antikörper-suchtest
- **Pränatale Risikopräzisierung**
  Integratives Testen: (1. u. 2. Trimenon) PAPP-A, AFP, hCG,
  Double Test: (2. Trimenon) AFP, hCG
- **Infektionsrisiko für die Schwangerschaft**
  Toxoplasmose
  IgG, IgM (ggf. Toxoplasmose-ISAGA)
  Immunität (Profiluntersuchung)
  CMV (IgG), Ringelröteln (IgG), Röteln (IgG), VZV (IgG)
  Immunität (Einzelanforderung)
  CMV (IgG) – Ringelröteln (IgG) – Röteln (IgG) – VZV (IgG)

Endokrinologie
Kann ich schwanger werden? (Blutentnahme 20.–22. Zyklustag)
17ß-Östradiol, Progesteron, AMH

Ist eine orale Kontrazeption noch erforderlich? (Blutentnahme 7.–10. Zyklustag)
FSH, LH, 17ß-Östradiol, AMH

- **Spurenelemente**
  Kalzium, Magnesium, Phosphat, Selen, Zink
- **Haargesundheit** (Blutentnahme 7.–10. Zyklustag)
  TSH, Testosteron, SHBG (freier Androgenindex), DHEAS, LH, FSH, 17ß-Östradiol, Ferritin, aktives Vitamin B12, Folsäure, Zink, Magnesium
- **Vitamine**
  Folsäure, 25-(OH)-Vitmin D, Vitamin H, Vitamin B6, aktives Vitamin B12

Häufige Bestimmungen präventiver Laborparameterin der Praxis

Untersuchungskomplex Analysen	GOÄ-Ziffer
Adipositas-Profil	
Cortisol	4020
Homocystein	3737
Lipoprotein (a)	3730
TSH	4030
Eisenmangel	
Blutbild, klein	3550
Ferritin	3742
Transferrin-Sättigung	3575+3620
Gesundheits-Checkup groß	
Blutbild groß	3550+3551
CRP	3741
Cholesterin	3562
HDL-Cholesterin	3563
LDL-Cholesterin	3564
Triglyceride	3565
Glucose nüchtern	3560
HbA1c	3561
Harnsäure	3583
Kreatinin	3585
GPT	3595
GGT	3592
Eiweiß gesamt	3573
Natrium	3558
Kalium	3557
Calcium	3555
Ferritin	3742
Homocystein	3737
Gesundheits-Checkup klein	
Blutbild, klein	3550
Cholesterin	3562
Glucose nüchtern	3560
Harnsäure	3583
Kreatinin	3585
GPT	3595
Calcium	3555
Ferritin	3742

Untersuchungskomplex Analysen	GOÄ-Ziffer
Herzinfarkt/Schlaganfall-Risiko	
CRP ultrasensitiv	3741
Fibrinogen	3933
Lipoprotein(a)	3730
Homocystein	3737
Cholesterin	3562
HDL Cholesterin	3563
LDL_Cholesterin	3564
Triglyceride	3565
Glucose	3560
Thrombose-Risiko (Thrombophilie-Profil)	
Antithrombin III	3930
APC-Resistenz	A3951
Fibrinogen	3934
Protein-C Aktivität	3951
Protein-S Aktivität	3953
Cardiolipin-AK	3869
AK gegen ß2-Glykoprotein	3877
Thrombozyten	3550
Impfstatus Überprüfung des Immunschutzes	
Diphterie-AK	4291
FSME-AK	4379
Hepatitis A	4382
Hepatitis B	4381
Masern-IgG	4385
Mumps-IgG	4386
Pertussis-IgG	4291
Polio-AK, I, II, III	3 x 4363
Röteln-IgG	4387
VZV (Varizellen-) IgG	4388
Osteoporose-Vorsorge, klinisches Risiko	
Ostase (BAP)	4069
ß-Crosslaps	A4062
Calcium	3555
Phosphat	3580
Vitamin D	4138+4139
Parathormon	4056
Osteoporose-Risiko Gentest	
Col1A1 Genotyp	

Prävention: Neurologie

Doppler-sonographische Untersuchungen der hirnversorgenden Gefäßen

GOÄ-Nr.	Kurzlegende	1fach €	*1,8/ 2,3fach €
3	Eingehende Beratung (mind. 10 Min.) – nicht neben Sonderleistungen	8,74	**20,11**
5	Symptombezogene Untersuchung	4,66	**10,73**
800	Neurologische Untersuchung	11,37	**26,14**
645*	Doppler-Sonographie	37,89	**68,20**
649	Transkranielle Doppler-Sonographie	37,89	**68,20**

Brain-Check

GOÄ Nr.	Kurzlegende	1fach €	2,3fach €
3	Eingehende Beratung (mind. 10 Min.) – nicht neben Sonderleistungen	8,74	**20,11**
1	Beratung	4,66	10,72
7	Untersuchung eines Organsystems	9,33	21,46
800	Neurologische Untersuchung	11,37	26,15
801	Psychiatrische Untersuchung	**14,57**	**33,51**
857	Orientierende Testuntersuchung	**6,76**	**15,55**

Zahlreiche Neurologen wenden im Rahmen der Schmerztherapie auch Akupunktur an. Hinweise dazu finden Sie im Kapitel Alternative Verfahren auf Seite 244 ff.
Laboruntersuchungen: Harnstoff, Kreatinin, Bilrubin gesamt, GOT, GPT, Gamma GT, TSH

Labor-Untersuchung zur Feststellung des Herzinfarkt- und Apoplex-Risikos

GOÄ-Nr.	Kurzlegende	1fach €	*1,8/ 2,3fach €
1	Beratung, auch tel.	4,66	**10,72**
3	Eingehende Beratung, auch tel.	8,74	**20,11**
5	Symptombezogene Untersuchung	4,66	**10,73**
7	Untersuchung mind. eines Organssystems: Bauchorgane – Brustorgane – weibl. Genitaltrakt – Haut – Stütz- u. Bewegungsorgane	9,33	**21,45**
250*	Blutentnahme aus Vene	2,33	**4,20**
GOÄ Nr.	**Kurzlegende** **Labor**	**1fach €**	**1,15fach €**
3562.H1*	Gesamt-Cholesterin	2,33	**2,68**
3563.H1*	HDL-Cholesterin	2,33	**2,68**
3564.H1*	LDL-Cholesterin	2,33	**2,68**
3565.H1*	Triglyceride	2,33	**2,68**
3560*	Glukose	2,33	**2,68**
4084* analog	Homocystein – **analoger Ansatz – GOÄ § 6 (2)** GOÄ Kurztext Nr. 4084: Gesamt Östrogene im Urin, photometrisch	32,22	**38,21**
3933*	Fibrinogen	3,50	**4,02**
3730*	Lipoprotein (a)	17,49	**20,11**
3741*	CRP (Ligandenassay)	11,66	**13,41**

Weiterführende Untersuchungen zu Herzinfarkt- und Schlaganfall-Risiko

- Koronararteriographie, nicht-invasive, z. B. mit Elektronenstrahl-Tomographie (EBCT) oder mit Mehrschicht-Computer-Tomographie, auch mit Bestimmung von Koronar-kalk
- Schlaganfall-Vorsorge: Doppler-Sonographie der hirnversorgenden Gefäße bei fehlenden anamnestischen oder klinischen Auffälligkeiten („Stroke-Check“)

Prävention: Orthopädie

Osteodensitometrie (Knochendichtemessung)

GOÄ Nr.	Kurzlegende	1fach €	*1,8fach €
5380*	Osteodensitometrie von Skelettteilen mit quant. CT oder digitaler Röntgentechnik	17,49	**31,48**
5377*	Zuschlag für computergesteuerte Analyse, einschl. 3D-Rekonstruktion	**46,63**	–
5475*	Osteodensitometrie von Skelettteilen mittels Dual-Photonen-Absorptionstechnik	17,49	**31,48**

Abrechnungshinweis: Der Zuschlag nach Nr. 5377* ist nur mit 1fachem Gebührensatz abrechenbar.

Laboruntersuchungen bei VD Osteoporose

GOÄ Nr.	Kurzlegende Labor	1fach €	1,15fach €
3555*	Calcium	2,33	**2,68**
3580 H1*	Anorganischer Phosphor	2,33	**2,68**
3587 H1*	Alkalische Phophatase	2,33	**2,68**
3585 H1*	Kreatinin	2,33	**2,68**

Weitere Untersuchungen:
- Pyridinolin-Crosslinks und Ostase erfassen den Knochenabbau
- Vitamin D (25-OH) erfasst die Vitamin-D-Versorgung

Prävention: Pädiatrie

Kinder- und Jugendlichen-Intervall-Checks

GOÄ Nr.	Kurzlegende	1fach €	*1,8/ 2,3fach €
25	Neugeborenen Erstuntersuchung – U1	11,66	**26,81**
26 analog	Untersuchung zur Früherkennung von Krankheiten bei einem Kind bis zum vollendeten 14. Lebensjahr – analog GOÄ § 6 (2)	26,23	**60,33**
26 analog	Untersuchung zur Früherkennung von Krankheiten bei einem Kind bis zum vollendeten 18. Lebensjahr – analog GOÄ § 6 (2)	26,23	**60,33**

Abrechnungstipp: Bis zur Vollendung des 2. Lebensjahrs gelten keine Einschränkungen der Anzahl der durchgeführten Untersuchungen, d. h. wenn medizinisch erforderlich, können mehrere Untersuchungen nach GOÄ Nr. 26 abgerechnet werden. Ab dem 2. Lebensjahr bis zum vollendeten 14. Lebensjahr dürfen diese Untersuchungen allerdings nur einmal je Kalenderjahr berechnet werden.

Die Aufstellungen von S. 165 und den folgenden zeigt die von den Krankenkassen angebotenen Vorsorge-Untersuchungen. Sehr häufig wünschen Eltern aber zusätzliche Vorsorgeuntersuchungen ohne dass eine Erkrankung oder der Verdacht vorliegt. Dann sind diese ärztlichen Leistungen IGeL-Leistungen oder bei PKV-Versicherten „Leistungen auf Verlangen".

Vorsorgeuntersuchungen bei Kindern und Jugendlichen

U1-Neugeborenen Erstuntersuchung

GOÄ Nr.	Kurzlegende	1fach €	*1,8/ 2,3fach €
25	**U1-Neugeborenen-Erstuntersuchung**	11,66	**26,81**

Besonderheiten dieser Vorsorgeuntersuchung: Apgar-Schema 1, 5, 10 Min. nach der Geburt. Vitamin-K-Prophylaxe bei U1, U2 und U3. Crede-Prophylaxe empfohlen.

U2-Vorsorgeuntersuchung 3.–10. Tag

GOÄ Nr.	Kurzlegende	1fach €	*1,8/ 2,3fach €
26	**U2-Vorsorgeuntersuchung 3.- 10. Tag**	26,23	**60,33**
413	Sono der Hüftgelenke	16,32	**37,54**
50	Hausbesuch ggf. zusätzlich: K2 (Zuschlag Kind) – bei Bedarf Zuschläge aus dem Bereich E – H und Wegegeld	18,65	**42,90**
250*	Blutabnahme für Guthrie Test	2,33	**4,20**
	Labor	**1fach €**	**1,15fach €**
3758**	Phenylalanin (Guthrie Test)	3,50	****4,02**
4030**	TSH-Bestimmung (nach GKV-Richtlinien am 5.Tag)	14,57	****16,76**

Besonderheiten dieser Vorsorgeuntersuchung: 2.Vitamin-K-Prophylaxe. Sono der Hüftgelenke. Screeninguntersuchungen auf Phenylketonurie, Galaktosämie, Mukoviszidose. Überprüfung des Impfstatus und ggf. erforderliche Impfungen.

U3-Vorsorgeuntersuchung 4.–6. Lebenswoche

GOÄ Nr.	Kurzlegende	1fach €	*1,8/ 2,3fach €
26	**U3-Vorsorgeuntersuchung 4–6. Lebenswoche** 3. Vitamin-K-Prophylaxe	26,23	**60,33**
413	Sono der Hüftgelenke ggf. Erstuntersuchung oder Kontrolluntersuchung	16,32	**27,54**
715	Prüfung kindliche Entwicklung	12,82	**29,49**
716	Prüfung funktionelle Entwicklung bei Säugling oder Kleinkind nach standardisierten Methoden, je Untersuchungsgang	4,02	**9,25**
718	Höchstwert bei Untersuchungen nach Nr. 716 und 717; hier sind die Untersuchungsarten anzugeben	14,63	**33,65**
1409	Otoakustische Emissionen	23,32	**53,62**

Wichtige Ausschlüsse: Nr. 715 nicht neben Nr. 26 und Nr. 1555 nicht neben den Nrn. 715, 717. **Besonderheiten dieser Vorsorgeuntersuchung:** 3.Vitamin-K-Prophylaxe. Erste Verhaltsmuster im Sozial- und Spielverhalten. Beurteilung der motorischen Entwicklung. Überprüfung des Impfstatus und ggf. erforderliche Impfungen.

U4-Vorsorgeuntersuchung 3.–4. Lebensmonat

GOÄ Nr.	Kurzlegende	1fach €	*1,8/ 2,3fach €
26	**U4-Vorsorgeuntersuchung 3.–4. Lebensmonat**	26,23	**60,33**
715	Prüfung kindliche Entwicklung	12,82	**29,49**
716	Prüfung funktionelle Entwicklung bei Säugling oder Kleinkind nach standardisierten Methoden, je Untersuchungsgang	4,02	**9,25**
718	Höchstwert bei Untersuchungen nach Nr. 716 und 717; hier sind die Untersuchungsarten anzugeben	14,63	**33,65**
413	Sono der Hüftgelenke ggf. Erstuntersuchg. od. Kontrolluntersuchg.	16,32	**27,54**
1403*	Tonschwellenaudiometrie	9,21	**16,58**
1216	Strabismusuntersuchung	5,30	**12,20**

Wichtige Ausschlüsse: Nr. 715 nicht neben Nr. 26, und Nr. 1555 nicht neben den Nrn. 715, 717.
Besonderheiten dieser Vorsorgeuntersuchung:
Ausschluss zentraler Tonus- und Koordinationsstörungen. Seh- und Hörprüfungen. Überprüfung des Impfstatus und ggf. erforderliche Impfungen.

U5-Vorsorgeuntersuchung 6. – 7. Lebensmonat

GOÄ Nr.	Kurzlegende	1fach €	*1,8/ 2,3fach €
26	**U5-Vorsorgeuntersuchung 6.–7. Lebensmonat**	26,23	**60,33**

Siehe auch Untersuchungen unter U4.
Besonderheiten dieser Vorsorgeuntersuchung: Ausschluss zerebraler Bewegungsstörungen. Beurteilung der geistigen Entwicklung. Überprüfung des Impfstatus und ggf. erforderliche Impfungen.

U6-Vorsorgeuntersuchung 10.–12. Lebensmonat

GOÄ Nr.	Kurzlegende	1fach €	2,3fach €
26	**U6-Vorsorgeuntersuchung 10.- 12. Lebensmonat**	26,23	**60,33**

Siehe auch Untersuchungen unter U4 – Besonderheiten dieser Vorsorgeuntersuchung:
Neuroblastom-Früherkennung durch Screening auf Katecholamine im Urin („Windeltest") -(allerdings gibt es eine neue Studie, die zeigt, dass das Neuroblastomscreening nicht den Nutzen bringt,

den man sich davon erhofft hatte: fortgeschrittenen Stadien früher erkennen zu können. Daher wird das Screening in der Studie nicht mehr empfohlen). • Sozialentwicklung (Fremdeln). • Untersuchung zur Früherkennung von Schwachsichtigkeit und Schielen -im Kleinkind- und Vorschulalter durch instrumentelle Untersuchung („Schiel-Vorsorge"). Ausschluss von Hörstörungen. Überprüfung des Impfstatus und ggf. erforderliche Impfungen.

U7-Vorsorgeuntersuchung 21.–24. Lebensmonat

U7A-Vorsorgeuntersuchung 3. Lebensjahr

GOÄ Nr.	Kurzlegende	1fach €	*1,8/ 2,3fach €
26	**U7-Vorsorgeuntersuchung 21.–24. Lebensmonat**	26,23	**60,33**
1400	Hörprüfung	4,43	**10.19**
1403*	Tonschwellenaudiometrie *(Nr. 1403 nicht neben 1400)*	9,21	**16,58**
26	**U7A-Vorsorgeuntersuchung 3. Lebensjahr**	26,23	**60,33**

Siehe auch Untersuchungen unter U4 – Besonderheiten dieser Vorsorgeuntersuchung: Beurteilung von Sinnes- und körperlicher Entwicklung. Überprüfung des Impfstatus und ggf. erforderliche Impfungen.

U8-Vorsorgeuntersuchung 43.–48. Lebensmonat

GOÄ Nr.	Kurzlegende	1fach €	*1,8/ 2,3fach €
26	**U8-Vorsorgeuntersuchung 43. – 48. Lebensmonat**	26,23	**60,33**
1200	Refraktion, subjektiv	3,44	**7,91**
1202	Refraktion, objektiv	4,31	**9,92**
1216	Strabismustest	5,30	**12,20**
1217	Sehtest, apparativ	14,11	**32,44**
1228	Farbsinnprüfung	3,56	**8,18**
1400	Hörprüfung	4,43	**10.19**
1403*	Hörprüfung	9,21	**16,58**
1406*	Kinderaudiometrie – bis zur Vollendung des 7. Lebensjahrs	10,61	**19,10**
1555	Untersuchung der Sprache	6,94	**15,95**
384	Tuberkulinstempeltest	2,33	**5,36**
857*	Orientierende Testuntersuchung z. B. Haus-Baum-Mensch	6,76	**12,17**
410	Sonographie Abdomen	11,66	**26,81**
420	Sonographie Abdomen, je Organ, je Sitzung bis zu 3x	4,66	**10,73**
3511**	Untersuchung des Urins	2,91	****3,35**

** Labor 1,15facher Satz

Wichtige Ausschlüsse: Nr. 715 nicht neben Nr. 26, und Nr. 1555 nicht neben den Nrn. 715, 717. – Nr. 1400 nicht neben 1403*.

Abrechnungshinweis:
Nr. 1216 neben Nr. 1217 nur in besonderen Fällen. Nach **Brück** sind Indikationen dazu:
- Paresen
- Doppelbilder
- Schwankende Schielwinkel
- Kongenitales Schielsyndrom
- Kopf-Zwang-Haltungen
- Vor- und Nachuntersuchungen bei Schieloperationen

Besonderheiten dieser Vorsorgeuntersuchung: Erfassung von Verhaltensstörungen wie Einnässen, Einkoten, nicht altersgemäßer Sprache, Stereotypien. Überprüfung des Impfstatus und ggf. erforderliche Impfungen.

U9-Vorsorgeuntersuchung 60.–64. Lebensmonat

GOÄ Nr.	Kurzlegende	1fach €	2,3fach €
26	**U9-Vorsorgeuntersuchung 60.–64. Lebensmonat**	26,23	**60,33**

Siehe Untersuchungen unter U8.
Besonderheiten dieser Vorsorgeuntersuchung: Seh- und Hörprüfung. Kontrolle der Motorik. Hand-Augen-Koordination. Sprachfähigkeit. Urinstatus. Überprüfung des Impfstatus und ggf. erforderliche Impfungen.

U10-Vorsorgeuntersuchung 7.–8. Lebensjahr

GOÄ Nr.	Kurzlegende	1fach €	2,3fach €
26	**U10-Vorsorgeuntersuchung 7. – 8. Lebensjahr**	26,23	**60,33**

U11-Vorsorgeuntersuchung 9.–10. Lebensjahr

GOÄ Nr.	Kurzlegende	1fach €	2,3fach €
26	**U11-Vorsorgeuntersuchung 9.- 10. Lebensjahr**	26,23	**60,33**

Besonderheiten U10: Ausgedehnte Anamnese (chron. Erkrankungen, Behinderungen, Schulsituation, Familiensituation). Körperliche Untersuchung (Pubertätsentwicklung, Blutdruckmessung. Gesamtcholesterin-Bestimmung bei familiärer Belastung. – **U11:** Störungen der motor. Entwicklung u. Verhaltensstörungen (z. B. ADHS). Suchtmitteln? Ernährungs-, Bewegungs-, Stress-, Sucht- und Medienberatung. Überprüfung des Impfstatus und ggf. erforderliche Impfungen.

J1 (12.–14. Lebensjahr) und J2 (16.–18. Lebensjahr) Kinder-Früherkennungsuntersuchungen

GOÄ Nr.	Kurzlegende	1fach €	2,3fach €
26	**J1 oder J2 Kinder-Früherkennungsuntersuchungen zwischen dem 12. und 18. Lebensjahr**	26,23	**60,33**

Besonderheiten dieser Vorsorgeuntersuchung: Überprüfung des Impfstatus und ggf. erforderliche Impfungen.

Neugeborenen Audio-Check

Die Abrechnung ist abhängig von der gewählten Methode

GOÄ Nr.	Kurzlegende	1fach €	*/2,3fach €
1	Beratung, auch tel.	4,66	**10,72**
3	Eingehende Beratung, auch tel.	8,74	**20,11**
5	Symptombezogene Untersuchung	4,66	**10,73**
6	HNO Untersuchung	5,83	**13,41**
828	Messung visuell, akustisch oder sensosensorisch evozierter Hirnpotentiale (VEP, AEP, SSP)	35,26	**81,11**
1409	Messung otoakustischer Emissionen	23,31	**53,62**

Prävention: Radiologie

Früherkennung Osteoporose (Knochendichtemessung)

Untersuchung auf Wunsch des Patienten/der Patientin ohne einen aktuellen Krankheitsverdacht.

GOÄ Nr.	Kurzlegende	1fach €	*1,8/ 2,3fach €
1	Beratung	4,66	**10,72**
5380*	Osteodensitometrie von Skelettteilen mit quant. CT oder digitaler Röntgentechnik	17,49	**31,48**

Lungenkrebsvorsorge (CT-Raucher-Screening)

Untersuchung auf Wunsch des Patienten/der Patientin ohne einen aktuellen Krankheitsverdacht. Eine radiologische Praxis in Berlin informiert zu dieser angebotenen Leistung Patienten mit folgendem Text:

Lungenkrebsvorsorge (CT-Raucher-Screening)
Wenn Sie z. B. als Raucher mit deutlich erhöhtem Lungenkrebsrisiko den möglichst sicheren Ausschluss eines Lungentumors wünschen, sollten Sie ein Lungenscreening mit Niedrig-Dosis-CT des Thorax durchführen lassen. Damit lässt sich auch ein kleiner noch symptomloser Raucher-Lungenkrebs in allen Abschnitten der Lunge deutlich besser entdecken als mit den konventionellen Röntgenaufnahmen des Thorax. Dabei erfahren Sie dann auch, ob und wie stark der Nikotinkonsum Ihre Lunge oder die Bronchien chronisch geschädigt hat.
Während das Lungenscreening mit CT selbst kleinere Veränderungen des Lungengewebes und des Rippenfells zu Tage fördert, können gegebenenfalls im Rahmen der virtuellen Bronchoskopie, die ebenfalls auf der Multislice-Technologie basiert, bereits kleinste Auffälligkeiten auch innerhalb der Bronchien erkannt und beurteilt werden. Beide Methoden sind sehr strahlungsarm, da die Lunge nur wenige Röntgenstrahlen absorbiert.

GOÄ Nr.	Kurzlegende	1fach €	*1,8/ 2,3fach €
1	Beratung	4,66	**10,72**
5371*	CT im Thoraxbereich	134,06	**241,31**
5376*	CT-Ergänzung, High-Resolution- Technik	29,14	**52,46**
5377*	computergestützte Analyse mit 3-D-Rekonstruktion – nur 1facher Satz möglich	**46,63**	–

Schlaganfall-Prophylaxe

Untersuchung auf Wunsch des Patienten/der Patientin ohne einen aktuellen Krankheitsverdacht.

GOÄ Nr.	Kurzlegende	1fach €	*1,8/ 2,3fach €
1	Beratung	4,66	**10,72**
5700*	MRT im Kopfbereich inklusive Halsregion	256,46	**461,64**
5731*	ergänzende Serie, MR-Angiographie	58,29	**104,92**
5733*	computergestützte Analyse mit 3-D-Rekonstruktion -nur 1facher Satz möglich	**46,63**	–
346	Hochdruck-Kontrastmittel-Injektion	17,49	**40,22**

Auslagen: MRT-Kontrastmittel Berechnung nach GOÄ § 10

Arteriosklerose-Check-up

Untersuchung auf Wunsch des Patienten/der Patientin ohne einen aktuellen Krankheitsverdacht. Labor: BZ, Cholesterin, Homocystein, Harnsäure, Triglyceride, Lipoprotein A, Fibrinogen, LDL- und HDL-Cholesterin

1. MR-Angiographie der Becken-Bein-Arterien

GOÄ Nr.	Kurzlegende	1fach €	*1,8/ 2,3fach €
1	Beratung	4,66	**10,72**
5730*	MRT von ganzen Extremitäten	233,15	**419,67**
5731*	ergänzende Serie, MR-Angiographie	58,29	**104,92**
5733*	computergestützte Analyse	**46,63**	-
346*	Hochdruck-Kontrastmittel-Injektion	17,49	**40,22**

Auslagen: MRT-Kontrastmittel, Berechnung nach GOÄ § 10

2. MR-Angiographie der Nieren

GOÄ Nr.	Kurzlegende	1fach €	*1,8/ 2,3fach €
1	Beratung	4,66	**10,72**
5720*	MRT im Bereich des Abdomens	256,46	-
5731*	ergänzende Serie, MR-Angiographie	58,29	**104,92**
5733*	computergestützte Analyse – nur 1facher Satz möglich	**46,63**	-
346*	Hochdruck-Kontrastmittel-Injektion	17,49	**40,22**

Brustkrebsvorsorge mit Röntgen-Mammographie und Ultraschall

Untersuchung auf Wunsch der Patientin ohne einen aktuellen Krankheitsverdacht.

GOÄ Nr.	Kurzlegende	1fach €	*1,8/ 2,3fach €
1	Beratung	4,66	**10,72**
5	körperliche Untersuchung (Tastbefund)	4,66	**10,73**
5266*	Mammographie einer Seite in 2 Ebenen	26,23	**47,21**
5266*	Mammographie andere Seite in 2 Ebenen	26,23	**47,21**
418	Ultraschall einer Brustdrüse	12,24	**28,15**
420	Ultraschall 1 weiteres Organs – andere Brustdrüse	4,66	**10,73**

MR-Mammographie

Untersuchung auf Wunsch der Patientin ohne einen aktuellen Krankheitsverdacht.

GOÄ Nr.	Kurzlegende	1fach €	*1,8/ 2,3fach €
1	Beratung	4,66	**10,72**
5	körperliche Untersuchung (Tastbefund)	4,66	**10,73**
5721*	MRT der Mammae (Brust)	233,15	**419,67**
5731*	ergänzende Serie nach i.v. Kontrastmittel	58,29	**104,92**
5733*	computergestützte Analyse, Kinetik – nur 1facher Satz möglich	**46,63**	-
346	Hochdruck-Kontrastmittel-Injektion	17,49	**40,22**

Auslagen: MRT-Kontrastmittel, Berechnung nach GOÄ § 10

MRT-Check-up

GOÄ Nr.	Kurzlegende	1fach €	*1,8/ 2,3fach €
1	Beratung	4,66	**10,72**
5720*	MRT im Bereich des Abdomens	256,46	**461,64**
5731*	ergänzende Serie, MRCP	58,29	**104,92**
5733*	computergestützte Analyse – nur 1facher Satz möglich	**46,63**	-

Die **Radiologische Universitätsklinik Abteilung Röntgendiagnostik** des Klinikums Freiburg bietet auf ihren Internetseiten (www.uniklinik-freiburg.de/ip/live/patientenservice/zusatzangebote/radio.html) weitere IGEL-Leistungen an und informiert Patienten darüber:

Ganzkörper-Magnetresonanztomographie
Möglichkeiten der Ganzkörper Magnetresonanztomographie sind:

- Nachweis oder Ausschluss von krankhaften Veränderungen
  – des Lymphsystems – der Knochen – der Leber, der Milz und der Nieren
- Nachweis oder Ausschluss von Erkrankungen des Skelettsystems, insbesondere entzündlicher Veränderungen.

Das Verfahren ist derzeit nicht geeignet, um im gleichen Untersuchungsgang den Magen-Darm-Trakt zu untersuchen. Hierfür sind spezielle Untersuchungssequenzen erforderlich.

Darmkrebs rechtzeitig entdecken
Darmkrebs ist heute bei rechtzeitiger Diagnose heilbar mit der neuen Multislice CT-Untersuchung.

Verfahren zur Linderung und Heilung –
Tumorbehandlung mit Minimalinvasiver Therapie durch Radio-Frequenz-Tumorzerstörung für bestimmte:

- Lebertumore
- Lungentumore
- Nierentumore

Prävention: Urologie

Komplett-Vorsorge für Männer

Die Vorsorgeuntersuchungen für den Mann sind der oft erste Einstieg eines Patienten beim Urologen. Dazu kommt es, weil viele Patienten den Urologen mit seinen speziellen Kenntnissen und der apparativen Ausstattung (z. B. transrectale Sonographie) für besonders qualifiziert halten zur Prävention für den Mann.

Weitere Schwerpunkte sind
- Fruchtbarkeitscheck ohne Krankheitshinweis
- Behandlung von Potenzstörungen

GOÄ Nr.	Kurzlegende	1fach €	*1,8/ 2,3fach €
5	Symptombezogene Untersuchung	4,66	**10,73**
6	Untersuchung Nieren und harnableitende Wege, bei Männern zusätzlich Prostata, Bruchpforten, Hoden und Nebenhoden	5,83	**13,41**
8	Ganzkörperstatus	15,15	**34,85**
11	Digitale Untersuchung von Mastdarm u./o. Prostata	3,50	**8,04**
28	Krebsvorsorge: Mann	16,32	**37,54**
403*	Zuschlag zur Sonographie bei transrectaler Untersuchung	8,74	**15,74**
410	Sonographie, ein Organ (Prostata)	11,66	**26,81**
420	Sonographie bis zu 3 weiteren Organen (Nieren, Hoden)	4,66	**10,73**
	Labor	**1fach €**	**1,15fach €**
3908.H3*	PSA-Bestimmung	17,49	**20,11**

Früherkennung Blasenkrebs

GOÄ Nr.	Kurzlegende	1fach €	2,3fach €
3	Eingehende Beratung (mind. 10 Min.) – nicht neben Sonderleistungen	8,74	**20,11**
410	Sonographie, ein Organ (Blase)	11,66	**26,81**
403*	Zuschlag zur Sonographie bei transrectaler Untersuchung	8,74	**15,74**

Bestimmung: Tumormarker NMP22 (Nuclear matrix protein 22)
Der Blasentumor ist eine relativ häufige Krebserkrankung und steht nach dem Prostatakrebs mit ca. 34 % an zweiter Stelle der urologischen Tumore. Männer sind häufiger betroffen als Frauen.
Der Tumormarker NMP22 wurde in den USA entwickelt und von der FDA (U.S. Food and Drug Administration) **- neben der Therapieüberwachung – auch für die Früherkennung** (z. B. Sreening von Personen mit hohem Risiko für die Entwicklung eines Harnblasenkarzinoms: Raucher, Arbeiter in chemischen Betrieben) zugelassen.

3. Praeoperative Diagnostik vor operativen Eingriffen außerhalb der GKV-Leistungspflicht

Im Rahmen der Untersuchung vor einer ambulanten oder stationären Operationen ist es stets erforderlich, dass der Patient präoperative Befunde zur Operations- bzw. Narkosefähigkeit mit zu seinem Operateur in Praxis oder Krankenhaus mitbringt, wenn diese Untersuchungen nicht direkt von ärztlichen Mitarbeitern des OP-Team/des Krankenhauses ausgeführt werden. Welche Untersuchungen im Einzelfall erforderlich sind, werden Operateur und/oder Narkosearzt festlegen.
In der Regel wird die präoperative Diagnostik vom Hausarzt des Patienten durchgeführte.

Hochrisikopatienten wurden in der folgenden Aufstellung nicht berücksichtigt, da sie in der Regel nicht im Rahmen von IGeL-Leistungen operiert werden.

Wichtig: Aus forensischen Gründen ist eine Operationsaufklärung 24 Stunden vor der Operation erforderlich.

Präoperative Diagnostik im Einzelnen
Untersuchungsintervalle

- für Röntgenaufnahmen des Thorax maximal drei Monate
- Laboruntersuchungen (Einzelwerte) nicht älter als 6 Wochen
- EKG(Mehrkanal-EKG-Streifen) – und ggf. Lungenfunktionsuntersuchungen (Einzelwerte) sollten bei zwischenzeitlich unauffälliger Anamnese nicht älter als drei Monate alt sein.

Röntgen-Thorax, ggf. in zwei Ebenen
ist erforderlich bei

- Patientenalter über 60 Jahre
- ASA III/IV (siehe Tabelle)
- anamnestische Hinweise auf kardiopulmonale Störung
- pathologischer Befund bei der körperlichen Untersuchung

EKG – Lungenfunktion
Grundsätzlich bei allen Patienten ab 40 Jahren, bei jüngeren dann, wenn Hinweise auf eine kardiovaskuläre Erkrankung bestehen.
Eine Lungenfunktionsprüfung ist immer dann erforderlich, wenn auch eine Röntgen-Thoraxaufnahme angefertigt werden muss. Hier ist zunächst die 'kleine Spirometrie' (VC, FEV1, BGA) ausreichend. Bei Patienten mit Lungenerkrankungen und Atemnot ist eine bodyplethysmographische Untersuchung mit Oxymetrie erforderlich.

Laboruntersuchungen
Bei klinisch gesunden Patienten, kleinen oder mittleren Eingriffen (ggf. auch ambulant) und Operationen, die nicht wegen eines malignen Tumors durchgeführt werden, sind folgende Laboruntersuchungen ausreichend:

- **kleines Blutbild inkl. Thrombozyten**
- **Quick, PTT**
- **Kalium, Natrium**
- **Kreatinin und Blutzucker** zusätzlich bei Patienten über 60 Jahre

Sind **Blutgruppenbestimmung** erforderlich, wird der Operateur/Narkosearzt dies vermerken.
In der Regel werden Patienten der ASA-Gruppen* III und IV kaum im Rahmen von IGeL-Leistungen operativ behandelt, sollte dies aber der Fall sein, sind folgende weitere Labor-Untersuchungen erforderlich:

- Blutzucker
- Calcium
- GOT, GPT, -GT, alkalische Phosphatase, LDH, Bilirubin
- Serumeiweiß, Albumin
- Harnstoff, Kreatinin
- Urinstatus, Sediment

Die Einteilung in ASA-Gruppen	
I	Normaler, gesunder Patient
II	Leichte Allgemeinerkrankung ohne Leistungsbeschränkung
III	Schwere Allgemeinerkrankung mit Leistungsbeschränkung
IV	Schwere Allgemeinerkrankung, die mit oder ohne Operation das Leben des Patienten bedroht
V	Moribunder Patient, Tod innerhalb von 24 h mit oder ohne Operation zu erwarten

*American Socienty of Anesthesiologists

Abrechnung praeoperativer Diagnostik

GOÄ Nr.	Kurzlegende	1fach €	*1,8/ 2,3fach €
1	Beratung, auch tel.	4,66	**10,72**
3	Eingehende Beratung, auch tel.	8,74	**20,11**
5	Symptombezogene Untersuchung	4,66	**10,73**
6	Augen – Gefäßstatus – HNO	5,83	**13,41**
7	Bauchorgane – Brustorgane – weibl. Genitaltrakt – Haut – Stütz- u. Bewegungsorgane	9,33	**21,45**
8	Ganzkörperstatus	15,15	**34,86**
651*	EKG	14,75	**26,54**
250*	Blutentnahme i.v.	2,55	**4,20**

GOÄ-Nr.	Kurzlegende	1fach €	*1,15/ 1,3fach €
3550*	Kleines Blutbild	1,17	**1,34**
3530*	TPZ, Quick	6,99	**8,04**
3607*	TPZ, Quick	2,91	**3,35**
3605*	PTT	2,91	**3,35**
3557*	Kalium	1,75	**2,01**
3558*	Natrium	1,75	**2,01**
3560*	Blutzucker	2,33	**2,68**
3585.H1*	Kreatinin	2,33	**2,68**

4. Reisemedizin

Reisemedizinische Beratung und Untersuchung

Nach einer Studie des European Travel Health Advisory Board (2003), wurden 8.000 Reisende, die auf dem Weg in Länder mit niedrigem hygienischen Standard waren, auf Flughäfen in Europa (darunter der Flughafen München), in den USA und im asiatischpazifischen Raum befragt. Das Ergebnis aus Europa zeigt, dass reisemedizinische Beratungen dringend erforderlich sind:

- 48 % der Fernreisenden hatten keine reisemedizinische Beratung erhalten;
- 72 % wussten nicht, dass es in ihren Reiseländern besondere Infektionsrisiken gibt;
- 78 % waren nicht gegen Hepatitis A geimpft;
- 50% wussten nichts von einem Malaria-Risiko, obwohl sie in ein Malariagebiet reisten. Hier – so schreibt das Blatt sicher sehr berechtigt – gibt es noch viel für Ärzte zu tun!

Mögliche Inhalte einer reisemedizinischen Beratung

- **Präventive Maßnahmen** mit Hinweisen zur Hygiene und Ernährung im Urlaubsland
- Trinkwasser, Sonnenschutz, Stressminderung
- **Umgang mit Gesundheitsrisiken** - Hinweise zum Klima im Urlaubsland (Temperaturen), Reise- und Seekrankheiten, Gefahren durch Tiere (z. B. Insekten), Höhenkrankheit, Verhalten bei Flugreisen, sexuell übertragbare Krankheiten und Schutz davor, Hinweise zu Krankheiten im Reiseland, Impfstatus.

GOÄ Nr.	Kurzlegende	1fach €	2,3fach €
3	Eingehende Beratung (mind. 10 Min.) – nicht neben Sonderleistungen	8,74	**20,11**
1	Kurze Beratung – *meist aber GOÄ Nr. 3 erforderlich*	4,66	**10,73**
76	Schriftlicher, individueller Ernährungsplan – **analoger Ansatz**	4,08	**9,38**
8	Ganzkörperstatus	15,15	**34,85**

Reisemedizinische Beratungen (abhängig von der Beratungsintensität abgerechnet nach den **GOÄ Nrn. 1 oder 3**) sind im Einzelnen sinnvoll zu folgenden Themen:

- Antibabypille: Umstellung/Weiternahme wegen Urlaub
- Beratung besonderer Patientengruppen z. B.
  - Ältere Menschen, Kinder, Schwangere
  - Beratung von Patientengruppen mit chron. Erkrankungen z. B.
  - Allergien
  - Asthma bronchiale
  - Dialyse-Patienten
  - Diabetiker
  - Herzkranke
- Impfstatus: allgemeine Impfungen
- Impfstatus: besondere Impfungen für das Reiseland
- Malaria-Prophylaxe
- Reiseapotheke und Selbstmedikation (z. B. Therapie Reise-Diarrhoen, Fieber, Infektionen, Schmerzzustände)
- Sonnenlichtexposition und Hauttyp

Reiseimpfungen

Schnelle Informationen zu Impfungen sind über die Tropeninstitute zu erhalten

- die Empfehlungen der Ständigen Impfkommission am Robert Koch-Institut (STIKO): www.rki.de/cln 012/nn 226618/DE/Content/Infekt/Impfen/STIKO Empfehlungen/stiko empfehlungen node.html nnn=true
- Forum Impfen: www.forum-impfen.de (neben Impfhinweisen findet man Pat.-Infoblätter, Fachinfos zu den Impfstoffen, Erpertenrat. Für den Zugang muss man sich registrieren lassen; die Mitgliedschaft ist kostenlos).

GOÄ Nr.	Kurzlegende	1fach €	2,3fach €
34	Erörterung bei Risiken – analog – GOÄ § 6 (2) GOÄ Kurztext Nr. 34: Erörterung (Dauer mindestens 20 Minuten) der Auswirkungen einer Krankheit auf die Lebensgestaltung...	17,49	**40,22**
8	Eignungsuntersuchung für Reisen – Ganzkörperstatus	15,15	**34,85**
375	Reisemedizinische Impfung	4,66	**10,73**
376	Reisemedizinische Impfung: oral	4,66	**10,73**
377	Reisemedizinische Impfung: Zusatzimpfung	2,91	**6,70**
378	Simultanimpfung (z. B. aktiv und passiv)		
76	Schriftliche Zusammenfassung wichtiger reisemedizinischer Informationen – analog – GOÄ § 6 (2) GOÄ Kurztext Nr. 76: Schriftlicher Diätplan, individuell...	4,08	**9,38**
77	Individueller schriftl. Plan zu Prophylaxe und Behandlung, z. B. bei komplizierten chron. Begleiterkrankungen oder Reiserisiken - analog – GOÄ § 6 (2) GOÄ Kurztext Nr. 77: Schriftliche, individuelle Planung und Leitung einer Kur...	8,74	**20,11**

Feststellung der Immunitätslage

Soll auf Patientenwunsch vor einer Fernreise die Immunitätslage festgestellt werden, so ist dies eine IGEL-Leistung und keine Leistung der GKV- oder PKV-Kassen.

GOÄ Nr.	Kurzlegende Labor	1fach €	1,15fach €
4404*	Diptherie – AK – IgG	20,40	**23,46**
4379*	FSME – IgG	13,99	**16,09**
4382*	Hepatitis A-Screening – IgG	13,99	**16,09**
4400*	Hbs-AK – Hepatitis B – IgG – **analog – GOÄ § 6 (2)** GOÄ Kurztext Nr. 77: Bestimmung von Antikörpern mittels Ligandenassay...	17,49	**20,11**
4404*	Tetanus – IgG	20,40	**23,46**

Werden nach einer Reise aufgrund eines Verdachtes auf eine Erkrankung Antikörperbestimmungen und ggf. weitere Untersuchungen erforderlich, so sind dies Leistungen zu Lasten der Krankenkasse.

Reiserücktritt – Ärztliche Bescheinigung

GOÄ Nr.	Kurzlegende	1fach €	2,3fach €
3	Eingehende Beratung (mind. 10 Min.) -nicht neben Sonderleistungen	8,74	**20,11**
1	Kurze Beratung – *meist aber GOÄ Nr. 3 erforderlich*	4,66	**10,73**
5	Symptombezogene Untersuchung – oder ggf. Nr. 7	4,66	**10,72**
7	Untersuchung eines Organsystems	9,33	**21,45**
70	Kurze Bescheinigung	2,33	**5,36**

5. Sportmedizin

Sport-Check – Sportmedizinische Vorsorge-Untersuchung

GOÄ Nr.	Kurzlegende	1fach €	*1,8/ 2,3fach €
3	Eingehende Beratung (mind. 10 Min.) – nicht neben Sonderleistungen	8,74	**20,11**
1	Beratung	4,66	**10,73**
	Die 3 folgenden Untersuchungen GOÄ Nrn. 7,8,29 stehen alternativ zur Verfügung		
7	Vollständige Untersuchung eines Organsystemes	9,33	**21,45**
8	Ganzkörperstatus: Sportmedizinische Vorsorge-Untersuchung	15,16	**34,86**
29	Gesundheitsuntersuchung	25,65	**58,99**
651*	EKG in Ruhe	14,75	**26,55**
652	Belastungs-EKG – *ggf. mit Lactatbestimmung*	25,94	**59,66**
A 796*	Ergometrische Funktionsprüfung	8,86	**15,95**
605	Lungenfunktion	14,11	**32,45**
605a	Flussvolumenkurve	8,16	**14,69**
606*	Spiroergometrische Untersuchung	22,09	**39,76**
715	Prüfung der Entwicklung – **analog – GOÄ § 6 (2)** GOÄ Kurztext Nr. 715: Prüfung der kindlichen Entwicklung	12,82	**29,49**
250*	Blutentnahme	2,33	**5,36**
	Labor	**1fach**	**1,15fach €**
3511*	Untersuchung eines Körpermaterial (z. B. Glukose, Harnstoff, Urinteststreifen)	2,91	**3,35**
3550*	Blutbild	3,50	**4,02**
3551*	Differentialblutbild	1,17	**1,34**
3560*	Glukose	2,33	**2,68**
3562.H1*	Cholesterin	2,33	**2,68**

GOÄ Nr.	Kurzlegende	1fach €	*1,8/ 2,3fach €
3563.H1*	HDL-Cholesterin	2,33	**2,68**
3585.H1*	Kreatinin	2,33	**2,68**
3592.H1*	Gamma-GT	2,33	**2,68**
3595.H1*	GPT	2,33	**2,68**
3511*	Urin-Teststreifen	2,91	**3,35**
3781*	Lactatbestimmung *zur Einschätzung der Ausdauerleistung*	12,82	**14,75**

Sportbootführerschein – Eignungsuntersuchung

GOÄ Nr.	Kurzlegende	1fach €	2,3fach €
1	Kurze Beratung	4,66	**10,73**
8	Ganzkörperstatus	15,15	**34,86**
1201	Subj. Refraktionsbestimmung mit. sphärischen-zylindr. Gläsern	5,19	**11,93**
1228	Farbsinnprüfung mit Pigmentproben (Farbtafeln)	3,56	**8,18**
70	Kurze Bescheinigung	2,33	**5,36**

Flugtauglichkeitsuntersuchung

GOÄ Nr.	Kurzlegende	1fach €	*1,8/ 2,3fach €
3	Eingehende Beratung (mind. 10 Min.) – nicht neben Sonderleistungen	8,74	**20,11**
8	Eignungsuntersuchung für Flugtauglichkeit	15,16	**34,86**
70	Kurze Bescheinigung	2,33	**5,36**
652	EKG in Ruhe und Belastung	25,94	**59,66**
250*	Blutabnahme aus der Vene	2,33	**4,19**
605	Ruhespirographische Untersuchung	14,11	**32,45**
605a	Flussvolumenkurve	8,16	**18,77**
1401	Hörtest	3,50	**6,30**
	Labor	**1fach**	**1,15fach €**
3511*	Urinstreifentest	2,91	**3,35**
3550*	Blutbild, klein	3,15	**4,03**
3560*	Blutzucker	2,33	**2,68**
3583 H1*	Harnsäure	2,33	**2,68**
3592 H1*	Gamma-GT	2,33	**2,68**
3885 H1*	Kreatinin	2,33	**2,68**

Tauchsport-Untersuchung

GOÄ Nr.	Kurzlegende	1fach €	*1,8/ 2,3fach €
3	Eingehende Beratung (mind. 10 Min.) – nicht neben Sonderleistungen	8,74	**20,11**
8	Eignungsuntersuchung für Tauchsport	15,16	**34,86**
70	Kurze Bescheinigung	2,33	**5,36**
651*	EKG	14,75	**26,54**
652	EKG in Ruhe und Belastung	25,94	**59,66**
605	Ruhespirographische Untersuchung	14,11	**32,45**

GOÄ Nr.	Kurzlegende	1fach €	*1,8/ 2,3fach €
605a	Flussvolumenkurve	8,16	**18,77**
250*	Blutabnahme aus der Vene	2,33	**4,19**
	Labor	**1fach €**	**1,15fach €**
3511*	Urin-Teststreifen	2,91	**3,35**

Häufige IGeL-Leistungen der Fachgruppen

Neben den schon aufgeführten speziellen Leistungen der Vorsorge und Prävention gibt es zahlreiche Leistungen, die nicht im GKV-Katalog aufgeführt sind und daher nicht erstattet werden, aber trotzdem von Patienten gewünscht werden. Dies sind reine IGeL-Leistungen.

Augenheilkunde

Was bietet die Fachgruppe der Augenärzte als IGeL-Leistungen an?

Die Autoren haben zahlreiche Internetseiten von niedergelassenen Augenärzten und einzelnen Augenkliniken auf IGeL-Angebote untersucht. Die folgende Aufstellung gibt die am häufigsten den Patienten angebotenen Leistungen – in der Diktion der Ärzte im Web – wieder.

Der Patient findet auch Leistungen, die primär nicht ins Gebiet der Augenheilkunde fallen, aber vom jeweiligen Augenarzt angeboten werden:

- Akupunktur
- Akupunkturtaping
- Arbeitsbrillenanpassung
- Arbeitsmedizinische Untersuchung z. B. auf Veranlassung des Arbeitgebers
- Beratung vor Auslandsaufenthalten
- Besenreiser etc. – Gefäßverödung mit Argonlaser
- Biometrie (IOL Master), Kalkulation der Kunstlinsenstärke
- Untersuchung zur Verordnung einer Bildschirmbrille (außerhalb arbeitsmedizinischer Untersuchungen)
- Brillenberatung
- Untersuchung des Farbunterscheidungsvermögens
- Fahrgutachten
- Fliegerärztliche Untersuchungen
- Führerschein-Sehtest, -Zeugnis, -Gutachten
- Glaukomvorsorge: Messung der Sehnervenfasern (GDx)
- Früherkennung Grüner Star (Glaukom)
- Homöopathie
- Hornhaut-Dickenmessung (Pachymetrie)
- Hornhauttopographie
- HRT (Heidelberger-Retina-Tomograph) Vermessung der Papille, Nervenfaseranalyse
- Intravitreale Injektionen bei feuchter Makuladegeneration (z. B. Avastin, Lucentis oder Macugen)
- Kinder-Augenvorsorge (Amblyopie)
- Kontaktlinsen Anpassung/Beratung außerhalb der Erstattungsfähigkeit durch die Krankenkassen
- Lidoperationen:
  - Korrekturen der Ober- und Unterlider aus kosmetischen Gründen z. B. Schlupflider
  - Entfernung störender Hautveränderungen
  - Laser-Chirurgie z. B. Entfernung von Warzen und Muttermalen
- altersbezogene Makuladegeneration (AMD) – Vorsorgeuntersuchungen
- Untersuchung des Nachtsehens, der Blendungsempfindlichkeit und der Nachtfahrtauglichkeit
- Optos-Netzhautuntersuchung zur Früherkennung von Augenerkrankungen
- Perimetrie – Bestimmung des Gesichtsfeldes
- Photodynamische Therapie (PDT) von chorioidalen Neovaskularisationen (CNV) im Makulabereich
- Refraktive Chirurgie, folgende Verfahren:
  - LASIK (Laser-in-situ-Keratomileusis)
  - PRK (Photorefraktive Keratektomie)
  - PKT (Phototherapeutische Keratektomie)
  - LASEK (Laserassistierte epitheliale Keratomileusis)
- Sauerstoff-Mehrschnitt-Therapie
- Schlaganfall-Vorsorge (ARIC- Atherosclerosis Risk in Communities) Bestimmung des Schlaganfall-Risikoprofils
- Sehfehlerkorrektur mit Laser
- Sportmedizinische augenärztliche Untersuchungen
- Stereoskopische Vermessung des Sehnerven bei Patienten mit Glaukom
- Tränenfilmanalyse (Tearscope)
- Xanthelasmenbehandlung mit Hochfrequenzchirurgische oder Laser

Ohne Wertung – aber doch mit Verwunderung – werden die folgenden Angebote aus Praxis-Internetseiten einiger Augenärzten aufgeführt:

Alternativtherapie

Maculadegeneration

- Sauerstofftherapie, Nahrungsergänzung: mit Vitaminen und Antioxidantien
- Akupunktur zur Wiederherstellung des Energiegewichtes

Glaucom (Grüner Star)

- Akupunktur zur Wiederherstellung des Energiegewichts, Sauerstofftherapie, Nahrungsergänzung mit Vitaminen und Antioxidation, Körperliche Aktivität: regelmäßiger Sport, insbesondere Ausdauersport, Entspannungstraining

Complementäre und Alternative Medizin (CAM) hilft bei:

- Maculadegeneration
- Thrombose/Verschlusserkrankungen
- Glaukom
- Kurzsichtigkeit/Myopie
- Allergien
- Schmerztherapie/Kopfschmerzen
- Entwöhnung, Nikotin, Essstörung
- Tinnitus – „Schwindel"

Magnetfeldtherapie

- bei Durchblutungsstörungen, Schmerzzuständen und Wundheilungsstörungen.

Führerschein-Sehtest

GOÄ Nr.	Kurzlegende	1fach €	2,3fach €
1	Beratung	4,66	**10,73**
1200	Refraktionsbestimmung, subjektive	3.44	**7,91**
70	Kurze Bescheinigung oder kurzes Zeugnis	2,33	**5,36**

Die Fahrerlaubnis-Verordnung (FeV) – **Anlage 6 (zu §§ 12, 48 Abs. 4 und 5)** schreibt vor, dass wenn der Bewerber den Sehtest nicht besteht, eine augenärztliche Untersuchung erforderlich ist.

Augenärztliche Untersuchung/Gutachten zu Führerscheinen der Klassen C1, C, C1E, CE, D

GOÄ Nr.	Kurzlegende	1fach €	*1,8/ 2,3fach €
3	Eingehende Beratung (mind. 10 Min.) – nicht neben Sonderleistungen	8,74	**20,11**
1	Beratung	4,66	**10,73**
1200	Refraktionsbestimmung, subjektive	3.44	**7.91**
1216	Untersuchung auf Heterophorie	5,30	**12,20**
1226	Projektionsperimetrie	10,61	**24,40**
1228	Farbsinnprüfung mit Pigmentproben	3,56	**8,18**
1240	Spaltlampenmikroskopie	4,31	**9,92**
80	Schriftl. Gutachterliche Äußerung	17,49	**40,22**
85	Gutachten, erhöhter Aufwand	29,14	**67,02**
95	Schreibgebühr je angefangene DIN A Seite	**3,50**	**—,—**
96	Kopiergebühr, je Kopie	**0,17**	**—,—**

Kontaktlinsen-Anpassung

GOÄ Nr.	Kurzlegende	1fach €	2,3fach €
3	Eingehende Beratung (mind. 10 Min.) – nicht neben Sonderleistungen	8,74	**20,11**
1210	Kontaktlinsen-Anpassung und -Kontrolle ohne GKV-Indikation zur Kontaktlinsen-Versorgung (ein Auge)	13,29	**30,57**

GOÄ Nr.	Kurzlegende	1fach €	2,3fach €
1211	Kontaklinsen-Versorgung (beide Augen)	17,49	**40,22**
1212	Prüfung auf Sitz und Funktion der Kontaktlinsen – ein Auge	7,69	**17,70**
1213	Prüfung auf Sitz und Funktion der Kontaktlinsen – beide Augen	11,54	**26,54**

Ausschlüsse: Nr. 6 nicht neben 103, 1204, 1210–1213, 1228, 1240

Augenärztliche Untersuchung nach der Verordnung über Sicherheit und Gesundheitsschutz bei der Arbeit an Bildschirmgeräten

siehe http://bundesrecht.juris.de/bildscharbv/

§ 6 Untersuchung der Augen und des Sehvermögens

(1) Der Arbeitgeber hat den Beschäftigten vor Aufnahme ihrer Tätigkeit an Bildschirmgeräten, anschließend in regelmäßigen Zeitabständen sowie bei Auftreten von Sehbeschwerden, die auf die Arbeit am Bildschirmgerät zurückgeführt werden können, eine angemessene Untersuchung der Augen und des Sehvermögens durch eine fachkundige Person anzubieten. Erweist sich aufgrund der Ergebnisse einer Untersuchung nach Satz 1 eine augenärztliche Untersuchung als erforderlich, ist diese zu ermöglichen.

(2) Den Beschäftigten sind im erforderlichen Umfang spezielle Sehhilfen für ihre Arbeit an Bildschirmgeräten zur Verfügung zu stellen, wenn die Ergebnisse einer Untersuchung nach Absatz 1 ergeben, daß spezielle Sehhilfen notwendig und normale Sehhilfen nicht geeignet sind.

GOÄ Nr.	Kurzlegende	1fach €	2,3fach €
1	Beratung	4,66	**10,73**
6	Untersuchung Augen	5,83	**13,41**
1201	Subj. Refraktionsbestimmung mit. sphärischen-zylindr. Gläsern	5,19	**11,93**
1203	Messung der Maximal- oder Gebrauchsakkommodation	3,50	**8,04**
1216	Untersuchung auf Heterophorie bzw. Strabismus	5,30	**12,20**
1225	Kampimetrie – auch Perimetrie	7,05	**16,22**
70	Kurze Bescheinigung oder kurzes Zeugnis	2,33	**5,36**

Immer häufiger werden von Augenärzten zur Fehlsichtigkeitskorrektur (schwache und mittelstarke Fehlsichtigkeiten) Behandlungen mit dem Excimerlaser (LASIK-; LASEK- und PRK-Technik) angeboten.

Augenärztliche Operationen

Blepharochalasis-OP

GOÄ Nr.	Kurzlegende	1fach €	2,3fach €
3	Eingehende Beratung (mind. 10 Min.) – nicht neben Sonderleistungen	8,74	**20,11**
1	Beratung	4,66	**10,73**
491	Infiltrationsanästhesie gr. Bezirke	7,05	**16,22**
1311	Augenlidplastik mittels Hautverschiebung	64,70	**148,81**
2404	Exzision einer Fettgeschwulst	32,29	**74,27**
443	Zuschlag zu Nr. 2404 bei amb. OP – nur 1-facher Satz abrechenbar	**75,77**	–
441	Zuschlag zu Nr. 2404 bei amb. OP für Laser	**64,70**	–

Entfernung eines Lidtumors

GOÄ Nr.	Kurzlegende	1fach €	2,3fach €
3	Eingehende Beratung (mind. 10 Min.) – nicht neben Sonderleistungen	8,74	**20,11**
1	Beratung	4,66	**10,73**

GOÄ Nr.	Kurzlegende	1fach €	2,3fach €
491	Infiltrationsanästhesie gr. Bezirke	7,05	**16,22**
1282	Entfernung einer Geschwulst	8,86	**20,38**
204	Kompressionsverband	5,54	**12,74**

Zur kosmetische Lidchirurgie gehört die Behandlung von:

- Blepharochalasis (Schlupflider)
- Chalazion (Hagelkorn)
- Kosmetische Lidstraffung
- Gutartige Lidtumoren
- Ptosis
- Xanthelasma

Refraktionschirurgie auf Patientenwunsch

1. Präoperative Diagnostik vor Refraktionschirurgie*

GOÄ Nr.	Kurzlegende	1fach €	*1,8/ 2,3fach €
3	Eingehende Beratung (mind. 10 Min.) – nicht neben Sonderleistungen	8,74	**20,11**
1	Beratung	4,66	**10,73**
6	Untersuchung aller Augenabschnitte	5,83	**13,41**
1201	Subj. Refraktionsbestimmung mit. sphärischen-zylindr. Gläsern	5,19	**11,93**
1202	Objekt. Refraktionsbestimmung	4,32	**9,92**
1209	Nachweis der Tänensekretionsmenge	1,17	**2,68**
1216	Untersuchung auf Heterophorie bzw. Strabismus	5,30	**12,20**
1234	Untersuchung des Dämmerungssehen ohne Blendung	5,30	**12,20**
1235	Untersuchung des Dämmerungssehen während der Blendung	5,30	**12,20**
1242	Biokulare Untersuchung des Augenhintergrundes	8,86	**20,37**
1256*	Tonometrie	5,83	**10,49**

* In Einzelfällen wird die präoperative Diagnostik erweitert

2. Refraktionschirurgie

GOÄ Nr.	Kurzlegende	1fach €	2,3fach €
3	Eingehende Beratung (mind. 10 Min.) – nicht neben Sonderleistungen	8,74	**20,11**
1	Beratung	4,66	**10,73**
1345	Laser in situ – Keratomileusis (Lasik) mit Excimer-Laseranwendung – **analoger Ansatz – GOÄ § 6 (2)** GOÄ Kurztext Nr. 1345: Hornhautplastik	96,76	**222,54**
5855* analog	Photorefraktäre Keratektomie (PRK) mit Excimer-Laseranwendung – **analog Ansatz – GOÄ § 6 (2)** Empfehlung der BÄK – GOÄ Kurztext Nr. 5855: Intraoperative Strahlenbehandlung mit Elektronen	402,18	**723,93**

3. Postoperatative Kontrolle nach Refraktionschirurgie

GOÄ Nr.	Kurzlegende	1fach €	2,3fach €
3	Eingehende Beratung (mind. 10 Min.) – nicht neben Sonderleistungen	8,74	**20,11**
1	Beratung	4,66	**10,73**
1201	Subj. Refraktionsbestimmung mit. sphärischen-zylindr. Gläsern	5,19	**11,93**
1240	Spaltlampenmikroskopie	4,31	**9,92**

Chirurgie – Plastische Chirurgie

Die operativen Angebote von einzelnen Praxen vor allem der Dermatologie, HNO, Gynäkologie und Urologie sind durchaus sehr spezialisiert und dadurch umfangreich.
Hinweise zu IGeL-Operationen aus dem Bereich der Plastischen Chirurgie sind im Buch bei den entsprechenden Fachgebieten, die ambulanten Operationen anbieten, aufgeführt (z. B. Dermatologie, Gynäkologie, HNO, Urologie).
Die folgende Aufstellung zeigt, dass auch Uni-Kliniken inzwischen grosses Interesse am IGeLn haben.

Was bietet die Fachgruppe an IGeL-Leistungen?
Die Abt. Plastische und Handchirurgie des Universitätsklinikums Freiburg bietet Patienten unter www.uniklinik-freiburg.de/ip/live/patientenservice/zusatzangebote/plastchir.html mehrere Operationen an:

> ... „Der Wunsch nach Schönheit ist für die Abteilung Plastische und Handchirurgie des Universitätsklinikums Freiburg kein Tabu. Unser Anliegen ist das Verständnis für die subjektive Empfindung des Erscheinungsbildes unserer Patienten.
> Als eine von wenigen eigenständigen Abteilungen für Plastische Chirurgie an einer deutschen Universitätsklinik bieten wir Ihnen im Rahmen von **uniklinik plus** auch außerhalb der Privatsprechstunde ein breites Spektrum plastisch chirurgischer Eingriffe durch erfahrene Operateure an. Dazu zählen Facelifting und Nasenkorrekturen, Korrekturen an Augenlidern und Ohren, Brustoperationen, Fettabsaugungen, Straffungsoperationen und Laserbehandlung von Fältchen. Unsere Fachärztinnen und Fachärzte für Plastische Chirurgie beraten Sie dabei individuell und objektiv zu allen Eingriffen.

Nasenkorrekturen und Kinnvergrößerung
Nase und Kinn sind für die harmonische Wirkung des menschlichen Gesichts und des Profils von entscheidender Bedeutung. Über Ihre individuellen Möglichkeiten einer Korrektur von Nasen- oder Kinnform beraten wir Sie gerne.

Korrekturen Ober- und Unterlider
Lidkorrekturen werden im allgemeinen in örtlicher Betäubung durchgeführt. Individuell muss hierfür das richtige Verfahren ausgewählt werden. An den Unterlidern wird auf äußere Schnitte ganz verzichtet und durch den Bindehautsack operiert.

Ohrenkorrekturen
Bei der Ohrkorrektur werden meistens abstehende Ohren angelegt oder besonders große Ohren verkleinert. Besonders große Ohrläppchen können ebenfalls verkleinert werden.

Facelifting
Zur nachhaltigen Behandlung von Alterserscheinungen des Gesichts und des Halses wenden wir auf den Einzelfall abgestimmte, auch endoskopisch durchgeführte Operationsmethoden an.

Faltenbehandlung
Kleine Fältchen, insbesondere im Stirn und Augenlidbereich (sog. Zornesfalten oder Krähenfüße) können durch Botox-Injektionen verbessert werden, ggf. muß im Abstand von einigen Monaten wiederholt eingespritzt werden. Im Lippenbereich oder an anderen Stellen im Gesicht kann eine Auffüllung der Falten mit Eigenfett erreicht werden. Dabei wird schonend Fett vom Bauch abgesaugt und das aufbereitete Fett in die Falten eingespritzt. Die Faltenbehandlung mit Hyaluronsäure wird ebenfalls angeboten.

Bauchdeckenstraffung
Nach einer starken, länger bestehenden Ausdehnung der Bauchdecke kommt es bei Frauen und Männern zu einem Auseinanderweichen der Bauchmuskulatur, die durch Diät oder Gymnastik nicht mehr zu beheben ist. Mit der Bauchdeckenstraffung steht eine gute Möglichkeit zur Verfügung, das als unschön empfundene Aussehen der Bauchdecke zu verbessern.

Fettabsaugung
Hartnäckige, weder einer Reduktionsdiät noch gezielter Gymnastik zugängliche Fettpolster kommen bei vielen Frauen und Männern vor. Mit einer gezielten, sorgfältigen Ultraschall-Absaugung des Unterhautfetts kann diese Problematik verbessert oder behoben werden.

Oberschenkelstraffung
Liegt nicht nur ein Fettüberschuss sondern eine erhebliche Hauterschlaffung vor, kann eine Oberschenkelstraffung erforderlich sein.

Ratenzahlung für Schönheitsoperationen möglich!

Im Internet wird von der Praxis-Klinik für Plastische und Ästhetische Chirurgie: **KÖ – AESTHETICS DÜSSELDORF** (http://www.koe-aesthetics.de/finanzierung.html?L=%252523navigation-main9 Ratenzahlung für Schönheitschirurgie mit folgendem Text (Ausschnitt) angeboten:

Ratenzahlung – Ein Service der KÖ-AESTHETICS
... „Die Kosten für eine Behandlung sind ohne vorherige Untersuchung pauschal nicht vorhersagbar. Jede Behandlung ist individuell, so dass die Behandlungskosten auch individuell unterschiedlich sind.
Wir können Ihnen weder am Telefon noch per Mail die Kosten und Preise Ihrer Schönheitsoperation nennen.

Die Kosten sind abhängig von OP-Dauer, Implantaten, OP-Technik, Lifting oder Saugung, stationär oder ambulant und vielen anderen Faktoren.
Im Rahmen eines ausführlichen Beratungsgesprächs können wir Ihnen einen detaillierten Kostenvoranschlag erstellen.
Wir bieten für jede Behandlung eine Finanzierung an, die über medipay abgewickelt werden kann...“

Schönheits-OP Finanzierung
Folgende Operationen können zum Beispiel finanziert (siehe Ratenzahlungs-Tabelle) werden:
- Brust OP Finanzierung/Ratenzahlung
- Brustvergrößerung Finanzierung/Ratenzahlung
- Bruststraffung Finanzierung/Ratenzahlung
- Fettabsaugung Finanzierung/Ratenzahlung
- Nasenkorrektur Finanzierung/Ratenzahlung
- Bauchdeckenstraffung Finanzierung/Ratenzahlung
- Facelift Finanzierung/Ratenzahlung
- Gynäkomastie Finanzierung/Ratenzahlung
- Lidstraffung Finanzierung/Ratenzahlung
- Faltenbehandlung Finanzierung/Ratenzahlung
- Laserbehandlung Finanzierung/Ratenzahlung

Selbstverständlich kann jede andere Behandlung in unserer Praxis-Klinik finanziert werden.

Wir bieten Ihnen die Möglichkeit, das vereinbarte Behandlungshonorar für Ihre Wunschbehandlung in bequemen und für Sie finanziell möglichen Monatsraten, zu bezahlen.
Gerne übernehmen wir für Sie die komplette Abwicklung. Im Beratungsgespräch legen wir das Behandlungshonorar fest. Wir stellen für Sie den Finanzierungsantrag, der dann von unserem Partner medipay diskret, unbürokratisch und schnell geprüft wird. Sobald die Prüfung abgeschlossen ist und positiv ausfällt, steht Ihrer Wunschbehandlung nichts mehr im Wege...“

Hinweis der Autoren:
In Gesprächen mit unseren Juristen wurde deutlich, dass die Verbindung von Arzt als medizinischer Leistungserbringer und gleichzeitiger Vermittler einer Finanzdienstleistung rechtlich problematisch sein kann.

Dermatologie – Medizinisch-kosmetische Leistungen

Was bietet die Fachgruppe als IGeL-Leistungen an?
Neben den Dermatologen, den plastischen Chirurgen sind es teilweise die Gynäkologen, die das Internet sehr intensiv für Patienten-Information und Werbung zu IGEL-Leistungen nutzen. Dabei finden sich große Kliniken neben zahlreichen niedergelassenen Praxen.
Abgedeckt wird in den Angeboten zu med. kosmetischen – in der Regel operativen -Leistungen auf den Internetseiten dermatologischer, HNO-ärztlicher, kieferchirurgischer und chirurgischer Praxen und Kliniken ein breites Spektrum aus dem Bereich der ästhetischkosmetischen Dermatologie.
Unter www.derma.med.uni-erlangen.de/e1662/e1998/index ger.html bietet die Hautklinik des Universitätsklinikums Erlangen an:

IGeL-Leistungen
... „Für den Menschen ist die menschliche Gestalt das Schönste, ... (Chamisso) ... Doch nicht immer bietet eine herkömmliche Therapie auch ein individuell befriedigendes kosmetisches Ergebnis oder man möchte selbst im „besten Alter“ der inneren Jugend optischen Ausdruck verleihen.
Unser Ziel ist es, mittels professioneller ästhetischer Kosmetik und modernster Lasertherapie Ihr Wohlbefinden zusätzlich zu steigern und Ihr Hautbild zu verbessern.

Wir bieten Ihnen folgende Individuelle Gesundheits Leistungen (IGeL) an:

Anti-Aging-Beratung	1. Hauttypbestimmung 2. individuelle Beratung über Möglichkeiten der Faltenglättung, sonstiger störender Alterserscheinungen (z. B. Pigmentstörungen, Behaarung) 3. Prävention
Hauttyp-Beratung	1. Hauttypbestimmung 2. individuelle Beratung zur Hautpflege 3. Beratung bei Couperose
Fruchtsäurepeeling	1. Aknenarben (leichte Formen) 2. Therapie lichtgeschädigter Haut (sog. Altersflecken) 3. Verfeinerung des Hautbildes 4. leichte Mimikfalten 5. großporige Haut
TCA-Peeling	1. tiefe Aknenarben 2. großporige Haut
Botox-Injektionen	1. Mimikfalten 2. Hyperhidrose (übermäßiges Schwitzen)
Hyaluronsäure-Injektionen	1. Gewebsaugmentation 2. Auffüllen von Falten 3. Auffüllen von eingesunkenen Narben
Camouflage	1. Vitiligo 2. Pigmentstörungen 3. Feuermale 4. Hauterkrankungen mit störendem Hautbild z. B. Rosazea, Lupus erythematodes, Sarkoidose, etc.)
Lasertherapie	1. Hämangiome 2. Blutschwämmchen 3. Teleangiektasien 4. Besenreiser 5. Haarentfernung 6. Altersflecken 7. etc.
Laser-Skin-Resurfacing	1. therapieresistente Aknenarben 2. tiefe therapieresistente Mimikfalten

Medizinisch-kosmetische Behandlungen	1. manuelle Aknetherapie 2. Milien 3. Hautreinigung 4. Spezielle Gesichtsmassage z. B. bei Rosazea
Operative Therapie gutartiger Hauttumore	1. Muttermale 2. Alterswarzen 3. Fibrome („wildes Fleisch“)
Schönheitschirurgie	1. Augenlidstraffung 2. Mundwinkel-Lifting 3. wulstige Narben

Die **niedergelassenen Dermatologen** bieten noch weit mehr IGeL-Leistungen an z. B.:
- Akupunktur
- Allergietestung auf Patientenwunsch
- Behandlung von übermäßigem Schwitzen (Hyperhidrose) mit Botulinumtoxin
- Androgenetische Alopezie/Glatzenbehandlung bei Männer
- Balneotherapie zur Behandlung von Hautkrankheiten
- Beratungen und Untersuchungen für Berufe mit Hautgefährdung z. B. chem. Industrie etc.
- Eigenblutbehandlung
- Digitale Muttermal-Dokumentation und Analyse (Fotofinder)
- Haarausfall bei der Frau
- Haaranalyse mit Trichoscan
- Hautabschleifen
- Hautveränderungen – Verlaufkontrollen
- Kosmetische Operationen
- Kosmetika-Verträglichkeit – Testung
- Laserbehandlung von Nagelpilz
- Naturheilverfahren
- Permanent Make up
- Phlebologie
- Photodynamische Therapie bei Hautkrebs und Hautkrebsvorstufen
- Piercing
- Entfernung von Tätowierungen
- UV-Bestrahlung zur Prophylaxe einer Sonnenexposition
- Entfernung von Milien
- operative Entfernung von Xanthelasmen im Lidbereich
- Entfernung von reizlosen Fibromen
- Entfernung von Angiomen, erweiterten Blutgefäßen
- Entfernung von harmlosen Alterspigmentflecken oder Alterswarzen
- operative Entfernung gutartiger Hauterscheinungen (z. B. Naevi), die kosmetisch störend sind
- Verödung von Besenreiservarizen
- medizinisch-kosmetische Behandlung (mit oder ohne Fruchtsäure)
- Epilation nicht krankhaft verstärkten Haarwuchses
- vorbeugende UV-Konditionierung vor dem Urlaub oder vorbeugende Lichtbestrahlung bei Sonnenallergie
- Ausschluss von Amalgam-Allergien ohne verdächtige Allergieanamnese
- Berufseignungstests
- Erstellung einer Haarwurzelanalyse ohne Krankheitssymptome
- oberflächliches intensives „Chemical Peeling“ mit Fruchtsäuren
- Hyaluronsäure-Unterspritzung von Gesichtsfalten
- Botulinumtoxin A – Behandlung zur Korrektur mimischer Gesichtsfalten und zur Therapie von
- übermäßiger axillärer Schweißbildung
- medizinische Fuß- und Nagelbehandlung
- Narbenkorrektur ohne Funktionsbehinderung
- medizinische Beratung vor Urlaubsreisen (Impfberatung, Lichtschutz)
- Fotodokumentation von Hauterscheinungen
- Anlegen einer Nagelspange bei eingewachsenen Nägeln

- Gesichtsmassage bei Rosacae und Couperose
- Hautscreening
- Vitamin-B-Komplex-Spritzen (i.v.)
- Haut- und Phototypbestimmung mit Kosmetikberatung
- „Anti-Aging"-Beratung
- Abdeckanleitung und dekorative Kosmetik für Problemhaut
- photodynamische Therapie von aktinischen Praekanzerosen und oberflächlichen Basaliomen
- wassergefilterte Infrarot A-Therapie von Warzen und Unterschenkelgeschwüren
- Lasertherapie zur Entfernung von gutartigen Neubildungen, erweiterten Blutgefäßen, Besenreiservarizen,
- sterile Ohrlöcher

Aknebehandlung aus kosmetischen Gründen

GOÄ Nr.	Kurzlegende	1fach €	*1,8/ 2,3fach €
3	Eingehende Beratung (mind. 10 Min.) – nicht neben Sonderleistungen	8,74	**20,11**
5	Symptombezogene Untersuchung	4,66	**10,73**
7	Untersuchung Haut	9,33	**21,45**
520* analog	Aknemassage – analog GOÄ Nr. 520 (alternativ Nr. 523) – entspr. GOÄ § 6 (2)[1)] GOÄ Kurztext Nr. 520: Teilmassage...	2,62	**4,72**
530*	Aknepackung, je Sitzung	2,04	**3,67**
758*	Sticheln, Öffnen; Ausquetschen Aknepusteln, je Sitzung	4,37	**10,05**
209	Großflächiges Auftragen von Externa	8,74	**20,11**

1) Bei analogen Leistungen muss – mind. in Kurzform – auch die Original-Leistungslegende angegeben werden.

Androgenetische Alopezie bei Männern

Behandlung der androgenetischen Alopezie bei Männern (Glatzenbehandlung) z. B. mit Nicht-GKV-Arzneimitteln

GOÄ Nr.	Kurzlegende	1fach €	*1,8/ 2,3fach €
3	Eingehende Beratung (mind. 10 Min.) – nicht neben Sonderleistungen	8,74	**20,11**
5	Symptombezogene Untersuchung	4,66	**10,73**
7	Untersuchung Haut – Dokumentation von ev. Nebenwirkungen	9,33	**21,45**
8	Ganzkörperstatus – Dokumentation von ev. Nebenwirkungen	15,16	**34,86**
612* analog	Digitale Analyse – epiluminiszenz unterstützte Trichogramm – Analyse – analog GOÄ Nr. 612* – entspr. GOÄ § 6 (2)[1)] Empfehlung der BÄK – GOÄ Kurztext Nr. 612: Ganzkörper-plethysmographische Bestimmung der absoluten und relativen Sekundenkapazität und des Atemwegwiderstandes...	44,12	**79,42**
4860*	Trichogramm *Ggf. Kontrolluntersuchungen nach einigen Monaten – bei Trichophotogramm höherer Steigerungssatz + Sachkosten der Photodokumentation nach § 10 berechenbar*	9,33	**16,79****

1) Bei analogen Leistungen muss – mind. in Kurzform – auch die Original-Leistungslegende angegeben werden.
** = 1,15facher Satz (Laborleistung)

Weitere Laboruntersuchungen ggf.:
- Biotin
- FAI (Freier Androgen Index)

- Schilddrüsenhormone
- SHBG (Sexualhormonbindendes Globulin)
- Testosteron

Balneotherapie zur Behandlung von Hautkrankheiten

GOÄ Nr.	Kurzlegende	1fach €	*1,8/ 2,3fach €
3	Eingehende Beratung (mind. 10 Min.) – nicht neben Sonderleistungen	8,74	**20,11**
5	Symptombezogene Untersuchung	4,66	**10,73**
7	Untersuchung Haut	9,33	**21,45**
	Synchrone Balneotherapie (z. B. „Kieler-Modell")		
566*	Synchrone Balneotherapie, je Behandlung, analoger Ansatz der Nr. 566 – GOÄ § 6 (2) Empfehlung der BÄK – GOÄ Kurztext Nr. 566: Phototherapie eines Neugeborenen	29,14	**52,46**
	Asynchrone Balneotherapie (z. B. „Tomesa-Konzept")		
532a*	Leitung eines ansteigenden Vollbades	4,43	**7,97**
565a*	Photochemotherapie, je Sitzung	6,99	**12,69**

Sachkosten nach § 10 berechnen.

Beratungen und Erörterungen zu medizinisch-kosmetischen Problemen

Beratungen, die abhängig von der Beratungsintensität nach den GOÄ Nrn. 1 oder 3 oder als Erörterung nach Nr. 34 abgerechnet werden können:

- Allgemeine medizinisch kosmetische Beratung
- Sonnenlicht- und Hauttypberatung
- Beratung vor kosmetischen Behandlungen oder kosmetisch-operativen Eingriffen
- Beratung vor einer gewünschten Arzneimittel-Behandlung z. B. „Life-Style" gegen androgenetischen Haarausfall
- Second opinion – Zweitmeinung auf Patientenwunsch

GOÄ Nr.	Kurzlegende	1fach €	2,3fach €
3	Eingehende Beratung (mind. 10 Min.) – nicht neben Sonderleistungen	8,74	**20,11**
1	Beratung	4,66	**10,73**
34	Erörterung, mind. 20 Min. z. B.	17,49	**40,22**

Besenreiservarizen – Verödung

Die Abrechnung ist abhängig von der gewählten Methode.

GOÄ Nr.	Kurzlegende	1fach €	*1,8/ 2,3fach €
1	Beratung, auch tel.	4,66	**10,72**
3	Eingehende Beratung, auch tel.	8,74	**20,11**
5	Symptombezogene Untersuchung	4,66	**10,73**
204	stabilisierender Verband einer Extremität über mind. zwei große Gelenke; Kompressionsverband	5,54	**12,74**
634	Lichtreflex-Rheographie	6,99	**16,09**
706 analog	Verödung von Besenreiservarizen mit gepulstem Licht, je Sitzung – analog Nr. 706 Licht- oder Laserkoagulation(en) – entspr. GOÄ § 6 (2)	34,97	**80,44**
764	Verödung (Sklerosierung) von Krampfadern, je Sitzung	11,07	**25,47**

GOÄ Nr.	Kurzlegende	1fach €	*1,8/ 2,3fach €
2440 analog	Laserbehandlung von Besenreiservarizen, einschl. Laser-Epilation, mit einer Ausdehnung bis zu 7 cm^2 Körperoberfläche, bis zu dreimal im Behandlungsfall, im Falle der Behandlung von Besenreiservarizen mit einer Laser-Impulsrate von bis zu 50 Impulsen pro Sitzung (analog Nr. 2440 GOÄ) – n. Beschlüssen des Ausschusses „Gebührenordnung" der BÄK – analog GOÄ Nr. 2440 – entspr. GOÄ § 6 (2)[1]	6,63	**107,25**

[1] Bei analogen Leistungen muss – mind. in Kurzform – auch die Original-Leistungslegende angegeben werden.

Therapie von Gefäßveränderungen auch mittels Laser

GOÄ Nr.	Kurzlegende	1fach €	2,3fach €
764 analog	Spider Naevi u.senile Hämangiome, je Läsion – analog GOÄ Nr. 764 – entspr. GOÄ § 6 (2)[1]	11.07	**25,47**
2440 analog	Besenreiser pro Bein je nach Ausdehnung, je Sitzung – analog GOÄ Nr. 2440 – entspr. GOÄ § 6 (2)[1] GOÄ Kurztext Nr. 2440: Operative Entfernung eines Naevus flammeus...	46,63	**107,25**
2440 analog	Rubeosis teleangiektatika, je Sitzung – analog GOÄ Nr. 2440 – entspr. GOÄ § 6 (2)[1] GOÄ Kurztext Nr. 2440: Operative Entfernung eines Naevus flammeus...	46,63	**107,25**
444	**Zuschlag zu Nr. 2440 bei ambulanter Op	75,77	-----

[1] Bei analogen Leistungen muss – mind. in Kurzform – auch die Original-Leistungslegende angegeben werden.

Laserbehandlung in der Dermatologie sind nach den GOÄ Nrn. 2440 oder 2885 oder 2886 abzurechnen!

Rechtsprechung

► Laserbehandlung von Viruswarzen, GOÄ-Ziffer 2886 analog

Nach den Abrechnungsempfehlungen der BÄK kann die GOÄ Ziffer 2886 analog für die Laserbehandlung u. a. von Warzen mit einer Ausdehnung von mehr als 21 cm^2 Körperfläche bis zu dreimal im Behandlungsfall in Ansatz gebracht werden.

Wenn noch eine vierte oder gar fünfte Behandlung anfällt, kann dafür Ziffer 2886 analog nicht berechnet werden, da die analoge Bewertung auf drei Behandlungen beschränkt ist. Der erhöhte Zeitaufwand ist aber zu berücksichtigen mit einer Abrechnung des 3,5fachen Steigerungssatzes. Daneben kann die GOÄ-Ziffer 745 analog nicht abgerechnet werden, da dies Maßnahmen betrifft, die nur zur Vorbereitung der umfassenderen Leistung „Laserbehandlung" dienen.

Aktenzeichen: VG Ansbach, 30.06.2010, AZ: AN 15 K 09.01745
Entscheidungsjahr: 2010

Eigenblutbehandlung

GOÄ Nr.	Kurzlegende	1fach €	2,3fach €
3	Eingehende Beratung (mind. 10 Min.) – nicht neben Sonderleistungen	8,74	**20,11**
5	Symptombezogene Untersuchung Haut	4,66	**10,73**
284	Eigenblutbehandlung einschl. Blutentnahme	5,25	**12,07**

Epilation störender Behaarung außer bei krankhaftem und entstellendem Haarwuchs an Händen und im Gesicht

GOÄ Nr.	Kurzlegende	1fach €	2,3fach €
3	Eingehende Beratung (mind. 10 Min.) – nicht neben Sonderleistungen	8,74	**20,11**

GOÄ Nr.	Kurzlegende	1fach €	2,3fach €
5	Symptombezogene Untersuchung Haut	4,66	**10,73**
742	Epilation von Haaren außer bei krankhaftem und entstellendem Haarwuchs an Händen und im Gesicht	9,62	**22,12**
706 analog	Kleinflächige Epilation von Haaren mit gepulstem Licht, je Sitzung – analog GOÄ Nr. 706 – entspr. GOÄ § 6 (2)[1)] GOÄ Kurztext Nr. 706: Licht- oder Laserkoagulation(en)...	34,97	**80,44**
1323	Elektrolytische Epilation von Wimpernhaaren, je Sitzung	3,91	**8,98**

[1)] Bei analogen Leistungen muss – mind. in Kurzform – auch die Original-Leistungslegende angegeben werden.

Falten- oder Narbenunterspritzung

Collagen o. körpereigenem Fettgewebe Implantationstechniken (Kollagen/Zyderm, Zyplast u. a.)

GOÄ Nr.	Kurzlegende	1fach €	2,3fach €
3	Eingehende Beratung (mind. 10 Min.) – nicht neben Sonderleistungen	8,74	**20,11**
34	Erörterung	17,49	**40,23**
31	Anti-Aging-Gespräch – analog – GOÄ § 6 (2) GOÄ Kurztext Nr. 31: Homöopathische Folgeanamnese	26,23	**60,33**
390	Testspritze	3,50	**8,04**
2442	Implantation alloplastischen Materials zur Weichteilunterfütterung	52,46	**120,66**

[1)] Bei analogen Leistungen muss – mind. in Kurzform – auch die Original-Leistungslegende angegeben werden.

+ Materialkosten gemäß GOÄ § 10 abrechnen

Haarausfall bei der Frau

Zur Abklärung des Haarausfalles bei der Frau finden neben den oben bei Androgenetischen Alopezie bei Männern genannten Leistungen folgende Laboruntersuchungen Anwendung:

- Biotin
- DHEAS
- FAI (Freier Androgen Index)
- Ferritin
- FSH
- LH
- Östradiol
- Schilddrüsenhormone
- SHBG (Sexualhormonbindendes Globulin)
- Testosteron

Hautabschleifen

GOÄ Nr.	Kurzlegende	1fach €	*1,8/ 2,3fach €
755 analog	Microabrasion z. B. mittels Skinabrader, je Sitz. – analog GOÄ Nr. 755 – entspr. GOÄ § 6 (2)[1)]	13,99	**32,18**
2441 analog	niedertourige Dermabrasio – analog GOÄ Nr. 2441 – entspr. GOÄ § 6 (2)[1)]	23,31	**53,62**
442	Zuschlag zu Nr. 2441 bei ambulanter Op	**23,31**	-

[1)] Bei analogen Leistungen muss – mind. in Kurzform – auch die Original-Leistungslegende angegeben werden.

Bei hochtourige Dermabrasio, je Sitzung – mehrfacher Ansatz

Haut-Peeling

Die Abrechnung ist abhängig von der gewählten Methode.

GOÄ Nr.	Kurzlegende	1fach €	*1,8/ 2,3fach €
1	Beratung, auch tel.	4,66	**10,72**
3	Eingehende Beratung, auch tel.	8,74	**20,11**
5	Symptombezogene Untersuchung	4,66	**10,73**
209	Großflächiges Auftragen von Externa zur Behandlung von Hautkrankheiten mind. einer Körperregion je Sitzung	8,74	**20,11**
743	Schleifen und Schmirgeln und/oder Fräsen von Bezirken der Haut, je Sitzung	4,37	**10,05**
755	Hochtouriges Schleifen von Bezirken der Haut bei schweren Entstellungen, je Sitzung	13,99	**32,17**

Haut-Typberatung

GOÄ Nr.	Kurzlegende	1fach €	*1,8/ 2,3fach €
1	Beratung, auch tel.	4,66	**10,72**
3	Eingehende Beratung, auch tel.	8,74	**20,11**
5	Symptombezogene Untersuchung	4,66	**10,73**
7	Untersuchung mind. eines Organssystems: Bauchorgane – Brustorgane – weibl. Genitaltrakt – Haut – Stütz- u. Bewegungsorgane	9,33	**21,45**
760	Alkaliresistenzbestimmung	7,05	**12,69**

Hautveränderungen – Verlaufskontrolle von Muttermalen

GOÄ Nr.	Kurzlegende	1fach €	*1,8/ 2,3fach €
3	Eingehende Beratung (mind. 10 Min.) – nicht neben Sonderleistungen	8,74	**20,11**
7	Untersuchung Haut	9,33	**21,45**
750	Auflichtmikroskopie (Dermatoskopie), je Sitzung	6,99	**16,09**
612* analog	Video-Dermatoskopie – analog GOÄ Nr. 612 – entspr. GOÄ § 6 (2)[1)] Empfehlung der BÄK – GOÄ Kurztext Nr. 612: Ganzkörperplethysmographische Bestimmung der absoluten und relativen Sekundenkapazität	44,12	**79,42**

[1)] Bei analogen Leistungen muss – mind. in Kurzform – auch die Original-Leistungslegende angegeben werden.

Verschiedene kosmetische Operationen

Natürlich gehören zu den einzelnen OPs noch weitere Leistungen (z. B. Anaesthesie, etc.)

GOÄ Nr.	Kurzlegende	1fach €	2,3fach €
3	Eingehende Beratung (mind. 10 Min.) – nicht neben Sonderleistungen	8,74	**20,11**
5	Symptombezogene Untersuchung	4,66	**10,73**
1447	Nasenkorrektur	96,76	**222,54**
1304 analog	Lidkorrektur – analog GOÄ Nr. 1304 – entspr. GOÄ § 6 (2)[1)] GOÄ Kurztext Nr. 1304: Plastische Korrektur des Ektropiums oder Entropiums, der Trichiasis oder Distichiasis	53,86	**123,87**
1310	Augenlidplastik mittels freien Hauttransplantates	86,27	**198,41**
1311	Augenlidplastik mittels Hautlappenverschiebung	64,70	**148,81**

GOÄ Nr.	Kurzlegende	1fach €	2,3fach €
2454 analog	Fettentfernung – analog GOÄ Nr. 2454 – entspr. GOÄ § 6 (2)[1)] GOÄ Kurztext Nr. 2454: Operative Entfernung von überstehendem Fettgewebe an einer Extremität	53,86	**123,87**
2452 analog	Fettschürzenentfernung (z. B. Bauchdecke) – analog GOÄ Nr. 2452 – entspr. GOÄ § 6 (2)[1)] GOÄ Kurztext Nr. 2452: Exstirpation einer Fettschürze	81,60	**187,69**
2453 analog	Fettentfernung (Extremitäten) – analog GOÄ Nr. 2453 – entspr. GOÄ § 6 (2)[1)] GOÄ Kurztext Nr. 2453: Operation des Lymphödems einer Extremität	116,57	**268,12**

[1)] Bei analogen Leistungen muss – mind. in Kurzform – auch die Original-Leistungslegende angegeben werden.

GOÄ-Ratgeber der BÄK:

Abrechnung der Liposuktion
Dtsch Arztebl 2014; 111(12): A-521/B-449/C-429
Gorlas, Stefan – http://www.aerzteblatt.de/archiv/157029

Der Autor rät folgende Positionen zur Abrechnung der Liposuktion:
2454 analog – Entfernung des Fettgewebes mittels Liposuktion, je Körperregion und Zuschlag nach GOÄ-Nr. 444 bei ambulanter OP
Ein erhöhter Zeitaufwand oder eine erhöhte Schwierigkeit kann gemäß § 5 Absatz 2 GOÄ mit einem höheren Steigerungssatz abgerechnet werden.

Behandlung von Krampfadern z.Zt. ohne Krankheitswert

Die Abrechnung ist abhängig von der gewählten Methode.

GOÄ Nr.	Kurzlegende	1fach €	*1,8/ 2,3fach €
1	Beratung, auch tel.	4,66	**10,72**
3	Eingehende Beratung, auch tel.	8,74	**20,11**
5	Symptombezogene Untersuchung	4,66	**10,73**
639*	photoplethysmographische Registrierung der Blutfüllung und photoplethysmographische Simultanregistrierung der Füllungsschwankungen peripherer Arterien an mind. 4 peripheren Gefäßabschnitten – gleichzeitige Registrierung des Volumenpulsbandes	26,46	47,63
643*	Periphere Arterien- bzw. Venendruck- und/oder Strömungsmessung	6,99	**12,59**
644*	Untersuchung der Strömungsverhältnisse in Extremitätenarterien bzw. -venen mit direktionaler Ultraschall-Doppler-Technik – einschl. graphischer Registrierung –	10,49	18,89
764	Verödung (Sklerosierung) von Krampfadern, je Sitzung	11,07	**25,47**
204	stabilisierender Verband einer Extremität über mind. zwei große Gelenke; Kompressionsverband	5,54	**12,74**

Abrechnung der Sachkosten gemäß § 10 GOÄ

Peeling zur Verbesserung des Hautreliefs/Fruchtsäure-Peeling

GOÄ Nr.	Kurzlegende	1fach €	*1,8/ 2,3fach €
3	Eingehende Beratung (mind. 10 Min.) – nicht neben Sonderleistungen	8,74	**20,11**
5	Symptombezogene Untersuchung	4,66	**10,73**
209	Großflächige Hautbehandlung – analoger Ansatz Nr. 209	8,74	**20,11**
2441	oberflächlich z. B. Fruchtsäuren, je Sitzung – analog – GOÄ § 6 (2) GOÄ Kurztext Nr. 2441: Operative Korrektur einer entstellenden Gesichtsnarbe	23,31	**53,62**

GOÄ Nr.	Kurzlegende	1fach €	*1,8/ 2,3fach €
442	Zuschlag zu Nr. 2441 bei ambulanter OP	23,31	–
743	Schleifen und Schmirgeln u./o. Fräsen von Hautbezirken	4,37	**10,05**
755	Hochtouriges Schleifen der Haut, je Sitzung	13,99	**32,77**
760*	Hauttypbestimmung – analoger Ansatz Nr. 760	7,05	**12,69**

Abrechnungshinweis:
- bei mittlere Eindringtiefe z. B. TCA-Peeling, je Sitzung – ggf. mehrfacher Ansatz der oben aufgeführten GOÄ-Nrn. • Materialkosten nach § 10 GOÄ berechnen

Phlebologie

GOÄ Nr.	Kurzlegende	1fach €	*1,8/ 2,3fach €
764	Sklerosierung von kl. Venektasien, je Sitzung	11,08	**25,47**
204	Kompressionsverband	5,54	**12,74**
2882 analog	Phlebektomie, je Bein – analog GOÄ Nr. 2882 – entspr. GOÄ § 6 (2)[1)] GOÄ Kurztext Nr. 2882: Varizenexhairese mit Unterbrechung der Vv. perforantes, einseitig	107,83	**248,01**
445	Zuschlag zu Nr. 2882 bei ambulanter Op	128,23	-----

[1)] Bei analogen Leistungen muss – mind. in Kurzform – auch die Original-Leistungslegende angegeben werden.

Zur Abschätzung des Thrombose-Risikos-Check werden folgende laborchemischer Untersuchungen angeraten:
- Antithrombin-III-Aktivität
- APC-Resistenz (Gerinnungstest)
- Homocystein
- Lupus-Antikoagulans
- Protein-C-Aktivität
- Protein-S-Aktivität

Piercing

GOÄ Nr.	Kurzlegende	1fach €	2,3fach €
1	Beratung	4,66	**10,72**
5	Symptombezogene Untersuchung	4,66	**10,72**
490	Infiltrationsanästhesie kleiner Bezirke	3,56	*8,18*
2403 analog	Exzision einer kleinen Geschwulst – analog GOÄ Nr. 2403 – entspr. GOÄ § 6 (2)[1)] GOÄ Kurztext Nr. 2403: Exzision einer in oder unter der Haut oder Schleimhaut liegenden kleinen Geschwulst	7,75	**17,83**
2440 analog	Bei schwierigem Piercing: Operative Entfernung eines Naevis flammeus, je Sitzung – analog GOÄ Nr. 2440 – entspr. GOÄ § 6 (2)[1)] GOÄ Kurztext Nr. 2440: Operative Entfernung eines Naevus flammeus...	46,63	**107,25**

[1)] Bei analogen Leistungen muss – mind. in Kurzform – auch die Original-Leistungslegende angegeben werden.

Entfernung von Tätowierungen

GOÄ Nr.	Kurzlegende	1fach €	2,3fach €
3	Eingehende Beratung (mind. 10 Min.) – nicht neben Sonderleistungen	8,74	**20,11**
5	Symptombezogene Untersuchung	4,66	**10,73**
490	Infiltrationsanästhesie kleiner Bezirke	3,56	**8,18**
491	Infiltrationsanästhesie großer Bezirke	7,05	**16,22**
755	Entfernung von Tätowierungen, Hochtouriges Schleifen der Haut	2,40	**13,99**

[1)] Bei analogen Leistungen muss – mind. in Kurzform – auch die Original-Leistungslegende angegeben werden.

GOÄ Nr.	Kurzlegende	1fach €	2,3fach €
2440 analog	Operative Entfernung einer Tätowierung mittels Laser, bis zu 7 cm^2, je Sitzung – analog GOÄ Nr. 2440 – entspr. GOÄ § 6 (2)[1)] Empfehlung der BÄK – GOÄ Kurztext Nr. 2440: Operative Entfernung eines Naevus flammeus...	46,63	**107,25**
2885	Operative Entfernung einer Tätowierung mittels Laser, von 7 bis 21 cm^2, je Sitzung – analog GOÄ Nr. 2885 – entspr. GOÄ § 6 (2)[1)] Empfehlung der BÄK – GOÄ Kurztext Nr. 2885: Entfernung einer kleinen Blutadergeschwulst	64,70	**148,81**
2886	Operative Entfernung einer Tätowierung mittels Laser, mehr als 21 cm^2, je Sitzung – analog GOÄ Nr. 2886 – entspr. GOÄ § 6 (2)[1)] Empfehlung der BÄK – GOÄ Kurztext Nr. 2886: Entfernung einer großen Blutadergeschwulst	161,46	**371,35**

[1)] Bei analogen Leistungen muss – mind. in Kurzform – auch die Original-Leistungslegende angegeben werden.

Tests zur Prüfung der Verträglichkeit von Kosmetika

GOÄ Nr.	Kurzlegende	1fach €	*1,8/ 2,3fach €
3	Eingehende Beratung (mind. 10 Min.) – nicht neben Sonderleistungen	8,74	**20,11**
5	Symptombezogene Untersuchung	4,66	**10,73**
380	Tests zur Prüfung der Verträglichkeit von Kosmetika, je Test, 1.–30. Test	1,75	**4,02**
381	Tests zur Prüfung der Verträglichkeit von Kosmetika, je Test, 31.–50. Test	1,17	**2,68**
388	Reib-, Scratch- oder Skarifikationstest je Test (bis zu 10 je Behandlungsfall)	2,04	**4,69**

UV-Bestrahlung zur Prophylaxe einer Sonnenexposition

GOÄ Nr.	Kurzlegende	1fach €	*1,8/ 2,3fach €
1	Beratung, auch tel.	4,66	**10,72**
3	Eingehende Beratung, auch tel.	8,74	**20,11**
5	Symptombezogene Untersuchung	4,66	**10,73**
560*	Behandlung mit Ultraviolettlicht in einer Sitzung	1,81	**3,25**
561*	Reizbehandlung eines umschriebenen Hautbezirkes mit Ultraviolettlicht	1,81	**3,25**
562*	Reizbehandlung mehrerer umschriebener Hautbezirke mit Ultraviolettlicht in einer Sitzung	2,68	**4,83**

Der Berufsverband der Dermatologen empfahl schon vor Jahren seinen Mitgliedern die folgende Einverständniserklärung für die Patienten.

Sehr verehrte Patientin, sehr geehrter Patient,

Krankenkassen dürfen nur die Kosten der Behandlung einer Krankheit erstatten. Bestimmte Leistungen aus dem Bereich der Kosmetik und ästhetischen Medizin können daher nicht über Krankenkassen abgerechnet werden. Falls Sie eine solche Behandlung wünschen, werde ich das Honorar auf der Grundlage der Gebührenordnung für Ärzte (GOÄ) abrechnen.

Einverständniserklärung

Ich wünsche die nachfolgend gekennzeichnete Behandlung, z. B.

- ❑ Laserverödung von erweiterten Gefäßen (Teleangiektasien)
- ❑ Entfernung von uncharakteristischen Pigmentflecken und Altersflecken
- ❑ Entfernung von kleinen Blutgefäß-Gewächsen (Angiomen)
- ❑ Entfernung von Tätowierungen
- ❑ operative Entfernung von kosmetisch störenden, harmlosen Hautgewächsen
- ❑ operative Entfernung von übergroßen Talgdrüsen (Hyperplasien)
- ❑ Unterspritzung von Falten, kleinen Narben (Collagen-Implantat)
- ❑ ______________________________

Mir ist bekannt, daß es sich um eine kosmetisch-ästhetische Leistung handelt, die medizinisch nicht notwendig ist und die entstehenden Kosten daher nicht von der Krankenkasse erstattet werden. Ich bin mit der Abrechnung auf der Grundlage der Gebührenordnung für Ärzte (GOÄ) entsprechend den Empfehlungen der Dt. Gesellschaft für ästhetische Dermatologie einverstanden.

Ich wurde über Art und Bedeutung des Eingriffs, über die möglichen unerwünschten Wirkungen wie:

____

sowie der Möglichkeit von Rezidiven aufgeklärt.

Es werden voraussichtlich ____ Sitzungen erforderlich sein.

Das Honorar pro Sitzung beträgt voraussichtlich Euro ________

Name	Vorname	Geburtsdatum

Unterschrift des Patienten	Unterschrift des Arztes

Gynäkologie – Schwangerschaft

Was bietet die Fachgruppe als IGeL-Leistungen an?

- Gynäkologische Komplett-Vorsorge – Frauen-Gesundheits-Check + Mammographie + MR-Mammographie
- Anti-Aging-Check
- Einlage IUP – IUP-Lagekontrolle außerhalb der GKV-Leistungspflicht
- Einlage Hormonpresslinge)
- Einlage Implanon
- Osteoporose Vorsorge)
- HVP Screening
- Perimenopausen Status
- Ausschlussdiagnostik sexuell übertragbarer Krankheiten
- Sexualberatung
- Sterilitätsvorsorge auf chlamydia trachomonatis
- Ausschluss Infektionen bei Schwangerschaftswunsch

Schwangerschaft

- Schwangerenvorsorge: Zusatzdiagnostik auf Wunsch der Patientin
- Antikörperbestimmung in der Schwangerschaft
- Triple-Test aufWunsch der schwangeren Patientin
- Babyfernsehen
- Geburtsvorbereitung mit Akupunktur

Reproduktionsmedizin

- In-Vitro-Fertilisatio
- intrazytoplasmatische Spermieninjektion
- Spermienuntersuchung bei Verwendung kryokonservierter Hodengewebsproben

IGeL-Angebote einer Frauenarztpraxis mit Preisen

- Ein niedergelassener Gynäkologie aus Wuppertal http://www.frauenarzt-im-tal.de/Leistungen/Kosten/kosten.html) integriert in sein IGeL-Angebot gleich mit die für die Patientin zu erwartenden Preise ordnungsgemäß mit den entsprechenden GOÄ Leistungsziffern. Nachfolgend das Angebot in Ausschnitten, das zur Motivation für Gynäkologen dienen dürfte, die IGeL-Leistungen ihren Patientinnen anbieten möchten:
- ... „Das Honorar errechnet sich nach der amtlichen Gebührenordnung für Ärzte (GOÄ), Stand: 1.1.1996.
- Besteht ärztlicherseits kein entsprechender Krankheitsverdacht und keine medizinische Notwendigkeit für diese Leistung, sind diese nicht im Leistungsumfang der Krankenkasse enthalten.

Leistung	GOÄ-Ziffern	Euro
Bescheinigung über die Schwangerschaft für den Arbeitgeber; Reiserücktritt	**70**	10
Bescheinigungen, wie z. B. für den Arbeitgeber, die Schule, den Sportverein. Bescheinigung über SS-Abbruch, SS-Gymnastik, Arbeitsunfähigkeit (400-EURO-Job)	**70**	5
Fotokopie pro Seite	**96**	0,50
Ultraschall der Brüste im Rahmen der Krebsvorsorge (Vorsorge plus M)	**418, 420 x2**	45
Ultraschall von der Scheide bei der Vorsorgeuntersuchung (Vorsorge plus V)	**403, 410, 420 x2**	30
Entnahme Krebsabstrich mittels ThinPrep Pap Test (Vorsorge plus Tp) [25 €]	**1105**	25

Leistung	GOÄ-Ziffern	Euro
Entnahme HPV high risk Nachweis vom Muttermund (Vorsorge plus P) [18–38 €]	**1, 298, 321**	15
Vorsorge plus U (Urin), B (Blutbild), S (Serum)		3 13 40
Chlamydien-Nachweis vom Muttermund	**1, 1070, 4648**	28
Test auf Blut im Stuhl „rotes Briefchen" (Vorsorge plus H)	**3500**	6
Immunologischer Test auf Blut im Stuhl (Vorsorge plus Hi)	**3571 x2**	20
Knochendichtemessung mit Ultraschall (Osteoporose – Knochenbruchrisiko)	**1, 75, 410**	40
„Baby-Fernsehen", Ultraschall; ggf. mit Videodokumentation	**1, 415**	75
3D/4D-Ultraschall Baby		auf Nachfrage
Einlegen einer Spirale (IUP) Liegedauer: 2–3 Jahre Multiload© [27]	**1, 7, 321, 403, 410, 420 x2, 1070, 1075, 1091, 1096**	130
Einlegen einer Hormonspirale (Mirena©) Liegedauer: bis 5 Jahre Mirena© [150]	**1, 7, 321, 403, 410, 420x2, 1070, 1075, 1091, 1096**	175
Injektion 3-Monats-Spritze (Sayana Depo-Clinovir©/Sayana©) [30 o 35]	**252**	5
Einlegen eines Stäbchens zur Empfängnisverhütung (Implanon©) [199] Liegedauer: bis 3 Jahre	**1, 2421, 490**	130
Triple-Test [21];	**3, 250**	30
Toxoplasmose [18]; Blutgruppe [31]; HIV [15] kleiner Hormonstatus bzgl. Wechseljahre: FSH & 17ß-Östradiol [40]; weitere Laboruntersuchungen auf Nachfrage	**1, 250**	15
Scheiden-pH Screening in der Schwangerschaft pro Test	**3714**	2,50
Grund-Impfung gegen wiederholte Scheidenentzündungen (Gynatren©) [66]	**1, 375 x3**	27
Akupunktur (zur Schmerzbehandlung oder bei Beckenendlage)	**1, 269a**	26
Impfungen bei „Nicht-Kassenleistung" (zuzüglich Impfstoff)	**1, 375**	21 #
Korrektur störender Hautveränderungen (Warzen etc.)	**1, 490, 2403**	30 #
HPV-Impfung (zuzüglich Impfstoff) [3x 160]	**1, 3, 5, 375**	35-20-20 #

- Abkürzungen im Text deuten z. B. auf zusätzlichen Untersuchungen **(Vorsorge plus):**
- **V.** plus Ultraschalluntersuchung von der Scheide aus [30 EURO]
- **M.** plus Brustultraschall [45 EURO]
- **Tp.** plus spez. Krebsabstrich mittels ThinPrep [25+ ca. 25 EURO]
- **U.** plus Urinuntersuchung (Zucker, Eiweiß, Blut, Bakterien) [3 EURO]
- **B.** plus kleine Blutuntersuchung (U + Blutsenkung + Blutkörperchen) [13 EURO]
- **S.** plus große Blutuntersuchung (B + 12 Serum-Organwerte) [40 EURO]
- **H.** plus Stuhlprobe (Test auf verstecktes Blut im Stuhl) [6 EURO]
- **I.** plus immunologische Stuhlprobe (spez.Test auf verstecktes Blut) [20 EURO]
- **P.** plus HPV-Nachweis vom Gebärmutterhals [15 EURO + ~18 EURO]

- Alle aufgeführten Beträge sind Annähernd–Werte.- # je nach Aufwand kann sich ein anderer Betrag ergeben. – Mein Honorar umfaßt die Blutentnahme, eine Befundkopie für Sie und natürlich die Beratung. – **Bei allen Laboruntersuchungen erfolgt eine zusätzliche Rechnungsstellung durch das untersuchende Labor, der ca. EURO-Betrag ist zur Information in [Klammern] angegeben.** – Bei Medikamenten ist der Preis des Präparates ebenfalls in [Klammern] mit angegeben.
  Stand: November 2010. Änderungen hierbei sind möglich.
- Die Durchführung obiger Leistungen erfolgt auf eigenen Wunsch.
  Vorher wird abgeklärt, dass ärztlicherseits kein entsprechender Krankheitsverdacht besteht.
  Die Rechnung nicht bei der Krankenkasse zur Kostenerstattung eingereicht werden kann, da es sich um eine Leistung entsprechend SGB V § 12, Satz 2, handelt (Gesetzestext: „Die Leistungen müssen ausreichend, zweckmäßig und wirtschaftlich sein; sie dürfen das Maß des Notwendigen nicht überschreiten. Leistungen, die nicht notwendig oder unwirtschaftlich sind, können Versicherte nicht beanspruchen, dürfen die Leistungserbringer nicht bewirken und die Krankenkassen nicht bewilligen").

Operative Leistungen

Intimchirurgie der Frau

Dieser Bereich hat in den letzten Jahren sprunghaft zugenommen. Die Süddeutsche Zeitung schreibt im Juli 2013 unter dem Titel **Schamlippen verkleinern, bitte** – Lange Zeit akzeptierten sich die Deutschen wenigstens untenrum so, wie sie nun mal waren. Damit ist es vorbei. Nun verschönern Chirurgen auch Genitalien – bei Frauen und bei Männern.
Wer im Internet nach der Intimchirurgie sucht, findet nachfolgende Angebote. Wer an den Behandlungskosten Interesse hat, findet nur Pauschalpreise ausgewiesen.

Schamlippenkorrektur
Schamlippenverkleinerung – Schamlippenvergrößerung
Vaginalstraffung
Ästheitische Operationen nach Geburtsfolgen
Venushügelkorrektur
G-Punkt-Intensivierung
Hymenrekonstruktion

Das Institut **Sensualmedics® Munich Medical Center** (http://www.sensualmedics.com/de/service/kosten-und-preise.html) in München bietet nicht nur seinen Leistungskatalog im Netz an, sondern gibt auch Preise an:

Schamlippenkorrekturen

Schamlippenverkleinerung der inneren Schamlippen ausschließlich unterhalb der Klitoris	1.900 €
Schamlippenverkleinerung der inneren Schamlippen gesamt (sowohl Klitoris-Mantel	
als auch unterhalb der Klitoris)	3.100 €
Schamlippenverkleinerung der inneren Schamlippen einschließlich Klitorismantel	
mit Verlagerung der Klitoris näher zum Vaginaleingang	3.800 €
Schamlippenverkleinerung der äußeren Schamlippen	2.800 €
Volumenformung (Lipostructure) der äußeren Schamlippen	2.400 €

(Eine Verkleinerung der äußeren und inneren Schamlippen ist nicht in einer Operation möglich.)

Vaginalstraffung

Scheidenverjüngung durch Eigenfett	2.700 €
Scheidenverjüngung durch Gewebe- und Muskelstraffung	
mit Beckenbodenplastik und Eigenfett	7.500 €
Bei den stationären Eingriffen fallen zusätzliche Kosten für Narkose und Klinik an	1.500 €

Package (z. B. nach Mutterschaften)

Kleine Unterbauchstraffung, Liposuktion Venushügel und Scheidenverengung durch Gewebestraffung	9.000 €

G-Punkt Intensivierung (G-Shot)

G-Punkt-Intensivierung durch Lipostructure (Eigenfett)	2.400 €
G-Punkt-Intensivierung durch Hyaluronsäure	1.700 €

Hymenrekonstruktion

Hymenrekonstruktion (Wiederherstellung des Jungfernhäutchens)	2.200 €

Venushügelkorrekturen

Modellierung des Venushügels durch Liposuktion (Fettabsaugung)	2.000 €
Modellierung des Venushügels durch Lipostrukture (Aufbau durch Eigenfett)	2.400 €

Anti-Aging-Check

GOÄ-Nr.	Kurzlegende	1fach €	*1,8/ 2,3fach €
1	Beratung, auch tel.	4,66	**10,73**
3	Eingehende Beratung, auch tel. (mind. 10 Min.) – nicht neben Sonderleistungen	8,74	**20,11**
250*	Blutentnahme i.v.	2,33	**4,20**
GOÄ-Nr.	**Kurzlegende**	**1fach €**	***1,15 €**
4021*	Follitropin (FSH, follikelstimulierendes Hormon)	14,57	**16,76**
4039*	Östradiol	20,40	23,46

Einlage Kupfer-IUP

GOÄ Nr.	Kurzlegende	1fach €	*1,8/ 2,3fach €
3	Eingehende Beratung (mind. 10 Min.) – nicht neben Sonderleistungen	8,74	**20,11**
1	Beratung	4,66	**10,73**
7	Untersuchung weiblicher Genitaltrakt	9,33	**21,45**
298	Abstrich	2,33	**5,36**
1075	Vaginale Behandlung	2,62	**6,03**
1096	Erweiterung des Gebärmutterhalses	8,63	**19,84**
1091	Einlage oder Wechsel IUP	6,18	**14,21**
410	Ultraschall eines Organs	11,66	**26,81**
420	Ultraschalluntersuchung bis zu 3 weiteren Organen, je Organ	9,32	**21,44**
403*	Zuschlag transcavitäre Untersuchung	8,74	**15,74**

Auslagen: Materialkosten für IUP

Einlage Hormonspirale
Zusätzlich zu den oben aufgeführten Leistungen werden ferner abgerechnet:

GOÄ Nr.	Kurzlegende	1fach €	*1,8/ 2,3fach €
253	Injektion, i.v.	4,08	**9,38**
490	Infiltrationsanästhesie 2 mal	7,12	**16,36**

Auslagen: Materialkosten für Hormonspirale

Einlage Implanon

GOÄ Nr.	Kurzlegende	1fach €	2,3fach €
3	Eingehende Beratung (mind. 10 Min.) – nicht neben Sonderleistungen	8,74	**20,11**
1	Beratung	4,66	**10,73**
7	Untersuchung weiblicher Genitaltrakt	9,33	**21,45**
490	Infiltrationsanästhesie	3,56	**8,18**
291	Implantation von Hormonpresslingen	4,08	**14,28**

Bei einigen Autoren findet sich statt der Nr. 291 die wesentlich höher bewertete Nr. 2421:

GOÄ Nr.	Kurzlegende	1fach €	2,3fach €
2421	Implantation Medikamentenreservoir – analog Ansatz – GOÄ § 6 (2) GOÄ Kurztext Nr. 2421: Implantation eines subkutanen, auffüllbaren Medikamentenreservoirs	34,97	**80,44**

+ Materialkosten nicht vergessen (§ 10 GOÄ)

IUP-Lagekontrolle mittels Ultraschall außerhalb der GKV-Leistungspflicht

GOÄ Nr.	Kurzlegende	1fach €	*1,8/ 2,3fach €
3	Eingehende Beratung (mind. 10 Min.) – nicht neben Sonderleistungen	8,74	**20,11**
410	Ultraschall Gebärmutter	11,66	**26,81**
403*	Zuschlag transcavitäre Untersuchung	8,74	**15,74**

Perimenopausen Status

GOÄ Nr.	Kurzlegende	1fach €	2,3fach €
3	Eingehende Beratung (mind. 10 Min.) – nicht neben Sonderleistungen	8,74	**20,11**
1	Beratung	4,66	**10,73**
	Labor	**1fach €**	**1,15fach €**
4021*	Follitropin (FSH)	14,57	**16,76**
4039*	Östradiol	20,40	**23,46**

Sterilitätsvorsorge auf Chlamydia trachomatis
Als Folge von Chlamydien-Infektionen kann es bei der Frau zu Adhäsionen im Tubenbereich bis zum Tubenverschluss und damit zur Sterilität kommen. Bei Männern sind Verklebungen der Samenkanälchen die Folge der Infektion.

GOÄ Nr.	Kurzlegende	1fach €	2,3fach €
3	Eingehende Beratung (mind. 10 Min.) – nicht neben Sonderleistungen	8,74	**20,11**
1	Beratung	4,66	**10,73**
	Labor	**1fach €**	**1,15fach €**
4780*	Isolierung von Nucleinsäuren	52,46	**60,33**
4783*	Amplifizierung von Nuleinsäuren oder -fragmenten	29,14	**33,52**
4785*	Identifizierung von Nuleinsäurenfragmenten	58,29	**67,03**

Ultraschall des Unterbauches auf Wunsch der Patientin

GOÄ Nr.	Kurzlegende	1fach €	*1,8/ 2,3fach €
1	Beratung	4,66	**10,73**
7	Untersuchung weiblicher Genitaltrakt	9,33	**21,45**
410	Ultraschalluntersuchung der Gebärmutter	11,66	**26,81**
420	Ultraschalluntersuchung bis zu drei weiteren Organen, je Organ	4,66	**10,73**
403*	Transvaginale Ultraschalluntersuchung	8,74	**15,74**

„Babyfernsehen“

GOÄ Nr.	Kurzlegende	1fach €	*1,8/ 2,3fach €
1	Beratung	4,66	**10,73**
415	Ultraschalluntersuchung Mutterschaft VS	17,49	**40,22**
403*	Zuschlag bei transcavitärer Untersuchung	8,74	**15,74**
4	Gespräch mit Partner – **analoger Ansatz Nr. 4** GOÄ Kurztext Nr. 4: Erhebung der Fremdanamnese...	12,82	**29,49**

Geburtsvorbereitungen mit Akupunktur

GOÄ Nr.	Kurzlegende	1fach €	2,3fach €
269	Akupunktur – analoger Ansatz Nr. 269	11,66	**26,81**
269 a	Akupunktur mind. 20 Min. – analoger Ansatz Nr. 269 a	20,40	**46,92**
4	Gespräch mit Partner – **analoger Ansatz Nr. 4** GOÄ Kurztext Nr. 4: Erhebung der Fremdanamnese...	12,82	**29,49**

Hals-, Nasen-, Ohrenheilkunde

Was bietet die Fachgruppe als IGeL-Leistungen an?

Infusionen
Bei Hörsturz, Tinnitus und Schwindel-erkrankungen zur Verbesserung der Durchblutung des Innenohres und der peripheren Gleichgewichtsorgane

Akupunktur
Klassische chinesische Akupunktur bei akuten oder chronischen Nasenneben-höhlenerkrankungen, sowie bei Ver-spannungen im Halswirbelsäulenbereich (HWS)

Kombination von Ohr- und Körperakupunktur

Geruchs – Geschmackstest
Diagnostik mit verschiedenen Geruchs- und Geschmacksstoffen

Kehlkopfkrebsvorsorge
Lupenlaryngoskopische (spezielle Vergrößerungsoptik) ausgiebige Betrachtung des gesamten unteren Rachens und inneren Kehlkopfs zum Ausschluss bösartiger Neubildungen, besonders bei Nikotin- und regelmäßigem Alkoholgenuss, inklusive Sonografie des Lymphabflussgebietes am Hals

Schilddrüsendiagnostik
Genaue sonografische Darstellung des Schilddrüsengewebes inklusive möglicher Knoten und/oder Cysten

Schwindeltherapiekurs
Vorwiegend bei Erkrankungen der peripheren Gleichgewichtsorgane, gezieltes Anti – Schwindeltraining unter Anleitung einer geschulten Arzthelferin

Streptokokken – Schnelltest
Rachenabstrich, ab 16. Lebensjahr als IGeL – Leistung

Vitalisierungskur
Hochdosis – Infusionstherapie mit Vitamin_C zur Stärkung des Immunsystems

Intratympanale Kortikoidtherapie beim Hörsturz

GOÄ-Nr.	Kurzlegende	1fach €	*1,8/ 2,3fach €
1	Beratung, auch tel.	4,66	**10,72**
3	Eingehende Beratung, auch tel.	8,74	**20,11**
5	Symptombezogene Untersuchung	4,66	**10,73**
6	HNO Untersuchung	5,83	**13,41**
1415	Binokularmikroskopische Untersuchung des Trommelfells und/ oder der Paukenhöhle zwecks diagn. Abklärung, als selbständige Leistung – *Kommentar: Nur zur Abklärung krankhafter Veränderungen*	5,30	**12,20**
1575	Inzision des Trommelfells (Parazentese)	7,58	**17,43**
485	Lokalanästhesie des Trommelfells und/oder der Paukenhöhle	2,68	**6,17**
256 analog	Intratympanale Injektion – analog GOÄ Nr. 256	10,78	**24,80**

Kehlkopf-Ca.-Prävention

GOÄ-Nr.	Kurzlegende	1fach €	*1,8/ 2,3fach €
1	Beratung, auch tel.	4,66	**10,72**
3	Eingehende Beratung, auch tel.	8,74	**20,11**
5	Symptombezogene Untersuchung	4,66	**10,73**

GOÄ-Nr.	Kurzlegende	1fach €	*1,8/ 2,3fach €
6	HNO Untersuchung	5,83	13,41
1530	Untersuchung des Kehlkopfes m. Laryngoskop	10,61	24,40

Tinnitus

GOÄ-Nr.	Kurzlegende	1fach €	*1,15/ 2,3fach €
1	Beratung, auch tel.	4,66	10,73
3	Eingehende Beratung, auch tel.	8,74	20,11
5	Symptombezogene Untersuchung	4,66	10,73
253	Injektion i.v.	4,08	4,38
272	Infusion bei Tinnitus 5 x ggf. auch 10 x	10,49	24,13
1403 analog	Tinnitusfrequenzbestimmung analog GOÄ Nr. 1403	9,21	16,58

Kosten für Infusionslösungen, Infusionsbesteck, und Medikamente nach § 10 GOÄ ansetzbar

Als weitere Therapien finden Anwendung:
- Magnetfeldtherapie
- Sauerstofftherapie nach Ardenne
- Akupunktur

Digitale Volumentomographie (DVT)

Die HNO Praxis Dr. Korbmacher (http://www.hno-korbmacher.de/3d-roentgen-dvt/) aus Düsseldorf informiert über die Methode: ... „Die digitale Volumentomographie (DVT) ist ein modernes dreidimensionales Tomographieverfahren auf der Basis vonRöntgenstrahlen. Ähnlich wie bei der Computertomographie (CT) ermöglicht die DVT die Erzeugung von hochauflösenden Schnittbildern in allen Raumebenen, sowie die Berechnung dreidimensionaler Ansichten. Gegenüber dem CT bietet DVT eine maximale Auflösung bei deutlich geringerer Strahlenexposition.
Die knöchernen Strukturen des Mittelgesichts und der Nasennebenhöhlen können in der DVT ideal beurteilt werden. Anatomische Normvarianten, raumfordernde Veränderungen, Entzündungen und die Lokalisation von Fremdkörpern lassen sich sicher diagnostizieren. Sowohl die Planung, als auch die Ergebnisse chirurgischer Eingriffe an den Nasennebenhöhlen können mit der DVT exzellent dargestellt werden. Selbst das Innenohr lässt sich hochaufgelöst abbilden.

Die wesentlichen Vorteile für den Patienten:
- Der Patient sitzt aufrecht und muss nicht in einer Röhre liegen.
- Die Technik arbeitet mit einer außerordentlich geringen Strahlendosis. Sie beträgt nur ca. ein 1/10 der Strahlenbelastung eines herkömmlichen CT-Geräts.
- Der Zusammenhang zwischen Zahnwurzeln und Kieferhöhlen kann bestmöglich beurteilt werden.
- Befunde können mit dreidimensionalen Bildern sehr anschaulich dargestellt werden...“

In der Zahnmedizin spricht man inzwischen von der **D**entalen **V**olumen**t**omographie.

GOÄ-Nr.	Kurzlegende	1fach €	*1,8/ 2,3fach €
1	Beratung, auch tel.	4,66	10,72
5370* analog	Abrechnung der digitalen Volumentomographie – analog GOÄ Nr. 5370*	116,57	209,83
5377*	Zuschlag für computergesteuerte Analyse – einschließlich speziell nachfolgender 3D-Rekonstruktion – *nur im 1fachen Satz berechnungsfähig*	46,63	–

Laboruntersuchungen auf Patientenwunsch

GOÄ-Ratgeber der BÄK:

► Laborleistungen: Persönliche Leistungserbringung – M III/M IV
www.baek.de/page.asp?his=1.108.4144.4176.4183
Dr. med. R. Klakow-Franck – in: Deutsches Ärzteblatt 100, Heft 48 (28.11.03), Seite A-3191
Die Angaben der Autorin werden in Ausschnitten dargestellt: „Im Fall des Speziallabors nach den Abschnitten M III/M IV der GOÄ ist die persönliche Anwesenheit und Überwachung der Arbeiten durch den liquidationsberechtigten Arzt unerlässlich. Im Fall des Praxislabors nach Abschnitt M I der GOÄ geht der Verordnungsgeber davon aus, dass diese Laborleistungen vom Praxisinhaber selbst beziehungsweise von seinen Mitarbeitern unter seiner Aufsicht erbracht werden.
Für die Leistungen des Basislabors nach Abschnitt M II der GOÄ wurde eine besondere Regelung geschaffen: Diese gelten auch dann als eigene Leistungen, wenn sie nicht in der eigenen Praxis, sondern in einer Laborgemeinschaft, in der der Arzt Mitglied ist, beziehungsweise im Labor des Krankenhauses erbracht werden, in der nicht liquidationsberechtigte Ärzte die Aufsicht führen.
Werden Leistungen des Basislabors von einem Fremdlabor bezogen, so handelt es sich nicht mehr um eigene Leistungen. Liquidationsberechtigt ist in diesen Fällen nicht der behandelnde Arzt, der die Laborleistungen angeordnet hat, sondern der beauftragte Laborarzt."

► Labor – versenden und berechnen?
www.baek.de/page.asp?his=1.108.4144.4176.4185
Dr. med. Anja Pieritz – (in: Deutsches Ärzteblatt 102, Heft 10 (11.03.2005), Seite A-689
Die Autorin weist auf 11 Allgemeinen Bestimmungen zum Kapitel M Laboratoriumsuntersuchungen hin und führt weiter aus: „...wenn der niedergelassene Arzt das Material (Blut, Urin etc.) beim Patienten zwar entnimmt, aber dies zur Untersuchung weiterleitet. Dabei sind grundsätzlich zwei Fälle zu unterscheiden. Ist der niedergelassene Arzt Mitglied einer Laborgemeinschaft und schickt er beispielsweise Blut zur Untersuchung des Blutzuckers an die Laborgemeinschaft, dessen Mitglied er ist, kann er diese Leistung als eigene Leistung nach Nummer 3560 GOÄ in Rechnung stellen (vergleiche auch § 4 Absatz 2 GOÄ). Schickt der niedergelassene Arzt das Blut jedoch an ein (Fremd-)Labor, dessen Mitglied er nicht ist, oder handelt es sich um Leistungen aus dem Speziallabor (M III und M IV), welche er an seine Laborgemeinschaft sendet, so kann der niedergelassene Arzt diese Leistung nicht selbst in Rechnung stellen (vergleiche Ziffer 3). Die Rechnungsstellung erfolgt durch den Laborarzt, der diese Leistung erbracht hat, direkt an den Patienten. Der niedergelassene Arzt ist jedoch verpflichtet, den Patienten darüber zu informieren, dass Leistungen durch „Dritte" erbracht werden..."

Nach Recherchen im Internet werden besonders auf Patientenwunsch die nachfolgenden Leistungen/Untersuchungen/Nachweise (ohne z.Zt. gestehende Erkrankung oder einfach zur Kontrolle bestehender Vor-Parameter) angeboten. Diese Auflistung ist nur ein Ausschnitt der angebotenen IGeL-Leistungen von Laboren:

- **Allergien**
- Untersuchung: **Alkoholkonsum**
- Bestimmungen des **Blutfettstatus**, insbesondere bei Kindern und Jugendlichen
- **Blutgruppenbestimmungen**
- **Borreliose**
- **Candida-Diagnostik**
- **Dentalunverträglichkeiten**
- Untersuchung: **Drogenkonsum**
- bakteriologische Untersuchungen, wie **Dysbiose der Darmflora**
- **Gennachweis zur Risikoabschätzung** genetisch bedingter Erkrankungen
- **Haarausfall** bei Männern und Frauen
- Nachweis von **Helicobacter pylori**
- **HIV-Test**
- **Hormone**
- **Immunitätsstatus** vor der Schwangerschaft
- **immunologischer Status bei Abwehr- oder Leistungsschwäche**
- Triple-Diagnostik zur **Früherkennung des Morbus Down** in der Frühschwangerschaft
- **Medikamentenunverträglichkeiten**
- **Nahrungsmittelunverträglichkeiten**
- **Organprofile** z. B. Leber, Niere, Herz etc.
- Untersuchung auf **Osteoporoserisiko**
- **Schilddrüsenvorsorge** mit Bestimmung der Schilddrüsenhormone
- **Nachweis sexuell übertragbarer Krankheiten**
- Untersuchung auf **Stoffwechselstörungen**
- Untersuchung auf **Thromboserisiko – Atheroskleroserisiko**
- **Tumormarkern:** Bestimmung von Tumormarkern als Screening-Untersuchung
- bestimmte **umweltmedizinische Leistungen**
- **Vaterschaftsgutachten**
- **Vitaminbestimmungen**

Bei den folgenden unterschiedlichen Laborprofilen haben wir im Interesse einer schnellen Übersicht und Vollständigkeit, sowie wegen des Umfanges von zusätzlichen Erläuterungen bei allen Laboruntersuchungen, auf die jeweiligen GOÄ-Nrn. verzichtet. Die GOÄ-Nrn. der Leistungen, die im Rahmen von Untersuchungen in der Praxis oder in einer Laborgemeinschaft geleistet werden, dürften hinreichend bekannt sein. Leistungen, die vom Laborarzt erbracht werden, liquidiert er auch selber.

Wichtig:
Es ist dringend anzuraten, Leistungen, die nicht selbst bzw. zulässigerweise von Dritten erbracht wurden, nicht zu liquidieren. Im Zweifel sollte der die Leistung – z. B. eine Laborleistung – erbringende Arzt eine eigenständige Rechnung erstellen. Wird ein weiterer Arzt auf Veranlassung des behandelnden Arztes tätig – z. B. ein Laborarzt -, so muss der Patient unterrichtet werden, dass er auch von diesem Arzt eine Rechnung erhält. Ein diesbezüglicher Vermerk in der Patienten-Kartei ist auch aus Datenschutzgründen dringend zu empfehlen.
Dieses Gebot der persönlichen Leistungserbringung wird in der letzten Zeit nicht nur von privaten Krankenkassen genauer überprüft, sondern auch Staatsanwaltschaften sind vermehrt dazu übergegangen, im Zuge von Ermittlungen bei Verdacht von Abrechnungsbetrug diesen Aspekt näher zu durchleuchten.
Bis auf wenige Ausnahmen wurden uns nachfolgenden Laborprofile und die dazugehörigen Hinweise freundlicherweise vom **Umweltmedizinischen Labor München** zur Verfügung gestellt.
Alle Labore stellen IGeL-Profile zur Verfügung, aus denen Arzt und/oder Patient Leistungen wählen können. In der Regel können auch spezielle Informationsschriften für die Patienten zu verschiedenen Untersuchungen/Symptomeen/Krankheitsbildern angefordert werden sowie Informationszettel für Patienten zu zahlreichen Laboruntersuchungen.

► Adipositas – Laborcheck
Erstuntersuchung – Kurzprogramm: Blutzucker, Cholesterin, LDL/HDL-Cholesterin, Triglyceride, Harnsäure, TSH basal, Cortisol basal, Homocystein.
Erweitertes Programm: Blutzucker, Cholesterin, LDL/HDL-Cholesterin, Triglyceride, Harnsäure, TSH basal, Cortisol basal, Homocystein, Vit B12, Folsäure, HbA1c, Insulin, LP (a); Harnsäure

► Alkohol – Abusus chron.?
Untersuchung zum längerfristigen Trinkverhalten
Bestimmung: Carbohydrat Deficient Transferrin(CDT)

► Alopezie-Haarausfall-Risiko
Für Haarausfall und im extremen Fall Haarlosigkeit gibt es eine Reihe Risikofaktoren, deren rechtzeitige Erkennung zu präventiven und therapeutischen Maßnahmen beitragen kann. Hierzu zählen u. a. hormonelle Störungen wie z. B. Überproduktion von männlichen Sexualhormonen bei Frauen oder von Schilddrüsenhormonen, Ernährungsstörungen wie z. B. Mangel an Vitaminen und Spurenelementen, Krebserkrankungen, Pilzinfekte oder Autoimmunerkrankungen. Intoxikationen, z. B. mit Quecksilber, können ebenfalls zu Haarausfall führen.

Basisprofil „Allgemeines Alopezie-Risiko“: TSH basal, fT3, fT4, Ferritin, Zink, Magnesium, Vitamin E, Vitamin B12, Folsäure, Vitamin A, antinukleäre Faktoren (ANA).
Bei Verdacht auf Quecksilberintoxikation: siehe Dimaval-Test IGEL S

Spezialprofil „Alopezie Risiko“	
bei Frauen	**bei Männern**
Testosteron	Testosteron
Dehydroepiandrosteron-Sulfat (DHEAS)	Cortisol
Androstendion	LH
Östradiol	FSH
SHBG	

► Blutgruppenbestimmung
- einschl. irregul. Antikörper, Rhesusformel, Untergruppen und Ausweis für Patienten
- Blutgruppenbestimmung, nur A/B/O/Rh-Faktor

► Erschöpfungssyndrom – Chronic Fatigue Syndrome (CFS)
Bei ausgeprägtem Leistungsabfall sowie übermäßiger Erschöpfung nach Belastung – über einen Zeitraum von mindestens 6 Monaten – müssen mögliche Ursachen wie Stoffwechselerkrankungen (Schilddrüse, Nebenniere/Hypophyse, Diabetes mellitus etc.) aber auch chronische Infektionen (Herpesviren, Borrelien, Hepatitis, etc.) ausgeschlossen werden. Die primäre Ursache des CFS ist

bis heute unbekannt, so dass der Nachweis auf dem Ausschluss der genannten Ursachen einerseits und der Charakterisierung CFS-typischer Veränderungen andererseits beruht. Hierzu zählen in erster Linie Funktionsveränderungen des Immunsystems (Aktivierung des zellulären Immunsystems, NK-Zelldefekt Immunglobu-linmangel, Allergien, etc.)

- **CFS1 (Basisprofil):** Blutbild, Eisen, Kupfer, Magnesium, TSH1, Kreatinin, Cortisol, IGF-1 gesamt, DHEAS, EBV-Serologie, Herpesvirus Typ 6, Lyme-Borreliose, Zytokin-sekretion

► Dentalmaterial-Unverträglichkeit

Die moderne Zahnmedizin nutzt ein breites Spektrum an Materialien zur optimalen Versorgung der Patienten. Diese Stoffe haben in der Regel allgemeine Verträglichkeitsprüfungen durchlaufen und bereiten im klinischen Einsatz bei den meisten Personen keine Probleme. Trotzdem können bei empfindlichen Personen Unverträglichkeitsreaktionen gegenüber diesen Materialien (Metalle, dentale Kunststoffe, Bestandteile von Wurzelfüllmaterialien oder Zemente) auftreten. Ursächlich für Beschwerden sind sehr häufig zelluläre Sensibilisierungen (Immunreaktion TypIV), die mittels eines optimierten Lymphozytentransformationstests (LTT) nachgewiesen werden können. Eine chronische Exposition mit Fremdstoffen aus Zahnersatzmaterialien beinhaltet auch das Risiko einer akkumulierenden zellulären Belastung (zellulärer Stress) sowie eine mögliche unerwünschte Veränderung der oralen Mikroökologie mit resultierender Schädigung des Parodonts (Parodontitis).

Profile: – LTTS/Schwermetalle
– LTTQ/Amalgam
– "LTTG/Goldlegierung
– "LTTP/Spezielle Metalle
– "LTTK/Keramik
– "LTTD/Dentalersatzstoffe
– "LTTTI/Titan

- **Dentalmaterial-Unverträglichkeit/Erweitertes Profil:** HSP-Antikörper, Glutathion (Erythrozyten), Nerven-Antikörper, Malondialdehyd (MDA), TAS, SOD
- **Materialanalyse (Legierungen):** Wenn die Zusammensetzung von Legierungen, die möglicherweide für eine Immunisierung verantwortlich sind, nicht bekannt ist, können diese als Vorbereitung etwa zum LTT-Test analysiert werden.
  Profil: spez. Analyse

► Materialunverträglichkeit

Manche Menschen reagieren aufgrund immunologischer Reaktionen überempfindlich auf Stoffe aus ihrer Umgebung. Mit klassischen Testverfahren ist das problematische Material oft schwer zu testen, da hier mit industriell gefertigten Testsubstanzen gearbeitet werden muss, die in ihrer Zusammensetzung nicht dem wirklichen Allergen entsprechen. Im Gegensatz dazu können mit den beiden LT-Verfahren native Proben (z. B. Kosmetika, Textilien, Reinigungsmittel, Kunststoffe, Stäube, Teppiche, Farben) der verdächtigen Materialien getestet werden. Der LTT deckt hierbei eine mögliche zelluläre Sensibilisierung ab, wogegen mit dem LTC4 humorale Formen und Pseudoallergien erfasst werden.

Untersuchung: LTT oder LTC4
Material: für LTT: 2 x Natrium-Heparin-Blut pro Material
für LTC4: 1 x EDTA-Blut/pro Material
+ jeweils eine Probe des verdächtigen Materials

► Fettstoffwechsel

Unter den Risikofaktoren für die koronare Herzkrankheit spielen Fettstoffwechselstörungen eine zentrale Rolle. Für die Früherkennung haben vor allem die Apolipoproteine B und A-1 größere Bedeutung, da sie die Hauptproteine der atherogenen LDL bzw. der antiatherogenen HDL sind. Ebenso ist der Apo B100-Defekt ein Marker für eine Prädisposition für Atherosklerose und KHK.
Nach wie vor hat auch die Bestimmung des HDL-Cholesterins für die Beurteilung des Atheroskleroserisikos eine große Bedeutung.

- **Basisscreening:** Chol, Tri, HDL, LDL, Lp(a)
- **Erweitertes Screening:** Risikogruppen: Cholesterin, Trigylceride, Lipidelektropho-rese, Lp(a)
- **Erweitertes Screening: Erbliche Fettstoffwechselstörungen – Erweitertes Profil (bei Risikogruppen, familiärer Belastung):** LDL Rezptor-Defekt, Apo B100-Defekt, Apo E

Siehe auch: Laborcheck bei Adipositas

► Gesundheitscheck – Altersgruppenspezifisches Labor auf Patientenwunsch
Männer bis 45 Jahre: Basis-Profil: Blutzucker, Harnsäure, GOT, GPT, GGT, Kreatinin, Natrium, Kalium, Calcium, CRP, Elektrophorese, Cholesterin, Triglyceride, TSH, Ferritin, Bilirubin, Amylase, Lipase; Kleines Blutbild, Gesamteiweiß, Urin-Status,

Männer über 45 Jahre: Basis-Profil + zusätzlich: PSA, Hämoglobin/Haptoglobin im Stuhl (Blut im Stuhl, hochsensitive Methode)

Frauen bis 45 Jahre: Basis-Profil + zusätzlich: Ferritin, APC-Resistenz

Frauen über 45 Jahre: Basis-Profil + zusätzlich: Ferritin, Alkalische Phosphatase, CA 15–3, Pyridinolin-Crosslinks im Urin

Zusätzliche Empfehlung Hormonstatus: LH, FSH, DHEAS, Östron, Östradiol, Testosteron, HGH, IGF 1

Zusätzliche Empfehlung Thromboserisiko
Profil: Protein C, Protein S, APC-Resistenz, AT III, Phospholipid-Antikörper

HIV-Test/anonym
HIV-Antikörperbestimmungen

Hormonstatus im Alter, Klimakterium, Klimakterium virile
Profil bei Männern: LH, freies Testosteron, Progesteron, Östradiol, DHEAS, HGH, IGF 1, TSH
Profil bei Frauen: LH, FSH, DHEAS, Östron, Östradiol, Testosteron, HGH, IGF 1

► Immunologie: Immunstatus – Infektanfälligkeit
Das Immun- und Abwehrsystem soll den Organismus gegen Bakterien, Viren, Giftstoffe und fremde Eiweißkörper schützen. Wichtige Komponenten des Immunsystems sind im Blut erfassbar, so z. B. die weißen Blutkörperchen, Immunglobuline und weitere Resistenzfaktoren wie z. B. Komplement. Blutzellen wie Lymphozyten und Granulozyten vernichten Krankheitserreger, Immunglobuline binden und eliminieren Fremdstoffe (Antigene) im Blut. Immundefekte können angeboren oder häufiger als Folgen von Erkrankungen und deren Therapie vorkommen, z. B. durch Virusinfekte (HIV), Krebserkrankungen, Zytostatika, Strahlentherapie, Stress oder Umwelteinflüsse (Umweltgifte, Strahlung).

Grundprofil häufige bakterielle Infekte:
Großes Blutbild, IgG quant, IgA quant, IgM quant, sekretorisches IgA, Gesamtkomplement

Ergänzungsprofil häufige bakterielle Infekte:
Phagocytose-Test, Oxidativer Burst

Profil bei häufigen viralen Infekten: T-Zell-Immunkapazität, Lymphocyten-Typisierung

Siehe auch: Nahrungsmittel-Unverträglichkeit
Nahrungsmittelallergie-Screening IgE/IgG
Siehe auch: Entzündliche Darmerkrankungen
Siehe auch: Zöliakie – panel

► Immuncheck (Funktionstest)
Dieser Funktionstest für das zelluläre Immunsystem ist geeignet zur Charakterisierung der Immunitätslage (Infektanfälligkeit) sowie für immunologisches Monitoring z. B. bei immun-stimulatorischer Therapie zur individuell optimalen Dosierung.
Profil: Mitogen-Antigen-Stimulation (LTT mit Stimulation durch PWM, PMA, ConA, anti-CD3-Antigen)

► Immunstatus
Das Immunsystem umfasst mehrere zelluläre und humorale Komponenten, die ein komplexes reguliertes Netzwerk bilden. Dabei unterscheidet man zwischen unspezifischen (z. B. Akut-Phase-Proteine, Komplement) und spezifischen Komponenten (Antikörper, Immunzellen). Immundefekte können sowohl angeboren (primär) als auch erworben (sekundär) vorkommen. Sekundäre Defekte sind weitaus häufiger, z. B. nach Virusinfekten, medikamentöser Therapie, Stress, Stoffwechselerkrankungen, Krebserkrankungen oder durch Umwelteinflüsse (Belastung mit toxischen Substanzen, UV-Strahlung).
Profil: IgA, IgG, IgM, IgE, CRP, Blutbild, T-Zell-Immunkapazität

► Leber – Profil
Auf Patientenwunsch werden beim Hausarzt häufig Leber-Tests gefordert, obwohl keine Erkrankung vorliegt und damit die Tests nicht im Rahmen der GKV abrechnungsfähig sind.
Großes Leberprofil: Alkalische Phosphatase, Bilirubin gesamt, Gamma-GT, GLDH, SGOP, SGOT, Serum-Elektrophorese einschl. Gesamteiweiß

► Medikamenten-Unverträglichkeit (TypI/TypIV-Allergie)
Die Entwicklung neuer Arzneimittel zu therapeutischen, diagnostischen und prophylaktischen Zwecken ist häufig mit dem Risiko unerwünschter Unverträglichkeitsreaktionen assoziiert. Man geht heute davon aus, dass ca. 5 % der stationären Aufnahmen aufgrund von Arzneimittel-Unverträglichkeiten erfolgen und 15–30 % aller hospitalisierten Patienten im Laufe ihrer Behandlung allergische Sensibilisierungen entwickeln. Nicht nur die Immunogenität des Arzneimittels, dessen Dosierung, Applikation und Therapiedauer spielen bei der Manifestation einer Medikamentenallergie eine Rolle, sondern auch patientenspezifische Besonderheiten in der Immunregulation, immungenetische Einflüsse und individuelle Unterschiede in der Fremdstoffmetabolisierung. Da sowohl humorale als auch zelluläre Reaktionen auftreten können und die Ausprägung des klinischen Bildes auf mehreren pathogenetischen Mechanismen basieren kann, ist eine Zuordnung mancher durch Arzneimittel ausgelöster Krankheitsbilder oft schwierig. Heute stehen für die Diagnostik neben Anamnese, klinischem Befund, Hauttestung und risikobehafteten Provokationstestungen hochsensitive und spezifische In-vitro-Testverfahren zur Verfügung.
Profil: LTT, LTC4: Testung auf die entsprechende Reinsubstanz oder das Präparat (beilegen!)

► Mineralstoffe
- Mineralprofil: Magnesium, Selen, Zink, Jod

► Nahrungsmittel-Unverträglichkeit
Die Prävalenz atopischer Erkrankungen nimmt in den letzten Jahrzehnten in nahezu allen Industrieländern zweifelsfrei zu. Neben den inhalativen Allergien gewinnen Nahrungsmittel-Unverträglichkeiten zunehmend an Bedeutung. Gründe hierfür sind u. a. erweiterte Nahrungsangebote (z. B. Verzehr exotischer Früchte, Gemüse etc.), Einsatz gentechnisch hergestellter Nahrungsmittel und der Trend zu Fertiggerichten. Vor allem die darin enthaltenen Zusatzstoffe entpuppen sich immer häufiger als Auslöser allergischer Reaktionen. Neben toxischen Reaktionen (z. B. Intoxikation durch Giftpilze, Fischvergiftungen durch verdorbenen Fisch) können IgE-vermittelte bzw. (nicht IgE-vermittelte) pseudoallergische Immunantworten induziert werden. Das klinische Bild ist meist von gastrointestinalen, kutanen, respiratorischen oder neurologischen Symptomen geprägt. Auch anaphylaktische Reaktionen wurden beschrieben. Da die auslösenden Allergene und die klinischen Manifestationen nicht immer direkt in Zusammenhang zu setzen sind, wird eine stufendiagnostische Vorgehensweise favorisiert.

► Nahrungsmittelallergie-Screening IgE/IgG
Basis-Profil: (44 Allergene) Schwein, Rind, Huhn, Forelle, Lachs, Thunfisch, Hering, Kabeljau, Miesmuschel, Weizenmehl, Roggenmehl, Gerstenmehl, Sojabohne, Reis, Gluten, Tomate, Karotte, Kartoffel, Petersilie, Selleriewurzel, Knoblauch, Erdbeere, Zitrone, Orange, Weintraube, Apfel, Pfirsich, Pfeffer, Paprika, Majoran, Erdnuss, Walnuss, Haselnuss, Kuhmilch, Laktalbumin, Laktoglobulin, Gouda, Camembert, Schweizer Käse, Bäckerhefe, Bierhefe, Hühnerei, Kaffee, Schwarzer Tee, Kakao
Erweitertes Profil: Intestinale Permeabilität (IP), LTC4-Panel, sIGA
Vollprofil: LTT, LTC4, Intestinale Permeabilität

► Oxidativer Stress und Entgiftung – Profile zur Diagnose
Mit diesen Untersuchungen kann eine vorhandene Belastung durch reaktive Sauerstoffverbindungen (ROS) und Schadstoffe, der Grad der Zerstörung von genetischem Material und Lipiden einerseits sowie die Kapazität körpereigener (endogener) und zugeführter (exogener) antioxidativer Schutzmechanismen gegen ROS andererseits ermittelt werden. Anhand der Ergebnisse kann eine gezielte antioxidative, nutritiv protektive Therapie geplant werden.

Oxidativer Stress/Mini-Screen
Profil: TAS (gesamte antioxidative Kapazität), SOD (Superoxiddismutase), 8-OhdG, MDA

Oxidativer Stress/Basisprofil
Profil: GSH-ery, GST-pi. TAS, SOD, 8-OhdG, MDA, Vitamin E

Oxidativer Stress/Schutz und Entgiftung
Profil: GST-pi, GST-alpha, Carotenoide, Alpha-Tocopherole, Gamma-Tocopherole, GR. HNE

Oxidativer Stress/Vollprofil
Profil: GSH in Ery, GSSG in Ery (GSH/GSSG Quotient), GST-mu, TAS, Ubichinon. SOD, GPX, MDA, 8-OhdG, Vitamin E

Sport und oxidativer Stress:
Profil: GSH, 8-OhdG (Urin), MDA; Carnitin; SOD, GSH in Erytrozythen, Myogobin, LDH, Isoenzyme

▶ Detoxifikations-Fähigkeit (Raucher, fragl. Umweltbelastung)

Die Fähigkeit des Organismus, mit dauernden Belastungen durch Substanzen aus der Umwelt fertig zu werden (z. B. Schadstoffe, UV-Licht, Schwermetalle, radikale Sauerstoffverbindungen), ist abhängig von der Aktivität verschiedener entgiftender Enzyme und der Konzentration sog. Radikalfänger, Scavenger-Substanzen, die oxidierende Substanzen neutralisieren. Sowohl die Enzymaktivität als auch die Konzentrationen von Scavenger-Substanzen lässt sich quantifizieren.
Außerdem kann mit einigen Markern das Risiko einer organspezifischen Schädigung (z. B. Lunge bei Rauchern) eingeschätzt werden.
Profil: NAT 2, CYP 1A1, NSE, M2PK, Alpha-1-Antitrypsin, Cadmium

▶ Parodontitis-Diagnostik

Die chronische Entzündung des Zahnhalteapparats (Parodontitis) ist eine Erkrankung, die von einer Gruppe von hochaggressiven Bakterien hervorgerufen wird. Sie wirkt sich nicht nur lokal, also im Mundraum, sondern auch im Gesamtorganismus schädigend aus. Man weiß, dass Personen mit chronischer, ausgedehnter Parodontitis ein weit höheres Risiko haben, eine Thromboembolie (Herzinfarkt, Schlaganfall) zu erleiden als Personen mit gesundem Zahnfleisch.
Außerdem besteht bei Schwangeren mit Parodontitis ein stark erhöhtes Risiko für eine Frühgeburt.
Um diese Risiken zu vermeiden, ist die regelmäßige Kontrolle des Zahnfleisches, die Beseitigung von Plaque und Zahnstein sowie die Behandlung von Zahnfleischentzündungen entscheidend.
Das Labor bietet eine Testung auf das Vorhandensein von Parodontitis verursachenden Bakterien mit individuellem Therapievorschlag für eine Antibiotikabehandlung an. Dieser hoch sensitive und spezifische Test weist diese Keime auch in geringsten Mengen nach und ist somit für die Behandlung einer reaktiven bzw. refraktären Parodontitis von sehr großer Bedeutung.
Profil: Parodontitis-Markerkeimnachweis/PCR

▶ Quecksilberbelastung

Kaugummi-Test
Zur diagnostischen Beurteilung einer amalgambedingten Quecksilberbelastung im Mundbereich wird Quecksilber im Speichel vor und nach zehnminütigem intensiven Kauen von zuckerfreiem Kaugummi bestimmt. Erhöhte Werte finden sich bei nicht optimaler Oberfläche von Amalgam-Füllungen oder auch bei Vorhandensein zahlreicher Füllungen.
Profil:
- 2 x Quecksilber im Speichel
- Kaugummi-Test

Quecksilber im Urin
Im Morgenurin ist die Ausscheidung an Quecksilber messbar. Diese Methode dient zur Abschätzung des Risikos für eine chronische Belastung. Untersuchung: Quecksilber im Urin Material: Morgenurin
- Untersuchung: Quecksilber im Morgenurin

Quecksilber im Haar
Überblick der Langzeitbelastung des Organismus (1–6 Monate). Die Quecksilberkonzentration im Haar liefert einen Anhaltspunkt über die Belastung des Nervensystems.
Profil:
- Quecksilber im Haar
  Dieser Test forciert die Quecksilber- bzw. Metallausscheidung und gibt einen Anhaltspunkt für die Einlagerung dieser Stoffe in den Organen, speziell der Niere. Das Quecksilber bzw. die Metalle werden mit DMPS gebunden und mit dem Urin ausgeschieden. Vorwiegend

geeignet zur Quecksilberausleitung nach Amalgamsanierung, um den Körper von Quecksilberrückständen zu befreien.
- Quecksilber im Urin nach DMPS

Quecksilber, Zinn, Kupfer im Urin nach DMPS
Zusätzlich zum Quecksilber werden Zinn und Kupfer bestimmt, die ebenfalls Bestandteil des Amalgams sind.
Profil: • Quecksilber, Zinn, Kupfer im Urin

► Schilddrüsen-Tests
Auf Patientenwunsch werden beim Hausarzt häufig Schilddrüsen-Tests gefordert, obwohl keine Erkrankung vorliegt und damit die Tests nicht im Rahmen der GKV abrechnungsfähig sind.
Schilddrüsentests: fT3, fT4, T3, T4, TSH

► „Fit in der Schwangerschaft"
In der Schwangerschaft ist der Bedarf des Körpers an Spurenelementen, Vitaminen und Mineralien stark erhöht. Gleichzeitig ergeben sich aufgrund der hormonellen Umstellung Risiken bezüglich einer erhöhten Thromboseneigung. Bekanntlich werden nicht alle Infektionsrisiken durch die Mutterschaftsvorsorgeuntersuchung abgedeckt. Es sollte aber bereits frühzeitig in der Schwangerschaft festgestellt werden, ob die werdende Mutter immun gegen die wichtigsten dieser Infektionen ist oder aber auf diese Risiken vermehrt achten sollte.

► Sexualhormone beim Mann
Auf Patientenwunsch werden beim Hausarzt häufig Sexualhormone-Tests gefordert, obwohl keine Erkrankung vorliegt und damit die Tests nicht im Rahmen der GKV abrechnungsfähig sind.

Hormonprofil: LH, SHBG, Testosteron

► Sportler-Übertraining
Extreme sportliche Betätigung (Hochleistungssport) führt nicht selten zu einer Immunsuppression, die sich in einem Leistungsknick und häufigen Infekten manifestieren kann. Grund dafür ist eine Hemmung der natürlichen Killerzellfunktion, eine Prävalenz von Suppressor-zellen, Abfall der natürlichen Schleimhautimmunität mit vermindertem sekretorischem IgA und prolongierte metabolische Veränderungen, vor allem im Lactat- und Glutaminhaushalt.
Profil: Leuko, sLgA, Lymphozytendifferenzierung, Glutamin, CK MB, Myoglobin, Lactat, Carnitin

► Stressimmunität
Starke berufliche Belastung, Abgeschlagenheit, Leistungsknick, Stress können sekundäre Defekte der zellulären Immunabwehr induzieren. Als Folge treten rezidivierende oder auch chronische Infekte, Müdigkeit oder Antriebsschwäche auf. Das Profil „Stressimmunität" umfasst das zelluläre Immunprofil und die Kontrolle der wichtigsten hormonellen Stressursache, der Hypophysen-Nebennierenrindenaktivität.
Profil: 4 x Cortisol im Speichel, 1 x DHEA im Speichel, Blutbild; Lymphozytendifferenzierung (LYMS)

► Toxikologie/Umwelt

Drogenscreening Urin
Profil: Kokain, Opiate, Barbiturate, Benzodiazepine, Amphetamine, Cannabinoide, Methadon, LSD

Multielementanalyse Urin oder Haare
Die Haarmineralanalyse ermöglicht einen Überblick über die Aufnahme verschiedener Metalle in den letzten Monaten. Man kann bereits länger zurückliegende Schadstoffbelastungen nachweisen, bzw. die langfristige Versorgung des Körpers mit wichtigen Mineralien und Spurenelementen untersuchen.
Profil: Kupfer, Zink, Blei, Cadmium, Gold, Quecksilber, Titan, Cobalt, Indium, Gallium, Platin, Silber, Zinn, Palladium, Molybdän

Toxikologisches Profil: Urin oder Haare
Profil: Quecksilber, Blei, Cadmium, Arsen, Thallium, Aluminium, Chrom

Multiple Chemical Sensitivity (MCS)
Multiple Chemikalienempfindlichkeiten können durch einen Overload an Schadstoffen mit resultierender Überlastung des körpereigenen Schadstoffeliminationssystems verursacht werden.

Basisprofil: Quecksilber im Morgenurin, PCB, Blei, Cadmium, Lindan, CKW, GST, Detox-Assay (Coffeinmetaboliten der Entgiftungsphase I und II)

Raumluftanalyse
Die Belastung durch Lösungsmittel steigt im Wohn- und Arbeitsbereich durch die vielfältige Anwendung leichtflüchtiger Lösungsmittel. Mit Hilfe des ORSA 5 Passivsammlers lassen sich diese Substanzen sammeln und leicht nachweisen.

Hausstaubanalyse
In Möbeln, Teppichen, Tapeten und Raumtextilien werden verschiedenste Pestizide zum Schutz gegen Insekten oder Schimmelpilzbefall eingesetzt. Die Hausstaubuntersuchung bietet einen schnellen Überblick über die Belastungssituation durch Holzschutzmittel, PAK's und Weichmacher.
Untersuchung: Hausstaub-Material: Staubsaugerbeutel

Schimmelpilzbelastung im Wohnraum
Schimmelpilze sind allgegenwärtige Organismen. Wo sie geeignete Lebensbedingungen antreffen, kann es zu einer starken Vermehrung kommen. Vor allem in Räumen, in denen durch bauliche Defizite oder versteckte Wasserschäden ein Feuchtigkeitsproblem besteht, finden Schimmelpilze einen idealen Nährboden. Auch im Isolationsmaterial bzw. hinter Wand- und Fußbodenverkleidungen kann sich Schimmel ansiedeln und gesundheitliche Beeinträchtigungen hervorrufen, indem lebende Schimmelpilze leichtflüchtige „chemische Kampfstoffe", sog. MVOCs, an ihre Umgebung abgeben. Diese Substanzen können bei chronischer Belastung zu immunologischen Beeinträchtigungen mit erhöhter Infektanfälligkeit, Kopfschmerzen, Müdigkeit und Konzentrationsstörungen führen. Aber auch allergische Reaktionen treten bei empfindlichen Personen gegenüber Schimmel auf. In diesem Zusammenhang sind auch schon abgestorbene Schimmelreste noch relevant.
Profil: LTT-Schimmelpilze (Typ IV), LTC4-Schimmelpilze, Schimmelpilze IgE/IgG, Pilzkultur

Neurotoxizitätstest
Auch Belastungen mit Chemikalien (z. B. Formaldehyd) oder Metalle (z. B. Quecksilber) unter den üblichen toxikologischen Grenzwerten können bei kontinuierlicher Exposition zu Zellschädigungen führen, abhängig von der individuellen Schadstofftoleranz. Die biochemischen Mechanismen zur Schadstoffelimination sind nicht in allen Körperzellen gleichmäßig ausgeprägt. Leberzellen haben in dieser Hinsicht eine sehr hohe Leistungsfähigkeit, eher gering ausgeprägt ist dieses System in Nervenzellen, weshalb hier am ehesten eine Schädigung durch toxische Einflüsse mit resultierender Nervengewebezerstörung zu erwarten ist. Dies kann einerseits zur Produktion von Stress-Proteinen (Hitzeschockproteinen) bei den betroffenen Zellen führen, andererseits aber auch zum Auftreten von immunologischen Strukturen (Antikörper) gegen die normalerweise nicht vorhandenen Nervengewebsabbau-produkte.

▶ Vaterschaftsgutachten
Abstrich aus der Wangenschleimhaut

▶ Vitamine und Mineralstoffe
- **Vitaminprofil:** Folsäure, Vitamin B6, Biotin
- **Mineralprofil:** Magnesium, Selen, Zink, Jod
- **Vitamin/Mineralprofil:** Zink, Folsäure, Vitamin B6, Jod, Magnesium

Komplett-Check: Profil: Vitamin B6, Biotin, Folsäure, Zink, Jod, Selen, Magnesium Natürlich können nach Patientenwunsch auch weitere oder andere Vitamine und/oder Mineralstoffe bestimmt werden.

Neurologie

Was bietet die Fachgruppe der niedergelassenen Neurologen, Nervenärzte, Psychiater und ärztlichen Psychotherapeuten als IGeL-Leistungen an?

Vorsorge-Untersuchungen
- Fachbezogene Gesundheitsuntersuchung auf Wunsch des Patienten („Facharzt-Check")
- Doppler-Sonographie der hirnversorgenden Gefäße bei fehlenden anamnestischen oder klinischen Auffälligkeiten
- Braincheck zur Früherkennung bei Demenzen

Psychotherapeutische Angebote
- Psychotherapeutische Verfahren zur Selbsterfahrung ohne medizinische Indikation
- Stressbewältigung
- Selbstbehauptungstraining
- Entspannungsverfahren

Präventionsleistung
- Biofeedback-Behandlung
- Kunst- und Körpertherapien, auch als ergänzende Therapieverfahren
- Verhaltenstherapie bei Flugangst

Alternative Heilverfahren
- Akupunktur (z. B. zur Schmerzbehandlung)

Ärztliche Serviceleistungen
- Ärztliche Untersuchungen und Bescheinigungen außerhalb der kassenärztlichen Pflichten auf Wunsch des Patienten (z. B. Bescheinigung für den Besuch von Kindergarten, Schule oder Sportverein oder bei Reiserücktritt)
- Untersuchung zur Überprüfung des intellektuellen und psychosozialen Leistungsniveaus (z. B. Schullaufbahnberatung auf Wunsch der Eltern)
- Gruppenbehandlung bei Adipositas
- Raucherentwöhnung
- Durchführung psychometrischer Tests

Sonstige Wunschleistungen
- Medizinisch nicht indizierte Abklärungsdiagnostik im Rahmen der Beweissicherung nach Drittschädigung

Neuartige Untersuchungs- und Behandlungsverfahren
- Bright-light-Therapie der saisonalen Depression
- Apparative Schlafprofilanalyse zur Diagnostik von Schlafstörungen

Zahlreiche Neurologen besitzen den Facharzt für Neurologie und Psychiatrie oder den Titel. Nervenarzt und sind aus diesem Grunde auch im Fachgebiet der Psychiatrie tätig.
Doppler-Sonographie der hirnversorgenden Gefäße bei fehlenden anamnestischen oder klinischen Auffälligkeiten – diese Untersuchung gehört zum Fachgebiet der Neurologie und in wenigen Fällen auch zum Leistungsangebot von Internisten.
Im Bereich der GKV sind Doppler-Sonographie und Duplex-Sonographie in Fällen, in denen weder anamnestische noch klinische Symptome oder Beschwerden auf eine Dauerstenose hinweisen, nicht Bestandteil des Leistungsumfanges. Die auf Wunsch des Patienten als individuelle Gesundheitsleistung durchgeführte **doppler-sonographische Untersuchung der hirnversorgenden Gefäße** bei Patienten,
- bei denen sich Schlaganfälle in der Familienanamnese befinden,
- die schlaganfallähnliche Symptome in der Anamnese aufweisen,
- bei denen eine Karotisstenose sonographisch festgestellt wurde,

hat im Rahmen der präventiven Medizin nur Vorteile.

Orthopädie

Was bietet die Fachgruppe als IGeL-Leistungen an?

Akupunktur
- Schulterschmerz (Periarthropathia humeroscapularis)
- Tennisarm (Epicondylopathia humeri radialis)
- Kniebeschwerden
- Rückenschmerzen, Ischias
- Migräne, Spannungskopfschmerz

Biomagnetfeldtherapie
- bei Arthrose z. B. auch Fingerpolyarthrosen
- Schulterschmerz
- Rückenschmerz

Ernährungsberatung

Hyaluronsäureinjektionen
- zur Vorbeugung und zum Aufhalten von Kniegelenksarthrose

Hydro-Jet
- bei Rückenschmerzen
- Muskelverspannungen

Die Hydro-Jet Therapie kombiniert die Wirkungen einer Unterwasserdruckstrahlmassage und die einer Wärmetherapie. Dadurch sollen drei Effekte erreicht werden:
- Mechanisch-physikalische Behandlung zur Lockerung der Muskulatur
- Straffung des Gewebes
- Verbesserte Durchblutung

Der Patient liegt in Rücken-, Bauch- oder Seitenlage auf einer Latexmatte gewissermaßen auf dem Wasser, das sich um den Körper schmiegt. In kreisenden Bewegungen werden aus Düsen Wasserstrahlen gegen die Unterseite der Latex-Abdeckung und somit massierend gegen den Körper gerichtet.

Knochendichtemessung
- Osteo-Densitometrie

Naturheilverfahren
Leithoff und Sadler (Individuelle Gesundheitsleistungen in der Orthopädie, Thieme Verlag) halten für die orthopädische Praxis folgende Methoden/Verfahren der Naturheilkunde für besonders geeignet:
- Ausleitende Heilverfahren
- Neuraltherapie
- F.X. Mayr-Medizin, Heilfasten
- Ordnungstherapie, „lifestyle management“
- Phytotherapie, incl. Komplexhomöopathie

Neuraltherapie
- bei Kopfschmerz
- Vegetative Funktionsstörungen
- Erkrankungen des Bewegungsapparates

Physikalische Therapie
- Ultraschall
- Iontophorese
- Kryotherapie

Sonographie bei
- Weichteilerkrankungen
- Weichteilverletzungen

Sportmedizin
- Eignungsuntersuchungen für einzelne Sportarten
- Erstellung von Trainingsplänen

Stoßwellentherapie (fokussierte) bei
- Fersensporn
- Schulterbeschwerden
- Tenniselbogen

Hochton-Therapie

Ziele einer Hochtontherapie sind z. B.
- Beschleunigung von Heilungsprozessen z. B. nach Knochenbrüchen, Quetschungen und Verstauchungen, Entzündungen (Tennisarm)
- Wiedererlangung der Muskelkraft nach Ruhigstellung
- Schnelle Wundheilung Ulcera (z. B. offene Beine)
- Schmerzlinderung bei Arthrosen, Gelenkbeschwerden.

In 70–80 Prozent der Fälle soll die Therapie erfolgreich sein. Ihre Wirkung ist mit wissenschaftlichen Studien bisher nicht belegt.

GOÄ Nr.	Kurzlegende	1fach €	*1,8/ 2,3fach €
3	Eingehende Beratung (mind. 10 Min.) – nicht neben Sonderleistungen	8,74	**20,11**
5	Symptombezogene Untersuchung	4,66	**10,73**
554* analog	Hochton-Therapie – **analoger Ansatz – GOÄ § 6 (2)** GOÄ Kurztext Nr. 554: Hydroelektrisches Vollbad	5,30	**9,55**

Injektionen im Bereich der Wirbelsäule

GOÄ Nr.	Kurzlegende	1fach €	2,3fach €
255	Injektion intraartikulär o. perineural (ggf. zusätzlich Lokalanästhesie nach Nr. 490) – Nr. 255 ist nicht in der Schmerztherapie mit Lokalanästhetika und/oder Analgetika berechenbar, sondern die Nr. 493.	5,54	**12,74**
256	Injektion in Periduralraum – bei Injektion von Lokalanästhetika und/oder Analgetika sind Nrn. 469 bis 475 berechenbar	10,78	**24,80**
266	Intrakutane Reiztherapie (Quaddelung), je Sitzung (bei zeitaufwendiger Therapie ggf. höheren Steigerungssatz wählen) -Nr. 266 ist im Rahmen der Schmerztherapie berechenbar	3,50	**8,04**
267	Medikamentöse Infiltrationsbehandlung einer Körperregion -auch paravertebrale oder perineurale, je Sitzung -bei paravertebraler Anästhesie Nr. 476 berechenbar.	4,66	**10,73**
268	Medikamentöse Infiltrationsbehandlung mehrerer Körperregionen (auch eine Region beidseits), je Sitzung – bei paravertebraler Anästhesie Nrn. 476, 477 berechenbar.	7,58	**17,43**

Die folgenden Leistungen finden Anwendung im Rahmen von Anästhesieleistungen, bei diagnostischen und/oder therapeutischen Eingriffen und im Rahmen der Schmerztherapie:

GOÄ Nr.	Kurzlegende	1fach €	2,3fach €
469	Kaudalanästhesie	14,57	**33,52**
470	Einleitung/Überwachung einzeitiger subarachnoidalen Spinalanästhesie (Lumbalanästhesie) o. einzeitigen periduralen (epiduralen) Anästhesie, bis zu 1 Stunde	23,32	**53,62**
476	Paravertebralanästhesie, bis zu 1 Stunde	22,15	**50,94**
490	Infiltrationsanästhesie kleiner Bezirke – in der Schmerztherapie berechenbar	3,56	**8,18**
491	Infiltrationsanästhesie großer Bezirke in der Schmerztherapie berechenbar	7,05	**16,22**

GOÄ Nr.	Kurzlegende	1fach €	2,3fach €
493	Leitungsanästhesie, perineural	3,56	**8,18**
494	Leitungsanästhesie, endoneural	7,05	**16,22**
497[1)]	Blockade Truncus sympatikus (lumbaler Grenzstrang oder Ganglion stellatum) mittels Anästhetika – für Analgesie eines oder mehrerer Spinalnerven analoger Ansatz	12,82	**29,49**
498[1)]	Blockade des Truncus sympatikus (thorakaler Grenzstrang oder Plexus solaris) mittels Anästhetika	17,49	**40,22**
446	Zuschlag bei amb. Durchführung von Anästhesieleistungen z. B. auch bei Schmerztherapie, die mit Punktzahl 200–399 Punkten bewertet sind – nur 1facher Satz abrechenbar	**17,49**	–
447	Zuschlag bei amb. Durchführung von Anästhesieleistungen z. B. auch bei Schmerztherapie, die mit Punktzahl 400 und mehr Punkten bewertet sind – nur 1facher Satz abrechenbar	**37,89**	–

1) Die Leistungen sind, wenn sie in den nach der Leistungslegende beschriebenen Bereichen erbracht wurden, auch nebeneinander berechnungsfähig.

Magnetfeldtherapie

Die Abrechnung ist nach einem Tipp von Dr. Kleinken (Leiter der PVS Consult Köln, einer Service-Einrichtung der Privatärztlichen Verrechnungsstellen) in der Broschüre IGEL-Plus aus dem Ärzte Zeitung Verlag abhängig vom Gerätetyp, seinem Leistungsspektrum und damit auch den Anschaffungskosten. Bei kostengünstigen Geräten werden in der Regel die GOÄ Nrn. A5802 oder 269a angesetzt. Bei hochwertigeren Geräten die GOÄ Nr. A838. Die Autorinnen Hess und Klakow-Franck geben in ihrem IGeL-Kompendium für die Arztpraxis den analogen Ansatz der GOÄ Nr. 558* an.

Abrechnung

GOÄ Nr.	Kurzlegende	1fach €	*1,8/ 2,3fach €
3	Eingehende Beratung (mind. 10 Min.) – nicht neben Sonderleistungen	8,74	**20,11**
1	Beratung	4,66	**10,73**
5	Symptombezogene Untersuchung	4,66	**10,73**
5802* analog	Bestrahlung bis zu 2 Behandlungsfeldern – analog GOÄ Nr. 5802* – entsprechend GOÄ § 6 (2) – es muss mind. die Original-Kurzlegende folgen	11,66	**20,98**
269a analog	Magnetfeldtherapie – analog GOÄ Nr. 269a – entsprechend GOÄ § 6 (2) – es muss mind. die Original-Kurzlegende folgen	20,40	**46,92**
838 analog	Magnetfeldtherapie – analog GOÄ Nr. 838 – entsprechend GOÄ § 6 (2) – es muss mind. die Original-Kurzlegende folgen	32,06	**73,73**
558* analog	Magnetfeldtherapie – analog GOÄ Nr. 558* – entsprechend GOÄ § 6 (2) – es muss mind. die Original-Kurzlegende folgen	7,00	**12,59**

Manuelle Therapie – Chirotherapie – Osteopathie

Die GOÄ Leistungen nach den Nrn. 505* – 510* aus dem Kapitel Physikalisch-medizinische Leistungen und hier speziell: Krankengymnastik und Übungsbehandlungen finden Einsatz bei zahlreichen Behandlungsverfahren z. B.

- Ayurvedische Bewegungstherapie
- Chirotherapie
- Kraniosacrale Therapie
- Manuelle Therapie
- Myo-, neuro-, arthrotherapeutische Behandlungen

Manuelle Therapie – Chirotherapie

Indikationen und Kontraindikationen (Quelle: REHA Reinfelden, Schweiz http://www.reha-rheinfelden.ch/therapieangebot/chiropraktik.html)

Eine geeignete Untersuchungstechnik (**Manuelle Diagnostik, Chirodiagnostik**) kann die jeweiligen Funktionsstörungen näher analysieren und geht der Indikationsstellung für eine Therapie voraus. Notwendig ist eine spezielle Ausbildung in Manueller Medizin, die sowohl Techniken der Diagnostik und Therapie beinhaltet.

Indikationen zur Chirotherapie (Manuellen Therapie) sind im wesentlichen:
- Bewegungsstörungen und Schmerzen der Wirbelsäule
- Kopf- und Nackenschmerzen
- Rückenschmerzen
- Schiefhals
- Schulter-Arm-Syndrome
- Schulter-, Hüft-, Knieschmerzen
- Tennis- und Golferellenbogen
- Hand- und Fußgelenkschmerzen
- Skoliosen
- ISG-Syndrome

Absolute Kontraindikationen sind:
- akut entzündliche Gelenkerkrankungen
- Bänderrisse und Gelenkinstabilitäten
- akute Frakturen oder Verrenkungen
- Infektionen
- Gefässerkrankungen
- akute Myelopathien
- akute Conus- oder Cauda-Syndrome

Relative Kontraindikationen sind:
- instabile Spondylolisthesen
- Osteoporose
- Knochentumoren
- Gelenkstörungen postoperativ
- generalisierte Gelenkhypermobilität
- Antikoagulation

Abrechnung

GOÄ Nr.	Kurzlegende	1fach €	2,3fach €
3305	Chiropraktische Wirbelsäulenmobilisierung	2,16	4,96
3306	Chirotherapeutischer Eingriff an Wirbelsäule	8,63	19,84
3306 analog	Chirotherapeutischer Eingriff an Extremitäten-Gelenken – **analog – entsprechend GOÄ § 6 (2) – pro Sitzung nur 1×**	8,63	19,84

Fuchs und **Brück** halten eine Abrechnung der GOÄ Nrn. 3306 (Behandlung Wirbelsäule) + 3306 analog (Behandlung Extremitätengelenke) für möglich.
Im Zusammenhang mit **Kraniosakraler Therapie, Ortho-Bionomie, Osteopathie und Kinesiologie** etc. empfiehlt **Weber** noch nachfolgende Abrechnungsnummern – teilweise auch im analogen Ansatz.

GOÄ Nr.	Kurzlegende	1fach €	2,3fach €
800	Neurolog. Untersuchung	11,38	**26,14**
825	Genaue Geruchs- und/oder Geschmacksprüfung[1]	4,84	**11,13**
826	Gezielte neurologische Gleichgewichts- u. Koordininationsprüfung[1]	5,77	**13,27**
830	Eingehende Prüfung auf Phasie, Apraxie, Alexie, Agraphie, Agnosie und Körperschemastörungen[1]	4,66	**10,72**
835	Fremdanamnese bei psychisch Kranken o. bei verhaltensgestörtem Kind	3,73	**8,58**

[1] Nrn. 825, 826 und 830 nicht neben Nr. 800

Abrechnung
Vor bestimmten Verfahren z. B. **Maitland-Techniken, mit Kraniosakraler Therapie, Ortho-Bionomie, Osteopathie und Kinesiologie** etc. empfiehlt **Weber** zusätzlich ggf. noch nachfolgende Abrechnungsnummern – teilweise auch im analogen Ansatz.

GOÄ Nr.	Kurzlegende	1fach €	2,3fach €
838	Elektromyographische Untersuchung	32,06	**73,73**
839	Elektromyographische Untersuchung mit Nervenleitgeschwindigkeit	40,80	**93,84**
842	Apparative isokinetische Muskelfunktionsdiagnostik	29,14	**67,03**

Progressive Muskelrelaxation

Die Progressive Muskelrelaxation ist ein Entspannungsverfahren. Ausgangspunkt war die Erkenntnis von Edmund Jacobson (USA), dass bei Anspannung und anschließender Entspannung eines Muskels der Muskeltonus sinkt.
Die Voraussetzung ist, dass der Übende den Anspannungs- und Entspannungszyklus erlernt:
- Dabei konzentriert sich der Patient auf eine bestimmte Muskelgruppe.
- Die Muskeln sollen angespannt werden und die Spannung sollte für 5 bis 7 Sekunden gehalten werden.
- Dann wird die Muskelgruppe wieder entspannt (ca. 20 bis 30 Sekunden).
- Der Klient konzentriert sich während der Lockerung auf seine Empfindungen.
- Nacheinander werden 16 Muskelgruppen des Körpers angespannt und entspannt. (Quelle: www.schmerz-beschwerden.de)

Abrechnung

GOÄ Nr.	Kurzlegende	1fach €	*1,8/ 2,3fach €
505*	Atmungsbehandlung	4,95	**8,92**
507*	Krankengymnastische Teilbehandlung	4,66	**8,39**
510*	Ubungsbehandlung	4,08	**7,34**
514*	Extensionsbehandlung mit Wärmetherapie und Massage	6,12	**11,02**
516**	Teilmassage	3,79	**6,82**
523*	Massage im extramuskulären Bereich	3,79	**6,82**
846	Übende Verfahren Einzelbehandlung	8,74	**20,11**
847	Übende Verfahren Gruppenbehandlung	2,62	**6,03**

Osteopathische Techniken

Das Osteopathie-Register informiert im Internet (www.osteopathie-register.de/osteopathie.shtml):
In der Entwicklung der Osteopathie haben sich verschiedene Gebiete differenziert: ***Parietale Osteopathie***
- *Untersuchung und Behandlung der Gelenke in Funktion und Beweglichkeit in Abhängigkeit zu anderen Körpersystemen.*
- *Verwandte Techniken finden sich in der heutigen Zeit in der Manuellen Therapie und in der Chirotherapie.*

Myofasciale Osteopathie
- *Untersuchung und Behandlung von Muskel-, Bindegewebs- und Fascienschichten.*

Viscerale Osteopathie
- *Normalisierung der Organbeweglichkeit.*
- *Unterbrechung von negativen neurovegetativen Afferenzen.*
- *Wiederherstellung des internen Organmilieus.* ***Kraniosakrale Osteopathie***
- *Normalisierung der Mobilität der Schädelknochen.*
- *Verbesserung der Liquorzirkulation.*
- *Entspannung der Meningealmembranen.*
- *Neurovegetative Integration.*

Die Dt. Akademie für Osteopathische Medizin e.V. – kurz DAOM (www.daom.de) – ist die Vereinigung von Ärzten u. Physiotherapeuten, die eine seit 1990 begonnene postgraduierte Ausbildung in osteopathischen Verfahren und osteopathischer Medizin leitet und anbietet.
Das Lehrkonzept der Deutschen Akademie für Osteopathische Medizin e.V. beinhaltet alle osteopathischen Behandlungsverfahren:

- Muskelenergietechniken
- Kraniosakrale Techniken
- Myofasziale Releasetechniken
- Viszerale Techniken
- Viszeroparietal-funktionelle Techniken
- CounterStrain-Techniken
- Lymphdrainage-Therapie
- Mobilisation und Manipulationan Wirbelsäule und Extremitäten.

Abrechnung häufig angesetzten Leistungen:

GOÄ Nr.	Kurzlegende	1fach €	*1,8/ 2,3fach €
800	Eingehende neurologische Untersuchung	11,37	**26,14**
3305	Chiropraktische Wirbelsäulenmobilisierung	2,16	**4,96**
3306	Chirotherapeutischer Eingriff an der Wirbelsäule	8,63	**19,84**
505*	Atmungsbehandlung	4,95	**8,92**
507*	Krankengymnastische Teilbehandlung	4,66	**8,39**
520*	Teilmassage (Massage einzelner Körperteile)	2,62	**4,72**
521*	Großmassage	3,79	**6,82**
523*	Massage im extramuskulären Bereich	3,79	**6,82**
725 analog	Entwicklungs- und Ubungsbehandlung von Ausfallerscheinungen d. ZNS – analog GOÄ Nr. 725 – entsprechend GOÄ § 6 (2) – es muss mind. die Original-Kurzlegende folgen	17,49	**31,48**

Kraniosakrale Therapie

Abrechnung

GOÄ Nr.	Kurzlegende	1fach €	*1,8/ 2,3fach €
269	Akupunktur	11,66	**26,81**
523*	Massage	3,79	**6,82**
719 analog	Funktioneller Entwicklungstherapie bei Ausfallerscheinungen in Motorik, Sprachbereich und/oder Sozialverhalten, Einzelbehandlung, mind. 45 Min. – analog GOÄ Nr. 719 – entsprechend GOÄ § 6 (2) – es muss mind. die Original-Kurzlegende folgen	14,63	**33,65**
725 analog	Entwicklungs- und Ubungsbehandlung von Ausfallerscheinungen d. ZNS – analog GOÄ Nr. 725 – entsprechend GOÄ § 6 (2) – es muss mind. die Original-Kurzlegende folgen	17,49	**31,48**
845	[1] Hypnose/Einzelbehandlung	8,74	**20,11**

[1] Die Deutsche Gesellschaft für Manuelle Medizin hält im Gegensatz zu **Weber**, der die Leistung nach GOÄ Nr. 845 mitempfiehlt, diese Leistung für sehr bedenklich im Rahmen der Kraniosakralen Therapie

Ortho-Bionomie

Die Ortho-Bionomie ist nach Angaben der Anwender eine sanfte, manuelle Behandlungsmethode, um Schmerzen, Blockierungen im Bewegungsmuster, Fehlstellungen, Verspannungen, Gelenkbeschwerden- und Entzündungen zu behandeln.
Zur Abrechnung werden Leistungsziffern der Osteopathie angesetzt. Bei erforderlicher psychosomatischer Therapie und der Behandlung von psychischen Erkrankungen als Folge von Traumata finden zusätzlich die folgenden Leistungen Anwendung.

Abrechnung der Ortho-Bionomie bei erforderlicher psychosomatischer Therapie und der Behandlung von psychischen Erkrankungen:

Abrechnung

GOÄ Nr.	Kurzlegende	1fach €	2,3fach €
719 analog	Behandlung von Ausfallerscheinungen, Einzelbehandlung, mind. 45 Min. – analog GOÄ Nr. 719 – entspr. GOÄ § 6 (2) – es muss mind. die Original-Kurzlegende folgen	14,63	**33,65**
845	Hypnose Einzelbehandlung – induzierte Tiefenentspannung	8,74	**20,11**
846	Ubende Verfahren Einzelbehandlung	8,74	**20,11**
847	Ubende Verfahren Gruppenbehandlung	2,62	**6,03**
849	Psychotherapeutische Behandlung	13,41	**30,83**
861	Tiefenpsychologisch fundierte Psychotherapie, Einzelbehandlung	40,22	**92,50**
862	Tiefenpsychologisch fundierte Psychotherapie, Gruppenbehandlung	20,11	**46,25**
870	Verhaltenstherapie, Einzelbehandlung – Dauer mind 50 Minuten	43,72	**100,55**

Trager-Arbeit/Tragerwork

Der Trager-Verein aus Österreich informiert unter www.trager.at/wasist.htm zur Methode:

Die von Dr. med Milton Trager entwickelte Körperarbeit will Körper und Geist wieder in Harmonie bringen und die Bewußtheit darüber wecken. Alle Bewegungen und Erfahrungen werden als angenehm und wohltuend erlebt. Durch sanftes Dehnen, rhythmisches Schwingen und durch leichtes Spiel mit den Körpergewichten verändert sich der Gewebezustand, nähert sich seinem Optimum und weckt so angenehme Empfindungen. In einer TRAGER-Sitzung kann man lernen, diese Bewegungen selbst zu machen, man kann sie aber auch, auf einem Massagetisch liegend, passiv empfangen.

Indikationen

- ***Prävention:***
  Haltungsschäden
  Gelenkserkrankungen
  Stress und seine Folgen
  Vegetative Störungen
- ***Rehabilitation:***
  Wirbelsäulensyndrom
  Sportverletzungen
  Unfallfolgen
  Operationen
- ***Begleitende Therapie:***
  Neuromuskuläre Erkrankungen
  Stresserkrankungen (z. B. Schlafstörungen, Tinnitus etc.)
  Gerontologie
  Psychotherapie

Abrechnung

GOÄ Nr.	Kurzlegende	1fach €	*1,8/ 2,3fach €
523*	Massage im extramuskulären Bereich	3,79	**6,82**
719 analog	Behandlung von Ausfallerscheinungen in Motorik, Sprachbereich und/oder Sozialverhalten, Einzelbehandlung, mind. 45 Min. – analog GOÄ Nr. 523 – entsprechend GOÄ § 6 (2) – es muss mind. die Original-Kurzlegende folgen	14,63	**33,65**
845	Hypnose Einzelbehandlung	8,74	**20,11**
846	Übende Verfahren Einzelbehandlung	8,74	**20,11**
847	Übende Verfahren Gruppenbehandlung	2,62	**6,03**
3305	Chiropraktische Wirbelsäulenmobilisierung	2,16	**4,96**

Rebalancing

Rebalancing arbeitet z. B. mit tiefer Bindegewebsmassage, Gelenklockerung, Atemarbeit, Meditation. Erreicht werden soll eine langanhaltende Entspannung des Körpers.

Abrechnung

GOÄ Nr.	Kurzlegende	1fach €	*1,8/ 2,3fach €
506*	Krankengymnastische Ganzbehandlung	6,99	**12,59**
507*	Krankengymnastische Teilbehandlung	4,66	**8,39**
523*	Massage im extramuskulären Bereich	3,79	**6,82**
719 analog	Behandlung von Ausfallerscheinungen in Motorik, Sprachbereich und/oder Sozialverhalten, Einzelbehandlung – analog GOÄ Nr. 719 – entspr. GOÄ § 6 (2) – es muss mind. die Original-Kurzlegende folgen	14,63	**33,65**
849	Psychotherapeutische Behandlung	13,41	**30,83**

Trainingstherapie*

Eingesetzt wird diese Methode bei verschiedenen orthopädischen Krankheitsbildern z. B. bei Arthrosen, Osteoporose, Wirbelsäulenerkrankungen und -verletzungen sowie in der Nachbehandlung von Operationen und bei rheumatischen Beschwerden.

GOÄ Nr.	Kurzlegende	1fach €	*1,8/ 2,3fach €
3	Eingehende Beratung (mind. 10 Min.) – nicht neben Sonderleistungen	8,74	**20,11**
506*	Krankengymnastische Übungen, Einzelbehandlung	7,00	**12,59**
558* analog	Geräte-Sequenztraining für Trainingstherapie – analoger Ansatz – GOÄ § 6 (2) Empfehlung der BÄK – GOÄ Kurztext Nr. 558: Apparative isokinetische Muskelfunktionstherapie, je Sitzung	7,00	**12,59**
842 analog	Eingangsuntersuchung zur med. Trainingstherapie – analog – GOÄ § 6 (2) GOÄ Kurztext Nr. 842: Apparative isokinetische Muskelfunktionsdiagnostik	29,14	**67,03**
846 analog	Med. Trainingstherapie m. Sequenztraining, einschl. progressiv-dynamischem Muskeltraining mit spez. Therapiemaschinen - analog – GOÄ § 6 (2) GOÄ Kurztext Nr. 846: Übende Verfahren	8,74	**20,11**

* diese Aufstellung entspricht den Empfehlungen der BÄK, s. Deutsches Ärzteblatt Jg. 99, Heft 3, Seite A144–145, 2002 – s. auch IGEL-Kompendium für die Arztpraxis von Hess und Klakow-Franck

Triggerpunkt-Therapie

Die sogenannte Triggerpunkt Therapie ist ein neues Verfahren der Schmerz- und der Bewegungsapparatmedizin. Die Internetseite aus der Schweiz www.triggerpunkt-therapie.ch/index.php?kat=home&link=2&language=de informiert:

Triggerpunkte sind die Folge von kleinen Verletzungen in der Muskulatur, wie sie zum Beispiel beim Muskelkater oder bei leichten Muskelzerrungen auftreten. In der Regel heilen diese Verletzungen wieder ab, denn die Muskulatur kann sich sehr gut erneuern. In gewissen Fällen aber, zum Beispiel wenn bestimmte Muskelfasern immer wieder die gleichen Bewegungen ausführen müssen, entsteht eine Art „anhaltender lokaler Muskelkater“ und die betroffenen Muskelfasern entzünden sich chronisch. Das Gleiche kann auch nach einer brüsken Bewegung im Sport oder im Alltag oder nach einer Verletzung geschehen. Es bildet sich eine sogenannte „chronische Zerrung“, die von alleine nicht mehr abheilen kann weil sich ein Teufelskreis gebildet hat.

GOÄ Nr.	Kurzlegende	1fach €	*1,8/ 2,3fach €
3	Eingehende Beratung (mind. 10 Min.) – nicht neben Sonderleistungen	8,74	**20,11**
302 analog	Punktion Schulter- od. Hüftgelenk – analoger Ansatz – GOÄ § 6 (2)	14,57	**33,52**

Ultraschall-Behandlung*

Eingesetzt wird diese Methode bei verschiedenen orthopädischen Krankheitsbildern z. B. bei Arthrosen, Osteoporose, Wirbelsäulenerkrankungen und -verletzungen sowie in der Nachbehandlung von Operationen und bei rheumatischen Beschwerden.

GOÄ Nr.	Kurzlegende	1fach €	*1,8/ 2,3fach €
3	Eingehende Beratung (mind. 10 Min.) – nicht neben Sonderleistungen	8,74	**20,11**
554*	Behandlung m. niedrig dosiertem, gepulsten Ultraschall – analog – GOÄ § 6 (2) GOÄ Kurztext Nr. 554*: Hydroelektrisches Vollbad	5,30	**9,55**

* niedrig dosierter, gepulster Ultraschall

Die Wirkungen der Ultraschalltherapie sind u. a.

- Hyperämisierung
- Erhöhung/Erleichterung der Dehnbarkeit von Bindegewebsstrukturen (Kollagenfasern)
- Schmerzlinderung
- Muskuläre Spasmuslösung
- Stimulierung der Frakturheilung

Haapt- Indikationen nach Informationen der Techniker Krankenkasse (http://www.tk.de/tk/behandeln-a-z/e/extrakorporalen-stosswellentherapie/25326):

- Tennisarm oder -ellenbogen (Epicondylitis humeri radialis)
- Fasziitis plantaris (mit oder ohne Fersensporn)
- Kalkschulter (Tendinosis calcarea)

Stoßwellentherapie bei orthopädischen Krankheitsbildern

Extrakorporale Stoßwellentherapie zur Behandlung von schmerzhaften Sehnenansätzen, Fersensporn, Kalkschulter, Tennisellenbogen.

GOÄ Nr.	Kurzlegende	1fach €	2,3fach €
1800 analog	Extrakorporale Stoßwellentherapie (ESWT) bei orthopädischen, chirurgischen oder schmerztherapeutischen Indikationen – analog Nr. 1800 je Sitzung **- Empfehlung der BÄK – GOÄ § 6 (2)** GOÄ Kurztext Nr. 1800: Zertrümmerung und Entfernung von Blasensteinen	86,27	**198,41**
302 analog	Radiale Stoßwellentherapie bei orthopädischen, chirurgischen oder schmerztherapeutischen Indikationen – analog – Empfehlung der BÄK – GOÄ § 6 (2) GOÄ Kurztext Nr. 302: Punktion eines Schulter- oder Hüftgelenks	14,57	**33,52**
34	Erörterung mind. 20 Min.	17,49	**40,22**

Abrechnungshinweis:
Auch wenn mehrere verschiedene Körperareale in einer Sitzung behandelt werden, ist nach dem GOÄ-Kommentar von **Brück** die Leistung nur einmal berechnungsfähig. Der Ausschuss Gebührenordnung der BÄK geht pro Behandlungsfall von durchschnittlich 2 bis 3 – maximal 4 – Behandlungen aus.
Die Indikation zur Stoßwellentherapie bei „Pseudarthrose" ist nach **Brück** selten und zur Behandlung sind traumatologische Erfahrungen erforderlich. Wegen des Schwierigkeitsgrades und des hohen Zeitaufwandes bei der Behandlung der Pseudarthrose durch ESWT ist nach Brück ein Ansatz des 3,5fachen Steigerungsfaktors oder sogar eine Vereinbarung nach GOÄ § 2 (1) (Abweichende Gebührenhöhe) gut begründbar.
Eine Anerkennung der Stosswellenbehandlung mit Kostenübernahme durch die GKV besteht in der Regel z.Zt. für die klassischen Indikationen Kalkschulter, Pseudarthrose, Tennisarm sowie den Fersensporn.

Weitere Indikationen
- chronische Entzündungen von Sehnenansätzen an Schultergelenk, großem Rollhügel der Hüfte, Achillessehne, Patellaspitze (Patellasehne)
- Schienbeinkantensyndrom
- Triggerpunkttherapie bei Muskelverhärtungen

Kontraindikationen
Die Stosswellen-Therapie sollte nicht angewendet werden bei:
- lokale Infektionen im Behandlungsgebiet
- Infektionen der Knochen (Osteomyelitis) aktuell oder in der Vergangenheit
- infizierte Pseudarthrose
- Blutgerinnungsstörungen
- Direkt über Gefäßen und Nerven
- Bei Träger von Herzschrittmachern
- Schwangere (mögliche Nebenwirkungen beim Ungeborenen)
- Kinder und Jugendliche im Wachstumsalter, da die Wirkung der Stoßwellen auf Wachstumsfugen der Knochen nicht ausreichend geklärt ist

Pädiatrie

Was bietet die Fachgruppe als IGeL-leistungen an?

Adoptionsgutachten/Entwicklungseinschätzungen
ADS-Diagnostik
Akupunktur
Allergietestungen ohne medizinische Indikation
Eigenblutbehandlung
Einschulungstest
Ernährungsberatung, individuelle
- z. B. zu Nahrungsergänzung mit Vitaminen, Spurenelementen und sekundären Pflanzenstoffen

Entwicklungstests
Farbsinnprüfung
Homöopathische Komplextherapien für Kinder

Impftiter-Bestimmungen
zusätzliche Impfungen außerhalb der Kassenleistungen z. B.
- Rotavirusschluckimpfung
- Meningokokken-Impfung
- Hepatitis A-Impfung Humanes
- Papilloma-Virus-Impfung

Kindergarteneingangsuntersuchung
Naturheilkunde
Psychotherapien
Schuleingangstests
Schullaufbahnberatung
Sportärztliche Untersuchungen
Stress-Bewältigungstraining (Einzel- und Gruppenbehandlung)

Umweltmedizin
- Umweltmedizinisch orientierende Beratung
- Umweltmedizinische Erstanamnese, Folgeanamnese
- z. B. Schwermetalle im Blut

spezielle Untersuchungen auf Wunsch der Eltern u. a.
- Labor-Untersuchungen
- Lungenfunktion
- Neurologische Untersuchung
- Ultraschall-Untersuchungen

zusätzliche Vorsorgeuntersuchungen
Die Zeitabstände zwischen Vorsorgeuntersuchungen zu Lasten der Krankenkassen sind nach Meinung der Pädiater zu lang und Entwicklungsprobleme würden möglicherweise zu spät erkannt. Deshalb bieten zahlreiche Pädiater zusätzliche Untersuchungen in kürzereren Zeitabständen an – und setzen diesen Untersuchungen zur Unterscheidung den Buchstaben „a" hinzu z. B.
- **U6a** Vorsorgeuntersuchung mit Entwicklungs-Check zwischen 14. und 18. Lebensmonat
- **U7a** Vorsorgeuntersuchung mit 3 Jahren: Entwicklungs-Check, Hörprüfung, Sehtest und Urinuntersuchung
- **10a** Vorsorgeuntersuchung im 8. Lebensjahr: Entwicklungs-Check, Hörprüfung, Sehtest und Überprüfung des Immunstatus
- **11a** Vorsorgeuntersuchung im 10. Lebensjahr: Entwicklungs-Check, Hörprüfung, Sehtest und Überprüfung des Immunstatus

Häufige Wunschleistungen ohne Kostenerstattung durch die Krankenkasse und damit also IGEL-Leistungen im Bereich der Behandlung von Kindern und Jugendlichen sind z. B.
- zusätzliche jährliche Kinderfrüherkennungsuntersuchung (Intervallcheck) für Kinder bis zum vollendeten 7. Lebensjahr
- Kindervorsorgeuntersuchung mit 3 Jahren
- Tauglichkeitsuntersuchung, bei Kindern z. B. vor Kindergarten, Kurantritt, Ferienmaßnahme usw.

- Schuleignungstest-Untersuchung zur Überprüfung des intellektuellen und psychosozialen Leistungsniveaus (Schullaufbahnberatung)
- Vorsorgeuntersuchung in der 2. bzw. 4. Klasse
- Test bei Aufmerksamkeits- und Konzentrationsstörung (ADS), (Intelligenztest, Konzentrationstest, Test auf Teilleistungsprobleme)
- Reisemedizinische Beratung für Kinder und Jugendliche
- Sportmedizinische Beratung für Kinder und Jugendliche
- Kurze Bescheinigung der Infektfreiheit ohne Untersuchung

Pathologie

Was bietet die Fachgruppe der Pathologen als IGeL-Leistungen an?
Im Rahmen von zahlreichen Leistungen auf Patientenwunsch (z. B. Endoskopien, Abstriche, Entfernung verdächtiger Hautbezirke, Operationen) werden Materialien gewonnen und diese im Rahmen von Überweisungen zur zytologischen oder histologischen Untersuchung zu Pathologen geschickt. Diese Überweisungen sollten mit den Patienten abgesprochen werden.

Als IGeL-Leistungen bieten Pathologen u. a. an:

Histologie
- Exidat, seborrhoische Keratose
- Lipom
- Ductus deferens Resektate
- Entnahme und Aufbereitung von Material von der Haut für die histologische Untersuchung

Zytologie
- Untersuchung zur Gebärmutterhals-Vorsorge für die Dünnschicht-Präparation (PapSpin)
- Zytologische Aufarbeitung von Material vom Gebärmutterhals für die immunzytochemische Untersuchung auf humane Papilloma Viren mit dem Cytoactiv-Test im IGEL-Bereich der Pathologen sind ca. 55% der molekularpathologischen Leistungen durch HPV-Nachweise bedingt Dünnschichtzytologie zusätzlich zu der „ normalen" Vorsorgezytologie

Abrechnung
Gemäß den Bestimmungen der GOÄ werden in der Regel alle diese Leistungen direkt vom Pathologen oder dem Arzt mit entsprechender Genehmigung zur Leistungserbringung abgerechnet und nicht vom Einsender oder Operateur.

Psychiatrische und psychotherapeutische Angebote

Was bieten die Fachgruppen der Psychiater und ärztliche Psychotherapeuten an IGeL-Leistungen an?
Die Leistungsangebote der beiden Fachgruppen sind in großen Teilen identisch, so dass die Autoren die Angebote zusammengefasst haben.

- Angststörungen (Phobien, Panikattacken, soziale Ängste/Unsicherheiten, Prüfungsangst)
- Autogenes Training
- Biofeedback-BehandlungUntersuchung und Überprüfung des intellektuellen und psychosozialen Leistungsniveaus (Schullaufbahnberatung)
- Brain-Check
- Cranio-sacrale Therapie?
- Testpsychologisches Demenzscreening
- Depression, Transkranielle Magnetstimulation – z. B. Behandlung anhand von bestimmtem Licht (Bright-Light-Therapie)
- Essstörungen (Anorexie, Bulimie, Adipositas)
- Familientherapie
- Flugangsttherapie
- Gesprächspsychotherapie (GT
- Gutachten gemäß FeV (Führerschein)
- Hypnose
- Akute Krisensituationen (Trennung, Lebenskrisen, Beziehungsprobleme, Trauerproblematik, Posttraumatische Belastungsstörungen))
- Kunsttherapie und Körpertherapie
- Licht-Therapie z. B. bei Winterdepression und Schlafstörungen
- Migränebehandlung Migränebehandlung außerhalb der GKV-Leistungspflicht
- Muskelfunktionsanalyse
- Hilfe bei Personalauswahl/Personalberatung
- Konflikte in der Paarbeziehung (Umgang mit seelischen Verletzungen, Probleme in der Sexualität, Beziehungen außerhalb der Partnerschaft)
- Paartherapie
- Progressive Muskelentspannung
- Psychotherapie mit Richtlinien-Verfahren
- Psychotherapeutische Verfahren zur Selbsterfahrung
- Psychische Beschwerden im Zusammenhang mit körperlichen Erkrankungen
- Schlafstörungen
- Selbstbehauptungstraining
- Stress/Burn-Out und berufliche Probleme (z. B. Mobbing)
- Stressbewältigungstraining
- Suchterkrankungen (z. B. Spiel- oder Internetsucht; Rückfallprävention bei Alkoholabhängigkeit)
- Tiergestützte Therapie (Einsatz von Therapiehunden) bei behinderten Kindern oder Jugendlichen oder anderen Symptomen (z. B. Ängste, Unsicherheiten, Selbstwertprobleme)
- Beratung bei therapieresistentem erheblichem Übergewicht: a) Einzelberatung b) Kompaktkurs mind. 4 Teilnehmer, 6 Sitzungen, 4-wöchig, Anmeldung
- Verhaltenstherapie
- Zwangserkrankungen (Zwangsgedanken, Zwangshandlungen z. B. Wasch- oder Kontrollzwänge)

Psychotherapeutische Leistungen werden von Allgemeinmedizinern, Internisten, Gynäkologen, Neurologen, Nervenärzten, Psychiatern und ärztlichen Psychotherapeuten mit unterschiedlichen Qualifikationen angeboten.
Zahlreiche **psychotherapeutische und/oder verhaltenstherapeutische Techniken** werden von den GKV Kassen nicht gezahlt.

Ausgeschlossen sind z. B.

- Gesprächs-Psychotherapie
- Gestalttherapie
- Logotherapie
- Psychodrama
- Respiratorisches Biofeedback
- Transaktionsanalyse

In der GKV regeln die Psychotherapie-Richtlinien des Bundesausschusses für Ärzte und Krankenkassen die Indikationen und Verfahren der Psychotherapie. Auch im Rahmen der Beihilfe sind zahlreiche Methoden ausgeschlossen – siehe Seite 58

Ausgeschlossen ist eine Psychotherapie in der GKV, wenn sie
- nicht der Heilung oder Besserung einer seelischen Krankheit dient, sondern nur zur besseren beruflichen und/oder sozialen Anpassung des Patienten;
- nur zu einer Erziehungs-, Ehe-, Lebens- oder Sexualberatung Anwendung findet.

Die eben genannten, bei der GKV ausgeschlossenen Anwendungsbereiche sind die Ansatzpunkte für IGEL-Angebote:
- Verbesserung der beruflichen Anpassung
- Verbesserung der sozialen Anpassung
- Erziehungsberatung
- Eheberatung
- Lebensberatung
- Konfliktberatung
- Sexualberatung
- Selbsterfahrung
- Stress-Problematik (Erkennen, Bewältigen)

Brück (Kommentar zur GOÄ) führt als Beispiele für psychotherapeutische Verfahren außerhalb der GKV-Leistungspflicht folgende Therapien an:

1. ***Humanistische Therapien***
   - *Gestalttherapie*
   - *Gesprächspsychotherapie*
   - *Transaktionsanalyse*
   - *Psychodrama*
   - *Körper- und Bewegungstherapie*
   - *Kunst-, Tanz- und Musiktherapie*
2. ***Psychodynamische Therapie***
   - *Hochfrequente Psychoanalyse***
3. ***Kognitiv-behaviorale Therapien***
   - *Biofeedback*
   - *Selbstbehauptungstraining*
   - *Stressbewältigungstraining*
   - *Sexualtherapie*
4. ***Interpersonelle Therapien***
   - *Familientherapie*
   - *Paartherapie*
5. ***Entspannungsverfahren***
   - *Konzentrierte Meditation*

** diese Therapie wird bei Vorliegen einer Erkrankung und erfolgreichem Antrag auf Psychoanalyse in der Regel von der GKV gezahlt

Leistungen vor oder im Rahmen von psychotherapeutischen Verfahren

In der Regel sind vor der Einleitung von psychotherapeutischen Verfahren Beratungen, Erörterungen und Untersuchungen erforderlich. Die Leistungen sind bei den folgenden Methoden nicht angegeben, sollten aber nicht vergessen werden!

GOÄ Nr.	Kurzlegende	1fach €	2,3fach €
1	Beratung	4,66	**10,72**
3	Eingehende Beratung (mind. 10 Min.) – nicht neben Sonderleistungen	8,74	**20,11**
5	Sympt. bezogene Untersuchung	4,66	**10,72**

GOÄ Nr.	Kurzlegende	1fach €	2,3fach €
8	Ganzkörperstatus *Neben Nr. 8 sind u. a. die GOÄ Nrn. 800, 801 etc. nicht berechnungsfähig*	15,15	**34,85**
800	Eingehende neurologische Untersuchung	11,37	**26,14**
801	Eingehende psychiatrische Untersuchung – ggf. unter Einschaltung der Bezugs- und/oder Kontaktperson *Neben Nr. 801 sind u. a. die GOÄ Nrn. 4, 8, 807 etc. nicht berechnungsfähig*	14,57	**33,52**
807	Erhebung einer biographischen psychiatrischen Anamnese bei Kindern o. Jugendlichen unter Einschaltung der Bezugs- und Kontaktpersonen mit schriftl. Aufzeichnung, auch in mehreren Sitzungen *Neben Nr. 807 sind u. a. die GOÄ Nrn. 1, 3, 4, 22, 30, 34, 801 etc. nicht berechnungsfähig*	23,31	**53,62**
34	Erörterung mind. 20 Min.	17,49	**40,23**

Anti-Stress-Beratung

GOÄ Nr.	Kurzlegende	1fach €	2,3fach €
3	Eingehende Beratung (mind. 10 Min.) – nicht neben Sonderleistungen	8,74	**20,11**
1	Beratung	4,66	**10,72**
8	Ganzkörperstatus	15,15	**34,85**
34	Erörterung mind. 20 Min.	17,49	**40,23**
77	Kurplanung	8,74	**10,10**
20	Beratungsgespräch in Gruppen	34,95	**80,40**
857	Orientierende Testuntersuchungen	6,76	**15,55**

Stress im Beruf und in der Familie ist heute nicht gerade selten. Angebote zur Stressbewältigung z. B.

- Biofeedback
- Quigong
- Feldenkrais
- Musiktherapie
- Farbtherapie

sind nach den Nrn. 846 oder 847 zu berechnen.

Stress-Bewältigungstraining

GOÄ Nr.	Kurzlegende	1fach €	2,3fach €
846	Stressbewältigungstraining – Einzelbeh. z. B. autogenes Training	8,74	**20,11**
847	Stressbewältigungstraining – Gruppenbeh. z. B. autogenes Training	2,62	**6,03**
870	Verhaltenstherapie, Einzelbehandlung mind. 50 Min.	43,72	**100,55**
871	Verhaltenstherapie, Gruppenbehandlung mind. 50 Min.	8,74	**20,11**

Psychotherapeutische Verfahren zur Selbsterfahrung ohne medizinische Indikation

GOÄ Nr.	Kurzlegende	1fach €	2,3fach €
860	Erhebung einer biographischen Anamnese	53,62	**123,34**
846 analog	Psychotherapeutische Verfahren zur Selbsterfahrung ohne medizinische Indikation – analog GOÄ Nr. 846 – entspr. GOÄ § 6 (2)[1)] Empfehlung der BÄK – GOÄ Kurztext Nr. 846: Übende Verfahren	8,74	**20,11**

GOÄ Nr.	Kurzlegende	1fach €	2,3fach €
847 analog	Übende Verfahren, Gruppenbehandlung, mind. 20 Min., höchstens 12 Teilnehmer, je Teilnehmer – analog GOÄ Nr. 847 – GOÄ § 6 (2)[1)] GOÄ Kurztext Nr. 847: Übende Verfahren in Gruppenbehandlung	2,62	**6,03**
870	Verhaltenstherapie, Einzelbehandlung mind. 50 Min.	43,72	**100,55**
871	Verhaltenstherapie, Gruppenbehandlung mind. 50 Min.	8,74	**20,11**

[1)] Bei analogen Leistungen muss – mind. in Kurzform – auch die Original-Leistungslegende angegeben werden.

Selbstbehauptungstraining

Unterschiedliche Methoden werden unter diesem Begriff angeboten. Alle Verfahren arbeiten mit Rollenspielen, Verhaltensübungen, Modell-Lernen und/oder Feedback-Methoden.

GOÄ Nr.	Kurzlegende	1fach €	2,3fach €
846 analog	Selbstbehauptungstraining – analog GOÄ Nr. 846 – entspr. GOÄ § 6 (2)[1)] Empfehlung der BÄK – GOÄ Kurztext Nr. 846: Übende Verfahren	8,74	**20,11**
847 analog	Übende Verfahren, Gruppenbehandlung, mind. 20 Min., höchstens 12 Teilnehmer, je Teilnehmer – analog GOÄ Nr. 847 – entspr. GOÄ § 6 (2)[1)] GOÄ Kurztext Nr. 847: Übende Verfahren in Gruppenbehandlung	2,62	**6,03**
870	Verhaltenstherapie, Einzelbehandlung mind. 50 Min.	43,72	**100,55**
871	Verhaltenstherapie, Gruppenbehandlung mind. 50 Min.	8,74	**20,11**

[1)] Bei analogen Leistungen muss – mind. in Kurzform – auch die Original-Leistungslegende angegeben werden.

Entspannungsverfahren als Präventionsleistung

Zu den bekannten Entspannungsverfahren zählen:

- Autogenes Training
- Progressive Muskelentspannung nach Jacobsen
- Konzentrative Meditation

Alle 3 Verfahren werden nach den GOÄ Nrn. 846 und 847 abgerechnet.

GOÄ Nr.	Kurzlegende	1fach €	2,3fach €
846	Entspannungsverfahren als Präventionsleistung, Einzelbeh.	8,74	**20,11**
847	Entspannungsverfahren als Präventionsleistung, Gruppenbeh.	2,62	**6,03**

Klangsessel

846 analog	Biofeedback analog Nr. 846 GOÄ – entsprechend GOÄ § 6 (2)	8,74	**20,11**

Myofeedback-Behandlung

846 analog	Myofeedback analog Nr. 846 GOÄ – entsprechend GOÄ § 6 (2)	8,74	**20,11**

Neurofeedback-Entspannungsbehandlung

846 analog	Neurofeedback analog Nr. 846 GOÄ – entsprechend GOÄ § 6 (2)	8,74	**20,11**

Hypnose

GOÄ-Nr.	Kurzlegende	1fach €	*1,15/ 2,3fach €
1	Beratung, auch tel.	4,66	**10,73**
3	Eingehende Beratung, auch tel. (mind. 10 Min.) nicht neben Sonderleistungen	8,74	**20,11**
845	Behandlung einer Einzelperson durch Hypnose	8,74	**20,11**

Biofeedback-Behandlung

Indikationen zu einer Biofeedback-Behandlung auf Patientenwunsch sind nach Brück (Kommentar zur GOÄ) z. B.

- Spannungskopfschmerz
- Migräne
- Schlafstörungen
- chron. Schmerzzustände
- Tinnitus
- Epilepsie
- Depressionen
- Nächtliches Zähneknirschen (Bruxismus)
- Angstanfälle
- Schlaganfall

Angewandte Biofeedback-Verfahren:

- Respiratorisches oder Atem-Biofeedback
- EMG-Feedback
- Hauttemperatur-Feedback
- Vasomotorisches-Feedback
- Hautwiderstands-Feedback
- Blutdruck-Feedback
- Herzfrequenz-Feedback
- EEG-Feedback

GOÄ Nr.	Kurzlegende	1fach €	2,3fach €
846 analog	Biofeedback-Behandlung-Einzelbehandl. – analog GOÄ Nr. 846 – entspr. GOÄ § 6 (2)[1)] Empfehlung der BÄK – GOÄ Kurztext Nr. 846: Übende Verfahren	8,74	**20,11**
847 analog	Biofeedback-Behandlung-Gruppenbehandl. – analog GOÄ Nr. 847 – entspr. GOÄ § 6 (2)[1)] GOÄ Kurztext Nr. 847: Übende Verfahren in Gruppenbehandlung	2,62	**6,03**

[1)] Bei analogen Leistungen muss – mind. in Kurzform – auch die Original-Leistungslegende angegeben werden.

Abrechnungshinweis: Sowohl für das Atem-Biofeedback als auch für das EMG-Biofeedback wird die Nr. 846 analog angesetzt. Wegen des hohen apparativen Aufwandes erscheint ein höherer Steigerungsfaktor begründbar.

Kunst- und Körpertherapien – auch als ergänzende Therapieverfahren

GOÄ Nr.	Kurzlegende	1fach €	2,3fach €
861 analog	Kunst- u. Körpertherapien – Einzeltherapie – analog GOÄ Nr. 861 – entspr. GOÄ § 6 (2)[1)] GOÄ Kurztext Nr. 861: Tiefenpsychologisch fundierte Psychotherapie, Einzelbehandlung...	40,22	**92,50**
862 analog	Kunst- u. Körpertherapien – Gruppentherapie – analog GOÄ Nr. 862 – entspr. GOÄ § 6 (2)[1)] GOÄ Kurztext Nr. 862: Tiefenpsychologisch fundierte Psychotherapie, Gruppenbehandlung...	20,11	**46,25**

GOÄ Nr.	Kurzlegende	1fach €	2,3fach €
846 analog	Kunst- und Körpertherapien auch als ergänzende Therapieverfahren – Einzeltherapie – analog GOÄ Nr. 846 – entspr. GOÄ § 6 (2)[1)] Empfehlung der BÄK – GOÄ Kurztext Nr. 846: Übende Verfahren	8,74	**20,11**
847 analog	Kunst- u. Körpertherapien – Gruppentherapie – analog GOÄ Nr. 847 – entspr. GOÄ § 6 (2) GOÄ Kurztext Nr. 847: Übende Verfahren in Gruppenbehandlung	2,62	**6,03**

[1)] Bei analogen Leistungen muss – mind. in Kurzform – auch die Original-Leistungslegende angegeben werden.

Verhaltenstherapie bei Flugangst

GOÄ Nr.	Kurzlegende	1fach €	2,3fach €
849 analog	Übende Verfahren bei Flugangst (mind. 20 Min.) – analog GOÄ Nr. 849 – entspr. GOÄ § 6 (2)[1)] GOÄ Kurztext Nr. 849: Psychotherapeutische Behandlung....	13,41	**30,83**
870	Verhaltenstherapie bei Flugangst, Einzelbehandlung mind. 50 Min.	43,72	**100,55**
871	Verhaltenstherapie bei Flugangst, Gruppentherapie mind. 50 Min.	8,74	**20,11**

[1)] Bei analogen Leistungen muss – mind. in Kurzform – auch die Original-Leistungslegende angegeben werden.

Radiologie

Was bietet die Fachgruppe als IGeL-Leistungen an?

- **Arterosklerose-Check-Up**: MR-Angiographie zur frühzeitigen Erkennung eventueller Arterosklerose-Anzeichen
- **Brust-Implantat-Diagnostik** mit MR-Mammographie
- **Brustkrebsvorsorge:** Röntgen-Mammographie, Ultraschall, MR-Mammographie
- **Blutgefäße – Doppler-Untersuchungen** z. B. Extremitäten, Halsschlagader, Hirngefäße
- **demenzieller Erkrankungen:** Funktionelles MRT zur Früherkennung
- **Ganzkörper-MRT**: zur frühzeitigen Erkennung von Problemen in Gehirn, Knochen und inneren Organen
- **Lungenkrebsvorsorge**: Lungenscreening zum Ausschluss eines Lungentumors
- **Osteoporosecheck**: Knochendichtemessung zur Früherkennung von Osteoporose
- **Schlaganfallprophylaxe**: MRT des Kopfes ohne Bestrahlung zur Verminderung des Schlaganfallrisikos
- **Ultraschall-Check-up:** z.B.: der abdominalen Organe, der Nieren, der Schilddrüse, Prostata

Radiologen können von GKV-Patienten gemäß Bundesmantelvertrag (BMV) nur auf Überweisung eines anderen Vertragsarztes in Anspruch genommen werden. Vereinzelt kommen aber auch Patienten direkt zum Radiologen, um bestimmte Wunschleistungen zu verlangen z.B.

- Früherkennung Osteoporose (Knochendichtemessung)
- auf Patientenwunsch eine präventive oder (Befund) kontrollierende
  - Mammographie
  - Sonographie
  - kernspintomographische Untersuchungen der Mamma
- Errechnung des wahrscheinlichen Größenwachstums anhand von Röntgenbildern bei nicht pathologischem Minder- oder Riesenwuchs

Alle nachfolgend aufgeführten Untersuchungen sind als Wunschleistungen des Patienten/der Patientin (IGeL-Leistungen) ohne einen aktuellen Krankheitsverdacht aufzufassen. Die Herausgeber haben die Informationen einzelner Radiologen oder radiologischer Klinikabteilungen aus dem Internet an ihre Patienten nachfolgend dargestellt:

Die **Radiologische Abteilung der Universität Freiburg** biete im Internet (http://www.uniklinik-freiburg.de/roentgen/live/patientenversorgung/igel.html) folgende IGeL-Leistungen an:

- CT-Colonoskopie – die „virtuelle" Darmspiegelung durch eine Computertomographie
- Computertomographie des Herzens – eine Untersuchung der Herzkranzgefäße (ähnlich wie beim Herzkatheter) im Computertomographen
- Kernspintomographie des Herzens – Darstellung der Herzwandbeweglichkeit, Herzfunktion und von Herzfehlern im Kernspintomographen
- Uterusmyom-Embolisation – schonende Verödung von blutenden Geschwülsten der Gebärmutter in der Angiographie

---

Eine radiologische Praxis aus Reutlingen informiert im Internet (http://www.radiologie-im-kronprinzenbau.de/igel-angebote)

Unsere IGeL-Angebote:

- MR-Mammographie
- Ganzkörper-MRT inklusive MR-Angiographie
- Krebs-Vorsorge-Pakete
- Stroke-Vorsorge inklusive Diffusionsbildgebung und Gefäßdarstellung
- Herz-, Myocardszintigraphie mit SPECT
- Prostatauntersuchungen
- gynäkologische Bildgebung

Das **Radiologen Wirtschaftsforum – Informationsdienst für niedergelassene Radiologen** (http://www.radiologen-foren.de/rwf/node/856) Ausgabe 07/2012 berichtet und rät:

...„MRM als IGeL

Mit der Aufklärung darüber, dass die MRM nur in Ausnahmefällen bei bestimmten Indikationen GKV-Leistung ist, kann der Radiologe das Angebot verbinden, diese Leistung gegen Privatliquidation als

IGeL zu erbringen. Da die MRM als IGeL mit Abrechnung nach der GOÄ für die Patientin mit erheblichen Kosten verbunden ist, ist es besonders wichtig, diese vorab entsprechend zu informieren. Entschließt sie sich dann zur Durchführung der MRM als IGeL, sollte der Radiologe unbedingt vorab einen schriftlichen Behandlungsvertrag abschließen.
In diesem sind auch die voraussichtlichen Kosten der Untersuchung anzugeben – am besten mit Benennung der zur Abrechnung gelangenden GOÄ-Positionen mit Steigerungsfaktor und Endbetrag. Der schriftliche Behandlungsvertrag sollte ausdrücklich auch den Hinweis enthalten, dass die MRM auf Wunsch der Patientin als IGeL erbracht wird und dass die Gesetzlichen Krankenkassen nicht verpflichtet sind, die anfallenden Kosten zu erstatten.
Um langwierigen Erörterungen vorzubeugen, empfiehlt es sich – und so handhaben es viele Radiologen – eine schriftliche Aufklärung zur Durchführung der MRM als IGeL vorzubereiten und diese den betroffenen Patientinnen auszuhändigen.
Nach der GOÄ kann die MRM zum Beispiel mit der Kombination folgender Positionen abgerechnet werden:

Beispiel: MRM-Abrechnung	
GOÄ Nr. 5721	MRT der Mamma(e)
GOÄ Nr. 5731	Ergänzende Serie(n) nach KM
GOÄ Nr. 5733	Zuschlag für computergesteuerte Analyse
GOÄ Nrn. 344/346	KM-Gabe iv/mittels Hochdruckinjektion

Da die Patientin auch die Kosten für das eingesetzte Kontrastmittel tragen muss, sollten diese ebenfalls vorab benannt werden. Für die MRM werden gadoliumhaltige KM eingesetzt, wobei nur solche verwendet werden dürfen, die für die Indikation MRM zugelassen sind. Die Kosten betragen, abhängig vom Körpergewicht der Patientin, etwa 50 bis 80 Euro. ..“

Ganz ausführlich informiert **radprax Gesellschaft für Medizinische Versorgungszentren mbH** (http://www.radprax.de/radprax-leistungen/igel/dok/217.php), ein Verbund von Praxen für Radiologie, Nuklearmedizin und Strahlentherapie mit teilweise mehreren Praxen in Wuppertal, Solingen, Hilden, Münster, Düsseldorf und Arnsberg – über radiologische IGeL-Leistungen. Dem Patienten werden zu den Leistungen jeweils erläuternde pdf-Dateien angeboten (Ausschnitte):

...„Untersuchungen Herz und Gefäße

- Ganzkörper MR-Angiographie
- MRT des Herzens/Vitalitätsprüfung des Herzmuskels
- Hochauflösende Sonographie und Farbduplex-Sonographie der hirnversorgenden Gefäße (Doppler HVG)
- CT der Herzkranzgefäße nativ mit Kalkbestimmung (Kalkscore)
- CT- Koronarangiographie
- Computertomographie (CT) der Herzkranzgefäße nativ mit Kalkbestimmung (Kalkscore)/Darstellung der Herzkranzgefäße (CT-Koronarangiographie)
- Koronarkalkbestimmung am Herzen (Kalkscore)

Untersuchungen Dickdarm

- Virtuelle Koloskopie – Computertomographie des Dickdarms

Untersuchungen Frauen

Sinnvoll bei familiärer Belastung und unklaren Befunden in der Mammographie und im Sonogramm, Ausbreitungsdiagnostik vor Therapie.

- Magnetresonanz-Mammographie (MRM)

Untersuchungen Männer

Sinnvoll bei familiärer Belastung und unklarer PSA-Erhöhung trotz negativer Biopsie, Rezidivverdacht nach Therapie

- MRT Prostata mit DWI und MRS (
- PET Cholin (Prostatadiagnostik bei V.a. Rezidiv)
- PET-CT Cholin (Prostatadiagnostik bei V.a. Rezidiv)

Das Prostatacarcinom ist inzwischen der häufigste bösartige Tumor des Mannes. Weitverbreitetes Screening mit dem Prostataspezifischen Antigen (PSA) hat eine deutliche Verbesserung in der Diagnostik des Prostatakrebses bewirkt. Dabei hat insbesondere auch der Anteil von entdeckten frühen Stadien zugenommen, die Rate an fortgeschrittenen Stadien abgenommen. Wie bei anderen Screening-Verfahren besteht aber das Problem, dass auch Krebsarten entdeckt werden, die dem betroffenen Patienten bei Nichterkennung keine Probleme bereitet hätten. Zudem ist das PSA zwar prostataspezifisch, aber nicht tumorspezifisch, so dass bei einem erhöhten PSA-Wert nicht immer ein Krebs vorliegt. Auch die ultraschallgezielte Biopsie hat falsch negative Ergebnisse. Die moderne Diagnostik mit MRT und PET-CT kann hier in vielen Fällen dem betroffenen Patienten weiterhelfen.

- Bei primär negativer Stanze sowie erhöhtem Risiko besonders für einen Krebs in jüngeren Jahren, der häufig aggressiv ist, hilft die MRT im Ausschluss oder im Nachweis verdächtiger Areale, die dann mit der Biopsie gezielter untersucht werden können.
- Zusätzliche MR-Verfahren wie die MR-Spektroskopie, die MR-Diffusion und die dynamische Perfusionsmessung erhöhen die diagnostische Sicherheit und geben auch einen Hinweis darauf, wie aggressiv der Tumor ist.
- Die MRT eignet sich gut zur Ausbreitungsdiagnostik („Staging") bei nachgewiesenem Krebs, um die individuell beste Therapie für den Patienten wählen zu können.
- Die MRT ist das Verfahren der Wahl in der Verlaufskontrolle bei den Patienten, wo zunächst keine Therapie notwendig erscheint („active surveillance").
- Das PET-CT mit Cholin ist das zurzeit beste Verfahren bei erneut ansteigendem PSA („PSA-Rezidiv") nach Therapie, wenn andere Verfahren wie Ultraschall und MRT noch normal sind.
- radprax bietet alle obengenannten diagnostischen Verfahren mittels MRT, Ultraschall und PET-CT an. Dabei sind die MR-Spektroskopie und das PET-CT keine Leistungen der gesetzlichen Krankenversicherung, so dass radprax diese Untersuchungen als Individuelle Gesundheits-Leistungen (IGeL) anbietet.

Untersuchungen Krebs

Sinnvoll bei langjährigen Rauchern und unklarem Brustschmerz sowie bei familiärer Vorbelastung:

- Computertomographie der Lunge in Low-Dose Technik (CT in Niedrigdosis) zur Früherkennung von Lungenkrebs

Sinnvoll bei Krebsverdacht und zur Ausbreitungsdiagnostik bei Krebs:

- PET Ganzkörper (Tumordiagnostik)
- PET-CT Ganzkörper (Tumordiagnostik)

Untersuchungen Osteoporose

- CT Knochendichtemessung (Osteodensitometrie)

Sonstige Untersuchungen

- DentaScan zur Implantatplanung
- Ganzkörper MRT
- MR-Spektroskopie des Gehirns

Patienten vor Überweisung über die Kosten informieren

Ein Arzt, der seine Patienten im Rahmen von IGeL-Leistungen zum Radiologen überweist, muss den Patienten auf die zu erwartenden (durchaus erheblichen) Kosten hinweisen. Eine radiologische Praxis informiert Patienten über die Kosten einiger ihrer Leistungen:

> ... „Die anfallenden Kosten entsprechen dem einfachen Abrechnungssatz der Gebührenordnung für Ärzte. Sie betragen für:
> - Herzinfarktvorsorge mit Befundgespräch 480,– Euro
> - Schlaganfallprophylaxe (Angiographie und Hirnuntersuchung) 350,– Euro
> - Gefäßvorsorge (z. B. Bein) 350,– Euro
> - Krebsfrüherkennungsprophylaxe (z. B. Brust, Prostata) 380,– Euro
> - Separate Kontrastmitteleinbringung 60,– Euro ..."

Indikationen für die MRM als GKV-Leistung

Das **Radiologen WirtschaftsForum** Ausgabe 7/2012 (http://www.radiologen-foren.de/rwf/node/856) informiert zum Problem der Abrechnung:

... „Der Gemeinsame Bundesausschuss (G-BA) hat die MRM in die Richtlinien „Methoden vertragsärztliche Versorgung" in die Anlage 1 „Anerkannte Untersuchungs- oder Behandlungsmethoden" aufgenommen. Die in der Anlage 1 festgelegten Indikationen wurden in die Leistungslegende zu Nr. 34431 übernommen. MRM sind demnach zulasten der GKV nur berechnungsfähig

- zum Rezidivausschluss (frühestens sechs Monate nach der Operation oder zwölf Monate nach Beendigung der Bestrahlungstherapie) eines histologisch gesicherten Mammakarzinoms nach brusterhaltender Therapie,
- nach Wiederaufbauplastik für den Fall, dass eine vorausgegangene mammographische und sonographische Untersuchung die Dignität des Rezidivverdachtes nicht klären konnte oder
- zur Primärtumorsuche bei axillären Lymphknotenmetastasen, deren histologische Morphologie ein Mammakarzinom nicht ausschließt, wenn ein Primärtumor weder klinisch noch mittels mammographischer und sonographischer Untersuchung dargestellt werden konnte.

Voraussetzung für die MRM ist somit, dass jeweils vorab durch eine Mammographie und Sonographie der Versuch einer weiteren Abklärung durchgeführt wird. Die mammographische bzw. sonographische Untersuchung muss allerdings nicht zwingend durch den Radiologen vorgenommen werden, der die MRM erbringt. Hier können auch die Untersuchungsergebnisse anderer Ärzte als Grundlage für die MRM beigezogen werden.
Paradox: Laut Leistungslegende ist die Nr. 34431 nur für die MRM der weiblichen Brustdrüse berechnungsfähig. Streng genommen können somit die sehr seltenen Fälle eines Mamma-CA bei Männern nicht dieser Untersuchung zugeführt werden. Das sollte aber niemanden davon abhalten, bei entsprechender Indikation dennoch die Nr. 34441 bei Männern abzurechnen. In der Regel gibt es dann keine Erstattungsprobleme. ...

Radiologen können von GKV-Patienten gemäß Bundesmantelvertrag (BMV) nur auf Überweisung eines anderen Vertragsarztes in Anspruch genommen werden. Selten kommen Patienten direkt zum Radiologen, um bestimmte Wunschleistungen zu verlangen.
Um späteren Problemen bei der Abrechnung zu entgehen, sollte der Radiologe stets prüfen, ob der Patient die Untersuchung zur Abklärung einer Erkrankung wünscht und, wenn dies der Fall ist, daraufhin weisen, dass die Untersuchung ggf. auf Überweisung durch einen anderen Vertragsarzt (z. B.Hausarzt, Internisten, Gynäkologen) als Kassenleistung erfolgen könnte. Möglicherweise ist eine telefonische Rücksprache mit dem behandelnden Arzt sinnvoll und erbringt die erforderliche Überweisung.
Werden vom Patienten Wunschuntersuchungen erbeten oder mit einem Überweisungsschein radiologische Untersuchungen verlangt, die nicht als vertragsärztliche Leistungen berechnungsfähig sind – z. B. eine MRT-Untersuchung der Herzkranzgefäße – muss der Patient aufgeklärt werden, dass die erwünschte Untersuchung nur gegen Privatliquidation (als IGEL-Leistung) erfolgen kann. Mit dem Patienten sollte dann ein entsprechender Vertrag geschlossenen werden, der deutlich macht, dass es sich um eine **Wunschleistung** auf **eigene Kosten des Patienten** handelt und nicht um eine GKV-Leistung. Ferner sollten im Vertrag die **verabredeten Leistungen und die Kosten nach GOÄ mit Steigerungssätzen** angegeben sein.

Ultraschall-Check-up

GOÄ Nr.	Kurzlegende	1fach €	*1,8/ 2,3fach €
1	Beratung	4,66	**10,72**
5	körperliche Untersuchung (Tastbefund)	4,66	**10,73**
410	Ultraschalluntersuchung eines Organs	25,64	**26,81**
420	Ultraschalluntersuchung bis zu 3 weiteren Organen -**je Organ**	4,66	**16,32**

Urologie

Was bietet die Fachgruppe als IGeL-Leistungen an?

- Behandlung von Erektionsstörungen
- Fruchtbarkeits-Check für ihn
- Hormonbestimmung (Spermiogramm)
- Krebsfrüherkennung Nieren und Blase für die Frau
- Krebsfrüherkennung Nieren, Blase, Prostata und Hoden für den Mann
- Labor-Wunschleistungen (PSA-Analyse, Kontrolle des Urins auf bösartige Zellen
- Prostata-Check mit PSA-Test zur Früherkennung
- Sterilisation – ambulante Vasektomie in Lokalanästhesie oder Kurznarkose
- Fruchtbarkeitscheck ohne Krankheitshinweis
- Behandlung „alternder Mann", Androgenmangelsyndrom
- Wiederherstellung der Zeugungsfähigkeit nach Sterilisation durch mikrochirurgische Operation (Mikrochirurgische Vaso-Vasoneostomie)?

Intimästhetische/Intimchirurgische Leistungen für den Mann werden von Urologen und verstärkt von Plastischen Chirurgen angeboten, u. a.:

- Hodenprothese
- Hodenstraffung
- Penisverlängerung
- Penisverdickung
- Penisverkrümmung
- Penisverlängerung
- Phimosebehandlung/Beschneidung/Zirkumzision
- Sterilisation
- Versteckter Penis

Andrologische Diagnostik ohne Hinweis auf Vorliegen einer Sterilität oder nach Sterilisation

GOÄ Nr.	Kurzlegende	1fach €	2,3fach €
3	Eingeh. Beratung (mind. 10 Min.) – nicht neben Sonderleistungen	**8,74**	**20,11**
6	Nieren, harnableitende Wege und männliche Genitalorgane	5,83	**13,41**
	Labor	**1fach €**	**1,15fach €**
3667*	Spermienzahl, Motilitätsbeurteilung, mikroskopisch	4,08	**4,69**
3668*	Spermiogramm	23,32	**26,81**

Erektile Dysfunktion

GOÄ Nr.	Kurzlegende	1fach €	*1,8/ 2,3fach €
3	Eingeh. Beratung (mind. 10 Min.) – nicht neben Sonderleistungen	**8,74**	**20,11**
643* analog	Nicht direktionale Untersuchungen der Penisgefäße u./o. Skrotalfächer – analog GOÄ Nr. 643* – entspr. GOÄ § 6 (2)[1)] GOÄ Kurztext Nr. 643: Periphere Arterien- bzw. Venendruck-und/oder Strömungsmessung	**7,00**	**12,59**
1754	Direktionale Doppler-Sonographie der Penisgefäße u./o. Skrotalfächer	**10,49**	**24,13**
250*	Blutentnahme venös	2,33	**4,20**
	Labor	**1fach €**	**1,15fach €**
4042	Testosteron*	20,40	**23,46**

[1)] Bei analogen Leistungen muss – mind. in Kurzform – auch die Original-Leistungslegende angegeben werden.

Sexualberatung

GOÄ Nr.	Kurzlegende	1fach €	*1,8/ 2,3fach €
31 analog	Ausführliche Sexualanamnese (30 Minuten), n. n. Nr. 34 – analog GOÄ Nr. 31 – entspr. GOÄ § 6 (2)[1)]	26,23	**60,33**
7	Organsystemuntersuchung	9,33	**21,45**
34	Beratung Lebensveränderung, n. n. Nr. A 31	8,74	**20,11**
250*	Blutentnahme venös	2,33	**4,20**
	Labor	**1fach €**	**1,15fach €**
3908 H3*	PSA	17,49	**20,11**
3765*	Sexualhormonbindendes Globulin*	26,23	**30,16**
4021*	FSH*	14,57	**16,76**
4039*	Ötradiol*	20,40	**23,46**
4042*	Testosteron*	20,40	**23,46**

1) Bei analogen Leistungen muss – mind. in Kurzform – auch die Original-Leistungslegende angegeben werden.
* Untersuchungen aus Laborkapitel M III kann nur der Arzt abrechnen, der diese Leistungen selber erbracht hat.

Sterilisation des Mannes

GOÄ Nr.	Kurzlegende	1fach €	2,3fach €
3	Eingehende Beratung (mind. 10 Min.) – nicht neben Sonderleistungen	8,74	**20,11**
6	Nieren, harnableitende Wege und männliche Genitalorgane	5,83	**13,41**
1756	Unterbindung beider Samenleiter – auch mit Teilresktion	48,50	**111,54**

Zusätzlich ggf. praeoperative Diagnostik, Anästhesieleistungen und nach Sterilisation Kontrolluntersuchung (Andrologische Diagnostik mit Spermiogramm)

Vorhautbeschneidung ohne medizinische Indikation

GOÄ Nr.	Kurzlegende	1fach €	2,3fach €
3	Eingehende Beratung (mind. 10 Min.) – nicht neben Sonderleistungen	8,74	**20,11**
5	Symptombezogene Untersuchung	4,66	**10,73**
1741	Vorhautbeschneidung ohne medizinische Indikation	21,57	**49,60**
442	Zuschlag bei amb. Durchführung der Leistung nach Nr. 1741 – nur 1fach berechenbar	23,32	**–**

Siehe auch **Vorsorge und Prävention: Prostatakarzinom** Seite 726.

F. Hinweise auf einige „Alternative Verfahren“ mit Indikationen und Abrechnungsbeispielen

Wichtig:

Bei den Abrechnungstipps in diesem Kapitel finden Sie viele analoge Ansätze (mit – **analog** – gekennzeichnet), da die Originalleistungen in der GOÄ nicht aufgeführt sind.

Bei all diesen analogen Leistungen finden Sie stets den Hinweis „entsprechend GOÄ § 6 (2)“, der auch in Ihrer Honorarabrechnung für den Patienten erscheinen muss.
Die analoge Leistung kann in Kurzfassung beschrieben werden. Zusätzlich muss – dies ist auch in Kurzform gestattet – die original Leistungslegende der GOÄ Leistung aufgeführt werden, damit der Patient die Gleichwertigkeit prüfen kann.

Die klassischen Naturheilverfahren und die sogenannten Alternativen oder Komplementären Verfahrenen sind in den letzten Jahren um viele verschiedene neue Therapien erweitert worden, von denen zahlreiche einer augenblicklichen „Modeerscheinung“ unterliegen. Eine Strukturierung der Alternativen Verfahren ist bisher nicht gelungen.
Kurz: Es findet sich ein „alternativer“ Irrgarten für Laien und auch für Mediziner. Das Heft 9 aus der Reihe „Gesundheitsberichterstattung des Bundes“ zeigt diese Begriffsvielfalt alternativer Therapie und Diagnoseverfahren:

- Alternative Medizin, alternative Heilmethoden
- Außenseitermethoden/-medizin, nicht etablierte Medizin, Paramedizin
- Besondere Therapieausrichtungen
- Erfahrungsheilkunde, Erfahrungsmedizin
- Ganzheitsmedizin, holistische Medizin
- Komplementärmedizin, Komplementär- und Alternativmedizin (englisch: Comple-mentary and Alternative Medicine = CAM)
- Naturheilverfahren, (klassische) Naturheilkunde, naturgemäße Heilweisen
- Neue Untersuchungs- und Behandlungsmethoden (NUB)
- Nicht anerkannte Behandlungsmethoden
- Sanfte Medizin, Grüne Medizin, Biologische Medizin
- Scharlatanerie, Quacksalberei
- Unkonventionelle Untersuchungs- und Behandlungsmethoden (UUB), Unkonventionelle Medizinische Richtungen (UMB)
- Volksmedizin, Traditionelle Medizin, Ethnormedizin

Nach den Autoren des Gesundheitsberichtes (www.gbe-bund.de) scheint sich der Begriff *Komplementärmedizin, Komplementär- und Alternativmedizin (Complementary and Alternative Medicine)* international durchzusetzen. Die klassischen Naturheilverfahren und die phytotherapeutischen Verfahren nehmen eine Sonderstellung ein und werden durchaus zur Schulmedizin gezählt, da sie auch in der universitären Ausbildung einbezogen sind.

Wer mit Alternativen Verfahren in der Praxis arbeitet, der findet in einem weiteren Buch der Autoren zahlreiche zusätzliche Informationen und Abrechnungsbeispiele
Hermanns, P.M. – Dr. Heimer-Lang
Alternative Medizin
Elsevier Verlag, München

Im Buch werden die aufgeführten Methoden/Verfahren kurz erläutert und die entsprechenden Indikationen – entnommen meist den Übersichten der Fachgesellschaften im Internet – genannt. Einzelne Methoden unterliegen sicher einem augenblicklichen „Modetrend“.
Die Hinweise zur Abrechnung diagnostischer und therapeutischer Verfahren wurden nach dem Alphabet gegliedert.
Ein spezielles Stichwortverzeichnis listet nur die aufgenommenen Leistungen der Alternativen-/Komplementären Medizin auf und dient dem schnellen Auffinden einzelner Leistungen.

Alternative/Komplementäre Medizin stark im Aufwind

Behandlungsformen der Naturheilkunde, der Homöopathie, die Osteopathie und die Akupunktur werden in den letzten Jahren von Patienten immer stärker nachgefragt und in einen Gegensatz zur angeblich für den Körper oft zu „aggressiven" Schulmedizin gebracht.

Auch die gesetzlichen Krankenkassen (GKV) haben den Trend ihrer Versicherten zur Alternativen Medizin bemerkt und nutzen ihn. Erstens können in einigen Fällen mit Naturheilverfahren Kosten gespart werden und zweitens ist es für eine GKV- oder PKV-Krankenkasse sehr werbewirksam, diese Leistungen anzubieten und auch zu erstatten. Immer häufiger bieten auch GKV-Kassen die Abrechnung von alternativen Verfahren an, obwohl diese im EBM nicht aufgeführt sind.

Der Arzt sollte seinen Patient, der Alternative Medizin wünscht, anregen, sich bei seiner jeweiligen GKV-Kasse zu informieren, welche Leistungen er von seiner Kasse erwarten kann und welche sein Arzt als GKV-Leistung abrechnen darf.

Das Angebot an diesen Behandlungsverfahren hat auch von der Anbieterseite – den Ärzten in Praxis und Klinik – stark zugenommen. Ein Grund dafür ist sicher die Unzufriedenheit der Vertragsärzte mit der Honorierung ihrer Leistungen für GKV-Patienten und die Möglichkeit, die Leistungen der Alternativen oder Komplementären Medizin nach der lukrativeren Gebührenordnung GOÄ abzurechnen und es geht auch darum, die Patienten, die zum Heilpraktiker gehen, wieder in die ärztliche Praxis zurück zuholen.

Alternative Medizin in der Kritik

Ähnlich wie die IGel Leistungen sind aber – trotz des grossen Zustromes an Patienten in die Praxen – Leistungen der Alternativen Medizin in der Diskussion in Publikums- und Medizinischen Medien und dies meist nicht positiv.

Während die Kritik am IGeL meist auf den Tenor hinausläuft „mit IGeL-Leistungen wolle der Arzt nur verdienen, denn viele angebotene Leistungen seien gar nicht sinnvoll oder nötig" wird von wissenschaftlicher Seite bei der Alternativen Medizin kritisiert, dass viele dieser Anwendungen keinen belegbaren medizinischen Nutzen erbringen. Alle Verfahren werden sich auf Dauer einer Diskussion über ihre medizinische Seriosität gefallen lassen müssen.

Eine Sonderstellung in dieser Begriffsvielfalt nehmen die klassischen Naturheilverfahren und die phytotherapeutischen Verfahren ein, die für sich genommen durchaus als Bestandteil der „Schulmedizin" verstanden werden können und in der universitären Ausbildung Berücksichtigung finden.

Dennoch werden auch diese Verfahren aus den unterschiedlichen Perspektiven der Akteure des Gesundheitswesen (u. a. Arzt, Patient, Öffentlichkeit, Wissenschaft) und damit aus den unterschiedlichsten Gründen häufig dem Bereich der Alternativmedizin zugeordnet oder sogar gleichgesetzt.

Weiterbildung und Fortbildung in der Alternativen Medizin/Komplementären Medizin

Die für die jeweilige Weiterbildung zu einer Zusatzbezeichnung erforderlichen Strukturen und Lernziele sind von der Bundesärztekammer definiert. In der Regel werden diese Kriterien von den Landesärztekammern übernommen und Kurse und Prüfungen sind mit dem Text versehen: „Nach den Richtlinien zur (Muster-)Weiterbildungsordnung der Bundesärztekammer". Nach bestandener kammerinterner Prüfung erteilen die Landesärztekammern die Zusatzbezeichnung.

Diese Zusatzbezeichnungen dürfen nur zusammen mit der Bezeichnung „Arzt", „Praktischer Arzt" oder entsprechenden Facharztbezeichnungen geführt werden.

Die erforderlichen Informationen erhalten Sie von Ihrer zuständigen Landesärztekammer.Von den Ärztekammern sind für die folgenden Methoden der Alternativen-/Komplementären Medizin Weiterbildungsvorschriften festgelegt worden:

- Akupunktur
- Chirotherapie
- Homöopathie
- Naturheilverfahren

Nach bestandenem Abschluss der Weiterbildung darf der Arzt als Qualifikationsnachweis die jeweilige erworbene ärztliche Zusatzbezeichnung tragen und auf Rezepten und Praxisschild deutlich machen. Dieser Qualifikationsnachweis ist in vielen Fällen die Voraussetzung für das Erbringen und Abrechnen mit den Krankenkassen.

Abrechnung Alternativer Medizin nach EBM

Bei den GKV-Leistungen sind **Behandlungsmethoden, Arznei- und Heilmittel der besonderen Therapierichtungen** keineswegs gänzlich ausgeschlossen, vgl. § 2 Abs.1 SGB V. Dazu zählen u. a.

- die Homöopathie,
- die Phytotherapie,
- die anthroposophische Medizin.

Im Gesetz ist klargestellt, dass auch Verfahren der Alternativen Medizin bei der Behandlung von GKV-Patienten zum Leistungsumfang der gesetzlichen Krankenkassen gehören. Und hinzu kommt: Sie sind nicht generell nachrangig in dem Sinne, dass sie nur zulässig sind, wenn Methoden der Schulmedizin nicht zur Verfügung stehen.
Schon seit Jahren zahlen die GKV-Krankenkassen – teilweise im Rahmen von Vereinbarungen zwischen einzelnen Kassen und regionalen Kassenärztlichen Vereinigungen – für von ihnen anerkannte Methoden der alternativen Medizin z. B.:

- Akupunktur (z.Zt. mit 2 Leistungspositionen im EBM aufgenommen)
- Anthroposophische Arzneitherapie
- Bewegungstherapie, z. B. Krankengymnastik
- Chirotherapie
- Entspannungstherapie
- Homöopathie
- Kneipp-Therapie
- Massagen
- Naturheilverfahren
- Physikalische Therapie

Eine Kostenübernahme von Untersuchungs- oder Behandlungsmethoden, die nicht zum Leistungskatalog der gesetzlichen Krankenkassen gehören, ist nur in einem sehr eng begrenzten Rahmen möglich.
Die GKV-Kassen erstatten kaum die Kosten für alternative Heilmethoden. Leistungen wie z. B. Eigenblut- oder Magnetfeldtherapie sind von der Erstattung ausgeschlossen.
Allerdings ist die GKV verpflichtet, alternative Behandlungen bei Schwerstkranken zu finanzieren, wenn andere klassische Methoden nicht helfen können. Hierzu gibt es entsprechende Rechtsprechung.
So führt das Bundesverfassungsgericht in einer Entscheidung aus dem Jahre 2005 aus

> „... Es ist daher mit Art 2 Abs, 1 Grundgesetz in Verbindung mit dem Sozialstaatsprinzip nicht vereinbar, wenn ein Patient, der an einer lebensbedrohlichen oder sogar tödlichen Erkrankung leidet, für die es eine schulmedizinische Behandlung nicht gibt, von der Leistung einer bestimmten Behandlungsmethode durch die Kasse ausgeschlossen werde und daher die Kosten privat bezahlen müsse.
> Eine Kostentragungspflicht der GKV besteht aber nur dann, wenn die strittige Behandlung eine nicht ganz fern liegende Aussicht auf Heilung oder eine spürbar positive Einwirkung auf den Krankheitsverlauf verspricht. Dabei müssen zumindest Indizien vorhanden sein, die diese Aussicht stützen.
> Hinweise auf einen solchen Zusammenhang können sich aus dem Gesundheitszustand des Patienten im Vergleich mit dem Zustand anderer Patienten ergeben, die in gleicher Weise erkrankt sind. Von Bedeutung ist auch die fachliche Einschätzung der Wirksamkeit der Methode durch die behandelnden Ärzte...“
>
> **Aktenzeichen:** Bundesverfassungsgericht, Beschluss vom 06.12.2005, AZ: 1 BvR 347/98)
> **Entscheidungsjahr:** 2005

Vereinzelt bieten in ihrer Mitglieder-Werbung GKV-Kassen durchaus Leistungen aus dem Bereich Alternativer Heilmethoden an, freiwillig, unter Beachtung des Gebotes der Wirtschaftlichkeit. Immer wieder bringen Zeitschriften im Rahmen von Leistungstests der GKV-Kassen Übersichten über die jeweiligen Zusatzangebote der Kassen im Bereich Alternativer Heilverfahren.

1. Akupunktur – Moxibustion – QiGong

Akupunktur ist inzwischen teilweise Kassenleistung. Patienten die im Rahmen der GKV versichert sind, haben seit 2006 bei

- chronische Schmerzen der LWS
- chronische Schmerzen eines oder beider Knie

einen bedingten Anspruch auf Akupunktur als Kassenleistung.

EBM Nr.	Kurzlegende	Pkte.	Euro
30790	**Eingangsdiagnostik und Abschlussunters. zur Behandlung mittels Körperakupunktur** gemäß den Qualitätssicherungsvereinbarungen nach § 135 Abs. 2 SGB V bei folgenden Indikationen: chronische Schmerzen der Lendenwirbelsäule, und/oder chronische Schmerzen eines oder beider Kniegelenke durch Gonarthrose	470	47,00
30791	**Durchführung einer Körperakupunktur und ggf. Revision des Therapieplans –** bei folgenden Indikationen: chronische Schmerzen der Lendenwirbelsäule, und/oder chronische Schmerzen eines oder beider Kniegelenke durch Gonarthrose	212	21,20

Von der Akupunktur als Regelleistung der GKV-Krankenkassen kann jedoch **nicht** gesprochen werden. Anders als in der privaten Krankenversicherung (PKV), wo die Akupunktur meist als Einzelleistung versichert ist, müssen Kassenpatienten also weitere Voraussetzungen erfüllen.

Indikationen

Nach Empfehlung einer von der WHO beauftragten internationalen Expertenkomission (Bannerman R H 1979 Acupuncture: the WHO View. World Health, December, p27–28.) wurden folgende Akupunkturindikationen festgelegt:

Respirationstrakt:
akute Sinusitis, akute Rhinitis, allgemeine Erkältungskrankheiten, akute Tonsillitis

Bronchopulmonale Erkrankungen:
akute Bronchitis, Asthma bronchiale

Augenerkrankungen:
akute Konjunktivitis, zentrale Rhinitis, Kurzsichtigkeit bei Kindern, Katarakt ohne Komplikationen

Erkrankungen der Mundhöhle:
Zahnschmerzen, Schmerzen nach Zahnextraktion, Gingivitis, akute und chronische Rachenentzündung

Gastrointestinale Erkrankungen:
Ösophagus- und Kardiospasmen, Schluckauf, Magensenkung, akute und chronische Magenschleinhautentzündung, Übersäuerung des Magens, chronisches Zwölffingerdarmgeschwür, akute und chronische Dickdarmentzündung, akute bakterielle Darmentzündung, Verstopfung, Durchfall, Darmlähmung

Neurologische und orthopädische Erkrankungen:
Kopfschmerzen, Migräne, Trigeminusneuralgie, Fazialisparese, Lähmungen nach Schlaganfall, Nervenentzündungen, Poliomyelitislähmung, Morbus Menière, Neurogene Blasendysfunktion, Enuresis nocturna, Interkostalneuralgie, Schulter-Arm-Syndrom, Periarthritis humeroskapularis, Tennisellenbogen, Ischialgie, Lumbalgie, rheumatoide Arthritis

Akupunktur-Indikationsliste Deutscher Dachverbände und Ärztegesellschaften

Wesentlich ausgedehnter als die WHO-Liste ist die Akupunktur-Indikationsliste der Deutschen Dachverbände und Ärztegesellschaften zur Akupunktur.

Indikationen (nach DÄG*f*A – Deutsche Ärztegesellschaft für Akupunktur – http://www.daegfa.de/patientenportal/Akupunktur.Wo_hilft_Akupunktur.aspx)

Akute und chronische Schmerzen, wie z. B.:
- Kopfschmerzen,
- Rücken- und Gelenkschmerzen,
- Fibromyalgie (Faser-Muskel-Schmerz),
- Tumorschmerzen,
- Schmerzen des Kau- und Zahnsystems.

Erkrankungen des Bewegungssystems, wie z. B.:
- Schmerzen an Hals-, Brust- und Lendenwirbelsäule,
- Bandscheibenvorfall,
- Sehnen- und Gelenkerkrankungen,
- Tennisellenbogen,
- chronische Hüftgelenkschmerzen,
- Kniegelenkschmerzen,
- Karpaltunnel-Syndrom,
- Nachbehandlung von Hüft-, Knie- und Bandscheibenoperationen,
- Arthroseschmerzen.

Neurologische Krankheiten, wie z. B.:
- Migräne,
- Neuralgien,
- Facialisparese (Gesichtslähmung),
- Trigeminusneuralgie,
- Mitbehandlung bei Lähmungen,
- Schlaganfall und Polyneuropathie,
- Schmerzen bei Gürtelrose (Zoster),
- Begleitsymptome von neurologischen Erkrankungen.

Erkrankungen der Atemwege, wie z. B.:
- Asthma,
- Heuschnupfen,
- Bronchitis,
- gehäuft auftretende Erkältungskrankheiten.

Vegetative Störungen, wie z. B.:
- Schlaflosigkeit,
- Erschöpfungssyndrom,
- funktionelle Herzbeschwerden,
- innere Unruhe,
- Blutdruckschwankungen,
- sexuelle Disharmonie,
- Libidostörungen.

Suchtkrankheiten, wie z. B.:
- Beruhigungsmittelabhängigkeit,
- Ess-Sucht,
- Nikotinmissbrauch,
- Alkoholmissbrauch,
- Drogensucht (Linderung der Entzugssymptome).

Erkrankungen des Verdauungssystems, wie z. B.:
- funktionelle Magen-Darm-Störungen,
- Magengeschwüre,
- Magenschleimhautentzündung (Gastritis),
- Verstopfung,
- Reizdarmsyndrom,
- chronische Dickdarmentzündung (Colitis ulcerosa, Morbus Crohn).

Gynäkologische Erkrankungen und Geburtshilfe, wie z. B.:
- Menstruationsschmerzen,
- Zyklusunregelmäßigkeiten,

- Fruchtbarkeitsstörungen,
- Amenorrhoe (Ausbleiben der menstruellen Blutung),
- Endometriose (Wucherung der Gebärmutterschleimhaut),
- Mastopathie (gutartige Veränderungen des Brustdrüsengewebes),
- Wechseljahresbeschwerden,
- Schwangerschaftserbrechen,
- Geburtsvorbereitung.

Hals-, Nasen-, Ohren- und Augenkrankheiten, wie z. B.:
- Sinusitis (Nasennebenhöhlen-Entzündung),
- Tonsillitis (Mandelentzündung),
- Geruchs- und Geschmacksstörungen,
- Hörsturz,
- Tinnitus,
- Schwindel,
- Glaukom,
- Trockenes-Auge-Syndrom.

Hautkrankheiten, wie z. B.:
- Neurodermitis,
- Ekzeme,
- Akne,
- schlecht heilende Wunden.

Allergien, wie z. B.:
- Heuschnupfen,
- Nahrungsmittelallergien,
- allergisches Asthma,
- Sonnenallergie.

Postoperative Situationen, wie z. B.:
- Förderung der Wundheilung,
- Vorbeugen von Entzündungen,
- abschwellende, schmerzlindernde, lymphflussanregende Wirkung.

Sonstige Indikationen, wie z. B.:
- Begleittherapie bei Tumorerkrankungen, z. B. Linderung der Übelkeit bei Chemotherapie,
- Verbesserung des Allgemeinbefindens nach Operation oder Bestrahlung,
- Herpes genitalis und labialis.

In die **GOÄ** von 1996 wurde die Akupunktur nur mit der **Indikationsbeschränkung auf die Schmerztherapie** aufgenommen. Da die Akupunktur nicht nur in der Schmerztherapie Anwendung findet, weitere GOÄ-Ziffern für die Akupunktur aber leider nicht in das Leistungsverzeichnis aufgenommen wurden, müssen **Akupunkturleistungen**, die **außerhalb der schmerztherapeutischen Indikationen stehen**, mit Hilfe von **analogen Ziffern** (Nrn. 269, 269a) gemäß § 6 Absatz 2 der GOÄ abgerechnet werden. In der Rechnung muss der analoge Ansatz angegeben werden.

Abrechnung
Zunehmend verlangen auch die PKV-Kassen Qualitätsvoraussetzungen von den Ärzten für die Vergütung. Vom Berufsverband Deutscher Akupunktur-Ärztinnen und Ärzte (BA) wird als Mindestvoraussetzung ein Nachweis von 140 Ausbildungsstunden in Akupunktur mit praktischen Erfahrungen und einer abschließenden Prüfung bei einer vom BA auch anerkannten ärztlichen Akupunkturgesellschaft gefordert. Diese Qualitätsnorm setzt sich bei den Kostenträgern als Voraussetzung für die Zahlung zunehmend durch.
Wir empfehlen Ihnen daher, in der Liquidation am Ende unter einem neu eingefügten Begriff „Qualifikation zur Akupunktur“ anzugeben, welche Qualifikation Sie haben z. B.:
Qualifikation zur Akupunktur aufgrund des Diploms, Grundleistungsnachweises, Zertifikats etc. der DÄGfA, DAA/AM, DGFAN, FA, SMS, Akupunkturgesellschaft Düsseldorf etc. über einesMindestausbildung von 140 Unterrichtsstunden.
Im **GOÄ-Kommentar von Lang, Schäfer, Stil und Vogt** wird unter den GOÄ-Nummern 269 und 269a auf die unterschiedlichen Methoden hingewiesen:
- **Körperakupunkturbehandlung als Kurzzeittherapie** (Stechen einiger weniger Reaktionspunkte) z. B. bei einem akuten Migräneanfall,

- **Körperakupunkturbehandlung im Sinne der konstitutionellen Therapie** nach spezifischer chinesischer Diagnostik (Setzen der Nadel und deren anschließende Stimulation, Belassen der Nadel etwa 20 Minuten) z. B. bei chronischen Schmerzkrankheiten,
- **Mikrosystemakupunktur im Bereich umschriebener Körperregionen** (z. B. Ohr, Schädel) oder im Sinne der sog. Neunpunktuellen Schmerz- und Organtherapie.
- Die **Akupunkturbehandlung** kann **mit elektrischer Nadelstimulation, Moxibustionsbehandlung** (Erhitzen der Akupunkturnadel) oder Schröpfkopfbehandlung kombiniert werden...

Abrechnung – Akupunktur – Moxibustion – Qi Gong

GOÄ Nr.	Kurzlegende	1fach €	1,8/ 2,3fach €
	Anamnese		
30 analog	Erhebung der Erstanamnese vor Akupunktur mit einer Mindestdauer von einer Stunde, schriftliche Aufzeichnungen – analog GOÄ Nr. 30 – entsprechend GOÄ § 6 (2)[1)]	52,46	**120,65**
31 analog	Erhebung der Folge-Anamnese vor Akupunktur mit einer Mindestdauer von 30 Minuten, schriftliche Aufzeichnungen – analog GOÄ Nr. 31 – entsprechend GOÄ § 6 (2)[1)]	26,23	**60,33**
4 analog	Erhebung derTCM-Fremdanamnese und/oder Unterweisung und Führung – analog GOÄ Nr. 4 – entsprechend GOÄ § 6 (2)[1)]	12,82	**29,49**
	Untersuchung		
5	Symptombez. Untersuchung	4,66	**10,72**
6 analog	Untersuchung Pulse, Zunge, Meridiane – analog GOÄ Nr. 6 – entsprechend GOÄ § 6 (2)[1)]	5,83	**13,41**
7	Untersuchung eines entsprechenden Organsystems: Haut, Stütz- und Bewegungsorgane, Brustorgane, Bauchorgane, weiblicher Genitaltrakt	9,33	**21,45**
8	Ganzkörperstatus	15,16	**34,86**
	Behandlungen		
269	Akupunktur (Nadelstich-Technik) zur Behandlung von Schmerzen je Sitzung	11,66	**26,81**
269a	Akupunktur, (Nadelstich-Technik) mit einer Mindestdauer von 20 Minuten zur Behandlung von Schmerzen, je Sitzung	20,40	**46,92**
269 analog	Akupunktur je Sitzung – analog GOÄ Nr. 269 – entsprechend GOÄ § 6 (2)[1)] z.B. Raucherakkupuntur	11,66	**26,81**
269a analog	Akupunktur, mit einer Mindestdauer von 20 Minuten, je Sitzung – analog GOÄ Nr. 269a – entsprechend GOÄ § 6 (2)[1)] z.B. Raucherakkupuntur	20,40	**46,92**
567* analog	Moxaanwendung (zusätzl. zu Nrn. 269 u. 269a abrechenbar) – analog GOÄ Nr. 567* – entsprechend GOÄ § 6 (2)[1)]	5,30	**9,55**
748 analog	Hautdrainage durch multiple Inzisionen – zusätzl. zu Nr. 747 – analog GOÄ Nr. 748 – entsprechend GOÄ § 6 (2)[1)]	4,43	**10,19**
	Beratung, Therapie, Bericht		
1	Beratung, auch mittels Fernsprecher	4,66	**10,72**
3	Ausgedehnte Beratung – mind. 10 Min. – nicht neben Sonderleistungen	8,74	**20,11**
34	Erörterung – 20 Min.	17,49	**40,22**
78 analog	Erstellung einer individuellen Rezeptur, z. B. zur chinesischen Pharmakotherapie – analog GOÄ Nr. 78 – entsprechend GOÄ § 6 (2)[1)]	10,49	**24,13**
76	Schriftlicher Diätplan, individuell für den einzelnen Patienten ...	4,08	**9,38**
75	Ausführlicher schriftlicher Krankheits- und Befundbericht	7,58	**17,43**

[1)] Bei analogen Leistungen muss – mind. in Kurzform – auch die Original-Leistungslegende angegeben werden.

Weber weist in seinem Buch noch auf weitere Abrechnungsziffern hin:

GOÄ Nr.	Kurzlegende	1fach €	2,3fach €
832 analog	Elektr. Punktdetektion – analog GOÄ Nr. 832 – entsprechend GOÄ § 6 (2)[1]	9,21	**21,18**
271 analog	[2] Moxibustion (ohne Akupunktur) – analog GOÄ Nr. 271 – entspr. GOÄ § 6 (2)[1]	6,99	**16,09**

GOÄ Nr.	Kurzlegende	1fach €	2,3fach €
505* analog	Qi Gong-Atmungsbehandlung – analog GOÄ Nr. 505* – entspr. GOÄ § 6 (2)[1]	4,95	**8,92**
510* analog	Qi Gong – analog GOÄ Nr. 510* – entsprechend GOÄ § 6 (2)[1]	4,08	**7,34**
551* analog	Elektr. Nadelsstimulation – analog GOÄ Nr. 551* – entsprechend GOÄ § 6 (2)[1]	2,80	**5,04**
562* analog	Moxibustion zusätzl. zur Akupunktur – analog GOÄ Nr. 562* – entspr. GOÄ § 6 (2)[1]	2,68	**4,83**
567* analog	Laser Flächenbestrahlung – analog GOÄ Nr. 567* – entsprechend GOÄ § 6 (2)[1]	5,30	**9,55**
536* analog	[3] Moxibustion, je Sitzung – analog GOÄ Nr. 536* – entsprechend GOÄ § 6 (2)[1]	2,97	**5,35**

[1] Bei analogen Leistungen muss – mind. in Kurzform – auch die Original-Leistungslegende angegeben werden.
[2] **Fuchs** schlägt im Gegensatz dazu für die Moxibustion ohne Akupunktur den analogen Ansatz der GOÄ Nr. 538 vor. 2) Abrechnungsempfehlung der Hufeland-Gesellschaft
[3] **Brück** kommentiert: ... *Bei alleiniger Moxibustion kann Nr. 269 bzw. 269a analog angesetzt werden.*

Auslagen: Nach GOÄ § 10 können Einmalakupunktur-Nadeln berechnet werden.

2. Ayurveda

Ayurveda (Ayur = Leben, oder Lebensspanne, Veda = Wissenschaft) gilt als „Wissenschaft vom gesunden Leben" und kommt aus Indien. Ayurveda will Lebensenergie bewahren und pflegen, Krankheit ist eine Disharmonie in uns selbst, die einer Behandlung von Körper, Geist und Seele bedarf.
Zur Behandlung werden verschiedene Methoden kombiniert: z. B. Ernährungs- und Pflanzentherapie, Mineralien und Meditation (Transzendentale Meditation). Anwendung finden die bekannten Leistungen für Untersuchungen und Beratungen.
In den letzten Jahren hat diese Methode in Europa viele begeisterte Anhänger gefunden, die sich zur Behandlung in europäische oder in asiatische Ayurvda Kliniken begeben. In der Regel ist – die Flugkosten nicht mit gerechnet – eine Behandlung in Asien preisgünstiger. Das Internet gibt beim Suchbegriff „Ayurveda-Reisen" 1.350.000 Seiten auf Deutsch an und bei der Suche nach „Ayurveda-Kliniken" immerhin noch 237.000 Seiten an.

Indikationen
(Quelle: Praxis eines indischen Ayurveda Arztes und einer Heilpraktikerin http://www.ayurveda-ashram.de/Ger_Aboutus1.html)

Allgemeine Gesundheit und Rasayana (Regeneration)
- Rasayana oder Regeneration (Anti aging)
- Abbau von Übergewicht
- Immunstärkung
- Alterungsprobleme
- Allergien
- Pflege für die Sinnesorgane
- Stärkung des Körpers gegen jahreszeitbedingte Erkrankungen

Erkrankungen des Bewegungssystems und Rheumatische Erkrankungen
- Rheumatoide Arthritis.
- Entzündliche Gelenk- und Knochenerkrankungen

- Spondylitis ankylosans (M. Bechterew)
- HWS – und LWS Syndrom
- Polyarthritis
- Osteoarthritis
- Skoliose
- Gicht
- Osteoporose
- Lumbalgie
- Fibromyalgie
- Karpaltunnelsyndrom
- Sportverletzungen wie Knöchelverstauchung, Schulterverletzungen etc.

Neurologische Erkrankungen.
- Kopfschmerzen – Migräne, Spannungskopfschmerz
- Demenz (degenerative und nicht infektiöse)
- Schlafstörungen
- Zerebrale Durchblutungsstörungen (Transitorisch ischämische Attacke)
- Z. n. Schlaganfall
- Trigeminusneuralgie
- Multiple Sklerose siehe dazu www.ms-ayurvedabehandlung.de
- Tinnitus

Herz- Kreislauf Erkrankungen
- Prävention der koronaren Herzerkrankung (Diät, Yoga etc.)
- Bluthochdruck
- Angina Pectoris
- Funktionelle Herz- Kreislauferkrankungen
- Herzinsuffizienz

Endokrine und Stoffwechselerkrankungen
- Komplikationen von Diabetis mellitus
- Hyperlipidämie
- Schilddrüsenfunktionsstörungen

Erkrankungen des Verdauungstrakts
- Chronische Obstipation
- Chronische Magenschleimhautentzündung
- Chronische Hepatitis
- Morbus Crohn
- Colitis ulcerosa
- Reizkolon

Hauterkrankungen
- Ekzeme
- Akne
- Psoriasis (Schuppenflechte)
- Pigmentierungsstörungen
- Allergien
- Neurodermitis

Sonstige
- CFS (chronic fatigue syndrome)
- Vertigo
- Alopezie, Haarausfal

Abrechnung – Ayurveda
Für die zahlreichen unterschiedlichen Massagearten finden die GOÄ-Nrn. der Physikalischen Therapie 521*, 523*, 527*, 530*, 533*, 565* analog Anwendung und für Atemtherapie die Nr. 505 analog, für Aromatherapie die Nr. 500* und für Yogatherapie die Nrn. 506 und 509 analog. und für Yogatherapie die Nrn. 506 und 509 analog. Für Entspannungsverfahren werden die GOÄ Nrn. 846 oder 847 analog benutzt.

Nach Hufelandverzeichnis wird z. B. die GOÄ Nr.
521* Ganzkörper-Synchron-Masseage (Pizzichilli) – analog
für Massage-Leistungen, z. B.:

- Abhyanga – Ganzkörper-Ölmassage
- Gharshan – Belebende Ganzkörper-Öl- und Trockenmassage
- Pinda Sweda – Synchron-Massage mit Reisbeuteln
- Pizzichilli – Ganzkörper-Synchron-Massage unter fließenden warmen Öl
- Udvartana – Stoffwechseaktivierende Ganzkörper-Synchron-Massage
- Vishesh – Tiefenmuskelassage

– ausgeführt an 6 Körperregionen und dies von 2 Therapeuten, – dann insgesamt 12x abrechnet. Dies halten wir nicht für korrekt, denn die Leistungslegende der Nr. 521* spricht schon von einer **Großmassage an mehreren Körperteilen, je Sitzung.** Anzumerken ist ferner, dass Vereinbarungen über eine abweichende Gebührenhöhe nach § 2 GOÄ für Leistungen des Abschnittes E nicht zulässig sind.

GOÄ Nr.	Kurzlegende	1fach €	*1,8/ 2,3fach €
30 analog	Umfassende ayurvedische Erstanamnese – analog GOÄ Nr. 30 – entsprechend GOÄ § 6 (2)[1)]	52,46	**120,65**
31 analog	Ayurvedische Folgeanamnese – analog GOÄ Nr. 31 – entspr. GOÄ § 6 (2)[1)]	26,23	**60,33**
846 analog	Meditation und Entspannungsverfahren, Einzelbehandlung – analog GOÄ Nr. 846 – entspr. GOÄ § 6 (2)[1)]	8,74	**20,11**
847 analog	Meditation und Entspannungsverfahren, i. Gruppen – analog GOÄ Nr. 847 – entspr. GOÄ § 6 (2)[1)]	2,62	**6,03**
831 analog	Ayurvedische Pulsdiagnostik – analog GOÄ Nr. 831 – entspr. GOÄ § 6 (2)[1)]	4,66	**10,72**
76	Individueller Diätplan	4,08	**9,38**
	Aromatherapie		
500*	Inhalationstherapie	2,21	**3,99**
	Ölmassage – Öl- und/oder Kräuterbad – Massagen		
520*	Teilmassage	2,62	**4,72**
521* analog	Ganzkörper-Ölmassage (Abhyanga) – analog GOÄ Nr. 521* – entspr. GOÄ § 6 (2)[1)]	3,79	**6,82**
521* analog	Behandlung von Nacken, Schulter und Kopf mit Massage, Überwärmungstherapie, Instillation von Nasenölen u. Wärmekompressen (Nasya) – analog GOÄ Nr. 521* – entspr. GOÄ § 6 (2)[1)] + ggf. zusätzl. abrechenbar 530* analog + 500* analog	3,79	**6,82**
521*	Belebende Ganzkörper-, Öl- und Trockenmassage	3,79	**6,82**
521* analog	Stoffwechselaktivierende Ganzkörper-Synchron-Massage (Udvartana) – analog GOÄ Nr. 521* – entsprechend GOÄ § 6 (2)[1)]	3,79	**6,82**
521* analog	Tiefenmuskelmassage (Vishesh) – analog GOÄ Nr. 521* – entspr. GOÄ § 6 (2)[1)]	3,79	**6,82**
521* analog	Synchron-Massage mit Reisbeuteln (Pinda Sweda) – analog GOÄ Nr. 521* – entsprechend GOÄ § 6 (2)[1)] + 530* analog	3,79	**6,82**
530*	Kalt- o. Heißpackungen, je Sitzung	2,04	**3,67**
531* analog	[plus A 846] Sedative Ölstrahltherapie des Kopfes (Shirodara) – analog GOÄ Nr. 531* – entsprechend GOÄ § 6 (2)[1)]	2,68	**4,83**
531* analog	[plus A 846] Sedatives Ölbad des Kopfes (Shirobasti) – analog GOÄ Nr. 531* – entsprechend GOÄ § 6 (2)[1)]	2,68	**4,83**
532* analog	[plus 56] Ganzkörper-Kräuterdampfbad (Svedana, Bashpasvedana) – analog GOÄ Nr. 532* – entsprechend GOÄ § 6 (2)[1)]	4,43	**7,97**
532* analog	Vollbad – analog GOÄ Nr. 532* – entsprechend GOÄ § 6 (2)[1)]	4,43	**7,97**

GOÄ Nr.	Kurzlegende	1fach €	*1,8/ 2,3fach €
	Weitere Anwendungen		
1340 analog	Ayurvedisches Augenbad (Netra Tarpana), je Auge – analog GOÄ Nr. 1340 – entsprechend GOÄ § 6 (2)[1]	10,78	**24,80**
20 analog	Rezeptive Musiktherapie in Gruppen – analog GOÄ Nr. 20 – entspr. GOÄ § 6 (2)[1]	6,99	**16,09**
20 analog	Yoga-Asana-Therapie in Gruppen – analog GOÄ Nr. 20 – entspr. GOÄ § 6 (2)[1]	6,99	**16,09**
505* analog	Atemtherapie (Pranayama) – analog GOÄ Nr. 505* – entsprechend GOÄ § 6 (2)[1]	4,95	**8,92**
533* analog	Lokale Wärmebehandlung (Lokales Svedana) – analog GOÄ Nr. 533* – entsprechend GOÄ § 6 (2)[1]	8,74	**15,74**
533* analog	Ayurvedischer Einlauf (Matra Basti) – analog GOÄ Nr. 533* – entspr. GOÄ § 6 (2)[1]	8,74	**15,74**
846 analog	Yoga-Asana-Therapie, Einzelbehandlung – analog GOÄ Nr. 846 – entsprechend GOÄ § 6 (2)[1]	8,74	**20,11**
846 analog	Rezeptive Musiktherapie, Einzelbehandlung – analog GOÄ Nr. 846 – entsprechend GOÄ § 6 (2)[1]	8,74	**20,11**

[1] Bei analogen Leistungen muss – mind. in Kurzform – auch die Original-Leistungslegende angegeben werden.

3. EAV (Elektroakupunktur nach Voll)

Elektroakupunktur nach Voll (EAV)

Hinsichtlich des Verfahrens, der Anwendung und der Indikationen verweisen die Autoren auf Aussagen der Anwender:

1. Der Internationale Arbeitskreis der EAV- und Resonanztherapeuten informierte im Internet vor zwei Jahren unter einer eigenen URL über EAV:

WAS IST EAV?

- *Die Elektroakupunktur nach Voll, kurz EAV genannt, ist eine moderne Diagnose- und Therapiemethode, mit der es gelingt, die oft versteckten, wirklichen Ursachen einer Krankheit aufzuspüren und zu behandeln.*
- *Es gibt keine Methode, mit der man besser in das noch verborgene und unentdeckte Krankheitsgeschehen einsehen kann, als mit der EAV*
- *Aber die EAV ist auch geeignet, noch vor Ausbruch einer Krankheit, Störungen und Belastungen zu erkennen. Dazu gehören Umweltgifte, Medikamente, zahnärztliche Werkstoffe (z. B. Amalgam), Insektizide, Nahrungsmittelgifte und Allergene. Folgeschäden können vermieden, mindestens aber verringert werden. Auch die Zusammenhänge zwischen verschiedenen Beschwerden lassen sich sicher erkennen.*
- *Eine großartige Möglichkeit ist die Medikamententestung sowie die Prüfung sämtlicher zahnärztlicher und anderer Materialien und Stoffe auf ihre Verträglichkeit. Damit ermöglicht die EAV auch die Kontrolle der bisherigen Therapie und der eingesetzten Medikamente. Zusätzlich besteht mit der EAV die Möglichkeit einer elektro-physika-lischen Therapie durch spezielle niederfrequente Stromimpulse und den Einsatz der EAV-Geräte zur Elektroakupunktur.*
- *EAV und Bioresonanz sind Behandlungsmethoden, die sich ergänzen und gegenseitig unterstützen. Während die EAV ihren Schwerpunkt beim Erkennen von Belastungen unterschiedlichster Art und beim Entdecken von Herden und Störfeldern setzt, steht bei der Resonanztherapie das Behandeln und oft vollständige Heilen von Allergien im Vordergrund. Eine erfolgreiche Resonanzbehandlung, sie ist vergleichbar mit der Bioresonanz- und Moratherapie, verlangt immer Kontrolle durch die EAV.*

2. Die Internationale Medizinische Gesellschaft für Elektroakupunktur nach Voll e.V. informiert im Internet unter www.eav.org über Technik und Indikationen:

Technischer Hintergrund
Die EAV-Messungen erfolgen an „elektrisch signifikanten“ Punkten der Haut. Dabei handelt es sich z. T. um klassische Akupunkturpunkte, die nach Heine auch morphologisch definiert sind, wie auch um eine Anzahl energetisch relevanter und systemgekoppelter Hautareale, die von Voll und seinen Mitarbeitern entdeckt und zugeordnet wurden. Die für eine Übersichtsmessung zur Erfassung aller Regelsysteme erforderliche Auswahl von Messpunkten an Kopf, Händen und Füßen ist von der Internationalen Medizinischen Gesellschaft für Elektroakupunktur nach Voll in Standardmessprogrammen festgelegt. Hierbei sind alle klassischen Akupunkturmeridiane und die von Voll beschriebenen relevanten „Akupunkturgefäße“ zu erfassen, wobei für eine Basisuntersuchung ca. 120 Messpunkte zu registrieren und dokumentieren sind.
Für die Messung sind nach EAV-Standards genormte und von der EAV-Gesellschaft zugelassene Messgeräte zu verwenden. Die Geräte müssen entsprechend den physiologischen Bedingungen im Organismus eine mittlere Messspannung von 900 Millivolt aufweisen, wobei der Messstrom zwischen 5,5 und 11,25 Mikroampere beträgt. Der scheinbare Ohm'sche Widerstand variiert beim Messvorgang je nach momentanem Zustand des zu messenden Systems zwischen 0 und 600 Kiloohm.
Durch eine derartige technischen Geräteauslegung soll gewährleistet werden, dass beim Messvorgang nicht nur der Hautwiderstand sondern ein aussagekräftiger Komplex verschiedener, für die Regulation eines Systems wesentlicher Faktoren (z. B. Ionenstrom-veränderungen im Unterhautgewebe, elektrisches Gegenpotential gegen den Messstrom, momentanes Polarisationsverhalten des Gewebes, Elektrolytverschiebungen) erfasst wird. Neben den elektrophysikalischen Gewebseigenschaften im Bereich des Messpunktes soll die Messung vor allem Informationen liefern über die Regulationsfähigkeit des zum Messpunkt gehörigen Regelkreises. Der Auflagedruck der Messsonde hat je nach Beschaffenheit der Haut ca. 300 bis 500 Pond zu betragen und wird exakt durch das sogenannte „Messplateau“ bestimmt.
Beobachtet wird während einer Messdauer von einigen Sekunden das Leitwertverhalten des Organismus insbesondere als Antwort auf den vom Messstrom ausgeübten Reiz. Dieser Leitwert (Reziprokwert des Ohm'schen Widerstands) wird auf einer analogen oder digitalen Skala abgelesen. Die in der EAV verwendete Skala ist logarithmisch angelegt und überstreicht den Bereich zwischen 600 Kiloohm und 0 Ohm. Zur vereinfachten Ablesung ist die Skala in 100 Teilstriche unterteilt, wobei Skalenstand „0 Teilstriche“ einem Widerstand über 600 Kiloohm entspricht und der Skalenstand „100 Teilstriche“ einem Widerstand von 0 Ohm. Der Skalenstand „50 Teilstriche“ entspricht 95 Kiloohm. Dies repräsentiert die idealen physiologischen Bedingungen im Bereich des menschlichen, kybernetischen Regelsystems.

Indikationen für die Elektroakupunktur nach Voll (EAV)
Der Einsatz der EAV erfolgt
1. unter systemtheoretisch-kybernetischen,
2. unter ätiologischen und
3. unter regulationsmedizinischen Gesichtspunkten.
Sie ist in nahezu allen medizinischen Fachgebieten einsetzbar und ermöglicht infolge ihres komplementären Ansatzes auch bei Problemfällen bisher kaum erreichbare therapeutische Erfolge.
Die EAV wird mit besonderem Erfolg eingesetzt bei Allergien und Autoimmunerkrankungen, Schmerzzuständen wie Neuralgien und Cephalgien (insbesondere Migräne), Hautkrankheiten wie Neurodermitis, beim chronischem Müdigkeitssyndrom, bei chronischen Infektanfälligkeiten, cerebralen Insuffizienzen, chronischen Leber-, Nieren- und Pancreaserkrankungen, chronischen Magen- und Darmerkrankungen, bei Zahn-, Mund- und Kieferkrankheiten wie auch bei Unverträglichkeiten gegenüber zahnärztlichen Werkstoffen.
Die Aussagekraft der EAV-Diagnostik und die Effizienz der therapeutischen Maßnahmen ist eingeschränkt bei hochgradig gestörter Regulationsfähigkeit des Gesamtorganismus. Hieraus und aus der Notwendigkeit akutmedizinischer Versorgungen ergeben sich die Grenzen der Methode.

Nach den Aussagen der Anwender der EAV eignet sich diese Methode besonders zur Diagnose der Ursachen von:
- Chronischen Erkrankungen,
- Entzündungsherden
- Allergien und ihren Auslösern
- Werkstoffunverträglichkeiten (Prothesen o. ä.)
- Giftdepots im Körper,
- Störungen des Immunsystems

- Medikamentenunverträglichkeiten
- Unverträglichen dentalen Werkstoffe (z. B. Amalgam)

Die Deutsche Gesellschaft für Zahn-, Mund- und Kieferheilkunde informiert über die Elektroakupunktur nach Voll (EAV) auf ihrer Internetseite www.dgzmk.de/.

Abrechnung

Die Leistungen der EAV sind **nur mit der GOÄ** abzurechnen. **Brück** schlägt in seinem Kommentar die GOÄ Nr. 832 gemäß § 6 GOÄ als Analognummer für die Elektroakupunktur nach Voll vor und kommentiert ... *„Der Analogabgriff in der GOÄ muss unabhängig davon möglich sein, dass die Elektroakupunktur nach Voll keine wissenschaftlich allgemein anerkannte Leistung darstellt...“*

GOÄ Nr.	Kurzlegende	1fach €	2,3fach €
832 analog	Elektroakupunktur nach Voll(EAV) – analog GOÄ Nr. 832 – entspr. GOÄ § 6 (2)[1]	9,21	**21,18**
252	Injektion s.c, im, i.c., submukös – *Injektionen der durch EAV ausgetesteten homöopathischen Mittel*	2,33	**5,36**
840 analog	[2] Sensible Elektroneurographie – analog GOÄ Nr. 840 – entspr. GOÄ § 6 (2)[1]	40,80	**93,84**
860 analog	[3] Erhebung einer biographischen Anamnese unter neurophysiologischen Gesichtspunkten – analog GOÄ Nr. 860 – entspr. GOÄ § 6 (2)[1]	53,62	**123,34**

[1] Bei analogen Leistungen muss – mind. in Kurzform – auch die Original-Leistungslegende angegeben werden.
[2] Weber empfiehlt in analogem Ansatz die GOÄ Nrn. 840 und 860 mit der Begründung, dass diese Leistungsziffern am ehesten geeignet sind, die Leistung der EAV ausreichend zu bewerten und damit eine Abdingung vermeiden helfen.
[3] Nach Brück ist eine Analogberechnung der Nr. 860 auch für sehr aufwendige Anamnesen nicht möglich und nur psychotherapeutischen Verfahren vorbehalten.

4. Eigenblutbehandlung

Indikationen

Die Eigenblutbehandlung zählt zu den naturheilkundlichen Therapien und war bis September 1987 sogar im EBM enthalten. Als Indikationen gelten:

- Akne vulgaris
- Furunkulose
- Ekzeme
- Urticaria (Nesselsucht)
- Pruritus (Juckreiz)
- Psoriasis vulgaris (Schuppenflechte)
- Arthrosen
- Gelenkrheumatismus
- Reizblase
- Heuschnupfen
- grippaler Infekt
- Infektanfälligkeit
- Bronchitis.

Verwandt mit der Eigenbluttherapie sind die Ozon-Eigenblutbehandlung und die HOT-Therapie.

Abrechnung

GOÄ Nr.	Kurzlegende	1fach €	*1,8/ 2,3fach €
250*	Blutentnahme i.v.	2,33	**4,20**
251	Blutentnahme i.a.	3,50	**8,04**
266	Intrakutane Reiztherapie (Quaddelbehandlung)	3,50	**8,04**
267	Infiltrationsbehandlung einer Körperregion, perineural, perikapsulär, retrobulbär – auch Heilanästhesie	4,66	**10,72**
284	Eigenbluteinspritzung einschl. Blutentnahme	5,25	**12,07**

GOÄ Nr.	Kurzlegende	1fach €	*1,8/ 2,3fach €
285	Aderlass i.v.oder i.a. von mindestens 200 ml Blut -ggf. einschl. Verband	6,41	**14,75**
286	Reinfusion von mind. 200 ml Eigenblut o. -plasma	12,82	**29,49**

5. Homöopathie

Die Homöopathie ist eine ganzheitlich orientierte Therapie, sieht den Menschen als Ganzes und berücksichtigt nicht nur seine Krankheitssymptome. Die Wahl eines homöopathischen Medikaments ist auf jeden Patienten individuell abgestimmt und die Verordnung erfolgt niemals nur aufgrund eines Symptoms/einer Erkrankung.

Ein Homöopathie-Ärzteforum gibt als Indikationsbeispiele (www.homoeopathie-aerzteforum.de/Einfuhrung/Indikation/indikation.html) und Kontraindikationen (www.homoeopathie-aerzteforum.de/Einfuhrung/Kontra-In/kontra-in .html) an:

Indikationen:
Neurodermitis, endogenes Ekzem, Psoriasis, Kinderkrankheiten, Asthma bronchiale, chronisch rezidivierende bakterielle und virale Infekte, chronisch rezidivierende Erschöpfungszustände, somatoforme Störungen, Angststörungen, psychosomatische Erkrankungen, Allergien, Heuschnupfen, neurotische Störungen, hyperkinetische Verhaltensstörungen bei Kindern, Depressionen, Tinnitus, Schulleistungsstörungen , Rheumatische Erkrankungen.
Voraussetzung ist aber, daß die ***natürlichen Regulationsmechanismen*** *des Körpers erhalten sind. Häufig sind diese Steuerungsprozesse in fortgeschrittenen Stadiem chronischer Erkrankung erschöpft oder so deformiert, daß eine homöopathische Behandlung nur eine eingeschränkte Wirksamkeit hat.*

Kontraindikationen:
....Bei Erkrankungen, in denen eine ***langjährige Cortison-Behandlung*** *vorausgegangen ist, besteht* ***keine Therapiemöglichkeit****, da in diesen Fällen die* ***natürlichen Regulationsmechanismen*** *durch Cortison in ihrer ursprünglichen Reaktionsfähigkeit* ***deformiert*** *sind. Gleiches trifft für eine Behandlung mit* ***Chemotherapeutika*** *zu. In Fällen, in denen eine* ***sofortige chirurgische oder intensiv-medizinische Intervention*** *angezeigt und unaufschiebbar ist, wird der* ***richtig ausgebildete homöopathische Arzt*** *diese angezeigten Behandlungsmaßnahmen durch eine homöopathische Therapie* ***nicht verzögern****.*
Bei Patienten, deren ***körperliche und geistige Kräfte nicht ausreichen****, um auf einen homöopathischen Impuls zu reagieren, verbietet sich ebenfalls diese Therapie.*

Abrechnung
In der GOÄ finden sich für die homöopathische Erstanamnese (GOÄ Nr. 30) und die Folgeanamnese (GOÄ Nr. 31) eigene Abrechnungsziffern. Ist eine Fremdanamnese erforderlich, kann die Nr. 4 – nicht aber zusammen mit Nr. 31 – berechnet werden:

GOÄ Nr.	Kurzlegende	1fach €	2,3fach €
30	Erhebung der homöopathischen Erstanamnese	52,46	**120,65**
31	Homöopathische Folgeanamnese	26,23	**60,33**
4	Erhebung der Fremdanamnese	12,82	**29,49**

Abrechnungshinweise:
- Die Leistung nach Nr. 30 ist innerhalb von einem Jahr nur einmal berechnungsfähig.
- Die Leistung nach Nr. 31 ist innerhalb von 6 Monaten höchstens 3x berechnungsfähig.
- Für Verlaufskontrollen können die Beratungsziffern der GOÄ1 oder 3 angesetzt werden.
- Im Zusammenhang mit der homöopathischen Anamnese und Befunderhebung sind natürlich auch die ggf. erforderlichen GOÄ-Untersuchungsnummern 5, 6 , 7 und 8 berechnungsfähig.

6. Sauerstofftherapien

Zur Unterstützung der Sauerstoffzufuhr, -aufnahme und -utilisation und somit zur Verbesserung der Energieversorgung über den Weg der Oxidation. werden physikalische Maßnahmen, Sauerstoffzufuhr-Methoden, intermediäre Katalysatoren der Mitochondrialen Stoffwechselketten (Atmungskette) und Elemente und Enzyme des Elektronen-Transport-Systems bei den Sauerstofftherapien eingesetzt.

Indikationen

- Durchblutungsstörungen, Zustand nach Schlaganfall oder Herzinfarkt,
- Innenohrschwerhörigkeit nach Hörsturz
- Sehschwäche bei Netzhautdurchblutungsstörungen
- Tinnitus
- Migräne
- Asthma bronchiale
- Gewünschte Leistungssteigerung in der Rehabilitation

Abrechnung

Die Abrechnungsvorschläge für die Sauerstofftherapien (HOT, Ozon) sind sehr unterschiedlich. Wir haben Vorschläge der Hufelandgesellschaft und ferner der Autoren Weber und Fuchs in den folgenden Tabellen zusammengefasst.

Abrechnung verschiedener Methoden der Sauerstoff-Therapie

Die Abrechnungsvorschläge für die Sauerstofftherapien (HOT, Ozon) sind sehr unterschiedlich.

Sauerstoff-Mehrschritt-Therapie (SMT) v. Ardenne

Die vom Physiker Prof. Manfred von Ardenne entwickelte Methode beruht auf der Inhalation von reinem Sauerstoff unter leichter körperlicher Belastung. Von Ardenne empfahl diese Therapie u. a. als Krebsprophylaxe, als begleitende Krebstherapie und als Prophylaxe der Krebsmetastasierung. Die Sauerstoff-Mehrschritt-Therapie soll hier vor allem wegen der immunstimulierenden Wirkung eingesetzt werden und zudem die Nebenwirkungen einer konventionellen Krebstherapie senken.

GOÄ Nr.	Kurzlegende	1fach €	*1,8/ 2,3fach €
1	Beratung, auch tel.	4,66	**10,72**
3	Eingehende Beratung, auch tel. – nicht neben Sonderleistungen	8,74	**20,11**
505*	Atembehandlung	4,95	**8,92**
508*	KG-Ganzbehandlung	6,41	**11,54**
602*	Oxymetrische Untersuchung(en)	8,86	**15,95**
643*	Periphere Arterien- bzw. Venendruckmessung	6,99	**12,59**

Empfehlungen zur Abrechnung nach Weber

GOÄ Nr.	Kurzlegende	1fach €	*1,8/ 2,3fach €
250*	UVB-Therapie, Blutentnahme	2,33	**4,20**
567* analog	Bestrahlung mit UVC-Licht – analog GOÄ Nr. 567* – entspr. GOÄ § 6 (2)[1)]	5,30	**9,55**
271 analog	Retransfusion von Eigenblut – analog GOÄ Nr. 271 – entspr. GOÄ § 6 (2)[1)]	6,99	**16,09**
285 analog	Ozontherapie, Aderlass – analog GOÄ Nr. 285 – entspr. GOÄ § 6 (2)[1)]	6,41	**14,75**
286 analog	Ozontherapie, Reinfusion von sauerstoffangereichertem Eigenblut – analog GOÄ Nr. 286 – entspr. GOÄ § 6 (2)[1)]	12,82	**29,49**
602*	Oxymetrische Untersuchung(en)	8,86	**15,95**
605*	Ruhespirographie	14,11	**25,39**

GOÄ Nr.	Kurzlegende	1fach €	*1,8/ 2,3fach €
605a*	Flussvolumenkurve bei Spirographie	8,16	**14,69**
605* analog	Sauerstoff-Inhalationstherapie – analog GOÄ Nr. 605 – entspr.GOÄ § 6 (2)[1)]	14,11	**25,39**
606*	Spiroergometrische Untersuchung	22,09	**39,76**
606* analog	Sauerstoff-Ergometertraining – analog GOÄ Nr. 606* – entspr. GOÄ § 6 (2)[1)]	22,09	**39,76**
606* analog	Ionisierte Sauerstoff-Inhalationstherapie – analog GOÄ Nr. 606* – entspr. GOÄ § 6 (2)[1)]	22,09	**39,76**
614*	Transkutane Messung(en) des Sauerstoffpartialdrucks	8,74	**15,74**
615*	Untersuchung der CO-Diffusionskapazität	13,23	**23,82**
616*	Untersuchung der CO-Diffusionskapazität als fortlaufende Bestimmung (steady state) in Ruhe oder unter Belastung	17,66	**31,79**
617*	Gasanalyse in der Exspirationsluft mittels kontinuierlicher Bestimmung mehrerer Gase	19,88	**35,78**
620*	Rheographische Untersuchung der Extremitäten	8,86	**15,95**

[1)] Bei analogen Leistungen muss – mind. in Kurzform – auch die Original-Leistungslegende angegeben werden.

Sachkosten können gemäß GOÄ § 10 gesondert berechnet werden.

Ozon-Sauerstoff-Therapien

Unterschieden werden mehrere lokale Anwendungen und Injektionen von Ozongas-Sauerstoff-Gemischen. Zusätzlich sind ggf. Untersuchungs- und Beratungsleistungen erforderlich.

GOÄ Nr.	Kurzlegende	1fach €	*1,8/2,3 fach€
267 analog	Beutelbegasung oder Glockenbegasung – analog GOÄ Nr. 267 – entsprechend GOÄ § 6 (2)[1)]	4,66	**10,72**
270 analog	Darminsufflation – analog GOÄ Nr. 267 – entspr. GOÄ § 6 (2)[1)]	4,66	**10,72**
252	Ozon –Sauerstoff Injektion i.m. – s.c.	2,33	5,36
255	Ozon -Sauerstoff Injektion intraartikulär	5,54	12,74

[1)] Bei analogen Leistungen muss – mind. in Kurzform – auch die Original-Leistungslegende angegeben werden.

Ozon-Eigenblut-Behandlungen

Zusätzlich sind ggf. Untersuchungs- und Beratungsleistungen erforderlich.
Entnommenes Blut des Patienten wird mit einem Ozon-Sauerstoff-Gemisch angereichert und zurückgegeben.

Kleine Ozon-Eigenblut-Behandlung

GOÄ Nr.	Kurzlegende	1fach €	*1,8/2,3 fach€
261 analog	Ozonisierung des Blutes – analog GOÄ Nr. 261 – entspr. GOÄ § 6 (2)[1)]	1,75	**4,02**
284	Eigenbluteinspritzung – einschl. Blutentnahme	5,25	**12,07**

[1)] Bei analogen Leistungen muss – mind. in Kurzform – auch die Original-Leistungslegende angegeben werden.

Grosse Ozon-Eigenblut-Behandlung

GOÄ Nr.	Kurzlegende	1fach €	*1,8/2,3 fach€
261 analog	Ozonisierung des Blutes – analog GOÄ Nr. 261 – entspr. GOÄ § 6 (2)[1)]	1,75	**4,02**
285	Aderlass	6,41	**14,75**
271	Infusion i.v. bis zu 30 Min.	6,99	**16,09**

1) Bei analogen Leistungen muss – mind. in Kurzform – auch die Original-Leistungslegende angegeben werden.

Hämatogene Oxydationstherapie (HOT)

Sowohl die Anreicherung von Blut mit Sauerstoff, als auch die Bestrahlung mit energiereichem Licht sind bekannt. Es gelang 1957 ein Gerät für die Praxis zu entwickeln, das beide Methoden vereinte. Die hämatogene Oxidationstherapie gehört wie die Ozontherapie zu den Sauerstofftherapien. Diese Therapie wird im Volksmund auch als „Blutwäsche" bezeichnet.

Bei der Hämatogene Oxydationstherapie (HOT) wird dem Patienten eine gewisse Menge venöses Blut (ca. 60-80-200 ml) entnommen und zur Verhinderung der Gerinnung mit Natriumzitrat versetzt. Danach wird das Blut mehrmals mit reinem Sauerstoff aufgeschäumt und mit UV-Licht bestrahlt. Dies findet in sterilen Einwegbehältern statt. Das angereicherte Blut wird anschließend wieder in eine Vene zurück injiziert/infundiert.

Indikationen

- Peripherer arterieller Durchblutungsstörungen
- Zentraler arterieller Durchblutungsstörungen
- Augenerkrankungen – Makuladegeneration (Erkrankung des menschlichen Auges
- Adjuvanter Tumortherapie
- Vertigo
- Vorbeugung gegen Apoplex
- Erkrankungen des venösen Gefäßsystems
- Migräne
- Chronischen Dermatosen – Hauterkrankungen, wie z. B. Akne (z. B. Acne vulgaris), Psoriasis (Schuppenflechte), Pilzerkrankungen
- Herpes zoster (Gürtelrose)
- Erkrankungen des rheumatischen Formenkreises
- Wundheilungsstörungen

Abrechnung

GOÄ Nr.	Kurzlegende	1fach €	*1,8/2,3 fach€
1	**Beratung, auch tel.**	4,66	**10,72**
3	**Eingehende Beratung, auch tel. – nicht neben Sonderleistungen**	8,74	**20,11**
285	Aderlass	641	14,75
271	Infusion bis zu 30 Min.	6,99	**16,09**
272	Infusion mehr als 30 Min.	10,49	**24,13**
567*	Phototherapie, selektives UV-Spektrum , je Sitzung	530	**9,55**

G. Rechtsprechung rund um IGeL-Leistungen

Nachfolgend ist eine Übersicht zu exemplarischen Urteilen zu den Bereichen IGeL-Leistungen, medizinischer Stand, Behandlung von GKV- oder PKV-Patienten, Beihilfe, Steuerrecht, Werbung und Werbungsrecht zusammengestellt.
Die Rechtsprechung ist in diesen Bereichen inzwischen so umfangreich, dass ein Arzt bei problematischen Fällen der Abrechnung Hilfe von Dritten, z. B. seiner Ärztekammer, Kassenäztlichen Vereinigung oder vom jeweiligen Berufsverband, in Anspruch nehmen sollte.

Ärztliches Berufsrecht

▶ Mangelhafte Aufklärung über IGeL-Abrechnung

Ein Arzt hatte mehrmals vom Einheitlichen Bewertungsmaßstab erfasste Leistungen als individuelle Gesundheitsleistungen erbracht und nach der GOÄ abgerechnet,ohne dass er den Patienten aufgeklärt und eine entsprechende Vereinbarung abgeschlossen hatte. Dem Arzt kam es ausschließlich darauf an, seine Behandlungen privat abzurechnen.
Das Gericht sah in diesem Verhalten eine gröbliche Verletzung vertragsärztlicher Pflichten.Diese Verstöße rechtfertigen nach der Rechtsprechung des Bundessozialgerichtes grundsätzlich eine Zulassungsentziehung.

Aktenzeichen: LSG Bayern, 05.11.2011, AZ: L 12 KA 116/10
Entscheidungsjahr: 2011

▶ Arzthaftung

Voraussetzungen einer Haftung bei Diagnoseirrtum; Ermessen des Arztes bei Wahl einer Nicht-Standard-Methode.
Handelt es sich bei Diagnoseirrtümern um eine zum Zeitpunkt der Diagnoseerstellung (sog. ex ante Sicht) in der gegebenen Situation vertretbare Deutung der Befunde, stellt sich die objektive Fehlerhaftigkeit der Diagnose nicht als vorwerfbar dar und kann eine Haftung nicht begründen. Ein Fehler liegt daher erst dann vor, wenn die diagnostische Bewertung für einen gewissenhaften Arzt nicht mehr vertretbar erscheint.
Bei Diagnosefehlern ist von einem groben Behandlungsfehler erst dann auszugehen, wenn er fundamentaler Natur ist, das setzt voraus, dass die Interpretation des Befundes gänzlich unverständlich erscheint. Eine Abweichung von der allgemein üblichen Standardmethode löst nicht per se eine Haftung des behandelnden Arztes aus. Bei der Therapiewahl ist dem behandelnden Arzt ein weites Ermessen eingeräumt falls praktisch gleichwertige Methoden zur Verfügung stehen. Dabei ist der Arzt auch berechtigt, eine Behandlungsmethode zu wählen, die nicht dem üblichen Standardverfahren entspricht, soweit die notwendige medizinische Abwägung der zu erwartenden Vorteile dieser Methode und ihrer absehbaren und zu vermutenden Nachteile mit denen der standardgemäßen Behandlung die Anwendung rechtfertigt. In diesem Fall ist über die verschiedenen Methoden und ihre jeweiligen Belastungen für den Patienten sowie ihre jeweiligen Risiken und Erfolgschancen aufzuklären. Fehlt es an einer Aufklärung über die angewendete Alternativmethode und verwirklicht sich ein Risiko das sowohl dieser als auch der Standardmethode, über die aufgeklärt worden ist, immanent ist, so wirkt sich der Mangel der Aufklärung nicht haftungsbegründend aus. (zitiert nach juris)

Aktenzeichen: OLG Sachsen-Anhalt, 09.12.2010, AZ: 1 U 53/10
Entscheidungsjahr: 2010

Allgemeine Rechtsgrundsätze

▶ Behandlung ohne vorherige sorgsame Untersuchung

Wenn ein Arzt eine Behandlung durchführt, ohne vorher bei dem Patienten eine sorgfältige Anamnese und körperliche Untersuchung vorzunehmen, liegt ein grober Behandlungsfehler vor.
Es ist mit den Sorgfaltspflichten eines Arztes schlechthin nicht vereinbar, wenn der Arzt die Dosierung eines ihm unbekannten Medikaments vor der Injektion nicht überprüft, sondern sich auf die Angaben des Patienten oder eines Angehörigen verlässt.

Aktenzeichen: VG Münster, 27.04.2011, AZ: 14 K 791/10

Entscheidungsjahr: 2011

► Abgabe von Nahrungsergänzungsmitteln in Praxis
Ein Verstoß gegen das Wettbewerbsrecht liegt vor, wenn ein Arzt in seiner Praxis Nahrungsergänzungsmittel, Vitaminpräparate etc. abgibt, da diese Waren nicht notwendiger Bestandteil der ärztlichen Therapie sind. Der Heilauftrag eines Arztes ist in einem solchen Fall nicht gewahrt; ein Einverständnis der Patienten zum Kauf der Präparate ist unbeachtlich.

Aktenzeichen: LG Rottweil, 16.06.06, AZ: 5 0 40/05
Entscheidungsjahr: 2006

► Honorar, wenn Behandlung teilweise erfolgreich war
Wenn eine Behandlung teilweise erfolgreich war, ist der Patient verpflichtet, den hierauf entfallenden Teil der ärztlichen Vergütung zu zahlen. Denn hinsichtlich dieses Teils ist bei dem Patienten kein Schaden eingetreten.

Aktenzeichen:
OLG Nürnberg, 08.02.2008, AZ: 5 U 1795/05
Entscheidungsjahr: 2008

► Kosten für Korrektur einer fehlerhaften Schönheitsoperation
Begeht ein Arzt bei der Ausführung einer kosmetischen Operation (Schönheits – OP) einen Behandlungsfehler, so hat er die Kosten für eine medizinisch notwendige Korrektur zu ersetzen.

Aktenzeichen: OLG Düsseldorf, 01.08.2002, AZ: 8 U 195/01
Entscheidungsjahr: 2002

Individuelle Gesundheitsleistungen – IGeL

► Privatbehandlung eines Kassenpatienten
Ein Arzt darf einen Kassenpatienten nur dann privatärztlich behandeln und seine Leistungen nach der GOÄ abrechnen, wenn dies vom Patienten ausdrücklich gewünscht wird.
Dies ist vom Arzt auch dann zu beachten, wenn der Kassenpatient eine private Zusatzversicherung hat, denn eine solche Versicherung deckt nicht ohne weiteres jeden Behandlungsfall ab. Auch bei Vorliegen einer Zusatzversicherung kann ein Kassenpatient nicht einem Privatpatienten gleichgestellt werden.

Aktenzeichen: LG München, 31.05.2011, AZ: 31 S 10595710
Entscheidungsjahr: 2011

► Aufklärungsumfang bei Anwendung einer Außenseitermethode
Die Anwendung einer Außenseitermethode im Sinne einer nicht allgemein anerkannten Heilmethode ist grundsätzlich erlaubt und führt nicht ohne weitere Umstände zu einer Haftung des behandelnden Arztes.
Die Therapiewahl ist primär Sache des Arztes, dem bei seiner Entscheidung ein weites Ermessen eingeräumt wird für den Fall, dass praktisch gleichwertige Methoden zur Verfügung stehen. Der Arzt ist bei der Wahl der Therapie auch nicht stets auf den jeweils sichersten therapeutischen Weg festgelegt, wenn ein höheres Risiko in den besonderen Sachzwängen des konkreten Falles oder in einer günstigeren Heilungsprognose eine sachliche Rechtfertigung findet. Jedoch erfordert die Anwendung einer Außenseitermethode zur Wahrung des Selbstbestimmungsrechts des Patienten dessen Aufklärung über das Für und Wider dieser Methode.
Einem Patienten müssen nicht nur die Risiken und die Gefahr eines Misserfolges des Eingriffs erläutert werden, sondern er ist auch darüber aufzuklären, dass der geplante Eingriff (noch) nicht oder nicht mehr medizinischer Standard und seine Wirksamkeit statistisch nicht abgesichert ist. Der Patient muss wissen, auf was er sich einlässt, um abwägen zu können, ob er die Risiken einer Behandlung und deren Erfolgsaussichten im Hinblick auf seine Befindlichkeit vor dem Eingriff eingehen will.

Aktenzeichen: OLG Köln, 30.05.2012, AZ: 5 U 44/06
Entscheidungsjahr: 2012

► Abrechnung einer über das Maß des medizinisch Notwendigen hinausgehenden Wunschbehandlung des Patienten
Ein Arzt kann gemäß § 1 Abs. 2 S. 2 GOÄ gegenüber dem Patienten nur dann eine über das Maß des medizinisch Notwendigen hinausgehende Behandlung abrechnen, wenn er diese auf Verlangen des Patienten erbracht hat. Dies setzt voraus, dass der Arzt den Patienten zuvor darüber aufgeklärt hat, dass die beabsichtigte Behandlung über das Maß des medizinisch Notwendigen hinausgeht.
Wenn der Arzt dem Patienten vertragswidrig eine nicht notwendige ärztliche Leistung abgerechnet, besteht für den Patienten die Möglichkeit, Schadensersatzansprüche gegenüber dem Arzt geltend zu machen.

Aktenzeichen: OLG München, 8.02 – AZ: 1 U 4547/11
Entscheidungsjahr: 2012

► Zur Abgrenzung Honorarvereinbarung, § 2 GOÄ, und Vergütungsvereinbarung nach den §§ 18 Abs. 8 BMV-Ä, 21 Abs. 8 BMV-Ä/EKV (IGeL)

Das Gericht führt aus:
„... Es geht jedoch aus der Honorarvereinbar nicht hinreichend klar hervor, dass der Versicherte trotz es bestehenden Versicherungsschutzes im Rahmen der gesetzlichen Krankenversicherung ausdrücklich eine privatärztliche Behandlung wünsche. Vielmehr ist Gegenstand der streitgegenständlichen Honorarvereinbarung im Wesentlichen die Vereinbarung einer von den Bestimmungen des § 5 GOÄ abweichenden Gebührenregelung gemäß § 2 GOÄ. Demnach handelt es sich um eine Honorarvereinbarung im Sinne von § 2 GOÄ. Als solche genügt sie jedoch auf Grund des unterschiedlichen Regelungszwecks nicht gleichzeitig den Anforderungen der §§ 18 Abs. 8 BMV-Ä, 21 Abs. 8 BMV-Ä/EKV. Während bei einer Vereinbarung nach § 2 Abs. 2 GOÄ dem Zahlungspflichtigen vor Augen geführt werden soll, dass für die ärztlichen Leistungen eine von den üblichen Gebühren der GOÄ abweichende Gebührenhöhe in Rechnung gestellt werden wird, bezwecken § 18 Abs. 8 BMV-Ä, § 21 Abs. 8 BMV-Ä/EKV, dem Versicherten Klarheit darüber zu verschaffen, dass er durch die im Rahmen der gesetzlichen Krankenversicherung abgedeckten Leistungen eine ausreichende ärztliche Behandlung erfährt und dass er, sollte er dennoch eine privatärztliche Behandlung wünschen, die Kosten hierfür grundsätzlich selbst zu tragen hat. Dieser Schutzzweck ist nur erfüllt, wenn die mit dem Versicherten abgeschlossene Honorarvereinbarung seinen ausdrücklichen Wunsch nach privatärztlicher Behandlung und Privatliquidation der ärztlichen Leistungen trotz bestehenden Versicherungsschutzes im Rahmen der gesetzlichen Krankenversicherung dokumentiert....“

Aktenzeichen: 1. AG München, 28.04.2010, AZ: 163 C 34297/09
2. LG München, 31.05.2011, AZ: 31 S 10595/10
Entscheidungsjahr: 2011

► Keine privatärztliche Liquidation bei GKV-Patienten ohne schriftliche Zusage vor Behandlungsbeginn
Eine privatärztliche Liquidation ist nur unter der Voraussetzung wirksam, dass sie vor Beginn der Behandlung schriftlich zugesagt worden sei. Eine mögliche mündliche Zusage des Patienten ist unbeachtlich.
Ferner kann dahingestellt bleiben, ob die Teilzahlung des privatärztlich berechneten Honorars und der anschließende Schriftverkehr ein Anerkenntnis enthalten würden. Dieses Anerkenntnis könne schon deshalb nicht wirksam sein, da es erst nach Behandlungsbeginn abgegeben wurde.
Auch eine Vergütung aus Geschäftsführung ohne Auftrag scheitere, da der Kläger bei Behandlung im Auftrag und auf Rechnung der gesetzlichen Krankenkasse tätig war. Dies folge daraus, daß die Voraussetzung des § 18 Abs. 8 Nr. 2 und Nr. 3 Bundesmantelvertrag (vorherige schriftliche Zustimmung zur Privatliquidation) für Ärzte nicht vorgelegen haben und somit die Behandlung automatisch als im Auftrag und auf Rechnung der gesetzlichen Krankenkasse gelte.
Bittet ein gesetzlich versicherter Patient den Arzt, eine Leistung vorzunehmen, die nicht zum Leistungskatalog der gesetzlichen Krankenversicherung gehört, so kann dem Arzt daher nur empfohlen werden, sich gem. § 18 Abs. 8 Nr. 2 und Nr. 3 BMV-Ärzte das ausdrückliche Verlangen, auf eigene Kosten behandelt zu werden, dokumentiert und den Patienten dies schriftlich bestätigen läßt.

Aktenzeichen: LG Mannheim, 18.01.2008, Az.: 1 S 99/07
Entscheidungsjahr: 2007

► GKV-Patient – Aufklärung über Behandlungsalternative mit Selbstzahlung (IGeL)
Bietet eine Behandlungsalternative höhere Erfolgschancen, so muss der Arzt auch einen Kassenpatienten auf die Möglichkeit hinweisen, gegen private Zahlung eine Versorgung zu wählen, die über den für gesetzlich Versicherte als Regelversorgung vorgesehenen Standard hinausgeht. Es ist allein Sache des Patienten zu entscheiden, welche Versorgung er selbst wünscht.
Nach ständiger Rechtsprechung ist zwar die Wahl der Behandlungsmethode primär Sache des Arztes. Die Wahrung des Selbstbestimmungsrechts des Patienten erfordert aber seine Unterrichtung über eine alternative Behandlungsmöglichkeit, wenn für eine medizinisch sinnvolle und indizierte Therapie mehrere gleichwertige Behandlungsmethoden zur Verfügung stehen, die zu unterschiedlichen Belastungen des Patienten führen oder unterschiedliche Risiken und Erfolgschancen bieten, der Patient also eine echte Wahlmöglichkeit hat.

Aktenzeichen: OLG Oldenburg, 14.11.2007, AZ: 5 U 61/07
Entscheidungsjahr: 2007

Medizinische Standards – Leitlinien

► Leitlinien von ärztlichen Fachgremien
Leitlinien von ärztlichen Fachgremien oder Verbänden können im Gegensatz zu den Richtlinien der Bundesausschüsse der Ärzte und Krankenkassen nicht unbesehen mit dem zur Beurteilung eines Behandlungsfehlers gebotenen medizinischen Standard gleichgesetzt werden.
Solche Leitlinien können insbesondere kein Sachverständigengutachten ersetzen; letztlich obliegt die Feststellung eines Verstoßes gegen den medizinischen Standard der Würdigung des sachverständig beratenen Gerichts.

Aktenzeichen: BGH, 28.03.2008, AZ: VI ZR 57/07
Entscheidungsjahr: 2008

► Die Leitlinien der AMWF
Die Leitlinien der AMWF haben unbeschadet ihrer wissenschaftlichen Fundierung derzeit lediglich Informationscharakter für die Ärzte selbst. Einer weiter gehenden Bedeutung, etwa als verbindlicher Handlungsanleitung für praktizierende Ärzte, steht zumindest derzeit die anhaltende Diskussion um ihre Legitimität als auch um ihre unterschiedliche Qualität (siehe Bemühungen um ihre schrittweise Implementierung nach den Grundsätzen der evidenzbasierten Medizin) und Aktualität (angesichts des teilweise rasanten Fortschritts in der medizinischen Wissenschaft und Praxis) entgegen.
Forensisch betrachtet sind die Leitlinien der AMWF wegen ihres abstrakten Regelungsgehalts grundsätzlich auch nicht geeignet, ein auf den individuellen Behandlungsfall gerichtetes Sachverständigengutachten zu ersetzen.

Aktenzeichen: Aktenzeichen: OLG Naumburg, 25.03.2002, AZ: 1 U 111/01
Entscheidungsjahr: 2002

Behandlung GKV-Patient

► Zulassungsentziehung wegen fehlender Aufklärung zu Individuellen Gesundheitsleistungen
Ein Arzt hatte mehrmals vom Einheitlichen Bewertungsmaßstab erfasste Leistungen als individuelle Gesundheitsleistungen erbracht und nach der GOÄ abgerechnet, ohne dass er den Patienten aufgeklärt und eine entsprechende Vereinbarung abgeschlossen hatte. Dem Arzt kam es ausschließlich darauf an, seine Behandlungen privat abzurechnen.
Das Gericht sah in diesem Verhalten eine gröbliche Verletzung vertragsärztlicher Pflichten. Diese Verstöße rechtfertigen nach der Rechtsprechung des Bundessozialgerichtes grundsätzlich eine Zulassungsentziehung.

Aktenzeichen: LSG Bayern, 05.11.2011, AZ: L 12 KA 116/10
Entscheidungsjahr: 2011

► Leistungsumfang der GKV
§ 2 Abs. 1 Satz 3 SGB V gibt vor, dass Qualität und Wirksamkeit der Leistungen, die zulasten der gesetzlichen Krankenversicherung erbracht werden, dem allgemein anerkannten Stand der medizini-

schen Erkenntnisse zu entsprechen und den medizinischen Fortschritt zu berücksichtigen haben. Der Anspruch eines Versicherten auf Behandlung nach § 27 Abs. 1 Satz 2 Nr. 1 SGB V umfasst daher nur solche Leistungen, deren Qualität und Wirksamkeit diesen wissenschaftlichen Anforderungen entspricht. Hierzu genügt es nicht, dass eine Behandlungsmethode bei einem Versicherten nach Ansicht seiner Ärzte positiv gewirkt haben soll (vgl. entsprechend das BSG auch zur Frage der Erfüllung von Qualitätskriterien einer bestimmten Arzneimitteltherapie, Urteil vom 01. März 2011 – AZ: B 1 KR 7/10 R -). Neue Verfahren, die nicht ausreichend erprobt sind, oder Außenseitermethoden, die zwar bekannt sind, aber sich nicht bewährt haben, lösen keine Leistungspflicht der Krankenkasse aus. Es ist nicht Aufgabe der Krankenkassen, die medizinische Forschung zu finanzieren. Die einzige Ausnahme bilden nach § 137 c Abs. 2 Satz 2 SGB V die Durchführung klinischer Studien.

Aktenzeichen: LSG Baden-Württemberg, 27.04.2012, AZ: L 4 KR 595/11
Entscheidungsjahr: 2012

► Unwirksame Klausel in KV – Satzung
Die Satzungsbestimmung einer Kassenärztlichen Vereinigung, nach der ein Arzt sein vertragsärztliches Leistungsangebot von der kostendeckenden Vergütung einzelner ärztlicher Leistungen abhängig machen darf, ist rechtswidrig.

Aktenzeichen: BSG, 14.3.2001, AZ: B 6 KA 54/00 R
Entscheidungsjahr: 2001

► Kostenerstattung durch GKV bei selbstbeschaffter Leistung
Einem GKV-Versicherten sind die Kosten einer selbstbeschafften Leistung von der Kasse zu erstatten. Vorausgesetzt wird dabei, dass ein Honoraranspruch des behandelnden Arztes wirksam entstanden ist. Der zugelassene Vertragsarzt hat einen GKV-Patienten grundsätzlich umfassend gemäß der medizinischen Notwendigkeit zu behandeln; Eine dennoch abgeschlossene Honorarvereinbarung über die Kassenleistung ist nichtig; sie weicht zum Nachteil des Versicherten vom Prinzip kostenfreier Sach- und Dienstleistungsgewährung ab. Ein Honoraranspruch des behandelnden Arztes ist nicht rechtswirksam entstanden.
Führt ein Vertragsarzt eine Behandlung außerhalb des Leistungsbereiches der GKV durch, hat er den Patienten deutlich aufzuklären, dass in diesem Fall eine Kostenerstattung durch die GKV nicht erfolgen wird. Fehlt es an diesem Hinweis, entsteht ebenfalls kein wirksamer Vergütungsanspruch.

Aktenzeichen: LSG Saarland, 22.06.2011, AZ: L 2 KR 1/11
Entscheidungsjahr: 2011

Kostenerstattung § 13 SGB V – Aufklärung durch GKV
Zur Kostenerstattung eines GKV-Versicherten heißt es in § 13 Abs.2 SGB V:
... „Versicherte können anstelle der Sach- oder Dienstleistungen Kostenerstattung wählen. Hierüber haben sie ihre Krankenkasse vor Inanspruchnahme der Leistung in Kenntnis zu setzen...
Die GKV hat dann den Versicherten generell darüber aufzuklären, dass die Erstattung begrenzt ist auf die Höhe der Vergütung der GKV bei einer Sachleistung. Es besteht aber keine Pflicht zur Belehrung des Versicherten über die anfallenden GOÄ-Beträge für die einzelnen Leistungen des Arztes..."

Aktenzeichen: LSG Saarbrücken, 12 .11.2008, AZ: L 2 KR 18/06
Entscheidungsjahr: 2008

► Ende der kurativen Misteltherapie
Homöopathische und anthroposophische Mistelpräparate dürfen in der adjuvanten Krebstherapie künftig nicht mehr zu Lasten der gesetzlichen Krankenkassen verordnet werden.
Nach der OCT-Liste des GBA ist die Verordnung von Mistelpräparaten nur für die Indikation in der palliativen Therapie von malignen Tumoren zulässig.
Das Gericht führt u. a. aus:
... „Das Gebot, der therapeutischen Vielfalt Rechnung zu tragen, bedeutet insbesondere, dass die Eigenheiten besonderer Therapierichtungen zu berücksichtigen sind. Bei der Bewertung der Qualität und Wirksamkeit von Behandlungsmethoden und Medikationen ist deshalb der Erkenntnisstand der jeweiligen Therapierichtung, also die aus Sicht der Therapierichtung gegebene besondere Wirksamkeit zugrunde zu legen. Der GBA hat in Nr 16. 5 AMRL spezielle Regelungen zugunsten besonderer Therapierichtungen aufgenommen. Er hat für die Beurteilung, ob ein Arzneimittel für die Be-

handlung einer schwerwiegenden Erkrankung als Therapiestandard anzusehen ist (vgl § 34 Abs 1 Satz 2 SGB V), in Nr 16. 5 AMRL eine Sonderregelung für die Arzneimittel der Anthroposophie und Homöopathie getroffen: Das Vorliegen eines Therapiestandards ist „nach dem Erkenntnisstand ... in der jeweiligen Therapierichtung“ zu beurteilen
Aus § 34 Abs 1 Satz 3 SGB V kann nicht abgeleitet werden, der GBA müsse im Rahmen der anthroposophischen und homöopathischen Therapierichtungen Arzneimittel wie zB Mistel-Präparate sowohl für die kurativ-adjuvante als auch für die palliative Therapie für verordnungsfähig erklären. Kommt der GBA in diesem Rahmen zum Ergebnis, einen Behandlungsstandard gebe es bei einer bestimmten schwerwiegenden Erkrankung nur in der palliativen Therapie, so beschränkt er die Verordnungsfähigkeit in der Weise, wie er es in Nr 16. 4. 27 AMRL bezogen auf Mistel-Präparate getan hat...“

Aktenzeichen: BSG, 11.05.2011, AZ: 25/10 B 6 KA 25710
Entscheidungsjahr: 2011

▶ Verordnung von Rezepturarzneimitteln
Die Verordnung von Rezepturarzneimitteln bei einer Behandlung, für die keine positive Empfehlung nach § 135 Abs.1 SGB V vorliegt, darf nur erfolgen, wenn ihre Wirksamkeit auf sonstige Weise ausreichend belegt ist, z. B.durch wissenschaftlich einwandfreie Statistiken. Bei sog. unerforschten Krankheiten reicht es, wenn sich die Anwendung in der Praxis oder Fachwissenschaft durchgesetzt hat oder eine nicht ganz fern liegende Aussicht auf eine Heilung gegeben ist.

Aktenzeichen: BSG, 03.02.2010, AZ: B 6 KA 37/08
Entscheidungsjahr: 2010

▶ Keine Kostenübernahme von GKV für Liposuktion (Fettabsaugung)
Die gesetzlichen Krankenkassen müssen die Kosten für eine Liposuktion ihrer an einem Lipödem erkrankten Versicherten nicht übernehmen. Die Patientin leidet seit Jugendjahren an sog. Lipödemen (einer schmerzhaften Häufung von Fettgewebe) an den Beinen. Die durchgeführte Ernährungsumstellung in Kombination mit manuellen Lymphdrainagen und Sport hatte zu keiner Linderung der Beschwerden geführt, so dass die Patientin schließlich eine ambulante Liposuktion durchführen ließ. Die Krankenkasse weigerte sich, die Kosten hiefür zu erstatten.
Das Sozialgericht Mainz bestätigte nun im Anschluss an ein Urteil des Landessozialgerichts Rheinland-Pfalz und des Bundessozialgerichts die Entscheidung der Krankenkasse. Bei der Liposuktion handelt es sich um eine sog. neue Untersuchungs- und Behandlungsmethode, die im ambulanten Bereich nur erbracht werden darf, wenn der Gemeinsame Bundesausschuss eine positive Empfehlung abgeben hat. Dies ist bei der Liposuktion nicht der Fall. Die Patientin konnte sich auch nicht auf einen besonderen Ausnahmefall berufen, in welchem trotz fehlender positiver Empfehlung die Behandlung zu Lasten der gesetzlichen Krankenkassen in Anspruch genommen werden darf. Ein solcher Ausnahmefall setzt u. a. voraus, dass es sich um eine lebendbedrohliche oder regelmäßig tödlich verlaufende Erkrankung handelt. Einen solchen Schweregrad erreichen die Lipödeme jedoch nicht.

Aktenzeichen: LSG Baden-Württemberg, 27.04.2012, AZ: L 4 KR 595/11
Entscheidungsjahr: 2012

▶ Behandlung eines Mammakarzinomrezidivs mittels Kryotherapie
Die Kosten einer kassenärztlichen Behandlung eines Mammakarzinomrezidivs der linken Brust mittels Kryotherapie und anschließender Immuntherapie als neuer Untersuchungs- und Behandlungsmethode sind wegen fehlender Anerkennung durch den GBA nicht zu erstatten.
Es liegt auch keine Ausnahmesituation vor, die nach der Rechtsprechung eine Kostenübernahme rechtfertigen würde; denn es gibt die Möglichkeit einer Behandlung nach medizinischem Standard. Die Entfernung eines bereits geschädigten Körperorgans als Behandlungsalternative ist zumutbar.

Aktenzeichen: SG Freiburg, 26.07.2012, AZ: S 5 KR 5749/10
Entscheidungsjahr: 2012

▶ Hyperthermiebehandlung bei Astrozytom (Gehirntumor)
Für die Hyperthermiebehandlung fehlt es an der nach § 135 I 1 SGB V erforderlichen befürwortenden Entscheidung des GBA. Ein Ausnahmefall des „Systemversagens“ liegt nicht vor.
Hinsichtlich der Behandlung eines Astrozytoms (Gehirntumor) mittels Hyperthermie fehlt es an einer auf Indizien gestützten, nicht ganz fern liegenden Aussicht auf Heilung oder wenigstens auf spürba-

re positive Einwirkung auf den Krankheitsverlauf. (vgl. auch Urteil zur Beihilfe: VerwG Karlsruhe, 20.10.2011, AZ: 9 K 1098/10)

Aktenzeichen: LSG Baden-Württemberg, 27.04.2012, AZ: L 4 KR 5054/10
Entscheidungsjahr: 2012

▶ Elektroakupunktur nach Voll
Keine Kostenerstattung für Elektroakupunktur nach Voll durch GKV
Behandlung und Diagnostik nach der EAV sind keine Leistungen der GKV. § 135Abs.1 SGB V schließt die Leistungspflicht einer GKV für neue Untersuchungs- und Behandlungsmethoden solange aus, bis diese vom GBA als zweckmäßig anerkannt ist. Die EAV ist aber vielmehr vom GBA in den Katalog der Leistungen aufgeführt, die nicht von den Vertragsärzten verordnet werden dürfen.

Aktenzeichen: BSG, 09.11.2006, AZ: B 10 KR 3/06
Entscheidungsjahr: 2006

▶ Ambulante Kunsttherapie
Nach § 27 Abs. 1 SGB V hat der gesetzlich Versicherte einen Anspruch auf Krankenbehandlung, wenn diese medizinisch notwendig ist. Die Behandlung bzw. Therapie muss rechtlich von den Leistungspflichten der gesetzlichen KV umfasst sein.
Bei der ambulanten Kunsttherapie handelt es sich um eine neue Behandlungsmethode. Zu dieser Therapie hat der Gemeinsame Bundesausschuss bisher keine Empfehlung abgegeben, weder in positiver noch in negativer Hinsicht.
Eine Leistungspflicht der KV besteht auch nicht unter dem Gesichtspunkt, dass der Bundesausschuss keine Entscheidung getroffen hat, obwohl alle Voraussetzungen seit längerer Zeit gegeben sind; sog. Systemversagen. Dies ist in diesem Fall nicht gegeben.
Eine gesetzliche KV hat daher die Kosten für eine ambulante Kunsttherapie nicht zu übernehmen.
Im konkreten Fall lag auch keine notstandsähnliche Krankheitssituation vor, da die Patientin nicht lebensbedrohlich erkrankt war.

Aktenzeichen: SG Aachen, 11.08.2011, AZ: S 2 KR 103/11
Entscheidungsjahr: 2011

▶ Genehmigung von Akupunktur führt nicht dazu, dass Kinder- u. Jugendmediziner fachfremde Leistungen erbringen kann
Ein Vertragsarzt ist grundsätzlich an die Grenzen des Fachgebietes, für das er zur Teilnahme an der vertragsärztlichen Versorgung zugelassen ist, gebunden. Welche ärztlichen Leistungen zu einem bestimmten Fachgebiet gehören oder außerhalb des Gebietes liegen und daher als fachfremd einzuschätzen sind, beurteilt sich vorrangig nach der jeweiligen Gebietsdefinition in der Weiterbildungsordnung (vgl. auch BSG, 22.03.2006, AZ: B 6 KA 75/04).
Für einen Kinder- und Jugendmediziner ist daher nach seinem Fachgebiet eine regelmäßige Behandlung von Erwachsenen nicht zulässig, da diese für ihn fachfremd ist. Daran ändert sich auch nichts, wenn der Arzt die Zusatzbezeichnung Akupunktur führen kann. Eine Erteilung von Genehmigungen zur Durchführung qualifikationsgebundener Leistungen berechtigen einen Vertragsarzt nicht, fachfremde Leistungen zu erbringen.

Aktenzeichen: LSG Sachsen, 24.09.2010, AZ: I 1 KA 1/10
Entscheidungsjahr: 2010

Behandlung PKV-Patient

▶ GOÄ Nr. 34 – Überschreiten des Schwellenwertes (2,3fach) nur möglich, wenn Besonderheiten vorliegen
Bei der Abrechnung ist ein Überschreiten des Schwellenwertes (2,3 fach) nur möglich, wenn Besonderheiten vorliegen, die speziell bei der Behandlung des Patienten aufgetreten sind. Die Begründung des Arztes muss dann das Vorliegen solcher Umstände deutlich machen.
Eine bei Nr. 34 abgegebene Begründung: „ OP. – Aufklärung „ ist dafür nicht ausreichend, da sie zu pauschal ist.

Aktenzeichen: VerwG Stuttgart, 28.10.2013, AZ: 12 K 63/13
Entscheidungsjahr: 2013

► Hyperbare Sauerstofftherapie

Die hyperbare Sauerstofftherapie (Druckkammerbehandlung) ist eine etablierte alternative Methode zur Behandlung einer aseptischen Knochennekrose, die sich in der Praxis ebenso erfolgsversprechend bewährt hat wie die schulmedizinisch anerkannte Behandlung dieser Erkrankung.
Eine in der Praxis ebenso erfolgversprechende Bewährung liegt dann vor, wenn im Grundsatz die in Betracht genommene Methode der alternativen Medizin in ihrer Wirksamkeit – wenigstens im Großen und Ganzen – einer ebenfalls zu Gebote stehenden Methode der Schulmedizin gleichkommt. Dies bedeutet allerdings nicht, dass sie über eine Erfolgsdokumentation verfügen muss, die der Schulmedizin vergleichbar ist. Eine Methode der etablierten Richtungen der alternativen Medizin ist vielmehr bereits dann als gleichwertig anzusehen, wenn sie sich aufgrund neutraler, der Erfolgsdefinition dieser Richtung Rechnung tragender Tests als nicht untauglich erwiesen hat. Es liegt daher eine medizinisch notwendige Heilbehandlung vor, deren Kosten eine PKV zu erstatten hat.

Aktenzeichen: OLG Stuttgart, 22.09.2011, AZ: 7 U 39/11
Entscheidungsjahr: 2011

► PKV- Patient: Kosten für Galvanotherapie

Der Patient hat gegen die PKV keinen Anspruch auf Erstattung der durch die ECT-Galvanotherapie entstandenen Kosten.
Die Verpflichtung der PKV zur Erstattung von Aufwendungen für alternativmedizinische Behandlungen richtet sich nach ihren Versicherungsbedingungen. Die sog. „Schulmedizinklausel" ist wirksam. Danach leistet der Versicherer im vereinbarten Umfang für Untersuchungs- und Behandlungsmethoden und Arzneimittel, die von der Schulmedizin überwiegend anerkannt sind. Er leistet darüber hinaus für Methoden und Arzneimittel, die sich in der Praxis ebenso Erfolg versprechend bewährt haben oder die angewandt werden, weil keine schulmedizinischen Methoden oder Arzneimittel zur Verfügung stehen.
Die Galvanotherapie ist unstreitig keine Behandlungsmethode, die von der Schulmedizin überwiegend anerkannt ist.
Sie ist nach dem Ergebnis der Beweisaufnahme auch keine Methode, die sich in der Praxis ebenso Erfolg versprechend bewährt hat. Voraussetzung dafür ist, dass sie über eine gewisse Dauer („sich bewährt") eingesetzt worden ist und Erfolge vorweisen kann („Erfolg versprechend"), die denjenigen Erfolgen, die mit überwiegend anerkannten schulmedizinischen Methoden erzielt wurden, gleichstehen. Diese – vom Versicherungsnehmer zu beweisende – Voraussetzung ist nach den klaren und überzeugenden Ausführungen des Sachverständigen nicht erfüllt.
Eine Erstattungspflicht der Beklagten ergibt sich schließlich nicht unter dem Gesichtspunkt, dass keine schulmedizinischen Methoden oder Arzneimittel zur Verfügung stehen.
Insoweit kommt es nicht darauf an, dass Krebserkrankungen in aller Regel nicht sicher heilbar sind. Vielmehr ist nach den Versicherungsbedingungen maßgebend, dass zur Heilbehandlung keine anerkannten Methoden zur Verfügung stehen. Das beim Patienten diagnostizierte Prostatakarzinom ist indes nach den überzeugenden Ausführungen des Sachverständigen mit sehr guten Heilungschancen nach anerkannten schulmedizinischen Methoden behandelbar.

Aktenzeichen: OLG Köln, 24.07.2009, AZ: 20 U 55/09
Entscheidungsjahr: 2009

► Kosten für Behandlung durch Heikpratiker

Die Patientin hat einen Anspruch auf Erstattung der hier geltend gemachten Aufwendungen für die Heilbehandlungen durch die Heilpraktikerin, denn die Behandlungen durch die Heilpraktikerin waren medizinisch notwendig im Sinne des § 1 Abs. 2 MB/KK 94.
Die Besonderheit des vorliegenden Falles liegt darin, dass keine schuldmedizinische Behandlung, sondern eine naturheilkundliche Behandlung erfolgt ist. Grundsätzlich ist eine Behandlungsmaßnahme dann medizinisch notwendig, wenn es nach den objektiven medizinischen Befunden und Erkenntnissen zum Zeitpunkt der Vornahme der ärztlichen Behandlung vertretbar war, sie als notwendig anzusehen. Es kommt hierbei aber nicht auf die „Wissenschaftlichkeit" der Erkenntnisse an. Dies hätte nämlich zur Folge, dass Behandlungen durch Heilpraktiker grundsätzlich nicht erstattungsfähig wären, da deren Vorgehensweisen und Handlungsmethoden in aller Regel gerade nicht wissenschaftlich belegt und begründet sind. Dies liegt bei Naturheilkundeverfahren in der Natur der Sache, da es sich gerade nicht um schulmedizinische Behandlungen handelt, die auf wissenschaftlichen Erkenntnissen beruhen. Auch der BGH hat klargestellt, dass die Wissenschaftlichkeit nicht entscheidend sein kann.

Entscheidend muss vielmehr sein, ob aus naturheilkundlicher Sicht die gewählte Behandlungsmethode anerkannt und nach den für die Naturheilkunde geltenden Grundsätzen als medizinisch notwendig anzusehen ist. Denn aus Sicht des durchschnittlichen Versicherungsnehmers, auf dessen Verständnis es bei der Auslegung von Versicherungsbedingungen ankommt, ist die Einbeziehung der Leistungen eines Heilpraktikers nur so zu verstehen, dass naturheilkundliche Behandlungen im Grundsatz erstattungsfähig sind.
Von den anerkannten Naturheilkundeverfahren abzugrenzen sind als dritte Gruppierung sog. Außenseitermethoden, die weder von der allgemeinen Naturheilkundelehre, noch von der Schulmedizin getragen werden. Ein solcher Außenseiterfall liegt hier indes nicht vor, so dass auch nicht die nochmals strengeren Anforderungen aus der Entscheidung des OLG Hamm, 20 U 173/96, Urteil vom 26.06.1998, zu stellen sind.
Danach ist im vorliegenden Fall die medizinische Notwendigkeit der durchgeführten Behandlung zu bejahen. Die Sachverständige hat insoweit überzeugend dargelegt, dass zunächst das Vorliegen einer Neurodermitis unzweifelhaft zu bejahen war und diese auch als behandlungsbedürftig anzusehen war. Sodann hat die Sachverständige ebenso überzeugend und schlüssig sowie nachvollziehbar dargelegt, dass der grundsätzliche Behandlungsansatz der Heilpraktikerin über eine Orthomolekular-Therapie bzw. eine Colon-Hydro-Therapie als Therapie für eine Neurodermitis naturheilkundlich anerkannt und gängig ist und darüber hinaus – jedenfalls aus naturheilkundlicher Sicht – auf einem medizinisch nachvollziehbaren Ansatz beruht. Vor dem Hintergrund dieser Ausführungen ist die medizinische Notwendigkeit unter Zugrundlegung naturheilkundlicher Grundsätze zu bejahen.

Aktenzeichen: LG Münster, 17.11.2008, AZ: 015 0 461/07
Entscheidungsjahr: 2008

► Abrechnungsbetrug bei Behandlung von Privatpatienten
Ein Arzt hatte bei Behandlungen von Privatpatienten in mehrfacher Hinsicht einen Abrechnungsbetrug gemäß § 263 StGB begangen.
In Absprache mit den Patienten hatte er in seinen Honorarabrechnungen angebliche Leistungen ausgewiesen und berechnet, die er gar nicht erbracht hatte. Die Patienten reichten die Rechnungen bei ihren Versicherungen zur Bezahlung ein. Der BGH erklärt nochmals: bei standardisierten Abrechnungsverfahren ist es nicht erforderlich, dass der Mitarbeiter in Bezug auf einzelne Positionen die Vorstellung hat, sie sei der Höhe nach berechtigt; es genügt die stillschweigende Annahme, die Abrechnung sei insgesamt in Ordnung.
Weiterhin hatte der Arzt Leistungen in Rechnung gestellt, die er persönlich nicht erbracht hatte, u. a. Laborleistungen der Klasse M III und M IV.
Dabei weist der BGH u. a. daraufhin: der Arzt, der eine ärztliche Leistung als eigene abrechnet, behauptet nicht nur, zu dieser Abrechnung berechtigt zu sein; sondern er erklärt zumindest konkludent, dass bei den einzelnen Abrechnungspositionen die Voraussetzungen der zu Grunde liegenden Rechtsvorschriften eingehalten sind.
Der für Betrug nach § 263 StGB erforderliche Irrtum setzt nicht voraus, dass sich der Patient konkrete Vorstellungen über die Berechnung und Bemessungsgrundlagen macht. Ausreichend ist beim Patienten die Vorstellung, die Abrechnung sei in Ordnung. Der Patient erleidet dann einen Vermögensschaden, wenn er in der Folge nicht geschuldetes Arzthonorar bezahlt.

Aktenzeichen: BGH, 25.01.2012, AZ: 1 StR 45/11
Entscheidungsjahr: 2012

Steuerrecht

Außergewöhnliche Belastung § 33 EStG; Kosten für alternative Behandlung
Auch Kosten für eine alternative Behandlungsmethode, z. B. Sauerstofftherapie, können eine außergewöhnliche Belastung darstellen. Dem steht nicht entgegen, dass eine Methode nicht als wissenschaftlich anerkannte Heilmethode bewertet wird; es reicht, wenn die Behandlungsmethode auf einen medizinisch nachvollziehbaren Ansatz beruht und die Heilwirkung zumindest wahrscheinlich ist.
Es ist daher von Bedeutung, ob nach den Grundsätzen der Naturheilkunde die Methode als notwendig anzusehen ist.

Aktenzeichen: BFH, 05.10.2011, AZ: VI R 49/10
Entscheidungsjahr: 2011

► Umsatzsteuerpflicht bei unvollständiger Rechnung
Nach § 14 Abs.4 UStG muss eine Rechnung mit ausgewiesener Umsatzsteuer folgende Angaben enthalten:
- vollständiger Name
- vollständige Anschrift des leistenden Unternehmers und des Leistungsempfängers, die Steuernummer oder die UStG-Identifikationsnummer,
- das Ausstellungsdatum,
- eine fortlaufende Rechnungsnummer,
- die Menge und die Art der gelieferten Gegenstände oder den Umfang und die Art der sonstigen Leistung z. B. Art und Umfang der medizinischen Leistung
- sowie den Zeitpunkt der Lieferung bzw. Leistung z. B. Datum der erbrachten medizinischen Leistung

Der BFH hat nunmehr entschieden: der unberechtigte Ausweis von Umsatzsteuer in einer Rechnung führt auch dann zur Umsatzsteuerschuld des Rechnungsstellers, wenn die Rechnung nicht alle Angaben gemäß § 14 Abs.4 UStG enthält. Sonst könnte man sich durch das Weglassen nur eines Merkmales seiner Umsatzsteuerpflicht entziehen.

Aktenzeichen: BFH, 17.02.2011, AZ: V R 39/09
Entscheidungsjahr: 2011

► Umsatzsteuerpflicht bei Schönheitsoperationen
Gemäß § 4 Nr.14 S. 1 UStG sind Umsätze aus der Tätigkeit als Arzt, Zahnarzt, Heilpraktiker, Krankengymnast, Hebamme oder aus einer ähnlichen heilberuflichen Tätigkeit im Sinne des § 18 Abs.1 Nr.1 des EStG steuerfrei. Diese Vorschrift ist restriktiv in der Art auszulegen, dass nur Tätigkeiten zur Diagnose, Behandlung und Heilung von Krankheiten oder Gesundheitsstörungen steuerfrei sind. Die frühere weite Auslegung der Vorschrift ist von der Finanzverwaltung zu Recht aufgeben worden. Eine ästhetisch – plastische Leistung eines Chirurgen (Schönheits-OP) ist dann steuerpflichtig, wenn nach den Umständen des Einzelfalls keine medizinische Indikation vorliegt. Eine Steuerfreiheit besteht nur in den Fällen, bei denen eine Operation dieser Art dem Schutz der Gesundheit dient.

Aktenzeichen: Bundesfinanzhof, 15.07.2004, AZ: V R 27/03
Entscheidungsjahr: 2004

► Umsatzsteuerpflicht bei reiner Schönheits-OP
Reine Schönheitsoperationen, bei denen keine medizinische Indikation vorliegt, sind nicht von der Umsatzsteuer befreit, denn es liegt kein Eingriff vor, der dem Schutz der menschlichen Gesundheit dient. Diese Rechtsprechung hat der BFH in einer neueren Entscheidung bestätigt.

Aktenzeichen: BFH, AZ: V R 17/09 - 07.10.2010
Entscheidungsjahr: 2010

► Allgemeine ärztl. Präventionsleistungen – Umsatzsteuerpflichtig
Allgemeine Präventionsleistungen wie Gesundheitssport oder Training unter ärztlicher Leitung sind keine umsatzsteuerfreie Heilbehandlung, weil es sich um Leistungen zur Stabilisierung des allgemeinen Gesundheitszustandes handelt ohne Bezug zu einem konkreten Krankheitsbild.

Aktenzeichen: BFH, 10.03.2005, AZ: V R 54/09
Entscheidungsjahr: 2005

Werbung und Wettbewerbsrecht

► Unzulässige Werbung mit ungesicherten Therapieansätzen
Es ist unzulässig, mit wissenschaftlich (noch) ungesichert geltenden Therapieansätzen zu werben; vgl. dazu § 3 HWG (Heilmittelwerbegesetz). Ist die Wirksamkeit einer Behandlung umstritten, verbietet sich die Bewerbung dieser Behandlungsmethode. In diesem Fall hat auch der Werbende die Wirksamkeit der Behandlungsmethode darzulegen und nachzuweisen.Eine unzulässige Werbung hat auch zur Folge, dass ein Wettbewerbsverstoß vorliegt.

Aktenzeichen: OLG Braunschweig, 07.03.2012, AZ: 2 U 90/11
Entscheidungsjahr: 2012

► Keine kostenlos erteilte ärztliche Beratung im Internet
1. Eine kostenlos erteilte ärztliche Beratung im Internet ist unzulässig. Es liegt ein Verstoß gegen das Wettbewerbsrecht vor, insbesondere auch gegen § 9 HWG. Hieran ändert auch der Hinweis: „Die Informationen unserer Experten ersetzen keine persönliche ärztliche Beratung und Behandlung. Im Zweifelsfall wenden Sie sich bitte persönlich an Ihren behandelnden Arzt." nichts.
2. Das Ärztliche Berufsgericht Niedersachsen führt in einer Entscheidung aus: „Allgemeine ärztliche Online-Informationen sind zulässig. Wird aber eine spezielle Anfrage zu einem konkreten Gesundheitszustand gestellt und dieser Einzelfall auch speziell beantwortet, liegt eine individuelle ärztliche Beratung vor." Dies gilt unabhängig davon, dass im Internet der Nutzer hingewiesen wurde, dass er nur allgemeine Informationen erhalten würde.

Aktenzeichen:
1. Aktenzeichen: LG Köln, 08.11.2011, AZ: 81 0 56/11
2. Aktenzeichen: Ärztl.Berufsgericht Niedersachsen, 07.03.2011, AZ: BG 6/11
Entscheidungsjahr: 2011

► Kick-Back bei Laborleistungen
Wenn (Zahn-)Ärzte sich vertraglich gegenüber einem Labor verpflichten, sämtliche Laborleistungen nur bei diesem Labor in Auftrag zu geben, und durch eine gesellschaftsrechtliche Absprache am Gewinn des Labors beteiligt sind, liegt eine unangemessene unsachliche Einflussnahme auf die ärztliche Diagnose- und Therapiefreiheit vor.
Eine solche Vertragsbestimmung ist nach § 134 BGB in Verbindung mit §§ 3, 4 Nr.1 UWG nichtig. Betroffenen Ärzten ist es nach dem Grundsatz von Treu und Glauben nicht verwehrt, sich bei Auseinandersetzungen mit dem Labor auf die Nichtigkeit der Vertragsklausel zu berufen.

Aktenzeichen: BGH, 23.02.2012, AZ: I ZR 231/10
Entscheidungsjahr: 2012

► Vorher-Nachher-Bilder bei Schönheitsoperationen
Seit April 2006 ist die Werbung für Schönheitsoperationen eingeschränkt; insbesondere besteht ein strenges Werbeverbot für Vorher-Nachher-Bilder bei operativen plastisch – chirurgischen Eingriffen. Dies gilt aber nicht für alle Schönheitsoperationen. So fallen kleinere, zuerst ästhetisch veranlasste Operationen nicht unter das Werbeverbot, das sie rein oberflächlich durchgeführt werden und nicht als plastische Eingriffe anzusehen sind; z. B. Peeling der Haut mittels Laser, oberflächliche Behandlung von Cellulite, etc..

Aktenzeichen: LG Lübeck, 15.05.2007, AZ: 11 O 2/07
Entscheidungsjahr: 2007

► Abgabe von Nahrungsergänzungsmitteln in Praxis
Ein Verstoß gegen das Wettbewerbsrecht liegt vor, wenn ein Arzt in seiner Praxis Nahrungsergänzungsmittel, Vitaminpräparate etc. abgibt, da diese Waren nicht notwendiger Bestandteil der ärztlichen Therapie sind. Der Heilauftrag eines Arztes ist in einem solchen Fall nicht gewahrt; ein Einverständnis der Patienten zum Kauf der Präparate ist unbeachtlich.

Aktenzeichen: LG Rottweil, 16.06.06, AZ: 5 0 40/05
Entscheidungsjahr: 2006

► Bezeichnung „Akupunktur" auf Praxisschild
Ein niedergelassener Arzt bot seit Jahren nach entsprechender Ausbildung Akupunktur als ärztliche Leistung an. Auf seinem Praxisschild führte er die Bezeichnung „ Akupunktur", und zwar mit dem Zusatz: „Diese Bezeichnung ist keine Gebiets- oder Zusatzbezeichnung nach § 34 des Kammergesetztes für Heilberufe". Die LÄK Niedersachsen forderte den Arzt auf, die Bezeichnung vom Praxisschild zu entfernen. Das Bundesverwaltungsgericht sprach in einem Urteil dagegen aus, dass diese Bezeichnung zulässig sei. Das Gericht wies darauf hin, dass es zwar gerechtfertigt sei, Ärzten Werbebeschränkungen aufzuerlegen; eine interessengerechte und sachlich angemessene Information, die keinen Irrtum erregen kann, müsse aber zulässig sein. In diesem Fall hatte der Arzt ein berechtigtes Interesse, über sein zusätzliches Leistungsangebot zu informieren. Dazu kommt: die Akupunktur ist eine abrechnungsfähige Leistung und eine Behandlungsart, die nicht jeder Arzt beherrscht und anbietet.

Aktenzeichen: BVerwG, 05.04.2001, AZ: 3 C 25.00
Entscheidungsjahr: 2001

► HNO – Arzt als „Nasenchirurg"
Führt ein HNO- Arzt in seiner Praxis in einigem Umfang funktionelle und ästhetische Nasenchirurgie durch, ist eine Zusatzbezeichnung „Nasenchirurg" nicht als unzulässige Werbung anzusehen.

Aktenzeichen: 6 t E 963/08 T, LandesberufsG f. Heilberufe bei OVerwG Nordrh.-Wesstfalen, 29.09.2010
Entscheidungsjahr: 2010

► Inserat im Telefonverzeichnis mit: „Ärzte: Plastische Chirurgie"
Ein Arzt war Facharzt für Mund-, Kiefer- und Gesichtschirurgie; in seiner Praxis fanden vorwiegend Operationen im plastischen und ästhetischen Bereich statt. Im Branchen- und Telefonverzeichnis „Gelbe Seiten" hatte der Arzt wie folgt inseriert: Ärzte: Plastische Chirurgie. Mit dem Inserat macht der Arzt ein besonderes Leistungsangebot, d. h. plastische Operationen, ohne dass von ihm klargestellt wird, dass er die Leistungen nur nach eigenen Angaben erbringt. Denn es fehlt für die Leistung des Arztes eine objektive Bestätigung, wie z. B. Facharzttitel. Eine Werbung dieser Art ist daher wettbewerbswidrig und verstößt auch gegen die Berufsordnung der Ärzte.

Aktenzeichen: LG Köln, 29.11.2007, AZ: 31 0 556/07
Entscheidungsjahr: 2007

► Bezeichnung einer Arztpraxis als „Spezialist für..."
Einem Arzt ist es erlaubt, sachliche Informationen über seine Berufstätigkeit zu geben. Untersagt ist aber eine berufswidrige Werbung; dies ist vor allem eine anpreisende, irreführende, herabsetzende oder vergleichende Werbung. Dazu gehört das Führen von Zusatzbezeichnungen, die zu Irrtümern und damit zu einer Verunsicherung der Patienten führen können. Eine Bewertung kann dabei nicht generalisierend-abstrakt vorgenommen werden; es ist immer der Einzelfall zu prüfen unter Berücksichtigung des Grundrechts auf die Berufausübungsfreiheit. Eine Zusatzbezeichnung „Spezialist" kann nur dann zulässig sein, wenn ein Arzt tatsächlich in einem Fachgebiet über herausragende theoretische Kenntnisse und praktische Erfahrungen verfügt; dazu ist eine langjährige und umfassende Tätigkeit in dem Gebiet erforderlich. Liegen diese Voraussetzungen nicht vor, ist ein Zusatz „Spezialist" unzulässig, da er irreführend ist.

Aktenzeichen: 1. BVerfG, 28.07.2004, AZ: 1 BvR 159/04 2. OVG Nordrhein-Westfalen, 20.08.2007, 13 B 505/07
Entscheidungsjahr: 2007

► Praxis mit Zusatzbezeichnung: Tätigkeitsschwerpunkt...
Die Einschränkungen zur Werbung im Arztbereich werden zutreffend damit gerechtfertigt, dass eine gesundheitspolitisch unerwünschte Kommerzialisierung des Arztberufes stattfindet. Dies kann aber nicht dazu führen, dass alle Zusätze auf Briefbogen oder Praxisschild ohne Rücksicht auf den Informationswert für Dritte generell zu verbieten sind. Sofern die Zusätze in sachlicher Form erfolgen und nicht irreführend sind, sind sie nach der ständigen Rechtsprechung der oberen Gerichte erlaubt. Ein Praxisschild mit der Zusatzbezeichnung „Tätigkeitsschwerpunkt" ist daher dann zulässig, wenn diese Angabe den tatsächlichen Gegebenheiten bei der Tätigkeit des Arztes entspricht.

Aktenzeichen: BVerfG, 23.01.2001, AZ: 1 BVR 873/00
Entscheidungsjahr: 2001

Auflistung häufiger Auslagen der Praxis

Nach § 10 GOÄ können die Kosten, die aus der individuellen Behandlung eines Patienten zusätzlich entstehen z. B. für Arzneimittel, Verbandmittel und sonstigen Materialien, die der Patient zur weiteren Verwendung behält oder die mit einer einmaligen Anwendung verbraucht sind, als Auslagen berechnet werden.
Die Kosten für berechnungsfähig verbrauchte Materialien gem. § 10 GOÄ sind am Schluss der Rechnung detailliert anzugeben. Wird der Betrag von € 25,56 überschritten, so ist auch ein Rechnungsbeleg beizufügen.
Rabatte, die ein Hersteller oder auch ein Apotheker wegen z. B. des Bezuges größerer Mengen gewährt, müssen an den Zahlungspflichtigen weitergegeben werden.
Die Berechnung von Pauschalen ist nicht zulässig.
Die beigefügten Belege können sich auch auf größere Liefermengen (als nur für einen Patienten) und dadurch größere Beträge belaufen Aus dem Beleg muß die bezogene Menge hervorgehen und aus der Honorarrechnung des Arztes muß die im konkreten Behandlungsfall verbrauchte Teilmenge deutlich hervorgehen.

Nicht berechnet werden können die Kosten für

1. Kleinmaterialien wie Zellstoff, Mulltupfer, Schnellverbandmaterial, Verbandsspray, Gewebeklebstoff auf Histoacrylbasis, Mullkompressen, Holzspatel, Holzstäbchen, Wattestäbchen, Gummifingerlinge,
2. Reagenzien und Narkosemittel zur Oberflächenanästhesie,
3. Desinfektions- und Reinigungsmittel,
4. Augen-, Ohren-, Nasentropfen, Puder, Salben und geringwertige Arzneimittel zur sofortigen Anwendung sowie für
5. folgende Einmalartikel: Einmal-Spritzen, -Kanülen, -Handschuhe, -Harnblasenkatheter, -Skalpelle, -Proktoskope, -Darmrohre, -Spekula.

Rezeptieren von Material
Meistens rezeptieren Ärzte im Rahmen von IGeL-Leistungen auf einem Privatrezept die erforderlichen Medikamente (Arzneimittel-Ampullen, Infusionslösungen u. a.) und das ggf. notwendige Verbandsmaterial sowie z. B. Braunülen, Infusionsbestecke etc. Der Patient besorgt dies in der Apotheke und zahlt es auch. Dies stellt für den Arzt – der diese Auslagen in der Liquidation nicht aufführen muss – eine Vereinfachung dar.

Eine Liste für den Praxisalltag
Für häufig verwendete z. B. Arzneimittel, Verbandmittel und sonstigen Materialien ist eine Aufstellung ihrer (Einzel-)Preise in Zusammenarbeit z. B. mit einem Apotheker sinnvoll und erleichtert Nachbestellungen und hilft bei Rechnungstellungen keine Auslagen zu vergessen. In die folgende Liste können Sie Ihre praxisindividuellen Auslagen eintragen:

Literatur zur GOÄ und IGeL

Analog-Bewertung in Ihrer Praxis
Berechnungsmöglichkeit von ärztlichen Leistungen, die Sie in der GOÄ nicht finden 4. aktualisierte Auflage 2008, PVS Verband, Berlin, 2008

Brück, D. – von Klakow-Frank, R. (Fortgeführt Hrsg.)
Kommentar zur Gebührenordnung für Ärzte (GOÄ)
3. Auflage, Loseblattwerk, 26. Ergänzungslieferung
Deutscher Ärzte Verlag, 2013

Die Andere Medizin
„Alternative Heilmethoden" für Sie bewertet
Stiftung Warentest, Berlin, 2005

Dorsch, W. – Sitzmann, F.C. (Hrsg.)
Naturheilverfahren in der Kinderheilkunde
Hippokrates Verlag GmbH, Stuttgart, 1998

Feldmann, Thomas
IgeL-Management
Erfolgreiche Implementierung von zusätzlichen Gesundheitsleistungen in der Arztpraxis
Ecomed Verlagsgesellschaft, Landsberg/Lech 2004

Frielingsdorf, O. – (Hrsg.)
IgeL Erfolg mit System – Konzept-Werkstatt für Hausärzte und Internisten
ecomed Medizin, Verlagsgruppe Hüthig Jehle Rehm GmbH, 2005

Gebührenhandbuch 2016
Broglie, G. – Pranschke-Schade, S. – Schade, H.-J.
Kommentar für Ärzte – GOÄ/IGeL
Medical Tribune Verlagsgesellschaft mbH, Wiesbaden, 2016

Hermanns, P.M.
Abrechnung Alternative Medizin 2016
Methoden, Indikationen, Abrechnungsbeispiele
6. völlig neu bearbeitete u. erweiterte Auflage, Elsevier Verlag, München, 2016

Hermanns, P. M.
Abrechnung IgeL – Für Arztpraxis und Klinik
integriert als abgeschlossener Bestandteil ins Buch GOÄ 2017
8. Auflage, Elsevier Verlag, 2017

Hermanns, P.M. – Filler, G.
GOÄ 2017 und Abrechnung IGeL
Kommentare – Gerichtsurteile – Analoge Bewertungen – Abrechnungstipps – Anmerkungen und Beschlüsse der BÄK – IGeL
12. Auflage, Elsevier Verlag, München, 2017

Hermanns, P.M., Heimer-Lang, D.
Abrechnung Alternative Medizin – Methoden – Indikationen – Abrechnungsbeispiele
7. Auflage, Elsevier Verlag, 2016

Hess, R. Klakow-Franck (Bearb.)
Gebührenverordnung für Ärzte (GOÄ)
mit Abrechnungsempfehlungen/IGeL-Leistungen
Stand Januar 2016
Deutscher Ärzte-Verlag, Köln, 2016

Hess, R. – Klakow – Franck, R. (Hrsg.)
IgeL-Kompendium für die Arztpraxis
Patientengerechte Selbstzahlerleistungen rechtssicher gestaltet
Deutscher Ärzte-Verlag, Köln, 2005

Hoffmann/Kleinken
Gebührenordnung für Ärzte (GOÄ) – Loseblattwerk
Verlag W. Kohlhammer, Stuttgart, 3. Aufl., 2016

Hufelandgesellschaft für Gesamtheitsmedizin e.V. (Hrsg.)
Hufeland – Leistungsverzeichnis für Therapie – Richtungen der Biologischen Medizin
6. überarbeitete Auflage, Haug Verlag, Heidelberg 2012

Jordt, M. – Girr, T. – Weiland, I.-K.
Erfolgreich IGeLn
Analyse, Organisation, Vermarktung
2. vollständig überarbeitete und aktualisiert Auflage, Springer Verlag, Heidelberg, 2013

Käßner, F. (Hrsg.)
IgeL-Leistungen in der Pneumologie
Sonderausgabe für Fujisawa Deutschland GmbH
medical text books, Hamburg, 2005

Kardorff, B.
Selbstzahlerleistungen in der Dermatologie und der ästhetischen Medizin
Springer Medizin Verlag, Heidelberg, 2005

Krimmel, L.
Kostenerstattung und Individuelle Gesundheitsleistungen
Neue Chancen für Patienten und Ärzte
Deutscher Ärzte-Verlag, Köln, 1998

Krimmel, L. (Einlegeheft zum vorgenannten Buch)
Privatmedizin, Kostenerstattung und Individuelle Gesundheitsleistungen im Jahre 1999 –Kostenerstattung in der gesetzlichen Krankenversicherung ab dem 1.1.1999 – 10 neue Individuelle Gesundheitsleistungen
Deutscher Ärzte-Verlag, Köln, 1999

Lang, M.H. – Schäfer, F.-H. – Stiel, H. – Vogt, W.
Der GOÄ-Kommentar
2. aktualisierte Auflage
Georg Thieme Verlag, Stuttgart – New York, 2002

Leithoff, Peter – Sadler, Bernd
Individuelle Gesundheitsleistungen (IGEL) in der Orthopädie
Georg Thieme Verlag, Stuttgart – New York, 2001

Lohmann, Wiebke
BASICS Homöopathie
Verlag: Urban & Fischer in Elsevier, 2009

Milz, F. – Schirmer, K.-P., Pollmann, A. – Wiesenauer, M.
Naturheilverfahren bei orthopädischen Erkrankungen
Hippokratzes Verlag, Stuttgart 1998

Streit, Volker – Letter, Michael
Marketing für Arztpraxen: Individuelle Gesundheitsleistungen (IGeL) organisieren, kalkulieren und verkaufen (German Edition)
Springer-Verlag GmbH, Heidelberg, 2005

Uleer, C. – Miebach, J. – Patt, J.
Abrechnung von Arzt- und Krankenhausleistungen
Erläuterungen zur Gebührenordnung für Ärzte GOÄ und
zur Vergütung stationärer Krankenhausleistungen
3. Auflage, Verlag C. H. Beck, München, 2006

Voigt, Tobias
Individuelle Gesundheitsleistungen (IGeL) im Rechtsverhältnis von Arzt und Patient
Springer-Verlag GmbH, Heidelberg, Erscheinungstermin: 15.11.2013

Wezel, H. – Liebold, R.
Handkommentar BMÄ, E-GO und GOÄ
8. Auflage, Loseblattwerk, 2016
Asgard-Verlag, Sankt Augustin

Internetbeiträge zu GOÄ und IgeL

Hinweis für alle Internetadressen:
Bitte bedenken Sie, dass sich Internet-Links ändern, wenn Portale neugestaltet werden. Über Google erhalten Sie aber immer die neue URL jederzeit.

Verband der Privaten Krankenversicherung
KOMMENTIERUNG DER PKV ZUR GEBÜHRENORDNUNG FÜR ÄRZTE (GOÄ)
Kommentierung praxisrelevanter Analognummern – Stand: 11. Juni 2014
https://www.hallesche.de/kommentierung-des-pkv-verbandes-zur-goae.pdf

Informationen auf den KBV-Seiten – Sonstige Kostenträger: Verträge mit Unfallversicherungsträgern, Bundesbahn- und Postbeamtenversicherung, Bundesgrenzschutz, Bundeswehr, Zivildienst, u. a. http://www.kbv.de/html/93.php

Bundesärztekammer: Gebührenordnung
www.bundesaerztekammer.de/page.asp?his=1.108

Bundesärztekammer: GOÄ-Ratgeber –
Auslegungshinweise zum Thema Gebührenordnung
www.bundesaerztekammer.de/page.asp?his=1.108.4144

Anästhesiekommentar zur GOÄ
Hrsg. Berufsverband Deutscher Anästhesisten e.V.
A. Schleppers – W. Weißauer
1. Auflage Ergänzungslieferung 2003
http://www.bda.de/service-recht/publikationen/anaesthesiekommentar-zur-goae.html

Hinweise zur Abrechnung von anästhesiologischen GOÄ-Nummern
unter Mitwirkung von Dr. A. Schleppers Referat für Gebührenfragen im Berufsverband Deutscher Anästhesisten e.V. – Oktober 2006
http://www.bda.de/docman/alle-dokumente-fuer-suchindex/oeffentlich/publikationen/209-hinweise-zur-abrechnung-von-anaesthesiologischen-goae-nummern-qgemeinsame-empfehlung-mit-der-axa-krankenversicherungq-stand-januar-2007-pdf/file.html

arztundabrechnung
Kostenpflichtiges Portal (für Praxen 15,– Euro pro Monat) mit den stets aktuellen und kommentierten Gebührenordnungen: EBM, GOÄ, GOP, UV-GOÄ und ferner IGeL und ALTERNATIVE MEDIZIN mit vielen Abrechnungsbeispielen – ferner über 900 Urteile zur Abrechnung und weiteren praxisrelevanten Themen und Hinweise und Urteile zum Thema ARZT&FINANZEN und vieles mehr...
www.arztundabrechnung.de

Chefärztebrief (kostenpflichtig)
IWWInstitut für Wirtschaftspublizistik
Privatliquidation, Recht, Management, Steuern
www.chefaerzte-brief.de

Ärztekammern

Innerhalb der folgenden offiziellen Internetportale finden sich immer wieder wichtige Hinweise und Informationen zum Umgang mit EBM, GOÄ und zur Abrechnung von IGeL-Leistungen

Bundesärztekammer
www.bundesaerztekammer.de

Baden-Württemberg – Ärztekammer
www.laek-bw.de

Bayerische Landesärztekammer
www.blaek.de

Ärztekammer Berlin
www.aerztekammer-berlin.de

Landesärztekammer Brandenburg
www.laekb.de/homepage/index.html

Ärztekammer Bremen
www.aekhb.de

Ärztekammer Hamburg
www.aerztekammer-hamburg.de

Landesärztekammer Hessen
www.laekh.de

Ärztekammer Mecklenburg-Vorpommern
www.aek-mv.de

Ärztekammer Niedersachsen
www.aekn.de

Ärztekammer Nordrhein
www.aekno.de

Landesärztekammer Rheinland-Pfalz
www.laek-rlp.de

Ärztekammer Saarland
www.aerztekammer-saarland.de

Sächsische Landesärztekammer
www.slaek.de

Ärztekammer Sachsen-Anhalt
www.aeksa.de

Schleswig-Holstein – Ärztekammer
www.aeksh.de

Landesärztekammer Thüringen
http://www.laek-thueringen.de

ÄrztekammerWestfalen-Lippe
www.aekwl.de

Alternative Medizin: Gesellschaften – Verbände

AAMA American Academy of Medical Acupuncture
www.medicalacupuncture.org

American College of TCM
www.actcm.org

Anthroposophische Gesellschaft in Deutschland
www.anthroposophische-gesellschaft.org/79.html

Arbeitskreis für chinesische Phytotherapie
www.chinphyto.at

Arbeitskreis für Mikrobiologische Therapie e.V.
www.amt-herborn.de

Arbeitsgemeinschaft für Klassische Akupunktur und Traditionelle Chinesische Medizin e.V.
www.agtcm.de/

Ärztegesellschaft für Biologische Schmerztherapie e. V. (ÄBS)
http://members.aol.com/biopainweb/

Ärztliche Arbeitsgemeinschaft für Biologische Medizin, München
www.ag-biomed.de

Ärztliche Gesellschaft für Ozon-Anwendung in Prävention und Therapie e.V.
www.ozongesellschaft.de

Centrum für Therapiesicherheit in der Traditionellen Chinesischen Arzneitherapie (CTCA)
www.ctca.de

Deutsche Ärztegesellschaft für Akupunktur e.V. (DÄGIA)
www.daegfa.de

Deutsche Ärztegesellschaft für Applied Kinesiology
www.daegak.de

Deutsche Gesellschaft für Akupunktur und Neuraltherapie e.V. (DgfAN)
www.dgfan.de

Deutsche Gesellschaft für Ayurveda e.V.
www.ayurveda.de

Deutsche Gesellschaft für Hyperthermie e. V. (DGHT)
www.dght.net

Der Deutsche Zentralverein homöopathischer Ärzte e.V.
www.dzvhae.com/portal/loader.php?org=1113&seite=Index

Europäische Gesellschaft für angewandte Immunologie
www.EGAI.de.vu

Gesellschaft Anthroposophischer Ärzte in Deutschland e.V.
www.anthroposophischeaerzte.de

Gesellschaft für angewandte Kinesiologie
www.applied-kinesiology.com

Gesellschaft für Ozon- und Sauerstoff-Anwendungen in Medizin und Technik e.V. (G.O.S)
www.ozonsauerstoff.de

Internationale Medizinische Gesellschaft für Elektroakupunktur nach Voll e.V. (IMGEAV)
www.eav.org

Internationale Medizinische Gesellschaft für Neuraltherapie nach Huneke – Regulationstherapie e. V.
www.ignh.de

Internationale Ärztegesellschaft für Sauerstofftherapie und Forschung e.V.
www.sauerstoff-therapie-forschung.de

Österreichische Gesellschaft für Akupunktur (ÖGA)
www.akupunktur.at

Österreichische Gesellschaft für Ozon – Sauerstoff und Haemolaser Therapie
www.ozon-sauerstoff.at

Österreichische Wissenschaftliche Ärztegesellschaft für Akupunktur e.V. (ÖWÄA)
www.akupunktur.org

SMS Internationale Gesellschaft für chinesische Medizin societas medicinae sinensis e.V.
www.tcm.edu

Vereinigung der Ärztegesellschaften für biologische Medizin – neue Namenserweiterung seit 2005 – Dachverband der Ärztegesellschaften für Naturheilkunde und Komplementärmedizin
www.Hufelandgesellschaft.de

Zentralverband der Ärzte für Naturheilverfahren e.V. (ZÄN)
www.zaen.org

Stichwortverzeichnis der GOÄ

Um die Suche erheblich zu erleichtern, wurden

1. in diesem Stichwortverzeichnis alle Leistungen – auch die Laboratoriumsuntersuchungen des Kapitels M – alphabetisch zusammengefasst. Die angegebenen Zahlen beziehen sich auf die Gebührenordnungsnummern der Gebührenordnung für Ärzte (GOÄ).
2. auch wichtige Stichworte aus den Paragraphen § 1- § 12 einschl. der Kommentare aufgenommen. Die angegebenen Paragraphen (§) sind angegeben.
3. Stichworte zu weiteren Themenbereichen z. B. Umsatzsteuer oder IGeL-Leistungen deutlich mit dem Begriff „Seite“ und dann der entsprechenden Seitenzahl gekennzeichnet.

Analoge Bewertungen
Die bisher veröffentlichen analogen Bewertungen aus dem Verzeichnis der Bundesärztekammer und des Zentralen Konsultationsausschusses für Gebührenordnungsfragen bei der Bundesärztekammer (gekennzeichnet durch ein **„A“** vor der Ziffer (dem sog.Platzhalter) z. B.

A-Bild-Sonographie	**A 409**
Strukturierte Schulung einer Einzelperson	**A 36**

sind aufgenommen;

sowie weitere Empfehlungen zu analogen Bewertungen der BÄK, von Berufsverbänden, aus Kommentaren und der PVS. Diese sind mit dem Wort **„analog“** hinter der Ziffer Nr. (Platzhalter) gekennzeichnet z. B.

Anästhesiologisches Stand-by	**62 analog**
Methadongabe	**376 analog**

Im vorderen Teil des Buches; im Leistungsverzeichnis, finden Sie in der Leistungslegende – soweit verfügbar – angegeben, wer diese analoge Bewertung eingeführt hat.

1

A

B

C

D

E

G

J

K

L

N

O

P

Q

R

S

U

V

W

X

Y

Z

IGeL-Stichwortverzeichnis I zu Kapiteln A – D und G

IGeL-Stichwortverzeichnis II zum Kapitel E Individuelle Gesundheitsleistungen von A–Z

A

B

C

D

E

F

P

R

S